Das Fortschrittstrauma

Stauffenburg Colloquium
Band 62

Till R. Kuhnle

Das Fortschrittstrauma

Vier Studien zur Pathogenese
literarischer Diskurse

Stauffenburg Verlag

Bibliografische Information Der Deutschen Bibliothek

Die Deutsche Bibliothek verzeichnet diese Publikation in der Deutschen Nationalbibliografie; detaillierte bibliografische Daten sind im Internet über <http://dnb.ddb.de> abrufbar.

Als Habilitationsschrift auf Empfehlung der Philologisch-historischen Fakultät der Universität Augsburg gedruckt mit Unterstützung der Deutschen Forschungsgemeinschaft.

© 2005 · Stauffenburg Verlag Brigitte Narr GmbH
Postfach 25 25 · D-72015 Tübingen
www.stauffenburg.de

Das Werk einschließlich aller seiner Teile ist urheberrechtlich geschützt. Jede Verwertung außerhalb der engen Grenzen des Urheberrechtsgesetzes ist ohne Zustimmung des Verlages unzulässig und strafbar. Das gilt insbesondere für Vervielfältigungen, Übersetzungen, Mikroverfilmungen und die Einspeicherung und Verarbeitung in elektronischen Systemen.
Gedruckt auf säurefreiem und alterungsbeständigem Werkdruckpapier.

Printed in Germany

ISSN 0940-3795
ISBN 3-86057-162-1

Vorrede

Das Entstehen eines Buches ist nicht denkbar ohne einen Kreis von hilfreichen und verständnisvollen Begleitern.
Dank sagen möchte ich dem Betreuer Prof. Dr. Dr. h. c. Henning Krauß für die *générosité*, mit der er das Entstehen der Habilitationsschrift *Das Fortschrittstrauma* und die Vorbereitung ihrer Drucklegung begleitet hat. Die Endfassung hat durch die wertvollen Anregungen der Gutachter viel gewonnen, denen nicht minder Dank gebührt: Prof. Dr. Frank-Rutger Hausmann, Prof. Dr. Heinz Thoma, Prof. Dr. Thomas Scheerer und Prof. Dr. Winfried Wehle. Nicht wegzudenken aus meinem wissenschaftlichen Werdegang ist auch das Wirken von Prof. Dr. Fritz Abel, Prof. Dr. Hans V. Geppert, Prof. Dr. Dr. h. c. Lothar Wolf und Prof. Dr. Hubert Zapf. Besonders hervorzuheben ist an dieser Stelle die großzügige Förderung durch die Deutsche Forschungsgemeinschaft, die für das Habilitationsvorhaben ein Stipendium gewährt und die Publikation des Buches mit einer großzügigen Druckbeihilfe finanziert hat.

Allerdings wäre die Habilitation niemals zu einem erfolgreichen Abschluss gekommen ohne das redaktionelle und menschliche Engagement von Bernadette Malinowski und Johannes Rinke. Zu ihnen gesellten sich die guten Geister, deren Wirken hinter der vorliegenden Endfassung steht: Saskia Wiedner, Michael Köberle und Peter Vint. Ohne ihre tatkräftige Hilfe wäre das Projekt wohl den Widrigkeiten einer "reformierten" Rechtschreibung, den vielfältigen Tücken der elektronischen Datenverarbeitung oder den mitunter blanken Nerven des Verfassers zum Opfer gefallen.

Auch haben viele oft ohne ihr Wissen zum Gelingen des Projekts beigetragen, indem sie die unerschöpfliche Geduld schenkten, die nur die Freundschaft aufzubringen vermag. Und davon zeugen die kleinen Gesten nicht weniger als die großen. Deshalb denke ich an dieser Stelle mit Dankbarkeit an Kerstin Adam, Constanze Baethge, Laura Gieser, Manfred Hinz, Bärbel Kraus (geb. Conzelmann), Tobias Leuker, Rainer Munz, Manuela Nunes, Beate und Hanspeter Plocher, Angela Raffenberg, Elmar Schafroth, Alexandra Senkiv, Andreas Spätgens, Alfred Strasser, Waltraud Treitz und – stellvertretend für all die *vaillants amis* von der *Société Benjamin Fondane* – Monique Jutrin.

Die größte Förderung hat meine wissenschaftliche Arbeit indes durch meine Eltern Hannelore und Heinz Kuhnle erfahren. Mit Freude, Stolz und auch Bangen verfolgte meine Mutter noch die Arbeiten am Layout zu *Das Fortschrittstrauma*. Aber der Tod sollte sie daran hindern, dieses Buch in die Hände zu nehmen, das nunmehr ihrem Andenken gewidmet sei.

Inhalt

Einleitung 11
I. Jules Verne: Das 19. Jahrhundert zu Ende denken – ein Versuch 21
   0. Prolegomena 23
   1. Kapitän Nemo oder der Mythos des 19. Jahrhunderts 24
      1.1. Der letzte Romantiker: Prometheus-Nemo 30
      1.2. In Freiheit gefangen 37
      1.3. Das Faszinosum Nemo 41
      1.4. Mythos und Gemütlichkeit: der Chronotopos des Inventars 45
      1.5. Der Kanon der Wissenschaften: eine Revision der Idee vom
           Fortschritt 60
      1.6. Versuche, die Gesellschaft vor dem Überhitzen zu schützen 68
      1.7. Die Grenzen – oder von der Eschatologie des Inventars 75
      1.8. Das Ende des Titanen 80
   2. Jeder Fortschritt zu seiner Zeit: *Robur le conquérant*
      und *Maître du Monde* 83
   3. Märchenhafter Kapitalismus: *Les 500 Millions de la Bégum* 86
   4. Um die Apokalypse betrogen: Das 20. Jahrhundert als Anti-Utopie ... 104
   5. Szenarien eines Neubeginns? 113
II. Missbrauchte Apokalyptik 123
   1. Die Rhetorik der Zäsur: Apokalyptik zwischen "akuter Eschatologie"
      und Mythos der Katastrophe 125
      1.1. Die Genese einer Rhetorik der Zäsur im Zeichen der Krise 125
      1.2. Der repressive Ton der apokalyptischen Rede 135
      1.3. Digression: Beispiele apokalyptischer Rhetorik 140
          1.3.1. Nodier 140
          1.3.2. Musset 141
          1.3.3. Hugo 142
   2. Vom Unzeitgemäßen der Apokalyptik: Ernest Renan 144
   3. Exkurs: Die kitschige Stimmung des Untergangs 149
   4. Die Ideologie des katastrophalen Untergangs 152
   5. Der Millenarismus: eine politische Theologie der zweiten Chance ... 169
      5.1. Millenarismus zwischen Hoffnung und Terror 169
      5.2. Zu einer anthropologischen Bestimmung von *perfectibilité*
          und *progrès*: Fontenelle und Rousseau 200
      5.3 Der Millenarismus im Fortschrittsdenken der Aufklärung 204
          5.3.1 Kant 204
          5.3.2. Condorcet 210
      5.4. Exkurs: die nicht endende Rede vom Ende der Geschichte 219
   6. Die Beharrlichkeit des Millenarismus 224

6.1. Der Blick in die Zukunft 224
    6.1.1. Utopie zwischen Fortschrittsoptimismus und -kritik 224
    6.1.2. Das Gericht über Louis XIV (*L'An 2440* von Mercier) 232
6.2. Apologie der *Révolution complète* – Rétif: *L'An 2000* 233
6.3. Die Allegorie der revolutionären Apokalyptik –
Maréchal: *Le Jugement dernier des rois* 240
6.4. Exkurs: Sade – die negative Utopie als Topos der Umkehr 249
6.5. Das Millennium der Saint-Simonisten 255
6.6. Das jüngste Gericht als Standgericht? *Utopie* und *progrès*
bei Hugo – mit einer Digression zu Auguste Comte 262
6.7. Der Millenarismus Zolas und die Dritte Republik 273
6.8. Die Dritte Republik zu Ende gedacht: Anatole France 285
    6.8.1. *Par la Porte de corne ou par la porte d'ivoire*:
utopische Vision vom dialektischen Materialismus 286
    6.8.2. *L'Ile des Pingouins*:
die nicht enden wollende Geschichte 295
7. Endspiele 299
8. Entleerte Eschatologie und Abenteuer: existentielle Apokalyptik 305
9. Faschistendämmerung 317
    9.1. Entpolitisierter Faschismus: Robert Brasillach 317
    9.2. Der Triumph des Reinen: Céline 320
    9.3. Die 'Opfertheologie' bei Drieu La Rochelle 338
III. Die Austreibung des Fortschritts aus dem Geiste der Wissenschaft 353
1. Fin de siècle – et après? Eine antizipierende Rückschau 355
    1.0. Prolegomena 355
    1.1. Dualistisches Denken und anthropologischer Pessimismus:
Anmerkung zu Nietzsche und Freud 359
    1.2. Die Hure Babylon und Salomé – Die Untergangsstimmung des
Fin-de-siècle bei Nordau und Huysmans 367
    1.3. Ein physikalischer Beitrag zu Philosophie und Kulturtheorie: das
zweite Gesetz der Thermodynamik 374
    1.4. Das Orakel vom Untergang des Abendlandes: Oswald Spengler... 381
    1.5. Exkurs: Das unanimistische Bild der Großstadt –
Jules Romains und René Schickele 392
    1.6. Entropie und Eschatologie 398
2. Der Trost des Ethnologen (Eliade) 401
3. Der Kulturpessimismus bei Lévi-Strauss 420
    3.1. Vom edlen Wilden zur Dampfmaschine 420
    3.2. Die Trauer des Ethnologen 429
    3.3. Mythos zwischen Kunst und Ideologie 435
    3.4. Die Götterdämmerung des Mythos 441
4. Informationstheorie: Kulturpessimismus und Historismus 445

IV. Messianismus: die jüdische Antwort auf Apokalyptik und Mythos 455
    0. Prolegomena: die Permanenz der Katastrophe 457
    1. Die Hoffnung in der Katastrophe 467
    2. Der Messias kommt auf leisen Sohlen 472
    3. Digression: Tradition und Latenz 477
    4. Die messianische Rettung der Kategorie "Fortschritt"? 479
    5. Messianismus des Stillstandes? Anmerkungen zu den *nouveaux philosophes* 483
    6. Geschichte jenseits des Totalitarismus? Derrida beschwört den Geist von Marx 493
    7. Die Unhintergehbarkeit des Neuen 499
Epilog: "L'écrivain est comme la cavalerie" 507
Bibliographie 517

Einleitung

Seit dem beginnenden 19. Jahrhundert ist das anhaltende Ringen um die Bestimmung eines unhintergehbar gewordenen Paradigmas zu konstatieren, für das der Begriff "Fortschritt" steht: Mit der Selbstverständlichkeit einer Individualvariablen regiert er die unterschiedlichsten Diskurse, strukturiert er die widersprüchlichsten Topoi. Die Grundstimmungen, die seine Besetzungen prägen, reichen von einem schier blinden Enthusiasmus – zunächst des Bürgers und dann des Proletariers – bis hin zu einem tief greifenden Pessimismus, der alle Lebensbereiche erfasst, da an den Entwicklungsrichtungen, die er bezeichnet, ein Kausalnexus mit den großen gesellschaftlichen Krisen aufscheint.

Während das Fortschrittsdenken des 18. Jahrhunderts auf der Annahme von einer zunehmenden Humanisierung gründete und eine Teleologie der *perfectibilité du genre humain* entwickelte, die mit der Zehn-Stufen-Lehre Condorcets eine dezidierte Wendung ins Eschatologische nahm, folgte im 19. Jahrhundert die Verkürzung des bürgerlichen Fortschrittsdenkens auf Innovationen in Wissenschaft und Technik. Diesem begegneten sozialistische Theoretiker mit der Forderung nach einem 'wahren' Fortschritt unter neuen gesellschaftlichen Voraussetzungen. Die Etablierung der bürgerlichen Gesellschaft und ihrer Ideologie und schließlich die Globalisierung sollten den Begriff "Fortschritt" definitiv seiner alle Lebensbereiche umfassenden Integrationskraft berauben. Ein qualitatives Fortschrittsverständnis ist seither in die Domäne der Wissenschaft und Technik verwiesen, die zum Maßstab jeder Konstituierung von Lebenswelt geworden sind. Diese 'Qualität' steht indes in Abhängigkeit von einer rein quantitativen Größe: dem ökonomischen Wachstum.

Eine erste Krise erfuhr das Fortschrittsdenken in der Französischen Revolution. Doch die politischen Denker hielten noch an einer zum Ideal hin offenen Zukunft fest; allerdings führte der Wunsch nach der Erfahrung von Totalität bald zu Projektionen in die Vergangenheit. Viele Romantiker richteten den Blick zurück auf das Mittelalter: Die Vergangenheit wurde zum Maßstab der Zukunft. Für die Restauration blieb der Fortschritt ein unhintergehbares Paradigma, das es mit neuen Inhalten zu füllen galt. Darin folgten ihr der utopische Sozialismus und der Positivismus, jene wissenschaftsgläubige Weltanschauung, die das 19. Jahrhundert nachhaltig beeinflussen sollte. Namentlich Saint-Simon und seine Anhänger verklärten das Mittelalter zum Inbegriff einer organischen Gesellschaftsordnung und richteten an ihm ihre Vorstellung vom Ziel der Geschichte aus. Sie propagierten eine neue "politische Theologie" und beriefen sich auf eine bevorstehende religiöse Erneuerung, die an den Universalanspruch der katholischen Kirche anknüpfen sollte und die für die Künste einen festen Ort in der Gesellschaft vorsah. Für den Fortschritt bedeutete dies, dass er primär auf den Rang einer Teleologie verwiesen wurde: Sein Ziel war die Vollendung einer neuen Epoche, die sich indes an einem längst vergangenen Vorbild orientierte. Zu einer Synthese sollte Victor Hugo diese divergierenden Ideen vereinen – womit er auch in Bezug auf die politische Theorie als ein Vollender der Romantik gelten kann – und *post festum* den Aufbruch ins 19. Jahrhundert als den Aufbruch in ein neues Zeitalter, das Zeitalter des Fortschritts, proklamieren.

Der Saint-Simonismus und der Positivismus Comtes, der in jüngster Zeit wieder Eingang ins Lehrprogramm der philosophischen Seminare Frankreichs gefunden hat, können als die letzten groß angelegten Versuche gewertet werden, die von der Aufklärung beförderten Vorstellungen von einer sich in der Zeitgeschichte realisierenden idealen Zivilisation, in der eine vollkommene Menschheit über die Natur herrschen werde, mit der sich rapide entfaltenden und schließlich zu einer 'Revolution' anwachsenden Entwicklung der industriellen Produktion zu versöhnen. Im Zeitalter der sich etablierenden bürgerlich-kapitalistischen Wirtschaftsordnung mahnte der Saint-Simonismus – und vielleicht mehr noch der zum Phantastischen tendierende Fourierismus – an, was Ernst Bloch in *Das Prinzip Hoffnung* in Erinnerung ruft: "Erfindung hat erst dann wieder Utopie im Leibe, wenn Bedarfswirtschaft statt Profitwirtschaft betrieben wird" (Bloch V: 1985, 770).

Die Mahnung Blochs lässt ein Charakteristikum der Moderne hervortreten: die Schere, die sich öffnet zwischen – einerseits – einem aufklärerischen Fortschrittsverständnis, das der Geschichte die Verwirklichung eines utopischen Endzustandes der sich aus eigener Kraft vervollkommnenden Menschheit zutraut, und – andererseits – der akzelerierten Entwicklung wissenschaftlicher und technischer Innovationen, die seit Beginn des 19. Jahrhunderts die elementaren Grundbedürfnisse des Menschen aus dem Blick zu verlieren begannen und fortan das Geschick der Menschheit der willkürlich erscheinenden 'Ananke' einer zweiten Natur unterwerfen sollten – obzwar Wissenschaft und Technik *per definitionem* dazu bestimmt sind, dem Menschen die Instrumente an die Hand zu geben, mit denen er den idealen Zustand universaler Bedürfnisbefriedigung herbeiführen möge. Um diese 'Ananke zweiten Grades' aus dem Diktat der Ökonomie zu befreien, das die Wissenschaften einer fortschreitenden Differenzierung bzw. Spezialisierung unterworfen und ihnen damit zusehends eine rein instrumentelle Funktion zugewiesen hatte, kam es zu Bestrebungen, eine neue, nunmehr die Gesellschaft – und damit die Menschheit – als Totalität erfassende Überwissenschaft herauszubilden, einen Ersatz für die abhanden gekommene Metaphysik. Der Terminus "Wissenschaft" (*science*) nahm dieselbe Ambivalenz an wie die Rede vom "Fortschritt": Die Wissenschaften sollten die Lebenswelt des Menschen zum Gegenstand haben und ausschließlich ihrer Gestaltung dienen (also echte *sciences humaines* sein). Stattdessen beförderten sie – und befördern noch immer – die fortschreitende Entfremdung des Menschen. Die Suche nach einer Universalwissenschaft – und deren Retheologisierung – galt der Rettung eines Paradigmas, das die Tradition theologisch begründeter und motivierter Heilserwartungen weiterführte: dem Fortschritt.

Als scheinbar unhintergehbar hatte sich inzwischen jedoch der Primat eines von naturwissenschaftlicher Methodik geprägten Wissenschaftsverständnisses erwiesen, wobei die Forschung vor allem technologische Innovationen zum Nutzen der *industrie* befördern sollte. Der Begriff *industrie* (und der des *industriel*) verwies anfangs ganz allgemein – in der Bedeutung von "Fleiß" oder "Betriebsamkeit" – auf alle Formen produktiver menschlicher Tätigkeit; indes setzte bald eine Bedeutungsverengung ein, so dass er fortan die Organisation der Produktion von Gebrauchsgütern und schließlich die von Waren bezeichnen sollte. Die Vorstellung von einem aus den bestehenden Verhältnissen heraus auf die fortschreitende *perfection* des Menschengeschlechts hin ausgerichteten Fortschritt war in diesem Zusammenhang weitgehend obsolet geworden.

Die schon in der Aufklärung nicht ganz ungebrochen – wie das Beispiel Rousseau zeigt – artikulierte Vorstellung von einem 'perfekten' Endzustand, welcher der Menschheitsentwicklung als Ziel eingeschrieben sei, kann als eine, wenn nicht gar als *die* säkulare Variante jüdischen und christlichen Denkens gedeutet werden – wie Karl Löwith feststellt:

> Den Juden und den Christen bedeutet Geschichte vor allem Heilsgeschehen. Als solche ist sie Anliegen von Propheten und Predigern. Das Faktum der Geschichtsphilosophie und ihre Frage nach einem letzten Sinn sind dem eschatologischen Glauben an einen heilsgeschichtlichen Endzweck entsprungen (Löwith: 1967, 14).

Und Löwith gibt weiter zu bedenken, dass die "christliche und nachchristliche Geschichtsbetrachtung prinzipiell futuristisch" sei (Löwith: 1967, 15). In der Tat hat die Kategorie Fortschritt in der Theologie der kirchlichen Autoritäten wie Augustinus und Thomas von Aquin ihren Ausgang genommen (Ritter: 1972, 1034f) – die allerdings dezidiert einer den Absolutheitsanspruch der Kirche unterlaufenden Deutung der Heilsgeschichte in der Tradition einer allzu wörtlichen Auslegung der *Johannesapokalypse* entgegentrat. Das aufklärerische Fortschrittsdenken und die daran anknüpfende Geschichtsphilosophie bereiteten indes den Boden für eine Neubewertung der Eschatologie – und verliehen dem heilsgeschichtlichen Denken das säkulare Gewand der Geschichtsphilosophie. Gegen diese Lesart erhebt übrigens Karl Jaspers Einspruch, der davon ausgeht, dass Geschichtsphilosophie zuallererst Antwort auf die von Menschenhand vollbrachte technologische Innovationsleistung sei (Jaspers: 1949, 230). Die Ursache für die Diskrepanz, die zwischen diesen beiden – philosophiegeschichtlich jeweils plausibel begründeten – Positionen besteht, macht Robert Spaemann in einer durch die Aufklärung geschaffenen paradoxen Ausgangssituation fest:

Das Eigentümliche der modernen Fortschrittsidee war es nun, den Fortschritt als Gegenstand von poiesis, von Machen, und gleichzeitig als indefinit zu denken. Das aber ist ein Widerspruch. Jedes Machen ist auf ein telos hin gerichtet (Spaemann: 1996, 574).

Der Grundwiderspruch des modernen Fortschrittsdenkens besteht also darin, dass alles 'Gemachte' zwar aus menschlicher Tätigkeit hervorgeht, sich aber augenscheinlich zu verselbständigen, ja sogar gegen den Menschen zu richten beginnt – ein Phänomen, bei dem sich die Analogie zu dem von der marxistischen Kritik der politischen Ökonomie konstatierten Warenfetischismus regelrecht aufdrängt: Am Produkt menschlicher Arbeit tritt der Gebrauchswert hinter dem Warenwert zurück – als Ware verselbständigt sich das Produkt zum Fetisch, einem scheinbar beseelten 'An-sich-Sein', dessen numinose Erscheinungsform die Spuren menschlicher Arbeit (und damit jeglicher auf ein Ziel hin ausgerichteten *poiesis*) tilgt.

Die einzig denkbare Antwort auf dieses Paradox, das im Folgenden als *Fortschrittsparadox* bezeichnet wird, scheint nunmehr der Rekurs auf das eschatologische Denken zu sein – dem sich offensichtlich die Hegelsche und marxistische Dialektik ebenso wenig entziehen konnten wie die ihnen vorausgegangenen sowie die auf sie folgenden geschichtsphilosophischen Entwürfe. Das *Fortschrittsparadox* wiederum wird manifest in dem Umstand, dass die technische Entwicklung eine einseitig auf Innovation verkürzte Vorstellung vom Fortschritt zeitigt, in der das Neue und die Tradition (der in der Praxis durchaus auch die Kontinuität der Kategorie "Gebrauchswert" entspricht) nicht mehr im Sinne von gleichrangigen Verhältniskategorien (dialektisch) zueinander stehen. Anders formuliert: Mit der akzelerierten Entwicklung einer auf Profitmaximierung ausgerichteten industriellen Produktion findet die zunehmende Entfremdung der wissenschaftlichen bzw. technologischen Innovation von den Erfordernissen einer Bedarfswirtschaft statt; diese Entfremdung geht mit der Entfremdung des im Produktionsprozess stehenden oder von diesem 'freigesetzten' Subjekts einher.

Das subjektive Erfahrungsmoment, das in dieser Situation seinen Ausgang nimmt, sei hier mit der heuristischen Metapher vom *Fortschrittstrauma* belegt. Die Individualpsychologie bezeichnet als Trauma einen pathologischen Symptomkomplex, der auf einen in der Vergangenheit erfahrenen Schock zurückgeht. Kennzeichen traumatischer Neurosen ist das fortwährende Reproduzieren des Schockmoments, bis dieser seinen Ort in der individuellen Geschichte erhält, zum Erlebnis wird (vgl. Benjamin I.2: 1991, 615; Kuhnle: 2003a, 107). Diese Integration erfolgt über eine Reihe von Bearbeitungen, in denen das traumatische Ereignis unterschiedliche Gestalt annimmt.

Die heuristische Prämisse der hier unter dem Titel *Das Fortschrittstrauma* vereinten vier Studien zur Pathogenese von Diskursen geht davon aus, dass das *Fortschrittsparadox* genannte Phänomen Ursache und Gegenstand vielschichtiger Be- und Verarbeitungsprozesse ist, die ihre Parallele in der traumatischen Neurose finden: Der unbewältigte Fortschritt – genauer: das mit ihm einhergehende Paradox, das sich einer rationalen Antwort und damit jeder diskursiven oder narrativen Transposition entzieht – führt zu unterschiedlichen 'Bearbeitungen' in Literatur und Philosophie.

Dieser Ansatz geht letztlich auf einen Gedanken von Hans Blumenberg zurück, der die fortwährende *Arbeit am Mythos* – von den Ursprüngen *dans la nuit des temps* bis zur Gegenwart – mit Freuds Theorie der "sekundären Bearbeitung" von Trauminhalten erklärt (Blumenberg: 1990, 10-19). In dem für die psychoanalytische Forschung inzwischen kanonischen Handbuch *Vocabulaire de la Psychanalyse* von Laplanche und Pontalis werden die unterschiedlichen Ansätze zur Bestimmung der "sekundären Bearbeitung" zusammengefasst. Dabei lässt sich folgende Definition herausschälen: Die "sekundäre Bearbeitung" meint das Umarbeiten von Trauminhalten, mit dem Ziel, sie in die Form eines möglichst kohärenten und verständlichen Szenariums zu bringen (vgl. Art. "élaboration secondaire" in Laplanche / Pontalis: 1973). Der von Blumenberg analysierten *Arbeit am Mythos* ist die Annahme eingeschrieben, dass jeder Mythos irgendwann in eine *mythologische* Endstufe verwandelt werde, von der es kein Zurück gibt – und von der aus er (möglicherweise) seine einstige in der Vieldeutigkeit gründende numinose Kraft endgültig einbüße. Indes greift der von Manfred Frank gegen Blumenberg ins Feld geführte Einwand, wonach der Mythos ursprünglich im Dienst der Naturbeherrschung gestanden habe (vgl. Frank: 1982, 62). Das mythologische Material trägt durch seine unterschiedlichen Besetzungen hindurch immerzu diese Herkunft mit sich, gerade dort, wo es in der Moderne – und gegen diese – wieder 'akut' wird. Der Ruf nach dem Mythos meint jetzt nicht mehr ein fortschreitendes Rationalisieren, sondern das Abdanken der Vernunft, das Scheitern eines jeden Verarbeitungsprozesses.

Der direkte Vergleich mit der *akuten* traumatischen Neurose dagegen bietet ein heuristisches Instrument, das die Rede von der "Pathogenese der bürgerlichen Welt" (Koselleck: 1989) oder von der "Pathogenese der Moderne" (Frank: 1989) ins Recht setzt, wenn in "Kollektivsymbolen" – letztlich allesamt Produkte der literarischen und auch philosophischen Aufarbeitung des *Fortschrittsparadoxes* – "dem ökonomischen, dem technischen, dem wissenschaftlichen und dem Fortschritt rationalistischer Aufklärung die Verlustrechnung präsentiert wird" (Frank: 1989, 10).

Der aus der Medizin stammende Begriff "Pathogenese", der vor allem in der Psychosomatik seine Anwendung findet (vgl. Weizsäcker: 1946), ist indes nicht unproblematisch, weil ihm kein positives Korrelat entgegensteht – weshalb etwa Thure von Uexküll auch auf medizinische Theorien hinweist, welche den Begriff "Salutogenese" einzuführen suchen (Uexküll: 1996, 65). Doch eine solche Annahme würde eine geradewegs in die Metaphysik weisende Anthropologie voraussetzen – wo bestenfalls von einem anthropologischen Index die Rede sein kann, der durch die jeweiligen Lebensweltkonstituierungen hindurch aufscheint. Der heuristischen Metapher "Pathogenese" droht indes nicht minder die Gefahr des Sündenfalls in eine trübe Anthropologie, wenn sie sich nicht der Versuchung erwehrt, kulturelle Manifestationen nach den Kriterien psychiatrischer Nosologie zu katalogisieren – wobei die Diagnose in letzter Konsequenz schlicht auf "Entartung" bzw. *dégénérence* lauten müsste.

Wenn hier dennoch an dem Terminus "Pathogenese" festgehalten wird, so geschieht dies unter der Voraussetzung, dass der prozessuale Charakter ästhetischer und philosophischer 'Arbeit' immerzu auf einen – 'pathogenen' – Grund verweist, dass deren Produkten wiederum ein Index eingeschrieben ist, der auf etwas verweist, dem – im durchaus justizialen Sinn des Wortes – der Prozess gemacht wird. In der Ätiologie eines kollektiven Traumas finden die gesellschaftlichen Ursachen – die zu erforschen vorrangig Aufgabe der Geschichts- und Gesellschaftswissenschaften ist – mit denen ihrer kulturellen Aufarbeitung zusammen, die ihm erst den Rang eines Kollektivtraumas geben – und die Gegenstand einer Kulturwissenschaft sind.

Die unter dem Titel *Das Fortschrittstrauma* zusammengefassten Studien suchen wesentliche Momente der Moderne in der französischen Literatur auf die 'Bearbeitung' des mit "Fortschritt" bezeichneten Paradigmas aufzuzeigen, wobei auch die Auseinandersetzung mit der deutschsprachigen Philosophie unumgänglich ist – vor allem dort, wo sie für ganze Epochen prägend wirkte. Bei allen Bemühungen um Stringenz kann ein solches wissenschaftliches Unterfangen nicht den Anspruch auf Vollständigkeit erheben, weshalb die vorliegenden Abhandlungen als Fallstudien zu bewerten sind. Einige Lücken sind bewusst geblieben – so z.B. die Genese neuer literarischer Formen, die hinter dem hier gesetzten Primat der Transposition philosophischer Theorien in der Literatur zurückzutreten hat, oder die Diskussion um die historische Avantgarde, in der vor allem der apokalyptischen Eschatologie eine herausragende Bedeutung zufällt –, Lücken, die durch bereits erbrachte Erträge philosophischer, literatur- und kulturwissenschaftlicher Forschung leicht zu füllen sind. Aus demselben Grund wird auf eine begriffsgeschichtliche Erörterung von "Fortschritt" bewusst verzichtet – dies ist an anderer Stelle bereits geleistet worden (z.B. Ritter: 1972; Koselleck: 1975; vgl. dazu die bibliographischen Angaben in Kuhnle: 2005). Besonders hingewiesen sei in diesem Zusammenhang auf die jüngst in Frankreich erschienenen Studien von Pierre André Taguieff zur Soziologie und Philosophie des Fortschritts.

Du Progrès. Biographie d'une utopie moderne lautet der Titel eines in der populären, aber nichtsdestoweniger anspruchsvollen Reihe *Librio* erschienenen Taschenbuches, in dem Taguieff die Erträge seiner Forschungen und Publikationen zum Fortschritt resümiert (Taguieff: 2001). Ein erster Höhepunkt dieser Forschungsarbeiten war die Veröffentlichung der monumentalen Studie *L'Éffacement de l'avenir* (Taguieff: 2000). Doch auch mit der vom selben Autor im letzten Jahr publizierten Schrift *Le Sens du progrès. Une approche historique et philosophique* (Taguieff: 2004) ist das letzte Wort in dieser Diskussion noch nicht gesprochen. Teilweise decken sich die Korpora von *Das*

Fortschrittstrauma[1] und den Schriften Taguieffs, indes setzen die hier vorgelegten vier Abhandlungen eigene Akzente, die vor allem auf den Versuch zurückgehen, einen stringenten ideologiekritischen Diskurs an Werke aus so unterschiedlichen Bereichen wie Philosophie, Theologie und Literatur im engeren Sinne – einschließlich der Unterhaltungsliteratur – heranzutragen. Die Erträge von Taguieffs Arbeiten werden auf den folgenden Seiten im Kontext der jeweiligen Interpretationen ihre Würdigung erfahren.

In den unter dem Titel *Das Fortschrittstrauma* vereinten Studien soll nicht einfach von "*dem* Fortschritt" oder "*dem* Trauma" die Rede sein, vielmehr gilt für den Gebrauch der Begriffe immer der Vorbehalt des jeweiligen Kontextes – getreu der von Sigmund Freud in *Das Unbehagen in der Kultur* formulierten Mahnung:

> Aber man müsste sehr vorsichtig sein, nicht vergessen, daß es sich doch nur um Analogien handelt und daß es nicht nur bei Menschen, sondern auch bei Begriffen gefährlich ist, sie aus der Sphäre zu reißen, in der sie entstanden und entwickelt worden sind (Freud XIV: 1999, 504f)

Die 'archäologische' Restituierung der Sphären, in denen die Besetzungen des Begriffs "Fortschritt" ihren Ausgang genommen haben, ist das Hauptanliegen der nachstehenden Studie: In einer 'pathologischen' *conditio* gilt es den utopischen Überschuss ans Licht zu holen, der mit der Rede vom "Fortschritt" einhergeht und an dem sowohl die von ihr getragenen als auch die von ihr enttäuschten Hoffnungen in ihrer Unhintergehbarkeit manifest werden.

Gilles Deleuze und Félix Guattari unterstreichen den pathogenen Effekt einer sich rückhaltlos dem Primat der Produktion unterwerfenden Moderne. Der Mensch dieser Moderne erscheint in ihrem *Anti-Œdipe* als ein zur Schizophrenie verurteilter, der um seine lebensweltliche Position ringt – angesichts einer zwischen Natur und Industrie (und damit Zivilisation) nicht mehr dialektisch vermittelnden Produktion:

> Ce que le schizophrène vit spécifiquement, génériquement, ce n'est pas du tout un pôle spécifique de la nature, mais la nature comme processus de production. Que veut dire ici processus? Il est probable que, à un certain niveau, la nature se distingue de l'industrie: pour une part elle y puise des matériaux, pour une autre part elle lui restitue ses déchets, etc. Ce rapport distinctif homme-nature, industrie-nature, société-nature, conditionne même dans la société la distiction de sphères relativement autonomes qu'on appellera "production", "distribution", "consommation" (Deleuze / Guattari: 1972 / 1973, 9)

Die Fragmentierung der gesellschaftlichen Prozesse in autonome Einheiten erweise sich indes als reine Illusion: "tout est production", alles ist Produktion. Mit anderen Worten: Die Produktion hat aufgehört, zielgerichtete *poiesis* zu sein; sie ist reiner Selbstzweck geworden (Deleuze / Guattari: 1972 / 1973,

---

1   Eine erste Fassung von *Das Fortschrittstrauma* wurde im September 1999 fertig gestellt und von der Philosophisch-Historischen Fakultät der Universität Augsburg als Habilitationsschrift angenommen (Abschluss des Verfahrens: 16. Februar 2000).

10). Die "schizophrene" Situation des Menschen spitzt sich zu auf die falsche Alternative von monadologischer Autonomie und indefiniter Bewegung – wobei es letztlich gleichgültig bleibt, ob die Autonomie sich als Trug erweist oder nicht: In beiden Fällen ist der Mensch von einer 'gesunden' Lebensweltkonstituierung abgeschnitten, die ihr Vorbild in der zwischen dem Individuellen und Allgemeinen vermittelnden dialektischen Bestimmung von *Bildung* durch Hegel finden mag (Hegel III: 1989, 365, vgl. Kuhnle: 2003a, 108).

Das eigentliche Konstituens von Fortschritt heißt "Bewegung"; doch eine sich verselbständigende Bewegung als die monistische Antwort auf das *Fortschrittsparadox* bedeutet die Negation von Fortschritt durch dessen ureigenstes Prinzip. Die einzige 'Fortentwicklung' ist dann nur noch in der Akzeleration denkbar. Geschwindigkeit und Politik gehen eine unheilige Allianz ein, wobei die Politik zur Erfüllungsgehilfin der – um einen Begriff Paul Virilios zu gebrauchen – "dromocratie" wird, der ubiquitären Herrschaft der Geschwindigkeit, die den Menschen bedroht und nichtsdestoweniger den einzigen noch denkbaren Regressionsraum bereitstellt. Dieser 'Raum' verheißt die scheinhafte Überwindung seiner schizoiden bzw. schizophrenen *conditio*:

> Avec la réalisation d'un progrès de type dromocratique, l'humanité va cesser d'être diverse; pour tomber dans un état de fait, elle tendra à se scinder uniquement en peuples espérant (à qui il est permis d'espérer accéder à l'avenir, au futur, la vitesse qu'ils capitalisent leur donnant accès au possible, c'est-à-dire au projet, à la décision, à l'infini, la vitesse est l'espérance de l'Occident) (Virilio: 1977, 54).

Der von Virilio aufgezeigte Regressionsraum, der letztlich ein Sich-Abfinden mit dem Prozess der Nivellierung aller Lebensbereiche sowie der Reduktion von Subjektivität auf eine Monade zum Zweck einer Mensch und Gesellschaft verschmelzenden totalen (militärischen) Mobilmachung bedeutet, findet sein Vorbild in einer trüben Apokalyptik der verabsolutierten Katastrophe, die etwa das bürgerliche Denken zwischen den beiden *Fins de siècle* beherrschte – und noch immer Gültigkeit beansprucht. Ob Abwehr oder Beschleunigung des katastrophalen Untergangs – in beiden Fällen ist die Feuerhand, die allem Denken und Handeln die Chiffren des Fortschritts einschreibt, Menschenhand. Die Apokalyptik der Moderne steht daher im Zentrum der nachstehenden Untersuchungen.

Den Auftakt – "Jules Verne: das 19. Jahrhundert zu Ende denken" – bildet die Interpretation einer Reihe von Romanen Jules Vernes, in denen die ambivalente Haltung zum Fortschritt deutlich wird, welche die zweite Hälfte des bürgerlichen 19. Jahrhunderts kennzeichnet. Das überwiegend für ein jugendliches Publikum bestimmte Oeuvre propagiert ein 'Entschleunigen' des Fortschritts und ein Bewahren der Geschichte vor dem 'Überhitzen'. Die Studie zum 'Vater' der SF trägt den Untertitel "ein Versuch", denn sie ist bewusst essayistisch konzipiert und sucht am Beispiel von Romanen aus dem Genre der Unterhaltungsliteratur das Thema zu instrumentieren.

Die zweite Studie – "Missbrauchte Apokalyptik" – setzt mit einer theoretischen Erörterung der apokalyptischen Rhetorik ein, um dann in einem historischen Rückblick auf die verzeitlichten Utopien von der Aufklärung bis zum Beginn des 20. Jahrhunderts die Verbindung von Fortschrittsdenken und Eschatologie zu erörtern. Dabei wird auf ein breites Korpus aus der französischen Literatur von der Aufklärung bis weit ins 20. Jahrhundert hinein zurückgegriffen. Die Interpretationen bewegen sich zumeist auf dem Hintergrund des durch den Faschismus auf die Spitze getriebenen 'Missbrauchs' apokalyptischer Rhetorik und verstehen sich daher als ein Beitrag zum Thema "Dialektik der Aufklärung".

Am Anfang der dritten Studie – "Die Austreibung des Fortschritts aus dem Geist der Wissenschaft" – steht eine Auseinandersetzung mit dem von Nietzsche entscheidend geprägten *anthropologischen Pessimismus* des ausgehenden 19. Jahrhunderts. In diesem Kontext wird auch der nicht zuletzt auf Nietzsche rekurrierende Dualismus in der Wissenschaftstheorie erörtert. Der *anthropologische Pessimismus* – der letztlich auf die Tradition der jansenistisch geprägten Moralistik des 17. Jahrhunderts zurückzuführen ist, in der auch Voltaire stand – bezeichnet eine Grundhaltung, die das aufklärerische Postulat von der *perfectibilité* des Menschen zu relativieren trachtete und die unter dem Einfluss neuerer naturwissenschaftlicher Erkenntnisse Theorien von der Dekadenz der abendländischen Kultur entstehen ließ – Theorien, die mit wissenschaftlichem Anspruch auftraten. Als repräsentative Vertreter für einen wissenschaftlich verbrämten Kulturpessimismus werden Max Nordau, Oswald Spengler und auch Sigmund Freud vorgestellt. Die Beharrlichkeit, mit der ein Kulturpessimismus etwa Spenglerscher Prägung über das gesamte 20. Jahrhundert hinweg fortwirken sollte, zeigt das Beispiel der Ethnologen Mircea Eliade und Claude Lévi-Strauss. Den Abschluss dieser dritten Studie bildet ein kritischer Ausblick auf das Innovationsparadigma in der Ästhetik, an dem noch einmal die Dialektik des modernen Fortschrittsdenkens aufgerollt wird.

Unter dem Titel "Messianismus: die jüdische Antwort auf Apokalyptik und Mythos" wird abschließend der Versuch unternommen, die Rückbesinnung jüdischer bzw. vom Judentum geprägter Denker in Deutschland und Frankreich auf einen "säkularen Messianismus" als Reaktion auf den Missbrauch der eschatologischen und mythischen bzw. mythologischen Denkfiguren durch den Faschismus zu deuten. Den Horizont für diese Überlegungen bildet indessen das längst noch nicht abgegoltene Trauma des angebrochenen Millenniums: das Attentat vom 11. September 2001.

I. Jules Verne:
Das 19. Jahrhundert zu Ende denken – ein Versuch

0. Prolegomena

> Mais c'est une œuvre qu'il faut juger dans son ensemble plutôt qu'en détail, et par ses résultats plutôt que par sa qualité intrinsèque. Or, en fait, elle a exercé pendant quarante ans, sur les enfants de ce pays et de l'Europe entière, une influence qu'aucune œuvre n'a certainement égalée. Et cette influence fut bonne dans la mesure où l'on peut juger aujourd'hui. Elle a été, tout à la fois, un instrument d'éducation positive et de développement moral. Elle a propagé, avec le goût de l'aventure, le goût de la recherche scientifique, la confiance dans la force supérieure de la raison. Elle a développé la notion de l'effort, mais utile et sans violence, du succès, mais tempéré par la douceur et l'équité, de l'énergie individuelle, mais asservie à l'intelligence. Elle a instruit et distrait les enfants sans favoriser aucun des instincts mauvais de l'homme (Blum: 1978, 8).

Mit diesen Worten beendet Léon Blum seinen 1905 in *L'Humanité* veröffentlichten Nachruf auf Jules Verne: eine Eloge auf den Autor, dessen Bücher als Klassiker der Kinder- und Jugendliteratur gelten, als Klassiker von festen moralischen Grundsätzen, lehrreich und unterhaltsam – eine Eloge auf ein von bürgerlichen, ja kleinbürgerlichen Werten getragenes Werk, das dem Genre der Unterhaltungs- bzw. Trivialliteratur zugerechnet wird und an dem sich die Geister so wenig scheiden wie an keinem anderen; viele lassen sich noch immer von seinen unzählige Male verfilmten *Voyages extraordinaires* in die Welt der Phantasie entführen; vielleicht noch größer ist die Zahl derer, die sich in ihren Kindheitsträumen von den Romanen Vernes an die Hand nehmen ließen. Der anhaltende Erfolg seiner Bücher dürfte, wie in jedem Werk der Unterhaltungsliteratur, darin begründet liegen, dass sie die residualen Bedürfnisse seiner Leser ansprechen, dass sie Möglichkeiten der Identifikation bieten. Wo diese Voraussetzungen gegeben sind, stellt sich von selbst die Frage nach den ideologischen Implikationen, welche die Faszination befördern, ja erst ermöglichen.

Für manche avanciert Verne sogar zum Propheten. So zieht etwa Michel Serres einen Vergleich zwischen der zum Alptraum mutierten Technik im Spätwerk Vernes und der monströsen Schilderung eines Eisenbahnunfalls, um zu folgendem Schluss zu gelangen:

> Le feu, le jeu, le hasard et la guerre. Le texte s'éparpille comme la violence. Fermé comme une violence gelée par les institutions ou les règles. Ouvert aujourd'hui, comme une violence, en nuage chaud. Le récit explose comme la machine. La forme du nuage atteint la littérature comme elle atteint la science. Et la société (Serres: 1974, 285f).

1. Kapitän Nemo oder der Mythos des 19. Jahrhunderts

Der Roman *20.000 Lieues sous les mers* beginnt mit der Schilderung eines von Seeleuten in aller Welt beobachteten Phänomens, das die Phantasie der Presse und die Neugier der Wissenschaftler erregt, aber auch die Marineeinheiten der Seemächte in Alarmbereitschaft hält: Ein seltsames Unterwassergefährt, das sich mit atemberaubender Geschwindigkeit bewegt, taucht an den verschiedensten Stellen auf, und es kommt zu Zwischenfällen, bei denen Schiffe beschädigt werden. Zunächst bleibt die Frage ungeklärt, ob es sich dabei tatsächlich um ein von Menschenhand geschaffenes Unterwassergefährt oder um einen riesigen Wal handelt. Mit dem Auftrag, das Geheimnis zu ergründen, sticht die *Abraham Lincoln* in See. An Bord befindet sich als wissenschaftlicher Spezialist der renommierte französische Ozeanograph Prof. Aronnax und sein flämischer Diener mit dem Namen – *nomen est omen* – Conseil, der mit seinem unglaublichen Gedächtnis für die Systematik der Meeresfauna auch so etwas wie ein wissenschaftlicher Assistent ist; allerdings erweist er sich als unfähig, von ihm selbst beobachtete Phänomene selbständig nach den Prinzipien der wissenschaftlichen Systematik zu klassifizieren. Als weiterer 'Spezialist' ist auch der kanadische Walfänger Ned Land an Bord, der das geheimnisvolle Untier, von dem Aronnax annimmt, es sei ein Wal, zur Strecke bringen soll. Nach zunächst planloser Fahrt trifft schließlich die *Abraham Lincoln* auf das Unterwasserobjekt. Es kommt zu einer Verfolgungsjagd, und Ned Land versucht es zu harpunieren. Daraufhin geht dieses zum Angriff auf die *Abraham Lincoln* über. Bei der Attacke werden Prof. Aronnax, sein Diener und Ned Land von Bord geschleudert. Schnell geraten sie außer Sichtweite des Schiffes, werden jedoch nach einigen bangen Momenten in der offenen See an Bord des "Monsters" gerettet, das in der Tat ein Unterseeboot ist: die *Nautilus*. Auf ihr führt Kapitän Nemo das Kommando über eine fremdländische Mannschaft, die ihm treu ergeben ist. Die *Nautilus* birgt in ihrem Rumpf einen regelrechten Unterwasserpalast mit prachtvollen Gemächern, in denen ein Museum des Meeres und eine große Bibliothek untergebracht sind. Vom Salon aus hat man durch gepanzerte Scheiben hindurch einen Blick auf die Unterwasserwelt, die Welt Nemos. Das Meer liefert dem Kapitän alle Nahrungsmittel: Aus Fisch und Algen werden köstliche Mahlzeiten kreiert; selbst der vorzügliche 'Tabak' für die Zigarren ist in Wirklichkeit ein aus Meerespflanzen gewonnenes Produkt.

Die Beschreibung der Annehmlichkeiten auf der *Nautilus* und deren Technik dominieren im ersten Teil des Romans. Nemo hat sich ganz vom Leben an Land – und damit von der Gesellschaft – abgewandt. Sein Ziel heißt völlige Autarkie! Die geniale Weiterentwicklung der technologischen Errungenschaften seines Jahrhunderts und deren konsequente Anwendung erlauben es ihm, die unerschöpflichen Rohstoffreserven des Meeres zu nutzen und sein Leben ganz diesem Element anzupassen. Eine Art Wasserstoffzelle sichert die Versorgung mit elektrischer Energie. Für Exkursionen unter Wasser hat Nemo Taucheranzüge mit integriertem Sauerstoffreservoir entwickelt, für die Unterwasserjagd seine Mannschaft mit speziellen Unterwassergewehren ausgerüstet, für seine verstorbenen Matrosen einen eigenen Unterwasserfriedhof angelegt usw. Sein ganzes Streben gilt indes dem Bau einer autarken Unterwasserstadt, die eine ideale Gesellschaft beherbergen soll. Prof. Aronnax und seine beiden Gefährten werden von Nemo wie Gäste bewirtet – und dennoch sind sie seine Gefangenen. Er gewährt ihnen fast überall Zutritt, unter der Bedingung jedoch, dass sie sich zu gegebener Zeit auf seinen Befehl hin widerspruchslos zurückziehen müssen. Auf keinen Fall könne er seine 'Gäste' in die Freiheit entlassen, weil sonst sein Geheimnis nicht mehr gewahrt wäre. Dem Ozeanologen bietet er an, an Bord der *Nautilus* unter besten Bedingungen seinen Forschungen nachzugehen. Nemo selbst fertigt wissenschaftliche Aufzeichnungen an, die aber nicht für die Öffentlichkeit bestimmt sind. Nach seinem Tod sollen sie dem zufälligen Schicksal einer dahin treibenden Flaschenpost überlassen werden. Aronnax gerät in einen Zwiespalt, weil ihm Nemo einen quasi faustischen Pakt in Aussicht stellt: Als 'Initiierter' an Bord der *Nautilus* zu wissenschaftlichen Erkenntnissen zu gelangen, die den Forschern der Welt womöglich noch für Jahrhunderte verschlossen bleiben würden – allerdings um den Preis, den Rest seines Lebens an der Seite Nemos verbringen zu müssen. Der Neigung des leidenschaftlichen Forschers Aronnax steht die Verantwortung des *citoyen* Aronnax für seine Gefährten entgegen, die ihn auf die Ausarbeitung eines gemeinsamen Plans zur Flucht verpflichtet.

Nemo unternimmt mit seinen 'Gästen' eine 20.000 Meilen lange Reise durch die Wunder der Ozeane: Er führt sie in Unterwasserwälder, in die Dunkelheit der Tiefsee, zu unterseeischen Vulkanen, durch einen das Rote Meer mit dem Mittelmeer verbindenden natürlichen Tunnel und nach Atlantis. Höhepunkt der an gefährlichen Abenteuern reichen Reise ist eine dramatische Expedition an den Südpol, auf der die Besatzung der *Nautilus* nur knapp dem Tod im Packeis entrinnt.

Aronnax, der Ich-Erzähler, wird nicht müde in seinen Versuchen, hinter das Geheimnis des Kapitäns Nemo zu kommen. Doch die wenigen biographischen Versatzstücke, die er ihm zu entlocken vermag, fördern immer neue Widersprüche im Wesen dieses Mannes an den Tag: Nemo ist voller Respekt vor der Schöpfung und ein Mahner gegen Raubbau an der Natur; er hat mit der Menschheit an Land zwar gebrochen, erweist sich jedoch als Helfer der Schwachen, indem er etwa einen in Gefahr geratenen Perlentaucher rettet oder dem Boten einer Freiheitsbewegung Schätze zur Finanzierung ihres Kampfes überreicht. Nemo, soviel ist zu erfahren, entstammt einer reichen Familie und verfügt über umfassende Kenntnisse in den Naturwissenschaften ebenso wie in den Künsten. Seine unerschöpflichen finanziellen Mittel und sein genialer technischer Verstand haben es ihm erlaubt, auf einer unbekannten Insel zusammen mit einer Gruppe von Männern, die sich ihm verschworen hatte, die *Nautilus* zu erbauen. Nach der Fertigstellung seines Unterseebootes hat er seine geheime Werft in Flammen aufgehen lassen. In der nur unter Wasser erreichbaren Felsengrotte auf einer anderen Insel befindet sich der Heimathafen, der zur Versorgung und Wartung der *Nautilus* dient. Bald mehren sich die Anzeichen dafür, dass Nemo seine *Nautilus* auch als das Werkzeug eines persönlichen Rachefeldzugs konzipiert hat, deren Ursache Aronnax nicht zu ergründen vermag. Einmal werden die 'Gäste' eingesperrt; kurz darauf erschüttert ein heftiger Stoß die *Nautilus*. Nach dieser offensichtlichen Kollision mit einem anderen Schiff bittet Nemo Aronnax, ihm bei der medizinischen Versorgung eines schwer verwundeten Mannschaftsmitglieds behilflich zu sein. Als der Matrose seinen Verletzungen erliegt, wird Nemo von einer tiefen Trauer befallen.

Erst am Ende des Romans soll der aufkommende Verdacht Gewissheit werden: Nemo hat es sich zum Ziel gesetzt, britische Kriegsschiffe zu versenken. Aronnax und seine Gefährten werden Zeugen eines solchen mit gnadenloser Brutalität geführten Angriffs: In blinder Wut rammt er mit der *Nautilus* eine britische Fregatte und reißt sie zusammen mit ihrer kompletten Mannschaft in die Tiefe. Daraufhin beschließen die drei Gefangenen an Bord der *Nautilus*, um jeden Preis die Flucht zu wagen. Als das Unterseeboot vor der norwegischen Küste in einen Mahlstrom gerät, können sie mit einem Beiboot entkommen. Knapp dem Tod entronnen, zieht Aronnax sein Fazit:

> Tous ces événements passèrent devant mes yeux, comme ces toiles de fond qui se déroulent à l'arrière-plan d'un théâtre. Alors le capitaine Nemo grandissait démesurément dans ce milieu étrange. Son type s'accentuait et prenait des proportions surhumaines. Ce n'était plus mon semblable, c'était l'homme des eaux, le génie des mers (VLSM 609).[2]

L'Ile mystérieuse kann als die Fortsetzung von *20.000 Lieues sous les mers* angesehen werden, obwohl Kapitän Nemo erst am Ende des langen Romans in Erscheinung tritt. Die Handlung beginnt zur Zeit des Amerikanischen Bürgerkriegs. Fünf Männer fliehen mit einem entwendeten Ballon aus der von den Truppen Grants umzingelten Stadt Richmond, wo sie von den Konföderierten festgehalten werden: der Ingenieur Cyrus Smith, der Seemann Pencroff, der Journalist Gédéon Spilett, der Schwarze Nab und der junge Harbert. Nach einer fünftägigen Reise werden sie von einem Sturm auf eine einsame Insel getrieben, wo sie mit ihrem Ballon stranden. Völlig auf sich gestellt und vorerst ohne Aussicht auf Hoffnung beginnen sie sich auf der Insel einzurichten. Die Vegetation ist üppig und im Urwald finden sie Früchte und Wasser. In einer Felsenhöhle, die sie *Granite-house* taufen, richten sie sich eine gemütliche Wohnstatt ein. Unter der Leitung des genialen Ingenieurs Cyrus Smith gelingt es ihnen schnell, mit ein paar zufällig gefundenen Getreidekörnern die

---

2 Jules Verne: *Vingt mille Lieues sous les mers* (Verne: 1995a), 1869 erstmals veröffentlicht; im weiteren Text zitiert mit der Sigle VLSM.

Insel urbar zu machen. Mit primitiven Mitteln schaffen sie sich Werkzeuge, bauen Möbel, und Smith gelingt es sogar, nicht nur einen Brennofen für Ziegel, sondern auch einen Schmelzofen für Eisen herzustellen. Auf wundersame Weise gelangt auch eine Kiste als Strandgut ans Ufer, in der sie Waffen und Werkzeug finden. Nachdem sie sich eingerichtet haben, erkunden sie die Insel. Ihren Bergen, Wasserläufen und Buchten geben sie Namen. In der Hoffnung auf den Sieg der Gerechtigkeit in den fernen USA taufen sie die Insel *Lincoln Island*. Sie bauen auch ein Boot, das allerdings zu klein ist, um damit die Fahrt auf die offene See zu wagen. Das Projekt zum Bau eines hochseetauglichen Schiffes wird bis auf weiteres verschoben. Der umsichtige Ingenieur will nichts übereilen und erst die Voraussetzungen für eine kleine Werft schaffen. Dank seiner Genialität durchläuft die kleine Gemeinschaft einen regelrechten Prozess der Zivilisation. Außer den fünf Männern gehören zu ihr noch ein intelligenter Affe, den sie auf der Insel aufgelesen haben und der sogar einfachere Arbeiten verrichten kann, sowie ein Hund. Eines Tages finden sie eine Flaschenpost mit dem Hilferuf eines vermeintlich Schiffbrüchigen, der auf einer nahe gelegenen Insel festsitzt. Mit ihrem Boot wagen sie sich auf diese Insel und finden den halbverwilderten Ayrton vor. Sie nehmen ihn mit, um ihn in ihre Gemeinschaft zu integrieren. Er will aber nicht mit ihnen in *Granitehouse* wohnen. Erst langsam legt er seine Scheu ab und erzählt den Bewohnern von *Lincoln Island*, die sich inzwischen als Kolonisten fühlen, seine furchtbare Geschichte. Er hatte sich ein schweres Verbrechen zuschulden kommen lassen, worauf er für mehrere Jahre auf der Insel ausgesetzt wurde. Die *Duncan* (vgl. *Les Enfants du capitaine Grant*), ein Schiff, das seinen Opfern gehört, sollte ihn eines Tages wieder abholen. In der Einsamkeit verwahrloste er inzwischen völlig und drohte dem Wahnsinn zu verfallen. Nachdem er seine Geschichte erzählt hat, legt er sein Schicksal in die Hände der Kolonisten. Als diese sehen, dass seine Reue aufrichtig ist, nehmen sie ihn in ihre Reihen auf. Schon bald bewährt er sich durch Heldenmut, vor allem als ein Piratenschiff *Lincoln Island* bedroht. Das Genie Smith, dem es auch gelingt, Sprengstoff herzustellen, organisiert die Verteidigung der Insel. Die Lage scheint dessen ungeachtet aussichtslos. Im letzten Augenblick explodiert das Piratenschiff – offensichtlich von einem Torpedo getroffen. Doch woher kommt diese plötzliche Hilfe? Der Schuss ist nur eines der vielen merkwürdigen Phänomene, die den Kolonisten auf der Insel begegnen, wo sie ansonsten ein völlig unspektakuläres, den Alltagsverrichtungen zugewandtes Leben führen. Das erste Rätsel stellte sich bereits nach ihrem Schiffbruch: Wie kam es, dass der ohnmächtig gewordene Ingenieur in sicherer Entfernung vom Ufer aufwachte? Weitere seltsame Begebenheiten folgten, doch immer brachten sie den Schiffbrüchigen Hilfe. So war es offensichtlich kein Zufall, dass die Kiste mit Geräten angespült wurde. Auch schwört Ayrton, er habe die Flaschenpost nicht geschrieben; die Anzeichen mehren sich, dass sich jemand wiederholt auf unbekanntem Weg Zutritt zu der Höhle verschafft. Weitere Zwischenfälle dieser Art folgen. Die Versuche, das Geheimnis der Insel zu ergründen, müssen aber wegen verstärkter vulkanischer Aktivitäten zurückgestellt werden. Die Gruppe setzt nun ihre ganze Energie in den Bau eines Schiffes, mit dem sie die Insel verlassen kann. Allerdings haben sie geschworen, auf diese wieder zurückzukehren, um sie den Vereinigten Staaten einzugliedern.

Bald darauf werden die Schiffbrüchigen über ein kompliziertes System von Zeichen und Vorkehrungen in das Innere des Vulkanmassivs geleitet, wo sie in einer mit Meerwasser gefüllten Grotte ein Unterseeboot entdecken: die *Nautilus*. Sie gehen an Bord, wo sie der inzwischen zum Greis gealterte und im Sterben liegende Kapitän Nemo empfängt. Smith erkennt den Kapitän sofort, denn er hat Kenntnis vom Bericht des Professors Aronnax. Nemo erzählt seinen Gästen das Geheimnis der Insel: Sie ist der Heimathafen seiner *Nautilus*. Durch eine plötzlich eingetretene Gesteinsverschiebung war sie in der Felsengrotte festgesetzt worden. Nach und nach starben die letzten Mitglieder der Mannschaft, und Nemo sollte allein zurückblieben. Das Rätsel um die Person Nemos wird nunmehr gelüftet: Er entstammt einem reichen indischen Aristokratengeschlecht. Nachdem die Truppen der Kolonialmacht England seine Familie ausgelöscht hatten, gelang ihm die Flucht mit einem großen Vermögen, das ihm den Bau der *Nautilus* erlaubte. Den Engländern schwor er auf immer Rache – so sollte es zu dem in *20.000 Lieues sous les mers* geschilderten gnadenlosen Angriff kommen. Die Unabhängigkeitsbewegungen der Welt unterstützte er im Kampf gegen ihre Kolonialherren. Der Gruppe um Cyrus Smith half er wegen ihrer Rechtschaffenheit. Den Ingenieur betrachtet er als einen ihm Ebenbürtigen, weshalb er bei ihm kurz vor seinem Tod noch eine Lebensbeichte ablegt, von deren Inhalt der Leser indes nichts erfährt. Ihm überreicht er auch eine Schatulle mit wertvollen Edelsteinen mit dem Auftrag, dieses Kapital für einen guten Zweck einzusetzen. Wenig später entschläft Nemo, und Smith erfüllt mit seinen Leuten den letzten Wunsch des Kapitäns: Die *Nautilus* wird geflutet und verschwindet auf immer mit all ihren Schätzen an Bord in der Tiefe der Grotte.

Die Situation auf der Insel wird nun prekär. Die vulkanischen Aktivitäten nehmen zu, und die Kolonisten arbeiten in einem gnadenlosen Wettlauf mit der Zeit an der Fertigstellung ihres Bootes. Doch der Vulkan kommt ihnen zuvor. In einer gewaltigen Explosion sprengt er die Insel in die Luft, und ihre Trümmer versinken im Meer. Die Gruppe findet zwar noch Zuflucht auf einem Felsen in der Meeresbrandung, doch die Lage scheint aussichtslos. Da taucht im letzten Augenblick die *Duncan* am Horizont auf.

In die Vereinigten Staaten zurückgekehrt, gründen die Schiffbrüchigen mit dem Vermögen, das ihnen Kapitän Nemo hinterlassen hat, eine Kolonie, der sie den Namen *New Lincoln* geben. Es ist das Vermächtnis eines Mannes, dessen außergewöhnliches Wesen Smith bereits ahnte, bevor sich das Geheimnis der Insel offenbaren sollte:

> [...] si l'intervention d'un être humain n'est plus douteuse pour nous, je conviens qu'il a à sa disposition des moyens d'action en dehors de ceux dont l'humanité

dispose. Là est encore un mystère, mais si nous découvrons l'homme, le mystère se découvrira aussi (IM 659).³

20.000 Lieues sous les mers erschien erstmals 1869, also in der Endphase des Zweiten Kaiserreiches, *L'Ile mystérieuse* 1874, während der ersten Jahre der Dritten Republik. Unter der Ägide von Napoleon III. war die Industrialisierung Frankreichs forciert worden; die Dritte Republik übernahm deren Fortschrittsoptimismus. In der Aufbruchstimmung nach der Niederlage von 1871 macht Siegfried Kracauer eine Synthese von den wirtschaftlichen Errungenschaften des untergegangenen Zweiten Kaiserreichs und der Rückbesinnung auf die Aufklärung aus:

> Getragen vom Rationalismus des 18. Jahrhunderts und der wissenschaftlichen Entwicklung unter Napoleon III. breitete sich eine rührende Wissenschaftsgläubigkeit aus, die dem geschlagenen Land zur Stütze wurde. Das Bewusstsein von der Allmacht der Wissenschaft bannte die Verzagtheit, ermöglichte die Bildung einer neuen, vom Adel der Geburt unabhängigen Eliteschicht und diente den von Gambetta geführten Republikanern als Waffe im Kampf gegen die Klerikalen (Kracauer: 1976, 306).

In dieser Zeit des Auf- und Umbruchs entstanden die großen Romane Vernes – ein Werk, auf das sich nach und nach auch die langen Schatten der bevorstehenden Jahrhundertwende legen sollten. Und keine literarische Gestalt hat den 'Mythos des 19. Jahrhunderts' wohl besser verkörpert als Kapitän Nemo.

Das Schicksal des geheimnisvollen Herrschers über die Tiefen der Ozeane reflektiert die *conditio* eines nach Emanzipation und Autonomie drängenden Individuums, das auf ein immer enger geknüpftes Netz von gesellschaftlichen und ökonomischen Determinanten trifft – und dessen Phantasie daher nach der Weite des Meers strebt.

> La mer libre devait compenser toutes les contraintes sociales religieuses, morales, toutes les oppressions politiques et économiques et jusqu'aux limites des lois physiques dues à la pesanteur terrestre, à l'exiguïté continentale. Mais le droit à la mer est en fait devenu très rapidement le droit au crime, à une violence libérée elle aussi de toute contrainte... (Virilio: 1977, 49).

---

3 J. Verne: *L'Ile mystérieuse* (Verne: 1995b); 1874 erstmals veröffentlicht; im weiteren Text zitiert mit der Sigle IM.

1.1. Der letzte Romantiker: Prometheus-Nemo

Kapitän Nemo strahlt eine numinose Aura aus, die den Chronisten der Ereignisse während der 20.000 Meilen langen Reise unter den Meeren in seinen Bann schlägt. Professor Aronnax sieht sich mit dem Rätsel des Kapitäns Nemo konfrontiert, als dieser ihm in einem Anflug von Zorn erklärt, er habe, aus Gründen, die nur ihn, Nemo, etwas angingen, mit der menschlichen Gesellschaft gebrochen:

> J'ai rompu avec la société tout entière pour des raisons que moi seul j'ai le droit d'apprécier. Je n'obéis donc point à ses règles, et je vous engage à ne jamais les invoquer devant moi. Ceci fut dit nettement. Un éclair de colère et de dédain avait allumé les yeux de l'inconnu, et dans la vie de cet homme, j'entrevis un passé formidable. Non seulement il s'était mis en dehors des lois humaines, mais il s'était fait indépendant, libre dans la plus rigoureuse acceptation du mot, hors de toute atteinte! Qui donc oserait le poursuivre au fond des mers, puisque, à leur surface, il déjouait les efforts tentés contre lui? Quel navire résisterait au choc de son monitor sous-marin? Quelle cuirasse, si épaisse qu'elle fût, supporterait les coups de son éperon? Nul, entre les hommes, ne pouvait lui demander compte de ses œuvres. Dieu, s'il y croyait, sa conscience, s'il en avait une, étaient les seuls juges dont il pût dépendre (VLSM 96).

Nemo hat sich unabhängig gemacht, frei – "dans la plus rigoureuse acceptation du mot". Mit seinem Unterseeboot, der *Nautilus*, die sein Geschöpf ist, vermag er allen Angriffen zu trotzen. Die *Nautilus* verkörpert seine Welt: In und durch sie wird er unverwundbar und damit zum völlig autonomen Individuum, das sich über alle Gesetze hinwegsetzt. Die Wendung "einzig vor Gott verantwortlich" deutet hier auch auf die Hybris hin, sich "einzig Gott ebenbürtig" zu wähnen. Nemo ist nicht zuletzt deshalb ein außergewöhnliches Individuum, weil er sich über die Arbeitsteilung erhebt, weil er selbst *einen* Prozess der Zivilisation vollendet hat:

> Voilà le navire par excellence! Et s'il est vrai que l'ingénieur ait plus de confiance dans le bâtiment que le constructeur, et le constructeur plus que le capitaine lui-même, comprenez donc avec quel abandon je me fie à mon *Nautilus*, puisque j'en suis tout à la fois le capitaine, le constructeur et l'ingénieur (VLSM 111f).

Damit verkörpert die Gestalt des Kapitäns eine mögliche Antwort auf das *Fortschrittstrauma*: In der Personalunion von Ingenieur, Konstrukteur und Kapitän beherrscht Nemo die Technik; er kann von ihr nicht mehr überrollt und entmachtet werden – in dieser Personalunion ist er eine moderne Verkörperung der mythologischen Gestalt des Vulcanus (Hephaistos), der für das Feuer und die menschliche Herrschaft über das Feuer stand. Vulcanus war der 'Patron' der Schmiede – oder, in die Sprache des 19. Jahrhunderts übertragen, der *industrie*. Allein einem Nemo scheint der Versuch zu gelingen, die Schere zu schließen, die sich auftut zwischen der – von Menschenhand erschaffenen – Technik und der Fähigkeit des Menschen, Menschenwerk vollständig zu beherrschen. Sein Schicksal wird aber auch zum mahnenden Exempel wider die Gewalt der vom Menschen entfesselten Produktivkräfte, deren Werk der Zerstörung dennoch stets Menschenwerk bleiben wird.

Bereits in der antiken Tradition hatte Vulcanus (Hephaistos) den Titanen Prometheus als Gottheit der *industrie* abgelöst. Die von Verne erschaffene Gestalt des Kapitän Nemo nun nimmt die aus den Sagenkomplexen Prometheus und Hephaistos hervorgegangenen Mythologeme in sich auf. Damit erweist sich die Gestalt in ihrer mythologischen Besetzung als weit reichend: Nemo ist der Vollender des Prometheus-Mythos, in dem sich das bürgerliche 19. Jahrhundert wieder fand. – "Wie mit keiner anderen Epoche vergleichbar, hat es sich im Titanen und an ihm verstanden – und nicht nur an seiner ästhetischen Allegorese" (Blumenberg: 1990, 607). Doch mit dem Schicksal Nemos wird auch ein Abgesang auf den Mythos angestimmt: Das Zeitalter der Titanen scheint definitiv zu Ende.

Prometheus, der den Menschen das Feuer brachte, gilt als der Stifter von Zivilisation und Kultur schlechthin, aber auch als Kämpfer gegen Unterdrückung und Herausforderer der (göttlichen) Mächte. Der Prometheusmythos wurde auf Diderot, der das Licht der Aufklärung den Menschen gebracht habe, ebenso projiziert wie auf Napoleon (vgl. Michelet: 1866, 437f; Blumenberg 1990, 611).[4] Das Tafelsilber an Bord der Nautilus trägt übrigens ein mit dem Wahlspruch *mobilis in mobili* umrandetes N! Nemo selbst hat die *Nautilus* zu einem Ort der Kultur ausgestaltet; er kämpft für die Unterdrückten der Erde; er fordert die Großmächte mit einem Gefährt heraus, dessen Konstruktion nur ihnen, wenn nicht gar Gott selbst, zuzutrauen gewesen wäre, und er endet schließlich an Bord seines in einer Felsengrotte festsitzenden Unterseebootes.

An Nemo erfährt das allegorische Bild von den Geiern, die einst die Leber des an die Felsen des Kaukasus geketteten Titanen fraßen, seine Konkretisierung: Die Einsamkeit in und mit seiner Geschichte zehrt an dem Kapitän. Eine 'Erlösung' erfährt Nemo schließlich, indem er sich kurz vor seinem Tod einem ihm Ebenbürtigen anvertraut, dem amerikanischen Ingenieur Cyrus Smith, dessen Familienname auf jenen Beruf verweist, für den Prometheus (und Hephaistos) als 'Patron' steht.

Mit Prometheus ist ein mannigfacher Motivkomplex verbunden, der diesen Mythos zu einem wahrhaft anthropologischen erhebt. Der Stifter des Feuers hat dem Menschen ein ebenso kreatives wie destruktives Potential in die Hände gelegt: "Il [le feu] est cuisine et apocalypse" (Bachelard: 1986, 19). Mit seiner Tat hat Prometheus die Götter herausgefordert und ist zum Mythos von den souveränen, vom Menschen selbst hervorgebrachten Weltentwürfen avanciert. Die "Bearbeitung" – im Sinne von Hans Blumenbergs *Arbeit am Mythos*

---

4   NB: Dem Kaiser Napoleon I. wurde ein Unterseeboot vorgeführt, das zur Eroberung Englands eingesetzt werden sollte: die *Nautile* (vgl. Dekiss: 1999, 130).

– des Mythologems Prometheus mündet schließlich auch in die Identifikation des Titanen mit dem Intellektuellen; so misst Gaston Bachelard dem "Prometheuskomplex" in der geistigen Entwicklung des Individuums eine dem Ödipuskomplex in Ontogenese und Religionsstiftung vergleichbare Universalität bei:

> Nous proposons donc de ranger sous le nom de *complexe de Prométhée* toutes les tendances qui nous poussent à *savoir* autant que nos pères, plus que nos pères, autant que nos maîtres, plus que nos maîtres. [...] Le complexe de Prométhée est le complexe d'Œdipe de la vie intellectuelle (Bachelard: 1986, 26f).

Das aus einer Bearbeitung des Prometheus-Stoffes hervorgegangene Trivialmythologem Nemo dokumentiert besonders augenscheinlich, welche Bedeutung der Ausgangs-Mythos im Bewusstsein des 19. Jahrhunderts angenommen hat. Wie Prometheus begeht auch Nemo einen die höheren Mächte herausfordernden Frevel und erobert ein dem Menschen fremdes und feindliches Element: das Meer und seine Tiefen (vgl. Blumenberg: 1993, 13f). Und die Gestalt des Kapitäns Nemo ist nicht eine bloße Variante des antiken Mythenstoffes; vielmehr kann an ihr die Intensität ermessen werden, mit der das Mythologem im 19. Jahrhundert eine aneignende Bearbeitung erfahren hat:

> Nicht die Überfülle der Belege macht die Affinität des Jahrhunderts zur Gestalt des Prometheus so eindrucksvoll, sondern die gesteigerte Intensität der Arbeit an seinem Mythologem, die sich am Grad der Verformungen, der Revisionen, der Gattungswechsel, des gewaltsamen Drängens auf endgültige Ununterbietbarkeit ablesen läßt. Auch gibt es, als Nachweise für die in der Beziehung steckende Energie, so etwas wie Besetzungszwang: wer sich nicht selbst Prometheus nannte, überließ es einem anderen, dies zu tun (Blumenberg: 1990, 609).

Die von Verne an der Gestalt des Kapitäns Nemo geleistete 'Arbeit' an Prometheus enthält zugleich die Negation der geschichtsphilosophischen Besetzungen dieses Mythos. Unüberschaubar sind die Belege im 19. Jahrhundert, die Napoleon mit Prometheus identifizieren (vgl. Blumenberg: 1990, 609). So stellt Victor Hugo angesichts der Niederlage von Waterloo, in der er ein historisch notwendiges Scheitern an der Schwelle zum 19. Jahrhundert erkennt, die rhetorische Frage: "[...] ce cocher titanique du destin n'était-il plus qu'un immense casse-cou?" (Hugo: 1951, 325). Und eine Gleichsetzung des Empereurs mit dem Titanen Prometheus darf sicherlich auch Hegels Rede von Größe und Untergang Napoleons unterlegt werden: "Keine größeren Siege sind je gesiegt, keine genievolleren Züge je ausgeführt worden; aber auch nie ist die Ohnmacht des Sieges in einem helleren Lichte erschienen als damals" (Hegel XII: 19989, 114). Es ist diese Widersprüchlichkeit und Tragik Napoleons, die das von Verne 'bearbeitete' Prometheus-Mythologem in sich aufnimmt.

Wie der französische Kaiser stirbt Kapitän Nemo auf einer Insel. War Napoleon noch die herausragende Gestalt, der Prometheus der Weltgeschichte, so steht das N bei Nemo für *niemand* – mit dieser Umdeutung des N in *niemand* wird schließlich die Bedeutung von Geschichte negiert.

Als Kapitän der *Nautilus* ist Nemo in *20.000 Lieues sous les mers* der entfesselte Prometheus. Aber seine Gestalt wird von Verne weiter ins Dämonische gesteigert, indem er um den Prometheus-Stoff noch andere Mythologeme gruppiert, die im bürgerlichen Bewusstsein ihren Sitz gefunden haben. Als ruhelos auf bzw. unter den Weltmeeren Kreuzender, nimmt Nemo auch Züge des Fliegenden Holländers an, dessen Fluch es ist, zu ewiger Unrast und Heimatlosigkeit verdammt zu sein, jenes Gespenstes, das diesen Fluch auf alle überträgt, die seinen Weg kreuzen (Frank: 1989a, 54) – ein solches Schicksal ereilt auch Professor Aronnax und seine beiden Gefährten. Neben dem Fliegenden Holländer sind an seiner Gestalt unschwer auch Stoffe wie die des Doktor Faustus oder des 'Ewigen Juden' Ahasverus auszumachen. Diese synkretistische Bearbeitung unterschiedlicher Mythologeme an einer Gestalt folgt im Prinzip einem Verfahren, das Jean-Pierre Vernant an der *Theogonie* Hesiods exemplifiziert:

> Les thèmes, les épisodes, les figures mythiques qu'il a retenus ou retouchés s'ajustent, au fil de sa narration, comme les éléments d'un message unique dont le poète veut communiquer à la fois la signification globale et la riche complexité (Vernant: 1992, 209).

Es ist die analog hierzu verfahrende synkretistische Vereinigung von Mythologemen, die Nemo zu *dem* – wenn auch, zugegebenermaßen, trivialen – Mythologem macht, in dem sich das 19. Jahrhundert wieder findet, ein Mythologem, das seine "signification globale" und "riche complexité" den in ihm vereinten Ideologemen verdankt, wodurch schließlich bei Verne Nemo-Prometheus zu einem gelungenen Kunst-Mythos (bzw. Kunst-Mythologem) wird. Für den Kunst-Mythos gilt dasselbe wie für den Ausgangsmythos, der an ihm durchscheint: "[...] le mythe reste mythe aussi longtemps qu'il est perçu comme tel" (Lévi-Strauss: 1985, 248).

Nemos Reich ist von einer radikalen Geschichtslosigkeit, in die auch das Bildungsgut der Menschheit eingebettet ist: An Bord der *Nautilus* findet sich eine wohl sortierte Bibliothek, die ausschließlich Titel aus den Bereichen Literatur, Ethik und Naturwissenschaft aufweist – jedoch kein einziges Werk zur "économie politique". Die Bibliothek Nemos spiegelt die Hinwendung ihres Besitzers zu überzeitlichen Werten wider:

> J'étais un chercheur avide, un fureteur infatigable, et j'ai pu réunir quelques objets d'un haut prix. Ce sont mes derniers souvenirs de cette terre qui est morte pour moi. A mes yeux, vos artistes modernes ne sont déjà plus que des anciens; ils ont deux ou trois mille ans d'existence, et je les confonds dans mon esprit. Les maîtres n'ont pas d'âge. – Et ces musiciens? dis-je, en montrant des partitions [...]. – Ces musiciens, me répondit le capitaine Nemo, ce sont des contemporains d'Orphée, car les différences chronologiques s'effacent dans la mémoire des morts – et je suis mort [...] (VLSM 111f).

Nemo ist von einer Melancholie befallen, die an La Bruyères Rückschau auf die Antike erinnert (La Bruyère: 1951, 11), und sagt von sich (und damit auch von seiner Mannschaft), er sei tot, womit er sich selbst in die mythische Tradition des Fliegenden Holländers einordnet. In seinem 'Totenreich' jedoch, wo die historische Dimension Zukunft gebannt ist, erhält das Bildungsgut der Menschheit eine 'Stofflichkeit', die – so das Paradox – von einer immateriellen Natur ist; es ist von der konstanten 'Stofflichkeit', die dem Mythos durch all seine Bearbeitungen hindurch zugesprochen wird und die das Mythische an Prometheus-Nemo ausmacht: "Ikonische Konstanz ist in der Beschreibung von Mythen das eigentümliche Moment" (Blumenberg: 1990, 165). So ist zu verstehen, dass in Nemos 'Totenreich' die *modernes* bereits zu *anciens* geworden sind und große Komponisten wie Wagner als Zeitgenossen des mythologischen Sängers Orpheus erscheinen. Die Bibliothek ist Teil des quasi-mythischen Raumes, in dem Nemo-Prometheus wirkt. Hier begegnet dem Leser das Bild eines melancholischen Prometheus, der nur noch einen "avenir barré" (vgl. Minkowski: 1988, 284) kennt.

Nemo sagt von sich, er sei immer ein Amateur gewesen. Seine wissenschaftliche Arbeit und sein Sammeln formen den Stoff seiner Erinnerungen, Erinnerungen an ein Dasein als Dilettant, der jedoch – um es mit Goethes Worten auszudrücken – den Fehler eines jeden Dilettanten ins Positive zu wenden vermocht hat: "Phantasie und Technik unmittelbar verbinden zu wollen" (Goethe XII: 1981, 481). Nemo hat zu der ausübenden Kraft gefunden und seine Phantasie mit Hilfe der Technik in die Wirklichkeit getragen: Sein Werk ist die vollendete *poiesis*. Die von Nemo vollbrachte Verbindung von Phantasie und Technik (hier durchaus in der etymologischen Bedeutung von gr. *techne* zu verstehen) führte jedoch nicht über die hoch spezialisierte und meisterhafte Beherrschung einer einzigen künstlerischen oder handwerklichen Fertigkeit, sondern über die *setzende* Phantasie des Ingenieurs und das daraus resultierende Verfügen über die Mittel von Naturwissenschaft und Technik in der Praxis. Auf diese Weise ist es ihm gelungen, seine eigene Welt, seine eigene Zivilisation, zu schaffen: die Welt der *Nautilus*, jenes Gefährts, dessen Realisierung man allenfalls einer politischen Macht zugetraut hätte (VLSM 15). Nemo selbst ist ein großer Bewunderer von Ferdinand Lesseps, dem Erbauer des 1869 (sic!) eingeweihten Suezkanals, der dieses Projekt über alle Widerstände hinweg einzig durch "le génie de la volonté" durchgesetzt habe: "Et il est triste de penser que cette œuvre, qui aurait dû être une œuvre internationale [...] n'aura réussi que par l'énergie d'un seul homme" (VLSM 345). Dem Erbauer des Suezkanals zeigt sich Nemo ebenbürtig, weil er – "Hasard et raisonnement [...], raisonnement plus que hasard" (VLSM 347) – bei Suez einen natürlichen Tunnel entdeckt hat, der das Rote Meer mit dem Mittelmeer verbindet. Und selbst dort, wo der reine Zufall zu wirken scheint, erhält dieser, wenn er Nemos Zwecken dient, providentiellen Charakter. So war es der Zufall, der Nemo eine als Heimathafen für die *Nautilus* geeignete Insel finden ließ: "Le hasard me l'a fait découvrir, et, en cela, le hasard m'a bien servi" (VLSM 431).

Die Gestalt Nemos verkörpert einen ins Geniehafte getriebenen Dilettantismus: Zum einen entzieht er sein hochinnovatives technisches Potential dem verwertenden Zugriff der menschlichen Gemeinschaft, was gleichbedeutend ist mit der Weigerung, seine Errungenschaft in den Dienst eines Profitstrebens zu stellen; zum anderen tilgt er an seinem Werk jede Spur von Arbeit.

Nichts deutet darauf hin, dass Nemo, der auch ein begnadeter Musiker ist, von Hause aus zum Ingenieur berufen war; was der Leser über seinen Bildungsgang an den großen Universitäten erfährt, lässt ein *studium generale* vermuten. Nemo ist sowohl Universalgelehrter als auch ein universaler Praktiker, wodurch sein Dilettantismus sich ins Dämonische steigert, gerade weil er mit seiner Universalität den geheimen Wunsch eines jeden Dilettanten realisiert, jenen Wunsch nach Größe und Autonomie, welcher der Ohnmacht des Individuums in einer Welt der zunehmenden Arbeitsteilung entspringt. Sein Werk, die *Nautilus*, ist das Produkt einer autonomen *poiesis* mit einem ähnlichen Anspruch wie das zum Gesamtkunstwerk getriebene Œuvre Wagners, das Theodor W. Adorno mit "jenem Typus von Konsumgütern des neunzehnten Jahrhunderts" vergleicht, "der keinen höheren Ehrgeiz kennt, als jegliche Spur der Arbeit zuzudecken – vielleicht weil diese Spur noch allzu vehement an gefühltes Unrecht, an die Aneignung fremder Arbeit erinnert hätte" (Adorno XIII: 1997, 80). Und interpretiert man die *Nautilus* primär als eine ästhetische Erscheinung, lässt sich auch noch eine andere Äußerung Adornos zur Kunst Wagners auf sie anwenden:

> Indem die ästhetische Erscheinung keinen Blick mehr durchläßt, auf Kräfte und Bedingungen ihres realen Produziertseins, erhebt ihr Schein als lückenloser den Anspruch des Seins (Adorno XIII: 1997, 80).

Für sein titanisches Projekt hatte Nemo sich eine unbekannte Insel ausgesucht, auf der er die Produktionsstätten für sein Unterseeboot errichten ließ, um sie nach Fertigstellung der *Nautilus* wieder zu vernichten. Ebenfalls fernab jeder menschlichen Gesellschaft hat er die Einrichtungen zur Versorgung und Wartung der *Nautilus* untergebracht. Diese erscheint nunmehr als ein von numinosen Kräften beseeltes Ungeheuer auf den Meeren; in Wirklichkeit ist sie nichts anderes als ein fetischisiertes Fertigprodukt, das sich zur Phantasmagorie steigert. In Nemo finden sich somit die Aporien des bürgerlichen Bewusstseins zur Zeit der entfalteten und immer schneller fortschreitenden Industrialisierung hineinprojiziert: Der Kult der Produktivität bei gleichzeitiger Tilgung der Spuren von Arbeit am Endprodukt. Nur einer prometheischen Gestalt ist es tatsächlich möglich, diese Leistung zu vollbringen. Doch bei genauerem Hinsehen decouvriert sich Prometheus auch hier als der ins Geniehafte getriebene Dilettant, der es versteht, die Arbeitsteilung dergestalt zu organisieren, dass diese in keinem Moment *seine* Autonomie antastet – und dass sich kein einzelnes Glied dieser ihm unterstellten Organisation je als unentbehrlich herausstellen würde. Der Vergleich mit Wagner mag kühn erscheinen, doch lässt er sich noch weiter fortschreiben. Die *communis opinio* zur Zeit Vernes hat den deutschen Komponisten längst zum letzten großen Romantiker gekürt. Und auch Nemos Melancholie kann als ein Abgesang auf die Romantik in all ihren Aporien gelesen werden. Von den Romantikern hat er das Perhorreszieren der auf Profitmaximierung ausgerichteten Bourgeoisie, welche durch das kapitalistische System die technologische Innovationsverdichtung erst ermöglicht hat; er ist auch Repräsentant einer patriarchalisch gesinnten Feudalaristokratie, die ihre Macht eingebüßt hat. Unterstrichen wird dies noch durch seine indische Herkunft: Die imperialistische Großmacht England hat ihn vertrieben und seine Familie ausgelöscht (vgl. Neuschäfer: 1976, 141); sein Engagement für Unabhängigkeitsbewegungen, seine Selbststilisierung zum Napoleon der Tiefsee sind von der Nostalgie einer ritterlichen Aristokratie geprägt... – kurz: In der Melancholie Nemos scheint *le mal du siècle* in seiner ganzen Bedeutungsdimension auf.

Der Outlaw, der über ein Millionenvermögen verfügt, das nicht aus einer Wert schöpfenden Tätigkeit stammt, verwirklicht nichtsdestoweniger den Traum des bürgerlichen Individuums – sein Unterseeboot "ist das Paradigma bürgerlicher Unabhängigkeit" (Innerhofer: 1997, 28). Mit der Gestalt des Outlaws drück Verne sein bürgerliches Publikum wieder in sein Sofakissen zurück, von wo aus es sich ohnmächtig von seiner *conditio oeconomica* wegträumt – in der Gewissheit, dass scheitern muss, wer wirklich wagt, und dass der Scheiternde sich außerhalb jener Sphäre vermeintlicher Sicherheit bewegt, welche die Welt des philiströsen Bürgers ausmacht: die Welt, die sich nach einem großbürgerlich-aristokratischen Interieur sehnt – jene Welt, die mit dem Tod Nemos obsiegt. Seine Welt war die Welt des Abenteuers, in welcher der entfesselte Zufall regiert und eine eigene, spannungsgeladene Zeitlichkeit entstehen lässt, eine Welt, die in die hintersten Winkel der Fiktion verbannt gehört, weil sie die den Alltag auf das Kausalitätsprinzip verpflichtenden Gesetze – will sagen: das Fundament eines bürgerlichen Daseins – zu suspendieren droht (vgl. Kuhnle: 2003a, 106-112).

Seinen inneren Frieden erlangt Nemo durch die kurz vor seinem Tod abgelegte Beichte, mit der er wieder zur menschlichen Gemeinschaft aufrückt. Dieser Schritt erweist sich als ein durch sein geheimnisvolles Wirken auf der *Ile mystérieuse* vorbereiteter: Als Eingeschlossener hat er die Schiffbrüchigen unterstützt, hat Gutes getan – nachdem er sein rastloses Durchqueren der Meere hatte beenden müssen, nachdem mit dem Tod seiner Weggefährten seine Welt zum Untergang verurteilt worden war. Auch hier erweist sich die Geschichte des Kapitän Nemo wieder als eine Bearbeitung des Prometheusstoffes, nunmehr in einer Form, die ihn als Ideologem zur bürgerlichen Gesellschaft der Dritten Republik aufrücken lässt: Nur der gefesselte Prometheus vermag ein nützliches Glied der Gemeinschaft zu werden, jener Prometheus den André Gide kurz vor der Jahrhundertwende in *Prométhée mal enchaîné* wieder von der Kette lassen wird (Gide: 1990; Blumenberg 1990, 679-683).

1.2. In Freiheit gefangen

Die Welt der *Nautilus* birgt den Keim der Anti-Utopie in sich, was der Disput über die Freiheit zeigt, der zwischen den 'Gästen' auf der *Nautilus* und dem Kapitän entsteht. Einzig Nemo, der sich aus allen sozialen Bindungen gelöst und sich nur noch vor seinem eigenen Gewissen zu verantworten hat, tritt als das absolut freie Individuum auf: Er übernimmt auch die Verantwortung für seine Passagiere, die zwar ihre Freiheit aufgeben müssen, aber dafür in die geheimnisvolle Welt des Ozeans eingeführt werden sollen. Nemos Angebot ist das einer Initiation; doch er ahnt, dass seine 'Gäste' niemals in die Reihe der 'Auserwählten' aufgenommen würden:

> Désirant ne jamais employer la violence, j'attends de vous, dans ce cas, plus encore que dans tous les autres, une obéissance passive. En agissant ainsi, je couvre votre responsabilité, je vous dégage entièrement (VLSM 97).

Nemo bietet seinen Mitreisenden die Freiheit an, die er und seine Weggefährten an Bord der *Nautilus* genießen. Dabei stellt er sich – seinen Status als das absolut autonome Individuum scheinbar relativierend – auf eine Stufe mit seiner Mannschaft: "Mais la liberté d'aller, de venir, de voir, d'observer même tout ce qui se passe ici – sauf en quelques circonstances rares –, la liberté enfin dont nous jouissons nous-mêmes, mes compagnons et moi" (VLSM 97).

Nemos Freiheitsverständnis offenbart eine eigentümliche Dialektik: Seine Wahl, der Gesellschaft den Rücken zu kehren, war ein Akt der Freiheit. Er allein ist völlig souverän, und doch erklärt er seine Mannschaftskameraden zu ebenso freien Individuen. Da indes diese 'Freiheit' auf die Setzung durch Nemo zurückgeht, kristallisiert sich zwangsläufig ein hierarchisches Gefälle zwischen ihm und den Besatzungsmitgliedern an Bord der *Nautilus* heraus, die sich wiederum in freiem Entschluss dem Kommando des Kapitäns unterstellt haben. Ein Bund wie der zwischen dem Kapitän und seiner Mannschaft kann nur durch einen Eid besiegelt werden. Und nur Nemo, *niemand*, hat die Möglichkeit, den Eid aufzuheben, dem er sich selbst unterwirft. Die Konsequenz ist ein radikal illiberales Freiheitsverständnis, das sein Vorbild bei der *Église saint-simonienne* gefunden haben mag: "cette liberté pour l'homme consiste à aimer ce qu'il *doit* faire" (Bouglé / Halévy: 1830, 89). Darin unterscheidet sich die Ergebenheit der Besatzungsmitglieder von der "obéissance passive" welche Nemo seinen 'Gästen' oktroyiert.

20.000 Lieues sous les mers ist ein gänzlich unpsychologischer Roman – wie die Romane Vernes überhaupt. Es ist geradezu folgerichtig, dass die Mannschaft Nemos nur als Hintergrund in Erscheinung tritt. Ihre einzelnen Mitglieder haben keinerlei individuellen Zug; von ihren Unterkünften und Lebensgewohnheiten erfährt der Leser nichts. Die Entindividualisierung ist übrigens ein Topos, der den literarischen Utopien ebenso eigen ist wie den Anti-Utopien – und bei Verne könnte außerdem mit der Organisation der Mannschaft eine Anspielung auf Rousseaus *volonté générale* gemeint sein. Die

'Gäste' auf der *Nautilus* finden keinen Zugang zu den Besatzungsmitgliedern, denn diese sprechen mit Nemo in einer Sprache, die keiner der drei Gefangenen beherrscht; sie haben nicht Teil an der an Bord herrschenden *volonté générale*. Damit bleibt ihnen – entgegen der von Kapitän Nemo eröffneten Aussicht auf Initiation – letztlich die Möglichkeit verwehrt, an der Freiheit auf der *Nautilus*, an der Freiheit der Eingeweihten und auf den Eid Eingeschworenen teilzuhaben. Aronnax gibt dies im Gespräch mit dem Kapitän zu bedenken:

> Pardon, monsieur, repris-je, mais cette liberté, ce n'est que celle que tout prisonnier a de parcourir sa prison! Elle ne peut nous suffire. – Il faudra, cependant, qu'elle vous suffise! – Quoi! nous devons renoncer à jamais de revoir notre patrie, nos amis, nos parents! – Oui, Monsieur. Mais retourner à reprendre cet insupportable joug de la terre, que les hommes croient être la liberté, n'est peut-être pas aussi pénible que vous le pensez![...] – Monsieur, répondis-je, emporté malgré moi, vous abusez de votre situation envers nous! C'est de la cruauté! – Non, monsieur, c'est de la clémence! Vous êtes mes prisonniers après combat! Je vous garde, quand je pourrais d'un mot vous replonger dans les abîmes de l'océan! Vous m'avez attaqué! Vous êtes venus surprendre un secret que nul homme au monde ne doit pénétrer, le secret de toute mon existence! Et vous croyez que je vais vous renvoyer sur cette terre qui ne doit plus me connaître! Jamais! En vous retenant, ce n'est pas vous que je garde, c'est moi-même (VLSM 97f).

Der Hinweis auf den Kombattantenstatus verdeutlicht noch einmal, dass die Mitglieder der Mannschaft nur über einen Eid aneinander gebunden sein können, auch wenn im Roman von einem entsprechenden Zeremoniell nicht explizit die Rede ist. Durch einen solchen Eid werden sie zu Mitgliedern einer quasi klerikalen – oder militärischen – Gemeinschaft. Wie beim Eintritt in den Klerikerstand, in ein Kloster oder in einen Kampfverband, lösen sie sich von ihrer Herkunft und schwören den weltlichen Belangen – und damit auch ihrer eigenen, individuellen Geschichte, ihrer Biographie – ab; sie widmen sich ganz dem Leben ihrer Gemeinschaft, deren Regeln sie sich nunmehr bedingungslos unterwerfen. Indes sind diese Regeln nirgends kodifiziert. Vielmehr werden sie durch die Willkür eines Einzelnen gesetzt, womit der Bund die Gestalt einer radikalen Sekte annimmt: Die Besatzungsmitglieder haben sich mit ihrem Eid dem Kapitän Nemo verschworen.[5] Über diesen Eid erhält der nur aufgrund einer genau abgestimmten Arbeitsteilung möglich gewordene Bau und Betrieb der *Nautilus* die Weihe einer mittelalterlichen Bauhütte, in der die Arbeit als solche im kultischen Anspruch aufging – der Vergleich mit der mittelalterli-

---

5 Eine ähnlich eingeschworene Mannschaft – wenn auch geködert durch eine hohe Heuer – sucht der enigmatische Kapitän Hattaras für seine Nordmeerexpedition zusammenzustellen. Hier ist es nicht der Eid auf den Schiffseigner, der das Vertrauen in die Zuverlässigkeit der Mannschaft besiegelt, aber immerhin die Einheit ihrer Konfession, die Zugehörigkeit zu einer protestantischen Sekte: "Tout cet équipage appartenait à la même secte de la religion protestante; dans ces longues campagnes, la prière en commun, la lecture de la Bible, doivent souvent réunir les esprits divers, et les relever aux heures de découragement; il importe donc qu'une dissidence ne puisse pas se produire" (Verne: 2000a, 27).

chen Bauhütte geht auf einen Gedanken Roland Barthes' zurück, der eine Parallele zwischen der Welt der Schiffbrüchigen auf der *Ile mystérieuse* mit der in Victor Hugos *Notre Dame de Paris* zum geschlossenen Kosmos totalisierten Kathedrale herstellt.[6] Der 'Terror', den Kapitän Nemo an Bord der *Nautilus* ausübt, wird wegen des Eides von den Besatzungsmitgliedern keineswegs als solcher empfunden. Jean-Paul Sartre arbeitet in seiner *Critique de la raison dialectique* die Dialektik heraus, die 'Freiheit' und 'Terror' innerhalb einer durch Eid eingeschworenen Gemeinschaft bestimmen. So gilt die *terreur* als eine die Gruppen einende Kraft, weil jedes Mitglied sich als Gruppenindividuum und damit seine Freiheit über die Gruppenpraxis definiert. Sein Dasein als In-der-Gruppe-Sein *ist das Sein seiner Freiheit*, einer Freiheit, welche die Macht des Terrors entfaltet, einer Macht, die sowohl im Einzelnen als auch in der Gruppe ihren Ausgang nimmt. Diese Macht steht über einer Notwendigkeit, die lediglich das Produkt einer abstrakten Kausalität ist. Bei Sartre findet sich diese Macht trefflich charakterisiert:

> Ces hommes, en effet, en tant qu'ils se sont constitués par serment *individus communs* trouvent leur propre Terreur, les uns chez les autres, comme *la même*; ils vivent ici et *partout* leur liberté *fondée* (c'est-à-dire limitée) comme leur être-dans-le groupe et leur être-dans-le groupe comme l'*être* de leur liberté. En ce sens, la Terreur est leur unité première en tant qu'elle est pouvoir en chacun et en tous de la liberté sur la nécessité (Sartre: 1985a, 533).

Der Theologe und Tiefenpsychologe Eugen Drewermann hat – mit Sartre argumentierend – die Funktion der "Terrorbrüderlichkeit des Eides" für die Selbststabilisierung des Klerikerstandes aufgezeigt, der eine strukturelle Gewalt auf seine Mitglieder ausübe, indem er die Zwangsversicherung auf eine festgelegte Zukunft abverlange:

> Jede menschliche Gruppe hat zur Lösung dieses Problems den *Weg der verinnerlichten Gewalt* gewählt: Es kommt darauf an, die Freiheit des Einzelnen durch sich selber in eine unauflösliche Zwangsbindung umzuformen, und das kann gelingen, wenn man ein jedes der Gruppenmitglieder (zumindest in den tragenden Positionen) nötigt, feierlich zu versprechen und zu geloben, daß es seine Freiheit *in alle Zukunft* nur als gebundene, entschiedene, als *festgelegte* Freiheit aktuieren und aktivieren wird. Der Einzelne muß *schwören*, auf daß die Allgemeinheit seiner gefesselten Freiheit sicher werde (Drewermann: 1992, 202).

Die "Terrorbrüderlichkeit des Eides" ist aber nur eine Seite dieser Gemeinschaft. Bis es zur Aufnahme in diese kommen und der Eid wirksam abgelegt werden kann, muss der Aspirant einen Initiationsritus durchlaufen. Initiations-

---

6   "Que ne trouve-t-on pas dans Notre-Dame? Même les fleurs, et qui poussent sur la pierre! L'asile est ici d'autant plus heureux, qu'encore une fois Hugo a su le définir par sa hauteur, substituant à la rêverie séculaire de l'antre et de la grotte, en un mot de la profondeur, l'image de la terrasse aérienne, du jardin suspendu. Un autre grand romancier, et populaire s'il en fût, Jules Verne, a su un peu plus tard, de la même façon, faire rêver combien d'enfants et de grandes personnes, en conjuguant dans la retraite où Cyrus Smith et ses compagnons s'enferment le profond et le haut (*L'Ile mystérieuse*)" (Barthes I: 1993, 726)

rituale mit ihren unterschiedlichen Ausprägungen sind in jeder menschlichen Gemeinschaft zu finden. Am Grad der Intensität der Initiationsrituale lässt sich bemessen, wie sehr die jeweilige Gruppe auf Abgrenzung besteht; entsprechend rigide fallen die jeweiligen Rituale aus. Es steht hier nicht an, Initiationsrituale archaischer Gesellschaften einer Wertung zu unterziehen, in modernen Gesellschaften jedenfalls ist an der Härte der auferlegten Prüfungen die Angst abzulesen, welche die jeweilige Gruppe um ihre Identität hat. Besonders rigide müssen daher die Aufnahmerituale einer geheim operierenden Gruppe sein, in einen Männerbund wie dem der Crew an Bord der *Nautilus*. Und Nemo nimmt Aronnax mit auf eine Reise durch die Meere: Die Reise gehört in den Kreis tradierter Initiationsriten, die bis in die Gegenwart hineinwirken – man denke nur an die Bedeutung der Reise als Motiv des Bildungsromans.[7]

Aronnax zögert zwischen dem Drang, die Freiheit 'auf Erden' zu erhalten oder den faustischen Pakt, den ihm Nemo oktroyieren will, anzunehmen und zu Erkenntnissen vorzudringen, die ihm die Geheimnisse der Erde offenbaren – "notre planète, grâce à moi, va vous livrer ses derniers secrets" (VLSM 99) – Erkenntnisse, die jedoch für immer in der *Nautilus* verborgen bleiben sollen. An Bord geht Nemo seinen wissenschaftlichen Arbeiten nach, obwohl er stets in dem Bewusstsein handelt, ihre Erträge niemals der Öffentlichkeit zugänglich zu machen. Doch Aronnax trifft die Feststellung, dass die Erkenntnis der letzten Geheimnisse die verlorene Freiheit nicht aufwiegen könne: "J'étais pris là par mon faible, et j'oubliai, pour un instant, que la contemplation des choses sublimes ne pouvait valoir la liberté perdue" (VLSM 99). Der Konflikt zwischen der Gelegenheit zur absoluten Hingabe an die wissenschaftliche Erkenntnis und dem Wiedererlangen der Freiheit holt Aronnax immer wieder ein, und er zögert, die Möglichkeit zur Flucht wahrzunehmen: "L'homme privé par la force de son libre arbitre la désire, cette occasion, mais le savant, le curieux, la redoute" (VLSM 287). Auch wenn es ihm als Wissenschaftler schwer fällt, seinem Erkenntnisdrang zu widerstehen, so bleibt ihm die Verantwortung für seine Schicksalsgefährten: "Quant à moi, je ne méconnais pas que, si l'intérêt de la science pouvait absorber jusqu'au besoin de liberté, ce que me promet notre rencontre m'offrirait de grandes compensations" (VLSM 99). Im Gegensatz zu Nemo wirkt bei Aronnax die Einbindung in den freien sozialen Ver-

---

7   Die unterschiedlichen Formen der Initiation sind z.B. bei Mircea Eliade nachzulesen (Eliade: 1976, 271ff). Das Motiv der Reise wird bei ihm allerdings nicht eigens thematisiert, jedoch nehmen die archaischen "Männerbünde" und das Fortleben ihrer Strukturen bis in die Gegenwart in seinem Buch *Initiation, rites, sociétés secrètes* einen großen Raum ein. Zur Symbolik der Reise vgl. den Artikel "Voyages" im *Dictionnaire des Symboles* (Chevalier / Gherbrant: 1989, 1027-1029). Ganz aus der Perspektive der Initiation – und damit aus einem zu begrenzten heuristischen Horizont heraus – betrachtet Simone Vierne, die sich u.a. auf Eliade stützt, die *Voyages extraordinaires* Vernes (Vierne: 1973). Sie erstellt in ihrer akribischen und umfangreichen Studie ganze Pläne der "Initiationsriten", die sie in Vernes Romanen ausmacht.

band einer bürgerlichen Gesellschaft fort, weshalb es ihm – als *citoyen* – verwehrt ist, blind seiner Neigung zu folgen oder sich gar als absolut autonomes Individuum zu setzen. Es bleibt die Ironie der Erzählung, dass die Befreiung am Schluss auf die Initiative des Walfängers Ned Land erfolgt, bei dem der Freiheitsinstinkt am deutlichsten ausgeprägt ist. Ned Land kann durchaus als *telling name* verstanden werden: Der kanadische Walfänger, der dem prallen Leben zugewandt ist, steht für das von Nemo verachtete Landleben. Es scheint ferner nicht ganz ohne Absicht, dass bei Verne gerade ein Nordamerikaner zum Katalysator der Befreiung avanciert: Verne, durchaus den Idealen der Revolution von 1848 nahe stehend, äußerte schon früh Vorbehalte gegen Napoleon III.; und sein Verleger Hetzel musste nach dem Staatsstreich für einige Jahre ins belgische Exil (Chesneaux: 1972, 45f).

1.3. Das Faszinosum Nemo

In der von aller Psychologie nahezu völlig gereinigten Romanwelt Vernes sticht die Gestalt des Kapitäns Nemos hervor, weil sie unablässig dazu verführt, ihn mit den Begriffen der psychiatrischen Nosologie zu erfassen. Sich tief verschlossen zeigend gibt Nemo von seinem Charakter nur äußerst widersprüchliche Züge preis: Es sind hier die Fürsorge um seine Mannschaft, die Liebe zur Natur, sein Eintreten für Freiheit und Gerechtigkeit, dort das Aufbrausen, das alle in Bann schlägt und sich in blinder Aggression entlädt, der er die ganze Besatzung eines englischen Kriegsschiffes opfert. Dieses Umschlagen in Kälte und das bis ins Blindwütige gesteigerte sture Festhalten an einem Entschluss deuten auf eine sich durch Verlust des Realitätsbezugs – "perte de contact vital avec la réalité" (Minkowski: 1927, 159) – auszeichnende schizoide Persönlichkeit hin, die Selbstaussage, er sei ein Toter dagegen auf eine depressive und melancholische. Man ist geneigt, beim Ausbrechen der von einem offensichtlich tiefen Lebensekel angetriebenen Zerstörungswut in Nemo einen Vertreter jenes Menschentyps zu sehen, der nach Jaspers den nihilistischen Revolutionär ausmacht:

> Wohl spürt man in diesem Typus den Machtinstinkt, der aber nicht assimilierend, nicht unterwerfend, sondern absolut formal vernichtend ist; man spürt irgendeine tiefe Enttäuschung, einen Ekel am eigenen Dasein, der sich als Zerstörungswut gegen alles kehrt. Es ist dieser Nihilismus das Korrelat der Verzweiflung. Die absolute Haltlosigkeit löst sich hier nicht in Verzweiflung auf, sondern tobt sich in Zerstörung alles Geltenden und Objektiven aus (Jaspers: 1960, 299).

Doch es hieße Vernes Gestalt gründlich missverstehen, wollte man die an ihr sichtbar werdenden 'Psychologeme' in die psychiatrische Nosologie übertragen und auf diesem Weg eine Charakteranalyse vornehmen. Sicherlich gibt es einige Anhaltspunkte für die Ätiologie eines Traumas, zieht man die in *L'Ile mystérieuse* enthüllten Versatzstücke aus Nemos Biographie heran, welche die

Ermordung seiner Familie durch die Kolonialmacht England als ein Motiv für sein Verhalten benennen. Aber der Aristokrat Nemo verehrt nicht zuletzt auch republikanische Freiheitshelden und politische Sektierer von recht unterschiedlichem Charakter, deren Portraits an den Wänden des Salons an Bord der *Nautilus* hängen: So finden sich unter anderem Washington und Lincoln neben John Brown und O'Connell wieder. Und wenn Nemo selbst Rache als das eigentliche Motiv seines Handelns benennt, so geschieht dies nicht, ohne dem individuellen Racheakt die Weihe absoluter Gerechtigkeit zu verleihen:

> Je suis le droit, je suis la justice! [...] Je suis l'opprimé, et voilà l'oppresseur! C'est par lui que tout ce que j'ai aimé, chéri, vénéré, patrie, femme, enfants, mon père, ma mère, j'ai vu tout périr! Tout ce que je haïs est là! (VLSM 597).

Aber dadurch, dass Verne die letzten Gründe für das Handeln des Kapitäns mit dem Geheimnis der Beichte belegt, hält er die numinose Aura aufrecht, die diesen umgibt. Spätestens an diesem Punkt drängt sich – ungeachtet der Eskamotage des Psychologischen im Roman – die Psychologie wieder auf, wenn sich die Frage nach dem Faszinosum des prometheischen Typs vor der Folie der entfalteten bürgerlichen Gesellschaft im 19. Jahrhundert stellt.

Die Wirkungsmacht, die von Nemo ausgeht, kann mit Fug und Recht "Charisma" genannt werden. Eine erste soziologische Bestimmung des Charismas stammt von Max Weber, der im charismatischen Menschen eine religiöse Autorität sah, deren Merkmale sich in den säkularen Kontext hinübergerettet hatten. Die charismatische Persönlichkeit zeichnet sich dadurch aus, dass sie nicht etwa durch herausragendes Fachwissen besticht (Weber: 1980, 654), sondern dass ihr Wirken als Wunder die Anhänger in Bann schlägt. Der charismatische Herrscher verdankt dabei aber seine Autorität nicht einer ins Transzendente weisenden Legitimation (etwa nach dem Prinzip des Gottesgnadentums): Das Handeln einer charismatischen Person, eines Führers, ist in sich schlüssig und erscheint damit *per se* als Inbegriff göttlichen Handelns. Daraus ergibt sich nach Weber die Verantwortung des genuin-charismatischen Herrschers für seine Untertanen (Weber: 1980, 656). Bei Weber gerät das Charisma zum eigentlichen Antrieb der Geschichte, denn ihm steht die bürokratische – auf Erhalt eines Gemeinwesens ausgerichtete – Herrschaft gegenüber.

Doch allein durch technische Mittel, die eine solche bereitstellt, kann die charismatische Führergestalt die Gesellschaft revolutionieren. Der bürokratischen Herrschaft wird in der Weberschen Soziologie daher nur eine begrenzt innovative Kraft zuerkannt, die dennoch von größter *instrumenteller* Wirksamkeit ist; das Charisma dagegen ist die Kraft eines echten Fortschritts, der nicht mehr als das Produkt einer linearen Entwicklung gesehen wird. Dieser Fortschritt setzt sich über die beschränkten Entfaltungsmöglichkeiten einer "bürokratischen" Tradition – ja über Tradition überhaupt – hinweg, nicht ohne eben deren Mittel zu revolutionieren (vgl. Weber: 1980, 657). Dabei kann das Etikett "bürokratisch" auch ein Technikverständis im szientifischen Sinn meinen. Das Charisma steht und fällt mit dem Umstand, dass es nicht hinterfragt wird. Auch Freud – der den Begriff des Charismas allerdings nicht verwendet – sieht im vorbildlichen Individuum den Inbegriff des Führers, wenn es über eine bestimmte Aura verfüge. Seine Aura verdankt der Führer indes dem Entsagen jener Triebwünsche, deren für alle erkennbare Befriedigung ihn als gewöhnliches Individuum zu erkennen geben könnte. Es sei für eine Gemeinschaft alles gut, "wenn diese Führer Personen von überlegener Einsicht in die Notwendigkeiten des Lebens sind, die sich zur Beherrschung ihrer eigenen Triebwünsche aufgeschwungen haben" (Freud XII: 1999b, 134). Solche Führer erzeugen eine Illusion, deren Erhalt ihre ausschließliche Aufgabe ist, denn diese Illusion ist – nach Freud – Verheißung von Erfüllung, die allein eine Gemeinschaft um einen Führer schart (vgl. Sennett: 1977, 271-277). Das von Weber in die Diskussion gebrachte Charisma findet auch in C.G. Jungs Begriff der "Persönlichkeit" seine Entsprechung. Hinter diesem Begriff steht die Vorstellung vom idealen Individuum, das entsagend nach seiner nie zu erreichenden Vollendung strebt. Jungs Überlegungen vermögen am besten jene Illusion zu erklären, die dazu führt, dass die charismatische Führergestalt unbedingte Macht über seine Anhängerschaft ausübt. So heißt es bei ihm über die "Persönlichkeit" Christi (NB: Christus gilt in den Theorien zum Charisma als die Führer-"Persönlichkeit" schlechthin):

> Dieses anscheinend einzigartige Leben ist deshalb zum geheiligten Symbol geworden, weil es der psychologische Prototyp des einzig sinnvollen Lebens ist, nämlich des Lebens, welches nach der individuellen, das heißt absoluten und unbedingten Verwirklichung seines ihm eigentümlichen Gesetzes strebt (Jung: 2001, 109f).

Indes gerät diese Bestimmung in die Nähe dessen, was Hegel als das den Wahnsinn kennzeichnende "Gesetz des Herzens" ausgemacht hat (Hegel III: 1989, 275). Charisma und Wahnsinn liegen also so eng beieinander, dass eine Erscheinungsweise, welche die einen in ihren Bann schlägt, von den anderen als reine Verrücktheit abgetan wird – beide Positionen treffen den Charakter eines "eigentümlichen Gesetzes". Horkheimer und Adorno etwa sehen im Paranoiker jenen Menschentypus, der das Faszinosum faschistischer Führergestalten auslöst:

> Indem der Paranoiker die Außenwelt nur perzipiert, wie es seinen blanken Zwecken entspricht, vermag er immer nur sein zur abstrakten Sucht entäußertes Selbst zu wiederholen. Das nackte Schema der Macht als solche, gleich überwältigend gegen andere wie gegen das eigene mit sich zerfallene Ich, ergreift, was sich ihm bietet, und fügt es, ganz gleichgültig gegen seine Eigenart, in sein mythisches Gewebe ein. Die Geschlossenheit des Immergleichen wird zum Surrogat von Allmacht. Es ist, als hätte die Schlange, die den ersten Menschen sagte: ihr werdet sein wie Gott, im Paranoiker ihr Versprechen eingelöst. Er schafft alle nach seinem Bilde. Keines Lebendigen scheint er zu bedürfen und fordert doch, daß alle ihm dienen sollen. Sein Wille durchdringt das All, nichts darf der Bezie-

hung zu ihm entbehren. Sein System ist lückenlos (Horkheimer / Adorno: 1997, 215f).

Aus der Sicht einer daseinsanalytischen Psychologie repräsentiert Nemo den Typus eines in seine Idealbildung *Verstiegenen*: Seine Welt ist eine in sich schlüssige – "Sein System ist lückenlos". Mit "Verstiegenheit" bezeichnet der Schweizer Psychiater Ludwig Binswanger das vertikale Abweichen von der "Öffentlichkeit des Man" (Heidegger: 1986, 127ff): Der "Verstiegene" verliert ganz die Anbindung an die Welt des Alltäglichen, von der aus er eben als jemand erscheint, der sich in sein Ideal "verstiegen" hat (Binswanger I: 237f). Die umgangssprachliche Bezeichnung für einen solchen idealistischen Menschentypus dient Binswanger dazu, die Besonderheit der Wahnwelt zu veranschaulichen, in der sich seine an Schizophrenie erkrankten Patienten bewegen: Es ist eine Welt, die sich dem diskursiven Zugang entzieht, die nicht mehr mitteilbar ist. Eine solche Welt wird durch eine allenfalls hypothetisch einzugrenzende "Urszene" strukturiert, die sich der Ätiologie entzieht. Eine solche "Urszene" darf keinesfalls mit dem gleich lautenden Begriff bei Freud verwechselt werden; Binswanger versteht darunter den vom Patienten nicht mitteilbaren Kern eines ganzen Weltentwurfs. Ausgehend vom pathologischen Extremfall konstatiert Binswanger, dass es sich beim "Sich-Versteigen" um eine anthropologisch angelegte Möglichkeit des Menschen handelt, in einem "mißglückten Dasein" aufzugehen. Was Binswanger hier in seine daseinsanalytische Terminologie fasst, meint nichts anderes als das von Hegel als Signum des Wahnsinns erkannte Verabsolutieren der "Poesie des Herzens" gegenüber der "Prosa der Verhältnisse": Das Individuum trägt sein Ideal – die "Poesie des Herzens" – in die Wirklichkeit hinein, ohne es mit der Allgemeinheit dialektisch zu verschränken, wie es etwa im Prozess der Bildung der Fall ist; durch die Taten des Individuums mache sich das Gesetz des Herzens "von sich selbst *frei*" und wachse "als Allgemeinheit für sich fort und reinigt sich von der Einzelheit" (Hegel III: 1989, 279). Aus der Abgeschnittenheit des von der "Poesie des Herzens" bestimmten Individuums von der dialektischen Verschränkung mit dem Allgemeinen ergibt sich die Definition des Wahnsinns, die Peter Bürger resümiert: "*Wahnsinn beruht nicht auf einer Selbsttäuschung, sondern auf der Unmittelbarkeit der Identifikation*" (Bürger: 1992, 29). Außer dem Weberschen Charisma und den tiefenpsychologischen Untersuchungen zur Persönlichkeit haben Horkheimer und Adorno sicherlich Hegels Definition des Wahnsinns vor Augen, wenn sie die paranoide Persönlichkeitsstruktur von Führergestalten nachzeichnen, von Gestalten, die sich – bestimmt von der "Poesie des Herzens" – letztlich als Romantiker erweisen.

Binswangers daseinsanalytische Psychologie zeigt dagegen, wie sich im Wahnsinn Bilder und Ideen zu einem eigenen Weltentwurf verdichten, der danach drängt, sich mitzuteilen. Die Geschlossenheit dieses Weltentwurfs begründet das Faszinosum, das von paranoiden bzw. charismatischen Gestalten ausgeht; sie verweist auf die numinose Wirkungskraft eines nicht zu hinterfragenden Mythos, der indes auf der Ebene des Politischen zur Ideologie gerinnt: Die paranoide bzw. charismatische Führergestalt wird zum Repräsentanten jenes Typus, der den Zugang zur Universalität eines vermeintlichen Mythos besitzt, eines 'Mythos', der zum Projektionsraum einer regredierenden Tendenz wird, was Horkheimer und Adorno verdeutlichen, wenn sie über die Hingabe der Frauen an den paranoiden Mann und der Völker an den Faschismus schreiben: "In den Hingegebenen selber spricht das Paranoische auf den Paranoiker als den Unhold an, die Angst des Gewissens aufs Gewissenlose, dem sie dankbar sind" (Horkheimer / Adorno: 1997, 216). Oder anders formuliert: Im Akt der Unterwerfung unter das (vermeintlich) absolute Individuum wird in Wirklichkeit der eigene, unerfüllbare Wunsch nach Erreichen einer eben solchen Absolutheit zwar aufgegeben, aber in der Aufgabe dennoch als Wunsch affirmiert, weil dieser sich über die vom (Führer-) Eid erzeugte Illusion der Teilhabe an uneingeschränkter Freiheit symbolisch verwirklicht. Der Dämon, der als Faschismus seine Fratze zeigen wird, findet sich bei Verne indes noch in der 'bürgernahen' literarischen Fiktion aufgehoben.

20.000 Lieues sous les mers steht ganz im Bann des ungeklärten Faszinosums Nemo, das alle von dem Chronisten Aronnax berichteten Ereignisse in den Hintergrund rückt. Über sein weiteres Schicksal ist dort nichts zu erfahren. Als aber Nemo am Ende des Romans *L'Ile mystérieuse* wieder auftritt, erklären sich hierdurch nicht nur die seltsamen Ereignisse, die sich auf der Insel abgespielt haben, sondern der Kapitän liefert auch eine Erklärung für sein Verhalten. Er verliert in dem Augenblick seine dämonische Ausstrahlung, als er seine Lebensgeschichte erzählt und in die Ätiologie eines Traumas verwandelt. Als solche gerät sie zur Rationalisierung einer prometheischen Gestalt, die nunmehr als 'entmythologisierte' vor ihren Zuhörern und den Lesern steht; auch kann Nemo von jetzt an nicht mehr Wahnsinn unterstellt werden. Sein von der Norm abweichendes, 'pathologisches' Gebaren wird erklärbar und damit auch über die Sühne der Weg zurück in die menschliche Gemeinschaft für ihn begehbar. Der Dämon wird hier noch eingefangen – gibt sich aber als die faustische Versuchung bereits als Teil des bürgerlichen Bewusstseins zu erkennen.

1.4. Mythos und Gemütlichkeit: der Chronotopos des Inventars

Die Frage, ob Verbrecher oder Wahnsinniger, wird durch das mythische und schließlich 'entmythologisierte' Erscheinungsbild der Romanfigur Nemo transzendiert und damit hinfällig. Für den mythischen Helden bedurfte es indes noch eines angemessenen, mythischen Raumes: der Weiten und Tiefen der Ozeane –

> L'esprit humain se plaît à ces conceptions grandioses d'êtres surnaturels. Or la mer est précisément leur meilleur véhicule, le seul milieu où ces géants – près

desquels les animaux terrestres, éléphants ou rhinocéros, ne sont que des nains – puissent se produire et se développer (VLSM 15).

Verne artikuliert hier einen *Topos*, der seit Menschengedenken die Phantasie beherrscht: das Meer als Ort des Unbegreiflichen, Unbeherrschbaren, Unheimlichen – gemeint ist *der* Ort, an dem noch der Mythos mit ungebrochener Kraft fortwirkt, der Ort als Inbegriff des Unbewussten gilt. Das Faszinosum des Meeres resümiert Blumenberg aufs trefflichste:

> Unter den elementaren Realitäten, mit denen es der Mensch zu tun hat, ist ihm die des Meeres – zumindest bis zur späteren Eroberung der Luft – die am wenigsten geheure. Für sie sind die Mächte der Götter zuständig, die sich der Sphäre bestimmbarer Gewalten entziehen. Aus dem Ozean, der den Rand der bewohnbaren Welt umgibt, kommen die mythischen Ungeheuer, die von den vertrauten Gestalten der Natur am weitesten entfernt sind und von der Welt als Kosmos nichts zu wissen scheinen (Blumenberg: 1993, 9).

Nur in den Tiefen der Ozeane sind noch Mythen beheimatet, können sie noch ihr ganzes Potential entfalten und nach ihrer eigenen Gesetzmäßigkeit produktiv werden: "*ils* [sc. les mythes] *sont conduits en même temps de l'intérieur par une dialectique spécifique d'auto-prolifération et d'auto-cristallisation qui est à soi-même son propre ressort et sa propre syntaxe*" (Caillois: 1987, 22). Daher bilden das Meer und seine Tiefen den Raum, in dem der Nemo als 'mythischer' Held wirkt, in dem er, obzwar alleine, niemals einsam ist:

> Oui! je l'aime! La mer est tout! Elle couvre les sept dixièmes du globe terrestre. Son souffle est pur et sain. C'est l'immense désert où l'homme n'est jamais seul, car il sent frémir la vie à ses côtés. La mer n'est que le véhicule d'une surnaturelle et prodigieuse existence; elle n'est que mouvement et amour; c'est l'infini vivant, comme l'a dit un de vos poètes. [...] La mer n'appartient pas aux despotes. A sa surface, ils peuvent encore exercer des droits iniques, s'y battre, s'y dévorer, y transporter toutes les horreurs terrestres. Mais à trente pieds au-dessous de son niveau, leur pouvoir cesse, leur influence s'éteint, leur puissance disparaît! Ah! monsieur, vivez, vivez au sein des mers! Là seulement est l'indépendance! Là je ne reconnais pas de maîtres! Là je suis libre! (VLSM 103f)

Und Nemo hat mit der *Nautilus* ein Geschöpf kreiert, das nicht weniger in diesem 'mythischen' Raum zu Hause ist, aus dem es ab und zu an die Oberfläche tritt – und mit seinem Erscheinen bei den Seeleuten dasselbe Tremendum auslöst wie das Auftauchen eines mythologischen Ungeheuers. Doch die *Nautilus* erweist sich schließlich als ein von Menschenhand geschaffenes Gebilde. Die drei 'Gäste' dürfen nicht mehr von Bord, denn wäre allein dieses Geheimnis der *Nautilus* erst einmal gelüftet, würde dies die Entlarvung des Mythos als Quasi-Mythos und Artefakt bedeuten:[8] Die numinose Aura, die Teil der Macht Nemos ist, wäre zerstört.

---

8 Vgl. dazu auch das Selbstverständnis des Ingenieurs in *La Maison à vapeur*, der damit beauftragt wurde, *Steam-House*, einen riesigen bewohnbaren Stahlelefanten zu bauen, der als Amphibienfahrzeug Reisende durch den Urwald bringen soll: "Je compris parfaitement que

Le doute n'était pas possible! L'animal, le monstre, le phénomène naturel qui avait intrigué le monde savant tout entier, bouleversé et foudroyé l'imagination des marins des deux hémisphères, il fallait bien le reconnaître, c'était un phénomène plus étonnant encore, un phénomène de la main d'homme. La découverte de l'existence de l'être le plus fabuleux, le plus mythologique, n'eût pas, au même degré, surpris ma raison. Que ce qui est prodigieux vienne du Créateur, c'est tout simple. Mais trouver tout à coup, sous ses yeux, l'impossible mystérieusement et humainement réalisé, c'était à confondre l'esprit (VLSM 15).

Die *Nautilus* ist eine von Menschenhand geschaffene Phantasmagorie! Und der (quasi-) mythische Effekt rührt daher, dass es Verne gelungen ist, diese in einer solchen Ganzheit darzustellen, die ein jegliches Hinterfragen überflüssig macht und das Phänomen als ein schlicht gegebenes setzt: Die *Nautilus* entfaltet eine dem Gesamtkunstwerk vergleichbare 'ästhetische' Wirkung.

Die *20.000 Lieues sous les mers* dahinfahrende Heimstätte des Kapitäns Nemo verfügt über ein großbürgerlich-aristokratisches Interieur, das nicht die geringste Spur von Mechanik, nicht das geringste Geräusch eines Motors zu den behaglich sich einrichtenden Passagieren durchdringen lässt. Der Transformation von Technik in ein Interieur entspricht die soziale Organisation auf der *Nautilus*, einer Organisation, welche – in sichtlichem Widerspruch zu der von Nemo propagierten Eidesbruderschaft – die einzelnen Besatzungsmitglieder zu Dienstboten degradiert, die mit der gleichen Selbstverständlichkeit im Raum agieren wie das Mobiliar diesen ausgestaltet. Nemo hat Technik als 'Sozialtechnik' so weit zu Perfektion getrieben, dass auf der *Nautilus* gilt, was Lewis Mumford zum Verhältnis von technischen und gesellschaftlichen Formen im Maschinenzeitalter feststellt: Dem zunehmenden Grad an Komplexität der Maschine und der zur Maschine mutierten Gesellschaft entspreche eine Vereinfachung der Umwelt ("simplification of environment") – "The machine has thus, in its esthetic manifestations, something of the same effect that a conventional code of manners has in the social intercourse: it removes the strain of contact and adjustment" (Mumford: 1963, 357; vgl. Schivelbusch: 1979, 211). Das völlige Aufgehen aller mechanischen und humanen Elemente im funktionalen Ganzen bewirkt, dass die Welt der *Nautilus* nicht nur eine (quasi-) mythische Qualität erlangt und die Phantasmagorie komplett macht, sondern auch die Ganzqualität eines perfekt eingerichteten Wohnhauses annimmt, dass die Welt der *Nautilus* das Quidproquo von Maschine und Gesellschaft nunmehr in die private Sphäre der Gemütlichkeit forttreibt:

---

cette grandiose idée avait dû naturellement prendre naissance dans le cerveau d'un souverain indou, et je n'eus plus qu'un désir, la réaliser au plus tôt, dans des conditions qui pussent satisfaire mon poétique client et moi-même. Un ingénieur sérieux n'a pas tous les jours l'occasion d'aborder le fantastique, et d'ajouter un animal de sa façon à la faune de l'Apocalypse ou aux créations des *Mille et une Nuits*. En somme, la fantaisie du rajah était réalisable. Vous savez tout ce que l'on fait, ce que l'on peut faire, ce que l'on fera en mécanique. Je me mis donc à l'œuvre [...]. L'infortuné n'avait pas eu le temps d'essayer sa maison roulante! Mais ses héritiers, moins fantasques que lui, considèrent cet appareil avec terreur et superstition, comme l'œuvre d'un fou" (Verne: 1979, 64).

A bien y regarder, le *Nautilus* est au seul service d'un plaisir acquis de façon continue et par la seule voie de la technique (qui est ici pleinement matérialisation du dévoilement). Le sous-marin *Nautilus* est un corps d'acier tout entier organe protecteur dans un élément général qu'est la mer (Pividal: 1972, 24).

Durch die Funktionsanalogie von Maschine und gesellschaftlichen Codes entsteht das Maschinenparadox: Zum einen scheint die Maschine in Funktion und Erscheinungsform sowohl der Natur als auch der sozialen Ordnung fremd, zum anderen beginnt sie sich in eine Art zweite Natur zu verwandeln, die im menschlichen Bewusstsein durchaus zur Natur als solcher aufrücken kann. Das quasi-mythische Erscheinungsbild des Unterseebootes ist also Teil einer ästhetischen Strategie, die ihre Wirkung erzielt, indem sie auf residuale Bedürfnisse antwortet.

Als geschlossener Raum ist die *Nautilus* zuallererst ein Ort der Behaglichkeit, und seiner Schilderung ist ein manifestes Moment der Regression eigen. Barthes betont die Endlichkeit des Raumes, die jedes Schiff zu einem regelrechten Archetypen der Wohnstatt macht, ein Effekt, der bei dem Unterseeboot noch deutlicher wird, da über den Kontrast zwischen der Außenwelt, den Ozeanen in ihrer ganzen mythischen Weite, und dem nur durch eine Scheibe abgetrennten Innenraum das Interieur die Qualität einer völlig geschlossenen embryonalen 'Höhle' annimmt:

> De disposer d'un espace absolument fini: aimer les navires, c'est d'abord aimer une maison superlative, parce que close sans rémission, et nullement les grands départs vagues: le navire est un fait d'habitat avant d'être un moyen de transport. Or tous les bateaux de Jules Verne sont bien des 'coins du feu' parfaits, et l'énormité de leur périple ajoute encore au bonheur de leur clôture, à la perfection de leur humanité intérieure. Le *Nautilus* est à cet égard la caverne adorable: la jouissance de l'enfermement atteint son paroxysme lorsque, du sein de cette intériorité sans fissure, il est possible de voir par une grande vitre le vague extérieur des eaux, et de définir ainsi dans un même geste l'intérieur par son contraire (Barthes I: 1993, 612).

In der Fortsetzung von *20.000 Lieues sous les mers*, der Geschichte der Schiffbrüchigen auf der *Ile mystérieuse*, bildet ebenfalls eine höhlenhafte Behausung den Mittelpunkt der kleinen Gemeinde. Es handelt sich nunmehr um eine Felsenhöhle, in der sich die Gruppe um Cyrus Smith mit primitiven Möbeln einen behaglichen Wohnraum gestaltet. Diese Wohnhöhle ist in ihrer kleinbürgerlich-behaglichen Ausgestaltung geradezu das Gegenstück zum großbürgerlichen Interieur auf der *Nautilus*. Ungeachtet dieses Unterschieds eint die beiden Interieurs eine Aura von Geborgenheit, die das deutsche Wort "Gemütlichkeit" wohl am treffendsten bezeichnen mag.

Bachelard, der in seiner *psychanalyse de la matière* unter dem Begriff "complexes" die den Raum der Imagination ausgestaltenden Topoi in der Literatur der Moderne untersucht und inventarisiert, nennt die Höhle auf der *Ile mystérieuse* als Beispiel für den *complexe de la caverne*. Es ist zu vermuten, dass Barthes in seiner Interpretation der *Nautilus* direkt auf die folgende Passage aus Bachelards *La Terre et les rêveries du repos* zurückgreift:

> Il suffit de séjourner dans la grotte, d'y revenir souvent, ou simplement d'y revenir par la pensée pour ressentir une sorte de condensation des forces intimes. Ces forces sont bientôt actives. Qu'on se souvienne des grottes 'littéraires' où l'intérêt est maintenu par la seule description des aménagements de la grotte. Qu'on révise la solitude industrieuse de Robinson Crusoe ou des naufragés dans L'Ile mystérieuse de Jules Verne. Le lecteur sympathique aux progrès d'un confort rustique. Il semble d'ailleurs que la rusticité des meubles s'anime d'un véritable *mana* dans la *demeure naturelle* (Bachelard: 1948, 191f).

Die Wohnhöhle der Schiffbrüchigen wird zum Inbegriff einer rustikalen Wohnwelt und damit der Privatsphäre *par excellence*! Und um diese Privatsphäre treibt Verne einen regelrechten Kult. Seinen Protagonisten eignet ein "Wesen, das der möblierte Mensch zu nennen wäre" (Benjamin II.2: 1991, 622; vgl. Adler: 1970, 13). Gemeint ist eine Form der Weltverengung, die in besonderem Maße das bürgerliche Publikum zur Identifikation einlädt (Kuhnle: 2003a, 127f).

Wenn nicht gerade rustikal wie die Höhle auf der *Ile mystérieuse*, so doch mit ähnlicher Liebe durchgestaltet, findet der Leser das Interieur des gigantischen Projektils vor, mit dem die Raumfahrer sich in *De la Terre à la Lune* auf ihre Reise zum Mond begeben. Insbesondere die zeitgenössische Illustration entwirft eine nach dem Geschmack des 19. Jahrhunderts ausgestattete Wohnstube mit Büchervitrine und Polstermöbeln; und das Ganze ist umhüllt von der stählernen Wand des Projektils. Der Illustrator zeigt das Interieur in einem Querschnitt, wodurch der Eindruck einer mittelalterlichen Mandorla entsteht (Verne: 1995c, 330), deren ovoide Form als das Sinnbild der Regression gilt.

Vernes Protagonisten suchen in der Regel erst ihren unmittelbaren Lebensraum zu sichern, sich eine Privatsphäre zu schaffen, bevor sie sich auf die Reise in unbekannte Gefilde begeben. Ohne eine solche Privatsphäre etwa gibt es zunächst über die zur Beschaffung des Lebensnotwendigen unentbehrlichen Erkundungen hinaus keine Ausflüge auf der *Ile mystérieuse*, ja das Auskundschaften ihres Geheimnisses wird immer wieder hinausgezögert; und ohne eine solche Privatsphäre ist bei Verne auch keine Fahrt zum Mond oder Reise durch den Urwald, wie in dem *Steam-House* genannten Stahlelefanten mit seinem klimatisierten Interieur, denkbar (Verne: 1979, 69f). So richten sich die Mondfahrer nach dem Abschuss des Projektils (*Autour de la Lune*) in diesem erst einmal ein und entwickeln ihre kleinen Rituale (Verne: 1995d, 42ff). Die *voyages extraordinaires*, wie etwa eine Ballonfahrt (*Cinq Semaines en ballon*) oder der Abstieg ins Innere der Erde (*Voyage au centre de la terre*) werden aufs sorgfältigste vorbereitet, um möglichst auch jede nur *denkbare* Gefahr im Vorhinein auszuschließen (Verne: 1981, 41ff). Mit Liebe zum Detail schildert Verne nämlich nicht nur die Interieurs, sondern die für die Expeditionen seiner Protagonisten notwendigen Vorbereitungen; in *Voyage au centre de la terre* z.B. heißt es erst ungefähr in der Mitte des Romans: "Le véritable voyage commençait" (Verne: 1981, 105). Oder, um es in die Terminologie der orthodoxen Psychoanalyse zu übertragen: Die Romanprotagonisten Vernes scheinen sich überwiegend als analerotisch fixierte Charaktere auszuweisen. In der Tat hat ihr Inventarisieren bzw. die inventarisierende Erzählweise Vernes etwas Zwanghaftes an sich. Diesem Zwanghaften stehen die mannigfaltigen Bilder zur Seite, welche die Tiefenpsychologie als Symbole der Regression deutet (vgl. Pival: 1972, 25). In *L'Ile mystérieuse* ist es die "caverne", in *20.000 Lieues sous les mers* das Meer.

Das Meer erscheint als der des Titanen ebenbürtige Ort der Regression; und am Ende des Romans *L'Ile mystérieuse*, wenn der einsame, in sich gekehrte Nemo, der den Frieden mit sich selbst gefunden hat, an Bord seiner in einer Felsengrotte eingeschlossenen *Nautilus* stirbt, und schließlich die ganze Insel im Meer versinkt, greifen die Symbole der Regression sogar über mehrere Stufen ineinander: (1) die *Nautilus*, (2) die Felsengrotte, (3) das Meer. Das Ende Nemos erscheint als *das* Bild der Regression schlechthin, so dass sich C.G. Jungs tiefenpsychologische Deutungsmuster geradezu aufdrängen:

> Dieser höchste Grad von Untätigkeit und Bedürfnislosigkeit, symbolisiert durch das Eingeschlossensein in sich selbst, bedeutet göttliche Seligkeit. Einziges menschliches Vorbild zu dieser Anschauung ist das Kind im Mutterleibe, das heißt vielmehr der erwachsene Mensch in beständiger Umarmung und Verschlingung mit seinem Ursprung, der Mutter (Jung: 1991, 261).[9]

Der Rekurs auf Topoi aus Psychoanalyse, Tiefenpsychologie und *psychanalyse de la matière* kann indes nur ein erster Schritt auf dem Weg dazu sein, den Lebensweltbezug der Romane Vernes zu erschließen. Symptome wie Zwang und Symbole der Regression weisen auf einen Daseinsentwurf hin, der direkte Rückschlüsse auf das Bewusstsein bzw. die Befindlichkeit des 19. Jahrhunderts zulässt, eine Befindlichkeit, die das narrative Verfahren bei Verne prägt.

Barthes geht in seiner Analyse über das auf Interpretation verzichtende Inventar (sic!) der Bachelardschen *psychanalyse de la matière* hinaus, wenn er am Beispiel der Ausgestaltung der "cavernes" das eigentümliche Verfahren heraushebt, mit dem Verne den erzählten Raum gestaltet: Über das Inventarisieren in der Erzählung bzw. inventarisierende Erzählen erzeugt der Romancier in der literarischen Fiktion den Effekt von Ganzheit.

> Verne a été un maniaque de la plénitude: il ne cessait de finir le monde et de le meubler, de le faire plein à la façon d'un œuf; son mouvement est exactement celui d'un encyclopédiste du XVIIIe siècle ou d'un peintre hollandais: le monde est fini, le monde est plein de matériaux numérables et contigus. L'artiste ne peut

---

9   Zu einer tiefenpsychologischen Deutung im Sinne einer heroischen Wiedergeburt fordert auch die Passage heraus, in der Nemo den Sonnenaufgang über dem Meer betrachtet: "L'astre radieux débordait de l'horizon oriental. La mer s'enflamma sous son regard comme une traînée de poudre. Les nuages, éparpillés dans les hauteurs, se colorèrent de tons vifs admirablement nuancés [...]" (vlsm 156). Mit Jung ließe sich dies wie folgt lesen: "Es ist die Sehnsucht, durch die Rückkehr in den Mutterleib die Wiedergeburt zu erlangen, das heißt, unsterblich zu werden wie die Sonne" (Jung: 1991, 213).

avoir d'autre tâche que de faire des catalogues, des inventaires, et pourchasser de petits coins vides pour y faire apparaître à rangs serrés les créations et les instruments humains (Barthes I: 1993, 611).

Jeder Leser der Romane Vernes ist zunächst fasziniert von dem enzyklopädischen Wissen, das sich unter seinen Augen ausbreitet.[10] Die Reise in *20.000 Lieues sous les mers* wird zur Reise durch ein ozeanographisches Handbuch. Und Schwindel erfasst den Leser angesichts der Detailkenntnisse in biologischer Systematik und physikalischem Lehrbuchwissen.

Eine Form, im Zeichen der modernen Naturwissenschaft wieder zu einer an den Mythos gemahnenden Ganzheit zu finden, sieht Jakob Taubes im "naturwissenschaftlichen Determinismus": "Die Welt, wie sie durch die Interpretation der modernen Wissenschaften der Natur dargestellt wird und gegen die sich seit der Romantik in verschiedenen Phasen der lyrische Protest richtet, gewinnt als *totum* wieder eine mythische Geschlossenheit" (Taubes: 1996b, 143). Doch bei Verne ist es nicht – wie zu vermuten wäre – der naturwissenschaftliche Determinismus, der die Ganzheit, ja 'Ganzqualität' seiner Romane ausmacht. Verne wird auch häufig als Vorläufer der *Science fiction* genannt. Anders als in den meisten Werken dieses Genres dagegen findet bei ihm keine dezidierte Antizipation auf die Zukunft im Sinne einer innovativen Weiterentwicklung der Technik und Einführung radikal neuer Technologien statt. Die in Vernes Romanen vorgestellten 'Innovationen' entsprechen durchaus dem Stand der Technologie seiner Zeit. In der Fiktion wird hier also keine Weiterentwicklung der Technik (und schon gar keine neue Technologie) inszeniert; vielmehr kommt es zur Extrapolation der konsequenten Anwendung bekannter Errungenschaften.

Vernes Kosmos ist erfüllt von wissenschaftlichem Wissen in Biologie, Geographie usw., aber er gibt keine wissenschaftliche Leitlinie vor, aus der heraus sich alles deduzieren ließe. Sein Kosmos ist ein möblierter und kein organisierter: Ihm liegt weder ein naturalistisches noch ein realistisches Konzept zugrunde – was angesichts der Omnipräsenz von Naturphänomenen und naturwissenschaftlichen Erklärungen hätte vermutet werden können. Das *totum* entsteht durch das Inventarisieren und Klassifizieren von Gegenständen, die ihren jeweiligen *locus* innerhalb des imaginären Raumes vorfinden. Selbst dort, wo präzise wissenschaftliche Erläuterungen die Narration suspendieren, erhebt das von Verne entworfene Universum in seiner Totalität keinerlei Anspruch auf 'Wahrheit' in ihrer szientifischen Bedeutung von empirischer Verifizierbarkeit, es gründet vielmehr einzig auf dem Postulat einer Wahrscheinlichkeit (*vraisemblance*) in der Bedeutung des klassizistischen Aristotelismus.

---

10 Verne ist auch der Verfasser populärwissenschaftlicher Bücher zur Geographie und Entdeckungsgeschichte: *Géographie illustrée de la France et de ses colonies* (Paris 1868), *Histoire des grands voyages et des grand voyageurs* (Paris 1878), *Christophe Colomb* (1883) u.a.

Sein Universum fesselt das Bewusstsein an die gesetzten Vorstellungen, ähnlich wie im Traum (Iser: 1991, 336; vgl. Sartre: 1982b), und es bleibt unerheblich, ob die Angaben nun tatsächlich verifizierbar sind, wie etwa im Falle geographischer Namen, oder reine Fiktion; es bleibt nicht weniger unerheblich, ob die evozierten Kenntnisse in Naturwissenschaft und Technik tatsächlich das Funktionieren des Unterseebootes garantieren oder ob es bei genauem Nachrechnen nicht schlicht untergehen müsste. Wichtig dagegen bleibt die Plausibilität, und jede wissenschaftliche oder technische Erklärung gerinnt zum Topos, womit sie ihrerseits Teil des zu inventarisierenden Materials wird.

Die Welt des Imaginären ist die Nichtung des Realen! Sartre zeigt in seiner Studie über das Imaginäre, in welcher Weise sich die Bewusstseinshaltung im Wahrnehmungsakt und im Vorstellungsakt unterscheidet: Im Wahrnehmungsakt ist das Bewusstsein immer auf einen real gegebenen Gegenstand gerichtet, der Empirie zugewandt; im Vorstellungsakt hingegen setzt das Bewusstsein diesen Gegenstand. Da das Imaginäre immer eine Nichtung des Realen voraussetzt und *vice versa*, können sich diese beiden Bewusstseinsakte niemals vermischen. Entsteht dennoch der Schein eines solchen Quidproquos von real gegebenen und vorgestellten Objekten, dann liegt eine Täuschung vor. Bewegt sich das vorstellende Bewusstsein jedoch im Raum des Imaginären, so kann es den imaginären Objekten gegenüber die Haltung eines Quasi-Beobachters einnehmen. Da die Objekte dieser "quasi-observation" vom vorstellenden Bewusstsein gesetzt werden, ist es ausgeschlossen, auf diesem Weg Informationen über eine dem Wahrnehmungsakt entzogene Empirie zu gewinnen. Sartre gibt dafür ein einprägsames Beispiel: Man solle sich bei geschlossenen Augen das Panthéon in Paris vorstellen und versuchen, die Säulen zu zählen... (Sartre: 1982b, 343-361). Dieses Beispiel macht augenscheinlich, welche Haltung der enzyklopädische Kosmos in den Romanen Vernes vom Leser erwartet. Die Kontraktion dieses Universums auf das Enzyklopädische ist zugleich das Gegenstück zu Realismus und Naturalismus. Diese stehen für eben jene Lebenswirklichkeit, die immer unübersichtlicher wird und sich dem Zugriff durch das Individuum entzieht.

Der hier in der Argumentation eingeschlagene Umweg über Sartres Phänomenologie des Imaginären soll zeigen, wie das in den Romanen Vernes 'inventarisierte' Wissen über einen bloßen *ornatus* oder didaktischen 'Nebeneffekt' hinausweist; vielmehr ist es Teil einer konsequent durchgeführten Erzählstrategie. Durch das Anhäufen von Wissen, durch das detailverliebte Schildern von Einrichtungsgegenständen und Reisevorbereitungen, durch detailbeflissene naturwissenschaftliche Erklärungen usw. gestaltet Verne einen für seine Romane charakteristischen Chronotopos, den *Chronotopos des Inventars*.

Den Begriff "Chronotopos" hat Michail Bachtin der Relativitätstheorie entliehen und als Metapher zur Bezeichnung einer das Verhältnis von Raum und Zeit ausdrückenden Form-Inhalt-Kategorie in der Literatur eingeführt: "Die Merkmale der Zeit offenbaren sich im Raum, und der Raum wird mit Sinn erfüllt und dimensioniert" (Bachtin: 1989, 8). In Ergänzung zu den oben gemachten Ausführungen zu Sartres Phänomenologie des Imaginären sei darauf hingewiesen, dass der vom Bewusstsein gesetzte Gegenstand, das "objet imaginaire" wegen seiner Gleichzeitigkeit mit dem jeweiligen Bewusstseinsakt über keine Zeit verfügt. Für die literarische Fiktion ergibt sich daraus die Konsequenz, dass Zeit und Zeiterfahrung nur über den erzählten Raum transponiert werden können, dem Raum also auch in der Zeitkunst Roman der Primat zukommt. Die Ausgestaltung der dialektischen Raum-Zeit-Beziehung, des *Chronotopos*, ist nach Bachtin konstitutiv für die literarische Gattung Roman:

> Man kann geradezu sagen, daß das Genre mit seinen Varianten vornehmlich vom Chronotopos determiniert wird, wobei in der Literatur die Zeit das ausschlaggebende Moment des Chronotopos ist. Als Form-Inhalt-Kategorie bestimmt der Chronotopos (in beträchtlichem Maße) auch das Bild vom Menschen in der Literatur; dieses Bild ist in seinem Wesen immer chronotopisch (Bachtin: 1989, 8).

Für die Erzählweise Vernes sei daraus folgende Hypothese abgeleitet: Der *Chronotopos des Inventars* reflektiert das Bild eines Menschen, der seine Zeitlichkeit gegen eine als depravierend erfahrene historische bzw. historisch-ökonomische Zeit abzuschotten sucht. Das 19. Jahrhundert steht im Zeichen der nach immer größerer Produktivität drängenden Industrialisierung, deren Selbstverständnis mit dem kurzen, aber prägnanten Satz "Zeit ist Geld" umrissen werden kann. Durch die rasche Entwicklung der Produktionskräfte findet eine Multiplikation der Befriedigungsmöglichkeiten statt, von denen jedoch das Individuum mit seinen Bedürfnissen abgeschnitten bleibt, wenn ihm die hierfür notwendigen finanziellen Mittel nicht zur Verfügung stehen: Zeit ist Geld, und Geld erfordert in Wirklichkeit Arbeit, mithin also Zeitverlust.

Mit der Steigerung der Produktivität geht auch eine Beschleunigung der Kommunikationsmittel einher: Die Gesellschaft gerät zusehends in den Sog der Geschwindigkeit.[11] Alle diese Faktoren verstärken die Erfahrung, die Blumenberg aus seiner Lektüre der *Offenbarung* des Johannes – "[...] der Teufel kommt zu euch hinab und hat einen großen Zorn, und er weiß, dass er wenig Zeit hat" (*Offb*. 12,12) – heraus formuliert: die Öffnung der Zeitschere.

> Alle Geschichtserfahrung vollzieht sich in der schon weit geöffneten und sich immer noch weiter öffnenden Schere von Lebenszeit und Weltzeit (Blumenberg: 1986, 76).

Für die Protagonisten in vielen Romanen Vernes – wenn es nicht gerade um *Le Tour du monde en 80 jours* geht – spielt Zeit praktisch keine Rolle. Gerade die beiden Romane *20.000 Lieues sous les mers* und *L'Ile mystérieuse* können als der literarische Versuch gewertet werden, die als depravierend empfundene Zeit aufzuheben. Auf den ersten Blick fällt auf, dass die Beschreibungen, en-

---

11 Zum Motiv der Geschwindigkeit in der Literatur vgl. das von Claude Pichois (Pichois: 1971) und Dirk Hoeges (Hoeges: 1985a) aufgearbeitete Material. Allerdings bleibt in Hoeges Studie die "dromologie" von Paul Virilio unberücksichtigt (Virilio: 1977).

zyklopädischen Erläuterungen und Dialoge gegenüber den eigentlichen Abenteuern ein Vielfaches an Erzähl-Zeit beanspruchen: Einer ereignislosen, klassifizierbaren 'Lebenswelt', in die sich lediglich über die Privatsphäre mit ihren kleinen Gewohnheiten eine gemächliche, zyklische Alltagszeit einschreibt, steht das Augenblickliche des hereinbrechenden Erlebnisses entgegen: das Abenteuer. Diese ereignisgeladene Zeit geht indes über das Inventarisieren des im erzählten Raum Enthaltenen im *Chronotopos des Inventars* auf: Sie verliert ihre Spannung und so das Abenteuer seinen Status als Erlebnis (vgl. Kuhnle: 1999b, 240).

Der *Chronotopos des Inventars* prägt in den beiden Romanen um Kapitän Nemo nicht nur die Schilderung der Einrichtungsgegenstände oder der Naturphänomene, sondern die Romanhandlung selbst: Auf der *Ile mystérieuse* ist es – nimmt man die Insel in ihrer Gesamtheit als Wohnstatt – der von den Protagonisten unablässig erschlossene und ausgestaltete private Innenraum, an dem die Zeit weitgehend genichtet wird, während in *20.000 Lieues sous les mers* Nemo den Außenraum, die Tiefen des Meeres, nach einem festgelegten Reiseprogramm zum Inventar totalisiert. Dort bezeichnet der *Chronotopos des Inventars* die Konstituierung von Intimität, hier eine 'Mythopoiesis', das Herausbilden des 'mythischen Raumes', in dem Prometheus-Nemo wirkt. Mythos und Gemütlichkeit der Wohnstube konvergieren im Eindruck der Dauer. Über das Inventar entsteht schließlich ein Quidproquo von mythischem Erfahrungsraum und der Gemütlichkeit des bürgerlichen Interieurs. Kapitän Nemo ist ein Sammler; der Salon der *Nautilus* enthält wertvolle Gemälde und zahllose Exponate aus den Tiefen der Weltmeere – an Bord des Unterseebootes befindet sich ein regelrechtes Museum. Walter Benjamin, der scharfsinnig die kulturgeschichtliche Bedeutung des Interieurs im 19. Jahrhundert untersucht, setzt die Tätigkeit des Sammelns in eine Beziehung zur Wohnung, die in dem literarischen *Chronotopos des Inventars* jenes Bild zu erkennen gibt, das der Mensch dieser Epoche von sich selbst hatte:

> Man sollte nur recht genau die Physiognomie der Wohnung großer Sammler studieren. Dann hat man den Schlüssel zum Interieur des 19ten Jahrhunderts. Wie dort die Dinge langsam Besitz von den Besitzern ergreifen, so hier ein Mobiliar, das die Stilspuren aller Jahrhunderte versammeln, einbringen will (Benjamin V.1: 1991, 288).

Für den von Nemo durchmessenen mythischen Raum gilt also nicht minder dieser *Chronotopos des Inventars*: Wenn Nemo die Tiefen des Ozeans durchmisst, dann totalisiert er diesen Raum wie ein Sammler, der seine Sammlung zu vervollständigen trachtet. Seine Reise führt ihn durch die *loci fatales* aus antiker und christlicher Zeit: Nachdem er das Rote Meer passiert hat und durch einen natürlichen Tunnel bei Suez ins Mittelmeer gelangt ist, durchquert er in nur 24 Stunden das Mittelmeer, die Wiege der abendländischen Kultur, um durch die Straße von Gibraltar, genannt die "Säulen des Herkules", in die von der antiken Mythologie zum Wirkungsbereich der Götter erklärte Sphäre vorzustoßen (vgl. Frank: 1989a, 54):

> Il s'avança rapidement par l'étroite passe. Un instant je pus entrevoir les admirables ruines du temple d'Hercule enfoui, au dire de Pline et d'Avienus, avec l'île basse qui le supportait [...] (VLSM 392).

Dort gelangt er zu der versunkenen Stadt Atlantis:

> C'était donc cette région engloutie en dehors de l'Europe, de l'Asie, de la Libye, au-delà des colonnes d'Hercule, où vivait ce peuple puissant des Atlantes [...] (VLSM 422).

Das Erreichen des Südpols markiert den Höhepunkt der Reise, die an unzähligen Naturphänomenen und versunkenen Kulturschätzen vorbeigeführt hat, und es ist für den Chronisten Aronnax wieder an der Zeit, eine inventarisierende Bilanz zu ziehen:

> Cependant, depuis cinq mois et demi que le hasard nous ait jetés à ce bord, nous avions franchi quatorze mille lieues, et sur ce parcours plus étendu que l'Équateur terrestre, combien d'incidents ou curieux ou terribles avaient charmé notre voyage: la chasse dans les forêts de Crespo, l'échouement du détroit de Torrès, le cimetière de corail, les pêcheries de Ceylan, le tunnel arabique, les feux de Santorin, les millions de la baie du Vigo, l'Atlantide, le pôle Sud! (VLSM 509).

Die erlebten Abenteuer werden wieder zum Gegenstand des Inventars! Und Nemo scheint am Ziel seiner Reise angelangt zu sein: beim Totalisieren des mythischen Raumes durch das Sammeln der *loci fatales* der abendländischen Mythologie. Die Weltgeschichte bleibt jedoch außen vor, und die wenigen historischen Daten, die in den beiden Romanen um Kapitän Nemo genannt werden, fallen widersprüchlich aus. Im Frühjahr 1867 häufen sich die Vorfälle auf See, die das Rätsel *Nautilus* zum Gegenstand des wissenschaftlichen Disputs machen; im selben Jahr sticht die *Abraham Lincoln* mit Professor Aronnax an Bord in See; der Suez-Kanal steht zur Zeit der 20.000 Meilen langen Fahrt unter den Meeren kurz vor der Eröffnung – und diese fand im Jahr 1869 statt; die Luft-Schiffbrüchigen, die auf der *Ile mystérieuse* gelandet sind, waren aus der Gefangenschaft der Konföderierten während des Amerikanischen Bürgerkriegs geflohen – und doch kannte Cyrus Smith die Berichte von Aronnax. Schließlich stirbt Nemo, in *20.000 Lieues sous les Mers* Ende der 60er Jahre als Greis in seiner Grotte. Die historischen Unstimmigkeiten fügen sich in den *Chronotopos des Inventars*, der die Zeit möglichst nichten soll: Ereignisse sind punktuell, Abenteuer, bloße Gegenstände des Inventarisierens und durch keine zwingenden Kausalitätsketten miteinander verknüpft – sie bleiben aber dennoch nicht zufällig, gerade weil sie in das inventarisierte *totum* eingehen.

Die Ich-Erzählperspektive in *20.000 Lieues sous les mers* akzentuiert noch den *Chronotopos des Inventars*: Aronnax ist Professor am *Musée des sciences* (sic!) in Paris. Er nimmt einen absolut passiven Part im Roman ein, während das Handeln ausschließlich dem Tatmenschen Nemo vorbehalten bleibt: Aronnax ist Sammler, der auch dazu beitragen möchte, die Sammlung Nemos zu vervollständigen (frz. "arrondir"); er ist bloßer Chronist der Ereignisse; er sucht über Indizien das Rätsel Nemo zu ergründen; ihm steht der treu ergebene flämische Diener, genannt "Conseil", zur Seite, der zwar alle Klassifizierungskriterien der Ozeanographie auswendig beherrscht, aber nicht in der Lage ist, eines der Forschungsobjekte selbständig nach diesen Kriterien einzuordnen. Sein 'Rat' verweist also zwangsläufig auf die Welt des Sammelns zurück. In *L'Ile mystérieuse* dagegen behält Verne die für die meisten seiner Romane charakteristische auktoriale Erzählhaltung bei.

Über den *Chronotopos des Inventars* erhellt sich auch der Sinn von Nemos Logo *mobilis in mobili* – "*Mobile dans l'élément mobile!* Cette devise s'appliquait justement à cet appareil sous-marin, à la condition de traduire la préposition *in* par *dans* et non par *sur*" (VLSM 80). Das Bild von der 'Bewegung in einem sich bewegenden Element' verweist auf die von Bergson aufgezeigte Widersprüchlichkeit, die den Besetzungen des Begriffs "Bewegung" anhaftet:

> Bref, il y a deux éléments à distinguer dans le mouvement, l'espace parcouru et l'acte par lequel on le parcourt, les positions successives et la synthèse de ces positions. Le premier de ces éléments est une quantité homogène; le second n'a de réalité que dans notre conscience; c'est, comme on voudra une qualité, une intensité (Bergson: 1991a, 75).

Der von Bergson im Kontext seiner Erörterung der eleatischen Paradoxa aufgezeigte Widerspruch zwischen der homogenen Quantität, die sich aus einer objektiven Betrachtung der Bewegung ergibt, nämlich als die Synthese nacheinander im Raum durchmessener Positionen, und der subjektiven Wirklichkeit des Bewegungsaktes, nach der die Bewegung im Bewusstsein über eine eigene Qualität bzw. Intensität verfügt, erlaubt es noch einmal, die von Blumenberg konstatierte Schere zwischen Weltzeit und Lebenszeit zu verdeutlichen: Wird das Leben als eine verräumlichte Bewegung gedacht – was der Erfahrungsmodalität eines verdinglichten Bewusstseins entspricht –, so kann es niemals die von der 'Bewegung' Geschichte durchlaufenen Positionen einholen – es sei denn in der apokalyptischen Katastrophe, in welcher der Endpunkt beider Bewegungen feststeht, diese also zur Deckung gebracht werden und im Bewusstsein die Erfahrung von Qualität und Intensität erzeugen können. Hinter dem *Chronotopos des Inventars* verbirgt sich ein Kunstgriff, Quantität und Qualität in einer *a priori* verräumlicht gedachten Bewegung scheinhaft zur Deckung zu bringen: Die 'inventarisierende' Bewegung setzt bereits eine als begrenzt gedachte Summe von zu durchmessenden Positionen voraus. Die Zeiterfahrung geht völlig in dem Raum auf, der über das Koordinatensystem definiert ist. Solchermaßen lässt sich die Disposition des Sammlers bestimmen: Zeit tritt ganz hinter dem Prozess der zu totalisierenden Sammlung zurück – und es geschieht, wie Benjamin ausführt, dass die Dinge "Besitz von ihren Besitzern" ergreifen. Der *Chronotopos des Inventars*, der auch der *Chronotopos des Sammlers* ist, hebt den von Bergson ausgemachten Widerspruch auf, der direkt in die eleatischen Paradoxa führt:

> D'une part, en effet, nous attribuons au mouvement la divisibilité même de l'espace qu'il parcourt, oubliant qu'on peut bien diviser une chose, mais non pas un acte – et d'autre part nous nous habituons à projeter cet acte lui-même dans l'espace, à l'appliquer le long de la ligne que le mobile parcourt, à le solidifier, en un mot: comme si cette localisation d'un *progrès* dans l'espace ne revenait pas à affirmer que, même en dehors de la conscience, le passé coexiste avec le présent! – De cette confusion entre le mouvement et l'espace parcouru par le mobile sont nés, à notre avis, les sophismes de l'école d'Élée, car l'intervalle qui sépare deux points est divisible infiniment, et si le mouvement était composé de parties comme celles de l'intervalle lui-même, jamais l'intervalle serait franchi (Bergson: 1991a, 75).

Einzig in den Raum hineinprojiziert kann die Bewegung nicht in die drei Zeitdimensionen aufgeteilt werden: Raum und Bewegung gehen ineinander auf; das Intervall, das Ausgangs- und Endpunkt der Bewegung voneinander trennt, ist in unendlich viele Punkte teilbar – was in letzter Konsequenz eine Negation von Bewegung bedeutet. Der *Chronotopos des Inventars* ist eine Projektion in den Raum, bei der die Zeit an den Dingen suspendiert scheint, weil nunmehr nicht teilend in den Raum eingegriffen wird, sondern sich dieser quasi additiv erschließt. Die Bewegung ist einzig über die inventarisierten Dinge bestimmt, wodurch das eleatische Paradox trotz der radikalen Verräumlichung umgangen wird. Hinter dem Wahlspruch *mobilis in mobili* steht gleichfalls ein solcher Versuch, Quantität und Qualität einer Bewegung zur Deckung zu bringen: Die *Nautilus* bewegt sich in einem Element, das seinerseits immer in Bewegung ist. Nur sind die beiden Bewegungen nicht dergestalt aufeinander bezogen (wie dies der Gedanke von der Zeitschere meint), dass die eine die andere in sich aufnimmt und übersteigt, sondern sie sind als koexistent gedacht, da beide vor dem Horizont der Weltzeit als gleichgerichtet erscheinen. Auf diese Weise behauptet der 'private' Raum seine Bewegung von eigener Dauer (somit könnte der Wahlspruch Nemos fast als eine Vorwegnahme der Lebensphilosophie gelesen werden), hinter der sich jedoch der Wunsch nach Statik verbirgt, der auf dem Weg der 'Objektivierung' seine – illusorische – Erfüllung sucht.

Der 'Dromologe' Paul Virilio liest den Wahlspruch Nemos als eine Vorwegnahme des Geschwindigkeitskultes, wie er die Moderne kennzeichnet – und die etwa der Futurismus ästhetisch zugespitzt hat. Der Kult der Geschwindigkeit, die Hingabe an das Veloziferische, erweist sich in seiner Analyse nicht weniger als eine Strategie zur Aufhebung der den Einzelnen dem Gang der allgemeinen Entwicklung entfremdenden "Zeitschere" (Blumenberg) als der *Chronotopos des Inventars*. Das Motto *mobilis in mobili* ist für Virilio gleichbedeutend mit der Aufhebung von Diskontinuität, in der die zur Geschwindigkeit verabsolutierte Bewegung sich definitiv von einem Prozess des Fortschreitens gelöst hat. Virilio kehrt die Aufgabe einer zusehends ausschließlich über Wissenschaft und Technik definierten Zivilisation regelrecht um: Sie

strebe danach, in der Bewegung die Unbeweglichkeit des Lebens herzustellen
– *à installer dans le déplacement la fixité de la vie* –, was heißt: Sie trachtet
danach, die Illusion von einer Aufhebung der Entfremdung zu erzeugen.

> 'Mobilis in mobili', mobile dans le mobile, la devise du *Nautilus* précède le *vous n'avez pas de vitesse, vous êtes vitesse*, montrant dans la quête du progrès quelque chose qui ne serait plus discontinu, une abolition finale des différences, des distinctions entre nature et culture, utopie et réalité puisque la technologie, en faisant du rite de passage un phénomène continu, ferait du dérèglement des sens un état permanent, la vie consciente ne devenant un pendulaire voyage qui n'aurait comme pôles absolus que la naissance et la mort et serait la fin des religions et des philosophies (Virilio: 1998a, 105).

Wohlgemerkt hält Virilio Nemo nur für einen Vorläufer der von ihm aufgezeigten Tendenz hin zur Verabsolutierung der Geschwindigkeit. Nemo selbst hat noch Zeit für seine Unternehmungen; allerdings kennzeichnet ihn eine Ruhelosigkeit, die seinem Inventar keinen festen Ort gibt, die kein Eingrenzen des Bereichs seiner Tätigkeit zulässt.

Das Sammeln oder das Konstituieren einer zyklischen Alltagszeit im Privaten sind besondere Formen des Versuchs, einer als depravierend empfundenen Weltzeit entgegenzuwirken und eine restringierte Totalität erfahrbar zu machen, da der (geschichtliche) Lauf der Weltzeit sich als extensive Totalität einer jeden Erfahrung entzieht. Prof. Aronnax stellt am Ende von *20.000 Lieues sous les mers* fest, dass die ganzen Erlebnisse eigentlich zum Hintergrund geschrumpft wären, vor dem sich die Gestalt des Kapitäns Nemo abhebe und übermenschliches Ausmaß annehme (VSLM 609). Nicht weniger kann man über *L'Ile mystérieuse* sagen: Ein fast tausend Seiten umfassender Roman verwandelt sich am Ende zum bloßen Hintergrund für eine Gestalt, die erst auf den letzten Seiten in Erscheinung tritt. Die Erzählstrategie Vernes findet hier zu ihrer Vollendung. Das inventarisierende Erzählen eines auch in Ausnahmesituationen sich einstellenden Alltags schafft eine eigene, zyklische Alltagszeit, wie sie Bachtin am Beispiel von Flauberts *Madame Bovary* aufzeigt: "Die Zeit kennt hier keinen fortschreitenden historischen Verlauf, sie bewegt sich in kleinen Kreisen: in einem Tageskreis, einem Wochen-, einem Monatskreis, einem Kreis des ganzen Lebens" (Bachtin: 1989, 197). Diese Beschreibung trifft haargenau auf die Erzählstrategie Vernes zu, so auch, wenn es bei Bachtin weiter heißt, diese Zeit, sei "eine zähe, klebrige Zeit", die im Raum langsam dahin krieche. Doch anders als in den von Bachtin analysierten Beispielen ist diese Zeit bei Verne mehr als nur "eine Nebenzeit". Zwar gilt auch hier, dass diese Zeit "mit nichtzyklischen Zeitreihen verwoben oder von diesen unterbrochen wird", doch sie dient nur bedingt "als kontrastierender Hintergrund der ereignisreichen und ereignisgeladenen Zeitreihe" (Bachtin: 1989, 198). Bei Verne dominiert eine solche Zeit, dass sie die als 'Abenteuer' zufällig hereinbrechenden Ereignisse in sich aufnimmt, sie regelrecht usurpiert und aus der Retrospektive zu einem Teil des Alltäglichen werden lässt, eines Alltäglichen, in dem sich der Rezipient zurecht findet. Die Vermittlung zwischen der Romanzeit und der Zeiterfahrung des Lesers erfolgt über das Inventar, das in die Erfahrungswelt einer regressiven Privatheit verweist. Wie die eigentlich "ereignisgeladenen Zeitreihen" der Abenteuer in den *Chronotopos des Inventars* und damit in die "zähe, klebrige Zeit" eingehen, demonstriert Aronnax, wenn er die Ereignisse auf der *Nautilus* noch einmal zusammenfasst, auf deren Hintergrund Nemo seine numinose Aura gewinnt. Ergänzt man schließlich die Erinnerung des Professors um das Fanal am Ende von *L'Ile mystérieuse*, so erschließt sich ein weiterer Aspekt des Trivialmythologems Nemo: Es verkörpert *zugleich* eine dem *Chronotopos des Inventars* entgegen gesetzte Zeit, die im Roman als solche außen vor bleibt und allein in der gerafften Schilderung seiner Biographie in ihrer ganzen Komprimiertheit enthalten ist: die ereignisgeladene Zeit des Abenteuers.

Nachdem er sein Inventar in *20.000 Lieues sous les mers* vollendet hat und er mit seiner *Nautilus* in die von der Natur gestellte Falle geraten ist, ist Zeit für ihn nur noch als eine depravierende Kraft erfahrbar. Die frühzeitig gealterte prometheische Gestalt Nemo gerät zur Inkarnation eines ereignisgeladenen Lebens, dessen Evokation als angstbesetzt gelten kann, weil durch dieses Leben hindurch ein auf "temporale Innovationsverdichtung" (Lübbe 1988, 416) verkürztes Fortschrittsverständnis aufscheint, das sich die politische Ökonomie und die ihr dienende industrielle Produktion als ideologisches Gewand übergestreift haben. Eine solche "temporale Innovationsverdichtung" entsteht im Zeitalter der Industrialisierung durch die vom Warenaustausch diktierte Ökonomie, in der das Neue zu einem Wert an sich wird, ohne dass das Produkt etwa nach einem tatsächlich verbesserten Gebrauchswert befragt wird: Das Inventar beginnt zu proliferieren. Die ereignisgeladene (Lebens-) Zeit Nemos folgt dem Motto *mobilis in mobili*, weil der Kapitän einzig über die ineinander greifenden Bewegungen noch zu der "Selbst" zu nennenden (scheinhaften) Stabilität gelangen kann – eine Position, die eben einer titanischen Gestalt paranoiden 'Charakters' vorbehalten bleibt und die zum Scheitern verurteilt ist.

Der *Chronotopos des Inventars* strukturiert viele der berühmten Reiserouten in den *Voyages extraordinaires* von Verne: So folgt die Reise der *Nautilus* einer fest vorgegebenen Route, auf der ein konkretes Programm absolviert wird. Und der scheinbare Wettlauf mit der Zeit in *Le Tour du monde en 80 jours* bedeutet nichts anderes als das Durchmessen eines festen Koordinatensystems, bei dem jedem räumlichen Punkt eine feste Zeitstelle zugeordnet ist. Philias Fog, der die Wette auf die Reise in 80 Tagen um die Welt gemacht hat, ist ein spleeniger Engländer, der sein Leben nach festen Ritualen führt. Seine Reise ist eine Herausforderung darauf, ob sich sein planendes Wesen gegen das Hereinbrechen des Unberechenbaren durchzusetzen vermag. Der Zufall türmt Widerstände gegen seinen Reiseplan auf, die er durch Improvisation zu überwinden vermag. Und als er zu verlieren scheint, rettet ihn gerade der Zufall, der auf den für unwahrscheinlich gehaltenen Umstand zurückgeht, dass dem kühl berechnenden Philias Fog ein Denkfehler unterlaufen ist. Der dramatische Schluss des Romans, dass die Wette gegen allen Augenschein doch noch gewonnen wird, geht auf einen Irrtum zurück: Der Held hatte die Datumsgrenze nicht beachtet. Die Forscher in *Voyage au centre de la terre* verwirklichen das in alten Aufzeichnungen niedergeschriebene Programm der Expedition – und die Reihe könnte noch mit zahlreichen anderen Beispielen aus den Romanen Vernes fortgeführt werden. Die Abenteuer sind die notwendigen Widerstände, an denen der *Chronotopos des Inventars* bei Verne erst sichtbar wird und durch die dieser sich vom bloß systematisierenden Inventar unterscheidet. Es bildet sich eine eigene Ökonomie heraus, die das Sammeln erst zum Erlebnis macht: die Ökonomie des Abenteuers – gemeint ist die Überwindung der zufälligen Widerstände, *bevor* diese in das inventarisierte *totum* eingehen.

1.5. Der Kanon der Wissenschaften: eine Revision der Idee vom Fortschritt

> [...] les Modernes ne sont pas plus avancés que les Anciens. Il a fallu bien des siècles pour trouver la puissance mécanique de la vapeur! Qui sait si dans cent ans, on verra un second *Nautilus*! Les progrès sont lents, monsieur Aronnax. – C'est vrai, répondis-je, votre navire avance d'un siècle, de plusieurs peut-être, sur son époque. Quel malheur qu'un secret pareil doive mourir avec son inventeur. Le capitaine Nemo ne me répondit pas (VLSM 342).

Die *Nautilus* ist ihrer Zeit voraus, gerade weil die Fortschritte nur langsam vorangehen. Mit dieser Aussage negiert Nemo eine technizistische Fortschrittsideologie, die sich einzig an der Innovationsverdichtung bemisst und relativiert damit das Erlebnis, dass seit dem Eintritt in die Epoche der Entdeckungen das Wissen des Altertums zwergenhaft erscheint – "In Bacon wurde dieses historische Erlebnis zum philosophischen Bewußtsein" (Dilthey: 1968, 273). Das Schweigen Nemos auf die enthusiastischen Einlassungen des Professors deutet außerdem auf die Ahnung von dem, wie Ernst Bloch nach dem Zweiten Weltkrieg schreiben wird, Nachlassen des "bürgerlichen Auftrags zu erfinden" hin. Doch die "spätbürgerliche Drosselung der Technik" wird nur für den zivilen Sektor gelten, nicht dagegen für den militärischen:

> Die Technik ist, sofern sie Lebensmittel-, nicht Todesmittel-Technik darstellt, cum grano salis selber schon sozialistische; sie braucht mithin weniger Zukunftspläne als die Gesellschaft. All das kommt zusammen, um technische Utopien lange nicht so spannend zu machen wie noch zur Zeit Jules Vernes (Bloch V: 1985, 769).

Tatsächlich ist Verne von einem weitaus größeren Fortschrittspessimismus beseelt, als es die *communis opinio* wahrhaben möchte, die Bloch hier wiedergibt. Die nachdenklichen Worte, die er Kapitän Nemo in den Mund legt, die Versuche seiner Protagonisten, Technik in den Dienst der Gestaltung humaner

Lebensräume zu stellen, zeugen durchaus von einem 'sozialistischen' Technikverständnis im Sinne Blochs. Und am Beispiel Nemos und seiner *Nautilus* führt Verne vor, wie schnell eine technische Errungenschaft zum "Todes-Mittel" avanciert, als der Kapitän im verblendeten Zorn eine englische Fregatte mit Mann und Maus versenkt.[12] Zwar ist Pierre Macherey zuzustimmen, wenn er schreibt, Verne verurteile die Haltung Nemos als reaktionär (Macherey: 1971, 248f), weil er die Technik nur in seinem selbstischen, rückwärtsgewandten Zweck missbraucht. Doch man achte bei der Lektüre der vor Nemo gehaltenen Rede von Cyrus Smith auf die Nuancen:

> Capitaine, votre tort est d'avoir cru qu'on pouvait ressusciter le passé, et vous avez lutté contre le progrès nécessaire. Ce fut une de ces erreurs que les uns admirent, que les autres blâment, dont Dieu seul est juge et que la raison humaine doit absoudre. Celui qui se trompe dans une intention qu'il croit bonne, on peut le combattre, on ne cesse pas de l'estimer. Votre erreur est de celles qui n'excluent pas l'admiration, et votre nom n'a rien à redouter des jugements de l'histoire. Elle aime les héroïques folies, tout en condamnant les résultas qu'elles entraînent (IM 810f).

Cyrus Smith wendet sich hier deutlich gegen eine rückwärts gewandte Utopie, nichtsdestoweniger spricht er nicht von "le progrès", sondern von "le progrès nécessaire", einem gedrosselten Fortschritt. Zwar erinnert dies an das Credo Auguste Comtes, der von den "idées du progrès nécessaire et continu" im Anschluss an die *Querelle des anciens et des modernes* spricht (Comte: 1995, 43), indes markiert die Rede des Ingenieurs eine deutliche Distanz zu den geschichtsphilosophischen Grundlagen des Positivismus. Gemeint ist bei Verne vielmehr ein technischer Fortschritt, der dem jeweiligen Entwicklungsstand einer Gesellschaft entspricht: Geschichte scheint in seiner Rede lediglich von einer Position der Rückschau her auf, aus der jeder prometheische oder gar eschatologische Impuls zu bannen sei, der von – dennoch bewundernswerten – 'charismatischen' Gestalten und ihrem Wirken ("les héroïques folies") ausgehe. Wie das individuelle Abenteuer wird auch die weltgeschichtlich bedeutende Tat schließlich im *Chronotopos des Inventars* aufgehoben. Gemeint ist jenes Inventar, das eine zum Gegenstand einer Enzyklopädie reduzierte – und damit ihres weltverändernden Potentials beraubte – Geschichte darstellt.

Ein Urteil über das von Menschenhand Erschaffene, das keinem Heilsplan folgt, steht einzig Gott zu. Auch sei darauf hingewiesen, dass Verne Nemo keineswegs als eine negative Gestalt gezeichnet hat, sondern allenfalls als eine überlebte, der – wie der historischen Gestalt Napoleon – dennoch Respekt gebührt. Nemo überragt schließlich den Empereur, da er – ungeachtet seiner reaktionären Haltung – die mahnende Stimme gegen eine "Todes-Mittel-Tech-

---

12 Vgl. dazu auch Cyrus Smith, der für Arbeiten auf der Insel Nitroglycerin entwickelt hat und auf dessen Destruktionspotential aufmerksam macht: "Mais savez-vous bien, monsieur Cyrus, qu'au moyen de cette charmante liquide que vous avez fabriquée, on ferait sauter l'île entière? – Sans aucun doute, l'île, les continents et la terre elle-même, répondit Cyrus Smith. Ce n'est qu'une question de quantité" (im 231).

nik" erhebt und in Ehrfurcht vor dem Schöpfer und seiner Kreatur lebt. Nemos Schicksal soll den Menschen eine Lehre sein: In letzter Konsequenz verlangt die bürgerliche Gesellschaft nach einem gefesselten Prometheus, der in Ehrfurcht vor der göttlichen Autorität lebt.

Doch was bedeutet dies, wenn – im ausgehenden 19. Jahrhundert noch gegen jeden Augenschein – Verne von "le progrès nécessaire" spricht, der nichts anderes meint als einen evolutionär gedachten "progrès lent" oder gar einen "progrès ralenti"? Hier tritt eine veränderte Haltung zum Fortschritt auf, die direkt auf Fontenelle und die *Querelle des anciens et des modernes* zurückgreift. Bei Fontenelle galt weitgehend eine 'entelechische' Fortschrittsvorstellung, welche die historische, den Geschichtsverlauf beschreibende Zeit noch nicht im Blick hatte (Jauß: 1964, 16). Diese Fortschrittsvorstellung – und damit seine Konzeption der "perfection" – bewegte sich noch innerhalb der rhetorischen Vorstellung von *imitatio* und *aemulatio*. Wichtig ist dabei, dass Fontenelle und Perrault in der von ihnen maßgeblich bestimmten *Querelle des anciens et des modernes* qualitative Unterschiede der Bezugssysteme im Vergleich ausschließen, wenn diese ihren jeweils höchsten Grad an Perfektion erreicht haben. Tatsächlich ist nur ein Vergleich möglich, der nach dem jeweiligen Stand in den unterschiedlichen Entwicklungsstufen der beobachteten Prozesse, also nach den jeweils gemachten Fortschritten fragt (z.B. Perrault: 1964, 289). Aus dieser Perspektive musste der Betrachter die Prozesse als 'entelechische', d.h. dem jeweiligen Bezugssystem eingeschriebene und von diesem bestimmte, denken. Die Vertreter der *modernes* in der *querelle* beharrten auf der Gleichwertigkeit der *anciens* und der *modernes*, was heißt, dass diese nicht zwangsläufig aus jenen hervorgegangen seien. Nemos Schweigen auf das Bedauern des Professors Aronnax, dass die *Nautilus* mit ihrem Erfinder sterben müsse, kann deshalb durchaus auch als Mahnung an den Fortschrittsoptimisten gelesen werden, als eine Mahnung, die an Fontenelle denken lässt:

> Quand nous aurons trouvé que les Anciens ont atteint, sur quelque chose, le point de perfection, contentons-nous de dire qu'ils ne peuvent être surpassés: mais ne disons pas qu'ils ne peuvent être égalés [...] (Fontelle: 1991, 424).

Nemo betrachtet sich keineswegs als jemand, der eine zukünftige wissenschaftliche Leistung antizipiert. Eine weitere *Nautilus* könnte es vielleicht in einer ferneren Zukunft geben, diese wäre aber keineswegs die logische Konsequenz der technologischen Entwicklung, sondern ein Produkt, das sich im Verhältnis zum Original als das Produkt einer *aemulatio* erweisen und weder eine *imitatio* noch eine Weiterentwicklung der bis dahin verschollenen *Nautilus* darstellen würde. Für Nemo gilt letztlich in der Wissenschaft dasselbe wie in den Künsten: "A mes yeux, vos artistes modernes ne sont déjà plus que des anciens [...]" (VLSM 111).

Die Werke der Künste werden an Bord der *Nautilus* nicht nach ihrem Alter klassifiziert. Die Bestände ihrer Bibliothek konstituieren einen Kanon von

Werken der Literatur sowie der (im weitesten Sinne) Geistes- und Naturwissenschaften. Die Aufgabe eines literarischen Kanons fasst Ernst Robert Curtius zusammen: "Die Ausbildung eines Kanons dient der Sicherung einer Tradition. Es gibt die literarische Tradition der Schule, die juristische des Staates, die religiöse der Kirche: das sind die drei mittelalterlichen Weltmächte *studium, imperium, sacerdocium*" (Curtius: 1993, 261f).[13] Das Wirken Nemos an Bord der *Nautilus* mit ihrem Museum und ihrer wohl sortierten Bibliothek verfolgt ein Ziel: das Kanonisieren aller Wissenschaften. Mit seinen Forschungen ist Nemo angetreten, diesem Kanon weitere, nämlich seine Entdeckungen hinzuzufügen, Entdeckungen, die er jedoch der Menschheit vorzuenthalten gedenkt; in seiner Person finden die Wirkungskräfte von *studium, imperium* und *sacerdocium* zusammen, worauf auch die quasi-klösterliche Organisation seiner Mannschaft verweist. Der Vergleich mit dem literarischen Kanon kann noch um ein Stück weitergetrieben werden: Das Beherrschen eines solchen Kanons und dessen Anwendung in der Praxis obliegen dem Wirken Initiierter – "Wer schriftlich Überliefertes zu lesen weiß, bezeugt und vollbringt die reine Gegenwart der Vergangenheit" (Gadamer: 1990, 169). Der hier verwendete Begriff "Kanon" soll zeigen, in welche Richtung der Literat Jules Verne das in seinen Romanen entfaltete Wissenschaftsverständnis entwickelt, nämlich hin zu einer Tradition, welche die Dichotomie zwischen den Gegenstandsbereichen von Natur- und Geisteswissenschaften überwindet, jene Dichotomie also, die Dilthey pointiert: "[...] die Naturwissenschaft schafft durch ihre Kategorien eine Welt, die Geisteswissenschaft eine andere" (Dilthey: 1968, 277). Vernes Kanon definiert sich über das enzyklopädische Wissen. Nach Assmann entsteht das Phänomen der Kanonbildung in Zeiten "verschärfter innerkultureller Polarisierung" (Assmann: 2000, 125), in Zeiten der Krise also. Der Kanon stifte einen "Nexus zwischen Ich-Identität und kollektiver Identität", wobei er sich sowohl von einem starren Traditionalismus als auch von einem alle Normen relativierenden Antitraditionalismus unterscheide (Assmann: 2000, 127). Dass Verne, dessen Bücher sich vorrangig an ein jugendliches Publikum richten, gerade auf diese "Organisationsform kultureller Erinnerung" (Assmann: 2000, 128) zurückgreift, die eine Selbstreflexion der Wissenschaften ausschließt, ist sicherlich in Zusammenhang mit der Entwicklung des französischen Bildungssystems unter dem Zweiten Kaiserreich zu sehen. Erst gegen Ende der sechziger Jahre wich das bis dahin die Naturwissenschaften als Einheit behandelnde Fach *sciences* einer *agrégation spéciale*, wobei noch lange

---

13 Es sei hier ergänzend aus den Ausführungen Gadamers zur Kanonbildung in der Literatur zitiert: "Von der Kanonbildung der antiken Literatur an, die durch die alexandrinischen Philologen geleistet wurde, ist die ganze Folge der Abschrift und Erhaltung der 'Klassiker' eine lebendige Bildungstradition, die nicht einfach Vorhandenes konserviert, sondern als Muster anerkennt und als Vorbild weitergibt. In allem Wandel des Geschmacks bildet sich so die Wirkungsgröße, die wir 'klassische Literatur' nennen, als bleibendes Vorbild aller Sphären, bis in die Tage des zweideutigen Streits der 'Anciens et Modernes und über sie hinaus'" (Gadamer: 1990, 166).

der Primat des *enseignement classique* gelten sollte (Adler: 1970, 83). Und Vernes Protagonisten sind universal gebildete Menschen, *savants*, die sich ganz in den Dienst des Kanons stellen – der alles klassifizierende Aronnax ebenso wie sein Kollege Dr. Clawbonny, der blind Kapitän Hattaras folgt – und sich keine Gelegenheit zu wissenschaftlicher Tätigkeit entgehen lassen. So wird das *bagage scientifique*, mit dem Dr. Clawbonny in *Voyages et aventures du capitaine Hattaras* seine Kajüte an Bord der *Forward* ausstattet, in einer Verfügbarkeit gezeigt, das der Anordnung eines Werkzeugkastens ähnelt:

> Cet espace de six pieds carrés contenait d'incalculables richesses; le docteur n'avait qu'à étendre la main, sans se déranger, pour devenir instantanément un médecin, un mathématicien, un astronome, un géographe, un botaniste ou un conchyliologue (Verne: 2000a, 34).

In der Gestalt von Cyrus Smith vollbringt nun der Ingenieur "die reine Gegenwart der Vergangenheit" – und nicht mehr der Schriftgelehrte. Verne erhebt mit dem Ingenieur jenen Menschen zum totalisierenden Individuum kat'exochen, der zuvörderst an der Praxis orientiert ist, also auch nicht etwa den von den Saint-Simonisten und Fourieristen zur Avantgarde des Industriezeitalters erklärten Künstler oder den fern jeder Praxis universal gebildeten Dilettanten:

> L'ingénieur était pour eux un microcosme, un composé de toute l'intelligence humaine! Autant valait se trouver avec Cyrus dans une île déserte que sans Cyrus dans la plus industrieuse ville de l'Union. Avec lui, on ne pouvait manquer de rien. Avec lui, on ne pouvait désespérer (IM 102).

Der Ingenieur fasst "toute l'intelligence humaine" in sich zusammen, was sowohl technisches Wissen als auch humanistische Bildung meint, auf deren Unverzichtbarkeit hinzuweisen Verne nicht müde wird. Der Ingenieur ist jemand, der die ganze Geschichte einer zivilisierten Gesellschaft angesammelt und in sich vereint hat (vgl. Macherey: 1971, 238-242). Dabei tritt ein Geschichtsverständnis an den Tag, das durchaus im Kontext des mit dem ausgehenden 19. Jahrhundert sich herausbildenden Historismus zu sehen ist. Es sei daher noch einmal auf Dilthey verwiesen, der über den Geist schreibt:

> Der Geist ist aber ein geschichtliches Wesen, d.h. er ist von der Erinnerung des ganzen Menschengeschlechtes erfüllt, die in Abbreviaturen in ihm lebt, und er kann von ihr erfüllt sein, weil er eben sie aus sich hat erzeugen können (Dilthey: 1968, 278).

Was bei Dilthey in idealistischer Tradition "Geist" heißt, findet sich bei Verne – als Konterpart zum prometheischen Wesen – in einer einzigen Gestalt verkörpert. Für den Seemann Pencroff wird Smith zu einem nachgerade übernatürlichen Phänomen: "Si, pour lui, Cyrus Smith n'était pas un dieu, c'était assurément plus qu'un homme" (IM 118). Doch was erfährt der Leser über den amerikanischen Ingenieur? Verne schildert ihn als einen Tatmenschen von hagerem, aber athletischem Körperbau. Insbesondere sein Gesicht, sein "numismatischer" Kopf strahlt die Tatkraft des zum amerikanischen Nationalmythologem avancierten *selfmademan* aus, der – anders als der aristokratische 'Dilettant' Nemo – niemals die Bodenhaftung verliert, weil er in seiner Biographie – das *curriculum vitae* eines sich einzig über seine Arbeit definierenden Menschen – quasi den ganzen Prozess der Naturaneignung durch die Menschheit wiederholt hat:

> Il avait une de ces belles têtes "numismatiques", qui semblent faites pour être frappées en médailles, les yeux ardents, la bouche sérieuse, la physionomie d'un savant de l'école militante. C'était un de ces ingénieurs qui ont voulu commencer par manier le marteau et le pic, comme ces généraux qui ont voulu débuter simples soldats (IM 13).

Die Schilderung der Physiognomie des Ingenieurs erinnert an Hyppolite Taines Theorie, wonach das Bild des Menschen Ausdruck seiner Epoche sei. Taine betrachtet den Renaissance-Menschen als Angehörigen einer "époque intermédiaire", d.h. einer Epoche, in der Seele und Körper sich noch in einem Gleichgewicht befinden. Und es scheint nicht verfehlt, im Zusammenhang mit Vernes Schilderung des amerikanischen Ingenieurs diejenige Passage zu zitieren, mit der er seine Ausführungen zu den Portraits der Renaissance-Maler einleitet:

> C'est pourquoi, quand nous voudrons imaginer le corps parfait, nous prendrons l'homme à cette époque et dans cette situation intermédiaire où l'âme n'a point encore relégué le corps à la seconde place, où la pensée est une fonction et non une tyrannie, où l'esprit n'est pas encore un organe disproportionné et monstrueux, où l'équilibre subsiste entre toutes les parties de l'action humaine, où la vie coule ample et mesurée, comme un beau fleuve, entre l'insuffisance du passé et les débordements de l'avenir (Taine: 1985, 428).

Unschwer lässt sich diese Aussage Taines auf die Romangestalt Cyrus Smith anwenden: Er greift das in der Vergangenheit unerledigt Gebliebene auf und verhindert durch sein umsichtiges Wirken, das einem von der Tradition diktierten Auftrag folgt, eine Zukunft der Exzesse, die in Überproduktion oder Rüstungswahn münden könnte. Richtet man von dieser Warte aus den Blick noch einmal zurück auf Taine, so scheint dieser in seiner *Philosophie de l'Art* aus dem Jahr 1865 am Renaissance-Menschen jene Wunschprojektion festzumachen, die sich als Gegenbild zu dem vom *Fortschrittstrauma* gezeichneten Menschen der zweiten Hälfte des 19. Jahrhunderts eignet.

In der Literatur seiner Zeit findet Taine durchaus herausragende Werke, so die Gestalten eines Balzac, die sich auf die Tradition Shakespeares berufen könnten. Doch im Unterschied zu den Figuren des elisabethanischen Dramatikers hätten die Balzacs bereits ihre jugendliche Kraft eingebüßt – "par un air vivié par trop de générations humaines, avec un sang moins jeune et toutes les déformations, toutes les maladies, toutes les tares d'une vieille civilisation". Die von Honoré de Balzac entwickelten Charaktere führten in die tieferen Schichten der menschlichen Natur, in die Geheimnisse der Gesetze, die über die Seele, die Gesellschaft und die Geschichte herrschten: "Néanmoins l'impression qu'on en garde est pénible: on a vu trop de misère, trop de crimes; les passions entre-choquées à outrance ont étalé trop de ravages"(Taine: 1985, 423). Mit dem Aufschlagen eines solchen Buches werde der Blick von der Oberfläche der Dinge abgelenkt und dringe in die Regionen menschlicher Tragik vor:

> Avant d'entrer dans le livre, nous regardions les objets par leur dehors, paisiblement, machinalement, comme un bourgeois qui assiste à quelque défilé de troupes accoutumé et monotone. L'écrivain nous a pris par la main et nous a conduits sur les champs de bataille; nous voyons les armées se heurter sous la mitraille, et couvrir le sol de leurs morts (Taine: 1985, 423).

Taine sieht den Bürger durch die Literatur seiner Zeit gnadenlos mit dem Hässlichen, dem Menschlich-Allzumenschlichen konfrontiert. Welch ein Gegensatz zu den jegliche Psychologie eskamotierenden Romanen eines Jules Verne! Und mit welchem Schauer werden die Erkenntnisse eines Sigmund Freud den Leser erfassen, der mit Vernes Romanen seiner Alltagswelt zu entfliehen trachtet! Taine hält hier jedoch nicht inne: Er begreift seine Zeit als die des Niedergangs, und ein solcher Niedergang drücke sich auch in den – von den bildenden Künsten dargestellten – Deformationen des menschlichen Körpers aus. Mit Fug und Recht kann man Taine, der von seiner Zeit als einer Epoche des Niedergangs ("déclin") spricht, in einem Atemzug mit Arthur Gobineau nennen und – zusammen mit diesem – als einen Vorläufer der Entartungstheorie des *Fin-de-siècle*-Denkers Max Nordau bezeichnen. Einzig die 'primitiven' und 'naiven' Epochen seien imstande, ideale Gestalten hervorzubringen – und so heißt es bei Taine in einer Rousseau leicht abwandelnden Form: "et c'est toujours dans les âges reculés, à l'origine des peuples, parmi les songes de l'enfance humaine, qu'il faut remonter pour trouver les héros et les dieux" (Taine: 1985, 425). In seiner kulturgeschichtlichen Gesamtschau unterscheidet Taine zwischen spontanen ("civilisations prime-sautières") Kulturen, die über ein für jeden Einzelnen überschaubares Bildungsgut verfügen und zu denen er die hellenistische zählt, und entwickelten, die – um in die Terminologie der Systemtheorie zu wechseln (Luhmann: 1996, 255) – über ein hohes "Komplexitätsniveau" verfügen (Taine: "sociétés élaborées et composites"):

> Toutes ces oppositions se réduisent à une seule, celle qui sépare une civilisation prime-sautière et nouvelle d'une civilisation élaborée et composite. Mais de moyens et d'outils, moins d'instruments industriels, de rouages sociaux, des mots appris, d'idées acquises; un héritage et un bagage plus petits et, partant, d'un maniement plus aisé; une pousse droite et d'une seule venue, sans crises ni disparates morales; partant un jeu plus libre des facultés, une conception plus saine de la vie, une âme et une intelligence moins tourmentées, moins surmenées, moins déformées: ce trait capital de leur vie va se retrouver dans leur art (Taine: 1985, 322).

Die Vorbildfunktion, welche die 'spontanen' Kulturen für Taine ausüben, verweist auf ein residuales Bedürfnis der vom Fortschrittstrauma befallenen Bourgeoisie, die "der bevorstehenden Entwicklung der von ihr ins Werk gesetzten Produktionsordnung nicht mehr ins Auge zur blicken wagte" (Benjamin V.1: 1991, 175). Eine Zivilisation, die sich zu überhitzen scheint, bringt gesellschaftliche Modelle hervor, welche sich an dem Ideal von ebenso homogenen wie überschaubaren Gruppen orientieren. Die Suche nach einer solchen Bezugsgruppe mündet nicht zuletzt in rassistische Vorstellungen. So schreibt der Initiator kulturanthropologischer Entartungstheorien und Verfasser des *Essai sur l'inégalité des races humaines* (1853-1855), Joseph Arthur Gobineau, über das Ideal der Zivilisation: *"un état de stabilité relative où des multitudes s'efforcent de chercher pacifiquement la satisfaction de leurs besoins, et raffinent leur intelligence"* (Gobineau I: 1884, 90). Ein solcher Zustand könne indes nur durch eine überlegene Rasse erreicht werden. Diese Anschauung – die *mutatis mutandis* auch Verne teilt – ist in letzter Konsequenz zutiefst geschichtsfeindlich.

Nun ist aber die Geschichte als solche aus dem bürgerlichen Bewusstsein nicht mehr zu bannen, sie muss folglich uminterpretiert werden, um ihr 'überhitzendes' Moment dem Erfahrungshorizont zu entrücken. Die Geschichtsphilosophie setzt an, analog zur Verfahrensweise der Mediziner und Zoologen, in ein anthropologisch motiviertes "typologisches Sortieren" zu verfallen, was Odo Marquart mit Blick auf Dilthey zu der Bemerkung veranlasst: "Aber es ist jedenfalls auffällig und hier das Wichtigste, dass gerade zu Ende des neunzehnten und zu Beginn unseres Jahrhunderts dieses Verfahren [...] in großem Stil ins Geschichtsdenken einwandert: gerade jetzt machen Historiker Typologie" (Marquart: 1992, 112f). Und hierin zeigt sich, dass bereits im Historismus selbst die Weiche gestellt wird, um die oben angesprochene Dichotomie von Natur- und Geisteswissenschaften zu überwinden – man denke nur an das groß angelegte Unternehmen Spenglers, eine *Morphologie der Weltgeschichte* zu entwerfen, ein Unternehmen, das zweifelsfrei in der Tradition des Historismus steht. Die Begründung für den historischen Ort dieser Geschichtstypologien bleibt bei dem Konservativen Marquart recht diffus.

Als ein Schutz vor dem 'Überhitzen' könnte die von Werner Krauss aufgezeigte ideologische Leistung des Historismus charakterisiert werden – dem er übrigens auch das Denken Taines zurechnet:

> Im Historismus war Geschichte zum Ausdruck der bloßen Bewegung verkümmert. Das Sein und die Dauer waren als ungehobener Restbestand des geschichtlichen Werdens zurückgeblieben. Sie bildeten nunmehr das Element, mit dem sich die Geschichte die hemmenden Gegenkräfte auf dem eigenen Boden bereitet. Der Fluchtbewegung begegnet nunmehr der Ausschnitt der bleibenden Werte und Traditionen. Die Traditionen sind Verpflichtung auf die geschichtliche Dauer (Krauss: 1950, 110).

1.6. Versuche, die Gesellschaft vor dem Überhitzen zu schützen

Zu der von einer akzelerierten Entfaltung der industriellen Produktion geprägten Welt der Bourgeoisie entwirft Verne auf seiner *Ile mystérieuse* geradezu das Gegenbild, das Neuschäfer als die "Unterdrückung störender Gegenwartsfragen" interpretiert und aufs trefflichste pointiert: "Gemeinsamer Anstrengung, vor allem aber, dem polytechnischen Wissen von Cyrus Smith, gelingt es jedoch nach und nach, die Insel zu kolonisieren und die 'verloren gegangene' Zivilisation (nach-) zu erfinden und neu zu verwirklichen" (Neuschäfer: 976, 106). Auf der Flucht aus der belagerten Stadt mit einem Ballon wurden sie gewissermaßen vom Sturm der Geschichte auf die Insel verschlagen, wo sie, nunmehr im Windschatten der Geschichte, den Prozess der Zivilisation wiederholen.[14] Unangefochten von den historischen Ereignissen – hier in erster Linie der Amerikanische Sezessionskrieg – gelingt es ihnen auch die von außen einwirkenden Störungen entweder selbst oder mit Hilfe der unsichtbaren Macht, Nemo, zu bewältigen. Einerlei ob aus eigener Kraft oder mit fremder Hilfe: Die auf der Insel entstandene Zivilisation trägt sich selbst und perpetuiert doch in ihrer Substanz die Tradition, aus der ihre Schöpfer stammen. Der in *L'Ile mystérieuse* aufgezeigte Zivilisationsprozess, den die Schiffbrüchigen unter der Führung des Ingenieurs Smith einleiten, erweist sich als ein in allen seinen Phasen beherrschbarer. Ihm entspricht eine eindeutig hierarchisch strukturierte Gesellschaft mit dem Ingenieur an der Spitze, die in der saint-simonistischen Hierarchie der "capacités" ihr Vorbild gefunden haben mag (Neuschäfer: 1976, 112), obwohl Verne gerade dem Saint-Simonismus besonders kritisch gegenüberstand. Von der auf der Insel wirkenden Gruppe unterscheidet sich deutlich diejenige, welche die Gefangenen auf der *Nautilus* bilden. Letztere zeichnet sich dadurch aus, dass ihre Mitglieder durch ihre jeweilige Defizienz aufeinander angewiesen sind: Unfähig, ihre Kräfte so einzusetzen, dass sie sich *produktiv* ergänzen, sind sie zu einer Überlebensgemeinschaft ohne Kultur stiftendes Potential zusammengeschweißt und im Romangeschehen auf einen bloßen Beobachterstatus verwiesen. Wenn auch mit Nemos Hilfe, hinter der letztlich die Hand Gottes steht, bildet die Gruppe um Cyrus Smith den Widerpart sowohl zum Kapitän der *Nautilus* als auch zu seinen Gefangenen. Dagegen eint Nemos prometheisches Projekt und der mit den Mitteln zivilisatorischer Errungenschaften geführte Überlebenskampf eines Cyrus Smith der Umstand, dass in beiden Fällen Zivilisation totalisiert

---

14 So heißt es z.B., als es den Schiffbrüchigen gelingt, Eisen zu gewinnen: "Ce fut le 20 avril, dès le matin, que commença 'la période métallurgique' [...]" (IM 196) – oder über die Hoffnungen beim Anblick des improvisierten Brennofens: "La clairière était transformée en usine, et Pencroff n'était pas éloigné de croire que de ce four allaient sortir tous les produits de l'industrie moderne" (IM 169).

wird. Die Gestalt des Ingenieurs macht überdies deutlich, dass Verne auf den von Taine und Gobineau entworfenen Vorstellungskomplex rekurriert: Unter seiner Führung wird die Gruppe zu einer "civilisation prime-sautière", die auch ein wesentliches Charakteristikum so genannter 'primitiver' Gesellschaften in sich aufnimmt. Solche Gesellschaften gelten gemeinhin als geschichtslose Gesellschaften bzw., wie der mit einiger Sicherheit von Gobineau und Taine beeinflusste Anthropologe Claude Lévi-Strauss korrigierend bemerkt, als "kalte" Gesellschaften, deren Institutionen den destabilisierenden Faktor Geschichte bannen, eben jenen Faktor, den entwickelte Zivilisationen – Taine würde sagen: "civilisations élaborées et composites" – zum Motor ihrer Entwicklung 'gemacht' haben:

> Nous avons suggéré ailleurs que la maladroite distinction entre les peuples "sans histoire" et les autres pourrait être avantageusement remplacée par une distinction entre ce que nous appelions, pour les besoins de la cause, les sociétés "froides", et les sociétés "chaudes": les uns cherchant, grâce aux institutions qu'elles se donnent, à annuler de façon quasi automatique l'effet que les facteurs historiques pourraient avoir sur leur équilibre et leur continuité; les autres intériorisant résolument le devenir historique pour en faire le moteur de leur développement (Lévi-Strauss: 1990a, 279f).

Oder um es anders auszudrücken: Das dezidierte Ausklammern bzw. Bannen des Faktors Geschichte verleiht dem in *L'Ile mystérieuse* vollzogenen Zivilisationsprozess die Aura einer Mythopoiesis, die wiederum eine charismatische Gestalt voraussetzt. Doch nicht nur die Abwesenheit von Geschichte macht die Gemeinschaft der Schiffbrüchigen zu einer "société froide", sondern auch das Fehlen jedweden Konfliktpotentials zwischen ihren auf Typen reduzierten Mitgliedern. Das Eskamotieren von Psychologie schließt auch das Negieren des Sexus ein, so dass die Insel im Prinzip nichts anderes darstellt als den Lebensraum einer klösterlichen Männergemeinschaft. Was diese Männergemeinschaft realisiert, ist letztlich eine kleinbürgerliche Utopie, die alle 'Störfaktoren' – wie etwa den Sexus – ausblendet. Das regressive Moment, das dieser anhaftet, geht mit Sicherheit auf die Angst zurück, die der Kleinbürger angesichts des von der Bourgeoisie ins Werk gesetzten Kapitalismus und den hier freigesetzten Produktivkräften befällt. Mit der ganzen Wucht ihrer rhetorischen Begabung bringen Marx und Engels die prekäre Situation des Kleinbürgers und seiner Ideale auf den Punkt:

> Sie [die Bourgeoisie] hat die heiligen Schauer der frommen Schwärmerei, der ritterlichen Begeisterung, der spießbürgerlichen Wehmut in dem eiskalten Wasser egoistischer Berechnung ertränkt. Sie hat die persönliche Würde in den Tauschwert aufgelöst und an die Stelle der zahllosen verbrieften und wohlerworbenen Freiheiten die *eine* gewissenlose Handelsfreiheit gesetzt. Sie hat, mit einem Wort, an die Stelle der mit religiösen und politischen Illusionen verhüllten Ausbeutung die offene, unverschämte, direkte, dürre Ausbeutung gesetzt (Marx / Engels: MEW, 464f).

In Vernes Romanen erscheint der – sofern die Bedingungen stimmen – zu jeder Zeit und an jedem Ort wiederholbare Zivilisationsprozess als zutiefst ahistorisch. Indem Smith die Menschheitsgeschichte wiederholt, steht er zu dieser im Verhältnis der *imitatio*, zum prometheischen Projekt des Kapitän Nemo dagegen im Verhältnis der *aemulatio*. Der Rekurs auf die Terminologie der klassischen Rhetorik kann in diesem Kontext noch weitergesponnen werden: Der Begriff des "inventeur" wird in Vernes Erzählstrategie wieder auf seinen etymologischen Ausgang zurückgeführt, auf lat. *inventio*, was in der Rhetorik das Finden von Argumenten meint.[15] Als *inventio* gefasst wird die "invention" zur bloßen "Gegenwart des Vergangenen", wobei das im Vergangenen Angelegte zur Perfektion getrieben wird. Den besonderen Charakter der technologischen Vorwegnahmen bei Verne hat Macherey herausgearbeitet:

> [...] l'anticipation ne s'exprime que dans la forme d'une régression, ou d'une rétrospection. Le rapport, fondamental à l'intérieur du projet *initial*, *présent-avenir*, se reflète dans le rapport réel *présent-passé*. La conquête n'est possible en droit que parce qu'elle a déjà été opérée: la fiction du progrès est seulement le reflet atténué d'une aventure passée, presque effacée (Macherey: 1971, 197).[16]

Über die Rhetorik kann auch die oben aufgestellte These, Verne nehme die Naturwissenschaften in eine geistesgeschichtliche Konzeption auf, begründet werden. Anders als etwa Balzac mit seinem systematischen Erschließen der *Comédie humaine* oder Zola mit seinem *roman expérimental*, ordnet Verne die von ihm entfaltete Romanwelt keinem bestimmten wissenschaftstheoretischen Vorverständnis unter. Vielmehr ist bei ihm der Rekurs auf naturwissenschaftliche Erkenntnisse einzig und allein rhetorischer Natur: Die zumeist in Dialogen vorgetragenen naturwissenschaftlichen Erklärungen, so schlüssig und gegebenenfalls durch mathematische Berechnungen nachvollziehbar sie auch sein

---

15 Ohne die hier getroffene begriffliche Unterscheidung zu gebrauchen, hat auch Macherey auf die besondere Form des 'Erfindens' auf der *Ile mystérieuse* hingewiesen, mit der sich der Roman von der literarischen Utopie im engeren Sinne unterscheide; überdies grenzt er den Ingenieur gegen Defoes Robinson ab: "Il n'est donc pas du tout question d'inventer, ou même de fabriquer du neuf, mais seulement de reproduire le possible à partir de ses conditions (et non, comme Robinson, à partir de possibles déjà réalisés). Et ce programme est l'illustration bourgeoise par excellence du thème: maître et possesseur de la nature" (Macherey: 1971, 241f).

16 Es sei hierzu auch auf die Interpretation von Michel Butor verwiesen, der die Erzählstrategie Vernes pointiert: "Dans l'idée des progrès de la science et des possibilités d'amélioration techniques que celle-ci projette, il [Verne] trouvait le moyen de rendre perpétuellement l'irréel croyable. C'est cette attention scrupuleuse, cet effort perpétuel d'étayer son rêve, qui fait une partie de sa puissance. Mais si cet étayage même ne détruit pas ce qu'il est chargé de soutenir, ce ne peut être que parce que cet étayage est 'réel'. C'est-à-dire qu'il ne s'agit nullement d'un procédé d'expression venant se surajouter à une invention indépendante. Au contraire, l'hypothèse scientifique et l'explication sont les moyens mêmes de l'invention. [...] Le passage du réel à l'imaginaire se fait insensiblement puisque la nature elle-même rêve et que l'homme finit par réaliser ces rêves mêmes, à moins grande échelle peut-être, avec moins de grandeur, mais plus parfaitement pourtant: il les achève, et il leur donne leur véritable fin. Il accomplit les promesses qui sont inscrites à l'intérieur des choses" (Butor: 1960, 133).

mögen, bleiben Argumente, das Resultat einer *inventio*, die das *ingenium* aus dem Fundus kanonisierter Naturerkenntnis geschöpft hat. Diese Argumente antworten immer auf konkrete Detailfragen, niemals jedoch wäre es möglich, nach den Beschreibungen des Autors die *Nautilus* zu *re*konstruieren. Dieser rhetorische Aspekt in den beiden Romanen *20.000 Lieues sous les mers* und *L'Ile mystérieuse* gehört – wie bereits ausgeführt – in die Reihe der Konstituenten des *Chronotopos des Inventars*.

Die Utopie erweist sich unter der Feder Vernes als ein rhetorischer Topos: Die in seinen Romanen entwickelte Fiktion kassiert das genuin Utopische zugunsten einer jederzeit wiederholbaren, jeglichen eschatologischen Impetus' beraubten *poiesis* – gemeint ist etwas von Menschenhand Geschaffenes, das aller geschichtsphilosophischer Begründung entbehrt. Und jeder Fortschritt ist ein "progrès nécessaire", der einzig über das *telos* der jeweiligen *poiesis* definiert ist, was heißt, dass Fortschritt schließlich immer ganz in einer 'Ontologie' aufgeht, in der Zeit nicht als eine prozessuale Entwicklung, sondern als das Zusammenwirken ihrer inventarisierten bzw. inventarisierbaren Konstituenten erscheint. Für das Verständnis von Arbeit folgt daraus, dass diese immer aus ihrem Endprodukt heraus verstanden wird, weshalb die Tätigkeiten den Verneschen Protagonisten scheinbar so leicht von der Hand gehen. Die Produkte der Arbeit sind wie die in die bürgerliche Privatsphäre entrückten Waren: Sie werden durch das Individuum 'angeeignet' und damit vom Austausch ausgeschlossen; in der zur Phantasmagorie der Gemütlichkeit erhobenen Wohnstube streifen sie ihren abstrakten Charakter ab… Dessen ungeachtet hat auch Arbeit als solche bei Verne einen hohen Stellenwert, allerdings nicht unter ihrem ökonomischen Aspekt, sondern als die Erfüllung eines ethischen Imperativs.

Die ideologischen Implikationen der bei Verne erfolgenden "Unterdrückung der störenden Gegenwartsfragen" reichen angesichts dieser 'Utopiekonzeption' noch weiter: Die Realisierung der Utopie ist lediglich unter Ausschluss von Konkurrenz möglich – *aemulatio* heißt zuallererst Wettstreit, und nicht Verdrängungswettbewerb; die *poiesis* ist nicht innerhalb einer bestehenden Gesellschaft möglich, sondern nur auf dem Territorium eines zu erschließenden Neulandes, einer Kolonie. Soll die Utopie auf einem relativ hohen technischen Niveau in die Tat umgesetzt werden, so bedarf es hierzu jedoch des nötigen Kapitals. Die Nachfolgerin der in einem Vulkanausbruch untergegangenen *Lincoln Island* – "nous ferons de cette île une petite Amérique" (IM 139) – wird eine neue utopische Kolonie, die Cyrus Smith und seine Freunde in den Vereinigten Staaten mit dem Vermögen von Nemo erschaffen: *New Lincoln*. Amerika bietet sich nach wie vor als Ort eines solchen 'sanften' Kolonialismus an, denn hier können sich noch Gemeinschaften entwickeln, ohne mit anderen Gemeinschaften in Konkurrenz zu treten. Stellvertretend für diese Vorstellung von den Vereinigten Staaten sei hier ein Ausspruch Hegels zitiert: "Die nordamerikanischen Freistaaten haben keine Nachbarstaaten, gegen die sie in einem Verhältnis wären, wie es die europäischen Staaten unter sich sind, die sie mit Mißtrauen zu beobachten und gegen welche sie ein stehendes Heer zu halten hätten" (Hegel XVII, 1989, 114). Vor der Folie dieses Amerikabildes – und es darf unterstellt werden, dass Hegel hier bis zu einem gewissen Grad repräsentativ ist für die westeuropäische Amerikavision im 19. Jahrhundert – wird ersichtlich, in welchem Maße der amerikanische Sezessionskrieg auch das europäische Bewusstsein erschüttert hat. Vernes 'Kolonisten' erweisen ihre Referenz demjenigen Politiker, der für das Ideal Amerikas gekämpft hat, indem sie ihre Insel nach ihm benennen! Gegenüber den Ureinwohnern der jeweiligen Territorien fordert der 'sanfte' Kolonialismus Vernes eine defensive Haltung – "Entre Européens et sauvages, il convient que les Européens ripostent et n'attaquent pas" (VLSM 246) – und Respekt vor 'primitiven' Kulturen, die keineswegs ethisch hinter den Europäern zurückstehen müssen, sofern sie einen gemeinsamen Katalog von Grundwerten teilen (vgl. VLSM 243f und 246f). Sie sind aber nicht mehr die *bons sauvages*, in denen der Mensch seine Kindheit vorfindet, sondern letztlich in ihrer Entwicklung Zurückgebliebene.

Die von Cyrus Smith und seinen Freunden in den Vereinigten Staaten gegründete Utopie *New Lincoln* zeigt eine weitere Konstante in Vernes Romanen: die Trennung von Kapital und industrieller Produktion. Der *Chronotopos des Inventars* ist, wie gezeigt wurde, eine Antwort auf die als depravierend erfahrene Zeit. Diese Erfahrung gründet in dem Umstand, dass die industrielle Gesellschaft immer mehr Güter produziert, die Möglichkeiten zur Befriedigung von Bedürfnissen vervielfacht und die Kommunikation beschleunigt. Gleichzeitig aber muss durch Arbeit das Geld aufgebracht werden, damit die Bedürfnisse befriedigt werden können. Arbeit bedeutet indes den Verlust von individueller Lebenszeit. Auf diese Weise öffnet sich für das Individuum die Schere von Lebenszeit und Weltzeit immer weiter. Um eine Utopie wie etwa *New Lincoln* zu verwirklichen, um *Voyages extraordinaires* unternehmen zu können, wenn nicht gerade das Schicksal einer Robinsonade die Individuen ins Abenteuer stürzt, benötigt man Geld. So sind die Protagonisten bei Verne häufig reiche Rentiers, die ihre spleenigen Projekte verwirklichen. Ihre Lebenswelt ist von der eigentümlichen Zeitlichkeit des Inventarisierens geprägt, der keine äußere (gesellschaftliche) Notwendigkeit ihren Rhythmus aufzwingt.

Wohltäter der Menschheit können nur dann als solche wirken, wenn sie durch Erbschaft oder einen anderen Zufall zu Vermögen gelangt sind. Dies ist jedoch Kapital, an dem die Spuren der Wertschöpfung getilgt sind. Anders ausgedrückt: Utopie ist letztlich in der modernen Gesellschaft nur denkbar, wenn das Kapital für ihre Verwirklichung vorhanden ist und in die richtigen Hände gelangt. Die Utopie als primitive oder primordiale *poiesis* bleibt die Robinsonade, so z.B. in *L'Ile mystérieuse* oder *Cinq ans de vacances*. Wird jedoch Kapital zur Realisierung einer solchen Utopie eingesetzt, so kann diese nur funktionieren, wenn sie auf unverrückbaren Grundsätzen beruht, wie sie von den "colons" auf der *Ile mystérieuse* vorgelebt werden: eine wohlgeordnete, hierarchische Gesellschaft mit einer patriarchalischen Autorität an der Spitze, in der jedes Mitglied seine Aufgabe erfüllt und durch Arbeit zum Gemeinwohl beiträgt. Mit seiner Vorstellung von einer wohlgeordneten, gottesfürchtigen Gesellschaft, wie sie gerade aus *L'Ile mystérieuse* abzulesen ist, befindet sich Verne durchaus in Übereinstimmung mit dem legitimistischen Gesellschaftstheoretiker Bonald. Dieser definiert die natürlichen und religiösen Gesellschaften als die Vereinigung von gleichartigen Menschen, die ihre Kräfte vereinen, um gegenseitig ihren Erhalt zu sichern: "*Les sociétés naturelles sont donc des réunions semblables par des lois ou rapports nécessaires de volonté commune, d'amour réciproque agissant par la force pour la fin de leur production et de leur conservation mutuelle*" (Bonald I: 1854, 128). Diese Auffassung findet sich bei dem bereits zitierten Gobineau nunmehr im Namen einer idealen Zivilisation radikalisiert.

Als Inbegriff und Garanten einer solchen Vereinigung gelten indes für Bonald die christliche Religion und die Monarchie. Jede Gesellschaft, die im Verlauf der Geschichte an Komplexität zunehmen kann, bezeichnet Bonald als eine "société politique" bzw. "société de conservation". Als das diese Gesellschaft herausbildende Prinzip benennt Bonald Rousseaus "volonté générale": "*Volonté générale, amour général, force générale, forment la constitution de la société politique ou de la société de conservation*" (Bonald I: 133). Der Erhalt der Gesellschaft sei aber nur dann möglich, wenn ihr ein einziger Mann vorstehe: "*Là où tous les hommes veulent nécessairement dominer avec des volontés égales et des forces inégales, il est nécessaire qu'un seul homme domine ou que tous les hommes se détruisent*" (Bonald I: 1854, 141). Der hier gespannte Bogen von Bonald zu Verne mag kühn erscheinen, jedoch stießen die Ideen des legitimistischen Denkers im Frankreich des 19. Jahrhunderts auf nachhaltige Resonanz.

Nun tritt Verne mit Sicherheit nicht als Vertreter der Monarchie im Sinne der Restauration auf; und die "colons" der *Ile mystérieuse* finden gerade im republikanischen Nordamerika eine Enklave für ihr *New Lincoln*. Der Widerspruch ist indes nur vordergründig: Es ist bei Verne nirgends die Absicht zu erkennen, seine Vorstellungen in den Rang einer Staatstheorie heben zu wollen. Seine Utopie verlangt vielmehr den staatsfreien Raum.

Von daher ist der regelrechte Kult der Privatsphäre bei Verne zu verstehen, der im *Chronotopos des Inventars* seinen adäquaten Ausdruck findet. Diese Hinwendung zum Privaten ist die Antwort auf eine von Jürgen Habermas konstatierte Entwicklung in der bürgerlichen Gesellschaft: "In dem Maße, in dem der Warenverkehr die Grenzen der Hauswirtschaft sprengt, grenzt sich die kleinfamiliale Sphäre gegenüber der Sphäre gesellschaftlicher Reproduktion ab: der Prozeß der Polarisierung von Staat und Gesellschaft wiederholt sich innerhalb der Gesellschaft noch einmal" (Habermas: 1984, 43). Adorno und Horkheimer zeigen auf, wie der Rückzug "der einzelmenschlichen Spontaneität aufs Private" zum Kennzeichen und Konstituens der "bürgerlichen Existenzform" geworden ist. Dieser Rückzug entspringe einer Haltung der Apathie, die eine Reaktion auf die erfahrene Ohnmacht gegenüber einer übermächtig gewordenen Geschichte sei:

Stoa, und das ist die bürgerliche Philosophie, macht es den Privilegierten leichter, der eigenen Bedrohung ins Auge zu sehen. Sie hält das Allgemeine fest, indem sie die private Existenz als Schutz vor ihm zum Prinzip erhebt. Die Privatsphäre des Bürgers ist herabgesunkenes Kulturgut der Oberklasse (Horkheimer / Adorno: 1997, 116).

Bei Jules Verne wird diese Existenzform zum Programm erhoben. Und es ist einerlei, ob er das großbürgerlich-aristokratische Interieur an Bord der *Nautilus* oder die rustikale Wohnhöhle auf *Lincoln-Island* schildert. Die narrative Vermittlung zwischen den beiden scheinbaren Gegensätzen leistet der *Chronotopos des Inventars*. Doch dieser Chronotopos transzendiert nicht nur alte Klassengegensätze, sondern die in ihm entfaltete Raum-Zeit-Beziehung vollbringt die gleiche Vermittlungsleistung im Verhältnis von Innen- und Außenwelt. Der weite Raum des Ozeans wird nicht weniger durch ein Inventar erfasst als *Lincoln Island* durch die "colons": Bei Verne gerät die ganze Weite der Welt zu einem einzigen Interieur, in dem sich seine Figuren ebenso bewegen wie der Leser, der in diesem von der literarischen Fiktion gestalteten Raum das eigentliche Moment der Identifikation erfährt, weil er dort seine zur Alltäglichkeit reduzierte Lebensweltlichkeit vorfindet. In diesem Zusammenhang sei der phänomenologische Begriff der Lebenswelt zunächst auf die Annahme einer "prähistorisch-primären Lebenswelt" verkürzt, deren "Authentizität auf der Deckung von Erwartung und Erfahrung, Lebenszeit und Weltzeit, Generation und Individuation beruht" (Blumenberg 1986, 64). Auf diese Formel bringt Blumenberg einen Aspekt der phänomenologischen Rede von der "Lebenswelt", der den Begriff aber keineswegs vollständig erfasse. Kennzeichen der "Lebenswelt" sei gerade ihre "inhaltliche Unbestimmbarkeit", woraus sich unterschiedliche Strategien der "Lebensweltberuhigung" ergäben (Blumenberg: 1986, 66 u. 68). Jede Strategie der "Lebensweltberuhigung" in der Moderne muss zuallererst bei der Zeit ansetzen: Es gilt die Erfahrung einer depravierenden (Welt-) Zeit zu bannen. Zu diesem Zweck werden Rituale geschaffen, die eine eigene, private Zeiterfahrung begründen, aus der weitgehend jede Prozessualität getilgt ist und die sich aus der Wiederholung speist. Eine auf diese Weise konstituierte "Alltäglichkeit" charakterisiert Blumenberg wie folgt:

> "Alltäglichkeit" ist nur der Name für ein Syndrom von Regelungen des Lebens, das sich darin auszeichnet, weiterer Regelungen nicht zu bedürfen, keine Entscheidungen ausstehen zu haben. Regelungsbedürftigkeit muß als Kennzeichen der prototypischen Lebenswelt, als Stigma ihres systematischen Ranges angesehen werden; daher ist es keinesfalls abwegig, "Alltäglichkeit" als fortgeführte, mitgeführte, unterlaufende Lebensweltlichkeit zu beschreiben. Das bewahrt auch vor dem gefälligen Gegenspiel von Lebenswelt und technischer Welt (Blumenberg: 1986, 64).

Wo sich die Protagonisten Vernes auch befinden mögen, immer suchen sie ihren Alltag zu organisieren. Von daher lässt sich die spezifische Wirkung der Romane Vernes erklären: Selbst in der Fremde findet der Reisende seinen

Alltag wieder – und mit ihm der Leser. Es ist bezeichnend für die schablonenhaften Gestalten in Vernes Romanen, dass sie selbst nur wenig Ansatzpunkte zur Identifikation geben. Das Moment der Identifikation erfolgt vielmehr über den in der imaginären Welt ausgestalteten oder sich gestaltenden Raum, der über die Rekonstruktion des Alltäglichen die für die imaginäre Welt konstitutive Negativität in Bezug auf die Lebenspraxis verdeckt.[17] Die 'Utopie' Vernes kennt nur ein Ideal: die Gestaltung einer Lebenswelt, in der kein Konflikt zwischen Innen- und Außenraum entsteht, eine Lebenswelt, die Dauer dem Wirken der im politischen Weltgeschehen beheimateten Geschichte entgegensetzt.

Die "Lebensweltberuhigung" im Alltäglichen, die das Kennzeichen der Privatsphäre ist, lässt sich, so Vernes 'Botschaft', am ehesten in einer Utopie des 'sanften Kolonialismus' verwirklichen. Eine solche Utopie gibt sich 'staatsfrei', ohne sich jedoch gegen den Staat als solchen aufzulehnen: Der 'bürgerliche' Staat ist vielmehr der Garant einer auf familiärer Privatheit gründenden Utopie. Das Gegenstück dazu wäre der Traum von Kapitän Nemo:

> Et je concevrais la fondation de villes nautiques, d'agglomérations de maisons sous-marines, qui, comme le *Nautilus*, reviendraient respirer chaque matin à la surface des mers, villes libres, s'il en fut, cités indépendantes! Et encore, qui sait, si quelque despote... (VLSM 192).

Nemo sieht antizipierend seinen utopischen Entwurf einer Unterwasserstadt von usurpatorischen Despoten bedroht. Doch eine Stadt unter dem Meer mit einer Gesellschaft nach dem Vorbild der Besatzung der *Nautilus* wäre das Gegenstück zum 'sanften' bürgerlichen Kolonialismus; ihre Gemeinschaft wäre eine dezidiert antibürgerliche. Mit dem Ausruf "Ce ne sont pas de nouveaux continents qu'il faut à la terre, mais des nouveaux hommes" (VLSM 200) greift Nemo einen Grundgedanken utopisch-eschatologischer Visionen auf: die Schaffung eines neuen Menschen. Mit diesem Satz untermauert Nemo seinen tiefen *anthropologischen Pessimismus*. Und die Mannschaftsorganisation auf der *Nautilus* hat gezeigt: Nemos Stadt ist letztlich nur als die Verwirklichung einer Anti-Utopie (präziser: Dystopie) denkbar!

1.7. Die Grenzen – oder von der Eschatologie des Inventars

Die Utopie der Privatsphäre ist jedoch nicht zu verwechseln mit der eines reinen Privatlebens: Ein eudaimonistisches Projekt von spleenigen Millionären sieht Verne in seinem satirischen Roman *L'Ile à hélice* an den Widersprüchen unter ihren nicht mehr vorrangig dem Gemeinwohl verpflichteten Mitgliedern zugrunde gehen – so das Schicksal jener *Standard Island* genannten künstli-

---

17 Zur Identifikation vgl. Hans Robert Jauss (Jauß: 1991, 260), der allerdings ausschließlich über den literarischen Helden argumentiert.

chen Insel. Diese von gigantischen Dampfmaschinen angetriebene Insel wird immer in die jeweils günstigste Klimazone verlegt. Doch das Vorantreiben der technischen Möglichkeiten ist reine Hybris, wenn es nicht von der Demut menschlicher Arbeit geprägt ist. Entsprechend erhebt Verne am Ende seines Romans *L'Ile à hélice* die warnende Stimme, die sich auf das biblische Gleichnis vom Turmbau zu Babel beruft, dem letztlich verzweifelten Versuch des Menschen, wie Gott sein und der eigenen Unzulänglichkeit entfliehen zu wollen:

> Et pourtant, on ne saurait trop le répéter, créer une île artificielle, une île qui se déplace à la surface des mers, n'est-ce pas dépasser les limites assignées au génie humain, et n'est-il pas défendu à l'homme, qui ne dispose des vents ni des flots, d'usurper si témérairement sur le Créateur... (Verne: 1978a, 317).

Diese biblische Anspielung auf den Turmbau zu Babel, dem Inbegriff menschlicher Hybris, zeigt augenscheinlich Vernes Bestreben, den Fortschrittsenthusiasmus zu bremsen. Der Mensch ist Entdecker und tätiger Gestalter, aber kein Schöpfergott!

Wie Verne die Grenzen menschlichen Forscherdrangs absteckt, zeigt ein Dialog aus *La Maison à vapeur*, der nachstehend fast vollständig wiedergegeben sei, da er in gewisser Hinsicht das Programm der *Voyages extraordinaires* resümiert. Der Dialog setzt ein mit dem Problem, wie die Frage nach dem wohl höchsten Punkt der Erde zu beantworten sei, und lotet schließlich die wissenschaftlichen Möglichkeiten von Entdeckungen und deren Grenzen aus:

> Mais, en réalité, ces mesures ne pourront être considérées comme mathématiques que le jour où on les aura obtenues barométriquement, et avec toutes les précautions que comporte cette détermination directe. Et comment les obtenir, sans porter un baromètre à la pointe extrême de ces pics presque inaccessibles? Or, c'est ce qui n'a encore pu être fait. – Cela se fera, répondit le capitaine Hod, comme se feront, un jour, les voyages au pôle sud et au pôle nord! – Évidemment! – Le voyage jusque dans les dernières profondeurs de l'Océan! – Sans aucun doute! – Le voyage au centre de la terre! – Bravo, Hod! – Même un voyage dans chacun des planètes du monde solaire! répondit le capitaine Hod, que rien n'arrêtait plus. – Non capitaine, répondis-je. L'homme simple habitant de la terre, ne saurait en franchir les bornes! Mais s'il est rivé à son écorce, il peut en pénétrer tous les secrets. – Il le peut, il le doit! reprit Banks. Tout ce qui est dans la limite du possible doit être et sera accompli. Puis, lorsque l'homme n'aura plus rien à connaître du globe qu'il habite... – Il disparaîtra avec le sphéroïde qui n'aura plus de mystères pour lui, répondit le capitaine Hod. – Non pas! reprit Banks. Il en jouira en maître, alors, et il en tirera un meilleur part (Verne:1979a, 226f).

Berühmte Reiseziele aus Vernes *voyages extraordinaires* finden sich hier aufgelistet! Die Aufgaben des Forschers heißen: das Inventar der Welt erstellen, Hypothesen erstellen und die Phänomene der Natur erstellen – mit dem Ziel, eine Enzyklopädie zu verwirklichen. Doch die Frage nach den Grenzen für den menschlichen Erkenntnisdrang bleibt. Hier wird zwar die Möglichkeit angedacht, der Mensch könne eines Tages in den Weltraum vordringen, doch zugleich verworfen bzw. in den Bereich des Unspektakulären verwiesen. Die Forschung hat also den Erdball bis in die letzten Winkel zu erkunden. Nur was dann? Hätte der Mensch seine Aufgabe erfüllt, würde er dann mit der Erde verschwinden, die ihm alle Geheimnisse offenbart haben würde? Mitnichten, so die optimistische Aussage eines der Diskutanten: Der Mensch würde sich die Erde untertan machen. Hier bringt Verne so etwas wie eine 'reduzierte Eschatologie' der Wissenschaft ins Spiel, die dem *Chronotopos des Inventars* und den ihm unterworfenen Lebensentwürfen korrespondiert: Würden einmal alle Geheimnisse der Erde gelüftet – die Welt vollständig inventarisiert –, dann bräche möglicherweise ein paradiesisches Zeitalter an, in dem der Mensch erst voll in den Genuss dessen gelangen könnte, was der Planet ihm bietet. Anders formuliert: Die Erde wäre dann ein einziges großes Interieur.

Mit dem Tilgen der Geschichte aus dem Prozess der inventarisierenden Welterschließung hat – wie schon wiederholt hervorgehoben – der Begriff "Fortschritt" bei Verne jeden eschatologischen oder anthropologischen Gehalt verloren. Er erweist sich als ebenso leer wie die Ideologie einer in ihrer Erstreckung prinzipiell offenen "temporalen Innovationsverdichtung"; leer weil er von vornherein als begrenzt angesehen wird, und dies nicht nur in Bezug auf ein etwaiges 'Eschaton', sondern schon darauf, dass jedes menschliche Handeln an einem Partialziel festgemacht wird, das den jeweils gegebenen Horizont menschlicher Erkenntnis keineswegs transzendiert. Dies bedeutet: Selbst wenn man Verne die Auffassung Jaspers' unterstellt, wonach Fortschritt einzig in den Bereichen des Wissens und des Technischen – und nicht etwa als eine anthropologische Entwicklungsrichtung – möglich sei (vgl. Jaspers: 1949, 311), findet sich bei ihm lediglich die Vorstellung von einem gedrosselten Fortschritt: Die Idee eines "progrès nécessaire" geht einher mit der Angst vor Fortschritt überhaupt. In seinem Wissenschaftsverständnis fällt Verne mit seinem Empirismus sogar hinter die im 19. Jahrhundert verbreitete experimentale Methode zurück, die Claude Bernard als die Simulation von Wahrnehmungsbedingungen zum Zwecke des Antizipierens von Vorgängen definiert hat (Bernard: 1958, 36f).

Die *Nautilus* in der Felsengrotte hat nichts von der *Titanic*: Sie ist weder an der Unzulänglichkeit der Technik noch an der ihres Kapitäns gescheitert (vgl. Adorno X.2: 1997, 630 – s.o.), sie war angewandte Ingenieurskunst in höchster Perfektion; und das 'Projekt' Nemos hat nunmehr den Status einer *mission accomplie*. Doch ihre Technik sollte noch nicht in die Hände einer Menschheit gelangen, die von ihr bis dato nur in unzulänglicher Weise hätte Gebrauch machen können. Die *Nautilus* musste verschwinden, damit eine Katastrophe, wie sie weniger als ein halbes Jahrhundert später die *Titanic* in die Tiefen des Ozeans reißen sollte, niemals eintreten möge. Verne setzt also nicht auf eine verbesserte *Nautilus* (oder *Titanic*), sondern bestenfalls auf eine verbesserte Welt, in der erst Meisterwerke der Technik zum Einsatz kommen sollen.

Die *Nautilus* bleibt einmalig und fordert nicht zu ihrer technischen Weiterentwicklung bzw. Perfektionierung auf, sondern allenfalls zur *aemulatio*, wenn die Zeit einmal dafür reif ist. Vernes wissenschaftstheoretischer (aber auch 'gesellschaftstheoretischer') Imperativ kann daher sarkastisch auf eine Formel gebracht werden: "Schuster, bleib bei deinen Leisten!".

Und doch schickt Verne seine Protagonisten in den Weltraum, *Autour de la Lune*. Nach ihrer Reise und der sicheren Landung im Ozean werden die Mondfahrer wie auf die Erde zurückgekehrte Propheten empfangen – "ne pouvant manquer d'être reçus comme le sera le prophète Elie quand il redescendra sur la Terre" (Verne: 1995d, 319f). Aber ihre Botschaft fällt gänzlich unspektakulär aus:

> L'exploration de Barbicane et de ses amis autour de la Lune avait permis de contrôler les diverses théories admises au sujet du satellite terrestre. Ces savants avaient observé *de visu*, et dans des conditions toutes particulières. On savait maintenant quels systèmes devaient être rejetés, quels admis, sur la formation de cet astre, sur son origine, sur son habitabilité. Son passé, son présent, son avenir, avaient même livré leurs derniers secrets. Que pouvait-il objecter à des observateurs consciencieux qui relevèrent à moins de quarante kilomètres cette curieuse montagne de Tycho, le plus étrange système de l'orographie lunaire? Que répondre à ces savants dont les regards s'étaient plongés dans les abîmes de la crique de Platon? Comment contredire ces audacieux qu'au-dessus de cette face invisible du disque, qu'aucun œil humain n'avait entrevue jusqu'alors? C'était maintenant leur droit d'imposer ses limites à cette science sélénographique qui avait recomposé le monde lunaire comme Cuvier le squelette d'un fossile [...] (Verne: 1995d, 320).

Forschungsreisen dienen dazu, das Unbekannte in Augenschein (*de visu*) zu nehmen, wissenschaftliche Hypothesen zu verifizieren. Die wie Propheten vom Himmel 'Gesandten' haben nichts zu verkünden – außer Fakten, Fakten, Fakten.., und zwar Fakten, die nichts anderes bestätigen als das, was bereits von der Erde aus beobachtet werden konnte. Insofern ist also der Erdtrabant Teil dessen, was es 'auf Erden' zu entdecken gibt, die Reise um den Mond eröffnet keinen den Stand der Wissenschaften überschreitenden Horizont. Auch die Mondfahrer stehen im Dienste des zunächst von aller Metaphysik gereinigten enzyklopädischen Projekts, das heißt: die Welt über reine Fakten totalisieren, ein Inventar erstellen und die Fakten klassifizieren (und ihnen damit letztlich eine primär rhetorische Qualität zu verleihen). Erst nach dem nur als Hypothese vorstellbaren Abschluss des Projekts stünde eine – allerdings auf den Rang eines Meta-Empirismus verwiesene – 'Metaphysik', welche die Frage nach dem 'Eschaton' zu beantworten hätte – innerhalb einer *Eschatologie des Inventars*. Die Wissenschaft würde dann über einen wahrhaft universalen Kanon verfügen, von dem die Sammlung des Kapitäns Nemo eine erste Vorstellung geben mag.

Das Programm der zum Zwecke der Forschung vorgenommenen *Voyages extraordinaires* könnte sein Vorbild bei Alexander von Humboldt gefunden haben, der in der Einleitung zu seinem Werk *Die Forschungsreise in den Tropen Amerikas* sein Wissenschaftsverständnis formulierte:

> Die physikalischen Wissenschaften sind durch die gleichen Bande verknüpft, die alle Erscheinungen der Natur verbinden. Die Klassifikation der Arten, die man als den grundlegenden Teil der Botanik betrachten muss und deren Studium durch die Einführung natürlicher Methoden anziehender und schöpferischer geworden ist, verhält sich zur Geographie der Pflanzen wie die beschreibende Mineralogie zum Verzeichnis der Gesteine, welche die äußere Kruste der Erde zusammensetzen. Will der Geologe die Gesetze aufstellen, welchen diese Gesteine in ihrer Lagerung folgen, will er das Alter ihrer allmählichen Bildung und ihrer Identität in den entferntesten Regionen bestimmen, so muss er vor allen Dingen die einfachen Fossilien kennen, welche die Masse der Gebirge bilden, deren Charakter und Nomenklatur die Oryktognosie lehrt. Ebenso ist es mit dem Teil der Physik der Erde, der von Beziehungen handelt, die – sei es zwischen den Pflanzen untereinander selbst, sei es zwischen ihnen und dem Boden, auf dem sie wachsen, sei es zwischen ihnen und zwischen der Luft, die von ihnen eingeatmet und verändert wird – bestehen. Die Fortschritte der Geographie der Pflanzen hängen größtenteils von den Fortschritten der beschreibenden Botanik ab. Man schadet der Erweiterung der Wissenschaft, wenn man sie zu allgemeinen Ideen erheben will und dabei die einzelnen Tatsachen vernachlässigt. Diese Betrachtungen haben mich im Lauf meiner Forschungen geleitet. Immer sind sie meinem Geist in der Zeit meiner vorbereitenden Studien gegenwärtig gewesen. Als ich die große Zahl von Reisen, die einen solch interessanten Teil der modernen Literatur ausmachen, zu lesen anfing, bedauerte ich, daß die gebildeten Reisenden selten in den isolierten Zweigen der Naturgeschichte genügend vielfältige Kenntnisse vereint hatten, um aus allen Vorteilen den Nutzen zu ziehen, den ihre Lage ihnen darbot (Humboldt: 1997, 6f).

Kapitän Nemo als Forschungsreisender erfüllt diesen Leitgedanken des Humboldtschen Wissenschaftsverständnisses geradezu idealtypisch: Seine 20.000 Meilen lange Fahrt durch die Weltmeere folgt einer präzisen Route, und er erweist sich durch seine Kenntnisse in den naturwissenschaftlichen Disziplinen, insbesondere in der Ozeanographie, auf seine 'Entdeckungen' bestens vorbereitet, die somit an Zufälligkeit verlieren. Nur durch seine umfassenden Kenntnisse von den geographischen und ozeanographischen Gegebenheiten konnte er schließlich auch die unterirdische Verbindung zwischen dem Roten Meer und dem Mittelmeer ausfindig machen: "Hasard et raisonnement [...], raisonnement plus que hasard" (VLSM 347 – s.o.). Das Zurückdrängen des Zufalls bedeutet letztlich eine Verneigung vor der cartesianischen Philosophie.

Vernes Romane bewegen sich in eng gesteckten Grenzen, welche die wissenschaftliche Theorienbildung ihrer Zeit in keiner Weise problematisieren, ja hinter den aktuellen Stand der wissenschaftlichen Methodologie zurückfallen, indem sie einem enzyklopädisch motivierten Empirismus huldigen. Bei Verne ist der Glaube an einen stabilen Kosmos noch unerschüttert – was die programmatische Passage aus *La Maison à Vapeur* deutlich gezeigt hat. Der begrenzte Raum, den Verne in seinen Romanen entwirft, in dem seine Gestalten agieren, erfasst nicht bloß einen Ausschnitt des Universums, sondern reproduziert den Aufbau desselben auf der Ebene eines in der literarischen Fiktion entworfenen Mikrokosmos. Nur die Vorstellung von einem begrenzten Universum erlaubt eine Raum-Zeit-Beziehung, die dem Prinzip des *Chronotopos des Inventars* folgt. Der in Martin Schwonks Untersuchung zu den (utopischen) Staatsromanen und der *Science fiction* herausgestrichene und im letzten Drittel des 19. Jahrhunderts durchaus naiv einherschreitende erkenntnistheoretische Konservativismus Vernes kann nur als eine Reaktion auf den zusehenden Niedergang des Fortschrittsglaubens gedeutet werden:

> Noch Jules Verne hält sich, ebenso wie seine Vorgänger, an die Grenzen des Sonnensystems, begnügt sich also mit einem Raum, den die alte Theorie der Sphären auch schon umfaßte. Man spürt sehr deutlich, wie sehr seine Vorstellung eines überschaubaren, abgeschlossenen Universums noch wirksam ist. Eine echte Revolutionierung des Weltbewußtseins hatte noch nicht stattgefunden (Schwonk: 1957, 136).

1.8. Das Ende des Titanen

Die Schiffbrüchigen auf der *Lincoln Island* erfüllen den letzten Wunsch Nemos und fluten die in der Felsengrotte festsitzende *Nautilus*:

> Là, à la ligne de flottaison, s'ouvraient deux larges robinets qui étaient en communication avec les réservoirs destinés à déterminer l'immersion de l'appareil. Ces robinets furent ouverts, les réservoirs s'emplirent, et le Nautilus, s'enfonçant peu à peu, disparut sous la nappe liquide. Mais les colons purent le suivre encore à travers les couches profondes. Sa puissante lumière éclairait les eaux transparentes, tandis que la crypte redevenait obscure. Puis, ce vaste épanchement d'effluences électriques s'effaça enfin, et bientôt le *Nautilus*, devenu le cercueil du capitaine Nemo, reposait au fond des mers (IM 824f).

Die Felsengrotte wird zur Krypta, in der das von dem titanischen Kapitän Nemo hineingetragene elektrische Licht langsam erlischt. Nachdem die Schiffbrüchigen die Grotte verlassen haben, tritt ihnen ins Bewusstsein, dass sie fortan auf sich selbst gestellt sein werden, ohne die schützende Hand ihres 'Patrons' Nemo: "Son *Nautilus* et lui étaient ensevelis au fond d'un abîme. Ils semblaient pour ainsi dire habitués à compter sur cette intervention puissante qui leur manquait aujourd'hui [...]" (IM 825). Schon kurz nach dem Tod Nemos kündigt sich das 'apokalyptische' Ende der *Ile mystérieuse* an:

> Quel spectacle que ce combat entre l'eau et le feu! Quelle plume pourrait décrire cette scène d'une merveilleuse horreur, et quel pinceau la pourrait peindre! L'eau sifflait en s'évaporant au contact des laves bouillonnantes. Les vapeurs projetées dans l'air, tourbillonnaient à une incommensurable hauteur, comme si les soupapes d'une immense chaudière eussent été subitement ouvertes (IM 851).

Der Vulkan gleicht einem gigantischen Dampfkessel, dessen Ventile geöffnet worden sind. Das Naturereignis eines Vulkanausbruchs symbolisiert das Einbrechen des Unbeherrschbaren in die vom Menschen geschaffene Zivilisation. Doch der Vergleich mit dem Dampfkessel kann auch als Hinweis darauf verstanden werden, dass das Unbeherrschbare – unter anderen Bedingungen – nicht nur von der Natur her droht, sondern auch Konsequenz des von Menschenhand Geschaffenen sein kann. – gleichsam die Quintessenz aus dem mythologischen 'Gleichnis' vom Titanen Prometheus, dem Patron der Schmiede und der *industrie*. Und Nemo wird von dem titanischen Bild des Ringens der Elemente Wasser und Feuer 'verabschiedet', das einer gewaltigen Explosion vorausgeht, der bald darauf die gesamte Insel zum Opfer fallen wird:

> Une explosion, qu'on eût entendue à cent milles de distances, ébranla les couches de l'air. Des morceaux de montagnes retombèrent dans le Pacifique, et, en quelques minutes, l'Océan recouvrait la place où avait été l'île Lincoln (IM 858).

Das Ende der *Ile mystérieuse* hat in der Tat etwas von einer Apokalypse: Der mit dem Einsturz von Bergen eingeleitete Weltuntergang ist ein Motiv der Apokalyptik (1 *Henoch* 1, 6; *Jes.* 4,18; *Apc.* 16, 20). Der Vorstellung von der 'reduzierten Eschatologie' einer inventarisierenden Welterschließung steht die von einer apokalyptischen Eschatologie gegenüber, die mit Blumenberg auf die aus der *Offenbarung* des Johannes abgeleitete, zum "Ein-Satz-Mythos" avancierte Formel *Der Teufel weiß, dass er wenig Zeit hat* (vgl. *Offb.*. 12, 12) gebracht werden kann und die über die Zeiterfahrung der Moderne erst zu Bedeutung gelangt: "Der Ein-Satz-Mythos aus der Apokalypse enthält eine Wahrheit, auf die es dem Apokalyptiker wohl kaum angekommen sein mag: Enge der Zeit ist die Wurzel des Bösen" (Blumenberg: 1986, 71).

Die "colons" auf *Lincoln Island* verfügten über genügend Zeit: Erst nachdem sie sich in ihrem neuen Zuhause eingerichtet hatten, gingen sie überhaupt daran, ein Schiff zu erbauen, um ihre Robinsonade zu beenden. Nemo, der Rastlose, ist dagegen vorzeitig gealtert, er verfügt über keine Zeit mehr, er hat seine Zeit verbraucht: Es ist, als ob ihn gegen Ende seines Lebens das Böse verzehrt hätte, um dem Guten zum Sieg zu verhelfen. Denn das Böse vermochte den 'entfesselten' Tatmenschen nicht zu besiegen, weil er bei aller Unrast seinem Leben doch eine Selbstbeschränkung auferlegt, weil er entsagend seinem Wirkungsgrad eine Grenze gezogen hatte.

Der sterbende Nemo blickt noch einmal auf sein Museum an Bord der *Nautilus*:

> Il semblait qu'il voulût une dernière fois caresser du regard ces chef-d'œuvres de l'art et de la nature, auxquels il avait limité son horizon pendant un séjour de tant d'années dans l'abîme (VLSM 814).

Sein Ende besiegelt eine Katastrophe, die seinem ereignisreichen Leben entsprochen hätte. Doch die Katastrophe bleibt eine Apokalypse *in effigie*, die nicht mehr über Nemo Gericht hält. Schon als Sterbender mit der Menschheit versöhnt macht er seinen Schützlingen in Form einer mit Edelsteinen angefüllten Schatulle das wertvollste Geschenk, das man einem Menschen überhaupt machen kann, aber auch nur dem, der es zu würdigen weiß: Zeit!

Die *Nautilus* war das Projekt eines einzigen Menschen, der, über unermesslichen Reichtum verfügend, dieses realisiert hatte – und dieser Mensch war auch der einzige, der es zu beherrschen vermochte. Kapitän Nemo, der Herausforderer der Meere und Großmächte, war, trotz seines Genies und der in seiner Hand zur Perfektion getriebenen Technik, nicht in der Lage, den Mächten der Natur für immer die Stirn zu bieten; die Natur sollte schließlich in Gestalt der explodierenden und im Meer versinkenden Vulkaninsel die Oberhand gewinnen und von seinem Geschöpf, der *Nautilus*, endgültig jegliche Spur vernichten. Das in einem gewaltigen Katastrophenszenario sich entladende Aufeinandertreffen der Elemente Feuer und Wasser, welche die *Nautilus* definitiv vernichten, markiert symbolisch das Ende des Titanenzeitalters. War das Ende Nemos und der *Nautilus* die Warnung vor einer perfektionierten Technik, die, wenn sie zur Unzeit in die Hände der für sie noch nicht reifen Menschen gelangt, zum Alptraum mutieren muss, so verweist die gigantische Explosion, mit der *Lincoln Island* definitiv im Meer versinkt, die Menschheit überhaupt in ihre Schranken.

Die Schiffbrüchigen nehmen noch den verzweifelten Wettlauf mit den vernichtenden Urgewalten auf und versuchen, das Schiff fertig zu stellen, das ihre einzige Hoffnung auf Rettung ist. Doch der Kampf ist verloren. Sie überleben zwar noch die Eruption auf einem Felsen, aber ohne Aussicht auf Rettung aus eigener Kraft. Im letzten Augenblick naht jedoch die *Duncan* heran und nimmt die Schiffbrüchigen auf. Die einzig noch mögliche Rettung erweist sich als die durch einen *deus ex machina*, hinter dem sich das providentielle Wirken des einen Gottes verbirgt! *Lincoln-Island* musste untergehen, weil sie noch im Bannkreis Nemos stand. Sein prometheisches Projekt war von der menschlichen Hybris gezeichnet, wie Gott sein zu wollen. Und mit seinem Tod treten die "colons" aus dem Bannkreis des Titanen heraus und werden wieder auf Gott verwiesen, in dessen Gnade sich auch Nemo begibt. Dieser apokalyptisch konnotierte Schluss von *L'Ile mystérieuse*, deren Schicksal als eine göttliche Fügung erscheint, ist auch als eine Rücknahme des aufklärerischen Theismus zu werten, die bei Verne in Zusammenhang mit dessen Skepsis gegenüber dem Fortschritt zu sehen ist. Verne darf eine gemäßigte Form der Gegenaufklärung unterstellt werden, wobei seine Position in die Nähe eines Bonald rückt. Zwar tritt der Amerika-Bewunderer Verne nicht wie der Vertreter der Gegenaufklärung offen für die Wiederherstellung der Monarchie ein, dennoch zeigt gerade das zur neuen Utopie auserkorene Gemeinwesen der *Ile mystérieuse* eher an die Monarchie gemahnende paternalistische Züge und ist weniger demokratisch oder gar basisdemokratisch zu verstehen.

2. Jeder Fortschritt zu seiner Zeit: *Robur le conquérant* und *Maître du Monde*

Variationen jenes Typus, den Kapitän Nemo verkörpert, finden sich immer wieder in Vernes Œuvre, so der enigmatische Kaw-djer in *En Magellanie*, der postum in einer von Michel Verne stark verfälschten Version erstmals unter dem Titel *Les Naufragés du Jonathan* erschien, oder der ambitionierte Erfinder und Entdecker Robur (lat. für "Eichenholz"oder "Kraft" bzw. "Stärke").

Der Roman *Robur le Conquérent* beginnt mit einer unerbittlich geführten Auseinandersetzung, die am "Weldon-Institute" für Ballonfahrt in Philadelphia geführt wird. Es geht darum, ob die Fortbewegung und Steuerung eines Ballons besser mit einem vorne angebrachten oder mit einem hinten angebrachten Propeller erfolgen kann, die sogar zu einem – glimpflich verlaufenden – Duell zwischen dem Präsidenten der Vereinigung, Prudent, und deren Sekretär, Evans, führt. Eines Tages besucht eine seltsame Persönlichkeit die Versammlung: Robur. Er vertritt die Auffassung, dass nicht dem Ballon die Zukunft in der Luftfahrt gehöre, sondern Fluggeräten, die schwerer seien als Luft. Und seine Argumentation ist ein weiteres Beispiel für die naturwissenschaftliche Beweisführung bei Verne:

> L'avenir est aux machines volantes. L'air est un point d'appui solide. Qu'on imprime à une colonne de ce fluide un mouvement ascensionnel de quarante-cinq mètres à la seconde, et un homme pourra se maintenir à sa partie supérieure, si les semelles de ses souliers mesurent en superficie un huitième de mètre carré seulement. Et, si la vitesse de la colonne est portée à quatre-vingt-dix mètres, il pourra y marcher à pieds nus. Or, en faisant fuir, sous les branches d'une hélice, une masse d'air avec cette rapidité, on obtient le même résultat (RLC 31).[18]

Robur wird von der empörten Menge niedergebrüllt und verlässt wutentbrannt die Versammlung. Noch in derselben Nacht rächt er sich, indem er Prudent und Evans entführt: an Bord eines phantastischen Fluggerätes, eines Schiffes mit Rotoren an den Mastspitzen. Mit diesem gigantischen Hubschrauber nimmt er seine Gefangenen mit auf eine lange Reise, die der auf der *Nautilus* ähnelt: "Après l'Amérique, l'Asie! Après l'Asie, l'Europe. C'étaient plus de trente mille kilomètres que le prodigieux appareil venait de faire en moins de vingt-trois jours!" (RLC 144). Die *Albatros*, so der Name des Luftschiffs, ist ähnlich komfortabel ausgestattet wie die *Nautilus* und wird von einer nicht weniger anonymen Crew bedient. Nach einigen Abenteuern – unter anderem führt die Reise an den Südpol – gelingt den beiden Gefangenen die Flucht. Dabei sprengen sie noch die *Albatros* in die Luft. Zurück in den Vereinigten

---

[18] J. Verne: *Robur le Conquérant* (Verne: 1997a), 1886 erstmals veröffentlicht; im weiteren Text zitiert mit der Sigle rlc.

Staaten, starten sie einen groß angelegten Versuch mit einem riesigen Ballon. Doch kaum sind sie in der Luft, kreuzt Robur, der die Sprengung seines ersten Luftschiffes überlebt hat, mit einer neuen *Albatros* auf. Es kündigt sich ein unerbittlicher Kampf um Leben und Tod an – nicht der letzte in der Geschichte der Luftschifffahrt:

> Un combat aérien se préparait, combat où ne s'offrait même pas les chances de salut d'un combat naval, – le premier de ce genre, mais qui ne sera pas le dernier, sans doute, puisque le progrès est une des lois de ce monde (RLC 243).

Bei dem Versuch, sich vor Robur in die höheren Sphären zu retten, platzt der Ballon der Amerikaner; doch Robur gelingt es, die Gondel aufzufangen und die Insassen sicher auf den Boden zu bringen.

Der Fortschritt wird in der oben zitierten Passage als ein Naturgesetz vorgestellt, und Robur mit seiner Erfindung verkörpert dieses Naturgesetz, das im technischen Fortschritt seinen Ausdruck findet: "Robur, c'est la science future, celle de demain peut-être. C'est la réserve certaine de l'avenir" (RLC 247). Robur erhebt seine mahnende Stimme:

> Citoyens des États-Unis, dit-il, le président et le secrétaire du Weldon-Insitute sont de nouveau en mon pouvoir. En les gardant, je ne ferais qu'user mon droit de représailles. Mais, à la passion allumée dans leur âme par le succès de l'*Albatros*, j'ai compris que l'état des esprits n'était pas prêt pour l'importante révolution que la conquête de l'air doit amener un jour (RLC 246).

Die Menschheit sei noch nicht bereit für die Revolution, welche die Eroberung der Lüfte eines Tages mit sich bringen werde! Roburs Rede richtet sich direkt gegen eine vorschnelle Applikation technischer Errungenschaften. Die Menschheit müsse erst die nötige Reife erlangen – eine deutliche Warnung an die Adresse der Fortschrittsapologeten, das Machbare nicht um jeden Preis verwirklichen zu wollen. Keine Luftfahrt ohne Luftkrieg, was auch heißt: keine Kernspaltung ohne Hiroshima, keine Kernkraft ohne Tschernobyl. Roburs Botschaft lautet daher: Jeder Fortschritt zu seiner Zeit!

> [...] mon expérience est faite; mais mon avis est dès à présent qu'il ne faut rien prématurer, pas même le progrès. La science ne doit pas devancer les mœurs. Ce sont des évolutions, non des révolutions qu'il convient de faire. En un mot, il ne faut n'arriver qu'à son heure. J'arriverais trop tôt, aujourd'hui pour avoir raison des intérêts contradictoires et divisés. Les nations ne sont pas encore mûres pour l'union. Je pars donc, et j'emporte mon secret avec moi. Mais il ne sera pas perdu pour l'humanité. Il lui appartiendra un jour où elle sera assez instruite pour en tirer profit est assez sage pour n'en jamais abuser (RLC 246f).

Nach demselben Schema wie die Geschichte der *Nautilus* und der *Albatros* ist der Roman *Maître du Monde* aufgebaut. Die Einwohner eines nordamerikanischen Gebirgsortes werden durch seltsame Vorgänge beunruhigt, die sich auf dem Gipfel eines Berges abspielen. Steht etwa ein Vulkanausbruch bevor? Die Regierung ist bemüht, das Geheimnis zu lüften und beauftragt einen Spitzendetektiv mit dem Fall. Diesem gelingt es aber nicht, über das unzugängliche

Gelände bis zum Gipfel vorzudringen. Innerhalb kürzester Zeit kommt es inzwischen an verschiedenen Orten der Welt zu seltsamen Vorgängen. Auf den Meeren wird ein Unterseeboot gesichtet, das man zunächst für einen Wal hält. Bei einem Autorennen werden alle Teilnehmer von einem plötzlich auftauchenden Fahrzeug überrascht, das mit atemberaubender Geschwindigkeit alle überholt und daraufhin spurlos verschwindet. Es kommt der Verdacht auf, dass die Phänomene zusammenhängen könnten. Der Detektiv wird schließlich entführt – an Bord eines Gefährtes, das zugleich Unterseeboot, Automobil und Flugzeug ist: die *Épouvante*, ein Geschöpf Roburs, der nun als "Maître du Monde" auftritt. In einem Brief an die Regierungen der Welt weigert er sich, seine Konstruktion zu verkaufen, und droht mit seiner Allmacht. Inzwischen hat der gefangene Detektiv Kenntnis von Roburs Geheimnis erhalten: Der 'Vulkan' in den Bergen war die geheime Werkstatt des zum Wahnsinn neigenden Erfinders – eine lange Zeit ist vergangen, seit Robur auf der *Albatros* seine berühmte Rede gehalten hatte (RLC 246f; MDM 203).

Der Ich-Erzähler in *Le Maître du monde*, der Detektiv, kommentiert in einer Rückschau die Rede, die Robur nach der Auseinandersetzung mit dem Ballon hielt, um den ambivalenten Charakter Roburs zu illustrieren:

> J'ai tenu à rapporter cette dernière en détail, et pour la raison qu'elle fait connaître l'état d'esprit de cet étrange personnage. Il ne paraissait pas qu'il fût alors animé de sentiments hostiles contre l'humanité. Il se contentait de réserver l'avenir. Mais, assurément, on sentait dans son attitude l'inébranlable confiance qu'il avait en son génie, l'immense orgueil que lui inspirait sa surhumaine puissance. On ne s'étonnera donc pas que ces sentiments se fussent peu à peu aggravés au point qu'il prétendait s'asservir le monde entier, ainsi que le marquaient sa dernière lettre, et ses menaces très significatives. Fallait-il donc admettre que, avec le temps, sa surexcitation mentale s'était accrue dans une mesure effrayante, qu'elle risquait de l'entraîner aux pires excès?... (MDM 203f).[19]

Sein Gefangener fürchtet, Robur, der ihm mit verschränkten Armen – in der Pose Nemos – begegnet, könne vom Lebensüberdruss überwältigt eine nihilistische Gewalttat verüben:

> Nous étions en face l'un à l'autre, à deux pas. Les bras croisés, il me regardait, et je fus effrayé de son regard. Effrayé! c'est le mot!... Ce n'était pas celui d'un homme possédant toute sa raison, un regard qui semblait n'avoir plus rien d'humain! (MDM 207).

Am Ende von *Le Maître du monde* beginnt Robur die letzten Spuren seiner Tätigkeit zu tilgen: Auf der einsamen Insel, seinem letzten geheimen Stützpunkt, lässt er seine Werkstatt verbrennen, und bricht dann mit seinem Gefangenen ins Ungewisse auf. Über dem offenen Meer fliegend hält er direkt auf einen herannahenden Sturm zu. Es ist, als ob das Genie, das über die Mittel zur

---

19 J. Verne: *Maître du Monde* (Verne: 1997b), 1904 erstmals veröffentlicht; im weiteren Text zitiert mit der Sigle mdm.

Terrorisierung oder gar Unterwerfung der Menschheit verfügt, gegen die Naturgewalten seinen letzten Kampf aufnehmen wollte.

Il aurait fallu se précipiter sur ce fou, l'empêcher de jeter l'aviateur au cœur de cette fournaise aérienne!... Il aurait fallu l'obliger à redescendre, à chercher sous les eaux un salut qui n'était plus possible ni à la surface de la mer ni au sein des hautes zones atmosphériques! Là, il pourrait attendre en toute sécurité que cette effroyable lutte des éléments eût pris fin!.. (MDM 217).

Er steuert auf das Ende eines Titanen zu. Im letzten Augenblick – *deus ex machina* – gelingt es seinem Zeugen und Chronisten noch, dem Inferno zu entrinnen.

3. Märchenhafter Kapitalismus: *Les 500 Millions de la Bégum*

Während eines Aufenthaltes in London, wo er auf einem Hygiene-Kongress einen Vortrag gehalten hat, erfährt der französische Wissenschaftler Dr. Sarrasin durch einen Anwalt, dass er der Erbe eines Riesenvermögens ist. Die schon vor einigen Jahren verstorbene Bégum, eine entfernte Verwandte, die in Indien mit einem Aristokraten verheiratet war, hat ihm 500 Millionen Pfund Sterling und – welch ein Wunder der Genealogie und der Kolonialpolitik – einen gültigen britischen Adelstitel hinterlassen. Nachdem er sich von der Richtigkeit der Nachricht überzeugt hat, verkündet er auf dem Kongress, er werde das ganze Geld einer Stiftung übergeben, damit eine Modellstadt nach den neuesten Erkenntnissen der Hygiene gegründet werden möge. Im fernen Jena erfährt der Chemieprofessor Schultze, der einen abgrundtiefen Hass gegen die lateinische Rasse hegt, von der Erbschaft. Da er glaubhaft nachweisen kann, dass er ebenfalls ein erbberechtigter Verwandter der Bégum ist, macht er seinen Anspruch auf die 500 Millionen geltend. Schließlich kommt es zu einem Kompromiss, und das Erbe wird zwischen dem Franzosen und dem Deutschen geteilt.

Dr. Sarrasin steht einer glücklichen Familie vor: Er hat eine fürsorgliche Ehegattin, eine liebreizende, gerade ins heiratsfähige Alter kommende Tochter und einen eher mittelmäßig begabten Sohn, Octave, der zwar leichtsinnig, aber von guter Art ist. Zu dieser Familie gehört noch Octaves Schulfreund Marcel Bruckmann, ein junger und hochbegabter Naturwissenschaftler, der ganz in seinen Studien aufgeht, aber dennoch über einen ausgeprägten Sinn fürs Praktische verfügt. Marcel ist ein Waisenkind aus dem Elsass und lebt von einer bescheidenen Rente, die es ihm gerade mal ermöglicht, seine Ausbildung zu finanzieren. Von der Familie Sarrasin mit offenen Armen empfangen, hat er sich zum Ziel gesetzt, Octave dazu anzuhalten, ein würdiger Sohn seines Vaters zu werden. Als die Nachricht vom Millionenerbe in der Studierstube eintrifft, gerät Octave außer sich vor Freude, während Marcel an die Verantwortung denkt, die mit einer solchen Summe verbunden ist, und emotionslos seine Studien fortsetzt. Octave beschließt, als Millionär und mit dem geerbten Titel das Leben zu genießen.

Sarrasin hat inzwischen sein Projekt einer Modellstadt in einer entlegenen Region Nordamerikas realisiert: *France-Ville*. Nur zehn Meilen von der französischen Siedlung entfernt, verborgen hinter den Bergen, hat Schultze ein gigantisches Stahlwerk hochgezogen: *Stahlstadt*. Das Unternehmen Schultzes erweist sich als ein reiner Rüstungsbetrieb, der Kanonen in allen Größen anfertigt. Schon bald erringt Schultze eine Vormachtstellung auf dem Weltmarkt für Rüstungsgüter. Doch man munkelt, er treibe in Wirklichkeit gezielte Kriegsvorbereitung für das Deutsche Reich.

Da er der deutschen Sprache mächtig ist, kann sich Marcel unter einem falschen Namen, der ihn als Schweizer ausweist, als einfacher Arbeiter in *Stahlstadt* einschleichen, um das Geheimnis Schultzes zu ergründen. Sorgfältig notiert er seine Beobachtungen und prüft alle Indizien, die ihm Aufschluss über die in *Stahlstadt* geschmiedeten Pläne geben könnten; unter anderem analysiert er auch Gesteinsproben. Schnell wird man in der Waffenschmiede auf den fleißigen und intelligenten Arbeiter aufmerksam. Marcel durchläuft eine regelrechte Karriere und wird schließlich als Modellbauer im innersten Bereich von *Stahlstadt* aufgenommen: Ein inmitten eines tropischen Parks gelegener Turm beherbergt die Kommandozentrale. Das für die tropische Vegetation nötige Treibhausklima entsteht aus der Abwärme von *Stahlstadt*. Bewacht wird dieses Paradies von zwei hünenhaften Leibwächtern, Arminius und Sigmer.

Schultze ist von dem jungen Talent angetan und macht Marcel zu seinem Begleiter. Dieser beginnt, durch intelligentes Fragen am Stolz des Deutschen zu rühren, und es gelingt ihm, Schultze so zu provozieren, dass dieser ihm das Geheimnis von *Stahlstadt* verrät: In seiner Kommandozentrale hat er ein ungeheuerliches Waffenarsenal angehäuft. Zu den perfidesten Projektilen gehören CO_2-Granaten, mit denen alles Leben schockartig eingefroren werden kann, und Brandstreubomben. Das Herzstück seiner Waffenkammer ist indes eine gigantische Kanone. Schultze eröffnet Marcel, dass diese auf *France-Ville* gerichtet sei, und nennt ihm den gar nicht mehr so fernen Tag, an dem er mit ihr ein mit unzähligen Brandbomben gefülltes Projektil auf die französische Kolonie abfeuern werde: die totale Vernichtung. Marcel gibt zu bedenken, dass die gewaltige Ladung, die für einen solchen Schuss notwendig sei, die Kanone wohl zerstören werde. Doch dies lässt Schultze gleichgültig. Weil er sich aber dazu habe hinreißen lassen, Marcel sein Geheimnis zu verraten, müsse er diesen nun töten. Marcel dürfe noch eine Weile leben und könne sich im Park unter der Aufsicht der beiden Wächter frei bewegen. Irgendwann werde ihn der Tod ereilen – heute, morgen... oder erst in ein paar Wochen. Der Sadismus Schultzes gibt Marcel die Gelegenheit, seine Flucht zu planen. Und die Zeit drängt, will er noch rechtzeitig die Bewohner von *France-Ville* warnen. Ihm gelingt es schließlich unter dramatischen Umständen in der sprichwörtlich letzten Minute aus *Stahlstadt* zu fliehen. Als er die Bewohner von *France-Ville* warnt, ist es zu spät, die Verteidigung zu organisieren. Was bleibt, ist die rasche Evakuierung der Bevölkerung. In dem ganzen Tumult behält Marcel die Nerven. Nachdem er noch einmal sorgfältige ballistische Berechnungen angestellt hat, kommt er zu dem Schluss, dass Schultze sich geirrt hat: Wegen der zu starken Ladung müsse das Projektil über *France-Ville* hinausfliegen und in den Weltraum gelangen, von wo aus es keinen Schaden mehr anrichten könne. Und so geschieht es auch. Das gerade noch davongekommene *France-Ville* beschließt, eine Verteidigungsarmee aufzubauen. Inzwischen hat auch Octave zu seiner Familie gefunden und nimmt am Leben der Stadt teil.

Aber was ist mit Schultze geschehen? Seit dem missglücken Angriff gibt es kein Lebenszeichen mehr von ihm. Sein Unternehmen ist offensichtlich führungslos. *Stahlstadt* kommt bald nicht mehr seinen Verbindlichkeiten nach. Die Produktion wird eingestellt. Eine wirtschaftliche Krise ist die Folge. Um das Geheimnis des Niedergangs zu erkunden, dringen Marcel und Octave in die nunmehr verlassene *Stahlstadt* ein, durchqueren die gespenstischen Werkshallen und gelangen schließlich in das Machtzentrum. Der Park wird noch immer von den beiden Leibwächtern bewacht, die sich mit den beiden jungen Männern ein Feuergefecht liefern. Nach dem Zwischenfall dringen sie in das Labor Schultzes ein. Durch eine dicke Scheibe bietet sich ihnen ein makabrer Anblick: Schultze sitzt tot an seinem Schreibtisch – tief gefroren: Eine CO_2-Granate war explodiert!

France-Ville übernimmt *Stahlstadt*. Unter der Leitung Marcels, der inzwischen die von ihm schon seit langem in stiller Liebe verehrte Tochter Sarrasins geheiratet hat, wird die Konversion des ehemaligen Rüstungskonzerns in einen zivilen Musterbetrieb vorgenommen. In Vernes *Les 500 Millions de la Bégum* treffen die utopischen Vorstellungen, die seit der Aufklärung das Bürgertum begleiten, auf die Ängste einer Gesellschaft angesichts der immer akuter erscheinenden Möglichkeit, dass die Errungenschaften der Zivilisation in jedem Augenblick der Geschichte ihre Negation erfahren können.

Mit der *Stahlstadt* hat Verne die wohl bekannteste Anti-Utopie in der französischen Literatur geschaffen. Das monströse Projekt des Herrn Schultze negiert all die Werte, für die die USA stehen – jene Republik, in der er seine Stadt gründen konnte:

> Dans ce coin écarté de l'Amérique septentrionale, entouré de déserts, isolé du monde par un rempart de montagnes, situé à cinq cent milles des petites agglomérations humaines les plus voisines, on ne cherchait vainement aucun vestige de cette liberté qui a fondé la puissance de la république des Etats-Unis (CCMB 64).[20]

---

20 Jules Verne: *Les 500 millions de la Bégum* (Verne: 1994a), 1879 erstmals veröffentlicht; im weiteren Text zitiert mit der Sigle CCMB.

Seine Stadt ist ein kompakter Block, eine einzige gigantische, rußverhangene Industrieanlage inmitten von Arbeitersiedlungen, die aus Wohncontainern bestehen:

> Sur la plaine nue et rocailleuse, en cinq ans, dix-huit villages d'ouvriers, aux petites maisons de bois uniformes et grises, ont surgi, apportés tout bâtis de Chicago, et renfermant une nombreuse population de rudes travailleurs. C'est au centre de ces villages, au pied même des Coals-Butts, inépuisables montagnes de charbon de terre, que s'élève une masse sombre, colossale, étrange, une agglomération de bâtiments réguliers percés de fenêtres symétriques, couverts de toits rouges, surmontés d'une forêt de cheminées cylindriques, et qui vomissent par ces milles bouches des torrents continus de vapeurs fuligineuses. Le ciel en est voilé d'un rideau noir, sur lequel passent par instants de rapides éclairs rouges. Le vent apporte un grondement lointain, pareil à celui d'un tonnerre pu d'une grosse houle, mais plus régulier, plus grave. Cette masse est Stahlstadt, la Cité de l'Acier, la ville allemande, la propriété privée de Herr Schultze [...] (CCMB 60f).

Das Leben in der *Stahlstadt* des Chemieprofessors aus Jena ist konsequent nach dem Prinzip der Arbeitsteilung organisiert: Keine der Sektionen des inneren Bereichs von *Stahlstadt* weiß über die Interna der anderen Sektionen Bescheid. Durch die konsequente Arbeitsteilung wird der Einzelne auf ein winziges Rädchen ("rouage infime") im Ablauf der Produktion reduziert. Art und Bestimmung der Endprodukte sind lediglich Gegenstand von Gerüchten:

> Après quatre mois passés dans la section A, Marcel n'en savait pas plus sur l'ensemble des œuvres de la Cité d'Acier qu'avant d'y entrer. Tout au plus avait-il rassemblé quelques renseignements généraux sur l'organisation dont il n'était – malgré ses mérites – qu'un rouage presque infime. Il savait que le centre de la toile d'araignée, figurée par Stahlstadt, était la Tour du Taureau, sorte de construction cyclopéenne, qui dominait tous les bâtiments voisins. Il avait appris aussi, toujours par les récits légendaires de la cantine que l'habitation personnelle de Herr Schultze se trouvait à la base de cette tour, et que le fameux cabinet secret en occupait le centre. On ajoutait que cette salle voûtée, garantie contre tout danger d'incendie et blindée intérieurement comme un monitor l'est à l'extérieur, était fermée par un système de portes d'acier à serrures mitrailleuses, digne de la banque la plus soupçonneuse. L'opinion générale était d'ailleurs que Herr Schultze travaillait à l'achèvement d'un engin de guerre terrible, d'un effet sans précédent et destiné à assurer bientôt à l'Allemagne la domination universelle (CCMB 101f).

Eine militärische Kommandostruktur und konsequente Arbeitsteilung sind die Fundamente der Macht Schultzes, der in seinem mehrfach gesicherten Bunker an der Verwirklichung eines geheimen politischen Plans arbeitet. Dieser ist Teil jenes Arcanums, mit dem er seine rüstungstechnologischen Forschungen umgibt – und sich selbst zur charismatischen Gestalt stilisiert. Das Arcanum ist auch wesentlicher Bestandteil des Rings von Sicherheitsvorkehrungen, den Schultze um sein Hauptquartier gezogen hat.

Für die einer konsequenten Arbeitsteilung unterworfenen Arbeiter in *Stahlstadt* gilt *mutatis mutandis*, was Georg Lukács über die im kapitalistischen Produktionsprozess zur Reifikation verdammten Individuen feststellt:

> Die Mechanisierung der Produktion macht aus ihnen [den einzelnen Subjekten] [...] isoliert abstrakte Atome, die nicht mehr unmittelbar-organisch, durch ihre Arbeitsleistungen zusammengehören, deren Zusammenhang vielmehr in stets wachsendem Maße ausschließlich von den abstrakten Gesetzlichkeiten des Mechanismus, dem sie eingefügt sind, vermittelt wird (Lukács: 1986, 180).

Diese Mechanisierung, die in der kapitalistischen Produktionsordnung aufgrund der ökonomischen Bedingungen – entsprechend der Fetischisierung von Geld und Ware – die Gestalt eines quasi naturgesetzlich vorgegebenen Prinzips annimmt, ist im Falle von *Stahlstadt* das Ergebnis eines ausgeklügelten Machtapparates. Indem die Arbeiter während der Arbeitszeit regelrecht in ihre Sektionen eingesperrt werden, erhalten sie nicht die geringste Möglichkeit zu einer Gesamtschau über die Produktion, von einem Einblick in die 'Kommandozentrale' ganz zu schweigen: Die von Lukács geschilderte arbeitsteilige Produktion folgt hier ganz dem Prinzip der Kriegswirtschaft.

Die konsequente Arbeitsteilung, die den Arbeiter über das tatsächliche Endprodukt im Ungewissen belässt, unterstützt damit die Sicherheitsvorkehrungen. So scheitert Marcel zunächst bei dem Versuch, als Arbeiter in *Stahlstadt*, diese auszuspionieren: "Parvînt-il même à les forcer [ces lignes de murailles] sur un point, que verrait-il? Des détails, toujours des détails; jamais un ensemble!" (CCMB 102). Zur weiteren Absicherung verpflichtet der von Schultze installierte Machtapparat die Arbeiter in den Sektionen des inneren Bereichs durch einen Eid. Und Gerüchte gehen um, dass Neugierige, die sich unerlaubterweise in den Sperrbereich gewagt hätten, auf immer verschwunden seien, und dass dort eine geheime Gerichtsbarkeit herrsche:

> On disait que des indiscrets, ayant voulu s'introduire par surprise dans cette enceinte réservée, n'avaient plus reparu; que les ouvriers et employés y étaient soumis, avant leur admission, à toute une série de cérémonies maçonniques, obligés de s'engager sous les serments les plus solennels à ne rien révéler de ce qui se passait, et impitoyablement punis de mort par un tribunal secret s'ils violaient leur serment... (ccmb 96).

Im Unterschied zur "Terrorbrüderschaft des Eides", die Nemos Crew auf der *Nautilus* auf ein von allen geteiltes Arcanum verpflichtet, bedeutet der Eid hier die bedingungslose Unterwerfung unter die Person Schultzes und deren Arcanum – ohne jegliche Teilhabe an demselben: Für die Untergebenen gibt es keine Initiation. Die kasernierte, ihre Mitglieder zu Rädchen im Getriebe degradierende 'Gemeinschaft' gründet auf einem Tabu, und der Eid zementiert eine hierarchische Ordnung mit einer militärischen Kommandostruktur; doch die höheren Ränge zeichnen sich nur durch eine größere *räumliche* Nähe zum Sitz des Arcanums aus, ohne an diesem mehr Anteil zu haben als die unteren Chargen. Hinter der Eides-Formel steht letztlich nur der nackte Terror, der eine kontraktuelle – und keine initiatorische – Gemeinschaft bekräftigt. Diese Erfahrung macht Marcel, als er in die inneren Sektionen aufgenommen wird, wo er mit dem strengen Reglement konfrontiert wird:

> 1. Vous êtes astreint, pour toute la durée de votre engagement, à résider dans la division même. Vous ne pouvez en sortir que sur autorisation spéciale et tout à fait exceptionnelles – 2. Vous êtes soumis au régime militaire, et vous devez obéissance absolue sous les peines militaires, à vos supérieurs. Par contre, vous êtes assimilés aux sous-officiers d'une armée active, et vous pouvez, par un avancement régulier, vous élever aux plus hauts grades. – 3. Vous vous engagez par serment à ne jamais révéler à personne ce que vous voyez dans la partie de la division où vous avez accès. – 4. Votre correspondance est ouverte par vos chefs hiérarchiques, à la sortie comme à la rentrée, et doit être limitée à votre famille (CCMB 97).

Das von Schultze gegenüber Marcel gelüftete Geheimnis bestätigt alle Befürchtungen, ja sein Zynismus übertrifft diese noch. Sein ganzes Imperium, das ihn zum ersten Rüstungsexporteur in der Welt gemacht hat, und sein immenser Reichtum, der sich durch die herausragende Stellung von *Stahlstadt* auf dem Weltmarkt für Rüstungsgüter noch erheblich vermehrt haben dürfte, dienen einzig dem Zweck, eine Obsession in die Tat umzusetzen: die Zerstörung von *France-Ville*, ein Gewaltakt, der nach keiner politischen Zielsetzung oder moralischen Legitimierung fragt. Schultze verhöhnt dagegen das humanitäre Projekt des Gründers der französischen Kolonie:

> Nous faisons le contraire de ce que font les inventeurs de France-Ville! Nous cherchons le secret d'abréger la vie des hommes tandis qu'ils cherchent, eux, le moyen de l'augmenter. Mais leur œuvre est condamnée, et c'est de la mort, semée par nous, que doit naître la vie. Cependant, tout a son but dans la nature, et le docteur Sarrasin, en fondant une ville isolée, a mis sans s'en douter à ma portée le plus magnifique champ d'expérience (CCMB 124).

Die Stadt *France-Ville* ist zum Untergang verurteilt, damit Schultzes Menschenschlag leben kann. An der Obsession ihres Gründers wird die inhumane Absurdität des ganzen Unternehmens *Stahlstadt* offenkundig werden: Technik mutiert hier zur reinen "Todesmitteltechnik", die sich des humanitären Gemeinwesens *France-Ville* als Versuchsfeld bedient. Die gigantische, für einen einzigen Schuss bestimmte Kanone versinnbildlicht den zum wahnwitzigen 'Eschaton' erhobenen Zweck (rüstungs-) technischer Innovation: Selbstzerstörung in der Zerstörung.

Nach dem gescheiterten Angriff wird es ruhig um *Stahlstadt*. Schultze gilt als verschwunden; sein gigantisches Unternehmen, dessen Führungsstruktur einzig auf seine Person hin ausgerichtet war, dümpelt wie ein führungsloses Schiff vor sich hin, und die Produktion muss bald eingestellt werden:

> Mais la centralisation était poussée à Stahlstadt à un trop haut degré de perfection, le maître s'était réservé une trop absolue surintendance de toutes les affaires, pour que son absence n'entraînât pas, dans un temps très court, un arrêt forcé de la machine (CCMB 119).

Die Gläubiger bleiben auf ihren Verbindlichkeiten sitzen. Und Schultze hat keinen Stellvertreter benannt, der die Führung des Unternehmens übernehmen könnte. Da *Stahlstadt* zudem in einem rechtsfreien Raum angesiedelt ist, gibt es auch nicht die legale Möglichkeit, etwa über eine treuhänderische Verwaltung, die Produktion aufrecht zu erhalten – "L'instrument légal faisait défaut pour opérer cette substitution. On se trouvait arrêté par une barrière morale [...]" (CCMB 201). Auch die Anrufung des Kongresses wegen des besonderen Status von *Stahlstadt* bleibt vergeblich, obwohl einige Abgeordnete von der Pleite betroffen sind – "Malheureusement, le Congrès n'était pas en session, et des longs délais étaient à redouter avant que l'affaire pût lui être soumise" (CCMB 201). Es gibt keinerlei legale Krisenprävention, und die demokratisch legitimierten Organe stehen der nunmehr ausgebrochenen Krise ohnmächtig gegenüber. Doch nicht nur die Gläubiger sind Opfer der durch den Produktionsstillstand ausgelösten Krise. Besonders hart betroffen sind die Arbeiter, die nun einem Prozess der Verelendung ausgeliefert sind:

> Le chômage entraîna bientôt avec lui son cortège de misères, de désespoirs et de vices. L'atelier vide, le cabaret se remplissait. Pour chaque cheminée qui avait cessé de fumer à l'usine, on vit naître un cabaret dans les villages d'alentour (CCMB 202).

Der Verschwundene sitzt indes eingefroren in seinem Arbeitsbunker. Schultze, der seine ganze Energie darauf verwandte, die Tötungsmaschinerie zu perfektionieren, ist nun selbst Opfer des Geistes, den er rief: des ungezügelten Fortschritts in der Rüstungstechnologie. Seine Innovationsleistung auf dem Gebiet der Technik war einzig auf die Maximierung von Effekten ausgerichtet – das von ihm hervorgebrachte Destruktionspotential sollte bald weit über dem liegen, was für sein zerstörerisches Projekt überhaupt nötig gewesen wäre. Noch im Werk der Zerstörung hat sich der technische Fortschritt selbst überschlagen. Die von Schultze entwickelten neuen Legierungen und Gusstechniken übertreffen alle Neuerungen in der Stahlverarbeitung und im Kanonenguss, die der deutsche Unternehmer Krupp eingeführt hat – "A Essen, M. Krupp est arrivé à fondre des blocs d'acier de cinq cent mille kilogrammes. Herr Schultze ne connaît pas de limites [...]" (CCMB 64). NB: Krupp ist es auch, dem die Stadt Essen ihren Beinamen *Stahlstadt* zu verdanken hat. Schultze verwandelt nun den Fortschritt in der Produktionstechnik definitiv in ein Instrument nihilistischer Zerstörungswut. Zerstörung betrachtet er in allen Bereichen als das notwendige Korrelat des Fortschritts! So ist auch der naturgesetzlich vorgezeichnete Fortschritt der Menschheit nicht ohne den Niedergang einer Rasse zu denken. Darwinistisch begründet ist daher auch Schultzes Prophezeiung vom unweigerlichen Scheitern des Unternehmens *France-Ville*:

> Cette entreprise lui [à Schultze] paraissait absurde, et, à son sens, devait échouer, comme opposée à la loi du progrès que décrétait l'effondrement de la race latine [...] (CCMB 55).

Dem zerstörerischen und somit 'überflüssigen' Fortschritt in Schultzes *Stahlstadt* steht der schon von Cyrus Smith in *L'Ile mystérieuse* propagierte "progrès nécessaire" gegenüber. Dieser "progrès nécessaire" bestimmt zum Beispiel die avancierten Hygienemaßnahmen in *France-Ville*. Der Alltag der Gemeinschaft dort ist zwar am Primat der "utilité" ausgerichtet. Diese "utilité" aber hat ausschließlich den Erfordernissen der Menschen zu dienen, der Steigerung von Lebensqualität in einer Gemeinschaft der *Tüchtigen*. Verne propagiert – angesichts des sinnlosen Destruktionspotentials einer allein auf Effektmaximierung ausgerichteten technischen Innovation, die in letzter Konsequenz die Rüstungsindustrie zur Schlüsselindustrie macht – für den zivilen Sektor jenes Drosseln der Technik, das Ernst Bloch für die spätbürgerliche Phase konstatiert (Bloch V: 1985, 769 – so.). Eine solche Entschleunigung des technologischen Fortschritts im Interesse des sozialen Gleichgewichts und der Entwicklung der Produktivität in den lebensnotwendigen Bereichen forderte übrigens bereits 1838 der Fourierist und Eisenbahnkritiker Victor Considérant.[21] Technik hat für Verne ausdrücklich, um die Termini von Bloch aufzugreifen, "Lebensmittel" und nicht "Todesmittel" zu sein. Mit *Les 500 Millions de la Bégum* greift Verne die Grundgedanken der im Umkreis der französischen Aufklärung entstandenen Vorstellungen von einer idealen Gesellschaft auf und adaptiert sie der Ideenwelt des Bürgertums im ausgehenden 19. Jahrhundert, wobei auffällt, dass er auch hier dezidiert auf jeglichen historischen bzw. geschichtsphilosophischen Index zugunsten eines genuin utopischen Moments verzichtet, das wiederum auf dem besonnenen Umgang mit einer 'sanften' Technik beruht. Der Roman *Les 500 Millions de la Bégum* spiegelt eine Etappe in der Entwicklung des Verhältnisses von Technik und Gesellschaft wider, als der zivilisatorische Optimismus zusehends einer tiefen Skepsis zu weichen begann, als die Utopie sich anschickte, in die (literarische) Anti-Utopie umzuschlagen. Werner Krauss resümiert diese Entwicklung aus marxistischer Perspektive:

> Der Fortschritt der Technik ist in den Utopien nur ein Moment der Unterstützung der gesellschaftlichen Arbeit. Die Technik kann nicht zum Gegenstand dieser utopischen Schöpfungen werden, die auf Errichtung einer harmonischen Gesellschaftsordnung zielen. Das ist die Dimension, die den modernen technokratischen Romanutopien abgeht ("Science fiction"). Der Fortschritt der Technik wird auf dem unveränderlich übernommenen Fundament der kapitalistischen Wirt-

---

21 Von den vielen Argumenten gegen eine vorrangige Förderung des Eisenbahnbaus sei hier nur eines herausgegriffen: "Il faut donc nier le principe suprême de la physiologie sociale, la convenance de l'équilibre harmonique du développement de la vie sociale, des puissances et des modes industriels; ou bien il faut reconnaître l'énormité de l'erreur des directeurs de l'esprit public, qui excitent cet esprit à se passionner pour un but que son inopportunité et son inconvenance actuelles rendent socialement absurde; car ce but exige que l'on consacre une immense masse de capitaux et une immense quantité de travail à réaliser le perfectionnement de l'industrie (la viabilité des lignes de premier ordre) qui est déjà plus avancée que la plupart des industries productives, et notamment que l'industrie première, principale ou pivotale, l'agriculture" (Considérant: 1838, 26f).

schaftsordnung inszeniert. Indessen musste unausbleiblich eine gesellschaftlich ungezügelte Technik ihren Januskopf zeigen. Die destruktiven Möglichkeiten einer sich selbst überlassenen Technik, die alles Leben vor einen Abgrund stellen, ließen die Sehnsucht nach einer idyllischen, vom Maschinengeist befreiten Utopie zurückschweifen; so etwa in Huxleys "Schöne neue Welt" (Brave New World, 1932) und in Robert Ranke-Graves' "Sieben Tage in Neu-Kreta" (Seven Days in New Crete, 1949). Geradezu programmatisch wird es hier ausgesprochen: "We must retrace our steps, or perish" [...]. Es braucht nicht ausgesprochen werden, dass eine solche Vision zu den elementarsten Bedürfnissen einer heutigen Menschheit in den krassen Widerspruch tritt und dass aus solcher Daseinsferne auch ein bloßes Phantasieerzeugnis vollständig verblassen muss. Das Unheil könnte nur von der Technik kommen, die der Mensch aus der Hand geben würde, die der gesellschaftlichen Lenkung und Kontrolle entzogen wäre (Krauss: 1984, 117).

Wesentliche Elemente der von W. Krauss vorgetragenen Kritik am Verhältnis von Technik und Gesellschaftsutopie finden sich bereits bei Verne vorgegeben: (1) Technische Innovation kann nur dann von der Gesellschaft geduldet werden, wenn sie sich als "ein Moment gesellschaftlicher Arbeit" erweist, wenn sie nützlich ist; das Nützlichkeitspostulat schließt daher einzig auf Bequemlichkeit hin ausgerichtete Innovationen wie etwa *Standard Island* in *L'Ile à hélice* genauso aus wie das zu kriegerischen Zwecken missbrauchbare Unterseeboot *Nautilus* – d.h. zumindest vorläufig, solange die Menschheit bzw. die Gesellschaft noch nicht reif dafür ist; abenteuerliche technische Innovationen, die sich der Beherrschung durch den Menschen zu entziehen drohen, gehören in den gesellschaftsfernen Raum der *Voyages extraordinaires*. (2) Die Gesellschaft muss also die Lenkung und Kontrolle der Technik sicherstellen, um nicht durch deren Missbrauch in ihrem Bestand gefährdet zu werden. (3) Verne orientiert sich an einem Rousseauismus Bonaldscher Prägung, wonach jedem Fortschritt – und konsequenterweise auch dem technischen, von dem bei Bonald weniger die Rede ist – Ziel und Grenze von der jeweiligen Ordnung gesetzt sind. (4) Der Rousseauismus war, wie Krauss schreibt, "der stärkste Riegel gegen das Verlangen nach Fortschritt auf allen Gebieten" (Krauss: 1984, 116). Bei aller Kritik am Missbrauch moderner Technik stellt Verne die Zivilisation des 19. Jahrhunderts niemals in Frage – im Gegenteil! Seine utopischen Vorstellungen orientieren sich am Bürger (seinem Leser), der um jeden Preis an den bereits bestehenden Errungenschaften festzuhalten gedenkt.

Einige der – für Verne außergewöhnlich knappen – Beschreibungen von *France-Ville* erinnern an Étienne Cabets "kommunitaristische" Utopie *Voyages en Icarie* von 1840/42. Für den Hausbau in dem nach den Gesichtspunkten modernster Hygiene organisierten *France-Ville* gibt es einen Katalog fester Regeln, die in den Siedlungen von Cabets Icarien ihr Vorbild haben dürften. Man kennt in Vernes Idealstadt keine großen Wohnblocks; vielmehr stehen die Häuser auf eigenen Parzellen und dürfen nicht mehr als zwei Etagen haben. Sorgfältig ausgewählt wurden die Baumaterialien. Strikt untersagt sind Teppiche und Tapeten, weil sich in ihnen Mikroben festsetzen könnten:

> Les parquets, artistement construits de bois précieux assemblés en mosaïques par d'habiles ébénistes, auraient tout à perdre à se cacher sous des lainages d'une propreté douteuse. Quant aux murs, revêtus de briques vernies, ils présentent aux yeux l'éclat et la variété des appartements intérieurs à Pompéi, avec un luxe de couleurs et de durée que le papier peint, chargé de ses mille poisons subtils, n'a jamais pu atteindre. On les lave comme on lave les glaces et les vitres, comme on frotte les parquets et les plafonds. Pas un germe morbide ne peut s'y mettre en embuscade (CCMB 151).

Ebenso wird in Cabets Icarien sorgfältig darauf geachtet, dass die Konstruktion der Häuser ein leichtes Reinigen erlaubt:

> Il n'y a pas de précaution qu'on n'ait prise pour la propreté. Les parties inférieures, qui sont plus exposées à être salies, sont garnies d'une *faïence* vernissée où d'une *peinture* qui n'admet pas la malpropreté et qui se lave facilement. Des *eaux potables* et non potables, amenées se hauts réservoirs et élevées jusque sur la terrasse supérieure, sont distribuées par des tuyaux et des robinets, dans tous les étages et même dans presque tous les appartements, ou sont lancées avec force par des *machines à laver*, tandis que, toutes les *eaux sales* et toutes les immondices sont entraînées, sans séjourner nulle part et sans répandre aucune mauvaise odeur des larges tuyaux souterrains (Cabet: 1970, 65f).

Icariens Wohnhäuser, von denen es drei Normgrößen gibt, haben vier Geschosse, wobei jedem eine bestimmte Funktion zugewiesen ist. In Cabets Utopie herrschen auch detaillierte Vorschriften für die Möblierung der Räume. Die Einrichtung hat dem Primat der Nützlichkeit zu gehorchen und sich auf das Nötigste zu beschränken – dann stelle sich von selbst auch der Komfort ein: "tout le nécessaire, tout l'utile connu (ce que nous appelons le *confortable*), et l'*agréable* autant que possible; toujours la prévoyance et la raison" (Cabet: 1970, 68). Der Besucher, Cabets "voyageur en Icarie", zeigt sich erstaunt über soviel Einheitlichkeit und fragt, ob dies auf die Dauer nicht langweilig würde. Ein solcher Einwand wird mit dem Argument beiseite geschoben, dass die Uniformität das gesellschaftliche Gut schlechthin sei. Außerdem sorge gerade die Uniformität für eine unendliche Vielfalt im Detail: "dans cette maison comme dans toutes les autres, vous ne voyez pas deux chambres, deux portes, deux cheminées, deux papiers qui se ressemblent; et nos législateurs ont su concilier tous les agréments de la *variété* avec tous les avantages de l'*uniformité*" (Cabet: 1970, 71). Mit anderen Worten: Cabets organisierte Gesellschaft ist so perfekt, dass sie selbst die Vielfalt zu organisieren vermag. Diese paradox anmutende Maxime der Cabetschen Utopie läuft darauf hinaus, gerade in der durchorganisierten Vielfalt die Individualität ihrer letzten Nische zu berauben. Besonders deutlich wird dies in der Beschreibung der uniformierten Kleidung Icariens, die über unzählige attributive Varianten genauestens über ihren Träger informiert: "les particularités du vêtement indiquent toutes les circonstances et les positions des personnes" (Cabet: 1970, 58). Diese um eine ausgeklügelte Semantik der Attribute ergänzte Uniformierung der Gesellschaft in allen Lebensbereichen verfolgt nur ein Ziel: Der Einzelne soll immer wie ein offenes Buch einherschreiten. Es gibt keine Privatsphäre. Um aber die Bürger zu schützen, müssen sich die Besucher einem strengen Reglement unterziehen. Dies steht im krassen Widerspruch zu dem in Vernes Romanen zelebrierten Kult der Privatsphäre.

Verne betont überdies in den Reglements von *France-Ville* die Individualität seiner Bewohner, so zum Beispiel in der Anlage der Wohnungen: "Le plan des appartements est laissé à la fantaisie individuelle". Doch auch diese "fantaisie individuelle" kennt ihre Grenzen. Für das Schlafzimmer – nicht von ungefähr, ist es doch das einzige Residuum des Sexus – etwa gibt es durchaus genaue Vorschriften: "On ne saurait trop recommander de faire de cette pièce, où se passe un tiers de la vie, la plus vaste, la plus aérée et en même temps la plus simple. Elle ne doit servir qu'au sommeil [...]" (CCMB 151). Ein weiteres Beispiel für die Repression des Eros bei Verne! Liebe hat nur den Sinn und Zweck, einen stabilen Familienverband zu schaffen: Im Roman *Les 500 millions de la Bégum* ist es etwa die schüchterne Verehrung Marcels für die Tochter seines Gönners, die in eine glückliche Ehe mündet – und der vorbildliche Familienvater wird die Leitung des konvertierten Rüstungsbetriebs *Stahlstadt* übernehmen. Der unterdrückte Eros ist Teil einer vorgestellten Weltordnung, aus der jegliches Konfliktpotential getilgt werden soll. Die Botschaft Vernes lautet: Wir sind eine große Familie. Insofern steht er gar nicht so weit von den Vorstellungen Cabets entfernt, dessen "Kommunismus" sich als ein durch und durch kleinbürgerlicher erweist. In beiden Entwürfen, bei Verne und bei Cabet, liegt – ungeachtet der angesprochenen Gegensätze – letztlich so etwas wie eine 'erweiterte' Privatsphäre vor: Man kennt keine Öffentlichkeit als autonomes Korrektiv des Gemeinwesens – oder eine solche besteht (so bei Verne) zwar noch als Form, nicht dagegen als wirksame Institution der Kritik fort.

Garantiert wird der Bestand einer Konsensgesellschaft mit familiären Zügen in *France-Ville* durch die sorgfältige Auswahl der in die Gemeinschaft aufgenommenen Personen:

> Pour obtenir droit de résidence à France-Ville, il suffit, mais il est nécessaire de donner de bonnes références, d'être apte à exercer une profession utile ou libérale, dans l'industrie, les sciences ou les arts, de s'engager à observer les lois de la ville. Les existences oisives n'y seraient pas tolérées (CCMB 153).

Verne – hier noch in Übereinstimmung mit dem Saint-Simonismus und dem Positivismus Comtes – setzt hier den Primat der Nützlichkeit, der von allen Aspiranten der Modellstadt *France-Ville* respektiert werden muss. Auch Octave, der sich zuerst anschickte, als Lebemann durch die Welt zu ziehen, erkennt im Augenblick der Gefahr, in dem es die Verteidigung zu organisieren gilt: "A chacun selon ses mérites [...]. Je n'aurais peut-être pas su commander!... C'est le moins que j'apprenne à obéir" (CCMB 189). Diese an dem saint-simonistischen Vorbild einer "hiérarchie des capacités" orientierte Verteidigungsarmee, der sich Octave nunmehr unterordnet, bildet den Gegenentwurf zu der einseitig auf Schultze eingeschworenen Kommandostruktur, die über der ehemaligen *Stahlstadt* herrschte. Die perfekte Utopie Vernes ist also auch in *Les 500 Millions de la Bégum* wieder ein großes Interieur, das dem geregelten Leben in *France-Ville* die Aura einer eigenen Privatsphäre verleiht. Und mit der Übernahme von *Stahlstadt* durch Marcel wird diese zu einem Modellbetrieb, der ausschließlich dem Gebot der Nützlichkeit gehorcht, nachdem die Konversion von einem Rüstungsbetrieb in eine zivile Produktionsstätte gelungen ist:

> La Cité d'Acier n'était qu'une usine formidable, qu'un engin de destruction redouté sous la main de fer de Herr Schultze; mais grâce à Marcel Bruckmann, sa liquidation s'est opérée sans encombre pour personne, et Stahlstadt est devenue un centre de production incomparable pour toutes les industries utiles (CCMB 239).

Mit dem konvertierten Rüstungsbetrieb hat die Modellstadt so etwas wie ihr Komplement erhalten. Der sauberen Stadt entspricht eine saubere Produktionsstätte, die das makellose Erscheinungsbild der Utopie nicht beeinträchtigt. Alles ist auf Harmonie ausgelegt, die durch nichts getrübt ist: Stadt und Produktionsanlagen befinden sich in gebührender Entfernung voneinander. Ein solcher Abstand zwischen Wohn- und Industrieanlage bestand im alten *Stahlstadt* nicht; sie verkörperte die Negation jeglicher Urbanität, denn *Stahlstadt* wurde von Schultze nicht etwa ein Ensemble von Wohn- und Geschäftshäusern getauft, sondern die Industrieanlage selbst war die Stadt! Und um sie herum lag ein Gürtel von Arbeiterbehausungen – die Umkehr einer jeden modernen Stadt, die von einem Industriegürtel umgeben ist. Eine echte Privatsphäre war dort eigentlich nur Herrn Schultze vergönnt – und diese lag in dem durch das Arcanum geschützten Zentralbereich von *Stahlstadt*. Die Privatsphäre Schultzes war – welch Hybris! – das Paradies für nur eine einzige Person.

Von der Organisation der utopischen Kolonie *France-Ville* erfährt der Leser über einen eingeschobenen Artikel aus der Zeitschrift *Unsere Centurie*, sozusagen aus der Perspektive des Gegners. Zunächst handelt es sich um einen objektiven Bericht über die Prinzipien und Statute, die das Alltagsleben von *France-Ville* bestimmen. Doch dann endet der Artikel mit der skeptischen Einlassung, dass das Unternehmen *France-Ville* schon deshalb zum Scheitern verurteilt sei, weil es ohne deutsche Beteiligung durchgeführt werde. Zwar spricht der Verfasser des Artikels mit Hochachtung von den Errungenschaften in *France-Ville*, jedoch sei eine solche Utopie keinesfalls in Amerika zu verwirklichen, sondern irgendwann im Nahen Osten – wobei eine solche zukünftige Modellstadt implizit mit dem Neuen Jerusalem gleichgesetzt wird:

> S'il nous est permis, toutefois, d'exprimer notre opinion sincère, nous n'avons qu'une foi médiocre dans le succès définitif de l'expérience. Nous y percevons un vice original et vraisemblablement fatal, qui est de se trouver aux mains d'un comité où l'élément latin domine et dont l'élément germanique a été systémati-

quement exclu. C'est là un fâcheux symptôme. Depuis que le monde existe, il ne s'est rien fait de durable que par l'Allemagne, et il ne se fera rien sans elle de définitif. Les fondateurs de France-Ville auront bien pu déblayer le terrain, élucider quelques points spéciaux; mais ce n'est pas encore sur ce point de l'Amérique, c'est aux bords de la Syrie que nous verrons s'élever la vraie cité modèle (ccmb 158f).

Den Franzosen wird die Befähigung aberkannt, eine solche Utopie zu realisieren. Doch die Niederlage Schultzes wird diesem Artikel Hohn sprechen. Noch etwas verdeutlicht der abgedruckte Artikel: Jede Zukunftsvision, die sich auf ein neues Jerusalem beruft, verschiebt die Utopie auf den Sankt-Nimmerleins-Tag. Der Glaube an die ausschließlich schöpferische und organisatorische Potenz des "élément germanique" wird indes durch Schultze widerlegt, der das 'apokalyptische' Ende der französischen Utopie vorbereitet. Oder, um die Ironie, die Verne mit dem Einschub eines Artikels aus einer deutschen Zeitschrift erzeugt, ins Sarkastische zu wenden: Am deutschen Wesen soll die Welt zugrunde gehen. Da das Unternehmen *France-Ville* schließlich gelingen und Bestand haben wird, erhält der Deutsche Schultze die Fratze des Satans bzw. des Antichrist. Verne belässt es aber bei diesen Anspielungen auf den Erbfeind Frankreichs. Die gegen Deutschland artikulierten Vorbehalte sind, ungeachtet der Klischeegestalt vom Sauerkrautfresser und Biervertilger Schultze, der doch nur einen bestimmten Typus verkörpert, bei Verne weitaus differenzierter und erschließen sich eher indirekt: Der Elsässer Marcel, der keineswegs seine deutsche Muttersprache völlig abgelegt hat, gehört als Franzose zu einer echten Nation, während die *verspätete Nation* Deutschland nur das Ergebnis machtpolitischen Kalküls darstellt, das übergeordnete Interessen letztlich nur vortäuscht. Von daher greift man nicht zu weit, Schultze, der aus Jena (sic!) stammt, als eine Personifikation Preußens zu sehen, das sich 1806 in der Schlacht von Jena gegen Napoleon geschlagen geben musste und 1870/71 im Bund mit den anderen deutschen Staaten Frankreich zwar eine Niederlage bereitete, damit aber keinesfalls die Garantie für den Bestand des auf dieser Niederlage gründenden Deutschen Reiches schuf, weil dieses Reich niemals zu einer Nation heranreifen und auf immer ein Produkt des preußischen Militarismus bleiben würde. Ein Preußen, wie es Herr Schultze verkörpert, hat somit einen Pyrrhus-Sieg errungen, weil sich letztlich Frankreich mit seinen humanitären Idealen durchsetzen wird: Ideale, die zu ihrer Verwirklichung keinen Gegner benötigen. Schultzes Credo dagegen baut sich einen Widersacher auf, denn heißt *ungehemmte Konkurrenz* – ein Prinzip, das er durch das eherne Gesetz der Natur legitimiert zu wissen glaubt:

> Il n'y a d'absolu que les grandes lois naturelles. La loi de concurrence vitale l'est au même titre que celle de la gravitation. Vouloir s'y soustraire, c'est chose insensée; s'y ranger et agir dans le sens qu'elle nous indique, c'est chose raisonnable et sage, et voilà pourquoi je détruirai la cité du docteur Sarrasin (CCMB 124).

Unter einer "industrie utile" (CCMB 239), wie sie etwa für *France-Ville* postuliert wird, hat man sich eine industrielle Produktion vorzustellen, deren Erzeugnisse sich allein durch ihren Gebrauchswert auszeichnen; einzig ein auf die realen Bedürfnisse der Menschen antwortendes Produkt ist mehr als bloß Ware. Hier formuliert Verne geradezu die (utopische) Gegenposition zu der von Marx diagnostizierten industriellen Produktion unter dem Diktat des Austauschs von Waren:

> Die Zirkulation sprengt die zeitlichen, örtlichen und individuellen Schranken des Produktenaustausches eben dadurch, dass sie hier vorhandene unmittelbare Identität zwischen dem Austausch des eigenen und dem Eintausch des fremden Arbeitsproduktes in den Gegensatz von Verkauf und Kauf spaltet. Daß die selbständig einander gegenüberstehenden Prozesse eine innere Einheit bilden, heißt ebenso sehr, daß ihre innere Einheit sich in äußeren Gegensätzen bewegt. Geht die äußerliche Verselbständigung der innerlichen Unselbständigkeit, weil einander ergänzenden, bis zu einem gewissen Punkt fort, so macht sich die Einheit gewaltsam geltend durch eine – Krise. Der der Ware immanente Gegensatz von Gebrauchswert und Wert, von Privatarbeit, die sich zugleich als unmittelbar gesellschaftliche Arbeit darstellen muß, von besondrer, konkreter Arbeit, die zugleich nur als abstrakt allgemeine Arbeit gilt, von Personifizierung der Sache und Versachlichung der Personen – dieser immanente Widerspruch erhält in Gegensätzen der Warenmetamorphose seine entwickelten Bewegungsformen (Marx: MEW XXIII, 127f).

Nach der Konversion von *Stahlstadt* in ein ziviles Unternehmen verfügt *France-Ville* über eine Ökonomie, die für sich beansprucht, die hier aufgezeigten Widersprüche zu überwinden. Damit kann das utopische Konstrukt *France-Ville* auch als die Antwort auf die Angst des Bürgertums vor der Krise gelesen werden. Das einzig denkbare Bollwerk gegen eine solche Krise ist eine Ökonomie, die sich erfolgreich dem Konkurrenzprinzip zu entziehen vermag. Eine solche Ökonomie setzt daher völlige Autarkie voraus, ist also nur in einem geschlossenen Gemeinwesen denkbar. Und sie darf ihrerseits nur auf Deckung des eigenen Bedarfs hinwirken. Anders dagegen verhält es sich mit der nach monopolistischer Expansion strebenden Rüstungswirtschaft in *Stahlstadt*: Sie gerät zwangsläufig in ein gesamtwirtschaftliches Netz, das Abhängigkeiten schafft; sie ist auf Kunden und Zulieferer angewiesen. Erklärtes Ziel der Initiatoren von *France-Ville* ist es daher, die Produktion nicht vom Diktat der Konkurrenz (und des Marktes) bestimmen zu lassen:

> On croit trop en ce monde qu'il n'y a que profit à tirer de l'anéantissement d'une force rivale. C'est une grande erreur, et vous tomberez d'accord avec moi, je l'espère, qu'il faut au contraire sauver de cet immense naufrage tout ce qui peut servir au bien de l'humanité (CCMB 234).[22]

---

22 Vgl. dazu Marx, der die Folgen der Konkurrenz vor Augen führt: "Die ungeheure, stoßweise Ausdehnbarkeit des Fabrikwesens und seine Abhängigkeit vom Weltmarkt erzeugen notwendig fieberhafte Produktion und darauf folgende Überfüllung der Märkte, mit deren Kontraktion Lähmung eintritt. Das Leben der Industrie verwandelt sich in eine Reihenfolge

Es ist nicht weniger bezeichnend, dass Schultze selbst seine Niederlage herbeigeführt hat. Indem er das Konkurrenzdenken zum reinen Selbstzweck erhebt und dem Wahn verfällt, um jeden Preis *France-Ville* zerstören zu müssen, verweist er auch auf das nicht minder wahnwitzige Konkurrenzprinzip in der Ökonomie, das im Bürger die Angst vor der seinen sozialen Stand bedrohenden Krise wachruft. Mit der Angst vor der Krise geht allerdings der Verzicht auf Expansion des Gemeinwesens einher.

Es wäre aber verfehlt, wollte man Vernes *Les 500 Millions de la Bégum* als den Entwurf einer antikapitalistischen Vision lesen. Denn der Romancier unterzieht keineswegs die kapitalistische Wirtschaftsordnung einer kritischen Analyse, sondern lastet deren Exzesse, die in die Krise führen, dem Fehlverhalten Einzelner an. Im Zusammenhang mit Verne – und wohl auch seiner Leserschaft – sollte man eher von einem Kriminalisieren einer in die Hände des Bösen gelangten Ökonomie sprechen, der durch mustergültiges Verhalten entgegengewirkt werden kann. Mit dem Kriminalisieren der Ökonomie geht ein Kriminalisieren der Geschichte einher: In beiden Bereichen führt das verabsolutierte Macht- bzw. Konkurrenzprinzip in die Katastrophe. Dem steht in *France-Ville* die unternehmerische Verantwortung und ein politischen Grabenkämpfen enthobener Rat entgegen.

Wie die Lage der Arbeiterschaft in *France-Ville* bzw. im konvertierten *Stahlstadt* zu denken ist, lässt sich nur extrapolieren: Die Arbeitsteilung wird durch die "hérarchie des capacités" legitimiert, so dass die einzelnen Subjekte sich nicht mehr als – wie es in der Analyse Lukács' heißt – "isolierte abstrakte Atome, die nicht mehr unmittelbar-organisch, durch die Arbeitsleistungen zusammengehören", empfinden, sondern als Teil einer sich als organisch definierenden Ordnung. Dieser Gedanke ist vor allem in der saint-simonistischen Gesellschaftslehre beheimatet. Die Saint-Simonisten nannten ihre Gruppe die "famille saint-simonienne", die sich als die Keimzelle einer neuen Ordnung verstand, in der die Gesellschaft zu einer einzigen Familie werde (vgl. D'Allemagne: 1930, 188). Die Leitgedanken einer solchen Moralisierung der Wirtschaft – Ausschaltung der Konkurrenz, Appell an die Verantwortung der Kapitalbesitzer und ein familienähnlicher Aufbau der Gesellschaft – finden sich bei Verne wieder. Auch scheinen in *France-Ville* die in saint-simonistischen Organen wie *Le Globe* (1831) erhobenen Forderungen zur Verteilung von Gütern eingelöst zu werden:

> La seule règle de rétribution c'est la moralité, l'habileté et l'activité déployée dans chaque fonction et cette règle est trouvée par l'inspiration des supérieures aidée et vérifiée par la manifestation, par l'expression libre des besoins des inférieurs (zit. n. D'Allemagne: 1930, 188).

---

von Perioden der Stagnation. Die Unsicherheit und Unstetigkeit, denen der Maschinenbetrieb die Beschäftigung und damit die Lebenslage des Arbeiters unterwirft, werden normal mit diesem Periodenwechsel des industriellen Zyklus. Die Zeiten der Prosperität abgerechnet, rast zwischen den Kapitalisten heftigster Kampf um ihren individuellen Raumanteil am Markt" (MEW XXIII.1: 1983, 476).

Doch Verne verzichtet hierzu auf jegliche detaillierte Schilderung, offensichtlich auch deshalb, weil er dezidiert diejenigen Elemente des Saint-Simonismus und anderer frühsozialistischer Theorien aus seiner Utopie bannen möchte, die den bürgerlichen Lebensgewohnheiten widersprechen. Dies gilt z.B. für die von den Saint-Simonisten geforderte völlige Abschaffung des Gesetzes von Angebot und Nachfrage, was zwangsläufig das Ende der freien Wahl unter den Gütern bedeutete. Verne verwirft bei aller Kritik am ruinösen, ja mörderischen Wettbewerb jedoch nicht völlig den Grundgedanken der Konkurrenz als solchen, der bei ihm allerdings eher die Gestalt eines sportlichen Wettkampfes annimmt. So preist er in *En Magellanie* die "rivalité généreuse et féconde" (Verne: 1999a, 301), welche die dort geschilderte ideale Gemeinschaft mit anderen Gemeinwesen verbindet.

Es ist daher wenig verwunderlich, dass man über die Organisation der Wirtschaft in *France-Ville* überhaupt nichts erfährt – anders als in Cabets Icarien, wo die Geldwirtschaft abgeschafft wurde. Bei Verne kommt es zu einer eigentümlichen Form der Kapitalmystifikation: Es gibt 'gutes' Kapital, das den 'Guten' zufällt – sei es durch das Geschenk eines Schatzsuchers wie Nemo, sei es durch eine Erbschaft. Nach der Herkunft dieses Kapitals wird nicht weiter gefragt. Entscheidend ist, dass sich das letzte Glied in der Kette des Kapitaltransfers beim Erhalt nicht die Hände schmutzig macht – und dieses letzte Glied wird mitunter noch unversehens in den vom Bürger so sehnlich erträumten Adelsstand erhoben – kurz: Das Widersprüchliche an der von den Saint-Simonisten geforderten Moralisierung des Kapitals wird hier einfach über den märchenhaften Zufall aufgehoben. Damit bleibt *France-Ville* – wie auch *New Lincoln* – moralisch lupenrein. Und einzig die moralische Integrität ihrer Gründer verleiht dem Gemeinwesen seine Legitimation. Nur soviel wird an der im Vagen belassenen sozio-ökonomischen Ordnung *France-Villes* deutlich: Die Gesellschaft ist einzig auf Selbsterhalt ausgerichtet, der durch den Konsens garantiert wird. Aus dem Roman lässt sich die utopische Vorstellung ableiten, dass dieser Konsens sowohl der Wirtschaft als auch dem freien Individuum (und damit paradoxerweise auch dessen Konkurrenzfähigkeit) eine glückliche (republikanische?) Zukunft garantieren möge:

> On peut donc assurer dès maintenant que l'avenir appartient aux efforts du docteur Sarrasin et de Marcel Bruckmann, et que l'exemple de France-Ville et de Stahlstadt, usine et cité modèles, ne sera pas perdu pour les générations futures (CCMB 241).

Dies ist zugleich der Schlusssatz des Romans und der *Conclusion*, in der Verne ins Präsens wechselt: *France-Ville* und die konvertierte *Stahlstadt* markieren einen Zustand der Perfektion, welche der Dialektik von *imitatio* und *aemulatio* enthoben ist.

Für Vernes Umgang mit sozio-ökonomischen Fragen gilt dasselbe wie für seinen Umgang mit den naturwissenschaftlichen Fakten, die er dem Kanon der Wissenschaften entnimmt: Sie haben für ihn eine primär rhetorische Funktion, sie geraten unter seiner Feder zu Topoi. Man darf daher die Etymologie des Wortes "Utopie" strapazieren und *France-Ville* einen regelrechten *Ou*-Topos nennen: Es ist – ungeachtet seiner geographischen Verortung in Nordamerika – ein Nirgendwo, das als rhetorischer Topos Einspruch gegen eine zynische Realitätstopik erhebt. Der Schlusssatz zur Geschichte von den 500 Millionen der Begum erinnert an die Wendung, mit der viele deutsche Märchen enden: "Und wenn sie nicht gestorben sind, dann leben sie noch heute".

Der Tempuswechsel ins Präsens bzw. Futur in der "Conclusion" zu *Les 500 millions de la Bégum* entspricht überdies dem von Harald Weinrich aufgezeigten sprachlichen Paradigma, das den Wechsel von der Erzählung in den Kommentar charakterisiert:

> Wenn sie heute noch leben, dann wird man ihnen vielleicht noch begegnen, und man wird möglicherweise von der Märchenwelt noch betroffen, statt nur Zuhörer – wenn auch sympathisierender Zuhörer – zu sein. Man muß also wieder sehen, was in der umgebenden Welt geschieht, und muß die Augen offen halten. Die Tempora haben dies zu signalisieren. Mit dieser Schlussformel werden zugleich die Tempora der erzählten Welt verlassen, und die Tempora der besprochenen Welt treten an ihre Stelle. Denn mit diesen Tempora wird auch im folgenden die "richtige" Welt ihre Forderungen stellen (Weinrich: 2001, 65f).

Märchenhaft ist in *Les 500 millions de la Bégum* die unerwartete Nachricht von dem Millionenerbe, das aus dem fernen Indien (sic!) in die Hände eines französischen Professors fällt; märchenhaft ist, dass über den mit dem Erbe verbundenen Adelstitel die Tochter des Professors zur Prinzessin des braven Elsässers wird; und an das Märchen gemahnt auch das Gegenbild, das Böse: der hinter den Bergen als Hexenmeister agierende Chemiker Schultze.

Nun appelliert Verne mit seiner *Conclusion* nicht an die Realitätsprüfung durch den kindlichen Verstand, sondern er will seine Vision als eine anbieten, an der sich die Wirklichkeit messen soll; hinter seiner Vision steht ein ethischer Imperativ für die 'Nachwelt'. Das Märchenhafte an diesem Roman Vernes kassiert das Dogmatische an dem utopischen Gesellschaftsentwurf, der in einer immer pessimistischer gestimmten Welt eigentlich schon einer obsolet gewordenen Gattung angehört. Verne schafft eine Utopie, die weder auf den *Ou*-Topos abstrakter gesellschaftspolitischer Reflexion noch auf den Gang der Geschichte verweist. *France-Ville* ist, obwohl geographisch in den Vereinigten Staaten verortet, also inmitten unserer Zivilisation und nicht etwa auf einer fernen Insel, sowohl ort- als auch zeitlos. So appelliert sie an das genuin utopische Element des Märchens: die Wunscherfüllung. Versetzt man sich aber abschließend doch noch in die ursprüngliche Haltung des kindlichen Rezipienten von Märchen, der durch die Wendungen "Es war einmal..." und "Und wenn sie nicht gestorben sind..." auf die Anforderungen der wirklichen Welt verwiesen wird, so ergibt sich eine düstere Perspektive: Die wirkliche Welt folgt ganz anderen Gesetzen, und der märchenhafte Zufall, der die utopische *poiesis* erlaubt, wird zusehends unwahrscheinlicher.

Bloch sieht das Märchenhafte in vielen der berühmten Romane Vernes fortwirken. Dieses Märchenhafte erscheint ihm sowohl als Trost, weil es in seiner über sich selbst hinausweisenden Zeitlosigkeit die Ernüchterung durch die Realität abfedere, als auch als ein Residuum der Hoffnung; und schließlich erhebt Bloch das Märchen zum Inbegriff der List der Vernunft:

> [...] der Märchenprinz lebt fort, und die Ernüchterung durch die Wirklichkeit meldet sich lediglich als Weinkrampf. Kehrt man aber von hier, als von der alten Geschichte, die ewig neu bleibt, zur wirklich neueren und neuesten Geschichte, zu den phantastischen Veränderungen der Technik, so überrascht nicht, auch hier Platz für Märchenbildungen zu sehen, das heißt für technisch-magische Utopien. Jules Verne's "Reise um die Welt in achtzig Tagen" wurde unterdes in der Wirklichkeit bedeutend abgekürzt, aber pure Märchenbildungen sind noch die "Reise ins Innere der Erde", die "Reise nach dem Mond" und andere Ausfabelungen eines technischen Könnens, Noch-Nicht-Könnens. Man bemerkt gerade an solchen Arten "moderner Märchen": es ist die Ratio selber, die zu den Wunschbildern des latenten Märchens hinführt und ihnen dient. Wieder bewährt sich ein Einklang mit Mut und List, als jener frühesten Art Aufklärung, die bereits Hänsel und Gretel auszeichnet: Halte dich für frei geboren und zu jedem Glück berufen, wage dich deines Verstandes zu bedienen, siehe den Ausgang der Dinge als freundlich an (Bloch IX: 1985, 198f).

Bloch ist vorgehalten worden, den Begriff des Märchens so frei verwendet zu haben, dass er die Grenzen der Gattung verwische (vgl. Schwarz: 1985, 394). Doch hier liegt eindeutig literaturwissenschaftliche Haarspalterei vor, denn Bloch befragt das Märchen nach der Wirkungskraft, dem Reiz, den "alte Märchenstoffe mitten in ihren modernen Verkleidungen (oder auch Entkleidungen)" ausüben (Bloch IX: 1985, 197). Das Eigentümliche an den Märchen ist demnach, dass sie Abschweifungen ins Phantastische darstellen, die sich auf dem Boden einer Realitätstopik bewegen, die das "Märchenhafte" zu einem Surplus des Alltags macht. Folgerichtig wird dieses "Märchenhafte" an Vernes *Voyages extraordinaires* durch die tatsächlichen technischen Entwicklungen Schritt für Schritt kassiert: Zuerst waren es um 1930, als Bloch seinen Aufsatz niederschrieb, die Reise in 80 Tagen um den Globus, das Unterseeboot, das Flugzeug; inzwischen hat selbst die Reise auf den Mond ihr Faszinosum eingebüßt. Das bürgerlichste aller Märchen, nämlich die Entdämonisierung des kapitalistischen Produktionsprozesses durch das Aufheben seiner Widersprüche in einer harmonischen Ordnung, die aber dennoch die diesen Prozess begleitende Realitätstopik perpetuiert, ist die Geschichte noch schuldig geblieben.

4. Um die Apokalypse betrogen: Das 20. Jahrhundert als Anti-Utopie

Vernes um 1863 niedergeschriebener, aber erst 1994 (sic!) veröffentlichter Roman *Paris au XXe siècle* (zur Entstehungs- und Publikationsgeschichte vgl. Gondolo della Riva: 1994) ist eines der frühesten Werke der Gattung Anti-Utopie. Die Romanhandlung spielt im Paris des Jahres 1961, das zu einer modernen Großstadt mit Autos und Stadtbahnen geworden ist. Das Projekt *Leviathan IV* hat überdies Paris zu einem Hochseehafen gemacht. Verne erzählt die Geschichte eines Außenseiters Michel Dufrénoy, der auf der Abschlussfeier der "Société Génerale du Crédit instructionnel" den Preis für lateinische Verse erhalten hat. Doch die industrielle Gesellschaft hat keine Verwendung für den Außenseiter. Der Waise Michel kommt zunächst in der Familie seines Onkels Stanislas Boutardin unter, der ihn ob seiner Auszeichnung im Fach Latein verachtet und ihm seine Maxime vorhält – das Credo der Gesellschaft im 20. Jahrhundert: "Pas de talent! Des capacités!" (PAVS 50). Sein Onkel verschafft ihm eine Arbeit bei der Bank, wo er einem anderen Kollegen diktieren soll, was dieser in ein enormes Rechnungsbuch einzutragen hat. Dieses Rechnungsbuch befindet sich unter einer Glaskuppel, und es wird gehütet wie ein Heiligtum:

> Michel arriva dans une salle immense surmontée d'un dôme en verre dépoli; au milieu, et sur un seul pied, chef-d'œuvre de mécanique se dressait le Grand Livre de la maison de banque. [...] il avait vingt pieds de haut [...] (PAVS 67).

Die Arbeit füllt die ganze Zeit aus; es gibt praktisch keine freien Tage. Schnell schließt er mit seinem Kollegen Quinsonnas – what a telling name! – Freundschaft. Quinsonnas ist Musiker und stimmt in das Lamento Mussets – "Je suis né trop tard dans un siècle trop vieux" – ein, das im 19. Jahrhundert zum Inbegriff der "mal du siècle" genannten Melancholie wurde: "Je suis né comme vous cent ans trop tard"; und Quinsonnas hat nur einen Wunsch: Mit den Mitteln der Musik sein Jahrhundert in Erstaunen zu versetzen – "mais moi je veux étonner mon siècle! Ne rions pas! le rire est puni de mort à notre époque" (PAVS 71). Quinsonnas lädt Michel zu sich nach Hause ein, wo er ihn mit seinem Freund Jacques bekannt macht, einem Poeten, der ebenfalls einer seiner Begabung fremden Tätigkeit nachgeht:

> [...] j'ai voulu te faire connaître un jeune ami qui est des nôtres, un de ces pauvres diables auxquels la Société refuse de leurs aptitudes, une de ces bouches inutiles que l'on cadenasse pour ne pas les nourrir (PAVS 77f).

Die drei Freunde musizieren gemeinsam und führen ein langes Gespräch über die moderne Musik. Dabei eröffnet Quinsonnas seinem Freund Michel, dass dessen Vater ein großer Musiker gewesen sei, den er als Vorbild verehre. Inzwischen hat Jacques auf der Suche nach Literatur auch einen anderen Onkel kennen gelernt, Huguenin, der ihm eröffnet, dass er seit langem den Lebensweg des jungen Mannes verfolge. Er rät ihm, sein Talent zu verstecken und seinem Beruf nachzugehen. Huguenin ist ein großer Verehrer der Literatur. Auf einer Einladung bei seinem Onkel, wo sie in einem Literaturgespräch die großen Autoren Revue passieren lassen, trifft er seinen Rhetoriklehrer und dessen Tochter Lucy, in die er sich sogleich verliebt. Am Arbeitsplatz – "Le Grand Livre" – kommt es zwischen den Freunden zu einer lebhaften Diskussion über Frauen, in deren Verlauf der erregte Quinsonnas sich zu einer ausladenden Geste hinreißen lässt und das Tintenfass umwirft:

> Ce livre merveilleux où s'inscrivaient les vastes opérations de la maison de banque, taché! ce recueil précieux des affaires financières, maculé! ce véritable atlas, qui contenait un monde, contaminé! [...] le prêtre déshonorait l'autel de ses propres mains! (PAVS 124).

Die Folge: fristlose Kündigung. Erneut mit Hilfe seines Onkels Boutardin unternimmt Michel einen zweiten Versuch, im Berufsleben Fuß zu fassen: Er erhält einen Posten im "Grand Entrepôt Dramatique", wo Theatertexte als Konfektionsware hergestellt werden –

> Tout se passait donc maintenant avec ordre, comme il convient à des gens civilisés; les auteurs fonctionnaires vivaient bien et ne s'épuisaient pas; plus de ces poètes bohémiens, de ces génies misérables [...]" (PAVS 140).

Dort soll Michel nach Vorlagen neue Texte schreiben. Doch bald versagt er auch bei dieser Arbeit. Und auf diese Weise freigesetzt, beginnt er zu leiden. Der Winter 1961/1962 wird zu einem Rekordwinter. Als er erfahren muss, dass sein Lehrer zusammen mit Lucy auf die Straße gesetzt worden ist, und man nicht wisse, wo er sich nun aufhalte, wird er immer weiter in die Melancholie getrieben. Sein Irrgang führt ihn schließlich auf den Friedhof – und der Roman endet damit, dass er Ikonen der Melancholie evoziert.

Aus den Buchhandlungen der Stadt Paris sind die Werke der Weltliteratur verschwunden. Vergeblich erkundigt sich Michel nach den großen Autoren des 19. Jahrhunderts. Stattdessen gibt es nur noch Werke der Naturwissenschaften:

> Ainsi toute cette renommée ne durait pas un siècle! *Les Orientales, les Méditations, les premières Poésies, la Comédie humaine*, oubliées, perdues, introuvables, méconnues, inconnues! Cependant, il y avait là des cargaisons de livres que de grandes grues à vapeur descendaient au milieu des cours, et les acheteurs se pressaient au bureau des demandes. Mais l'un voulait avoir la *Théorie des frottements* en vingt volumes, l'autre la *Compilation des problèmes électriques*, celui-ci le *Traité pratique du graissage des roues motrices*, celui-là la *Monographie du nouveau cancer cérébral* (PAVS 52).

Selbst in die *Académie française* werden seit langem keine Schriftsteller mehr aufgenommen:

Il lui revînt alors à l'esprit que l'Académie française ne comptait plus un seul homme de lettres [...]; les hommes de lettres devenant trop mal élevés, on finit par ne plus prendre que les Grand Seigneurs (PAVS 161).

Was Verne hier schildert, ist der Niedergang des Kanons, in den Kapitän Nemo und die anderen Protagonisten seiner Romane noch die Naturwissenschaften zu integrieren suchten. Die herrschende Methode ist nunmehr die einer konsequent analytischen Wissenschaft: Die Wissensgebiete werden bis hin zu den Substanzen *ad infinitum* unterteilt. Die analytische Wissenschaft ist die Negation des Inventars! Stand das Inventar noch für das Totalisieren von Räumen, ja der Welt als solcher, durch den Menschen, so verliert sich dieser nunmehr in einer unendlichen Teilung des Raums. Die Konsequenz dieser Methode führt letztlich zur Selbstaufhebung des Fortschritts, der sich als ein völlig entmenschlichter gibt. Oder anders formuliert: Die Wissenschaften machen Fortschritte, doch diese Fortschritte sind Wege in die Entmenschlichung; das Vorantreiben technischer Entwicklungen gehorcht nicht mehr dem von Cyrus Smith in *L'Ile mytérieuse* formulierten Gebot von einem "progrès nécessaire". Und so heißt es bereits zu Beginn des Romans:

[...] ce qui s'appelait le Progrès, il y a cent ans, avait pris d'immenses développements. Le monopole, ce nec plus ultra de la perfection, tenait dans ses serres le pays tout entier; des sociétés se fondaient, s'organisaient [...]" (PAVS 27).

Ein von Comte und Saint-Simon inspiriertes und deren Ideen pervertierendes (neo-)positivistisches Wissenschafts- und Gesellschaftsideal, das unter Napoleon III. in den Rang einer Staatsideologie gehoben wurde, ist nun radikal in die Praxis umgesetzt geworden. NB: *Paris au XXe siècle* bezieht sich auf die Ära von Napoleon V. Der Fortschritt geht einzig von *einem* Monopolbetrieb aus, der auch die "Société Générale de Crédit instructionnel", eine allumfassende Bildungseinrichtung, bestimmt. Das Monopol hat den Gipfel der Perfektion erreicht, mit ihm geht nun ein ins Unendliche getriebener Prozess der Ausdifferenzierung einher: Das Resultat ist die konsequente Arbeitsteilung in der industriellen Produktion. Die "Société Générale de Crédit instructionnel" treibt dieselbe Ausdifferenzierung in den Wissenschaften voran. Und für das Jahr 1963 erhält die Rhetorik einen KW-Vermerk. Die klassische Philologie muss den modernen Fremdsprachen weichen:

Les langues vivantes, sauf le français, étaient très en faveur; on leur accordait une considération spéciale; un philologue passionné aurait pu apprendre là les deux mille langues et les quatre milles idiomes dans le monde entier (PAVS 30).

Es ist der Triumph einer kulturfeindlich gestimmten angewandten Sprachwissenschaft. Denn was nunmehr mit der klassischen Bildung verloren geht, ist die Fähigkeit zur Kommunikation. Bezeichnend ist auch das Desinteresse an der französischen Philologie, was dem Verlust eines nationalsprachlichen Kanons gleichkommt: "Si personne ne lisait plus, du moins tout le monde savait lire, écrire, même [...]" (PAVS 28). Doch gerade mit dem Niedergang der "classes de rhétorique" ist auch die Möglichkeit auf immer verloren, das Bildungsgut zu synthetisieren. Und die Grundlage für eine solche Synthese schafft der Kanon, der nicht nur die Künste und Geisteswissenschaften umfasst: Das Zusammenwirken von Geistes- und Naturwissenschaften in einem allumfassenden Kanon betrachtet Verne als Konstituens dessen, was man als 'humanistische' oder gar 'anthropologische' Totalität bezeichnen könnte – 'humanistisch' bzw. 'anthropologisch' (im etymologischen Sinne des Wortes) deshalb, weil sie die einzige Möglichkeit ist, den Menschen ins Zentrum des Geschehens zu rücken. Doch das 20. Jahrhundert führt auch das Projekt einer *Encyclopédie* oder eines *Dictionnaire* ad absurdum:

> On se dissipe, on se débauche! Un dictionnaire de 1960, s'il veut contenir tous les termes en usage, est le double d'un dictionnaire de 1800! Je te laisse à penser ce qu'on y trouve! (PAVS 99).

Das Lamento über das Anwachsen des Vokabulars ist von der nostalgischen Erinnerung an die Sprachpflege des 17. Jahrhunderts geprägt, als ein Vaugelas daran ging, die französische Sprache nach den Kriterien der *clarté* und der *pureté* in ein allgemeinverbindliches Regelwerk zu fassen:

> [...] la belle langue française [...], cet elegant idiome qui faillit devenir grec ou latin au quinzième siècle, italien avec Cahterine de Médicis et gascon sous Henri IV, est maintenant un horrible argot. Chacun oubliant qu'une langue vaut mieux aisée que riche, a créé son mot pour nommer la chose (PAVS 98f).

Die *Académie* jedenfalls hat 1960 ihre Bedeutung als Institution verloren, die über die Sprache wacht, denn ihr gehören ja keine "bons auteurs" mehr an.

An die Stelle der elaborierten klassischen Rhetorik tritt eine regelrechte 'Maschinenrhetorik'. Die beim Festakt des "Crédit instructionnel" gespielte Musik erscheint als eine die gegensätzlichsten Rhythmen aufgreifende "cacophonie réglémentaire", die das Publikum nicht mehr zu schockieren vermag; und die Festrede vergleicht Verne mit der Geräuschentwicklung einer Dampfmaschine:

> Ce discours furibond rappelait à s'y méprendre les sifflements, les frottements, les gémissements, les mille bruits désagréables qui s'échappent d'une machine à vapeur en activité; le débit pressé de l'orateur ressemblait à un volant lancé à toute vitesse; il eût été impossible d'enrayer cette éloquence à haute pression, et les phrases grinçantes s'engrenaient comme des roues dentées, les une dans les autres. Pour compléter l'illusion, le Directeur suait sang et eau, et un nuage de vapeur l'enveloppait de la tête aux pieds (PAVS 32).

Was aus der Sicht des 19. Jahrhunderts noch als fortschrittliche Vision gegolten hat, präsentiert der Redner als eine vollendete Errungenschaft. Bezogen auf die anderen Romane Vernes, kann man nun sagen: Das 20. Jahrhundert ist das Jahrhundert des vervollständigten Inventars – und dessen Negation. Für die Zukunft gibt es daher nur noch wenige Aufgaben:

> Cependant, l'orateur continuait de plus belle; il se lança à corps perdu dans l'éloge du présent au détriment du passé; il entonna la litanie des découvertes modernes; il donna même à entendre que, sous ce rapport, l'avenir aurait peu à

faire; il parla avec un mépris bienveillant du petit Paris de 1860 et de la petite France du dix-neuvième siècle; il énuméra à grand renfort d'épithètes les bienfaits de son temps, les communications rapides entre les divers points de la Capitale, les locomotives sillonnant le bitume des boulevards, la force motrice envoyée à domicile, l'acide carbonique détrônant la vapeur d'eau, et enfin l'Océan, l'Océan lui-même baignant de ses flots les rivages de Grenelle; il fut sublime, lyrique, dithyrambique, en somme, parfaitement insupportable et injuste, oubliant que les merveilles du vingtième siècle germaient déjà dans les projets du dix-neuvième (PAVS 32f).

Die ausschließlich vergangenheitsbezogene Rede verzichtet allerdings auf jedes Moment des Eingedenkens und lässt auch die epochale Zäsur der Französischen Revolution hinter sich, was Verne ironisiert, indem er auf das Fest zum ersten Jahrestag der *Prise de la Bastille* anspielt: "Des applaudissements frénétiques éclatèrent à cette même place, où, cent soixante-dix ans plus tôt, les bravos accueillaient la fête de la fédération" (PAVS 33). Das (revolutionäre) Fest ist zum schalen Festakt depraviert.

Der Festakt wird begleitet von "diverses musiques", die zu einem dissonanten Lärm vereint erschallen – "avec un fracas dans tous les tons et sur les rythmes les plus inconciliables" (pavs 31). Die Musik passt sich dem neuen Zeitalter an. Und derjenige, der in der Musikgeschichte für das Entstehen einer auf Melodie und Harmonie verzichtenden Musik verantwortlich gemacht wird, heißt Richard Wagner:

> [...] au siècle dernier, un certain Richard Wagner, une sorte de messie qu'on n'a pas assez crucifié, fonda la musique de l'avenir, et nous la subissons; de son temps, on supprimait déjà la mélodie, il jugea convenable de mettre également l'harmonie à la porte, et la maison est restée vide (PAVS 84).

Wagner – das von Napolon III geschätzte Musikgenie! – sei derjenige Komponist gewesen, der definitiv die Musik in Lärm verwandelt habe:

> Voici Gounod, le splendide compositeur du *Faust* qui mourut quelque temps après s'être fait prêtre dans L'Eglise Wagnérienne. Voici l'homme du bruit harmonique, le héros du fracas musical, qui fit de la grosse mélodie comme on faisait alors la grosse littérature, Verdi, l'auteur de l'inépuisable *Trovatore*, qui contribua singulièrement pour sa part à égarer le goût du siècle. Enfin Wagnerbe vint... (PAVS 89).

Parodistisch wird hier der Aufruf "Enfin Malherbe vint!", mit dem Boileau den Verfasser des *Commentaire sur Desportes* zum Wegbereiter einer gereinigten französischen Sprache erhoben hat, gegen Wagner gewendet, der nunmehr in der Musik das Gegenteil bewirkt habe, nämlich die völlige Auflösung. Als Vertreter der neuen Musik wird Félicien David genannt, Saint-Simonist und Komponist der saint-simonistischen Programm-Symphonie *Le Désert*. (vgl. Hagan: 1985, 67-86). Aber auch die Lyrik, sofern sie überhaupt noch existiert, ist ganz in dem neuen technischen Zeitalter aufgegangen: Sie repräsentiert nur noch eine Apologie der industriellen Produktion; besungen wird etwa die Kraft einer Lokomotive – eine Anspielung auf den Dichter Maxime Ducamp und seine *Chants modernes*? Die Gespräche, welche die Freunde in *Paris au XXe siècle* führen, greifen zum Teil die Themen der Kunstgespräche in Gustave Flauberts *Éducation sentimentale* über die *poésie utile* (Flaubert: 1972, 61ff) oder die Ästhetik der Lokomotive auf (vgl. Baroli: 1963; Hoeges: 1985a). Die gänzlich von Naturwissenschaft und Technik durchdrungene Gesellschaft des 20. Jahrhunderts kennt folglich auch nicht mehr den *Chronotopos des Inventars*. Die Zeiterfahrung der Dauer ist unmöglich geworden durch die Atomisierung der Bewegungsabläufe.

Dies alles bleibt nicht ohne Auswirkungen auf das Individuum, das entweder zu einer rein funktionalen Größe schrumpft, indem es nur noch die Tätigkeit eines *fonctionnaire* ausübt, oder das sich in einem analytischen Wissenschaftsbetrieb in den Details verliert und auf ein partielles Forschungsgebiet verwiesen wird. In beiden Fällen ist menschliches Handeln nicht mehr eine auf ein Telos hin ausgerichtete *poiesis* – die Voraussetzung für einen jeden Fortschritt. Der Gegenpol, den die analytische Wissenschaft zum *Chronotopos des Inventars* schafft, lässt sich am besten mit dem eleatischen Paradox erklären: Wird eine verräumlicht gedachte Bewegung *ad infinitum* in ihre einzelnen Phasen zerlegt, so erfährt sie ihre Negation. Ähnlich dem Pfeil des Zenon, der immer am Ausgangspunkt verharrt, ist in der neo-positivistischen Gesellschaft der Fortschritt zum Stillstand verdammt; er wirft nur noch indifferente Posten ab, die im "Grand Livre" aufgelistet und ad acta gelegt werden. Auch kennen die 'eleatischen' Menschen keine Entwicklung ihrer Persönlichkeit mehr. Das Wort "utile" ist hier negativ besetzt, weil es sich auf die reine Erfüllung einer Funktion innerhalb einer sinnlos gewordenen Arbeitsteilung bezieht; in Les *500 Millions de la Bégum* dagegen kommt es zu einer Apologie der "utilité" – gemeint ist dort das Sich-Einbringen zugunsten des Gemeinwohls.

Die völlig durchtechnisierte und arbeitsteilig organisierte Welt kennt nur noch reduzierte Subjekte – "isoliert abstrakte Atome, die nicht mehr unmittelbar-organisch, durch ihre Arbeitsleistungen zusammengehören". Sie sind praktisch auf immer an ihren Tätigkeitsbereich gebunden; es gibt keine soziale Mobilität (vgl. z.B. PAVS 137). Damit geht auch jegliche Möglichkeit der politischen Einflussnahme verloren; folglich hat man im Frankreich des 20. Jahrhunderts auch an den Theatern die Zensur abschaffen können (PAVS 139), zumal die Schauspielhäuser ohnehin zu den Orten einer fein säuberlich in Sparten aufgeteilten Produktion geworden sind (PAVS 142f), welche die Zeichen moderner Unterhaltungsindustrie tragen (PAVS 141).
Verne schildert in dem positivistisch gesinnten Onkel des Protagonisten einen typischen Vertreter des neuen Zeitalters:

> M. Stanislas Boutardin était le produit naturel de ce siècle d'industrie; il avait poussé dans une serre chaude, et non grandi en pleine nature; homme pratique avant tout, il ne faisait rien que d'utile, tournant ses moindres idées vers l'utile, avec un désir immodéré d'être utile; qui dérivait en un égoïsme véritablement idéal; joignant l'utile au désagréable, comme eût dit Horace; sa vanité perçait

> dans ses paroles, plus encore dans ces gestes; et il n'eût pas permis à son ombre de le précéder; il s'exprimait par grammes et par centimètres, et portait en tout temps une canne métrique, ce qui donnait une grande connaissance des choses de ce monde; il méprisait royalement les arts, et surtout les artistes, pour donner à croire qu'il les connaissait [...] Cet homme élevé dans la mécanique, expliquait la vie par les engrenages ou les transmissions; il se mouvait régulièrement avec le moins de frottement possible, comme un piston dans un cylindre parfaitement alésé; il transmettait son mouvement uniforme à sa femme, à son fils, à ses employés, à ses domestiques, véritables machines-outils, dont lui, le grand moteur, tirait le meilleur profit du monde. Vilaine nature, en somme, incapable d'un bon mouvement, ni d'un mauvais, d'ailleurs; il n'était ni bien ni mal, insignifiant, souvent mal graissé, criard, horriblement commun (PAVS 46f).

Diese Passage ist eine Generalabrechnung Vernes mit jeder auf den ideologischen Prämissen von Nützlichkeit und ungehemmtem Fortschritt aufbauenden Vorstellung von Zivilisation – wobei er durch die Kritik an einem falschen Fortschritt *mutatis mutandis* den Gedanken an einen 'echten' Fortschritt wieder ins Recht setzt (so am Beispiel von *France-Ville*), der sich indes als eine weise Form des Bewahrens und Umsetzens von Tradition erweist.

Die Apologie des Nützlichen, welche der Kunst keine Freiräume mehr zugestehen will, geht vor allem auf die Lehre Saint-Simons und seiner Anhänger zurück, gegen die schon Théophile Gautier in seiner *Préface de Mademoiselle de Maupin* heftig polemisierte; dort heißt es etwa: "et je ne vois pas en quoi une ville organisée utilitairement serait plus agréable à habiter que le Père-la-Chaise" (Gautier: 2002, 230).[23] Verne zeichnet hier das Bild eines Menschen, der – die Anspielung auf Rousseaus "retour à la nature" als Gegenbild ist hier evident – erst gar nicht mit der Natur in Berührung gekommen ist, sondern ein reines Treibhausprodukt darstellt. Ein solcher Mensch verfügt über keinen eigenen Charakter – er ist weder gut noch schlecht. Und gekonnt überträgt Verne die Lebensäußerungen dieses Menschen in den Mechanismus einer Maschine.

Diese Reduktion des Menschen auf ein funktionales Element in einer von einem radikalen Positivismus bestimmten Gesellschaft führt zur Herausbildung dessen, was bei Herbert Marcuse der *Eindimensionale Mensch* heißt. Und an Vernes Zukunftsvision eines nach den Prämissen eines radikalen Positivismus umgestalteten Paris im 20. Jahrhundert kann ohne weiteres Marcuses rückblickende Zusammenschau der positivistischen Ideologie herangetragen werden:

---

[23] Und an anderer Stelle schreibt Gautier: "En général, dès qu'une chose devient utile, elle cesse d'être belle. – Elle rentre dans la vie positive, de poésie, elle devient prose, de libre, esclave. – Tout l'art est là. – L'art, c'est la liberté, le luxe, l'efflorescence, c'est l'épanouissement de l'âme dans l'oisiveté" (Gautier: 1970, 82f). Gautier vertritt gegen die *poésie utilitaire* einen handwerklichen Kunstbegriff: "[...] l'art c'est la beauté, l'invention perpétuelle du détail, le choix des mots, le soin exquis de l'exécution; le mot poète veut dire littéralement *faiseur*; tout ce qui n'est pas bien fait n'existe pas" (Gautier: 1841, 121; vgl. Crouzet: 1972; Ch. Krauß: 1980).

Seit seiner ersten Anwendung, wahrscheinlich in der Schule von Saint-Simon, hat der Begriff "Positivismus" eingeschlossen: 1. die Bestätigung des erkennenden Denkens durch Erfahrung von Tatsachen; 2. die Orientierung des erkennenden an den Naturwissenschaften als dem Modell für Sicherheit und Exaktheit; 3. der Glaube, daß der Fortschritt der Erkenntnis von dieser Orientierung abhängt. Demgemäß ist der Positivismus ein Kampf gegen alle Metaphysiken, Transzendentalismen und Idealismen als obskurantistischen und regressiven Denkweisen. In dem Maße, wie die gegebene Wirklichkeit wissenschaftlich begriffen und transformiert wird, in dem Maße, wie die Gesellschaft industriell und technologisch wird, findet der Positivismus in der Gesellschaft das Medium zur Verwirklichung (und Bestätigung) seiner Begriffe – Harmonie zwischen Theorie und Praxis, Wahrheit und Tatsachen. Philosophisches Denken geht in affirmatives Denken über: die philosophische Kritik kritisiert *innerhalb* der Gesellschaft und brandmarkt nicht-positive Begriffe als bloße Spekulation, Träume oder Phantasien (Marcuse: 1980, 186).

Der von Verne geschilderte Mensch des 20. Jahrhunderts erscheint als die pervertierte Form der mit der Aufklärung und der Französischen Revolution verknüpften Fortschrittsidee. Gegen den nunmehr allseits herrschenden (Neo-)Positivismus regen sich die Stimmen für eine Rückbesinnung auf die Aufklärung und der in ihr noch fortwirkenden metaphysischen bzw. 'transzendentalistischen' Gedanken:

> Jean-Jacques Rousseau qui a dit les plus belles choses sur l'Évangile, comme Robespierre a écrit les plus remarquables pensées sur l'immortalité de l'âme! un véritable général de la république, en sabots, sans épaulettes et sans habits brodés! il n'a pas moins remporté de fières victoires! Tiens! près de lui, vois Beaumarchais, un tirailleur d'avant-garde! il a engagé fort à propos cette grande bataille de 89 que la civilisation a gagné sur la barbarie! Malheureusement on a un peu abusé depuis, et ce diable de progrès nous a conduits où nous sommes. – On finira peut-être par faire une révolution contre lui [...] (PAVS 100).

Der einzige Ausweg aus der hier geschilderten Situation ist eine Revolution gegen den Fortschritt. Der Sündenfall der Zivilisation nach der Französischen Revolution habe darin bestanden, dass sie mit ihren eigenen Errungenschaften Missbrauch getrieben habe. Verne artikuliert hier die Revision des Fortschrittsgedankens, die das ausgehende 19. Jahrhundert bestimmen wird. *Progrès* meint im Paris des 20. Jahrhunderts definitiv nicht mehr eine fortschreitende Entwicklung des Menschengeschlechts zur *perfection*, sondern einzig und allein Fortschritt in den technologischen Entwicklungen. Und Quinsonnas, der von "étonner son siècle" spricht, setzt auf den großen Schock; sein Wunsch hat etwas von dem Wunsch nach einer 'apokalyptischen' Zäsur an sich, jener Zäsur, welche die Revolution gegen den Fortschritt einleiten möge, eine Revolution, die nur durch seine Musik erfolgen könne.

Die beiden letzten Kapitel in *Paris au XXe siècle* evozieren ein apokalyptisches Szenario. Über Paris hat sich eine Rekordkälte gelegt, und der arbeitslos gewordene Michel irrt schutzlos durch die Straßen, auf der Suche nach seiner ebenfalls der Verelendung ausgelieferten geliebten Lucy. Sein letztes Geld hat er für einen traurigen Blumenstrauß ausgegeben. Auf seinem Gang durch die nächtliche Stadt gerät ihm die Elektrizität zum Alptraum. In ihr offenbart sich ihm die ganze Widersprüchlichkeit des technischen Fortschritts. Die Elektrizität ist es zwar, die dafür sorgt, dass Ertrunkene reanimiert werden können:

> Il se trouvait à l'entrée de la morgue, ouverte jour et nuit aux vivants comme aux morts; il y entra machinalement comme s'il eût cherché là des êtres qui lui fussent chers; il considéra les cadavres rigides, verdâtres boursouflés, étendus sur les tables de marbre; il vit dans un coin l'appareil électrique destiné à rappeler à la vie les noyés auxquels restaient quelques sentiments d'existence (PAVS 162).

Doch die Leichenhalle ist ein öffentlicher Raum. Mit dem Zur-Schau-Stellen der Toten ist auch noch das letzte Residuum des Privaten zerstört. Selbst der allerindividuellste Moment, das Sterben, wird zu einer öffentlichen Angelegenheit: Die Geräte zur Reanimation stehen offen da. Dies bedeutet, dass das Ringen um ein Leben den Augen aller preisgegeben ist. Die Elektrizität erscheint hier zwar noch als eine lebensrettende Kraft, doch sie ist zugleich auch diejenige Kraft, welche die Umwelt völlig entmenschlicht. Ihre Energie taucht die Nacht in ein gleißendes Licht. Für Michel, der kein Zuhause mehr hat, wird durch Straßenlaternen und Leuchtreklame die Nacht als letztes Residuum von Intimität zerstört: "Les candélabres s'y renvoyaient leurs faisceaux d'une blancheur intense, et des affiches transparentes sur lesquelles l'électricité écrivait des réclames en lettres de feu, scintillaient sur les colonnes rostrales" (PAVS 163). Die Reklame schreibt Lettern aus Feuer und wirkt auf Michel wie ein Menetekel (*Dan.* 5,1-6,1). Die Medizin scheint sich ausschließlich auf die elektrische Energie zu verlassen, auf die Kraft der Batterie, die den göttlichen Odem ersetzt. Doch mit der Elektrizität wird auch Leben vernichtet; sie wird zum Surrogat göttlicher Strafe. Rein zufällig wird Michel Zeuge einer mit Strom durchgeführten Exekution: "On ne coupait plus la tête. On foudroyait avec une décharge. Cela singeait mieux la vengeance céleste" (PAVS 164). Die Wissenschaft hat der Natur das letzte Geheimnis entrissen: Die Kohle wird zum Stein der Weisen, denn Kohlenstoff ist in allen Substanzen der Natur enthalten. Die neueste Errungenschaft der Chemie ist ein künstlich hergestelltes, billiges Brot, das die Armen daran hindert, zu sterben:

> La science avait singulièrement et minutieusement analysé le charbon de terre, qui paraît être véritable pierre philosophale; il renferme le diamant, la lumière, la chaleur, l'huile et mille autres éléments, car leurs combinaisons diverses ont donné sept cents substances organiques. Mais il contient aussi en grande quantité l'hydrogène et le carbone, ces deux éléments nutritifs du blé, sans parler des essences qui donnent le goût et le parfum aux fruits les plus savoureux. Avec cet hydrogène et ce carbon, un certain docteur Frankland fit du pain, et ce pain, on le donnait à deux centimes la livre. On l'avouera, il fallait être bien dégoûté pour mourir de faim; la science ne le permettait pas (PAVS 156).

Michels Odyssee durch das winterliche Paris endet auf dem Friedhof *Père-Lachaise*, wo er auf die Ikonen der Melancholie trifft: "Pradier dont la Mélancholie de marbre tombait en poussière" (PAVS 166) oder "Alfred de Musset, mutilé sur sa stèle funéraire" (PAVS 167).

In seiner Melancholie sehnt sich Michel nach der apokalyptischen Vernichtung der Stadt Paris, die durch das gigantische Projekt – nomen est omen – "Léviathan" zum Seehafen geworden ist. Nur noch ein biblischer Weltuntergang mit vom Himmel stürzendem Feuer könnte den ganzen Alptraum *Paris au XXe siècle* beenden. Doch das zur Anti-Utopie geronnene Paris zeigt sich in seiner ganzen Standhaftigkeit, denn die Wissenschaft hat auch die Apokalypse besiegt; die Welt wird am Untergehen gehindert:

> Au-dessous Paris et ces cent mille maisons entassées, entre lesquelles surgissaient les cheminées empanachées de dix mille usines. Plus au-dessous, le bas cimetière; de là, certains groupes de tombes apparaissent comme de petites villes, avec leurs rues, leurs places, leurs maisons, et leurs enseignes, leurs églises, leurs cathédrales, faites d'un tombeau plus vaniteux. Enfin, au-dessus, les ballons armés de paratonnerres, qui ôtaient à la foudre tout prétexte de tomber sur les maisons non gardées, et arrachaient Paris tout entier à ses désastreuses colères. Michel eût voulu couper les cordes qui les retenaient captifs, et que la ville s'abîmât sous un déluge de feu! "Oh! Paris! s'écria-t-il avec un geste de colère désespéré! – Oh! Lucy, murmura-t-il, en tombant évanoui sur la neige" (PAVS 168).

Am Ende des Romans verkehrt sich das Nicht-enden-Sollen des Märchens in ein Nicht-enden-Wollen. Errungenschaften, die dazu dienen, die Menschen gegen die Gewalt der Natur zu schützen, schützen jetzt eine unerträglich gewordene Welt. Der Mensch hat sich selbst um die Apokalypse gebracht; mit dem Besiegen der Naturgewalten schwindet jede Hoffnung auf Erlösung.

5. Szenarien eines Neubeginns?

Ein ähnlich düsteres Bild von der Zukunft wie in Vernes *Paris au XXe siècle* hat Émile Souvestre bereits in seinem 1845-1846 zunächst als Feuilleton und dann als Buch erschienenen Roman *Le Monde tel qu'il sera* (1846) gezeichnet. Durch eine diabolische Macht ins dritte Jahrtausend versetzt, erlebt ein junges Paar eine völlig veränderte Welt, in der das Gebot des "Enrichissez-vous" und eine konsequente Arbeitsteilung herrschen. Der mittels modernster Technik erzielte Wohlstand hat eine neue, scheinbar ideale Gesellschaft geschaffen; doch diese *brave new world* erweist sich als zutiefst inhuman.

Die Arbeitsteilung ist im dritten Jahrtausend soweit gediehen, dass ganze Staaten sich auf die Produktion einer bestimmten Ware spezialisiert haben; lediglich das Budget begleitet noch einen universalen Rang; es garantiert das Inventar – und rückt damit an die Stelle der Metaphysik:

> La gande loi de la division de la main-d'œuvre avait été appliquée à la république elle-même. Chaque état formait une seule fabrique. Ainsi, il y avait un peuple pour les épingles, un autre pour le cirage anglais, un autre pour les moules de

boutons. [...] L'île du Budget, seule, réunissait toutes les variétés d'art et d'industrie; on y trouvait des spécimens de la civilisation entière, méthodiquement classés comme dans une trousse d'échantillons (Souvestre: 2002, 23).

Die "Église nationale" hat sich aus der Tradition der großen Religionen verabschiedet, weil diese sich nicht auf die "progrès des lumières" verstünden und stattdessen in einer toten Sprache predigten. Eine nationale Religion sollte sich nützlicheren Dingen zuwenden, wie etwa der Aufzucht von Seidenraupen (Souvestre: 2002, 304f). Am Ende des Romans *Le Monde Tel qu'il sera* sind die beiden Zeitreisenden völlig desillusioniert. Die Ideologie der Juli-Monarchie und die Industrialisierung triumphieren über das dritte Jahrtausend:

> Tous deux pleurent sur ce monde où l'homme était devenu l'esclave de la machine, l'intérêt le remplaçant de l'amour; où la civilisation avait appuyé le triomphe mystique du chrétien sur les trois passions qui conduisent l'homme aux abîmes; et tous deux s'endormirent dans ces tristes pensées (Souvestre: 2002, 311).

Da überfällt sie im Schlaf die prophetische Vision vom Herannahen himmlischer Heerscharen. Die verderbte Welt, die Zivilisation, soll vernichtet werden. Die Menschheit sieht der göttlichen Strafe entgegen – für ihre Hybris, sich an Stelle Gottes zum Herrn über die Natur aufschwingen zu wollen:

> Parce qu'ils ont enchaîné les eaux, emprisonné l'air et maîtrisé le feu, ils se sont dit: – Nous sommes les maîtres du monde, et nul n'a de compte à nous demander de nos pensées. Mais je les détromperai durement: car je briserai les chaînes des eaux, j'ouvrirai la prison de l'air, je rendrai au feu sa violence, et alors ces rois d'un jour reconnaîtront leur faiblesse (Souvestre: 2002, 312).

In der Traumvision lässt Gott diesen Worten Taten folgen: Die Engel des Zorns steigen vom Himmel herab und überziehen die Welt mit Verwüstung und Chaos. Schließlich erhebt sich aus dem apokalyptischen Szenario die Stimme der Hoffnung:

> Paix aux hommes de bonne volonté. C'est pour eux que l'humanité renaîtra et que le monde sortira des ses ruines (Souvestre: 2002, 312).

In der um 1880 verfassten Erzählung *Fragment d'Histoire future* des Soziologen Gabriel Tarde hat die Zivilisation im 25. Jahrhundert den Höhepunkt ihrer Entwicklung erreicht. Durch den technischen Fortschritt ist es gelungen, so etwas wie eine Utopie zu verwirklichen: Selbst die gefährlichsten Krankheiten konnten ausgerottet werden. Und die unterschiedlichen Gesellschaften haben sich zu einer einzigen großen Föderation zusammengeschlossen, in der nur eine Sprache gesprochen wird: Altgriechisch. Die Muse der Poesie ist nunmehr die Hauptbeschäftigung der durch den Einsatz von Maschinen – "des machines perfectionnées aussi simples qu'ingénieuses" (Tarde: 1998, 46) – von aller mühsamen Arbeit befreiten Menschen. Die Welt wird fast ausschließlich von einer makellosen Rasse bewohnt. Doch da beginnt die Sonne an Kraft zu verlieren; im Jahr 2489 beschleunigt sich dieser Prozess und führt zu einer großen Katastrophe, die einem Großteil der Menschheit das Leben kostet. Die Erde verwandelt sich in eine Eiswüste. Die letzten Überlebenden scharen sich um einen weisen Führer, der sich mit ihnen ins Erdinnere zurückzieht. Dort gründen sie eine neue, ideale Gesellschaft. Die Höhlenbewohner verwirklichen den Traum des 19. Jahrhunderts, jenen Traum, der im Bau der Passagen seinen Ausdruck fand: der Traum eines von den Unbilden des Klimas, ja von den Launen der Natur überhaupt befreiten Lebens.[24] Die Welt ist ein einziges großes Intérieur geworden. Stollen führen an die erkaltete Erdoberfläche, wo sich in tief gefrorener Form genügend organische Nahrungsmittel befinden. Das Zentrum dieser Zivilisation bildet indes eine gigantische Bibliothek – die 'Bilanz' oder das 'Inventar' aller wissenschaftlichen Erkenntnis:

> Admirons à quel point les sciences, jadis éminemment utiles et inductives, léguées par le passé, on eu le don de passionner et d'agiter pour la première fois le grand public, depuis qu'elles ont acquis ce double caractère d'être un objet de luxe et une matière à déduction. Le passé a accumulé de tels entassements indigestes de tables astronomiques, de mémoires et de comptes rendus roulant sur des mesurages, des vivisections, des expérimentations innombrables, que l'esprit humain peut vivre sur ce fond jusqu'à la consommation des siècles; il était temps qu'il se mît enfin à mettre en ordre, à mettre en œuvre ces matériaux. Or, l'avantage est grand, pour les sciences dont je parle, au point de vue de leurs succès, de s'appuyer uniquement sur des témoignages écrits, nullement sur les perceptions des sens, et d'invoquer à propos de toute l'autorité des livres (Car on dit la bibliothèque, transi qu'on disait autrefois la bible, il y a une immense différence évidemment). Ce grand et inappréciable avantage, c'est que l'extraordinaire richesse de la bibliothèque en documents des plus divers, ne laisse jamais à court un théoricien ingénieux [...] (Tarde: 1998, 116).

Wie konnte es zu einer solchen idealen Bibliothek kommen, welche die Erkenntnisse aller Wissenschaften totalisiert, so dass jegliche empirische Forschung überflüssig geworden ist – mithin die Vollendung der Bibliothek auf der *Nautilus*?

Die Gesellschaft der Höhlenbewohner hat sich in Folge der großen Katastrophe von 2489 gebildet: 700 Jahre nach der Französischen Revolution, mit der die Geschichte der modernen Zivilisation erst begonnen habe. Tarde greift hier die Tradition der christlichen Eschatologie auf. Einer langen Tradition biblischer Exegese zufolge, die sich auf die *Johannesapokalypse* stützt, soll die Welt 6000 Jahre dauern, gefolgt von den 1000 Jahren der Herrschaft Christi auf Erden. Auf diese Zeit der Glückseligkeit – das "Tausendjährige Reich",

---

24 In diesem Zusammenhang sei auch auf die von Montesquieu in den *Lettres persanes* (XI-XIV) entwickelte Parabel von den Höhlenbewohnern (Montesquieu: 1949, 129-373, 145-153) und Casanovas *Icosaméron* (Casanova: 1986) hingewiesen. Das Motiv der Reise ins Erdinnere führt das der Katabasis fort (vgl. Bertram: 1992, 76-88). Jules Verne hat seine Protagonisten nicht nur auf einen *Voyage au centre de la terre* geschickt, sondern in *Les Indes noires* eine ideale Gesellschaft unter Tag entworfen: Ein gelehrter Ingenieur regiert die an einem unterirdischen See gelegene Stadt *Coal-City*. Mit seiner Untertage-Utopie verbindet Verne eine Warnung davor, dass die fossilen Brennstoffe eines Tages einmal verbraucht sein könnten (Verne: 1997c, 25u. 34).

das *millennium* – werde das jüngste Gericht folgen und die Reinsten unter den Menschen ins Himmlische Jerusalem, Symbol der messianischen Ära, Einlass finden.

Tardes Erzählung reduziert die Heilsgeschichte auf die 700 Jahre seit dem Ausbruch der Französischen Revolution: Sein Millennium entspricht jenen Jahren vor dem Eintreten der großen Katastrophe, welche die Zivilisation vollendet und die perfekte menschliche Rasse hervorgebracht haben – "cette belle race humaine, robuste et si noble, formée par tant de siècles d'efforts et de génie, par une sélection si intelligente et si prolongée". Von dieser Rasse sind nach dem Erkalten des Erdballs nur noch wenige übrig geblieben, um die letzten Reste der Zivilisation in das Zeitalter der Höhlenbewohner hinüberzuretten – "il n'allait plus rester que quelques milliers, quelques centaines d'exemplaires hâves et tremblants, uniques dépositaires des derniers débris de ce qui fut la Civilisation" (Tarde: 1998, 61).

Tardes Höhlenbewohner haben die Geschichte der Zivilisation vollendet – und überwunden. Aus der Revolution heraus entstanden, hatte sie sich mit Schwindel erregender Geschwindigkeit entwickelt und sich dem Menschen mit seinen Bedürfnissen zu entfremden begonnen. Selbst die fast perfekte Utopie in den Jahren vor der großen Katastrophe konnte nicht darüber hinwegtäuschen: Die Zivilisation drohte an 'Überhitzung' zugrunde zu gehen. Allein das Erkalten der Sonne hinderte Kultur und Zivilisation daran, an sich selbst zu ersticken oder – um es in der Sprache der Thermodynamik auszudrücken – in die Entropie zu münden. In der Entwicklung der von Tarde geschilderten "ère du Salut" findet sich das 'justiziale' Moment der christlichen Apokalyptik wieder: Nur die Reinen werden das Bürgerrecht im neuen, Himmlischen Jerusalem erlangen. In *Fragment d'Histoire future*, ist dieser Ort der Erlösung und des Heils indes nicht himmlisch, sondern unterirdisch; genau genommen handelt es sich wohl eher um ein neues Athen, in dem die menschlichen Werte neu definiert werden:

> Mais, pour le théoricien, pour l'artiste, pour l'esthéticien dans tous les genres, produire est une passion, consommer n'est qu'un goût. Car tout artiste est doublé d'un dilettante; mais son dilettantisme, relatif aux arts autres que le sien, ne joue dans sa vie qu'un rôle secondaire comparé à son rôle spécial. L'artiste crée par le plaisir, et seul il crée de la sorte. On comprend donc la profondeur de la révolution vraiment sociale, celle-là est opérée depuis que, l'activité esthétique, à force de grandir, finissant un jour par l'emporter sur l'activité utilitaire, à la relation du producteur au consommateur s'est substitué désormais, comme élément prépondérant des rapports humains (Tarde: 1998, 93).

Unter "production" versteht Tarde eine ausschließlich ästhetische Praxis. In seinem neuen, unterirdischen Athen ist die Entfremdung überwunden. Künstler und ihre Bewunderer bestimmen dort das gesellschaftliche Leben. Der Bestand jeder Gesellschaft ist prekär, solange die menschliche Natur, das Menschlich-Allzumenschliche nicht überwunden ist, weshalb Tardes Höhlenbewohner ihr ganzes Streben darin setzen, die korrumpierende Natur durch das Artefakt zu ersetzen – "créer un monde clos où des lois humaines remplaceraient les lois de la nature" (Boia: 1999, 140).

In der 'anorganischen' Umwelt der Höhlenbewohner wird 'Natur' auf weitgehend mechanische Prinzipien reduziert. Alles für das Leben notwendige Wissen wird aus den Erkenntnissen der vorausgegangenen Jahrhunderte abgeleitet: Tardes utopische Post-Zivilisation hat die Wissenschaften und ihre Erkenntnisse für immer kanonisiert. Es gibt keinen Fortschritt mehr! Eine von den Imperativen der organischen Natur befreite Menschheit erhebt nun die Nacktheit zu einem Wert an sich! In der alten Welt – der unseren – wurde der Mensch nach den Kriterien des Marktes beurteilt. Entsprechend kam dem Äußeren, der Kleidung, eine besondere gesellschaftliche Funktion zu. Doch mit der Befreiung von der Natur hat sich der zum Angehörigen einer vollkommenen Rasse herangereifte Mensch auch aus dem unablässigen Kampf um eine soziale Position verabschieden können. Außer dem Menschen selbst, existiert organisches Material nur noch in Form von 'Tiefkühlprodukten'. Was der Mensch zum Überleben braucht, sammelt er auf der Erdoberfläche ein. Vom alltäglichen Kampf um seinen Lebensunterhalt befreit, kann der Mensch sich ganz auf die Einrichtung seines Interieurs konzentrieren – kurz: "un minimum de travail utilitaire, un maximum de travail esthétique".

In seiner Erzählung *Fragment d'Histoire future* schildert der Soziologe Tarde eine 'Zivilisation', die sich von ihren Aporien befreit hat: Mit der Abkehr vom Konkurrenzdenken sind auch zerstörerische Triebe im Menschen überwunden – und mit ihnen alle Fragen der Ethik. Diese haben einzig zur Aufgabe, die soziale Ordnung aufrechtzuerhalten – was Descartes mit seinem Postulat von einer "morale par provision" (Descartes: 1992, 141f) auf den Punkt gebracht hat. Die postapokalyptische Utopie Tardes ist zuallererst eine cartesianische Utopie: In ihr sind die Widersprüche aufgehoben, die das Denken des großen Philosophen antrieben – und die Aufhebung dieser Widersprüche bildete den impliziten utopischen Gehalt seines *Discours de la méthode*. Die durch die *Grande Bibliothèque* der unterirdischen Post-Zivilisation verkörperte Utopie kennt weder den Zweifel noch die Relativität einer "morale par provision".[25] Auch bei Descartes ist der Gedanke *in nuce* angelegt, dass

---

25 Mit dem Beginn der *Querelle des anciens et des modernes* wurde auch das cartesianische Credo einer "morale par provision" angezweifelt. 1671 kritisierte etwa Gabriel Guéret Prediger, die ihren Diskurs den unterschiedlichen Gesellschaftsschichten anpassten, von denen jede ihre eigene Moral habe – die Moral eines Bürgers oder Dorfbewohners (eigentlich zielte seine Kritik wohl auf *la cour et la ville*) –, und forderte von ihnen eine "éthique", d.h. ein in Übereinstimmung mit der christlichen Botschaft stehendes Auftreten (Guéret: 1671, 116). Angesichts eines *Grand Siècle*, das seinen Zenith überschritten hatte, richtete La Bruyère, ein Parteigänger der *anciens*, seinen nostalgischen Blick zurück auf Athen: "La nature se montrait en eux dans toute sa pureté et sa dignité, et n'était point encore souillé par la vanité, par le luxe et la sotte ambition". "Natur" meint hier die Natur des Menschen als *zoon politicon*, als ethisches Wesen, nicht dagegen die Regionen einer vegetativen Natur, in der die Triebe, das korrumpierende Fleisch herrschen, sondern eine – ästhetische Natur – 'zweiten Grades', die Natur des in der polis lebenden – zivilisierten – Menschen.. Nur in der *polis* sei der Mensch wirklich Mensch gewesen: "Il est vrai, Athènes était libre, c'était le

eine "morale par provision" in einer einzigen Moral (oder Ethik) aufgehen könnte – vorausgesetzt, dass die Menschheit eine homogene Gesellschaft herausbildet, die ausschließlich den Gesetzen der *raison* gehorcht. Im siebten und letzten Teil seines *Discours de la Méthode* zählt Descartes die Desiderata der Wissenschaft auf – "choses requises pour aller plus en avant de la recherche de la nature". Sein Projekt zielt auf das Beherrschen der Elemente – "la force et les actions du feu, de l'eau, de l'air, des astres, des cieux et de tous les autres corps qui nous environnent" –, damit der Mensch dereinst Herr über die Natur werden möge – "pour nous rendre comme maîtres et possesseurs de la nature" (Descartes: 1992, 167f; vgl. Welsch: 1995, 137). Dieses Projekt haben Tardes Höhlenbewohner erfüllt. Ohne experimentelle Wissenschaften gibt es keine Irrtümer mehr – alles kann aus dem in der Bibliothek gespeicherten Wissen deduziert werden: In dieser Hinsicht vollendet sie den *Discours de la Méthode*; sie ist dessen 'siebter Teil'.

Für H.G. Wells ist Tarde durch und durch Cartesianer – selbst in den phantastischsten Passagen seiner Erzählung: "Il est intéressant de noter la clarté, la rationalité toute française et l'ordre auquel, d'un bout à l'autre obéissent ces conceptions" –, weshalb der Altmeister der SF-Literatur bei dem Franzosen eine sowohl luzide als auch begrenzte Vorstellung von der Menschheit erkennt – "les termes d'une humanité à la fois plus lucide et plus limitée que celle à laquelle nous avons affaire, nous autres Anglais" (Wells: 1998, 137). Und dennoch bedurfte es erst einer kosmischen Katastrophe, um die cartesianische Utopie zu verwirklichen. Eine zukünftige Menschheit, die allein von der Vernunft bestimmt ist, gehört zu den Topoi optimistischer SF-Literatur (vgl. Boia: 1999, 152); indes überwiegen um 1900 die pessimistischen Szenarien.

Fragment d'Histoire future dokumentiert die zur Jahrhundertwende allgegenwärtige Endzeitstimmung – "where all the elements of the apocalyptic paradigm clearly co-exist " (Kermode: 1967, 11). Dieses "apokalyptische Paradigma" erfüllt für Kermode folgende Funktion: "The Terror and Decadence are two of the recurring elements in the apocalyptic pattern; decadence is usually associated with the hope of renovation" (Kermode: 1967, 9; vgl. Drost: 1986). Als ein Produkt dieser *Fin-de-siècle*-Stimmung kann die neue literarische Gattung der *Science fiction* gelten:

> Une bonne partie de la science-fiction contemporaine est de nature apocalyptique. Le temps des utopies heureuses, caractéristiques du XIXe siècle, nourries par un optimisme scientiste (Jules Verne en est le plus célèbre représentant) semble terminé. Or, ce genre littéraire de la science-fiction ne vaut pas seulement comme témoignage, il a aussi valeur d'avertissement. Il est plus d'une fois arrivé que des

---

centre d'une république, ses citoyens étaient égaux, ils ne rougissaient point l'un de l'autre. [...] ils passaient une partie de leur vie dans les places, dans les temples, aux amphithéâtres, sur un port, sous des portiques, et au milieu d'une ville dont ils étaient les maîtres" (La Bruyère: 1951, 12 u. 13f). Auf die cartesianische Utopie der Vernunft hat Wolfgang Welsch hingewiesen (Welsch: 1995, 38).

ouvrages de ce type aient anticipé l'événement, à l'insu même de leurs auteurs (Godin: 2003, 39).

Viele der SF-Romane des 19. Jahrhunderts sind von einem tief greifenden *anthropologischen Skeptizismus* geprägt: Die Natur des Menschen führe das Böse herbei – und doch liege es auch in der Hand des Menschen, das Böse zu überwinden, sich über die Gewalt der Natur und die Schicksalsmacht der *ananke* zu erheben. Die Gattung – zunächst *le merveilleux scientifique* (Rosny Aîné: 1912, III) oder auch *wissenschaftliches Märchen* (Lasswitz: 1909, 441) genannt – ist eine dezidierte Antwort auf die Krise der industriellen Moderne: "the proliferation of science fiction is a response to abruptly changing social conditions" (Ketterer: 1974, 24). Das Werk Vernes ist indes – anders als es sich bei Godin und auch bei Bloch darstellt – keineswegs von einem blinden szientifischen Optimismus geprägt. Die Krise sollte innerhalb des Genres auf recht unterschiedliche Weise ihren Niederschlag finden. So zeugten einige der früheren, sich zum Fortschritt skeptisch positionierende SF-Autoren wie etwa Verne in Frankreich oder Kurt Laßwitz in Deutschland durchaus von einer gewissen "Ungeduld" hinsichtlich der Umsetzung des technisch Möglichen: "Ist bisweilen Zukunft des menschlichen Könnens, vorgegeben und dargestellt, als wäre sie schon jetzt" (Bloch V: 1985, 734).

Wo die Vorläufer der SF in die Zukunft blicken, steht – wie später in der sich als eigenständige Gattung etablierenden SF – meist das literarische Spiel mit der Krise im Vordergrund, die nun in der Fiktion eine angstbesetzte Steigerung erfährt. Der apokalyptische "Thrill", kosmischer oder von Menschenhand geschaffener Katastrophen, "Finis mundi als Phantom, das in den Köpfen der Menschen spukt" (Lem: 1984, 7), ist für Stanislaw Lem, der zu den führenden Vertretern der Gattung SF der zweiten Hälfte des 20. Jahrhunderts zählt, eines der zentralen Elemente der SF-Literatur. Das Spiel mit dem Untergang der Welt, dem sich die letzten Überlebenden der Spezies Mensch zu stellen haben, greift direkt auf ein Motiv der Romantik zurück, das Mary W. Shelley paradigmatisch vorgegeben hat: *The Last Man* – der letzte Überlebende, der durch die verbliebenen Zeugnisse der Zivilisation irrt. An Shelly erinnert auch der Schluss von Jules Vernes *Paris au XXe siècle*.[26]

---

26 Die Menschheit geht in *The Last Man* an einer Pestepidemie zugrunde; einzig bleibt die elegische Rückschau auf die Kultur: Der letzte überlebende Mensch nimmt seinen Shakespeare und seinen Homer mit auf die Reise; und an jedem Hafen kann dieser letzte Odysseus, für den es kein Ithaka mehr gibt, ungehindert eine Bibliothek ansteuern (Shelley: 1998, 469f). Shelleys romantisches Unbehagen an der Schwelle zur Moderne sieht den Menschen als Kulturmenschen an seinem Zenith angelangt, an dem die elegische Schau nur noch rückwärts auf das von Menschenhand Geschaffene gerichtet werden kann. Auch hier ist es nicht mehr der Mensch einer Aufklärung, die an den Fortschritt der *species* glaubt. Shelleys *Last man* verfügt über kein schöpferisches Potential mehr; er ist formuliert eine Absage an den gesellschaftlichen Menschen. Oder um es mit den Worten eines Literaturhistorikers zu formulieren. Der apokalyptische Topos vom letzten Menschen hat im Umkreis der Romantik seinen auch für die SF-Literatur verbindliche Gestalt erhalten. Paradigmatisch ist hierfür das von Charles Nodier 1811 rekonstruierte und postum heraus-

Der von "Ungeduld" geprägten Gattung SF bzw. ihren Vorläufern ist meist ein utopisches Moment eingeschrieben, das selbst an den anti-utopischen oder dystopischen Visionen noch aufscheint – und sei dieses Moment auf die Hoffnung reduziert, eine der vielen vorhergesagten Katastrophen möge eintreten und auf diese Weise eine 'Erlösung' vom Druck negativer Prognosen herbeiführen. Indes perpetuieren die meisten dieser Visionen selbst in der Negation noch den Glauben an eine "logique rationaliste", der den "roman d'anticipation scientifique (type Jules Verne)" (Virilio: 2002, 91) bestimmt. Dem Rationalismus treu, auf den sie zurückgehen, implizieren sie immerfort die Möglichkeit eines vollkommenen Menschen – unter vollkommenen Voraussetzungen. Und diese scheinen in Tardes *Fragment d'Histoire future* gegeben.

Ein düsteres Bild von der Zukunft der Menschheit zeichnet dagegen 1910 die darwinistisch geprägte Erzählung *La Mort de la Terre* von J.H. Rosny Aîné (vgl. Boia: 1999, 178f). Die letzten Vertreter der menschlichen Rasse leben auf Oasen inmitten eines Wüstenplaneten. Menschlichem Erfindergeist ist es gelungen, die Mikroben zu vernichten – doch mit der Vernichtung schädlicher Keime sind auch jene verschwunden, die das Immunsystem stärken (Rosny Aîné: 1999, 126). Schließlich zeigt sich der Mensch ohnmächtig gegenüber der letzten großen Bedrohung: Der 'anorganische Organismus' der "ferromagnétaux" überzieht die Erde und rafft definitiv alles Leben dahin. Der Mensch ist dieser letzten großen Herausforderung nicht gewachsen, und die letzten Überlebenden können nur noch ihrem Tod ins Auge sehen, der den Tod der menschlichen Rasse bedeutet... Die Botschaft dieser pessimistischen Weltsicht lässt sich auf eine einfache Formel bringen: Der Fortschritt im Ringen mit den Kräften der Natur beschert dem Menschen Triumphe, die sich als Pyrrhus-Siege erweisen.

Wenn sie nicht gar manifeste Mahnungen enthalten, bleiben die in die Zukunft weisenden – und damit der SF im engeren Sinne zuzurechnenden – literarischen Visionen eines Jules Verne immer ironisch gebrochen (vgl. Verne: 1979b). Dies gilt nicht minder für seine berühmte Rede von Amiens, *Une Ville idéale* (Verne: 1999; vgl. Dekiss: 1999, 173-176), in der er eine Prognose auf die Entwicklung der pikardischen Stadt im Jahr 2000 wagt. Die Technik steht

---

gegebene Prosaepos *Le dernier Homme* Grainvilles. Dieser Text (Grainville: 1811) zeigt die Aporie des aufklärerischen Postulats *perfectiblité* – denn was folgt auf den vollendeten Menschen? Bei Grainville kann die Frage übrigens auch noch anders formuliert werden: Was folgt auf Napoleon? Creuzé de Lesser korrigierte in seiner 1831 erschienenen Umarbeitung von *Le dernier Homme* zu einem Versepos die pessimistische Auffassung Grainvilles (Creuzé de Lesser: 1831). Nichtsdestoweniger kann von einer Motivgeschichte des 'letzten Menschen' gesprochen werden, die weit über die SF hinausgeht – man denke nur an Becketts *Fin de partie*. "Mary Shelleys Roman kanonisiert eine Tradition, die in mehreren Werken skizziert wird, die dem Debakel aller Hoffnungen des 18. Jahrhunderts folgten und oft eine neue Eiszeit postulieren – Cousin de Grainvilles Prosaepos *Le dernier Homme*, Byrons Gedicht 'Darkness' usw. – indem deren topoi veröderter Regionen und gespenstischer Städte eine realistische Glaubwürdigkeit verleiht" (Suvin: 1979, 180).

dort ganz im Dienst der Annehmlichkeiten des Lebens. Doch diese scheinbar ideale, eudaimonistische Utopie droht schließlich zutiefst unmenschliche Folgen zu zeitigen: So werden in der *Ville idéale* etwa Babys maschinell aufgezogen. Der Fortschritt hat sich von den Erfordernissen eines "progrès nécessaire" entfernt, der bei Verne eine unerschütterliche (konservative) Ethik zur Grundlage hatte. Entsprechend warnt er in seiner Vision von der Stadt Amiens im Jahr 2000 vor einem Fortschritt, der in die Grundlage aller menschlichen Ordnung – gemeint ist die Ethik – eingreift:

> Oui, tout était changé dans ce monde! Tout avait suivi la voie du progrès! Idées, mœurs, industrie, commerce, agriculture, tout s'était modifié! ... (Verne: 1999b, 52).

1910 erschien *L'Eternel Adam*, der zu denjenigen Texten aus dem Nachlass von Jules Verne gehört, die von seinem Sohn Michel Verne bearbeitet wurden. Im Fall von *L'Eternel Adam* ist nicht auszuschließen, dass dieser sogar der alleinige Autor ist (Dekiss: 1999, 321). Der Roman betrachtet den Untergang der Menschheit irgendwann im dritten Jahrtausend: Eine große Sintflut hat die Welt heimgesucht. Die letzten Menschen, die an Bord eines Schiffes die Katastrophe überlebt haben, sind den anderen Robinsonaden gleich die Träger aller Hoffnung. Sie drohen in Stumpfsinn zu verfallen, weshalb es große Anstrengungen zu unternehmen gilt, damit die Menschheit ihre Errungenschaften nicht verliert.

> Eh bien! nous voulons essayer qu'il n'en soit pas ainsi. Nous voulons faire tout ce qui est en notre pouvoir pour que les conquêtes de l'humanité dont nous fûmes ne soient pas à jamais perdues (Verne: 1995e, 210).

Am Anfang des Menschheitsmythos stehe Adam, den schon die Etymologie mit dem Garten Eden verbinde: "Hedom, Edem, Adam, c'est aussi une explication de son arrivée sur la terre" (Verne:1995e, 212). Die ganze Welt gerät hier zum Ebenbild des Menschen; sie hat etwas von jenem Garten, von dem Voltaire am Ende seines *Candide* spricht (Voltaire: 1979, 232f) – die Zivilisation, die in einer überschaubaren und familiär strukturierten Sozietät ihren Ausgang nimmt, aus der es die von der Geschichte 'angespülten' störenden Fragen der Gegenwart möglichst zu bannen gilt (vgl. Kuhnle: 2001, 83-85).

Einzig die Hoffnung auf den ewigen Zyklus des Werdens und Vergehens trägt die letzten Menschen in *L'Eternel Adam*: "l'intime conviction de l'éternel recommencement des choses" (Verne: 1995e, 212). Die Robinsonade, das häufig wiederkehrende Motiv in den Romanen von Jules Verne, wird hier in den Rang einer universalen anthropologischen Metapher erhoben – ein Bild von noch ungebrochener Aktualität, das auch noch in den phantastischen Visionen von Raumstationen und interplanetaren Kolonien fortlebt.

Die Aktualität der anthropologischen Vorstellung von der Robinsonade mag eine Bemerkung Peter Sloterdijks zur Lage des noch jungen dritten Jahrtausends belegen:

Ce n'est pas par hasard si les Européens, en reformulant leur projet historique au XVe siècle, ont commencé à rêver aux îles désertes. En tant que bon Occidental, on exige une île pour recommencer tout simplement. Les îles désertes sont l'archétype de l'utopie. C'est le fantasme de la tabula rasa, ou bien le postulat du représentant de la civilisation de l'Ouest sans partager l'exigence d'un deuxième commencement (Finkielkraut / Sloterdijk: 2003, 160).

II. Missbrauchte Apokalyptik

1. Die Rhetorik der Zäsur: Apokalyptik zwischen "akuter Eschatologie" und Mythos der Katastrophe

1.1. Die Genese einer Rhetorik der Zäsur im Zeichen der Krise

Trente-cinq ans après Jésus, tous ses premiers confidents avaient péri, ou de mort naturelle ou sous les coups des bourreaux. Il ne restait plus d'entre eux que l'apôtre Jean, qui fuyant la persécution sous Domitien se réfugia dans Pathmos, où il écrivit l'Apocalypse, que l'on a mis au rang des livres saints. Déjà s'élevaient entre les chrétiens, persécutés par les princes de la terre, les divisions de dogme qui sont dans l'essence de toute doctrine spéculative, soit philosophique, soit religieuse. Ces maux internes de l'Église semblent avoir inspiré plus de crainte à l'apôtre de Pathmos que le mal externe des persécutions. Corinthe (*sic*) et quelques autres énonçaient dès lors quelques opinions nouvelles sur la divinité de Jésus, et presque tout ce qu'a écrit Jean est dirigé contre ces opinions. Cependant le nombre des églises chrétiennes se multipliait chaque jour dans toutes les contrées. Un état de choses paisible eût peut-être confiné à jamais la religion du Christ dans les murs de Jérusalem. Mais les Juifs eux-mêmes, qui chassèrent d'abord les novateurs, les contraignirent par cette mesure à aller prêcher dans d'autres lieux; presque partout ces bannis rencontrèrent d'autres Juifs que le commerce et l'humeur inquiète de ce peuple avaient disséminés en tous lieux (Saint-Simon: 1969, 49f).

Saint-Simon, der Propagandist eines *Nouveau Christianisme*, unternimmt in dem Fragment *De l'ancienne à la nouvelle Révélation* den Versuch, die Entstehung des Christentums aus einer historisch-soziologischen Perspektive heraus zu erklären. Das Christentum sei anfangs die Antwort auf eine Krise innerhalb des Judentums gewesen: Viele der nach einer neuen Einheit ihrer Religion strebenden Juden hätten dieses Ziel als ein nur noch vom Messias selbst zu verwirklichendes angesehen. Die Vertreibung der Anhänger der christlichen Gemeinschaft aus Jerusalem und die von den Römern systematisch betriebene Verfolgung hätten zu einer Verbreitung des neuen Bekenntnisses in der Diaspora geführt. Doch etwa 35 Jahre nach Christi Tod drohte die neue Religion in zahllose Gruppen zu zerfallen und ihren Auftrag zu verfehlen, nämlich eine geschlossene – in der gesamten Bedeutungsbreite des Begriffs – "katholische" Gemeinschaft mit dem Anspruch auf Absolutheit und dogmatische Autorität herauszubilden. Der drohende Zerfall der erst im Entstehen begriffenen christlichen Glaubensgemeinschaft habe, so Saint-Simons These, für diese eine weitaus größere Gefahr bedeutet als die blutige Verfolgung durch die Römer: Johannes habe die Situation erkannt und aus diesem Grund die *Apokalypse* niedergeschrieben. Die darin enthaltene Mahnung kenne vorrangig nur ein Ziel: die versprengte Schar der Gläubigen wieder zu vereinen. Dem Text der *Apokalypse* weist Saint-Simon damit eine manifest repressive

Funktion zu: Er drohe den vom rechten Glauben Abgefallenen ebenso mit der Vernichtung wie den ungläubigen Heiden; dieser stelle er die Verheißung der Parusie für die Auserwählten, nämlich die von Rom bedrohten Christen, entgegen. Was Saint-Simon hier referiert, war in seiner Zeit durchaus bekannt, neu jedoch ist seine konsequent soziologische Deutung der *Apokalypse* nicht nur als Ausdruck einer politischen Krise, sondern auch als ein ideologisches Instrument, um auf diese adäquat zu reagieren.

In Saint-Simons Denken wirkt die Erinnerung an die 'apokalyptische' Erfahrung der Französischen Revolution nach. An die Stelle der in der *Offenbarung* verkündeten Katastrophe, die im Plan der christlichen Heilsgeschichte die irdische Geschichte abschließt, tritt bei ihm nunmehr der Begriff der "crise". Und er erklärt für das beginnende 19. Jahrhundert: "l'heure de la crise est arrivée". Diese Krise ist indes nicht als einmaliges historisches Ereignis zu verstehen, das etwa durch die Französische Revolution ausgelöst worden wäre; mit "crise" bzw. "cette crise effroyable" bezeichnet er vielmehr eine Periode, für welche die Revolution nur als Symptom stehe. Und eine solche Krise sei der eigentliche Gehalt der von den Propheten des *Alten Testaments* verkündeten Botschaft; von einer solchen Krise zeuge auf der Ebene der historischen Ereignisgeschichte nicht etwa nur die Revolution, sondern auch die Heilige Allianz mit ihrer Bemühung um eine neue machtpolitische Ordnung in Europa. Die Periode der Krise begreift Saint-Simon als eine Periode der Herausforderung und des Aufbruchs, als die einer "révolution génératrice" (vgl. Talmon: 1960, 35).

Saint-Simon schreibt mit seiner Konzeption einer von den Propheten des Alten Testaments vorausgesagten "crise" eine seit der französischen Frühaufklärung sich etablierende Besetzung des Krisen-Begriffs fort, die als direkte Antwort auf einen sich mehr und mehr als problematisch erweisenden Fortschrittsoptimismus zu verstehen ist:

> Der Ausdruck "Krise" ist durch seinen diagnostischen und prognostischen Gehalt Indikator eines neuen Bewußtseins. Die Künder des Fortschritts, befangen im politischen Selbstverständnis einer indirekten Gewaltnahme, konnten, auch wenn sie den Tatbestand ähnlich scharf erfaßten wie D'Argenson oder Turgot, das Phänomen der Krise als solches nicht in den Blick bekommen. Jede Krise entzieht sich der Planung, der rationalen Steuerung, die von der Fortschrittsgläubigkeit getragen ist. Nicht in den Publikationen der Fortschrittler taucht der Terminus auf, sondern bei den Philosophen mit zyklischer Geschichtskonstruktion [...] (Koselleck: 1989, 134).

Koselleck zeigt in *Kritik und Krise* auch die enge Interdependenz der beiden Begriffe auf, die Gegenstand seiner Studie sind: Der durch die "critique" einsetzende Prozess der Selbstreflexion einer Gesellschaft und ihrer Normen ist mit der "crise" dialektisch verschränkt zu denken, dialektisch deshalb, weil hier keineswegs ein klares Verhältnis von Ursache und Wirkung vorliegt. NB: Die saint-simonistische Geschichtstheorie spricht von "époques critiques" die jeweils den "époques organiques" vorausgehen. Als eine solche "époque critique" wird das 18. Jahrhundert angesehen. Saint-Simons in drei Stadien gegliedertes Geschichtsbild kann als eine Kompromissbildung zwischen einer zyklischen Geschichtsauffassung und dem Fortschrittsdenken gefasst werden, eine Kompromissbildung um die die Aufklärung noch gerungen hat (vgl. Doren: 1986, 169f) – und der ein genuin theologisches Moment eingeschrieben ist. Saint-Simon hat mit seinem Krisenbegriff seine Epoche in den Rang eines eschatologisch bedeutsamen Moments erhoben. Das millenaristische Bild vom beginnenden 19. Jahrhundert verkündet eine Epoche, welche sich nun aufmache, die frühneuzeitliche Krise hinter sich zu lassen, die in der Französischen Revolution ihren Kulminationspunkt gefunden habe. Aus dem Geist eben dieser Krise heraus sei *die* neue, gerechte Gesellschaft zu gestalten: Ihre Ordnung gründe auf einem allumfassenden wissenschaftlichen System; ihre Träger seien die "producteurs" und "industriels". Gemeint ist die "époque organique" schlechthin: das zukünftige (industrielle) Paradies auf Erden. Dieses vermöge aber nur eine neue Religion herbeizuführen, ein *Nouveau Christianisme*.

Die neue Religion Saint-Simons – und später der Positivismus Comtes – erhebt die Neugestaltung des wissenschaftlich-ökonomischen Systems durch eine "science positive" zur conditio *sine qua non* jeder Neuerung – auch im spirituellen Bereich: "toute réorganisation du système scientifique entraînerait par conséquent réorganisation et amélioration du système religieux" (Saint-Simon: 1969, 67). Die saint-simonistische Geschichtstheorie gipfelt in der *Lehre von den drei organischen Epochen*, aus der später Auguste Comte seine Drei-Stadien-Lehre ableiten wird. In dem dreistufigen Modell nimmt die Krise einen ebenso festen Platz ein wie die diese ablösenden organischen Epochen. Ein Schüler Saint-Simons resümiert die vergangenen Phasen der Geschichte, die zu vollenden die Menschheit sich nunmehr anschicke, wie folgt:

> La série historique [...] présente deux époques organiques: la première constituée sous l'empire du polythéisme grec, la seconde sous celui du christianisme; et, à la suite de ces époques organiques, deux époques critiques, dont l'une s'étend depuis l'ère philosophique des Grecs jusqu'à l'avènement du christianisme, et l'autre depuis la fin du quinzième siècle jusqu'à nos jours (Barrault: 1830, 6).

Die Krisenzeit der "unorganischen Epochen" wird somit zu einem notwendigen, in sich geschlossenen Durchgangsstadium auf dem Weg in die sich von nun an friedlich herausbildende, letzte "organische Epoche". Eine solche Vorstellung gewährt den Katastrophenszenarien der jüdisch-christlichen Apokalyptik keinen Raum. Saint-Simon erkennt lediglich an, dass die Apokalyptik ihrerseits ein der Krise entspringendes Phänomen sei, jedoch im Sinne einer Warnung vor der Zersplitterung der universalen Einheit der christlichen Glaubensgemeinschaft – womit er ihr den Status einer echten Prophetie abspricht. Aus der Krise des antiken Christentums heraus habe sich jene "époque organique", das Mittelalter, entwickeln können, die von der Neuzeit abgelöst werden sollte.

Eine entscheidende Wende erfährt der Krisenbegriff bei Marx und Engels: Gesellschaftliche Krisen werden bei ihnen als die Folge ökonomischer Krisen erkannt, die in der bürgerlichen Gesellschaft die Dimension einer Katastrophe annehmen. Die Katastrophe, die 'apokalyptische' Ausmaße erreicht, führen sie auf einen paradoxen Umstand zurück. Hierzu eine der berühmtesten Passagen aus dem *Manifest der Kommunistischen Partei*:

> In den Krisen bricht eine gesellschaftliche Epidemie aus, welche allen früheren Epochen als ein Widersinn erschienen wäre – die Epidemie der Überproduktion. Die Gesellschaft findet sich plötzlich in einen Zustand momentaner Barbarei zurückversetzt; eine Hungersnot, ein allgemeiner Verwüstungskrieg scheinen ihr alle Lebensmittel abgeschnitten zu haben; die Industrie, der Handel scheinen vernichtet, und warum? Weil sie zu viel Zivilisation, zu viel Lebensmittel, zu viel Handel besitzt. Die Produktivkräfte, die ihr zur Verfügung stehen, dienen nicht mehr zur Beförderung der bürgerlichen Zivilisation und der bürgerlichen Eigentumsverhältnisse; im Gegenteil, sie sind zu gewaltig für diese Verhältnisse geworden, sie werden von ihnen gehemmt; und sobald sie dies Hemmnis überwinden, bringen sie die ganze bürgerliche Gesellschaft in Unordnung, gefährden sie die Existenz des bürgerlichen Eigentums. Die bürgerlichen Verhältnisse sind zu eng geworden, um den von ihnen erzeugten Reichtum zu fassen. Wodurch überwindet die Bourgeoisie die Krise? Einerseits durch die erzwungene Vernichtung einer Masse von Produktivkräften; andererseits durch die Eroberung neuer Märkte, und die gründlichere Ausbeutung der alten Märkte. Wodurch also? Dadurch, daß sie allseitigere und gewaltigere Krisen vorbereitet und die Mittel, den Krisen vorzubeugen verhindert. Die Waffen, mit denen die Bourgeoisie den Feudalismus zu Boden geschlagen hat, richten sich jetzt gegen die Bourgeoisie selbst. Aber die Bourgeoisie hat nicht nur die Waffen geschmiedet, die ihr den Tod bringen; sie hat auch die Männer gezeugt, die diese Waffen führen werden: die modernen Arbeiter, die *Proletarier* (Marx / Engels: MEW IV, 468).

Die zyklisch auftretenden Krisen, die von Mal zu Mal an Gewalt zunehmen, führen schließlich in die Revolution, welche eine historische Zäsur markiert. Es ist nicht zuletzt diese Passage aus dem *Kommunistischen Manifest*, durch die das Denken von Marx und Engels das Attribut "apokalyptisch" erhalten hat.

Eine Rhetorik der epochalen Zäsur begleitete die sozialistische Idee von ihren Anfängen an. So heißt es etwa im zweiten Jahrgang der *Doctrine de Saint-Simon*: "Le règne de Dieu arrive sur Terre. Toutes les prophéties seront accomplies" (Bouglé / Halévy: 1830, 70). Der utopische Sozialismus verhieß noch die Verwirklichung aller Prophetien *auf Erden* durch eine friedliche Umgestaltung der Gesellschaft! Um die Zeit der Revolution von 1848 dagegen – in deren Kontext das *Manifest der Kommunistischen Partei* zu sehen ist – nahm die sozialistische Rhetorik 'apokalyptische' Züge an und unterstrich damit die Notwendigkeit einer epochalen Zäsur: ein mit hoher Wahrscheinlichkeit gewaltsames Ereignis, durch das erst der Weg in die Freiheit gebahnt werden könne. Für das Jahr 1848 konstatierte der Fourierist Victor Considérant eine entscheidende Wende in der Geschichte: "Je proclame la mort de la vieille société. *Vorwaertz* !" (Considérant: 1848, 194). Ausdrücklich berief er sich auf die *Johannesoffenbarung* und verkündete das unmittelbar bevorstehende "Royaume de Dieu"; doch sah er auch eine Chance, der apokalyptischen Katastrophe zu entgehen, eine Chance, dass die von ihm prophezeite Vernichtung der alten Ordnung zwar relativ zügig, aber dennoch in geordneten Bahnen verlaufen könne:

> Je crois que l'acte final pourra bien durer cinq ou six ans. Auquel cas ces années seront des siècles. [...] Une fois déjà, elle s'est accomplie la prédication du vieux Jean: L'Empire romain à mis quelques siècles à couler. Aujourd'hui, les choses vont plus vite (Considérant: 1848, 200f).

Die Zeit für eine neue Republik mit nachgerade theokratischen Zügen schien reif (vgl. Bouretz: 2002, 143f). Und in seinen Vorlesungen von 1848 bemerkte der Historiker Jules Michelet (vgl. Bénichou: 1977, 553), dass aus dem Geist der Wissenschaft die Religion nunmehr erst möglich geworden sei:

> [...] les sentiments religieux ne trouvent plus d'obstacle. La science a écarté les malédictions. Oui, la religion est devenue possible. Longtemps le christianisme avait empêché l'avenir de la terre, le scepticisme pontificien se moquant à l'envie des impies, des caprices de la raison (Michelet: 1995, 408).

Die dezidiert apokalyptische Rhetorik im *Manifest der Kommunistischen Partei* ist in ihrer Intention eindeutig: Dem katastrophalen Untergang der Bourgeoisie folgt der 'Auserwählte', der Proletarier. Die eigentliche Apokalypse, die ihr Vorbild, die *Offenbarung* des Johannes, nicht verhehlen kann, heißt: "Revolution!".

Wie unscharf, ja widersprüchlich die säkularisierte Besetzung biblischer Begriffe durch sozialistische Theoretiker ausgefallen ist, zeigt die Schrift *Der utopische Sozialismus* des jüdischen Theologen Martin Buber, in der dieser den Frühsozialismus unter Rekurs auf die theologische Terminologie zu rehabilitieren versucht. Buber geht davon aus, dass mit der Aufklärung die religiöse Eschatologie ihres Gehaltes und ihrer Wirkung beraubt – "depossediert" – worden sei. Daran anknüpfend trifft er eine Unterscheidung unter den sozialistischen Theorien nach den jeweils in ihnen aufgegangenen eschatologischen Visionen und misst sie an ihren biblischen Vorbildern:

> Ich habe schon darauf hingewiesen, daß die Kraft der depossedierten Eschatologie sich um die Zeit der französischen Revolution in Utopie umgesetzt hat. Es gibt aber, wie angedeutet, zwei Grundformen der Eschatologie: eine prophetische, die die Bereitung der Erlösung in jedem gegebenen Augenblick in einem nicht bestimmbaren Maße in die Entscheidungsmacht jedes angeredeten Menschen stellt, und in eine apokalyptische, für die der Erlösungsprozeß in all seinen Einzelheiten, nach Stunde und Verlauf, von vorher festgesetzt ist und zu seinem Vollzug die Menschen nur als Werkzeug verwendet werden: ihnen darf immerhin vorweg das unwandelbar Feststehende "aufgedeckt", enthüllt, ihre Funktion ihnen angewiesen werden (Buber: 1967, 23f).

Der "apokalyptische" Sozialismus erscheint nach diesem Ansatz als der eigentlich geschichtsphilosophisch begründete. Buber nimmt damit im Prinzip die von Löwith schon fast verbindlich formulierten "theologischen Voraussetzungen der Geschichtsphilosophie" nicht zurück, wonach die Geschichtsphilosophie ihren Ausgang in der Heilsgeschichte genommen habe, betont aber die Eigenständigkeit der jüdischen Tradition, die zwischen Genesis und *eschaton* keine geschichtliche Zäsur behauptet.[27] Bubers Hinwendung zu einer Vorstellung der Erlösung "in jedem gegebenen Augenblick" fügt sich in die modernen Bearbeitungen der "messianischen Idee im Judentum", für die vor allem die Namen Cohen und Scholem stehen. Von deren Bedeutung wird am Ende vorliegender Untersuchung noch ausführlicher die Rede sein.

Buber schreibt dem – "prophetischen" – utopischen Sozialismus "die ganze Kraft des depossedierten Messianismus" zu, Marx dagegen eine "apokalyptische Grundhaltung" (Buber: 1967, 22). Zwar eigne dem Marxismus durchaus ein prophetisches Element, jedoch sei dieses "vom apokalyptischen überwältigt worden" (Buber 1967, 24). Dies bedeutet für Buber, dass bei Marx die Zäsur das Entscheidende ist, dass das Utopische – und folglich das Messianische – nicht mehr aus dem Gegebenen heraus sich entfaltet, dass die somit "ortlos" gewordene sozialistische Utopie nunmehr einzig an die Zeit überantwortet wird. Für den utopischen Sozialismus gelte dagegen:

> Der "utopische" Sozialismus kann in einem besonderen Sinn als der *topische* bezeichnet werden: er ist nicht "ortlos", sondern will sich jeweils am gegebenen Orte und unter den gegebenen Bedingungen, also gerade "hier und jetzt" in dem hier und jetzt möglichen Maße verwirklichen; aber die lokale Verwirklichung ist für ihn – auch dies ist in der Entwicklung der Idee immer klarer geworden – nie etwas anderes als ein Ausgangspunkt, ein "Beginnen", etwas, was da sein muß, damit die Verwirklichung sich zusammenschließe, was da sein muß, damit sie sich die Freiheit und Geltung erkämpfe, was da sein muß, damit sich aus ihm, aus all den Zellen und denen, die in ihrem Bilde entstehen, die neue Gesellschaft baue (Buber: 1967, 139).[28]

---

27 Auf diesen Unterschied hebt auch Löwith ab: "Das vorchristliche und nachchristliche Heidentum rechnet die geschichtliche Zeit von einem Anfang an. Seine Geschichten beginnen gewöhnlich mit einem entscheidenden politischen Ereignis (z.B. mit der Gründung von Rom oder mit einem neuen revolutionären Anfang) als der bleibenden Grundlage für die nachfolgenden Ereignisse. Auch die Juden gehen bei der Berechnung der historischen Zeit vom Anfang, aus, im Hinblick auf ein *eschaton*. Der christlichen Zeitrechnung ist es eigentümlich, daß sie von einem zentralen Ereignis aus zählt, das stattfand, als die Zeit erfüllt war. Bei den Juden liegt das entscheidende Moment noch in der Zukunft und die Erwartung des Messias scheidet alle Zeit in einen gegenwärtigen und künftigen Äon. Für die Christen ist die Trennungslinie des Heilsgeschehens kein bloßes *futurum* sondern ein *perfectum praesens*: die schon geschehene Ankunft des Herrn" (Löwith: 1967, 168).

28 In dieser Charakterisierung des utopischen Sozialismus findet sich die theologische Auffassung wieder, die Buber an mannigfacher Stelle ausgeführt hat. Es sei als Beispiel hierzu aus seinen Erklärungen zum Buch *Amos* zitiert, in denen die Offenbarung und damit die Prophetie einen eminent soziologischen Zug annimmt, der sich durchaus mit den frühsozialistischen

Zusammenfassend kann Bubers Auffassung zum Sozialismus auf folgende Formel gebracht werden: Der utopische Sozialismus ist dem messianistischen Erbe zuzurechnen, der Marxismus dagegen vor allem auf die christliche Annahme einer providentiellen Ökonomie des Heils zurückzuführen. In diesem Zusammenhang gilt es jedoch zu bedenken, dass Buber den problematisch gewordenen Fortschrittsgedanken nicht eigens thematisiert. Die Frühsozialisten waren noch von einem aufklärerischen Fortschrittsbegriff, der bürgerlichen Idee von der "perfectibilité du genre humain", geprägt und erkannten im Fortschritt durchaus einen linearen Prozess, der zwar durch die Krise suspendiert werde, aus dieser heraus aber auch neue Impulse erhalte. Die fortschreitende Entwicklung der Menschheit vollziehe sich sowohl auf der Ebene des Ökonomischen, welche die primär auf neue Technologien gestützte arbeitsteilige Produktion – mithin den technologischen Fortschritt – voraussetze, als auch auf der des Gesellschaftlichen. Beide Faktoren können im Rückblick auf die synkretistische Lehre insbesondere des Saint-Simonismus als die *conditio sine qua non* einer neuen Religion ausgemacht werden, die ein *nouveau Christianisme* sein will. Buber hingegen betont zu einseitig die – durchaus vorhandene – jüdische Komponente innerhalb des religiösen Synkretismus der Frühsozialisten und würdigt etwa die auf die katholische *traditio* zurückgreifende Argumentation der *saint-simoniens* nicht hinreichend.

Bei Marx und Engels und insbesondere im Marxismus-Leninismus dagegen kommt es angesichts der dort konstatierten zyklisch wiederkehrenden und ständig an Intensität zunehmenden Krisen zu einer notwendigen Neufassung des Fortschrittsbegriffs als "revolutionärer Fortschritt", was impliziert, dass der Fortschritt erst mit der Revolution, also dem Sieg des Proletariats, als ein reiner Prozess der fortschreitenden Verbesserung der menschlichen Lebensbedingungen gedacht werden kann: Dies gilt in allen gesellschaftlichen Bereichen, in denen von Fortschritt die Rede ist.[29] So sieht später auch Ernst Bloch

---

Vorstellungen zur Deckung bringen läßt: "Es zeigt sich hier, was es bedeutet, daß JHWH zwar *geschichtlich* nicht mehr für Israel getan habe als für andere Völker, die er geführt hat, und daß es keinen größeren Geschichtsanspruch habe als etwa die Äthiopier am Rand der Kulturwelt (9,7), weil ihm von der Tiefe der Geschichte aus ein Volk wie das andere gilt, daß er aber nur es 'erkannt', nur ihm sich zu erkennen gegeben, nur es unter das Joch der schenkenden und fordernden Offenbarung gestellt habe und daher nur an ihm alle Verfehlungen ahnde (3,2). In der Offenbarung ist ihm zugedacht worden, daß es ein wirkliches Volk, ein Gottesvolk werde, daß es unter den Völkern zuerst, vorangehend, das wahre Volksein verwirkliche, das Sein eines wahren Volkes, das heißt einer lebendigen Einheit der Vielen und Vielfältigen; dazu ist ihm das Volksgesetz, die 'Weisung' (thora) gegeben worden, darin dem sozialen Unrecht gesteuert und den Hindernissen, die sich immer wieder zwischen den Volksgenossen durch die fortschreitende soziale Differenzierung aufzutürmen drohen, durch rhythmische, fast naturhaft rhythmische soziale Wiederkehr, Wiederausgleichung des Bodenbesitzes und Wiederherstellung der allgemeinen Freiheit, entgegengetreten wird" (Buber: 1984, 133f).

29 Vgl. dazu die Einträge "Fortschritt", "Revolution", "wissenschaftlich-revolutionärer Fortschritt", "wissenschaftlich-technischer Fortschritt" im *Marxistisch-leninistischen Wörterbuch der Philosophie* (Klaus / Buhr: 1983).

die gegenwärtigen Machtverhältnisse als das Haupthindernis für die Entfaltung der bereits vorhandenen technologischen Möglichkeiten im Sinne eines Fortschritts in der Ausgestaltung menschlicher Lebensbedingungen. Mit einem sich nachgerade prophetisch gerierenden Pathos kündet er von der Applikation technologischer Errungenschaften in einer neuen Gesellschaft, wobei er in seiner Vision offenbar dem technischen Fortschritt den Primat einräumt:

> Künstliche Düngemittel, künstliche Bestrahlung sind unterwegs oder könnten es sein, die den Boden zu tausendfältiger Frucht ermuntern, in einer Hybris und "Anti-Demeterbewegung" ohnegleichen, mit dem synthetischen Grenzbegriff eines Kornfelds, wachsend auf der flachen Hand. Kurzum, Technik an sich wäre dazu bereit, fast schon fähig, von der langsamen und regional begrenzten Arbeit der Natur an Rohstoffen unabhängig zu machen, unabhängig sogar von dem weiteren Transport [...]. Eine neue Übernaturierung gegebener Natur wäre fällig, wenn auch mit den bekannten Gefahren bürgerlich überkommener, abstrakt gesteigerter technischer Künstlichkeit. Aber – und dies bleibt für die Morgenröten synthetischer Chemie soziologisch entscheidend –; die solchergestalt erleichterte Allmacht der Produktion ist im kapitalistischen Aneignungs- und Verteilungssystem die unmöglichste (Bloch V: 1985, 1055).

Einen solchen Fortschritt kann die bürgerlich-kapitalistische Ordnung nicht einlösen, weil in der Krise die entfalteten Produktivkräfte sich gegen eben diese Ordnung richten und sie als eine prekäre zu erkennen geben. Die Revolution ist schließlich die unvermeidliche Konsequenz der ständig an Intensität zunehmenden Krisen, sie ist die Konsequenz, welche die Überwindung der bestehenden bürgerlichen Ordnung aus deren inneren Widersprüchen heraus bedeutet. Die mit der marxistischen Revolutionstheorie gegebene Notwendigkeit einer Neufassung der Begriffe "Fortschritt" und "Utopie" wird übrigens auch in Bubers Gegenüberstellung von utopischem und marxistischem Sozialismus deutlich: "Die Utopie der so genannten Utopisten ist vorrevolutionär, die marxistische ist nachrevolutionär" (Buber: 1967, 25).

Der Gedanke der Revolution erfordert eine Rhetorik der Zäsur, die in der Apokalyptik ein geeignetes Vorbild findet: "In der Ausdrucksschicht möglicher Säkularisierungen [...] haben wir es zweifellos auch mit rhetorischen Effekten und Hyperbeln zu tun" (Blumenberg: 1996, 114). Und Blumenberg fährt fort: "Rhetorische Kühnheitsgebote machen das sprachliche Säkularisat von der Anspielung bis zur frivolen Gleichung zum literarischen Stilmittel" (Blumenberg: 1996, 115f). Eine solche Rhetorik kann schließlich in *loci communes* erstarren oder gar zum Jargon geraten.[30] Die gegen Mitte des 19. Jahrhunderts erneut entflammte Rhetorik der Zäsur, die sich der Bildersprache der biblischen Apokalyptik bedient, hat unterschiedliche Funktionen: Sie er-

---

30 Wenn hier von "Jargon" die Rede ist, dann in der von Adorno geprägten Bedeutung des Begriffs: "Der Jargon, objektiv ein System, benutzt als Organisationsprinzip die Desorganisation, den Zerfall der Sprache in Worte an sich. Manche von ihnen mögen in anderer Konstellation ohne Blinzeln nach dem Jargon verwendet werden; [...]" (Adorno VI: 1997 417f).

zeugt Pathos, um zum revolutionären Kampf anzustacheln, oder sie dient als Exemplum, als Allegorie – so etwa das Evozieren der Hure Babylon in Zolas *Nana*, das den Untergang des *Second Empire* meint. Sigmund Engländer greift in seiner 1864 erschienenen *Geschichte der französischen Arbeiterassoziationen* auf die Rhetorik der Zäsur zurück, um die Verbindung von Revolution und Fortschritt herauszustellen. Und dabei geht er noch einen Schritt weiter, indem er im Zeichen der Revolution die Möglichkeit eines ästhetischen Blicks auf die Geschichte anspricht, womit er letztlich – darin an die frühsozialistischen Theorien anknüpfend (vgl. Böhringer: 1978, 96f; Hoeges: 1985b) – auch der Kunst die Funktion als Künderin von der neuen Zeit zuweist

> Schon auf empirischem Wege muß man dahin kommen, daß es keinen anderen Fortschritt gebe, als den revolutionären; und daß bisher jede große Geschäftsepoche durch eine Revolution bezeichnet und eingeleitet wurde. Sogar die religiöse, scheinbar ganz abstrakte Idee, konnte in ihrem Gestaltungsprozeß nur durch Revolutionen sich entwickeln. Diejenigen, welche die Geschichte als ein Kunstwerk betrachten, werden, wenn sie einer höheren künstlerischen Anschauungsweise folgen, auch nicht durch das Formlose und Häßliche der Erscheinung einer Revolution irre gemacht werden. Denn auch im Kunstwerk gibt es ein Moment des Häßlichen, und es fragt sich nur, ob der Künstler im Stande sei, diese Dissonanz aufzulösen oder nicht. Was in der Tragödie die Leidenschaft ist, das ist in der Geschichte die Revolution (Engländer II: 1864, 189).[31]

Von "Apokalypse" ist in einem säkularen Zusammenhang häufig dann die Rede, wenn einem historischen Ereignis der Rang einer epochalen Zäsur zugewiesen wird. Das entscheidende Moment ist dabei die das Alte vernichtende Katastrophe. Dem historisch Neuen aber fehlt der positive Aspekt: der (biblische) Erlösungsgedanken. Deshalb nimmt das Moment der Vernichtung des Alten in der kollektiven Erfahrung erst recht eine dramatische Dimension an. Andererseits akzentuiert die marxistische 'Prophezeiung' das vernichtende Potential von Krise und Revolution, ohne dem angekündigten Neuen Kontur zu geben – nichts anderes meint Buber, wenn er schreibt, das prophetische Element im revolutionären Sozialismus sei "apokalyptisch überwältigt worden". Das Neue wird politisch – und auch ästhetisch – erst von der Zerstörung her denkbar. Insofern ist jede Revolution als "apokalyptisches Ereignis" zu begreifen, vor allem aber, wenn der Revolutionsbegriff etwa dem entspricht, den Alexandre Kojève hegelianisch formuliert:

> La Révolution (le Révolutionnaire) n'est fonction ni des instincts naturels, ni d'un but *donné* (qui serait alors *dépendant* du Monde donné, et non révolutionnaire). Le Révolutionnaire agit consciemment non pour *établir* un Monde (idéal) mais pour *détruire* Le Monde donné. Et il s'en rend compte. Et c'est lui qui re-

---

31 Über diesen genuin ästhetischen Blick auf die Geschichte wirkt auch die frühsozialistische Idee vom Künstler als "Avantgarde" fort (vgl. Hoeges: 1985b): "Hier kommen wir auf einen Punkt, auf welchem das Leben nur durch das Kunstwerk zu begreifen ist, und bloß der Künstler das All eröffnen kann" (Engländer II: 1864, 194).

construira, à partir du néant, un Monde nouveau. Il y a donc un Selbst qui se crée lui-même à partir d'un Monde réduit au néant. Pas de *création* véritable sans *destruction* préalable du donné: Action = Négativité négatrice (Negativität) (Kojève: 1988, 144).

Die revolutionäre Aktion ist demzufolge als reine Negativität zu verstehen. Der Revolutionär handle nur insofern bewusst, als er *eine* gegebene Welt zerstöre. Für Kojève ist Handeln als intentionale Veränderung der Welt im Sinne des Utopismus nicht gleichbedeutend mit Revolution: Jedes gesetzte (utopische) Ziel hänge noch von der vorhandenen Welt ab. Die Zerstörung betrachtet Kojève als die *conditio sine qua non* der Revolution: Erst aus dem Nichts heraus erfolge die Setzung einer neuen Welt. Die Zerstörung sei die Voraussetzung für die wahre Schöpfung. Solchermaßen dialektisch definiert ist das Merkmal der Revolution die Zäsur. Eine *absolute* Zäsur markiert dagegen die Apokalyptik: Sie prophezeit das unwiederholbare Ende der Geschichte überhaupt – an ihr erfährt auch jede Dialektik ihre Negation. Es ist der in der *Apokalypse* enthaltene Gedanke des Absoluten, der den Text des Johannes nicht selten als Hyperbel in einer revolutionären Rhetorik aufgehen lässt. Ob Apokryph oder kanonisierter Bibel-Text, die Apokalyptik und die forcierte Rezeption derselben indizieren ein gesteigertes Krisenbewusstsein. Dies gilt nicht minder für die literarischen Bearbeitungen der alt- und neutestamentarischen Texte.

In den weiteren Ausführungen wird "Krise" hier im Sinne der bei Jürgen Habermas systemtheoretisch erfolgten Begriffsbestimmung verwendet: Von Krise ist immer dann zu sprechen, "wenn die Gesellschaftsmitglieder Strukturwandlungen als bestandskritisch *erfahren* und ihre soziale Identität bedroht fühlen" (Habermas: 1975, 12), wenn das Individuum vergeblich um seinen Ort in der Gesellschaft ringt, "ontologische Unsicherheit" (vgl. Kuhnle: 2003a, 106-112) zur Grundbefindlichkeit wird. Wird der *status quo* nicht mehr als sinnfällige Totalität erfahren, dann entsteht das Streben nach einem diesen transzendierenden Absoluten. Zugespitzt formuliert: Der Rekurs auf die Apokalyptik setzt immer den Gedanken an ein *absolutum* voraus. Ist der jeweilige Diskurs auf eine Gesellschaft und ihre Geschichte oder *die* Geschichte bezogen, dann verweist das Attribut "apokalyptisch" *explizit* auf eine Zäsur, d.h. auf die Zerstörung von Bestehendem und den Neubeginn. Dabei kann es durchaus zwischen den beiden Momenten Zerstörung und Neubeginn zu unterschiedlichen Akzentuierungen kommen. Indes behauptet sich die biblische Apokalyptik – insbesondere aber die *Offenbarung* – als Topos; und als solcher bildet sie den 'archetypischen' Ausgang jeder neuzeitlichen *Rhetorik der Zäsur*.

1.2. Der repressive Ton der apokalyptischen Rede

Jede Bearbeitung apokalyptischer Stoffe trägt unhintergehbar den Index der Zäsur in sich, denn das *absolutum*, von dem die ihnen eingeschriebenen Prä- oder Sub-Texte künden, *ist einzig an der Zäsur festzumachen*. Die Apokalyptik ist eine Rede vom Ende. Oft wird sie – fälschlicherweise – mit der Eschatologie gleichgesetzt, über die Derrida schreibt:

> L'eschatologie dit l'*eskhaton*, la fin, où plutôt l'extrême, la limite, le terme, le dernier, ce qui vient *in extremis* clore une histoire, une généalogie ou tout simplement une série nombrable (Derrida: 1983, 23).

Die Eschatologie ist die Rede vom Ende bei den alttestamentarischen Propheten, die Warnung vor dem Unheil, aber auch ein ethischer Aufruf an die Menschheit, die Kunde vom Wirken Gottes, von der Erlösung. Zu diesen Reden vom Ende gehören allerdings auch die apokalyptischen Schriften, die altjüdischen und apokryphen ebenso wie die im *Alten* (*Jesaja* und *Daniel*) und *Neuen Testament* kanonisierten. "Apokalypse" ist vielfach zum Synonym für das katastrophale Ende, für die Katastrophe schlechthin geworden. Die eigentlich biblische Bedeutung schließlich tritt in vielen Fällen ganz hinter der rhetorischen Hyperbel zurück, die den gemeinsprachlichen Gebrauch des Attributs "apokalyptisch" und des Substantivs "Apokalypse" kennzeichnet. Wenn sich Derrida 1983 kritisch des "apokalyptischen Tons" annimmt, der in der Philosophie des ausgehenden 20. Jahrhunderts Verbreitung gefunden hat ("un ton apocalyptique adopté naguère en philosophie"), führt er die Rede von der *Apokalypse* wieder auf ihren ursprünglichen Grund als *eine bestimmte Form der Rede* vom Ende zurück:

> Qui prend le ton apocalyptique vient vous signifier, sinon vous dire, quelque chose. Quoi? mais la vérité, bien sûr, et vous signifier qu'il vous la révèle, le ton est révélateur de quelque dévoilement en cours. Dévoilement ou vérité, apophantique de l'imminence de la fin, de quoi que ce soit qui revient, finalement à la fin du monde. Non pas seulement la vérité comme vérité révélée d'un secret sur la fin ou du secret de la fin. La vérité elle-même est la fin, la destination, et que la vérité se dévoile est l'avènement de la fin. La vérité est la fin et l'instance du jugement dernier. La structure de la vérité serait apocalyptique. Et c'est pourquoi il n'y aurait pas de vérité de l'apocalypse qui ne soit vérité de la vérité (Derrida: 1983, 69).[32]

---

32 Hansen-Löve unterstreicht in seiner Analyse der "Diskursapokalypsen" den Charakter der Apokalyptik als "Geheimrede", womit er die Eigentümlichkeit des von Derrida herausgearbeiteten "apokalyptischen Tons" erfasst. Er unterscheidet die Apokalyptik vom Kryptogramm, dem ein festgelegter, von den Eingeweihten univok zu dechiffrierender Subcode eingeschrieben sei. "Die Apokalyptik ist also keine eigene Sprache, sondern eine Form des Ver- und Entbergens von Botschaften, die nur dem Eingeweihten hörbar sind [...]" (Hansen-Löve: 1996, 188). NB: "Hörbar" ist nicht zu verwechseln mit "diskursiv reproduzierbar".

Das Kennzeichen eines "apokalyptischen Tons" ist der Anspruch darauf, die Wahrheit zu enthüllen, nämlich die Wahrheit vom bevorstehenden Ende, vom Ende der Welt. Aber nicht bloß Enthüllung dieser Wahrheit wie das Lüften eines Geheimnisses, sondern die Wahrheit selbst ist das Ziel; die Wahrheit der Apokalypse ist die Wahrheit der Wahrheit. Um diese enigmatisch anmutende Charakterisierung des "apokalyptischen Tons" durch Derrida zu erhellen, sei hier aus dem auch in Frankreich vielfach rezipierten Buch *Der Stern der Erlösung* von Franz Rosenzweig zitiert:

> Denn um diese, die Wahrheit, geht es uns hier, nicht mehr um die Spaltung des Wegs in der sichtbaren Welt, nicht mehr um die innere Gegensätzlichkeit des Lebens. Die Wahrheit aber erscheint immer erst am Ende. Das Ende ist ihr Ort. Sie gilt uns nicht für gegeben, sie gilt uns für Ergebnis. Denn uns ist sie Ganzes, nur Gott wird sie zuteil. Für ihn ist sie nicht Ergebnis, sondern gegeben, nämlich von ihm gegeben, Gabe. Wir aber schauen sie immer erst am Ende (Rosenzweig: 1996, 443).

Was hier für die Eschatologie im Allgemeinen festgehalten wird, gilt in besonderem Maße auch für die Apokalyptik: Allein vom Ende her kann die Wahrheit als Wahrheit geschaut werden. Die Offenbarung ist nur vom Offenbarenden her als Wahrheit zu erfassen, die wiederum eine im Offenbarten beschlossene und von ihm gegebene ist: Die Wahrheit ist in der doppelten Bedeutung von frz. "fin" zu verstehen, d.h. zugleich als Ende und Ziel. Der enthüllend auf die Wahrheit verweisende Ton eschatologischer und insbesondere apokalyptischer Prophetien ist immerfort zirkulär auf sich selbst verwiesen; das rhetorische Pathos, das mit dem apokalyptischen Ton einhergeht, verpflichtet ein Gegenüber auf denselben; und der Ton duldet keinen Widerspruch.

Die Auffassung ist weit verbreitet, wonach Eschatologie und Apokalyptik praktisch nicht voneinander zu unterscheiden seien. Eine solche Gleichsetzung impliziert indes, dass beide ausschließlich vom prophezeiten Ende betrachtet werden. Eugen Drewermann hebt das Kriterium hervor, das es erlaubt, die Apokalyptik – und ergänzend sei hinzugefügt: insbesondere die rhetorisch instrumentalisierte Apokalyptik – von der Eschatologie zu unterscheiden: "[...] die Apokalyptik ist im wesentlichen *Literatur*, nicht wie die Prophetie, gesprochenes Wort; ihre Schriften sind Pseudonyme einer fiktiven Vorzeitlichkeit – im Gegensatz zu der Bindung der prophetischen Botschaft an den Verkünder und seine Zeit [...]" (Drewermann: 1998, 469). Eschatologische und apokalyptische Diskurse erhalten also ihre Qualität von dem historischen Ort her, an dem sich die jeweilige Stimme erhebt.

Als "Literatur" eignet der Apokalyptik die fiktive Rückschau auf ein zukünftiges Ereignis, während der mahnenden Stimme der eschatologischen Prophetie ein Ringen um die Zukunft eingeschrieben ist: "Fragt *die Prophetie* danach, was angesichts der drohenden Gefahren der Zeit zu tun ist, so steht für *die Apokalyptiker* fest, daß die Katastrophe nicht mehr abzuwenden und buchstäblich nichts mehr zu machen ist [...]" (Drewermann 1998, 468). Eschatologie und Apokalyptik seien beide Ausdruck der Ohnmacht, wobei diese in der

Apokalyptik zu einer Vision von der absoluten Determiniertheit der Geschichte gesteigert werde, während in der Eschatologie noch die Freiheit des Dialogs zwischen Gott und Mensch gegeben sei (Drewermann: 1998, 468f. u. 477). Aus Drewermanns Ausführungen kann zusammenfassend abgeleitet werden: Insbesondere die Hinwendung zu apokalyptischen Visionen bedeutet eine Absage an die Freiheit, das Sich-Überantworten an eine radikal determinierte Geschichte. Die subjektive Disposition des apokalyptisch gestimmten Menschen ist eine regredierende. Die Aufgabe der Freiheit ist das Kennzeichen für die in einer analytischen Psychologie als "Regression" bezeichnete Bewegung hin zu einem früheren Stadium der menschlichen Entwicklungsgeschichte. Der Tiefenpsychologe Drewermann führt die Apokalyptik ausdrücklich auf archetypische Konstellationen zurück, die ihr einen Gehalt verleihen, der über den sich der Exegese erschließenden hinausweist. Er stellt sie in die Reihe der größtenteils wesentlich älteren Katastrophen- und Vernichtungsmythen aus anderen Kulturräumen. So weist die jüdisch-christliche Apokalyptik durchaus Parallelen zu den großen Weltuntergangsmythen auf, wie etwa zur *Götterdämmerung* des nordischen Sagenkomplexes. Von der Mythologie der *Götterdämmerung* unterscheidet sich die Apokalyptik zum einen darin, dass sie eine unmittelbar bevorstehende Katastrophe – eine Katastrophe innerhalb des sich jeweils darbietenden geschichtlichen Horizontes – meint, zum anderen, dass die göttliche Welt nicht zusammen mit der irdischen zugrunde geht. Die unüberbrückbare Dichotomie von Diesseits und Jenseits, das dem mythischen Denken so genannter 'primitiver' Gesellschaften fremd ist, schafft erst die Voraussetzung für den Gedanken von der Geschichte und ihrer Endlichkeit – mit in ihr als autonome Individuen handelnden Menschen. Dieser Gedanke verbietet es, die Apokalyptik von der Katastrophe her *ausschließlich* nach archetypischen Konstellationen zu befragen: Der einseitige Rekurs auf den Archetypus enthält die Möglichkeit der Ideologisierung und damit der Instrumentalisierung in den unterschiedlichsten politischen Kontexten. Unter diesen Voraussetzungen würde die Apokalyptik unwiderruflich Teil jener von Hannah Arendt ausgemachten Vorbereitung auf das Schlimmste, derer sich ein totalitärer Herrschaftsapparat rühme, um seinen Bestand zu sichern (Arendt: 2003b, 978f). Dem politischen Missbrauch kommt das von Drewermann konstatierte regressive Moment der Eschatologie, insbesondere aber der apokalyptischen Eschatologie, entgegen: Die eschatologische Vision sei eine "regressive Mythologie der Zukunft", ein "Rückweg nach vorwärts", ein Sich-Überantworten an eine die Geschichte überschreitende und doch schon 'gewesene' Zukunft, weil innerhalb der Geschichte selbst die Hoffnung am Widerstand der Gegenwart scheitere. Aus dieser Sicht erscheint die Apokalyptik als die "angstbesetzte Steigerung der Eschatologie". Anders ausgedrückt: In der apokalyptischen Vision flüchtet sich das ohnmächtige Individuum in seine eigene Ohnmacht. Die Apokalypse gerät zur Regression schlechthin und wird als "Literatur" zum Ausdruck von Zeiten höchster Krise:

In allem ist es der quantitative Anstieg von Angst und Not, der den Übergang der Eschatologie zur Apokalyptik erzwingt; es ist das Gefühl, daß auf Erden durchaus nichts zu erhoffen ist, das die Sehnsucht nach Erlösung überbordend macht über alle Welt hinaus und die geschichtliche Eschatologie der Propheten in die kosmologische Ekstase der Apokalyptik verwandelt. Insbesondere der Kern der apokalyptischen Vision: die Vorstellung vom Weltuntergang, ist nicht zu begreifen, als daß die Phantasie das Problem löst, wie man mit einer Welt leben soll, die ganz anders sein müßte, um mit ihr leben zu können (Drewermann: 1998, 477).

Die Erfahrung individueller und kollektiver Ohnmacht ist nach Drewermann das hervorstechende Merkmal der Apokalyptik bzw. einer apokalyptisch gestimmten Weltsicht. Die Betonung von Ohnmacht, Angst und Regression droht das in der Apokalyptik enthaltene Moment des Neubeginns aus dem Blick geraten zu lassen oder es einseitig an die Dogmatik zu überantworten – womit ein eminent politischer Gehalt unterdrückt wird: der revolutionäre Wunsch nach einer besseren Welt im Diesseits.

Begreift man mit Drewermann die Apokalyptik als eine vom unmittelbar historischen Kontext sich lösende "Literatur" – eine solche Loslösung impliziert schließlich die Verwendung des Begriffs "Literatur" –, so ist zwangsläufig eine größere Verfügbarkeit des Textes mitgemeint, was dazu führt, dass je nach Rezeptionsstandpunkt dieser unterschiedliche Funktionen erfüllen kann. An den ins Phantastische getriebenen Untergangsvisionen der Apokalyptik wird – um es in den Termini der Phänomenologie auszudrücken – die Nichtung des Realen durch die literarische Fiktion besonders augenscheinlich. Andererseits gilt, wie Iser schreibt, dass das Fiktive und das Imaginäre notwendige Voraussetzungen für eine intentionale Veränderung der Wirklichkeit darstellen. Für das Verhältnis vom Realen – wohlgemerkt: gemeint ist eine in der Fiktion aufgegangene mimetische Reproduktion des empirisch Gegebenen – zum Fiktiven gelte daher: "Enthält der fiktionale Text Reales, ohne sich in dessen Beschreibung zu erschöpfen, so hat seine fiktive Komponente wiederum keinen Selbstzweckcharakter, sondern ist die fingierte Zurüstung des Imaginären" (Iser: 1991, 18). Der Text der *Offenbarung* als solcher, losgelöst von seinem biblischen bzw. einem dogmatischen Kontext, erfüllt durchaus alle Kriterien phantastischer Literatur;[33] aber als Teil einer in ihrem konkreten historisch-politischen Kontext zu verortenden Rhetorik wird die *Apokalypse* zur Hyperbel, die ihre Pathos erzeugende Wirkung erst durch die von der erhobenen apokalyptischen Stimme und ihren Zuhörern an sie herangetragenen lebensweltlichen Erfahrungsmomente entfaltet. Das Reale wird zu einer *post festum* in den Text eingebrachten Zurüstung, welche die Aufgabe bzw. Funktion der apokalyptischen Stimme vorgibt.

Es seien daher, was ihre Wirkungsmöglichkeiten anbelangt, kurz einige denkbare Deutungsansätze zur *Apokalypse* des Johannes durchgespielt: Die

---

33 Es sei hier auf die im nachfolgenden Exkurs gemachten Ausführungen zu Charles Nodier verwiesen.

Interpretation Saint-Simons etwa hebt das beim Rezipienten erzeugte *tremendum* hervor. Apokalyptische Texte sind offensichtlich nicht nur Formen literarischer Aufarbeitung von – durchaus historisch zu verortenden – Momenten gesteigerter Angst; vielmehr geht von ihnen auch eine angsterzeugende oder angststeigernde Wirkung aus. Das bewusste Erzeugen oder Steigern von Angst und Ohnmachtsgefühl heißt Repression. So gesehen ließe sich die Unterscheidung, die Drewermann zwischen prophetischer Eschatologie und Apokalyptik trifft, dahingehend modifizieren, dass man in dieser eine Steigerung des zweifelsohne auch in jener enthaltenen repressiven Moments erkennt. Die Mahnung der Propheten schlägt mit der *Johannesapokalypse* in eine offene Drohung mit dem Gericht um, das *nach* der Katastrophe abgehalten wird (*Offb.* 20, 11-15). Denn zu den Auserwählten kann schließlich nur gehören, wer sich zum Glauben bekennt (*Offb.* 20, 4). In der *Johannesoffenbarung* sind durchaus mehrere (denkbare) Adressaten einer solchen Drohung auszumachen: (1) die Menschen, die man vom christlichen Glauben zu überzeugen sucht (*Offb.* 13, 15-18); (2) die Glaubensbrüder, die davon abgehalten werden sollen, die Einheit des Glaubens zu gefährden (*Offb.* 20, 5); (3) die weltliche Macht – gemeint ist im konkreten Fall das römische Reich (*Offb.* 13,1). Apokalyptische Texte erfüllen aber auch die Funktion des Trosts, d.h. sie sind eine Antwort auf eine historisch konkret erlebte Realangst, die sie durch die für die Betroffenen eröffnete Aussicht auf Erlösung und die Vernichtung der Peiniger zu bannen suchen. Die hier angerissenen Deutungsansätze geben die möglichen Matrizes für die Rezeption biblischer Apokalyptik (gemeint sind neben Jesaja, Daniel und der *Offenbarung* auch die jüdischen und apokryphen Apokalypsen) und ihrer späteren Bearbeitungen an.

Zweifel an der *Johannesapokalypse* ob der in ihr enthaltenen Rätselhaftigkeit meldet Immanuel Kant im *Streit der Fakultäten* an, wobei er letztlich – wenn auch indirekt – die geschichtsphilosophische Relevanz der Apokalypse, die er als "Geschichtserzählung" bezeichnet, in Frage stellt:

> Der biblische Glauben ist ein messianischer Geschichtsglauben, dem ein Buch des Bundes Gottes mit Abraham zum Grunde liegt, und besteht aus einem mosaisch-messianischen Kirchenglauben, der Ursprung und die Schicksale des Volks Gottes so vollständig erzählt, daß er, von dem, was in der Weltgeschichte überhaupt das Oberste ist, und wobei kein Mensch zugegen war, nämlich dem Weltanfang (in der Genesis) anhebend, sie bis zum Ende aller Dinge (in der Apokalypsis) verfolgt – welches freilich von keinem andern, als einem göttlich-inspirierten Verfasser erwartet werden darf; – wobei sich doch eine bedenkliche Zahlen-Kabbala, in Ansehung der wichtigsten Epochen der heiligen Chronologie darbietet, welche den Glauben an die Authentizität dieser *Geschichtserzählung* etwas schwächen dürfte (Kant XI: 1993, 331f.)

Kant wirft hier das Problem der Rede vom Ende auf, dem sich Derrida zuwenden wird: Die vom Menschen geführte Rede vom Ende der Welt und der Geschichte wird in ihrem Gehalt dadurch prekär, dass nur Gott eine solche Rede zusteht und diese zwangsläufig so gestaltet sein muss, als sei das Ende bereits eingetreten, also eine antizipierende Rückschau vornimmt. Und so lässt sich das Argument Kants extrapolierend weiterführen: Es fehlt, anders als im Falle der Schöpfung, an einer empirisch fassbaren Garantie für das, was hier als zukünftiges Faktum angeführt wird. Der Vorwurf, der in diesem Zusammenhang an die Apokalypse gerichtet wird, bezieht sich nicht nur auf die mögliche Willkür ihrer Deutung, sondern auch auf den Umstand, dass bereits ihr Entstehen willkürlich gewesen sein könnte, wodurch sie endgültig auf den Rang bloßer "Literatur" verbannt wäre. Die von Kant geäußerten Zweifel an der Authentizität *Offenbarung* gehen einher mit dem Bewusstsein von den Möglichkeiten des ideologischen Missbrauchs der Apokalyptik innerhalb einer auf Repression setzenden Gemeinschaft. So hebt er am Schluss seines Aufsatzes *Das Ende aller Dinge* zu einem Gedankenspiel an:

> Sollte es mit dem Christentum einmal dahin kommen, daß es aufhörte liebenswürdig zu sein (welches sich wohl zutragen könnte, wenn es, statt seines sanften Geistes, mit gebieterischer Auktorität bewaffnet würde): so müßte, weil in moralischen Dingen keine Neutralität (noch weniger Koalition entgegengesetzter Prinzipien) Statt findet, eine Abneigung und Widersetzlichkeit gegen dasselbe die herrschende Denkart des Menschen werden; und der *Antichrist*, der ohnehin für den Vorläufer des jüngsten Tages gehalten wird, würde sein (vermutlich auf Furcht und Eigennutz gegründetes) obzwar kurzes Regiment anfangen: alsdann aber, weil das Christentum allgemeine Weltreligion zu sein zwar bestimmt, aber es zu werden von dem Schicksal nicht begünstigt sein würde, das (verkehrte) Ende aller Dinge in moralischer Rücksicht eintreten (Kant XI: 1993, 190).

1.3. Digression: Beispiele apokalyptischer Rhetorik

1.3.1. Nodier

Von der Verfügbarkeit der Apokalyptik als "Literatur" zeugt auch Charles Nodiers Essay *Du Fantastique en littérature*. Die Apokalyptik ist für ihn eine Form der "superstition", die er nicht als bloßen Aberglauben begreift, sondern als die Kunde von den erhabenen Dingen ("choses élevées"), auf die sich die Theologie ("science de Dieu") in allen Religionen stütze und die – Nodier spielt dabei auf die Etymologie von frz. "superstition" an (lat. *superstare*: frz. "se tenir dessus", dt. "obenauf stehen") – jenseits des gewöhnlichen, d.h. empirischen, Zugriffs stünden:

> J'ai dit que la science de Dieu elle-même s'étoit appuyée sur le monde fantastique ou *superstant*, et c'est une de ces choses qu'il est à peu près inutile de démontrer. [...] Qui ne se rappelle au premier abord les amours si mystérieux des anges, à peine nommés dans l'Écriture, avec les filles des hommes, l'évocation de l'ombre de Samuel par la vieille pythonisse d'Endor, cette autre vision sans forme et sans nom, qui se mainfestoit à peine comme une vapeur confuse, et dont la voix ressembloit à un petit souffle, cette main gigantesque et menaçante qui écrivit une prophétie de mort, au milieu des festins, sur les murs du palais de

Balthazar, et surtout cette incomparable épopée de l'Apocalypse, conception grave, accablante pour l'âme comme son sujet, comme le dernier jugement des races humaines, jeté sous les yeux des jeunes églises par un génie de prévision qui semble avoir anticipé surtout l'avenir, et d'inspirer de l'expérience de l'éternité (Nodier: 1968, 73f.).

Nodier setzt in seiner Betrachtung des Phantastischen in der Apokalyptik den Akzent auf die Wirkung, die diese auf ihre Adressaten ausübe: Die Apokalyptik totalisiert die Zukunftserwartung, die auf die Ewigkeit hin ausgerichtet ist; sie ist von großem rhetorischen Pathos. Nodier geht explizit auf diesen rhetorischen Aspekt des religiös motivierten Phantastischen und damit auch der Apokalyptik ein: Dieser eigne ein der religiösen Erfahrung angemessener Stil, der durch eine dunkle und feierliche Ausdrucksform Emotionen erzeugen soll (rhet. *movere*).

Le fantastique religieux, s'il est permis de s'exprimer ainsi, fut nécessairement solennel et sombre parce qu'il ne devoit agir sur la vie positive que par des impressions sérieuses. La fantaisie purement poétique se revêtit au contraire de toutes les grâces de l'imagination. Elle n'eut pour objet que de présenter sous un jour hyperbolique toutes les séductions du monde positif (Nodier: 1968, 74).

Die ausschließlich poetische Einbildungskraft dagegen tauche lediglich die Welt in ein hyperbolisches Licht: Die rhetorische Figur der Hyperbel stellt sich Nodier dann als leere Hülse dar, als Übertreibung alltäglicher Erfahrungsmomente, wenn sie von keinem ursprünglichen, biblischen Gehalt mehr getragen ist. Dieser ursprüngliche Gehalt könne auch von religiös motivierten Texten wie etwa bei Dante oder Jean Paul nicht eingeholt werden, womit diese in ihrer rhetorischen bzw. ästhetischen Wirkung zwangsläufig immer hinter der biblischen Apokalypse zurückstünden. Der Gedanke lässt sich über die von Nodier zitierten Beispiele hinausgehend verallgemeinern: Die Übernahme von Motiven aus der biblischen Apokalyptik oder das bloße Evozieren derselben verwandelt diese selbst in eine verfügbare Hyperbel, mit der beliebige Erfahrungsmomente bezeichnet werden können, die aber für immer von dem eigentlichen Offenbarungsgehalt abgeschnitten bleiben.

1.3.2. Musset

Alfred de Musset evoziert die *Apokalypse* des Johannes in seinem dramatischen Gedicht *Rolla* als Hyperbel, um der Melancholie seines Helden Gestalt zu verleihen. Rolla ist ein Lebemann ("débauché"), der sein Vermögen durchbringt und anschließend Selbstmord begeht. In einem romantischen Rückblick tauchen arkadische Bilder auf, doch von diesen erfährt er sich ebenso ausgeschlossen wie von früheren Momenten der Lebensfülle. Sein Ausruf "Je suis né trop tard dans un monde trop vieux", mit dem er die Möglichkeiten authentischer Daseinsentwürfe ausschließlich in der Vergangenheit verortet, wird zum Leitmotiv des *Mal du siècle* avancieren. In Rollas nostalgische Rückschau fügt sich auch die Vision vom heiligen Johannes auf Patmos:

> Qui de nous, qui de nous va devenir un Dieu?
> La Terre est aussi vieille, aussi dégénérée
> Elle branle une tête aussi désespérée
> Que lorsque Jean parut sur le sable des mers,
> Et que la moribonde, à sa parole sainte,
> Tressaillant tout à coup comme une femme enceinte,
> Sentit bondir en elle un nouvel univers.
> Les jours sont revenus de Claude et Tibère;
> Tout ici, comme alors, est mort avec le temps,
> Et Saturne est au bout du sang de ses enfants;
> Mais l'espérance humaine est lasse d'être mère,
> Et le sein tout meurtri d'avoir tant allaité,
> Elle fait son repos de sa stérilité. (Musset: 1957, 275)

Die *Apokalypse* des Johannes erscheint in diesem dramatischen Gedicht als eine Prophetie der Vergangenheit, welche die Erde noch einmal erzittern und ihr eine Erneuerung zuteil werden ließ. Die hyperbolische Darstellung einer vergangenen Erneuerung dient der Amplifikation der in der Gegenwart erfahrenen Verödung. In der Vergangenheit erwies sich, gewissermaßen garantiert durch die apokalyptische Prophezeiung, die Zeit noch als eine in die Zukunft geöffnete; sie war durchdrungen von Daseinsfülle. Der *Mal du siècle*, die Zeitkrankheit der ausgehenden Romantik, ist auch eine Erkrankung an der Zeit: Der Verlust der Dimension Zukunft im Zeiterleben ist das Symptom zahlreicher psychischer Erkrankungen, in welcher der Kranke regelrecht die Haltung eines zum Tode Verurteilten einnimmt (Binswanger: 1994, 369f). Dieses Symptom kennzeichnet insbesondere die Melancholie.[34] Eugène Minkoswki sieht den Melancholiker (und vor allem den schizophrenen Melancholiker) mit einem "avenir barré" konfrontiert, der in letzter Konsequenz den Kranken in den Suizid treiben kann – "Là où le flux de la vie se trouve barré, la mort immanente se trouve arrêtée également; c'est la mort transitive qui s'impose alors en maîtresse d'esprit" (Minkowski: 1988, 284) –, wenn er sich in der Todesvorstellung einrichtet und sein Leben von einem imaginierten Ableben her betrachtet, das für ihn ebenso bereits eingetreten ist wie die Apokalypse für den lebensmüden Protagonisten von Mussets *Rolla*.

1.3.3. Hugo
In *Les Misérables* unterscheidet Victor Hugo zwischen dem primär von unmittelbaren materiellen Bedürfnissen geleiteten Aufruhr ("émeute") und dem echten Aufstand ("insurrection"):

---

[34] In seinem Exkurs "Handlungshemmung und Reflexion" interpretiert Lepenies die Melancholie als eine veränderte Beziehung zum Raum (Lepenies: 1998, 207-213). Lepenies Ansatz widerspricht indes nicht unbedingt dem von Minkowski und Binswanger. Eine ausführlichere Gegenüberstellung der beiden Auffassungen zur Melancholie würde jedoch den Rahmen der vorliegenden Untersuchung sprengen.

Dans les cas les plus généraux, l'émeute sort d'un fait matériel; l'insurrection est toujours un phénomène moral. L'émeute, c'est Masaniello; l'insurrection, c'est Spartacus. L'insurrection confine à l'esprit, l'émeute à l'estomac (Hugo: 1951, 1079).

Form und Intensität eines solch ethisch motivierten Aufstandes ("insurrection"), der in der regelrechten Wiederauferstehung einer Kollektivität ("résurrection") kulminieren könne (vgl. Krauß: 1999, 207-209), seien von den historischen Bedingungen abhängig:

> Parfois, insurrection, c'est résurrection. La solution de tout par le suffrage universel étant un fait absolument moderne, et toute l'histoire antérieure à ce fait étant, depuis quatre mille ans, remplie du droit violé et de la souffrance des peuples, chaque époque de l'histoire apporte avec elle la protestation qui lui est possible. Sous les Césars, il n'y avait pas d'insurrection, mais il y avait Juvénal. Le *facit indignatio* remplace les Gracques. Sous les Césars il y a l'exilé de Syène; il y a aussi l'homme des *Annales* (Hugo: 1951, 1077).

Verbieten es die politischen Gegebenheiten, dass es zu einem Aufstand kommt, dann bleibt noch immer der Aufstand des Geistes! So vergleicht Hugo den römischen Historiker Tacitus und den im Exil schreibenden Dichter Juvenal, denen er aus ihrem historischen Ort heraus verschiedene Funktionen zuweist, mit dem Poeten und Intellektuellen angesichts der Aufstände des 19. Jahrhunderts; so artikuliert der im Exil auf der Insel Guernsey lebende Hugo sein eigenes Selbstverständnis als Dichter des Widerstandes und der Revolte. Auf Guernsey vollendet er die Niederschrift der *Misérables* und vergleicht sich, wenn auch indirekt, mit dem Verfasser der *Offenbarung*, in der er – alle exegetischen Erkenntnisse mit rhetorischer Verve beiseite schiebend – die Umwandlung der prophetischen Vision in eine einzige gewaltige Satire erkennt:

> Nous ne parlons pas de l'immense exilé de Pathmos qui, lui aussi, accable le monde réel d'une protestation au nom du monde idéal, fait de la vision une satire énorme, et jette sur Rome-Ninive, sur Rome-Babylone, sur Rome-Sodome, la flamboyante réverbération de l'Apocalypse. Jean sur son rocher, c'est le sphinx sur son piédestal; [...] (Hugo: 1951, 1077).

Rhetorisches Pathos und Schärfe gewinnt nach Hugo die Sprache des Dichters oder des Historikers dann, wenn die Voraussetzungen besonders düster sind, wenn Tyrannen den Intellektuellen in seinen Wirkungsmöglichkeiten einschränken. Angesichts gesteigerter Ohnmacht der Gesellschaft entfalte gerade das gefesselte Wort eine Furcht erregende Kraft:

> Comme les Nérons règnent à la manière noire, ils doivent être peints de même. Le travail au burin tout seul serait pâle; il faut verser dans l'entaille une prose concentrée qui morde. Les despotes sont pour quelque chose dans les penseurs. Parole enchaînée, c'est parole terrible (Hugo: 1951, 1077f.).

2. Vom Unzeitgemäßen der Apokalyptik: Ernest Renan

Der französische Religionshistoriker Ernest Renan setzt sich intensiv mit der Apokalyptik auseinander, insbesondere jedoch mit der *Johannesapokalypse*: "L'*Apocalypse* est, en un sens, le sceau de la prophétie, le dernier mot d'Israël" (Renan IV: 1949, 1402). Renan geht es dabei nicht zuletzt um den historisch-politischen Gehalt der *Offenbarung*. Nicht weniger aber gilt sein Augenmerk der Rezeption der Apokalyptik und der Haltung der Kirche zu derselben, die lange darum rang, die *Johannesapokalypse* in die Reihe der kanonisierten Schriften aufzunehmen, und die vor allem im 2. Jahrhundert sich durch chiliastische Sekten in ihrer Einheit bedroht sah (vgl. Renan V: 1952, 463): Im Falle der chiliastischen Sekten kann von einer angsterzeugenden und angststeigernden Funktion der Apokalyptik bzw. apokalyptisch gefärbten Rhetorik ausgegangen werden, die in dieser Epoche sich gegen die Einheit der zur Institution Kirche gerinnenden christlichen Glaubensgemeinschaft richtete. Die Beschäftigung Renans mit der Apokalyptik verdient deshalb besonderes Interesse, weil durch diese hindurch die Position des Autors nicht nur als Historiker, sondern auch als Chronist seiner Zeit deutlich wird. Für Renan, der – *mutatis mutandis* wie Drewermann und andere Theologen des 20. Jahrhunderts – die Apokalyptik als eine Antwort auf ein von Krise erschüttertes Bewusstsein betrachtet, ist dieser ein ambivalenter Zug eigen:

> L'avenir est à ceux qui ne sont pas désabusés. Malheur à ceux dont parle Saint Paul, *qui spem non habent!* C'est par là qu'Isaïe a été, plus qu'aucun des héros religieux du vieil Israël, le fondateur du christianisme. Isaïe eut la chance d'avoir un continuateur anonyme digne de lui, qui le mit en quelque sorte au courant du temps et lui fit dire ce qu'il aurait dit cent cinquante ans après sa mort. Les aspirations de ces deux grandes âmes, si fortement associées [vgl. Jes. XI (authentique) und Jes. LXV (apocryphe)], seront relevées par les évangélistes, par l'auteur de l'*Apocalypse* de Pathmos, par Joachim de Flore et les sectateurs de l'Evangile éternel. Ils ont été la fumée d'encens dont l'humanité s'est grisée durant des siècles. Ces puissants narcotiques, consolant l'homme par des paradis imaginaires des tristesses de la réalité, ne cesseraient d'être nécessaires que si l'homme atteignait l'état de bien-être matériel qui rend le rêve inutile. Or, si l'humanité atteignait un pareil état de morne béatitude, elle s'y corromprait si vite, de tels abus se produiraient, que, pour sortir de cette stagnation putride, il lui faudrait de nouveau des héros, des victimes, des expiateurs, des Serviteurs de Iahvé. C'est le cercle éternel de toute vie. Espérons que le résultat définitif se solde en quelque progrès. Dans l'ordre de la science, cela est sûr. Dans l'ordre de la moralité humaine, cela est plus douteux (Renan VI: 1953, 978f).

Renan bezeichnet die Apokalyptik als ein Narkotikum, mit dem sich die Menschheit berausche. Die *Apokalypse* mit ihrer Vision vom *Himmlischen Jerusalem* betrachtet er in erster Linie als einen Trost, der seinen Ursprung im

Alten Testament habe: "La Jérusalem céleste de l'Apocalypse, qui suffit à consoler le monde depuis dix-huit ans, est une copie, légèrement régularisée, de la Jérusalem d'Ezechiel" (Renan VI: 1953, 916). Einer heillosen, dem Untergang geweihten Welt steht der visionäre Traum vom Paradies entgegen. Allerdings ist Renan skeptisch, was das – hypothetische – Erreichen eines solchen Paradieses *auf Erden* anbelangt: Der Zustand einer trüben Glückseligkeit würde die Menschheit schnell korrumpieren und der ethischen Fäulnis anheim stellen. Renan spricht hier ein klares Verdikt gegen eine eudaimonistische Vorstellung vom Paradies aus. Seine Kritik an einer solchen Vorstellung erfährt in der These ihre Zuspitzung, wonach nur unter Bedingungen der krisenhaften Spannung der Mensch überhaupt produktiv werden könne, einer Spannung, die unüberbrückbare Gegensätze voraussetzten. Daher ist für Renan die Aufhebung sozialer Unterschiede undenkbar. Nur unter der Voraussetzung anhaltender Spannung hält er überhaupt Fortschritt für möglich. Gemeint ist der Fortschritt in der Wissenschaft – was den Fortschritt in der sittlichen Entwicklung des Menschen betrifft, hegt Renan starke Zweifel. Bei ihm zeichnet sich schon deutlich jener *anthropologische Pessimismus* ab, der das Denken ab der Jahrhundertwende nicht mehr loslassen und der die Condorcetsche Annahme von der Entwicklung des Menschen zu einem immer höheren Grad der *perfectibilité* einer fortwährenden Widerlegung unterziehen wird. Renan schwebt eine alttestamentarische Ethik im Geiste der vom Volk Israel vorgenommenen Verbindung von eschatologischer Prophetie und Thora vor:

> Ainsi, dans ce génie étrange, les visions eschatologiques du prophétisme s'unissaient, par un phénomène unique en Israël, aux soucis positifs de la *Thora* (Renan VI: 1953, 916).

Doch aus der Thora lasse sich kein geschlossenes (sozialistisches) Programm zur Gestaltung der gesellschaftlichen Wirklichkeit deduzieren:

> Ce sont des indications générales, qui deviennent puériles quand elles veulent en venir à quelque netteté, des plans comme ceux qu'on pouvait élaborer autour de M. le comte de Chambord ou ceux qu'on discute dans les clubs socialistes (Renan VI: 1953, 916).

Seine These von einer katastrophenträchtigen Krise als dem notwendigen Stimulans für den Geist und den wissenschaftlichen Fortschritt hat Renan in einer kurz nach der Revolution von 1848 – also in der Zeit der 'apokalyptischen' Manifeste – verfassten Schrift *L'Avenir de la science* (veröffentlicht 1890) dargelegt:

> Ce n'est donc ni le bien-être ni même la liberté qui contribuent beaucoup à l'originalité et à l'énergie du développement intellectuel; c'est le milieu des grandes choses, c'est l'activité universelle, c'est le spectacle des révolutions, c'est la passion développée par le combat. Le travail de l'esprit ne serait sérieusement menacé que le jour où l'humanité serait trop à l'aise. Grâce à Dieu, nous n'avons pas à craindre que ce jour soit près de nous (Renan III: 1949, 1065).

Hier findet sich Renans Kritik an einer eudaimonistischen Utopie vorgegeben, die zu wiederholen er nicht müde werden wird. Renan dankt Gott dafür, dass der Tag noch fern sei, an dem der Geist von einer ganz dem Wohlergehen zugewandten Menschheit bedroht werde. Die menschliche Natur sei keineswegs als eine beschränkte zu betrachten – eine Absage *ante rem* an die philosophische Anthropologie des beginnenden 20. Jahrhunderts. Doch mehr noch als dieser Aspekt verdient an dieser Stelle sein Verständnis von Krise Aufmerksamkeit: Aus einer Epoche der Krise heraus entstünden bei starken Rassen (charismatische) *monstres* von außergewöhnlichem intellektuellem Rang, welche die Zivilisation mit ihren strengen Regeln nicht gebären könne – *mutatis mutandis* nimmt hier der von Nietzsche so gering geschätzte Renan den Gedanken des höheren Menschen oder Übermenschen vorweg:

> Il ne faut pas se figurer la nature humaine comme quelque chose de si bien délimité qu'elle ne puisse atteindre au delà d'un horizon vulgaire. Il y a des trouées dans cet horizon, par lesquelles l'œil perce l'infini; il y a des vues qui vont comme un trait au-delà du but. Il peut naître chez les races fortes et aux époques de crise des *monstres* dans l'ordre intellectuel, lesquels, tout en participant à la nature humaine, l'exagèrent si fort en un sens qu'ils passent presque sous la loi d'autres esprits et aperçoivent des mondes inconnus. Ces êtres ont été moins rares qu'on ne pense aux époques primitives. Il se peut qu'un jour il apparaisse encore de ces natures étranges, placées sur la limite de l'homme et ouvertes à d'autres combinaisons. Mais assurément, ces monstres ne naîtront pas dans notre petit train ordinaire (Renan III: 1949, 1067f.).

Der Zorn Renans richtet sich gegen die kleinbürgerlich gesinnte Gesellschaft in Frankreich. In der bürgerlich-liberal ausgerichteten Julimonarchie etwa sieht er ein Abfallen der intellektuellen Produktion gegenüber der Zeit vor der Revolution von 1830 – "les années de la compression de la Restauration" (Renan III: 1949, 1066). Das (Klein-) Bürgertum würde in seiner Mediokrität Männer wie die großen Dichter und Propheten geradewegs ins Irrenhaus stecken:

> Qu'un homme répande des larmes sans objet, qu'il pleure sur l'universelle douleur, qu'il rie d'un rire long et mystérieux, on l'enferme à Bicêtre, parce qu'il ne cadre pas sa pensée dans nos moules habituels (Renan III: 1949, 1068).

Die Menschheit brauche wieder einen neuen Glauben, der die Emotionen rühre, der das Leiden in sich aufnehme. Nur im Leiden sei wahre Erkenntnis möglich: "La souffrance a été pour l'homme la maîtresse et la révélatrice des grandes choses. L'ordre est une fin non un commencement" (Renan III: 1949, 1069). Und für die Erkenntnis der großen Dinge, die allein das Leiden ermögliche, bedürfe es großer Männer. Nur eine große Katastrophe könne solche Männer – gemeint sind letztlich Propheten von alttestamentarischem Format – hervorbringen. Die Krise oder Katastrophe nimmt bei Renan den Charakter einer Herausforderung an; und auf ihr Eintreten scheint Renan seine ganze Hoffnung zu setzen.

Le monde croulerait qu'il faudrait philosopher encore, et j'ai confiance que si jamais notre planète est victime d'un nouveau cataclysme, à ce moment redoutable, il se trouvera encore des âmes d'hommes qui, au milieu du bouleversement et du chaos, auront une pensée désintéressée et scientifique et qui, oubliant leur mort prochaine, discuteront le phénomène et chercheront à en tirer des conséquences pour le système général des choses (Renan III: 1949, 1074).

Die Kernaussage seines Essays *L'Avenir de la science* macht indes die Verurteilung des *décadence*-Gedankens, also der Umkehrung bzw. Negation von Fortschritt, aus: "Décadence est un mot qu'il faut définitivement bannir de la philosophie de l'histoire" (Renan III: 1949, 786; vgl. Renan III: 1949, 1038). Sein Fortschrittsverständnis gipfelt in der Annahme einer nützlichen "chimère" (Taguieff: 2000, 266). Nur der Glaube an eine fortschreitende Perfektionierung der zivilisatorischen Errungenschaften könne den Menschen zu Großem tragen. Das offene Buch der Geschichte fordert von seinem geschichtsphilosophisch geschulten Exegeten die heuristische Fiktion "Fortschritt" als sinnstiftendes Prinzip, das aufgeht in dem Glauben an den göttlichen Auftrag, das Vollkommene anzustreben. Darin bestehe das wahre Ethos:

Si je ne croyais que l'humanité est appelée a une fin divine, la réalisation du parfait, je me ferais épicurien, si j'en étais capable, et sinon je mes suicidais (Renan III: 1949, 1056; vgl. Taguieff: 2000, 266).

Renan fordert nicht nur einen neuen Glauben, sondern auch eine neue Ordnung im Geiste der Wissenschaft. Hier greift er direkt einen Gedanken des Saint-Simonismus auf: "Organiser scientifiquement l'humanité, tel est donc le dernier mot de la science moderne" (Renan III: 1949, 757). Die neue Wissenschaft verlange aber die Größe des neuen Glaubens, wenn nicht den neuen Menschen, der einen genialen Geistesmenschen vorzustellen habe – "le monstre dans l'ordre intellectuel". Wie der Saint-Simonismus will er auch die Politik – und damit den "gouvernement" – abschaffen, aber nicht um den Staat – und hierin unterscheidet er sich von den meisten saint-simonistischen Ansätzen – einer Maschine gleich zu verwalten; die neue Wissenschaft habe eine neue Ethik zur Grundlage der neuen Gesellschaftsorganisation zu erheben. Eine solche Ethik kann bei Renan nur in einer Moral der Stärke ihren adäquaten Ausdruck finden, die sich gegen jede mechanistische Eingliederung des Menschen in ein Räderwerk richtet (Renan III: 1949, 757). Wissenschaft und Vernunft, so seine Vision, würden eines Tages zu Gott aufrücken, ja ihn, Gott, selbst vervollkommnen:

L'œuvre universelle de tout ce qui vit étant de faire Dieu parfait, c'est-à-dire de réaliser la grande résultante définitive qui clora le cercle des choses par l'unité, il est indubitable que la *raison*, qui n'a eu jusqu'ici aucune part à cette œuvre, laquelle s'est opérée aveuglément et par la sourde tendance de tout ce qui est, la raison, dis-je, prendra un jour en main l'intendance de cette grande œuvre et, après avoir organisé l'humanité, organisera Dieu (Renan III: 1949, 757).

Über den kultur-anthropologischen Mythos von der katastrophenhaften Krise – auf einen solchen läuft seine These von der Krise als Stimulans des Geistes hinaus – und die Idee von einem neuen Glauben der Stärke entfernt er sich vom Saint-Simonismus, der einen sanften Millenarismus auf der Grundlage der bestehenden Gesellschaftsordnung propagiert. Renans Konzeption ist revolutionär, obzwar sie den politischen Revolutionen skeptisch gegenübersteht (vgl. Renan III: 1949, 1027). Mit seinem Gedanken, Gott zu "organisieren", nimmt sein (kultur-) geschichtlicher Ansatz – in Bezug auf die Eschatologie – eine eigentümliche Wendung. Renan supponiert einen Wettlauf der Wissenschaft, das heißt des menschlichen Geistes, mit dem Schicksal der Schöpfung:

> L'Antéchrist a cessé de nous effrayer, et le livre de Malvenda [De Antichristo libri XI, Rom 1604] n'a plus beaucoup de lecteurs. Nous savons que la fin du monde n'est pas aussi proche que le croyaient les illuminés du premier siècle et que cette fin ne sera pas une catastrophe subite. Elle aura lieu par le froid, dans des milliers de siècles, quand notre système solaire ne réparera plus suffisamment ses pertes et que la Terre aura usé le trésor de vieux soleil emmagasiné comme une provision de route dans ses profondeurs. Avant cet épuisement du capital planétaire, l'humanité aura-t-elle atteint la science parfaite, qui n'est pas autre chose que le pouvoir de maîtriser les forces du monde, ou bien la terre, expérience manquée entre tant de millions d'autres, se glacerait-t-elle avant que le problème qui tuera la mort ait été résolu? Nous l'ignorons. Mais avec le Voyant de Pathmos, au delà des alternatives changeantes, nous découvrons l'idéal, et nous affirmons que l'idéal sera réalisé un jour. A travers les nuages d'un univers à l'état d'embryon, nous apercevons les lois du progrès de la vie, la conscience de l'être s'agrandissant sans cesse et la possibilité d'un état où tous seront dans un être définitif (Dieu) ce que les innombrables bourgeons de l'arbre sont dans l'arbre [...]. Quelle que soit la forme sous laquelle chacun de nous conçoit cet avènement futur, l'*Apocalypse* ne peut manquer de nous plaire. Elle exprime symboliquement cette pensée fondamentale que Dieu est, mais surtout qu'il sera (Renan IV: 1949, 1411f.)

Der Antichrist hat seinen Schrecken verloren: An die Stelle eines katastrophalen Endes, wie es die Visionen der Apokalyptik ausmalen, tritt nun das langsame Erkalten des Sonnensystems. Und Renan ist voller Vertrauen in den Fortschritt der Wissenschaft, der er zumindest zutraut, den Wettlauf gegen den langsamen Kältetod der Erde aufzunehmen. Das Rennen sieht er zwar noch als offen an, doch bleibe das von Johannes auf Patmos verkündete Ideal, das sich eines Tages verwirklichen werde – womit hier die Größe des angekündigten Ereignisses, nicht jedoch eine diesseits oder jenseits verwirklichte Utopie gemeint ist. Die Apokalypse wird zum Symbol aller Hoffnung in Gott und die Gesetze des Fortschritts. Renan enthält sich der abschließenden Prognose, jedoch impliziert sein Glaube an Gott nicht zuletzt auch den Glauben an die fortschreitende Naturbeherrschung durch den Menschen, der auf diesem Weg seinen Teil zur Verwirklichung einer zukünftigen 'Parusie' zu leisten vermöge, indem er durch eine "science parfaite" noch vor dem Erkalten des Erdballs das Problem des Todes löse – was nichts anderes heißt, als dass Renan die Verwirklichung der in der *Offenbarung* angekündigten chiliastischen Vorstellung vom Ende des Todes an die Wissenschaft überantwortet (vgl. Gore: 1970, 289). Sein Gedanke von einem Wettlauf des Menschen gegen ein zum langsamen Erkalten verdammtes Universum nimmt die Gestalt einer in die Hände des mit der Natur ringenden Menschen gelegten Eschatologie an. Andererseits gilt: *Es ist nun nicht mehr die Geschichte, die zu Ende gedacht wird, sondern ein den physikalischen Gesetzen gehorchender Naturprozess.*

Renan steht mit seiner Sicht von einer Apokalyptik, die an Bedeutung verloren habe, und vom Ende des Kosmos, die sich die Berechnungen der Naturwissenschaften zu eigen gemacht hat, gewissermaßen – folgt man der Bestandsaufnahme von Klaus Vondung – an einer Nahtstelle:[35]

> Seit dem 19. Jahrhundert kommen Untergangsvisionen auf, die keine Perspektive auf eine neue Welt eröffnen, doch es gibt auch weiterhin Visionen des klassischen apokalyptischen Typs, in denen dem Untergang die Erneuerung folgt (Vondung: 1988, 276).

3. Exkurs: Die kitschige Stimmung des Untergangs

Hinter den Untergangsvisionen des ausgehenden 19. und beginnenden 20. Jahrhunderts steht der Wunsch nach dem Festhalten am Bestehenden, ein Wunsch, der gerade auch dort nach einem Residuum strebt, wo das Bestehende sich als gefährdet erweist. So kommt es zu paradoxen Konstrukten. Ein solches hat etwa Virilio am Beispiel des von Kapitän Nemo in Jules Vernes *Vingt mille Lieues sous les mers* propagierten Wahlspruchs *mobilis in mobili* aufgezeigt: die Hingabe an die Bewegung durch Bewegung, wodurch Bewegung als solche im Sinne einer Konfrontation von Zeit und Raum nicht mehr wahrgenommen wird und die Illusion von "fixité", von Stillstand entsteht (Virilio: 1998a, 105 – s.o.). Die ökonomische Entwicklung, die drohende soziale Revolution lassen die Lebensangst ansteigen. Das bürgerliche Bewusstsein schafft sich ideologische Ausflüchte, indem es seine Befindlichkeit in ein schales Pathos hüllt, das von der Natur des *kitschigen Erlebens* ist.

Ludwig Giesz sieht in seiner daseinsanalytischen *Phänomenologie des Kitsches* die Hauptleistung des Kitsches in der *Entdämonisierung des Lebens*, "und zwar ausgerechnet da, wo jeglicher Augenschein dagegenspricht: Tod, Sexus, Krieg, Schuld, Not, Geburt, Gott usw. Die Jasperschen 'Grenzsituationen' der menschlichen Existenz, könnte man sagen, vermag der Kitsch in eine rührende Idylle zu verwandeln, die angemessen numinosen Schauer (Angst,

---

[35] In der Tat stellte im 19. Jahrhundert der Rückgriff auf eine apokalyptische Rhetorik in Bezug auf das neuzeitliche Bewusstsein ein Novum dar, war doch seit dem ausgehenden Mittelalter gerade in der Geschichtsbetrachtung ein Nachlassen der "eschatologischen Anspannung" (vgl. Schreiner: 1987, 426) zu verzeichnen.

Ehrfurcht, Andacht, Verzweiflung u.a.) durch annehmliche Gerührtheit zu ersetzen" (Giesz: 1994, 49). Die Seinserfahrung im Kitsch-Genuss ist eine von spezifischen Stimmungen beherrschte; die kitschigen *Stimmungen* erzeugen eine genüsslerische *Seinserfahrung*, einen Zustand, der im Bild des Klebrigen seine adäquate Entsprechung findet (Giesz: 1994, 52f).[36] Für Giesz rückt die *kitschige Stimmung* zu den "zuständlichen Gestimmtheiten" auf, "dem Dösen zum Beispiel, insofern als die Bewußtseinstranszendenz niedrig gehalten ist" (Giesz: 1994, 81). Die Genussform des Kitsches sucht überall ihr Objekt. So müssen nicht nur ästhetisch minderwertige Gegenstände, die gemeinhin als *kitschig* bezeichnet werden, diese Aufgabe erfüllen: Auch Gegenstände der hohen Kunst können zum Kitschobjekt erniedrigt werden, vor allem dann, wenn sie über Reproduktionen in die Sphäre des Privaten rücken; denn dem Kitschgenuss eignet eine *dumpfe Privatheit*. Imitationen und massenhafte Reproduktion sind letztlich Kennzeichen eines Kitschobjektes, das die stete Wiederholbarkeit *kitschiger Stimmungen* an ihm garantiert. Das dem Kitschobjekt eigene Moment der Wiederholung erzeugt die Illusion von Seinsgewissheit; die durch den Kitsch niedrig gehaltene oder gar suspendierte "Bewußtseinstranszendenz" macht den Kitschgenuss zu einer besonderen Form der Regression. Oder um es in den Worten Hermann Brochs auszudrücken, auf dessen Theorie des Kitsches sich Giesz stützt: Der Kitsch bezeichnet ein "Imitationssystem"; der "Kitsch-Mensch" (Broch IX.2: 1975, 158ff; vgl. Giesz: 1994, 97-110; Kuhnle: 2003a, 124f) ist derjenige, der ganz in diesem aufgehend zu ethischem Handeln nicht mehr fähig ist. Die kitschige Lebenshaltung kann schließlich sogar zu einer epochenspezifischen Befindlichkeit avancieren (Stichwort: Biedermeier): Die eigene historische Situation wird in den unterschiedlichsten Formen des menschlichen Ausdrucks stets auf ein Maximum an sich wiederholenden, Identifikation stiftenden Elementen ausgerichtet. Der öffentliche Raum wird zur erweiterten Privatsphäre.

Kitsch ist somit eine Form der Abwehr von Lebensangst, einer Lebensangst, die auch dann noch am Bestehenden festhalten lässt, wenn sich die Einsicht einstellt, dass das "weiter so" geradewegs in den Niedergang oder die Katastrophe mündet. Der paralysierende Wunsch nach behaglicher Seinsgewissheit verhindert, dass sich der ethisch motivierte Aufbruch hin zu einer intentionalen Veränderung der Wirklichkeit einstellt. Es kommt nunmehr zu dem Paradox, dass man sich gerade in einer von bevorstehenden Katastrophen gezeichneten Situation genüsslich einrichtet, um diese zu "entdämonisieren". Eine brillante Schilderung eines solchen Vorgangs findet sich in dem nach dem Ersten Weltkrieg entstandenen Text *Kaiserpanorama* von Walter Benjamin:

> In den Schatz jener Redewendungen, mit welchen aus Dummheit und Feigheit zusammengeschweißte Lebensart des deutschen Bürgers sich alltäglich verrät, ist

---

36 Giesz stützt sich hier auf Sartres ontologische Analyse von "le visqueux" (Sartre: 1982a., 661-678.; vgl. Kuhnle: 1999).

die von der bevorstehenden Katastrophe – indem es ja "nicht mehr so weitergehen" könne – besonders denkwürdig. Die hilflose Fixierung an die Sicherheits- und Besitzvorstellungen der vergangenen Jahrzehnte verhindert den Durchschnittsmenschen, die höchst bemerkenswerten Stabilitäten ganz neuer Art, welche der gegenwärtigen Situation zugrunde liegen, zu apperzipieren. Da die relative Stabilisierung der Vorkriegsjahre ihn begünstigte, glaubt er, jeden Zustand, der ihn depossediert, für unstabil ansehen zu müssen. Aber stabile Verhältnisse brauchen nie und nimmer angenehme Verhältnisse zu sein und schon vor dem Kriege gab es Schichten, für welche die stabilisierten Verhältnisse das stabilisierte Ende waren. Verfall ist um nichts weniger stabil, um nichts wunderbarer als Aufstieg. Nur eine Rechnung, die im Untergang die einzige ratio des gegenwärtigen Zustandes zu finden sich eingesteht, käme vor dem erschlaffenden Staunen über das alltäglich sich Wiederholende dazu, die Erscheinungen des Verfalls als das schlechthin Stabile und einzig Rettende, als ein fast ans Wunderbare und Unbegreifliche grenzendes Außerordentliches zu gewärtigen. Die Volksgemeinschaften Mitteleuropas leben wie Einwohner einer rings umzingelten Stadt, denen Lebensmittel und Pulver ausgehen und für die Rettung menschlichem Ermessen nach kaum zu erwarten ist (Benjamin: IV.1: 1991, 94f).

Die Hinwendung des Bürgertums zu einem kitschigen Pathos der Katastrophe und des Verfalls entspringt, wie Georg Lukács nach dem Zweiten Weltkrieg ausführt, einem Dilemma, in dem sich eine apologetische bürgerliche Ideologie angesichts der seit dem 19. Jahrhundert nicht mehr wegzuleugnenden Krisen gezwungen sieht, mit einer affirmativen Philosophie des Pessimismus zu reagieren:

> Es ist der Druck der Tatsachen auf das Denken. Jene Welt, welche die gewöhnliche bürgerliche Ideologie als ein harmonisches Ganzes darzustellen bestrebt ist, steht als schreckliches und sinnloses Chaos vor den Menschen (Lukács: 1951a, 66).

Der Nationalsozialismus verstand es, den Wunsch des Bürgers nach Ordnung im Bestehenden ebenso für sich zu instrumentalisieren wie den zum Nihilismus gesteigerten Pessimismus, der nichts anderes bedeutet, als der Versuch, Ordnung im Prozess des Niedergangs zu schaffen. Das Verhältnis von Nihilismus und Ordnung lässt sich in diesem Zusammenhang auf eine einfache Formel bringen: Wenn die ordnenden Kräfte zu versagen beginnen, wird das Nichts zum letzten Refugium, erfüllt es sozusagen die Funktion der letzten Ordnung. Zum einen gab die nationalsozialistische Ideologie vor, die Ordnung zu sichern, indem sie einen Kult der Reinheit trieb, der von den Monumentalbauten bis hin zur Körperkultur reichte und der einen Schutzwall um das von Lebensangst gezeichnete Individuum zu ziehen schien; zum anderen huldigte die "Bewegung" einem Todeskult, der ihr eine höhere Weihe geben sollte, der in Wahrheit aber eine perfide Inversion des Offenbarungsgedankens bedeutete. Mit der schwülstigen Überhöhung des Todes im Zelebrieren gefallener Helden und im Heroisieren des Kampfes kanalisierte der Nationalsozialismus die nihilistische Grundstimmung, wie Saul Friedländer treffend formuliert, durch die "Juxtaposition von Kitsch und Nichts" (Friedländer: 1986, 39). Das daraus entstandene Pathos begründete die – nach wie vor anhaltende – verführerische Faszination des Führers. Indem nun diesem Todeskitsch das Gewand einer Offenbarung übergestreift wurde, bekam der Nihilismus eine höhere Weihe, die eben von dem ablenken sollte, was dessen eigentliches Telos ist: das Nichts. Es sei hierzu noch einmal auf Friedländer verwiesen, der in seiner kritischen Analyse sich der in Literatur und Film erfolgten und noch immer erfolgenden teilweise äußerst unreflektierten Umsetzung der NS-Vergangenheit annimmt. An diesem Aufgreifen primär von Motiven aus dem 'ästhetischen' Repertoire des Dritten Reichs macht er den "neuen Diskurs" in der Repräsentation des Nazismus aus – gemeint ist jene Form der Repräsentation, die direkt und unreflektiert auf die genuinen Effekte faschistischer Ästhetik baut und diese damit perpetuiert: [37]

> [...] symbolische Überfrachtung, barock inszeniertes Arrangement und Evokation einer Atmosphäre voller Mysterien, Mythen und Religiosität als Hülle um eine Vision des Todes, die als Offenbarung verkündet wird, als "Apokalypse" im ursprünglichen Sinne des Wortes, aber als eine Offenbarung, die zu nichts führt, die nichts offenbart außer Finsternis und Entsetzen... Es sei denn, sie wäre die Offenbarung einer geheimen Kraft, die den Menschen zu einer unabwendbaren Selbst- und Weltvernichtung hinführt (Friedländer: 1986, 39).

4. Die Ideologie des katastrophalen Untergangs

Das Perhorreszieren des Chaos ist eine Konstante des bürgerlichen, kleinbürgerlichen Denkens, das Ernst Bloch 1932, am Vorabend der Machtübernahme durch Hitler, in seinem Essay *Angst vorm "Chaos"* (*Erbschaft dieser Zeit*) als den Quell einer nietzscheanisch gestimmten, dezidiert antimaterialistischen und damit antirevolutionären Haltung analysiert, die geradewegs in den Faschismus führe:

> Da ist vom Sündenfall her das lüsterne Weib, muß hart gehalten werden wie alle Begehrlichkeit, ist die Rotte Korah und die große Hure von Babylon, die ebenfalls aus dem Abgrund herauf will. Da ist das Chaos selber als Zustand von Anfang an, der kosmische Untergrund der Welt und als solcher drohend, wo immer die Bande braver Scheu, frommer Scheu sich lösen. Auch die dionysische Umkehr dieser Wertung kommt gegen die alteingefahrene, sozusagen vaterrechtlich

---

[37] Friedländer zitiert hierzu eine Passage aus Michel Tourniers *Le Roi des aulnes*: "Un tapis de neige immaculée, que le dégel n'avait pas entamé, couvrait les dalles de la terrasse. La balustrade était également blanche, sauf au pied des trois épées où elle était largement tachée de rouge, comme si on avait jeté un manteau de pourpre sous chacune d'elles. Ils étaient là tous les trois, Haio, Haro et Lothar, les deux jumeaux roux encadrant en compagnons fidèles l'enfant aux cheveux blancs, percés d'oméga en alpha, les yeux grands ouverts sur le néant, et la pointe des épées faisait à chacun d'eux une blessure différente. [...]. Les étoiles étaient éteintes, et la puérile golgatha se dressait sur un ciel noir" (Tournier: 1970, 390).

eingefahrene Reaktionsbasis nicht auf. Destoweniger als "Dionysos" gänzlich zu einem Herrengott gemacht worden ist, zu einem besonders skrupellosen, und dem Volk durchaus die "Sklavenmoral" bleibt, unter irrationalen Phrasen, die es lediglich betäuben sollen. Gerade die Lebensangst des üblichen Kleinbürgers aber will Sicherheit; gerade die Ungleichzeitigkeit des dämonisierten Kleinbürgers, welche faktisch frühere Bewußtseinslagen streift und im Blutrausch steht, mindestens in archaischen Träumen, will gestaltlos vorgestelltes Chaos nicht, sondern geht dagegen an. Sie will als subaltern Führung und Gefolgschaft, als dämonisierten Drachensieg und deutschen Stern; [...] (Bloch IV: 1962, 401).

Hier wird noch einmal deutlich hervorgehoben: Ungeachtet eines philosophischen Pessimismus, ja Nihilismus, obsiegt beim Bürger dieser Wunsch nach Ordnung, auch wenn dieser unter Umständen als mehrfach gebrochen oder vermittelt hinter einer plakativ vorgetragenen Lust am Untergang und an der Katastrophe aufscheint.

In seinem 1937 im Pariser Exil erschienenen Essay *Die Angst vor dem Chaos. Die falsche Apokalypse des Bürgertums* behandelt der Kunsthistoriker und Philosoph Joachim Schumacher, ein Freund Ernst Blochs, die zum Zweck der Unterdrückung instrumentalisierte Apokalyptik als Teil einer affirmativen Theorie des Chaos. Die Überwindung des Chaos erscheint in der von Schumacher vorgenommenen kritischen Analyse der bürgerlichen Ideologie als eine Variante der anthropologischen These, wonach menschliche Kultur in erster Linie auf der fortschreitenden Beherrschung der Natur gründe. Aus der Sicht des Bürgers werden alle *produktiven* Gesetzmäßigkeiten – und damit die der Natur als solcher ebenso wie die der Gesellschaft – vom Menschen, d.h. vom bürgerlichen Individuum, 'vorgeschrieben'. Der Bürger nimmt nun an, dass das aufsteigende Chaos in einer sich verselbständigenden Welt der Dinge beheimatet wäre; er schließt also die Möglichkeit aus, dass die Krise, wie Marx und Engels nachgewiesen haben, auf die von ihm selbst entfesselten Produktivkräfte zurückgehen könnte: Die Diskrepanz von Produktivität und Dysfunktion in allen gesellschaftlichen Bereichen stürzt den Bürger in eine *traumatisierende* Erfahrung.

Die Theorie vom unvermeidlichen Chaos verortet Schumacher in der Erschütterung des von Optimismus getragenen Fortschrittsgedankens: Die Dinge erweisen sich dem Bürger plötzlich als unbeherrschbar; sie werden bedrohlich und richten sich gegen ihn.

> Die Klassenbedeutung der Chaostheorie liegt darin, daß das Bürgertum aus ihr die eigentümliche Aktivität ableitet, die es in der Welt des ausgehenden Mittelalters entfaltet. Die außer Rand und Band der Kirche geratenen Dinge sollen endlich wieder Order parieren. Das Wesen der Dinge an sich ist dabei nicht so wichtig wie der Grad ihrer Beherrschbarkeit. Dieses *Kriterium der Praxis*, somit vom frühesten Tag bürgerlicher Praxis in die Philosophie eingeführt und im bürgerlichen Geschäft als praktische Kritik betätigt, macht die fortschrittliche Seite der Chaosidee aus. Solange sich das Bürgertum in aufsteigender Linie befindet, betont es die positive Aktivität gegenüber dem "Chaos". Es ist Kaufmann, Manufakturherr, Kolonisator, Atheist, Künstler, Mathematiker, Physiker, Metaphysiker

und Revolutionär in einem. Die Welt ist ihm Bauplatz, wo zwar noch alles durcheinander liegt; aber dafür ist man ja Baumeister und Unternehmer großen Stils. Sobald sich aber die eigenen Widersprüche demonstrativ äußern, sobald es beispielsweise im Wirtschaftsleben, was es bisher nie gegeben, eine Absatzkrise gibt, eine Krise aus Überfluß, und gleichzeitig das Proletariat als neue Klasse auftritt und seine Ansprüche revolutionär geltend macht, erhält auch der alte Chaosbegriff eine neue Bedeutung. Aus der positiven fortschrittlichen Entwicklung und Fortschrittsidee wird nun Stabilisierung, Abwehr, Reaktion, Restauration, zuletzt Faschismus (Schumacher: 1978,. 41).

Die ansteigende Angst vor dem Chaos ist gleichbedeutend mit dem Zuwachs an Macht derjenigen Kräfte, die das Chaos zu beherrschen versprechen. Die 'Chaostheorie' entlarvt Schumacher als die definitive Abkehr von der optimistisch in die Zukunft gerichteten Fortschrittsidee. An die Stelle einer fortschreitenden Indienstnahme von Produktivkräften zur Verbesserung der Lebensbedingungen und der menschlichen Spezies (*espèce humaine*) als solcher tritt nunmehr die Abwehr der von den unbeherrschbar gewordenen Natur- und Produktivkräften (die einen ebenso unbeherrschbar werdenden Zerfall der gesellschaftlichen Ordnung nach sich ziehen) ausgelösten Krisen. Die Krisen werden zum Menetekel der bürgerlichen Ordnung, jener Ordnung, welche die Bourgeoisie nunmehr durch einen 'apokalyptischen' Jargon hindurch beschwört. Dieser Jargon potenziert – je nach Standort des Sprechers – noch die in jeder Apokalyptik enthaltenen Momente der Regression und der Repression. Dabei tritt die ursprünglich heilsgeschichtliche Bedeutung in den Hintergrund – auch wenn der Nationalsozialismus vom "Tausendjährigen Reich" sprechen wird – und die Apokalyptik wird Teil einer trüben Philosophie des Mythos bzw. der Renaissance des Mythos, deren einziges Ziel die Überwindung des Chaos ist.[38]

Das Beschwören der Apokalypse als ideologisches Instrument im revolutionären Kampf propagierte der von den Schriften Renans, Nietzsches und Berg-

---

38 Das Thema *Der Kampf mit dem Chaos* hat Emil Angehrn eingehend untersucht (Angehrn: 1996, 177ff). Seine Studie lässt jedoch eine weitergehende ideologiekritische Reflexion vermissen. Als eine Strategie zur Überwindung des Chaos kann auch die kulturkonservative Ästhetik gelten. So sieht etwa der reaktionäre Kunsthistoriker Sedlmayr die modernen Künstler der Gefahr ausgesetzt, sich an das Formlose und Chaotische zu verlieren (Sedlmayer: 1985, 109). Und das propagierte Chaos, auf das er vor allem den Surrealismus reduziert, gilt ihm als Beleg dafür, dass sich die von ihm der nihilistischen Destruktivität bezichtigte moderne Kunst nicht zu jenem mythischen Bild des ewigen Kreislaufs aufzuschwingen vermöge, das ihre Rettung ausmachen könne: "Es kann kein Zweifel sein, *welche* Bilder sich die Surrealisten erwählt haben. Sie haben für das Chaos und das Reich der Finsternis, für 'Blut, Verwesung und Exkremente' optiert. Das gestehen sie offen ein: 'nous vivons avec le monstre'. Deshalb ist ihre Bilderwelt die Welt des Widersinns und der menschlichen Erniedrigung, der Hinfälligkeit und der Zersetzung, des Lärms und der Stummheit, der Lichtlosigkeit und der Kälte. Ihr Chaos ist kein gebärendes, sondern ein verwesendes, kein heißes, sondern ein eiskaltes, kein Chaos der Natur, sondern der Un- und Widernatur [...]" (Sedlmayr: 1955, 83). Die hier von Sedlmayr gegenüber der Kunst vorgebrachte Forderung erhebt die von Giesz konstatierte "Entdämonisierung des Lebens" zur *differentia specifica* des Ästhetischen.

sons nachhaltig geprägte revolutionäre Syndikalist Georges Sorel. Das Buch *Réflexions sur la violence* des Lenin-Bewunderers und von Benjamin zum "großen, wahrhaft, bedeutenden Theoretiker des Syndikalismus" (Benjamin IV.1: 1991, 489) erklärten Sorel stieß auf das Interesse Mussolinis (Kolakowski: 1978, 173) und sollte für manchen Faschisten auch in Frankreich zum Vademecum des revolutionären Kampfes avancieren (vgl. Benjamin IV.1: 1991, 489; Winock: 1994, 141f). Ausgangspunkt für Sorels Interpretation der Apokalypse ist das als chiliastische Sekte auftretende Frühchristentum, das in der eschatologischen Erwartung lebte, das Schicksal der Menschheit (die Menschheitsgeschichte) in naher Zukunft durch die Rückkehr des Messias vollendet zu sehen (Sorel: 1925, 277; vgl. Haddad: 2002, 36).

Diese chiliastische Theologie habe den noch immer wirksamen "mythe apocalyptique" genährt, auch wenn sich die Erwartungen nicht erfüllt hätten. Dieser "Mythos" habe auch die Reformation zur revolutionären Erneuerung des Christentums gedrängt. Die Heilserwartungen hätten sich zwar nicht erfüllt, aber dessen ungeachtet sei diese 'Revolution' möglicherweise bedeutender gewesen als jene, die sich das 18. Jahrhundert erträumt hätte: Deren Mythos sei von Utopien durchsetzt worden, jenen Produkten einer von literarischer Phantasie ergriffenen Gesellschaft – "société passionnée pour la littérature d'imagination". Diese habe einzig auf eine nachrangige, zweitklassige Wissenschaft vertraut, und nicht auf den Gang der Wirtschaftsgeschichte vergangener Zeiten – "pleine de confiance dans la petite science et fort peu au courant de l'histoire économique du passé" (Sorel: 1925, 278). Die Utopien im Gefolge der Aufklärung seien deshalb zum Scheitern verurteilt gewesen, ohne indes der Kraft der Revolution als solcher Abbruch zu tun. Sorel deutet die apokalyptischen Visionen des ersten und zweiten nachchristlichen Jahrhunderts als die rhetorische Amplifikation der von den frühen Christen im Römischen Reich erduldeten Verfolgungen.

> Tout incident de persécution empruntait à la mythologie de Antéchrist quelque chose de son caractère effroyablement dramatique; au lieu d'être apprécié en raison de son importance matérielle, comme un malheur frappant quelques individus, une leçon pour la communauté ou une entrave temporaire apportée à la propagande, il était un élément de la guerre engagée par *Satan, prince de ce monde*, qui allait bientôt révéler son Antéchrist. Ainsi la scission découlait, à la fois, des persécutions et d'une attente fiévreuse d'une bataille décisive (Sorel: 1925, 278).

Apokalyptische Rhetorik erscheint in dieser Darstellung als ein Instrument frühchristlicher Propaganda. Es lassen sich hierbei zwei Elemente ausmachen: (1) Die Apokalyptik verfolgt das Ziel, die Angst zu intensivieren. (2) Durch die heilsgeschichtliche Überhöhung verwandelt sie das historische Geschehen in ein unausweichliches Gruppenschicksal. Sorel stimmt also mit Saint-Simon darin überein, dass die Lehren von der Apokalypse das Ziel verfolgten, die (kirchliche) Gemeinschaft zusammenzuschweißen. Die vorhergesagte Katastrophe sollte überdies der Gemeinschaft die notwendige Schlagkraft im Kampf um die Macht in der Gesellschaft verleihen, von der sie sich abspaltete.

Innerhalb der Kirche habe daher schließlich die Apokalyptik mit der Machtentfaltung des Christentums ausgedient, ohne jedoch ganz ihre Wirksamkeit zu verlieren; an ihre Stelle seien die Märtyrerlegenden mit einer nicht weniger angstintensivierenden Funktion getreten: "[...] parfois on trouve consignée, dans la littérature des persécutions, d'une manière aussi claire que dans les apocalypses, l'horreur que les fidèles éprouvaient pour les ministres de Satan qui les poursuivaient" (Sorel: 1925, 279).

Nach Sorel ist die Apokalypse eine Ausprägung des "mythe de la catastrophe", der ihm sowohl Instrument als auch Wesen des revolutionären Kampfes ist, dessen eigentliches Moment der Generalstreik sei. Die Spaltung der Gesellschaft ist, ähnlich dem Ringen des Christentums mit der Macht Roms, für Sorel Voraussetzung für diesen Kampf. Um die gesellschaftliche Spaltung und das Entstehen einer revolutionären Gruppen- bzw. Klassenidentität zu befördern, sei ein propagandistischer "mythe catastrophique" notwendig. Die Apokalypse dient Sorel als Vorbild für die revolutionäre Gewalt des Generalstreiks. Die Idee vom Generalstreik nimmt alle nur denkbaren historischen Gegebenheiten in sich auf, d.h. sie setzt auf keine spezifisch revolutionäre Situation. Der Generalstreik ist jene eigentlich klassenkämpferische Wirkungsmacht, die von Bergsons Gedanken eines "élan vital" durchdrungen ist (vgl. Jauß: 1987a, 267f.) und hat sein Residuum nicht in der Weltgeschichte:

> Nous pouvons donc concevoir que le socialisme soit parfaitement révolutionnaire, encore qu'il n'y ait que des conflits courts et peu nombreux, pourvu que ceux-ci aient une force suffisante pour pouvoir s'allier à l'idée de la grève générale: tous les événements apparaîtront alors sous une forme amplifiée et, les notions catastrophiques se maintenant, la scission sera parfaite. Ainsi se trouve écartée l'objection que l'on adresse souvent aux révolutionnaires: la civilisation n'est point menacée de succomber sous les conséquences d'un développement de la brutalité, puisque l'idée de grève générale permet d'alimenter la notion de lutte de classe au moyen d'incidents qui paraîtraient médiocres aux historiens bourgeois (Sorel: 1925, 279).

Das Gegenstück zum Generalstreik mit seiner ganzen revolutionären Macht ist in Sorels Theorie der Utopismus: Als utopistisches Denken verwirft er sozialistische Lehren ebenso wie bürgerlich-liberale Vorstellungen. Alle Fortschrittsapologie ist ihm nichts anderes als eine Ideologie des Festhaltens an einem utopischen Entwurf, der von der wahren Revolution entferne:

> Plus la politique des réformes sociales deviendra prépondérante, plus le socialisme éprouvera le besoin d'opposer au tableau du progrès qu'elle s'efforce de réaliser, le tableau de la catastrophe totale que le grève générale fournit d'une manière vraiment parfaite (Sorel: 1925, 195).

Sorel ist einer der wenigen Denker der proletarischen Revolution, der den Begriff "Fortschritt" nicht als ein konstitutives Element in seine Theorie aufgenommen hat. In seiner 1908 erstmals erschienenen Schrift *Les Illusions du progrès* entlarvt er die Rede vom Fortschritt als ein Ideologem der jeweils herrschenden Klasse. Die "doctrine du progrès" erscheint ihm als ein durchsichtiges ideologisches Manöver, denn sie verweise auf den plakativen Erfolg des Erreichten, aus dem heraus sich vorgeblich alles zum Besseren wenden würde; sie sei von der Aristokratie ebenso übernommen worden wie vom Bürger, der sie im Zeichen der modernen Demokratie hochhalte:

> Le progrès sera toujours un élément essentiel du grand courant qui ira jusqu'à la démocratie moderne, parce que la doctrine du progrès permet de jouir en toute tranquillité des biens d'aujourd'hui, sans se soucier des difficultés du demain; elle avait plu à l'ancienne société de nobles désœuvrés; elle plaira toujours aux politiciens de la démocratie hissés au pouvoir et qui, menacés d'une chute prochaine, veulent faire profiter leurs amis de tous les avantages que procure l'État (Sorel: 1908, 223).

Sorels ideologiekritischer Gedanke verdient insofern Aufmerksamkeit, als er die Idee des Fortschritts als den Versuch interpretiert, den *status quo* zu legitimieren. Ausdrücklich verweist er dabei auf Flaubert, der die "haine qu'il éprouvait pour la médiocrité triomphante" artikuliert habe (Taguieff: 2004, 287), jene Mediokrität, welche im Zeichen des *progressisme* den Fortschritt in Wissenschaft und Gesellschaft zu einer *idée reçue* herabgewürdigt hat – man denke etwa an den Apotheker Homais in *Madame Bovary*. Flaubert war es auch, der zynisch bemerkte, dass ein demokratischer Sozialreformer dazu beitrage, aus dem Geist der *médiocrité* heraus den Menschen verschwinden zu lassen (Flaubert: 1980, 208). Die *médiocrité* ist für den Anarchosyndikalisten indes nur als das Korrelat einer auf Machterhaltung ausgelegten Ideologie der Sieger ("idéologie des vainqueurs"), der bürgerlichen Klasse, zu verstehen (vgl. Taguieff 2004, 303; Taguieff: 2000, 171); als Konstrukt dieser absterbenden Klasse denunziert, hat hier der Begriff "progrès" jegliche kritische Spitze verloren.

Heftig polemisiert etwa Sombart gegen diese Revision des Fortschrittsbegriffs bei Sorel, da doch "der Fortschrittsglaube gerade eine echte Ideologie des Proletariats" sei, die alle anderen Denker eines "proletarischen Sozialismus" eine (Sombart: 1924, 223). Der von Sombart gegen Sorel erhobene Einwand, er verlasse mit seiner Kritik am Fortschritt den Konsens des "proletarischen Sozialismus" abstrahiert allerdings von der Situation in Frankreich zur Zeit der Niederschrift von *Illusions du progrès*, als die Dritte Republik durch ein quasi-millenaristisches Selbstverständnis getragen wurde. Sozialistische Reformen sind für den Anarchosyndikalisten Ausdruck einer bloß innovationsverliebten – also nicht revolutionären – Epoche:

> [...] il n' y a pas de changement, si considérable qu'il soit, qui puisse être regardé comme impossible dans un temps comme le nôtre, qui a vu tant de nouveauté s'introduire d'une manière imprévu. C'est par des compromis successifs que s'est réalisé le progrès moderne; pourquoi ne pas poursuivre les fins du socialisme par des procédés qui ont si bien réussi?" (Sorel: 1925, 193f).

Die rhetorische Frage, warum man nicht die bisherigen, auf dem Kompromiss zwischen den Klassen beruhenden Mittel einsetzen könne, um Fortschritte in der Verbesserung der Bedingungen für die Arbeiterklasse zu erzielen, beantwortet Sorel mit der Warnung vor einer Korrumpierung des Sozialismus, vor dem Verlust der ihm eigenen Ethik, vor einem Verrat an der Arbeiterklasse. Das analytische Durchdringen der gesellschaftlichen Ordnung geißelt er als den Abfall vom wahren Mythos und den Verrat an dessen Gegenstück, der Utopie: "Im Sinne Sorels soll dagegen der mythische Glaube völlig das gesellschaftliche Wissen ersetzen, und alle praktischen Handlungen sollen der Erwartung einer unbestimmten und prinzipiell nicht beschreibbaren Apokalypse untergeordnet sein" (Kolakowski: 1978, 187). Die mit dieser 'chiliastischen' Revolutionstheologie einhergehende Apologie der Gewalt sucht übrigens Walter Benjamin zu relativieren. Er unterstreicht den in den *Réflexions sur la violence* erhobenen ethischen Anspruch und gibt zu bedenken, dass Sorel gezeigt habe, inwiefern eine so rigorose Konzeption des Generalstreiks der Entfaltung "eigentlicher Gewalt" entgegen trete (Benjamin II.1: 1991, 195). Dies ist wie folgt zu verstehen: Angesichts einer universalisierten, von religiöser Inbrunst getragenen Revolution würden die blutigen politischen Grabenkämpfe unterbunden.

Um das Ethos der anarchosyndikalistischen Revolutionstheorie zu verstehen, muss man sich noch einmal Sorels Ablehnung eines bürgerlich-liberalen oder sozialistischen Fortschrittsdenkens vergegenwärtigen. Spätestens mit dem Selbstverständnis, über die bestmögliche Staatsverfassung zu verfügen, muss "Fortschritt" eine affirmative Bedeutung annehmen, will man den Begriff nicht den Gegnern überlassen: Dies gilt für die Dritte wie für die Fünfte Republik, für die Bonner wie für die Berliner Republik. Der moderne Wohlfahrtsstaat – ebenso wie die durch punktuelle Streiks erreichten Verbesserungen der Arbeitsbedingungen und des Lohnes – wäre für Sorel gleichbedeutend mit einem 'Verliegen' des proletarischen Kämpfers. Seine Revolutionskonzeption huldigt einem nietzscheanisch geprägten Heroismus, in dem auch Renans Vorstellung von der Apokalypse als Antrieb zu intellektueller Höchstleistung wieder auflebt. Renans Perhorreszieren des Sozialismus interpretiert er übrigens im Sinne einer Kritik an der "niaiserie humanitaire". Zum Inbegriff der proletarischen Revolution erhebt Sorel daher den Mythos der Katastrophe, der das Wesen des Generalstreiks ausmache.

Die von ihm für den Proletarier vindizierte Moral ist eine "Produzentenmoral", der er der "Konsumentenmoral" entgegensetzt (vgl. Arendt: 2003a, 70). Unter Berufung auf Proudhon, Nietzsche und Renan stellt er fest: "Le sublime est mort dans la bourgeoisie et celle-ci est donc condamnée à ne plus avoir de morale" (Sorel: 1925, 351). Seine 'Ethik' und der Mythos der Katastrophe erweisen sich auch als ästhetische Kategorien, die er in den Dienst einer Erziehungsaufgabe stellt – mit dem Ziel "créer aujourd'hui la morale des producteurs futurs" (Sorel: 1925, 245). Die Auffassung von einer soldatischen Tugenden folgenden Produzentenmoral, die direkt aus dem Revolutionsethos heraus abgeleitet wird und die saint-simonistische Prägung der Termini "producteur" und "industriel" als Teilhabe am fortwährenden Schöpfungsakt (vgl. Picon: 2002, 219) aufgreift, erhebt jede Handlung in den Rang eines Kultes. Wahrhaft ethische Arbeit dient in dieser Vorstellungswelt nicht mehr der individuellen Bedürfnisbefriedigung. Hat die "Konsumentenmoral" einmal abgedankt, dann können auch keine gesellschaftlichen Gräben mehr aufbrechen, über die Hinweg die Antagonismen mit blutiger Gewalt ausgetragen würden. Diese Vision verleitet schließlich Benjamin zu der (irrigen) Schlussfolgerung, die Gewalt des Generalstreiks könne Gewalt überhaupt entgegenwirken. Den Generalstreik fasst Benjamin als eine Kategorie der *politischen Theologie* im Sinne Carl Schmitts, wonach sich alles Handeln dem revolutionären Akt unterordnet, getragen vom unerschütterlichen Bewusstsein seiner Evidenz und der nicht mehr zu hinterfragenden Gültigkeit, die sich aus der strukturellen Übereinstimmung des Begriffs "Generalstreik" mit metaphysischen Begriffen heraus ergibt.

Der reaktionäre Staatstheoretiker Carl Schmitt indes hat – sophistisch – die Lehre Sorels als die zwingende Konsequenz rationalistischen und materialistischen Denkens und seiner Deutung historischer Vorgänge ins Feld geführt:

> Gerade wegen ihres massiven Rationalismus kann sie aber leicht in eine irrationale Geschichtsauffassung umschlagen, weil sie alles Denken als Funktion und Emanation vitaler Vorgänge auffaßt. Der anarcho-syndikalistische Sozialismus von Georges Sorel hat auf diese Weise Bergsons Lebensphilosophie mit der ökonomischen Geschichtsauffassung von Marx zu verbinden gewußt (Schmitt: 2004, 48).

Hannah Arendt denunziert die Verherrlichung der Gewalt in den *Réflexions sur la violence* als Ausdruck eines animalischen Vitalismus, aber auch als Antwort auf eine sich zusehends in Gewalt und Gegengewalt auflösende politische Kultur, womit sie im Ansatz Benjamins These übernimmt, nicht jedoch dessen Wertschätzung für Sorel (Arendt: 2003, 70-72).

Gegen das bürgerliche Fortschrittsverständnis hat Sorel in seiner Schrift *Les Illusions du progrès* die Vorstellung von einem "progrès réel" entwickelt, dem Bourgeoisie und Sozialismus gleichermaßen huldigten; gemeint ist der Fortschritt in der "technique de la production" (Sorel: 1908, 268), der technologische Fortschritt also, der die Effizienz der Maschinen verbessere (Latouche: 2004, 144). Ungeachtet aller Kritik an der aufklärerischen Fortschrittsidee hat Sorel dennoch – fast beiläufig – am Ende von *Réflexions sur la violence* ein noch weiter reichendes Fortschrittskonzept entwickelt, das sich aus der Überwindung des Individualismus heraus ergebe und das nur das von wahrem Ethos geleitete Kollektiv umzusetzen vermöge. Das Vorbild hierfür glaubt er in den mittelalterlichen Bauhütten auszumachen:

> Cet effort vers le mieux qui se manifeste, en dépit de l'absence de toute récompense personnelle, immédiate et proportionnelle, constitue la vertu secrète qui assure le progrès continu du monde (Sorel: 1925, 384f).

Das Beispiel des Anarchosozialisten Sorel hat gezeigt, wie selbst noch die Kritik bürgerlicher Fortschrittsapologie die Reduzierung des Fortschrittsbegriffs auf einen wissenschaftlich-technischen Fortschritt zementiert. Adorno etwa – und nicht nur er – hat gegen die Verarmung des Fortschrittsbegriffs durch das bürgerliche Denken wie auch durch einen falsch verstandenen Sozialismus die religiösen Wurzeln des modernen Fortschrittsdenkens ins Gedächtnis gerufen, Wurzeln, die in der aktuellen Debatte wieder in den Vordergrund rücken (vgl. Bourg: 2000; Taguieff: 2000, 239-278). Auf Augustinus zurückgreifend sucht Adorno den "Fortschritt" als Begriff zu retten und ihn gegenüber einem ontologisierenden Missbrauch wieder ins Recht zu setzen – als Kategorie des historisch Möglichen und der menschlichen Erwartung an die Geschichte:

> Augustin hat erkannt, daß Erlösung und Geschichte nicht ohne einander sind und nicht ineinander, sondern in einer Spannung, deren gestaute Energie schließlich nicht weniger will als die Aufhebung der geschichtlichen Welt selber. Um kein Geringeres jedoch ist im Zeitalter der Katastrophe der Gedanke an Fortschritt überhaupt noch zu denken. Fortschritt ist so wenig zu ontologisieren, dem Sein unreflektiert zuzusprechen, wie, was freilich den neueren Philosophen besser behagt, der Verfall. Zuwenig Gutes hat Macht in der Welt, als daß von ihr in einem prädikativen Urteil Fortschritt auszusprechen wäre, aber kein Gutes und nicht seine Spur ist ohne den Fortschritt. Wenn, einer mystischen Lehre zufolge, die innerweltlichen Ereignisse bis zum geringfügigsten Tun und Lassen folgenreich sein sollen für das Leben des Absoluten selber, dann ist ein Ähnliches jedenfalls für den Fortschritt wahr. Jeder einzelne Zug im Verblendungszusammenhang ist doch relevant für sein mögliches Ende. Gut ist das sich Entringende, das, was Sprache findet, das Auge aufschlägt. Als sich Entringendes ist es verflochten in die Geschichte, die, ohne daß sie auf Versöhnung hin eindeutig sich ordnet, im Fortgang ihrer Bewegung deren Möglichkeiten aufblitzen läßt (Adorno X.2: 1997, 622).

Für Adorno ist Fortschritt als *die* in der Geschichte enthaltene Möglichkeit zu begreifen. Geschichte selbst bewege sich zwar nicht teleologisch oder gar eschatologisch auf die "Versöhnung" zu, jedoch gelte es jeden "Verblendungszusammenhang" zu durchbrechen, denn nur vom eigentlichen Ende her sei echter Fortschritt denkbar, wobei dieser Gedanke an einen Durchbruch wieder auf die Geschichte mit den in ihr enthaltenen Möglichkeiten verweise. Adornos Gedanke ist also wie folgt zu verstehen: Von Augustinus übernimmt er die Kategorie der "Erlösung" – die er somit über das Fortschrittsideal stellt, das indes immer den Gedanken an sie in sich trage. Damit verliert bei ihm der theologische Gedanke von der Aufhebung der Welt und damit auch der Geschichte am Ende einer heilsgeschichtlich vorgezeichneten Entwicklung seine Gültigkeit.

Bei Adorno geht letztlich die augustinische Theologie mit einem der jüdischen Tradition verpflichteten Messianismus einher. Aus dieser Verbindung heraus ist seine Schlussfolgerung zu verstehen: Ein Ende bereiten soll der von der Erlösung her gedachte Fortschritt jedem ideologischen Konstrukt, das der

Verwirklichung der in der Geschichte enthaltenen Möglichkeiten entgegensteht. In diesem veränderten Fortschrittsbegriff Adornos ist der Gedanke der Utopie mit enthalten, wobei dieser nicht mehr in Gestalt eines Säkularisats des Paradiesgedankens auftritt, hinter dem ein eschatologisch oder gar apokalyptisch tingiertes Geschichtsbild steht, sondern als ein an der Geschichte zu entdeckender Index fortlebt.

Ganz anders dagegen Ernst Bloch, der unter dem Eindruck des Ersten Weltkriegs gerade die Apokalypse in den Rang einer Kategorie der Menschheitsentwicklung hebt. Dies verdeutlicht eine Passage, in der er das ganz und gar nicht bescheidene Programm der Erstfassung (1918) seines Buches *Der Geist der Utopie* resümiert:

> Wie es sich in diesem Buche [*Der Geist der Utopie*] regt, zu wissen, was zu tun ist und die Ichwelt aufzuschließen, so sind bereits diese ersten Skizzen aus dem System nicht für das Publikum, sondern, geschichtsphilosophisch diktiert für den Menschengeist in uns, für den Gottgeist im Zustand dieser Epoche, als Anzeiger eines Standindexes geschrieben; und jedes Buch in seinem Gesolltsein, in seinem Apriori, die Kraft dieses Utopiebuchs möchte zuletzt wie zwei Hände sein, die eine Schale umspannen, wie zwei politische Hände, die die gewonnene Schale zum Ende tragen, gefüllt mit dem Trank der Selbstbegegnungen und der Musik, als den Sprengpulvern der und den tropischen Essenzen des Ziels, hoch emporgehoben zu Gott. Nur derart ist das an sich Nutzlose, Anarchische und allzu Objekthafte, Literaturhafte der geistigen Gebilde überhaupt in den Rahmen, ins Relief zu bringen, vermittelst eines geschichtlich-teleologischen Hintergrunds, der allem, was die Menschen über sich an Wirken erschaffen, Fluß, Strom, Richtung, Heilswert und metaphysischen Ort zuweisen läßt, den Ort der echten sozialistischen Ideologie, den Ort des großen Feldzugsplans der Zivilisation und Kultur, gerichtet gegen die menschliche Gemeinheit, gegen die alles durcheinanderschleifende Unordnung der Welt, gegen die kalte Teufelsfaust des Mißlingens, des Zerstörungsdämons und derart gegen, zugunsten des drohenden Problems der Apokalypse. Hier fließt allen Nebenflüssen ihr letztthiniges Hauptsystem: die Seele, der Messias, die Apokalypse sind das Apriori aller Politik und Kultur (Bloch XVI: 1985, 432f).

Zur obersten Aufgabe politischen Handelns erklärt Bloch die Bewältigung der Zerstörung des Zerstörerischen. Wenn er – neben der Seele und dem Messias – die Apokalypse das "Apriori aller Politik und Zivilisation" nennt, genügt für ihn nicht mehr das Bannen oder (sublimierende) Umleiten des destruktiven Potentials der Spezies Mensch, um wirkliche Zivilisation bzw. Kultur zu schaffen; vielmehr müsse gerade dieses Potential in seinem Kern zerstört werden. Diese Zerstörung des Zerstörenden nun nennt Bloch das "drohende Problem der Apokalypse" – ein Gedanke, den er etwa in der "apokalyptischen Propaganda der Tat" Thomas Münzers vorgegeben findet (Bloch II: 1985, 60ff; vgl. Münster: 1982, 209-216; Cohn: 1961, 271 u. 309). Bloch ergeht sich nicht ausschließlich im Pathos der Zerstörung: Sein Interesse gilt dem (utopischen) Neubeginn, einem Neubeginn, der jedoch weder in naher noch in ferner Zukunft zu denken sei, der keine fest vorgezeichnete Zeitstelle im Lauf der Geschichte habe: Dies ist das mystische Element der Hinwendung an das "Plötzliche" und "Unverhoffte" in Blochs Denken, das sich sowohl an Quellen mittelalterlicher Mystik als auch der jüdischen Kabbala orientiert.[39] Ungeachtet der theologisch-historischen Herleitung seiner Rede vom "Ort der echten sozialistischen Ideologie" als dem einzigen "metaphysischen Ort", muss er sich doch vorhalten lassen, dass er – in Abweichung von der geschichtsphilosophischen bzw. geschichtstheoretischen Tradition sozialistischen Denkens – in letzter Konsequenz den eschatologischen Gehalt der Apokalypse wenn nicht völlig liquidiert, so doch entscheidend abschwächt. Die Apokalypse – eigentlich die Apokalyptik, denn Bloch rekurriert nicht nur auf den Text der *Offenbarung* – hat sich auch hier als "Literatur" emanzipiert und sich als verfügbares Material erwiesen, auch wenn Bloch sich noch in die Tradition ihrer theologischen Bearbeitungen einreiht.

Die erste Fassung von Blochs *Geist der Utopie* steht, wie bereits hervorgehoben, ganz unter dem Eindruck des gerade zu Ende gegangenen Ersten Weltkriegs, der mit dem auf seinen Schlachtfeldern entfalteten Destruktionspotential insbesondere im deutschen Expressionismus den Blick auf die Katastrophenszenarien richtete (vgl. z.B. Eliel: 1992, 330-251). Doch das Ende des Krieges nährte in Europa auch revolutionäre Erwartungen, die zugleich merkwürdig diffus in Bezug auf ihre möglichen Konkretisierungen ausfielen.

Zu Beginn von *La Lueur dans l'abîme* etwa, der von Barbusse verfassten Selbstdarstellung der marxistischen Gruppe um die Zeitschrift *Clarté*, wird der erste Weltkrieg als das Ende einer Welt mit ihrer herrschenden sozialen Ordnung geschildert. Obzwar die *Apokalypse* nicht direkt erwähnt wird, dafür aber die biblische Prophetie, herrscht auch in dieser Schrift ein "apokalyptischer Ton" der Katastrophe, getragen nun nicht mehr von der Naherwartung ihres Eintreffens, sondern ihres definitiven Vollzugs in der Revolution. Denn die unmittelbar zuvor durchlebte Katastrophe habe alle Kulturkatastrophen übertroffen, die ihr vorausgegangen seien:

> Ceux qui auront vécu ces époques-ci, ceux qui auront passé à côté ou au travers de la guerre commencée en 1914 pour finir on ne sait plus quand, auront assisté à

---

[39] Es sei hierzu aus Manfred Riedels zusammenfassender Darstellung zitiert: "Interessiert doch Bloch an den Redefiguren der Apokalypse nicht das verkündete Ende aller Dinge, sondern die Aussicht auf den Neuanfang (*ecce nova facio omnia*), Jesajas Vision eines neuen Himmels und einer neuen Erde, die sich in den Weissagungen des Johannes wiederholt (Ap. 21,1-4). Urbild und Inspiration von Blochs Philosophie zumal, öffnen sie über die Ankunft der *Zeit im Ziel* einen Zugang zur utopischen Naturdeutung. Der andere Zugang erschließt sich durch die Erfahrung der *Zeit im Geschehen*, den gelebten Augenblick. 'Augenblicklich', das ist 'plötzlich' [...], wäre auch die Ankunft im Ziel. Aber der Augenblick, so heißt es dazu bei Plato, ist *a-topisch*, 'ohne Ort', nach jenem kaum ausdeutbaren Ausdruck für das Plötzliche, der Denkerfahrungen des *Unverhofften* und *an ihm selber Erstaunlichen*, schwer Unterzubringenden, ja selbst Ortlosen umschreibt. Es handelt sich um das Geheimnis des 'Neuen' in der Begegnung 'zwischen den Zeiten', eine Begegnung des Menschen mit sich selbst, die für Bloch ursprünglich das Anderswerden seiner selbst meint" (Riedel: 1994, 216f).

> la déchéance d'une civilisation et à la fin du monde. Nous sommes pareils à ceux qui, au fond des âges, ont vécu l'agonie de Babylone ou de la Rome impériale, de ces grandes puissances décomposées qui se sont écroulées moins sous le choc de l'invasion jeune que sous le poids de leurs crimes, et contre qui criaient les sombres prophètes et les premiers apôtres. Nous sommes pareils à ces témoins désespérés et paralysés des cataclysmes antiques, et pourtant, la décadence que nous contemplons est cette fois, plus universelle, plus profonde et plus irrémédiable. Il ne s'agit plus d'une cité, d'une dynastie ou d'une race, il s'agit des lois de la vie commune et de la race même des hommes. Le signe fatal marque toutes les machines sociales, la forme même de la civilisation contemporaine (Barbusse: 1920, 5f).

Die Parallele zwischen den historischen Bedingungen jüdischer und christlicher Apokalyptik und der Befindlichkeit der Generation von 14/18, die der französische Romancier evoziert, verweist ebenso wie das mystisch-messianische Sozialismuskonzept des jungen Bloch auf das reformatorische Erbe, in dem Blumenberg eine "Reduktion des Christentums" auf seine Heilswerte ausmacht:

> In akuten Naherwartungen kann das verheißene Heil äußerst unbestimmt bleiben; es wird alles anders, und wer danach fragt wie, hat schon verspielt. Die Unbefragbarkeit der Veränderung beruht auf der Untragbarkeit des Bestehenden. Die akute Eschatologie ist das Äquivalent der Zwangsneurose, deren universellen Effekt Freud mit dem Satz beschrieben hat: *Die Unmöglichkeit hat am Ende die ganze Welt mit Beschlag belegt.* Da kann das Heil sein wie es will (Blumenberg: 1996, 78; vgl. Freud IX: 1999, 37).

Was Blumenberg "akute Eschatologie" nennt, nämlich die unmittelbar bevorstehende (Un-) Heilserwartung, kann als ein Merkmal von Apokalyptik bzw. Apokalypse im weiteren Sinne der Begriffe verstanden werden.[40]

In *La Critique de la raison dialectique* verwendet Sartre den Terminus "Apocalypse" zur Schilderung der angstbesetzten Vorahnung des politischen Umbruchs während der Französischen Revolution, eines Umbruchs, der das Zerstören des Bestehenden ebenso mit sich bringen wie er die Entdeckung des Neuen möglich machen sollte. Sartres "Apocalypse" ist nicht sehr weit von dem Revolutionsbegriff entfernt, wie Kojève ihn hegelianisch definiert hat – jedenfalls erscheint der Terminus in der *Critique de la raison dialectique* seines heilsgeschichtlichen Gehaltes entledigt und zusammen mit der Rede von der "Revolution" lediglich als Teil einer Rhetorik der Zäsur:

> [...] le bourgeois plus encore que l'ouvrier des villes (quoique le travail fût fait *en réalité* par les ouvriers) entrevoyait le passage d'un monde ossifié et refroidi à une Apocalypse. Cette Apocalypse les terrifiait; les Constituants, pour l'éviter, se seraient fait volontiers faits complices de l'aristocratie si cela eût seulement été

---

40 Die Naherwartung des Endes prägte vor allem das Geschichtsbild der frühchristlichen Gemeinde. Das Ausbleiben der Parusie schließlich führte zum Entstehen der christlichen Geschichtsschreibung, welche die Geburt Christi ins Zentrum einer nunmehr als Weltgeschichte begriffenen Geschichte rückte (vgl. Bultmann: 1975, 98).

possible. Mais c'est la France comme Apocalypse qu'ils découvrent à travers la prise de la Bastille. Et à travers cette bataille du peuple, ils pressentent l'Histoire elle-même comme découvrant des réalités nouvelles (Sartre: 1985a, 484f)

In ihrem Bezug zum historischen Ort ihres Entstehens oder ihrer Verbreitung erweist sich auch bei Sartre die *Apokalypse* rhetorisch als der ins Hyperbolische – und damit ins Pathetische – gewendete Ausdruck einer konkreten historischen Befindlichkeit. Und dieser rhetorische Aspekt der Apokalyptik bzw. Apokalypse in Texten der Moderne steht jenseits der Frage nach der Säkularisierung, vielmehr wirft sie die nach ihrer Wirkung und dem politisch-rhetorischen (oder auch ästhetischen) Einsatz dieser Wirkung auf.

Die nach Blumenberg der *Johannesapokalypse* eingeschriebene Grunderfahrung ist die "Zeitschere", das Auseinanderklaffen von Weltzeit und Lebenszeit (Blumenberg 1986, 64 – s.o.). Die Erfahrung einer solchen Diskrepanz ist konstitutiv für mehrere Formen psychischer Erkrankung – so etwa der Melancholie, wie sie in Mussets *Rolla* als Zeitkrankheit ihren literarischen Niederschlag gefunden hat. Minkowski, der die psychiatrische Nosologie über die Lebensphilosophie Bergsons und die Phänomenologie zu präzisieren sucht, greift die von Erwin Straus getroffene Unterscheidung von "Ich-Zeit" und "Welt-Zeit" auf (Straus: 1928). Weder die "Ich-Zeit" noch die "Welt-Zeit" entspreche der physikalischen Zeit *t*. Die "Welt-Zeit" nähere sich zwar der objektiven Zeit an, sei aber von dieser durch die Auswahl von qualitativen Zeitmomenten – man sage "heute", "gestern", "jetzt" – zu unterscheiden; sie sei die Zeit, die der Mensch mit den anderen teile, während die "Ich-Zeit" die rein subjektbezogene Zeitlichkeit meine, deren genauere Bestimmung bei Straus und Minkowski relativ vage bleibt und eigentlich erst in der pathologischen Abweichung beim Zeiterleben eine Rolle spielt. Für Minkowski ist das "gesunde" oder "normale" Zeiterleben ("le temps vécu") das harmonische Ineinandergreifen der beiden genannten Zeitebenen. Diese Harmonie erweise sich jedoch auch im "normalen" Alltag als eine fragile, denn bereits Bewusstseinszustände, die etwa mit Müdigkeit oder Euphorie einhergehen, setzen diese außer Kraft:

> Ces deux modes interviennent dans le phénomène du temps vécu, peuvent se trouver en état d'harmonie. Mais dans la vie normale déjà, bien souvent, un désaccord peut se manifester entre eux. Tantôt le temps du moi semble marcher plus vite que le temps du monde, nous avons l'impression que le temps s'écoule rapidement, la vie nous sourit et nous sommes joyeux; tantôt, au contraire, le temps du moi paraît retarder sur celui du monde, le temps alors s'éternise, nous sommes moroses et l'ennui s'empare de nous (Minkowski: 1988, 278).

Die Moderne zeichnet sich durch die 'Verdinglichung' der Zeiterfahrung aus: Die individuelle Lebenszeit bestimmt sich ausschließlich über ihr Verhältnis zur Welt-Zeit, womit ein "temps vécu" nahezu unmöglich bzw. auf nur wenige Enklaven des Lebens beschränkt wird. Die durch die kapitalistische Produktion akzelerierte Weltzeit verkleinert unaufhörlich die Lebenszeit, weil diese nunmehr in denselben verdinglichten Einheiten gefasst wird wie die vom Warenverkehr bestimmte Weltzeit, in der, wie Marx in das *Elend der Philosophie* pointiert, nur noch die Quantität die alles entscheidende Größe ausmacht:[41]

> Durch die Unterordnung des Menschen unter die Maschine entsteht der Zustand, daß die Menschen gegenüber der Arbeit verschwinden, daß der Pendel der Uhr der genaue Messer für das Verhältnis der Leistungen zweier Arbeiter geworden, wie er es für die Schnelligkeit zweier Lokomotiven ist. So muß es nicht mehr heißen, daß eine (Arbeits-) Stunde eines Menschen gleichkommt einer Stunde eines anderen Menschen, sondern daß vielmehr ein Mensch während einer Stunde so viel wert ist wie ein anderer Mensch während einer Stunde. Die Zeit ist alles, der Mensch ist nichts mehr, er ist höchstens noch die Verkörperung der Zeit. Die Quantität entscheidet alles: Stunde gegen Stunde, Tag gegen Tag [...] (Marx: MEW, 85).

Damit wächst für das Individuum das *curriculum vitae* zum biographischen Terror an, weil die jeweilige Arbeit nunmehr allein über das Produkt und nicht mehr als eine dieses transzendierende, sinnfällige Partizipation an einer Kollektivität definiert ist. Es ist die in den mannigfachen Formen – vom Generationenkonflikt bis zur *midlifecrisis* – sich manifestierende Diskrepanz zwischen Weltzeit und Lebenszeit, die nach Auffassung Blumenbergs die Menschen anfällig werden lasse für eschatologische Verheißungen und insbesondere für die Apokalypse:[42]

---

41 Lukács kommentiert dieses Zitat wie folgt: "Die Zeit verliert damit ihren qualitativen, veränderlichen, flußartigen Charakter: sie erstarrt zu einem genau umgrenzten, quantitativ meßbaren, von quantitativ meßbaren 'Dingen' (den verdinglichten, mechanisch objektivierten von der menschlichen Gesamtpersönlichkeit genau abgetrennten 'Leistungen' des Arbeiters) erfüllten Kontinuum: zu einem Raum. In dieser abstrakten, genau meßbaren, zum physikalischen Raum gewordenen Zeit als Umwelt, die zugleich Voraussetzung und Folge der wissenschaftlich-mechanisch zerlegten und spezifizierten Hervorbringung des Arbeitsobjektes ist, müssen die Subjekte ebenfalls dementsprechend rationell zerlegt werden. Einerseits, indem ihre mechanisierte Teilarbeit, die Objektivation ihrer Arbeitskraft ihrer Gesamtpersönlichkeit gegenüber, die bereits durch den Verkauf dieser Arbeitskraft als Ware vollzogen wurde, zur dauernden und unüberwindlichen Alltagswirklichkeit gemacht wird, so daß die Persönlichkeit auch hier zum einflußlosen Zuschauer dessen wird, was mit seinem eigenen Dasein, als isoliertem, in ein fremdes System eingefügtem Teilchen geschieht. Andererseits zerreißt auch die mechanisierende Zerlegung des Produktionsprozesses auch jene Bande, die die einzelnen Subjekte der Arbeit bei 'organisierter' Produktion zu einer Gemeinschaft verbunden haben" (Lukács: 1986, 179f).

42 Eine Bemerkung Walter Benjamins aus den 20er Jahren zur Rede von der bevorstehenden Katastrophe trifft die hier geschilderte Befindlichkeit: "Dahingegen wird die Erwartung, daß es so nicht weitergehen könne, eines Tages sich darüber belehrt finden, daß es für das Leiden des einzelnen wie der Gemeinschaft nur eine Grenze, über die hinaus es nicht mehr weiter geht, gibt: die Vernichtung" (Benjamin V.1: 1991, 95). Vgl. des weiteren Canetti über den "Neid der Toten", der dem Leben gelte: "Es ist nun gewiß auffallend, daß man überall, unter den verschiedensten Verhältnissen, den Toten dieses gleiche Gefühl zuschreibt. Die gleiche Empfindung, scheint es, beherrscht die Verstorbenen aller Völker. Immer wären sie lieber am Leben geblieben. In den Augen derer, die noch da sind, hat jeder, der es nicht ist, eine Niederlage erlitten: sie besteht darin, daß er *überlebt* worden ist. Er kann sich damit nicht abfinden, und es ist natürlich, daß er dieses Schmerzlichste, das ihm angetan worden ist, nun selber anderen zufügen möchte. Jeder Tote ist also ein *Überlebter*. Nur in jenen großen,

Ganze Völkerschaften sind durch die Worte eines einzigen Predigers in Bewegung gesetzt worden, wenn er nur zu beschwören vermochte, die gerade Lebenden würden noch erleben, was überhaupt zu erleben sei. Doch sind alle Arten und Abarten von Apokalypsen nicht nur Mitteilungen, daß ihre Hörer und Leser Zeugen des Endes bestehender Dinge und Nutznießer einer daraus emporsteigenden neuen Welt sein würden, sondern darin zugleich Versprechungen, sie brauchten sich nicht von einer gleichgültigen Welt überleben zu lassen. Sie, die Günstlinge des Heilbringers und seiner apokalyptischen Mitvollstrecker, würden um sich herum noch alles versinken sehen. Überlebt zu werden, überlebt zu sein, gehört als metaphorische Beschreibung einer Ängstlichkeit derer, die sich auf jugendlichen Gleichgang mit dem Zeitgeist festgelegt haben, zu den akuten Erfahrungen beschleunigender Geschichtsabläufe. Während es zu Zeiten träger Prozessualität der Geschichte gehört, daß es, auch ohne Metaphorik, immer die anderen sind, die überleben. Nicht überlebt werden zu können, ist der Trost, der an der Mitteilung hängt, man würde zwar – wie ohnehin durch den Tod – verlieren müssen, was man an der Welt und in der Welt hat – aber in und mit dem Verlust aller. Nun wäre dies immer noch kein Inbegriff von Hoffnung, hätten nicht Apokalypsen ihren Zusammenhang mit der negativen Bewertung, ja mit der Dämonisierung der bestehenden Welt, die nur die eine Lösung zuzulassen scheinen: den Untergang. Er würde, was auch immer auf ihn folgt, jedenfalls keinen Zuwachs an Unerträglichkeit bringen (Blumenberg: 1986, 78f).

Blumenbergs düstere Schau zeigt – gegen die biblische und die theologische Tradition – eine Apokalyptik, die eine jegliche Heilserwartung eskamotiert. Es entsteht ein negatives Bild der Apokalypse, das alle ihre Säkularisierungen infrage stellt – was auch sozialistische Vorstellungen einschließt. Wenn Blumenberg den einzigen Trost der Apokalypse darin sieht, nicht überlebt werden zu können, dann erinnert dies mehr an den Mythos der Katastrophe eines Sorel als an die *Offenbarung*. Und zwischen den Zeilen glaubt man die Erinnerung an Goebbels zu hören, wie dieser im Berliner Sportpalast der Menge die rhetorische Frage "Wollt Ihr den totalen Krieg?" zuruft. Zumal Blumenberg über das Ende Hitlers schreibt: "Erzwingung der Konvergenz von Lebenszeit und Weltzeit war die letzte seiner Ungeheuerlichkeiten" (Blumenberg: 1986, 80). Der apokalyptische Jargon des Nationalsozialismus gerät zum Inbegriff dessen, was im Folgenden die *missbrauchte Apokalypse* genannt sei. Ziel dieser primär rhetorischen Strategie ist es, das Individuum in seiner Ohnmacht gefangen zu halten. Diese Ohnmacht gründet in der Erfahrung von der Irreversibilität einer zur Katastrophe hinführenden Entwicklung. Der in jeder Apokalyptik implizit vorgetragene Wunsch nach dem Ende, nach dem katastrophalen Ende, artikuliert ein Höchstmaß an Leidensdruck angesichts – scheinbar – sich verselbständigender Ereignisse, die den Einzelnen überwältigen: Dies gilt für weltgeschichtliche Ereignisse ebenso wie für einen entfesselten Fortschritt, der sich auf technologisch-ökonomische Prozesse beschränkt. Das Ende meint aber kein einfaches Abbrechen, durch ein solches nämlich fänden Individuum

---

relativ seltenen Katastrophen, bei denen alle zusammen zugrunde gehen, ist das Verhältnis ein anderes" (Canetti: 1994, 292).

und Kollektiv zu einem autonom handelnden Selbst zurück. Jedes Selbst erfährt sich jetzt ausschließlich als ohnmächtiges und sucht sein Heil darin, im Lauf der Ereignisse aufzugehen. Individuum und Kollektiv wollen mit diesem Lauf eins werden und sich in ihm, wie in der von Nietzsche beschworenen dionysischen Orgie, gar lustvoll verlieren. Die Hingabe an die Katastrophe erweist sich als Regression kat'exochen. Die Ereignisse müssen das Individuum übermannen; an ihrer Irreversibilität darf kein Zweifel aufkommen; ihr einziges Telos (bzw. Eschaton) kann nur noch die alles vernichtende Katastrophe sein. Daher werden weltvernichtende Kataklysmen beschworen: Götterdämmerung, Sintflut und Apokalypse gehen ungeschieden in einem religions- und mythengeschichtlichen Synkretismus auf. Eine solche Katastrophilie hat somit ihren eigentlichen Grund, wie Drewermann aufzeigt, in gesteigerter Angst, weshalb sich die apokalyptische Stimme vor allem in Zeiten der Krise erhebt.

Für eine solche apokalyptische Stimme ist, wenn sie sich auf die biblische Apokalyptik beruft, die Frage nach der Legitimation nach wie vor auf dieselbe Weise zu beantworten, wie dies die Psychoanalytikerin Lacanscher Provenienz Arlette Sollers am Beispiel der "häretischen" Rezeption der *Johannesoffenbarung* in geradezu mustergültiger Weise vorexerziert hat: "Häretisch" könne nicht der Text als solcher sein, sondern nur sein Vortrag, seine Predigt, die an sich selbst schon Handeln bedeute, ein Handeln, das in seinem Wirkungspotential ebenso situationsbezogen wie rational unfassbar bleibe; dies gelte für Johannes nicht weniger als für seine Nachfolger:

> On voit ce qu'est l'opération de Jean: si son texte prétend s'autoriser de Dieu, son énonciation ne s'autorise pas de Dieu. Dans son acte, il s'autorise de lui-même à prédiquer sur Dieu. Jean se pose comme une voix, comme le répondant de la clameur de la chrétienté à laquelle il s'adresse. Il y a là, il faut le dire, quelque chose qui échappe à tout rationalisme. Je crois que Spinoza, pour qui j'ai la plus grande admiration, manifeste les limites de son rationalisme lorsqu'il dénonce le texte de la révélation au titre de l'imaginaire. Non, la prédication de Jean a des effets imaginaires à coup sûr, mais elle-même est acte. De cela, aucun rationalisme jamais ne rendra jamais compte. Ça n'a rien à voir avec la révélation, rien à voir avec la vérité, le fait qu'un homme se lève et profère, et que proférant, il s'installe à une place qui pour d'autres, voire pour toute une collectivité, est une place de cause. S'il y a de l'hérésie dans l'Apocalypse, je la vois de ce côté-là. C'est ce qu'il y a de fascinant [...] d'indéductible, hors de toute prévision. Le texte n'est pas hérétique, mais en revanche l'énonciation, le point d'où peuvent sourdre toutes les hérésies, l'est. Le texte n'est pas hérétique, ce qui l'est, c'est qu'il soit proféré par un qui s'autorise de lui-même (Sollers: 1992, 71).

Der häretische Gebrauch der apokalyptischen Stimme ist auch in deren pathetischer Auslegung zu sehen und führt jede *politische Theologie* wieder an die Nahtstelle von Utopie und Ideologie.

Einen solch pathetischen Ton des Niedergangs schlägt auch der reaktionäre Kulturtheoretiker Oswald Spengler in seinem Buch *Der Untergang des*

Abendlandes an, wenn er die Apokalyptik als Ausdruck einer um 300 A.C. einsetzenden magischen Religion in Verbindung bringt, die quasi *ex nihilo* entstanden sei. Seine Darstellung der Apokalyptik lässt diese als Hort einer Erfahrung erscheinen, in der die Grundbefindlichkeit seiner Epoche, der Moderne, *ante rem* aufgehoben wurde. Diese Epoche ist, wie bereits ausgeführt, geprägt von der Entfremdung und einer ihr korrespondierenden verdinglichten Zeit, in die sich die von Blumenberg diagnostizierte Erfahrung von der Zeitschere einschreibt. In der Apokalyptik werden, so die durchaus nahe liegende Deutung der nachstehenden Passage aus Spenglers *Untergang des Abendlandes*, das Sein in seinem Gang noch als eine Totalität und das individuelle Dasein als eine vom Schicksal ausgerichtete Seinsfülle erfahrbar. In Spenglers Theorie wird auch das regressive Moment einer immer mehr zur Chiffre des Untergangs gerinnenden Apokalyptik deutlich, jenes Moment also, an dem auch das kitschige Untergangspathos seinen Ausgang nimmt. So heißt es bei Spengler über die apokalyptischen Strömungen:

> Hier erwacht das magische Weltbewußtsein und erbaut sich eine Metaphysik der letzten Dinge in gewaltigen Bildern, denen schon das Ursymbol der kommenden Kultur, die Höhle, zugrunde liegt. Die Vorstellung von den Schrecken des Weltendes, dem jüngsten Gericht, der Auferstehung, von Paradies und Hölle, und damit der große Gedanke einer Heilsgeschichte, in der das Schicksal von Welt und Menschheit eins sind, brechen überall hervor, ohne daß man einem einzelnen Land und Volk die Schöpfung zuschreiben könnte, und kleiden sich in wunderbare Szenen, Gestalten und Namen. Die Messiasgestalt ist mit einem Schlag fertig. Die Versuchung des Heilands durch den Satan wird erzählt. Aber zugleich quillt eine tiefe und beständig steigende Angst auf vor dieser Gewißheit einer unverrückbaren und sehr nahen Grenze des Geschehens, vor dem Augenblick, in dem es nur noch Vergangenheit gibt. Die magische Zeit, die "Stunde", das höhlenhafte Gerichtetsein gibt dem Leben einen neuen Takt und dem Worte Schicksal einen neuen Inhalt (Spengler: 1995, 862f).

Eine angstintensivierende Wirkung der Apokalyptik, wie sie hier von Spengler gesehen wird, verdient durchaus das Attribut "ästhetisch", weil sie eindeutig eine Überhöhung der im realen Leben erfahrenen Angst darstellt. Eine solche ästhetische Inszenierung von Schicksal und Totalität findet sich etwa in Wagners *Götterdämmerung*. Dort wird das Gesamtkunstwerk in Vollendung zelebriert, das in seiner Synthesis der Einzelkünste durchaus als eine Eschatologie der Kunst angesehen werden kann. Oder noch gewagter formuliert: Es findet ein Eschatologisieren der Realität in Richtung auf die Ästhetik statt. Eine solche Eschatologie der Kunst hat bereits Hugo 1827 in seiner *Préface de Cromwell* mit seiner das Sublime und das Groteske vereinenden Poetik des Monumentaldramas vorbereitet: "Le drame est la poésie complète. L'ode et l'épopée ne le contiennent qu'en germe; il les contient l'une et l'autre en développement" (Hugo: 1985, 15). In Wagners programmatischer Schrift *Das Kunstwerk der Zukunft* heißt es über das Drama: "Das höchste gemeinsame Kunstwerk ist das *Drama*: nach seiner *möglichen Fülle* kann es nur vorhanden sein, wenn in ihm *jede Kunstart in ihrer höchsten Fülle* vorhanden ist" (Wagner VI: 1983, 127). Und noch deutlicher tritt das eschatologische Moment in der Ästhetik Wagners in der folgenden Passage hervor, in der das Ende der egoistischen Einzelkünste zur Absicht des Musikdramas erklärt wird:

> Diese Absicht, die des Dramas, ist aber zugleich die einzige wahrhaft künstlerische Absicht, die überhaupt auch nur *verwirklicht* werden kann: was von ihr abliegt, muß sich notwendig im Meer des Unbestimmten, Unverständlichen, Unfreien, verlieren. Diese Absicht erreicht aber nicht *eine Kunstart für sich allein*, sondern nur *alle gemeinsam*, und daher ist das *allgemeinste* Kunstwerk zugleich das einzig wirkliche, freie, d.h. das allgemein *verständliche* Kunstwerk (Wagner VI: 1983, 138; vgl. ebd., 29).

Die Idee von einem alle Künste vereinenden "Gesamtkunstwerk" – ein Begriff, den übrigens Wagner selbst nicht ohne Vorbehalt gebraucht hat – gibt nicht nur die Matrix für die Inszenierung von pathetischen Untergangsszenarien vor; vielmehr eignet ihr auch die Möglichkeit der Inszenierung eines neuen Zeitalters, der Verwischung der Grenzen von Realität und ästhetischer Manifestation. Die Inszenierung eines proklamierten neuen Zeitalters war die fragwürdige Leistung der faschistischen Propaganda, deren Essenz Benjamin in seinem Aufsatz über das *Kunstwerk im Zeitalter seiner technischen Reproduzierbarkeit* mit seinem berühmten Satz auf den Punkt bringt: "*Der Faschismus läuft folgerecht auf eine Ästhetisierung des politischen Lebens hinaus*" (Benjamin I.2: 1991, 506; vgl. Kuhnle: 1992). Nur in der Phantasmagorie eines ästhetischen Gebildes können *hic et nunc* die Hoffnung und den Anspruch verwirklichen, die einem jeden apokalyptischen Denken eingeschrieben sind und für die die *Johannesoffenbarung* das Paradigma vorgibt: das *Tausendjährige Reich* und schließlich das *Himmlische Jerusalem*.

5. Der Millenarismus: eine politische Theologie der zweiten Chance

5.1. Millenarismus zwischen Hoffnung und Terror

In einer rückblickenden Bestandsaufnahme aus den 90er Jahren des vergangenen Jahrhunderts verweist Jacques Derrida auf die den "ton apocalyptique en philosophie" (Derrida: 1980 – s.o.) instrumentierenden *classiques de la fin*:

> Ils formaient le canon de l'apocalypse moderne (fin de l'Histoire, fin de l'Homme, fin de la Philosophie, Hegel, Marx, Nietzsche, Heidegger, avec leur codicille kojèvien et les codicilles de Kojève lui-même) (Derrida: 1993, 37).

Die Autoren dieses Kanons der Klassiker der modernen Apokalypse stehen in einer langen Tradition, die in der jüdischen Prophetie ihren Ausgang genommen hat: die Vorstellung von einem in die (irdische) Zeit projizierten messianischen Reich des Heils.

Der apokalyptische Ton beherrscht das *Neue Testament* und erfährt in der *Offenbarung* des Johannes auf Patmos seine rhetorische Zuspitzung: "Dann sah ich einen Engel vom Himmel herabsteigen: auf seiner Hand trug er den Schlüssel zum Abgrund und schwere Ketten. Er überwältigte den Drachen, die alte Schlange – das ist der Teufel oder der Satan –, und er fesselte ihn für tausend Jahre" (*Offb.* 20.1-2). Den ersten wörtlichen Auslegungen dieses Textes zufolge soll nach einer Dauer von 6000 Jahren die Weltgeschichte eine Zäsur erfahren. Die Zeit bis zur definitiven Vollendung des insgesamt 7000 Jahre dauernden heilsgeschichtlichen Zyklus ist eine Zeit der Glückseligkeit, die indes von einem zwar gefangenen, aber noch immer gefährlichen Satan überschattet wird.

Die 7000 Jahre sind eine *amplificatio* des in der Genesis vorgegebenen Schemas: Nach dem sechsten Tag ruhte sich der Herr aus; die 1000 Jahre markieren den (welt-) geschichtlichen Sabbat (Augustinus II: 1929/1981, 419-421; vgl. Renan IV: 1949, 1406). Dieses Zeitalter des Glücks und der Seligkeit wird also nur von begrenzter Dauer sein. Nach tausend Jahren folgt das Jüngste Gericht. Erst nach diesem Akt göttlicher Gerechtigkeit führt der Weg in eine neue, ewige Welt, das Himmlische Jerusalem, Sinnbild für den achten Tag, den Tag des Messias (vgl. Servier: 1991, 82f; Cohn: 1961, 1-13).

In den vorausgegangenen Ausführungen wurde die Apokalyptik primär unter dem Aspekt der Katastrophe und der Zäsur gesehen. Ein für Neuzeit und Moderne wesentliches Element apokalyptischer Eschatologie blieb dabei weitgehend ausgespart: der Chiliasmus bzw. Millenarismus, die theologisch-politische Denkfigur also, die sich auf die in der *Offenbarung* angekündigte, tausend Jahre dauernde Herrschaft Christi auf Erden beruft. In *L'Antéchrist* von Ernest Renan etwa ist eine pointierte Zusammenfassung der Tradition millenaristischen Denkens zu finden:

> Le règne de Christ et de ses martyrs aura lieu sur la terre à Jérusalem, sans doute, au milieu des nations non converties, mais tenues à respect autour des saints. Il ne durera que mille ans. Après ces mille ans, il y aura un nouveau règne de Satan, où les nations barbares, que l'Église n'aura pas converties, se feront des guerres horribles et seront sur le point d'écraser l'Église elle-même. Dieu les exterminera, et alors viendront "la seconde résurrection", celle-ci générale, et le jugement définitif, qui sera suivi de la fin de l'univers. C'est la doctrine qu'on a désignée du nom de "millénarisme", doctrine fort répandue dans les trois premiers siècles, qui n'a jamais pu devenir dominante dans l'Église, mais qui a reparu sans cesse aux diverses époques de son histoire et s'appuie sur des textes bien plus anciens et bien plus formels que tant d'autres dogmes universellement acceptées. Elle fut le résultat d'une exégèse matérialiste, dominée par le besoin de trouver vraies à la fois les phrases où le royaume de Dieu était présenté comme devant durer "dans les siècles des siècles", et celles où, pour exprimer la longueur indéfinie du règne messianique, il était dit qu'il durerait "mille ans" (Renan IV: 1949, 1406).

Der Millenarismus stellt sich Renan als das Produkt einer "exégèse matérialiste" dar; gemeint ist eine wörtliche Auslegung, welche das Weltgeschehen aus der Perspektive der Heilserwartung betrachtet. Renan weist auch darauf hin, dass der Gedanke als solcher nicht ausschließlich auf jüdische Wurzeln zurückgehe: "Le millénarisme et, si l'on peut s'exprimer ainsi, l'apocalyptisme ont fleuri dans L'Iran depuis une époque fort ancienne" (Renan: 1949, 1406f).[43] Die genaue Herkunft eines eschatologisch-apokalyptischen Geschichtsdenkens und insbesondere des Millenarismus (Chiliasmus), der die Bibel zu einem "manifeste révolutionnaire" macht, ist nicht abschließend geklärt (vgl. Servier: 1991, 22); indes haben in einer über zweitausendjährigen Geschichte zahllose politische Bewegungen die politische Wirkungsmacht dieser Denkfigur unter Beweis gestellt:

> Au fil des siècles, le millénarisme est resté l'espoir des pauvres en ce monde, un espoir attisé par des guerres sans fin, des famines, des épidémies, chaque fois que passaient les cavaliers de l'Apocalypse (Servier: 1991, 24).

Keine Theologie konnte dieses Potential ignorieren; sie musste sich dem Problem Geschichte stellen, gerade weil die kirchliche Macht durch dieses revolutionäre Potential in Gefahr geriet – dies galt für Augustinus genauso wie für Thomas von Aquin oder Bossuet.

Die Ankündigung eines in seiner zeitlichen Erstreckung begrenzten Reiches am Ende der Geschichte stellt die unhintergehbare Herausforderung der Kategorie "Geschichte" dar. So notiert Jean Baudrillard:

> Toute l'histoire s'est accompagnée d'un défi millénaire (milléneriste) à la temporalité de l'histoire (Baudrillard: 1992, 20).

Der auf die *Offenbarung* zurückgehende Chiliasmus bzw. Millenarismus (im engeren Sinne) markiert das eigentlich politische Element der apokalyptischen Eschatologie und vollzieht deren Abrundung zum *apokalyptischen Schema*:

> Apokalypsen sind Expositionen von Krisen. Krisen sind in der Regel das Ende von etwas und der Anfang von etwas Neuem. Es gehört zum apokalyptischen Schema, daß auf Katastrophe und Verfall, Dekadenz und Entartung eine Renovatio, ein purgiertes Neues Reich der Ordnung, der Gerechtigkeit und des Friedens, der Güterumverteilung usw. folgt. Es hat in diesem Jahrhundert an Versuchen nicht gefehlt, den millenaristischen Gedanken in die Tat umzusetzen, und wir haben erlebt, daß sie von Mal zu Mal in immer größeren Katastrophen endeten, als es die waren, die bewältigt werden sollten (Reichert: 1996, 503).

Auch bei Klaus Reichert wird deutlich, dass die Moderne innerhalb dieses Schemas das Ende bzw. die Katastrophe akzentuiert. Wenn aber Reichert einen zwingenden Kausalnexus zwischen einer der Krise entspringenden Rheto-

---

43 NB: Der von Renan hier geprägte Neologismus, der in (obzwar hier negativ besetzt) etwa dem deutschen Terminus "Apokalyptik" entspricht, konnte sich im Französischen nicht durchsetzen – so dass in französischen Abhandlungen meist terminologisch nicht zwischen "Apokalypse" und "Apokalyptik" unterschieden wird.

rik und einer "immer größeren Katastrophe" herstellt, so verpflichtet er die millenaristische Denkfigur zu einseitig auf den revolutionären Anspruch, den die totalitären Bewegungen der Moderne für sich vindiziert haben, und ignoriert das quasi-mythische Potential, das von ihr ausgeht.[44]

Am *millenaristischen Paradigma*, wie wohl an keinem anderen aus Theologie oder Politik bzw. politischer Theologie, wird die von Karl Mannheim getroffene Unterscheidung zwischen "Utopie" und "Ideologie" manifest (vgl. Ricœur: 1997, 355-374; Baczko: 1984, 90f). Das Utopische zeichnet sich für Mannheim durch eine "wirklichkeitstranszendierende Orientierung" aus. Damit schottet er den Begriff "Utopie" gegen jede einzig auf der Grundlage der bestehenden Wirklichkeit entstandene Projektion ab, die eine bloße Wirklichkeitsverengung bedeutet (vgl. Gabel: 1978, 37f): "Die Beschränkung des Utopischen auf jene Art der wirklichkeitstranszendierenden Orientierung, die zugleich die bestehende Ordnung auch sprengt, unterscheidet das utopische vom ideologischen Bewußtsein" (Mannheim: 1995, 169). Daraus folgt für Mannheim eine Dialektik, die dem Ideologischen letztlich eine dem eindeutig positiv konnotierten Utopischen gleichrangige – anthropologische – Position zuordnet: Das "ideologische Bewußtsein" sichere eine "bestehende Lebensordnung"; indes habe von jeher in der Geschichte "der Mensch sich viel öfter an seinstranszendenten als an seinsimmanenten Faktoren" orientiert. Dennoch habe er zugleich auf dem "seinskongruenten 'ideologischen' Bewußtsein ganz konkrete Lebensordnungen verwirklicht" (Mannheim: 1995, 169). Im Gegensatz zur Utopie sei die Ideologie ausschließlich an der "Seinsimmanenz" ausgerichtet. Daraus resultiert nunmehr eine dialektische Beziehung zwischen Utopie und Ideologie: Zum einen treibt das seinstranszendierende Bewusstsein den historischen Prozess voran, indem es als wahrhaft utopisches Bewusstsein die Seinsordnung sprengt; zum anderen aber wird im Interesse der Sicherung einer bestehenden Lebensordnung und damit im Namen eines seinskongruenten, ideologischen Denkens jede das historisch Gewordene überschreitende Tendenz umgelenkt –

> Träger einer bestimmten "Seinsordnung" waren deshalb auch nie Feinde seinstranszendenter Orientierung: ihr Bestreben ging nur stets dahin, die seinstranszendenten, d.h. die in einer bestimmten Lebensordnung unverwirklichbaren Gehalte und Wollungen zu bezwingen, sie dadurch sozial unwirksam zu machen,

---

[44] Im Folgenden wird von "Millenarismus" bzw. "millenaristisch" dann die Rede sein, wenn politische Visionen gemeint sind, die sich direkt oder indirekt auf den aus der *Offenbarung* stammenden Topos vom "Tausendjährigen Reich" beziehen. Die Verwendung der Synonyme "Chiliasmus" bzw. "chiliastisch" dagegen erfolgt zum einen im Kontext einer primär theologischen Argumentation, zum anderen zur Bezeichnung der Endzeitbewegungen des frühen Christentums und der frühen Neuzeit. Die begriffliche Unterscheidung entspringt dem Umstand, dass in der deutschsprachigen Theologie der lateinische Begriff "Millenarismus" eine untergeordnete Rolle spielt, hingegen in der politischen Theorie durchaus geläufig ist. Zugleich sei bereits an dieser Stelle hervorgehoben, dass wohl nirgends die Säkularisierung biblischer Begriffe theologisch so gut vorbereitet worden ist wie im Falle des Chiliasmus bzw. Millenarismus (zur begrifflichen Problematik vgl. auch Vondung: 1988, 28-48).

daß sie solche Gehalte auf einen gesellschafts- und geschichtsjenseitigen Ort verbannten (Mannheim: 1995, 169).

Mannheims Unterscheidung zwischen den Begriffen "Utopie" und "Ideologie" ist nicht allein ihrer terminologischen Präzision wegen hilfreich; vielmehr zeigt sie deutlich die Verschränkung von Politik und Theologie, wobei dieser nicht nur eine affirmative, sondern auch eine primär seinstranszendierende und somit utopisch-kritische Funktion zufällt – was sie indes nicht vor einer ideologischen Instrumentalisierung bewahrt. Am *millenaristischen Paradigma* mit seinen Aporien tritt nunmehr diese an der Schnittstelle von Politik und Religion (bzw. Theologie) wirksame Dialektik von Utopie und Ideologie am deutlichsten hervor. Das millenaristische Denken in der Politik setzt die Katastrophe, Zäsur oder Revolution voraus – sei es in Bezug auf ein bereits eingetretenes historisches Ereignis oder auf die Antizipation eines solchen – und macht eben diese Katastrophe (Zäsur, Revolution) zum Garanten des proklamierten Wahrheitsgehaltes ihrer topischen Argumentation (diese nimmt den Rang eines Enthymems ein), derzufolge das politische System, das zu vertreten die jeweilige Ideologie sich anschickt, auf dem richtigen Weg sei. Diese Denkfigur von der – in der Vergangenheit situierten oder in eine nahe Zukunft projizierten – Zäsur, welche den Gedanken an eine weitere Katastrophe entweder ausschließt oder als Drohung instrumentalisiert, findet sich ebenso in dem den demokratischen Optimismus tragenden latenten Millenarismus der *Troisième République* wie in der nationalsozialistischen und der stalinistischen Ideologie, die ihr Selbstverständnis mit dem Auftrag auf Vollendung ihrer 'Revolutionen' begründen. Das *millenaristische Paradigma* trägt sowohl die Enttäuschung über das Ausbleiben der Parusie als auch die Hoffnung auf den Neuanfang in sich; es steht mithin dafür, was der Theologe Bultmann als die Essenz der (apokalyptischen) Eschatologie beschreibt – ohne indes dabei die Rolle des *millenaristischen Paradigmas* hinreichend zu würdigen (Bultmann: 1964, 58).

Als Instrument zur Legitimierung einer politischen oder spirituellen Macht ist der Millenarismus – nicht zuletzt der nationalsozialistischer Provenienz – als eine Form der ideologischen Pervertierung des *apokalyptischen* bzw. *millenaristischen Schemas* zu bewerten. Der revolutionäre oder sich revolutionär gebärdende Millenarismus der Neuzeit und insbesondere der Moderne vindiziert als Vorbild – und nicht selten als direkte Vorläufer – die einst von den kirchlichen Autoritäten der Häresie bezichtigten chiliastischen Gruppen: Ihnen allen gemein war die Erwartung, dass das Reich Gottes unmittelbar bevorstünde; durch religiösen Eifer trachtete der Einzelne danach, in den Kreis der Auserwählten aufgenommen oder gar das Herannahen des "Tausendjährigen Reiches" zu forcieren. Ein solcher Anspruch bedeutet aber ein Verengen des eigentlich utopischen Moments chiliastischer Schwärmerei auf eine bestimmte Gruppe – und damit dessen unausweichliches Umschlagen in eine Ideologie mit Anspruch auf legitimatorische Exklusivität. Dieser Form des chiliastischen Manichäismus leistete allerdings selbst die gegenüber der Apokalyptik kritisch eingestellte kanonisierte Lehrmeinung der augustinischen Tradition Vorschub, der zufolge die Kirche für das mit Geburt und Tod Christi angebrochene Reich des Heils steht (vgl. Jørgensen: 1985, 376f). Ernest Renan hat in seiner kommentierenden Nacherzählung der *Johannesapokalypse* (Renan IV: 1949, 1397-1424) mit eindrücklichen Worten geschildert, wie die Apokalypse mit ihrer rhetorischen Sprengkraft und der Naherwartung des Endes zu einem Problem für die Kirche werden musste: "Après la réconciliation de l'Empire et de l'Église au IVe siècle, la fortune de l'Apocalypse fut gravement compromise" (Renan IV: 1949, 1400). Doch der Gehalt dieses Buches sei bereits untrennbar mit den Inhalten des *Alten* und *Neuen Testaments* verbunden gewesen, was seinen Ausschluss aus dem Kanon unmöglich gemacht habe; vielmehr habe man versucht, qua Auslegung seine Sprengkraft zu neutralisieren – "on eut recours, pour se débarasser des objections qu'il soulevait, aux tours de force exégétiques" (Renan IV: 1401). Renans religionsgeschichtliche Erläuterungen legen Zeugnis davon ab, dass sich im letzten Buch der Bibel die gesamte, den christlichen Glauben tragende Heilserwartung konzentriert, welche die angesprochenen exegetischen Anstrengungen in die gewandelten politischen Verhältnisse hinüberzuretten suchten (und suchen).

Dem Chiliasmus bzw. Millenarismus sind im Hinblick auf seine politische Funktionsbestimmung und auch auf die theologische Widerlegung seiner sektiererischen Auswüchse schon seit den Anfängen immer zwei Komponenten eingeschrieben, die von den sich auf ein *millennium* berufenden Ideologien unterschiedlich gewichtet werden: Kritik mit revolutionärem Impetus oder Apologie des Bestehenden unter dem Vorwand der bereits eingetretenen Zäsur bzw. Revolution.[45] Vor allem das Bild vom *Neuen Jerusalem*, das in intensivierter Form die aus der jüdischen Eschatologie übernommene Vorstellung von einem neuen Reich des Friedens und des Glücks aufnimmt, führte dazu, dass die *Johannesapokalypse* zum Inbegriff utopischen Denkens avancieren konnte.[46] Die Besonderheit des Gedankens vom *millennium* dagegen ist die an

---

45 Unter dieser Voraussetzung wäre Vondung zuzustimmen, wenn er schreibt: "Die 'Chiliasmus' genannten Geschichtsentwürfe haben offenbar die Tendenz, sich von den ursprünglichen Erfahrungsanlässen der Apokalypse zu lösen und sich spekulativ zu verselbständigen" (Vondung: 1988, 37). Ein solches Auseinanderklaffen bleibt jedoch ausschließlich an die Zielsetzung einer ideologischen Instrumentalisierung gebunden, die – chiliastisch oder apokalyptisch – auf die Erfahrung der Krise zurückgeht.

46 Vgl. dazu den theologisch-literarischen Rückblick im Kapitel "A Mechanist New Jerusalem" bei Ernest Lee Tuveson (Tuveson: 1972, 71-112), der sich allerdings fast ausschließlich auf englischsprachige Werke bezieht. Das in der in griechischer Sprache verfassten *Offenbarung* gezeichnete Bild der himmlischen Stadt ist – jenseits der darin enthaltenen Zahlensymbolik – von einer solch geometrischen Präzision, dass man geneigt ist, es "klassisch" zu nennen. Die antike Vorstellung der *polis* wiederum war Grundlage des idealen Staates nach Plato – mithin wäre vielleicht das *Neue Jerusalem* der *Johannesoffenbarung* eher als ein *Neues Athen* zu bezeichnen, wollte man in ihm das Vorbild der Utopie sehen. Der folgende Gedanke mag als ein kühner Sprung erscheinen, da er nicht auf einer tiefer gehenden theologischen Reflexion beruht. Er sei hier dennoch gewagt: Wenn Paul Virilio schreibt, dass die Stadt die größte Katastrophe des 20. Jahrhunderts gewesen sei – "Villes paniques qui signalent, mieux que les

ihn geknüpfte Hoffnung auf die Verwirklichung eines Paradieses von *dieser* Welt, womit das Moment der Naherwartung chiliastischen Denkens zu einer echten politischen Herausforderung gerät.[47]

Der eminent politische Bezug der Vorstellung von einer Verwirklichung eines "Tausendjährigen Reiches auf Erden" lässt insbesondere die neuzeitlichen chiliastischen Bewegungen als Archetypen jeder revolutionären Bewegung der Moderne erscheinen. Ernst Bloch geht in seinem Aufsatz Zur *Originalgeschichte des Dritten Reiches* (1937) noch weiter, wenn er am Beispiel der Hussiten in Tabor ausführt:

> Der Chiliasmus (wie übrigens auch die astrologischen Weissagungen des ausgehenden Mittelalters von einer "notwendigen" Wende der Zeit) vertrat damals sozusagen die Wissenschaft von der Revolution, nämlich deren Objektivität und

---

théories urbaines du chaos, le fait que la plus grande catastrophe du XXe siècle a été, la métropole contemporaine des désastres du Progrès" (Virilio: 2004, 94) –, dann bezeichnet er damit auch das Scheitern einer 'geopolitischen' Utopie-Konzeption; Virilio kann dahingehend verstanden werden, dass er in der *polis* – und damit in der Fixierung auf einen sowohl historischen als auch geographischen *topos* – den Grund für das Umschlagen der Utopie in die Anti-Utopie oder der Ordnung ins Chaos vorgezeichnet sieht, ein Umschlagen, das den Gedanken der Erlösung negiert (vgl. Virilio: 2004, 98). Solche Überlegungen bestimmen auch die französische Essayistik, die in der Geschichte der jüdischen und christlichen Religion die Aporien utopischen Denkens zu lokalisieren suchen. Der Philosoph, Essayist und Romancier Bernard Sichère unternimmt in seinem unlängst erschienenen Buch *Le Jour est proche: la révolution selon Paul* aus der Lektüre der Paulusbriefe heraus eine Deutung der Apokalyptik und ihrer geschichtsphilosophischen Implikationen für die Gegenwart. Er hebt die revolutionäre Bedeutung der christlichen Lehre innerhalb des Judentums hervor und definiert das Christentum des Apostels Paulus als "un héllénochristianisme capable de tenir tête à la fois à la tradition judaïsante et à la 'sagesse' des Grecs" (Sichère: 2003, 91). In dessen Sprache seien "Apokalypse" und "Parusie" die beiden zentralen Begriffe, die für die Vollendung des messianischen Zeitalters stünden: "Un temps de l'évènement, de la Venue, qui n'ouvre pas du tout à une pensée grecque de la cité comme lieu de la parole partagée à égalité entre les maîtres sous le regard des dieux (la cité grecque comme site de *logos-dikè-nomos*), mais qui, par-delà toute cité prise en ce sens, ouvre à une pensée-expérience de l'histoire sacrée irradiant de la cité de l'histoire profane, à partir de la singularité d'un événement qui vient s'inscrire dans la boucle finale d'une série incarnée dans le sacré des prophètes-élus. Isaïe ou Jérémie, et non Cassandre ou Diotime. Un Dieu capable de dire à son élu: "Tu es celui qui me suivra. *Apocalypse*: non pas annonce précise, anticipé, d'un événement précis qui aura lieu à une date précises [...], mais anticipation d'une 'fin de l'histoire', *olam habba*, comme parachèvement de l'alliance. Si l'on veut: anticipation de ce point d'asymptote où l'histoire profane serait tout entière avalée et condensée dans l'Histoire sacrée disant le dernier mot d'elle-même et ce mot est la Présence même du trésor jusque-là caché, de la *Shekina*" (Sichère: 2003, 91f).

47 Es fehlte in der Geschichte übrigens auch nicht an Versuchen, die Unterscheidung zwischen einem intramundanen und einem transzendenten Ort des Heils zu überwinden: So prophezeite Jan van Leyden für das Jahr 1533 bereits das Jüngste Gericht, aus dem einzig Münster als das *Neue Jerusalem* hervorgehen würde. Er reklamierte somit für die Münsteraner Wiedertäufer sowohl das Millennium als auch dessen Vollendung und Überwindung – mithin das Zusammenfallen der beiden 'utopischen' Visionen der *Offenbarung* (vgl. Burnier: 2000, 70; vgl. Lacroix: 1994, 38). Eine spannende philosophische Spekulation um Jan van Leyden und die Apokalyptik der Neuzeit enthält der Roman *Der Zauberbaum* von Peter Sloterdijk (Sloterdijk: 1985).

Unausweichlichkeit; die Zeit wurde als nicht nur subjektiv, sondern als objektiv reif zur Revolution erfahren, die Revolution stand "im Termin", die himmlische Gerichtsuhr schien sie anzuschlagen (Bloch IV: 1962, 144).

Auch die Utopiekonzeption Blochs, welche die Apokalyptik zum Ausgang nimmt, ist primär eine millenaristische, die sich unmittelbar auf die Tradition der chiliastischen Bewegungen beruft; sein utopisches Denken ist das Produkt sowohl "eines kritischen Verhältnisses zum Gegebenen wie seines affirmativen zum wünschbar Möglichen" (Ueding: 1985, 295), einem Möglichen, das die Dimension Zukunft beherrscht. Und das Verwirklichen des "wünschbar Möglichen" sieht Bloch, wie aus seinem Hauptwerk *Das Prinzip Hoffnung* deutlich hervorgeht, als die *in nuce* bereits von der Geschichte der Moderne vorgegebene Perspektive an: Die Erfüllung millenaristischer Naherwartung erscheint ihm am Horizont des technisch Machbaren. Wenn bei ihm von der denkbaren "Übernaturierung gegebener Natur" (Bloch V: 1985, 1055; s.o.) die Rede ist, fordert dies allerdings kritische Einwände heraus: Zum einen weist sein Utopiekonzept in eine eudaimonistische Richtung,[48] zum anderen trägt – was die mitunter ins Unerträgliche getriebene pathetische Rhetorik Blochs verdeckt – der Gedanke von der radikalen Transformierung der Natur den Keim von Dystopie oder Anti-Utopie in sich. Die ökologische Katastrophe etwa wäre eine logische Konsequenz eines verabsolutierten Eudaimonismus, der das *Prinzip Verantwortung* hinter sich lässt.[49]

Nun wird der politische Millenarismus gemeinhin mit Totalitarismus gleichgesetzt. Norman Cohn etwa vertritt die Auffassung, "that the ideologies of Communism and Nazism, dissimilar though they are in many respects, are both heavily indebted to that very ancient body of beliefs which constituted the popular apocalyptic lore of Europe" (Cohen: 1961, 309). Ohne die Verdienste der geistesgeschichtlich weit ausgreifenden Studie Cohns zu schmälern, sei darauf hingewiesen, dass das *millenaristische Paradigma* weit über seine Verengung durch chiliastische Gruppen und Ideologien der Moderne, die sich

---

48 Lessing etwa deutete in seiner Schrift *Von dem Zwecke Jesu* die missbräuchliche ideologische Instrumentalisierung einer an das "Tausendjährige Reich" der *Offenbarung* herangetragenen eudaimonistisch tingierten Naherwartung an: "Und wo ja endlich etwas an Überzeugung mangelt, da konnte sie [die Pharisäische Vernunftkunst] die Gemüter durch die Hoffnung reicher Belohnungen bei der baldigen Wiederkunft Jesu zu einem herrlichen Reiche geneigt machen zu glauben. Denn dieses Reich des Messias sollte nach der Meinung der damaligen Juden, und der ersten Christen, kein unsichtbares Reich im Himmel von bloß geistlichen Gütern sein, denn das hätte vielleicht weniger Eindruck gehabt, sondern ein sichtbares tausendjähriges Reich auf Erden sein, darin man äße und trinke und lebte, wie vorhin, nur alles aufs herrlichste und im größten Überfluß und Lust, mit Unterdrückung und Beherrschung aller Feinde. Das rühret die Sinne, und durch solche süße Vorstellungen lässet sich die Begierde der Menschen, und dadurch auch der Verstand blenden, daß sie in der lebhaftesten Hoffnung des künftigen Überflusses der Güter und Glückseligkeit, alle Untersuchung der Wahrheit, ja selbst die gegenwärtigen Vorteile versäumen und verachten" (Lessing VII: 1996, 594).
49 Die Warnung vor einer solchen Katastrophe ist einer der zentralen Punkte in der von Jonas vorgetragenen Bloch-Kritik (Jonas: 1984, 324f.)

implizit oder explizit auf diese berufen, hinausgreift, dass an ihm der Konflikt zwischen Utopie und Ideologie besonders augenfällig wird. Der Nationalsozialismus zeigte allerdings – und hierin ist Cohn nicht zu widersprechen – in aller Deutlichkeit das ideologische Potential einer millenaristischen Apokalyptik, griffen doch seine Chefideologen zu einem religionsgeschichtlichen Synkretismus, um zynisch ihren politischen Machtwillen zu legitimieren. Die 'moderne' Rede vom "Tausendjährigen Reich" nichtet die von Karl Mannheim ausgemachte Dialektik von "Utopie" und "Ideologie" am *millenaristischen Paradigma* in einer Art und Weise, die zum ausschließlichen Triumph der Ideologie führt, womit sie durchaus an die chiliastischen Bewegungen der frühen Neuzeit (vgl. Poitrineau: 1987, 11-23), aber auch an ihre anarchistischen Nachahmer erinnert.

Nicht zuletzt mit Blick auf anarchistische Theorien konstatiert Mannheim den Triumph einer Bildlichkeit, deren Irrationalismus sich gleichgültig gebe gegenüber der Tatsache, "daß an Stelle der Wunschzeit das Raumbild tritt und daß im Zeitalter der Ratio und der Aufklärung das geschlossene System der rationalen Deduktion das utopische Vakuum erfüllt" (Mannheim: 1995, 190). Dem schließt sich auch Paul Ricœur an, der nicht weniger die irrationale Gewalt des *millenaristischen Paradigmas* betont: „Il y a dans l'utopie chiliaste une énergie anti-libérale, car ce ne sont pas les idées qui font l'histoire, mais les énergies libérées par la perspective du Royaume millénaire" (Ricœur: 1997, 364). Allerdings sind für Mannheim die Ausprägungen des utopischen Bewusstseins jeweils historisch bestimmt. Durch die Historisierung des Chiliasmus sucht Mannheim dessen Vereinnahmung durch die aufkommenden totalitären Ideologien der Moderne entgegenzutreten. Der Chiliasmus steht hier für die erste der von vier bisher in der Geschichte wirksamen Ausprägungen des utopischen Bewusstseins, auf die auch seine französischen Rezipienten verweisen: "Rappelons [...] que Mannheim distingue entre quatre structures historiques de la mentatlité utopique: le chiliasme, l'idée humaniste-libérale, l'idée conservatrice, l'utopie socialiste-communiste" (Baczko: 1984, 91). An gleicher Stelle vermerkt Baczko, dass der Begriff "Utopie" möglicherweise an Kontur verliere und zu einer beliebigen Variablen gerate. Allerdings übersieht er, wie übrigens auch Mannheim selbst, dass die genannten vier Strukturen des utopischen Denkens allesamt vom *millenaristischen Paradigma* durchdrungen sind, das den einzelnen, nach ideologischen oder rein lebensweltlich bedingten Kriterien ausgestalteten Utopiekonzepten vorausgeht und die Dialektik von Ideologie und Utopie exemplarisch konkretisiert. Die Annahme eines *millenaristischen Paradigmas* als Konstante des Geschichtsdenkens erlaubt es indessen, Mannheims Ansatz als Instrument der Kritik politischer Ideologien zu aktualisieren.

Die sich bis ins Paradox steigernde Ambivalenz des *millenaristischen Paradigmas*, aus der heraus letztlich die Vereinnahmung und Umdeutung durch totalitäre Ideologien resultieren, hat – wie noch zu zeigen sein wird – Kant mit seiner Kritik an einem Chiliasmus entlarvt, dem er vorhält, eine zeitliche

Erstreckung für etwas anzunehmen, das *per definitionem* bereits außerhalb der Zeit stehe (Kant XI: 1993, 176). Im Usurpieren der Dimension Zeit zeigt sich in aller Deutlichkeit die Wende ins Ideologische, die jedem religiösen oder politischen Millenarismus eingeschrieben ist: Getragen von einer genuin utopischen Bewegung kündet sie von einer (unmittelbar) bevorstehenden besseren neuen Welt; eine auf Machtkampf fixierte Bewegung dagegen bedient sich seiner als vorrangig gegenwartsbezogenes Instrument der Exklusion; eine institutionalisierte Macht schließlich beruft sich auf das *millenaristische Paradigma*, indem sie die Verwirklichung eines Ideals als bloß aufgeschoben setzt und die eigene Herrschaft als Auftrag der Geschichte ausgibt. Die explizite oder implizite Voraussetzung für eine systemsichernde Instrumentalisierung des millenaristischen Gedankens ist die Annahme einer überwundenen Katastrophe bzw. Krise. NB: Selbst dort, wo die Frage nach dem politischen 'Danach' sich in einer Apologie des Nichts erschöpft, bestätigt sich die Wirkungsmacht dieses ins Mythische überhöhten Paradigmas.

Bloch entgegnet auf die rattenfängerische Ideologie, die hinter der nationalsozialistischen Proklamation eines "Dritten Reiches" steht – und damit auf den Missbrauch von Joachim von Fiore, dem eigentlichen Begründer eines modernen Millenarismus:

> Keine Schwerter werden zu Pflugscharen geschmiedet; eher umgekehrt; dafür dauert das neue Tausendjährige Reich gleich hunderttausend Jahre, angeblich ohne Jüngstes Gericht. Ein riesiges Maul, ein Maul wie eine Blutschüssel trinkt den Behälter der gesamten Zukunft leer. Genau so vortrefflich wie der Messiaskaiser, wie das Dritte so ist auch das Tausendjährige Reich in Deutschland verwirklicht. Es gibt deutschen Sozialismus, ausgeübt von viri spiritualis ohnegleichen; es gibt Reichsbankwechsel aufs dritte Evangelium, zahlbar in Reich-Gottes-Währung: 'Ich will zu deiner Obrigkeit den Frieden machen und zu deinem Herrn die Gerechtigkeit' – dies Wort aber scheint von der deutschen Überrasse noch nicht ganz erfüllt. Und auch sonst hat das Dritte Reich Hitlers mit dem erträumten des Joachim von Fiore ungefähr dieselbe Ähnlichkeit wie sein Sozialismus mit dem Reich der Freiheit (Bloch IV: 1962, 145).

Der Streit, ob der politische Millenarismus *per se* totalitär ist oder nicht, verschleiert den Umstand, dass – wie bereits wiederholt gesagt – der Wunsch nach einer Zeitenwende nicht weniger demokratischen Ideen eingeschrieben ist, die sich gegen jedes wie auch immer geartete *ancien régime* zu behaupten suchen. Die Frage nach dem totalitaristischen Gehalt des Millenarismus muss vielmehr auf die jeweils konkrete Funktion bezogen werden, die diesem in einer politischen Ideologie zufällt, denn millenaristisches Gedankengut mit all seinen Aporien prägte auch und gerade das Geschichtsdenken der Aufklärung.

Allen millenaristischen Ansätzen – ob genuin theologischer oder säkularer Provenienz – ist ein Moment eingeschrieben, das nicht deutlich genug hervorgehoben werden kann: Sie präsupponieren für das irdische Dasein die Möglichkeit eines radikalen – intramundanen – Neubeginns; durch diese Immanenz unterscheidet sich die Rede vom "Millennium" von dem Gedanken an ein

Himmlisches Jerusalem, der die Hoffnung auf ein Reich des Heils in die Transzendenz verweist. Vor diesem Hintergrund nimmt der Millenarismus – bzw. der Chiliasmus – die Gestalt einer *Theologie der zweiten Chance* an, einer Theologie, die Hoffnung für die einen und Bedrohung für die anderen, die Instrument des Machterhalts oder der Kritik sein kann; denn sie impliziert immer eine 'Wette' auf das bessere Leben, eine Wette die sich von der eines Pascal dahingehend unterscheidet, als nicht nur ihr Einsatz, sondern *auch* der zu erwartende Gewinn von dieser Welt ist. Insofern ist die *zweite Chance* als *die* politische Antwort auf jene Krisen zu verstehen, in denen ein apokalyptischer Ton vernehmbar wird. Doch über dem *millenium* lastet eine Drohung: Satan ist ja nur gefesselt, und nach Ablauf der 1000 Jahre folgt das jüngste Gericht. Man kann daher mit Fug und Recht von einer ins Politische gewendeten *Theologie der zweiten Chance* sprechen, die im Kern weit mehr meint als bloß eine sich irrational gebärdende chiliastische Schwärmerei.

Seit Origines haben sich mehrfach Stimmen im Namen einer zur Institution gewordenen Kirche erhoben, um den häretischen Charakter dieses Chiliasmus zu denunzieren. Insbesondere der heilige Augustinus wandte sich entschieden gegen eine wörtliche Auslegung der Vision vom "Tausendjährigen Reich" und verurteilte den Gedanken an ein Reich der Glückseligkeit auf Erden als den Ausdruck der Trägheit des Fleisches (Augustinus II: 1929/1981, 419f; vgl. Cohn: 1962, 13f; Delumeau: 1995, 31f). Er vertrat dagegen eine allegorische Auslegung der apokalyptischen Zahlenwelt im Sinne einer Affirmation kirchlicher Macht:

> Cum enim dixisset alligari diabolum mille annis, et postea solvi brevi tempore, tum recapitulando quid in isti mille annis agat ecclesia vel agatur in ea: *Et vidi, inquit, sedes et sedentes super eas, et iudicium datum est*. Non hoc putandum est de utltimo iudicio dici; sed sedes praepositorum et ipis praepositi intellegendi sunt, per quos nunc ecclesia gubernatur (Augustinus II: 1929/1981, 429f).

Hier offenbart die Theologie Augustinus' die politische Ambivalenz, die aus der Konfrontation der Vision von einem *millennium* mit der Realität einer geistlichen oder weltlichen Macht entsteht: Einerseits ist die millenaristische Vision utopisch und damit kritisch in Bezug auf eine Macht, wenn sie für eine nahe oder ferne Zukunft das Herannahen eines neuen Zeitalters verkündet; andererseits kann sie sich als zutiefst ideologisch erweisen, indem sie eine allegorische Projektion einer Macht darstellt, welche die Verwirklichung eines solchen neuen Zeitalters für sich vindiziert.

Möglicherweise verdankt die (politische) *Theologie der zweiten Chance* ihre Wirkungsmacht gerade Augustinus, in dessen *civitas Dei* Löwith das "Vorbild jeder Geschichtsauffassung" erkennt. Diese Theologie sei jedoch, so Löwith, (noch) "keine Geschichtsphilosophie, sondern eine dogmatische Auslegung des Christentums in der Welt" (Löwith: 1967, 153). Allerdings fällt hier der Weltgeschichte im engeren Sinne keine Bedeutung zu. Vielmehr werden die beiden seit dem Mord Kains an seinem Bruder Abel bestehenden, einander entgegensetzten Prinzipien der *civitas Dei* (Abel) und der *civitas terrena* (Kain) als parallel verlaufend gedacht, wobei die Menschheitsgeschichte vor dem Horizont der Heilsgeschichte, auf die sie keinen Einfluss hat, als nichtig erscheint. Allein durch Jesus sei die Heilsgeschichte in die Weltgeschichte getreten (vgl. Löwith: 1967, 153-159):

> In Augustins christlicher Denkweise ist der 'Fortschritt' nichts anderes als eine unermüdliche Pilgerschaft zu einem letzten überirdischen Ziel. Als *civitas perigrinans* steht die Kirche mit den weltlichen Begebenheiten im Zusammenhang, soweit diese dem überweltlichen Zweck, das Haus Gottes zu bauen, dienlich sind (Löwith; 1967, 156).

In der Auseinandersetzung des Kalabresen Joachim von Fiore (Gioacchino da Fiore) mit der augustinischen Theologie und der institutionalisierten Kirche kam es zu einer Neubewertung der Heilsgeschichte, die nunmehr der Weltgeschichte einen eigenen Rang zuwies, eine Neubewertung, die wichtige Gedanken aufklärerischen Geschichtsdenkens antizipiert. Die entscheidende Wende, welche die eschatologische Theologie durch Joachim von Fiore und seine Schüler erfuhr, bestand in der trinitären Interpretation der Heilsgeschichte, mit der – über jeden spekulativ-mystischen Gehalt hinweg – die Grundlagen einer säkularisierten Geschichtsbetrachtung gelegt werden sollten: Sie bereitete den Weg für die großen geschichtsphilosophischen Entwürfe und die modernen "politischen Religionen" (Voegelin V: 2000a, 50f).

Nach Joachim folgt der Lauf der Geschichte einem Rhythmus von sechs Stadien, die sich in drei Zeitalter gliedern, welche der Dreifaltigkeit von Vater, Sohn und Heiligem Geist entsprechen (Joachim: 1527/1964, 38c-d). Während das zweite Zeitalter noch von der Macht der Kirche bestimmt sei, werde der Übergang ins dritte Zeitalter 1260 einsetzen – nach seinen Berechnungen des apokalyptischen Zahlenwerks markiere dieses Datum die Ankunft des Antichrist, des großen Versuchers. Dieses Stadium des Übergangs werde mit der Verkündigung eines neuen Evangeliums (*Offb.* 14.6) das Ende der von der Kirche ausgeübten Macht herbeiführen; es markiere den Anfang der Herrschaft des Geistes, welcher dem definitiven Ende der Welt zustrebe, dem Jüngsten Gericht und der Erlösung. Dem (symbolischen) Konstrukt des Millenniums wird damit eine fast untergeordnete Rolle zugewiesen; nichtsdestoweniger wird hier der Grundgedanke des *millenaristischen Paradigmas*, nämlich die Annahme einer Übergangszeit bis zum Eintreten des Jüngsten Gerichts weitergedacht.[50]

Anders als die Theologie des Kirchenvaters Augustinus, für den die erneute Ankunft des Heiligen Geistes als Ereignis zu einem nicht bestimmbaren Zeit-

---

50 Einen guten Überblick und einen ersten Zugang zu den wichtigsten Schriften Joachims, insbesondere zu *Expositio in Apocalypsim* (Joachim: 1527/1964) und *Concordia Novi ac Veteris Testamentum* (Joachim: 1519/1964), vermittelt Alfons Rosenberg in der Einleitung zu der von ihm besorgten Sammlung mit Auszügen aus dem Werk des Kalabresen (Rosenberg: 1977, 17-49).

punkt der Geschichte erfolgen sollte, verteidigen die Schriften Joachims eine Deutung der Geschichte als die fortschreitende Offenbarung des Heiligen Geistes (vgl. Monod: 2002, 216). Einen zentralen Gedanken, der die Säkularisierung der Geschichtsbetrachtung vorbereitet habe, macht auch der Theologe Bultmann – wie vor ihm Löwith – schon bei Augustinus und dem von diesem als unüberbrückbar angesehenen Antagonismus von *civitas Dei* und *civitas terrena* aus. Dieser Antagonismus werde, so Bultmann, vom (gläubigen) Individuum ausgetragen, das sich der *civitas Dei* zuwende: Diese wiederum bilde den Horizont weltlicher Ereignisse – und gebe daher durch das sich auftuende Feld der möglichen Momente der Entscheidung zwischen den beiden *civitates* der Weltgeschichte einen Sinn. Damit habe sich ein Wandel von der eschatologischen zur teleologischen Geschichtsbetrachtung vollzogen: "Der Gedanke der Teleologie bot die Möglichkeit, diesen Kampf als eine Entwicklung, als einen Fortschritt zu verstehen" (Bultmann: 1964, 70). Der Begriff "Teleologie" meint hier den für den Menschen immanenten Sinn der Geschichte, während die eschatologische Dimension lediglich als ein der individuellen Lebenspraxis entrückter Horizont erscheint: "Der Gedanke der eschatologischen Vollendung konnte dann als der Sieg der Vernunft, als das notwendige Ende der geschichtlichen Entwicklung interpretiert werden" (Bultmann: 1964, 71). Diese Lesart der augustinischen Theologie ist von einem durch und durch aufklärerischen Vorverständnis getragen, das fast in einem Atemzug Joachim gegen den Kirchenvater ausspielt und ihn zugleich der "mittelalterlichen" Historiographie zurechnet, weil er an dem "Gedanken des von Gott bestimmten eschatologischen Ziels" festhalte (Bultmann: 1964, 71). Die genuin theologische Bewertung dieser Unterscheidung sei hier indes dahingestellt, da sie für den weiteren Verlauf der Argumentation von nachrangiger Bedeutung ist.

Weltgeschichte ist Teil einer "Zwischenzeit" zwischen Schöpfung und Eschaton; sie ist zeitlich begrenzt und doch verwehrt sich das Eschaton letztlich einer zeitlichen Bestimmung; Bossuet machte dies deutlich mit seinem siebenstufigen Geschichtsmodell, das den Prozess hin zur Vollendung der mit der Geburt Christi eingetretenen neuen Zeit als einen prinzipiell offenen ansah. Der Gedanke von einer solchen "Übergangszeit" ist eine Konstante der christlichen Eschatologie; und die Annahme von den tausend Jahren nur eine Variante desselben: "Before the End there is as period which does not properly belong either to the End or to the saeculum preceding it" (Kermode: 1967, 12); dieser von Kermode ausgemachte "Mythos des Übergangs" trifft sowohl den Kern der jeweils konkret erfahrenen Krise (vgl.: Kermode: 1967, 14), als auch jenen Nullpunkt, auf den jedes prophetische Sprechen stößt – und der die an sich heilsgeschichtliche Zäsur ebenso meint wie die eigentliche Revolution. Hier ist viel Raum für ideologische Besetzungen, aber nicht weniger für die Affirmation der menschlichen Freiheit angesichts einer letzten großen Entscheidung. In dem Maße wie Augustinus diesen Gedanken regelrecht 'wegrationalisiert' hat, erfährt die freie Entscheidung in Joachims Theologie eine nicht weniger rationale Begründung, nämlich über den Imperativ zur Vollendung der Endzeit, womit er *ante rem* der Unterscheidung zwischen Teleologie und Eschatologie den Grund entzieht. Entsprechend sind die Konsequenzen für die Säkularisierung der Geschichtsbetrachtung: Diese Säkularisierung erfasst nicht nur das teleologische Moment – so der von Bultmann aufgezeigte Ausweg aus den Aporien der *querelle de la sécularisation* (Monod: 2002); vielmehr ergreift sie die ganze (apokalyptische) Eschatologie. Dieser universalen Säkularisierung der Eschatologie und des *millenaristischen Paradigmas* hat die Theologie Joachims entscheidend den Weg bereitet (vgl. Monod: 2002, 216-235), gerade indem sie die Rede vom "Tausendjährigen Reich" zugunsten der Lehre von den drei Zeitaltern (Reichen) hintan stellt.

Zusammenfassend führt Eric Voegelin auf Joachim "vier Symbole" zurück, welche für die modernen politischen Massenbewegungen charakteristisch geworden seien (Voegelin V: 2000b, 301-304): das dritte Reiche ("the Third Realm"), der Führer ("the leader, the *dux*"), der Prophet ("the prophet") und schließlich die Gemeinschaft spirituell freier Menschen ("the community of spiritually autonomous persons"). Von diesen "Symbolen" interessiert hier vor allem das erste, das über Biondo seine eigentliche Wirkung entfalten sollte: "the Third Realm – that is the conception of a third world-historical phase that is at the same time the last, the age of fullfillment" (Voegelin V: 2000b, 301).

Es bleibt das unstreitige historische Verdienst der Theologie Joachims, das "seinstranszendierende", utopische Moment der Theologie definitiv in die Geschichte projiziert und damit – ungeachtet aller Verwurzelung in der "mittelalterlichen Historiographie" – auf das Intramundane verpflichtet zu haben. Besonders deutlich wird bei Ernst Bloch das die Seinsordnung sprengende Potential von Joachims Ansatz:

> Es ist eine Größe Joachims, die überlieferte Dreiheit bloßer Standpunkte zu einer dreifachen Stufung der Geschichte selbst verwandelt zu haben. Noch folgenreicher wurde die damit zusammenhängende volle Verlegung des Lichtreichs aus dem Jenseits und der Jenseitsvertröstung in die Geschichte, wenn auch in einen Endzustand der Geschichte (Bloch V.2: 1985, 592).

Die mit Joachim vollzogene, einschneidende Wende in der christlichen Theologie hebt Norman Cohn hervor: "In Joachim's interpretation Christ no longer stands at the centre of history and the Christian revelation is of only temporary validity" (Cohn: 1961, 101). Diese Interpretation der Heilsgeschichte steht nicht nur in krassem Widerspruch zur offiziellen Theologie seit Augustinus, sondern auch zur Autorität der Kirche als solche, die nun von einer anderen, neuen, von den Symptomen der Korruption und des Verfalls gereinigten Kirche ohne institutionellen Charakter abgelöst werden sollte (Bloch V.2.: 1985, 593; vgl. Staubenrauch: 1999, 374f).

Mit Joachim von Fiore setzte eine neue, 'apokryphe' Tradition ein, welche den 'Mythos' von einem sich offenbarenden, zu entdeckenden (in den späteren literarisch-theologischen Varianten: zu schreibenden) neuen Evangelium begründen sollte. Renan resümiert:

L'Évangile éternel désigna dans l'opinion du XIIIe siècle une doctrine, censée de l'abbé Joachim, sur l'apparition d'un troisième état religieux qui devait succéder à l'évangile du Christ et servir de loi définitive à l'humanité (Renan: 2001, 47). Der 'Mythos' vom *Ewigen Evangelium* gründet in der Vorstellung von einem neuen Menschen als dem Ziel der Heilsgeschichte. Die Verwirklichung dieses Ziels wird indes der kollektiven Anstrengung aller dem Heil zugewandten Menschen überantwortet: Die Ankunft des neuen Menschen erscheint nicht mehr ausschließlich als das Resultat eines rein 'justizialen' göttlichen Aktes der Gnade. NB: Der Gedanke von einem neuen Menschen ist allen großen Religionen eigen (vgl. z.B. Poitrineau: 1987, 69). Vor allem die – in der Folgezeit mehrfach abgewandelte – Vision von einem *Neuen Evangelium* hat einer modernen Fortschrittskonzeption Vorschub geleistet, die auf eine Erweiterung des Wissens, auf Aufklärung setzt; gemeint ist nämlich der Prozess einer fortschreitenden Offenbarung: "Le sens de l'histoire est donc une révélation progressive de l'Esprit" (Taguieff: 2000, 12; vgl. Taguieff: 2004, 103f). Die Einrichtung eines Reiches des Geistes wird demnach nicht mehr als das Ergebnis einer irgendwann hereinbrechenden Zäsur gesehen, nicht mehr als das ersehnte Ereignis, mit dem sich das neue Zeitalter wie von selbst einstellen würde: Einem frömmelnden Attentismus wird eine klare Absage erteilt. Joachims Geschichtstheologie hat hiermit nicht nur der neuzeitlichen Geschichtsphilosophie den Boden bereitet, sondern auch der Erkenntnis, dass die Gesetzmäßigkeiten, die den bisherigen Verlauf der Geschichte bestimmten, echten Fortschritt ausschließen – eine Erkenntnis, von der etwa die marxistische Lehre vom "revolutionären Fortschritt" getragen ist. Übrigens hatte Joachim mit seiner Apologie des monastischen Lebens entscheidend zur Herausbildung einer neuen Ethik der Arbeit beigetragen (vgl. Nelson: 1976, 227-239).

Ungeachtet der manifest antirevolutionären, ja pazifistischen Intentionen des Kalabresen, waren die revolutionären chiliastischen Bewegungen der Neuzeit durchaus von Joachims Theologie beseelt, wenn sie einen unmittelbar bevorstehenden radikalen Wandel verkündeten, der eine Befreiung der Menschen vom Leid und ein Reich der Freiheit bescheren sollte (vgl. Delumeau: 1995, 49-53):

> [...] l'époque de la Renaissance est traversée d'un souffle prophétique dans lequel on reconnaît souvent un mélange d'éléments populaires venus du plus lointain moyen âge et d'autres qui ne sont pas sans analogies ou sans liens avec l'héritage de Flore" (Lubac I: 1978, 173).

Der alte Gedanke von der *renovatio Ecclesiae* wurde von der Idee der *renovatio Imperii* und schließlich von dem allumfassenden Anspruch der Renaissance auf eine humanistische *renovatio* abgelöst (Lubac I: 1978, 174). Indes fand der millenaristische Diskurs – wie zu den Zeiten des frühen Christentums – wieder zu einer aggressiven und damit apokalyptischen Rhetorik der Zäsur, die sich manichäistisch und revolutionär gerierte, um sich am Ende in mörderischen Phantasien zu entladen, wie etwa im Fall eines Thomas Müntzer (Lubac I:

1978, 174; Bloch V: 1985, 593; Haddad: 2001, 105). So kann mit Mannheim resümiert werden:

> Der Gedanke eines hier auf Erden anbrechenden tausendjährigen Reiches enthielt von jeher eine revolutionierende Tendenz in sich, und die Kirche bemühte sich, diese 'seinstranszendente Vorstellung mit allen ihr zur Verfügung stehenden Mitteln zu paralysieren. Diese u.a. bei Joachim von Fiore bereits aufflackernde, aber dort noch nicht revolutionierend gedachte Lehre schlug zunächst bei den Hussiten, dann bei Thomas Müntzer und den Wiedertäufern in einen sozial lokalisierbaren Aktivismus um (Mannheim: 1995, 185)

An der Schwelle zur Moderne triumphierte zunächst der revolutionäre Diskurs über die auf eine friedliche Umgestaltung setzende Idee von einem *Neuen Evangelium*. Der Millenarismus Joachims ist daher auch heute noch ein kritischer Maßstab zur Demaskierung von totalitären Ideologien, ja Ideologien überhaupt (wobei letztlich jede Ideologie den Keim des Totalitarismus in sich trägt, so auch der menschenverachtende Neoliberalismus des beginnenden 21. Jahrhunderts), die sich auf die Geschichte und deren Ende beruft. Auch jenseits revolutionärer Anschauungen erweist sich das *millenaristische Paradigma* mit der ihm inhärenten Dialektik von Zäsur und zweiter Chance – auch wenn die Zäsur in einer (zumeist unrühmlichen) Vergangenheit situiert wird – als Konstituens jeder nach Institutionalisierung drängenden oder bestehende Institutionen verteidigenden politischen Anschauung. Das *millenaristische Paradigma* liegt jeder Rede von einem wahren, ungebrochenen Fortschritt zugrunde, für dessen Triumph – und sei es nur im Zeichen eines ungehemmten ökonomischen Wachstums – echter oder vermeintlicher politischer Ballast über Bord geworfen werden soll.

In jüngster Zeit hat auch Gianni Vattimo in seinem viel gelesenen Buch *Dopo la cristianità. Per un cristianesimo non religioso* die ungebrochene Bedeutung Joachims für das Geschichtsdenken der Moderne wieder ins Bewusstsein gerufen (Vattimo: 2002, 29-43; vgl. Lubac II: 1981, 468-480), indem er auf das unabgegoltene Moment abhebt, das den eigentlichen Grund für die Theologie des kalabresischen Abtes gebildet habe – nämlich die noch immer ausstehende Einlösung des Heilsversprechens in der Geschichte und durch dieselbe:

> Il significato che c'interessa dell'insegnamento di Gioacchino è però l'idea base di una storia della salvezza ancora in corso; proprio perché la storia della salvezza non è compiuta si può parlare ancora di profezia rivolta al futuro, ma per la stessa ragione, la profezia non può, senza contraddirsi, pretendere ad una letteralità realistica (Vattimo: 2002, 33).

Bei Vattimo wird noch einmal deutlich, dass die Vision von einem *Neuen Evangelium*, das es immerfort zu entdecken bzw. neu zu schreiben gelte, sich gegen eine wortwörtliche Auslegung der Heiligen Schrift wendet – und damit der Gefahr einer (politischen) Theologie mit totalitärem Antlitz entgegentritt: Indem sich Joachims Theologie jeder konkreten Weissagung hinsichtlich der

Ausgestaltung des herannahenden Reiches enthält und einzig einen ethischen Imperativ postuliert, gewinnt sie an ideologiekritischem Potential, das nicht nur im Streit mit einer der *traditio* verpflichteten Theologie seine Wirkung zeigt. Vielmehr zeugt der Rekurs auf diesen Gedanken von einem geschärften Blick für die Dialektik, die Ideologie und Utopie unverbrüchlich aneinander kettet: die Dialektik der Aufklärung.

Nachhaltig begann Joachim von Fiore über Lessings *Die Erziehung des Menschengeschlechts* bis weit ins 19. Jahrhundert hinein zu wirken (vgl. Löwith: 1967, 190-195, Reeves / Gould: 1987, 61; Taguieff: 2001, 13; McGinn: 1985).[51] Lessing hat in seiner visionären Thesenschrift ein (utopisches) Ziel entworfen, dessen Verwirklichung *hic et nunc* mit der Erziehung des Individuums und damit des Menschengeschlechts anzustreben sei, ein Telos, das die Gestalt eines Eschatons annimmt: die "Zeit der Vollendung", in der jeder Mensch von sich aus das Gute tue, ohne einer äußeren Belohnung zu harren. Man kann diese Vision mit Fug und Recht in die Nähe der Vorstellung von der idealen Gesellschaft rücken, die Kant das "Reich der Zwecke" nennt.[52] Unter Rekurs auf das *millenaristische Paradigma* findet sich bei Lessing eine solche Vorstellung explizit eschatologisch überhöht. Sie ist Teil eines die Traditionen der großen monotheistischen Religionen vereinenden *Neuen Evangeliums*:

§ 86. Sie wird gewiß kommen, die Zeit eines neuen ewigen Evangeliums, die uns selbst in den Elementarbüchern des Neuen Bundes versprochen wird.
§ 87. Vielleicht, daß selbst gewisse Schwärmer des dreizehnten und vierzehnten Jahrhunderts einen Strahl dieses neuen ewigen Evangeliums aufgefangen hatten; und nur darin irrten, daß sie den Ausbruch desselben so nahe verkündigten.
§ 88. Vielleicht war ihr *dreifaches Alter der Welt* keine so leere Grille; und gewiß hatten sie keine schlimmen Absichten, wenn sie lehrten, daß der Neue Bund eben

---

51 Für Mircea Eliade, den Ideologen einer gegenaufklärerischen, archaischen Moderne und vehementen Kritiker des Fortschrittsdenkens, gilt es als ausgemacht, dass die Prophezeiungen Joachims und die zahllosen "messianischen" Bewegungen seit dem 13. Jahrhundert im 19. Jahrhundert, der Epoche der Revolutionen, ihre Fortführung erfahren haben: "L'idée centrale de Joachim, l'imminente entrée du monde dans la troisième époque de l'histoire, qui sera l'époque de la liberté, puisqu'elle se réalisera sous le signe du Saint-Esprit, a eu un retentissement considérable. Cette idée contredisait la théologie de l'Histoire acceptée par l'Église depuis Saint-Augustin" (Eliade: 1996, 220f). Auch Eliade unterstreicht den anti-augustinischen Zug in Joachims Geschichtsdenken.
52 In Kants *Grundlegung zur Metaphysik der Sitten* heißt es: "Der Begriff eines jeden vernünftigen Wesens, das sich durch alle Maximen seines Willens als allgemein gesetzgebend betrachten muß, um aus diesem Gesichtspunkte sich selbst und seine Handlungen zu beurteilen, führt auf einen ihm anhängenden sehr fruchtbaren Begriff, nämlich den eines *Reichs der Zwecke*. Ich verstehe aber unter einem *Reiche* die systematische Verbindung verschiedener vernünftiger Wesen durch gemeinschaftliche Gesetze. Weil nun Gesetze die Zwecke ihrer allgemeinen Gültigkeit nach bestimmen, so wird, wenn man von dem persönlichen Unterschiede vernünftiger Wesen, imgleichen allem Inhalt ihrer Privatzwecke abstrahiert, ein Ganzes aller Zwecke (sowohl der vernünftigen Wesen als Zweck an sich, als auch der eigenen Zwecke, die ein jedes sich selbst setzen mag), in systematischer Verknüpfung, d.i. ein Reich der Zwecke, gedacht werden können, welches nach obigen Prinzipien möglich ist" (Kant VII: 1991, 66).

so wohl antiquieret werden müsse, als es der Alte geworden. Es blieb auch bei ihnen immer die nämliche Ökonomie des nämlichen Gottes. Immer – sie meine Sprache sprechen zu lassen – der nämliche Plan der allgemeinen Erziehung des Menschengeschlechts.

§ 89. Nur daß sie ihn übereilten; nur daß sie ihre Zeitgenossen, die kaum der Kindheit entwachsen waren, ohne Aufklärung, ohne Vorbereitung, mit Eins zu Männern machen zu können glaubten, die ihres *dritten Zeitalters* würdig wären.

§ 90. Und eben das macht sie zu Schwärmern. [...] (Lessing VIII: 1996, 508f.).

Lessing fasst das dritte Zeitalter "als das kommende Reich der Vernunft und der menschlichen Selbstverwirklichung" (Löwith: 1967, 190). Allerdings wendet er sich in einem Atemzug von den chiliastischen Sektierern ab, die er hier als "Schwärmer" denunziert, und sucht auf die Weise den Grundgedanken Joachims zu retten, der nunmehr definitiv die Gestalt einer (politischen) *Theologie der zweiten Chance* annimmt: Gerade die "Schwärmer" chiliastischer Provenienz drohen das Projekt Aufklärung zunichte zu machen. Anders formuliert: Um das dritte Zeitalter muss – ganz im Sinne des kalabresischen Abtes – gerungen werden; nicht etwa dass die Geschichte ihren Auserwählten das Reich des Geistes und des Heils bloß 'schenken' würde! Es bleibt noch anzumerken, dass Lessing den Begriff "Fortschritt" nicht gebraucht. Stattdessen spricht er von einer "Entwicklung", die von der "ewigen Vorsehung" bestimmt werde (vgl. Taguieff: 2000, 14f; Taguieff 2004, 105f).

Eine solche 'joachimitische' Fortschrittskonzeption der Aufklärung hatte in Leibniz einen – wenn auch auf einem anderen Hintergrund argumentierenden – Vorläufer. Der Denker der Theodizee ging davon aus, dass der Mensch möglicherweise in der Zukunft einem ihm überlegenen Wesen begegnen oder einen höheren Grad der Vollkommenheit würde erlangen können, als er sich dies *hic et nunc* vorzustellen vermöge:

> Il n'est peut-être point impossible qu'il y avait quelque part une espèce d'animaux fort ressemblant à l'homme qui soient plus parfaits que nous. Il se peut même que le genre humain parvienne avec le temps à une plus grande perfection que celle que nous pouvons nous imaginer présentement. Ainsi les lois du mouvement n'empêchent point que l'homme ne soit plus parfait; mais la place que Dieu a assigné à l'homme dans l'espace et dans le temps borne les perfections qu'il a pu recevoir (Leibniz: 1996, 148).

Leibniz konstatierte zwar die Möglichkeit, der Mensch in seiner bekannten Gestalt ließe sich übertreffen, aber Gott habe die Möglichkeiten zur Vollkommenheit *a priori* beschränkt. Mit dieser Auffassung wurde bereits eine der Aporien eines modernen Fortschrittsverständnisses vorweggenommen, das auf eine lineare Entwicklung setzt: die unendliche Entwicklung vor einem endlichen Horizont, der nunmehr weniger ein metaphysischer, denn ein gesellschaftlicher – und damit wiederum ein relativer – ist.

Nicht zuletzt aus der Auseinandersetzung mit Bacon und Leibniz heraus, sollte zur Mitte des 18. Jahrhunderts Turgot seine Gedanken zu einer Theorie des universalen Fortschritts entwickeln. Der Mensch müsse sich davon befreien, seine Bestrebungen ausschließlich auf partielle Gebiete zu beschränken. Eine solche Haltung erlaube nur langsame Fortschritte in den Einzelwissenschaften. Stattdessen gelte es, nach einer Universalität wissenschaftlicher Erkenntnis zu streben:

> Les hommes embrassent toute l'étendue des connaissances humaines dans la naissance des choses, la sphère en est si bornée! Des progrès plus lents les séparent; chacun se borne à une science particulière. Des nouveaux progrès et la liaison des vérités les rapprochent et ramènent l'universalité des connaissances (Turgot: 1913, 135).

Der Drang zur *universalité des connaissances* ist nach Turgots anthropologischem Ansatz die *differentia specifica* des Menschen, der sich vor allem durch seine Fähigkeit zur Kommunikation mittels sprachlicher Zeichen über das Tier erhebe. Eine herausragende Rolle weist er dabei der Tradition (Überlieferung) zu. Sie ist für Turgot nicht bloß ein Element von Kommunikation, sondern die Bedingung derselben: Die Überlieferung stelle die Verbindung zwischen den Epochen her und ermögliche somit Fortschritte. Überlieferung und Kommunikation seien daher gemeinsam die Voraussetzung für die Geschichte, die aus dem (dialektischen) Zusammenwirken von einer stets reicher werdenden Tradition und den menschlichen Leidenschaften heraus entstehe:

> Possesseur du trésor des signes qu'il a eu la faculté de multiplier presque à l'infini, il peut s'assurer la possession de toutes ses idées acquises, les communiquer aux autres hommes, les transmettre à ses successeurs comme un héritage qui s'augmente toujours. Une combinaison continuelle de ses progrès avec les passions et avec les événements qu'elles ont produits, forment l'*Histoire du genre humain*, où chaque homme n'est plus qu'une partie d'un tout immense qui a, comme lui, son enfance et ses progrès (Turgot: 1913, 276).

Die *Histoire du genre humain* aber ist für ihn der Gegenstand einer Wissenschaft, die untrennbar mit der Entwicklung in den Naturwissenschaften einhergeht. Sein Verständnis der Naturwissenschaften ("sciences physiques") ist indes ein triadisches – um nicht zu sagen trinitarisches –, das Logik, Metaphysik und Physik miteinander zu vereinen habe. Dieser Triade sei schließlich die Geschichte hinzuzufügen:

> Sous le nom de sciences physiques, je comprends: la logique, qui est la connaissance des opérations de notre esprit et de la génération de nos idées; la métaphysique, qui s'occupe de la nature et de l'origine des êtres, et enfin la physique proprement dite, qui observe l'action mutuelle des corps les uns sur les autres, et les causes et l'enchaînement des phénomènes sensibles. On pourrait y ajouter l'histoire, dont la certitude ne peut jamais être aussi lié, et parce que les faits déjà passés depuis longtemps ne peuvent que difficilement être soumis à un nouvel examen (Turgot: 1913, 310sq.).

Die Geschichte erscheint hier als Ideal und zugleich Grenze menschlichen Erkenntnisvermögens: Sie tritt an die Stelle der apodiktischen Feststellung von

Leibniz, wonach Gott dem Menschen eine feste Stelle im Raum und in der Zeit angewiesen habe, welche die mögliche Vollkommenheit beschränke. Eine extrapolierende Lektüre der hier zitierten Passage aus Turgots *Plan de deux discours sur l'histoire universelle* ergibt: Die Geschichte des Menschengeschlechts bezeichnet eine letztlich in sich geschlossene Totalität, die zu erfassen das Ziel menschlichen Strebens ist, die aber wegen der fortwährend manifest werdenden Grenzen menschlichen Erkenntnisvermögens ein prinzipiell offenes Gefüge darstellt. Dem wissenschaftlich denkenden und kommunizierenden Menschen, mithin der Spezies Mensch als solcher, ist die Geschichte – überträgt man Turgots Überlegungen in die Sprache der Theologie – eine fortschreitende Offenbarung. Damit gehe, wie Voegelin hervorhebt, eine Reinigung der Wissenschaften von jeglichem Anthropomorphismus einher, was den eigentlichen Fortschritt ausmache: "Turgot designates this process of purification as progress" (Voegelin XXVI.5: 1999, 109).

Auch scheint Turgot Joachims Gedanken von einem neuen, *Ewigen Evangelium* aufzugreifen oder zumindest eine aufklärerische Lesart dieser Theologie wie etwa durch Lessing vorzubereiten. Unabdingbare Voraussetzung für den Fortschritt in wissenschaftlicher Erkenntnis und Geschichte ist für ihn die freie Entfaltung des Menschen. Dem natürlichen Gang der fortschreitenden Perfektionierung ("la longue marche naturelle du perfectionnement") stünden Aberglaube und Despotismus entgegen. Als einen gefährlichen Gegner für die Entwicklung des Menschengeschlechts hat er den Islam ausgemacht. An seinem Beispiel zeigt er das Umschlagen von Religion in eine repressive Gewalt auf – was ihn zu dem Schluss führt, dass Religion allein den *perfectionnement* nicht herbeiführen könne.[53] Turgots Fortschrittsdenken kann als 'latenter Millenarismus' verstanden werden, dem es darum geht, die Voraussetzungen für die Entwicklung hin zu einer *connaissance universelle* zu schaffen und gegen die Angriffe von Despotismus und Aberglaube zu sichern.

Lessings Thesenschrift und Turgots *discours* belegen, das seit dem Zeitalter der Aufklärung die Geschichtsphilosophie und das *millenaristische Paradigma*

---

53 "Cette religion [sc. le mahométisme], qui ne permet d'autres lois que celles de la religion même, oppose le mur de la superstition à la marche naturelle du perfectionnement. Elle a consolidé la barbarie en consacrant celle qui existait lorsqu'elle a paru, et qu'elle avait adoptée par préjugé de nation. On ne trouve, ni dans l'histoire des anciennes monarchies, ni dans les mœurs de la Chine et du Japon, ces excès d'abaissement des peuples mahométans" (Turgot: 1913, 297). Der Islam und der Koran wurden zum Inbegriff der Gegenaufklärung erklärt, und später, im 19. Jahrhundert, zum Feind des Fortschritts überhaupt. In seinem *Discours sur l'islamisme* etwa bestritt Renan die Fähigkeit der islamischen Religion, Anschluss an den zivilisatorischen Fortschritt zu finden: "Je crois, en effet, que la régénération des pays musulmans ne se fera pas par l'islam" (Renan I: 1947, 963; vgl. Taguieff 2004, 133). Auch Victor Hugo geißelte in *La Légende des siècles* das heilige Buch der Moslems und erhob es zum Shibboleth aller fortschrittsfeindlichen Kräfte: "Quel créneau soupçonneux et noir qu'un Alcoran! / Un texte avait le glaive au poing comme un tyran; / La loi d'un peuple était chez l'autre peuple crime; Lire était un fossé, croire était un abîme; [...] Sitôt qu'on voulait croître, on rencontrait la barre / D'une mode sauvage ou d'un dogme barbare; / Et, quant à l'avenir, défense d'aller là" (Hugo: 1950, 718).

in säkularisierter oder re-spiritualisierter Form eine unverbrüchliche Einheit bilden (vgl. Kuhnle 2003a, 132), eine Einheit, die besonders im Zuge der Französischen Revolution mit ihren Folgen deutlich werden sollte. Und nicht zuletzt in den frühsozialistischen Kreisen, die antraten, die Folgen der französischen Revolution durch eine Versöhnung der von ihr propagierten Ideale mit einer religiös begründeten Gesellschaftsordnung zu mildern, sollte Lessings Thesenschrift nachhaltig wirken: Eugène Rodrigues, ein Schüler und Mitarbeiter Saint-Simons, besorgte die der Textsammlung *Religion saint-simonienne* beigefügte Übersetzung (Religion saint-simonienne: 1831, 293-318; Picon: 2002, 71). In der saint-simonistischen Lehre zeigt sich – nach der übereinstimmenden Meinung der Forschung – das Erbe der trinitarischen Geschichtslehre besonders deutlich: Zwar hatte schon Turgot mit seiner Annahme von den drei Phasen des wissenschaftlichen Denkens ihr bereits seine Referenz erwiesen, doch waren es die Saint-Simonisten, die – in Absetzung von dem dezidiert millenaristischen Diskurs der Französischen Revolution – den Gedanken von einem sich fortschreitend vollendenden Äon in aller Deutlichkeit für die Moderne reklamierten, indem sie den Eintritt in die neue, organische Epoche erklärten; schließlich sollte sich daran anknüpfend Auguste Comte sein Dreistadiengesetz entwickeln.

Die europäische Romantik kannte eine vielschichtige Rezeption von Joachims Lehre (vgl. Weber: 1999, 190).[54] Selbst in den Schriften des – zu unrecht – oft als reaktionärer Katholik bezichtigten Novalis hat das Denken Joachims von Fiore nachgewirkt, dessen Theologie hier offensichtlich gegen die destruktive Kraft des Protestantismus (und der Revolution) ausgespielt wird (vgl. Lubac I: 1978, 346-352). Novalis gelangte – wohlgemerkt: *mutatis mutandis* – zu ähnlichen Schlussfolgerungen wie Turgot im vorrevolutionären Frankreich. Mit *Die Christenheit oder Europa*, geschrieben 1799 in Erwartung des neuen, eine Zeitenwende verheißenden Jahrhunderts, artikulierte der Romantiker die Hoffnung, dass auf die Wirren der Französischen Revolution, die doch "in der Religion den Mittelpunkt und die Kraft der Republik" gesucht habe, ein neues Zeitalter der Wissenschaften folge, ein Zeitalter, dem nunmehr Deutschland als Vorbild dienen möge:

> Während diese [die übrigen europäischen Länder] durch Krieg, Spekulation und Parthey-Geist beschäftigt sind, bildet sich der Deutsche mit allem Fleiß zum Genossen einer höheren Epoche der Cultur, und dieser Vorschritt muß ihm ein großes Uebergewicht über die Anderen im Laufe der Zeit geben. In Wissenschaften und Künsten wird man eine gewaltige Gährung gewahr. Unendlich viel Geist wird entwickelt (Novalis: 1999, 744f).

Novalis' Gedanke sei wie folgt resümiert: Nur die Einheit einer – geläuterten – katholischen Kirche, die sich über einen schalen Kompromissfrieden mit der

---

54 Eine – allerdings wenig exhaustive – Anthologie der von der theologischen Tradition inspirierten "textes futuristes" findet sich im Anhang zu Jean Delumeaus *Mille ans de bonheur* (Delumeau: 1995, 329-408).

zerstörerischen Macht des Protestantismus erhebe, schaffe einen solchen "Vorschritt" – ein Begriff, mit dem Novalis eine Vorstellung von 'echtem' (aber nicht zwangsläufig linearem) Fortschritt artikuliert.

In Frankreich entwickelten die so genannten *Illuminés* um Josephe de Maistre, die eine den Sündenfall der Revolution überwindende katholische Restauration mit einem starken Papst an der Spitze vertraten, eine Geschichtstheorie, die auf Thomas von Aquin und Bossuet zurückgriff. Der Gedanke eines dritten Äons in seiner millenaristischen Auslegung lebte indes auch in der legitimistischen Vorstellungswelt fort, welche die inzwischen unhintergehbar gewordene Idee des Fortschritts nicht ignorieren konnte: Wissenschaftliche Errungenschaften seien Teil einer nach Höherem strebenden Spiritualität; allein der Abfall des Menschen von Gott habe sie dieser Bestimmung entfremdet. Joseph de Maistre deutete in seinen *Soirées de Saint-Petersbourg* (vgl. Lubac I: 1978, 302-307) die Offenbarung als die Vorwegnahme einer (erfüllten) Moderne, die nunmehr der Führung Frankreichs bedürfe:

> [...] je vois que certains écrivains adoptent déjà le principe: Que plusieurs prophéties contenues dans l'Apocalypse se rapportaient à nos temps modernes. Un de ces écrivains même est allé jusqu'à dire que l'événement avait déjà commencé, et que la nation française devait être le grand instrument de la plus grande des révolutions. Il n'y a peut-être pas un homme véritablement religieux en Europe (je parle de la classe instruite) qui n'attende dans ce moment quelque chose d'extraordinaire: or, dites-moi, messieurs, croyez-vous que cet accord de tous les hommes puisse être méprisé ? (De Maistre: 1960, 321).

Jean Servier reümiert die in ihrem Kern millenaristisch gestimmte Position der legitimistisch gesinnten *Illuminés*:

> Selon les illuminés, dans le cycle des recommencements, l'humanité est arrivée, en ce début du XIXe siècle, à un troisième âge rendu irrévocable par le sceau que lui confère le christianisme. Cette notion, emprunté à l'eschatologie millénariste, prend une signification nouvelle pour l'Occident, elle devient le thème à partir duquel il tire sa croyance au progrès, un thème d'action lourd de conséquences (Servier: 1991, 236).

Der direkte Einfluss von Novalis im Frankreich des 19. Jahrhunderts ist bei dem durch die Schule des Saint-Simonismus gegangenen Pierre Leroux auszumachen (Frank: 1982, 220). Wie der deutsche Romantiker trat er für ein neues Verständnis vom Mittelalter ein: In dieser Epoche habe der Mensch in Übereinstimmung mit der Gesellschaft gelebt (Leroux: 1978a, 10). Die Überwindung der Folgen der französischen Revolution war auch für den frühsozialistischen Denker allein durch eine neue religiöse Begründung der Gesellschaft denkbar.[55] Er ging aber noch über Novalis hinaus: Eine solch neue Religion möge die revolutionären Ideale von *liberté*, *égalité* und *fraternité* verwirklichen, befördert durch Philosophie, Wissenschaft und Kunst, die nunmehr auf

---

55 Nichts Anderes meinte in diesem Zusammenhang die mitunter ins Nebulöse getriebene Rede vom *Évangile éternel* in den Kreisen der Frühsozialisten (vgl. Frank: 1982, 219).

ein neues Fundament gestellt werden müssten (Leroux: 1978a, 7-57). Ein neues politisches System habe die vergangenen Konzepte hinter sich zu lassen und dürfe nicht in einen bloßen Eklektizismus verfallen – den Leroux an Victor Cousin, dem französischen Vulgarisator des deutschen Idealismus, kritisiert:

> Prenez une dose de monarchie, une dose d'aristocratie, et une dose de démocratie, vous aurez la Restauration ou le Juste-Milieu, et ce sera l'Éclecticisme (Leroux: 1978c, 336).

Was bei Novalis noch zaghaft "Vorschritt" geheißen hatte, wurde bei Leroux definitiv zur tragenden Kategorie eines auf der Trinität aufbauenden theologischen Geschichtsmodells. Leibniz' Diktum "Le Présent, engendré du Passé, est gros de l'Avenir" aufgreifend und es zugleich als reinen Formalismus kritisierend, vertrat Leroux in *De la Doctrine de la perfectibilité* die These, dass im Sein drei reale, aber koexistierende Essenzen auszumachen seien, welche den drei Zeitdimensionen entsprächen – "il nous faut distinguer trois essences réelles dans l'Être, le *Fait antérieur*, *L'Idée* et le *Fait successif*. Ces trois là vivent et coexistent, tandis que les trois dont Leibniz a vu le rapport ne sont que des formes" (Leroux: 1978b, 168). Und die Fortführung dieses Gedankens gibt unmissverständlich das Erbe Joachims zu erkennen:

> Ce que les Chrétiens appelaient Dieu le PÈRE, c'était la RÉALITÉ en Dieu. Ce qu'ils appelaient le FILS, c'était l'IDÉAL en Dieu. Ce qu'ils appelaient Dieu le SAINT-ESPRIT, c'était le PROGRÈS en Dieu" (Leroux: 1978b, 170).

Der "dritte Äon" ist das Zeitalter des wahren Fortschritts! Seinem Vorbild Saint-Simon warf Leroux vor, er habe mit seinem Credo von dem in der Zukunft liegenden Paradies die *traditio* nicht hinreichend gewürdigt.[56] Diesen Einwand unterstrich er mit einer Variante seines auf der Trinität beruhenden Ansatzes: Die Bibel mit ihrer Geschichte vom Sündenfall und dem Streben des Menschen, ins Paradies zurückzukehren, sei die erste Stufe der Prophetie, die zweite das Christentum und schließlich die dritte der von ihm, Leroux, verkündete "Idéalisme"; dabei verneigte er sich durchaus vor dem deutschen 'Idealismus' (der Begriff als solcher erscheint bei ihm in einer eher diffusen Besetzung), der dies erkannt und die *doctrine de la perfectibilité* weitergedacht habe (Leroux: 1978b, 168). In seinem philosophischen Hauptwerk *De l'Humanité* richtete er indes den Blick wieder dezidiert nach vorne – in einem durchaus eschatologischen Sinne: "La question de la vie future est identique au fond avec la question de la vie" (Leroux: 1985, 669). Und 'sein' Reich des Heils, das Reich einer neuen Humanität, sollte über alle utopischen Entwürfe hinausweisen – wobei er sich nicht zuletzt auch auf die jüdische Tradition berief:

---

56 Das Zitat von Saint-Simon, auf das Leroux anspielte, war auch das Motto des saint-simonistischen Organs *Le Producteur*: "L'Age d'or, qu'une aveugle tradition a placé jusqu'ici dans le passé, est devant nous" (D'Allemagne: 1930, 33).

Au fond, c'était une époque sabbatique ou messianique qu'ils attendaient, et non pas seulement un Messie. Ce qu'ils attendaient, c'était la *fin du monde* et le *renouvellement du monde* (Leroux: 1985, 487f).

Noch deutlicher als Novalis zog Schelling in seiner *Philosophie der Offenbarung*, die sich unter anderen eindeutig auf Joachim stützt, eine Verbindung von einem neuen bzw. erneuerten Christentum und Fortschritt.

> Es ist erlaubt zu sagen: Die Zeit vor der Schöpfung sey in besonderem Sinn die Zeit des Vaters, das das Seyn noch ausschließlich in *seiner* Hand ist, die gegenwärtige Zeit sey in vorzüglichem Sinn des Sohns, von dem eben darum [...] gesagt ist: er muß herrschen, bis er alles ihm Widerstrebende zum Schemel seiner Füße, d.h. zu seinem Grund, seiner Basis *seinem* Hypokeimenon, gemacht hat. Die dritte Zeit, die während der ganzen Schöpfung die zukünftige ist, in die alles gelangen soll, sey die Zeit des Geistes (Schelling II: 1955, 71).

Hier scheint bis zu einem gewissen Grad Joachim wieder auf den augustinischen Grundgedanken verpflichtet zu werden, wonach Vervollkommnung nur im Zeichen Jesu – bzw. der Fortschritt innerhalb einer *civitas perigrinans* – denkbar ist. Dafür spricht auch Schellings Aussage zum *Ewigen Evangelium*:

> Wenn die Anhänger dieser Lehre das bevorstehende Evangelium das *ewige* nannten, so musste dies allerdings anstößig erscheinen, *wenn* damit zugleich gesagt seyn sollte, dass das Evangelium Christi nur ein vorübergehendes, noch nicht das letzte und immer bleibend sey. Ob nun dies wirkliche Meinung war, entstanden und veranlasst etwa durch den nichts weniger als vollkommenen Zustand der Kirche, oder ob der Sinn nur dieser war, dass eine höhere Entwicklung des Evangeliums Christi bevorstehe, wodurch es erst in das Evangelium des Geistes übergehe [...], dies muß ich begreiflicherweise dahingestellt lassen (Schelling II: 1955, 73).

Schelling ging davon aus, dass die christliche Religion nur das Fundament für eine weitere Entfaltung der Religion sei; er verneinte somit in einem Atemzug auch das Ideal von einer Rückkehr zum Urchristentum. In seiner Vorstellung durchläuft das Christentum nicht nur eine immanente Entwicklung. Vielmehr steure es auf einen alle Lebensbereiche erfassenden Universalismus zu: "Der Fortschritt der christlichen Religion besteht deshalb nicht einfach in seiner Ausbreitung, sondern in der Entwicklung der partiellen *gnosis* zu einer universalen Wissenschaft" (Löwith: 1967, 192).

Die Verbindung von Fortschritt und Religion sollte zu dem herausragenden Kennzeichen der Romantik insbesondere in Frankreich werden. Benjamin Constant, Theoretiker der *perfecitibilité* (vgl. Taguieff: 2004, 203f), unterstrich in dem Essay *Du Développement progressif des idées religieuses* (1826-1831) den an sich fortschrittlichen Charakter von Religion, denn die Religion selbst habe in ihrer Entwicklung bereits Fortschritte vollzogen:

> La religion est progressive: par un effet de ce caractère, elle s'améliore, se perfectionne, s'épure graduellement. Quand la progression n'est pas interrompue, la religion ne peut faire que du bien: pourvu qu'elle soit indépendante, elle a sous chacune de ses formes son utilité, qu'on méconnaît quand ces formes sont tom-

bées, et qui disparaît lorsqu'on veut prolonger ces formes au-delà de leur durée naturelle (Constant: 1997, 648).

Die an und für sich fortschrittliche Religion muss aber, um ihre Fortschrittlichkeit zu wahren, zur Gesellschaft in einem dialektischen Verhältnis stehen, sonst bleibt sie eine leere Hülse: In dieser Anschauung begegnen sich im Zeichen der Romantik konservative *Illuminés*, Liberale und Sozialisten.

Im Christentum, das weit über einen den Glauben tragenden und von diesem getragenen "process of purification" hinausweist, liegt die eigentliche theologische Wurzel des modernen Fortschrittsbegriffs begründet, wie schon der Voltaire-Schüler Turgot scharfsinnig erkannt hatte (Löwith: 1967, 96f; vgl. Bultmann: 1964, 81). Und schließlich ist es – obzwar durchaus renommierte Theologen einer solchen Auffassung widersprechen (Lubac I: 1978, 272n) – die Lehre Joachims, welche die Weichen stellte, damit der "Fortschritt" – "Vorschritt", "progrès", "Fortschreiten" oder "progression" – zur wichtigsten Kategorie des neuzeitlichen Geschichtsdenkens werden konnte, wovon allein die nachweisbare direkte Filiation von Schelling über Marx bis hin zu Ernst Bloch zeugt (vgl. Bouretz: 2003, 574).

Das *millenaristische Paradigma* steht zwischen einer mit der theologischen Tradition begründeten politischen Perspektive und ihrer radikalen Säkularisierung, wobei die eigentliche Säkularisierung in der politischen Applikation von theologischen Begriffen besteht und nicht nur in deren Übersetzung in die Sprache des Politischen. Novalis nämlich verwies nicht weniger auf einen wichtigen Grundsatz des Fortschrittsdenkens als das *Manifest der Kommunistischen Partei*: Fortschritt ist nur durch einen Wandel *in* der Geschichte möglich; eine theologisch begründete Kategorie Fortschritt ist somit nur um ein Quäntchen von der säkularen des Marxismus verschieden, die indes ihre Herkunft aus einem theologischen Ansatz heraus ebenso wenig verleugnen kann wie das Denken Novalis sich aus einer genuin historisch-politischen Perspektive zu verabschieden vermochte. Entsprechend resümiert Monod das Fortschritts-Konzept von Marx und Engels:

> [...] sécularisation du prédicat d'infinité divine dans l'infinité du progrès historique. L'inéluctabilité de la révolution prolétarienne résulte en effet [...] du croisement du progrès indéfini de l'industrialisation et d'une logique 'catastrophique' du profit qui implique le 'progrès' (négatif) nécessairement fini de la paupérisation de la classe ouvrière (Monod: 2002, 235).

Insbesondere am *Manifest der Kommunistischen Partei* hat sich der Streit um die Säkularisierung politischer Begriffe und das Konzept einer *politischen Theologie* entzündet. Ungeachtet der jeweiligen Positionierungen in diesem Streit gilt: Wohl nirgends ist eine für die Moderne charakteristische Verbindung von Theologie und Politik deutlicher zum Ausdruck gelangt als in diesem Text. Übrigens hatte sich Engels bereits 1844, also vier Jahre vor Erscheinen des *Manifests der Kommunistischen Partei*, auf die christliche Heilsgeschichte berufen – und den sanften joachimitischen Millenarismus mitsamt seinem utopisch-sozialistischen Erbe zugunsten eines an den frühneuzeitlichen Chiliasmus anknüpfenden Diskurs hinter sich gelassen: "Das ist unser Beruf, daß wir [...] unser Leben fröhlich einsetzen in den letzten, heiligen Krieg, dem das tausendjährige Reich der Freiheit folgen wird" (zit. n. Sombart: 1924, 322).

In der "Übertragung theologischer Begriffe und Vorstellungen in das weltlich-politische Denken" nimmt für Carl Schmitt das Konzept einer *Politischen Theologie* (Schmitt: 1950, 10) seinen Ausgang. Aus seiner erstmals 1921 unter eben diesem Titel erschienenen berühmten Schrift stammt die noch weiter zugespitzte Formulierung: "Alle prägnanten Begriffe der modernen Staatslehre sind säkularisierte theologische Begriffe" (Schmitt: 2004, 43). Hans Blumenberg, der die Debatte um die Säkularisierung wieder hat aufleben lassen, nimmt sich Schmitts These kritisch an und polemisiert gegen die seiner Meinung nach zur *communis opinio* gewordene Auffassung, wonach etwa das Manifest von Marx und Engels als die bloße Übertragung christlicher Heilslehre gelte:

> Fast schon zur modischen Geläufigkeit geworden sind alle Versuche, politische Heilserwartung vom Typus des "Kommunistischen Manifests" als Säkularisierung entweder des biblischen Paradieses oder des apokalyptischen Messianismus zu interpretieren (Blumenberg: 1996, 22).

Die bei Marx und Engels erfolgte Umgestaltung der *Johannesapokalypse* widerspricht nicht unbedingt der von Blumenberg intendierten Kritik am Begriff "Säkularisierung": Auch die Klassiker des historischen Materialismus sahen darin nicht eine bloße 'Übersetzung' heilsgeschichtlicher Gedanken in einen weltlichen Kontext, sondern primär eine Strategie der Legitimierung neuzeitlicher Geschichts- und Gesellschaftsauffassungen. Zu Recht hält Blumenberg auch dem reaktionären Staatslehrer Schmitt vor, er verkenne, dass es sich bei der Verwendung säkularisierter Begriffe in der Politik oft um eine nachträgliche Plausiblisierung bestimmter Sachverhalte – zugespitzt formuliert: um eine ideologisch motivierte Strategie – handle. Indes übersieht er dabei, dass eine solche Strategie nicht nur nachträglich auf die theologische Tradition zurückgreift, sondern auf eine ebenfalls zur Tradition gewordene Praxis der Verwendung theologischer Begriffe und Vorstellungen in der Politik. Karl Löwith jedenfalls hat am *Manifest der Kommunistischen Partei* den wohl unwiderlegbaren Nachweis geführt, dass es "das allgemeine Schema der jüdisch-christlichen Interpretation der Geschichte als eines providentiellen Heilsgeschehens auf ein sinnvolles Endziel hin" spiegle (Löwith: 1967, 48). Und der Ernst mit dem dieses 'prophetische' Manifest einherschreitet, verbietet es – bei aller Polemik – darin vorrangig eine Parodie des theologischen Diskurses zu sehen (wie z.B. Mattelart: 2000, 156), da in den Schriften von Marx und Engels das Endziel mit wissenschaftlichem Anspruch verteidigt wird. Ihre Argumente schreiben sich in die vorhandene Grundstruktur des Denkens ein, welche ihre Begriffe topisch (um nicht zu sagen: enthymemisch) absichert. Schmitt zeigt am Beispiel des Souveränitätsbegriffs die "systematische Analogie theologischer und juristischer Begriffe" auf, welche letztere durch "eine konsequente und radikale Ideologie" begründe (Schmitt: 2004, 47). Die von ihm geforderte "Soziologie der Begriffe" will sich von dem marxistischen Theorem absetzen, das in juristischen (und politischen) Konzepten lediglich eine Spiegelung des ökonomischen Unterbaus sehen will. Stattdessen gelte es, aufzuzeigen (so am Beispiel des 17. Jahrhunderts), wie eine Ordnung der "Bewußtseinslage der europäischen Menschheit entsprach und die juristische Gestaltung der historisch-politischen Wirklichkeit einen Begriff finden konnte, dessen Struktur mit der Struktur metaphysischer Begriffe übereinstimmte. Dadurch erhielt die Monarchie dieselbe Evidenz, wie für eine spätere Epoche die Demokratie" (Schmitt: 2004, 50) – oder eben der wissenschaftliche Sozialismus. Bei Marx und Engels findet sich dieselbe "systematische Analogie" wieder, nunmehr zwischen den theologischen und den neuen geschichtsphilosophischen Begriffen. Oder anders formuliert: Sie drängen nach einer radikalen Begrifflichkeit von einer "bis zum Metaphysischen und zum Theologischen weitergetriebenen Konsequenz", welche nach Schmitt die Voraussetzungen seiner Soziologie der Begriffe ist (Schmitt: 2004, 50) – NB: Unter "Soziologie" ist hier vorrangig eine Kategorie zu verstehen, welche die konkrete Praxis der Bildung und Anwendung von Begriffen in ihrem lebensweltlichen Kontext untersucht. Diese "Soziologie" erfasst somit das gesamte Wirkungsspektrum der Begriffe, die – dies sei in Ergänzung zu Schmitt gesagt – letztlich ihre Persistenz einer topisch abgesicherten Argumentation verdanken; diese allein garantiert die "systematische Analogie" zwischen Vorstellungen theologischer und politisch-juristischer (sowie auch ökonomischer) Provenienz. Aus dieser Perspektive gewinnt das Konzept einer *politischen Theologie* seine Berechtigung.[57]

Hinzu kommt noch der Umstand, dass politische Ideologien – zumindest seit der Französischen Revolution und den diese vollenden und überwinden wollenden frühsozialistischen Theorien – schon von ihrem Ansatz her "politische Religionen" sind, weil sie ihre Legitimation nicht mehr aus einem theologisch abgesicherten vorfindlichen Weltbild heraus begründen können – wie dies sich etwa für den Absolutismus des *Grand Siècle* unschwer nachweisen lässt. Stattdessen suchen sie entweder nach einem den herrschenden Verhältnissen radikal entgegensetzten Legitimationsgrund oder nach einem ebensol-

---

57 Bei genauerer Betrachtung sind also Schmitt und Blumenberg gar nicht so weit voneinander entfernt, wie es sich den Anschein gibt: Allein die Diskussion um die Säkularisierung theologischer Begriffe hat das von beiden Denkern – wenn auch unter unterschiedlichen weltanschaulichen Vorzeichen – behauptete ideologiekritische Potential einer Untersuchung terminologischer Parallelen und der Mechanismen zur Instrumentalisierung derselben freigelegt. Diese Nähe zeigt sich selbst in einer polemischen Äußerung wie der folgenden: "Das methodisch Merkwürdige an der 'Politischen Theologie' Carl Schmitts ist, daß sie selbst überhaupt Wert auf diesen Säkularisierungsnexus legt; denn es wäre ihrer Intention näherliegend, wie ich meine, indem sie die theologische Phänomenalität der politischen Begriffe als Folge der absoluten Qualität politischer Realitäten interpretierte. Der Griff ins sanktionierte Vokabular wäre der Ausdruck der akuten Sorge um die Verständlichkeit der Erfordernisse, die es auszusprechen helfen sollte" (Blumenberg: 1996, 102).

chen, der sich das Bestehende einverleibt – nicht selten mit dem Anspruch dieses seiner 'Bestimmung' gemäß zu vollenden. Schmitt stellt daher fest, die *politische Theologie* trage die "geschichtliche und soziologische Tatsache einer gegenwärtigen Wirklichkeit, die uns überwältigt", in sich; es handle sich "um die Mythisierung der Antriebe und Wunschbilder großer Massen, die von kleinen Gruppen gelenkt werden" (Schmitt: 1950, 10). In der Entwicklung hin zu einer *politischen Theologie* weist Schmitt dem kalabresischen Abt eine Schlüsselposition zu:[58]

> In ihrem ersten Stadium arbeitete diese Mythisierung noch mit Resten einer säkularisierten Theologie. Den Anstoß lieferte eine Geschichtstheologie der Trinität, die Lehre Joachims von Floris, nach welcher das Reich des Vaters durch das Reich des Sohnes abgelöst worden ist und nunmehr ein drittes Reich, das des Geistes, bevorsteht. Das folgende Stadium aber ist längst darüber hinaus und braucht keine theologischen, und auch keine säkularisierten theologischen Begriffe mehr (Schmitt: 1950, 10f).

Die philosophisch-theologischen Diskurse, welche das *millenaristische Paradigma* für sich reklamieren, sind exakt an jener Nahtstelle anzusiedeln, an der die weltliche Geschichte sich – um Schmitts eigene Terminologie aufzugreifen – mit jenen Wunschbildern konfrontiert sieht, die eine theologische Tradition immerfort aufrechterhalten hat, deren 'mythische' Kraft auch eine Säkularisierung überdauert. Allerdings schießt Schmitt in der oben zitierten Passage eindeutig über das Ziel hinaus, wenn er unter Berufung auf Joachim seinerseits das Konzept einer *politischen Theologie* mit Blick auf seine Überwindung in eine Eschatologie verwandelt.

Hier läuft er in der Tat Gefahr, das ideologiekritische Salz seiner eigenen Theorie stumpf werden zu lassen. Jedoch tendiert jede *politische Theologie* bzw. jede politische Philosophie, die aus einer solchen hervorgeht, danach, in den Bann der ins Mythische gesteigerten Wunschvorstellung mitsamt ihren tradierten Bildern zu geraten und von diesen überwältigt zu werden – ein Gegenbeispiel hierfür dürfte wohl schwerlich zu finden sein. Schmitt selbst nennt

---

58 Vgl. dazu die Zusammenfassung aus einer späteren Schrift Schmitts, in der er die "Erledigung jeder politischen Theologie" als eine Legende (m.a.W.: als eine voreilige eschatologische Verpflichtung derselben auf die Gegenwart) denunziert: "Der Leviathan des Thomas Hobbes ist die Frucht eines in spezifischer Weise theologisch-politischen Zeitalters. Eine Epoche des *jus revolutionis* und der totalen Säkularisierung schloß sich daran an. Der Satz Hegels, daß es 'für une Torheit neuerer Zeiten zu achten' ist, eine Revolution ohne Reformation gemacht zu haben und zu meinen, mit der alten Religion und ihren Heiligkeiten könne eine entgegengesetzte Staatsverfassung Ruhe und Harmonie in sich haben (Encyklopädie § 552) muß als eine politisch-theologische Aussage verstanden werden, und die Geschichtstheologie Joachims von Fiore ist eine politisch-theologische des Dogmas von der Trinität" (Schmitt: 1996, 72f). Zugleich wird hier noch einmal jener Grundgedanke aufgegriffen, der im Ausgang der französischen Revolution das politische Denken beeinflussen sollte: die Forderung nach einer Erneuerung der Religion, damit diese ihren 'Fortschrittsauftrag' erfüllen kann. Einer solchen Auffassung verschlossen sich selbst die reformationskritischen legitimistischen Denker nicht.

das bereits angesprochene Projekt Saint-Simons, einen *Nouveau Christianisme* ins Leben zu rufen:

> Die Parallele, die unsere Gegenwart mit der Zeit der Entstehung des Christentums in Beziehung setzt, wird von Saint-Simon dazu benutzt, um das Zeitalter des Christentums als abgelaufen zu erklären und einen neuen *pouvoir spirituel* zu proklamieren, der statt der alten, christlich-kirchlichen *potestas spiritualis* des Mittelalters in einer zeitgemäßen Weise die Leitung übernimmt (Schmitt: 1950, 95).

Die saint-simonistische Proklamation einer neuen *potestas spiritualis* ruft definitiv die Ideologie gegen die Utopie auf den Plan – was an anderer Stelle vorliegender Untersuchung noch zur Sprache kommen wird. An diesem Beispiel zeigt sich übrigens, dass es falsch ist, das Konzept einer politischen Theologie allein an der expliziten Säkularisierung im Sinne eines 'Übersetzens' von Begriffen und Bildern fest machen zu wollen; ein solcher Vorgang ist wohl eher dazu geeignet, die damit verfolgte Intention zu entlarven oder gar *ad absurdum* zu führen. Ihre eigentliche Wirkungskraft entfaltet eine *politische Theologie* dort, wo das in ihr eingegangene Erbe nicht auf den ersten Blick sichtbar wird: so etwa in den modernen demokratischen Staatswesen und der diese bestimmenden globalisierten Wirtschaft; dort verweisen die 'Kompetenz' und unumstößliche Wahrheit signalisierenden Begriffe auf Begründungszusammenhänge, die in der theologischen Rhetorik ihre systematische Analogie finden; nicht zuletzt wenn sich politisches und ökonomisches Handeln im gegenwärtigen staatsmonopolistischen Kapitalismus aus einer vermeintlichen Unausweichlichkeit heraus legitimiert, so greift es zu Syllogismen bzw. Enthymemen – ein Vorgehen, mit dem schon immer eine *potestas spiritualis* ihre Macht zu zementieren wusste.

Was oben zur *politischen Theologie* gesagt wurde gilt in nicht minderem Maße für das hier zunächst unter Vermeidung der eindeutigen begrifflichen Fixierung vorgeschlagene Konzept einer *politischen Theologie der zweiten Chance*. Auch ein solches kann an der Lehre Joachims festgemacht werden: Zwar ist der Lauf der Heilsgeschichte vom Menschen nicht zu bestimmen, indessen seine Stellung in derselben. Die zweite Chance bietet sich nicht der ganzen Menschheit, sondern lediglich einem auserwählten Teil derselben. Galt für den kalabresischen Abt und seine unmittelbaren Nachfolger noch der von Mönchen getragene Ethos als Ausweis der Teilhabe am heraufkommenden Zeitalter des Heiligen Geistes, arbeitet die *politische Theologie* der Neuzeit immer mehr an einer manichäistischen Sicht, welche die Überwindung, Exklusion oder gar Extermination der Nicht-Auserwählten propagiert. Zu Nicht-Auserwählten werden soziale Klassen, Gruppen und (vermeintliche) Rassen erklärt …

Das *millenaristische Paradigma* und die mit ihr gegebene *politische Theologie der zweiten Chance* ist allerdings undenkbar ohne die beiden in der Moderne ihrerseits zum Mythos geratenen 'Gestalten' des Antichrist und des

Aufhalters (vgl. Laska: 1997, 35f): Wenn beim Apostel Paulus im Kontext seiner Erörterung des Antichrist auf den Katechon (Aufhalter) verwiesen wird, so hat dies in erster Linie den Zweck, die Heilsgeschichte mit einem ethischen Imperativ auszustatten. Der Weg zum Heil ist keineswegs das Telos einer linearen Entwicklung, eines Fortschritts also, sondern Eschaton, dessen Erfüllung an den Gläubigen konkrete Anforderungen stellt. So unausweichlich die in der Offenbarung bekräftigte Ankunft des Antichrist ist, das Aufkommen eines falschen Propheten hat in der Ökonomie des Heilsplans seinen festen Ort: Der Antichrist ist der große Versucher, an dem das Moment der Entscheidung festzumachen ist. Dies verdeutlicht etwa Sichère – unter Berufung auf Heidegger – in seiner Untersuchung zum Paulus (Sichère: 2003, 152f). Damit der Antichrist seine heilsgeschichtliche Funktion ausfüllen kann, bedarf es einer anderen Größe von nicht minder proteushafter Erscheinungsform. Gemeint ist der bereits erwähnte Aufhalter (Katechon): Zwar geht der Wiederkunft Christi der Antichrist voraus, doch ist diesem vor dem Beginn des Millenniums und nach Ablauf der 1000 Jahre Widerstand entgegenzusetzen, d.h. der Mensch muss sich dem – heilsgeschichtlich notwendigen – Bösen entgegenstellen. Das Bild des Antichrist – vor allem bei Paulus – kann folglich als Teil einer in den heilsgeschichtlichen Prozess verlagerten Theodizee angesehen werden, die ihrerseits einer ganz spezifischen Ökonomie unterworfen ist.

Für Renan ist der Antichrist eine primär historische Größe, die für die heutige Zeit keine Bedeutung mehr habe. Dem steht die Auffassung entgegen, dass die Figur – oder der 'Mythos' – Antichrist aus der christlichen Theologie ebenso wenig wegzudenken ist wie aus deren Säkularisaten: Sie bezeichnet eine den Menschen bestimmende Wirkungsmacht von dieser Welt, die unterschiedliche Gestalten annehmen kann – was Joachims Theologie exemplifiziert hat.

Eugen Weber hat die anhaltende Bedeutung hervorgehoben, die Joachims Theologie noch für das Frankreich des 19. Jahrhunderts hatte (Weber: 1999, 190), eine Bedeutung, die etwa Renan noch herunterzuspielen suchte, obzwar er seine Verdienste nicht zu schmälern trachtete. Was in den Augen des Religionshistoriker Joachim zu einem unzeitgemäßen Autor werden ließ, ist dessen Ideal einer Erneuerung der Gesellschaft 'von unten her' im Geist des Franziskanerordens. Allerdings erkannte Renan an ihm ein revolutionäres Potential, dessen Chancen verspielt worden seien, weil sich die etablierten kirchlichen und weltlichen Mächte gegen das neue Denken verbündet hätten – und dennoch erhob er Joachim zu einem Vorläufer der modernen Fortschrittsidee, an dem er zugleich die Widersprüchlichkeiten eines zum Scheitern verurteilten Utopismus demonstrierte:

> L'Église romaine, l'Université de Paris, l'ordre de saint Dominique, le pouvoir civil, si souvent ennemis, se trouvèrent ligués contre des prétentions qui n'allait à rien de moins que de changer les conditions fondamentales de la société humaine. L'atrocité des moyens employés pour anéantir ces étranges doctrines nous révolte; une foule d'instincts louables furent enveloppés dans la condamnation qui

les frappa; on peut dire néanmoins que le véritable progrès n'était pas avec les bons sectaires. Il était dans le mouvement parallèle qui portait l'esprit humain vers la science, vers les réformes politiques, vers la constitution d'une société laïque. Dès 1255, on put déjà reconnaître que le progrès, comme l'entendent les sociétés modernes, vient d'en haut et non d'en bas, de la raison et non de l'imagination, du bon sens et non de l'enthousiasme, des hommes sensés et non des illuminés qui cherchent dans de chimériques rapprochements les secrets de la destinée. Certes, le penseur ne peut que saluer avec respect l'homme qui, pénétré d'une haute idée de la vie humaine, proteste contre l'imperfection nécessaire de tout état social, et rêve une loi idéale conforme aux nobles besoins de son cœur; mais tous les efforts humains ne sauraient déplacer les limites du possible (Renan VII: 1953, 917f).

Nichtsdestoweniger bleibt das *millenaristische Paradigma* in jener Ausprägung, das es bei dem kalabresischen Theologen erhalten hat, den meisten politischen Diskursen und den diesen aufnehmenden literarischen Werken eingeschrieben: Nicht zuletzt der Gedanke vom neuen, ewigen Evangelium scheint in jenen Schriften durch, die um ein universales Erklärungsmodell für die Geschichte ringen – ein Anspruch, der z.B. bei Emile Zola hervortritt, dessen letzten Schaffensjahre einem Romanzyklus mit dem Titel *Les Quatre Évangiles* gewidmet waren. Indessen sind durchaus auch – was selbst Renan konzediert – direkte Bezüge zu Joachim in der Literatur des 19. Jahrhunderts belegt. In den 40er Jahren kam es in politisch-religiösen Schriften zu Rekursen auf die Tradition chiliastischer Heräsien und ihrer aggressiven Apokalyptik – wie z.B. *Évangile du peuple* (1840) und *Histoire des Montagnards* (1847) von Alphonse Esquiros oder *Bible et liberté* (1840) von Alphonse-Louis Constant (vgl. Weber: 1999, 190-192).

George Sand entwickelte unter dem Einfluss von Pierre Leroux in ihren Romanen *Cosuelo* und *La Comtesse de Rudolstadt* eine sozialmystische Lehre (vgl. Winock 2001, 298) mit initiatorischem Charakter. Mit dieser einher ging in *Spiridion* ein regelrechtes Bekenntnis zu Joachim und seinen Exegeten (vgl Renan VII: 1953, 917n.). *Spiridion* schildert die Qualen eines Mönches und seines Lehrmeisters, die im 18. Jahrhundert in einem Kloster leben. Dort werden sie als gefährliche Außenseiter gemieden: Sie sind Initiierte in das Wirken des verstorbenen Abtes Spiridon. Das Vermächtnis des Abtes ist die Lehre von Joachim von Fiore und seines Schülers Johannes von Parma: die Verkündigung des *Ewigen Evangeliums*. Von tiefen spirituellen Krisen erschüttert begegnen sie dem als Gespenst durch das Kloster spukenden Abt und werden zu den Auserwählten seiner Offenbarung. Unter Sands Feder wird dieses zur Offenbarung der Werte der Französischen Revolution, die sie in den verbotenen Büchern der Propheten des *Ewigen Evangeliums* und schließlich bei Luther und den millenaristischen Sekten der Neuzeit, aber auch bei Bossuet zu finden glaubt.

Oui, la doctrine de l'Évangile éternel! cette doctrine de liberté, d'égalité et de fraternité qui sépare Grégoire VII de Luther [...]. Or, cette époque est bien grande: c'est elle qui, après avoir rempli le monde, féconde encore la pensée des grands hérésiarques, de toutes les sectes persécutées jusqu'à nos jours. Condamné, détruit, cette œuvre vit et se développe dans tous les penseurs qui nous ont produits; et des cendres de son bûcher, l'Évangile éternel projette une flamme qui embrase la suite des générations. Wiclef, Jean Huss, Jérôme de Prague, Luther! vous êtes sortis de ce bûcher, vous avez été couvés sous cette cendre glorieuse; et toi-même Bossuet, protestant mal déguisé, le dernier évêque, et toi aussi Spiridion, le dernier apôtre, et nous aussi, les derniers moines (Sand XVI: 1863-1926, 431)

Doch das 18. Jahrhundert ist noch nicht reif! Marodierende Truppen zerstören die Klosteranlage und veranstalten ein Blutbad. Und doch hat sie die Providenz geschickt; sie erfüllen lediglich die Funktion des notwendigen Bösen, jenes Hindernisses also, an der sich die Macht des Erlösers manifestiert:

[...] c'est au nom du sans-culotte Jésus qu'ils profanent le sanctuaire de l'église. Ceci est le commencement du règne de l'Évangile éternel prophétisé par nos pères (Sand XVI: 1863-1926, 446).

5.2. Zu einer anthropologischen Bestimmung von *perfectibilité* und *progrès*: Fontenelle und Rousseau

Der Millenarismus als gedankliches Konstrukt lebt schon deshalb in der Moderne fort, weil er eng mit dem verknüpft ist, was das *Fortschrittsparadox* genannt werden kann, das seinerseits ein entscheidendes Moment der Dialektik der Aufklärung ausmacht. Das *Fortschrittsparadox* hat in einem Widerspruch seinen Ursprung, den Robert Spaemann am Fortschrittsdenken ausgemacht hat (Spaemann: 1996, 574 – vgl. "Einleitung"): Fortschritt bezeichnet zugleich das Resultat intentionaler Veränderung von Welt durch Individuen und eine Wirkungsmacht, welche von den handelnden Individuen unabhängig in Erscheinung tritt. Es ist der Dualismus von individueller, an einem *telos* ausgerichteter *poiesis* und einer (scheinbaren) Gesetzmäßigkeit, die eine indefinite Bewegung zeitigt.

Das von vielen Vertretern der Aufklärung vertretene Fortschrittsverständnis geht von einem beständigen Fortschreiten des Menschengeschlechts hin zu einer immer höheren Entwicklungsstufe aus. Das aufklärerische Bildungs- bzw. Erziehungsideal folgt dabei der sich seit der zweiten Hälfte des 18. Jahrhunderts durchsetzenden anthropologischen Vorstellung von der *perfectibilité* als der *differentia specifica* des Menschen (Lessing, Condorcet). Als unverbrüchlich mit dieser Vorstellung verbunden soll sich die Idee eines Fortschreitens, des Fortschritts, herausstellen.[59]

---

59 Auf eine ausführliche Erörterung der Begriffsgeschichte von Fortschritt wird an dieser Stelle verzichtet. Stattdessen sei auf die in der Einleitung genannten Studien von Taguieff sowie die

Es darf indes nicht übersehen werden, dass in den Anfängen aufklärerischen Denkens zunächst der Kollektivsingular "Fortschritt" bzw. "progrès" gemieden und von "les progrès" ausgegangen wurde. Auch Turgot und Condorcet wandten sich erst zaghaft der Vorstellung von einem "progrès" zu. Die philosophische Analyse der Entwicklungen in den Partialbereichen menschlichen Wirkens war der Formulierung eines metaphysisch tingierten Fortschrittsbegriffs vorausgegangen.

Die Untersuchung von Fortschritten in den Partialbereichen blieb vorerst noch unhistorisch und knüpfte direkt an die im Zuge der *Querelle des anciens et des modernes* erfolgte Besetzung des Begriffs *perfection* an. In der *Querelle* formulierten Perrault und Fontenelle ein primär auf rhetorisch-ästhetischen Kriterien aufbauendes Fortschrittsverständnis, welches das Alte und das Neue noch nicht als notwendige historische Verhältniskategorien fasste: Statt einer Bestimmung des Neuen als etwas, das durch einen linearen Prozess des Sich-Weiterentwickelns oder des Sich-Ablösens aus dem Alten hervorgeht, wurden die vom Menschen hervorgebrachten Errungenschaften nach dem Prinzip der rhetorischen *aemulatio* zueinander in Beziehung gesetzt – gemeint ist der fortwährende Wettstreit des Alten mit dem Neuen (Modernen), indem das einmal zur Vollkommenheit Gebrachte nicht mehr übertroffen werden kann.

Fontenelle griff in seiner 1688 erschienenen *Digression sur les Anciens et les Modernes* zunächst auf die Allegorie von den drei Lebensabschnitten des Individuums zurück, um diese jedoch dahingehend zu modifizieren, dass er für die *perfection* die letzte Stufe, das Altern und den Zerfall, ausschloss: Der vollständig durchlaufene Zyklus eines entelechischen Prozesses gilt nur für den Bereich des Organischen; für die abstrakt gedachten Errungenschaften der Menschheit bleibt der jeweils erreichte Grad der *perfection* – das "Mannesalter" – erhalten (Fontenelle: 1991, 426).

Perrault rückte dagegen in seiner 1688-1697 erschienenen *Parallèle des Anciens et des Modernes* das Denken in historischen Epochen in den Vordergrund, womit er sich auf die Annahme eines erfüllten entelechischen Schemas in der Geschichte zubewegte. Das Ideal der *perfection* blieb indes – sowohl bei Fontenelle als auch bei Perrault – noch immer auf Partialgebiete der Wissenschaften und Künste bezogen. Daraus resultierte die Feststellung einer Ungleichzeitigkeit im Erreichen der dem jeweiligen Partialgebiet zugerechneten *perfection* (z.B. Perrault 1964, 289), einer Ungleichzeitigkeit, die als maßgeblich für die Konstituierung von Epochen an bestimmten Orten galt – ein Gedanke, der auf den römischen Historiker Velleius Paterculus zurückging und der die historische, den Geschichtsverlauf beschreibende Zeit noch nicht im Blick hatte (Velleius Paterculus: 1992, I.17.6; vgl. Bauer: 1992, 141f).[60] Neu

---

    begriffsgeschichtlichen Artikel von Joachim Ritter (Ritter: 1972) und Reinhart Koselleck (Koselleck: 1975) hingewiesen.
60   Dabei darf nicht übersehen werden, dass die griechische und lateinische Antike keineswegs von einem in Epochenabschnitten denkenden historischen Bewusstsein geprägt waren

bei Perrault war indes, dass er seine eigene Zeit als ein Jahrhundert bezeichnete, in dem alle Künste und Wissenschaften einen zuvor noch nicht gekannten Höhepunkt erreicht hätten: *Le siècle de Louis le Grand* – so der Titel seines 1687 an der *Académie* vorgetragenen Poems, das allerdings den Zenith dieses Jahrhunderts bereits erreicht, wenn nicht überschritten sah: Ein erster großer Schritt in Richtung auf ein modernes Epochendenken war vollzogen.

Fontenelle konstatierte einen Unterschied zwischen den reinen Produkten der *imagination*, in denen die *perfection* nicht einer langen Folge von Erfahrungen und Regeln bedürfe, und den empirischen Naturwissenschaften, die aus einer unendlichen Reihe von Anschauungen zusammengesetzt seien und denen oft der Zufall helfen müsse, um ihren eigentlichen Zweck zu erfüllen: "perfectionner le raisonnement". Dieser Prozess der sich vervollkommnenden Urteilskraft gelange jedoch niemals an ein Ende. Fontenelle artikulierte damit den Gedanken von einem ebenso kontinuierlichen wie unendlichen Fortschritt in den Wissenschaften:

> Or, les hommes peuvent avoir amassé en peu de siècles un petit nombre de vues; et la vivacité de l'imagination n'a pas besoin d'une grande quantité de règles pour avoir toute la perfection dont elle est capable. Mais la Physique, la Médecine, les Mathématiques, sont composées d'un nombre infini de vues, et dépendent de la justesse du raisonnement, qui se perfectionne avec une extrême lenteur, et se perfectionne toujours; il faut même souvent qu'elles soient aidées par des expériences que le hasard seul fait naître, et qu'il n'amène pas à point nommé. Il est évident que tout cela n'a point de fin, et que les derniers Physiciens ou Mathématiciens devront naturellement être plus habiles (Fontenelle: 1991, 419).

Entsprechend lässt Fontelle nur die *aemulatio* als Methode im Umgang mit der Antike gelten und lehnt die *imitatio(n)* ab: "Rien n'arrête tant le progrès des choses, rien ne borne tant les esprits, que l'admiration excessive des Anciens" (Fontenelle: 1991, 430). Der damit verbundene Gedanke von der Ungleichzeitigkeit der Prozesse sollte – wie bereits erwähnt – noch bis weit in die Aufklärung hinein seine Gültigkeit behalten, da viele Denker es weiter vorzogen von "les progrès" zu sprechen.

Die *perfection* in dem rhetorisch-ästhetisch begründeten 'Fortschrittsverständnis' Fontenelles subintelligierte noch keine anthropologische Anschauung, behauptete auch noch kein direktes Zusammenwirken von *perfectionnement* und *progrès*. Als "progrès des choses" stellt dieser bei Fontenelle vielmehr ein Surplus von jenem dar – in gewisser Hinsicht bereits eine Vorwegnahme der ab der zweiten Hälfte des 19. Jahrhunderts sich durchsetzenden Verkürzung des Fortschrittsbegriffs auf Wissenschaft und Technik.

Die anthropologische Wende in der Besetzung der Begriffe *perfectibilité* und *progrès* wurde mit Jean-Jacques Rousseau und seinem *Discours sur l'origine et les fondements de l'inégalité parmi les hommes* (1755) eingeleitet.

(Curtius: 1993, 257). H.R. Jauss hat das Verhältnis Fontenelles und Perraults zur historischen Zeit aufgearbeitet (Jauß: 1964, 8).

Nach Rousseau unterscheidet sich der Mensch vom Tier durch die Fähigkeit, sich weiterentwickeln zu können – "c'est la faculté de se perfectionner" (Rousseau: 1964, 142). Auf einer primitiven Stufe, dem Naturzustand, habe der Mensch diese Fähigkeit nur zur Herausbildung seiner individuellen Anlagen, zur Gestaltung seines privaten Lebensraums genutzt. Erst mit der notwendig gewordenen Hilfe anderer sei er aus dem Naturzustand herausgetreten – mit anderen Worten: Der Prozess der Zivilisation hat begonnen. Mit dem Heraustreten aus dem Naturzustand ist die an die Vorstellung der Gleichheit unter den Menschen geknüpfte anthropologische Qualität der *perfectibilité* eine prekäre geworden: Die Notwendigkeit der Arbeitsteilung in einer zivilisierten Gesellschaft erzeugt zwangsläufig ein System der Ungleichheit, während Gleichheit einem (primitiven) Naturzustand vorbehalten bleibt. So konstatiert Rousseau für die entfalteten Gesellschaften einen "progrès de l'inégalité", der sich aus der Entwicklung unserer Fähigkeiten ("développement de nos facultés") und den Fortschritten des Geistes ("des progrès de l'Esprit") speise (Rousseau: 1964, 193). Anders formuliert: Die fortschreitende Naturbeherrschung ("les progrès des Arts", "les progrès de l'industrie", "l'Invention des autres arts") bringt eine ebenso fortschreitende Entfremdung von diesem Naturzustand mit sich. Die zwischenmenschlichen Beziehungen können nur noch über Moral und kodifiziertes Recht geregelt werden.

Nach Rousseau leitet der Zufall ("quelque funeste hazard") – der bei Fontenelle noch positiv besetzt war – den Übergang von einer harmonischen 'primitiven' Ordnung – der 'Kindheit' des Menschengeschlechts, die praktisch keine Revolutionen kenne – zu einem Zustand ein, in dem das Individuum sich fortschreitend vervollkomme, das Menschengeschlecht hingegen dem Verfall preisgegeben sei:

> Ainsi quoique les hommes fussent devenus moins endurans, et que la pitié naturelle eût déjà souffert quelque altération, cette période du développement des facultés humaines, tenant un juste milieu entre l'indolence de l'état primitif et la pétulante activité de nôtre amour propre, dut être l'époque la plus heureuse, et la plus durable. Plus on y réfléchit, plus on trouve que cet état étoit le moins sujet aux révolutions, le meilleur à l'homme [...] et qu'il n'en a du sortir que par quelque funeste hazard qui pour l'utilité commune eût dû ne jamais arriver. L'exemple des Sauvages qu'on a presque tous trouvés à ce point semble confirmer que le Genre-humain étoit fait pour y rester toujours, que cet état est la véritable jeunesse du Monde, et que tous les progrès ultérieurs ont été en apparence autant de pas vers la perfection de l'individu, et en effet vers la décrépitude de l'espèce (Rousseau: 1964, 171).

Die Zivilisationstheorie Rousseaus lässt sich leicht in die biblische Bildersprache übertragen: Was er hier beschreibt, ist nichts anderes als der Fall aus dem Paradies. Nach dem Eintreten in die Zivilisation ist der Mensch bestrebt, diesen Zustand zu restituieren. Ein solches Unterfangen scheitert aber daran, dass die Fortschritte zuallererst Kräfte des Ausdifferenzierens und damit der Trennung bzw. Entfremdung sind. Dies fasst die Bibel augenscheinlich in das Bild vom Turmbau zu Babel: Die Hybris trieb den Menschen dazu, wie Gott sein zu wollen (ins 18. Jahrhundert übertragen hieße dies: den höchsten Grad individueller Perfektion erreichen). Zur Strafe setzte Gott die menschliche Gemeinschaft einem Prozess des Ausdifferenzierens – der Dekadenz – aus.

Rousseau hat mit seinem Bild vom Sündenfall aus dem Naturzustand dem modernen Menschen eben diesen Naturzustand als idealtypische Form menschlichen Zusammenlebens präsentiert. Strebt nun der geschichtlich denkende Mensch einen solchen Naturzustand an, ohne die mit dem Sündenfall verbundene Emanzipation aufzugeben, d.h. wünscht er sich als Mensch *tel quel* eine bessere Gesellschaftsordnung, so erweist sich ein utopisches Konstrukt, das millenaristische Züge annimmt, als die schon fast zwingende Konsequenz. Diese These soll im Folgenden am Beispiel von Kant und Condorcet verdeutlicht werden.

5.3 Der Millenarismus im Fortschrittsdenken der Aufklärung

5.3.1 Kant

Das Aufkommen der Vorstellung von der *perfectibilité* war – angesichts eines seine Verbindlichkeit einbüßenden christlichen Weltbildes – untrennbar mit der neu aufgeworfenen Frage nach der Stellung des Menschen in der Welt verbunden. Unwidersprochen bildete das Christentum den Horizont des cartesianischen Rationalismus, der den Ausgang für die Herausbildung eines kritischen Instruments gegen eine Ordnung von Gottes Gnaden bilden sollte. Schon das 17. Jahrhundert griff die neue, anthropologische Fragestellung auf – als Beispiele seien hier Gassendi und Bayle genannt (zu Bayle vgl. Kuhnle: 2003d, 370-372). In die sich herausbildende Anthropologie, die den Menschen nicht mehr als einmal geschaffenes, unwandelbares Wesen denken konnte, rückte das Moment des Wandels im Sinne von Entwicklung in den Vordergrund (während das christliche Menschenbild das Moment der Umkehr, *conversio*, betont hatte). Die auf der Annahme von Naturgesetzen beruhende Vorstellung vom Fortschritt als ein Fort-Schreiten in der Entwicklung des Einzelnen wie des gesamten Menschengeschlechts trat schließlich an, die christliche Eschatologie abzulösen.

Einen wichtigen Schritt in diese Richtung unternahm 1755 in Preußen Kant mit seiner *Allgemeinen Naturgeschichte*. Wörtlich ist dort zwar von den "unendlichen Progressionen" des Universums die Rede; doch Kant ging davon aus, dass das Universum in der "Unendlichkeit der Zeitenfolge" fortwährend seiner Vervollkommnung zustrebe, ohne dass die Schöpfung jemals vollendet werde (Kant I: 1996, 335). Anzunehmen sei ferner, daß das Universum einen Mittelpunkt habe (eine Hypothese, die wiederum auf der von den unterschiedlichen Graden an Dichte im "Urstoff" gründet), der das All zu einem einzigen System mache und größter Aufmerksamkeit würdig sei,

[...] daß, der Ordnung der Natur in diesem unserm System zu Folge, die Schöpfung, oder vielmehr die Ausbildung der Natur, bei diesem Mittelpunkte erst anfängt, und mit stetiger Fortschreitung nach und nach aller fernen Weiten ausgebreitet wird, um den unendlichen Raum in dem Fortgange der Ewigkeit mit Welten und Ordnungen zu erfüllen (Kant I: 1996, 333).

Der entscheidende Satz, mit dem sich bei Kant die geschichtsphilosophische Wende in der Betrachtung der "stetigen Fortschreitung" ankündigt, lautet daher: "Das Werk, welches sie [die Schöpfung] zu Stande bringet, hat ein Verhältnis zu der Zeit, die sie darauf anwendet" (Kant I: 1996, 333; vgl. Koselleck: 1975).

Der Grundwiderspruch der geschichtsphilosophischen Wende des Fortschrittsdenkens in der Aufklärung ergibt sich – wie schon angesprochen – daraus, dass Fortschritt als ein unendlicher, naturgesetzlicher Prozess angesehen wird, dass aber zugleich der Anspruch auf individuelles (oder kollektives) Handeln fortbesteht, das auf fortschreitende Vervollkommnung hin ausgerichtet ist. Hier tritt nun das Paradox in der Rede vom "Fortschritt" an den Tag: "Fortschritt" heißt zum einen die lineare Entwicklung der Menschheitsgeschichte, eine Entwicklung, die als unendlich zu denken ist, zum anderen ist Fortschritt immer auch das Produkt schöpferischen Handelns (*poiesis*), und jedes Handeln ist auf ein Ziel (*telos*) hin ausgerichtet.

Das *Fortschrittsparadox* entsteht mit der Emanzipation des Individuums, das sich als verantwortliches Agens in die Gesellschaft und damit in die Geschichte einzuschreiben beginnt, das sich selbst als in der Entwicklung seiner Eigenschaften fortschreitend begreift, zugleich aber einer Entwicklung gegenübersteht, die ihrer Eigengesetzlichkeit folgt. Erfährt das Individuum das *Fortschrittsparadox* als eine unüberbrückbare Dichotomie von individuellem Weltentwurf und Gesamtprozess, erfährt es seine Ohnmacht: Es erlebt das *Fortschrittstrauma*.

Ein erstes Trauma für den Menschen der aufkommenden Moderne war das Heraustreten aus der ein transzendentales Obdach (vgl. Lukács: 1984) bietenden religiösen Bindung; ein zweites, und damit das eigentliche *Fortschrittstrauma*, ist die seither immerzu erneut gemachte Erfahrung, dass die *poiesis* entwertet wird, dass das Produkt menschlichen Tuns sich zu verselbständigen und in einer indefiniten Entwicklung aufzugehen scheint. Das hier abstrakt formulierte *Fortschrittsparadox* setzt jedoch den Begriff "Fortschritt" als einen auf die Geschichte angewandten Kollektivsingular voraus. Mit dem Terminus "Fortschritt" unauflöslich verknüpft bleibt die anthropologische Kategorie der *perfectibilité*, die nun ihrerseits historisiert wird. Daraus entsteht zwangsläufig eine Erwartungshaltung an die Geschichte; die Frage nach deren Telos oder Eschaton wird aufgeworfen.

Dass die Fortschrittsidee und die damit verbundene Emanzipation des Menschen – was vor allem bei Rousseau hervortritt – zunächst auch die christliche Eschatologie ihrer Bedeutung beraubt hat, unterstreicht Koselleck. Seine Ausführungen verdeutlichen, welch ideologisches Desiderat für das mit einem neuen Politikverständnis konfrontierte bürgerliche Bewusstsein das (anfängliche) Ausblenden der Eschatologie hinterlässt:

> Im Zug der Entfaltung des Cogito ergo sum des Descartes als der Selbstgarantie des aus der religiösen Bindung herausgefallenen Menschen schlägt die Eschatologie in die Utopie um. Die Geschichte zu planen wird genauso wichtig wie die Natur in den Griff zu bekommen. Daß Geschichte planbar sei, diesem Mißverständnis leistet der technizistische Staat Vorschub, weil er sich als politische Größe dem Untertan nicht verständlich machen kann. Der Bürger, als Untertan des souveränen Herrn politisch machtlos, verstand sich als moralisch, empfand die bestehende Herrschaft als übermächtig und verurteilte sie proportional dazu als unmoralisch, indem er das, was im Horizont menschlicher Endlichkeit Evidenz hat, nicht mehr wahrnehmen konnte (Koselleck 1989, 8; vgl. Blumenberg: 1996, 42).

An die Stelle der Eschatologie tritt zunächst die Utopie, welche sich im Zeitalter der Aufklärung zu verzeitlichen beginnt. Das verzeitlichte utopische Denken verfährt in Bezug auf die Geschichte nunmehr analog zum individuellen Handeln: Es setzt ein Ziel (*telos*). Insofern ist der Einspruch Blumenbergs berechtigt, der in Utopismus (bzw. einem verzeitlichten Utopismus) und Fortschrittsdenken nicht bloß Formen der Säkularisierung biblischer Eschatologie erkennen will. Doch der von Koselleck vorgetragene Wechsel von der Eschatologie zur Utopie vermochte keineswegs die in einer Eschatologie artikulierte Heilserwartung zu eskamotieren. Was gemeinhin als Säkularisierung bezeichnet wird, kann aus dieser Perspektive möglicherweise auch als ein nachträglicher Vorgang gedeutet werden, um die Heilserwartung der christlichen Dogmatik zu entreißen und das *Fortschrittsparadox* zur Auflösung zu bringen. Der endgültige Nachweis, ob eine direkte Übersetzung biblischer Terminologie am Anfang des verzeitlichten Utopismus der Aufklärung steht oder ob es sich um einenVorgang der Nachträglichkeit handelt (oder ob gar beide Faktoren ineinander greifen), dürfte wohl nur schwer zu führen sein. Fest steht dagegen, dass sich das utopische bzw. uchronische Denken niemals vollständig von biblischen Vorgaben gelöst hat, und sei es nur auf der Ebene äußerster Abstraktion. Spätestens mit dem von Koselleck angesprochenen uneingelösten ethischen Anspruch wird der Wunsch nach einer gerechten Ordnung laut, der sich auf die biblischen Vorbilder vom *Himmlischen Jerusalem* oder *Tausendjährigen Reich* stützt.[61]

Im aufklärerischen Begriff *perfectibilité* lebt durchaus ein christlicher Gedanke fort: die *perfectio*, die indes immer auf die Vollkommenheit im Jenseits verweist (NB: der zentrale Gedanke des Christentums bleibt die Umkehr, die *conversio*). Auch die Aufklärung kann der Frage nach der *perfection* nicht ausweichen, insbesondere dann nicht, wenn die *perfectibilité* zusammen mit

---

61 Carl Becker geht sogar so weit anzunehmen, dass die Aufklärung mit dem von ihr propagierten Naturrecht die himmlische Stadt Augustins (sic!) zerstört habe, um sie wieder neu aufzubauen – "demolished the Heavenly City of St. Augustine only to rebuild it with more up-to-date materials" (Becker: 1932, 30f).

dem *progrès* historisiert wird – nur dass in diesem Fall die Antwort auf eine intramundane Lösung verweisen muss. Kant zieht einen entsprechenden Schluss aus der konsequent zu Ende gedachten aufklärerischen Fortschrittsidee: Er versucht, das Bild eines vollkommenen (Kant: "weltbürgerlichen") Menscheitszustands zu zeichnen, das zwischen indefiniter, naturgesetzlicher Bewegung und *poiesis* (und damit Teleologie) vermittelt. In *Idee zu einer allgemeinen Geschichte in weltbürgerlicher Absicht* macht Kant deutlich, dass ein solches Bild zwangsläufig auf die millenaristische Denkfigur stoßen muss:

> Man kann die Geschichte der Menschengattung im großen als die Vollziehung eines verborgenen Plans der Natur ansehen, um eine innerlich – und zu diesem Zwecke, auch äußerlich – vollkommene Staatsverfassung zu Stande zu bringen, als den einzigen Zustand, in welchem sie alle ihre Anlagen in der Menschheit völlig entwickeln kann. [...] Man sieht: die Philosophie könne auch ihren *Chiliasmus* haben; aber einen solchen, zu dessen Herbeiführung ihre Idee, obgleich nur sehr von weitem, selbst beförderlich werden kann, der also nichts weniger als schwärmerisch ist. Es kömmt nur darauf an, ob diese Erfahrung etwas von einem solchen Gange der Naturabsicht entdecke (Kant XI: 1993, 45).

Dieser Gedanke verweist wieder auf das *Fortschrittsparadox*, das Kant auflöst, indem er sich für den Primat des Naturplans entscheidet und den Chiliasmus als die Koinzidenz von einer durch schwärmerische Phantasie vorbereiteten Erfahrung und der tatsächlichen Erkenntnis naturgesetzlicher Vorgänge erklärt. Doch Kant kommt an anderer Stelle implizit wieder auf das Problem des *Fortschrittsparadoxes* zurück, wenn er die Sprache auf die dem Chiliasmus bzw. Millenarismus eingeschriebene Zeitvorstellung bringt.

Am Anfang seiner Abhandlung *Das Ende aller Dinge* steht das Problem des Übergangs von der Endlichkeit in die Unendlichkeit als ein Problem der Zeitenwende, das Kant an der gängigen Rede vom Ableben aufzeigt: Mit dem Eintreten in die Ewigkeit geht die stetig fortschreitende Zeit zu Ende. Doch dieses Ende aller Zeit liegt selbst noch in der Zeit und zugleich doch schon außerhalb derselben:

> Es ist ein, vornehmlich in der frommen Sprache, üblicher Ausdruck, einen sterbenden Menschen sprechen zu lassen: er gehe *aus der Zeit in die Ewigkeit*. Dieser Ausdruck würde in der Tat nichts sagen, wenn hier unter *Ewigkeit* eine ins Unendliche fortgehende Zeit verstanden werden sollte; denn da käme ja der Mensch nie aus der Zeit heraus, sondern ginge immer aus einer in die andere fort. Also muß damit ein *Ende aller Zeit*, bei ununterbrochener Fortdauer des Menschen, diese Dauer aber (sein Dasein als Größe betrachtet) doch auch als eine mit der Zeit ganz unvergleichbare Größe (douratio noumenon) gemeint sein, von der wir uns freilich keinen (als bloß negativen) Begriff machen können. Dieser Gedanke hat etwas Grausendes an sich: weil er gleichsam an den Rand eines Abgrunds führt, aus welchem für den, der darin versinkt, keine Wiederkehr möglich ist [...]; und doch auch etwas Anziehendes: denn man kann nicht aufhören, sein zurückgebliebenes Auge immer wiederum darauf zu wenden [...]. Er ist furchtbar-*erhaben* [...] (Kant XI: 1993, 175).

Die Ewigkeit, in die ein Sterbender eintritt, ist nicht durch die Urteilskraft zu erfassen, die der kategorialen Stütze durch die irdische Zeitrechnung bedarf; die Ewigkeit entzieht sich also der Erkenntnis, der Übertritt in dieselbe ist aber als etwas "Furchtbar-*Erhabenes*" Gegenstand einer ästhetischen Erfahrung. Das Ungeheuerliche, das Unsagbare, das sich der Vernunft verweigert, führt zu einem gedanklichen Konstrukt, das den Übergang als (gerade) noch in der Zeit angesiedelt betrachtet: Es ist die Rede vom *Jüngsten Tag* – "Der jüngste Tag gehört also noch zur Zeit; denn *es geschieht* an ihm noch irgend etwas (nicht zur Ewigkeit, wo nichts mehr geschieht, weil das Zeitfortsetzung sein würde, Gehöriges) [...]" (Kant XI: 1993, 176). Kant verweist die apokalyptische Rede vom jüngsten Tag auf den Rang einer Hilfskonstruktion des Denkens – zumal er Zweifel an der Authentizität der *Offenbarung* anmeldet. Bereits der Umstand, dass das *Jüngste Gericht* am *Jüngsten Tag* stattfinde, lege den Schluss nahe, dass darauf noch etwas folgen müsse. Kant schließt daraus, dass das Ende in diesem Bild nur in einer temporalen Erstreckung denkbar ist: Auf das Weltgeschehen folgt die Bilanz, die ihrerseits nur in der Zeit gezogen werden kann. Das "Ende aller Dinge" – das absolute Ende also – anzunehmen, ist folglich für Kant ein Skandalon, vor dem die Einbildungskraft zurückschrecke:[62]

> Daß aber einmal ein Zeitpunkt eintreten wird, da alle Veränderung (und mit ihr die Zeit selbst) aufhört, ist eine die Einbildungskraft empörende Vorstellung. Alsdann wird nämlich die ganze Natur starr und gleichsam versteinert: der letzte Gedanken, das letzte Gefühl bleiben alsdann in dem denkenden Subjekt stehen und ohne Wechsel immer dieselben. Für ein Wesen, welches sich seines Daseins und der Größe desselben (als Dauer) nur in der Zeit bewußt werden kann, muß ein solches Leben, wenn es anders Leben heißen mag, der Vernichtung gleich scheinen: weil es, um sich in einen solchen Zustand hineinzudenken, doch überhaupt etwas denken muß; *Denken* aber ein Reflektieren enthält, welches selbst nur in der Zeit geschehen kann. – Die Bewohner der andern Welt werden daher so vorgestellt, wie sie, nach Verschiedenheit ihres Wohnorts (dem Himmel oder die Hölle), entweder immer dasselbe Lied, ihr Halleluja, oder ewig eben diesel-

---

62 Wohl auch gegen Kant gerichtet ist nachstehende Bemerkung Schellings, in der dieser die drei Zeiten – des Vaters, des Sohnes und des Geistes – gegen eine die Offenbarung verfälschende Lesart verteidigt: "Man kann diese drei Zeiten im Gegensatz zu dem, was insgemein Zeit genannt wird, die aber selbst nur ein Glied ist in dieser großen Folge von Zeiten, d.h. ein Glied der wahren, der absoluten Zeit – im Gegensatz also mit jener bloß zeitlichen Zeit, die nämlich durch eine bloße beständige Wiederholung der Einen Weltzeit = A entsteht, können sie ewige genannt werden. Denn mit dem, etwas man gewöhnlich sagt, die Zeit gehe nicht über die Welt hinaus, oder sie sey eine bloße Form unserer Sinnlichkeit, und Aehnlichem, kann man von der göttlichen Oekonomie, wie sie in der Offenbarung dargestellt ist, und also von der Offenbarung selbst, nichts begreifen. Diese und ähnliche schwächliche Begriffe muß man ablegen, um in das große Geheimnis, das durch das Christentum aufgeschlossen ist, einzudringen" (Schelling II: 1955, 71f). Bei Ernest Renan dagegen erscheint das Zahlenwerk der *Johannesoffenbarung* als eine rhetorische Hyperbel, die auf eine lange Tradition zurückblickt und im jüdischen Denken gründet: "L'idée de l'éternité de la vie individuelle est si peu familière aux juifs que l'ère des rémunérations futures est, selon eux, renfermée en un chiffre d'années considérable sans doute, mais toujours fini" (Renan: IV, 1406).

ben Jammertöne anstimmen ([*Offb.*] XIX, 1-6; XX, 15): wodurch der gänzliche Mangel alles Wechsels in ihrem Zustand aufgezeigt werden soll (Kant XI: 1993, 183f).

Aus diesen 1794 formulierten Ausführungen kann eine tiefe Skepsis gegen den Zweck der Welt und ihrer Geschichte abgeleitet werden, mit der auch eine (teilweise) Rücknahme seines 1784 in den Thesen zu einer *allgemeinen Geschichte des Weltbürgertums* geschichtsphilosophisch gebrauchten Fortschrittsbegriffs verbunden ist:[63] Der Zeitpunkt, an dem alle (fortschreitende) Entwicklung ein Ende nimmt, hebt demnach den Sinn jeder individuellen Geschichte ebenso auf wie den der Weltgeschichte (vgl. Herzog: 1996, 327).[64] Die Starre, der "gänzliche Mangel an Wechsel", kann nicht Ziel der Geschichte sein, weil Geschichte eben sich aus dem Wechsel heraus definiert. Von daher ist Reinhart Herzogs Schlussfolgerung zuzustimmen, der in Kants Abhandlung die "*Abwehr einer politischen Utopie*" erkennt, "die aus Enttäuschung über den ausbleibenden Fortschritt sich dem Versuch anschließt, das moralische Gesetz (das Christentum) in dieser Welt, und zwar beschleunigt, durchzusetzen" (Herzog: 1996, 289). Allerdings ist Kants Auseinandersetzung mit der Eschatologie keineswegs ausschließlich auf das "*justiziale* Moment, das Jüngste Gericht," bezogen (Herzog: 1996, 291); vielmehr dient Kant der Verweis auf das *Jüngste Gericht* als Prozess – nunmehr im doppelten Sinne des Wortes – dazu, auf die Modalitäten zur Wahrnehmung dessen aufmerksam zu machen, was hier das *Fortschrittsparadox* genannt worden ist. Dieses Paradox findet in der Restitution biblischer Eschatologie zu einer scheinbaren Auflösung. Und auf diesen Scheincharakter zielt Kant mit seiner Kritik an der (apokalyptischen) Eschatologie: "so würde jener Gerichtstag freilich nicht der jüngste Tag sein; sondern es würden noch verschiedne andre auf ihn folgen" (Kant XI: 1993, 176).

---

63 Im Anschluss an die oben zitierte Passage heißt es: "Gleichwohl ist diese Idee, so sehr sie auch unser Fassungsvermögen übersteigt, doch mit der Vernunft in praktischer Beziehung nahe verwandt. Wenn wir den moralisch-physischen Zustand des Menschen hier im Leben auch auf dem besten Fuß annehmen, nämlich eines beständigen Fortschreitens und Annäherns zum höchsten (ihm zum Ziel ausgesteckten) Gut: so kann er doch (selbst im Bewußtsein der Unveränderlichkeit seiner Gesinnung) mit der Aussicht in eine ewig dauernde Veränderung seines Zustandes (des sittlichen sowohl als physischen) die *Zufriedenheit* nicht verbinden. Denn der Zustand, in welchem er itzt ist, bleibt immer doch ein Übel, vergleichungsweise gegen den bessern, in den zu treten er in Bereitschaft steht; und die Vorstellung eines unendlichen Fortschreitens zum Endzweck ist doch zugleich ein Prospekt in eine unendliche Reihe von Übeln, die, ob sie zwar von dem größern Guten überwogen werden, doch die Zufriedenheit nicht Statt finden lassen, die er sich nur dadurch, daß der *Endzweck* endlich einmal *erreicht* wird, denken kann" (Kant XI: 1993, 184). Zum Begriff "Fortschritt" bei Kant vgl. R. Koselleck (Koselleck: 1975).

64 Es sei in diesem Zusammenhang hervorgehoben, dass Kant in seinem Aufsatz *Das Ende aller Dinge* beständig eine Parallele zwischen der individuellen Biographie und der (Menschheits-) Geschichte herstellt.

Die "Herrschaft mit Christus für tausend Jahr" (*Offb.* 20, 4), das *Millennium*, kann in diesem Zusammenhang ebenfalls nur eine gedankliche Hilfskonstruktion sein, weil es dem, was auf das Ende folgt (eigentlich ist in diesem Zusammenhang bereits der Gebrauch des Verbs "folgen" widersinnig), eine Dauer nach dem Maß jener Weltzeit verleiht, die mit dem Ende aller Dinge eigentlich aufgehoben sein müsste. Oder um es anders auszudrücken: In einem säkularen Zusammenhang impliziert die Idee vom *Tausendjährigen Reich* lediglich die Wiederholung der Geschichte unter idealen Voraussetzungen; denn ein solches Reich kennt ja wiederum – wohlgemerkt: in einem säkularen Kontext – ein Eschaton, nämlich das Ende eben jener tausend Jahre. So gesehen belegt der kritische Einwand Kants, dass es sich beim Millenarismus um eine (*politische*) *Theologie der zweiten Chance* handelt, die in der *Offenbarung* durch die Wendung "zur Herrschaft mit Christus" (*Offb.* 20, 4) ihr Vorbild findet.[65]

5.3.2. Condorcet

Auch Condorcets *Esquisse, d'un tableau historique des progrès* (1795) kommt nicht ohne das *millenaristische Paradigma* aus, die im zehnten und letzten Entwurf zum Ausdruck gelangt. Zunächst nimmt sich dieses *tableau historique* wie eine vordergründige Apologie der republikanischen Verfassung der Vereinigten Staaten und des revolutionären Frankreich aus, die ihm als Modelle für alle Nationen gelten:

> Nos espérances sur l'état à venir de l'espèce humaine peuvent se réduire à ces trois points importants: la destruction de l'inégalité entre les nations; les progrès de l'égalité dans un même peuple, enfin, le perfectionnement réel de l'homme. Toutes les nations doivent-elles se rapprocher un jour de l'état de civilisation où sont parvenus les peuples les plus éclairés, les plus libres, les plus affranchis de préjugés, tels que les Français et les Anglo-Américains? (Condorcet: 1988, 265f.).

Condorcet geht davon aus, dass alle Unterschiede sowohl innerhalb einer Gesellschaft als auch zwischen den Zivilisationen eines Tages als Ergebnis der konsequenten Entwicklung des *art social* (Condorcet: 1988, 266) verschwinden müssen. Gemeint ist mit *art social* das wissenschaftliche Erfassen aller die menschliche Gesellschaft betreffenden Bereiche, zu denen unter anderem die

---

[65] Es sei hier noch einmal auf die besonders perfide Variante der millenaristischen Denkfigur in der nationalsozialistischen Ideologie hingewiesen: Ihr "Tausendjähriges Reich" des Herrenmenschen hat die Drohung mit dem Nichts, d.h. mit dem kollektiven Untergang, zum Garanten ihrer Bewegung auserkoren. Es ist die offene Drohung damit, dass die zweite Chance verspielt würde, sollte die "Herrenrasse" versagen; der Antichrist stehe dann in Gestalt des Juden bereit. Allerdings kennt die nationalsozialistische Ideologie keine ausformulierte Utopie: An die Stelle eines *Neuen Jerusalem* oder eines (theologisch bestimmten) *Tausendjährigen Reiches* im Sinne der Offenbarung tritt die "Bewegung", die zum Selbstzweck wird. Von daher scheint gerade der Hinweis auf den Nationalsozialismus als untauglich zur Desavouierung utopischen Denkens.

Medizin, die Kunst und die Bildung gehören, durch eine universale Sozialwissenschaft, die zugleich praktische Sozialtechnik sein soll.[66] Damit einher geht der Gedanke, dass die Natur möglicherweise dem Menschen keine Grenzen gesetzt habe.

In einem ersten Schritt umgeht Condorcet das *Fortschrittsparadox* mit dem auch in Kants Abhandlung *Das Ende aller Dinge* anklingenden Topos, dass die Gesellschaft – und damit das Menschengeschlecht ("l'espèce humaine") – in ihrer Entwicklung jener des Individuums entspreche. Er unterscheidet zwischen einer überzeitlichen, metaphysischen Begründung allgemeiner Gesetze in der Entwicklung menschlicher Anlagen und der historischen Konkretisierung dieser Gesetze, die er zu einem "tableau des progrès de l'esprit humain" (das den eigentlichen Gegenstand seiner Sozialwissenschaft ausmacht) hin abstrahieren will. In diesem Zusammenhang benutzt Condorcet übrigens auch den Kollektivsingular "le progrès", womit dem Begriff eine durchaus metaphysische Konnotierung zufällt:

> Si l'on se borne à observer, à connaître les faits généraux et les lois constantes que présente le développement de ces facultés, dans ce qu'il y a de commun aux divers individus de l'espèce humaine, cette science porte le nom de métaphysique. Mais si l'on considère ce même développement dans ses résultats, relativement à la masse des individus qui coexistent dans le même temps sur un espace donné, et si on le suit de générations en générations, il présente alors le tableau des progrès de l'esprit humain. Ce progrès est soumis aux mêmes lois générales qui s'observent dans le développement individuel de nos facultés, puisqu'il est le résultat de ce développement, considéré en même temps dans un grand nombre d'individus réunis en société. Mais le résultat que chaque instant présente dépend de celui qu'offraient les instants précédents, et influe sur celui des temps qui doivent suivre. Ce tableau est donc historique [...] (Condorcet: 1988, 80).

Seinen Optimismus begründet Condorcet mit den Fortschritten, die bereits in der Vergangenheit gemacht worden seien und die zu der Annahme berechtigten, dass die Natur unseren Hoffnungen keine Grenze gesetzt habe.

> [...] nous trouverons, dans l'expérience du passé, dans l'observation des progrès que les sciences, que la civilisation ont faits jusqu'ici dans l'analyse de la marche de l'esprit humain et du développement de ses facultés, les motifs les plus forts de croire que la nature n'a mis aucun terme à nos espérances (Condorcet: 1988, 267).

Diese Rückschau auf die Geschichte und die damit verbundene typologische Schau auf die Zukunft, hat Condorcet sowohl den Vorwurf des Utopismus als auch den des revolutionären Millenarismus eingetragen. Condorcet zeigt sich dessen bewusst, dass der Linearität der Entwicklung hin zum perfekten Menschen das Menschlich-Allzumenschliche entgegensteht, welches der bisherige

---

66 Zur Begriffsgeschichte von *art social* im Sinne einer aufklärerischen Sozialwissenschaft vgl. Dorothee Baxmanns (Baxmann: 1987) Beitrag zu dem von Helmut Pfeiffer u.a. besorgten Sammelband *"Art social" und "art industrie". Funktion der Kunst im Zeitalter des Industrialismus*, der das Bedeutungsspektrum der beiden Begriffe untersucht (vgl. Jauß: 1987b).

Gang der Geschichte nicht zu unterdrücken vermochte: Ohne Zäsur ist keine neue Gesellschaft denkbar.

Schon in der ersten "Epoche" seiner *Esquisse*, welche die programmatische Exposition zu seinem *Tableau historique* darstellt, spricht Condorcet – ohne sich explizit auf die Französische Revolution zu beziehen, die er offensichtlich noch nicht als *die* Revolution betrachtet – von unmittelbar bevorstehenden Revolutionen, die alle bisherigen Revolutionen des Menschengeschlechts in sich aufnähmen. Condorcet nimmt noch in der *Esquisse* der millenaristischen Denkfigur sozusagen die 'apokalyptische' Spitze, indem er ausdrücklich darauf verweist, dass das Eintreten der als Hypothese (sic!) formulierten neuen, einzig den Fortschritten verpflichteten Ordnung keineswegs als ein von Schrecken begleitetes (revolutionäres) Ereignis angesehen werden dürfe. Nichtsdestoweniger spricht er von einem End- und Wendepunkt ("ce terme").[67] Das Programm seines *Tableau historique* kann folglich als die typologische Antizipation dieser Revolution gewertet werden.

Doch führt nicht allein die naturgesetzliche Entwicklung zu diesem von Condorcet verkündeten Ziel – dem Menschen wird die Verantwortung für das Gelingen mit aufgebürdet, womit sich Condorcets *Tableau* einer apologetischen Vereinnahmung widersetzt:

> Tout nous dit que nous touchons à l'époque d'une des grandes révolutions de l'espèce humaine. Qui peut mieux nous éclairer sur ce que nous devons en attendre; qui peut nous offrir un guide plus sûr pour nous conduire au milieu de ses mouvements, que le tableau des révolutions qui l'ont précédée et préparée? L'état actuel des lumières nous garantit qu'elle sera heureuse; mais aussi n'est-ce pas à condition que nous saurons nous servir de toutes nos forces (Condorcet: 1988, 89).

Condorcets Vorstellungen zeichnen sich also durch ein nachdrückliches Festhalten an Werten wie Maß und Verantwortung aus. Für ihn ist zum Beispiel durchaus denkbar, dass in der zukünftigen Ordnung auch auf eine repressive Sexualmoral verzichtet werden könne, ohne die Zukunft der folgenden Generationen in die einer verelendenden Massengesellschaft zu verwandeln. Maß und Verantwortung, nicht jedoch hemmungsloser Eudaimonismus, sollen auch die Zukunft der "espèce humaine" prägen.

Die Gedanken seines zehnten Tableaus finden in seiner schon im Titel auf Bacon anspielenden *Fragment sur L'Atlandide* ihre Konkretisierung (vgl.

---

67 "Mais supposant que ce terme dût arriver, il n'en résulterait rien d'effrayant, ni pour le bonheur de l'espèce humaine, ni pour sa perfectibilité indéfinie; si on suppose qu'avant ce temps les progrès de la raison aient marché de pair avec ceux des sciences et des arts, que les ridicules préjugés de la superstition aient cessé de répandre sur la morale une austérité qui la corrompt et la dégrade au lieu de l'épurer et de l'élever, les hommes sauront alors que, s'ils ont des obligations à l'égard des êtres qui ne sont pas encore; elles ne consistent pas en leur donner l'existence, mais le bonheur; elles ont pour objet le bien-être général de l'espèce humaine ou de la société dans laquelle ils vivent, de la famille à laquelle ils sont attachés, et non la puérile idée de charger la terre d'être inutiles et malheureux" (Condorcet: 1988, 282).

Mattelart: 2000, 83). Dort warnt Condorcet ausdrücklich davor, die bisherigen Errungenschaften der Menschheit über Bord zu werfen, und plädiert für das Vertrauen in einen von der Zeit getragenen evolutionären Prozess; überdies warnt er davor, sich vorschnell dem Druck der öffentlichen Meinung zu beugen. Die Fortschritte in den Wissenschaften – N.B.: Condorcet spricht vorrangig von "les progrès de l'Esprit" – seien sowohl gegen die menschliche Unzulänglichkeit in Gestalt von Geltungssucht als auch gegen von der öffentlichen Meinung auferlegte Fesseln zu verteidigen, was nicht heißen soll, dass der Fortschritt in den Partialgebieten ausnahmsweise nicht auch nach dem Gebot gesellschaftlicher Dringlichkeit beschleunigt werden könne. Die Politik dagegen habe durch Bildung und Gesetzgebung – ein besonderes Anliegen ist ihm dabei die Gleichstellung der Geschlechter – die Voraussetzungen für das rasche Vorankommen der *gesellschaftlichen* Fortschritte zu schaffen. Hierfür konzipiert Condorcet einen regelrechten Entwicklungsplan. Und das von ihm in *Fragment de l'Atlantide* erhoffte Fernziel der Menschheitsgeschichte, bei dessen Ausformulierung er einen eschatologischen oder apokalyptischen Ton ausdrücklich meidet und auch den millenaristischen Gehalt seines Entwurfs vorsichtig auf den Rang einer Hypothese verweist, nähert sich im Prinzip dem an, was Kant das "Reich der Zwecke" nennt:

> Il ne faut pas ici perdre de vue l'hypothèse que j'ai d'abord établie, celle d'une grande nation vraiment libre; c'est-à-dire d'une nation où non seulement la masse entière du peuple ait conservé la souveraineté, où les citoyens exercent leurs droits politiques dans toute leur étendue, mais où le système entier des lois respecte les droits naturels de l'individu, où l'on ne puisse lui rien interdire au-delà de ce qui blesse le droit particulier d'un autre, ou le droit qui, appartenant à chacun comme membre de la société, est commun à tous, et, ne pouvant être violé à l'égard de tous, paraît un droit de la société même (Condorcet: 1988, 341f.).

Condorcets Prognose für die Ausgestaltung einer zukünftigen menschlichen Gemeinschaft bleibt, ungeachtet der von ihm unterbreiteten konkreten Vorschläge, eher vage; er verzichtet auf den detaillierten Entwurf einer Utopie und gleichzeitig auch auf einen *expliziten* Millenarismus in seinem Geschichtsdenken. Auf diese Weise äußert er auch eine verhaltene Kritik am Selbstverständnis der Französischen Revolution, die den idealen Zustand der Gesellschaft für sich vindiziert. Bereits während der Französischen Revolution zeichnet sich, wie noch im folgenden Kapitel am Beispiel zweier 'uchronischer' Revolutionsdramen zu zeigen sein wird, ein apologetisches Umdeuten eines säkularisierten Millenarismus bzw. einer säkularisierten Apokalyptik ab. Condorcets Denken dagegen kann als ein "latenter Millenarismus" bezeichnet werden: Er kann nicht auf das *millenaristische Paradigma* verzichten, das eine vollkommene Gesellschaftsordnung als Ziel des welt- bzw. menschheitsgeschichtlichen Entwicklungsprozesses formuliert und somit den utopischen Gehalt seiner *Esquisse* ausmacht; er fordert zwar eine geistige Elite, welche die Menschheit voranbringen soll, ohne jedoch diese zu einer Auserwählten im Sinne einer apokalyptischen Eschatologie zu machen. Er erkennt die Notwendigkeit einer Zäsur, welche eine lineare Entwicklung hin zu einer vollkommenen Gesellschaft von ebenso vollkommenen Menschen erst ermöglicht. Seine Projektion beruht auf der Beobachtung, die zunächst nur ein Ziel verfolgt: "pour en tirer l'histoire hypothétique d'un peuple unique, et former le tableau de ses progrès" (Condorcet: 1988, 95). Doch erst unter idealen Bedingungen kann dieses Bild von der Praxis eingeholt werden! Condorcets Ausführungen lassen sich also dahingehend deuten, dass die Französische Revolution die zweite Chance zu verspielen oder sich gar das Gewand des Antichrist anzulegen droht. Mit seinem 'latenten Millenarismus' indes bekräftigt Condorcet die Wirkungsmacht des *millenaristischen Paradigmas*. Der Joachim-von-Fiore-Spezialist Lubac schlägt den Bogen von Lessing zu dem Verfasser der *Esquisse*, den er ebenfalls in der Tradition des kalabrischen Abtes verortet (Lubac I:1978, 272f).

Der legitimistische Denker Louis-Gabriel-Ambroise Vicomte de Bonald unterstellt Condorcet in einer Besprechung von dessen *Esquisse d'un tableau historique du genre humain* die Übertragung der *Johannesoffenbarung* in eine wissenschaftliche Sprache:

> En rapprochant cette dernière partie de l'*Esquisse des progrès de l'esprit humain*, des écrits philosophiques qui l'avaient précédée, écrits dont la *Déclaration des droits* est l'analyse, et la république française l'application, on peut regarder l'ouvrage de Condorcet comme l'*apocalypse* de ce nouvel *Evangile*. En effet, l'auteur y présage, non dans un style figuré, mais dans un langage scientifique le sort futur de la société philosophique dont il se croit un des fondateurs: et le tableau qu'il fait du bonheur réservé à l'homme social, parvenu même à force de vertus et de connaissances à prolonger *indéfiniment* son existence physique, ne peut être comparé qu'à la magnifique description que fait l'écrivain sacré, dans son livre mystérieux, de la Jérusalem céleste qu'éclairera un jour éternel, où la mort ne sera plus, et il n'y aura plus ni deuil, ni plainte, ni douleur. La fanatique peinture que fait ce philosophe, de sa société hypothétique, peut nous expliquer l'inconcevable phénomène qu'a présenté la France révolutionnaire, où l'on a vu des hommes commander froidement à leurs hordes dévastatrices la désolation et la mort de leur concitoyens, de leurs parents, de leurs amis, par pur amour de la postériorité; annoncer le projet, même la nécessité de réduire de moitié la population de leur patrie; et justifier peut-être à leurs propres yeux ces horreurs inouïes dans les fastes de la méchanceté humaine, par l'avantage d'assurer aux générations futures, des lumières, des vertus, une félicité, dont Condorcet dit lui-même, qu'on ne peut pas se former une idée (Bonald II: 1854, 317f).

Bonald sieht in Condorcets *Esquisse* einen Text, der das in den Schriften der Vordenker und Denker der Französischen Revolution entwickelte Gedankengut konsequent in sich aufnehme und auf dieselbe Weise zuspitze wie die *Johannesapokalypse* die Lehre der Evangelien. Die Polemik Bonalds gegen den Aufklärer setzt mit dem Versuch ein, dessen Vorstellungen im Kontext der Französischen Revolution auf das apokalyptische Schema zu verpflichten: Die in der *Esquisse* entworfene zukünftige philosophische Gesellschaft ("la société philosophique") sei das *Himmlische Jerusalem*; ein solches Denken versuche die Französische Revolution mit ihren Gräueltaten zu rechtfertigen. Diesem Vorwurf Bonalds liegt der implizite Vergleich des revolutionären Frankreichs mit den Wiedertäufern eines Jan van Leyden zugrunde, die für die Stadt Münster und die dort ins Werk gesetzte religiös-soziale Utopie sowohl das Millennium als auch den Topos vom *Himmlischen Jerusalem* vindizierten. Nichtsdestoweniger muss er eingestehen, dass Condorcet seine Zukunftsvision keineswegs in eine ausgestaltete Utopie übertragen hat.

Indem also Bonald der Schrift Condorcets unterstellt, sie sei nichts weniger als die Übertragung der *Johannesapokalypse* in die Sprache der Wissenschaft, wirft er dem Aufklärer vor, eine – um es in die Worte Blumenbergs zu fassen – "akute Eschatologie" (Blumenberg: 1996, 78 – s.o.) und einen apologetischen Millenarismus der Revolution zu propagieren. Und dennoch konzediert Bonald in einem entscheidenden Punkt eine Übereinstimmung mit Condorcet: Wie dieser geht er von der Annahme einer "perfectibilité indéfinie" des Menschengeschlechts aus. Doch der apokalyptischen Sicht, die er Condorcet unterstellt, begegnet er mit einem Argument, das durchaus an Augustinus' Relativierung der chiliastischen Apokalyptik erinnert. Er will den Primat einer durch die christliche Religion legitimierten Gesellschaft zementieren, indem er dieser die Perfektionierung des Menschen überantwortet:

> Malgré la différence de mes principes sur les sociétés à ceux que je combats, on a pu remarquer que nous nous accordions sur un point important, sur la perfectibilité indéfinie de l'homme. Cette faculté, propre à l'homme et à l'homme seul, est, à mon avis, une des plus fortes preuves que puisse offrir le raisonnement, de l'immortalité de l'homme intelligent. En effet, il est dans la nature d'un être essentiellement et indéfiniment perfectible, de vouloir essentiellement et indéfiniment perfectionner; or, vouloir, c'est exister. Mais Condorcet veut que ce soit l'homme qui perfectionne la société, et je soutiens au contraire que ce n'est que la société qui perfectionne l'homme intelligent et physique. L'histoire de l'homme et de la société s'accorde avec cette théorie; puisqu'on observe, dans tous les temps et chez tous les peuples, la conservation, c'est-à-dire, la perfection de l'homme intelligent et physique, suivre les progrès de la constitution de la société religieuse et politique, ou intelligente et physique, et la destruction, c'est-à-dire, l'imperfection de l'homme intelligent et physique, suivre la déconstitution de la société religieuse et politique; et qu'on observe encore que l'homme intelligent se perfectionne davantage là où la société religieuse est plus constituée, et que l'homme physique se perfectionne davantage là où la société politique est plus constituée (Bonald II: 1854, 337).

Während Condorcet den unendlichen Prozess der Vervollkommnung des Menschengeschlechts ganz in die Hände der Menschen lege und damit eine Umgestaltung der Gesellschaft – zur Ergänzung: eine Umgestaltung, die eine Zäsur impliziert – fordere, sei für ihn, Bonald, der Erhalt einer göttlich legitimierten Gesellschaftsordnung das oberste Gebot.

Ein solches Gebot muss jeden Gedanken an eine Zäsur ausschließen. Daraus resultiert der fundamentale Unterschied zwischen dem legitimistischen Denker und dem Aufklärer: Condorcets Vorstellung von der "perfectibilité indéfinie" setzt den durch gestaltende Tätigkeit (*poiesis*) den *status quo* fortwährend transzendierenden Menschen voraus; die Ungleichzeitigkeit in den Realisierungen der *poiesis* wird dann – diesen Schluss lässt die *Esquisse* zu – ein Ende finden, wenn sich die perfekte Gesellschaft herausgebildet haben wird, wenn – theologisch gesprochen – das Eschaton erreicht sein wird. Bonald unterstellt Condorcet nicht nur eine apokalyptisch-eschatologische Sicht der "perfectibilité indéfinie" bzw. des "progrès", sondern auch, dass er den Übertritt ins *Millennium* in die Hand des Menschen gelegt und folglich jegliche Religion abgeschafft habe. Dies stellt für Bonald das eigentliche Skandalon dar, weil damit die für eine stabile Gesellschaft grundlegende Einheit von Religion und Politik aufgegeben werde. Überall, wo sich politisches Handeln an den von Condorcet formulierten Grundsätzen orientiert, sieht Bonald einen Prozess des Niedergangs am Werk. Die "perfectibilité indéfinie" nach Bonalds Verständnis dient in erster Linie dem Erhalt ("conservation"). Dies bedeutet, dass der Erhalt und die Weiterentwicklung des Menschengeschlechts nur über den sicheren Bestand einer festen, religiös legitimierten gesellschaftlichen Ordnung möglich ist; eine solche Ordnung kann nur eine monarchische sein. Gerade die republikanische Staatsverfassung leitet nach dieser legitimistischen Auffassung einen der "perfectibilité indéfinie" entgegenwirkenden Prozess der Auflösung ("déconstitution") ein, der den Menschen auf einen Status der geistigen bzw. ethischen und physischen Unvollkommenheit niedergedrückt halte. Dieser Gedanke Bonalds stellt offensichtlich eine Abwandlung von Rousseaus These vom "Fall" des Menschen aus seinem ursprünglichen Naturzustand dar. Es sei in diesem Zusammenhang in Erinnerung gerufen, dass Bonald sich in seinem Hauptwerk *Théorie du pouvoir publique et religieux dans la société civile, démontrée par le raisonnement et par l'histoire* (1796) wiederholt auf Rousseau beruft, dessen Theorie von der "volonté générale" er legitimistisch umdeutet. Die Ordnung der Gesellschaft hat für Bonald die Ordnung der fortschreitenden Entwicklung – auch er meidet den Kollektivsingular "Fortschritt" – zu garantieren, die sich auf einen besseren, vollkommeneren Zustand hin bewegt. Hier erhält die Fortschrittsvorstellung einen teleologischen Zug, nämlich innerhalb der auf Selbsterhaltung ausgerichteten Ordnung – jenes Naturzustandes also, den Bonald meint, wenn er von "civilisation" spricht (vgl. Spaemann: 1959, 66f).

Es sei noch kurz bei Bonald verweilt, der wohl wie kein zweiter Gesellschaftstheoretiker des 18. Jahrhunderts den verzeitlichten Utopismus der Aufklärung zu widerlegen sucht. Seine Kritik – NB: Bonald zählt mit zu den Vorläufern einer modernen Sozialwissenschaft – am *art social* Condorcets muss schon deshalb vernichtend ausfallen, weil dessen praktische Sozialwissenschaft an den Grundfesten seines Denkens rüttelt: Bonald schließt jedes Gestalten von Gesellschaft aus, wenn dieses ein der göttlichen Offenbarung widersprechendes Antizipieren der Zukunft zur Grundlage hat. Bonalds Denken ist – und er beruft sich wiederholt auf Augustinus – dezidiert anti-apokalyptisch bzw. anti-millenaristisch. Es sei daran erinnert, dass der Kirchenvater das

Reich Gottes bereits mit der Geburt Christi angebrochen sah. Entsprechend definiert Bonald die Offenbarung als eine "Manifestation" (und damit wäre der argumentative Kreis geschlossen) – "Révélation signifie *manifestation*" (Bonald II: 1854, 41); "Offenbarung" meint das Sichtbar-Werden der göttlichen Kraft in der Welt. Wenn das Wirken Gottes in der Welt – und damit sind bei Bonald primär die gesellschaftlichen Strukturen und ihre historische Entwicklung gemeint – Gegenstand der Offenbarung ist, dann kann ein wissenschaftliches Denken sich keineswegs anmaßen, die Zukunft der Gesellschaft in die Hand des Menschen zu legen, wenn dieser sich nicht von der Offenbarung leiten lässt.

Die folgende Passage aus Bonalds *Théorie du pouvoir* kann als die dezidierte Widerlegung verzeitlichten Utopismus im Geist der Aufklärung verstanden werden; in dieser Widerlegung tritt auch erneut die argumentative Strategie Bonalds hervor, der sich ostentativ der Begriffe seiner (aufklärerischen) Gegner bedient, um sie umzudeuten:

> Or, la connaissance de l'avenir, comme le pouvoir de changer les lois générales connues, sont des caractères également divins. Car la prédiction de ce qui doit arriver est une création; puisque créer est donner l'existence à ce qui n'est pas, ou voir ce qui n'est pas encore, comme ce qui est actuellement, ou ce qui n'est plus; et substituer des lois inconnues aux hommes, aux lois qu'ils connaissent, est avoir une connaissance et une puissance supérieures à la force et aux connaissances de l'homme. Or, cette puissance et cette connaissance de l'avenir ont été regardées par tous les peuples comme un attribut essentiel de la Divinité; puisqu'ils ont, dans tous les temps, décerné les honneurs divins à tous les hommes chez qui ils ont cru en apercevoir une émanation, et par la ils ont hautement déclaré qu'ils regardaient l'Etre suprême comme le créateur de l'univers et l'auteur des lois de la nature (Bonald II: 1854, 45f.).

Bonald liefert hier nicht etwa – wie man auf den ersten Blick vermuten könnte – die theologische Begründung für die Zukunftsvision Auserwählter, wenn er von den göttlich begnadeten Menschen spricht, von jenen, an denen man die "honneurs divins" ausmachen könne. Vielmehr verweist der Blick dieser begnadeten Menschen in die Zukunft immer auf die monarchistische Gesellschaftsordnung; die Menschen, an denen sich eine Emanation des göttlichen Willens zu erkennen gibt, sind schließlich die von Gottes Gnaden berufenen Monarchen. Das Überschreiten einer gottgewollten Ordnung hin zu einer Republik heißt für Bonald: den Boden der Offenbarung verlassen und die Gesellschaft in die Anarchie steuern.

Eine komplexe Gesellschaftsordnung, die Bonald "la société politique" nennt, setze sich aus drei hierarchisch abgestuften Gesellschaften zusammen:

> 1° de la société naturelle de l'homme des deux sexes, qu'on appelle *famille*; 2° d'une société de familles, ou société municipale ou commune; 3° d'une société de communes réunies sous un monarque, ou société monarchique (Bonald II: 1854, 39).

Die Familie stelle die erste Stufe des Monotheismus dar ("la religion naturelle"); die zweite Stufe – in der sich die Familien zu einer Gemeinde zusammenfinden – sei von der jüdischen Religion geprägt, die aber eine versklavte sei und nur Despoten und keine Könige kenne; erst die dritte Stufe stehe im Zeichen des eigentlichen Monotheismus, der christlichen Religion; diese bilde die einzig wahrhafte "société politique" heraus und sei identisch mit der Monarchie. Und nur innerhalb der Monarchie erfolgt für Bonald der Fortschritt der "espèce humaine". Bonalds legitimistische Gesellschaftstheorie aus dem Jahr 1796 wendet sich somit dezidert gegen die Legitimationsstrategien der Französischen Revolution.

Condorcet ist sich immerfort der Unzulänglichkeit der menschlichen Natur bewusst. Doch er hält an der Hoffnung fest, dass alle bisher erzielten Fortschritte auf ein "perfectionnement de l'espèce humaine" hinauslaufen würden – was der Hoffnung auf eine neue, gerechte Gesellschaft gleichkommt. Er teilt nicht den von Rousseau im *Discours sur l'origine et les fondements de l'inégalité parmi les hommes* vorgetragenen Zivilisationsskeptizismus. Die Rede vom 'latenten Millenarismus' Condorcets rechtfertigt sich auch mit einem Hinweis auf Rousseau: Sah dieser den Grund für das anthropologische Faktum der *perfectibilité* im (Sünden-) Fall aus einer natürlichen Gesellschaft, wandelt sich bei jenem die Vorstellung von der *perfectibilité* und den *progrès* (Plural!) der Menschheit in die Hoffnung auf ein neues Paradies – und darin ist er von seinem Kritiker Bonald gar nicht so weit entfernt, allerdings projiziert er diese Voraussetzungen in eine *Gesellschaft der Zukunft*, während der legitimistische Denker die Möglichkeiten einer neuen Gesellschaft *a priori* beschränkt sieht durch die Annahme einer Erlösung, die nicht mehr von dieser Welt sein werde. Insofern als Condorcet die Zukunft des Heils als innerweltliches Projekt versteht, kann sein Denken durchaus "utopisch" genannt werden – was auch für seine Idee vom "progrès" als solcher gilt.

Das 19. Jahrhundert dagegen, das den Begriff "Fortschritt" für sich vindizieren wird, wird diesem zum Teil sehr widersprüchliche Bedeutungen beimessen, die bis hin zur Gleichsetzung von Fortschritt und einem zaghaften Evolutionismus reichen werden. Gerade im bürgerlichen Denken der ersten Hälfte des 19. Jahrhunderts wird der Fortschrittsoptimismus durch zwei Pole bestimmt: zum einen durch die geschichtsphilosophische Deutung, die direkt an die Heilsgeschichte anknüpft, wie die Systeme Hegels, des Saint-Simonismus und Comtes, zum anderen in der Idee eines Fortschritts in Naturwissenschaften und Technik, wobei der Positivismus zwischen den beiden noch zu vermitteln sucht. Mit der Verengung des Fortschrittsbegriffs auf Technik und Naturwissenschaften weicht in der zweiten Hälfte des Jahrhunderts dieser Optimismus einem tief greifenden Skeptizismus. Doch auch diese Fortschrittskonzeption nimmt mit dem herannahenden 20. Jahrhundert millenaristische Züge an – die sich bereits mit der bei dem Religionshistoriker Renan angedeuteten Möglichkeit ankündigt, der Mensch könne dereinst mit Hilfe der Wissenschaft den Tod überwinden.

In Anmerkung zu seiner Schrift *Die Diktatur* (Erstveröffentlichung 1921) hat der reaktionäre Rechtshistoriker Carl Schmitt auf die geschichtsphilosophische Seite dessen, was später die Dialektik der Aufklärung heißen sollte, hingewiesen, die sich an dem fundamentalen Unterschied zwischen den Systemen eines Comte und Hegel auf der einen Seite, und den Konzeptionen Condorcets und Turgots auf der anderen aufzeigen lasse:

> In zwei ganz verschiedenen Systemen des 19. Jahrhunderts, durch Hegel und Comte, wurde die geschichtsphilosophische Theorie einer Entwicklung systematisch begründet. Bei Turgot ist aber Comtes sogenanntes Gesetz der drei Stadien dieser Menschheitsentwicklung (das theologische, das metaphysisch-abstrakte und das positivistische Stadium) und die soziale Abhängigkeit des einzelnen von der Umgebung schon ausgesprochen, und Condorcets Tableau historique des progrès de l'esprit humain führt schon weit über den Rationalismus des 18. Jahrhunderts hinaus, daß Bonald es nicht ohne Recht die "Apokalypse der Aufklärung" nennen konnte. Der Fortschritt bleibt jedoch hier stets das Werk der bewussten Aktivität, und der Inhalt der Aufgabe des Diktators besteht darin, diesen Fortschritt positiv zu bewirken, im Gegensatz zur immanenten Fortschrittsauffassung des 19. Jahrhunderts, welchen Gegensatz Renouvier hervorgehoben hat (Schmitt: 1994, 143).[68]

Wohlgemerkt erfolgen Schmitts Erörterungen aus der Perspektive einer staatsrechtlichen Erörterung der Diktatur heraus; die dem Geschichtsdenken inhärente Dialektik, gemeint ist die Tendenz der *Lumières*, sich selbst aufzuheben, findet aber in seiner Zuspitzung der Bonaldschen Kritik auf die Wendung von der "Apokalypse der Aufklärung" ihren adäquaten Ausdruck, obzwar – oder gerade weil? – er das Original nicht ganz korrekt wiedergibt. Schmitts Ausführungen geben zu erkennen, inwieweit etwa das Denken Condorcets mit den Ereignissen der französischen Revolution korreliert, dem Versuch eine weltgeschichtliche Zäsur zu verwirklichen.

5.4. Exkurs: die nicht endende Rede vom Ende der Geschichte

Hegels Vorstellung von der Geschichte ist in der von dem sich selbst hervorbringenden Geist beheimatet, der sich entäußert und eine Bewegung vollzieht, die ihn in die historischen Persönlichkeiten und damit in die von ihnen durch Taten geschaffenen historischen Fakten hineinführt. Die Widersprüche, die sich nunmehr in ihrer dialektischen Beziehung zueinander ausdrücken, sind im Geist aufgehoben – so auch die Aporien des Fortschritts. Geschichte ist nach Hegel letztlich nichts anderes als die Geschichte der Philosophie, womit die millenaristische Denkfigur an die beiden Pole Geist und individuelle Subjektivität delegiert wird. Dieses Geschichtsverständnis kennt *zunächst* keinen Chi-

---

68 Zu Renouvier vgl. das Kapitel "6.1.1. Das utopische Denkens zwischen Fortschrittsoptimismus und Fortschrittskritik" in vorliegender Untersuchung.

liasmus bzw. Millenarismus im engeren Sinne, der ein neues Reich auf Erden propagiert; vielmehr heißt es bei Hegel, dass im vollkommenen Menschen Christus gewusst werde, was im Subjekt vorgehen müsse, an ihm trete die "Konversio des Endlichen als an sich vollbracht" hervor:

> Daß die Offenbarung Christi diese Bedeutung habe, ist der Glaube der Christen, während die profane, unmittelbare und nächste Bedeutung dieser Geschichte ist, daß Christus ein bloßer Prophet gewesen und das Schicksal aller alten Propheten gehabt habe, verkannt zu sein. Daß sie aber die von uns angegebene Bedeutung habe, das weiß der Geist; denn der Geist ist eben in dieser Geschichte expliziert. Diese Geschichte ist der Begriff, die Idee des Geistes selbst; und die Weltgeschichte hat in ihr ihre Vollendung gefunden, auf diese unmittelbare Weise das Wahre zu wissen. Der Geist also ist es, der sie so auffaßt; und auf unmittelbar anschauliche Weise ist das im Pfingstfeste gegeben (Hegel XIX: 1986, 526).

Indes klingt hier in der Verwendung des Begriffs "Geist" durchaus ein joachimitischer Ton an. Und es drängt sich die Vermutung auf, dass auch Hegels Geschichtsphilosophie sich nicht ganz aus der Tradition des *millenaristischen Paradigmas* verabschiedet hat. Doch sei zunächst der Blick auf einen anderen Aspekt seiner Philosophie gelenkt, an dem die Frage nach dem Fortschritt aufgeworfen werden kann.

Das Prinzip der dialektischen Vermittlung in der Geschichtsphilosophie Hegels führt direkt zu einer Aufhebung des *Fortschrittsparadoxes*, das aus dem Widerspruch der Annahme einer selbständigen, unendlich fortschreitenden Entwicklung und einer individuellen bzw. kollektiven *poiesis* entsteht. An die Stelle der *perfectibilité* tritt nun der dialektische Begriff der "Bildung", der aber – anders als der teleologisch oder gar eschatologisch gefasste Begriff der *perfectibilité* etwa eines Condorcet – an sich noch keine historische Kategorie darstellt:

> Was in Beziehung auf das einzelne Individuum als seine Bildung erscheint, ist das wesentliche Moment der Substanz selbst, nämlich das unmittelbare Übergehen ihrer gedachten Allgemeinheit in die Wirklichkeit, oder die einfache Seele derselben, wodurch das Ansich Anerkanntes und Dasein ist. Die Bewegung der sich bildenden Individualität ist daher unmittelbar das Werden derselben als das des allgemeinen gegenständlichen Wesens, d.h. das Werden der wirklichen Welt. Diese, obwohl geworden durch Individualität, ist für das Selbstbewußtsein ein unmittelbar Entfremdetes und hat für es die Form unverrückbarer Wirklichkeit (Hegel III: 1989, 365).

Die Wirklichkeit steht dem Individuum zunächst fremd gegenüber. Wird es sich der Wirklichkeit bewusst, schreibt es sich durch sein Handeln in sie ein. Das Individuum entfremdet sich an die Wirklichkeit, um zugleich an ihrem Werden teil zu haben. Die Wirklichkeit, die sich dem Individuum dann präsentiert, nimmt eine von ihm unabhängige Gestalt an, obzwar sie durch sein Wirken geworden ist. Durch diese Wirklichkeit wird das Individuum erst zum Individuum, und zwar als Teil des (gesellschaftlichen) Allgemeinen. Damit hebt Hegel den Widerspruch zwischen individuellem Handeln und gesellschaftlicher Entwicklung dialektisch auf. Das Individuum kann jedoch seine Beziehung zur Wirklichkeit verfehlen, was Hegel die "*Ver*rücktheit" nennt. Ihren Ausgang nimmt die "*Ver*rücktheit" in der Konfrontation des Selbstbewusstseins, das darum weiß, "unmittelbar das *Allgemeine* oder das *Gesetz* in sich zu haben, welches um dieser Bestimmung willen, daß es *unmittelbar* in dem Fürsichsein des Bewußtseins ist, das *Gesetz des Herzens* heißt", mit einer "gewalttätige[n] Ordnung der Welt" (Hegel III: 1989, 275). Die Konfrontation zwischen Ideal und Wirklichkeit löst sich – so der Normalfall – in einem dialektischen Prozess auf, indem das Individuum sein Ideal in die wirkliche Ordnung hineinträgt, um sich dort zu verwirklichen; indem es aber sein Ideal in die Wirklichkeit einschreibt, hat dieses aufgehört, "Gesetz des Herzens" zu sein – "es wird *allgemeine Ordnung*, und Lust zu einer an und für sich gesetzmäßigen Wirklichkeit" (Hegel III: 1989, 277). Die wirkliche Ordnung bleibt aber eine fremde und feindliche, und das Gesetz, das "Gesetz des Herzens" *war*, ist nunmehr Teil dieser Ordnung. Durch die Tat des Individuums habe sich das Gesetz "von sich selbst *frei* gemacht" und wachse als "Allgemeinheit für sich fort", womit es sich "von der Einzelheit" reinige. Halte das Individuum aber am "Gesetz des Herzens" fest und erkenne es "die Allgemeinheit nur in Form seines unmittelbaren Fürsichseins", könne es folglich "diese freie Allgemeinheit" nicht erkennen (Hegel III: 1989, 278). Dies führe zu einem Umdeuten der individuellen Tat: Das Individuum nehme die bestehende Ordnung nicht mehr als sein Wesen an. Mit anderen Worten: Es kommt zu einem unauflöslichen Quidproquo von Wirklichkeit und Einbildung, in dem sich das Individuum verliert; der *Ver*rückte, der "dem Wahnsinn des Eigendünkels" Verfallene, ist von der aktiven Teilnahme an der Gemeinschaft – und an ihrem Entwicklungsgang – ausgeschlossen. Was Hegel damit zum Ausdruck bringen will, meint, dass das *Verrückt*-Sein – was wortwörtlich zu verstehen ist: gegenüber dem Allgemeinen *ver*-rückt, von ihm abrückend. Der Wahnsinn kommt einem Suspendieren des dialektischen Prozesses der Bildung gleich.

Kojève identifiziert das utopische Denken mit dem "Gesetz des Herzens", an dem das "verrückte" Individuum festhält. Utopie kommt nach dieser Auffassung der Weigerung gleich, die "freie Allgemeinheit" zu erkennen. Damit ist sie als ein von vornherein zum Scheitern verurteiltes Konstrukt zu denken, weil sie neben das Allgemeine tritt, ohne es jemals zu erreichen:

> Si, par naissance, l'individu ne s'adapte pas à la société, c'est un fou (ou un criminel). Son idée est folle (ou criminelle). Si l'individu la réalise, en transformant la société qu'il "critique", il se transforme lui-même et son idée cesse d'être folle, puisqu'elle correspond maintenant à la réalité. L'utopie, par contre, aboutit à la folie puisqu'elle est en désaccord permanent avec le réel: c'est la critique existentiel de l'utopie. L'Homme-au-cœur-tendre ne peut vivre son idéal (utopique); il vit en fait dans la société, dans et par cet ordre même qu'il critique. Il y a donc contradiction interne radicale. D'où la folie. Il considère comme réel ce qui est irréel, et sa vie quotidienne comme irréelle. Dans son isolement, il s'oppose au monde entier, il est "mieux" que le monde: folie des grandeurs. La Société, le

Monde sont mauvais, parce que *je* ne m'y plais pas, parce que *je* n'y trouve pas mon *plaisir*. Homme-au-cœur-tendre = Homme-du-plaisir raté: fuite dans l'utopie moralisante (Kojève: 1988, 88).

Indem Kojève die Utopie völlig in der individuellen Wahnvorstellung aufgehen lässt, relativiert er jeglichen kritischen Impuls derselben, ja er verlässt in seiner Argumentation den Boden der Dialektik, weil er das in der utopischen Vorstellung enthaltene Wirklichkeitsmoment verkennt, den Topos, durch den sie erst zum *Ou*-Topos wird. Allerdings trifft Kojèves Subjektivierung des Utopie-Begriffs genau jenen Aspekt der Utopie, den man als deren latenten Millenarismus bezeichnen kann: eine Zielvorgabe, die von der gegebenen Welt zwar abhängt, aber durch ihre Abstraktheit sich nicht mehr mit dem Allgemeinen vermitteln lässt. Es sei hier daran erinnert, dass Kojève einen auf dem Gedanken der Negativität gründenden Revolutionsbegriff voraussetzt, der eine Zäsur impliziert: Die Revolution zerstört eine Welt – und mit ihr das konkretisierte "Allgemeine".[69] Aus dieser Sicht geht die aus einer millenaristischen Anschauung heraus erfolgte Setzung zwangsläufig in den "utopistischen" Vorstellungen auf, wie sie von dem Hegelianer Kojève kritisiert werden, da jede millenaristische Bewegung ihren Entwurf bereits vor dem Eintreten der Katastrophe bzw. Revolution konzipiert und diese nur noch als rein ideologisches Instrument anzusehen vermag. Der Millenarismus, der in Hegels *Phänomenologie des Geistes* nicht *explizit* thematisiert wird, scheitert demzufolge bereits an der "Dialektik der unbedingten Verhältnisse". Die millenaristische (und damit utopistische) Vorstellung kann mit Hegel als eine leere Möglichkeit beschrieben werden: "Die bloße Möglichkeit ohne Wirklichkeit unterscheidet sich [...] von der wahren Möglichkeit, welche Notwendigkeit ist, wesentlich durch die Mangelhaftigkeit des Inhalts" (Hegel IV: 1986, 99).[70] Nichtsdestoweniger bleibt die millenaristische Denkfigur, wenn sie nicht von einer totalitären Ideologie usurpiert wird, ein wertvolles Instrument der Kritik im Sinne der Aufklärung.

Der Einspruch, der sich gegen die hier gemachten Ausführungen zwangsläufig erheben muss, ist der, dass die existentielle Kritik an der Utopie, die nunmehr auf den Millenarismus ausgedehnt wird, keinesfalls die Utopie (bzw. verzeitlichte Utopie) als eine historische Kategorie fasst. Und es wird auch nicht gelingen, konsequent hegelianisch diese Ausführungen auf die Geschichte anzuwenden, denn die *ver*-rückte Utopie führt ebenso wie die Dialektik der Bildung ein Binnendasein in der Geschichte. Es würde an dieser Stelle – obzwar dies eine hoch spannende Angelegenheit wäre – zu weit führen, Hegels Geschichtsphilosophie und ihre Stellung zur millenaristischen Tradition ausführlich darstellen zu wollen; dies gilt nicht minder für seine komple-

---

69 Hegel spricht z.B. in die *Positivität des Christentums* von "Revolution" mit Blick auf die Ablösung der heidnischen durch die christliche Religion (Hegel I: 1990, 203).

70 Dem Paragraphen (§ 50/82) des Textes *Logik der Mittelklasse* (*Philosophische Propädeutik 3*), hat Hegel folgende Anmerkung hinzugefügt: "Das Treten ins Dasein erscheint als eine Zufälligkeit (ein Funke, der auf Pulver fällt) – Reife zur Revolution" (Hegel IV: 1986, 99).

xen Argumente zum Begriff "Fortschritt". Für den Fortgang der Argumentation sei daher weiter auf einen seiner in dieser Hinsicht wichtigsten Exegeten verwiesen: Alexandre Kojève.

Nach Hegel – und es sei hier seinem Interpreten Kojève gefolgt – ist das Ende der Geschichte zugleich Ende der Philosophie, das das Ende des Menschen und damit der Zeit bedeutet.[71] Doch das Ende des Menschen ist keinesfalls eine kosmische Katastrophe, weil die Welt als solche bestehen bleibt. So heißt es in einer 1946 niedergeschriebenen Anmerkung Kojèves zu seiner *Introduction*:

> La disparition de l'Homme à la fin de l'Histoire n'est donc pas une catastrophe cosmique: le Monde naturel reste ce qu'il est de toute éternité. Et ce n'est donc pas non plus une catastrophe biologique: l'Homme reste en vie en tant qu'animal qui est en *accord* avec la Nature ou l'Etre donné. Ce qui disparaît, c'est l'Homme proprement dit, c'est-à-dire l'Action négatrice du donné et l'Erreur, ou en général le Sujet *opposé* à l'Objet (Kojève: 1988, 434f).

Doch einige Jahre später verortet Kojève seine eigene Gegenwart – die Zeit nach dem Zweiten Weltkrieg – in eine 'Epoche', die bereits auf das Ende der Geschichte zurückblicke.

> À l'époque où j'ai rédigé la Note ci-dessus (1946), le retour de l'Homme à l'animalité ne me paraissait pas impensable en tant que perspective d'avenir (d'ailleurs plus ou moins proche). Mais j'ai compris peu après (1948) que la fin hégélo-marxiste de l'Histoire étant non pas encore à venir, mais d'ores et déjà un présent. En observant ce qui se passait autour de moi et en réfléchissant à ce qui s'est passé dans le monde après la bataille d'Iéna, j'ai compris que Hegel avait raison de voir en celle-ci la fin de l'Histoire proprement dite. Dans et par cette bataille, l'avant-garde de l'humanité a virtuellement atteint le terme et le but; c'est-à-dire la fin de l'évolution historique de l'Homme. Ce qui s'est produit depuis ne fut qu'une extension dans l'espace de la puissance révolutionnaire universelle actualisée en France par Robespierre-Napoléon. Du point de vue authentiquement historique, les deux guerres mondiales avec leur cortège de petites et grandes révolutions n'ont eu pour effet que d'aligner sur les positions historiques européennes (réelles ou virtuelles) les plus avancées, les civilisations retardataires des provinces périphériques (Kojève: 1988, 436).

Diese Passage macht deutlich, wie auch Kojève über die geschichtsphilosophische Hintertreppe wieder zum *millenaristischen Paradigma* gelangt: Er verpflichtet Hegel, für den die Schlacht von Jena das Ende der Geschichte bedeutet hat, auf den millenaristischen Gedanken der epochalen Zäsur. Nach eigener Aussage habe er, Kojève, 1946 sich mit dem Gedanken getragen, das Ende des

---

71 "Le sérieux n'intervient dans une situation et ne transforme en 'historique' une situation existentielle donnée que dans la mesure, où l'Homme peut rater définitivement sa destinée humaine, où l'Histoire peut ne pas atteindre son but; et ceci n'est possible que si l'Histoire est limitée, et donc si l'homme qui est son créateur est mortel. C'est uniquement à cause de la finitude essentielle de l'Homme et de l'Histoire que celle-ci est autre chose qu'une tragédie, sinon une comédie [...]" (Kojève: 1988, 522).

224

Menschen stehe unmittelbar bevor. Jetzt fühlt er sich indes eines Besseren belehrt: Die Geschichte habe tatsächlich mit der Schlacht von Jena ihr Ende erreicht, zumindest "virtuell". Von der Warte der Nachkriegszeit aus betrachtet, seien die historischen Ereignisse nichts anderes gewesen als die räumliche Ausdehnung dessen, was sich im Frankreich unter Robespierre und Napoleon zugetragen habe. Überträgt man diese Anschauung Kojèves in das millenaristische Schema, dann findet man bei ihm eine recht eigenwillige – und dieologisch bedenkliche – Lösung des von Kant diskutierten Paradoxes in der Rede vom "Ende der Dinge": Nach der Zäsur findet eine Verräumlichung des Geschehens statt.

Und Kojève liefert bereits ein regelrechtes 'zweites Eschaton' des säkularisierten Millenarismus: das Einholen der Französischen Revolution.[72] Die neuste Geschichte ist also im engeren Sinn keine Geschichte mehr. Was sich seit der virtuellen oder realen Zäsur an historischen Ereignissen zugetragen hat und noch zutragen wird, ist nicht mehr Gegenstand geschichtsphilosophischer Reflexion, sondern fügt sich in eine Typologie, die zu interpretieren die Methode der Allegorese erfordert. Und diese Sicht auf die Geschichte als die perpetuierte Gegenwart eines verräumlichten Millenniums wird an der Schwelle zum Jahr 2000 – und danach – noch immer hochgehalten. So stützt sich etwa auch Francis Fukuyama in seinem zum Bestseller avancierten Buch *The End of History and the Last Man* unter anderem auf die oben zitierte Passage aus der *Introduction à la lecture de Hegel* (Fukuyama: 1992, 67).

6. Die Beharrlichkeit des Millenarismus

6.1. Der Blick in die Zukunft

6.1.1. Utopie zwischen Fortschrittsoptimismus und -kritik
Die Forschung verzeichnet den Beginn der literarischen Utopie mit dem Erscheinen von Thomas Morus' *Utopia* (1516). Die Utopie galt bis ins 18. Jahrhundert als eine zumeist in literarischer Form (Dialog, Erzählung oder Drama) gefasste kritische Stellungnahme zu Themen der Zeit. Als Staatsroman kann sie als ein zur literarischen Gattung avancierter rhetorischer Topos gesehen werden (von daher liegt es nahe, den *Ou*-Topos nicht nur geographisch, sondern auch rhetorisch zu begreifen), der, auf einer irrealen Voraussetzung aufbauend, seine *argumentatio* scheinbar dem tagespolitischen Geschäft enthebt.[73]

---

72 NB: Kojève bleibt die Erklärung dafür schuldig, wie er die Annahme einer "avant-garde de l'humanité" mit seiner Kritik an der Utopie vereinbaren will.

73 Eine exhaustive Erörterung des Utopie-Begriffs und seiner Geschichte kann angesichts der inzwischen fast unüberschaubar gewordenen Literatur hier nicht geleistet werden; die einzelnen Positionen werden – insofern sie für die hier vorliegende Untersuchung relevant sind – an entsprechender Stelle ausgewiesen. Wohl noch immer unüberboten in der Fülle von In-

Im Vorfeld der französischen Revolution wandte sich das utopische Genre vom *Topos* ab und dem *Chronos* zu; utopische Entwürfe nahmen die Gestalt von Fortschrittsutopien an, von "verzeitlichten Utopien" (Koselleck: 1985, 5; vgl. Voßkamp: 1984). Das Entstehen einer neuen Gesellschaft wurde nunmehr als eine in den Gang der historischen Entwicklung eingeschriebene Möglichkeit gedacht. Der erste umfassende Zukunftsentwurf in französischer Sprache stammt allerdings noch aus dem *Grand Siècle*: 1659 veröffentlichte Jean Guttin seinen in der Forschung wenig beachteten Roman *Épigone, histoire du siècle futur*. Dieser stand indes noch im Zeichen einer eschatologischen Überhöhung des sich etablierenden Absolutismus.[74]

---

formationen, Perspektiven und Anregungen ist der von Wilhelm Vosskamp herausgegebene Sammelband *Utopieforschung. Interdisziplinäre Studien zur neuzeitlichen Utopie I-III* (Voßkamp: 1985); zahlreiche der darin enthaltenen Aufsätze können als kanonisch für die Utopieforschung angesehen werden. Ebenfalls hingewiesen sei hier auf die von Arnhelm Neusüss besorgte Aufsatzsammlung *Utopie. Begriff und Phänomen des Utopischen* (Neusüss: 1986). Für Frankreich können viele der Beiträge zu dem in Cérisy abgehaltenen Kolloquium *Le Discours utopique* (Gandillac / Piron: 1978) noch immer den Rang von Referenztexten beanspruchen. Einen guten Überblick vermittelt auch *Les Imaginaires sociaux* von Bronislaw Baczko, das auch eine umfangreiche Bibliographie zur Theorie der Utopie aus philosophischer und sozialwissenschaftlicher Perspektive enthält (Baczko: 1984, 84-150) Den rhetorischen Aspekt der Utopie berücksichtigt u.a. Alberto Petrucciani: *La finzione e la persuasione. L'utopia come genere letterario* (Petrucciani: 1983 – zur Utopie der Neuzeit vgl. Kuon: 1986). Nicht zuletzt unter dem Eindruck der Jahrtausendwende sind allein in Frankreich unzählige architekturtheoretische bzw. – historische (Friedmann: 2000), philosophische sowie sozial- bzw. kommunikationswissenschaftliche (z.B. Servier: 1991; Dilas-Rocherieux: 2000; Mattelart: 2000; Ramonet: 2002) Abhandlungen zur Utopie erschienen, aber auch Einführungen (z.B. Moreau: 1982; Lacroix: 1994; Hugues: 1999; Burnier: 2000) und enzyklopädische (Riot-Sarcy et al.: 2002) Darstellungen. Eine umfassende Bibliographie zu den Primärquellen von 1516 bis 1999 enthält der Katalog zur Ausstellung *Utopie: la quête de la société idéale*, die vom 4. April bis zum 9. Juli 2000 an der *Bibliothèque Nationale de France* stattfand (Sargent / Schaer: 2000, 355-366). Das (inzwischen erweiterte) Korpus kann im Internet auf der Seite der *Bibliothèque Nationale de France* (*gallica – dossier "Utopie"*) abgerufen werden.

74 Guttins in die Zukunft transponierter galanter Roman erhebt die beiden Minister-Kardinäle Richelieu und Mazarin zum Vorbild (Guttin: 1659, 77). Seine Projektion für das Jahr 3000, die vom vollendeten, sich selbst eschatologisch überhöhenden Absolutismus (vgl. Kuhnle: 2003c, 202) ausgeht, sieht die Wissenschaften auf ein neues Fundament gestellt. Nach dem Vorbild der Antike sei sein Held Épigone (hier übersetzt mit *postériorité* oder *successeur*) der würdige Nachfolge des Gottes der *Nouveauté*, jenes Gottes, dem die Antike zwar ausgiebig gehuldigt habe, dessen Altar indes wieder nach dem Neuen verlange (Guttin: 1659, 73f): Gegenwart und Zukunft stehen dabei zueinander im Verhältnis der *aemulatio* – womit ein Argument der sich abzeichnenden *Querelle des anciens et des modernes* angedacht wird; indes bleibt hier noch der Absolutismus mit seinem Anspruch, eine universale Ratio zu verkörpern, das eigentliche Fundament jeder Wissenschaftstheorie. Ebenfalls eschatologisch tingiert ist Cyrano de Bergeracs *L'Autre Monde*. Seine kecke Kontrafaktur der Bibel ist eine Verneigung vor Giordano Bruno und nicht zuletzt eine Satire auf Augustinus. Durch seine burleske Komik hindurch erscheinen die Umrisse eines apokryphen Evangeliums. Der Fragment gebliebene zweite Band, *Les États et empires du Soleil. Fragment de physique*, ist eine Hommage an Campanella, den Verfasser der *Città del Sole* (1602). Campanella sprach sich für eine Rettung und Neubegründung der Metaphysik als die alles fundierende 'Überwissenschaft' aus. Den "Metaphysicus" machte er zum praktischen Oberhaupt seines utopischen

Mit dem 18. Jahrhundert zeichnet sich dagegen eine anthropologische Wende ab: Der Mensch und seine Entwicklung sowie die Gestaltung eines ihm gerechten Lebensraumes standen nunmehr im Vordergrund. In der Literatur der Aufklärung wurde die Wende von der literarischen (Raum-) Utopie zur Zukunftsprojektion 1771 mit Louis-Sébastien Merciers *L'An 2440* eingeleitet, einer "Variante der Fortschrittsphilosophie" (Koselleck: 1985, 5). Dieser gattungsprägende Roman (vgl. z.B. Hudde: 1978; Hudde: 1988b) ist nach Auffassung der literaturwissenschaftlichen Forschung Ausdruck der Hinwendung zur Idee des Fortschritts, die mit einer auf die Zukunft ausgerichteten Betrachtung von Geschichte verbunden ist (vgl. Krauss: 1984, 92). Koselleck betont die politische Brisanz der in Merciers "verzeitlichter" Utopie vorgestellten gesellschaftlichen Neuerungen, wobei er den Roman aus der Perspektive des Postulats von der *perfectibilité* des Menschen bzw. des Menschengeschlechts her liest. Kosellecks Lektüre macht an *L'An 2440* jenen geschichtsphilosophischen Index fest, der auf Condorcets 25 Jahre nach dem Entstehen (und fünf Jahre nach dem Erscheinen) von Merciers Roman verfassten *Esquisse* verweist: Mit dieser Schrift habe Condorcet das philosophische Gerüst für die "verzeitlichte Utopie" (Koselleck: 1985) geschaffen.[75] Bezeichnenderweise errichtete Mer-

---

Sonnenstaates; er sei das Oberhaupt sowohl in allen weltlichen als auch in allen geistlichen Angelegenheiten – "Hic est omnium caput in temporalibus ac spiritualibus, omniaque negotia ac causae in ipsius iudicio postremum terminatur""/ "[...] questo à capo di tutti in spirituale e temporale, e tutti li negozi in lui si terminano" –; er herrsche einem Baumeister gleich über alle Wissenschaften – "qui est ipse, qui omnibus scientiis imperat sicut architectus" / "che a tutte scienze comanda, come architetto" (Campanella: 1993, 72 u. 172). Für die Wissenschaften forderte Campanella eine für alle Vertreter der Einzeldisziplinen verbindliche Summa – ähnlich einer traditionsstiftenden *summa theologiae* oder auch 'nur' einer *rhetorica* (Campanella: 1993, 174); folgerichtig findet alles Wissen seine Grundlage in einem großen Buch. Das Denken Campanellas ist durchaus eschatologisch zu nennen (vgl. Weber: 1999, 103f; Doren: 1927) und in der Tradition Joachims zu verorten (Bloch V.2: 1985, 594) – zu der er sich übrigens vor der Inquisition bekannte (vgl. Jørgensen: 1985, 377). Auf den Ort Campanellas in der Ereignis- und Wissenschaftsgeschichte verweist u.a. Mattelart: "Quoique préfigurant la sécularisation du règne messianique, la vocation de Campanella continue à s'enchâsser dans un projet d'unification de l'humanité. L'apocalypse turque est toujours présente dans la vision qu'il projette du nouveau millénaire, puisque, tout comme Las Casas au siècle précédent, il propose de transférer le siège de l'Église dans le Nouveau Monde" (Mattelart: 2000, 50). Es bleibt zu unterstreichen, dass in *Città del Sole* – wie auch im wenig später verfassten Fragment *New Atlantis* (1624) von Francis Bacon – die Wissenschaften in den Händen von Geistlichen liegen (vgl. Weber: 1999, 117). Der von Cyrano geplante Schluss von *L'autre Monde* ist nicht bekannt. Indes fallen sich – unter dem Einfluss Campanellas – Descartes und Gassendi in die Arme. Die große Versöhnung der Philosophen und Wissenschaftstheoretiker kann somit wie Guttins Roman als eine Transposition eschatologischer Erwartungen auf den sich etablierenden Absolutismus gelesen werden, zumal vor der Niederschrift des zweiten Bandes von *L'autre Monde* Cyrano sich definitiv von der Fronde abgewandt und Mazarin zugewandt hatte (vgl. Kuhnle: 2003b, 65f). Im Frankreich des 17. Jahrhunderts hatte die Physik gegenüber der Tradition noch das Nachsehen – ein Umstand, den überdies das cartesianische Weltbild festigte.

75 In den ausgehenden 70er und den 80er Jahren – nicht zuletzt im Kontext des Orwell-Jahres 1984 – sind zahlreiche Arbeiten zur Verzeitlichung der Utopie seit der Aufklärung erschienen (z.B. Gandillac / Piron: 1978; Krauß: 1979; Voßkamp: 1984; Trousson: 1985; Krauß: 1987;

cier in *L'An 2440* seinen Entwurf auf den Trümmern des *Ancien régime*, aus denen heraus das Jahrhundert der Aufklärung entstehen sollte. "Ce siècle est en quelque sorte le premier de l'humanité depuis dix-huit cents ans", schreibt Charles Renouvier; und er ergänzt: "Ce siècle est aussi le siècle de l'histoire" (Renouvier: 1901, V). Mit den Philosophen der Aufklärung, insbesondere aber Condorcet und Voltaire, bei dem der Begriff "philosophie de l'histoire" erstmals belegt ist (vgl. Taguieff: 2004, 145), sieht er ein neues Bewusstsein von Geschichte und neue Methoden zu ihrer Betrachtung aufkommen, wobei er zwei prinzipiell verschiedene Standpunkte ausmacht: "[...] il y a deux parts dans l'histoire, une pour la critique des événements comme vrais ou probables, une autre pour la recherche de leurs lois de production et d'enchaînement" (Renouvier: 1901, VII). Renouviers Schrift *De l'Uchronie*, auf die der Begriff "uchronie" zurückgeht, ist eine apokryphe Umdeutung der Vergangenheit, die den mit der zweiten Hälfte des 19. Jahrhunderts einsetzenden Fortschrittspessimismus zu erkennen gibt[76] – und

---

Affeldt-Schmidt: 1991). Der von Hinrich Hudde und Peter Kuon herausgegebene Sammelband *De l'Utopie à l'Uchronie. Formes, Significations, Fonctions* (Hudde / Kuon: 1988) – enthält einen Forschungsbericht und ein umfangreiches, aber dennoch unvollständiges Literaturverzeichnis. Eine ausführliche Bibliographie – die allerdings nicht explizit zwischen "Utopie" und "verzeitlichter Utopie" bzw. "Uchronie" unterscheidet – enthält der bereits genannte Ausstellungskatalog der *Bibliothèque nationale* (Sargent / Schaer: 2000, 355-366).

76 "Uchronie" im Sinne von "verzeitlichter Utopie" ist eine "deformierende" (Cave: 2002, 2) Verwendung des von Charles Renouvier geprägten Terminus. Renouviers "utopie dans l'Histoire" versteht sich als eine "esquisse historique apocryphe du développement de la civilisation européenne tel qu'il n'a pas été, tel qu'il aurait pu être" (Renouvier: 1901), d.h. eine "kontrafaktische Geschichtsdarstellung" (Rodiek: 1997), die auf die Formel "Was wäre wenn..." gebracht werden kann (vgl. Henriet: 1999, 15-38; Carrère: 1986). Als Paradigma gilt gemeinhin *Napoléon apocryphe. 1812-1832. Histoire de la conquête du monde et de la monarchie universelle* von Louis Geoffroy, ein Buch das von dem Unbehagen an der Gesellschaft des Bürgerkönigtums geprägt ist und die Sehnsucht nach der heroischen Zeit des Empereurs artikuliert (Carrère: 1986, 76). Napoleon wird in dieser apokryphen Spekulation zu dem Herrscher erklärt, der die Weltherrschaft vollendet habe und fast zu Gott aufgerückt sei – wobei die Niederlage von Waterloo ausgespart bleibt. Unter seiner Herrschaft sieht Geoffroy alle Widersprüche in der Gesellschaft aufgelöst: Die Ideen Saint-Simons und Lammenais' seien in seinem Wirken aufgegangen; die katholische Kirche beanspruche Universalität, nachdem der Islam in einem Vernichtsfeldzug bezwungen und die konvertierten Juden auf der Insel Zypern angesiedelt worden seien (Geoffroy: 1896, 159-163, 220-226, 323-325). Unter seiner "monarchie universelle" seien alle nur denkbaren Fortschritte in den Wissenschaften verwirklicht worden (Geoffroy: 1896, 338-342) – wobei viele der geschilderten Errungenschaften die Visionen eines Jules Verne vorwegnehmen. Die Künste hätten ihre Vollendung erreicht, und eine Versammlung der großen europäischen Denker im Louvre bekräftige, dass es sich um das Jahrhundert Napoleons handle (Geoffroy: 1896, 349-352) – gemeint ist nichts anderes als das vollendete bzw. totalisierte 19. Jahrhundert, in dem Klassik und Aufklärung zu einer vollkommenen Synthese gelangen. M.a.W.: Geoffroy malt hier ein politisch-theologisches Konzept aus, in dem die Gesellschaft einem einzigen *pouvoir spirituel* gehorcht – wie dies u.a. in der saint-simonistischen Lehre vorgesehen ist (vgl. Schmitt, 1950, 95 und die oben dazu gemachten Ausführungen). Indes gilt in dieser apokryphen Geschichtserzählung – anders als in den eschatologischen Visionen – die zweite Chance in der Realgeschichte als womöglich bereits verspielt. Geschichte wird hier rein teleologisch gesehen – aber aus der Retrospektive: Was Fortschritt hieß, stellt sich nun als eine

Renouvier stellt sich explizit gegen Condorcet (vgl. Hamlein: 1927, 422f; Taguieff: 2000, 261f).

Das kritische Potential des kurz nach seinem Erscheinen verbotenen, aber dennoch viel gelesenen Romans von Mercier kann nicht hoch genug veranschlagt werden. Dessen ungeachtet lässt die große zeitliche Distanz der in *L'An 2440* entworfenen Utopie zur Gegenwart des Verfassers die Einwände als nicht ganz unberechtigt erscheinen, die der "verzeitlichten Utopie" im Prinzip denselben Status zuweisen wie den klassischen Utopien.[77]

In diese Richtung geht bereits die Kritik von Charles Renouvier: "Des penseurs encore plus hardis, formant de faits et d'hypothèses déguisées la chaîne et la trame entières de l'histoire, et lisant dans le passé l'avenir, ont fixé le sort de l'humanité future". Den utopistischen Visionären hält der französische Geschichtsphilosoph einen methodischen Mangel vor, der die ganze Disziplin diskreditiere: "Chacun sait, comment de fâcheux déboires éprouvés par cette philosophie de l'histoire a ruiné le crédit de nos professeurs et de nos faux prophètes" (Renouvier: 1901, XIII). In seiner Kritik an der eschatologischen Prophetie einer sich ins Revolutionäre wendenden Aufklärung und des utopischen Sozialismus, der diese zu überwinden oder zu überbieten sucht, greift Renouvier Argumente auf, die schon im 18. Jahrhundert gegen die Utopie ins Feld geführt wurden.

---

kontinuierliche Bewegung hin zur Vollkommenheit dar, die sich indes nur unter einer idealen Geschichte, nämlich jener der "monarchie universelle" (die in vielen Punkten an das *ancien régime* eines Guttin erinnert) entfalten könne. Aus dieser kontrafaktischen Geschichtsfiktion spricht letztlich ein tiefer Geschichtspessimismus, denn der Umkehrschluss lautet zwangsläufig: Die Realgeschichte vermag dies nicht einzulösen. Zugleich erfolgt hier eine klare Absage an jede Form der Eschatologie. Der Gebrauch des Begriffs "uchronie" sollte sich indes nicht nur auf 'apokryphe' Texte beschränken, die diesem Paradigma folgen; parallel dazu hat er sich auch als Synonym für "verzeitlichte Utopie" bzw."utopie / voyage dans le temps" durchgesetzt (vgl. z.B. Krauß: 1979; Hudde / Kuon: 1988; Hugues: 1999, 102-106). Man kann inzwischen von einer Koexistenz der beiden genannten Bedeutungen sprechen (vgl. Picard: 1989, 63), wobei in jüngerer Zeit wieder mehr dann von "uchronie" gesprochen wird, wenn von "kontrafaktischer Geschichtsdarstellung" die Rede ist – "pour désigner plus spécifiquement l'imagination de l'histoire humaine (en tout ou en partie) telle qu'elle aurait pu être ou telle pourrait être, manifestée par des récits construisant soit un passé virtualisé soit un avenir virtuel" (Taguieff: 2000, 389 – mit weiterführenden Literaturhinweisen). Als aktuelles Beispiel für das Interesse an kontrafaktischer Geschichtsdarstellung sei eine unlängst in einer französischen SF-Reihe erschienene Anthologie mit – zum Teil trivialen – Erzählungen genannt: *Passés recomposés. Anthologie uchronique* (Ruaud: 2003).

77 So schreibt etwa Michel Picard: "Le voyage dans le temps a pu être jadis qu'un simple procédé satirique. De même que Racine prétendait compenser par l'éloignement dans l'espace, pour *Bajazet*, l'absence de cet éloignement dans l'Histoire ou la légende qui caractérise ses autres pièces, mais inversement, L.S. Mercier, dans *L'An 2440* (publié en 1790), ou Huxley, dans *Le meilleur des mondes* (*Brave New World*, 1932), cherchent le décalage que Voltaire avait trouvé autrement avec son *Micromégas* (1752), Montesquieu avec ses persans (1721), Swift avec les voyages de Gulliver (1726). L'*u-chronie* et l'*utopie* ici s'équivalent et ont une même fonction; les univers mis en parallèle offrent une leçon relativiste et humaniste" (Picard: 1989, 63).

In der *Eldorado*-Episode seines *Candide* persiflierte Voltaire das Idealbild *Utopia*. Zwar verfügt das mythische Land hinter den Bergen über eine perfekte Gesellschaftsordnung, und alle Reichtümer sind im Überfluss vorhanden, jedoch ist die Gesellschaft dort zum Stillstand verurteilt. Die Wissenschaften haben ihr letztes Residuum in einem musealen "palais des sciences" (Voltaire: 1979, 190) gefunden und sind von jeglichem Fortschritt ausgeschlossen. Nicht zuletzt dieser Stillstand – und nicht nur die Sehnsucht nach Cunégonde – treibt Candide und seinen Gefährten aus dem Paradies. Einmal institutionalisiert, ist die beste aller möglichen Welten gerade nicht mehr die beste aller möglichen Welten, weil sie dem Fortschritt keine Perspektive mehr gewährt, weil sie dem Menschen raubt, was sein Leben zu einen menschlichen macht: die Dimension Zukunft. Für Voltaire erfüllt das Böse in der Welt die Funktion eines notwendigen Widerstandes, an dem das Individuum wächst (vgl. Kuhnle: 2001). Der im *Candide* deutlich werdende *anthropologische Skeptizismus* verbietet es Voltaire, eine lineare, geschichtsphilosophisch motivierte Fortschrittsideologie im Sinne der *perfectibilité* zu vertreten.[78] Dessen ungeachtet hält er am Fortschritt (in der Kultur) fest. Dieser kann indes nur innerhalb einer überschaubaren Sozietät seine Wirkung entfalten; er meint den ethischen Imperativ, den eine Zivilisation ihren Angehörigen abverlangt, und stellt damit keine historische bzw. geschichtsphilosophische Kategorie dar. Voltaires Kritik an der Utopie findet sich übrigens bereits bei dem im *Candide* heftig attackierten Leibniz vorgegeben, der seinerseits mit einer literarischen Utopie, der *Histoire des Sévarambes* (1677-79) von Denis Vairasse (vgl. Dierse: 2001, 512), hart ins Gericht ging:

> Il est vrai qu'on peut s'imaginer des mondes possibles sans péché et sans malheur, et on pourrait faire comme ces romans, des Utopies des Sévarambes; mais ce même monde seraient d'ailleurs fort inférieurs en bien au nôtre. Je ne saurais vous le faire en détail; car puis-je les comparer et puis-je vous représenter des infinis et les comparer ensemble (Leibniz I: 1996, 220, 222).

Mit seiner Parabel von den Höhlenbewohnern meldet auch Montesquieu Zweifel an einer eschatologisch geprägten Fortschrittsutopie an: Die Zivilisation eines Volkes von Höhlenmenschen geht am Egoismus seiner Angehörigen

---

78 Ergänzend sei hier die von dem jüdischen Philosophen Hans Jonas vorgebrachte Kritik am "anthropologischen Irrtum der Utopie" angesprochen. Sein Einwand, der auf die Erfahrungen mit den Totalitarismen des 20. Jahrhunderts zurückgeht und in direktem Zusammenhang mit einer Polemik gegen Ernst Bloch steht, rüttelt an den Grundfesten der aufklärerischen Fortschrittsidee. Jonas stellt die Gültigkeit der Vorstellung von der uneingeschränkten *perfectibilité* des Menschen in Frage: "Der Irrtum der Utopie ist also ein Irrtum der vorausgesetzten Anthropologie, der Auffassung vom Wesen des Menschen. Seine Gegenwart, anders als die der Larve, die erst zum Schmetterling werden soll, ist jeweils vollgültig als die fragwürdige, die sie ist. Eben diese Fragwürdigkeit, die keinem andern Sein eignet, mit ihrer ständig innewohnenden Transzendenz, ihrem offenen Entweder-Oder, das doch nie dem Sowohl-als-auch entrinnt, ihrem unbeantwortbaren Warum? und Wozu? ist ein *Grenzphänomen* der Natur, das als solches – nach menschlichem Wissen – nicht zu überbieten ist" (Jonas: 1984, 383).

zugrunde; einzig eine Familie überlebt die Katastrophe und gründet eine ideale Agrargesellschaft (Montesquieu: 1949, 129-373 u. 145-153). Montesquieus Parabel zeichnet einen zyklischen Geschichtsverlauf, innerhalb dessen es in den Händen der Menschen liegt, ihren Lebensraum zu gestalten. Von daher erinnert seine Auffassung an Voltaires Prämisse einer überschaubaren Sozietät als der Keimzelle einer echten, sich nicht selbst zerstörenden Zivilisation.

Der Konflikt zwischen moderner Zivilisation und einer Idealgesellschaft ist auch Gegenstand des Romans *Icosaméron* von Casanova aus dem Jahr 1788 (vgl. Bertram: 1992), der apokryphe bzw. uchronische Züge trägt. Ein englisches Geschwisterpaar gelangt ins Innere der Erde, wo sie auf die ebenso idyllische wie statische Ordnung der "mégamicres" (Wortbildung wohl Anlehnung an *Micromégas* von Voltaire) treffen. Der "mégamicre" ist ein androgynes Zwitterwesen mit einer exakt vorbestimmten Lebenszeit; er lebt in einer geschichtslosen Welt. Das englische Geschwisterpaar gründet nun innerhalb dieser unterirdischen Welt ein Geschlecht, das wie jenes von Adam und Eva auf Inzest beruht. Casanova zeigt eine quasi apokryphe Wiederholung der Schöpfungsgeschichte, womit er den Sündenfall und das Gleichnis vom Baum der Erkenntnis – wie vor ihm schon Cyrano de Bergerac – zum unhintergehbaren Imperativ menschlichen Handelns erhebt (Casanova I: 1986, XII-XIV). Der vom Menschen herbeigeführte Fortschritt erscheint, obwohl er ihn an dieser Stelle als Begriff nicht eigens thematisiert, in seinen erklärenden Vorreden zum *Icosaméron* als ein anthropologisches Faktum, womit er letztlich auch den Versuch unternimmt, einen Schlussstrich unter die *Querelle des anciens et des modernes* zu ziehen. Casanova beruft sich ausdrücklich auf Bacon, wenn er die Überwindung der *anciens* als Imitationssystem proklamiert (Casanova II: 1986 XXI u. XXXI). Zugleich zeigt seine Parabel von den Engländern, die von außen in eine idyllische Gemeinschaft hineingeraten, dass Fortschritt und Geschichte Teil des unausweichlichen, sich immerfort wiederholenden Sündenfalls sind: Der Mensch erscheint als ein zur Sünde verdammter, der – ganz im Sinne von Leibniz – im Angesicht des Bösen zur zivilisatorischen und damit ethischen Gestaltung seiner Welt angehalten bleibt. Es gibt also keine eschatologische Ausflucht im Sinne einer chiliastischen Utopie: Fortschritt und utopische Idylle bleiben dem menschlichen Denken immerfort durch ihre Widerlegung eingeschrieben. Auch der Marquis de Sade – auf den noch ausführlicher eingegangen wird – greift den utopischen Diskurs auf; indes verkehrt sein zynischer Abgesang auf Utopie und Aufklärung den Traum von einer idealen Gesellschaft in sein Gegenteil, um eine libertinistische Ordnung zu propagieren, die dem Nicht-Libertin als Anti-Utopie erscheinen muss; es ist eine Perfektionierung des Bösen an utopischen Schauplätzen, die einen Kontrapunkt zum Gedanken einer ethischen *perfectibilité* setzt.

Im 19. Jahrhundert traten neben die genuin literarische Gattung Utopie zunehmend utopische Entwürfe in Gestalt politischer Traktate. Nichtsdestoweniger nahmen einige dieser utopischen Entwürfe geradezu phantastische Züge an. Man denke dabei an die *phalanstères* eines Charles Fourier oder an die

Phantasien im Umfeld der *église saint-simonienne*. Die Steigerung politischer Visionen ins Phantastische geht einher mit dem Umstand, dass die in literarischen Utopien erdachten Welten nunmehr als durchaus realisierbar erschienen, dass aber die Erfahrung mit der Moderne zugleich Zweifel an der Schaffung eines Idealzustandes aufkommen ließen, die ihrerseits das utopische Denken soweit affizierten, dass es am Ende in düstere antiutopische und dystopische Visionen umschlagen sollte: Die in die Zeit projizierte literarische Utopie wandelte sich vom Ort der richtungweisenden Perspektive zu dem der mahnenden Unheilsvision. Einzig ein Glaube wird unerschüttert bleiben: der an die unendlichen Möglichkeiten der Technik – im Guten wie im Bösen.

"Dystopie" meint eine in die Zeit projizierte Extrapolation negativer Entwicklungen in Gesellschaft und Wissenschaft – oder genauer: das Umschlagen der Auswirkungen von an sich erstrebten Errungenschaften ins Negative (z.B. *Brave New World* von Aldous Huxley, *Le Monde tel qu'il sera* von Émile Souvestre, *Une Ville idéale* von Jules Verne). Die "Anti-Utopie" schildert eine Welt, die auf der ideologischen Prämisse aufbaut, ein Ideal vollendet zu haben (das bekannteste und zugleich paradigmatische Beispiel ist *1984* von George Orwell). Die fiktive Lebenswelt der Anti-Utopie zeigt dabei, wie dieses Ideal in eine zutiefst menschenfeindliche, ja totalitäre Ordnung mündet (vgl. Hugues: 1999, 106-118). In den meisten Fällen allerdings koexistieren in einem dem Anti-Utopismus bzw. der Dystopie zugerechneten literarischen Werk diese beiden Tendenzen (*Paris au XXe siècle* ist in Bezug auf die saint-simonistische Lehre und das Second Empire eine Anti-Utopie; in den Schilderungen der technologischen Errungenschaften sind hingegen Züge der Dystopie auszumachen). Die Unterscheidung zwischen "Anti-Utopie" und "Dystopie" als zwei selbständige (Unter-) Gattungen hat sich daher als wenig hilfreich erwiesen; indes behaupten – je nach Kontext der Argumentation – die Begriffe ihren heuristischen Wert dort, wo es *en détail* um den Bezug der (utopischen) literarischen Fiktion zu jener Lebenswelt geht, aus der heraus sie entstanden ist (vgl. Hugues: 1999, 106-118; Klein: 2002, 203-205).

Mit Blick auf Rousseau und Hobbes warnte schon 1808 etwa Charles Fourier vor dem ungebrochenen Glauben an die *perfectibilité* des Menschen. Fourier, dessen Gedanken unablässig um die Möglichkeiten einer Umgestaltung der anthropologischen Voraussetzungen einer neuen gesellschaftlichen Ordnung kreisten, unternahm eine Generalabrechnung mit den naiven Anhängern der Utopie. Sie – die "Apôtres de l'erreur, moralistes et politiques!" – hätten die Lasterhaftigkeit des Menschen unberücksichtigt gelassen. Fouriers Verdikt galt all jenen Apologeten des Fortschritts, die in der Französischen Revolution ihr Strafgericht erfahren hätten:

> Ne confessez-vous pas qu'en opérant sur les passions vous ressemblez à des enfants qui se jouent avec des artifices au milieu de barils de poudre! La révolution française est venue mettre le sceau à cette vérité et couvrir vos sciences d'un opprobre ineffaçable. Vous aviez pressenti que ces ridicules sciences seraient anéanties dès l'instant où le doute pourrait les atteindre: aussi avez-vous de concert

étouffé la voix de quelques hommes qui inclinaient à la sincérité, tels que Hobbes et J.-J. Rousseau qui entrevoyaient dans la civilisation un renversement des vues de la nature, un développement méthodique de tous les vices. Vous avez repoussé ces traits de lumière, pour faire entendre vos jactances de perfectionnement (Fourier: 1998, 387; vgl. Poisson: 1932, 57).

6.1.2. Das Gericht über Louis XIV (*L'An 2440* von Mercier)

Merciers *L'An 2440* ist eine Traumvision. Der Träumer wandert durch das Paris des Jahres 2440 und betrachtet die politischen Veränderungen: Frankreich hat sich inzwischen zu einer konstitutionellen Monarchie weiterentwickelt. Die *Encyclopédie* als das universale Werk ist zum Allgemeingut geworden und vereinigt die Wissenschaften unter dem Dach der *raison*. Diese Universalität erinnert durchaus an den auf Joachim von Fiore zurückgehenden Mythos vom *Neuen Evangelium*.

Indes situiert der Roman das 'Projekt Aufklärung' in der Tradition des *Grand Siècle*. Man hat sich zugunsten der von der *Académie* gepflegten Universalsprache Französisch von den toten Sprachen der *Anciens* verabschiedet. Jedes Individuum soll nunmehr als Projektionsraum eines Ideals gelten, weshalb die Aufzeichnungen der Toten als deren Testament verehrt werden (Mercier: 1999, 69-71). Die Geschichte als solche dagegen wird – wie die Dichtung bei Plato – als für die Jugend verderblich angesehen, ja regelrecht kriminalisiert und aus der Erziehung weitgehend verbannt, "parce que l'histoire est la honte de l'humanité, et chaque page est un tissu de crimes et de folies" (Mercier: 1999, 76). Mercier schildert detailliert die imaginierten Veränderungen in der Stadt – von den sozialen Einrichtungen bis hin zu technischen Neuerungen. Die Traumvision wird sich zu einem häufig gebrauchten Topos in den verzeitlichten Utopien der Literatur entwickeln. Das entscheidende zeitkritische Moment liegt jedoch nicht allein in der verzeitlichten Utopie begründet (insofern wäre ohne Vorbehalt den Einwänden zuzustimmen, welche diese als eine bloße Variante der klassischen Utopie betrachten wollen), sondern in dem explizit millenaristischen Moment, das dieser verzeitlichten Utopie eigen ist.

So folgt die im vorrevolutionären Frankreich entstandene Zukunftsvision Merciers, die von zeitgenössischen Kritikern als "une espèce d'Apocalypse" bezeichnet und von der Kirche heftig angegriffen wurde (Hudde: 1978, 254), dezidiert dem apokalyptisch-millenaristischen Schema: Am Ende seines 'Ausflugs' ins Paris des Jahres 2440 begibt sich der Träumer – dessen Vision, ungeachtet aller Unterschiede, durchaus in der Tradition der "fiktiven Prophetie" des Johannes auf Patmos verortet werden kann – nach Versailles, dem einstigen Machtzentrum, von dem nur noch ein Ruinenfeld übrig geblieben ist. Dort begegnet ihm in Gestalt eines Greises der Sonnenkönig, der ihm sein Schicksal und das des Palastes erzählt:

Il s'est écroulé sur lui-même. Un homme, dans son orgueil impatient, a voulu forcer ici la nature; il a précipité édifices sur édifices; avide de jouir dans sa volonté capricieuse, il a fatigué ses sujets. Ici est venu s'engloutir tout l'argent du royaume. Ici a coulé un fleuve de larmes pour composer ces bassins dont il ne reste aucun vestige. Voilà ce qui subsiste de ce colosse qu'un million de mains ont élevé avec tant d'efforts douloureux. Ce palais péchait par ses fondements; il était l'image de la grandeur de celui qui l'a bâti. Les rois, ses successeurs, ont été obligés de fuir de peur d'être écrasés. Puissent ces ruines crier à tous les souverains que ceux qui abusent d'une puissance momentanée ne font que dévoiler leur faiblesse à la génération suivante... [...]. Ah! malheureux! sachez que je suis Louis XIV qui a bâti ce triste palais. La justice divine a rallumé le flambeau de mes jours pour me faire contempler de plus près mon déplorable ouvrage... Que les monuments de l'orgueil sont fragiles... (Mercier: 1999, 293f).

Was sich mit dem Verdikt über die aus der Schulbildung zu bannende Geschichte ankündigt, findet mit diesem Schluss des Romans seine Bestätigung: Es handelt sich bei Merciers Vision des Jahres 2440 um eine apokalyptisch-millenaristische, welche die Geschichte hinter sich gelassen hat. Die Rede von Louis XIV, der kraft göttlicher Gerechtigkeit dazu verurteilt (sic!) worden ist, die Ruinen von Versailles als die letzten Zeugnisse seiner Hybris zu betrachten, weist darauf hin, dass irgendwann nach seiner Herrschaft es zu jener epochalen Zäsur gekommen sein muss, die der Geschichte ein Ende bereitet hat.

6.2. Apologie der *Révolution complète* – Rétif: *L'An 2000*

Dem Niedergang von Versailles im historischen Irgendwann bei Mercier steht in dem 1790 von Rétif de la Bretonne verfassten Drama *L'An 2000* die Französische Revolution als konkrete epochale Zäsur entgegen: 1789 begonnen, habe sie ein Jahr später zur *Révolution complète* (Rétif de la Bretonne: 1790, 18) geführt. Mit der Zäsur sei ein neues Zeitalter des Glücks angebrochen: "[...] depuis ce moment, Le Genre-humain est heureux: bénis soient Louis-XVI, Unipour, les Etats-généraux de 1789, et ceux de 1790!" (Rétif de la Bretonne: 1790, 21). Das gleichzeitig mit Rétifs *Le Thesmographe*, einem Entwurf zur Reform der Sitten, gedruckte Drama entstand zu einer Zeit, als die Revolution noch in einen Reformkurs unter Mitwirkung des Königs Louis XVI einzuschlagen schien.

Im Stück *L'An 2000* dominieren Wechselreden zwischen den beiden kollektiven Akteuren, den Chören der jungen Männer ("le chœur des jeunes gens") und der jungen Frauen ("le chœur des jeunes filles") – beide Chöre zusammen bilden auch den Hauptchor ("chœur général") – sowie deren Sprecher ("le corifée des jeunes gens" und "la corifée des jeunes filles"). Nach dem Vorbild des antiken griechischen Dramas ist das Bühnengeschehen Teil einer kultischen Handlung, die – *en abyme* – den intendierten Anlass zur Aufführung des Stücks, ein revolutionäres Fest, aufnimmt: Es ist die Feier anlässlich der Sommer-Sonnenwende des Jahres 2000, die den eigentlichen Beginn des neuen Jahrhunderts bzw. Jahrtausends markiert und mit der zugleich das Fest der Hochzeiten begangen wird: "Un siècle nouveau commence. On a fixé ce beau jour au 21 juin, le plus long de l'année, pour célébrer plus commodément la fête solennelle des mariages" (Rétif de la Bretonne: 1790, 18). Diese "fête des mariages" wird – wohl einem präzisen demographischen Entwicklungsplan folgend – alle fünf Jahre begangen: Jeweils fünf Jahrgänge können an ihr teilnehmen, d.h. alle jungen Männer zwischen dem 21. und dem 26. Lebensjahr und alle jungen Frauen zwischen dem 18. und 23. Das Fest folgt einem festen Ritual: Jeder der heiratswilligen jungen Menschen muss eine von ihm selbst verfasste "Hymne au mariage" in neun Versen vortragen. Zuerst sind die Frauen an der Reihe, dann die Männer. Die Verse sollen den Charakter ihrer Verfasser und Verfasserinnen offenbaren: "On y voit les caractères, puisque chacun a composé le sien" (Rétif de la Bretonne: 1790, 30). Der Älteste bestimmt zehn Helden. Diese wiederum wählen die sieben "héros de la jeunesse". Anschließend erfolgt die Brautwahl. Die Frau muss mindestens ein Jahr jünger sein als der Mann – und sie darf einen Bewerber nicht ablehnen, wenn dieser zu den sieben "héros de la jeunesse" zählt. Von den Helden hat wiederum der jeweils Ranghöhere bei der Wahl den Vortritt. Nach getroffener Wahl können aber die Eheleute noch nicht sofort eine Zweiergemeinschaft bilden: Für eine Frist von fünf Jahren leben sie getrennt, ja werden nach Möglichkeit voneinander ferngehalten. Der Mann muss während dieser Zeit – hier eine Reminiszenz an den galanten Roman? – immerfort versuchen, unter Überwindung von Hindernissen zu seiner Auserwählten zu gelangen:

> [Le corifée:] Mes amis! je remplis ma charge pour la dernière fois. Depuis cinq ans que nous sommes mariés, mes compagnons et moi, il ne nous a pas été permis de voir librement nos épouses; pendant les deux premières années, mes compagnons ne s'introduisaient que par finesse auprès de leurs belles compagnes, et la paternité devenait une marque d'adresse autant que d'amour. Pour moi, le plus jeune de tous, et votre Corifée depuis un an, je ne pus aborder ma femme pendant ce rigoureux biennal, parce qu'elle était restée sous la garde des institutrices des filles, pour présider celles-ci. Mais depuis trois ans, je suis parvenu avec des difficultés infinies, à l'aborder 14 fois! Telle est la loi: les mariages ne se font que tous les cinq ans; on y fait entrer les jeunes personnes au-dessous de l'âge prescrit, mais elles sont absolument soustraites à leurs époux; jusqu'à l'accomplissement des années de rigueur. Alors, il est permis à l'adresse de s'exercer, de toutes les manières possibles, le crime et la corruption exceptés (Rétif de la Bretonne: 1790, 25).

Rétif entwirft hier eine präzise, um nicht zu sagen: penible, matrimoniale Ökonomie: Erst nach einer Reihe von notwendigen Umwegen kann die Ehe zu einem festen Bund zweier Menschen werden. Die Festlegung einer solchen Ökonomie soll die Paare durch die gemeinsamen Erlebnisse, die einmal Gegenstand ihrer Erinnerung sein werden, enger aneinander binden. Wesentlich dabei ist jedoch, dass durch die Ehe auf Aufschub die Liebeskasuistik niemals die strengen Regeln von Tugend und Moral durchbricht; es ist ja schließlich erlaubt, seine eigene Frau zu verführen. Hinter den programmatischen Wechselreden tritt die gänzlich unspektakuläre Handlung völlig zurück. Gegen Ende der Exposition zeichnet sich die Ausgangssituation des eigentlichen 'dramatischen' Konflikts ab, nämlich dass sich Désirée, Tochter des Uvidor, und Unitanville, lieben. Doch auch Hardion, der in der Altershierarchie erst an elfter Stelle steht und bei der Nominierung für den ersten Preis der sieben "héros de la jeunesse" Unitanville knapp unterliegt, liebt Désirée. Unitanville ist ein Held ohne Fehl und Tadel; außerdem stammt er aus einer traditionsreichen Familie; er verfügt über alle Tugenden eines Soldaten und, was noch wichtiger ist, über die Tugenden eines Bürgers, denn er versteht es, sich in aller Bescheidenheit nützlich zu machen: "Unitanville a sauvé la vie et l'honneur; il a été pieux envers les vieillards; il a, mais en second, gagné les Africains. Ce jeune homme n'a pas cherché l'éclat, mais à être utile" (Rétif de la Bretonne: 1790, 39). Schon im Vorfeld der Endausscheidung droht Hardion damit, es keinesfalls hinzunehmen, dass ein anderer die geliebte Désirée auserwähle. Er verstößt damit eindeutig gegen die Gesetze. Auch fordert er Unitanville zum Duell, was dieser strikt ablehnt: "Je n'accepte pas le duel; mais, pour suspendre l'effet de son appel, le premier depuis 200 ans, je vais m'immoler" (Rétif de la Bretonne: 1790, 41). Hardion wird von den Greisen scharf gerügt, denn sein Verhalten erinnere an das Jahr 1789:

> Jeune audacieux! tu parles comme en 1789, lorsqu'une populace effrénée bravait toutes les lois, faisait fuir les magistrats et pillait l'hôtel de ville! Lorsqu'elle exigeait qu'on obérât l'État, en mettant les denrées trop bas, ou en retirant ses effets, mis en gage pou s'enivrer!...Songe que tu es en 2000? (Rétif de la Bretonne: 1790, 41).

Die *Révolution complète* duldet kein aufrührerisches Verhalten, das die bestehende Ordnung in Anarchie verwandeln könnte. Jeder Verstoß gegen die Normen der revolutionären Gesellschaft muss daher geahndet werden. Nur weil Hardion sich große Verdienste erworben hat, soll er nicht zum Tode verurteilt werden. Um die Situation zu retten, erklärt Unitanville, er wolle auf seine Ansprüche verzichten. Daraufhin macht der Hundertjährige als Ältester sein Recht geltend und schließt beide von der Brautwahl aus. Doch dann greift der König ein und fordert Unitanville auf, eine Braut zu wählen, denn der junge Held habe die höchste aller Tugenden unter Beweis gestellt: "la générosité". Unitanville bleibt bei seiner Entscheidung und lässt Hardion den Vortritt. Dieser verkündet nicht sofort seine Wahl. Als retardierendes Moment kommt es zu einer Wechselrede zwischen den Chören und den Chorführern. Dann gibt Hardion seine Entscheidung bekannt: Seine Wahl ist auf Sofie, die Schwester Unitanvilles, gefallen. Sofie – welch glückliche Fügung – hat kurz zuvor das 20. Lebensjahr vollendet und ist damit gerade ins heiratsfähige Alter gekommen. Nun kann Unitanville um Désirée anhalten, die es ihrer Mutter überlässt, das Ja-Wort auszusprechen. Und ihre fünf "années de rigueur" beginnen, in denen sich ihre Ehe festigen soll.

Das Stück ist in drei Akte gegliedert: Der erste Akt, die Exposition, ist der Rückschau auf die Revolution und der Apologie ihrer Errungenschaften gewidmet. Das Fest der Sommer-Sonnenwende und der Hochzeiten ist zugleich der Moment, an dem die jungen Menschen in die vergangene Geschichte eingeweiht werden, deren Schrecken ihnen bisher vorenthalten worden ist:

> C'est aujourd'hui l'anniversaire de la révolution complète. Jusqu'à présent, on vous avait caché ces horreurs qu'on ne révèle qu'aux gens à marier, pour tempérer le mouvement rapide des passions. Autrefois, on instruisait trop tôt la jeunesse, elle savait tout avant seize ans; de nos jours, on prolonge l'âge de la candeur et de l'innocence (Rétif de la Bretonne: 1790, 19).

Die Geschichte steht also, wie bei Mercier (Mercier: 1999, 76), unter dem Vorbehalt des Jugendschutzes! Wohlgemerkt: Gemeint ist die Geschichte bis zur ersten Phase der Französischen Revolution. Das in der Exposition vorgestellte Ritual dient dazu, im Fest der vollendeten Revolution der historischen Revolution ihren Schrecken zu rauben: Die Geschichte selbst hatte mit dem noch der alten Zeit zugerechneten Jahr 1789 und seinen anarchischen Ereignissen offensichtlich ein Ende gefunden, und die seither vergangenen 211 Jahre waren ausschließlich von der Konsolidierung revolutionärer Errungenschaften geprägt. Geschichte wird nun auf Data des Eingedenkens reduziert, womit eine über das kollektive Gedächtnis garantierte Kontinuität entsteht. So evoziert der Überhundertjährige am Ende der fünften und letzten Szene des ersten Aktes die Ereignisse von 1789:

> Je vivais en 1900: j'avais 13 ans et je me ressouviens, comme aujourd'hui, de ce qui se faisait alors. On luttait encore, pour affermir notre sainte et précieuse constitution!... J'ai vu, il y a cinq ans, un vieillard qui en avait 114: il se ressouvenait de 1800, comme s'il y eût encore été. Il racontait, aux assemblées patriotiques, ce qui était arrivé dans sa première jeunesse. Il avait 3 ans en 1789, et il se ressouvenait que sa mère l'avait porté au palais royal: mais il ne se représentait ce qu'il avait vu alors, que comme un songe. Il avait entendu bénir Louis XVI, et les noms de Bailli, de La Fayette avaient frappé son oreille... Il nous racontait comment on avait été, pour nous féliciter d'être autrement... Aujourd'hui, mes enfants, je vois notre admirable constitution affermie à jamais. En ce grand jour des mariages, bénissons 1789! (Rétif de la Bretonne: 1790, 32).

Fast beiläufig zeichnet sich in der Exposition der Konflikt zwischen Unitanville und Hardion ab, denn der eigentliche Akteur ist die revolutionäre Gemeinschaft. Im zweiten Akt erfolgt das Ritual, in dem die zehn Helden nominiert und die sieben Preise für die "héros de la jeunesse" vergeben werden. Der reibungslose Ablauf des Rituals wird einzig durch die Eifersucht Hardions und den großzügigen Verzicht Unitanvils gestört. Doch auch hier manifestiert sich die Gemeinschaft wieder als der eigentliche Träger der Handlung, indem sie beide von der Zeremonie ausschließt. In dem kurzen dritten Akt tritt schließlich der König auf und erfüllt als väterlicher Vermittler die Funktion eines *deus ex machina*: Der Normverstoß Hardions und das Verhalten Unitanvilles, das gegen den erklärten Willen der Gemeinschaft diesen Normverstoß relativiert, können vom König deshalb ungeschehen gemacht werden, weil beide bis dahin ein vorbildliches Leben geführt haben.

Der 'Titelheld', das Jahr 2000, ist mit der revolutionären Gemeinschaft in ihrer ganzen Kontinuität zu einer Einheit verschmolzen. Das Jahr 2000 ist im Prinzip ein Jahr wie jedes andere seit der *Révolution complète*, es bringt keinen Wandel in den Sitten und Gebräuchen, am allerwenigsten aber eine epochale Zäsur. An ihm wird zum wiederholten Mal die Geschichte negiert, denn das *Millennium* hat bereits mit den Jahren 1789 – zu deuten als das Jahr der Anarchie und damit der apokalyptischen Katastrophe – und 1790 – der *Révolution complète* – begonnen. Insbesondere die Erinnerung des über hundertjährigen Greises zeigt, wie das Jahr 1789 als Moment der Ereignisgeschichte derealisiert und von der *Révolution complète* her zum quasi-apokalyptischen Schibboleth erhoben wird: Die keineswegs immer ruhmreichen Ereignisse von 1789 waren noch Teil der Geschichte; und weil sie die revolutionäre Zäsur bewirkt haben, gelten die beiden Jahre des Umbruchs nur noch als Data. Ins kollektive Gedächtnis eingegangen sind also die Jahreszahlen, nicht jedoch die Ereignisse als solche.

Folgerichtig verzeichnet Rétif für die vergangenen 211 Jahre keine nennenswerten ökonomischen, technischen und sozialen Fortschritte: Was an diesen Jahren noch Geschichte genannt werden könnte, ging ganz in der Stabilisierung der Verfassungsnormen auf, die in Zeremonien wie der kollektiven Hochzeitsfeier ihren adäquaten Ausdruck finden sollten. Aus der Sicht dieser antizipierenden millenaristischen Schau gewinnt die mit der Französischen Revolution vollzogene Zäsur etwas Endgültiges, und der Text Rétifs nimmt einen apologetischen Charakter an. Dennoch zeichnet Rétif die neue soziale Ordnung durchaus als eine prekäre: Sie droht, durch das Fehlverhalten Einzelner in ihren Grundfesten erschüttert zu werden; um ihren Bestand zu sichern, muss die Geschichte so lange wie nur möglich von den jungen Menschen ferngehalten werden, die ihre Reinheit bewahren sollen; aus demselben Grund müssen ferner Rituale die Sozialisation und die zwischenmenschlichen Beziehungen auf eine jeweils genau festgelegte Ökonomie verpflichten. Rétif denkt Rousseau weiter, wenn er in Moral und Gesetzgebung eine Einschränkung der natürlichen Anlagen sieht, für die es jedoch gewisse Kompensierungen gebe:

> [Amiral:] Ainsi, notre condition s'améliore au moral, à mesure que la nature nous retire quelques-uns de ses avantages physiques.
> [Désilots:] Tout est compensé.
> [Le corifée:] Oui, jeunes gens, par nos derniers législateurs (Rétif de la Bretonne: 1790, 21).

In die Terminologie der Psychoanalyse übertragen, heißt dies: Die revolutionäre Gesellschaft verordnet Triebverzicht oder zumindest Triebaufschub. Gleichzeitig hat man eine Reihe von Einrichtungen geschaffen, die der Sublimierung dienen: so zum Beispiel die öffentliche Zeremonie der Hochzeit, die Preisverleihungen und eben die komplizierte Liebes- bzw. Ehekasuistik.

Es ist nicht zu übersehen, dass in Rétifs Drama sich bereits eine partielle Rücknahme dessen abzeichnet, was die "verzeitlichte Utopie" eines Mercier zu einer "Variante der Fortschrittsphilosophie" gemacht hat. Wird der revolutionäre Staat als erreicht gesetzt, dann kann die Zukunftsvision nicht mehr die Funktion erfüllen, im Sinne der millenaristischen Denkfigur eine den status quo transzendierende bessere Welt zu denken: Es bleibt nichts als das zu verkündende Ende der Geschichte! Mit dieser revolutionsimmanenten Projektion vollzog die Gattung "verzeitlichte Utopie" eine Wende zur Apologie des *status quo*: Sie war somit als Instrument der Kritik erledigt. In dieser Funktion sollten ihr im 19. und 20. Jahrhundert die Gattungen Dystopie und Anti-Utopie folgen.

Henning Krauß hebt indes hervor, dass *L'An 2000* mit seiner dezidierten Retrospektion auch Anklänge an Rousseaus Warnung vor dem drohenden Niedergang einer etablierten politischen Ordnung bzw. Zivilisation aufweist: Aus der Sicht Rétifs ist Fortschritt allenfalls noch als ein Fortschreiten negativer Entwicklungen denkbar (Krauß: 1979, 395f). Diese Interpretation des Dramas *L'An 2000* wird dadurch gestützt, dass Rétif das Jahr 2000 mit der Sommer-Sonnenwende beginnen lässt: Der 'Höhepunkt' des Jahres steht für den erreichten Zenit der Gesellschaftsordnung. Die stete Gefahr des Umschlagens in einen Prozess des Niedergangs vor Augen, verfasst Rétif eine Reihe von Schriften, die Vorschläge zur Reglementierung der unterschiedlichsten Bereiche der Gesellschaft unterbreiten: der Prostitution (*Le Pornographe*), der Theater (*Le Mimographe*), der Erziehung und Lebensführung von Frauen (*Les Gynographes*), der Sitten im allgemeinen (*Le Thesmographe*). Eine Gesellschaftskonzeption, die sich an solch detaillierten *projets de réglement* orientiert, mündet direkt in die von Hansen-Löve konstatierte Dialektik utopischen Denkens: "So trägt aber die Utopik als Instrument der Befreiung ihrerseits den Keim einer Dominanz in sich, die zu weiteren revolutiones provoziert, ein Prozeß, der dargestellt wird in den Anti-Utopien unseres Jahrhunderts [...]" (Hansen-Löve: 1996, 228). Die Utopie Rétifs kündet von dem Umschlagen der Gesellschaft in eine "Sachlichkeit", die ihrerseits das "Verschwinden der Utopie" begründet (Mannheim: 1995, 225; vgl. Ricœur: 1997, 372), ein Umschlagen, gegen das die Verfasser von Anti-Utopien bzw. Dystopien wie etwa Jules Verne mit *Paris au XXe siècle*, Émile Souvestre mit *Le Monde tel qu'il sera* oder Aldous Huxley mit *Brave New World* ihre mahnende Stimme erheben werden – deren Ton in Ansätzen schon bei Montesquieu, Voltaire und Casanova vorgegeben ist.

Rétifs schon zwanghaft zu nennende Reglementierungswut missachtet jegliche Privatsphäre und streitet dem Individuum das Recht auf einen eigenen

Willen ab – was etwa eine mit "Manière de faire l'amour" überschriebene Passage aus den *Gynographes* trefflich illustriert:

> L'amour, étant sans contredit la chose la plus importante pour la jeunesse, mérite aussi l'attention la plus scrupuleuse de la part des éducateurs et, surtout des éducatrices. Les filles élevées dans les maisons d'éducation publique ne pourront absolument faire l'amour, et cet avantage sera bien considérable. Il serait à propos d'établir pour ces jeunes personnes la manière d'épouser des Chinois, c'est-à-dire qu'on s'unirait sans s'être vu ni parlé; bien entendu que les deux parties seraient examinées par les personnes qui s'intéresseraient à elles, qui en feraient leur rapport tant au jeune homme qu'à la fille. (La raison qui fait désirer qu'on établisse cet usage est fondée sur l'étude que nous avons faite du cœur humain; un objet neuf plaît toujours, et tout ce qui est ordinairement au profit de l'amour: la connaissance, l'aveu des sentiments, et le reste, tournera au profit du mariage.)
> (Rétif de la Bretonne III/IV: 1930-1932, 100).

Wie vor ihm schon schon Mercier beharrte Rétif immer strikt auf den traditionellen Geschlechterrollen und forderte die Unterwerfung der Frau unter die Autorität des Mannes (vgl. Mattelart: 2000, 69). Mit seiner Vision von der strikten Reglementierung der Gesellschaft und einer repressiven Sexualmoral – eine Haltung, die Condorcet in seiner wenig später verfassten *Esquisse* nicht zu teilen vermochte – wurde Rétif zum Inbegriff für eine Sozialtheorie, die konsequent und ohne Rücksicht auf das Individuum die Umgestaltung der Gesellschaft nach rationalen Gesichtspunkten betreiben will. Seine Pläne zu einer solchen Umgestaltung haben indes für den modernen Leser auch einen geradezu apolitschen Zug: Für Rétif stellte ein paternalistischer 'Kommunismus' mit einem König an der Spitze noch keinen Widerspruch dar.[79] Rétif, der einen festen Platz in der Geschichte der utopischen Literatur einnimmt (vgl. Poster: 1971), sollte schließlich zu einem Vorbild der Sozialutopisten des 19. Jahrhunderts avancieren.[80]

---

79 Die Dialektik des utopischen Denkens, die darin besteht, dass aus dem erdachten Gesellschaftszustand jegliche Kritik gebannt wird (was das Umschlagen in reine Ideologie bedeutet), ist auch der von Marx getroffenen Unterscheidung zwischen bürgerlichen und proletarischen Revolutionen unterlegt: "Bürgerliche Revolutionen, wie die des achtzehnten Jahrhunderts, stürmen rascher von Erfolg zu Erfolg, ihre dramatischen Effekte überbieten sich, Menschen und Dinge scheinen in Feuerbrillanten gefaßt, die Ekstase ist der Geist des Tages; aber sie sind kurzlebig, bald haben sie ihren Höhepunkt erreicht, und ein langer Katzenjammer erfaßt die Gesellschaft, ehe sie die Resultate ihrer Drang- und Sturmperiode nüchtern sich aneignen lernt. Proletarische Revolutionen dagegen, wie die des neunzehnten Jahrhunderts, kritisieren beständig sich selbst, unterbrechen sich fortwährend in ihrem eigenen Lauf, kommen auf das scheinbar Vollbrachte zurück, um es wieder von neuem anzufangen [...]" (MEW VIII: 1960, 118).

80 Insbesondere Cabets *Voyage en Icarie*, eine 'klassische' Utopie aus den Jahren 1840-42, schildert eine ferne Gesellschaft, deren Leben strengsten Regeln gehorcht. Für die Realisierung seiner *Nation organisée en Communauté* als eine "kommunistische" Utopie – der Begriff "communisme" geht übrigens auf Cabet zurück – käme jede politische Staatsverfassung in Frage, also auch die monarchistische. Cabet versteht sein System ausdrücklich als einen Vorschlag, weshalb er ihm auch keine geschichtsphilosophische (gar millenaristische) Perspektive unterlegt: "Du reste, la Communauté, comme la Monarchie,

In Gérard de Nervals *Les Illuminés* findet sich eine pointierte Darstellung der widersprüchlichen politischen Positionen Rétifs um 1790:

> [...] nous voici en pleine Révolution. Le philosophe qui prétendait effacer Newton, le socialiste dont la hardiesse étonnait l'esprit compassé de Sieyès, n'était pas un républicain. Il lui arrivait, comme aux principaux créateurs d'utopies depuis Fénelon et Saint-Pierre jusqu'à Saint-Simon et Fourier, d'être entièrement différent à la forme politique de l'État. Le communisme même, qui formait le fond de sa doctrine, lui paraissait possible sous l'autorité d'un monarque, de même que toutes les réformes du *Pornographe* et du *Gynographe* lui semblaient praticables sous l'autorité paternelle d'un bon lieutenant de police. Pour lui comme pour les musulmans, le prince personnifiait l'État propriétaire universel. En tonnant contre l'infâme propriété (c'est le nom qu'il lui donne mille fois), il admettait la possession personnelle, transmissible à certaines conditions, et jusqu'à la noblesse, récompense des belles actions, mais qui devait s'éteindre dans les enfants s'ils n'en renouvelaient la source par des traits de courage ou de vertu (Nerval: 1984, 1058).

6.3. Die Allegorie der revolutionären Apokalyptik – Maréchal: *Le Jugement dernier des rois*

Mit seinem am 18. Oktober (Vendémiaire) 1793 erstmals aufgeführten Stück *Le Jugement dernier des rois. Prophétie en un acte, en prose* nimmt, wie der Titel bereits ankündigt, P. Sylvain Maréchal eine konsequente Übertragung des apokalyptischen Schemas vor.[81] Die Handlung des Stücks ist schnell zusammengefasst. Auf einer einsamen Vulkaninsel lebt ein Greis, der von 12 oder 15 (so die Angabe im Text!) *sans-culottes* aufgesucht wird, von denen

---

comme la République, comme un Sénat, est susceptible d'une infinité d'organisations différentes; on peut l'organiser avec des villes ou sans villes, etc., etc.; et nous n'avons pas la présomption de croire que nous ayons trouvé, du premier coup, le système le plus parfait pour organiser une grande Communauté: nous n'avons voulu que présenter un exemple, pour faire concevoir la possibilité et l'utilité du système Communitaire. La carrière est ouverte: que d'autres présentent de meilleurs plans d'organisation, de meilleurs modèles! Et d'ailleurs, la Nation saura bien rectifier et perfectionner, comme les Générations suivantes sauront bien modifier et perfectionner encore" (Cabet: 1970, XV). Cabets utopisches Konzept beruft sich auf die *perfection* in einem nur bedingt historischen – aber keinesfalls geschichtsphilosophischen – Sinne; das "système Communitaire" als "exemple" bzw. Modell enthält implizit den Aufruf zur *aemulatio*, nicht zur *imitatio*.

81 Zur Stellung Maréchals als Autor der Revolution vgl. Paul d'Estrée, *Le Théâtre sous la Terreur* (d'Estrée: 1913, 244-250) und die Anmerkungen zu *Le Jugement derniers des rois* in der Pléiade-Anthologie *Théâtre du XVIIIe siècle* (Truchet: 1974). Interpretationen zu *Le Jugement dernier des rois*: die Aufsätze von Jacques Proust (Proust:1974; Proust: 1975), Hans Ulrich Gumbrecht (Gumbecht: 1981), Hinrich Hudde (Hudde: 1988a) und Béatrice Didier (Didier: 1993) sowie die entsprechenden Kapitel in den Studien von Maurice Dommanget, *Sylvain Maréchal, l'égalitaire, "l'homme sans Dieu"* (Dommanget: 1950; vgl. Proust: 1974) und Daniel Hamiche, *Le Théâtre et la Révolution* (Hamiche: 1973; vgl. Truchet: 1974).

jeder eine europäische Nation vertritt. Der Greis erzählt ihnen seine Lebensgeschichte, die nach dem Muster des bürgerlichen Trauerspiels verlief: Er lebte auf einem kleinen Anwesen nahe dem Schloss von Versailles. Eines Tages kam eine Jagdgesellschaft in seinen Garten, wohin sich der gejagte Hirsch geflüchtet hatte. Der König und seine Gefolgschaft trafen dort auf die Tochter des Greises. Am darauf folgenden Tag entführte man die außergewöhnliche Schönheit. Vergeblich wurde der Vater bei Hofe vorstellig: Er erntete nur Hohn und Spott. Vor Gram über das Verschwinden ihres Kindes war inzwischen seine Frau gestorben. Nach weiteren Demarchen am Hof wurde der Vater ins Gefängnis geworfen, von dort auf ein Schiff verschleppt und schließlich auf der Vulkaninsel ausgesetzt.

Der französische *sans-culotte* erklärt nun dem Greis, dass in Europa keine Könige mehr herrschen. Außer dem französischen König, den unter der Guillotine die verdiente Strafe ereilt hat, sind alle europäischen Monarchen von einem Pariser Gericht in die Verbannung geschickt worden. Die *sans-culottes* vollstrecken das Urteil und setzen sie auf der Insel aus:

> Chaque peuple, le même jour, s'est donc déclaré en république, et se constitua un gouvernement libre. Mais en même temps on proposa d'organiser une Convention européenne qui se tint à Paris, chef-lieu de l'Europe. Le premier acte qu'on proclama fut le Jugement dernier des Rois détenus déjà dans les prisons de leurs châteaux (Maréchal: 1877/1971, 312).

Auf der Insel – eine Reminiszenz an die *Ile des esclaves* von Marivaux (Dommanget:1950, 265f; vgl. Proust: 1975, 372)? – führen die europäischen *sans-culottes* Dispute mit den einstmals gekrönten Häuptern und dem gleichfalls verbannten Papst, um sie dann ihrem Schicksal zu überlassen. Auf sich allein gestellt, streiten sich die depossedierten Monarchen sogleich um ein Stück Brot. Die *sans-culottes* kehren noch einmal auf die Insel zurück, um ein mit Keksen gefülltes Fass unter die hungernde Meute zu rollen. Mit zynischen Bemerkungen begleiten sie die 'Fütterung' der Ausgesetzten: Ein *sans-culotte* verfüge nicht nur über einen Sinn für Gerechtigkeit, sondern auch über Mitleid – "Le proverbe qui dit: *Il faut que tout le monde vive*, n'a pas été fait pour vous, car il n'y a pas de nécessité que des rois vivent. Mais les sans-culottes sont aussi susceptibles de pitié que de justice" (Maréchal: 1877/1971, 324). In der letzten Szene des Stücks geloben die Monarchen Besserung und wollen, sollten sie ihr Exil überleben, zu den Jakobinern überlaufen; selbst der Papst schwört, eine Frau zu nehmen...

Doch ihr Schicksal ist bereits besiegelt: Es kommt zu einer gewaltigen Eruption des Vulkans, der über die ganze Dauer des Stücks einem Menetekel gleich den Hintergrund des Bühnenbildes bestimmt – "une montagne jette des flammèches de temps à autre pendant toute l'action jusqu'à la fin". Felsbrocken und glühende Kohle fallen auf die Bühne herab. In einem apokalyptischen Finale werden dann die von Flammen umringten Monarchen von der Erde verschlungen.

Das Stück ist die stark abgewandelte dramatische Bearbeitung einer kurzen Episode aus Maréchals Anfang 1789 veröffentlichtem und unter dem *Ancien Régime* auf den Index gesetztem Buch *Leçons du Fils ainé d'un roi*. Es handelt sich hierbei um eine prophetische Traumvision:

> [...] revenu de la cour, bien fatigué, un visionnaire se livra au sommeil, et rêva que tous les peuples de la terre, le jour des Saturnales, se donnèrent le mot pour se saisir de la personne de leurs rois, chacun de son côté. Ils convinrent en même temps d'un rendez-vous général, pour rassembler cette poignée d'individus couronnés, et les reléguer dans une petite île habitée, mais inhabitable; le sol fertile n'attendait que des bras et une légère culture. On établit un cordon de petites chaloupes armées pour inspecter l'île, et empêcher ces nouveaux colons d'en sortir. L'embarras des nouveaux débarqués ne fut pas mince. Ils commencèrent par se dépouiller de tous leurs ornements royaux qui les embarrassaient; et il fallut que chacun, pour vivre, mît la main à la pâte. Plus de valets, plus de courtisans, plus de soldats. Il leur fallut tout faire par eux-mêmes. Cette cinquantaine de personnages ne vécut pas longtemps en paix; et le genre humain, spectateur tranquille, eut la satisfaction de se voir délivré de ses tyrans par leurs propres mains [...] (abgedruckt in Maréchal: 1877/1971, 310).

Die Monarchen erhalten hier noch eine echte Chance: Ihnen wird ein fruchtbares Eiland überlassen, und sie verfügen über alle Voraussetzungen, durch ihrer Hände Arbeit eine neue ('primitive') Gesellschaft zu gründen. Zwar streifen die irritierten Monarchen in dieser Vision ihre Prunkgewänder ab und versuchen die Felder zu bestellen, doch ohne Dienerschaft, Höflinge und Soldaten ganz auf sich selbst gestellt, gelingt es ihnen nicht, eine friedliche Gemeinschaft aufzubauen. Der Menschheit bleibt die Genugtuung, sich nunmehr von den Tyrannen durch deren eigene Hände befreit zu sehen. Aus dieser vergleichsweise harmlosen Satire wird in der dramatischen Bearbeitung eine aggressive Verhöhnung der gekrönten Häupter, die jedes Recht auf Gnade verwirkt haben.

Die *sans-culottes* in *Le Jugement dernier des rois* betrachten sich selbst als die Vertreter der echten, bürgerlichen Tugenden wie Fleiß und Familiensinn; sie scheuen sich nicht, ihre Rechte und die von ihnen ausgeübte Staatsgewalt zu verteidigen ("qui sont jaloux de leurs droits autant que de leurs pouvoirs"); sie sind die Reinen ("citoyens purs"), die die wahre Volksmasse bilden; sie sind diejenigen, die unter großen Opfern der weltlichen und geistlichen Autorität widerstanden haben (Maréchal: 1877/1971, 311). Nun treten die *sans-culottes* den Verderbten gegenüber, die vor dem *Jüngsten Gericht der Revolution* zur Verdammnis verurteilt sind.

Zu den Reinen zählen auch die naturverbunden gebliebenen *sauvages* auf der Insel, die aber nur schweigend auftreten: "Braves sans-culottes, ces sauvages sont nos aînés en liberté: car ils n'ont jamais eu des rois. Nés libres, ils vivent et meurent comme ils sont nés" (Maréchal: 1877/1971, 314). Rousseaus Bild des *bon sauvage*, das hier für die Revolution vindiziert wird, verherrlicht die Kindheit der Menschen; die *bons sauvages* sind der Inbegriff der Unschuld. Die *sauvages* verfügen zwar noch nicht über die Kraft des Wortes, doch sie gehören bereits von Natur aus zu jenen Auserwählten, denen sich die *sans-culottes* zurechnen. In den *sauvages* sind die revolutionären bzw. bürgerlichen Tugenden als natürliche Anlage vorhanden, so etwa die angeborene Scham des weiblichen Geschlechts, der die russische Zarin Katharina II. (die Große) Hohn spottet: "femme au-dessus de son sexe, car elle n'en connut jamais les vertus ni la pudeur" (Maréchal: 1877/1971, 317). Die wie eine Hure (die große Hure der *Offenbarung*?) sich gebärdende Katharina hat auch das letzte Wort, bevor sie zusammen mit den anderen Monarchen von der Erde verschlungen wird. Sie biedert sich den Jakobinern an; doch es ist offensichtlich, dass dies nicht aus Überzeugung geschieht, sondern aus reinem Opportunismus: "Et moi je passe aux Jacobins ou aux Cordeliers" (Maréchal: 1877/1971, 325). Die Zarin bildet den Widerpart zu dem Greis, der für seine Ehre die schlimmen Entbehrungen einer zwanzigjährigen Verbannung auf sich genommen hat und damit in den Kreis der Auserwählten gehört, von denen die *Offenbarung* kündet: "Sie hatten das Tier und sein Standbild nicht angebetet, und sie hatten das Kennzeichen nicht auf der Stirn und auf ihrer Hand anbringen lassen" (*Offb.* 20, 4).

Die Monarchen können aber auch schon deshalb nicht mehr durch eine jakobinische Buße gerettet werden, weil sie, einmal auf der Insel ausgesetzt, durch ihr Verhalten gezeigt haben, dass sie unfähig sind, sich in einer natürlichen Umgebung zu sittlichen Menschen zu läutern. Sie sind auf bloß vegetative Funktionen reduzierte Restexistenzen, die allein ihren Trieben gehorchen – "voilà à quoi ils sont bons, tous ces rois; boire, manger, dormir, quand ils ne peuvent faire du mal" (Maréchal: 1877/1971, 317). Was umgekehrt heißt, dass allein das Böse ihre auf Ungleichheit gründende Herrschaft und damit ihre gesellschaftliche Existenz sicherte. Um sich das Schauspiel dieser Selbsterniedrigung nicht entgehen zu lassen, haben die *sans-culottes* darauf verzichtet, die Monarchen sofort hinzurichten: "Il a paru plus convenable d'offrir à l'Europe le spectacle de ses tyrans détenus dans une ménagerie et se dévorant les uns et les autres" (Maréchal: 1877/1971, 312). Der Verzicht auf die Exekution der Monarchen hat auch, wie Maréchal in einer Selbstanzeige zu seinem Stück schreibt, eine dramaturgische Bedeutung: die demonstrative Inversion der Ständeklausel. Nun sollen die hohen Herren der Lächerlichkeit preisgegeben werden: "Assez des fois ces *messieurs* ont eu les rieurs de leur côté; j'ai pensé que c'était le moment de les livrer à la risée publique [...]" (abgedruckt in Maréchal: 1877/1971, 302). Einmal in die oktroyierte (pseudo-) *égalité* entlassen, beginnen die gekrönten Häupter Europas damit, sich über einem Stück Brot zu zerfleischen.[82]

---

82 Hans-Urlrich Gumbrecht weist darauf hin, dass Maréchals Stück, das nacheinander die *sans-culottes* der europäischen Nationen auftreten lässt, an die Tradition des Jahrmarkttheaters und seinen "parades" anknüpft (Gumbrecht: 1981, 86). Die Szene der übereinander herfallenden Monarchen dagegen erinnert an die Farce.

In der revolutionären Apokalyptik Maréchals überwiegt das justiziale Element, das endgültige Gericht über die Monarchie. Die apokalyptische Zäsur ist bereits erfolgt: die Bastille eingenommen und der König hingerichtet. Auf die Vertreibung des Antichrist (vgl. *1 Joh.* 2, 18-22; *2 Joh.* 7 u. *Offb.* 13, 11-18) folgt nun das neue Zeitalter. In der Übertragung Maréchals hört sich dies wie folgt an: "Le peuple français s'est levé. Il a dit: *je ne veux plus de roi*; et le trône a disparu. Il a dit encore: je veux la république, et nous voilà tous républicains" (Maréchal: 1877/1971, 310). Der bezwungene Antichrist ist der hingerichtete König Louis XVI, sein Bezwinger aber, der "Messias", ist das Kollektiv, das Volk. Und die *sans-culottes* schauen bereits auf jenen Tag zurück, an dem all die anderen Völker dem Beispiel Frankreichs folgten – und ein jedes seinen Antichrist vertrieb; und diese Aufstände in den europäischen Nationen wiederholten exakt das von der Französischen Revolution vorgegebene Schema, das sich über die auf immer dem kollektiven Bewusstsein eingedenk bleibenden Daten definiert: "En effet, une insurrection générale et simultanée a éclaté chez toutes les nations de l'Europe; et chacune d'elle eut son 14 juillet et 5 octobre 1789, son 10 août et 21 septembre 1792, son 31 mai et 2 juin 1793" (Maréchal: 1877/1971, 311).

Die revolutionäre Apokalyptik ersetzt bei Maréchal die Apokalypse. Doch auf die Zäsur, welche die Revolution durch die Einführung eines neuen Kalenders bekräftigt, folgt nicht etwa eine Zeit von tausend Jahren, vielmehr erscheint das Millennium bei Maréchal als ein gerafftes. Die Naherwartung seiner säkularen Apokalyptik der Revolution richtet sich in dem 1793 verfassten Stück bereits auf das definitive Endziel, das 'zweite Eschaton' dieses säkularisierten Millenarismus. Die Vollendung der Revolution durch ihre Ausdehnung auf ganz Europa besiegelt das Ende der Geschichte: Das Werk der (revolutionären) Providenz ist vollbracht.[83] Mit der Vernichtung der Monarchen am Ende spielt Maréchals *Le Jugement dernier des rois* wieder direkt auf den Text der *Offenbarung* an. Dort heißt es, das Buch des Lebens werde noch einmal aufgeschlagen und die Toten nach ihren Werken gerichtet: "Der Tod und die Unterwelt aber wurden in den Feuersee geworfen. Das ist der zweite Tod: der Feuersee. Wer nicht im Buch des Lebens verzeichnet war, wurde in den Feuersee geworfen" (*Offb.* 20, 11-15). Das 'zweite Eschaton' einer säkularen Apokalyptik der Revolution kennt zwar kein Gericht über Tote wie die *Johannesapokalypse*, jedoch greift sie deren Bild vom 'zweiten Tod' insofern auf, als auch sie unterstellt, dass das erste Urteil nach einer 'Bewährungsfrist' lediglich bestätigt werde – somit kennt die revolutionäre Apokalyptik Maréchals keine *politische Theologie der zweiten Chance*, denn sie setzt bereits die unmittelbar bevorstehende Vollendung voraus. Der im Hintergrund des Bühnenbildes wie ein Menetekel agierende Vulkan und eine mit Kohle auf einen weißen Felsen geschriebene Maxime (*inscriptio*), der vorne auf der Bühne

---

83 Man ist sogar geneigt, darin eine säkulare Variante von Bossuets Geschichtsdenken zu sehen, der von den unterschiedlichen Bedingungen in den einzelnen Nationen ausgeht.

steht, ergibt ein emblematisches Bild, zu dem die Dialoge des Dramas die *subscriptiones* liefern (Maréchal: 1877/1971, 305):

> Il vaut mieux avoir pour voisin
> Un volcan qu'un roi
> Liberté....Égalité

Das Emblem transformiert die Apokalypse in eine Allegorie, und zwar in eine Allegorie mit eindeutig explikativer Funktion[84] – womit die Bilder ihren 'dunklen' Gehalt und die auf Unmittelbarkeit gründende Wirkungskraft des Symbols verlieren, welche die prophetische Rede und insbesondere die der *Offenbarung* kennzeichnen. Die *pictura* dieses Emblems, der Vulkan, ist ein Symbol von langer Tradition. In den kanonisierten und nicht kanonisierten Bibeltexten steht das Verschwinden der Berge am Anfang der Apokalypsen; in der antiken Mythologie tritt Vulcanus an die Stelle Prometheus' als Patron der Schmiede und repräsentiert die menschliche Kraft; in der Emblematik ist der ausbrechende Vulkan als Bild dafür überliefert, dass die menschliche Größe und Erhabenheit jederzeit in Hybris umzuschlagen droht;[85] in der Französischen Revolution meint *La Montagne* das parlamentarische Zentrum der Jakobiner, der ausbrechende Vulkan jedoch *ist* die eruptive Gewalt der zur *Terreur* gewordenen Revolution – allgemein schließlich versinnbildlicht der ausbrechende Vulkan im modernen Bewusstsein sowohl die unbändige Kraft der Natur als auch das revolutionäre Potential einer Gesellschaft oder Klasse – man denke nur an die *Internationale*: "Das Recht wie Glut im Kraterherde [...]". In *Le Jugement dernier des rois* besiegelt der Vulkanausbruch die revolutionäre Apokalyptik:

> Le volcan commence son éruption: il jette sur le théâtre des pierres, des charbons brûlants..., etc. L'explosion se fait: le feu assiège les rois de toutes parts; ils tombent consumés, dans les entrailles de la terre entr'ouverte (Maréchal: 1877/1971, 325).

Die Transformation der *Johannesapokalypse* in das allegorische Bild einer revolutionären Apokalyptik verfolgt zwei Ziele: Zum einen wird hier eine demonstrative Säkularisierung vorgenommen, zum anderen ist sie Teil jener

---

84 Der Terminus "explikative Allegorie" stammt von Gerhard Kurz, der darunter eine Form der Allegorie versteht, für die gilt: "Es liegt ein explizites Substitutionsverhältnis vor, das die jeweiligen Elemente aufeinander bezieht, indem es sie auseinanderhält" (Kurz: 1993, 41). Eine emblematische Struktur, die sich aus Bühnenbild mit Schriftzügen und Dramenhandlung ergibt, war im europäischen, insbesondere deutschen Barockdrama weit verbreitet (vgl. z.B. Schöne: 1964, 190f).

85 Bei Arthur Henkel und Albrecht Schöne findet sich ein Beispiel aus dem 16. Jahrhundert für eine solche Deutung der *pictura* vom ausbrechenden Vulkan: Zur *inscriptio* "Tanto conspectius" steht dort folgende frz. *subscriptio*: "Comme on voit de ce mont le feu espouuantable / Se ietter plus au loing: ainsi la Royauté / Rend de celuy qu'elle a si hautement monté / Les vices et vertus d'aultant plus remarquables" (Henkel / Schöne: 1996, 63).

Strategie des französischen Theaters der Revolution, komplexe Begriffssysteme zu veranschaulichen.[86] Die "prophétie" Maréchals ist an einem historischen Ort angesiedelt, an dem das verkündete Eschaton von der Naherwartung durchdrungen ist, einer Naherwartung, in der die historische Evidenz eines in vollem Gang befindlichen revolutionären Prozesses zum Garanten der verkündeten Providenz aufzusteigen und – *post festum* – nur noch eine allegorische Auslegung zu gestatten scheint. Und die 'Protagonisten' (der eigentliche Protagonist ist das Kollektiv), die in *Le Jugemement dernier des rois* auftreten, sind ausnahmslos allegorische Figuren. Auch die historischen Gestalten werden allegorisiert, was die präzisen Anweisungen zu ihren Kostümen zeigen (Maréchal: 1877/1971, 303f). Dieser allegorisierten Darstellung der Historie entspricht auch die Form des Einakters: *Le Jugement dernier des rois* fixiert die *dramatis personae* in ihrer historischen Ausgangssituation dergestalt, dass sie durch kein diese Situation transzendierendes Handeln mehr das Geschehen beeinflussen können; zur Allegorie geronnen, hat Geschichte jeden prozessualen Charakter verloren – und damit auch die Apokalypse ihre eschatologische Gewalt. Die szenische Gestaltung des Stücks entspricht durchaus der Intention der Revolutionsfeste, deren auf Allegorien gestützten Inszenierungen die Feiernden durch einen Eid auf die Revolution einschwören. Für Mona Ozouf bilden die als unhintergehbar gesetzten Errungenschaften der Revolution und die Verpflichtung der Zukunft auf das Moment der Wiederholung den eigentlichen Gegenstand des Eides: "L'objet du serment, c'est la Révolution indépassable; il met en scène non seulement l'impossibilité, consentie par chacun, de rebrousser chemin, mais encore l'impossibilité d'un avenir autre

---

86 Unter rezeptionspragmatischen Gesichtspunkten ist besonders hervorzuheben, mit welchen Verfahren die ebenso abstrakten wie komplexen Begriffssysteme und Argumentationskonventionen der Aufklärungsphilosophie im "Medium des Theaters an die Sansculotten vermittelt werden" (Gumbrecht: 1981, 86). Die Allegorie nimmt hierbei eine besondere Stellung ein. Allegorien sind im revolutionären Frankreich omnipräsent: Theater, Fest, Malerei, Architektur usf. (vgl. Soboul: 1984). In seiner Studie *1789. Emblèmes de la raison* (Starobinski: 1979) verwendet Starobinski allerdings den Begriff "emblème" in einer sehr allgemeinen Bedeutung ("Sinnbild"), ohne den spezifisch rhetorischen Aspekt des Emblems als Spielart der Allegorie zu berücksichtigen. Zur Apokalyptik im Kontext der Revolution zitiert Starobinski den Theosophen Louis-Claude de Saint Martin mit einem Brief aus dem Jahr 1793, in dem dieser die Revolution als Vorboten einer wahren – was heißt: nicht-katholischen – Theokratie betrachtet: "En considérant la Révolution française dès son origine, et au moment où a commencé son explosion, je ne trouve rien à quoi je puisse mieux la comparer qu'à une image abrégée du Jugement dernier, où les trompettes expriment les sons imposants qu'une voix supérieure leur fait prononcer; où toutes les puissances de la terre et des cieux sont ébranlées, et ou les justes et les méchants reçoivent dans un instant leur récompense. Car, indépendamment des crises par lesquelles la nature physique sembla prophétiser d'avance cette Révolution, n'avons-nous pas vu lorsqu'elle a éclaté, toutes les grandeurs et tous les ordres de l'État fuir rapidement, pressés par la seule terreur, et sans qu'il y eût d'autre force qu'une main invisible qui les poursuivit? N'avons-nous pas vu, dis-je, les opprimés reprendre, comme par un pouvoir surnaturel, tous les droits que l'injustice avait usurpé sur eux?" (zit. n. Starobinski: 1979, 160). Dale K. Van Kley hingegen erkennt im Jansenismus den eigentlichen Ursprung der Französischen Revolution (Van Kley: 2002, 545).

que répétatif [...]" (Ozouf: 1974, 259; vgl. Krauß: 1979, 402). In der von den Revolutionsfesten begangenen Kommemoration der revolutionären Geschichte (vgl. Ozouf: 1976) über ihre entscheidenden Daten erscheint diese als eine fortwährend auf sich selbst bezogene,[87] die auch in *Le Jugement dernier des rois* in aller Deutlichkeit hervortritt (s.o. – Maréchal: 1877/1971, 311).

Am Beispiel von den Erinnerungen des Greises in Rétifs *L'An 2000* wurde bereits angesprochen, welche Bedeutung für das revolutionäre Geschichtsbewusstsein das Gedächtnis und die von ihm geleistete Entprozessualisierung bzw. Derealisierung von historischen Ereignissen hatten. Karlheinz Stierle pointiert die Strategie des Aufhebens von Geschichte in Data des Eingedenkens, derer sich das Fest bedient:

> Im Fest findet die Tat ihre Repräsentation, die den Boden der neuen Ordnung bereitet hat. Indem die vereinzelte Tat symbolisch wiederholt wird, tritt sie erst in den Zusammenhang des kollektiven Gedächtnisses, das umgekehrt des herausgehobenen gemeinsamen Bezugspunktes bedarf, um sich als Kollektiv erfahren zu können (Stierle: 1993, 486).

Ergänzend sei hinzugefügt, dass die symbolische Wiederholung eigentlich schon nicht mehr der Tat selbst gilt, sondern bereits einer Repräsentation derselben, die sie ihrer Historizität enthebt.

Maréchals Revolutionsdrama ist eine *akute Uchronie*, eine säkulare apokryphe Umschrift der biblischen Apokalypse; und ihre antizipatorische Botschaft kann auf eine einfache Formel gebracht werden: Viel wird nicht mehr kommen! Im uchronisch-apokryphen Drama *Le Jugement des rois* überschlägt sich das historische Denken, weil es seines Konstituens beraubt ist: der Geschichte.

Während seiner Verbannung genoss der Greis die Verehrung der gastfreundlichen Wilden, weil er sie auf die verehrungswürdigen Naturschauspiele aufmerksam machte, die der Vulkan und der Sonnenaufgang über dem Meer bieten: "Sans contrarier leur croyance, je les invitai à partager du moins leurs hommages entre le volcan et le soleil" (Maréchal: 1877/1971, 313). Ob ihrer Bewunderung wollten die Wilden den Greis zu ihrem König ernennen, was er aber ablehnte:

> Une fois ils voulaient à toute force me reconnaître pour leur roi: je leur expliquai le mieux qu'il me fut possible mon aventure de là-bas, et ils jurèrent entre mes

---

[87] Wenn Marx hämisch die bürgerlichen Revolutionen gegen die einzig wahre, die zukünftige proletarische Revolution ausspielt, so hebt er darauf ab, dass jene den Blick in die Vergangenheit gerichtet hätten, was nichts anderes heißt, dass er ihnen vorwirft, die Geschichte als fortwährenden Prozess zu leugnen: "Die soziale Revolution des neunzehnten Jahrhunderts kann ihre Poesie nicht aus der Vergangenheit schöpfen, sondern nur aus der Zukunft. Sie kann nicht mit sich selbst beginnen, bevor sie allen Aberglauben an die Vergangenheit abgestreift hat. Die früheren Revolutionen bedurften der weltgeschichtlichen Rückerinnerung, um sich über ihren eigenen Inhalt zu betäuben" (MEW VIII: 1960, 117). Gemeint sind hier sowohl die bürgerlichen Revolutionen des 19. Jahrhunderts als auch die Französische Revolution.

mains de n'avoir jamais des rois, pas plus que de prêtres (Maréchal: 1877/1971, 313).

Der Greis erteilte den *sauvages* eine Lektion: Die Verbindung von religiöser Verehrung und weltlicher Macht führe geradewegs in die Unterwerfung. Die Anschauung des Naturschauspiels ersetzte bei den Wilden die persuasive Kraft des Wortes. Der Greis trat nicht als Missionar, als "prêtre" in ihr Leben, sondern als echter Prophet, nämlich als Prophet des Deismus, der von einem höheren Wesen kündet und an Freiheit, Unschuld sowie Verantwortung appelliert. Unter den Wilden nimmt der Greis in Maréchals "prophétie" die Gestalt eines sanftmütigen Elias an, denn Sanftmut und der Anblick eines Naturschauspiels reichen in der primitiven Gesellschaft aus, um dem Imperativ des biblischen Propheten – "Dieses Volk soll erkennen, daß du, Herr, der wahre Gott bist" – Geltung zu verschaffen, denn bei diesem primitiven Volk ist es nicht notwendig, dass der Herr "sein [des Volkes] Herz zur Umkehr zwingt" (*1 Kön.* 18, 39). Und dieser sanftmütige Prophet wird von den *sans-culottes* wieder in die Gesellschaft zurückgeholt, weil nunmehr das revolutionäre Europa und insbesondere Frankreich – "Les Français sont donc devenus des hommes" – zu jenen Tugenden zurückgefunden hat, die den Wilden eigen sind und in Maréchals Drama wie aus einem Katechismus vorgetragen werden (Didier: 1993, 135). Die Prophezeiung Maréchals verkündet ihrerseits die unmittelbar bevorstehende Rückkehr des Propheten. Das Drama propagiert den Gedanken einer staatlichen Ordnung, die letztlich denselben Prinzipien gehorcht wie die Monarchie von Gottes Gnaden – kurz: Es artikuliert eine *politische Theologie*. Jacques Proust spricht von "un ordre idéal, abstrait, anhistorique"; und er fährt fort: "Seul change l'instrument de la révélation: là l'Écriture et la raison; ici la raison seule. C'est pourquoi le Jugement est une pièce aussi anticléricale dans la forme que religieuse dans son contenu" (Proust: 1975, 219f). Die Rückkehr des sanftmütigen Propheten und die als abgeschlossen betrachtete Zäsur durch eine Phase der Gewalt verleihen dem Stück bei aller Radikalität doch Momente der Beruhigung und Entlastung – was nicht zuletzt das Drama entschärfende Anführungszeichen in einigen Passagen von Maréchals Text unterstreichen (Hudde: 1988a, 82). Dies gilt sowohl für die Revolutionäre selbst als auch für die Angst der französischen Öffentlichkeit vor der *Terreur*, die sich mit der *Loi des suspects* vom 17. September gerade das Gewand der Legalität übergestreift hat – Marie-Antoinette sollte übrigens im Monat der Uraufführung von *Le Jugement dernier des rois* unter dem Fallbeil sterben.

Die deistische Prophetie des Greises dient zur Legitimierung der Revolution: Die historische Evidenz verleiht ihr den Status einer von Naturgesetzen determininierten Entwicklung – "Das Gewissen aller guter Patrioten kann beruhigt sein: die zur Natur gewordene Geschichte als oberste richtende Instanz agiert in völliger Harmonie mit ihren revolutionären Werkzeugen" (Krauß: 1979, 403). Der zum Naturgesetz erklärte Geschichtsverlauf legitimiert auch die Hinrichtung von Louis XVI und Marie-Antoinette.

Die Transformation des Offenbarungstextes *Johannesapokalypse* in die Allegorie einer revolutionären Apokalyptik zementiert den Anspruch der Revolution, das Werk eines "Weltbaumeisters" zu vollbringen, ein Werk, das in eins gesetzt wird mit dem Telos der vom revolutionären Kollektiv zu leistenden *poiesis*. Die Annahme eines deistischen *Être suprême* geht auf diesem Weg in eine revolutionäre Praxis ein, die über ihren antiklerikalen Affekt hinweg von dem Bewusstsein getragen ist, dass der Staat einer Religion bedürfe: "Robespierre instaure une fête de l'Être suprême au cours de laquelle il met feu à une statue de l'athéisme réputé incivique" (Rémond: 1998, 66; vgl. Guillebaud: 1999, 142). Die Revolution ist getragen von der Auffassung, dass jeder neue Staat und seine Gesetze der Fundierung durch eine *politische Theologie* bedürfen. Im Ausgang seiner Auseinandersetzung mit Hobbes illustriert schließlich auch Carl Schmitt die Aporie des Bildes vom "Weltbaumeister", welches das *Être suprême* der Revolution meint:

> Das Bild vom Architekten enthält allerdings die Unklarheit des Kausalitätsbegriffs. Der Weltbaumeister ist gleichzeitig Urheber und Gesetzgeber, das heißt legitimierende Autorität. Während der ganzen Aufklärung bis zur französischen Revolution ist ein solcher Welt- und Staatsbaumeister der "législateur" (Schmitt: 2004, 52).

6.4. Exkurs: Sade – die negative Utopie als Topos der Umkehr

Der Antipode der Aufklärung heißt Marquis de Sade, dessen Menschenbild weder einen *bon sauvage* noch einen *homme perfectible* kennt. Seine 'Anthropologie' markiert eine radikale Subversion aller Werte der Aufklärung aus ihren ureigenen Grundlagen heraus; sie verhöhnt die von der Zivilisation bedrohte Unschuld, die Rousseau hochgehalten hat; sie leugnet die Gestaltung einer neuen, bürgerlichen Ordnung im Geiste Voltaires; sie unterläuft Condorcets vom Gedanken der *perfectiblité* des Menschen getragene säkulare Eschatologie.

In *La Philosophie dans le Boudoir* (1795) erhebt Sade den *homo destruens* zum Inbegriff seines Menschenbildes – und zum 'Bildungsziel":

> Or, je demande de quel prix peuvent être à la nature des individus qui ne lui coûtent ni la moindre peine, ni le moindre soin. L'ouvrier n'estime son ouvrage qu'en raison du travail qu'il lui coûte, du temps qu'il emploie à le créer. Or, l'homme coûte-il à la nature? Et, en supposant qu'il lui coûte, lui coûte-t-il plus qu'un singe ou qu'un éléphant? Je vais plus loin: quelles sont les matières génératrices de la nature? de quoi se composent les êtres qui viennent à la vie? Les trois éléments qui les forment ne résultent-ils pas de la primitive destruction des autres corps? Si tous les individus étaient éternels, ne deviendrait-il pas impossible à la nature d'en créer de nouveaux? Si l'éternité des êtres est impossible à la nature, leur destruction devient donc une de ses lois. Or, si les destructions lui sont tellement utiles qu'elle ne puisse absolument s'en passer, et si elle ne peut

> parvenir à ses créations sans puiser dans ses masses de destruction que lui prépare la mort, de ce moment l'idée d'anéantissement que nous attachons à la mort ne sera donc plus réelle; il n'y aura plus d'anéantissement constaté; ce que nous appelons la fin de l'animal qui à vie ne sera plus une fin réelle, mais une simple transmutation, dont est la base le mouvement perpétuel, véritable essence de la matière et que tous les philosophes modernes admettent comme une de ses premières lois. La mort, d'après ces principes irréfutables, n'est donc plus qu'un changement de forme, qu'un passage imperceptible d'une existence à une autre, et voilà ce que Pathagore appelait la métempsycose. Ces vérités une fois admises, je me demande si l'on pourra jamais avancer que la destruction soit un crime (Sade III/IV: 1966, 514).

Menschliche Tätigkeit findet in Sades Denken nicht mehr ihre Erfüllung durch das Erreichen eines Telos: Nicht *poiesis* heißt für ihn das höchste Gut, in der Arbeit ihre Befriedigung findet, sondern Verausgabung; der Wert eines Produktes bestimmt sich ihm einzig über den für sein Entstehen notwendigen Verlust an Zeit und Energie. Oder anders formuliert: Was als Produkt und somit Ergebnis von *poiesis* erscheint, ist – wie Zivilisation überhaupt – allenfalls das Surplus einer auf Verausgabung und Genuss hin ausgerichteten menschlichen Tätigkeit.

Dass jede Schöpfung Vernichtung bedeutet bzw. voraussetzt, ist für Sade ein ehernes Naturgesetz, für dessen Begründung er sich in perfider Weise einen Gedanken Spinozas aneignet: Die Natur zeichnet sich durch den Erhalt der sich immer in Bewegung befindlichen Materie aus, weshalb sie selbst in ihrem Wesen als Natur niemals zerstört werden kann; allerdings gibt sie sich einzig durch die Veränderungen als Natur zu erkennen (Spinoza: 1989, 128ff). Sade geht hier nun einen Schritt weiter: Der Mensch wird bei ihm auf den Rang eines Erfüllungsgehilfen verwiesen, der die *notwendigen* Variationen in die Natur hinein trägt:

> [...] il faut donc absolument consentir à admettre l'impossibilité où nous sommes d'anéantir les ouvrages de la nature, attendu que la seule chose que nous faisons, en nous livrant à la destruction, n'est que d'opérer une variation dans les formes, mais qui ne peut éteindre la vie, et il devient alors au-dessus des forces humaines de prouver qu'il puisse exister aucun crime dans la prétendue destruction d'une créature, de quelque espèce que vous la supposiez. Conduits plus avant encore par la série de nos conséquences, qui naissent toutes les unes des autres, il faudra convenir enfin que, loin de nuire à la nature, l'action que vous commettez, en variant les formes de ses différents ouvrages, est avantageuse pour elle, puisque vous lui fournissez par cette action la matière première de ses reconstructions, dont le travail lui deviendrait impraticable si vous n'anéantissiez pas (Sade III/IV: 1966, 515).

Zynischer kann man wohl kaum das spinozistische Postulat *omnis negatio determinatio est* materialistisch zuspitzen – und beim Wort nehmen. Oberstes Ziel menschlichen Wirkens ist demnach also nicht die fortschreitende Beherrschung der Natur durch Herausbildung neuer Fertigkeiten. Vielmehr besteht die ausschließliche Aufgabe des Menschen in der Negation von Bestehendem, in der Destruktion, womit er fortwährend einen Neubeginn in der Natur ermöglicht: Sades 'Anthropologie' setzt den *homo destruens* über den *homo faber*.

Diese Apologie der Destruktion ist eine direkte Umkehrung von Positionen aus der *Ethica* Spinozas, in deren *Propositio XLII* es über das Verhältnis von Glück und Tugend heißt: "*Beatitudo non est virtutis proemium; sed ipsa virtus; nec eâdem gaudemus, quia libidines coërcemus; sed contrà quia eâdem gaudemus, ideò libidines coërcere possumus*" (Spinoza: 1989, 554). Sade beruft sich auf den ersten Teil dieser *propositio*: Das Glück bedürfe nicht notwendigerweise der Tugend. Spinoza schließt indes daraus, dass die Anerkennung der Freude zu einer Beherrschung der Triebe durch die Vernunft führe – worauf er letztlich seine Ethik gründet. Jeden Ethos invertierend erklärt Sade dagegen in l'*Histoire de Juliette*: "[...] le crime n'est autre chose que le moyen dont la nature se sert de nous" (Sade: 1998, 839). Das Verbrechen und die Macht fänden im Namen der erhabenen Größe ("grandeur") zusammen: "[...] très souvent une vertu n'est rien moins qu'une grande action, et plus souvent une grande action n'est qu'un crime; or, si les grandes actions sont souvent nécessaires, les vertus ne le sont jamais" (Sade: 1998, 839).

Ist die Zivilisation lediglich Surplus menschlicher Destruktivität, so ist sie für Sade nichtsdestoweniger ein notwendiges Surplus, weil durch sie neue Möglichkeiten der Zerstörung entstehen, auf welche die *per se* unzerstörbare Natur angewiesen ist, um ihre Schöpfungskraft zu entfalten. Damit verkehrt Sade diejenigen Grundsätze in ihr Gegenteil, um die sich die philosophische Anthropologie seit der Aufklärung bewegt: Die fortschreitende Beherrschung der Natur durch den Menschen zum Ausgleich für das Fehlen einer artspezifischen Anpassung an die Umwelt – d.h. der Prozess der Zivilisation – steht in Wirklichkeit im Dienst einer unablässig Destruktion fordernden Natur, die alleiniges Movens der Schöpfung ist – und nicht etwa der Mensch! Daraus ergibt sich ein verändertes Bild von "Fortschritt": Sades 'Anthropologie', welche die Zerstörung zu ihrem Konstituens erhebt, ist der Gedanke an eine kontinuierliche Entwicklung fremd; es gibt nur noch partikulare Fortschritte innerhalb einer konkreten, auf Destruktion ausgerichteten Ökonomie, die das oberste Ziel einer 'idealen' Gesellschaftsorganisation zu sein hat.

Daraus leitet der Sadesche Mensch den 'zivilisatorischen' Imperativ ab, immerzu neue Möglichkeiten zur Destruktion zu schaffen: Zivilisation – so der Schluss, den diese Weltanschauung nahe legt – ist lediglich die höher ausgebildete Organisation einer perfiden Ökonomie der Zerstörung. Die Menschheit wird in zwei dichotomisch geschiedene Klassen aufgeteilt: Zerstörer und Opfer. Damit führt der Libertin das aufklärerische Postulat von der *perfectibilité* des Menschen und das daran anknüpfende Fortschrittsideal *ad absurdum*. Die *differentia specifica* des Menschen ist nach seiner 'Anthropologie' das der Zerstörung dienende Laster. In *La Philosophie dans le boudoir* mit dem bezeichnenden Untertitel *Dialogues destinés à l'éduction des jeunes filles* – vorgenommen von *instituteurs immoraux* – wird entsprechend das Erziehungsideal eines Rousseau pervertiert: Die jungen Schülerinnen werden nicht artig in die Welt der sittsamen jungen Bürgerstöchter eingeführt, sondern in die krudesten sexuellen Praktiken, die immer einem bestimmten Arrangement untergeordnet sind: Lust, ohne einen bestimmten Aufwand praktiziert, ist keine Lust!

In der Welt der aristokratischen Gesellschaft des *Ancien Régime* hatten die am Gebot der *bienséance* ausgerichteten Normen und Rituale den Identität stiftenden und sichernden Verhaltenskodex der Oberschicht konstituiert. Im Zeichen des aufstrebenden Bürgertums versah man die Umgangsformen mit einem anthropologischen Index: Zunächst wurden sie zu dem Menschen angeborene Eigenschaften erklärt und galten als Instrumente der Emanzipation;[88] nicht zuletzt mit der Französischen Revolution und ihren Ideologen nahmen sie schließlich zunehmend repressive Züge an. Utopistische Denker wie Rétif de la Bretonne, einer der heftigsten literarischen Widersacher Sades, trieben das Ritual weiter zu einer rigiden Organisation der Gesellschaft im Namen der Gleichheit: Die utopischen Entwürfe zeichnen sich oft durch exzessive Prüderie aus. An den restriktiven bürgerlichen Moralkodex erinnert bei Sade die zynische Parodie einer zum Objekt perverser Praktiken erniedrigten Unschuld in *Les Infortunes de la vertu*:

---

88 Pierre Bayle setzte den Stachel an eine von Denkern wie Arnauld und Nicole auch theologisch abgesicherte Auslegung von *bienséance* und *honneur*, die ihre eigentliche Herkunft der Rhetorik (*aptum*, *decorum* und *vir bonus*) verdankten und sich primär über die gesellschaftliche Interaktion am Hof und in dessen Wirkungskreis definierten. Für Descartes und die an ihn anknüpfenden Denker durfte die gesellschaftliche Konvention durchaus den Rang einer "morale" beanspruchen, wenn auch einer „morale par provision" (Descartes: 1992, 141f; vgl. Arnauld / Nicole: 1995, 69-75). Bayle, dessen Denken die Aufklärung entscheidend vorbereitete, durchbrach dieses Gebäude, indem er folgenden Gedanken durchspielte: *"Si une Société d'Athée se feroit des loix de bien-séance et d'honneur"* (Bayle: 1994, II, 102). Sprach er von der *pudicité*, durch die Frauen Liebe und Wertschätzung gewönnen, so wurden für ihn *bienséance* und *pudicité* nunmehr zu universalen Formen eines Kränkungsschutzes für das Individuum, der den Respekt vor dem Anderen einschließt. Seine Schlussfolgerung war für das ausgehende 17. Jahrhundert nachgerade revolutionär: "Avoüons donc, qu'il y a des idées d'honneur parmi les hommes qui sont pur ouvrage de la Nature, c'est à dire de la Providence générale" (Bayle: 1994, II, 105). Das abschließende theologische Argument darf nicht darüber hinwegtäuschen, dass Bayle damit erstmals in aller Deutlichkeit die Möglichkeit einer von der Theologie (und der Rhetorik bzw. reinen Konvention) emanzipierten Anthropologie ansprach. Nur aus einer solchen, der Natur den Primat einräumenden Perspektive heraus konnte im Zeichen der Aufklärung auch die Vision von einer Vollendung des Menschen, ja der Schaffung eines neuen Menschen entstehen. Der anthropologische Index im Denken der Frühaufklärung konnte überhaupt erst den Gedanken von der *perfectibilité* aufkommen lassen - eine Vervollkommnung jenseits statischer theologischer oder sozialer Prinzipien. In diesem Zusammenhang darf der Physiokrat Quesnay nicht unerwähnt bleiben, der forderte: "[...] il faut considérer l'homme lui-même dans ses différents états de capacité corporelle et intellectuelle" (Quesnay: 1991,69). Ausdrücklich unterschied Quesnay zwischen gesetztem Recht (hier: "droit légitime") und dem Naturrecht des Menschen. Der Blick des Ökonomen, als der sich der Arzt Quesnay verstand, blieb allerdings weniger auf die Entwicklung des Individuums gerichtet als auf die quantitative und qualitative Bestimmung der Produkte seiner Arbeit (Quesnay: 1991, 72 u. 74).

Hélas, si quelquefois mon imagination s'était égarée sur ces plaisirs, je les croyais chastes comme le dieu qui les inspirait, donnés par la nature pour servir de consolation aux humains, nés de l'amour et de la délicatesse (Sade XIII: 1967, 396).

Vorschriften, Rituale oder Galanterie verlieren in Sades Romanen ihre Qualität als Momente der Verzögerung innerhalb einer Ökonomie der Liebe, d.h. einer Liebes- und Ehekasuistik, die ihr eigentliches Ziel, die geschlechtliche Vereinigung, im Unaussprechlichen sublimiert. Ein kruder Sexus, der über alle Umwege hinweg sein Ziel kennt und verfolgt, zerstört diese Ökonomie zugunsten einer neuen, die Lust steigernden. Das Ringen um die Bewahrung der verhöhnten Unschuld ist zum Teil eines Lust befördernden perversen Spiels geworden: "Raphaël, Italien, moine et dépravé, se satisfait outrageusement, sans me faire cesser vierge" (Sade XIII: 1967, 396). Die Geschichte der Protagonistin von *Les Infortunes de la vertu* parodiert den bürgerlichen Trauerspielstoff von der verfolgten Unschuld – mit der Quintessenz, dass die Unschuld weder einen Schutz vor den Fährnissen des Lebens darstellt noch einen besonderen Menschen auszeichnet.

Bei Sade erfüllen die Rituale eine eigentümliche Funktion: Ihr Ziel sind der sexuelle Akt und immer neue Formen der Gewalt. Seine Protagonisten inszenieren einen sich völlig entsubliminiert darbietenden Sexus, der einzig als Möglichkeit zur Steigerung des Lustempfindens eben dieser auf zerstörerische Gewalt ausgerichteten Inszenierung bedarf, welche die Ökonomie der Verausgabung garantiert. Dienen gemeinhin starre Rituale vorrangig der Gestaltung des öffentlichen Lebens, so usurpieren sie bei Sade die Sphäre des Privaten.

Die "débauchés" Sades sind meist Reiche oder klerikale Würdenträger: Geld, an dem jede Spur von Arbeit oder einer anderen ökonomischen Tätigkeit getilgt scheint, spielt allenfalls eine Rolle, wenn es um die Steigerung von Lust geht. Zu diesem Zweck wird auch die Organisation monastischer Gemeinschaften instrumentalisiert: Der Ort der Arbeit und Kontemplation wird zum Ort der Perversion. Die Anonymität garantierenden entlegenen Schauplätze der Sadeschen Orgien sind das Zerrbild bürgerlicher Privatsphäre.

> Sade verkehrt also so ziemlich alles in sein Gegenteil, was an die realen oder ideologischen Fundamente von Zivilisation erinnert: Sade entzaubert auch die Exogamie, die Grundlage der Zivilisation. Der Inzest hat ihm keine rationalen Gründe gegen sich, und das hygienische Argument, das dagegen stand, ist von den fortgeschrittenen Wissenschaften am Ende eingezogen worden (Horkheimer / Adorno: 1997. 137).

Ebenso wenig lässt Sade einen anderen Grundsatz der Zivilisation gelten: den Schutz von Schwachen – so greifen seine "débauchés" ungeniert nach Kindern. Doch insbesondere *der* Grundlage jeder menschlichen Gemeinschaft, dem Tötungsverbot, wird von ihm in seiner Apologie der Destruktion sophistisch widersprochen, da er sich ja auf ein Naturgesetz beruft.

Die Un-Orte, an die sich Sades Protagonisten zu ihren Orgien zurückziehen, sind meist Klöster und Kellergewölbe. Dort konstituiert sich für die Dauer der Ausschweifungen – etwa *Les 120 Journées de Sodome* – eine Gemeinschaft mit den formalen Zügen einer Utopie:

> L'utopie sadienne – comme d'ailleurs celle de Fourier – se mesure beaucoup moins aux déclarations théoriques qu'à l'organisation de la vie quotidienne, car la marque de l'utopie, c'est le quotidien; ou encore: tout ce qui est quotidien est utopique; horaires, programmes de nourriture, projets de vêtement, installations mobilières, préceptes de conversation ou de communication, tout cela est dans Sade: la cité sadienne ne tient pas seulement par ses "plaisirs", mais aussi par ses besoins: il est donc possible d'esquisser une ethnographie de la ville sadienne (Barthes II: 1994, 1052)

Die Schauplätze seiner Orgien erinnern in ihrer Ausgestaltung tatsächlich an die Tradition der großen Utopien und nehmen in ihrer Organisation etwa die *phalanstères* von Charles Fourier vorweg. Die sexuellen Exzesse erfolgen also nicht planlos (vgl. Vidler: 1995, 299-308). Und in den Skizzen zum vierten Band der *120 Journées de Sodome* stehen Listen der 'verbrauchten' Opfer: Die Retraite der Libertins verfolgt ein konsequentes Programm – ein Inventar der Perversionen (Sade XIII: 1967, 428; vgl. Köhler: 1984, 67f). Die 'Gesellschaft' in seinen Romanen lacht dem Prinzip der *égalité* Hohn: Sie kennt nur eine gandenlose Hierarchie der zu radikalen Verbrauchern mutierten *libertins* – Gleichheit würde das Prinzip der permanenten Destruktion nämlich unterlaufen. Was Arbeit jenseits genüsslicher Verausgabung ist, wird an die Untergebenen eines brutalen Systems von Arbeitsteilung delegiert. Im Rausch des hemmungslosen, sein Wesen als Zerstörung offenbarenden Konsums, wird der Untergebene – der 'Arbeiter' – nicht nur seinem 'Produkt' entfremdet. Vielmehr muss sich der Subalterne, dem der Zugang zu den mannigfachen Möglichkeiten lustvoller Verausgabung vorenthalten bleibt, in den Orgien der Verausgabung selbst als 'Konsumgut' erfahren. Für Sade gilt der uneingeschränkte Primat der *jouissance*, die er zum natürlichen Recht des Menschen erklärt – und der zynische 'Spinozismus' des Libertins mag sich auch einen Gedanken des Physiokraten Quesnay einverleibt haben: "Le droit naturel de l'homme peut-être défini vaguement *le droit que l'homme a aux choses propres à sa jouissance*" (Quesnay: 1991, 70).

Sades Œuvre kann als das konsequente Projekt einer negativen Utopie gelesen werden. Der Begriff "negative Utopie" ist dabei von "Anti-Utopie" und "Dystopie" zu unterscheiden. In der "negativen Utopie" eines Sade findet eine Subversion der Topoi aufklärerischen (und utopischen) Denkens statt, wobei die Phantasie an einen Ort gedrängt wird, der das Menschenverachtende als den Kristallisationspunkt allen Strebens erscheinen lässt – und diese Phantasie konstruiert ihren *Ou*-Topos, womit die negative Utopie letztlich als eine Spielart jener Utopie auftritt, deren Negat zu sein sie vorgibt.

6.5. Das Millennium der Saint-Simonisten

Dem uchronisch-utopischen Denken des 18. Jahrhunderts sowie den meisten der daran anknüpfenden literarischen Utopien 18. Jahrhunderts ist, wie bereits gezeigt, ein säkularisierter Millenarismus eingeschrieben: Die joachimitische Lehre von den drei Zeitaltern hat über Lessing, Turgot, Condorcet, aber auch über Vertreter der deutschen Romantik wie Novalis und (möglicherweise) Schelling nachhaltig auf die frühsozialistischen Theorien des Saint-Simonismus und daran anknüpfend auf die positivistische Geschichtsphilosophie gewirkt.

Im ersten Drittel des 19. Jahrhunderts wandten sich die Schüler Saint-Simons, die ihn zum Propheten, mitunter sogar zum Messias verklärt hatten, intensiv der Tradition der katholischen Theologie zu, die – nunmehr als die Theologie eines Zeitalters der *industrie* – mit ihrem Anspruch auf Universalität zum Garanten der neuen Gesellschaftsordnung avancieren sollte. Die Vertreter der *religion saint-simonienne* gingen so weit, dass sie das Millennium für eingetreten hielten und es für sich vindizierten, wobei sie der 'apokalyptischen' Zäsur keine Bedeutung beimaßen und in den vergangenen Revolutionen lediglich Symptome jener "époque critique" sehen wollten, die sie nach 1830 endgültig überwunden glaubten:

> [...] nous reconnaîtrons que le règne de Dieu (*le Millennium*) ne devait arriver sur la terre qu'après que Jésus Christ aurait éclairé le genre humain par sa divine parole; que lorsque le pouvoir *impie* de César aurait été entièrement terrassé, en sorte que l'exhortation *pacifique* de rendre à César ce qui est à César devînt inutile aux hommes. Nous reconnaîtrons que cette lutte entre le pouvoir de Dieu, c'est-à-dire l'Église, lutte qui s'est terminée par l'anéantissement de la royauté et l'ancien sacerdoce, devait être arrivée à son terme, *pour que l'esprit de vérité vînt dire ces choses que les disciples de Jésus-Christ ne pouvaient porter présentement*. Nous reconnaîtrons enfin que cette époque est arrivée, et qu'il est temps d'annoncer le règne de Dieu (Religion saint-simonienne: 1831 235f; vgl. ebd. 285).

Dieser 'sanfte' Millenarismus ist gemeint, wenn Buber vom "topischen" Sozialismus der Utopisten spricht, in dem er das direkte Erbe der prophetischen Eschatologie sieht (Buber: 1967, 139 – s.o.). Doch entgeht hier dem Theologen, dass sich die *Église saint-simonienne* eher die Kritik Augustinus' an der Apokalypse zu Eigen gemacht hat, auch verkennt er das zusehends totalitäre Gebaren der *Église saint-simonienne* unter Prosper Enfantin, der sich mitunter selbst zur Reinkarnation des "neuen Messias" hochstilisierte und seiner saint-simonistischen Gemeinschaft in Ménilmontant die Organisation einer Sekte oktroyierte (vgl. d'Allemagne: 1930, 251ff).

Saint-Simon teilte mit Bonald und de Maistre die Auffassung von der Notwendigkeit einer providentiellen Ordnung, die er allerdings als Einheit stiftendes, systematisches Prinzip nach dem Vorbild der Naturwissenschaften verstanden wissen wollte (vgl. Picon: 2002, 48f). Fortschritt war für Saint-Simon und seine Schüler nur innerhalb des "ordre industriel" vorstellbar, zu dessen Vollendung er hinführe; er wurde somit zu einem teleologischen Prinzip erhoben. Saint-Simon selbst postulierte noch eine radikale, aber friedliche Umwälzung der Gesellschaft als Voraussetzung für diese Entwicklung, welche das Judentum bereits erahnt habe (Saint-Simon: 1969, 147). Die Quellen, aus denen der Saint-Simonismus seinen religiösen Synkretismus speisen sollte, waren kabbalistischen, millenaristischen und masonischen Ursprungs (vgl. Laurant: 2000). In der Phase nach der Julirevolution entwickelte der Saint-Simonismus dann seine millenaristische Ideologie in Richtung einer Abschwächung ihres revolutionären Potentials fort, um – nach dem Vorbild des Augustinus (vgl. Religion saint-simonienne: 1831, 191) – seinen Anspruch auf Universalität zu festigen. Dies geschah nicht zuletzt mit dem Ziel, aus einer zunehmenden gesellschaftlichen Isolation herauszufinden.

Zu den zahllosen saint-simonistischen Texten – Traktate, Katechismen, Dialoge, Reden, Gedichte und Chansons – gehören auch phantastische Entwürfe der zukünftigen industriellen Gesellschaftsordnung. Das *Neue Evangelium* des Saint-Simonismus, an das auch der Anspruch gestellt wurde, eine neue Sprache zu schaffen, sollte indes nie vollendet werden: *Le Livre nouveau*. Den millenaristischen Anspruch der Bewegung unterstreichen nicht zuletzt zwei Texte, die der Gattung "verzeitlichte Utopie" zuzurechnen sind: *Mémoires d'un industriel de l'an 2240* (1838) von Prosper Enfantin (Enfantin: 1865; vgl. Krauss: 1984, 94; Picon: 2002, 67) und *La Ville nouvelle ou le Paris des saint-simoniens* von Charles Duveyrier. Letzterer erschien in dem Sammelband *Le Livre des Cent-et-un* (1831-1834), an dem sich die namhaftesten Autoren jener Zeit beteiligten, um dem Verleger Ladvocat aus einer finanziellen Misere zu helfen.

La Ville nouvelle ou le Paris des saint-simoniens liefert einen phantastischen Entwurf zur Neugestaltung der Stadt Paris nach dem Ideal der saint-simonistischen Lehre, eine Utopie, welche die Dogmen der neuen Religion symbolisch umsetzen soll. Hier sei noch ergänzend angemerkt, dass der sektiererische Saint-Simonismus inzwischen – nach dem Vorbild der sabbatanistischen Bewegung von Jacob Frank? (vgl. Haddad: 2002, 81f) – eine Frau als neuen Messias erwartete: "C'est là l'espoir des Saint-simoniens, c'est là toute leur religion; car ainsi que l'a dit le père lui-même, il est l'annonciateur, le *Saint Jean* d'un nouveau Messie, d'un Messie femme" – entsprechend soll der Tempel der neuen Stadt die Gestalt einer Frau erhalten: "On comprendra comment nous avons dû donner au temple, au monument où la religion doit le plus exalter les espérances humaines, les formes d'une femme" (Duveyrier: 1831-34, 185f). Dem Paris der Saint-Simonisten liegt insgesamt ein anthropomorpher Plan zugrunde:

> Nous avons voulu donner la forme humaine à la première ville, comme sous l'inspiration de notre foi, en l'état de progrès où elle est aujourd'hui; et la forme

mâle, car la société n'a encore qu'une forme mâle. La femme comme être social n'est pas encore sortie des côtes de l'homme [...] (Duveyrier: 1831-1834, 185).

Die 'männliche' Form soll also die zukünftige Rolle der Stadt Paris als *Neues Jerusalem* (sic!) vorbereiten. Duveyrier nimmt zwar nicht explizit Bezug auf die 'Utopie' der *Johannesoffenbarung*, jedoch sind die Assoziationen eindeutig. Zunächst wird aber dem alten Paris der Untergang prophezeit:

> Paris! ville qui bout tumultueusement, ainsi qu'une chaudière de cendres; ville semblable à ton peuple; comme lui, pâle et défigurée. Tu gis sur les bords de ton fleuve, avec tes noirs monuments et tes milliers de maisons ternes; comme un amas de roches et de pierres que le temps rassemble au bassin des vallées, et il en sort comme un grondement monotone d'une eau comprimée sous ses pierres, ou d'un feu caché qui va les crever (Duveyrier: 1831-34, 188).

Paris-Babylon-Jerusalem wird aber nach einer apokalyptischen Zerstörung der alten, ungesunden Bausubstanz *intra muros* neu aufgebaut werden; die Apokalypse ist nicht mehr das große Strafgericht, sondern eher ein städtebaulicher Kahlschlag, von dem so manche Metropole des 21. Jahrhunderts träumen mag – und der die Umgestaltung von der französischen Hauptstadt unter Hausmann zu antizipieren scheint:

> Paris!! Paris! c'est sur les bords de ton fleuve, cependant, et dans ton enceinte que j'imprimerai le cachet de mes nouvelles largesses, et que je scellerai le premier anneau des fiançailles de l'homme et du monde! Tes rois et tes peuples ont obéi à mon éternelle volonté, quoiqu'ils ignorassent, lorsqu'ils se sont acheminés avec leurs palais et leurs maisons du sud au nord, vers la mer, la mer qui te sépare du grand bazar du monde, de la terre des Anglais. Ils ont marché avec la lenteur des siècles, et ils se sont arrêtés en une place magnifique (Duveyrier: 1831-34, 188).

Im *Livre nouveau* und anderen Schriften der Saint-Simonisten wird das neue Zeitalter zu einem einzigen Kult verklärt, zu dessen Schilderung nicht selten erotisch konnotierte Metaphern gebraucht werden. Das Verhältnis von männlichem (= technischem) und weiblichem (= spirituellem) Prinzip wird zu einem in den unterschiedlichsten Formen wiederkehrenden Leitmotiv. Die Architektur des saint-simonistischen Tempels nimmt einmal die Gestalt einer Frau an, ein anderes Mal die eines Androgynen (D'Allemagne: 1930, 310). Gerade der Androgyn verkörpert die zur harmonischen Vervollkommnung getriebene Vereinigung der unterschiedlichen Merkmale der Geschlechter; er gerät zum Inbegriff der Totalitätsvorstellungen in der saint-simonistischen Utopie mit ihrem organischen Gesellschaftsmodell. Fasslicher noch als in diesen Vorstellungen zur Architektur eines neuen Tempels wird die sexuelle Konnotierung der saint-simonistischen Prophetie in der Schilderung eines neuen, zukünftigen Kultes. Das Erlebnis der Gemeinschaft gerät in der Phantasie der saint-simonistischen Autoren zu einer gigantischen Orgie; die Massen finden, von den Künsten sekundiert, in spontaner orgiastischer Ekstase zur Erleuchtung:

[...] l'assemblée palpitante dans sa chair et comme effarée dans son vidage; [...] Ces murmures qui gonflaient la poitrine de tous expiraient au bout des lèvres sourdement, et retombaient sur leurs cœurs oppressés, s'échappant en voix libre et sonore par la bouche de la prophétesse, qui semble avoir effleuré d'un mystérieux baiser toutes ces lèvres ardentes, et révélé tous les désirs vagues dans son irrésistible désir (D'Allemagne: 1930, 305; vgl. Charléty: 1965, 161f).

Diese von Vereinigungsphantasien begleiteten Vorstellungen intendieren ein im Ritual erzeugtes Gefühl der Unmittelbarkeit. Der Kunst fällt dabei die Aufgabe zu, um den Preis ihrer eigenen Identität diesen Vereinigungsritus zu inszenieren – mit dem Anspruch, zwischen Mensch und Natur zu vermitteln (D'Allemagne: 1930, 306). Ein anderer Entwurf des neuen Tempels umfasst die Elemente modernster Technik: Er vereinigt die Künste in einem gigantischen Gebilde, einer neuen Kathedrale, einem riesigen Energiespender, der zugleich Fabrik und Kunstwerk ist – "Un temple de pile de Volta" (D'Allemagne: 1930, 308). Kunst und Lebenspraxis gehen im Kult der utopischen Industriegesellschaft eine unverbrüchliche Synthese ein; die Nahtstellen Artefakt und Natur verschwinden in einer einzigen gigantischen Inszenierung: Die saint-simonistische Utopie ist die einer zum integralen Gesamtkunstwerk gewandelten Gesellschaft (vgl. Kuhnle: 1992, 40).

Als Wegbreiter einer Theorie des Gesamtkunstwerks kann der Saint-Simonist Émile Barrault gelten, der aus einer geschichtsphilosophischen Rückschau auf die Entwicklung der Künste quasi eine Eschatologisierung der Kunst im Hinblick auf den saint-simonistischen Kult betreibt. Den Künsten seiner Zeit hält er vor, ihre ganze Perfektion ausschließlich in den Dienst eines interesselosen Wohlgefallens gestellt zu haben: "[...] on alla jusqu'à prétendre qu'ils [les arts] n'atteignent leur perfection que lorsqu'ils produisent des jouissances désintéressées de tout résultat; [...] leur inutilité fait leur prix" (Barrault: 1830, 75). Die Künste hätten sich von nun an auf ihren Effekt zu besinnen und im neuen Kult aufzugehen: [89]

> Enfin la musique, la peinture, la sculpture seconderont les efforts de l'éloquence et de la poésie dans les temples que l'architecture aura renouvelés sous l'inspiration d'un culte nouveau, ralliant tous les hommes au pied des mêmes autels, aura paru sur la terre (Barrault: 1830, 84).

Weniger phantastisch muten Enfantins *Mémoires d'un industriel de l'an 2240* an. Obzwar keine Motive aus Merciers Roman thematisiert werden, erweist

---

89 Die Künste im Dienste eines die Massen bewegenden Redners – diese Vision soll gut 100 Jahre später auf die sowohl perfekteste als auch perfideste Weise umgesetzt werden. So schreibt der französische Faschist und Kollaborateur Robert Brasillach begeistert über die Inszenierung nationalsozialistischer Propaganda: "A l'instant précis où il [Hitler] franchissait le stade, mille projecteurs, tout autour de l'enceinte, se sont allumés, braqués verticalement sur le ciel. Ce sont mille piliers bleus qui l'entourent désormais, comme une cage mystérieuse. On les verra briller toute la nuit de la campagne, ils désignent le lieu sacré du mystère national, et les ordonnateurs ont donné à cette stupéfiante féerie le nom de Lichtdom, la cathédrale de lumière" (Brasillach VI: 1964, 262).

sich dieser mitunter pathetische Lebensbericht eines Greises dennoch in einigen Punkten als eine Replik auf *L'An 2440*. Der markanteste Unterschied besteht jedoch in der Form: Da es sich um einen Bericht und nicht um ein Traumprotokoll handelt, wird der Anspruch einer wissenschaftlichen Extrapolation auf die Zukunft erhoben. Der Bericht schildert die neue Gesellschaft nicht als eine statische Einheit, sondern als einen sich stets weiterentwickelnden Organismus; diese Prozessualität nimmt im 'Bildungsweg' der Individuen ihren Ausgang. So stellt sich auch die Geschichte nicht als eine abgeschlossene dar. Die Gesellschaft des Jahres 2440, deren oberstes Prinzip Hoffnung heißt (Enfantin: 1864, 213), gehorcht noch immer in die Zukunft weisenden Imperativen, wie etwa dem Gebot zur Ausweitung ihrer Errungenschaften auf die unterdrückten Kolonien (Enfantin: 1864, 205f). Enfantins *Mémoires d'un industriel de l'an 2240* lesen sich auch über weite Strecken wie eine Entgegnung auf Jules Vernes sarkastische Darstellung eines saint-simonistisch geprägten *Paris au XXe siècle* – ein Text, den der frühsozialistische Theoretiker und Sektenführer allerdings nicht kennen konnte.

Die herausragende Leistung der neuen Ordnung im Jahr 2240 besteht im Überwinden der Aporien der industriellen Revolution. Der technische Fortschritt drohte zu Beginn der neuen Ära noch durch die Einführung neuer Maschinen die Massen geradewegs in eine Krise der Überproduktion zu steuern – "*l'introduction des nouveaux machines, dérangeant l'équilibre entre la production et la consommation*" (Enfantin: 1864, 173). Indes gelang es, dank universal gebildeter Arbeiter die Folgen fortschreitender Arbeitsteilung aufzufangen – "*heureusement leur éducation paraît aux inconvénients de cette grande division de travail, leurs connaissances théoriques embrassant toujours un cercle plus étendu que celui du métier qu'ils exerçaient*" (Enfantin: 174f). Das Jahr 2240 kann also auf die Lösung des Problems zurückblicken, das die großen Nationalökonomen längst vergangener Zeiten erkannt hatten: die Zersetzung der sozialen Ordnung durch die fortschreitende Arbeitsteilung –

> *la division de plus en plus grande du travail*, qui avait embarrassé tant d'esprits élevés, et dans laquelle Smith, et même un ancien élève de Saint-Simon (A. Comte), avaient aperçu une tendance constante de dégradation humaine (Enfantin: 1864, 175).

Die Gesellschaft des Jahres 2240 hat es vermocht, mit Hilfe der industriellen Produktion dem von dieser ausgelösten Prozess der Verelendung zu begegnen – und das Verfallen der Massen in ein müßiggängerisches Nichtstun zu verhindern. Genuss und Freude gehen nun mit Arbeit und Kreativität einher, womit der eudaimonistischen Utopie eine klare Absage erteilt wird: "Sans doute, l'humanité se perfectionne en se développant, elle accroît chaque jour ses moyens de jouissances" (Enfantin: 1864, 199). Dieses Postulat von der Erweiterung der Gestaltungsmöglichkeiten für die menschliche Gemeinschaft durch fortwährende Perfektionierung verbietet es, selbstgerecht auf das Geleistete zurückzublicken: "cependant nous ne nous abusons pas en chantant avec nos poëtes les merveilles de la civilisation" (Enfantin: 1864, 200). Ganz im Sinne des von Joachim von Fiore propagierten Ideals der Arbeit – oder auch der *civitas perigrinans* des Augustinus – stand das Leben des Erzählers in *Mémoires d'un industriel de l'an 2240* im Zeichen schöpferischer Tätigkeit. Selbst die Kunst wirkte unablässig daran mit, das erhabene Gefühl allgemeiner Kreativität zu befördern und den Menschen vom Müßiggang abzuhalten; und die religiösen Festtage erhielten durch sie eine besondere Weihe:

> Si les travaux industriels étaient suspendus pendant ces moments de bonheur, les artistes ne laissaient pas en repos les sentiments du peuple. Ce spectacle sublime faisait bien sentir l'absurdité de la critique des fêtes du catholicisme, telle qu'elle avait été produite au XVIIIe siècle (Enfantin: 1864, 212).

Die Vision Enfantins unterscheidet sich deutlich von den Gesamtkunstwerksphantasien eines Barrault oder Duveyrier – stammen diese doch noch aus einer Zeit, in der die Saint-Simonisten als Sekte zusehends in die Defensive gerieten und den Anschluss an die politische Öffentlichkeit verloren. Der Text der *Mémoires* besticht durch den Versuch, ökonomische Probleme aufzugreifen, zu analysieren und ihrer Lösung die Richtung zu weisen. Anders als Mercier oder Rétif verzichtet er auf allzu präzise Schilderungen im Sinne traditioneller Utopien; vielmehr versucht er das den Fortschritt lenkende Prinzip hervorzuheben, das – ungeachtet ihrer Kritik am 18. Jahrhundert – die Saint-Simonisten von den Denkern der *Lumières* übernommen haben: *la perfectibilité*. Damit eine Gesellschaft nicht in den Kollektivismus etwa eines Cabet abgleitet, setzt Enfantin beim Individuum an und fordert, es durch Erziehung zum verantwortungsbewussten Glied der menschlichen Gemeinschaft zu machen. Das hier skizzierte Streben nach einer Vereinigung der Ansprüche von Individuum und Gesellschaft knüpft damit an einen Grundgedanken Saint-Simons an, mit dem dieser den starren Utopismus zu überwinden suchte: "Er [Saint-Simon] wollte den Illiberalismus umfunktionieren, um durch ihn hindurch zum Licht und Human-Wert der Gebundenheit zu gelangen" (Bloch V: 1985, 660). Die Gesellschaft durchläuft einen ähnlichen Prozess wie das Individuum in seiner Entwicklung. Und dieses mag im Jahr 2240, am Ende seines Lebens, feststellen: "Le spectacle du progrès de l'humanité me cause toujours de vives jouissances, mais j'ai cessé de contribuer à ces progrès" (Enfantin: 1864, 213). Dennoch erfüllt der Greis noch eine gesellschaftlich relevante Aufgabe: die Pflege der Familie, welche die Keimzelle eines harmonischen Zusammenlebens unter den Menschen bildet.

Kurz nach dem Staatsstreich von Louis-Napoléon Bonaparte im Dezember 1851 veröffentlichte Théophile Gautier in der Zeitschrift *Le Pays* einen Entwurf für die Umgestaltung der französischen Hauptstadt. Der Entwurf trägt durchaus satirische Züge, ist aber auch eine Huldigung an das neue Regime. Gautier zeichnet hier das Bild einer Kapitale, die in ihrer Urbanität die sagenumwobenen Städte Babylon und Ninive durch den Einsatz modernster Technologie übertrifft – eine Anspielung auf die noch zur Zeit des Bürgerkönigs

Louis-Philippe eingeleiteten und unter dem von Louis-Napoléon eingesetzten Präfekten des Départements Seine, Haussmann, umgesetzten Plänen für eine weit reichende Umgestaltung der französischen Hauptstadt nach den modernsten Gesichtspunkten. Soziale Themen klammert Gautiers Text konsequent aus. Wenn auch indirekt, so doch um nichts weniger deutlich, macht er die politische Situation im Frankreich vor dem Staatsstreich dafür verantwortlich, dass die französische Zivilisation noch dahinsieche und Paris sich noch nicht zu voller Pracht habe entfalten können, wenn es über die Städte Ninive und Babylon heißt: "Et pourtant alors le gouvernement constitutionnel n'était pas encore inventé; l'on ne connaissait ni la poudre, ni l'imprimerie, ni la vapeur; personne ne discutait sur le progrès" (Gautier V: 1884, 323). Diese Städte hätten es ohne modernste Technik geschafft, zu ihrem mythischen Ruhm zu gelangen. Gautier fordert indes, nunmehr modernste Technologie in den Dienst urbaner Gestaltung zu stellen.

Wenn hier die Errungenschaft der Technik eine die sagenhaften Orte übertreffende Neugestaltung von Paris befördern sollen, ist dies ein Indiz für die an Napoleon III. geknüpfte Hoffnung auf technologische und ökonomische Innovationen. Gautiers Vision eines *Paris futur* ist die von einer künstlichen Umwelt, in der modernste Transport- und Kommunikationsmittel, neue Beleuchtungsarten und künstlich herabgesetzte Temperaturen im Sommer sowie beheizte Passagen im Winter für ideale Lebensbedingungen sorgen; die neue Lebensweise der Menschen mit allen nur denkbaren Annehmlichkeiten mache dereinst selbst den Schlaf überflüssig. Auch die Theater verfügten über eine perfektionierte Bühnentechnik.

Die von Gautier propagierte Umgestaltung der Stadt Paris ist einzig von eudaimonistischen Vorstellungen geleitet, Vorstellungen, welche durchaus auch Elemente des Fourierismus aufgreifen (vgl. Hambly: 1974, 222). Gautiers eudaimonistische Utopie enthält nichtsdestoweniger zahlreiche Anspielungen auf saint-simonistische Ideen, jene Ideen also, die er in den 30er und 40er Jahren noch vehement bekämpft hat. Die Vermutung liegt nahe, dass Gautier sich von dem saint-simonistischen Projekt *Ville nouvelle* von Charles Duveyrier hat inspirieren lassen, so in seiner Beschreibung der zentralen Kultstätte des neuen Paris. Den Tempel schildert er als ein eklektizistisches Bauwerk, das sämtliche architektonischen Formen aller Epochen in sich vereine und das einer einzigen Gottheit geweiht sei:

> Au lieu des cloches, dont les capsules de bronze n'ont qu'une psalmodie lugubre et monotone, on établirait dans les tours des orgues immenses avec des tuyaux comme la colonne de la Place Vendôme, dont les soufflets seraient mis en mouvement par des machines à vapeur. [...] L'unité de Dieu résulterait d'une façon plus claire de l'unité du temple et la toute-puissance de la masse formidable de l'ensemble (Gautier V: 1884, 323).

6.6. Das jüngste Gericht als Standgericht? *Utopie* und *progrès* bei Hugo – mit einer Digression zu Auguste Comte

Eine Gegenposition zu einem dem Totalitären zustrebenden Millenarismus (vgl. Talmon: 1960; Talmon: 1986), findet sich in Hugos *Les Misérables*. Der Roman ist ein monumentales Plaidoyer für eine Religion und Moderne vereinende Utopie. Die in der visionären Rede des Protagonisten Enjolras entfaltete (spät-) romantische Vorstellung vom Weg des Volkes in die Zukunft einer harmonischen Ordnung setzt auf besondere Weise das *apokalyptische Schema* bzw. *millenaristische Paradigma* um, das hier völlig in einer Apologie des Fortschritts aufgeht. Revolutionäres Handeln habe dem wahren Fortschritt Geltung zu verschaffen:

> L'utopie d'ailleurs, convenons-en, sort de la sphère radieuse en faisant la guerre. Elle, la vérité de demain, elle emprunte son procédé, la bataille, au mensonge d'hier. Elle, l'avenir, elle agit comme le passé. Elle, l'idée pure, elle devient voie de fait. Elle complique son héroïsme d'une violence dont il est juste qu'elle réponde; violence d'occasion et d'expédient, contraire aux principes, et dont elle est fatalement punie. L'utopie est insurrection et combat, le vieux code militaire au poing; elle fusille les espions, elle exécute les traîtres, elle supprime des êtres vivants et les jette dans les ténèbres inconnues. Elle se sert de la mort, chose grave. Il semble que l'utopie n'ait plus foi dans le rayonnement. Elle frappe avec le glaive. Or aucun glaive n'est simple. Toute épée a deux tranchants; qui blesse avec l'un se blesse avec l'autre (Hugo: 1951, 1261).

Auch wenn der friedliche Weg der wünschenswertere sei, wird in *Les Misérables* die revolutionäre Aktion verteidigt: Die Utopie als wahrhaft revolutionärer Aufstand ("insurrection") und Kampf folge der militärischen Logik, nach der die Verräter und Spione zu bestrafen seien (vgl. *Offb.* 20. 11-15): Das Standgericht nimmt das Jüngste Gericht vorweg! Der revolutionären Aktion ("insurrection") misst Hugo eine ästhetische Komponente bei, die auch über das Scheitern hinweg Bestand habe, ja die sich im Scheitern der Aktion gar erst in ihrer ganzen Kraft manifestiere:

> Cette réserve faite, et faite en toute sévérité, il nous est impossible de ne pas admirer, qu'ils réussissent ou non, les glorieux combattants de l'avenir, les confesseurs de l'utopie. Même quand ils avortent, ils sont vénérables, et c'est peut-être dans l'insuccès qu'ils ont plus de majesté. La victoire, quand elle est selon le progrès, mérite l'applaudissement des peuples; mais une défaite héroïque mérite leur attendrissement. L'une est magnifique, l'autre est sublime. Pour nous, qui préférons le martyre au succès, John Brown est plus grand que Washington, et Piscane est plus grand que Garibaldi (Hugo: 1951, 1262).

Hier kommt es zu einer zweifachen Rechtfertigung der revolutionären Aktion: Im Falle des Erfolgs verdiene sie Beifall, weil sie der Idee der Utopie und des Fortschritts zum Durchbruch verhelfe, im Falle des Scheiterns aber bleibe noch immer das Erhabene des Martyriums. Dass der revolutionäre Kampf bei Hugo eine 'apokalyptische' Dimension annimmt, zeigt auch die Darstellung der Französischen Revolution als einer Geste Gottes – "La Révolution française est un geste de Dieu" (Hugo: 1951, 1263). Nun steht bei Hugo nicht *eine* Revolution als einmalige historische Zäsur im Vordergrund seiner sehr freien Deutung apokalyptisch-millenaristischen Denkens, sondern eine lange Epoche der revolutionären Unruhen und der Barrikadenkämpfe (das 19. Jahrhundert), eine Epoche, die 'millenaristisch' in das Jahrhundert des Glücks (das 20. Jahrhundert) führen soll:

> Lumière! lumière! tout vient de la lumière et tout y retourne. Citoyens, le dix-neuvième siècle est grand, mais le vingtième siècle sera heureux. Alors plus rien de semblable à la vieille histoire; on n'aura plus à craindre, comme aujourd'hui, une conquête, une invasion, une usurpation, une rivalité de nations à mains armées, une interruption de civilisation dépendant d'un mariage de rois, une naissance dans les tyrannies héréditaires, un écroulement de dynastie, un combat de deux religions se rencontrant de front, comme deux boucs de l'ombre, sur le pont de l'infini; on n'aura plus à craindre la famine, l'exploitation, la prostitution par détresse, la misère par chômage, l'échafaud, et le glaive, et les batailles, et tous les brigandages du hasard dans la forêt des événements. On pourrait presque dire: il n'y aura plus d'événements. On sera heureux. Le genre humain accomplira sa loi comme le globe terrestre accomplira la sienne; l'harmonie se rétablira entre l'âme et l'astre (Hugo:1951, 1215f).

Enjolras-Hugo prophezeit für das 20. Jahrhundert das Ende der alten Geschichte ("la vieille histoire") und stellt das Ende von Geschichte überhaupt in Aussicht: "il n'y aura plus d'événements". Geschichte bezeichnet für ihn Ereignisgeschichte: das Zusammentreffen von einander widerstreitenden Interessen, von Konkurrenz und Streit unter Dynastien. Geschichte als Gegenstand geschichtsphilosophischer Synthese ist dabei von nachrangiger Bedeutung. Das in dieser Vision gedachte Ende der Geschichte hat ausschließlich die Wiederherstellung eines paradiesischen Zustands im Blick. Doch obwohl die Vision mit dem Pathos einer prophetischen Rede vorgetragen wird, fügt sie sich nicht so ohne weiteres in die Reihe eschatologischer Antizipationen vom Ende der Geschichte: Was hier angekündigt wird, ist eher der Prozess einer allmählichen Stabilisierung, an dessen Ende der erhoffte Zustand stehen wird. Sowohl die Menschheit als auch der Erdball würden vollbringen, was ihnen als Gesetz eingeschrieben sei – ein Ende, das völlig unspektakulär ist, im Verhältnis zum Paris der Aufstände des Jahres 1832, wo Hugo seinen Redner auftreten lässt. Nach dieser Vision wäre zwischen dem 19. und dem 20. Jahrhundert also keine epochale Zäsur mehr zu erwarten, denn diese "catastrophe" sei längst erfolgt: am 18. Juni 1815 mit der Niederlage Napoleons bei Waterloo – NB: Nach der hegelianischen Geschichtsauffassung setzte das Ende der Weltgeschichte mit dem Sieg Napoleons bei Jena (1806) ein!

> Ce jour-là, la perspective du genre humain a changé. Waterloo, c'est le grand gond du dix-neuvième siècle. La disparition du grand homme était nécessaire à l'avènement du grand siècle. Quelqu'un à qui on ne réplique pas s'en est chargé.

La panique des héros s'explique. Dans la bataille de Waterloo, il y a plus que nuage, il y a du météore. Dieu a passé (Hugo: 1951, 354).

"Dieu a passé" – Napoleons Niederlage ist das Ende der Heroen, das Ende des Titanenzeitalters (Hugo: 1951, 325). Es gibt von nun an keine prometheische Herausforderung der göttlichen Gewalt durch den Menschen mehr. Mit der Schlacht von Waterloo hat das große Jahrhundert begonnen, auf welches das glückliche zwanzigste folgen wird! Und ein Wort resümiert diese epochale Zäsur, "le plus beau mot qu'un Français ait jamais dit", ausgesprochen von einem titanischen Charakter, dem General Cambronne, ein Wort, das in die erhabensten Sphären weist – "Dire ce mot, et mourir ensuite. Quoi de plus grand!" (Hugo: 1951, 356) –, ein Wort, das gelassen ausgesprochen, das 19. Jahrhundert einleitet, ein Wort, das eine jede elaborierte rhetorische Hyperbel in ihrer Wirkung übertrifft: "Merde" (Hugo: 1951, 365). Mit welchem Wort würde wohl Hugo heute den Anbruch des 'neuen' Millenniums kommentieren?

Hugo vertraute den Wechsel vom neunzehnten zum zwanzigsten, vom großen zum glücklichen Jahrhundert, dem Fortschritt an; er sollte direkt in den neuen Äon führen. Fortschritt bedeutete für Hugo eine providentielle Bewegung (vgl. Taguieff: 2004, 94), aber auch die fortschreitende Beherrschung der Natur, das Bändigen der Elemente, die Hugo in mythologischen Gewändern Revue passieren lässt, wobei sich eine dreistufige Entwicklung abzeichnet:

> Citoyens, vous représentez-vous l'avenir? [...] Dompter la matière, c'est le premier pas; réaliser l'idéal, c'est le second. Réfléchissez à ce qu'a déjà fait le progrès. Jadis les premières races humaines voyaient avec terreur passer devant leurs yeux l'hydre qui soufflait sur les eaux, le dragon qui vomissait du feu, le griffon qui était le monstre de l'air et qui volait avec les ailes d'un aigle au-dessus de l'homme. L'homme cependant a tendu ses pièges, les pièges sacrés de l'intelligence, et il a fini par y prendre les monstres. Nous avons dompté l'hydre, et elle s'appelle le steamer; nous avons dompté le dragon, et il s'appelle la locomotive; nous sommes sur le point de dompter le griffon, nous le tenons déjà, et il s'appelle ballon. Le jour où cette œuvre prométhéenne sera terminée et où l'homme aura définitivement attelé à sa volonté la triple Chimère antique, l'hydre, le dragon et le griffon, il sera maître de l'eau, du feu et de l'air, et il sera pour le reste de la création animée ce que les anciens dieux étaient jadis pour lui. Courage, et en avant! Citoyens, où allons-nous? A la science faite gouvernement, à la force publique, à la loi naturelle ayant sa sanction et sa pénalité en elle-même et se promulguant par l'évidence, à un lever de vérité correspondant au lever du jour. Nous allons à l'union des peuples; nous allons à l'unité de l'homme. Plus de fictions; plus des parasites. Le réel gouverné par le vrai, voilà le but (Hugo: 1951, 1214).

In dieser Rede sind Elemente der Lehren von Saint Simon und insbesondere seines später abtrünnigen Schülers Auguste Comte deutlich vernehmbar, wenn es etwa heißt, man müsse die Natur beherrschen und aus der Kenntnis des *positiv* Gegebenen heraus die Gesellschaft umgestalten.

Nach Auguste Comte muss der Mensch (die Menschheit) seine (ihre) Wahrnehmung aufs äußerte schärfen, um in das *positive* Stadium gelangen zu können ("pour aboutir en pleine positivité"), in dem einzig die Wissenschaft als gültiges Prinzip herrsche. In dieses Stadium führe die "progression théorique". Erst wenn das Fortschreiten der wissenschaftlichen Theorie eine höhere Stufe erreicht habe, könne wirklicher Fortschritt entstehen: "le progrès repose nécessairement, d'abord sur la connaissance de l'ordre, ensuite sur le respect continu de ses dispositions fondamentales" (Comte IX: 1853, 76f). Das Ziel eines solchen Fortschritts sei die harmonische Gesellschaftsordnung, in der die objektiven Gegebenheiten mit der affektiven Disposition der Menschen übereinstimmen. Alle Fortschritte, die dieser affektiven Komponente nicht Rechnung trügen, seien verfehlter oder bestenfalls propädeutischer Natur:

"Notre évolution consistant, au fond, à développer notre unité, il faut traiter comme avortés, ou regarder comme purement préparatoires, tous les progrès de l'intelligence et de l'affectivité qui n'influent point sur le sentiment, source exclusive d'une telle harmonie". Dies seien die Voraussetzungen für die wahre Zivilisation, und jede Betrachtung der Geschichte, die diese Voraussetzungen verkenne, sei unzureichend, ja gefährlich: "Telle est l'unique mesure de l'essor humain, si bien qualifié de *civilisation*, puisqu'il émane toujours de l'union civique. L'appréciation historique qui ne serait poussée jusque-là resterait profondément dangereuse" (Comte IX: 1853, 67).

Comte spricht fortwährend von einem Endzustand ("état final"), der von einer "religion positiviste", dem *sacerdotium* im Namen eines "Grand Être", sowohl herbeigeführt als auch bestimmt werde. Folgerichtig lehnt Comte utopische Entwürfe sozialistischer bzw. kommunistischer (im Sinne des Cabetismus) Provenienz ab, indes ohne sich von dem in der saint-simonistischen Lehre hochgehaltenen millenaristischen Grundgedanken joachimitischer Tradition zu verabschieden, der auf der Annahme eines zu erreichenden sozialen – und damit intramundanen – Idealzustandes basiert (Vattimo: 2002, 45f).

Die Utopie verfehle den positivistischen Auftrag zum einen, weil sie abstrakt bleibe und nicht auf einer wissenschaftlichen Erkenntnis der Gegebenheiten beruhe, zum anderen, weil sie ausschließlich politische Vorgaben liefere und die Moral (des Individuums) außen vor lasse. Der entscheidende Fehler 'kommunistischer' Utopien nämlich sei, dass sie die Individualität unterdrückten: "L'ignorance de lois réelles de la sociabilité se manifeste d'abord dans la dangereuse tendance du communisme à comprimer toute individualité" (Comte VII: 1851, 158). Die wahrhaft sozialen Elemente indes seien eine auf individueller Empathie beruhende Solidarität und Kontinuität – jene Kontinuität, die den Gegenstand der positivistischen Geschichtsbetrachtung bildet:

> Le vrai sentiment social, d'abord de solidarité, et puis surtout de continuité, ne peut donc se raffermir et se développer sans cette grande base scientifique, qui dépend nécessairement de l'ensemble des spéculations positives. Tel est le premier fondement, à la fois rationnel et affectif, l'inévitable séparation des deux puissances élémentaires dans le régime final. A mesure que le perfectionnement

social deviendra le principal but de notre activité, on sentira davantage que l'on ne peut modifier de tels phénomènes sans en connaître les lois naturelles (Comte VII: 1851, 365).

Comtes Geschichtsverständnis geht einher mit der wissenschaftlichen Analyse. Wenn er von "état final" oder von "régime final" spricht, dann ist damit auch die Wendung des eschatologischen Moments der Geschichtsphilosophie ins Teleologische gemeint. Geschichte geht bei ihm ganz auf in den drei Stadien der Entwicklung der Menschheit bzw. des menschlichen Geistes, die er in seinem *Cours de philosophie positive* (1830-42) ausführlich dargelegt hat: (1) "l'état théologique ou fictif", in dem die Welt als Ausdruck übernatürlicher Kräfte gesehen werde – ein Zustand, der im Fetischismus seinen Ausgang nehme und sich über den Polytheismus zum Monotheismus entwickle; (2) "l'état métaphysique ou abstrait", in dem die Welt nach universalen (abstrakten) metaphysischen Prinzipien befragt und die Annahme eines anthropomorphen, willkürlichen Gottes definitiv abgestreift werde; (3) "l'état scientifique, ou positif" – die höchste Stufe der reinen und umfassenden Welterkenntnis durch die Wissenschaft. Comtes Verständnis von *progrès* meint die gesamte gesellschaftliche Ordnung; es setzt aber die "progression" in den Wissenschaften voraus. Seine gesellschaftswissenschaftlich-positivistische Methode ist eine Fortschreibung des Condorcetschen *art social* und der Saint-Simonschen *physiologie sociale* zur *sociologie* (bzw. *physique sociale*); sie kann aber als zugleich analytische und praktische Methode nur ab einem bestimmten Entwicklungsstand in der Wissenschaft greifen und hat sich in ihren Prinzipien an der angestrebten Harmonie zu orientieren. Für jeden Wandel in diesem Sinne gilt indes: Er vollzieht sich *innerhalb* der von der Natur vorgegebenen und damit unveränderlichen Ordnung ("un ordre immuable").[90] Revolutionen sind für Comte keine notwendigen Momente der gesellschaftlichen Entwicklung; sie seien vielmehr, einer Krankheit gleich, Abweichungen vom Normalzustand, in denen dieser sich *ex negativo* in intensivierter Form (quasi als Desiderat und Imperativ) offenbare, keinesfalls aber markierten sie "un état vraiment nouveau".[91] Mit seiner Annahme einer präexistenten Ordnung, die es

---

[90] Auf Condorcet bezogen schreibt Comte: "Quand on entreprend, comme mon éminent précurseur [sc. Condorcet], de fonder la politique sur l'histoire, il faut que l'appréciation du passé soit assez systématisée pour dévoiler l'avenir. Or, cette continuité ne saurait être obtenue qu'autant que le progrès humain représente toujours le simple développement d'un ordre immuable, dont l'étude préalable domine toutes les explications historiques" (Comte X: 1854, 2).

[91] Vgl. dazu die Einführungen Comtes zu seinem *Système de politique positive*: "[...] il faut maintenant construire directement la théorie positive de la modificabilité sociale, en caractérisant sommairement la nature propre et la coordination générale de toutes ses conceptions essentielles. Pour mieux fonder cette doctrine complémentaire, je dois d'abord lui procurer son entière extension encyclopédique, en l'appliquant aux divers éléments nécessaires de l'ordre universel, suivant la hiérarchie normale que j'ai établie entre eux. Chacun d'eux comporte toujours deux sortes de modifications habituelles: les unes directes, résultant de l'accomplissement spontané des phénomènes qui lui sont propres; les autres indirectes, proviennent des réactions dues au reste de l'économie naturelle. De ces deux

auf der Ebene einer harmonischen Gesellschaft zu konkretisieren gelte, unterscheidet sich Comte vom Saint-Simonismus, der den Blick zurück auf ein vergangenes Paradies ablehnt. Obwohl auch Comte von einem "état nouveau" spricht, dominiert bei ihm das Moment des Entdeckens bzw. Wiederentdeckens und Durchsetzens der Prinzipien des "ordre immuable" durch die positivistische Wissenschaft.

Diese Vorstellung von einer Konzentration des 'Normalzustandes' im revolutionären Aufruhr teilt auch Hugo; von Comte abweichend bezieht er hingegen in diese Konzentration auch die politische Utopie ein, die teilhabe an dem 'ästhetischen Überschuss', der das Scheitern politischen Handelns ins Erhabene wende:

> C'est toujours à ses risques et périls que l'utopie se transforme en insurrection, et se fait de protestation philosophique protestation armée, et de Minerve Pallas. L'utopie qui s'impatiente et devient émeute qui l'attend; presque toujours, elle arrive trop tôt. Alors elle se résigne, et accepte stoïquement, au lieu du triomphe, la catastrophe. Elle sert, sans se plaindre, et en les disculpant même, ceux qui la renient, et sa magnanimité est de consentir à l'abandon. Elle est indomptable contre l'obstacle et douce envers l'ingratitude (Hugo: 1951,1260).

Nach Erreichen der Fortschritte in den Wissenschaften bricht sich der wahre Fortschritt seine Bahn! Wiederum abweichend von Comte betrachtet Hugo die Revolutionen als Etappen, die notwendigerweise dem Erreichen des Endzustandes vorauseilen:

> Jusqu'à ce que l'ordre, qui n'est autre chose que la paix universelle, soit établi, jusqu'à ce que l'harmonie et l'unité règnent, le progrès aura pour étapes les révolutions" (Hugo: 1951, 1261).

Eine Revolution aber, die vom Ideal einer wahren Utopie – "quand elle est selon le progrès" – getragen und von Erfolg gekrönt ist, tritt aus der Reihe der zusehends als kontingent begriffenen historischen Ereignisse heraus und erhält eine neue Qualität: Der Fortschritt, der geradewegs in ein paradiesisches Zeitalter führt, ist das Werk der Providenz! Neben dieser Vereinigung von theologischer Eschatologie und Teleologie tritt an Hugos Fortschrittsverständnis auch noch ein anthropologisches Moment hervor: Der Fortschritt bzw. die Fähigkeit zum Fortschritt ist die *differentia specifica* des Menschen als *zoon politicon* –

> Le progrès est le mode de l'homme. La vie générale du genre humain s'appelle Progrès; le pas collectif du genre humain s'appelle le Progrès. Le progrès marche; il fait le grand voyage humain et terrestre vers le céleste et le divin; il a ses haltes où il rallie le troupeau attardé; il a ses stations où il médite, en présence de

---

> sources continues il peut, d'ailleurs, surgir des variations exceptionnelles, qualifiées de perturbations dans l'existence inorganique, de maladies envers les être vivants, et de révolution quant à la vie collective. Mais, en étendant partout le lumineux principe de Broussais, on trouve toujours que ces cas anormaux ne diffèrent de l'ordre normal que par leur degré d'intensité, sans offrir jamais un état vraiment nouveau" (Comte VIII: 1851, 430).

quelque Chanaan splendide dévoilant tout à coup son horizon; Chanaan splendide dévoilant tout à coup son horizon; il a ses nuits où il dort; et c'est une des poignantes anxiétés du penseur de voir l'ombre sur l'âme humaine, et de tâter dans les ténèbres, sans pouvoir le réveiller, le progrès endormi (Hugo: 1951, 1260).

Der Träger dieses Fortschritts ist das Volk, das in der pathetischen Rede des Barrikadenkämpfers von 1832 zu einer quasi-mythischen Größe heranwächst – ein Gedanke, der um 1862, als der zwischen 1845 und 1862 verfasste Roman *Les Misérables* erschien, schon wie ein Anachronismus wirken musste: "Qu'est-ce que le Progrès? [...] La vie permanente des peuples" (Hugo: 1951, 1261).

Viele französische Denker vor allem in der ersten Hälfte des 19. Jahrhunderts sahen im Volk die eigentlich treibende Kraft der gesellschaftlichen Veränderung (und der Providenz), so etwa Jules Michelet in *Le Peuple*. Ungeachtet seiner über weite Passagen in pathetischen Überschwang abgleitenden Diktion, ist dieses Buch in der Analyse sozialer Phänomene durchaus scharfsichtig. Michelets Schrift hebt kritisch darauf ab, dass der wissenschaftlich-technische Fortschritt oft einer positiven Veränderung der Bedingungen eines in Elend lebenden Volkes entgegensteht, ja dessen Leid noch vergrößere: "Progrès dans l'intelligence, progrès dans la souffrance. La machine était réglée, et l'homme pas" (Michelet: 1974, 105).

Diese Schattenseite eines ausschließlich technischen (und ökonomischen) Fortschritts, die fortschreitende Verelendung der Arbeiterschaft, artikuliert in kraftvollen Bildern auch das mit "L'Intestin de Léviathan" überschriebene Kapitel von *Les Misérables*. Mit den Eingeweiden des biblischen Ungeheuers Leviathan ist das Kanalisationssystem der Stadt Paris gemeint, in dem Polis und Urbanität ihre Negation erfahren. In den Katakomben der Kanalisation fließen die Auswürfe der Stadtbewohner zusammen, und das Ekelhafte verwandelt sich in das kollektive Gewissen der Metropole. An diesem gefährlichen Ort, der keine Sublimierung, keine ideologischen Ausflüchte mehr zulässt, treten die Widersprüche und ungelösten Konflikte der Gesellschaft unverhüllt hervor: "L'égout, c'est la conscience de la ville. Tout y converge, et s'y confronte. Dans ce lieu livide, il y a des ténèbres, mais il n'y a plus de secrets" (Hugo: 1951, 1286). Hier zeigt ein vorrangig am Ökonomischen ausgerichteter Fortschritt sein wahres Gesicht (Hugo: 1951, 1299).

Es gibt also nur einen wahren Fortschritt: den des Volkes! Auch der christliche Sozialist Lamennais sah in der Sache des Volkes die Sache Gottes: "Ce que veut le Peuple, Dieu lui-même le veut [...]. La cause du Peuple est donc la cause sainte, la cause de Dieu; elle triomphera donc" (Lamennais: s.d., 512). Ungeachtet seiner emphatischen Apologie des Volkes bemerkte allerdings schon Michelet die Ambivalenz des Begriffs "peuple": Es sei keine empirisch fassbare Größe, sondern stelle lediglich eine Abstraktion dar. Seine Schlussfolgerung relativiert indes diese scharfsichtige Analyse, da hier das (charismatische) Genie zum prophetischen Anführer (inspiriert von dem Bild des *dux* bei Joachim von Fiore?) verklärt wird, der dem Volk Gestalt und Stimme gebe:

Le peuple, en sa plus haute idée, se trouve difficilement dans le peuple. Que j'observe ici ou là, ce n'est pas lui, c'est telle classe, c'est telle forme partielle du peuple, altérée et éphémère. Il n'est dans sa vérité, à sa plus haute puissance, que dans l'homme de génie; en lui réside la grande âme... Tout le monde s'étonne de voir les masses inertes, vibrer au moindre mot qu'il dit, les bruits de l'Océan se taire devant cette voix, la vague populaire traîner à ses pieds... Pourquoi donc s'étonner? Cette voix, c'est celle du peuple; muet en lui-même, il parle en cet homme, et Dieu avec lui. C'est là vraiment qu'on peut dire: "Vox populi, vox Dei" (Michelet: 1974, 186).

Michelet wie Hugo sehen in Frankreich die Nation der Auserwählten, die dem Fortschritt in der Welt – dem vom Volk getragenen Fortschritt der Menschheit – zum Durchbruch verhelfen soll (Hugo: 1951, 1262). Während etwa Comte nur eine positivistische Geschichtsphilosophie gelten lässt, die vordergründig den eschatologischen Gedanken als unwissenschaftlich verwirft, obwohl ihr das millenaristische Paradigma unwiderruflich eingeschrieben ist, gelangt in Hugos Vorstellungswelt die Eschatologie zu neuer Geltung. Es sei noch einmal betont, dass Hugo den Fortschritt mit dem durch die Niederlage des Kaisers Napoleon I. besiegelten Beginn des 19. Jahrhunderts definitiv in die Welt treten sieht. Erst durch die Niederlage des titanischen Empereur gewinnt für Hugo das Volk als Träger des Fortschritts seine wirkliche Gestalt und avanciert zur ausschließlichen historisch relevanten Größe in einem Prozess der Selbstauflösung der Geschichte. Geschichte gilt nicht mehr als die Sache von Heroen und Feldherren; vielmehr wendet sich Hugo den wahren historischen Ereignissen im Dienste des Fortschritts zu: den Volksaufständen und Revolutionen.

Die "Fortschritt" genannte Entwicklung setzt also die epochale Zäsur voraus, die den Eintritt in das große – das 19. – Jahrhundert besiegelt hat. Dieses große Jahrhundert mit seinen Revolutionen, seinen Katastrophen und seinen Utopien ist Teil eines großen Strafgerichts und somit einer Apokalyptik, die Katastrophe und Millennium vereint. Nach der Zäsur – noch in einer sich selbst auflösenden Geschichte – strebt der apokalyptische Prozess (im doppelten Sinne des Wortes) seiner Vollendung zu, um schließlich dem glücklichen Jahrhundert entgegenzueilen, das *den* Zustand sozialer Harmonie herbeiführen wird. Hugos 'Millennium' des providentiellen Fortschritts gleicht jenem der *doctrine saint-simonienne*, der letzten der drei großen *époques organiques*: "De toute part il [l'homme] se sent porté vers le but qu'il désire; cette force qui le dirige, il l'appelle *providence* et il l'adore" (Bazard: 1829, 89).

Ein noch weitaus imposanteres Bild der Heilsgeschichte entwirft Hugo in seinem monumentalen Versepos *La Légende des siècles*, dem letzten Zeugnis von einer längst vergangenen und doch noch immer nicht ganz verschwundenen Welt: "Ce livre, c'est le reste de Babel" (Hugo: 1950, 14). Die Mythologien, biblische und theologische Versatzstücke synkretistisch vereinende Rückschau wechselt schließlich in die Diktion einer in die Zukunft gerichteten Prophetie, welche vom neuen Reich des Heils kündet: Den Trümmern Babels entsteigt die Vision einer poetischen Apokalypse, deren 'Offenbarung' die gesamte Menschheits-, Kultur- und Geistesgeschichte umgreift. Seine Abrundung erfährt der Zyklus *La Légende des siècles* durch die Zyklen *La Fin de Satan* und *Dieu*. Die Dreierkomposition des Fragment gebliebenen Gesamtzyklus erinnert an die Lehre von den drei Zeitaltern, die im Zeichen von Hugos religionsgeschichtlichen Synkretismus jedoch eine recht eigenwillige Deutung erfährt.

Der proteushafte Antichrist führt seinen erbitterten Kampf gegen den Anbruch eines neuen Zeitalters – und erfüllt gerade auf diese Weise seinen heilsgeschichtlichen Auftrag. Hugos Versepos illustriert das Verhältnis von falschem Propheten und wahrer Prophezeiung besonders augenfällig an der Gegenüberstellung zweier Technologien von epochalem Rang. Der gigantische Steamer *Great Eastern*, auf dem übrigens Jules Verne eine Reise unternahm und den er zum Gegenstand seines Romans *Une Ville flottante* machte (Dekiss: 1999, 118-121), gerät in *La Légende des siècles* zu einer eindrucksvollen zivilisationskritischen Metapher mit manifest eschatologischer Bedeutung. Nachdem es 1858 in Frankreich vom Stapel gelaufen war, wurde das kolossale Schiff zunächst auf den Namen *Léviathan* getauft und unter französischer Flagge im Linienbetrieb eingesezt; schon bald erwies es sich als unrentabel und wurde nach England verkauft, um dann unter dem Namen *Great Eastern* unter anderem beim Bau der transatlantischen Kabelverbindung zum Einsatz zu kommen; ab 1872 sollte es dann bis zu seiner Verschrottung im Jahr 1888 im Hafen liegen. Die Geschichte des Passagierschiffs *Léviathan* nimmt bei Hugo die Gestalt eines neuen Turmbaus zu Babel an. Und vielleicht illustriert diese Geschichte noch eindringlicher die Hybris moderner Technikgläubigkeit als der Untergang der *Titanic* zu Beginn des 20. Jahrhunderts: Das Schicksal der *Léviathan / Great Eastern* führt die Realisierung des technisch Machbaren um jeden Preis als blanken ökonomischen Wahnsinn vor. Bei Hugo jedenfalls verwandelt sich die Geschichte vom Babel der Schiffbaukunst in eine Allegorie vom unabwendbaren Scheitern eines Fortschritts wie er sich dem 19. Jahrhundert präsentierte. Denn echter Fortschritt erfordert andere ökonomische, soziale und technische Voraussetzungen:

> L'ancien monde, l'ensemble étrange et surprenant
> De faits sociaux, morts et pourris maintenant,
> D'où sortit ce navire aujourd'hui sous l'écume.
> L'ancien monde aussi, lui, plongé dans l'amertume,
> Avait tous les fléaux pour vents et pour typhons
> Construction d'airain aux étages profonds,
> Sur qui le mal, flot vil, crachait sa bave infâme,
> Plein de fumée, et mû par une hydre de flamme,
> La Haine, il ressemblait à ce sombre vaisseau.
> Le mal l'avait marqué de son funèbre sceau.
> Ce monde, enveloppé d'une brume éternelle,
> Était fatal; l'Espoir avait plié son aile;

Pas d'unité, divorce et joug; diversité
De langue, de raison, de code de cité;
Nul lien, nul faisceau; le progrès solitaire,
Comme un serpent coupé, se tordait sur la terre,
Sans pouvoir réunir les tronçons de l'effort;
[...]
Ce monde est mort. Mais quoi! l'homme est-il mort aussi? (Hugo: 1950, 717f).

Es ist der Blick zurück auf einen zum Selbstzweck geronnenen Fortschritt ("le progrès solitaire"), der sich überlebt hat: Trotz seines bereits entfalteten gigantischen Potentials müsse er schließlich doch alle in ihn gesetzten Hoffnungen enttäuschen; ihm wird es nicht gelingen, die Menschheit zu einen und in eine Zukunft des Heils zu führen. Der "progrès solitaire" erfüllt in Wahrheit das Werk des Antichrist; im Namen Satans unterwirft er den Menschen der unerbittlichen *ananke*, deren Überwindung er einst verhieß. Der Fortschritt der zum Niedergang bestimmten Zeit wird als das Werk des falschen Propheten präsentiert, der sich mit der Aura des Messias umgeben hat: In Wahrheit ist ein den Menschen versklavendes Prinzip am Wirken, für das die Gestalt des sündigen Weibes Isis-Lilith (die Verbindung der ägyptischen Gottheit, um die sich seit Jahrtausenden zahlreiche Geheimkulte ranken, mit der Tochter des Satan) steht – "Les hommes la nommaient Sort, Fortune, Anankè" (Hugo: 1950, 774). In *La Fin de Satan* wird sich der schon mit seinem Ende ringende Satan an Gott wenden "Tu seras Providence et moi fatalité" (Hugo: 1950, 902). Vorsehung und Naturgesetz ringen miteinander im Zeichen der Heilsgeschichte! Die Providenz schickt sich an, den trügerischen 'alten' Fortschritt der zugrunde gehenden Welt hinter sich zu lassen; sie beflügelt einen 'neuen' Fortschritt, der allein die einst von den falschen Propheten des "progrès solitaire" geweckte und genährte Heilserwartung einzulösen vermag. Hugo begibt sich hier in die Gefolgschaft von Pierre Leroux: "Fatalité donc! Et voici la science elle-même qui est une éclatante révélation de cette fatalité qui pèse aujourd'hui sur les hommes" (Leroux: 1978a, 46).

Das 20. Jahrhundert vollendet die Heilsgeschichte: Das beginnende neue Zeitalter des Heils – das Millennium oder Dritte Äon – findet im Luftschiff ("aéroscaphe") seine Versinnbildlichung. Das von seiner Hand geschaffene Luftschiff befreie den Menschen von den irdischen Zwängen. Dieser Akt einer von Gott gewollten Revolte – quasi eine technologische "insurrection" – gegen die unerbittliche *ananke* führe ihn zu seiner Bestimmung: "Qu'est'ce que ce navire impossible? C'est l'homme / C'est la grande révolte obéissant à Dieu!" (Hugo: 1950, 720). Erst mit der Überwindung des Babel der Moderne durch diesen technologischen Befreiungsschlag wird für den Romantiker der Triumph des echten Fortschritts möglich: "Superbe, il plane, avec un hymne en ses agrès; / Et l'on croit voir passer la strophe du progrès. / Il est la nef, il est le phare! [...] L'aéroscaphe suit son chemin; il n'a peur / Ni des pièges du soir, ni de l'âcre vapeur [...] Le saint navire court par le vent emporté" (Hugo: 1950,

271 u. 272). Mit der Eroberung der Lüfte sei das eherne Gesetz der *ananke* – die Fatalität – überwunden: "L'âpre fatalité se perd dans le lointain (Hugo: 1950, 725). Das Luftschiff avanciert schließlich zum Künder des neuen Zeitalters: "Et c'est ainsi que l'ère annoncée est venue" (Hugo: 1950, 727). Das Luftschiff breche geradewegs in die Zukunft auf, in eine Zukunft der Tugend und der (wahren) Wissenschaft: "Où va-t-il, ce navire? Il va de jour vêtu, / à l'avenir divin et pur, à la vertu, / A la science qu'on voit luire" (Hugo: 1950, 728). Das mit dem neuen Menschen eins gewordene Luftschiff gerät zur pathetischen Formel des einzig heilsbringenden Fortschritts: "Il est le vaste élan du progrès vers le ciel" (Hugo: 1950,731).

Hugo übernimmt die von Saint-Simonismus und Positivismus vertretene Auffassung von einem wahren Fortschritt im Zeichen einer religiös geprägten Gesellschaft – und spitzt sie noch zu, indem er die Einheit von Fortschritt und Providenz erklärt. Erst jetzt erhält die Comtesche Formel vom "progrès nécessaire" ihren Sinn. Dabei darf jedoch die theologische Terminologie nicht darüber hinwegtäuschen, dass es sich bei Saint-Simon um eine teleologische Vorstellung (in der von Bultmann dem Begriff "Teleologie" beigemessenen Bedeutung) vom Fortschritt handelt, der *innerhalb* einer *époque organique* (bzw. bei Comte innerhalb eines "état scientifique, ou positif") wirke, durch den sich das von den Saint-Simonisten ausgerufene – 'augustinische' – Millennium verwirkliche. Bei Hugo wird diese Vorstellung zum Teil wieder in das traditionelle apokalyptische Schema zurückgeholt, indem *Les Misérables* eine diesem Eintritt in das Millennium vorausgehende historische Zäsur akzentuiere, die der Menschheit den Weg für eine neue, sich nach und nach erfolgreich gegen die schlimmsten Naturgewalten stellende Wissenschaft frei gemacht habe. Eines Tages werde *diese* Menschheit – und nur *diese*, nicht etwa eine neue (und hierin unterscheidet er sich von der chiliastischen Tradition) – auch die große Sturmflut besiegen:

> Sera-ce une autre humanité? Non. L'humanité actuelle ne peut plus périr. Puisqu'elle sait d'avance le déluge, elle le vaincra. L'imprévu seul est indomptable. Une catastrophe calculée est une catastrophe dominée. Dans des milliers d'ans, l'homme se préparera au déluge. Le déluge ne sera pas une embûche comme pour les premiers hommes. Sa brusquerie fit son succès, succès terrible dont l'épouvante dure encore. L'homme futur attendra l'effrayant phénomène, comptera sur lui, le mesurera, et surnagera. La civilisation trouvera moyen de parer le déluge. Des ponts inaccessibles seront constatés, des vastes refuges seront établis, d'immenses procédés scientifiques, entrevus dès à présent, centupleront les forces et les ressources de l'homme. Tous les germes de civilisation seront abrités; tous les testaments de l'esprit humain seront mis en sûreté. L'antiquité n'a pu sauver Orphée, l'avenir sauvera Homère (Hugo XI: 1985, 697).

Wenn in diesem Zusammenhang von "Millenarismus" die Rede ist, dann auch mit dem Gedanken an das, was oben die *politische Theologie der zweiten Chance* genannt wurde: Dem französischen Volk, der französischen Nation, als der Avantgarde der Menschheit wird nun die Aufgabe zugeschrieben, die neue Gesellschaft zu verwirklichen; das Volk und die Nation haben den Auftrag, die Versprechen der Französischen Revolution einzulösen.

Hugos Roman *Les Misérables* ist zu einer Zeit erschienen (1862), als das Ende des Zweiten Kaiserreichs noch nicht abzusehen war. Und doch kann in dem Buch die Vorwegnahme des Selbstverständnisses der Dritten Republik gesehen werden: die französische Gesellschaft geradewegs in eine neue, harmonische Ordnung führen.

6.7. Der Millenarismus Zolas und die Dritte Republik

Das apokalyptische Schema findet sich in Zolas Romanzyklus *Les Rougon-Macquart. Histoire naturelle et sociale d'une famille au Second Empire* jenen Stellen unterlegt, an denen das Romangeschehen einen dezidiert allegorischen Bezug zum Zweiten Kaiserreich und seinem Untergang erhält. Dieser allegorische Bezug erschließt sich nicht zuletzt über die Schlusspassagen der großen Romane des Zyklus – etwa von *Germinal* oder *La Débâcle*.

Unschwer sind in *Nana* deutliche Anklänge an die *Johannesoffenbarung* auszumachen. Als Nana auf dem Höhepunkt ihrer Karriere als stadtbekannte Kurtisane steht, wird in der Zeitung *Le Figaro* ein Artikel veröffentlicht, in dem vor dem korrumpierenden Wesen einer aus dem Volk stammenden Kurtisane, gemeint ist Nana, gewarnt wird:

> Elle avait poussé dans un faubourg, sur le pavé parisien; et, grande et belle, de chair superbe ainsi qu'une plante de plein fumier, elle vengeait les gueux et les abandonnées dont elle était le produit. Avec elle, la pourriture qu'on laissait fermenter dans le peuple, remontait et pourrissait l'aristocratie. Elle devenait un force de la nature, un ferment de destruction, sans le vouloir elle-même, corrompant et désorganisant Paris entre les cuisses de neige, le faisant tourner comme des femmes, chaque mois, font tourner le lait (Zola II: 1961, 1269f).

Der Artikel über das Wirken der Kurtisane Nana erinnert an die von Johannes auf Patmos im Sendschreiben an den Engel der Gemeinde in Thyatira ausgesprochene Warnung vor dem Weib Isebel:

> Aber ich werfe dir vor, daß du das Weib Isebel gewähren läßt; sie gibt sich als Prophetin aus und lehrt meine Knechte und verführt sie, Unzucht zu treiben und Fleisch zu essen, das den Götzen geweiht ist. Ich habe ihr Zeit gelassen umzukehren, aber sie will nicht umkehren und von ihrer Unzucht ablassen. Darum werfe ich sie auf das Krankenbett, und alle, die mit ihr Ehebruch treiben, bringe ich in große Bedrängnis, wenn sie nicht abkehren vom Treiben dieses Weibes (*Offb*. 2, 20-22).

Die in der *Offenbarung* gemachte Prophezeiung trifft auch auf Zolas Nana zu: Sie wird ihr Kind verlieren und in der Blüte ihres Lebens auf dem Krankenlager von einer teuflischen Infektion ausgezehrt werden. Einer ihrer Liebhaber, der ihr völlig verfallene Comte Muffat, beginnt ihr Schicksal und das seine zu ahnen. Ihn befällt beim Anblick der verführerischen Nana Angst vor der Macht des Weibes, der er sich doch niemals wird entziehen können, in der er sich verliert:

> Il songeait à son ancienne horreur de la femme, au monstre de l'écriture, lubrique, sentant le fauve. Nana était toute velue, un duvet de sa croupe et ses cuisses de cavale, dans les renflements le voile troublant de leur ombre, il y avait de la bête. C'était la bête d'or, inconsciente comme une force, et dont l'odeur seule gâtait le monde. Muffat regardait toujours, obsédé. Possédé, au point qu'ayant fermé les paupières pour ne plus voir, l'animal reparut au fond des ténèbres, grandi, terrible, exagérant sa posture. Maintenant, il serait là, devant ses yeux, dans sa chair, à jamais (Zola II: 1961, 1271).

Muffat gerät unaufhaltsam in den Sog ihres Geschlechts, das ihn in den Ruin treibt. Ihn und die anderen Liebhaber wird, so die Verkündigung nach der sechsten Posaune in der *Offenbarung*, die gerechte Strafe treffen – "und alle, die mit ihr Ehebruch treiben, bringe ich in große Bedrängnis, wenn sie nicht abkehren vom Treiben dieses Weibes". Von dieser Strafe werden aber nicht nur die Liebhaber ereilt, sondern, wie in *Nana* und in den anderen Romanen des Zyklus deutlich wird, eine ganze Gesellschaft, denn "Sie hörten nicht auf, sich niederzuwerfen vor ihren Dämonen, vor ihren Götzen [...]. Sie ließen nicht ab von Mord und Zauberei, von Unzucht und Diebstahl" (*Offb.* 9, 20-21).

Nana ist nicht nur der Inbegriff des sündigen Weibes; sie wird zu einer großen historischen Allegorie, deren Bedeutung sich wiederum über die Bibel erschließt. Die teuflische Kurtisane Nana macht sich die Männer der Stadt untertan. Doch wie die große Hure Babylon aus der *Offenbarung* ist die Kurtisane Nana noch mehr: "Die Frau aber, die du gesehen hast, ist die große Stadt, die die Herrschaft hat über die Könige der Erde" (*Offb.* 17, 15). Nana *ist* also Paris, die Hauptstadt des Zweiten Kaiserreichs und – wie Benjamin treffend bemerkt hat – die Hauptstadt des 19. Jahrhunderts. Die in Anlehnung an die Bibel formulierte Allegorie Zolas führt an Nana den Untergang des Second Empire vor Augen. Die in seinem Roman evozierten Warnungen vor der Verderbtheit geben nicht etwa die moralische Entrüstung des Autors wieder, sondern enthalten den Vorwurf, dass das ungerechte Regime Louis-Napoléons die Menschen der Verelendung preisgegeben und damit den Nährboden für das verhängnisvolle Wirken einer Nana geschaffen habe. Das Gericht über das Reich des Louis-Napoléon kündigt sich mit dem Tod Nanas an: "Gefallen, gefallen ist Babylon, die Große, die alle Völker betrunken gemacht hat mit dem Zornwein ihrer Hurerei" (*Offb.* 14, 8). Die Allegorie Zolas verdichtet sich am Ende des Romans, wo der Leichnam Nanas mit seinen ekelhaften Deformierungen ein von der Dekadenz zugrundegerichtetes und dem Untergang geweihtes Frankreich versinnbildlicht, dessen Männer mit enthusiastischen Rufen zum Krieg gegen Preußen aufbrechen, zu jenem Krieg, der für die Nation die eigentlich apokalyptische Katastrophe bedeuten wird – und das Ende des Second Empire:

Toute une croûte rougeâtre partait d'une joue, envahissait la bouche, qu'elle tirait dans un rire abominable. Et, sur ce masque horrible et grotesque du néant, les cheveux, les beaux cheveux, gardant leur flambée de soleil, coulaient en un ruissellement d'or. Vénus se décomposait. Il semblait que le virus pris par elle dans les ruisseaux, sur les charognes tolérées, ce ferment dont elle avait empoisonné un peuple venait de lui remonter au visage et l'avait pourri. La chambre était vide. Un grand souffle désespéré monta du boulevard et gonfla le rideau. "A Berlin! à Berlin! à Berlin!" (Zola II: 1961, 1485).

Zur Kunde von einer apokalyptischen Katastrophe wird auch das Eisenbahnunglück in *La Bête humaine*. Dass dem Unglück eine allegorische Bedeutung zukommt, zeigt die detailgetreue Schilderung der entgleisten Lokomotive, die – über mehrere Relationsmetaphern, die durch den Vergleich von technischen Funktionen mit tierischen bzw. menschlichen Körperfunktionen entstehen – zuerst mit einem Tier und dann mit einem Menschen assoziiert wird, um schließlich auf eine weitere Sinnebene zu verweisen (NB: Die Vieldeutigkeit ist bereits im Titel *La Bête humaine* enthalten, der sowohl die Lokomotive als auch das Tierische im Menschen bezeichnet und damit das Zusammenwirken der Relationsmetaphern im Roman bereits strukturiert): [92]

La pauvre Lison n'en avait que pour quelques minutes. Elle se refroidissait, les braises de son foyer tombaient en cendre, le souffle qui s'était échappé si violemment de ses flancs ouverts, s'achevait en une petite plainte d'enfant qui pleure. Souillée de terre et de bave, elle toujours si luisante, vautrée sur le dos, dans une mare noire de charbon, elle avait la fin tragique d'une bête de luxe qu'un accident foudroie en pleine rue. Un instant, on avait pu voir, par ses entrailles crevées, fonctionner ses organes, les pistons battre comme deux cœurs jumeaux, la vapeur circuler dans les tiroirs comme le sang de ses veines; mais, pareilles à des bras convulsifs, les bielles n'avaient plus que des tressaillements, les révoltes dernières de la vie; et son âme s'en allait avec la force qui la faisait vivante, cette haleine immense dont elle ne parvenait pas à se vider toute. La géante éventrée s'apaisa encore, s'endormit peu à peu d'un sommeil très doux,

---

[92] Hans U. Gumbrecht hat die Vielschichtigkeit des Motivs der Lokomotive bei Zola in seiner Interpretation zu *La Bête humaine* und *Au Bonheur des dames* zusammengefaßt: "a) Als *Relationsmetapher* ist das Bild der Lokomotive ebenso wie die Bilder der stationären Maschinen und Organismen fundiert in der Isomorphie der Beziehungen zwischen sozialem Teilmilieu (Kapitalisten) und seinen Opfern (Kleinhandel) einerseits, und derjenigen zwischen der Lokomotive und den von ihr überrollten Toten; b) mit der auf die Zukunft bezogenen kapitalistischen Eigendynamik von Investition, Expansion und Reinvestition einerseits, und der kinetischen Eigendynamik der den Zug nach vorne bewegenden Teile ihrer Maschine weisen Kapitalismus und Lokomotive über die Isomorphie der beschriebenen Relation hinaus ein gemeinsames Sembündel auf, das allein schon – mindestens im 19. Jahrhundert – das Lexem 'Lokomotive' zum metaphorischen Substituens des Lexems 'Kapitalismus' qualifiziert; c) das Verhältnis zwischen Lokomotive und Schiene entspricht jenem neuen Erleben des Verhältnisses zwischen sich selbst bewegender Gegenwart und Zeitkontiuum, aus dem sich die Episemé der Epoche ableiten ließ" (Gumbrecht: 1978, 79). Er bezieht sich hier auf Niklas Luhmann (Luhmann: 1971 25-100). In das von Gumbrecht aufgezeigte System von Relationsmetaphern fügen sich bruchlos die tradierten Bilder der Apokalyptik.

> finit par se taire. Elle était morte Et le tas de fer, d'acier et de cuivre, qu'elle laissait là, ce colosse broyé, avec son tronc fendu, ses membres épars, ses organes meurtris, mis au plein jour, prenait l'affreuse tristesse d'un cadavre humain, énorme, de tout un monde qui avait vécu et d'où la vie venait d'être arrachée, dans la douleur (Zola IV: 1966, 1267).

Die Lokomotive bietet nicht nur den traurigen Anblick eines Leichnams, sondern auch den einer zerstörten Welt, der das Leben aus dem Leib gerissen worden ist. Zusammen mit der Schilderung des Unfalls und der dabei freigesetzten Elementargewalten verdichtet Zola die Komponenten des Bildes von der verunglückten Lokomotive zu einer apokalyptischen Allegorie.

Am Ende von *La Bête humaine* rast eine weitere Lokomotive führerlos durch die Nacht, sie soll Soldaten an die Front transportieren, doch sie werden nicht weit kommen, denn ihrer harrt ein Eisenbahnunglück, in dem auch viele Passanten ihr Leben verlieren werden. Aber ein solcher Unfalltod ist um nichts weniger widersinnig als der Tod der Soldaten auf dem Schlachtfeld angesichts der bevorstehenden katastrophalen Niederlage Frankreichs, um die der Leser weiß:

> Qu'importaient les victimes que la machine écrasait en chemin! N'allait-elle pas quand même à l'avenir, insoucieuse du sang répandu? Sans conducteur, au milieu des ténèbres, en bête aveugle et sourde qu'on aurait lâchée parmi la mort, elle roulait, elle roulait, chargée de cette chair à canon, de ces soldats, déjà hébétés de fatigue, et ivres, qui chantaient (Zola IV: 1966, 1331).

Die Lokomotive rast einem apokalyptischen Ungeheuer gleich mit ihrer lebenden Fracht, den gegen Preußen aufgebotenen Soldaten, in eine Zukunft der Katastrophe: in den Krieg, der das Ende des Zweiten Kaiserreiches besiegeln wird. Die führerlose Lokomotive gerät zu einer Allegorie auf das vom Fortschrittsoptimismus getragene Regime Napoleons III, das an seiner Hybris zugrunde geht.[93] Die Katastrophe ist besiegelt.

Die Anspielungen auf apokalyptische Bilder in *Les Rougon-Macquart* bekräftigen die Zukunft der Katastrophe sowohl auf der Ebene einer geschichtlichen Epoche – dem Zweiten Kaiserreich – als auch auf der individueller Lebensgeschichten. Die Protagonisten, die allesamt aus zwei geschädigten Familien stammen, sind von ihren Bedingungen her einer ausweglosen Determiniertheit unterworfen – selbst dann, wenn sie sich durch sozialen Aufstieg ihrer *conditio* entledigt wähnen.[94] Das Beispiel Zola zeigt, wie die Apokalyptik

---

93 So spielt Zola in seiner Schilderung der Architektur von *Au Bonheur des dames* auf den Turmbau zu Babel an, womit letztlich auch wieder das Second Empire gemeint ist: "[...] et tout ce fer mettait là, sous la lumière blanche des vitrages, une architecture légère, une dentelle compliquée où passait le jour, la réalisation moderne d'un palais du rêve, d'une Babel entassant les étages, élargissant des salles [...]" (Zola III: 1964, 626).

94 So blickt Séverine auf eine geschlossene Zukunft angesichts des Umstands, dass ihr Liebhaber Jacques es nicht fertig bringt, ihren Mann zu töten: "Car, devant nous maintenant, c'est notre vie barré, nous n'irons pas plus loin... Notre rêve de départ, cet espoir d'être riches et heureux, là-bas, en Amérique, toute cette félicité qui dépendait de toi, elle dépend de toi, elle est impossible, puisque tu n'as pas pu... Oh! je ne te reproche rien, il fut même mieux que la

zur Chiffre für einen Prozess werden kann, dem der Weg in die Katastrophe als innere Notwendigkeit eingeschrieben ist, auch wenn dieser vordergründig den von einer wissenschaftlichen bzw. naturwissenschaftlichen Theorie postulierten Gesetzen folgt – die im Falle der *Rougon-Macquart* in einer den Prämissen der *méthode expérimentale* unterworfenen 'Versuchsanordnung' nachgestellt werden.

In der Schlusspassage von *Germinal* wirft der Protagonist Étienne Lantier nach dem gescheiterten Arbeiteraufstand die Frage auf, ob eine wirkliche soziale Revolution nicht doch nur auf friedlichem Weg Erfolg haben kann:

> Et il [Lantier] songeait à présent que la violence peut-être ne hâtait pas les choses. Des câbles coupés, des rails arrachés, des lampes cassées, quelle inutile besogne! Cela valait bien la peine de galoper à trois mille, en une bande dévastatrice! Vaguement, il devinait que la légalité, un jour pouvait être plus terrible. Sa raison mûrissait, il avait jeté la gourme de ses rancunes. Oui, la Maheude le disait bien avec son bon sens, ce serait le grand coup; s'enrégimenter tranquillement, se connaître, se réunir en syndicats, lorsque les lois le permettraient; puis, le matin où l'on se sentirait les coudes, où l'on trouverait des millions de travailleurs face en face de quelques milliers de fainéants, prendre le pouvoir, être les maîtres. Ah! quel réveil de vérité et de justice! Le dieu repu et accroupi en crèverait sur l'heure, l'idole monstrueuse, caché au fond de son tabernacle, dans cet inconnu lointain où les misérables la nourrissaient de leur chair, sans l'avoir jamais vu (Zola III: 1964, 1590f).

Diese Vision von einer friedlichen Umgestaltung der Gesellschaft durch die Assoziation der Arbeiter weist in eine ferne Zukunft. Die Gegenwart sieht anders aus: Unter dem Druck der sozialen Verhältnisse beginnt es wieder zu gären, und ein neuer Aufstand steht bevor, der von elementarer und eruptiver Gewalt zu sein verspricht (das Werk des Antichrist?) –

> Encore, encore, de plus en plus distinctement, comme s'ils se fussent rapprochés du sol, les camarades tapaient. Aux rayons enflammés de l'astre, par cette matinée de jeunesse, c'était de cette rumeur que la campagne était gosse. Des hommes poussaient, une armée noire, vengeresse, qui germait lentement dans les sillons, grandissant pour les récoltes du siècle futur, et dont la germination allait faire bientôt éclater la terre (Zola III: 1964, 1591).

Die apokalyptischen Motive bei Zola dienen der *amplificatio* einer epochalen Zäsur, die der Verfasser des Romanzyklus *Les Rougon-Macquart* mit dem durch die Schlacht von Sedan besiegelten Untergang des Second Empire ausmacht. Diese schildert er ausführlich in seinem Roman *La Débâcle*. Im selben Roman erzählt Zola auch vom Scheitern der Pariser *Commune*: Mit der bren-

---

chose ne soit pas faite; mais je veux te faire comprendre qu'avec toi je n'ai plus rien à attendre: demain sera comme hier, les mêmes ennuis, les mêmes tourments" (Zola IV: 1966, 1284). Schließlich wird Jacques, dem eine dämonische Neigung zum Mord angeboren ist, Séverine umbringen. An der Gestalt Jacques' wird der Determinismus, der die Welt der *Rougon-Macquart* beherrscht, besonders augenscheinlich: Obwohl er um seine Neigung zum Töten weiß, obwohl er dagegen ankämpft, unterliegt er seinem Drang und tötet.

nenden Stadt Paris geht eine Epoche unter – und zwar an den Gegensätzen, die sie selbst hervorgebracht hat. Und beim Anblick dieses apokalyptischen Szenarios hat Jean (sic!), der einzige überlebende Protagonist des Romans *La Débâcle*, eine Vision:

> Alors, Jean eut une sensation extraordinaire. Il lui sembla, dans cette lente tombée du jour, au-dessus de cette cité en flammes, qu'une aurore déjà se levait. C'était bien pourtant la fin de tout, un acharnement du destin, un amas de désastres tels, que jamais nation n'en avait subi d'aussi grands: les continuelles défaites, les provinces perdues, les milliards à payer, la plus effroyable des guerres civiles noyée sous le sang, les décombres et des morts à pleins quartiers, plus d'argent, plus d'honneur, tout un monde à reconstruire! [...] Et pourtant, par-delà la fournaise, hurlante encore, la vivace espérance renaissait, au fond du grand ciel calme, d'une limpidité souveraine. C'était le rajeunissement certain de l'éternelle nature, de l'éternelle humanité, le renouveau promis à qui espère et travaille [...] (Zola V: 1967, 912).

Die Vision ist von der Hoffnung getragen, dass das brennende Paris nun eine endgültige Zäsur markiere, dass nun ein neues Zeitalter anbreche. Das Scheitern der *Commune*, die versuchte, durch eine Revolution eine gerechte Gesellschaft zu schaffen, wird als die letzte Etappe des die Epoche von Napoleon III. in den apokalyptischen Untergang reisenden Desasters geschildert – womit Zola noch einmal die Zweifel an den Erfolgsaussichten eines gewaltsamen Arbeiteraufstandes bekräftigt, die er in *Germinal* angemeldet hat. Die *Commune* erscheint bei Zola als eine schicksalhaft vorgezeichnete soziale Tragödie, die als das Werk falscher Propheten unmittelbar dem Unrechtsregime des Second Empire entsprang: Die von ihr geweckten falschen Hoffnungen können als das Werk des proteushaften Antichrist angesehen werden!

Elend und Verzweiflung sind Teil der vergangenen Epoche, welche die Massen so weit verelenden ließ, dass sie nicht mehr zu einer Neugestaltung der Zukunft fähig sein sollten – und bezeichnenderweise erleben die meisten Protagonisten Zolas den republikanischen Neuanfang nicht mehr. Zolas Sozialgeschichte widerlegt das noch von Hugo in seinem spätromantischen Roman *Les Misérables* überhöht gezeichnete Bild von der mythischen Kraft des Volkes. *Le peuple* ist bei dem Naturalisten zunächst eine Klasse der Verdammten.

Der Schluss von *Germinal* erscheint aus der Sicht von *La Débâcle* nunmehr als ein ambivalenter (vgl. Kaiser: 1992, 223ff): Ist der sich ankündigende Aufstand vielleicht nicht doch wieder zum Scheitern verurteilt, wenn er vor der epochalen Zäsur stattfindet? In *La Débâcle* ist der Aufstand der *Commune* eindeutig Teil des apokalyptischen Szenarios, das für die Epochenwende steht; am Ende von *La Débâcle* zeichnet Zola das Bild von einem Frankreich, das mit dem totalen Zusammenbruch nunmehr in eine offene Zukunft blicken kann, offen für eine friedliche Umgestaltung der Gesellschaft hin zur Gerechtigkeit –

Le champ ravagé était en friche, la maison brûlée était par terre; et Jean, le plus humble et le plus douloureux, s'en alla, marchant à l'avenir, à la grande et rude besogne de toute une France à refaire (Zola V: 1967, 912).

Es wird Mühe kosten, das neue Frankreich aufzubauen. Und dennoch setzt Zola in dieses neue Frankreich eine Hoffnung, die durchaus das Prädikat "millenaristisch" verdient. Und die Geschlossenheit des Zyklus *Les Rougon-Macquart* zeigt, dass Zola den pessimistischen Determinismus, der seine Protagonisten ins Elend treibt, offensichtlich auf die Bedingungen des literarischen 'Vesuchslabors' Second Empire beschränkt wissen möchte. Unter den veränderten Bedingungen nach der epochalen Zäsur soll dieser fatale Determinismus seine Gültigkeit verlieren, und Frankreich kann daran gehen, die Lage der Arbeiter auf friedlichem Weg zu verbessern. Die blutigen Aufstände dagegen waren noch Teil der alten Gesellschaftsordnung: Die Erneuerung fordert die Zäsur.

Gegen Ende der *Rougon-Macquart* zeichnet sich die Entwicklung ab, die das Spätwerk Zolas bestimmen wird: das Herausarbeiten einer *politischen Theologie* der Dritten Republik, die mit Fug und Recht als eine *politische Theologie der zweiten Chance* gelten kann.[95] Der Widerspruch zwischen einem Weltbild, das in den Individuen die tragischen Opfer einer unerbittlichen Fatalität sieht, und der Hoffnung auf eine neue, gerechte Gesellschaft thematisiert der letzte Band der *Rougon-Macquart*: *Le Docteur Pascal*. Der Titelheld hat sich ganz seinen Forschungen zur Vererbungslehre verschrieben, mit denen er dem Geheimnis des Lebens auf die Spur zu kommen sucht. Er wird von der Hoffnung getragen, auf diesem wissenschaftlichen Weg der – wie Hugo sagen würde – unerbittlichen *ananke* zu entrinnen und die Menschheit erneuern zu können (Zola V: 1967, 947). Durch eine medizinische Revolution, die für den besessenen Forscher den Charakter eines Eschatons annimmt, will er alles Leid abschaffen und dem Leben zu einem endgültigen Sieg verhelfen (Zola V: 1967, 953):

> Son rêve aboutissait à cette pensée qu'on pourrait hâter le bonheur universel, cité future de perfection et de félicité, en intervenant, en assurant de la santé à tous (Zola V: 1967, 948).

Zu diesem Zweck führt der Doktor Pascal eine sorgfältige Chronik der beiden Familien, mit denen er entfernt verwandt ist: die Rougons und die Macquarts. Seine Aufzeichnungen sind eine mise *en abyme* von Zolas *Histoire naturelle et sociale d'une famille au Second Empire*. Verhängnisvoll für den Erkennnis-

---

95 Der politische Messianismus ist in den letzten Jahren mehr ins Blickfeld der Zola-Forschung gerückt (vgl. Morice: 2002). Dabei ist es bisweilen zu voreiligen Schlussfolgerungen gekommen (vgl. z.B. McComick: 1998). Indes hat Evenhuis auf das wichtige Moment der "Reinigung" in den Romanen Zolas verwiesen (Evenhuis: 1998, 267). Besonders aufschlussreich ist das Kapitel "Le cinquième évangéliste" bei Muray (Muray: 1984a, 512-542), in dem dieser die "politische Religion" (Voegelin) Zolas mit Blick auf die drei großen Romanzyklen untersucht. Ebenfalls in diese Richtung argumentiert der Aufsatz *Le Millénarisme chez Zola* (Kuhnle: 2004).

wert seiner Studien ist indes, dass er dem Irrtum erliegt, genug Distanz zu dieser Familie und damit von deren erblichen Defekten zu haben. In Wirklichkeit aber ist sein wissenschaftliches Projekt ebenso zum Scheitern verurteilt wie die Lebensentwürfe der anderen Mitglieder der Rougon-Macquarts. Ob er hinter das Geheimnis des Lebens gekommen ist, bleibt offen, da nach dem Tod des Doktors die um die Familienehre besorgte alte Madame Rougon – die 'Stammmutter' der *Rougon-Macquart* – zusammen mit der abergläubischen Angestellten die Manuskripte verbrennt: Möglicherweise ist ein neues Evangelium der Wissenschaft einem Autodafé zum Opfer gefallen!

Die 'Eschatologie' der Rougon-Macquart kennt indes einen neuen Hoffnungsträger. Die junge Nichte und Witwe des Doktors bringt ein Kind von ihm zur Welt, das nunmehr zum Kristallisationspunkt aller Ängste und Hoffnungen wird:

> L'enfant était venu, le rédempteur peut-être. Les cloches avaient sonné, les rois mages s'étaient mis en route, suivis des populations, de toute la nature en fête, souriant au petit dans ses langes. [...]. Et c'était le rêve de toutes les mères, la certitude d'être accouchée du messie attendu; et il y avait là, dans cet espoir, dans cette croyance obstinée de chaque mère au triomphe certain de son enfant, l'espoir même qui fait la vie, la croyance qui donne à l'humanité la force sans cesse renaissante de vivre encore (Zola V: 1967, 1218).

Messias oder Antichrist? Das Kind steht jedenfalls für die millenaristische Erwartungshaltung Zolas – auch wenn noch nicht sicher ist, ob die neue Zeit unmittelbar bevorsteht, denn ein weiterer Aufschub scheint nicht ausgeschlossen:

> À l'enfant qui allait être demain, au génie qui naissait peut-être, au messie que le prochain siècle attendait, qui tirerait les peuples de leur doute et de leur souffrance! Puisque la nation était à refaire, celui-ci ne venait-il pas pour cette besogne ? Il reprendrait l'expérience, relèverait les murs, rendrait une certitude aux hommes tâtonnants, bâtirait la cité de justice, où l'unique loi du travail assurerait le bonheur. Dans les temps troublés, on doit attendre les prophètes. À moins qu'il ne fût l'Antéchrist, le démon dévastateur, la bête annoncée qui purgerait la terre de l'impureté devenue trop vaste. Et la vie continuerait malgré tout, il faudrait seulement patienter des milliers d'années encore, avant que paraisse l'autre enfant inconnu, le bienfaiteur (Zola V: 1967, 1219; vgl. Jennings: 1971, 114f).

Das Kind *symbolisiert* den Messias, der für Zola mehr als nur eine einzelne Person ist: Die Erlösung kann nur von der gesamten Menschheit ausgehen – weshalb sich der Messias in den Zügen jedes Kindes zu erkennen gibt. Zola befindet sich hier in Einklang mit Pierre Leroux, der über die wahre Bedeutung des Messias in der jüdischen Tradition schrieb:

> Au fond, c'était une époque sabbatique ou messianique qu'ils attendaient, et non pas seulement un Messie. Ce qu'ils attendaient, c'était la *fin du monde* et le *renouvellement du monde* (Leroux: 1985, 487f).

Eine 'Welt' ist für Zola bereits untergegangen: das Reich des 'Antichrist' Napoleon III. – und ein weiterer 'Weltuntergang' ist nach *Le Docteur Pascal* nicht völlig auszuschließen. Allerdings ruft der letzte Roman der *Rougon-Macquart* einen Gedanken von Leroux in Erinnerung: "La question de la vie future est identique au fond avec la question de la vie" (Leroux: 1985, 669). Wie der Denker eines religiösen Sozialismus geht der Doktor von einem langen und steinigen Weg aus: Die Erlösung wird das Ergebnis kollektiver *Arbeit* sein – "La logique est peut-être une justice naturelle et supérieure, allant droit à la somme du travail commun, au grand labeur final" (Zola V: 1967, 993; vgl. ebd., 1178). Der Gedanke von einer großen kollektiven Anstrengung erinnert an das dritte Zeitalter in der joachimitischen Theologie. Allerdings unterstreicht Zola in seinen Arbeitsnotizen, dass noch nichts entschieden sei:

> Conclure aussi sur le relèvement de la France après 70. Qui sait si cet enfant ne sera pas le général attendu? Mais faire cela, c'est très délicat. Ma série n'étant que l'histoire du second Empire, il serait bon de mettre cela. Le fait pour montrer la république assise et réparant le mal, est à trouver. 'Toute une France à reconstruire ' (Zola V: 1967, 1666).

Zola will sich keiner Ideologie verschreiben, weshalb auch das Werk Pascals durch das Autodafé der 'Stammmutter' Rougon vernichtet wird: Mit den Erkenntnissen gehen auch die möglichen Irrtümer in den Flammen auf. Und doch erinnert die Bedeutung, die der Romancier diesen Skripten beimisst, an den Mythos vom Ewigen Evangelium, jenes zu entdeckende und vielleicht fortwährend neu zu schreibende Buch der endgültigen Wahrheit. Zola selbst beansprucht für sich lediglich den Rang eines experimentierenden Romanciers, der für seine Versuchsanordnung verantwortlich zeichnet – "l'expérience, je veux dire, fait mouvoir les personnages dans une histoire particulière, pour y montrer que la succession des faits y sera telle que l'exige le déterminisme des phénomènes mis à l'étude" (Zola: 1971, 63f).

Die Dialektik eines revolutionären Millenarismus – seit den Anfängen des Christentums bis zu den anarchistischen Bewegungen – wird im ersten Band von Zolas Trilogie *Les trois Villes – Lourdes* (1894), *Rome* (1896) und *Paris* (1898) – evoziert:

> Anciennement, les premiers chrétiens n'ont-ils pas été des révolutionnaires redoutables pour le monde païen, qu'ils menaçaient, et qu'ils ont en effet détruit ? Eux qu'on a persécutés, qu'on a tâché d'exterminer, sont aujourd'hui inoffensifs parce qu'ils sont devenus le passé. L'avenir c'est aujourd'hui l'affolé de rénovation sociale qui fait le grand rêve noir de tout purifier par la flamme des incendies. C'était monstrueux. Qui savait pourtant ? là était peut-être le monde rajeuni de demain (Zola: 1995, 577).

In *Lourdes* durchlebt der Protagonist, der den *telling name* Abbé Pierre Froment trägt, eine tiefe Glaubenskrise: An dem Wallfahrtsort in den Pyrenäen verlangt das Wunder nach seiner Beglaubigung durch die Wissenschaft – um letztlich im Namen und zum Profit der Kirche 'industriell' vermarktet werden zu können. Für Pierre Froment gilt es als ausgemacht, dass der nicht mehr zeitgemäße Katholizismus durch eine neue Religion ersetzt werden müsse (Zola: 1995, 570), eine Religion, die nach dem wahren Messias frage – "d'où viendrait le messie de douceur aux mains duquel il aurait voulu remettre la pauvre humanité malade?" (Zola: 1995, 577). Diese neue Vision vom Messias habe die Moderne mit dem ungebrochenen Wunsch nach Spiritualität zu versöhnen und die Leiden einer von der Technik überrollten Menschheit zu lindern – "la pauvre humanité malade, affamée d'illusion, qui, dans la lassitude de ce siècle finissant, éperdue et meurtrie d'avoir acquis goulûment trop de science, se croit abandonnée des médecins de l'âme et du corps" (Zola: 1995, 578). Der Fortschritt hat sich gegen den Menschen gewandt, der sich nun von der Lokomotive an den Ort des Wunders fahren lässt.

Seine bei der Pilgerbetreuung gemachten Erfahrungen und die durchlebte Glaubenskrise führen dem jungen Priester Froment die Hand bei der Niederschrift eines Buches über den reformierten Glauben, der sich der sozialen Frage stellt. Doch seine Abhandlung hat nicht den gewünschten Erfolg: Er soll seine häretischen Thesen widerrufen. Froments Ringen um die Anerkennung seiner neuen Theologie angesichts der zu einer starren Institution geronnenen katholischen Kirche ist das Thema des zweiten Romans von *Les trois Villes*: *Rome*.

In Rom, wohin Pierre Froment gereist ist, um seine Anschauungen zu verteidigen, muss er den Traum von einer neuen bzw. einer zum Wohle der Menschheit erneuerten heiligen Stadt – "rêve d'une Rome évangélique et universelle" (Zola: 1995, 654) – begraben. Diese Kirche ist nicht reformierbar; sie hat die Züge des Antichrist angenommen, der die Kraft für eine Erneuerung im Glauben raubt. Fromentin muss diese bittere Wahrheit sogar aus dem Mund eines Kardinals vernehmen: "Ô Dieu […], faites de moi, si cela est dans vos desseins, le pontife de la destruction, de la mort du monde" (Zola: 1999, 829). Am Ende von *Rome* richtet sich die ganze Hoffnung von Pierre Froment auf Paris, das neue, dritte Rom (gar das Neue Jerusalem?).

In *Paris* führt seine Suche nach einer neuen Lehre zu einer Auseinandersetzung mit dem Anarchismus, der das Antlitz eines sektiererischen Millenarismuses annimmt. Pierres Bruder hat sich dieser Bewegung angeschlossen und plant ein Attentat auf Sacré-Cœur. In der Konfrontation der beiden Brüder spiegelt sich der Konflikt zum einen zwischen einem aggressiven Chiliasmus und einem sanften Millenarismus wieder. Der Anarchist Guillaume muss schließlich anerkennen, dass es das destruktive Potential der Moderne zu konvertieren gilt – "ce qui devait détruire servait au progrès, le volcan domestiqué devenait du travail, de la paix, de la civilisation". Der gesellschaftliche Wandel bedarf einer kollektiven Anstrengung! *Le peuple* hat wieder zu seiner von der Romantik verklärten Kraft gefunden! Für anarchistische Alleingänge gibt es keinen Raum mehr!

Le peuple, la grande foule se révolte contre l'isolé qui croit faire justice. Le volcan, oui ! mais le volcan c'est toute la croûte terrestre, c'est toute la masse populaire qui se soulève [...] pour refaire une société libre (Zola: 2002, 632).

Das apokalyptische Symbol des Vulkans kündet hier von einem friedlichen Millennium des wahren Fortschritts (Zola: 2002, 633). Allein die Kraft schöpferischer Arbeit öffnet den Weg in das neue Zeitalter – und jede "akute Eschatologie" (Blumenberg: 1996, 78 – s.o.), die durch chiliastischen Eifer die neue Zeit herbeibomben will, ist zum Scheitern verurteilt. Die Epoche der Revolutionen – mithin die Moderne – muss überwunden werden.

Enfin, l'humanité sans frontières, sans guerres possibles, l'humanité vivant du juste travail, dans la communauté universelle de tous les biens ! N'était-ce pas l'évolution, le but de ce labeur qui se fait partout, le dénouement de l'Histoire (Zola: 2002, 892).

Doch die Realität der darauf folgenden Dezennien bedroht diese Hoffnung. Das Ringen mit den Hindernissen auf dem Weg in ein neues Zeitalter ist die Romantetralogie *Les quatre Évangiles* – *Fécondité* (1899), *Travail* (1901), *Vérité* (1903) und *Justice* (Fragment). Die Protagonisten sind die vier nach den Evangelisten benannten Söhne von Pierre Froment.

In *Fécondité* gibt Zola eine Diskussion wieder, in der die Entwicklung der Sozialtheorien der vergangenen hundert Jahre einer Bilanz unterzogen wird:

Ils s'excitaient, ils se grisaient, de leur sombres imaginations. D'abord, le progrès n'existait pas. Il suffisait de se reporter à la fin du siècle dernier, lorsque Condorcet annonçait le retour de l'âge d'or, l'égalité prochaine, la paix entre les hommes et les nations: une illusion généreuse gonflait tous les cœurs, l'utopie ouvrait le plein ciel à toutes les espérances; et, cent ans plus tard, quelle chute, cette fin de notre siècle actuel, qui s'achève dans la banqueroute de la science, de la liberté et de la justice, qui tombe dans le sang et dans la boue, au seuil même de l'inconnu menaçant du siècle futur! Ensuite, est-ce que l'expérience n'était pas faite? Cet âge d'or tant cherché, les païens l'avaient mis avant les temps, les chrétiens étaient venus le mettre après les temps, tandis que les socialistes d'aujourd'hui le mettaient pendant les temps. Ce n'étaient là que trois illusions déplorables, il n'y avait qu'un bonheur absolu possible, celui de l'anéantissement. Sans doute leur bon catholicisme les faisait hésiter à supprimer le monde d'un coup; mais ils jugeaient permis de le limiter. Schopenhauer, et même Hartmann, leur semblaient d'ailleurs démodés. Ils se rapprochaient de Nietzsche, l'humanité restreinte, le rêve aristocratique d'une élite, une nourriture plus délicate, des pensées plus raffinées, des femmes plus belles, aboutissant à l'homme parfait, l'homme supérieur, dont les jouissances seraient décuplées (Zola VIII: 1968, 58).

Die bürgerliche Gesprächsrunde entwirft ein Bild der großen Desillusion, das die *Fin-de-siècle*-Stimmung charakterisiert: Die aufklärerische Utopie eines Condorcet hat ebenso versagt wie der Sozialismus oder der christliche Erlösungsglaube; der Gedanke der *perfectibilité* ist einem *anthropologischen Pessimismus* gewichen, der Gedanke vom Fortschritt der Menschheit und der Zivilisation dem Bild der Dekadenz. Zola lässt hier die Gedankengebäude

Revue passieren, die sich nachhaltig auf das apokalyptische bzw. millenaristische Schema beziehen. Die Sozialisten seien diejenigen, die das Goldene Zeitalter "dans les temps", also in der Geschichte, realisieren wollten; die Christen dagegen hätten das Goldene Zeitalter auf "après le temps" – d.h. auf jenseits der Geschichte – verschoben. Die Enttäuschung der durch diese Lehren geweckten Hoffnung und die Angst vor dem Unbekannten, welches das neue Jahrhundert bringen mag, erzeugt einen Kult des Untergangs: Einzig die Hinwendung zum Nichts, zur nihilistischen Vernichtungstat, ist von der millenaristischen Hoffnung geblieben, was heißt, dass Glück nunmehr weder in der Geschichte noch jenseits der die Geschichte beendenden katastrophalen Zäsur gedacht wird, sondern in der Vernichtung selbst. Die Berufung auf Nietzsche und dessen Lehre vom höheren Menschen erscheint hier als die Antwort auf die ungelöste soziale Frage: Weder das mythisch überhöhte Volk romantischer Denker noch die revolutionäre Klasse des Proletariats wird am Horizont sichtbar. Das reaktionäre Bürgertum fürchtet stattdessen die *peuple* genannte amorphe Masse verelendender Kreaturen. Das Anwachsen dieser Volksmassen einzudämmen, scheint nur noch durch zynische Maßnahmen möglich zu sein:

> Vous n'ignorez pas, dit froidement Santerre, qu'on a proposé en Allemagne de châtrer, par an, un nombre d'enfants pauvres, que la loi déterminerait, selon les tables des naissances. Ce serait un moyen pour arrêter un peu l'idiote fécondité du peuple (Zola VIII: 1968, 59).

Die hier geschilderten *idées reçues* eines reaktionären Bürgertums antizipieren das faschistische Projekt. Dem steht ein fortschrittlich-republikanisches Ideal entgegen: Am Ende von *Vérité* – der dritte Band von *Les quatre Évangiles* – wird das 'Projekt' einer umfassenden Volksbildung propagiert, das den Weg in eine bessere Zukunft, ja in ein Zeitalter des Heils ebnen soll –

> Il n'est de justice que dans la vérité, il n'est de bonheur que dans la justice. Et, après la Famille enfantée, après la Cité fécondée, la Nation se trouvait constituée, du jour où, par l'instruction intégrale de tous les citoyens, elle était devenue capable de vérité et de justice (Zola VIII: 1968, 1489).

Ungeachtet der zahlreichen Widersprüche in der Ideologie der Dritten Republik wird Zola, der sie von ihren Anfängen an mit kritischem Engagement begleitet (vgl. Zola XIII: 1968) und den offenen Brief *J'accuse...!* (1898) zur Rehabilitierung von Dreyfus verfasst hat,[96] auch noch am Ende seines Lebens

---

96 Vgl. dazu die Bestandsaufnahme zur krepuskularen Stimmung des *Fin de siècle* durch den Historiker Winock: "La fin du siècle étant marquée dans nos esprits par l'affaire Dreyfus, nous avons peut-être trop tendance à imaginer la psychologie de cette société 1900 plus rationnelle qu'elle n'était: entre ceux qui s'affirment pour la justice avant tout et ceux qui avant tout combattent pour l'ordre et la nation, on imagine l'opposition de deux thèses rationnellement défendables. De fait, entre la gauche dreyfusarde et cette droite antidreyfusarde dont Maurras devait déduire, positivement, son système monarchiste, les arguments échangés, malgré les passions, en appellent souvent à la raison. Néanmoins, le triomphe de la raison, en dépit des 'progrès de la science', des conquêtes de l'instruction publique et de la laïcisation progressive de l'État, est loin d'être évident. On peut mentionner

auf die französische Nation setzen, ja sie regelrecht millenaristisch überhöhen, was die postum erschienenen Arbeitsnotizen (1902) zu dem nicht mehr vollendeten vierten Band von *Les quatre Évangiles* belegen. Dort hebt er Frankreich in den Rang einer 'messianischen' Avantgarde, deren Aufgabe es sei, das Reich der *Justice*, so der Titel des geplanten vierten Bandes seiner Tetralogie, herbeizuführen:

> La bataille décisive, maintenant, se livrera sur le terrain intellectuel et économique. C'est le sujet de *Justice*. La nation directrice (la France) sera celle qui résoudra la première la question du travail etc. La justicière. Le mouvement socialiste. Le règne de la force pure s'achève. Autre période. La France, avec ses savants et ses penseurs, plus à craindre pour les empires voisins, que la France avec ses soldats et ses canons. Elle ébranlera et détruira les derniers trônes, sa mission (Zola VIII: 1968, 1518).

Noch deutlicher wird die Bedeutung der millenaristischen Denkfigur für Zola in der folgenden Passage, in der er von einer für *La Justice* geplanten, in die Zukunft weisenden Traumvision spricht, die das konsequente Vollenden der Französischen Revolution zum Eschaton eines humanistischen Republikanismus erhebt:

> Pour *Justice*, reprendre ma phrase: "Il faut que la France de la Révolution donne un jour au monde la Justice, comme elle lui a donnée déjà la Liberté." En somme, il faudrait logiquement que ce fût mon sujet: la France donnant au monde la Justice. Cela en rêve sans doute (Zola VIII: 1968, 1519).

6.8. Die Dritte Republik zu Ende gedacht: Anatole France

Anatole France zählte zu den 'offiziellen' Autoren der Dritten Republik. Als Vertreter der *laïcité* beharrte er auf der strikten Trennung von Staat und Kirche; in der Dreyfus-Affaire bezog er, wie Zola, die Haltung der Intellektuellen, die für die Rehabilitierung des Generals eintraten; und obwohl er mit bildungsbürgerlichem Habitus und einem ostentativen Skeptizismus auftrat, sympathisierte er mit den an politischem Einfluss gewinnenden Sozialisten. Die Dritte Republik, die Möglichkeiten gesellschaftlicher Umgestaltung und der Sozialismus sind u.a. die Themen, mit denen er sich in den 1905 erstmals in Buchform veröffentlichten Dialogen aus *Sur la Pierre blanche* satirisch auseinandersetzte. Sein drei Jahre später erschienenes Buch *L'Ile des Pingouins* ist eine bissige Satire auf die Geschichte Frankreichs, wie sie sich nach dem Selbstverständnis der Dritten Republik darstellt. Beide Bücher enthalten ge-

---

> au moins deux phénomènes qui témoignent alors de la résistance progressive de cette résistance profonde à cette raison conquérante: l'essor des sciences occultes, de la magie noire, du satanisme, et, deuxièmement – mais ceci étant psychologiquement lié à cela – le développement extraordinaire de l'antisémitisme depuis les années 1880" (Winock: 1982, 30f).

schichtsphilosophische Spekulationen auf die Zukunft Frankreichs und Europas.

6.8.1. *Par la Porte de corne ou par la porte d'ivoire*: utopische Vision vom dialektischen Materialismus

Sur la Pierre blanche war ursprünglich der Titel einer Rubrik in der auf Initiative der Gruppe *Unité socialiste* von Jean Jaurès, der auch Anatole France angehörte, 1904 als Organ der sozialistischen Intelligenz ins Leben gerufenen Zeitung *L'Humanité* (Winnock: 1997, 92).[97] Frances Feuilleton besteht aus einer Reihe von Dialogen und eingeschobenen narrativen Texten, in denen aus bildungsbürgerlicher Perspektive die Möglichkeiten einer Neugestaltung der französischen Gesellschaft auf den Fundamenten der Dritten Republik erörtert werden. Den Gesprächskreis bilden fünf Franzosen, die das Frühjahr in Rom verbringen und sich häufig auf dem Forum treffen. Unter dem Titel *Par la Porte de corne ou par la porte d'ivoire* erzählt France den Traum eines der Gesprächspartner.[98] Die dem Vorbild von Merciers *L'An 2440* folgende Erzählung schildert die Zukunftsvision von einer sozialistischen Gesellschaft. Diesem Traum ist in dem römischen Gesprächskreis eine lebhafte Erörterung utopischer Konzepte vorausgegangen.

Die illustre Runde erörtert die Frage nach der adäquaten Methode – sofern es eine solche überhaupt geben sollte – zu prognostischen Aussagen über die Zukunft. Einer der Gesprächsteilnehmer zieht dabei eine Bilanz der großen Raum- und Zeitutopien:

> Par malheur, les sciences morales et politiques sont inexactes et pleines d'incertitude. De l'évolution humaine elles ne connaissent mal les développements déjà accomplis, et ne peuvent donc pas nous instruire très sûrement des développements qui restent à accomplir. N'ayant guère de mémoire, elles n'ont guère de pressentiment. C'est pourquoi les esprits scientifiques éprouvent une insurmontable répugnance à tenter des recherches dont ils savent la vanité, et ils n'osent pas avouer une curiosité qu'ils n'espèrent point satisfaire. On se propose volontiers de rechercher ce qui serait si les hommes devenaient plus sages. Platon, Thomas Morus, Campanella, Fénelon, Cabet, Paul Adam reconstruisent leur propre cité en Atlantide, dans l'île des Utopiens, dans le Soleil, à Salente, en Icarie, en Malaisie, et ils établissent une police abstraite. D'autres, comme le philosophe Sébastien Mercier et le socialiste-poète William Morris, pénètrent dans un lointain avenir. Mais ils avaient emporté leur morale avec eux. Ils découvrent une

---

97 Die für dieses Kapitel relevanten Informationen zu Entstehung und Rezeption von *Sur la Pierre blanche* sind dem von M.-C. Bancquart besorgten Anmerkungsteil zur Pléiade-Ausgabe der Werke von France (France III: 1991) und der Studie von Albert Gier, *Der Skeptiker im Gespräch mit dem Leser* (Gier: 1985, 337-343), entnommen.

98 Es handelt sich um ein Zitat aus Homers *Odyssee*. Penelope erklärt dem Heimgekehrten, der sich noch nicht zu erkennen gegeben hat: "Les songes sortent par deux portes, l'une de corne et l'autre d'ivoire." Dieses Zitat sollte von da an für Frances Feuilleton als Untertitel beibehalten werden.

nouvelle Atlantide et c'est la cité du rêve qu'ils y bâtissent harmonieusement. Citerai-je encore Maurice Sponck? (France III: 1991, 1076).

Die Gesellschaftswissenschaften, so der Vorwurf des Teilnehmers der Gesprächsrunde, seien ob ihrer mangelhaften Präzision nicht in der Lage, vernünftige Prognosen für den Gang der Menschheit zu formulieren. Anstatt zu einer wissenschaftlichen Auseinandersetzung mit der Frage nach der Zukunft der Menschheit sei es lediglich zu abstrakten Gedankenspielen gekommen. Er wirft den politischen und 'gesellschaftswissenschaftlichen' Schriften vor, dass sich ihre Verfasser niemals von den eigenen moralischen Vorstellungen hätten lösen können, weshalb ein neues Atlantis immer eine Chimäre bleiben müsse. Aus diesem Grund klagen die Diskutanten eine wissenschaftliche Methode ein, die ihrem Gegenstand, der Erforschung der Zukunft, entsprechen sollte. Ansätze für eine solche sich dieser Frage wertfrei annähernde Methode biete etwa der Roman *Time Machine* von H.-G. Wells:

> Ils sont rares, ceux qui ont cherché à connaître l'avenir par curiosité pure, sans intention morale ni desseins optimistes. Je ne connais que H.G. Wells qui, voyageant dans les âges futurs, ait découvert à l'humanité une fin qu'il ne lui souhaitait pas selon toute apparence; car c'est une solution des questions sociales que l'établissement d'un prolétariat anthropophage et d'une aristocratie comestible. En tel est le sort que H.G. Wells assigne à nos derniers neveux. Tous les autres prophètes dont j'ai connaissance se bornent à confier aux siècles futurs la réalisation de leurs rêves. Ils ne nous découvrent pas l'avenir, ils le conjurent (France III: 1991, 1076f).

Die eingeforderte objektive wissenschaftliche Methode verweist auf Engels Studie *Die Entwicklung des Sozialismus von der Utopie zur Wissenschaft*, die erstmals 1880 in einer von Paul Lafargue besorgten französischen Übersetzung (*Socialisme utopique et socialisme scientifique*) erschien. Der in dieser Schrift und im *Manifest der Kommunistischen Partei* propagierte "wissenschaftliche Sozialismus" auf der Basis der historisch-dialektischen Methode ist Gegenstand der – zu dieser Lehre durchaus wohlwollend eingestellten – Satire *Par la Porte de corne ou par la porte d'ivoire*.

Jacques Dufresne, so der Name des Ich-Erzählers, ist ein großbürgerlicher Dilettant ("qui avait les loisirs et aimait les arts"), der keiner Arbeit nachgeht. Es ist ein Uhr in der Nacht zu seinem Geburtstag, und er spinnt bei einer letzten Zigarette im Gedanken das Gespräch über die Möglichkeiten einer besseren menschlichen Gesellschaft fort. Dabei überwiegt Skepsis, da er einzig im Geizigen – dem kompromisslosen Egoisten also – den wahrhaft lebensfähigen Menschen auszumachen glaubt:

> Les animaux sont naturellement avides et féroces. Seul, le plus intelligent de tous, est avare. L'avarice est jusqu'ici la première vertu des sociétés humaines et le chef-d'œuvre moral de la nature. Si je savais écrire, j'écrirais un éloge de l'avarice. A la vérité, ce ne serait pas un livre très nouveau. Les moralistes et les économistes l'ont fait cent fois. Les sociétés humaines ont pour fondement auguste l'avarice et la cruauté (France III: 1991, 1099).

Beim Gedanken an die menschliche Gesellschaft hat Dufresne offensichtlich die von Plautus geprägte und von Hobbes übernommene Formel *homo homini lupus* im Sinn. Doch seine Müdigkeit und eine vom Nachbarn gespielte Klaviersonate stimmen ihn bald milder. Sein Blick fällt auf ein Billet, das eine Einladung für den nächsten Tag enthält. Er gibt seinem Diener noch die Anweisung, ihn am Morgen um 9 Uhr zu wecken. Mit einigen Klängen von Mozart, die in seine Wohnung dringen, schläft er schließlich ein.

Im Traum findet er eine völlig veränderte Welt vor. Er erkennt die Gegend nicht wieder, durch die er nunmehr irrt. Vor einer Säule mit Plakaten in einer für ihn kaum noch verständlichen Sprache macht er halt:

> Resté devant l'affiche, je relus cette date: 28 juin de l'an 220 de la fédération européenne. Qu'est-ce que cela signifie? Une proclamation du Comité fédéral, à l'occasion de la fête de la terre, me fournit à propos des données utiles pour l'intelligence de cette date. Il y était dit: "Camarades, vous savez comment, en la dernière année du XXe siècle, le vieux monde s'abîma dans un cataclysme formidable et comment, après cinquante ans d'anarchie, s'organisa la fédération des peuples d'Europe...". L'an 220 de la fédération des peuples, c'était donc l'an 2270 de l'ère chrétienne, le fait était certain (France III: 1991 1103).

Dufresne findet keine Erklärung dafür, wie er dreieinhalb Jahrhunderte überspringen und ins Jahr 2270 (bzw. 220 nach der neuen Zeitrechnung) gelangen konnte. Er durchquert eine großzügig gestaltete Anlage mit kleinen Häusern; auf dem freien Feld sieht er ab und an Industrieanlagen, und die Luft ist vom Dröhnen unzähliger Flugmaschinen erfüllt. In einem Gebäude, das er für ein öffentliches Restaurant hält, wird ihm von einem Mann zu verstehen gegeben, dass er Essensmarken benötige. Der "Genosse" Morin sieht seine Bedrängnis und bietet ihm eine Stellung in der Bäckerei an. Weil Dusfresne offensichtlich die Gepflogenheiten der neuen Welt nicht kennt, hält ihn sein Wohltäter für einen Rückkehrer aus den Vereinigten Staaten Afrikas, wohin sich einige mit der gesellschaftlichen Ordnung ihrer Epoche hadernde Europäer geflüchtet haben. Am Steuer seiner Flugmaschine führt der hilfsbereite Genosse den Fremden in die neue Welt ein: Industrieanlagen, Landwirtschaft und andere Einrichtungen sind gleichmäßig verteilt. Es gibt keine Städte mehr, und von Paris sind nur noch einige museale Überreste vorhanden. Damit sei eine bessere Durchmischung der Bevölkerung erreicht worden; zwar habe man das Verbrechen nicht endgültig verhindern können, aber mit dem Auflösen der Vororte sei der eigentliche Nährboden für die Kriminalität verschwunden; außerdem habe das drahtlose Telephon dazu beigetragen, die Straßen sicherer zu machen (France III: 1991, 1108). In der neuen Welt wird überall die modernste Technik zum Wohle der Menschheit eingesetzt!

Der Bäcker, der sechs Stunden am Tag seiner Arbeit nachgeht und ansonsten Statistiken (sic!) erstellt, verkündet:

> C'est la science qui a remplacé l'histoire. Les anciens historiens contaient les actions éclatantes d'un petit nombre d'hommes. Les nôtres enregistrent tout ce qui se produit et tout ce qui se consomme (France III: 1991, 1109).

Die neue Gesellschaft kennt keine Geschichte mehr. Geschichte ist gänzlich durch Wissenschaft ersetzt worden, nachdem der "cataclysme", die Katastrophe, die epochale Zäsur herbeigeführt hatte. Deshalb nennt man die Zeit vor der Einführung der neuen Zeitrechnung auch "l'ère close". So bleiben als einzige Zukunftsperspektive nur noch die neuen Errungenschaften der Wissenschaft, von der man erhofft, sie werde einmal den menschlichen Körper rationeller organisieren – ein Gedanke, der an Charles Fourier erinnert: "On ne fera rien de bon tant qu'on n'aura pas supprimé le gros intestin, organe inutile et nuisible, foyer d'infection microbienne..." (France III: 1991, 1110).

Dufresne erfährt von seinem Begleiter, was gegen Ende des vergangenen Äons geschah. Die große Errungenschaft des 20. Jahrhunderts war die Abschaffung des Krieges: "L'œuvre capitale du XXe siècle de l'ère close fut l'extinction de la guerre". Das Ende aller Kriegshandlungen wurde durch eine Versammlung von Vertretern aller Nationen besiegelt. Doch der Frieden war noch unsicher, weil jederzeit einer der Handelskonflikte wieder zu einer bewaffneten Auseinandersetzung hätte führen können. Die letzten Kriege waren nämlich Kolonialkriege gewesen: "Les denières guerres furent causées par cette folie furieuse du vieux monde qu'appelait la politique coloniale". Bis zum Ende dieser Kriege hatte man einen langen Weg zurückzulegen, weil das Proletariat sich erst seiner Macht gegenüber der Bourgeoisie bewusst werden musste: "Le prolétariat, insuffisamment organisé, et n'ayant pas encore conscience de sa force, n'empêcha pas les luttes à main armée entre les nations [...]" (France III: 1991, 1111) – marxistisch gesprochen: Das Proletariat hatte sich noch nicht als Klasse konstituiert, hatte noch kein eigenes Klassenbewusstsein herausgebildet.

Die Geschichte des "ère close" schildert France weitgehend in den von Marx und Engels im *Manifest der Kommunistischen Partei* dargelegten Etappen.

> Au commencement du XIXe siècle de l'ère close il se fit dans l'industrie une évolution mémorable. A la mince production des petits artisans propriétaires de leurs outils se substitua la grande production actionnée par un agent nouveau, d'une grande puissance, le capital. Ce fut un grand progrès social. – Qu'est-ce que fut un grand progrès social? demandai-je. – Le régime capitaliste, me répondit Morin. Il apporta à l'humanité une source incalculable de richesse. En rassemblant les ouvriers par grandes masses, et en multipliant leur nombre, il créa le prolétariat. En faisant des travailleurs un immense État dans L'État, il prépara leur émancipation et leur fournit les moyens de conquérir le pouvoir (France III: 1991, 1112).

Das Kapital stand am Anfang allen sozialen Fortschritts, weil es immense Reichtümer schuf und schließlich das Proletariat hervorbrachte. Die entsprechende Passage im *Manifest* lautet:

> Der Fortschritt der Industrie, dessen willenloser Träger die Bourgeoisie ist, setzt an die Stelle der Isolierung der Arbeiter durch die Konkurrenz ihre revolutionäre Vereinigung durch die Assoziation. Mit der Entwicklung der großen Industrie

wird also unter den Füßen der Bourgeoisie die Grundlage selbst weggezogen, worauf sie produziert und ihre Produkte sich aneignet. Sie produziert vor allem ihre eigenen Totengräber. Ihr Untergang und der Sieg des Proletariats sind gleich unvermeidlich (Marx / Engels: MEW IV, 474).

Am Ende des 20. Jahrhunderts wurde die Zeit reif für die sozialistische Revolution: "A la fin du XXe siècle de l'ère close la situation générale était devenue favorable pour les développements du socialisme" (France III: 1991, 1113). Und schon bald begannen die Monarchien in Europa zusammenzubrechen. Die von der Bourgeoisie entfalteten Kommunikations- und Transportmittel wie das drahtlose Telephon und die Flugmaschinen führten dazu, dass die Grenzen niedergerissen wurden. Selbst die Ärmsten konnten mühelos zwischen Moskau und Berlin kommunizieren. Im *Manifest der Kommunistischen Partei* heißt es: "Die Bourgeoisie reißt durch die rasche Verbesserung aller Produktionsinstrumente, durch die erleichterte Kommunikation alle, auch die barbarischen Nationen in die Zivilisation". Die Bourgeoisie ist *per se* kolonialistisch und drückt der ganzen Welt ihren Stempel auf: "[...] sie [die Bourgeoisie] zwingt sie [alle Nationen], die so genannte Zivilisation bei sich selbst einzuführen, d.h. Bourgeois zu werden. Mit einem Wort, sie schafft die Welt nach ihrem eigenen Bild" (Marx / Engels: MEW IV, 466).

Doch mit diesen ungeheuerlichen technischen Innovationsleistungen schuf die Bourgeoisie nicht nur eine globale Wirtschaftsordnung, die ihr den freien Zugang zum Weltmarkt öffnete, die eine große Nation entstehen ließ, sondern sie schaufelte sich – wie gesagt – auch ihr eigenes Grab:

> Die bürgerlichen Produktions- und Verkehrsverhältnisse, die bürgerlichen Eigentumsverhältnisse, die moderne bürgerliche Gesellschaft, die so gewaltige Produktions- und Verkehrsmittel hervorgezaubert hat, gleicht dem Hexenmeister, der die unterirdischen Gewalten nicht mehr zu beherrschen vermag, die er heraufbeschwor (Marx / Engels: MEW IV, 467).

Die europäischen Republiken reagierten auf die schnelle Ausbreitung der "paroles collectivistes" mit der Abschottung ihrer Grenzen, dem Verbot des Schmuggels mit Flugmaschinen, der Reglementierung der Telekommunikation und einem Aufrüstungsprogramm. Es wurde ein neuer Nationalismus propagiert, und man richtete sich auf die schlimmsten Kriege ein. Die Sache des Proletariats schien verloren. Doch nach drei Jahren begann sich diese Entwicklung abzuschwächen, und die "collectivistes" konnten nach und nach an die Macht gelangen.

Die Verdrängung der epochalen Zäsur in *Par la porte de corne ou par la porte d'ivoire* erinnert an die Versuche in Rétifs Zukunftsvision *L'An 2000*, die entscheidenden Momente der revolutionären Geschichte auf Data zu reduzieren. Zwar ist in Frances Erzählung von einem "cataclysme" die Rede, der stattgefunden haben soll, doch wie dieser genau ablief, bleibt im Dunkeln. Das *Manifest der Kommunistischen Partei* erweist sich in diesem Punkt seiner

Prophezeiung als schonungsloser: In den Krisen der Überproduktion komme es zu einem Rückfall der Menschheit in einen Zustand momentaner Barbarei.

Die Revolution in *Par la Porte de corne ou par la porte d'ivoire* verfügt über keinen historischen Ort; als Zäsur scheint sie weder dem alten noch dem neuen Äon anzugehören. Auch hatte es für diese Revolution kein Vorbild in der Geschichte gegeben, denn noch nie zuvor waren die Voraussetzungen hierfür erfüllt worden:

> Tu penses bien camarade [...] que le collectivisme ne vint qu'à son heure. Les socialistes n'auraient pu supprimer le capital et la propriété individuelle si ces deux formes de la richesse n'avaient été déjà à peu près détruites en fait par l'effort du prolétariat et plus encore par les développements nouveaux de la sciences et de l'industrie (France III: 1991, 1115).

Hier zeigt sich eine epochale Dichotomie: Das vorrevolutionäre und das nachrevolutionäre Zeitalter vermögen sich nicht gegenseitig zu erklären. Damit folgt France dem *millenaristischen Paradigma* und denkt die Geschichte der bürgerlich-kapitalistischen Gesellschaft mit Marx und Engels zu Ende: Der neue Äon, besiegelt durch eine neue Zeitrechnung, versteht sich nicht mehr als Fortführung der vergangenen "ère close". Dieser neue Äon kennt keine historische Entwicklung mehr, sondern nur noch den technologischen Fortschritt als den eigentlich revolutionären Fortschritt – "c'est la science qui a remplacé l'histoire". Von Marx und Engels übernimmt France auch deren Kritik am politischen Utopismus: Die wahre Revolution benötige ihre historischen Voraussetzungen, die zu erkennen Aufgabe des "modernen Materialismus" sei – den Engels von dem Materialismus des 18. Jahrhunderts unterschieden und zur Grundlage der *Entwicklung des Sozialismus von der Utopie zur Wissenschaft* erhoben hat:

> Gegenüber der naiv-revolutionären, einfachen Verwerfung aller früheren Geschichte sieht der moderne Materialismus in der Geschichte den Entwicklungsprozess der Menschheit, dessen Bewegungsgesetze zu entdecken seine Aufgabe ist (Engels: MEW XIX, 207).

Diesen "modernen Materialismus" greift der Satiriker France auf, um die bürgerliche Epoche, gemeint ist natürlich die Dritte Republik, zu persiflieren; doch das sozialistische Gegenprojekt marxistischer Provenienz ist nicht weniger Ziel seines Spottes. Triumph der Wissenschaft über die Geschichte heißt für ihn: Auch die sozialistische Gesellschaft braucht die ihr adäquate wissenschaftliche Methode, die mit dem Ende der Geschichte durch die proletarische Revolution nur noch der "ausschließlich mechanische Materialismus" des 18. Jahrhunderts sein kann. Damit trifft der Satiriker das millenaristische Moment im Denken von Marx und Engels, das er mit der Vorgeschichte des modernen Materialismus begründet. Von der Warte dieses im neuen Äon nunmehr wieder gültigen naiven Materialismus aus wendet er sich den ideologischen Grundfesten der Dritten Republik zu, die sich auf die Ideale aufklärerisch-utopischen Denkens beruft: Freiheit, Gleichheit, Brüderlichkeit –

> Nous ne concevons pas facilement aujourd'hui que les anciens amis du peuple aient pu prendre pour devise: *Liberté, Égalité, Fraternité*. La liberté ne peut pas être dans la société, puisqu'elle n'est pas dans la nature. Il n'y a pas d'animal libre. On disait autrefois d'un homme qu'il était libre quand il n'obéissait qu'aux lois. C'était puéril. On fait d'ailleurs un si étrange usage du mot de liberté dans les derniers temps de l'anarchie capitaliste, que ce mot a fini par exprimer uniquement la revendication des privilèges. L'idée d'égalité est moins raisonnable encore, et elle est fâcheuse en ce qu'elle suppose un faux idéal. Nous n'avons pas à rechercher si les hommes sont égaux entre eux. Nous devons veiller à ce que chacun fournisse tout ce dont il a besoin. Quant à la fraternité, nous savons trop comment les frères ont traité les frères pendant des siècles. Nous ne disons pas que les hommes sont mauvais, nous ne disons pas qu'ils sont bons. Ils sont ce qu'ils sont. Mais ils vivent en paix quand ils n'ont plus de causes pour se battre. Nous n'avons qu'un mot pour exprimer notre ordre social. Nous disons que nous sommes en harmonie. Et il est certain qu'aujourd'hui toutes les forces humaines agissent de concert (France III: 1991, 1121).

France denkt hier das marxistische Credo "Von der Utopie zur Wissenschaft" auf sophistische Art und Weise konsequent weiter: Mit dem Eintritt in das neue Zeitalter hat die Wissenschaft zu ihrem eigentlichen Gegenstandsbereich zurückgefunden: zur Natur. Es scheint also ein harmonischer Urzustand nach dem Ideal Rousseaus restituiert worden zu sein, nachdem jener Gesellschaftsvertrag wieder rückgängig gemacht worden war, der einen Vernunftstaat und damit die bürgerliche Republik begründet hatte:

> Wir wissen jetzt, daß dies Reich der Vernunft weiter nichts war als das idealisierte Reich der Bourgeoisie; daß die ewige Gerechtigkeit hinauslief auf die bürgerliche Gleichheit vor dem Gesetz; daß als eines der wesentlichsten Menschenrechte proklamiert wurde – das bürgerliche Eigentum; und daß der Vernunftstaat, der Rousseausche Gesellschaftsvertrag ins Leben treten konnte als bürgerliche, demokratische Republik (Engels: MEW XIX, 190).

Und die ökonomische Erklärung für eine Gesellschaftsordnung nimmt France – d.h. einer seiner Diskutanten – zum Anlass, das aufklärerische Ideal von der *perfectibilité* des Menschen bzw. Rousseaus These vom "homme nouveau" zu widerlegen:

> La paix universelle ne se réalisera un jour, non parce que les hommes deviendront meilleurs (il n'est pas permis de l'espérer), mais parce qu'un nouvel ordre de choses, une science nouvelle, de nouvelles nécessités économiques leur imposeront l'état pacifique" (France III: 1991, 1083).

Eine neue, bessere und friedliche Welt wird nicht einer schwärmerischen Vision entspringen, sondern immer – zumindest in Bezug auf eine solche Vision – das (schon fast zufällige) Produkt einer Wissenschaft darstellen, die ihrerseits von der herrschenden ökonomischen Ordnung bestimmt wird. France schließt eine solche neue Gesellschaft nicht aus, bleibt aber angesichts der konkreten historisch-politischen Situation durchaus skeptisch. Er nutzt das Konstrukt eines "modernen Materialismus" dazu, die Schlüsselbegriffe bürgerlich-aufklärerischen Denkens als ideologische Worthülsen zu denunzieren. Er hebt die Unterscheidung zwischen den beiden Polen Utopie und Anti-Utopie auf, indem er auf die eigentliche Natur des Menschen verweist, die weder gut noch böse sei. Für den Satiriker France gelten nach dem Ende der Geschichte schlicht die vorgeblich wertneutralen Prinzipien einer 'positivistischen' Naturwissenschaft, die er konsequent auf den Menschen angewandt wissen will. Nicht die Natur müsse der Gesellschaft untergeordnet werden, sondern die Gesellschaft der Natur: "[...] il faut subordonner la société à la nature et non, comme on l'a fait trop longtemps, la nature à la société" (France III: 1991, 1122). Damit ist auch eine dem Menschen adäquate Ordnung geschaffen, in der alle Bedürfnisse befriedigt werden und in der keine Widersprüche aufkommen. Alte Begriffe wie Eigentum, Familie usw. sind unter den Voraussetzungen einer solchen natürlichen Ordnung hinfällig. Da jeder entsprechend seiner individuellen Anlagen an seinem natürlichen sozialen Ort wirkt, ist auch der Unterschied zwischen Arbeit und Freizeit aufgehoben,[99] ebenso der zwischen Egoismus und Allgemeinwohl. Folglich sind auch keine Konventionen für das Zusammenleben der Geschlechter mehr notwendig:[100]

> En réalité, ni l'homme ni la femme prennent d'engagement. Et il n'est pas rare que leur union dure autant que la vie. Ils ne voudraient ni l'un ni l'autre être l'objet d'une fidélité gardée au serment et non pas assurée par des convenances physiques et morales. Nous ne devons rien à personne. Un homme autrefois persuadait à une femme qu'elle lui appartenait. Nous sommes moins simples. Nous croyons qu'un être humain n'appartient qu'à lui seul. Nous nous donnons quand nous voulons et à qui nous voulons (France III: 1991, 1122).

Die Künste unter dieser Ordnung sind nicht weniger auf Harmonie bedacht. Den Vorrang haben die Poesie und die Musik. Das Theater ist gänzlich lyrisch geworden, weil es die gesellschaftlichen Widersprüche nicht mehr gibt, die den Knoten einer Tragödie oder einer Komödie schürzen könnten. Die Poesie ist von aller Prosa gereinigt, sie ist quasi nur noch der Idiolekt eines Poeten. In der "fédération européenne" hat Kunst jede kritische, eine historisch-politische Situation transzendierende Funktion verloren: Die Frage nach Sinn oder Bedeutung stellt sich nicht mehr. Der "collectivisme" würde eine Satire wie etwa *Par la Porte de corne ou par la porte d'ivoire* überflüssig machen. France dachte mit Sicherheit bei seiner Schilderung des kollektivistischen Kulturbetriebs auch noch an eine andere Spezies, die mit der neuen Gesellschafts-

---

99 In einer Passage nimmt France die Vorliebe der Aristokraten und Reichen für Freizeitaktivitäten aufs Korn, die zu einem regelrechten Kult der manuellen Arbeit geraten: "Dans les temps barbares, et jusqu'à la fin de l'ère close, les aristocrates et les riches ont toujours montré leur préférence pour le travail manuel. Ils ont peu exercé leur intelligence, et seulement par exception. Leur goût s'est porté constamment sur des occupations telles que la chasse et la guerre, où le corps a plus de part que l'esprit" (France III: 1991, 1128).

100 Vgl. dazu: "Der Proletarier ist eigentumslos; sein Verhältnis zu Weib und Kindern hat nichts mehr gemein mit dem bürgerlichen Familienverhältnis; [...]. Die Gesetze, die Moral, die Religion sind für ihn ebenso viele bürgerliche Vorurteile, hinter denen sich ebenso viele bürgerliche Interessen verstecken" (MEW IV: 1959, 472).

ordnung funktionslos geworden ist: Wenn nämlich das poetische oder dramatische Wort keinerlei Botschaft mehr vermittelt, wenn Literatur sich auf Idiolekte zurückzieht, dann hat auch der *Intellektuelle* als Wortführer ausgedient.

Homo homini lupus gilt immer dann, wenn die Erfüllung menschlicher Bedürfnisse zur herrschenden Ordnung im Verhältnis der Negativität steht – und dies gilt für die bürgerliche Ordnung allemal: "Aux siècles, lui dis-je, de ce que vous appelez l'ère close, on aimait mieux posséder que jouir. Et je conçois qu'au rebours vous aimiez mieux jouir que posséder" (France III: 1991, 1120). Die neue Gesellschaft setzt dem solipsistischen Akt des Genießens keine Schranken, denn der Genuss steht im Einklang mit der Natur, während er in der bürgerlichen Gesellschaft als destruktiver Faktor galt: Genuss ist immer ein Aufbegehren gegen Entfremdung. Wo diese herrscht, richtet sich der Mensch gegen den Menschen: *Homo homini lupus* meint ein Prinzip der Negativität, das intellektuelles Engagement letztlich erst möglich macht.

Die neue kollektivistische Gesellschaft kann sich, weil sie auf den unerschütterlichen Prinzipien der (auf bloß mechanische Prozesse reduzierten) Natur beruht, eine eigentümliche (repressive) Toleranz leisten: Es gibt noch religiöse Gemeinschaften, zu denen auch die frühsozialistischen Religionen gerechnet werden, doch sie haben nur noch wenige Anhänger. Eine gewisse Gefahr geht noch von den Anarchisten aus – "Ils prétendent que l'humanité ne sera heureuse que dans l'état d'harmonie spontanée qui naîtra de la destruction totale de la civilisation" (France III: 1991 1125). Aber indem man auf Strafverfolgung verzichtet, lässt man ihre Aktionen ins Leere laufen.

Auf eine menschliche Regung hat die neue Gesellschaft indessen noch keine abschließende Antwort gefunden: die Liebe. So muss Dufresne, der sich in eine Schönheit aus der neuen Welt verliebt hat, sich von dieser erklären lassen:

> Aujourd'hui comme autrefois l'instinct est plus fort que la raison. Notre supériorité sur les anciens est moins de le savoir que de le dire. Nous avons en nous une force capable de créer les mondes, le désir, et tu veux que nous puissions la régler. C'est trop nous demander. Nous ne sommes plus des barbares. Nous ne sommes pas encore des sages. La collectivité ignore totalement tout ce qui concerne les rapports des sexes. Ces rapports sont ce qu'ils peuvent, tolérables le plus souvent, rarement délicieux, parfois horribles. Mais ne crois pas, camarade, que l'amour ne trouble plus personne (France III: 1991, 1127).

France schrieb diese Zeilen, als die Psychoanalyse sich anschickte, mit ihrer Sexualtopik das noch junge 20. Jahrhundert zu erobern... Dufresne jedenfalls, der sich von der Rede der Schönen ermutigt fühlt und im Stil der "ère close" zu kokettieren beginnt, handelt sich eine Rüge ein. Und dann? Dusfresne erwacht aus seinem Traum!

France begibt sich in die Gefolgschaft der Moralisten, wenn er mit seiner Erzählung Zweifel an der Natur des Menschen anmeldet, welche alle Moralvorstellungen in ein fragwürdiges Licht taucht: Die Unterscheidung zwischen gut und böse kann schließlich nur aus einem etablierten ethisch-moralischen

Kontext – in diesem Fall des bürgerlich-aufklärerischen – heraus erfolgen. Und ein Rousseau konnte ja nur von dieser Warte aus sein Konstrukt von einem *bon sauvage* entwickeln. Im Jahr 2270 bzw. 220 nun bestimmt die gegen die bürgerliche Zivilisation wieder ins Recht gesetzte Natur die Organisation der Gesellschaft – und mit ihr das nach wie vor unumstößliche anthropologische Faktum, das Dufresne vor dem Einschlafen formuliert: "Les sociétés humaines ont pour fondement auguste l'avarice et la cruauté".

Nichtsdestoweniger – oder gerade deshalb – blieb für den Skeptiker France, wie er in einem Brief an Couchod (13.10.1917) schrieb, die Lehre von Marx die einzig denkbare Grundlage für eine neue, sozialistische Gesellschaft:

> La démocratie industrielle a produit une guerre plus terrible que celles des Barbares du monde féodal. Mon espoir, bien faible, est dans le socialisme international qui, sans supprimer aucune des causes de guerre créées par le commerce et l'industrie, conçoit la fraternité humaine. Le premier pas décisif vers un avenir meilleur serait l'application des doctrines de Karl Marx. Nous en sommes loin (zit.n. Bancquart: 1962, 578).

6.8.2. *L'Ile des Pingouins*: die nicht enden wollende Geschichte

L'Ile des Pingouins ist eine uchronische Satire, die sich der Geschichte Frankreichs und der Gesellschaft der Dritten Republik annimmt. Der Missionar Saint Mael verirrt sich auf ein ödes Eiland. Sein vom Alter getrübter Blick lässt ihn die dort lebenden Pinguine für die Angehörigen eines primitiven Volkes halten, das er zu missionieren habe: "Pensant que c'était là des hommes vivant selon la loi naturelle, et que le Seigneur l'avait envoyé à eux pour leur enseigner la loi divine, il les évangélisa" (France: 1908, 39). Der Irrtum des frommen Mannes, der die vermeintlich guten Wilden tauft, bringt die himmlische Ordnung gehörig durcheinander. Der Herrgott wird auf einer Versammlung im Paradies in einen heftigen Disput mit seinen Heiligen und Kirchenvätern verwickelt, weil es die prinzipielle Frage zu klären gilt, ob wirklich nur Menschen das Sakrament der Taufe empfangen können. Da die Pinguine nun einmal getauft worden sind, heißt die Alternative: entweder die armen Seelen sofort zur Verdammnis verurteilen oder ihnen die Chance geben, sich als Menschen zu bewähren. Die *clementia* gerät in einen Konflikt mit der zum Erhalt kirchlicher Autorität notwendigen Strenge: "[le Seigneur:] le remède serait pire que le mal. Si dans les règles du salut le fond l'emportait sur la forme, ce serait la ruine du sacerdoce" (France: 1908, 37). Gleichgültig wie der Allmächtige entscheidet: Er muss seine eigenen Gesetze brechen. Einerseits ist die Taufe der Pinguine nach allen Regeln erfolgt, andererseits sind Tiere prinzipiell von der Taufe ausgeschlossen, doch der Gesetzesbruch durch den Missionar beruhte immerhin auf einem Irrtum. So steht einiges auf dem Spiel: "[Saint Corneille:] par la vertu du baptême, leurs actions cessent de demeurer indifférentes. Désormais elles seront bonnes ou mauvaises, susceptibles de mérite ou de démérite" (France: 1908, 39).

Am Ende des Disputes – ein Glanzstück theologischer Satire – trifft der Herr gegen alle himmlische (d.h. kirchliche) Vernunft eine verhängnisvolle Entscheidung: "Et, bien qu'immuable par essence, à mesure que je dure, j'incline davantage à la douceur. Ce changement de caractère est sensible à qui lit mes deux testaments" (France: 1908, 41). Als verhängnisvoll sollte sich diese Entscheidung für die *clementia* deshalb erweisen, weil nun ein neuer Menschenschlag entstehen konnte: der Pinguin – oder genauer: der Franzose.

Ausführlich schildert France das Entstehen und die Entwicklung der 'pinguinischen' Zivilisation, in der er satirisch die der Grande Nation bricht. Er greift die unterschiedlichsten Nationalmythen auf und verfolgt die Geschichte bis in die Zeit der Republik mit ihren Affären. An dieser Stelle soll allerdings nur das letzte Kapitel des Buches, *Les Temps Futurs. L'histoire sans fin*, interessieren, in dem France wieder auf die zukünftige Entwicklung der Gesellschaft zu sprechen kommt – dieses Mal aber unter weitaus pessimistischeren Vorzeichen.

Die Zivilisation der Pinguine ist in eine Phase getreten, in der ihre Hauptstadt mit nunmehr 15 Millionen Einwohnern unaufhörlich expandiert: Die höchsten Wolkenkratzer werden gebaut und die tiefsten Tunnel gegraben; die Luft ist vom Rauch der Fabriken an ihrer Peripherie völlig verschmutzt. Es regiert der Monopolkapitalismus in Reinkultur:

> C'était la plus industrielle de toutes les cités du monde et la plus riche. Son organisation semblait parfaite; il n'en subsistait rien des anciennes formes aristocratiques ou démocratiques des sociétés; tout y était subordonné aux intérêts des trusts. Il se forma dans ce milieu ce que les anthropologistes appellent le type du milliardaire (France: 1908, 269).

Eine amerikanische Großstadt der Gegenwart oder die französische Hauptstadt der Zukunft... – die Metropole der Pinguin-Zivilisation wird zur ökologischen und sozialen Anti-Utopie. Ihre Herrscher, die Milliardäre, leben fleißig, keusch und spartanisch. Für sie gilt Prinzipientreue über alles. Und diese Gesellschaft zeitigt eine Doppelmoral:

> Tandis que toute inclination à la volupté soulevait la réprobation publique, on excusait au contraire la violence d'un appétit brutalement assouvi: la violence, en effet, semblait moins nuisible aux mœurs, comme manifestant une des formes de l'énergie sociale. L'Etat reposait fermement sur deux grandes vertus publiques: le respect pour le riche et le mépris pour le pauvre. Les âmes faibles que troublait encore la souffrance humaine n'avaient d'autre ressource que de se réfugier dans une hypocrisie qu'on ne pouvait blâmer puisqu'elle contribuait au maintien de l'ordre et à la solidité des institutions (France: 1908, 270).

In einer solchen von prüder Doppelmoral beherrschten Ordnung haben auch die Künste keine Heimstatt mehr; so wird die Theaterszene von einer abgrundtiefen Verödung heimgesucht. Die Anti-Utopie von France zeichnet ein düsteres Bild von beklemmender Realitätsnähe – und nicht minder beklemmender Aktualität. Die Kluft zwischen Arm und Reich vertieft sich; wie im Europa des

19. Jahrhunderts dämmert das Proletariat in Verelendung dahin. Die hohe Arbeitslosigkeit ist das Bollwerk des Monopolkapitals gegen Arbeitskämpfe, denn streikende Arbeiter werden alsbald von Kräften aus dem Heer der Arbeitslosen ersetzt:

> Enfin ces producteurs misérables demeuraient plongés dans une sombre apathie que rien n'égayait, que rien n'exaspère. C'était pour l'état social des instruments nécessaires et bien adaptés (France 1908: 273).

Der Monopolkapitalismus sieht sich jedoch mit einer Gefahr konfrontiert, die ihn in seinem Bestand bedroht: Das Gespenst heißt Überproduktion. In diesem von der Verelendung der Massen und einer unhaltbar gewordenen ökologischen Situation geprägten Zustand treten wirre Propheten auf. Immer mehr Menschen verfallen dem Wahnsinn, und es kommt zu spektakulären Selbstmorden. In der von Überproduktion gezeichneten Ordnung wird die Katastrophe zum Regelfall:

> La catastrophe, désormais périodique, régulière, rentrait dans les prévisions et prenait dans les statistiques une place de plus en plus large. Chaque jour des machines éclataient, des maisons sautaient, des trains bondés de marchandises tombaient sur un boulevard, démolissant des immeubles entiers, écrasant plusieurs centaines de passants et, à travers le sol défoncé broyaient deux ou trois étages d'ateliers et de docks où travaillaient des équipes nombreuses (France: 1908, 274).

Der Zustand, den France hier schildert, erinnert an die Krisen, die Marx und Engels im *Manifest der Kommunistischen Partei* anprangerten, jene Krisen, die schließlich zu einer "gesellschaftlichen Epidemie" mit apokalyptisch zu nennenden Symptomen führen und die Gesellschaft "in einen Zustand momentaner Barbarei" zurückversetzen würden. Nach der materialistischen Geschichtstheorie muss diese letzte große Krise konsequenterweise in die Revolution münden. In der von France entworfenen Anti-Utopie scheint dieser Zeitpunkt gekommen.

Ein Pärchen schaut während einer Arbeitspause vom Hügel herab auf die Stadt. Der Mann ist ein Anarchist, der eine Bombe von hoher Sprengkraft deponiert hat. Von seinem Standort aus beobachtet nun das Paar die von dem Sprengkörper ausgelöste gewaltige Explosion:

> Après quelques secondes de silence, ils virent, à une distance de trois kilomètres environ, au delà de la rivière, dans le quartier le plus riche, s'élever une sorte de brouillard tragique. Un moment après, une détonation retentit jusqu'à eux, tandis que montait vers le ciel pur un immense arbre de fumée. Et peu à peu l'air s'emplissait d'un imperceptible bourdonnement formé des clameurs de plusieurs milliers d'hommes. Des cris éclataient tout proches dans le square. – Qu'est-ce qui saute? La stupeur était grande; car, bien que les catastrophes fussent fréquentes, on n'avait jamais vu une explosion d'une telle violence et chacun s'apercevait d'une terrible nouveauté. [...] – C'est le trust de l'acier qui vient de sauter (France: 1908, 278).

Der Explosion fällt ein Trust der Schlüsselindustrie zum Opfer; und der Attentäter geht in aller Seelenruhe wieder seiner bürgerlichen Arbeit nach: Die 'Revolution' ist ein Pausenfüller, ein bloßer Akt der Revolte. Allerdings erweist sich dieses Mal seine Bombe als besonders wirksam: Sie löst eine ganze Welle von Attentaten aus. Der Moment der wahren Revolution scheint erreicht und die Möglichkeit zu ihrer Verwirklichung durch einen Generalstreik zum Greifen nahe. Doch die Arbeiterschaft vermag nicht die Kraft eines revolutionären Proletariats aufzubringen:

> Les affaires cessèrent brusquement et les moins riches se sentirent atteints les premiers. Ils parlaient de faire justice eux-mêmes des anarchistes. Cependant les ouvriers des usines restaient hostiles ou indifférents à l'action violente. Menacés, par suite du ralentissement des affaires d'un prochain chômage ou même un lockout étendu à tous les ateliers, ils eurent à répondre à la fédération des syndicats qui proposait la grève générale comme le plus puissant moyen d'agir sur les patrons et l'aide la plus efficace aux révolutionnaires; tous les corps de métiers, à l'exception des doreurs, se refusèrent à cesser le travail (France: 1908, 279).

Die Attentate sind das Werk Einzelner, die sich den Hass der verängstigten Arbeiterschaft zuziehen. Durch das Fehlen jeglicher Solidarität versäumt sie den alles entscheidenden historischen Augenblick. Wie so oft werden sich die Arbeiter auch jetzt nicht zu einem revolutionären Proletariat vereinen, das der Geschichte seinen Stempel aufdrücken könnte. Die Chance auf ein neues Zeitalter wird durch den selbstisch geführten Kampf ums nackte Überleben verspielt.

Und dennoch scheint dieses eine Mal die Katastrophe eine Eigendynamik zu entwickeln. Es kommt zu Verhaftungen, die weitere Ausschreitungen nach sich ziehen. Immer mehr Einrichtungen der Wirtschaft fallen Bombenattentaten zum Opfer. Schließlich versinkt die ganze Kapitale im Chaos. Auch die anderen Städte der "fédération" werden von Unruhen heimgesucht. Am Ende der Katastrophe steht der völlige Niedergang der Zivilisation. Statt eines revolutionären Neubeginns folgt bloße Ödnis: Die Apokalypse ist um ihr Millennium betrogen!

Bald wächst irgendwo im Land ein Dorf wieder zur Stadt heran; die Wolkenkratzer werden immer höher usw. Im Ausgang der apokalyptischen Katastrophe steht nicht die Zäsur, sondern die Wiederholung – mit anderen Worten: "L'Histoire sans fin". Die Geschichte will nicht enden, und schon gar nicht in der Erlösung der Menschheit, auf die Zola noch am Ende von *La Débâcle* nach dem niederkartätschten Aufstand der *Commune* und in *Le Docteur Pascal* setzte. France destruiert mit seiner Vision vom Ende der Zivilisation die millenaristischen Hoffnungen, die vom Autor der *Rougon-Macquart* ebenso an die Republik herangetragen wurden wie von Victor Hugo; er inszeniert das viel beschworene Ende der Geschichte als eine Geschichte ohne Ende. Wenn France in der Einleitung zu *L'Ile des pingouins* einen fiktiven Kunsthistoriker, der nach Quellen zur Kultur der Pinguine forscht, zur Lage der Kunstkritik in Frankreich zitiert, dann umreißt er in zwei Sätzen auch die verwirklichte Dystopie, die man gemeinhin eine geisteswissenschaftliche Fakultät nennt:

> On observe qu'en France, le plus souvent, les critiques musicaux sont sourds et les critiques d'art aveugles. Cela leur permet le recueillement nécessaire aux idées esthétiques (France: 1908, 14f).

7. Endspiele

Der millenaristische Gehalt, der jeder politischen Ideologie des (neuen) Aufbruchs mitgegeben ist, macht den Millenarismus zu einer säkularen *politischen Theologie der zweiten Chance*, weil er die Erfüllung einer von der vergangenen Historie nicht eingelösten Hoffnung verheißt. Doch gerade die unverhohlen millenaristisch einherschreitenden totalitären Ideologien, die die Denkfigur vom "Tausendjährigen Reich" – explizit im Nationalsozialismus, implizit mit dem Postulat von einem sich zum Kommunismus hin verwirklichenden Sozialismus in der UDSSR unter Stalin – in den Rang einer ihr System als das einzig wahre setzenden Topik erheben und damit in ein Instrument der Repression verwandeln, haben diesen Aspekt des politischen Denkens der Neuzeit so weit desavouiert, dass schließlich jede utopische Vorstellung sich dem Totalitarismusverdacht aussetzen sollte.

Ist deshalb schon die Utopie an sich obsolet geworden? Oder muss nicht gerade unter dem Eindruck des Missbrauchs der ursprünglich kritische Gehalt utopischer Entwürfe wieder in Erinnerung gerufen werden? So wird manchenorts der Vorschlag gemacht, den Raum-Utopien als regulatives Prinzip wieder Geltung zu verschaffen, ein Vorschlag, der letztlich dem Postulat einer Privatutopie ohne gesellschaftsveränderndes Potential gleichkäme (vgl. Sage: 1990, 23f). Soll daher die Menschheit auf Projektionen in die Zukunft als Orientierungshilfe für das politische Handeln gänzlich verzichten?

Die *missbrauchte Apokalyptik* der nationalsozialistischen Propaganda bediente sich einer religiösen Begrifflichkeit zur Legitimierung einer menschenverachtenden Politik. Entsprechend ist es auch von Seiten der Theologie zu einer kritischen Auseinandersetzung mit der 'aktivistischen' Haltung einer chiliastischen Theologie gekommen, der seit ihren Anfängen ein politisch-utopisches Moment innewohnt und die daher die Gefahr einer missbräuchlichen säkularen Besetzung nahe legt.

Der Theologe Emil Brunner stellt eine direkte Verbindung zwischen einer neuen chiliastischen Theologie bzw. dem Millenarismus und dem Abdanken eines Fortschrittsglaubens in der Tradition der Aufklärung her:

> Gewiß, der auf die Vernunft gegründete Fortschrittsglaube ist erledigt, und wir wissen, warum er ein so kurzlebiger Traum war. Um so mehr gewinnt die christliche Hoffnung auf ein von Gott selbst geschaffenes Millennium Bedeutung. Wa-

rum sollte es Gott nicht möglich sein, innerhalb der geschichtlichen Welt, d.h. unter den Bedingungen des uns bekannten, "normalen" geschichtlichen Lebens, ein Reich des Friedens und der Gerechtigkeit entstehen und sich vollenden lassen? Will etwa jemand den Beweis antreten, daß das nicht sein kann? (Brunner: 1953, 81).

Die Fortschrittsideologie wird hier als Ausdruck menschlicher Hybris denunziert; die Renaissance des Chiliasmus dagegen erscheint als direkte Antwort auf das Scheitern des Projekts Aufklärung. Das theologische Argument besticht insofern, als es den Grund für den Erfolg des zum politischen Millenarismus säkularisierten Chiliasmus in totalitärem Gewand benennt. Und aus theologischer Sicht muss jeder Versuch, das "Tausendjährige Reich" durch Menschenhand zu verwirklichen als ein Verstoß gegen den göttlichen Willen erscheinen.[101] Auffassungen wie die von Brunner übersehen jedoch, dass das *millenaristische Paradigma* gerade dem aufklärerischen Fortschrittsbegriff bereits von seinen Anfängen an eingeschrieben war. Im Gegensatz zu dem noch nicht geschichtsphilosophisch, sondern innerhalb einer in Zyklen gedachten Geschichte entelechisch besetzten "progrès" etwa noch bei Fontenelle, schleuderten die dem Fortschritt zugewandten Aufklärer wie Turgot, Mercier und Condorcet dem Alten, dem *Ancien Régime*, ein "Nicht weiter so!" entgegen und artikulierten damit die Hoffnung auf eine neue, erneuerte Epoche.

Der mit dem 18. Jahrhundert – oft noch zaghaft, da die theologische Tradition häufig verschleiernd – einsetzende säkulare Millenarismus mit all seinen Aporien ist Teil der Dialektik der Aufklärung, einer Aufklärung, die in ihrem Fortschrittsbegriff sich zwischen zwei Momenten bewegt: einem eschatologischen, das eine den Fortschritt erst ermöglichende historische Zäsur supponiert, und einem teleologischen. Die teleologische Auffassung vom Fortschritt ließ sich im Bereich der Wissenschaften mühelos vertreten, im Bereich des Politischen nötigten die Verhältnisse der Fortschrittsidee – um Blumenberg frei zu paraphrasieren – die Wende ins Eschatologische auf, die schnell die Gestalt einer "akuten Eschatologie" (Blumenberg: 1996, 78 – s.o.) annehmen sollte.

Besonders drastisch führte Edgar Quinet das im 19. Jahrhundert prekär gewordene Fortschrittsideal der Aufklärung vor. Obwohl er seine Herkunft aus

---

101 So schreibt der Schweizer Theologe Biethenhard in seiner 1943 entstandenen und 1945 erstmals veröffentlichten Dissertation: "Was zur Reformationszeit in Münster und in unseren Tagen im dritten Reich Adolf Hitlers durchexerziert worden ist, enthält nicht nur die Mahnung, daß man es so nicht machen dürfe – aber vielleicht besser! –, sondern den kategorischen Imperativ, daß die Kirche von allen derartigen Versuchen grundsätzlich die Hände zu lassen hat. Alle solche Versuche sind letztlich Produkte des Unglaubens, der nicht mehr weiß um den Unterschied zwischen dem Leib und dem Haupt der Kirche, der dem Leib vindiziert, was allein dem Haupt zusteht. Die Verheißung des tausendjährigen Reichs in der Apk. sagt uns, daß Christus allein das Reich heraufführt. Wer dieses Reich selbst aufrichten will – und geschehe es mit was für Mitteln immer –, der maßt sich die Funktion des Hauptes an und erliegt der uralten Versuchung des 'ihr werdet sein wie Gott'" (Bietenhard: 1955, 145).

einem nach einer neuen Religion strebenden Frühsozialismus nie verleugnen sollte, hatte sich sein Denken auf einen konsequenten Laizismus zu bewegt. Dabei verwarf er einen radikalen Millenarismus (vgl. Bénichou: 1977, 492); ja er suchte das *millenaristische Paradigma* mit seiner Forderung nach einem neuen Menschen zu widerlegen. In seiner Schrift *De l'Esprit nouveau* (1875) sezierte er zunächst den Gedanken einer Vervollkommnung des Menschen in und durch die Geschichte, indem er den sophistischen Nachweis führte, dass der prähistorische Mensch für seine primitiven Erfindungen dieselbe Intelligenz und Anstrengung aufgebracht habe wie der moderne Mensch für die großen Errungenschaften der Zivilisation (Quinet: 1875, 15). Seine Schlussfolgerung ist ebenso simpel wie entwaffnend:

> Même cette ère de l'âge tertiaire, qui n'a laissé que ses débris de hache, n'était pas une moitié d'homme. Il a inventé la massue et les armes d'Hercule; c'était déjà l'homme tout entier (Quinet: 1875, 17).

Eine Traumvision in *De l'Esprit nouveau* schildert einen Dialog, dessen Teilnehmer mit den großen Illusionen aufräumen. Das moderne Denken, so ihre erste Feststellung, habe eine Rückkehr zum Glauben unmöglich gemacht – "une période de croyance, comme dans le catholicisme au moyen âge, est devenue radicalement impossible par l'effet de la culture moderne universelle. La destruction des illusions religieuses est immanquable" (Quinet: 1875, 280). Schopenhauer rufen die Diskutanten als Kronzeuge auf: Wenn der Kunstgenuss nur in der Abwesenheit von Schmerz bestehe, so werde dem Menschen beim Betrachten eines Kunstwerks lediglich eine kurze Ablenkung von einem tiefen Lebensekel gegönnt – "un moment de trêve à tes pauvres pensées et au dégoût de l'existence" (Quinet: 1873, 283). Der Gang der Geschichte wird – eine parodistische Anspielung auf die Dreistadienlehre – als die Abfolge von drei Stufen der Illusion beschrieben. Die dritte Stufe sei von der "croyance au progrès" geprägt. Da der Mensch aber bereits mit der Steinzeit als vollendeter Mensch in die Geschichte getreten sei, könne der Glaube an einen "progrès physique et moral du monde et de l'humanité" nur eine Chimäre sein. Der einzige Fortschritt, den es auf der nunmehr überbevölkerten Erde gebe, sei ein Fortschritt des Leidens: "Ce que tu appelles progrès n'est que le sentiment plus vif de la douleur". Fortschreitende Erkenntnis habe lediglich Verzweiflung gestiftet: "Le progrès général n'est ainsi que la conscience plus claire des horreurs de l'existence" (Quinet: 1875, 288 u. 290). Auf diese dritte große (Des-) Illusion folge die "Apocalypse du non-être" – die große 'Offenbarung', die das im Kern narzisstische Denken des deutschen Idealismus als Trug entlarve (ein Seitenhieb auf Pierre Leroux?). Nicht der seiner selbst bewusste Geist sei das Ziel der Weltgeschichte, sondern die sich offenbarende Überlegenheit des Nicht-Seins über das Sein –

> Le but du monde est de manifester la supériorité du non-être sur l'être, si bien que le monde entier aspire à l'anéantissement et que le Créateur, ou plutôt

l'Inconscient, répare sa faute en rejetant dans le néant ce qu'il en a tiré par l'inadvertance et l'erreur d'un moment (Quinet: 1875, 294f).

Das Restituieren des ursprünglichen Menschen (und des verlorenen Paradieses) erscheint hier als ein ebenso aussichtsloses Projekt wie die Erlösung durch Menschenhand im Zeichen einer von der Vernunft zu Ende gedachten Geschichte. Das Unbewusste sei jene Instanz, welche bisher von der eigentlichen – eschatologischen – Bestimmung des Menschen abgelenkt habe. Zwar werden die Voraussetzungen für den Eintritt in den neuen Äon durch die Errungenschaften moderner Technik wie Dampfboot, Eisenbahn und Telegraphie als gegeben angesehen; allerdings wird nicht weniger die von diesen bewirkte Entfremdung des Menschen von seiner Natur denunziert. Dem Träumer Quinets offenbart sich die Unerbittlichkeit des Fortschritts: "Je dois chercher d'étouffer dans les progrès de la science les moyens d'étouffer la vie de l'espèce humaine" (Quinet: 1875, 297). Die Zeitlosigkeit des als Hypothese aufrecht erhaltenen neuen Äons am Ende der Geschichte aber biete durchaus die – allerdings fast ausgeschlossene – Möglichkeit des Neubeginns. Nur außerhalb der Zeit entgehe der Schöpfer – und damit das Unbewusste – den Imperativen des Willens. Mit dem Ende der Geschichte aber werde gelten: "Les chances seront égales pour l'être et le non-être" (Quinet: 1875, 300) – ein Thema der Literatur zur Zeit der Wende ins 20. Jahrhundert: Die ambivalenten apokalyptischen Prosaminiaturen eines Marcel Schwob, in denen um die Kategorie "Erlösung" gerungen wird, oder das düstere Szenario in *Les Aveugle* von Maurice Maeterlinck seien hier als Beispiele genannt.

Zweifelsohne waren literarische Anti-Utopie und (vielleicht noch deutlicher) Dystopie Reaktionen auf den politischen Millenarismus, die zunächst vor allem in satirischem Gewand auftraten, wie etwa in Jules Vernes gegen das Zweite Kaiserreich polemisierendem Roman *Paris au XXe siècle*, am Schluss von Anatole Frances die Dritte Republik satirisch pointierendem *Ile aux Pingouins* oder in der Traumvision aus Quinets Essay *De l'Esprit nouveau* – und auch noch in Aldous Huxleys den *american way of life* weiterdenkender, melancholisch-pessimistischer Erzählung *Brave New World* –, um schließlich in düstere Visionen umzuschlagen, wie etwa in George Orwells die Erfahrung von Faschismus und Stalinismus verarbeitendem Roman *1984*, in Anthony Burghess' *Clockwork Orange* oder in Walter Jens' nicht zuletzt auf die Gesellschaft der BRD bezogenem Text *Nein, die Welt der Angeklagten*.

Die pessimistisch gestimmte literarische Anti-Utopie ist nicht nur eine Gattung der enttäuschten Hoffnung, sondern auch ein Angriff auf den jedem politischen Millenarismus inhärenten Gedanken von der zweiten Chance für einen Neubeginn. Eine besondere Steigerung fand der anti-utopische Skeptizismus in der zweiten Hälfte des 20. Jahrhunderts angesichts der drohenden Katastrophe durch den Nuklearkrieg. Als Beispiel sei hier der 1972 erstmals erschienene Roman *Malevil* von Robert Merle genannt: Ostern (sic!) 1977 verwüstet ein atomarer Krieg den Planeten Erde. In Frankreich organisieren einige Überlebende eine Gemeinschaft, die doch bald in ideologische Streitigkeiten zerfällt und sich gezwungen sieht, ihre Gruppe gegen andere Überlebende zu verteidigen. Am Schluss des Romans wird das Projekt einer wirksamen Aufrüstung zum Zwecke der Verteidigung in die Wege geleitet:

> En fin de compte, l'assemblée générale de La Roque et de Malevil décida, le 18 août 1980, que les recherches et les expériences pour la fabrication de balles de fusils 36 commenceraient aussitôt en priorité. Un an s'est écoulé depuis, et je puis dire que les résultats ont dépassé à ce point notre attente que nous nous attaquons, toujours dans le domaine de la défense, à des projets beaucoup plus ambitieux. Nous pouvons donc d'ores et déjà envisager avec confiance. Si du moins le mot "confiance" est bien celui qui convient (Merle: 1984, 635f).

Ein Roman wie der von Merle ist von tiefer Skepsis darüber geprägt, ob nach der atomaren Katastrophe überhaupt ein wirklicher Neuanfang denkbar ist. Insofern kann *Malevil* als ein durchaus anti-apokalyptischer Roman gelesen werden, der den von Derrida konstatierten "ton apocalyptique adopté naguère en philosophie" ironisch bricht.

Ihre wohl radikalste literarische Negation hatten zuvor Apokalyptik und Millenarismus in Samuel Becketts 1957 uraufgeführtem Einakter *Fin de partie* erfahren. Die nur noch auf ein Minimum vegetativer Funktionen reduzierten Protagonisten des Einakters leben in einer verödeten Welt – die Folge einer nuklearen Katastrophe? Nirgends im Stück ist ein zukünftiges Ende oder eine in der Vergangenheit zu verortende Zäsur auszumachen. *Fin de partie* denkt die literarische Anti-Utopie (und Dystopie) konsequent zu Ende: Die Bühnenwelt tritt dem historisch gegebenen, ihr äußeren Weltzustand ohne jeden Anspruch auf Kritik oder Affirmation entgegen. Die Empirie verschwindet völlig hinter der kompromisslosen Verfremdung, die in ihrer Radikalität jedoch die Lebenswelt des Zuschauers erschüttert und im völlig Fremden die Wirkungsmacht des unerträglich Vertrauten entfaltet. Das Stück *Fin de partie* bedeutet damit nicht nur die Negation aller *politischen* Utopik, indem es die literarische Anti-Utopie zu Ende bringt, sondern auch die Negation der Rede vom utopischen Gehalt der Kunst. Mit der Radikalisierung der Anti-Utopie hat der für sie konstitutive Topos von der Umkehr utopischer Projektionen, in dem diese als gedachte Möglichkeiten immerhin fortleben, seine Gültigkeit verloren. Thema in *Fin de partie* ist nicht mehr das Ende von etwas, sondern das Ende selbst, das von den Protagonisten inszeniert wird, weil es sich nicht einstellen will – und weil ihm kein Anfang gegenübersteht: "[Hamm:] A moi. *Un temps.* De jouer. *Un temps. Avec lassitude*: Vieille fin de partie perdue, finir de perdre" (Beckett: 1957, 110). Inszeniert wird immerfort das alte Ende einer verlorenen Partie, das Ende des Verlierens. Keine Aussicht auf Gewinn! Von der Hoffnung auf die Erlösung durch das Heraufbrechen einer besseren Welt bleibt nicht einmal mehr die Hoffnung auf das ersehnte Ende. *Fin de partie* setzt die Umkehr jeder apokalyptisch-millenaristischen Erwartung in Szene: statt des unmittelbar bevorstehenden Endes, das nicht eintreten wollende Ende, statt des "Tausendjährigen Reiches", das nicht enden wollende Ende, statt

Transzendenz gnadenlose Immanenz. Alle Bewegung geht in reiner Statik auf; nicht einmal das Moment der Wiederholung bleibt, das ein Minimum an Spannung erzeugen würde; selbst Nietzsches provokative Entgegnung auf die Eschatologie wird *ad absurdum* geführt: der heroische Mythos von der "Ewigen Wiederkehr des Gleichen".

Das 'Millennium' Beckettscher Helden fällt in ein regelrechtes Nirgendwo zwischen einem gestaltlos gewordenen Alten und einem niemals eintretenden Neuen; es ist, als ob der Ausspruch Kants zum Jüngsten Gericht höhnisch zugespitzt würde: "[...] so würde jener Gerichtstag freilich nicht der jüngste Tag sein; sondern es würden noch verschiedne andre auf ihn folgen" (Kant XI: 1993, 176 – s.o.). Die Zäsur durch das Weltende wird als die Vision von Verrückten entlarvt. Und selbst diese Verrückten gehören einer fernen Vergangenheit an – doch gleicht ihre Vision auf frappierende Weise der Welt, in der Hamm und Clov dahinvegetieren:

> [Hamm:] J'ai connu un fou qui croyait que la fin du monde était arrivée. Il faisait de la peinture. Je l'aimais bien. J'allais le voir, à l'asile. Je le prenais par la main et le traînais devant la fenêtre. Mais regarde! Là! Tout ce blé qui lève! Et là! Regarde! Les voiles des sardiniers! Toute cette beauté! *Un temps*. Il m'arrachait sa main et retournait dans son coin. Epouvanté. Il n'avait vu que des cendres. *Un temps*. Lui seul avait été épargné. *Un temps* Oublié. *Un temps* Il paraît que le cas n'est... n'était pas si... si rare. [Clov:] Un fou? Quand cela? [Hamm:] Oh c'est loin, loin. Tu n'étais pas encore de ce monde (Beckett: 1957, 62f).

Die Apokalypse, die nach Kermode und Ricœur die Zuspitzung der Peripetie bedeutet (Kermode: 1967, 18; vgl. Ricœur: 1991, 49), hat nunmehr ihren Charakter als Ende eines Mythos im aristotelischen Sinne verloren, sie ist Teil einer Situation geworden, in der die zeitgenössische Kultur und Literatur die Krise durch das Ende ersetzt haben, in der die Krise zum Übergang ohne Ende geworden ist – "où la Crise a remplacé la Fin, où la Crise est devenue transition sans fin" (Ricœur: 1991, 49; vgl. Kermode: 1967, 61). Das apokalyptische Szenario Becketts ist auch nicht mehr 'Offenbarung' im Sinne eines vieldeutigen offenen Kunstwerks der Moderne; sie verweigert sich jeglicher narrativen Transposition. *Fin de partie* nimmt folgerichtig die dem Einakter noch gebliebene letzte, auf die Jasperche Grenzsituation reduzierte 'tragische' Spannung, die Szondi an dieser Form des Dramas konstatiert:

> Weil der Einakter die Spannung nicht mehr aus dem zwischenmenschlichen Geschehen bezieht, muß sie bereits in der Situation verankert sein. Und zwar nicht bloß als virtuelle, die von jeder einzelnen dramatischen Replik dann verwirklicht wird (so die Spannung im Drama beschaffen), sondern die Situation hat hier alles selber zu geben. Deshalb wählt sie der Einakter, wenn er auf Spannung nicht ganz verzichtet, immer als Grenzsituation, als Situation vor der Katastrophe, die schon bevorsteht, wenn der Vorhang sich hebt, und im folgenden nicht mehr abgewendet werden kann. Die Katastrophe ist futurische Gegebenheit: es kommt nicht mehr zum tragischen Kampf des Menschen gegen das Schicksal, dessen Objektivität er (im Sinne Schellings) seine subjektive Freiheit entgegensetzen

könnte. Was ihn vom Untergang trennt, ist die leere Zeit, die durch keine Handlung mehr auszufüllen ist, in deren reinem, auf die Katastrophe hin gespanntem Raum er zu leben verurteilt wurde. So bestätigt sich der Einakter auch in diesem formalen Punkt als das Drama des modernen Menschen (Szondi: 1977, 85).

8. Entleerte Eschatologie und Abenteuer: existentielle Apokalyptik

Das Eschaton beschließt eine Geschichte, eine Genealogie oder schlicht eine in Zahlen erfassbare Reihe – "tout simplement une série nombrable" (Derrida: 1983, 23 – s.o.). Diese Charakterisierung der Eschatologie bei Derrida legt nahe, dass "Eschaton" auch das Ende einer als reine Quantität bestimmten Welt meinen kann: die Erfüllung einer numerischen Totalität. In eine existenzphilosophische Terminologie transponiert, kann das Postulat einer solchen Totalität als das verzweifelte Festhalten am Paradigma der Seinsfülle angesichts des immer manifester werdenden Mangels an Sein, ja der Negation von Sein überhaupt und damit von Individualität, gelesen werden. Doch die als reine Quantität begriffene Seinsfülle ist eine trügerische: Sie trägt das unhintergehbare Stigma der Entfremdung in sich. Die Fixierung auf das Ende in der auf eine abgeschlossene "série nombrable" hinwirkenden 'Eschatologie' bedeutet den verzweifelten Versuch, Totalität zu erlangen in einer Welt, die sich einem dialektischen Totalisieren verweigert. Das quantitative Seinsverständnis, das Derrida mit seiner Charakterisierung der Eschatologie pointiert, ist jedoch erst vor der Folie einer im Zeichen des universalen Tausches von Waren stehenden Reifikation und dem ihr korrespondierenden Zeitverständnis zu verstehen, das sich über den *mythos* der Narration erschließt.

Michail Bachtin sieht im mythologischen und künstlerischen (sic!) Denken, das den antiken Roman auszeichnet, Bestrebungen einer "historischen Inversion", in der das Ziel jeden menschlichen Strebens auf ein Vorbild in der Vergangenheit zurückgeführt werde:

> Das Wesen einer solchen Inversion besteht darin, dass das mythologische und künstlerische Denken Kategorien wie Ziel, Ideal, Gerechtigkeit, Vollkommenheit, harmonischer Zustand des Menschen und der Gesellschaft u.a. in der Vergangenheit ansiedelt (Bachtin: 1989, 79f).

Diese "historische Inversion" habe ein Anreichern der Gegenwart und der Vergangenheit zur Folge, wobei dies auf Kosten der Zukunft geschehe, die sich Bachtin als eine "entleerte" und damit "ephemere" darstellt. Das Entleeren erweist sich als eine Konstante, die auch der Eschatologie ihr Gepräge verleiht:

> Die Zukunft wird hier als das Ende alles Existierenden, als das Ende des Seins (in seiner früheren und jetzigen Form) verstanden. Dabei ist es gleichgültig, ob das Ende als Katastrophe oder als bloße Zerstörung, als neues Chaos, als Götter-

dämmerung oder als Anbruch des Reiches Gottes gedacht wird: wichtig ist nur, daß allem Bestehenden ein Ende gesetzt wird, zudem ein Ende, das relativ nahe ist. Die Eschatologie stellt sich dieses Ende stets so vor, daß die Zeitspanne Zukunft, die die Gegenwart von diesem Ende trennt, entwertet wird, daß sie alle Bedeutung und jedes Interesse einbüßt: Es ist eine unnötige Verlängerung der Gegenwart von unbestimmter Dauer (Bachtin 1989, 81).

Indem die Nähe und die Zwangsläufigkeit des unmittelbar bevorstehenden (katastrophalen) Endes in der apokalyptischen Eschatologie zum Garanten des Bestehenden wird, das über den Gedanken an seine Endlichkeit zu einer Fülle mit der Aura von Totalität gelangt, erhält die Zeitdimension Zukunft von dem Eschaton her gesehen für die kurze Spanne, die sie nunmehr noch umfasst, denselben Status wie die Gegenwart und die Vergangenheit. Mehr noch: Zukunft erweist sich als eine bloß überflüssige Fortsetzung der beiden anderen Zeitdimensionen, quasi als ein bedeutungsloses Surplus des Bestehenden; die Zukunft ist auf den Status einer auswegslosen Zwischen- oder Übergangszeit verwiesen – die Zukunft weicht ("l'effacement de l'avenir") einem unerbittlichem *présentisme* (Taguieff: 2000; vgl. Godin: 2003, 177).

Hinter Bachtins Auffassung von Eschatologie steht der hegelianische Gedanke der Negation: Vergangenheit und Gegenwart finden in der auf nur noch wenige (verdinglichte) Zeiteinheiten reduzierten, einzig mit dem (illusorischen) Gehalt der beiden anderen Zeitdimensionen versehenen Zukunft keine utopische Fortführung, sondern lediglich ein Retardieren ihrer Negation, womit die Affirmation des Bestehenden subintelligiert ist. Bachtins Betrachtung der Eschatologie bewegt sich auf einer rein formalen Ebene der Zeitanalyse. Damit ist für ihn auch die theologische Unterscheidung zwischen Eschatologie und Apokalyptik irrelevant, denn beide gehen schließlich ungeschieden in einem *Chronotopos des Untergangs* auf,[102] zu dem auch andere tradierte Katastrophenszenarien gehören. Einen solchen *Chronotopos des Untergangs* meint schließlich auch Derrida in seiner zunächst formalen Charakterisierung der Eschatologie: "tout simplement une série nombrable".

Blumenberg, der die sich zwischen Weltzeit und Lebenszeit öffnende Schere konstatiert (Blumenberg: 1986, 76 – s.o.), unterlegt seiner Lektüre der *Offenbarung* eine Zeitauffassung, in der Zeit nur noch als eine über räumliche Veränderung erfahrbare Größe erscheint, eine Auffassung, die Zeit als zugleich verdinglichte und verdinglichende Größe fasst. Auf dem Hintergrund einer solch rein verräumlicht-verdinglicht gedachten Zeit, an der sich auch der Bachtinsche Formalismus orientiert, ist ein Gleichsetzen von Eschatologie und Apokalyptik konsequent: Mit dieser Zeitauffassung geht zwangsläufig ein "Entleeren" der prophetischen Rede einher.[103]

---

102 Der Begriff *Chronotopos des Untergangs* ist bei Bachtin zwar nicht belegt, die Begriffsbildung dürfte aber nichtsdestoweniger in seinem Sinn sein.
103 Als ein Verfahren der 'Entleerung' können bereits die Versuche gewertet werden, aus der Bibel das Ende als ein berechenbares abzuleiten. Dem entspricht auch das Bild von der 'prozesslos' erfüllten Zeit, das vom (prophezeiten) Ende her gesehen wird (vgl. Irrlitz: 1996,

Gegen ein solches, für das neuzeitliche und moderne Denken charakteristische "Entleeren" der Zeit bis hin zur Annahme einer *Eschatologie der Verdinglichung*, die einem "Entleeren" der biblischen Eschatologie gleichkommt, führt der Theologe Hans Urs von Balthasar den Offenbarungsgehalt der Apokalyptik ins Feld, wobei er jedoch einen Wechsel der Perspektive vollzieht: Sein Interesse gilt der "Apokalypse der Seele", die er als ein "konkreteres Wort für Eschatologie" fasst.[104] Ein in der "Apokalypse der Seele" offenbartes

---

350). Von dieser 'Entleerung' der Eschatologie ist das Zeiterleben in den Weltuntergangsvisionen Schizophrener zu unterscheiden. Dort erscheint die Zeit im imaginierten Untergang als eine erfüllte, der Augenblick wird zur Ewigkeit. Wenn Jaspers die Weltuntergangsvisionen von Schizophreniepatienten beschreibt, so trägt deren Zeiterleben Züge des Mystischen: "Unter den Inhalten der schizophrenen Erlebnisse ist charakteristisch das *kosmische Erleben*. Es ist das Ende der Welt, Götterdämmerung. Eine gewaltige Umwälzung bei der der Kranke die Hauptrolle hat, geht vor sich. Er ist das Zentrum allen Geschehens. Er fühlt ungeheure Aufgaben, gewaltige Kräfte, sie zu erfüllen. Fabelhafte Fernwirkungen, Anziehungen und Ausstoßungen sind wirksam. Immer handelt es sich um das 'Ganze': alle Völker der Erde, alle Menschen, alle Götter usw.; die ganze Geschichte der Menschheit wird noch einmal erlebt. Unendliche Zeiten, Millionen von Jahren erlebt der Kranke. Der Augenblick ist ihm eine Ewigkeit. Mit ungeheurer Geschwindigkeit durchmißt er den Weltraum, um die gewaltigen Kämpfe zu bestehen; gefahrlos wandelt er an Abgründen" (Jaspers: 1973, 247f). Der Weltuntergang ist offensichtlich für das schizophrene Erleben nicht mehr angstbesetzt (vgl. hierzu den 'Verrückten' in Becketts *Fin de partie*). Die Allmachtsphantasien kehren auch insofern die 'entleerte' Eschatologie in ihr Gegenteil, als sie so etwas wie Totalität erfahrbar machen. Auf die in der Apokalyptik enthaltenen archetypischen Bilder stellt dagegen Drewermann ab, wenn er eine Parallele zum schizophrenen Erleben zieht. Zu den gemeinsamen Merkmalen rechnet er "den Determinismus der Weltbetrachtung infolge einer völligen Ohnmacht des Ichs; den pseudonymen, ichverlustartigen Symbolismus der Selbstmitteilung; sowie insbesondere eine allzu fließende Abgrenzung zwischen Ich und Außenwelt. Ganz wie in den apokalyptischen Visionen erlebt auch der Schizophrene sich selbst in einem Symbolismus, mit dem er die Dinge und Menschen ringsum überzieht. Die größte Verwandtschaft zwischen apokalyptischem Denken und schizophrenem Selbsterleben aber liegt zweifelsohne in der Gemeinsamkeit der *Weltuntergangsphantasien*" (Drewermann: 1998, 480). Ein gewisses Unbehagen stellt sich bei den Ausführungen sowohl Jaspers' als auch Drewermanns ein, da in ihnen das schizophrene Erleben schon fast einer idealisierten ästhetischen oder quasi-religiösen Haltung gleichgesetzt erscheint, die eine Flucht aus der unerträglichen, von Entfremdung gezeichneten Welt zu ermöglichen verspricht. Insbesondere bei Drewermann tritt der eigentlich pathologische Aspekt solcher Visionen Schizophrener deutlich in den Hintergrund. Der einseitige Rekurs auf die archetypischen Bilder verstellt auch den Blick auf die ideologischen Implikationen apokalyptischer Rede. So beschränkt Drewermann sich darauf, den Nationalsozialismus damit zu erklären, dass der "Neurotiker" Hitler – angesichts der traumatischen Niederlage im ersten Weltkrieg und angesichts der von der Gefahr des sozialen Abstiegs geprägten Gesellschaft – "in seiner individuellen Angst zum Sprachrohr einer neurotischen Angst aller" geworden sei (Drewermann: 1998, 634).

104 Unbehagen befällt den Leser angesichts des Titels der 1937-1939 erschienenen Studie Balthasars: *Apokalypse der deutschen Seele*. Doch gibt die Studie keinen expliziten Kotau vor den nationalsozialistischen Machthabern in Deutschland zu erkennen. Und wenn er im Vorwort zum vorliegenden Band von der in 150 Jahren "langsam gereiften Frucht" des deutschen Geisteslebens spricht, so ist zu vermuten, dass er, indem er eine Geschlossenheit supponiert, dieses Geistesleben letztlich vor der ideologischen Vereinnahmung abzuschirmen sucht. Entsprechend kann auch der Schluss des Vorwortes aus dem Jahr 1938 als eine solche Abwehr verstanden werden, wenn er sich einer Bewertung einer aktuellen Ideologie mit chiliastischem Anspruch enthält: "Damit ist gesagt, daß die behandelte Periode eine in sich

Selbst nehme den eigentlichen Gehalt der biblischen Eschatologie bzw. Apokalyptik auf. Eschatologie ist für ihn nicht bloß Annahme eines auf den Abschluss einer "série nombrable" verkürzten Eschatons; das Ende sei immer auf ein (Partial-) System verpflichtet, das ihm seinen Sinn gebe; und die Sinnfälligkeit eines solchen Endes verweise auf den Sinn der Rede vom Ende aller Dinge:

> Jedes Wissensgebiet hat zunächst ein solches Eschaton, und daß sie es nicht überschreite, darüber wacht die Methodenlehre der Wissenschaften. Aber das sind noch relative Eschata, die auf ein letztes und absolutes zurückweisen, wie jede Eschatologie auf einen Logos vom ewigen Eschaton zurückweist (Balthasar I: 1937, 3f).

Die hier enthaltene theologische Besetzung der Begriffe "Apokalypse" und "Eschatologie" geht auf Paulus zurück. "Apokalypse" (als "Offenbarung") steht zusammen mit "Parusie" wieder für die Vollendung des messianischen Zeitalters: Sie ist wieder mehr als die bloße Vorhersage des Endes. Die "Apokalypse" verkündet nicht etwa ein konkretes Ereignis mit einer festen Zeitstelle, was der französische Philosoph Bernard Sichère in seiner jüngst veröffentlichten, an Heidegger und Nietzsche ausgerichteten Paulus-Lektüre unterstreicht: "Apocalypse: non pas annonce précise, anticipée, d'un événement précis qui aura lieu à une date précise [...], mais anticipation d'une 'fin de l'histoire' [...]" (Sichère: 2003, 92). Gemeint ist die alle Metaphysik hinter sich lassende Annahme von einer neuen Ontologie, die wohl Origines am deutlichsten erkannt habe (vgl. Sichère: 2003, 92).

Auch Hermann Broch geißelt die Reduzierung der prophetischen Rede auf eine bloße Vorhersage und verweist auf den damit verbundenen Missbrauch der Apokalyptik. In seiner *Massenwahntheorie* hebt Broch darauf ab, dass die Apokalypse fester Bestandteil prophetischer Diskurse sei; er unterscheidet jedoch die "apokalyptische Stimme" des echten Propheten vom Untergangspathos eines falschen Propheten. Letzterer sei der Künder einer zum Selbstzweck gewordenen Katastrophe, wohingegen der echte Prophet zum Mahner werde. Der falsche Prophet richte seine Worte an den im "Dämmerzustand" lebenden Menschen, womit Broch die (schlafwandlerische) Akzeptanz des Bestehenden, die Reduktion menschlichen Verhaltens auf eine (quasi) animalische Instinkthaftigkeit meint, eine Instinkthaftigkeit, in die auch die Menschen in den hoch entwickelten Kulturen zurückfallen – was, um es in der Terminologie der Psychoanalyse auszudrücken, eine Bewegung der Regression

---

geschlossene, abgeschlossene ist. In diesem Sinn wird also das Ende einer Zeit behandelt und als Ende behandelt. Die Keime des Neuen und deren Entfaltung in unseren Tagen zu schildern, hätte den Rahmen gesprengt, der die Zeit bis 1930 [sic!] umgrenzt" (Baltasar II: 1939, s.p.). NB: Die zweite Auflage des ersten Bandes erschien unter dem Titel *Prometheus: Studien zur Geschichte des deutschen Idealismus* (Balthasar: 1947), womit Prometheus zu dem Mythologem des 19. Jahrhunderts schlechthin erhoben wurde (zur 'Universalität' des Prometheus-Stoffes im abendländischen Denken vgl. Blumenberg: 1990; Trousson: 2001 und den im ersten Teil vorliegender Studie vorgenommenen Versuch zu Jules Verne).

darstellt. Doch ein solcher "Dämmerzustand" birgt ein hohes destruktives Potential in sich, weil die ihm verfallenen Menschen jeglichen ethischen Impuls aus ihrer Lebenspraxis getilgt haben:

> Die apokalyptische Stimme ist stärker als die eines jeden unmittelbaren irdischen Anlasses, und möge dieser noch so sehr, noch so erschütternd von Blut und Mord und Brand geschwängert sein, die Stimme, die zur Stimme zwingt, ist es, die mit ihrer Vision vom Ende des Menschlichen als solchem alle Prophetie erfüllt. Wohlgemerkt, alle Prophetie, d.h. ebensowohl die echte wie die falsche. Denn der falsche Prophet – keineswegs weniger scharfsichtig als der echte, wenngleich oftmals eher Jünger als Prophet – versteht ebenfalls richtig zu weissagen, nur daß er, im Gegensatz zum echten, die Akzeptationshaltungen eines Dahindämmerns sogar auf das Apokalyptische selber ausdehnt und es bejaht, indem er die Vernichtungskräfte nicht nur herbeiwünscht, herbeiruft, sondern ihnen auch unter den schwersten Vorwänden, so etwa dem der Unausweichlichkeit oder etwa ihrer Notwendigkeit für den Lebenskampf, einen Selbstsinn, den unsinnigen Selbstsinn der Physiognomielosigkeit zu unterlegen trachtet: mit Hilfe solcher Scheinbegründungen und ihrem mephistophelisch witzigen Erkenntnismangel wird der leere Sieg um des bloßen Sieges willen, wird diese leere Spielregel des Sadismus in eine Art mystische Heroik verkehrt, wird dem Mord, der Vergewaltigung, der Unterdrückung, der Schmerzzufügung, kurzum dem Leid an sich der Rang eines wesentlichen und womöglich einzig menschenwürdigen Lebenswertes verliehen, der freilich seinen bösartigen Ästhetizismus bloß dartut, daß der falsche Prophet, obwohl er sich von seinem Derivat, nämlich dem ästhetisierenden Literaten höchstens durch seine größere Scharfsinnigkeit unterscheidet, gerade wegen dieser und ihrer Satanik selber ein Teil des apokalyptischen Weltzustandes bildet (Broch XII: 1979, 164f).

Wendungen wie "mystische Heroik" oder "bösartiger Ästhetizismus" denunzieren den Missbrauch der "apokalyptischen Stimme". Die in der wohligen Trägheit des "Dämmerzustandes" einer Massenexistenz (regredierend) verfallenen Menschen werden zu willfährigen Objekten der Macht, die sich einer missbrauchten Apokalyptik zu ihren Zwecken bedient. Der falsche Prophet, der selbst einen Teil des "apokalyptischen" Weltzustandes bildet, trägt die Fratze des Zynikers. Seine Geisteshaltung ist nicht weniger die einer neuen Barbarei, doch er scheint die schlafwandlerische Akzeptanz der Katastrophe zu transzendieren. In Wirklichkeit aber wird er, indem er selbst Teil des von ihm verkündeten Weltzustandes bleibt, zum Täter, zum Vollstrecker. Ein solcher Täter schwingt sich zum Heros auf, zum mythischen Heros, zum "Führer", der sich zwar das Gewand des Erlösers überstreift. In Wirklichkeit aber ist er das Vollzugsorgan eines zynischen *status quo,* und die aus diesem heraus entstandenen Vernichtungsphantasien sind nichts weiter als Formen der Affirmation des Bestehenden: Der Führer wandelt auf den archetypischen Spuren des Antichrist.

Die "apokalyptische Stimme" des falschen Propheten und seines Führers bedient sich der biblischen Apokalyptik als Fundus für Pathosformeln, die vom dahindämmernden Menschen geradezu dankbar aufgegriffen werden. N.B.:

Der exzessive Gebrauch von Pathosformeln ist das Kennzeichen des Kitsches, der jegliche Distanz zum Objekt einzieht und auf diese Weise die Freiheit des sich ihm ("genüßlerisch") Hingebenden suspendiert – es entsteht durch einen apokalyptischen Jargon jene dumpfe Gestimmtheit, in der die "Bewußtseinstranszendenz" niedrig gehalten wird. Und der in einer trüben Apokalyptik kulminierende Kitsch drängt wieder in die Lebenspraxis hinaus und gibt diese der Barbarei preis. Deutlich wird dies in Brochs werttheoretisch ausgerichteter Analyse des Kitsches:

> Wer Kitsch erzeugt, ist nicht einer, der minderwertige Kunst erzeugt, er ist kein Nichts- oder Wenigkönner, er ist durchaus nicht nach den Maßstäben des Ästhetischen zu werten, sondern er ist ein ethisch Verworfener, er ist ein Verbrecher, der das radikal Böse will. Und weil es das radikal Böse ist, das sich hier manifestiert, das Böse an sich, das als absolut negativer Pol mit jedem Wertsystem in Verbindung steht, deshalb wird der Kitsch, nicht nur von der Kunst, sondern von jedem Wertsystem aus, das nicht Imitationssystem ist, böse sein; denn wer um des schönen Effektes willen arbeitet, wer nichts anderes sucht als jene Affektbefriedigung, die ihm das augenblickliche Aufatmen "schön" verschafft, der radikale Ästhet also, wird zu solcher Schönheitserziehung jedes Mittel ungehemmt verwenden dürfen und verwenden: es ist der gigantische Kitsch, den Nero mit dem Feuerwerk brennender Christenleiber in seinen Gärten arrangierte, er selbst dazu die Laute schlagend – und nicht umsonst war Neros Ehrgeiz das Schauspielerische (Broch IX.2: 1975, 154; vgl. Kuhnle: 1999, 165f).

Gegen eine solche Ideologie des Untergangs, mit der lediglich ein ästhetisches Konstrukt seine Transformation in eine barbarische Lebenspraxis erfährt, richten sich existenzphilosophische Ansätze, nicht ohne jedoch in Aporien zu verfallen, die häufig einer solchen Ideologie noch Vorschub leisten.

Der Theologe Balthasar betrachtet die Herausbildung eines "eschatologischen Mythus" – in dem sich die von ihm ausgemachte "Apokalypse der Seele" artikuliere – als die dem Menschen eingeschriebene Voraussetzung für die Erfahrung eines Selbst, die im Mystischen zur eigentlich religiösen Erfahrung wird. Jede Epoche habe ihren eigenen "eschatologischen Mythus", in dem sich "klarer als in jeder Theorie" ihre Seele spiegle, weshalb für Balthasar die Befragung der "Bildwerdung im dichterisch-eschatologischen Gleichnis" einen besonderen Stellenwert einnimmt:

> Aber durch die literarisch-geisteswissenschaftlichen Fragen (Sammlung der Gestaltungen eines Mythus, geistiges Verstehen der Form- und Gehaltsbildung) dringen wir folglich zur tieferen: Was veranlaßt eine Zeit, sich gerade *dieses* Mythus (etwa Prometheus, Faust, Don Juan, und spezieller eschatologisch: Ahasver, Götterdämmerung, Antichrist, wiederkehrender Christus, Weltbrand usf.) als ihres Selbstausdrucks zu bedienen (Balthasar I: 1937, 9).

Der "eschatologische Mythus" erscheint bei Balthasar als eine Antwort auf die Grunderfahrung einer *conditio moderna*, die mit den Worten Edmund Husserls resümiert werden kann: Sie ist bestimmt durch das "Versagen der anfänglich gelingenden neuen Wissenschaft" sowie dem daraus resultierenden "Kontrast zwischen dem beständigen Misslingen der Metaphysik und dem ungebrochenen und immer gewaltigeren Anschwellen der theoretischen und praktischen Erfolge der positiven Wissenschaften" (Husserl VIII: 1992, 8f). Die hier von Husserl auf den Punkt gebrachte Grunderfahrung ist die des auf die Spitze getriebenen *Fortschrittsparadoxes*: Zum einen fallen die Möglichkeiten individueller *poiesis* immer mehr hinter den Gang der Entwicklung zurück; und jeder Versuch, den Gesamtprozess zu totalisieren, ist erkennbar im Voraus zum Scheitern verurteilt. Zum anderen, und darin liegt wohl das eigentliche "Mißlingen der Metaphysik" begründet, kommt es trotz und wegen der Erfolge der Wissenschaften zu einer Abnahme von Lebensqualität, zu technisch bedingten "Entartungen" in der Tier- und Pflanzenwelt, die inzwischen auch den Menschen zu erfassen drohen, und zu sozialer Anomie, auf die letztlich auch die Rede von der kulturellen "Dekadenz" zurückgeht, weil das ästhetische Erfahrung und künstlerische Produktion Vermittelnde immer mehr ins Subjektive hineingedrängt wird, worüber auch die in Effekten sich erschöpfenden Massenveranstaltungen nicht hinwegtäuschen können; denn 'kollektiv' ist eigentlich nur die Form – und wohl niemand ist so einsam wie der in Zuckungen aufgehende Raver, der mit Ecstasy ein Surrogat für die mystische Versenkung des Derwisches zu finden glaubt. Kurz: Es scheint mit der Anomie, die mit der Erweiterung individueller Möglichkeiten einhergeht, sich die von Rousseau als zivilisationstypisch herausgestellte "décrépitude de l'espèce" zu beschleunigen. Oder um es anders auszudrücken: Dem Fortschritt läuft nun eine andere, gleichfalls in Gestalt eines Naturgesetzes einherschreitende – und damit nicht minder paradoxe – Bewegung zuwider: die Dekadenz.[105]

Das *Fortschrittsparadox*, das in der Neuzeit seinen Ausgang nahm und mit der Aufklärung einen ersten krisenhaften Höhepunkt erlangte, fand seine geschichtsphilosophische Auflösung zunächst in der millenaristischen Denkfigur. Angesichts der im zwanzigsten Jahrhundert zu verzeichnenden Amplifikation der historischen Ereignisse, die eine geschichtsphilosophische Synthesis verweigert, fordert Balthasar die Rückbesinnung auf die Eschatologie:

> Sollte nicht die Grundlage der neuen Weltsicht selbst ins Wanken geraten, so mußte ein neues Entwicklungsschema, das Fortschritt und Entartung zu versöhnen vermochte, und damit schließlich doch eine neue eschatologische Perspek-

---

[105] Adorno, um die Rettung der Kategorie "Fortschritt" bemüht, schreibt: "Die Dekadenz war die Fata Morgana jenes Fortschritts, der noch nicht begonnen hat" (Adorno X.2: 1997, 626). Und etwas weiter heißt es: "Das Verbot, das die dialektische Theorie von Hegel bis Marx gegen die ausgepinselte Utopie erließ, witterte den Verrat an ihr. Dekadenz ist der Nervenpunkt, wo die Dialektik des Fortschritts vom Bewußtsein leibhaft gleichsam zugeeignet wird. Wer gegen die Dekadenz wettert, bezieht unweigerlich den Standpunkt des Sexualtabus, deren Verletzung das antinomistische Ritual der Dekadenz ausmachte. In der Insistenz auf jenen Tabus, zugunsten der Einheit des naturbeherrschten Ichs, dröhnt die Stimme des verblendeten, unreflektierten Fortschritts" (Adorno X.2: 1997, 627). Zum Ineinandergreifen der Fortschritts- und Dekadenzdiskurse vgl. auch den diesbezüglichen Abschnitt in Taguieffs *L'Effacement de l'avenir* (Taguieff: 2000, 279-338).

tive gefunden werden. Die Geschichtsdialektik des Idealismus kündigt sich von ferne an (Balthasar I: 1937, 36).

Für die Subjektivierung der Eschatologie hin zu einer "Apokalypse der Seele" setzt Balthasar den zum "Mythus der Existenz" gewordenen "eschatologischen Mythus" voraus, dessen Herausbildung er nicht ausschließlich auf *einen* Bereich des menschlichen Denkens und Handelns beschränkt wissen will. Zu einer eschatologischen Perspektive könnten sowohl Kunst, Dichtung und Philosophie als auch alle Gebiete der Geistes- und Naturwissenschaften vordringen und damit Teil des "Mythus der Existenz" werden:

> Physik als Weltend- oder Entropielehre, Technik, Psychologie des Endes und der Katastrophe. Pathologie u.a. können an einem Punkte ihrer sachlich-"objektiven" Entwicklung plötzlich wie leuchtend und durchscheinend werden in eine tiefere, "subjektive" Situation der Zeit, was man eine Eschatologisierung des Gebiets bezeichnen kann (Balthasar I: 1937, 11).

Die von Balthasar aufgehobene Unterscheidung zwischen Eschatologie und Apokalypse bzw. Apokalyptik und die von ihm vorgenommene Subsumption der unterschiedlichsten Endzeitszenarien unter den "eschatologischen Mythus" ist gleichzusetzen mit der Annahme einer "existentiellen Eschatologie", die insofern als apokalyptische zu begreifen ist, als sie die "Selbstenthüllung der Seele" meint (Balthasar I: 1937, 4f), eine Selbstenthüllung, welche die historische Eschatologie nicht mehr zu leisten vermag: "Die Mythen der historischen Eschatologie sind, wie tote Muscheln, am Strand der Geschichte ausgeworfen" (Balthasar I: 1937, 7).[106] Steht bei dem Theologen Balthasar noch ein primär dogmatisches Anliegen hinter der von ihm ausgerufenen "existentiellen Eschatologie", so benennt diese Vorstellung doch den Grund für eine philosophiegeschichtliche Entwicklung, die in die Herausbildung der Existenzphilosophie mündet: Von der historisch-sozialen Krise richtet sich nunmehr der Blick auf die Krisis, in der der Mensch seine allerindividuellste Wandlung erfährt. Hierzu sei die von Karl Jaspers vorgenommene psychologische Definition des Begriffs "Krisis" zitiert, an der ein über die theologischen Implikationen hinausweisendes eschatologisches bzw. apokalyptisches Moment deutlich wird:

> Im Gange der Entwicklung heißt Krisis der Augenblick, in dem das Ganze einem Umschlag unterliegt, aus dem der Mensch als Verwandelter hervorgeht, sei es mit neuem Ursprung eines Entschlusses, sei es im Verfallensein (Jaspers: 1973, 586).

Die Annahme der Krisis führt direkt in den von Adorno denunzierten *Jargon der Eigentlichkeit*, der bei Jaspers und Heidegger eine dem ideologischen

---

106 Vondung charakterisiert unter Hinweis auf Camus die "existentielle" bzw. "moderne" Apokalypse wie folgt: "Die moderne Apokalypse [...] eliminiert den transzendenten Pol und beseitigt die Existenzspannung, indem sie 'Fülle' als einen innerweltlichen Zustand imaginiert, der durch den menschlichen Geist, durch Willen und Tatkraft herzustellen ist" (Vondung: 1988, 453).

Missbrauch Tür und Tor öffnende Gestalt annimmt: "Die Sprecher der Existenz bewegen sich auf eine heroisierende Mythologie zu, auch wo sie es nicht bemerken" (Adorno VI: 1997, 499). In der Tat drohen Philosopheme wie Jaspers' "Grenzsituation" und Heideggers "Sein zum Tode" zumindest in ihrer Instrumentalisierung zum Zwecke der heroischen Verklärung des Grauens dann in eine solche Mythologie umzuschlagen, wenn sie von der individuellen Perspektive auf das kollektive Schicksal projiziert werden. Der "Jargon der Eigentlichkeit" kann auch zur Rechtfertigung herhalten, wenn solipsistisch die Annahme der Herausforderung durch eine gesetzte Grenze sich völlig von jeder gesellschaftlichen Aufgabe löst und einzig der (narzisstischen) Konstruktion eines Daseins *in effigie* dient.

Der Prototyp eines solchen Heros ist der Abenteurer. So erweist sich etwa Jankélévitchs Abenteuer-Konzeption als eindeutig existenzphilosophisch tingiert, wenn er die "psychosomatische" Existenz des Bürgertums als die Voraussetzung für das Abenteuer begreift:

> [...] la vie est l'ensemble des chances qui nous soustraient journellement à la mort. La fragilité essentielle et la précarité incurable de notre existence psychosomatique fondent la possibilité de l'aventure. La mort est ce qu'on trouve lorsque l'on creuse jusqu'à l'extrémité de l'humain, jusqu'au rebord aigu et indépassable d'une expérience; la mort est la limite absolue qu'on atteindrait si on allait à fond et jusqu'au bout au lieu de s'arrêter en route: c'est le fond infime de toute profondeur et l'apogée suprême de toute hauteur et le point extrême de toute distance (Jankélévitch: 1963, 20).

Die "psychosomatische" Existenz zeitigt das Abenteuer als nunmehr zwangsläufige Abweichung von dem, was Hegel das "Allgemeine" genannt hat. Erst im Abenteuer findet der Mensch zur Konfrontation mit dem Tod, erfährt er das, was die Existenzphilosophie "Eigentlichkeit" nennt. Für die deutsche Existenzphilosophie besetzt jedoch Jaspers den Begriff des "Abenteuers" negativ. Nach Jaspers ist das Abenteuer ein mögliches Grundverhältnis des Einzelnen zur Wirklichkeit, eine Lebenseinstellung, wie sie sich in ihrem Gehalt "durch den in der Dauer der Zeit gemeinten Sinn" typisieren lasse. Dabei geht er von der Unterscheidung zwischen *homo ludens* und *homo faber* aus:

> Die beiden Pole sind: Arbeit, Leistung gilt entweder in der *Kontinuität des Ganzen* oder alles Tun ist ein Spiel, ein *Versuch und Abenteuer*. In jener Kontinuität wird der Aufgabe und dem Beruf gedient, der geschichtlich getragen wird von der Folge der Generationen. Fühlbar ist das Ganze im Werk der Vergangenheit, das täglich durch eigenes Tun gleichsam zum Leben erweckt wird. Typus ist der Bauer, der sich als verschwindendes Glied im Dienst seines Hofes weiß und danach handelt. Dagegen reißt das Spiel des Abenteuers alles auseinander. Es gilt keine Folge des Tuns. Es herrscht die Augenblicklichkeit. In der Welt ist kein Bau, kein Ganzes, kein Heil. Das Abenteuer ist als Wirklichkeit zugleich Symbol der Unmöglichkeit einer Weltvollendung (Jaspers: 1973, 273).

Jaspers typisiert die Lebenseinstellungen entsprechend den herrschenden ökonomischen Verhältnissen und den diesen legitimierenden Diskursen. Er verzichtet allerdings darauf, die beiden Lebenseinstellungen "Arbeit" und "Abenteuer" auf diesem Hintergrund dialektisch dergestalt miteinander zu verschränken, dass sich die "beiden Pole" als Produkte ein- und derselben Ideologie zu erkennen geben, welche die Zeitvorstellung bestimmt: Diese Vorstellung unterstellt die Einheit von produktiver Praxis und individuellem Erleben – und ist somit eminent ideologisch, denn sie verdeckt, was die Welt der Waren längst zertrümmert und zu abstrakten Rechnungseinheiten nivelliert hat.

Der "Abenteurer", wie er von Jaspers gefasst wird, steht für die Entfremdung, für die von sozioökonomischen Determinanten begründete Unmöglichkeit für Individuum und Kollektivität, jenseits phantasmagorischer Entwürfe zu einer Form der "Weltvollendung" zu gelangen. Es erscheint von daher als folgerichtig, wenn in seiner *Philosophie* das "Abenteuer" zur Apokalyptik im Sinne einer "entleerten Eschatologie" aufrückt:

> Eine Verkehrung der Erfahrung des Seins aus Wagnis und Vernichtung ist überall dort, wo Erscheinung nicht nur vergänglich, sondern gleichgültig wird, wo ich daher, um eigentlich zu sein, kein Weltdasein aufbaue, sondern mich dem *Abenteuer* ergebe: ich verabsolutiere das Wagen, das Zerstören, Untergehen, auch wenn es um nichts geht, ja gerade dann, um mit dem Bewußtsein ins Sein zu treten, über das ein jedes Ernstnehmen der Welt, alle Dauer wie alle Zeitlosigkeit täusche. Der Abenteurer verachtet alle Lebensordnungen wie alles Bestehende. Das Extravagante, alle Bindungen Lösende, das übermütig Spielende, das Überraschende und Unerwartete ist ihm, der sein Untergehen jubelnd ergreift oder lächelnd erduldet, das Wahre. Dasein als mögliche Existenz aber schaudert vor der Leere der nur objektiven Geltung, wie vor der Täuschung der vermeintlichen Dauer, so vor der Gehaltlosigkeit des bloßen Untergangs im Abenteuer. Objektivität und Dauer, wenn sie auch nichts an sich selbst sind, bleiben der Leib der Erscheinung der Existenz im Zeitdasein. Der bloße Untergang ist nichtig: es geht ohne Verwirklichung in der Welt eigentlich nichts unter als nur eine chaotische Subjektivität (Jaspers III: 1973, 224).

Die Hingabe an das Abenteuer ist für Jaspers gleichbedeutend mit dem Verzicht des Individuums darauf, sich (dialektisch) in intramundane Praxis einzuschreiben, ein "Weltdasein" aufzubauen. Jaspers beklagt beim "Abenteurer" das Fehlen eines mit der *allgemeinen Ordnung* in Einklang stehenden dialektischen Prozesses der Bildung: In dieser Bestimmung des "Abenteuers" wirkt unverkennbar Hegels Bestimmung des "Abenteuerlichen" und der "Verrücktheit" als das Beherrschtsein vom "Gesetz des Herzens" nach (vgl. Kuhnle: 2003a, 106-112). Doch im Unterschied zu Hegel ist der "Abenteurer" bei Jaspers nicht derjenige, der an der "Prosa der Verhältnisse" bloß kläglich scheitert, sondern der dieser gegenüber die Pose des Spielers einnimmt und sie zum Wirkungsfeld seiner ludischen Aktivität macht. Problematisch jedoch wird die von Jaspers getroffene Unterscheidung zwischen "Abenteuer" und "Dasein als mögliche Existenz", wenn man sich vergegenwärtigt, dass das "Dasein als mögliche Existenz" in Situationen aufscheint, denen das Strukturmoment des Abenteuers – als "Exklave des Lebenszusammenhanges" (Simmel: 1996, 178)

– eigen ist, nämlich in Ausnahmesituationen wie sie etwa im Krieg entstehen. Und in solchen Ausnahmesituationen widerfährt dem Einzelnen eine "Offenbarung":

> Handeln des Kriegers. Entschlossenheit in einmaligen Situationen, die nie absolut identisch wiederkehren, ist die Kraft zur Entscheidung unter dem Äußersten – Leben und Tod. Bereitschaft zum Wagnis bei gleichzeitigem Augenmaß für das Mögliche und geistesgegenwärtige Geschicklichkeit sind Grundzüge dieses Handelns, für das sich zwar Regeln aussprechen lassen, das aber im Wesentlichen nicht unter Regeln zu bringen und jeweils aus Regeln abzuleiten ist. Im Äußersten wird offenbar, was ich eigentlich bin und vermag (Jaspers: 1958, 240).

Der entscheidende Punkt, an dem sich das Handeln des Kriegers von dem des Abenteurers unterscheidet, ist die Verantwortung. Doch dem Handeln des Kriegers ist auch das Moment der Bewährung eigen, das die *aventure* des ritterlichen Helden aus dem höfischen Roman des Mittelalters auszeichnete. Im Artusroman hatte das Abenteuer noch providentiellen Charakter: Es war Gegenstand der *queste*, in der sich der höfische Ritter im Dienste der Ordnung bewährte; die *aventure* (*adventura*) war das dem Ritter "Zu-Kommende"; die *aventure* war gleichbedeutend mit der Erfahrung seines Auserwähltseins. Den unvollendet gebliebenen Gralsroman *Perceval* schließlich schrieb Chréstien de Troyes auf die "letzte Aventure" zu, dessen Held zum Vollstrecker einer ritterlichen Eschatologie auserkoren war. Zu den im höfischen Roman unverbrüchlich miteinander verbundenen Vorstellungen von Erwählung und *aventure* hält Erich Köhler fest: "In beiden aber kommt der Gedanke eines heilsgeschichtlichen Primats zum Ausdruck, der zu den Kategorien des eschatologischen Zeitbewußtseins rechnet" (Köhler: 1985, 192; vgl. Köhler: 1970, 66f). Das Abenteuer verfügt also über ein eigenes Eschaton, das ursprünglich im höfischen Roman (möglicherweise) in eine christlich motivierte Eschatologie des Rittertums integriert war. Mannigfach ist darauf hingewiesen worden, dass der unvollendet gebliebene *Perceval*-Roman mit dem ihm unterstellten heilsgeschichtlichen Konzept ein gewagtes war, weil damit dessen – und sei es auch nur symbolisch – Verwirklichung einer einzigen sozialen Schicht, nämlich dem Rittertum, überantwortet worden wäre (Nerlich: 1997, 192f). Die Verwirklichung eines solchen eschatologischen Konzepts hätte die *aventure* sowohl in ihrer politisch-ideologischen als auch in ihrer ästhetischen Bedeutung relativiert, die sich aus der Wiederholbarkeit des *aventure*-Schemas speisen. Nachdem die mittelalterliche *aventure*-Konzeption mit Chréstiens *Perceval* ihren (eschatologischen) Höhepunkt erreicht hatte, sollte sie tatsächlich bald ihres ursprünglichen Gehalts beraubt werden – und die *aventure* ins "Abenteuerliche" umschlagen, wofür seit Hegel Don Quixote als paradigmatische Gestalt gilt. Hierzu Köhler:

> Die *queste* des höfischen Ritters integriert im Abenteuer den Zufall in einen universalgeschichtlichen Kontext, der sich in den Gralsromanen zur ritterlichen Eschatologie steigert. Doch die zunehmende Umwandlung der *Aventure* ins Wunder schlägt im Widerspruch zwischen der Ideologie des Auserwähltseins und

der veränderten Wirklichkeit um in die Begegnung mit einer Fortuna, deren Launen sich mit der ihr zugewiesenen Rolle einer Funktionärin der Vorsehung nicht mehr vereinbaren lassen (Köhler: 1993, 29).

Das "Abenteuer" sollte von nun an für eine dem Zufall geweihte Daseinsform stehen, also einer Daseinsform, die jenseits von Providenz angesiedelt ist, aber auch – nunmehr aus der Sicht der Moderne – jenseits des Ernstes, der das Hegelsche Allgemeine bestimmt. An die Stelle der Providenz tritt die "entfremdete Kausalität" (Köhler: 1993, 44) einer von ökonomischer Notwendigkeit bestimmten Welt, die des idealistischen Gehaltes beraubte Restgröße des Allgemeinen: Individuelles Handeln wird nicht mehr als der Individuum und Gesellschaft gleichermaßen bereichernde dialektische Prozess der Bildung gesehen, vielmehr wird einzig der Primat der "utilité" postuliert. In einer Welt der entfremdeten Kausalität bildet der Zufall eine undurchschaubare Restgröße, die entweder als Gefährdung oder als Chance ins Bewusstsein des Bürgers dringt. Die Wette auf die Chance, eine Wette, welche die Gefahr des Scheiterns auf sich nimmt, kennzeichnet den ökonomischen Abenteurer: Nur wer wagt, gewinnt! Das Wagnis wird zugleich das einzige Movens der ökonomischen und technischen Entwicklung: Das Neue ist nicht mehr *teleologisch* als Fortschritt in den Lauf der jeweiligen Einzeldisziplin – und schon gar nicht der Gesellschaft – eingeschrieben, sondern nur noch bloße *Innovation*. Insofern ist Nerlich zuzustimmen, wenn er den Begriff des "Abenteuers" mit dem experimentalen Handeln verknüpft (Nerlich: 1997). Dem Zufall und dem Wagnis zugewandt, ist der neuzeitliche Abenteuer-Begriff eines möglichen eschatologischen Gehalts von *aventure* verlustig gegangen. Da aber das Neue zur *Innovation* mutiert, zu einer Neuerung, die auf von außen an ein Feld menschlicher Tätigkeit herangetragene Erwartungen – in der Regel sind es die des Marktes – reagiert, und nicht einem den jeweiligen Einzeldisziplinen immanenten Entwicklungsprozess entspringt bzw. nicht mehr als das Produkt eines solchen Prozesses wahrgenommen wird, lassen sich auch keine Eschata mehr formulieren.

Vor dieser Folie wird die negative Besetzung des "Abenteuer"-Begriffs bei Jaspers verständlich: Der Zufall wird im Abenteuer keineswegs aufgehoben. Dem hält Jaspers – letztlich als Antwort auf die Entfremdungserfahrung – eine Eschatologisierung des Daseins zum "Dasein als mögliche Existenz" entgegen. Eine solche 'Eschatologisierung' – im weitesten Sinne des Begriffs – ist jedoch nur in "Grenzsituationen" denkbar, die Jaspers wie folgt definiert: "Situationen wie die, daß ich immer in Situation bin, daß ich nicht ohne Kampf und Leid leben kann, daß ich unvermeidlich Schuld auf mich nehme, daß ich sterben muß, nenne ich Grenzsituationen" (Jaspers II: 1973, 203; vgl. Kuhnle: 2000b). Doch mit der "Entschlossenheit in einmaliger Situation" ist noch kein übergeordneter Lebenszusammenhang gewährleistet, und hinter dem von Jaspers eingeforderten Aufbau eines Weltdaseins steht letztlich nur das 'Eschaton' eines Abenteuers – ein Eschaton, das über den Weg des Glaubens in der "existentiellen Apokalyptik" Balthasars zur "Apokalypse der Seele" wird.[107]

Die radikale Anti-Utopie Becketts, *Fin de partie*, destruiert auch dieses letzte Residuum der Apokalyptik als einer "existentiellen". Adorno versteht das *Endspiel* als ein konsequent anti-existentialistisches bzw. anti-existenzphilosophisches Stück, in dem die (d.h. jede) Katastrophe ihres Gehalts als Bewährungsmöglichkeit in der Grenzsituation (Jaspers) beraubt wird: Der Mensch erscheint nicht mehr als Subjekt, als weltentwerfendes Dasein (Heidegger), als ein über den Dualismus von Faktizität und Transzendenz (Sartre) definiertes Wesen, sondern als eine bloße Restgröße:

> Becketts Figuren benehmen sich so primitiv-behavioristisch, wie es den Umständen nach der Katastrophe entspräche, und diese hat sie derart verstümmelt, daß sie anders gar nicht reagieren können; Fliegen, die Zucken, nachdem die Klatsche sie schon halb zerquetscht hat. Das ästhetische principium stilisationis macht dasselbe aus den Menschen. Die ganz auf sich zurückgeworfenen Subjekte, Fleisch gewordener Akosmismus, bestehen in nichts anderem als den armseligen Realien ihrer zur Notdurft verhutzelten Welt (Adorno XI: 1997, 293).

9. Faschistendämmerung

9.1. Entpolitisierter Faschismus: Robert Brasillach

Angesichts des Traumas vom unbewältigten Fortschritt und von der Materialschlacht des Ersten Weltkrieges hat in der europäischen Kunst und Literatur des *Entre-deux-Guerres* die Apokalypse ihren Einzug gehalten. Der auf technische Innovation reduzierte Fortschrittsgedanke erlebte eine fundamentale Krise; das technologische Instrumentarium war von einem Mittel für den *homo faber* zum Transzendieren des *status quo* zu einem Mittel der Destruktion mutiert. Die vom Fortschrittsideal getragene Hoffnung in die Zukunft wich einem Pessimismus, der nun in seiner radikalsten Form in die letzte Hoffnung auf ein schnelles, alle erfassendes Ende mündete.

---

107 Auf derselben Ebene bewegt sich der Nihilist, mit dem Unterschied jedoch, dass dieser nunmehr einzig die Zerstörung zum Ziel hat. An Nietzsche anknüpfend, betrachtet Jaspers den Nihilismus durchaus als ein notwendiges Moment der Herausbildung des Selbstbewusstseins (und damit, genau genommen, als ein Moment zur Überwindung des Menschen im Sinne Nietzsches). "Nihilismus ist psychologisch als Stufe unvermeidlich, wenn das Leben zum Selbstbewußtsein kommen will. Alles Tote, Endgültige muß erst in Frage gestellt werden, muß in den Hexenkessel des Nihilismus gezogen werden, wenn eine neue Gestalt des Lebens entstehen soll. Dem Nihilismus ist nicht zu entrinnen, indem man sich herumdrückt, sondern er ist zu erfahren – was nur unter inneren Verzweiflungen möglich ist –, wenn er überwunden und bloßes Element werden soll, das er in allen Geistestypen ist" (Jaspers: 1960, 303). Ein solcher Nihilismus rückt in die Nähe einer des christlichen Offenbarungsgedanken beraubten 'existentiellen Apokalyptik'.

Diese Befindlichkeit bringt Céline in seiner medizinischen Dissertation über den Wiener Arzt und Begründer der modernen Hygiene, Ignaz Semmelweis, auf den Punkt, wenn er über das ausgehende 18. Jahrhundert im Zeichen der Revolutionskriege schreibt:

> Les frontières ravagées, fondées dans un immense royaume de Frénésie, les hommes voulant du progrès et le progrès voulant des hommes, voilà ce que furent les noces énormes. L'humanité s'ennuyait, elle brûla quelques Dieux, changea de costume et paya l'Histoire de quelques gloires nouvelles (Céline III: 1977, 19).

Der Fortschritt hat sich selbst überschlagen und sich den Menschen einverleibt, der ihn, den Fortschritt, schon immer gefordert hatte. Die Geschichte erhält dadurch eine neue Qualität: die Wucht der modernen Kriege. Seit der Materialschlacht des Ersten Weltkriegs scheint Geschichte 'bestenfalls' nur noch Momente intensivierter Erfahrung zu bieten, aus denen jegliche in die Zukunft gerichtete Perspektive getilgt ist. Auf diesem Grund konnte der europäische Faschismus entstehen, der sich in Frankreich vielleicht noch mehr als in anderen Ländern als eine Auflehnung gegen die Moderne, den Fortschritt und die bürgerliche Gesellschaft verstand. Brasillach etwa greift ein Zitat Mussolinis auf, das wie ein perfides Echo auf den Ausruf Hugos "Le dix-neuvième siècle est grand, le vingtième siècle sera heureux" (Hugo:1951, 1215f – s.o.) wirkt: "Je ne sais pas si, comme l'a dit Mussolini, *'le vingtième siècle sera le siècle du fascisme'*, mais rien n'empêchera la joie fasciste d'avoir été et d'avoir tendu les esprits par le sentiment et par la raison" (Brasillach VI: 1964, 279). Mit seiner 1939-1941 verfassten Schrift *Notre Avant-guerre* entpolitisiert Brasillach den Faschismus und verklärt ihn als *la joie fasciste* zu einem Lebensgefühl:

> Le fascisme n'était pas pour nous, cependant, une doctrine politique, il n'était pas d'avantage une doctrine économique. Il n'était pas l'imitation de l'étranger, et nos confrontations avec les fascismes étrangers ne faisaient que mieux nous convaincre des originalités nationales, donc de la nôtre. Mais le fascisme, c'est un esprit anti-conformiste d'abord, antibourgeois, et l'irrespect y avait sa part. C'est un esprit opposé aux préjugés, à ceux de la classe comme à tout autre. Car l'Esprit même de l'amitié, dont nous aurions voulu qu'il s'élevât jusqu'à l'amitié nationale (Brasillach VI: 1964, 279).

Der Versuch, den Faschismus auf den Status einer Jugenderinnerung zurückzudrängen, kommt den Eingeständnis gleich, dass die "Bewegung" sehenden Auges, wenn nicht gar enthusiastisch auf ihr Scheitern zusteuert; der solchermaßen verklärte Faschismus ist die fragwürdige Antwort auf die prekär gewordene Situation einer politischen Ideologie, deren Vertreter nun Europa mit einem blutigen Krieg überziehen. Brasillach erhebt die Europa erschütternde manichäistische Konfrontation von Faschismus und Anti-Faschismus, die sich erstmals im Spanischen Bürgerkrieg in einem sowohl spirituellen als auch materiellen Kampf mit Kreuzzugscharakter entladen habe, zum Mythos der modernen Welt, zu einem Mythos, der sich zu einer die Gegensätze hinwegfegenden apokalyptischen Vision steigert:

> Dans la fumée grise des obus, sous le ciel en feu parcouru par les avions de chasse, Russes contre Italiens, les contradictions idéologiques se résolvaient, en cette vielle terre des actes de foi et des conquérants, par la souffrance, par le sang, par la mort. Espagne donnait sa consécration et sa noblesse définitive à la guerre des idées (Brasillach VI: 1964, 232).

Der Spanische Bürgerkrieg besiegelt ein- für allemal die mit der neuen Rüstungstechnologie herbeigeführte Wende in der Kriegsführung: Das Bombardieren von Orten wie Guernica kündet von der ins Extrem getriebenen "Verquickung von Technik und Destruktivität" (Fromm: 1986, 389), die mit dem Ersten Weltkrieg begonnen hat und im Zweiten ihre vollständige Entfesselung erfahren wird. Die zum apokalyptischen Mythos verdichtete ideologische und militärische Konfrontation deutet Brasillach nicht etwa als politisch-religiöse 'Offenbarung', sondern – zynisch – als Instrument im Kampf der faschistischen Bewegung um ihr Lebensgefühl. Er verweist dabei auf den von Mussolini verherrlichten Theoretiker revolutionärer Gewalt und des Generalstreiks, den Anarchosyndikalisten Sorel. Für diesen war nicht der Inhalt eines Mythos das entscheidende, sondern dessen Eigenschaft als Instrument des politisch-revolutionären Handelns:

> Il importe fort peu, comme dit Sorel, de savoir ce que les mythes renferment de détails destinés à apparaître sèchement sur le plan de l'histoire future; ce ne sont pas des almanachs astrologiques... Il faut juger les mythes comme des moyens d'agir sur le présent... Les flammes de la guerre espagnole ont achevé de donner à ces images leur pouvoir d'expansion, leur coloration religieuse. Nous ne pouvons pas les avoir ignorées (Brasillach VI: 1964, 232).

Die apokalyptischen Szenarien moderner Kriegsführung geraten unter Brasillachs Feder zu Pathosformeln. Die Gräuel die Krieges avancieren hier zum Vorwand ästhetischen Erlebens; es ist die genüsslerisch inszenierte Lust am Untergang, jene "Juxtaposition von Kitsch und Nichts" (Friedländer: 1986, 39 – s.o.), von der Friedländer mit Blick auf den alten und den neuen Diskurs des Faschismus spricht. Brasillachs pathetische Rückschau bietet sich dazu an, jenes 'ästhetische' Überhöhen, das entscheidend zu Faszination und Triumph des Faschismus beigetragen hat, in eine andere Zeit hinüberzuretten. Der Faschismus scheint sich hier jedenfalls zu einem ästhetischen Konstrukt zu verselbständigen, das sich anschickt, die Politik gänzlich hinter sich zu lassen. Für den Franzosen Brasillach ist der heroische Kampf eigentlich schon zu Ende, denn Frankreich hat sich aus dem Krieg verabschiedet. Er blickt bereits zurück auf die *Ästhetisierung der Politik, welche der Faschismus betreibt* (Benjamin I.2: 1991, 508).

Den völlig entpolitisiert einherschreitenden Faschismus Brasillachs resümiert Jacques Laurent:

Pour Brasillach le fascisme n'était pas une opération politique mais un vaste courant de symboles, issu d'une culture secrète plus vraie que celle des livres. Il avait transformé le fascisme en poésie nationale et Mussolini en un chantre qui avait réveillé La Rome immortelle, lance de nouvelles galères sur le *Mare nostrum*. Autres poètes magiques: Hitler qui célèbre les nuits de Valpurgis, les fêtes de Mai et qui apparaît à Brasillach dans une guirlande de chansons de marche et de myosotis, de dures branches de sapin aussi, avec une escorte de jeunes cueilleuses de myrtilles aux belles nattes, toutes fiancées à des S.S. descendus de la Venusberg (Laurent: 1976, 112).

Dieses mythisierende Gebaren überlebt den Niedergang des vom Faschismus gezeichneten Europa – und scheint sich als ästhetisches Konstrukt einer traumatisierten Moderne wieder aufzudrängen. Es sei hier an Walter Benjamins berühmte Analyse erinnert: "*Fiat ars – pereat mundus* sagt der Faschismus und erwartet die künstlerische Befriedigung der von der Technik veränderten Sinneswahrnehmung, wie Marinetti bekennt, vom Kriege. Das ist offenbar die Vollendung des l'art pour l'art" (Benjamin I.2: 1991, 508). Der Historiker Modris Eksteins belegt diesen Kausalnexus mit seiner Untersuchung zur Ästhetik des Ersten Weltkriegs und resümiert: "War der Krieg für viele Deutsche gleichbedeutend mit Schönheit, so sahen viele in seiner zunehmenden Grimmigkeit nichts weiter als eine Intensivierung seiner ästhetischen Bedeutung. Mit anderen Worten, je mehr der Krieg zerstörte, um so mehr vergeistigte oder verinnerlichte man ihn" (Eksteins: 1990, 305).

Bei dem Franzosen Brasillach nun ist der Krieg in Gestalt der Rückschau auf den Spanischen Bürgerkrieg definitiv zum Selbstzweck, zu etwas wie einem *l'art pour l'art* mutiert. Was den Zweiten Weltkrieg anbelangt, so fällt auf, dass seine 'ästhetische' Verarbeitung vor allem die 'ästhetische' Vorbereitung auf den Krieg durch den Faschismus perpetuiert und bruchlos in dem aufgeht, was Friedländer den "neuen Diskurs des Faschismus" nennt: Krieg und Faschismus haben offensichtlich ästhetische Vokabeln erzeugt, die den eigentlichen Grund ihrer Wirkungskraft in die Vergessenheit drängen, einen Grund, der dennoch selbst dort als trügerisches Faszinosum hervortritt, wo diese Vokabeln Teil eines kritischen Diskurses zu sein vorgeben.

9.2. Der Triumph des Reinen: Céline

Die Grundbefindlichkeit der Generation "entre deux guerres", der auch Brasillach angehörte, artikulierte Célines Roman *Voyage au bout de la nuit*, der zunächst wegen seines bourgeoisiekritischen Impetus vor allem von der Linken begeistert aufgenommen wurde. Der Roman, der mit dem Ersten Weltkrieg einsetzt, folgt dem Schema des Schelmenromans: Sein Protagonist, der Doktor Bardamu, steht am Rande der Gesellschaft und gerät in eine Kette absurder Abenteuer; ihm gelingt es nicht, das Geschick auch nur partiell auf sich zu zentrieren; er steht – um es in den Worten Hegels auszudrücken – jenseits der Dialektik von Besonderem und Allgemeinem, die dem Bildungsroman zugrunde liegt. Célines Schelmenroman ist der Roman einer unmöglich gewordenen Individuation bzw. eines unmöglich gewordenen Bildungsweges: Die Situation des Protagonisten als *marginal* verwehrt auf immer jene Übereinstimmung von Individuum und Gesellschaft, die das Ideal des Bürgers ausmacht. Bardamu betrachtet das Leben vor der Folie seiner Negation: "La vie c'est ça, un bout de lumière qui finit dans la nuit" (Céline I: 1981, 340) – der Lebensweg, die Lebensreise, kennt kein Sinnzentrum mehr. Durch eine rigorose Trennung der sozialen Schichten finden sich die allesamt gescheiterten Protagonisten zusammengeschweißt in einer Situation wieder, die von Angst beherrscht wird. Dieser erzwungene Zusammenhalt hat nichts mit Solidarität gemein, denn die Angst, die ihn erzwingt, ist zugleich eine lähmende Kraft. Die nackte – nicht mehr sublimierbare – Angst wird zur *differentia specifica* einer gesellschaftlichen Schicht, die sich nicht als Klasse zu konstituieren vermag und über keine Zukunft verfügt. In der Ausweglosigkeit der Situation kommt das Verlangen nach einem apokalyptischen Ende auf, nach der Aufhebung der sozialen Dichotomie im Tod oder im Leben (sic!). Die Erlösung indes bleibt die unwahrscheinlichste aller Möglichkeiten:

> L'écho ne renvoie rien, on est sorti de la Société. La peur ne dit ni oui, ni non. Elle prend tout ce qu'on dit la peur, tout ce qu'on pense, tout. Ça ne sert pas même d'écarquiller les yeux dans le noir dans ces cas-là. C'est de l'horreur perdue et puis voilà tout. Elle a tout pris la nuit et les regards eux-mêmes. On est vidé par elle. Faut se tenir quand même par la main, on tomberait. Les gens du jour ne vous comprennent plus. On est séparé d'eux par toute la peur et on en reste écrasé jusqu'au moment où ça finit d'une façon ou d'une autre et alors on peut enfin les rejoindre ces salauds de tout un monde dans la mort ou dans la vie (Céline I: 1981, 341).

Das Célinesche Individuum, das sich in einer Welt von Sputum und Exkrementen, von Selbstsucht und Vereinzelung bewegt, traf die Stimmung des aufkommenden Existentialismus.

In seinem Essay *De l'Évasion* nennt Lévinas den Verfasser von *Voyage au bout de la nuit* denjenigen, der literarisch die Erfahrung eines unhintergehbaren Seins ("l'expérience de l'être pur"), jenes Seins, das im Ekel ("nausée") sich manifestiere, umgesetzt habe (Lévinas: 1935/36, 375). Die Hinwendung zum Ekel bzw. den diesen erzeugenden Situationen ist eine säkulare Variante des "eschatologischen Mythus" (Balthasar – s.o.). An die Stelle der "Offenbarung des Selbst" tritt bei Lévinas das im Ekel manifest werdende "être pur", das in Sartres Roman *La Nausée* als Einsicht in die Unhintergehbarkeit der Kontingenz thematisiert wird. Beide Schriften, sowohl die von Lévinas als auch die von Sartre, der übrigens seinem Roman ein Zitat aus Célines *L'Église* vorangestellt hat – "C'est un garçon sans importance collective, c'est tout juste un individu" –, sind dezidiert antibourgeois. Dem Bürger halten sie vor, sich der Einsicht in die Kontingenz seines Daseins zu entziehen und seinen sozialen Ort zu einem ontologischen zu verklären. Sartre schreibt etwa über die Bürger seiner fiktiven Stadt Bouville: "[...] ils se sont lavés du péché d'exister" (Sartre: 1981a, 209).[108] Die von Existentialismus und *philosophie existentielle* vollzogene Hinwendung zu allerindividuellsten, idiosynkratischen Erfahrungsmomenten stellt das Menschenbild vor eine Alternative, die der jüdische Essayist und Poet Benjamin Fondane treffend resümiert hat:

> Le sacré de pureté rejoint le sacré d'impureté; la nausée et la terreur de la pensée profane les rendent solidaires. Acquérir un excessif gouvernement de soi-même ou perdre le gouvernement, ce sont là, aux yeux de la pensée toutes deux le gouffre sous nos pieds et nous font courir des dangers semblables. Toutes deux nous arrachent à la vie, à la pensée profane (Fondane: 1994, 194).

Das Verabsolutieren der beiden Pole menschlichen Daseins, der Kult der Reinheit oder die Hingabe an das Ekelhafte, führt in den Abgrund, wenn die idiosynkratische Erfahrung – wobei die Reinheit als Gegenstand der Ehrfurcht und damit eines "seelischen Gefühls" (Scheler X: 1957, 80) sozusagen ein Korrelat zum Ekel bildet – nicht ethisch transzendiert wird. Existentialismus und *philososphie existentielle* wenden sich den idiosynkratischen Grunderfahrungen zu, um an diesen den Wunsch nach einem transzendierenden Aufbruch zu konstatieren, für den der genannte Aufsatz Lévinas' die paradigmatischen Formulierungen bereit hält: *De l'Évasion*.

In der Hinwendung zu idiosynkratischen Erfahrungsmomenten stimmen Existentialismus und *philosophie existentielle* zweifelsohne mit Célines *Voyage au bout de la nuit* überein. So bezieht Lukács Céline in seine heftige Polemik gegen die Existenzphilosophie und den Existentialismus ein, die er als Zerfallsprodukte bürgerlichen Denkens denunziert. All diesen Vorstellungen gemeinsam sei die Verkürzung der Perspektive des Menschen auf ein *vis-à-vis de rien*:

> *Sein und Zeit* ist eine zumindest ebenso interessante Lektüre wie der Roman *Voyage au bout de la nuit* von Céline. Aber Heideggers Buch ist zugleich, wie auch das von Céline, nur ein Zeitdokument über die Art des Denkens und des Fühlens einer Klasse und nicht eine 'ontologische' Aufdeckung irgendeiner objektiven Wahrheit (Lukács: 1951b, 48).

Der weitere intellektuelle Werdegang des Armenarztes Céline hin zu einem widerwärtigen Antisemiten gibt dagegen zu erkennen, dass er nicht zu der luziden Akzeptanz dieser Erfahrung gelangen konnte wie Lévinas, Fondane und Sartre; vielmehr verharrt Céline in der Idiosynkrasie und hypostasiert sie zu einem eigenen Weltentwurf. So polemisierte bereits 1934 Fondane in einer Besprechung von *L'Église* gegen die nihilistische Auffassung Célines:

> Que faites-vous là, M. Céline, avec vos neuf lignes qui mènent au crime et une qui mène à l'Ennui? Pourquoi faire votre Cassandre et prophétiser le malheur? Pourquoi troubler notre digestion de pacifistes, de matérialistes, d'hommes assu-

---

[108] Céline hat den Verfasser von *La Nausée* als seinen Epigonen verhöhnt: "Sartre, sous-Céline" (Céline: 1986, 395). Der Sartrekritiker Lévy sieht in dem noch zu leistenden Vergleich von Céline und Sartre ein Desiderat der Forschung (Lévy: 2000, 126).

rés d'un avenir certain et meilleur? Le monde meurt, dites-vous, ça sent déjà la charogne, il est temps de commander quelques corbeaux. Mais l'Institut de l'Hygiène, de Longévité de la Vie, de la Panacée Universelle, tous les Instituts quoi, ne font que vous démentir. Mourir, le monde! mais ne voyez-vous pas que tout au contraire, il se lave à grande eau, il se brosse les dents en fredonnant, il exerce ses muscles neufs, il se pavoise. Le monde est en train de naître, c'est évident [...] (Fondane: 1998, 125).

Fondane ironisiert die bürgerliche, kleinbürgerliche Welt, in welcher Sicherheit oberstes Gebot ist. Nichtsdestoweniger lehnt er den radikalen Nihilismus ab, mit dem Céline auftritt: "C'est bon d'avoir dit son fait à la société, à la bourgeoisie, à la France, au monde [...]. Le bourgeois c'est une charogne, c'est bien; les impérialistes sont des cannibales, bravo! [...] mais l'homme, non, il ne faut pas toucher à ça" (Fondane: 1998, 125). Die Ironie Fondanes ist bitter, da er mit seiner 'Eloge' auf eine sichere Zukunft gerade jene bürgerliche Haltung 'preist', gegen die Céline mit Vehemenz angeht – womit er deutlich macht, dass sich Céline letztlich gerade nach diesem sozialen Ort sehnt.

In einer von Célines wüstesten antisemitischen Hetzschriften, *Les beaux Draps*, heißt es über den kleinbürgerlichen Geist:

> Les damnés de la Terre d'un côté, les bourgeois de l'autre, ils ont, au fond, qu'une seule idée, devenir riches ou le demeurer, c'est pareil au même, l'envers vaut l'endroit, la même monnaie, la même pièce, dans les cœurs aucune différence. C'est tout tripe et compagnie. Tout pour le buffet. Seulement il y en a des plus avides, des plus agiles, de plus coriaces, des plus fainéants, de plus sots, ceux qu'ont la veine, ceux qui l'ont pas. Question de hasard et de naissance. Mais c'est tout ce même sentiment, la même maladie, même horreur. L'idéal "boa", des digestions de quinze jours. Tout ça roule, roule en pelote, reptiles. Tout ça roule tout venin, tiédasse, dépassé pas 39°, c'est un malheur pire que tout, l'enfer médiocre, l'enfer sans flamme. Y a des guerres qu'arrivent heureusement des plus en plus longues, c'est fatal. La terre se réchauffe (Céline: 1941, 70).

Underdog, Proletarier und Bourgeois werden in einen Topf geworfen: Allen geht es nur um eines, nämlich um materielle Güter und deren Erhalt. Wie eine Boa halten sie ihre Lebensäußerungen auf einem niedrigen Temperaturniveau, um ihre Existenz bloß keiner Gefahr auszusetzen. Kriege müssen die 'Erde' wieder 'aufzuheizen': Die Gesellschaft braucht neuen Schwung. Die Apokalypse droht dem Volk und seinem sicherheitsfixierten kleinbürgerlichen Geist mit der Vernichtung:

> Le peuple il a pas d'idéal, il a que des besoins. C'est quoi les besoins? C'est que ses prisonniers reviennent, qui aye plus de chômage, qu'on trouve des boulots soisois, qu'on aye la sécurité, qu'on se trouve assuré contre tout, le froid, la faim, l'incendie, qu'on aye les vacances payées, la retraite, la considération, la belote et le pousse-café, plus le cinéma et le bois de rose, un vache smoking tempérament et la pétrolette d'occasion pour les virées en famille. C'est un programme tout en matière, en bonne boustiffe et moindre effort. C'est de la bourgeoisie embryonne qu'a pas encore trouvé son blot. Les plus terribles bouleversements vont pas changer son programme. C'est du rêve de décontenancé, de paysan qu'a plus sa

> vache, plus de terre, plus de châtaignes, qui se raccroche à tout ce qu'il trouve, qu'a puer que le monde lui manque, que tout lui flanche entre les doigts. Tout ça il se dit c'est fantastique! ça pousse tout seul, ça durera pas... Je serai à carreau que fonctionnaire... Ah! bordel foutre il m'en faut! Retraite ou mourir! La Sécurité ou la mort! La Panique c'est toujours vilain, faut prendre les choses comme elles sont. Ça serait pas si abominable, ça pourrait très bien s'arranger, si les atroces profitaient pas pour forniquer leurs saloperies, les occultes cultiveurs de haines, qui démordent jamais, enveniment, disposent les traquenards, bouzillent, torturent à plaisir. C'est l'Abîme, c'est l'Apocalypse, avec tous ses monstres déchaînés, avides, dépeceurs jusqu'à l'âme, qui s'entrouvre sous les petites gens (Céline: 1941, 90f).

Das um seine Sicherheit sowie sein Hab und Gut besorgte Volk von Proleten und Kleinbürgern hat hier nichts mehr von einem heroischen *peuple*:[109] Es ist eine von Rancune befallene Bande, die von einem ungezähmten Destruktionstrieb gelenkt wird. Die Apokalypse, die diesem Volk droht, gründet letztlich in der ihm eigenen Destruktivität.

Die wirre Argumentation Célines bekräftigt: Der Wunsch nach Sicherheit, "l'idéal boa", prägt eine Klasse der Abgestiegenen oder vom Aufstieg Ausgeschlossenen. Vom Armenarzt Céline müssen sich ihre Angehörigen vorhalten lassen, dass sie so etwas wie Klassenverräter seien. Weil die Angst erbarmungslos unter der dünnen Schicht einer fragwürdigen materiellen und ideologischen Sicherheit am Wirken ist, weil die Befriedigung der Bedürfnisse ("besoins") zwangsläufig immerfort in die missgünstige Auseinandersetzung mit den Mitmenschen führt, droht in jedem Augenblick die Apokalypse 'von unten' aus der Gesellschaft selbst heraus: eine Apokalypse, die keine Erlösung kennt. Welch ein Unterschied zur biblischen *Offenbarung*! Mit dem Verfall der Religion hat der Paradiesgedanken seinen Wert verloren – oder anders formuliert: Das Paradiesversprechen hat von der Notwendigkeit unmittelbarer Bedürfnisbefriedigung abgelenkt, welche die Gesellschaft in die Apokalypse treibt –

> Le peuple autrefois il avait, pour patienter, la perspective du Paradis. Ça facilitait bien les choses. Il faisait des placements en prières. Le monde tout entier reposait sur la résignation des pauvres "dixit Lamennais". Maintenant il se résigne plus le pauvre. La religion chrétienne est morte, avec l'espérance et la foi. "Tout en ce monde et tout de suite!" Paradis ou pas!... Comme le bourgeois comme le juif. Allez gouverner un petit peu dans les conditions pareilles... Ah! c'est infernal! Une horreur! Je veux bien admettre. La preuve c'est que personne n'y arrive plus (Céline: 1941, 79).

Das Verschwinden der Hoffnung auf ein Paradies geht für Céline einher mit dem Niedergang eines repressiv verstandenen Katholizismus: Es gebe jetzt für die Armen keinen Grund mehr, sich in ihr Schicksal zu fügen. Von der *Offenbarung* eines Johannes bleibt bei Céline lediglich die Vision von der Zerstö-

---

[109] Der Wandel in der Darstellung des Volkes vom 19. und 20. Jahrhundert dokumentiert die Studie *Le Peuple dans le roman français de Zola à Céline* (Wolf: 1990).

rung, die Apokalypse als der Weg ins Nichts, jenes Nichts des Abgrundes, der den Kleinbürger zu verschlingen droht. Einzig der Outlaw, der Heimatlose vermag dem bevorstehenden Untergang das Erhabene abzutrotzen, weshalb *Voyage au bout de la nuit* die Züge eines dezidiert apokalyptischen Romans annimmt (Kristeva: 1983, 240-242).

Das vom Kriegstrauma gezeichnete Leben Bardamus steht im Zeichen einer permanenten Apokalypse ohne Transzendenz, deren Wirkungsmacht Bardamu ins Bewusstsein rückt, nachdem der seinen festen Wohnsitz gegen ein Hotelzimmer getauscht hat:

> L'hôtel est plus inquiet, c'est pas prétentieux comme un appartement, on s'y sent moins coupable. La race des hommes n'est jamais tranquille et pour descendre au jugement dernier qui se passera dans la rue, évidemment qu'on est plus proche à l'hôtel. Ils peuvent y venir les anges à trompettes, on y sera les premiers nous, descendus de l'hôtel (Céline I: 1981, 357-358).

Niemand wird der Strafe des nunmehr intramundanen Jüngsten Gerichts entgehen. Der Außenseiter Bardamu entsagt der gesellschaftlichen Anerkennung und erfährt das Leben in seiner ganzen Heillosigkeit; nicht die Hinwendung des Gläubigen zum Gottesreich der Liebe zählt für ihn, der dem Nullpunkt des menschlichen Seins, der Existenz, zugewandt ist, sondern die unbedingte Hinwendung zur Katastrophe. Das unausweichliche Elend ("la misère") ist das dem Leben bereits eingeschriebene Urteil. Bardamu nimmt demgegenüber die Pose eines passiven Propheten ein: "Je les laissais faire mais je peux dire que je l'ai vue venir, moi, la catastrophe" (Céline I: 1981, 364). Da das Jüngste Gericht Bardamus keinen für die göttliche Gnade Auserwählten mehr kennt, ist die 'Apokalypse' ein jeweils individuelles und damit existenzielles Ereignis: Es hängt vom Einzelnen ab, ob er dieses Ereignis in ein Erlebnis und damit in eine wahre Apokalypse verwandelt, der er als einziger 'Auserwählter' gegenübersteht. *Katastrophe* bedeutet wörtlich "Umkehr": Wie der 'Spieler' in Pascals Wette auf das unentrinnbare Schicksal (Pascal: 1954, 1213), setzt Bardamu auf diese 'Umkehr', die im Krieg ihren Ausgang genommen hat und die auf kein Danach, sondern einzig auf sich selbst verweist: "[...] je m'étais embarqué dans une croisade apocalyptique" (Céline I: 1981, 14). Der von der rhetorischen Gewalt der biblischen *Offenbarung* faszinierte Céline lehnt für sein 'apokalyptisches' Œuvre jede Form distanzierender Allegorese ab:

> De l'énonciation apocalyptique, prophétique même, il y a le dire de l'horreur. Mais tandis que cette énonciation se soutient d'une distance qui permet le jugement, la lamentation, la condamnation, Céline – lui qui est dedans – n'a ni menace à proférer ni morale à défendre (Kristeva: 1983, 214).

In der Katastrophe holt der Mensch lediglich sich selbst in seiner *a priori* befleckten Existenz ein; das von dem in *Voyage au bout de la nuit* evozierten Gericht verhängte Urteil stößt nunmehr den Menschen wieder in jenes Leben zurück, das die Strafe für den Sündenfall bedeutet. An diesem *point zéro* ist für Bardamu-Céline das 'echte' Leben zu suchen, an ihm erfährt sich das Individuum als Mensch, indem er sich als Individuum negiert (vgl. Henry: 1994, 58-61). Vor dieser Einsicht flüchtet sich der Bürger in schales *divertissement*. Célines 'Prophet' Bardamu dagegen wähnt sich in der Position eines 'Auserwählten', der sich der apokalyptischen Katastrophe stellt – und dem Ende ohne Heil eine ästhetische Dimension abringt: Das vom Selbsthass verzehrte Ich dagegen gibt sich ganz dem zum *délire* gesteigerten Schmerz hin und lässt jede Scham hinter sich: "La douleur s'étale, tandis que le plaisir et la nécessité ont des hontes" (Céline I: 1981, 361).

Schopenhauer liefert die Begründung für Célines Apologie des im physischen Schmerz seinen Ausgang nehmenden *délire* "[...] nur Schmerz und Leid können positiv empfunden werden und kündigen daher sich selbst an: das Wohlsein hingegen ist bloß negativ" (Schopenhauer: 1977, 673). Diese Positivität der Affekte meint Nietzsche, wenn er das Dionysische der Hellenen zum Ursprung wahrer Kunst erhebt: Der dionysische Rausch ist die *communio mystica* mit Kollektiv und Natur – eine Ekstase, die mit der Musik einhergeht (Nietzsche: KSA 1, 1988, 30-35). Aus diesem Rausch erwacht, wird der Mensch von Ekel erschüttert, und er blickt in die ganze Absurdität des Daseins (Nietzsche: 1988, 56).[110] Der Einfluss der dionysischen Ästhetik Nietzsches auf Céline wird an zahlreichen Stellen seines Œuvres deutlich, das sich immerfort der (Jazz-) Musik und dem Tanz in seiner archaischen Gewalt zuwendet: "La danse sauvage se déroule... sadique... cruelle (avec des sabres et des javelots)" (Céline: 1937, 37) Mit seinem Pamphlet *Bagatelles pour un massacre* feiert Céline schließlich den Kult des Dionysischen:

> Tout pour la danse! Rien que pour la danse! La vie les saisit, pures... les emporte... au moindre élan, je veux aller me perdre avec elles... toute la vie... frémissante... onduleuse... Gutmann! Elles m'appellent!... Je ne suis plus moi-même... Je me rends... Je veux qu'on me bascule dans l'infini!... à la source de tout... de toutes les ondes... La raison du monde est là... Pas ailleurs... Périr par la danseuse... (Céline: 1937, 12).

Die Apokalypse in *Voyage au bout de la nuit* ist die sich selbst feiernde Endlichkeit, der keine Transzendenz, keine Erlösung und folglich auch kein Unendliches gegenübersteht. Diese Apokalypse entsteht aus der menschlichen *conditio* heraus und führt auch zu dieser zurück; sie ist somit eine permanente Herausforderung an das Individuum. Als absolut idiosynkratisches – d.h. nur dem allerindividuellsten Erfahrungshorizont zugängliches – 'Erlebnis' steht sie indes auf derselben Stufe wie das Trauma, mit dem sie sich verbindet, und verweigert sich der sublimierenden Darstellung: Zelebriert wird ein *délire*, auf das der von Nietzsche am Ausgang der dionysischen Ekstase ausgemachte Lebensekel folgt. Célines Apokalypse bekräftigt einen Solipsismus, der kein teilnehmendes Du mehr kennt: Sie bereitet einem radikalen Nihilismus den Weg. Erst die Vernichtungsphantasien in den Pamphleten wenden die Céline-

---

110 Schopenhauer und Nietzsche haben übehaupt das Denken Célines nachhaltig geprägt (vgl. Henry: 1994; Pagès: 1994, 275-277 u. 277-278.

sche Apokalyptik ins Geschichtliche: Das Dämmern einer großen, das unwürdige Volk dekadenter Franzosen hinwegfegenden Katastrophe wird beschworen: "C'est l'Abîme, c'est l'Apocalypse" (Céline 1941, 91 – s.o.).
Die kleinbürgerliche Welt geht daran zugrunde, dass sie sich nicht zur Reinheit einer Klasse oder Rasse aufschwingen kann. Doch der Verlust der christlichen Religion ist im wirren Weltbild Célines nicht der Hauptgrund für den Niedergang. Schon die katholische Religion selbst habe die Arier kontaminiert, die niemals eine wahrhaft eigene Religion gehabt hätten: "Crime des crimes, la religion catholique fut à travers toute notre histoire, la grande proxénète, la grande procureuse aux pourris (avec tous les saints sacrements). L'enragée contaminatrice". Der von zwölf Juden gegründete Katholizismus werde mit dem Verschwinden des von asiatischen Horden überrollten französischen Volkes – "disparu, sous les flots de l'énorme tourbe, du géant lupanar asiate qui se prépare à l'horizon" – seine Rolle einbüßen (Céline: 1941, 81f). Céline wittert die 'apokalyptische' Bedrohung von allen Seiten. Aus dem Inneren eines sich zersetzenden, den Egoismen anheim fallenden französischen Volkes heraus ebenso wie von außen, von diffusen fremden Mächten. Célines Tiraden haben Anzeichen schizophrener Weltbildung: Das Gefühl der Verfolgung heftet sich an alle nur denkbaren Objekte und die Kohärenz der Empfindungen entsteht innerhalb einer nicht mehr kommunizierbaren Wahnwelt.

Eine solche Wahnwelt entsteht nach Ludwig Binswangers daseinsanalytischer Psychologie dann, wenn "eine bestimmte Erfahrungsmöglichkeit – hier also diejenige der ausschließlichen Empfänglichkeit im Sinne der *Angst* – sich aus dem Gesamtgefüge der Daseinsmöglichkeiten isoliert ('verabsolutiert')" habe und diese Erfahrungsmöglichkeit "dann *nach eigener Konsequenz*" entfalte. *In extremis* werde die Welt zur "Schreckens*bühne*", "zu einer Welt also, deren Sinn darin liegt, dass *alles* Geschehen von einer schrecklichen Macht in Regie genommen" sei (Binswanger IV: 1994, 309f).[111] Die pathologischen Störungen drücken sich nach Binswanger in einem 'vertikalen Abweichen' von dem aus, was Heidegger das "Verfallen" an das *Man* genannt hat, von jener Form der Uneigentlichkeit also, mit der das Dasein sich im Alltäglichen orientiert (Heidegger: 1986, 126ff). So sieht Binswanger drei Formen des "mißglückten Daseins": die Verstiegenheit, die Maniertheit und die Verschrobenheit. "Verstiegenheit" meint das Verabsolutieren eines individuellen, ins Idiosynkratische gesteigerten Ideals. Aus dieser Verstiegenheit heraus entstehen Wahnwelten, die sich wiederum in Maniertheit und Verschrobenheit niederschlagen (Binswanger I: 1992, 239). Dem "manierierten" Gebaren entspricht auch eine eigentümliche Rhetorik, die sich durch das "Haschen nach überraschenden Effekten" auszeichnet und sich bis in die Verfahrenheit oder gar Verfratzung steigern kann (Binswanger I: 1992, 294f).[112] In

---

111 Zum Verfolgungswahn vgl. auch die *Allgemeine Psychopathologie* von Jaspers (Jaspers: 1973, 237f). Zu den nachstehenden Ausführungen über Binswanger sei auch auf die Abhandlung *Der Ekel auf hoher See* (Kuhnle: 1999) verwiesen.
112 Binswanger bezieht sich dabei auf Ernst Robert Curtius (vgl. Curtius: 1993, 75).

diesen pathologischen Symptom-Komplex fällt auch die spezifische Rhetorik Célines. Manieriert zu nennen ist der ebenso produktive wie exzessive, mitunter bis an die Grenze des Idiolekts getriebene Argot, für den es in den *Pléiade*-Ausgaben seiner Romane sogar ein eigenes Glossar gibt. Ein weiteres Kennzeichen der von Binswanger genannten rhetorischen Elemente ist die Zerfahrenheit, die sich darin ausdrückt, dass eine sprachlich intendierte Schlussfolgerung oder Antithese völlig ihren Sinn verliert (Binswanger I: 1992, 373).[113] Ein Beispiel hierfür wurde bereits erwähnt: Von der zersetzenden Wirkung des Katholizismus springt Céline über zu den asiatischen Horden, die Frankreich unter sich zu begraben drohen. Ein weiteres Kennzeichen für Wahnbildungen ist das Konzentrieren von Affekten auf ein bestimmtes Bild, dessen Evokation Ekel und Zornesausbrüche auslöst. Bei Céline ist dies der Jude!

Céline selbst hat in seiner 1926 verfassten Dissertation über Semmelweis den Weg in den Wahn geschildert. Sein Buch *La Vie et l'œuvre de Philippe Ignace Semmelweis. 1818-1865* ist keine wirkliche medizinische Abhandlung über den Begründer der modernen Hygiene, sondern dessen Lebensgeschichte in Romanform. Semmelweis entdeckte einen Zusammenhang zwischen der Häufigkeit von Kindbettfieber in Armenkrankenhäusern und den dort herrschenden hygienischen Zuständen. Er nahm an, dass unsichtbare "Miasmen" für die hohe Sterberate verantwortlich seien, die möglicherweise durch die ungewaschenen Hände von Medizinern, die zuvor Leichen seziert hatten, in die Geburtenabteilungen gelangt sein könnten. Durch die Einführung einfacher Hygienemaßnahmen wie Händewaschen gelang es Semmelweis, die Sterblichkeitsrate unter den Gebärenden erheblich zu senken. Doch mit seinem Eifer erntete er nur Spott, der ihn schließlich in den Wahnsinn treiben sollte:

> Il errait avec les fous, dans l'absolu, dans ces solitudes glaciales où nos passions n'éveillent plus d'échos, où notre cœur humain terrorisé, palpitant à se rompre sur la route du Néant, n'est plus qu'un petit animal stupide et désorienté (Céline III: 1977, 73).

In eindringlichen Worten schildert Céline die Wahnwelt seines Protagonisten:

> Des choses, des gens, des choses encore, des courants lourds de terreurs innommables, des formes imprécises, l'entraînaient mêlé à des circonstances de son passé, parallèles, croisées, menaçantes, fondues... (Céline III: 1977, 73).

Semmelweis stürmte schließlich in einen Saal, in dem eine Leiche seziert wurde und fügte sich mit einem infizierten Skalpell einen Schnitt zu. Die Folge war eine langsame und qualvolle Agonie:

---

113 Zu Célines Stil vgl. auch Spitzer, der in seiner Interpretation von *Voyage au bout de la nuit* auf die Übertragung der nihilistischen Weltsicht in die Sprache abstellt: "Les deux forces contraires qui luttent dans la phrase segmentée chez cet auteur, ce sont l'assurance de soi et auto-observation nihiliste. Le résultat de cette lutte doit nécessairement et pour l'impression définitive un manque d'assurance de la part du héros" (Spitzer: 1972, 449).

L'homme finit où le fou commence, l'animal est plus haut et le dernier des serpents frétille au moins comme son père. Semmelweis était encore plus bas que tout cela, impuissant parmi les fous, et plus pourri qu'un mort" (Céline III: 1977, 77).

Dem Autor der 'literarischen' Dissertation über den Arzt darf man getrost einen hohen Grad der Identifikation mit seinem Gegenstand unterstellen, so etwa wenn Céline die verzweifelte Auflehnung seines Protagonisten Semmelweis gegen die mit Worthülsen kaschierte Sprachlosigkeit an der medizinischen Fakultät von Wien schildert:

> C'est dans leur milieu que Semmelweis eut le premier dégoût de cette symphonie verbale dont on entourait l'infection et toutes ses nuances. Elles étaient presque innombrables (Céline III: 1977, 35).

Im Schicksal Semmelweis' findet sich das des Pamphletschreibers Céline wieder, der um den Begriff ringt – und doch nur Gefangener seines verstiegenen Weltbildes bleibt. Céline überhöht mit der ins Tragische verklärten Lebensgeschichte seine eigene Sprachlosigkeit, eine Sprachlosigkeit, die sich in wüsten Wortkaskaden entlädt, eine Sprachlosigkeit, die dazu führt die "Miasmen" eines Semmelweis gegen den Juden zu vertauschen und diesen als Individualvariable für alles Übel zu missbrauchen. Die pathologische Seite des Célineschen Antisemitismus darf nicht darüber hinwegtäuschen, dass eine solche Konzentration von Wahnbildern in bestimmten kulturellen Codes ihre Entsprechung findet – so etwa das Perhorreszieren des Geruchstieres Hund oder die Angst vor der unreinen Frau. So indiziert der Antisemitismus Célines durchaus den Grad, den die antisemitische Stimmung in Frankreich erreicht hat.

Das "Volk", so der den romantischen Mythos von *le peuple* invertierende Céline, strebe nach den Werten des Großbürgertums, das sich wiederum an den Juden orientiere. Obwohl Céline es hier nicht direkt ausspricht, wird über die Schilderung der Underdogs in *Voyage au bout de la nuit* eines deutlich: Was er den (großbürgerlichen) Juden vorwirft, ist das ihnen unterstellte Fehlen von Angst und die daraus resultierende Selbstsicherheit im Auftreten.

Was kennzeichnet die Juden nach Céline außerdem? Sie gehörten einer Rasse an, die keine bestimmte 'Form' aufweise, die keine kohärente soziale Klasse herausbilde. Das Proletariat dagegen sei – obwohl weder rein arisch noch rein jüdisch – durchaus zur Homogenität befähigt. Der Jude aber – hier lebt wohl das Bild des wandernden Juden fort – erscheint Céline als ein proteushaftes Wesen: Dem Bourgeois diene er als Vorbild – und sei zugleich sein Henker. Von den Juden gehe jene zersetzende Kraft aus, die der französischen Gesellschaft ihre "Gestalt" verweigere. In *L'École des cadavres* wird der Jude als Aasgeier verunglimpft, der die verwesenden Teile einer unter der Herrschaft von Freimaurern, Geheimgesellschaften und jüdischen Bankiers zerfallenden französischen Republik aufgreife:

> Ce ne sont plus que des lambeaux purulents dont le juif et son chien franc-maçon arrachent malgré tout chaque jour encore quelques nouvelles gâteries, bribes cadavériques, s'en baffrent, bombance! prospèrent, jubilent, exultent, délirent de la charognerie (Céline: 1938, 31).

In dieses Bild fügt sich auch Célines Kult der Reinheit. Die Rasse ist von fremden "Miasmen" fernzuhalten! Frankreich sei deshalb der Niederlage geweiht gewesen – und werde es auch bleiben –, weil es ein verjudeter Staat sei. Anders dagegen die Deutschen, die sich über alle Niederlagen hinweg hätten behaupten können.

Das Frankreichbild nach der insbesondere für die Faschisten traumatisierenden Niederlage gegen das Nazi-Deutschland bei Céline deckt sich mit dem, das Alfred Rosenberg in seinem Machwerk der *Mythus des zwanzigsten Jahrhunderts* entwickelt hat:

> So vollzieht sich erst recht heute das Versickern wertvollen Blutes. Ganze Landstriche im Süden sind überhaupt ausgestorben und saugen jetzt bereits die Menschen Afrikas an sich wie einst Rom. Toulon und Marseille senden immer neue Bastardisierungskeime ins Land. Um Notre Dame zu Paris flutet eine sich immer mehr zersetzende Bevölkerung. Neger und Mulatten gehen am Arme weißer Frauen, ein rein jüdisches Stadtviertel entsteht mit neuen Synagogen. Abstoßende mestizenhafte Protzen verpesten die Rasse der noch schönen Weiber, die aus Frankreich nach Paris angelockt werden. Deshalb erleben wir in der Gegenwart etwas, was sich bereits in Athen und Rom und Persepolis abspielt. Deshalb ist eine nahe Verbindung mit Frankreich, ganz abgesehen von der politisch-militärischen Seite, rassengeschichtlich so gefährlich. Vielmehr heißt der Ruf hier: Abwehr des eindringenden Afrikas, Grenzsperrung auf Grund topologischer Merkmale, eine nordisch-europäische Koalition zwecks Säuberung des europäischen Mutterlandes von den sich ausbreitenden Krankheitskeimen Afrikas und Spaniens. Auch zum Besten der Franzosen (Rosenberg: 1939, 103f).

Die Obsession des Mediziners Célines galt der Hygiene. Seiner in skatologischen Pathosformeln sich ergehenden Rede ist ein eigentümlicher Kult der Reinheit eingeschrieben – obzwar bei ihm das Wort "pureté" selbst keinen besonderen Stellenwert besitzt und allenfalls in ästhetischen Momenten dionysischer Ekstase fällt (Céline: 1937, 12 – s.o.). Wie in der NS-Ideologie meint sein Hygiene-Verständnis die Abwehr von allem Fremden.

Célines zur Obsession geratene Vorstellung erschließt sich über eine seiner 'medizinischen' Publikationen. In dem Aufsatz *Les Assurances sociales et une politique de la santé* von 1938 unterbreitet er Vorschläge zu einer Reform des Gesundheitswesens, deren Zynismus den Vergleich mit gesundheitspolitischen 'Reformprojekten' neueren Datums geradezu aufdrängt. Volksgesundheitsprophylaxe und ein modernes Sozialversicherungswesen sollen sich nicht allein auf die pharmazeutischen Fortschritte verlassen, mit deren Produkten sich die Patienten ohnehin bloß vergifteten, und sich auch nicht in einseitigen Maßnahmen verlieren:

Cette toxicomanie populaire, par tolérance quasi illimitée des licences pharmaceutiques, fait bien plus de victimes actuellement que la cocaïne actuelle. La médecine préventive et l'hygiène tout court, se dispersent passionnément en de vagues immenses et problématiques entreprises comme la lutte contre la tuberculose [...] (Céline: 1972, 18).

Sein Vorschlag zur Kostendämpfung und Effizienzsteigerung im Gesundheitswesen ist die Einführung einer "médecine militaire", was heißt, dass die Kranken weiter ihrer Arbeit nachgehen sollen. An ihrem Arbeitsplatz könnten sie besser versorgt werden, außerdem wären sie nicht der Isolierung in den Krankenhäusern ausgeliefert:

> A cet égard la mécanisation progressive de l'industrie et la concentration commerciale et industrielle se prêtent fort bien à l'utilisation de main-d'œuvre "malade"; il est même prouvé, d'après l'exemple américain, que l'homme malade constitue à beaucoup d'égards une excellente recrue industrielle [...]. Il se passe ici ce qui s'est passé pendant la guerre où il a fallu cinq années pour s'apercevoir que nous n'étions plus à l'époque des tournois et qu'un tuberculeux moyen faisait, après tout, un aussi bon soldat qu'un autre et préférable même à certains athlètes, organismes exigeants, soldats assez encombrants (Céline: 1972, 17).

Célines verstiegenes Argument ist dahingehend zu deuten, dass Gesundheit und Hygiene gleichbedeutend sind mit dem Aufgehen innerhalb eines homogenen sozialen Körpers. Was Céline damit leugnet, ist die individuelle Leiblichkeit. Die Kategorien Reinheit und Homogenität beziehen sich auf eine Ökonomie, innerhalb derer das Individuum eine ganz konkrete Funktion zu erfüllen hat.

Die hier angesprochenen Vorstellungen begründen den von Benjamin an Céline ausgemachten "anthropologischen" und "ärztlichen" Nihilismus. Benjamin bezieht sich dabei vorrangig auf die skatologische Rhetorik Célines: "Dieser Nihilismus ist aus dem Chock hervorgegangen, dem das Innere unseres Leibes den mit ihm Umgehenden erteilt hat" (Benjamin V.1: 1991, 590). Gemeint ist damit die in der Hinwendung zum Skatologischen erfolgende Entselbstung. Das Verabsolutieren des Ekelhaften hat zur Folge, dass das Dasein sich auf kein Selbst zubewegen kann, aber auch kein anderes Selbst zulässt. Im entfesselten Pathos von Célines Argot-Tiraden kennt die Freiheit des Anderen kein Residuum mehr; die Tiraden konvergieren nur noch im explosionsartigen Herauskehren des Zorns, der keinen Widerspruch mehr erlaubt; sie ergreifen und umfassen den Zuhörer bzw. Leser wie das den Leib affizierende Ekelhafte. Doch genau dasselbe gilt – was Fondane indirekt hervorgehoben hat – für den Kult der Reinheit. Der 'Reine' verzichtet nicht weniger auf die vielfältigen Möglichkeiten des Daseins als der pathetisch dem Ekelhaften Zugewandte; auch der 'Reine' verweigert sich dem Anderen – und keiner hat dies besser erkannt als Céline, wenn er gerade dem Juden seine – wenn auch aus dieser Sicht fragwürdige – Authentizität zugesteht. Dieser Abwehrcharakter des Reinen gilt im besonderen Maße, wenn sich die Reinheit über eine ethnische Identität definiert. Der Ethnologe Georges Devreux nennt als Beispiel für eine solche in letzter Konsequenz den Zusammenbruch von Identität besiegelnde Pseudo-Identität den 'arischen' SS-Mann:

> Je maintiens donc qu'une tendance à accentuer avec insistance, et même de façon obsessionnelle, sa propre identité ethnique (ou toute autre identité de classe), et de s'y accrocher, révèle une faille ou une lacune dans la conception qu'on a de soi-même en tant qu'*entité multidimensionnelle d'une manière univoque*. Le SS nazi qui plaidait qu'en commettant des atrocités il obéissait simplement aux ordres de ses supérieurs, confirmant implicitement que son statut de SS avait le pas sur toutes ses autres identités de groupe, y compris sa participation à la condition humaine. Des gens normaux véritablement adultes ne surinvestissent ni leur identité ethnique, ni aucune autre de leurs identités de classe. Une accentuation outrancière de l'*une* des nombreuses identités "de classe" que l'on possède – telle l'identité ethnique – vise simplement à empêcher l'effondrement d'un Soi fêlé, et d'une prise de conscience incertaine de sa propre identité en tant que personne. La tendance courante à clamer son identité ethnique ou de classe – son emploi en tant que béquille – est une indication irrécusable de l'effondrement imminent du seul sens valable de l'identité: du fait qu'on est différent – et que l'on remplace par la plus archaïque pseudo-identité qu'on puisse imaginer (Devreux: 1971, 165).

Der Antisemitismus ist eine Art und Weise, die eigene, prekär gewordene Identität zu verteidigen, indem man dem Anderen, dem Juden, die seine abspricht und ihn damit zum formlosen, ekelhaften Objekt degradiert. Das Bedrohliche, das vom Ekelhaften ausgeht, wird vom Antisemiten in eine gesellschaftliche Gruppe hineinprojiziert. Hier tritt das ideologiekritische Potential der Überlegungen von Lévinas, und später von Sartre, hervor: Die in der *nausée* erfahrene Nacktheit verweigert jede Form der Seinsgewissheit qua Projektion. Vor dieser Folie ist der Ekel als Element einer ethisch-moralischen Wertung hinfällig geworden; er wird als idiosynkratische Grunderfahrung zum Vehikel eines ontologischen Protests. Hinter diese Erkenntnis fallen die Invektiven Célines zurück, der zu den schlimmsten antisemitischen Geiferern in der französischsprachigen Literatur zählt. In seinem Pamphlet *Les beaux Draps* etwa beschimpft er den Juden als einen "Herausgeschissenen":

> [...] sale con, fainéant [...] Chié par Moïse il tient son rang de caque supra-luxe, copain qu'avec les autres chiés, en Moïse, en Éternel! Il est que pourri, pourrissant. Il a quelque chose authentique au fond de sa substance d'ordure, c'est sa haine pour nous, son mépris, sa rage à nous faire crouler, toujours plus bas en fosse commune (Céline: 1941, 113).

Indem Céline den Juden zum ekelhaften Objekt degradiert und ihm damit jegliche Scham abspricht, verbannt er ihn in jene Sphäre, in welcher der Leib aufhört Leib zu sein, in der also die Konstituierung von Identität ausgeschlossen ist. Die antisemitischen Invektiven in ihrer ganzen Aggression stellen den ebenso verzweifelten wie vergeblichen Versuch dar, sich von der "Sünde der Existenz" (Sartre: 1981a, 209 – s.o.) rein zu waschen, den eigenen Leib im Namen der Reinheit zu negieren. Und hinter den Invektiven tritt wieder eine der für Céline charakteristischen argumentativen Volten an den Tag: Er wirft dem Juden gerade jene Authentizität vor, die er offensichtlich über diese seine Invektiven für sich selbst reklamiert – "Il a quelque chose d'authentique au fond de sa substance d'ordure, c'est sa haine pour nous". Die niederträchtig-ekelhaften Phantasmen in den antisemitischen Pamphleten Célines verhalten sich komplementär zur klinischen Ästhetik des Nationalsozialismus: Diese suchte den arischen Körper in eine antikisierende Gestalt zu zwängen. Das Resultat ist das Ideal eines Körpers, der aufgehört hat Leib zu sein. Als reiner Körper erscheint, was Leib war, nun als wehrloses Objekt der Macht und kann nach Belieben – wofür Theweleit zahlreiche Belege schon aus der Zeit kaiserlicher Kadettenanstalten beibringt – "umgebaut" werden (Theweleit: 1995, 14ff). Im Faschismus, vor allem aber im Nationalsozialismus, kam es zu einer quasi-antikisierenden Verherrlichung des Körpers; quasi-antikisierend deshalb, weil am nackten Körper zwar auch der Sexus negiert wurde, aber anders als in einer klassizistischen Ästhetik der ausgewogenen Formen war nicht die Kalokagathie Sinn und Zweck der Körperdarstellung, sondern einzig die Reinheit einer muskelstrotzenden arischen Rasse: Monumentalität und Disproportionen sollten die plastischen Hyperbeln völkischer Kraft sein.

Sartre konfrontiert die "arisch-christliche" Körperlichkeit mit dem Körperempfinden des sich unter dem "arischen" Blick in sein Jüdisch-Sein fügenden Juden ("le juif inauthentique"):

> Dès lors, le chrétien, l'aryen sent son corps d'une façon particulière: il n'y a pas chez lui une pure et simple conscience des modifications massives de ses organes; les renseignements que son corps lui envoie, ses appels et ses messages lui parviennent avec certains coefficients d'idéalité, sont toujours plus ou moins symboles de valeurs vitales. [...] A ces valeurs sont naturellement liées des anti-valeurs, telles que le discrédit jeté sur les basses fonctions du corps, ainsi que des conduites et des sentiments sociaux: la pudeur par exemple. Celle-ci, en effet, n'est pas seulement la honte de montrer sa nudité, c'est aussi une certaine façon de tenir le corps pour précieux, c'est un refus d'y voir un simple instrument, c'est une manière de le cacher dans le sanctuaire des vêtements comme un objet de culte. Le juif inauthentique est dépouillé par le chrétien de ses valeurs vitales. Si son corps se rappelle à lui, le concept de race apparaît aussitôt pour lui empoisonner ses sensations intimes. Les valeurs de noblesse et de grâce ont été accaparées par les aryens qui les lui refusent (Sartre: 1985b, 145).

Sartre übersieht hierbei jedoch die Besonderheit des Kultes um den "arischen" Körper im Nationalsozialismus, der in einem pseudo-ästhetischen Kulturverständnis aufgeht, das keine Grenzen mehr kennt zwischen Kunst (was auch immer man in diesem Kontext darunter verstehen mag) und Gesellschaft sowie zwischen Gesellschaft und Individuum. Dieses Kulturverständnis wurde von Rosenberg und seinem untertänigen Schüler Baeumler ausformuliert und unter Berufung auf ein mit geisteswissenschaftlicher Akribie zusammengetragenes Material in den Rang einer Wahrheit erhoben. Der Schlüsselbegriff ihrer 'Kulturtheorie' heißt "Gestalt", der dem Historismus Diltheys entlehnt wurde.

Manfred Franks Resümee der geschichtstheoretischen Verwendung des Gestaltbegriffs durch die nationalsozialistischen Chefideologen verweist zugleich auf dessen generelle Problematik:[114]

> Alle Epochenunterschiede werden aufgehoben durch das Phantom einer einheitlichen Tiefenstruktur, eben der germanischen 'Rassenseele', die sich immer wieder neu und anders, aber stets nach derselben 'Werthaltung' in gleichem Stil ins Werk setzt, d.h. immer wieder dieselbe Gestalt vorbringe, also nach der gleichen rassischen Tiefenstruktur 'bilde' [...] (Frank: 1988, 114).

Die nationalsozialistische Propaganda hat es verstanden, den Gegensatz von *aisthesis* und *anti-aisthesis* für sich zu instrumentalisieren (vgl. Frank: 1988, 105-130; zu den Begriffen "aisthesis" und "anti-aisthesis" vgl. Kuhnle: 1996; Kuhnle: 1999). Das 'ästhetische' Empfinden wurde zum 'gesunden' Volksempfinden. Kunst und Kunsttheorie des Nationalsozialismus ließen in ihrem quasi-antikisierenden Monumentalismus die *aisthesis* in der Scheintranszendenz der Rassenseele aufgehen, während der Gegenstandsbereich der *anti-aisthesis* vom Volks- bzw. Rassenkörper fern gehalten und dem Gegner angeheftet wurde. Der Jude war nun der Schamlose; und unter dem Blick des Ariers hat nach Sartre diese Verleumdung durch den 'Arier' für die jüdische Befindlichkeit eine schwerwiegende Konsequenz, weil ein Jude nunmehr seinem eigenen Körper mit einem Gefühl von "impudeur" begegne:

> Mais en outre, on doit sans doute discerner, au moins dans quelques cas, au fond de cette impudeur, un certain désespoir: à quoi bon voiler la nudité d'un corps que le regard des aryens a déshabillé une fois pour toutes; être juif sous leurs yeux, n'est-ce pas pis qu'être nu? (Sartre: 1985b, 148).

Max Scheler, den man mit Fug und Recht zu den geistigen Wegbereitern des Nationalsozialismus rechnen darf, hatte "das tiefe Schamgefühl" des "edlen germanischen Geistes" beschworen und den Juden, der ohne "verecundia" sei, zum Verwaltungsobjekt einer abstrakten Moral herabgewürdigt (Scheler X: 1957, 89 u. 136). Das Einreißen der Schamgrenze bedeutet Erniedrigung in einem besonders hohen Grade. Ekel und Scham sind Empfindungen, die auf die Erfahrung der eigenen Existenz hinweisen, sie sind als solche idiosynkratisch, d.h. sie weichen vom diskursiv erfassbaren Allgemeinen ab. Adorno greift in seinem *Versuch über Wagner* eine Definition Walter Benjamins auf, wonach der Ekel die Angst sei, "vom ekelhaften Objekt als dessengleichen erkannt zu werden"(Adorno XIII: 1997, 20). Der ostentative Ekel vor einem

---

114 Vgl. dazu auch folgende Passage aus Alfred Baeumlers Einleitung zu Alfred Rosenbergs *Schriften und Reden*: "Ohne Reflexion, nur geleitet von seinem Instinkt, hat Rosenberg das Gestaltdenken in das politische und geschichtliche Erkennen eingeführt. Jeder Gestalt entspricht eine bestimmte seelische Haltung, die Gestalten ringen miteinander um ihre Selbstbehauptung und Geltung, ihr Kampf ist der Inhalt der Weltgeschichte. Germanischer Dynamismus kann sich das Leben nicht anders vorstellen denn als Streit der Kräfte untereinander. Diesen Streit nicht als einen bloß tierischen Kampf ums Dasein begriffen zu haben, sondern als einen Kampf von Gestalt gegen Gestalt, das heißt von Wert gegen Wert, ist die entscheidende denkerische Leistung Rosenbergs" (zit. n. Frank: 1988, 109).

Menschen bedeutet eine Erniedrigung desselben in hohem Grade; doch zugleich schlägt der Ekel um in jenen Selbsthass, dem er entspringt, denn die Berufung auf das Moment allerindividuellesten Empfindens ist eine Form der Entblößung, ein Akt der Selbsterniedrigung.

Der germanische bzw. arische Mensch wurde im Körperkult der nationalsozialistischen Propaganda aber keineswegs in seinem tiefen Schamgefühl respektiert, sondern als ein von der "Sünde der Existenz gereinigter" Körper zum Objekt einer veröffentlichten Intimität herabgewürdigt; im Kult des reinen (Volks-) Körpers wurde die individuelle Scham durch eine kollektive ersetzt; und die geballte Muskelkraft des in Stein gehauenen arischen Heroen verschwindet unter dem blank polierten Stein, dessen glatte Fläche eins wird mit dem gesunden Volkskörper, der schließlich in den keinen Spalt mehr freilassenden Bauten und Plätzen eines Speer aufgeht – denn alles ist von ein- und derselben "Gestalt".

Canetti hat in seinem Essay *Masse und Macht* aufgezeigt, welche Beziehung zwischen der glatten Fläche und der Macht besteht:

> Es ist das eigentlich Anziehende und Bestechende am Metall, daß es so glatt ist wie sonst nichts. In den Maschinen und Fahrzeugen unserer modernen Welt hat sich diese Glätte gesteigert; sie ist zu einer Glätte der Funktion überhaupt geworden. Die Sprache drückt den Sachverhalt am einfachsten aus, man sagt, daß etwas glatt geht oder glatt funktioniert. Man meint damit, daß man einen Vorgang, welcher Art immer, völlig und ungestört in der Gewalt hat. Der Hang zur Glätte im modernen Leben hat auf Gebieten überhand genommen, in denen man sie früher zu vermeiden suchte. Häuser und Einrichtungen waren meist geschmückt wie die Körper und Glieder der Menschen. [...]. Heute hat die Glätte auch die Häuser erobert, ihre Mauern, ihre Wände, die Gegenstände, die man in sie stellt, Zierrat und Schmuck sind verachtet und gelten als Zeichen schlechten Geschmacks. Man spricht von Funktion, von Klarheit und Nützlichkeit, aber was in Wirklichkeit triumphiert hat, ist die *Glätte* und das geheime Prestige der Macht, der ihr innewohnt (Canetti: 1980, 229f).

Jede antisemitische und andere rassistisch-xenophobe Literatur affirmiert die herrschende Ordnung bis in den hintersten Winkel einer solchen veröffentlichten Intimität, die mit Rüschen und rosa Herzen das Unerhörte von den sanktionierten Empfindungen fernhält und dennoch die scheinhafte Aura echter Intimität aufrechterhält.

Canetti vergleicht in *Masse und Macht* die Mechanismen der Erniedrigung als Form der Machtausübung mit der Aufnahme von Beute als Nahrung und deren Verwandlung in Kot und Dreck. Der erniedrigte Mensch wird zum Objekt der Verachtung. Verachtenswert erscheint dieser jedoch erst durch den Prozess der Erniedrigung: "Es ist ein langer Weg, den die Beute durch den Körper geht. Auf diesem Weg wird sie langsam ausgesogen; was immer verwendbar an ihr ist, wird ihr entzogen. Was übrigbleibt, ist Abfall und Gestank" (Canetti: 1994, 231). Dieser Vorgang erscheint in Canettis unübertrefflicher

Analyse als das aufschlussreiche Moment für das 'Wesen' von Macht überhaupt:

> Wer über Menschen herrschen will, sucht sie zu erniedrigen; ihren Widerstand und ihre Rechte ihnen abzuleisten, bis sie ohnmächtig vor ihm sind wie Tiere. Als Tiere verwendet er sie; [...] Sein letztes Ziel ist es immer, sie sich "einzuverleiben" und auszusaugen. Es ist ihm gleichgültig, was von ihnen übrigbleibt. Je ärger er ihnen mitgespielt hat, umso mehr verachtet er sie. Wenn sie zu gar nichts mehr nutze sind, tut er sie heimlich ab wie seinen Kot und sorgt dafür, daß sie die Luft seines Hauses nicht verpesten (Canetti: 1994, 231f).

Célines Rhetorik ist eine Rhetorik der Verachtung. Der Topos vom minderwertigen Juden, der selbst nur noch ein Auswurf sei ("chié par Moïse") wird zum festen Bestandteil des Ekelhaften als Pathosformel. Angesichts der manifesten Erniedrigung des Juden, ist die nicht nur mit dem Argument "Rhetorik" abzutun; noch weniger verständlich sind Versuche gerade den antisemitischen Tiraden Célines einen kathartischen Effekt abzugewinnen (vgl. Kristeva: 1983, 211 u. 240-248). Es gibt keine ästhetische – und schon gar keine ethische – Rechtfertigung für diese Texte!

Nicht ohne Ironie macht Bernard-Henri Lévy gerade in Célines antisemitischen Geiferschriften einen Zug aus, der über den Nihilismus hinausweise. Nur in diesen Schriften scheine die positive Bestimmung eines Ideals auf: das Ideal eines kleinbürgerlichen Sozialismus –

> Il faudrait relire tous les textes canoniques du nazisme, reprendre tous ses programmes et toute cette littérature de propagande accumulée, avant la prise du pouvoir, parfois après, par les Goebbels, les Rosenberg et il faudrait y relever les traces de cette autre constellation métaphorique – positive, elle, et qui se veut lumineuse, puisqu'elle désigne, justement, cette virginité perdue de l'Allemagne aryenne. Il faudrait lire Céline aussi, mais l'*autre* Céline, celui des *Beaux Draps*, de *L'Ecole des cadavres* et de *Bagatelles pour un massacre*: des pamphlets odieux bien sûr, suant l'abjection et la haine, mais dont Philippe Muray a pu montrer que ce sont *aussi* les livres les plus positifs de l'auteur – les seuls où il se laisse aller à imaginer un monde idéal, un modèle de bonne société, un socialisme même; oui, le Céline antisémite, celui qui écrit, en pleine Occupation, contre le pouvoir de la "Synagogue", et aussi, dans le même mouvement, l'inventeur d'un socialisme national qu'il baptise, drôlement, le "socialisme Labiche" et qui, pour s'incarner, n'attend qu'une chose: que la douce terre de France soit délivrée de sa peste juive... (Lévy: 1994, 100f; vgl. Muray: 1984b, 120-164).

Doch dieser kleinbürgerliche "socialisme Labiche" Célines definiert sich nur *ex negativo*, d.h. über den Ausschluss der Juden aus der französischen Gesellschaft. Das Zitat stammt aus der Studie *La Pureté dangereuse*, die Lévy 1994 veröffentlicht hat und in der er den Nachweis führt, dass der Kult der Reinheit am Anfang eines jeden Totalitarismus steht. Der Kult um die Reinheit gehe von einem "homme intact" aus, der nur ein Vertreter von nationalistischen und xenophoben Ansichten sein könne (Lévy: 1994, 23). Die Idee der Reinheit erweist sich nach Lévy durch die unterschiedlichen Terminologien hindurch von proteushaftem Charakter:

> Propriété, unicité, inaltérabilité, intemporalité, limpidité: ce sont les mots de la pureté qu'au terme d'une traque obscure, et d'une interminable terreur, on finit par exécuter un homme dont le seul crime est de penser (Lévy: 1994, 77).

Als die aktuellste Form dieses Reinheitswahns macht Lévy den religiösen Fundamentalismus ("intégrisme") aus. Und die Apokalyptik erweist sich ihm als ein zentrales Element der "volonté de pureté", dem auch ein jüdischer Fundamentalismus nicht entrinnen könne: "Dans le judaïsme encore, la volonté de pureté ne peut aller au bout d'elle-même sans susciter l'apocalypse" (Lévy: 1994, 110). Der Kult der Reinheit geht auf eigentümliche Weise eine Verbindung mit dem Gedanken vom Fortschritt ein: Dieser wird auf die Vorstellung von einer fortschreitenden Reinigung verkürzt, was einem Kassieren seiner ursprünglichen, von schöpferischer *poiesis* abgeleiteten Bedeutung gleichkommt. Das Bild von einem vermeintlich reinen Menschen erdrückt die mit der Annahme eines heilsgeschichtlichen Eschatons verbundene utopische Erwartung auf eine bessere Welt im Diesseits oder Jenseits.

Und auch in Brasillachs emphatischer Rückschau auf die faschistische Bewegung der Vorkriegszeit spielt die Reinheit eine wichtige Rolle:[115]

> Ainsi, de ces divers éléments, se formait ce que nos adversaires appelaient le fascisme et que nous avons fini par nommer ainsi. Car ces mots étaient alors couramment employés, dans l'immédiat avant-guerre. Et les éléments de notre fascisme à nous n'étaient pas difficiles à énumérer. Nous savions, à travers l'univers, ce qu'étaient tant de jeunes gens qui, avec toutes les différences nationales, nous ressemblaient. Certains d'entre eux avaient souffert de la guerre enfants, d'autres de révolutions dans leur pays, tous de la crise. Ils savaient ce qu'est leur nation, son passé, ils voulaient croire à son avenir. Ils voyaient miroiter sans arrêt devant eux le scintillement impérial. Ils voulaient une nation pure, une race pure (Brasillach VI: 1964, 278).

Doch mit dem Ende des Krieges sollte die Apokalypse hereinbrechen. Brasillach starb nach der Befreiung im Kugelhagel eines Exekutionskommandos, und Céline irrte als Emigrant durch ein Deutschland, das unter den Bomben der Alliierten zusammenzubrechen begann. Die beiden Nachkriegsromane *Nord* und *Rigodon* verklären das Trümmerfeld am Ende des Krieges zum Szenario einer historisch diffusen Apokalyptik (Day: 1973, 245-250), die sich in *Féerie pour une autre fois* noch steigert (vgl Séebold: 1985, 105). Das in *Rigodon* evozierte apokalyptische Szenario, welches die bombardierte Stadt Hannover bot, ist eines der vielen Beispiele für das trübe Pathos, das unerschütterlich Célines Reise ans Ende der faschistischen Nacht begleitet.

> [...] j'avais jamais encore vu des telles flammes... ils devaient se servir maintenant d'autres saloperies incendiaires... le drôle c'était que sur chaque maison

---

115 Es mag als eine Ironie der Geistesgeschichte erscheinen, dass gerade eine solch synkretistische Weltanschauung wie der Faschismus den Kult der Reinheit betreibt.

croulée, chaque butte de décombres, les flammes vertes rose dansaient en rond... et encore en rond!... vers le ciel... il faut dire que les rues en décombres verts... roses... rouges... flamboyantes, faisaient autrement plus gaies, en vraie fête, qu'en leur état ordinaire, briques, revêches mornes... ce qu'elles arrivent jamais à être, gaies, si ce n'est pas le Chaos, soulèvement, tremblement de la terre, une conflagration que l'Apocalypse en sort!... là ça devait être! les "forteresses" étaient passées paraît-il... et pas qu'une fois... deux... trois!... jusqu'à la destruction totale... [...] (Céline II: 1974, 817).

9.3. Die 'Opfertheologie' bei Drieu La Rochelle

Anders als der Schelmenroman *Voyage au bout de la nuit* Célines ist *Gilles* von Pierre Drieu La Rochelle vor der Folie des Bildungs- oder Entwicklungsromans zu lesen. In *Gilles* erörtert Drieu über weite Passagen die Themen wie die Dekadenz Frankreichs oder die Möglichkeiten einer neuen faschistischen Rechten. Doch hier scheitert das Schema des Bildungsweges im Sinne einer dialektischen Verbindung individuellen Wollens und gesellschaftlichen Sollens. Sein Protagonist Gilles findet erst im Epilog (sic!) den Weg zu seiner der Kontingenz (scheinbar) enthobenen Bestimmung, die aber nicht aus seinem bisherigen Lebensweg zwischen amourösen Verwicklungen und politischen Intrigen ableitbar ist. Seine 'Bestimmung' geht vielmehr einher mit einem kairologischen Moment, der ihn am Ende des Romans bei einem Einsatz auf der Seite der Phalangisten im Spanischen Bürgerkrieg überfällt:

— Santa Maria. Oui, la mère de Dieu fait homme. Dieu qui crée, qui souffre dans sa création, qui meurt et qui renaît. Je serai donc toujours hérésiarque. Les dieux qui meurent et qui renaissent: Dionysos, Christ. Rien ne se fait que dans le sang. Il faut sans cesse mourir pour sans cesse renaître. Le Christ des cathédrales, le grand blanc et viril. Un roi, fils de roi. Il trouva un fusil, alla à une meurtrière et se mit à tirer, en s'appliquant (Drieu La Rochelle: 1942, 484).

Die Gliederung des Romans in drei Teile – *Permission*, *Elysée* und *Apocalypse* – suggeriert ein eschatologisches Programm; die unter den jeweiligen Überschriften erzählten Begebenheiten sind jedoch eher beiläufiger Natur und ohne wirklich schicksalhafte Verknüpfungen; den Roman dominieren vielmehr lange politische Dialoge. So kommt es dazu, dass das von *Gilles* evozierte Schema des Bildungsromans nicht eingelöst, sondern regelrecht zerredet wird. An die Stelle eines zu erreichenden Bildungsziels tritt die apokalyptische Vision, die sich als eine trübe, solipsistische "Apokalypse der Seele" angesichts des herannahenden Feindes erweist: In dieser Vision soll sich ein Sinnpotential für die gesamte Romanhandlung 'offenbaren' – was literarisch kläglich scheitert. In Anlehnung an Blumenberg kann daher zu Gilles 'Bestimmung' gesagt werden: Der einzig wahrhaftige (Drieu: virile) Mensch, der überlebt werden kann, wird von sich selbst überlebt; im Augenblick äußerster Gefahr findet

Gilles, der im Epilog des Romans Walter genannt wird, zu Momenten 'authentischen' Erlebens und größter innerer Ruhe – in der Vereinigung mit einer infernalischen Maschinerie, in der Negation seines Selbst.

> Le lourd, le solide joug physique du danger, l'implacable barre sur tous les frémissements de l'individu et, en même temps, cette paix de l'âme. Il était dans la bonne voie; il n'en avait jamais douté à aucun moment, mais ce moment-ci le confirmait définitivement. [...] Cet ébranlement brutal du feu et du fer, Walter en était brusquement atteint, pénétré, aussitôt, tout son être s'accrochait, faisait corps avec la sacrée machine (Drieu La Rochelle: 1942, 464).

Diese Form der Erfahrung von 'Sinnfülle', wie sie dem Protagonisten Drieus widerfährt, findet im dritten Band von Sartres *Chemins de la Liberté* ein kritisches Echo, wenn der Protagonist auf die herannahenden Deutschen das Feuer eröffnet:

> Il tirait, les lois volaient en l'air [...] Il tirait sur l'homme, sur la Vertu, sur le Monde: la Liberté, c'est la Terreur [...] libre comme l'air, le monde sautera, moi avec, il tira, il regarda sa montre: quatorze minutes trente secondes: il n'avait plus rien à demander sauf un délai d'une demi-minute [...] Il tira: il était pur, il était tout-puissant, il était libre. Quinze minutes (Sartre: 1981b, 1344).

Diese letzten fünfzehn Minuten erfährt Mathieu als die Zeit der Freiheit – und eines *in actu* erfüllten Lebens. Vom Ziel her gerechtfertigt, ist er der Kontingenz enthoben. Diese 'apokalyptische Freiheit' meint indes lediglich eine Freiheit *ex negativo*, das Frei-Sein *von allem*, und nicht *die* sich in einem die konkrete Situation transzendierenden Projekt ausdrückende Freiheit, *die* Freiheit zu etwas. Und das "il était pur" Matthieus führt allen Kult der Reinheit *ad absurdum*.

Das Freiheitsverständnis Mathieus und Gilles ist ein zutiefst bürgerliches, das alle Konsequenzen einer Aktion nur auf das handelnde Individuum zentriert (vgl. Krauß: 1970, 180). Sartre hat seinen auf vier (sic!) Romane angelegten Zyklus *Les Chemins de la Liberté* nicht vollendet, wohl nicht zuletzt, weil die narrative Transposition seiner Philosophie der Freiheit nicht zu leisten war.[116] Indes markiert die oben zitierte Passage lediglich eine Etappe in der Entwicklung Mathieus, während Gilles auf dieser 'Stufe' stehen bleibt und in dem wahrscheinlichen Opfertod seine Vorstellung von einem 'goldenen' Zeitalter verwirklicht sieht, das für ihn der *virile* Katholizismus des Mittelalters verkörpert und im *Johannesevangelium* sein Vorbild findet.

Es sei an dieser Stelle in einem flash-back noch einmal der Blick auf *Gilles* gerichtet. Sein zielloses Leben, das den oben geschilderten Momenten vorausgeht, ist von einer Leere gekennzeichnet; er glaubt, bereits mit 30 das Leben

---

116 Das Ende von *Gilles* und auch die zitierte Passage aus *La Mort dans l'âme* weisen Parallelen zu den letzten Seiten von Ernest Hemingways *For Whom the Bell tolls* (1940) mit den inneren Monologen Robert Jordans auf: "And if you wait and hold them up even a little while or just get the officer that may make all the difference. One thing well done can make" (Hemingway: 1968, 470).

hinter sich gebracht zu haben, ja überhaupt nicht gelebt zu haben – so die Reaktion auf die Trennung von der Freundin:

> Lui qui était âgé de trente ans avait le sentiment définitif qu'il était mort, qu'il n'avait jamais vécu. Le formidable acte de foi qu'il avait fait récemment dans la vie avait débouché dans le néant (Drieu La Rochelle: 1942, 250).

Was hier aus Anlass eines Liebeskummers an Erfahrung geschildert wird, gerät im Roman zu einer Bestandsaufnahme der Befindlichkeit einer ganzen Generation. Die Frage nach authentischen Erfahrungsmomenten treibt die Gesprächskreise um, in denen sich Gilles bewegt. Man ist pessimistisch, was die Möglichkeiten zu einer politischen Erneuerung Frankreichs und Europas anbelangt. Statt politischer Aktion werden von den Diskutanten individuelle Akte propagiert, wie etwa der *acte surréaliste*: "Ils parlent de révolution, mais le seul acte intéressant, c'est de descendre avec un revolver dans la rue et de tirer sur n'importe qui, jusqu'à extinction". Die Konsequenz ist ein reiner Nihilismus: "La destruction est le seul moyen d'atteindre à des lieux inconnus et merveilleux" (Drieu La Rochelle: 1942, 177).

Die Gespräche geben die Orientierungslosigkeit der Generation des *Entredeux-Guerres* wieder. Aus dieser Gesinnung heraus rufen die Protagonisten in *Gilles* eine Zeitschrift ins Leben: *L'Apocalypse*. Programmatisch orientiert sie sich an einem diffusen Antimodernismus (Drieu La Rochelle: 1942, 364). Die Autoren schwelgen in einem antibourgeoisen Pathos, dem jedoch die politische Leitlinie fehlt. Der Marxismus ist bisher das einzige System, das einen kohärenten Entwurf zur Abschaffung der bürgerlichen Welt bietet – und wird für völlig unzureichend erklärt. Die endgültige politische (und ästhetische!) Antwort auf die nihilistisch zelebrierte (genuin bürgerliche) Lust am Untergang ist noch nicht gefunden. In die Gründungszeit von *L'Apocalypse* – die ausgehenden 20er Jahre – fällt das Aufkommen einer neuen politischen Ideologie, von der man noch nicht weiß, ob sie den Erwartungen gerecht würde: der Faschismus.[117]

> À cette époque où le fascisme était à peu près ignoré en France, car il n'a fut un peu connu que le jour où il eut engendré le nazisme, l'idée de détruire la société bourgeoise ne pouvait guère se poser que par rapport au marxisme (Drieu La Rochelle: 1942, 464).

Hitlers Deutschland wird indes Frankreich in einem Blitzkrieg überwältigen und besetzen! Drieu, wie auch andere faschistische Intellektuelle, führen diese Niederlage darauf zurück, dass Frankreich keine echte faschistische Bewegung hervorbringen konnte. Die Gründe hierfür wiederum werden in der Dekadenz

---

117 Der Historiker Winock sieht in *Gilles* ein einzigartiges Dokument des französischen Faschismus: "Ce roman s'impose en effet à l'historien des idées politiques. Mieux que la plupart des écrits théoriques, il présente dans le désordre apparent de l'intrigue mais selon une logique propre à l'idéologie de l'auteur, qui avait été pendant deux ans le penseur du PPF, un riche catalogue des idées fascistes, telles qu'elles ont pu s'exprimer dans le cadre français" (Winock: 1982, 154).

des Landes gesucht, das durch ein Völkergemisch und insbesondere den Juden dem Verfall preisgegeben worden sei. Die einzige Antwort auf die Niederlage scheint nur noch ein europäischer Faschismus zu sein, innerhalb dessen Frankreich sich regenerieren möge.

In dem von den Deutschen besetzten Frankreich nimmt Drieus Roman *Les Chiens de paille* aus dem Jahr 1943 seinen Ausgang. Im Mittelpunkt steht ein Haus in einer verlassenen Moorgegend: das Versteck eines Waffendepots, das der Schwarzhändler Susini angelegt hat. Um dieses Depot beginnen sich Intrigen zu ranken, denn die Gruppe der Bewacher ist äußerst heterogen. Alle politischen Richtungen sind in ihr vertreten: die Kollaboration, ein konservativer französischer Nationalismus und die kommunistische Internationale. Zu dieser Gruppe gehört auch Constant Tubert, der Protagonist des Romans: ein abgeklärter Mittfünfziger, der mit autodidaktisch erworbenen Kenntnissen aus der Religionsgeschichte eine intellektuelle Synthese seiner Lebenserfahrung anstrebt. Bald entsteht in der Gruppe ein heftiger Streit über Politik, aus dem Constant sich herauhalten will. In ihm ist die Erkenntnis gereift, dass einzig eine wahrhafte (d.h. totalitäre) Religion dem Individuum die Möglichkeit zu 'authentischem' Erleben biete.

Symptom der Dekadenz Frankreichs ist die Syphilis, an der einige der Akteure des Romans erkrankt sind – darunter auch Constant. Dieser beschließt am Ende des Romans, das Munitionsdepot mit seinen Bewachern in die Luft zu sprengen. Doch als er die Granate werfen will, kommt ihm eine englische Fliegerbombe zuvor...

> Un Français ne pouvait combattre que dans une armée ou un parti anglais, allemand, russe ou américain, parce qu'il n'y avait plus d'armée française parce que les Français n'avaient voulu se battre que pour eux-mêmes dans leur propre armée. Il n'y avait que des gestes de fantômes si réduits que ces gestes s'étaient à peine aperçus dans le monde. D'autres gestes de fantômes se produisaient maintenant parce que l'étranger portait la main sur le ressort et lui-même les faisait jouer (Drieu La Rochelle: 1943, 38).

Frankreich, dem vorgehalten wird, es hätte sich nicht schlagen wollen, stellt sich Drieu als das Zerfallsprodukt einer Nation dar. Vom Niedergang der europäischen Nationen im Zuge der Modernisierung sprach in *Menschliches, Allzumenschliches* schon Nietzsche, der vehemente Kritiker des Fortschritts, den Drieu zum *directeur de conscience* erhebt:

> Der europäische Mensch und die Vernichtung der Nationen – der Handel und die Industrie, der Bücher- und der Briefverkehr, die Gemeinsamkeit aller höheren Cultur, das schnelle Wechseln von Ort und Landschaft, das jetzige Nomadenleben aller Nicht-Landbesitzer – diese Umstände bringen nothwendig eine Schwächung und zuletzt eine Vernichtung der Nationen, mindestens der europäischen, mit sich: so dass aus allen, in Folge fortwährender Kreuzungen, eine Mischrasse, die des europäischen Menschen entstehen muß. [...] Beiläufig: das ganze Problem der Juden ist nur innerhalb der nationalen Staaten vorhanden, insofern hier überall ihre Thatkräftigkeit und höhere Intelligenz, ihr in langer Leidensschule von

Geschlecht zu Geschlecht angehäuftes Geistes- und Willens-Capital, in einem neid- und hasserweckten Maasse zum Uebergewicht kommen muss, so dass die literarische Unart fast in allen Nationen überhand nimmt – und zwar je mehr diese sich wieder national gebärden – die Juden als Sündenböcke aller möglichen öffentlichen und inneren Uebelstände zur Schlachtbank zu führen (Nietzsche: KSA 2, 209f).

Eine solche von Nietzsche denunzierte "literarische Unart" ist allerdings auch das Werk von Drieu!

Die Hochachtung Nietzsches vor den Juden verkehrt Drieu bzw. sein Protagonist Constant in ein antisemitisches Argument: Er denunziert die Juden als den zu einer handlungsunfähigen Intelligenzija depravierten Rest des Hebräertums – "Les Juifs n'étaient plus que des intellectuels et des littérateurs, ce n'étaient même plus des littérateurs, c'étaient des espèces de curés" (Drieu La Rochelle: 1943, 149f). Die 'Verfallsstufe' eines einstmals großen Volkes bietet Drieu nur noch den widerwärtigen Anblick einer Pfaffenkaste, deren Angehörige selbst einem überlegenen Menschenschlag unverdrossen mit der Rede von der Überlegenheit des jüdischen Geistes entgegenträten – "qui au milieu des philosophes et des athlètes grecs, des aristocrates et des soldats romains continuaient à pérorer sur la suprématie du génie juif". Die Genese des Judentums ist für Drieu paradigmatisch für den Verfall anderer Völker: "Les Juifs, avant d'être des Juifs, avaient été Hébreux, de même que les grecs avaient été des Hellènes avant de devenir des Grecs". Im Verfall der hebräischen Rasse, wie dem der anderen Völker, erkennt er den Niedergang, dem auch das permissive und promiskuöse Frankreich zusteure – "l'ignoble promiscuité des Français qu'il sentait devenir ce que les Juifs étaient devenus". Die Hebräer werden von Drieu zu einem Volk von Heroen verklärt, das noch über einen ungebrochenen Willen verfügt habe. Der Makkabäer sei der letzte Vertreter dieser Heroen gewesen: Er habe sich noch durch den Willen zur Macht ausgezeichnet und einen tragischen Kampf geführt – "Le dernier sursaut de l'Hébreu chez le Juif avait été le Macchabée, ce dernier héros de la vraie volonté de puissance d'un peuple luttant contre l'inévitable" (Drieu La Rochelle: 1943, 150).

Drieu stilisiert sich selbst zur Ikone des Niedergangs. In seinem *Journal* berichtet er von einer unerfüllten Nacht mit einer Frau in einem monegassischen Hotel: Ein alternder Lebemann hat sich der Lächerlichkeit preisgegeben. Seine Impotenz verklärt er nun zum Inbegriff der Dekadenz, zu einem Symbol von *vanitas* und Ohnmacht. Die Worte des Evangelisten Johannes zitierend nimmt er die Pose eines lächerlichen Propheten ein (das in der folgenden Passage enthaltene Zitat entstammt *Joh*. 1,9-10):

> Nous sentions la vanité de ces passions individuelles, de ce mythe sentimental et sensuel – tout cela balayé par le vent qui de loin en loin souffle sur les humains cachés dans les villes, mal cachés. Comme j'étais ridicule dans Monte-Carlo, avec mon manteau du bon faiseur, vieux gigolo épuisé. Je lui ai parlé de l'Évangile de saint Jean et de la Lumière du monde. Tandis que je lui donnais une dernière étreinte fallacieuse, les mots de saint Jean grondaient dans ma tête:

"La Lumière véritable qui éclaire tout homme venait dans le monde. Elle *était* dans le monde et le monde ne l'a pas connue." Elle me regardait avec une triste dérision, une pitoyable indulgence. Je n'avais pas le droit de prononcer devant elle ces mots, moi le vieux débauché impuissant. Je porte dans mes reins la ruine de l'Europe (Drieu La Rochelle: 1992, 157).

Das *Johannesevangelium* schätzte auch Nietzsche als den vom Griechentum am meisten inspirierten biblischen Text: Er sei "aus dem Boden des Dionysischen geboren [...]" (Nietzsche: KSA 7, 139). Als in Dekadenz lebender Visionär identifiziert sich Drieu mit Nietzsche, den er in seinem Tagebuch zum Propheten verklärt (vgl. Drieu La Rochelle: 1992, 121). Der deutsche Denker von europäischem Rang schreibe als bewusster *décadent* gegen die *décadence* an – so das die Selbsteinschätzung Drieus reflektierende Nietzsche-Bild in *Les Chiens de paille*:

Et d'ailleurs, ce Nietzsche le savait bien lui-même, il n'était en Europe que le premier décadent conscient, le premier décadent qui voyait la fatalité et par une philosophie de désespoir cherchait à l'arrêter et à l'enrayer. Nietzsche mettait tout dans la volonté, dans le miracle d'une volonté qui, prenant son point d'appui dans un instinct avarié, devient la chose la plus artificielle du monde. Mais il était d'abord un décadent et il y avait en lui, dans sa misérable vie et même dans l'air qui circulait dans son œuvre cette terrible abstraction qu'il définissait, qu'il craignait, qu'il condamnait et à laquelle il n'échappait pas (Drieu La Rochelle: 1943, 151f).

Das Europa der Dekadenz identifiziert Drieu mit einer Moderne, die über eine exzessive Verfeinerung die Menschen den ursprünglichen Formen der Seinserfahrung und dem wahren religiösen Erleben entfremdet habe. Und die nervöse Übersteigerung der intellektuellen Kultur führe schließlich dazu, dass ihre Leistungen sich gegen sie selbst kehrten und der moderne Mensch der Entartung preisgeben werde.

L'homme moderne qui est ultra-intellectuel (alors même qu'il n'est plus cultivé et d'autant plus qu'il est moins cultivé), si effrayé, si nerveux, si angoissé dans les réalisations de sa volonté, peut-être très différent de cet autre homme "moderne", de cet autre homme ultra-intellectuel allant d'un pas crispé vers l'inculture, si profondément dégénéré qu'était le chrétien juif, grec, ou romain? (Drieu La Rochelle: 1943, 152f).

Von dieser Nervosität sei der 'Prophet' Nietzsche nicht weniger befallen gewesen; doch eben nur aus dieser Befindlichkeit heraus habe Nietzsche seine Stimme erheben können. In diesem Strudel des Niedergangs ortet Drieu auch den (bürgerlichen) Apologeten Nietzsches.

Constant in *Les Chiens de paille* rechnet sich selbst nicht zu den entarteten Jüngern Nietzsches: "Mais Constant avait-il vraiment toutes les tares dénoncées et incarnées par Nietzsche?" (Drieu La Rochelle: 1943, 153). Vielmehr erkennt der durch reiche Lebenserfahrung und Altersweisheit den Geschehnissen Entrückte eine quasi mystische Disposition an sich: "Après tout, Constant n'était pas un dégénéré qui se réfugie dans l'arrière-monde, mais homme qui avait vécu et qui prenait lentement, progressivement son chemin vers les détachements et les transcendances conformes à son âge" (Drieu La Rochelle: 1943, 153).[118] An Lebenserfahrung und Distanz mangle es den ausschließlich intellektuellen Adepten des deutschen Philosophen, weshalb der Autodidakt Constant eine besondere Nähe zu seiner Lehre zu spüren glaubt. Lebenserfahrung gilt ihm als alleinige Voraussetzungen für eine richtige Würdigung Nietzsches – einer der wenigen Gedanken Drieus, denen man zustimmen mag. Constants religiöser und philosophischer Synkretismus steht dezidiert gegen Spekulationen aus dem Elfenbeinturm: Er soll die Quintessenz der im Leben gemachten Erfahrungen sein – und Constant steht zum Opfer bereit.

Die politischen Gespräche in *Les Chiens de paille* kreisen um die Konsequenzen, die aus einer der Entartung anheimfallenden Moderne zu ziehen seien. Von dem Kommunisten Liassov wird das in der Tradition Dostojevskis stehende Russland zum Zerstörer des dekadenten Europa – und folglich zur Avantgarde im Kampf um ein Ideal der Reinheit – erhoben, weil in der Sowjetunion die Moderne sich selbst übertreffe. Er weist dem Stalinismus damit die Rolle eines Vollstreckers in einer trüben Eschatologie der Moderne zu:

> [...] la Russie porte en elle la destruction du monde moderne européen, elle le détruit en le portant à un paroxysme dont celui-ci est ailleurs bien incapable. La Russie est le monde moderne qui se dépasse lui-même et se jette dans cet inconnu de soi-même que découvre toujours un être qui se persévère vraiment, avec une passion sauvage, dans soi-même (Drieu La Rochelle: 1943, 142).

In seinem Tagebuch erklärt Drieu Moskau zum Rom der Moderne, der Ort einer neuen, Einheit und Totalität verheißenden Perspektive, eines zur neuen Religion avancierten Totalitarismus. Dieser bedeutet für ihn eine Rückkehr zu den Anfängen der Menschheit – jedoch nur formal. Während der Mensch des Anbeginns sich durch Spontaneität ausgezeichnet habe, müsse der Mensch des Endes nunmehr diese Einheit in der Einkehr finden. Dieses – totalitäre – Ende markiert auch das Ende des Schreibens (*la fin de l'écriture*).

> Le temps de l'écriture est fini. Les temps des empires, des grands syncrétismes de décadence ne sont pas des temps de l'écriture. Le totalitarisme final ramasse les morceaux de l'homme et les broie dans un ciment ultime. L'écriture n'est plus que dans les grandes lignes des foules. L'homme de la fin ressemble extérieurement à l'homme du commencement. Celui-ci était intimement spontané: celui-là se recueille et se referme pour tenter le même resserrement de source. Moscou sera la Rome finale. Tout état totalitaire compose forcément une religion: être un, voilà tout le fait religieux de l'homme. Unicité voulue, simulée, remplaçant l'Antique unité: on ne peut rien espérer de mieux (Drieu La Rochelle: 1992, 419).

Der Totalitarismus wird zu einem politischen 'Wert' an sich. So macht Drieu keinen Hehl aus seiner Sympathie für den Kommunismus, den er für den Wegbereiter des Faschismus hält:

---

118 Drieu benutzt hier das Vokabular von Max Nordau, dessen 'Theorie' der Entartung im dritten Teil der vorliegenden Studie behandelt wird.

Les communistes ont toujours subi l'attraction du fascisme. Ils ont toujours favorisé son triomphe sur la démocratie. Le communisme en Europe est un aîné mal venu du fascisme. Staline, séminariste caucasien, était né pour faire ce qu'a fait Hitler (Drieu La Rochelle: 1992, 158).

Einem anderen Mitglied der Gruppe in *Les Chiens de paille*, Cormont, ist es gleichgültig, wer letztlich Frankreich besetzt halte – ob Deutschland oder England. Die Nation müsse sich auf sich selbst besinnen. Für ihn repräsentiert die heterogene Gruppe um das Waffenlager Frankreich in all seinen Widersprüchen. Er fordert eine strategische Isolation, damit sich Frankreich zu einer starken Haltung durchringe, um erhobenen Hauptes einer siegreichen Macht entgegenzutreten: "Nous devons nous comporter et agir comme des hommes qui refusent tout, pour pouvoir ensuite accorder et non pas céder quelque chose" (Drieu La Rochelle: 1943, 159). Cormont verteidigt eine Würde, die zur Karikatur gerät, denn in Wirklichkeit geht es um eine Selbsttäuschung. Constant widerspricht ihm vehement: Frankreich sei von vier Feinden umgeben, von denen jeder das Land im Kampf gegen die drei anderen an seiner Seite wünsche; doch jede Allianz käme dem Untergang Frankreichs gleich: "Si vous voulez refaire la France, il faut interdire aux Français toute manœuvre, car ce ne sont plus guère que des petits manœuvriers. Or, d'un autre côté, sans manœuvre vous êtes voués à un sort tragique" (Drieu La Rochelle: 1943, 161). Der eigentliche Adressat des Spottes ist der im Londoner Exil agierende de Gaulle, über den es in Drieus Tagebuch heißt: "Le général de Gaulle est le point final au ridicule national" (Drieu La Rochelle: 1992, 257).

Constant ist darüber verärgert, sich überhaupt auf die Diskussionen eingelassen zu haben. Durch seinen Privatmythos, der den biblischen Verräter Judas zur zentralen Gestalt erhebt, wähnt er sich dem Parteienstreit entrückt:

> Oui, voilà ce qu'il me faut pour moi-même, voilà ce que ma vie se doit à elle-même, voilà ce qu'il me faut atteindre avant de mourir. Atteindre à mon excès pour me dépouiller moi-même, me retourner l'être. Avant de déboucher au soi, il faut épuiser le moi. On ne tue le moi qu'en l'épuisant. Pour pouvoir vraiment vivre sa mort, entrer librement dans l'au-delà, je dois d'abord accomplir, achever, couronner ma vie. C'est ainsi que Judas...(Drieu La Rochelle: 1943, 142f).

Constant strebt nach einer mystischen Erfahrung, in der er sich seines Ichs entledigt – "me dépouiller moi-même". Damit einher geht eine eindeutig suizidäre Tendenz – und am Ende des Romans schließlich wird er einen erweiterten Selbstmord in die Wege leiten.

Zum besseren Verständnis der oben zitierten Stelle aus *Les Chiens de paille* sei auf Binswangers daseinsanalytische Charakterisierung des Selbstmordes verwiesen:

> Wie die Selbst*erkenntnis*, schon als diskursiv gewonnene Meinung über mich immer schon *mehr* ist als *Selbst*erkenntnis, nämlich Erkenntnis Meiner "in" (oder aus) den Andern und "in" (oder aus) Mir, so ist auch der Selbst*mord* mehr als ein Mord "meiner selbst". Ganz abgesehen davon, daß man das Selbst im Worte Selbstmord nur im subjektiven, aber nicht im objektiven Sinne verstehen darf, da

Einer zwar als Selbst sich morden, aber nicht sein Selbst morden kann – morden kann er nur die vitalen Bedingungen oder Grundlagen "seiner selbst", "seinen Leib" – ganz abgesehen hiervon ver-nichtet der Selbstmörder viel mehr als sich selbst, nämlich sich in den Andern und die Andern in sich (Binswanger II: 1993, 482f).

Selbstmord ist, folgt man Binswanger, die Destruktion von Welt – präziser: "Weltlichkeit" –, wobei der Schweizer Psychiater und Philosoph seinen Ausführungen ein bei Heidegger entlehntes existenzialontologisches Weltverständnis unterlegt: "'Weltlichkeit' ist ein ontologischer Begriff und meint die Struktur eines konstitutiven Moments des In-der-Welt-Seins. Dieses aber kennen wir als existenziale Bestimmung des Daseins" (Heidegger: 1986, 64). Daraus resultiert nun die Charakterisierung des Suizids aus der Sicht einer daseinsanalytischen Psychologie: Der Selbstmörder zerstört nicht ein vermeintlich objektives Selbst, auch nicht bloß die empirische Voraussetzung für sein In-der-Welt-Sein, seinen Leib, sondern zuallererst die "Weltlichkeit" einer von dem jeweiligen In-der-Welt-Sein bestimmten Struktur, in welcher der Andere nicht weniger als das Selbst seinen Ort hat. Der Selbstmord kann als die radikalste Form der existentiellen Apokalyptik gesehen werden, die bei Balthasar die "Selbstenthüllung der Seele" meint. Das Eschaton heißt in diesem Fall die Destruktion aller Beziehungen, die der Erkenntnis des Selbst den Weg versperren – durch die Zerstörungen der physischen Bedingungen dieses Selbst. Nur verliert in letzter Konsequenz eine solche zum Suizid weitergedachte existentielle Apokalyptik ihre Grundlage als Moment einer Offenbarung, da mit ihr das Selbst als Voraussetzung für die "Selbstenthüllung der Seele" unwiderruflich verloren ist. Der Hinweis auf Binswanger verdeutlicht aus der Sicht der Existenzphilosophie die Sackgasse, in die ein existenzialistisch verbrämter Jargon des Faschismus führt.[119]

Drieu, der 1945 Selbstmord begehen wird, ist sich dieser Sackgasse durchaus bewusst und sucht einen möglichen Offenbarungsgehalt einer solchen auf den Suizid hin zugespitzten "existentiellen Apokalyptik" über die Ökonomie

---

119 Jean Meckerts von Sartre beeinflusster kritischer Roman *Nous avons les mains rouges* über die *épuration* nach der Befreiung Frankreichs zeigt, wie *résistants* einem schizoiden Dezisionismus verfallen, der – die *épuration* beim Wort nehmend – die Reinheit zur Richtschnur der Tat erhebt und der sich einseitig am Postulat der Reinheit (sic!) orientiert. Dabei schlägt der Hass in die Bewunderung des bekämpften Gegners und in einen blanken Antisemitismus um. So legt Meckert einer jungen Frau folgende Rede in den Mund: "Oui, Laurent, c'est la lame du couteau, la pente est vers la force des purs, des originaux, des écœurés, des nobles. J'admets la furie des S.S. contre la tourbe insaisissable et foncièrement lâche. J'admets l'extinction du youtre combinard. Je prie pour une hégémonie du sang pur, pour une aristocratie des âmes fières. Je hais la racaille et la puissance des intérêts" (Meckert: 1947, 207). Und der Selbstmord wird zur einzigen Form verklärt, dieses Ideal der Reinheit zu verwirklichen, den Weltuntergang (*in effigie*) zu vollziehen: "Laurent pensait à un copain qui s'était pendu par désespoir. On ne pouvait rien à ça. Les vrais faibles se font plaindre et réussissent en tout; on appelle ça du charme. Il n'y a que les durs et les grandes âmes pour trouver la fin du monde en crevant d'un coup. Ça doit se défendre (Meckert: 1947, 209; vgl. Kuhnle: 1995, 170).

des Opfers zu retten. Wendet man die hier gemachten Ausführungen auf *Les Chiens de paille* an, dann kann Drieus 'Botschaft' wie folgt gelesen werden: Ein potentielles Offenbarungsmoment im suizidären Akt ist dann gegeben, wenn dieser ein Opfer bedeutet. So betrachtet Drieu in seinem *Journal* den Selbstmord als ein Gebet, als das Opfer das zugleich Apotheose des Selbst meint:

> Pour moi qui ne suis guère mystique le suicide sera au moins une prière vécue. Ma 'curiosité' quand je crus être tué à Charleroi: 'Enfin, je vais savoir.' Sacrer soi-même (Drieu La Rochelle: 1992, 336).

Drewermann fasst die religionsgeschichtliche Bedeutung des Opfers zusammen: Das Opfer diene dazu, die mit der Vertreibung aus dem Paradies erfolgte Trennung von Gott und Mensch zu überwinden. Im Akt des Opferns äußere sich der Zweifel an der Güte Gottes; das Opfer diene dazu, die verlorene Gunst wiederzugewinnen. Doch mit dem Zweifel an der Güte und der Gunst Gottes gehe auch der Wettstreit um diese einher, weshalb es kein Zufall sei, dass in der *Genesis* gerade beim Opfer der Kainsmord stattgefunden habe. Weil in jedem Opfer sich der Wunsch nach der Überwindung der Trennung des Menschen von Gott bzw. der Gottheit artikuliere, ist für Drewermann das Opfer das Signum aller Religionen (Drewermann I: 1995, 120ff) – NB: Handlungen mit Opfercharakter sind in einem rein säkularen Kontext nicht weniger Ausdruck eines Individuums, das nach der Gunst der Kollektivität strebt. Bei Drieu erhält jedoch der Begriff des "Opfers" eine ganz andere Bedeutung: Das Opfer meint auch einen Akt zur Rechtfertigung der eigenen Existenz, insbesondere wenn es sich um ein *Selbst*-Opfer handelt.[120]

Das (Selbst-) Opfer zur Rechtfertigung der eigenen Existenz bedeutet zugleich die Abkehr von der Fiktion des *acte gratuit* Gides im Sinne einer Selbstdefinition durch eine einzige Tat, die frei von determinierenden Faktoren sein soll (vgl. Kuhnle: 1995, 103f). Gegen Gide – "Ce grand impuissant" – führt Drieu in seinem *Journal* eine heftige Polemik; er verkörpert für ihn (wie

---

[120] Drieus Position kann überdies auch als eine der Gewalt zugewandte Umdeutung des Spenglerschen Opfer-Begriffs gelesen werden, der zu allererst "Entsagung" aus einer Position der Stärke heraus meint: "Aischylos und Pindar haben das Dasein als Schuld begriffen. Als Frevel empfinden es die Heiligen aller Kulturen, um es durch Askese oder die tief mit ihr verwandte Vergeudung im Orgiasmus abzutöten. Böse ist das Wirken innerhalb der Geschichte, die Tat, das Heldentum, die Freude am Kampf, Sieg und Beute. Darin klopft der Takt des kosmischen Daseins und übertönt und verwirrt das geistige Schauen und Denken. Die 'Welt' überhaupt, womit die Welt als Geschichte gemeint ist, ist infam. Sie kämpft, statt zu entsagen; sie kennt die Idee des Opfers nicht. Sie meistert die Wahrheit durch Tatsachen. Sie entzieht sich, indem sie Trieben folgt, dem Denken von Ursache und Wirkung. Und deshalb ist es das höchste Opfer, das der geistige Mensch bringen kann, wenn er sich selbst den Mächten der Natur darbringt. *Ein Stück von diesem Opfer ist jede moralische Handlung*" (Spengler: 1995, 891). Das Opfer des Kulturmenschen, das Spengler hier schildert, findet sich bei Drieu in dem von Constant durchlaufenen Asketismus wieder (Drieu La Rochelle: 1943, 150f). Doch dieser Verzicht auf die Kultur markiert noch nicht die Steigerung bis hin zum Menschen- oder gar Selbstopfer. Die Entsagung aber kann auch eine Form der Zerstörung einer "Weltlichkeit" im Sinne Heideggers meinen.

auch für Céline) geradezu das dekadente Frankreich seiner Zeit: "La grandeur de Gide c'est la fin de la France" (Drieu La Rochelle: 1992, 137). Dass das Opfer für Drieu die eigentliche Bestimmung eines (höheren) Menschen ausmacht, zeigt bereits die Titelmetapher von *Les Chiens de paille*, die durch ein Lao-Tse-Zitat im Epigraph erläutert wird: "Le ciel et la terre ne sont pas humains ou bienveillants à la manière des hommes, ils considèrent tous les êtres comme s'ils étaient des chiens de paille qui ont servi dans les sacrifices". Die aus Stroh geflochtenen Tiere, die dem Opferritual dienen, werden zum Inbegriff der *conditio humana*! Der Weg zu diesem Opferkult bei Drieu führt wieder über Nietzsche, der im Opfer nicht etwa die Vereinigung mit Gott, sondern die eigentliche Apotheose des Menschen erkennt, der sich in der Opferhandlung dem dionysischen Rausch hingibt:

> Moral der Opfertiere. – "Sich begeistert hingeben", "sich selber zum Opfer bringen" – dies sind die Stichworte eurer Moral, und ich glaube es gerne, dass ihr, wie ihr sagt, "es ehrlich damit meint": nur kenn ich euch besser, als ihr euch kennt, wenn eure "Ehrlichkeit" mit einer solchen Moral Arm in Arm zu gehen vermag. Ihr seht von der Höhe derselben herab auf jene andere nüchterne Moral, welche die Selbstbeherrschung, Strenge, Gehorsam fordert, ihr nennt sie wohl gar egoistisch, und gewiss! – ihr seid ehrlich gegen euch, wenn sie euch missfällt, – sie muss euch missfallen! Denn indem ihr euch begeistert hingebt, geniesst ihr den Rausch des Gedankens, nunmehr eins zu sein mit dem Mächtigen, sei es ein Gott oder ein Mensch, dem ihr euch weiht: ihr schwelgt in dem Gefühle seiner Macht, die eben wieder durch ein Opfer bezeugt ist. In Wahrheit scheint ihr euch nur zu opfern, ihr wandelt euch vielmehr in Gedanken zu Göttern um und geniesst euch als solche. Von diesem Genusse aus gerechnet, – wie schwache und arm dünkt euch jene "egoistische" Moral des Gehorsams und der Pflicht, der Vernünftigkeit: sie missfällt euch, weil hier wirklich geopfert und hingegeben werden muss, ohne dass der Opferer sich in einen Gott verwandelt wähnt, wie ihr wähnt. Kurz, ihr wollt den Rausch und das Übermaass, und jene von euch verachtete Moral hebt den Finger auf gegen Rausch und Übermaass, – ich glaube wohl, dass sie euch Missbehagen macht! (Nietzsche: KSA 5, 191f).

Diesen zur Apotheose des Selbst erhobenen Opferrausch legt Drieu seinem eigentümlichen Religionssynkretismus zugrunde, der letztlich auf eine Religion ohne Metaphysik und Transzendenz hinausläuft. Drieus 'Religiosität' beschränkt sich auf dieses Moment der Selbstüberhöhung. Im Opfer erfährt das Leben seine ganze Sinnfülle; der Henker wird zum Vollstrecker individueller Lebensentwürfe, denen er dadurch Größe verleiht, dass er, der Henker, das Selbstopfer nicht scheut. So hält Constant am Ende von *Les Chiens de paille* eine lange Rede, in der die Opferrituale der Bibel und anderer Religionen evoziert werden:

> Tu comprends, mon petit Cormont, il n'y a que le sacrifice, la vie est un sacrifice. Toutes les religions antiques, qui ont détenu tout le secret humain, l'ont dit et l'ont fait. La vie est un sacrifice, une hécatombe, un perpétuel abattoir fumant à la face des dieux. Mais le seul vrai sacrifice, c'est le sacrifice humain. Tout ce que l'homme peut faire, c'est de reconnaître qu'il est fait pour mourir; le mieux

pour lui, c'est de prendre en main la mort. De se faire lui-même l'exécuteur.
D'être lui-même le bourreau. Enlever le couteau à la main de Dieu. Abraham
voulait zigouiller lui-même son Isaac. Mais les religions antiques étaient tombées
en décadence... La décadence, toujours la décadence. La vie est une perpétuelle
décadence depuis le début. On tuait des béliers et non plus des hommes. La vraie
religion c'est la religion mexicaine: fendre un homme par le milieu et lui arracher
le cœur. Qu'un cœur d'homme palpite dans une main d'homme, voilà toute la vie
(Drieu La Rochelle: 1943, 237f).

Diese Apologie des Opfers steht quer zu der existentialistischen Auffassung von einem über den Dualismus von Faktizität und Transzendenz (Sartre) definierten Dasein, das die von diesem Dualismus begründete Entfremdung als Konstituens der Freiheit erfährt, jener Freiheit, die das Individuum zu einer wertschaffenden Instanz erhebt. Im Leiden erfährt das Individuum, dass auf ihm der unhintergehbare Imperativ lastet, immer selbst Werte setzen zu müssen. Entsprechend fällt Drieus Polemik gegen Sartre aus, über den es im *Journal* (1944) heißt: "Ces criminels crient à leur crime, et lui l'auteur y croit aussi". Und deutlich grenzt Drieu sich von Sartres Konzeption der Hölle ab, wie dieser sie in *Huis clos* präsentiert: "Non, la vie n'est cet enfer que pour les chrétiens, ou plutôt non pas pour les chrétiens qui justement y échappent (par leur enfer et leur ciel), mais pour les antichrétiens qui ne s'en aperçoivent qu'ils restent chrétiens, chrétiens négatifs" (Drieu La Rochelle: 1992, 401). Sartre wird als verkappter Christ denunziert! Die von Drieu beschworene Hölle auf Erden wird dagegen dann zum Ort authentischer Erfahrung, wenn der Mensch sich zum Rausch im Opfer aufschwingen kann.

Entfremdung erfahren Drieu und seine Protagonisten als den Abfall von einer primordialen kultischen Gemeinschaft, als einen Prozess fortschreitender *décadence*. Diese *décadence* findet wiederum ihren Ausdruck in der Dekadenz der Weltreligionen, die sich von der Idee des Menschenopfers verabschiedet haben. Der von Drieu getriebene Kult um das Menschenopfer ist von dem Wunsch nach einem dionysischen Fest durchdrungen, das alle schalen Rituale hinter sich lässt:

> Unter dem Zauber des Dionysischen schließt sich nicht nur der Bund zwischen Mensch und Mensch zusammen: auch die entfremdete, feindliche oder unterjochte Natur feiert wieder ihr Versöhnungsfest mit ihrem verlorenen Sohne, dem Menschen (Nietzsche: KSA 1, 29).

Ein solches Fest zu inszenieren, schwebt seinem Protagonisten Constant in *Les Chiens de paille* vor, wenn er zu einer Apologie des "männlichen Tanzes" anhebt:

> [...] la danse virile est le seul exercice de réduction pour des hommes qui ne veulent pas mourir en tant qu'animaux spirituels et la seule prière effective aux dieux terrestres (Drieu La Rochelle: 1943, 156).

"Cultur" dagegen, die "apollinische Satzung", ist für Nietzsche eine fortwährende Distanzierung – und damit Entfremdung – von dieser ursprünglichen *communio* des dionysischen Festes, in dem die Lust mit Schmerz und Leiden gepaart ist. "Cultur" hat die Funktion, den *furor* des Dionysischen zu bannen. In diesen Prozess der apollinischen Distanzierung sei die hellenistische Kultur getreten, die sich zu einer großen Hochkultur habe entwickeln können, weil sie des dionysischen Schauers stets eingedenk geblieben sei. Drieu überträgt dieses Schema nun konsequent auf die Religionen der Welt und sieht die Entfremdung von diesem rauschhaften ursprünglichen Kult in der Depravierung der Opferhandlung ausgedrückt: vom Menschenopfer zum Tieropfer, vom Tieropfer zum Opfer *in effigie* – zu den Strohpuppen, den "chiens de paille" eben. Mit der Sprengung des Munitionsdepots beabsichtigt Constant, einen neuen,"virilen" Reigen zu eröffnen...

In Drieus synkretistischer Zusammenschau der Signa großer Religionen spielt nun der bereits angesprochene "Judas-Mythos" eine entscheidende Rolle. Dieser Mythos avanciert bei ihm zum Garanten des Opfers, d.h. über die Erfüllung des von der Judas-Geschichte vorgegebenen Schemas kann das Opfer erst zum wahren Opfer werden. Drieus Constant bezeichnet in seiner Privattheologie die Gestalt des Judas als diejenige, welche notwendig sei, dass der Messias überhaupt Gestalt annehme – eine eigenwillige Deutung der Theodizee. Ausgangspunkt sind für ihn die widersprüchlichen Angaben im *Alten Testament* zur Gestalt des Messias: "Isaie dit qu'est le Messie, un être issu du ciel qui s'avance sur une nuée en face du Très-Haut [...] Daniel dit aussi ce qu'est le Messie: un homme qui souffre". *Das* Signum des Messias nun sei – hier beruft sich Drieu auf das *Johannesevangelium* – das Leiden. Der Gedanke des Messias sei fest im alten jüdischen Denken verankert – "Isaie, Daniel, Enoch, d'autres avaient clamé là-dessus des paroles étranges". Doch erst Judas habe die Voraussetzung für den Messias richtig erkannt:

> Judas avait donc dû songer: 'Un être céleste est parmi nous pour nous sauver. Selon les éternelles lois de la magie, il doit assumer notre destin pour transfigurer et rendre opérations décisives et transcendantes notre vie et notre mort'" (Drieu La Rochelle: 1943, 144-146).

Die Schlussfolgerung, die Drieu Judas unterlegt, ist schlicht diese: Der Verrat sei notwendig, damit der Messias seinen Leidensweg beschreiten und schließlich sterben könne, damit die Voraussetzungen für die Auferstehung überhaupt gegeben seien. Die Frau sieht Drieu ebenfalls in einer Funktion, welche die für den Bestand der Menschheit notwendige Ökonomie des Verrats sichere. So begeht etwa Roxane, die einzige Frau in *Les Chiens de paille*, einen zweifachen Verrat – "Les femmes sont les meilleurs agents de liaison, mettant du liant entre les ennemis. Sans elles, l'humanité s'en irait en pièces. Elles valent bien les Judas" (Drieu La Rochelle: 1943, 137).

Ihr eigentliches Vorbild findet seine Opfertheologie in der von D.H. Lawrence vertretenen dualistischen Auffassung vom Christentum. Der englische Romancier erkannte im Christentum zugleich eine Religion der Starken, die Verzicht und Liebe lehre, und eine Religion der Schwachen, die den Starken und Mächtigen zugunsten der glorifizierten Armen niederzuringen suche. Daraus leitete D.H. Lawrence eine Ökonomie ab, die der Gestalt des Judas die Funktion zuweist, das von Jesus nicht Abgegoltene zu vertreten. Im Dienste dieser Ökonomie – nunmehr in Bezug auf das gesamte *Neue Testament* gedacht – stehe letztlich auch die *Apokalypse* des Johannes:[121]

> Judas had to betray Jesus to the powers that be, because of the denial and subterfuge inherent in Jesus' teaching. Jesus took up the position of the pure individual, even with his disciples. He did not *really* mix with them, or even really work or act with them. *He was alone all the time.* He puzzled them utterly, and in some part of them, he let them down. He refused to be their physical power-lord. The power-homage in a man like Judas felt itself betrayed! So it betrayed back again: with a kiss. And in the same way Revelation had to be included in the New Testament, to give a death-kiss to the Gospels (Lawrence: 1980, 69).

In Drieus religionsgeschichtlichen Synkretismus gehen die biblischen Vorstellungen ineinander auf: Karfreitag und Apokalypse finden im Opfer wieder zusammen; das Lamm der *Johannesoffenbarung* wird zum Opferlamm, wie das Lamm Gottes in der Opfertheologie des *Johannesevangeliums* (*Joh.* 1,29.36). Die Verbindung von Apokalypse und Opferritual stellt vor allem die Schlusspassage von *Les Chiens de paille* her. Constant begeht *seinen* Verrat, indem er beschließt, das Waffendepot zu sprengen. Und Constant schwingt sich vom Judas zu einer Pose auf, die den Opferpriester Melchisedek und die Gestalt des Messias vereint (*Ps.* 110, 6; vgl. u.a. *Hebr.* 5, 6; 6, 20), um schließlich wie ein alt-mexikanischer Opferpriester das Menschenopfer darzubieten:

> Constant donna un grand coup de pied dans une caisse de cartouches. – Mes agneaux de l'Apocalypse, je vais balancer mes grenades là-dedans. Ca vaut bien le couteau d'obsidienne du prêtre mexicain... Mais il était dit qu'un Français, même fou, n'était plus maître chez lui, car si une formidable explosion se produisit qui emporta tous les personnages de cette véridique histoire, ce fut par l'effet d'une bombe d'avion. Un avion anglais, obéissant à on ne sait quels ordres, bombardait le pays des marais. [...] (Drieu La Rochelle: 1943, 240).

Nicht mehr ein ethischer Imperativ, nicht mehr Entsagung oder orgiastische Selbstverschwendung sind mit diesem Begriff des Opfers gemeint, sondern der aktive Vollzug eines vermeintlich heilsgeschichtlichen Auftrages, nämlich dem, den Menschen von dem Sündenfall in die *décadence* zu erlösen, die Entfremdung von einer primordialen Unmittelbarkeit aufzuheben. Der Blick in das Tagebuch von Drieu hat bereits gezeigt, wohin das Eschaton seiner Apo-

---

121 Vgl. dazu die zusammenfassende Darstellung zur 'Theologie' von Lawrence in *Critique et Clinique* von Gilles Deleuze: "Lawrence dit que le personnage principal du christianisme, c'est Judas. Et puis Jean de Pathmos, et puis Saint Paul. Ce qu'ils font valoir, c'est la protestation de l'âme collective, la part négligée par le Christ. Ce que l'Apocalypse fait valoir, c'est la revendication des 'pauvres' ou des 'faibles', car ceux-ci ne sont pas ce qu'on croit, ce ne sont pas les humbles ou les malheureux, mais ces hommes très redoutables qui n'ont plus d'âme collective" (Deleuze: 1993, 52f).

kalyptik weist: in den Totalitarismus, wobei Drieu sichtlich die Bedeutung des in "totalitarisme" enthaltenen Begriffs "totalité" mitverstanden wissen will. Das Opfer-Pathos am Ende der *Chiens de paille* mündet in einen apokalyptischen Mythos; die Opfer werden zu "agneaux de l'Apocalypse" hochstilisiert. Und dennoch: Es sind nicht die Franzosen, die das 'apokalyptische' Werk vollstrecken, sondern die Bomben der Engländer.[122] Frankreich ist – wofür stellvertretend der syphilitische Protagonist in *Les Chiens de paille* steht – ob seiner Dekadenz nicht mehr zu jenem Akt des Opfers fähig, der eine dubiose Geschichte in eine nicht weniger dubiose Heilsgeschichte zu wenden vermag. Der selbsternannte Messias und Opferpriester Constant ist dem höheren Menschen Nietzsches nicht ebenbürtig; er ist auch nur ein "chien de paille". Die Vision Drieus vom vergeblichen Opfertod verwandelt 1943 die Perspektive des Faschismus in die einer einzigen Götterdämmerung: Die Heroen selbst gehen mit der Welt zugrunde.

Die Destruktion gewinnt für Drieu nur dann Sinn, wenn sie von der erhabenen Erfahrung des Opfers getragen ist. So verwirft er auch den Futurismus, welcher doch nur der veralteten Theorie des Fortschritts huldige. Dabei beansprucht Drieu – wenn man so will nach dem Vorbild Nietzsches – eine Neubesetzung der Begriffe. Für ihn bedeutet ein "éternel futurisme" nunmehr fortwährende und fortschreitende Zerstörung – ganz im Sinne der *Philosophie dans le Boudoir* des libertinen Marquis.

> L'orgueil des générations aboutissait au futurisme. Autre extravagance. Aboutissement de l'insensée théorie du progrès. La révolution permanente en fut un autre aspect. Il n'y a pas tant de différences entre certains aspects du dadaïsme, du bolchevisme et du fascisme. Marinetti et Trotski, l'ex-André Breton ou ce mince avorton qu'on appela Tristan Tzara. Autant de fantoches à mettre dans le même sac. Mais je dois dire pour ma décharge que ces mots que j'empruntais au vocabulaire du jour, je ne leur donnais pas la signification courante. J'y mettais, il me semble, plus d'étoffe. Je pensais qu'il y avait un éternel futurisme, dans ce sens que destruction et reniement des formes étaient inévitables et nécessaires (Drieu La Rochelle: 1964, 177)

---

122 *Les Chiens de paille* führt übrigens das Schema aus, das bereits am Schluss von *Gilles* evoziert wird und das Margarete Zimmermann wie folgt zusammenfasst: "Evokation des 'moment' – Abschied von der Welt – Apotheose des Opfertodes" (Zimmermann: 1970, 220f). Zimmermann unterstreicht auch den in *Les Chiens de paille* manifest gewordenen Rückzug aus der Geschichte (Zimmermann: 1970, 224).

III. Die Austreibung des Fortschritts aus dem Geiste der Wissenschaft

1. Fin de siècle – et après?
Eine antizipierende Rückschau

1.0. Prolegomena

> Nun glaubt kein Mensch mehr an diese absurde Wichtigthuerei: und wir haben unsere Weisheit durch ein Sieb der Verachtung geseiht. Trotzdem bleibt unerschüttert die optische *Gewöhnung*, einen Werth des Menschen in der Annäherung an einen *idealen Menschen* zu suchen: man hält im Grunde sowohl die *Verselbstungs-Perspektive* als die *Gleichberechtigung vor dem Ideal* aufrecht. In summa: *man glaubt zu* wissen, was, in Hinsicht auf den idealen Menschen, die *letzte Wünschbarkeit* ist... Dieser Glaube ist nur die Folge einer ungeheuren Verwöhnung durch das christliche Ideal: als welches man, bei jeder vorsichtigen Prüfung des "idealen Typus", sofort wieder herauszieht. Man glaubt, *erstens*, zu wissen, daß die Annäherung an Einen Typus wünschbar ist; *zweitens* zu wissen, welcher Art dieser Typus ist; drittens daß jede Abweichung von diesem Typus ein Rückgang, eine Hemmung, ein Kraft- und Machtverlust des Menschen ist... Zustände träumen, wo dieser *vollkommene Mensch* die ungeheure Zahlen-Majorität für sich hat: höher haben es auch die Socialisten, selbst die Herren Utilitarier nicht gebracht. – Damit scheint ein *Ziel* in die Entwicklung der Menschheit zu kommen: jedenfalls ist der Glaube an einen *Fortschritt zum Ideal* die einzige Form, in der eine Art Ziel in der Menschheits-Geschichte heute gedacht wird. In summa: man hat die Ankunft des *"Reichs Gottes"* verlegt, auf die Erde, in's Menschliche – aber man hat im Grunde den Glauben an das *alte* Ideal festgehalten... (Nietzsche: KSA 13, 88f).

Mit diesem im Winter 1887/1888 verfassten Fragment unternimmt Nietzsche in kondensierter Form eine Generalabrechnung mit seinem Jahrhundert und dem seit der Aufklärung weitgehend unverändert gebliebenen – und immerfort ideologisierten – Bild vom Menschen. Die "Verselbstungs-Perspektive", aus der dieses Jahrhundert den Menschen betrachtet, ist die des Bürgers, der das Individuum zum "idealen Menschen" erklärt. Aus dieser Perspektive heraus entwirft der Bürger seine Vorstellung von einem idealen Gemeinwesen: Das Individuum bleibt der unhintergehbare Bezugspunkt einer neuen, gerechten Gesellschaftsordnung – gleichgültig, ob diese nun bürgerlich-liberal oder sozialistisch gedacht wird. Das vom bürgerlichen Menschen hochgehaltene Individuum als unhintergehbaren Bezugspunkt voraussetzend trachtet der fortschrittsoptimistische Mensch danach, dieses Ideal aus seiner – begrenzten – Schau auf die Welt heraus zu realisieren: Dieser vermeintlich vollkommene Mensch soll in der neuen, besseren Gesellschaft die Mehrheit erhalten.

Nietzsche formuliert dagegen eine deutliche Absage an die von Philosophen der Aufklärung (z.B. Condorcet und Lessing) vertretene Überzeugung von einem zum vollkommenen Menschen führenden Fortschritt. Ebenso spottet

Nietzsche über jede Form der verzeitlichten 'Utopie', die sich an einem solchen Menschenbild orientiert und dieses mitsamt der neuen Gesellschaftsordnung zum Telos bzw. Eschaton der Geschichte erhebt. Das bürgerliche Verständnis von Mensch und Fortschritt – was auch heißt: von Geschichte – verankert Nietzsche im christlichen Ideal.

Nietzsches Polemik kann hier durchaus in einem ideologiekritischen Sinne gelesen werden: Indem nämlich der Bürger den vollkommenen Menschen und die vollkommene Gesellschaft in eine ebenso weite Ferne rückt wie das Christentum die Erlösung, gesteht er indirekt zu, dass die Vervollkommnung der Menschheit unter eben jenen historischen Voraussetzungen, auf denen dieser Gedanke beruht, nicht zu verwirklichen ist. Deutlicher kann eine Absage an alle politische Ideologie nicht ausgesprochen werden!

Zarathustras Narr warnt den von ihm als Meister Verehrten vor dem Betreten der "grossen Stadt". Angewidert von der Metropole und der Rede des ihm unterwürfig begegnenden Narren kehrt Zarathustra vor den Toren des Molochs um: "Mich ekelt auch dieser grossen Stadt und nicht nur dieses Narren. Hier und dort ist Nichts zu bessern, Nichts zu bösern" (Nietzsche: KSA 4, 224f). Die "grosse Stadt" ist der Ort des Menschlichen, Allzumenschlichen. Und an diesem gibt es nichts mehr zu verändern. Die Tiraden des Narren, der Zarathustra seine Verachtung der "grossen Stadt" entgegen schleudert, ist die Verachtung des Bürgers für das Bürgertum; die pathetische Rede des Narren, der sich doch eigentlich nur über den von ihm verurteilten Sumpf zu bestimmen vermag, ist Ausdruck eines halbherzigen Nihilismus, den Nietzsche ebenso verachtet wie die Stadt und den darin lebenden Bürger. Denn ein solcher halbherziger Nihilismus ist nichts weiter als ein "psychologischer Zustand", eine pathologische Befindlichkeit des Menschen im ausgehenden 19. Jahrhundert:

> Der *Nihilismus* als *psychologischer Zustand* wird eintreten müssen *erstens* wenn wir einen "Sinn" in allem Geschehen gesucht haben, der nicht darin ist: so daß der Sucher endlich den Muth verliert. Nihilismus ist das Bewußtwerden der langen *Vergeudung* von Kraft, die Qual des "Umsonst", die Unsicherheit, der Mangel an Gelegenheit, sich irgendwie zu erholen, irgendworüber noch zu beruhigen – die Scham vor sich selbst, als habe man allzulange *betrogen*... [...]. Der Nihilismus als psychologischer Zustand tritt *zweitens* ein, wenn man eine *Ganzheit*, eine *Systematisierung*, selbst eine *Organisirung* in allem Geschehn und unter allem Geschehn angesetzt hat: so daß in der Gesamtvorstellung einer höchsten Herrschafts- und Verwaltungsform die nach Bewunderung Verehrung durstige Seele schwelgt (– ist es die Seele eines Logikers, so genügt schon die absolute Folgerichtigkeit und Realdialektik, um mit allem zu versöhnen...) eine Art Einheit, irgend eine Form des "Monismus" [...]. Der Nihilismus als psychologischer Zustand hat noch eine *dritte* und *letzte* Form. Die zwei *Einsichten* gegeben, daß mit dem Werden nichts erzielt werden soll und daß unter allem Werden keine große Einheit waltet, in der der Einzelne völlig untertauchen darf, wie in einem Element höchsten Werthes: so bleibt als *Ausflucht* übrig, diese ganze Welt des Werdens als Täuschung zu verurtheilen und eine Welt zu erfinden, welche jenseits derselben liegt, als *wahre* Welt. [...] (Nietzsche: KSA 13, 46-48).

Der hier von Nietzsche angeprangerte "Nihilismus als psychologischer Zustand" meint eine ins Schizoide radikalisierte bürgerliche Befindlichkeit: Ein solchermaßen definierter Nihilist rettet sich in ein Weltbild, das er zum "Monismus" verabsolutiert, über das er seine Sicht in jene Welt hineinträgt, aus der heraus er selbst kommt – und deren Denken sein verstiegenes Ideal entspringt; ein solcher Nihilist ist nichts weiter als der ins Extreme getriebene Bürger. Nietzsches polemisches Denken kreist beständig um diese Aporie: Man ist in einer Befindlichkeit befangen, der eine bestimmte Form der Affektivität und des Denkens entspricht, einer Befindlichkeit, die zum *circulus vitiosus* wird, weil jeder Protest auf eben diese Befindlichkeit zurückverweist. Aus dem Zustand des Menschlich-Allzumenschlichen führt also kein Weg heraus: Weder ein höherer Mensch noch irgendein (echter) Fortschritt kann hier entstehen.

Nietzsches Denken ist von einem tiefen *anthropologischen Pessimismus* geprägt. Nur in der "Überwindung" des Menschen kann ein höherer Mensch, kann der "Übermensch" entstehen, nicht aber über die Entwicklung der Menschheit. Erst aus dieser *anthropologischen Position* heraus ist die Welt als auf den Menschen hin ausgerichtete zu denken, wandeln sich die Affekte in echte, höhere Werte, wird der Nihilismus zu einem "vollkommenen Nihilismus":

> Der vollkommene Nihilismus
> seine Symptome: die große Verachtung
>   das große Mitleid
>   die große Zerstörung
> sein Culminations-Punkt: eine Lehre, welche gerade das Leben, das Ekel, Mitleid und die Lust zur Zerstörung rege macht, als absolut und ewig lehrt (Nietzsche: KSA 13, 70f).

Der "vollkommene Nihilismus" ist eine Lehre, welche die Affektivität, unter der die Menschen zu leiden haben, die ihr Handeln hemmt, in eine heroische Form der Lust verwandelt. Die Zerstörung, die Katastrophe, ist damit nicht mehr als einmaliger Akt der Befreiung von den Bedingungen des Leidensdrucks zu verstehen, sondern als dessen Wendung ins Positive. Zerstörung ist eine unablässige Aufgabe einer niemals zur Befriedigung gelangenden Lust. "Die Lust tritt auf, wo Gefühl der Macht". Zerstörung meint im *vollkommenen Nihilismus* einen metaphysischen Akt und nicht etwa ausschließlich physische Vernichtung – eine solche wäre primär Ausdruck eines bürgerlichen Nihilismus der Revolte mit pathologischem Gepräge.

Im Kontext eines *vollkommenen Nihilismus* wandelt sich der Begriff "Fortschritt"; er erscheint nunmehr als eine Form der Steigerung von Intensität: "Der Fortschritt: die Verstärkung des Typus, die Fähigkeit zum großen Wollen" (Nietzsche: KSA 13, 254). Der Lust entspricht der Wille zur Macht, der nicht mit dem bloßen Trieb verwechselt werden darf, dem eine mit der menschlich-allzumenschlichen Affektivität verknüpfte schale Lüsternheit zuzuordnen ist.[123] Der Wille zur Macht zeichnet den höheren Menschen aus. Und nichts von dieser Lust ist in der destruktiven 'Genüsslichkeit' des vom "psychologischen Nihilismus" befallenen Menschen zu finden. Die permanente Katastrophe ist die Negation einer Apokalyptik, die im einmaligen Vorgang der Zerstörung das notwendige Moment auf dem heilsgeschichtlich vorgezeichneten Weg der Erlösung sieht.

Nietzsches Denken bewegt sich unablässig um die Kritik an einem dem aufklärerischen Ideal verpflichteten Optimismus, dessen Fortschrittsbegriff der "Fähigkeit zum großen Wollen" entgegenstehe. "Fortschritt" im bürgerlich-aufklärerischen Sinne ist für ihn eine Chimäre, die das Denken und Wollen lähmt. So heißt es in einem mit "Der Übermensch" überschriebenen Fragment:

> Die Menschheit stellt *nicht* eine Entwicklung zum Besseren; zum Stärkeren; oder Höheren dar; in dem Sinn, in dem es heute geglaubt wird: der Europäer des 19. Jahrhunderts ist, in seinem Werthe, bei weitem unter dem Europäer der Renaissance; Fortentwicklung ist schlechterdings nicht mit irgend welcher Notwendigkeit Erhöhung, Steigerung, Verstärkung... (Nietzsche: KSA 13, 191).

Den Menschen sieht Nietzsche in einem unablässigen Ringen mit den beiden einander widerstreitenden Tendenzen, die allen Lebensprozessen eingeschrieben sind: das Streben nach Höherem und der Zerfall. Diese Tendenzen finden am Menschen, der sie erleidet und auch fortwährend hervorbringt, zu keinem Ausgleich; sie bestimmen ihn und entfremden ihn zugleich sich selbst; sie kennen daher auch keinen linearen Verlauf; sie zeitigen keine kontinuierliche Entwicklung. Dem Streben nach Höherem wirkt immerzu der Niedergang, der Zerfall, die Dekadenz, entgegen – und umgekehrt. Keine der beiden Tendenzen ist ohne die andere denkbar. Sie verweigern sich einer anthropologischen Synthese, an der *das* Bild vom Menschen aufscheinen könnte. Nietzsches Denken bedeutet die Negation *ante rem* einer philosophischen Anthropologie, die ihm dennoch viel zu verdanken haben wird.

Nietzsches *anthropologischer Pessimismus* wird keineswegs ausschließlich vom Gedanken einer Menschheitsdämmerung beherrscht: Seine Vorstellung von *décadence* ist in zyklisch zu denkenden historischen Prozessen eingebunden, die, den jeweiligen Bedingungen entsprechend, unterschiedliche Menschen hervorbringen können. Geschichte heißt daher auch nicht: die eine Menschheitsgeschichte. Vielmehr sind die historischen Prozesse ebenso vielfältig wie die Menschheit:

> Sie ist kein Ganzes, die Menschheit: sie ist eine unlösbare Vielheit von aufsteigenden und niedersteigenden Lebensprozessen – sie hat nicht eine Jugend und darauf eine Reife und endlich ein Alter. Nämlich die Schichten liegen durchein-

---

123 Der Begriff "Wille" in der Schopenhauerschen Prägung dagegen diente Freud als ein Vorbild für seine Triebtheorie (Freud XII: 1999, 12). Jung erkennt hier eine Parallele zu seiner Libido-Theorie (Carl Gustav Jung: Wandlungen und Symbole der Libido. Beiträge zur Entwicklungsgeschichte des Denkens [Erstv. 1912] (München 1991) 174f). Bei Schopenhauer kann man auch in gewissem Sinne eine Vorwegnahme des Freudschen Verständnisses von Kunst als Sublimierung finden (Schopenhauer I.2: 1977, 265-267).

ander und übereinander – und in einigen Jahrtausenden kann es immer noch jüngere Typen Mensch geben, als wir sie heute nachweisen können. Die décadence andrerseits gehört zu allen Epochen der Menschheit: überall giebt es Auswurf- und Verfall-Stoffe, es ist ein Lebensprozeß selbst, das Ausscheiden der Niedergangs- und Abfalls-Gebilde (Nietzsche: KSA 13, 87).

Nicht dem Leben als solchem ist das Ende eingeschrieben, sondern den jeweiligen Lebensprozessen. Aus Nietzsches Denken ergibt sich eine Ablehnung sowohl eines apokalyptischen Pathos als auch – *ante rem* – der bänglich-lustvollen Hingabe an eine *décadence*, wie sie für die *Fin-de-siècle*-Stimmung prägend sein wird. Eine klare Absage an alle Regression ist seine vor allem im *Zarathustra* entwickelte Lehre von der "Ewigen Wiederkehr des Gleichen": Gemeint ist hier keineswegs die passive Hingabe an archetypische Konstellationen. Nietzsches "Ewige Wiederkehr des Gleichen" meint eine grauenhafte, alle Geschichtlichkeit überschreitende Erfahrung, die nur der höhere Mensch ertragen könne. Es sei hier aus Heideggers schon verbindlich zu nennender Lektüre des Gleichnisses zitiert, und zwar aus einer Passage, in der er die Haltung des Zwerges im *Zarathustra* erläutert, jener minderwertigen Kreatur, die verschwand, bevor ihr der Gedanke von der "Ewigen Wiederkehr" offenbar wurde:

> Der Zwerg erfuhr nichts davon, daß, den Ring der Ringe wirklich wissen, gerade heißt: zuvor und ständig jenes Schwarze und Gräßliche überwinden, was sich in der Lehre ausspricht: daß, wenn alles sich im Kreise dreht, nichts sich lohnt; daß sich aus der Lehre dann nur der Überdruß ergibt und schließlich das Nein zum Leben (Heidegger: 1989, 255).

Diesen Überdruss auf sich nehmen kann nur der "höhere Mensch", während die gewöhnlichen Menschen unablässig nach dem Sinn fragen: Von der Einsicht in die "Ewige Wiederkehr des Gleichen" wenden sie sich ängstlich ab – oder sie wird ihnen zum Gegenstand der reinen Schau (vgl. Heidegger: 1989, 309f).

1.1. Dualistisches Denken und anthropologischer Pessimismus: Anmerkung zu Nietzsche und Freud

Was das Denken Freuds mit dem Nietzsches verbindet, ist der tief greifende *anthropologische Pessimismus*. Es sei daran erinnert, dass die von Condorcet in der *Esquisse d'un tableau historique du genre humain* entwickelte Fortschrittsidee noch von einem quasi-eschatologischen Telos ausging: "le perfectionnement réel de l'homme"; es sei aber auch daran erinnert, dass Condorcets mit seiner "art social" genannten, auf wissenschaftlicher Analyse beruhenden Sozialtechnik durchaus die Unzulänglichkeit der menschlichen Natur in Betracht zog und daher die Eindämmung des Egoismus durch Gesetze sowie die Herausbildung einer Elite des Geistes forderte. Ungeachtet eines vor allem im

Fragment sur l'Atlantide angeschlagenen skeptischeren Tons, was das Wesen des Menschen betrifft, hielt Condorcet aber an seiner Vorstellung von einer fortschreitenden Entwicklung des Menschengeschlechts hin zu einem Besseren, wenn nicht absolut Guten, fest. Nietzsches *anthropologischer Pessimismus* führte dagegen zum *Topos von der Überwindung des Menschen*, wonach erst von der *anthropologischen Position* des "Übermenschen" her der Mensch als beherrschender Mittelpunkt der seine Beziehung zur Welt bestimmenden Affekte gedacht werden kann; erst dann erscheint die Welt selbst über und durch den Menschen definiert. Wohlgemerkt: Diese Position setzt die Überwindung voraus und ist keineswegs als entwicklungsgeschichtliches Telos oder Eschaton der menschlichen Spezies eingeschrieben.

In seiner frühen ästhetischen Schrift *Die Geburt der Tragödie* spricht Nietzsche von zwei einander widerstrebenden "Kunsttrieben", verkörpert durch die beiden Kunstgottheiten Dionysos und Apollo. Dieser ist dem Traum und dem Schein zugeordnet, repräsentiert also die bildnerischen Künste, während jener – den "Kunstzuständen der Natur" zugewandt, mit der er in orgiastischer Vereinigung aufzugehen sucht – in der Musik seinen Ausdruck findet. Im Rausch des dionysischen Zustandes reiße der Mensch alle Schranken nieder, vergesse alles Vergangene. Die dionysische Hingabe an den Rausch sei von einer zerstörerischen Gewalt: "Das Individuum, mit allen seinen Grenzen und Maassen ging hier in der Selbstvergessenheit der dionysischen Zustände unter und vergaß die apollinischen Satzungen" (Nietzsche: KSA 1, 47). Hier tritt die eigentliche Aufgabe des Apollinischen zum Vorschein: Es wehre das destruktive Potential des Dionysischen ab, in dem einzig der Wille herrsche. Die beiden einander widerstrebenden Triebe fänden allerdings nur in "apollinischen" Werken zu einer Versöhnung. Eine solche Versöhnung sei bisher in höchster Vollendung nur in den von der hellenistischen Kultur hervorgebrachten Werken erreicht worden, die das Apollinische schließlich zum "Depotenzieren des Scheins zum Schein" (Nietzsche: KSA 1, 35) fortgetrieben hätten, weil bisher der Grieche allein sich dem vollen Grausen des Daseins gestellt habe, weil er allein im Rausch wahrhaftiger Dionysosfeiern aufgegangen sei. Und im Apollinischen sei auch das *principium individuationis* beheimatet! Dieses gerät aber bei Nietzsche zwangsläufig zum ästhetischen Konstrukt. Das Apollinische bei Nietzsche meint eine Form, dem Absurden – das sich beim heraustreten aus dem Rauschzustand des Dionysischen auftut – zu begegnen, Kontingenz zu bewältigen, "denn nur als aesthetisches Phänomen ist das Dasein auf ewig gerechtfertigt" (Nietzsche: KSA 1, 47).

An dieser Stelle sei das Referieren von Nietzsches Ästhetik abgebrochen, denn nur auf einen Punkt kommt es für die weitere Argumentation an: Nietzsche vertritt hier konsequent eine dualistische Auffassung, welche die Kultur – wenn auch nur als Schein – zum Bollwerk gegen einen destruktiven Trieb erhebt, nämlich der Tendenz zur Hingabe an den orgiastischen Rausch. Nun ist Nietzsches Theorie einzig in der Sphäre des Ästhetischen angesiedelt, dennoch kündet sie von einer Konstante im Denken des ausgehenden 19. und beginnenden 20. Jahrhunderts, das sich definitiv vom Ideal des Fortschritts einer zu immer höherer Perfektion strebenden Menschheit verabschieden und nunmehr die Gegenbewegung, die Dekadenz in sich aufnehmen wird. Ein solches Denken stützt sich nicht nur auf die Erkenntnisse der Naturwissenschaft, sondern es führt sich als Methode in dieselbe ein. Insbesondere zu einer wechselseitigen Beeinflussung von Natur- und Kulturwissenschaft kommt es im Gefolge der psychoanalytischen Kulturtheorie Freuds. Noch weitaus deutlicher als bei Nietzsche ist bei ihm das dualistische Denken zu erkennen, durch das sich jeder Gedanke an eine innere Gesetzmäßigkeit im Sinne einer nach Höherem strebenden Kraft, einer historischen Entwicklung in Richtung auf "la destruction de l'inégalité entre les nations; les progrès de l'égalité dans un même peuple; enfin, le perfectionnement de l'homme" (Condorcet: 1988, 265f.) als Chimäre erweist.[124]

Konsequent dualistisch argumentiert Freud in *Jenseits des Lustprinzips*, wobei er zwei für die Kulturtheorie wichtige Begriffspaare vorstellt:

(1) Das Seelenleben des Menschen vergleicht er mit einem Apparat, dessen Aufgabe darin bestehe, "die in ihm vorhandene Quantität von Erregungen möglichst niedrig oder wenigstens konstant zu halten" (Freud XIII: 1999a, 5). Komme es zu einer erheblichen Steigerung der Erregungsquantität, dann entstehe Unlustempfinden. Daraus resultiere, dass der Mensch in seinen Seelenvorgängen zwar nach endlicher Lustgewinnung strebe, aber keinesfalls der Herrschaft des *Lustprinzips* unterworfen sei, weil die reine Herrschaft des *Lustprinzips* ein Ansteigen der Erregungsquantität bedeuten würde, welche ihrerseits Unlustempfinden auslöse (Der Vergleich mit dem Dionysischen bei Nietzsche drängt sich hier förmlich auf). Von daher setzt Freud eine notwendige Hemmung des *Lustprinzips* voraus, die er das *Realitätsprinzip* nennt:

> Unter dem Einflusse der Selbsterhaltungstriebe des Ichs wird es [Lustprinzip] vom *Realitätsprinzip* abgelöst, welches, ohne die Absicht endlicher Lustgewinnung aufzugeben, doch den Aufschub der Befriedigung, den Verzicht auf mancherlei Möglichkeiten einer solchen und die zeitweilige Duldung der Unlust auf dem langen Umwege zur Lust fordert und durchsetzt (Freud XIII: 1999a, 6).

(2) Von seinen Beobachtungen zu Phänomenen des Wiederholungszwangs konstatiert Freud die *"konservative* Natur des Lebenden": *"Ein Trieb wäre also ein dem belebten Organischen innewohnender Drang zur Wiederherstellung eines früheren Zustandes [...]"* (Freud XIII: 1999a, 38). Zusammen mit der Feststellung, dass das Unorganische dem Organischen, das Leblose dem Lebenden vorausgeht, leitet Freud daraus die Hypothese eines *Todestriebs* ab: *"Das Ziel alles Lebens ist der Tod"* (Freud XIII: 1999a, 40). Dem wirke der

---

124 In dem von einem trüben (bürgerlichen) Nietzscheanismus inspirierten Faschismus wandelt sich dieser *anthropologische Pessimismus* zum *anthropologischen Nihilismus* (Benjamin über Céline), der schließlich in der Praxis der Barbarei zum Instrument eines Reinheitswahns wird, der aus dem unzulänglichen Menschen das "Herrenmensch" genannte anthropologische Surrogat herausdestilliert, mit dem die Zivilisation schließlich ihr Negat gebiert.

Eros (*Lebenstrieb*) entgegen, dessen Bestreben es sei, "das Organische zu immer größeren Einheiten zusammenzufassen" (Freud XIII: 1999, 45). In mehrzelligen Lebewesen komme es dazu, dass – vermittelt über die Muskulatur – sich der *Todestrieb* nach außen ableite und sich teilweise "als *Destruktionstrieb* gegen die Außenwelt und andere Lebewesen" äußere (Freud XIII: 1999a, 269).

Auf seine Darstellung der beiden gegenläufigen Triebe, des Eros und des Todestriebs, lässt Freud in *Das Ich und das Es* den Gedanken folgen, der für alle dualistischen Wissenschaftskonzeptionen seit dem ausgehenden 19. Jahrhundert als verbindlich gelten kann:

> Die Entstehung des Lebens wäre also die Ursache des Weiterlebens und gleichzeitig auch des Strebens nach dem Tode, das Leben selbst ein Kampf und Kompromiß zwischen diesen beiden Strebungen. Die Frage nach der Herkunft des Lebens bliebe eine kosmologische, die nach Zweck und Absicht des Lebens wäre *dualistisch* beantwortet (Freud: XIII: 1999c, 269).

Aus dem dualistischen Ansatz, der mit dem Anspruch auf universale Gültigkeit auftritt, ergibt sich für das Geschichtsdenken folgende Konsequenz: Der Dualismus zweier einander widerstreitender Prinzipien negiert die einseitige Ausrichtung auf einen Prozess des Fortschreitens. Von Fortschritt ist allenfalls im Zusammenhang mit dem Streben des Eros nach komplexeren Strukturen zu sprechen, was aber nicht verwechselt werden darf mit einer tatsächlichen qualitativen Verbesserung. Von besonderer Bedeutung ist dabei, dass sich der von Freud ausgesprochene Gedanke auf den Gang des Lebens schlechthin bezieht und von daher, überträgt man ihn wieder auf die Geschichte, die Idee nahe legt, dass auch ein historischer Prozess zwangsläufig auf den Niedergang hin ausgerichtet ist, dass also die beiden von Freud genannten Prinzipien keineswegs über einen – um es etwas pathetisch auszudrücken – gleich langen Atem verfügen, sondern letztlich immer der Primat des Todestriebs gilt.

Seinen *anthropologischen Pessimismus* artikuliert Freud in *Die Zukunft einer Illusion*, wobei er besonders hervorhebt, dass mit Fortschritt in Kultur und Zivilisation (zwei Begriffe, die er nicht voneinander getrennt verstehen will) keine Änderung des menschlichen Wesens einhergehe, eines Wesens, das gerade diese von ihm geschaffene Kultur jederzeit wieder in ihr Negat umschlagen lassen könne, weshalb auch letztlich keine Prognose auf ihre Zukunft möglich sei; die Grundlage einer Kultur bedeute immer Triebverzicht. Fügte man sich widerstandslos dem Drängen der Triebe nach ungehemmter Befriedigung, dann hieße dies das Ende von Kultur:

> Während die Menschheit in der Beherrschung der Natur ständige Fortschritte gemacht hat und noch größere erwarten darf, ist ein ähnlicher Fortschritt in der Regelung der menschlichen Angelegenheiten nicht sicher festzustellen, und wahrscheinlich zu jeder Zeit, wie auch jetzt wieder, haben sich viele Menschen gefragt, ob denn dieses Stück des Kulturerwerbs überhaupt der Verteidigung wert ist. Man sollte meinen, es müßte eine Neuregelung der menschlichen Beziehungen möglich sein, welche die Quellen der Unzufriedenheit mit der Kultur versa-

gen macht, indem sie auf den Zwang und die Triebunterdrückung verzichtet, so daß die Menschen sich ungestört dem Genuß derselben hingeben könnten. Das wäre das goldene Zeitalter, allein es fragt sich, ob ein solcher Zustand zu verwirklichen ist. Es scheint vielmehr, daß sich jede Kultur auf Zwang und Triebverzicht aufbauen muß; es scheint nicht einmal gesichert, daß beim Aufhören des Zwangs die Mehrzahl der menschlichen Individuen bereit sein wird, die Arbeitsleistung auf sich zu nehmen, deren es zur Gewinnung neuer Lebensgüter bedarf. Man hat, meine ich, mit der Tatsache zu rechnen, daß bei allen Menschen destruktive, also antisoziale und antikulturelle Tendenzen vorhanden sind und daß diese bei einer großen Anzahl von Personen stark genug sind, um ihr Verhalten in der menschlichen Gesellschaft zu bestimmen (Freud XIV: 1999, 327f).

Die Passage ist zunächst aussagekräftig für das Fortschrittsverständnis Freuds: Es ist rein auf die *technè* bezogen, nämlich auf die Beherrschung der Natur; die Möglichkeiten zu Fortschritten – und hierin befindet sich der Naturwissenschaftler und Begründer der Psychoanalyse in Übereinstimmung mit dem seit dem ausgehenden 19. Jahrhundert verbreiteten Fortschrittsverständnis – sind in den Bereichen Technik und Naturwissenschaft unendlich, folgen aber immer den Erfordernissen der jeweiligen Partialgebiete. Deshalb meidet Freud den Kollektivsingular "Fortschritt". Ein anthropologisches Fortschrittsverständnis im Sinne der aufklärerischen *perfectibilité* ("Fortschritt in der Regelung der menschlichen Angelegenheiten") wird von seiner Kulturtheorie definitiv liquidiert, die das destruktive Prinzip immer mit einschließt.

Freuds These hat damit eine weit reichende Konsequenz: Ohne die Annahme eines dualistischen Prinzips ist überhaupt keine Kultur denkbar, d.h. das Entstehen von Kultur setzt immer voraus, wovor sie den Menschen schützt. Dass für Freud das Zusammenwirken von Trieb und Triebverzicht bzw. Zwang für das Entstehen und den Erhalt von Zivilisation unabdingbar ist, gründet in seiner Theorie der Sublimierung. Der Mensch zeichne sich gegenüber dem Tier dadurch aus, dass er über die Fähigkeit verfüge, "das ursprüngliche sexuelle Ziel gegen ein anderes, nicht mehr sexuelles, aber psychisch mit ihm verwandtes, zu vertauschen, die Fähigkeit zur *Sublimierung*" (Freud VII: 1999, 150). Bereits Nietzsche sprach von "sublimirter Geschlechtlichkeit" und meinte damit das Umlenken des Geschlechtstriebes auf eine in Agape sich ergebende Liebe.[125] Der ursprünglich aus der Alchemie stammende Begriff "Sublimierung", in dem sowohl die chemische Bedeutung des Übergangs eines Gases in einen festen Zustand als auch die ästhetische im Sinne von "sublim" mitgedacht ist, steht bei Freud für die Umwandlung quasi eines Surplus an

---

125 "Es ist in dem Wort Liebe etwas so Vieldeutiges, Anregendes, zur Erinnerung, zur Hoffnung Sprechendes, dass auch die niedrigste Intelligenz und das kälteste Herz noch Etwas von dem Schimmer dieses Wortes fühlt. Das klügste Weib und der gemeinste Mann denken dabei an die verhältnissmässig uneigennützigsten Augenblicke ihres gesamten Lebens, selbst wenn Eros nur einen niedrigen Flug bei ihnen genommen hat; und jene Zahllosen, welche die Liebe *vermissen*, von Seiten der Eltern, Kinder oder Geliebten, namentlich aber die Menschen der sublimirten Geschlechtlichkeit, haben im Christentum ihren Fund gemacht" (Nietzsche II: 1988, 414f).

vom Körper gelieferter Sexualerregung, an Sexualerregung, die für die Fortpflanzung untauglich sei: "Die für die Kulturarbeit verwertbaren Kräfte werden so zum großen Teile durch die Unterdrückung der so genannten *perversen* Anteile der Sexualerregung gewonnen" (Freud VII: 1999, 151). Womit Freud noch einmal das Paradox der psychoanalytischen Zivilisationstheorie bekräftigt: Jeder Prozess der Zivilisation setzt das fortwährende Wirken jener Kräfte voraus, die dem Bestand von Zivilisation entgegenwirken.[126]

---

126 Diese Auffassung Freuds, wonach alle Kultur auf der abgelenkten Libido beruhe, hat mannigfachen Widerspruch hervorgerufen. Scheler bezweifelt die Gültigkeit der Freudschen Annahme von einem Todestrieb, wonach die Ursehnsucht allen Lebens der Weg zurück ins Anorganische sei. Scheler betrachtet diesen Teil der Metapsychologie als eine "negative Theorie des Geistes". Eine solche Theorie setze den Geist jedoch voraus und übersehe, dass es gerade der Geist sei, der die Triebverdrängung einleite. Die *Lenkung* der Triebe ist demnach also eine Leistung des Geistes, die Ausführung eines *geistgesetzten Willenprojekts*: "Was aber der Geist nicht vermag, ist dies: selbst irgendwelche Triebregungen *erzeugen* oder aufheben, vergrößern oder verkleinern. Er mag nur je verschiedene Triebgestalten hervorzurufen, die eben den Organismus handelnd vollziehen lassen, was er, der Geist, 'will'. Aber nicht nur diese durch Vorstellungsregulation vermittelte, vom Geist ausgehende Triebregulation – auch das Endziel ist wieder etwas Positives: die Macht- und Tätigkeitsgewinnung des Geistes, das innere Freier- und Selbständigerwerden, sagen wir kurz: die *Verlebendigung des Geistes*. Das allein verdient rechtmäßig '*Sublimierung*' des Lebens zum Geiste genannt zu werden – nicht aber ein mystischer Vorgang, der den Geist aus der Triebverdrängung entspringen lassen und neue geistige Qualitäten schaffen soll" (Scheler IX: 1976 49f). Das Wollen dürfe sich nicht auf die Abwehr des Schlechten und das Negieren von Trieben beschränken, sondern müsse höhere Werte intendieren und mit aller Macht auf ihre Verwirklichung hinwirken, um auf diesem Weg die verderblichen Neigungen *indirekt* zu überwinden: "Unter diesen Begriff der Sublimierung gebracht, stellt die Menschwerdung [...] die uns bekannte *höchste Sublimierung* – und zugleich die *innigste Einigung aller Wesensregionen der Natur* dar" (Scheler IX: 1976, 54). So will auch Scheler in seiner phänomenologischen Studie über die Emotionen nicht akzeptieren, dass man das Leben und die Gleichnisrede der Heiligen als bloße Sublimierung des Geschlechtstriebs abfertigt (Scheler VIII: 1973, 183). Doch Scheler lässt hier den Umstand außen vor, dass das Christentum und insbesondere die Kirche das Heilige gerade über eine repressive Sexualmoral definieren. Wichtig ist indes folgende Konsequenz: Scheler verwandelt über seine idealistische Konzeption der "Sublimierung" den anthropologischen Index der Freudschen Metapsychologie in ein anthropologisches Faktum. Wie Scheler versteht auch Bachelard die Sublimierung nicht ausschließlich als das Negieren von Trieben: "La sublimation n'est pas toujours la négation d'un désir; elle ne se présente pas toujours comme une sublimation *contre* les instincts. Elle peut être une sublimation *pour* un idéal" (Bachelard 1942, 34f). Bachelard beruft sich ausdrücklich auf Scheler, wenn er sein Konzept einer "sublimation dialectique" der "sublimation continue" Freuds gegenüberstellt. Jene gründe in der über die "connaissance objective" gewonnenen Annahme, dass die Verdrängung eine normale, lustvolle und nützliche Aktivität sei. Aus diesem Grund schlägt Bachelard vor, dem Angenehmen den Vorrang vor dem Nützlichen einzuräumen: "A notre avis, la cure vraiment anagogique ne revient pas à libérer les tendances refoulées, mais à substituer au refoulement inconscient un refoulement conscient, une volonté constante de redressement" (Bachelard: 1986, 164f). Eine Widerlegung Freuds? Weit gefehlt! Bachelard leugnet keineswegs den von Freud als Voraussetzung aller Kultur genannten Triebverzicht bzw. Zwang; vielmehr propagiert er, diesen über die Einsicht in seine Notwendigkeit lustvoll zu akzeptieren. Hier finden Freud und Nietzsches Rede vom "höheren Menschen" zusammen. Damit nähert sich Bachelard aber auch dem 'Freiheitsverständnis' reaktionärer Ideologen wie Spengler und Eliade an, die Freiheit als das luzide Erfüllen des vom Schicksal Bestimmten definieren. Die "Lust" der "sublimation dialectique" ("sublimation sophistique"

Auf eigenwillige Weise greift Hermann Broch die Freudschen Hypothesen zur Zivilisation auf. Trotz der Erfahrung mit den nationalsozialistischen Gräueltaten, hält Broch noch an der messianischen Hoffnung und an einem – wenn auch relativen und brüchigen – Fortschritt fest, wobei er die Vorstellung der Sublimierung von Trieben um einen bemerkenswerten Aspekt erweitert. Für ihn zeichnet sich der Mensch durch zwei Bestrebungen aus: Zum einen neige er aus einer natürlichen Trägheit heraus zum Hindämmern in einer von Instinkten geleiteten (quasi-) animalischen Existenz, zum anderen sei seiner Natur das ethische Ringen um Triebsublimierung eigen. Indem Broch die Sublimierung als kulturelle Entwicklungsstufe begreift, zeigt er auf, dass der Mensch, einer natürlichen Trägheit folgend, *immer* dem Hindämmern zustrebe: Auch auf einem höheren "Sublimierungsniveau" – einer höheren Zivilisationsstufe – tendiere er wieder dahin, in einen solchen Dämmerzustand zurückzufallen und sich nunmehr in blinder Akzeptanz den vorgegebenen Bedingungen zu unterwerfen, d.h. auf das seiner Spezies eigene (ethische) Streben nach Sublimierung zu verzichten:

> Gewiß, der Mensch bleibt trotzdem Mensch (nur im rohesten physischen Kampf wird er wieder völlig zum Tier) und sogar sein Triebleben bleibt in weiten Partien spezifisch menschlich, nämlich insoweit, als es "sublimierbar" ist, indes, eben in dieser Sublimierbarkeit setzt die nebelartige, trotzdem tiefgreifende Auflösungsarbeit des Hindämmerns an, als könnte, gleichsam die Schöpfung umkehrend, nochmals die Grenze zwischen Mensch und Tier verwischt werden. Die ganze menschliche Geschichte ist ein fortlaufendes Ringen um Triebsublimierung, ja, wenn überhaupt von Fortschritt in der Geschichte gesprochen werden darf, so liegt dieser nicht so sehr in der Bändigung der äußern als in der Bändigung der inneren Natur, liegt er in den Sublimierungsbemühungen, kraft welcher das Individuum die Kontrolle über seine eigenen Triebe zu gewinnen trachtet, sie diszipliniert und ihre Befriedigung ins Erkenntnismäßige, ins Produktive und Soziale verlagert, um damit nicht nur sie, sondern auch sich selber aus der tierischen Anonymität herauszuholen (Broch XII: 1979, 234).

---

wäre wohl der zutreffendere Begriff) erweist sich letztlich als Lust am abgeleiteten Triebziel. Bachelard erhebt den Anspruch, seine "connaissance objective" führe auf natürlichem Wege an die Regeln der Moral hin. Seine "Psychoanalyse" weist dem Kleinbürgertum den Weg: "Mais combien cette jouissance est plus forte quand la connaissance objective du *subjectif*, quand nous découvrons dans notre propre cœur l'universel humain, quand l'étude de nous-mêmes étant loyalement psychanalysée, nous intégrons même les règles morales dans les lois psychologiques! Alors le feu qui nous brûlait, soudain, nous éclaire. La passion rencontrée devient la passion voulue. L'amour devient famille. Le feu devient foyer" (Bachelard: 1986: 165). Die Ansicht Bachelards von einer psychoanalytischen Aufklärungsarbeit steht dem Ansatz H. Marcuses diametral entgegen, der – nach einem "Jenseits des Realitätsprinzips" forschend – notiert: "Freuds Auffassung von Glück und Freiheit ist eminent kritisch, insofern sie materialistisch ist, sie protestiert gegen die Vergeistigung der Not" (Marcuse: 1987, 268). Bei allen Versuchen, Freud für eine Philosophie der Befreiung heranzuziehen, sollte jedoch nicht vergessen werden, dass der Wiener Arzt durch und durch Bourgeois war. Außerdem zeigt die therapeutische Praxis der Analyse, dass es hierbei vorrangig um die Stärkung des solipsistischen Individuums geht, das lernen soll, in einer Konkurrenzgesellschaft Hemmungen abzulegen und möglichst erfolgreich seine Mitmenschen zu verbrauchen.

Erst über einen ethisch motivierten Prozess der Sublimierung wird für Broch der Mensch zum wirklichen *zoon politicon*: Die Kultur enthebt ihn der Anonymität, der Vereinzelung. Besondere Aufmerksamkeit jedoch verdient in Brochs Theorie die Bemerkung "als könnte [...] die Grenze zwischen Mensch und Tier verwischt werden": Damit gibt er eine plausible Erklärung dafür, warum gerade eine Gesellschaft von hohem kulturellen Niveau der schlimmsten Barbarei verfallen und das "apokalyptisch Unbegreifliche" hervorbringen kann (Broch XII: 1979, 134). Unter Auslassung des Schlüsselbegriffs "Panik" (vgl. hierzu Kuhnle: 1999a; vgl. Freud XIII: 1999, 71-161) in Brochs *Massenwahntheorie*, sei dieser Gedanke wie folgt erläutert und fortgesponnen: Auf einem höheren Sublimierungsniveau angelangt, hat der Mensch die natürliche, für den Erhalt seiner Spezies unabdingbaren, instinktmäßig gegebenen Grenzen seiner Aggressivität abgestreift bzw. erst gar nicht erworben, da er eben über die Sublimierung erst zu einem sozialen Wesen wird. Entledigt sich der Mensch aber auf dem Weg hin zu einem höheren Sublimierungsniveau der zum Erhalt einer Spezies notwendigen natürlichen Beschränkungen von Destruktivität, wie etwa 'Beißhemmung' oder 'Rudelverhalten', so kann sein Aggressionspotential sich zusehends ungezügelt entfalten. Oder um dies auf eine vereinfachte Formel zu bringen: Je weiter sich die menschliche Kultur über das Tier erhebt, desto größer ist die Gefahr des Umschlagens in die tiefste Barbarei, für welche die Bezeichnung "animalisch" zur regelrechten Verniedlichung wird. Das ästhetische Pendant eines solchen Umschlagens ist für Broch der Kitsch, der das "Böse im Wertsystem der Kunst" verkörpere und der für den ihm verfallenen, nach rascher Befriedigung am Objekt heischenden Menschen, fortwährend nach Effekten von ständig steigender Intensität dränge – bis hin zur 'ästhetischen' Inszenierung eines barbarischen Gesamtkunstwerks in der realen Vernichtung von Menschenwerk und Menschenleben: Der von Nero gelegte Brand von Rom! (vgl. Broch IX.2: 1975, 154).[127]

---

127 Seine ethischen Bestimmung des Kitsches als das "Böse im Wertsystem der Kunst" (vgl. die zusammenfassende Darstellung in Kuhnle: 1994) meint letztlich, dass die Umlenkung der *aisthesis* auf eine direkte Triebbefriedigung genau die Sphäre zerstört, in der die ästhetische Erfahrung beheimatet ist – sprich: die Kultur. Brochs Argument wird durch die Analyse der regressiven Identifikation in der Lyrik bei Jauß unterstützt. Dieser verweist darauf, dass gerade in der Lyrik die Identifikation nicht personen-, sondern situationsbezogen sei: "Die ästhetische Sublimierung läge dann in der Bewegung, in der das aufnehmende Subjekt über seine emotionale Identifikation mit der konkreten, oft okkasionellen Situation zum genießenden Erkennen jener 'universalen Analogie' erhebt, die das lyrische Ich als Sinn seiner Erfahrung aufscheinen läßt. Die ästhetische Regression setzte mit der Vereinseitigung des Schwebezustands der lyrischen Erfahrung ein: sie kann gleichermaßen in ein Zuwenig an Distanz umkippen und das aufnehmende Ich sein Genügen in einem sentimentalischen Selbstgenuß finden lassen, bei dem die Erfahrung am andern nurmehr Auslöserfunktion hat" (Jauß: 1991, 257f; vgl. Freud: 1999b). Was Jauß hier am Beispiel des Umschlagens vom ästhetischen Genuss an der Lyrik ins Sentimentalische bzw. Kitschige durchexerziert, kann mit Broch als die Darstellung *in effigie* des Umschlagens von Kultur in Barbarei gedeutet werden: Im Quidproquo von ästhetischem Genuss und sentimentalischem Selbstgenuss erscheint das Individuum als ein solipsistisches, nunmehr alle Schranken hinter sich lassendes. Von daher kann folgende Hypothese gewagt werden: Bei fortschreitender Sublimierung wird das

1.2. Die Hure Babylon und Salomé – Die Untergangsstimmung des *Fin-de-siècle* bei Nordau und Huysmans

Die Terminologie psychiatrischer Forschung bemühte der überwiegend in Frankreich arbeitende deutschsprachige jüdische Schriftsteller Max Nordau, um ein Bild der Stimmung des ausgehenden 19. Jahrhunderts zu zeichnen. Seine sich auf Cesare Lombroso berufende Studie mit dem Titel *Entartung* ist, ungeachtet seiner wissenschaftlichen Berufung auf die psychiatrische Nosologie, eine polemische Abrechnung mit der Kultur seiner Zeit. Indessen sollte der Begriff *Entartung* als kulturanthropologische Metapher durch die nationalsozialistische Kulturpolitik zu trauriger Berühmtheit gelangen (vgl. Tabor: 1994, 90-98; Wyss: 1997, 250): Er sollte dazu dienen, moderne, avantgardistische Kunst und Literatur als Ausfluss pathologischen Geistes zu denunzieren. Vielleicht ist es gerade der polemische Charakter des in seiner Argumentation keinesfalls überzeugenden Buches von Nordau, der ihm Erfolge als Inventar für die *loci communis* einer philiströsen Kulturbetrachtung bescherte.

Der "*fin-de-siècle*-Zustand der Geister" stellt sich Nordau dar als eine umfassende Endzeitstimmung, die vor allem in Frankreich ihren Ausgang genommen und das großstädtische Bürgertum mit seinen Intellektuellen ergriffen habe – ausdrücklich nimmt er dabei die Bauernbevölkerung sowie Teile der Arbeiter- und Bürgerschaft aus. Diese seien 'gesund': Die Pathologie der von ihm einer 'Diagnose' unterzogenen Epoche ist ausschließlich die der modernen Großstadt, der französischen Metropole Paris. Als das eigentliche Epochenmerkmal des *Fin-de-siècle*, um das Nordau die von ihm in Kunst und Literatur ausgemachten pathologischen Symptomkomplexe gruppiert, benennt er eine Endzeitstimmung, die sich in bangem Erwarten einer "Völkerdämmerung" ergehe:

> Die vorherrschende Empfindung ist die eines Untergehens, eines Erlöschens. "Fin de siècle" ist ein Beicht-Bekenntnis und zugleich eine Klage. Der alte nordi-

---

Subjekt immer mehr auf Analogien verwiesen, die eine entsprechende Auslöserfunktion übernehmen, wodurch die Gefahr des Umschlagens in ungehemmte Triebbefriedigung ansteigt. Konsequent weitergedacht heißt dies: Mit fortschreitender Sublimierung geht eine Komplexitätssteigerung der Zivilisation einher, die deren Bestand immer prekärer werden lässt, so dass die Rede von der Dekadenz angesichts zunehmender Verfeinerung und Diversifikation der Genussmöglichkeiten eine kulturanthropologische Rechtfertigung erfährt, weil die ursprüngliche Funktion der Sublimierung, nämlich Bestand und Entwicklung einer Zivilisation zu sichern, nicht mehr gewährleistet ist. Der Gedanke vom Rückfall aus den Höhen der Zivilisation in eine Barbarei, die an Grausamkeit die tierische Instinkthaftigkeit noch übertrifft, ist übrigens keineswegs neu; er findet sich bereits in der Zivilisationstheorie Rousseaus: "Pourquoi l'homme seul est-il sujet à devenir imbécile? N'est-ce point qu'il retourne ainsi dans son état primitif, et que, tandis que la Bête, qui n'a rien acquis et qui n'a rien non plus à perdre, reste toujours avec son instinct, l'homme reperdant par la vieillesse ou d'autres accidens tout ce que sa *perfectibilité* lui avoit fait acquerir, retombe ainsi plus bas que la Bête même?" (Rousseau: 1964, 142).

sche Glaube enthielt die schauerliche Lehre von der Götterdämmerung. In unseren Tagen erwacht in den höher entwickelten Geistern ein dunkles Bangen vor einer Völkerdämmerung, in der alle Sonnen und Sterne allmählich verglimmen und inmitten der sterbenden Natur die Menschen mit allen ihren Einrichtungen und Schöpfungen vergehen. Es ist nicht das erstemal im Laufe der Geschichte, daß ein Weltuntergangs-Grauen die Geister erfaßt. Beim Herannahen des Jahres 1000 bemächtigte sich der christlichen Völker ein ähnliches Gefühl. Aber der chiliastische Schrecken unterscheidet sich doch wesentlich von den fin-de-siècle-Erregungen. Die Verzweiflung der Menschen um die Wende des ersten Jahrtausends christlicher Zeitrechnung ging aus einem Gefühle der Lebensfülle und Lebenslust hervor. Man spürte die Säfte in allen Gliedern ungestüm kreisen, man hatte das Bewußtsein ungeschwächter Genußfähigkeit und fand es unverwindbar entsetzlich, zusammen mit der Welt unterzugehen, da es noch so viele Becher zu leeren und Lippen zu küssen gab und man sich der Liebe wie des Weines noch so kraftvoll erfreuen konnte. [...] Die fin-de-siècle-Stimmung ist ganz anders. Sie ist die ohnmächtige Verzweiflung eines Siechlings, der inmitten der übermütig blühenden, ewig weiterlebenden Natur sich zollweise sterben fühlt, der Neid des greisen, reichen Wüstlings, der ein junges Liebespaar einem Waldversteck zustreben sieht, die Beschämung von Erschöpften und Unfähigen [...] (Nordau I: 1886, 5f).

Welch ein Bild, das Nordau hier zeichnet! Man ist geneigt, hierfür das von Karl Moor in Schillers Räubern angestimmte Lamento über das "Kastratenjahrhundert" zu bemühen. Die Völkerdämmerung Nordaus hat nichts von einer "Götterdämmerung" – und noch weniger von einer Apokalypse: Der Niedergang kommt schleichend daher. Aus Nordaus polemischen Ausführungen geht deutlich hervor: Die "Völkerdämmerung" des *Fin-de-siècle* ist Ausdruck einer Krise. Und doch führe diese Krise nicht etwa in die angstbesetzte Steigerung apokalyptischer Szenarien, die Nordau rundheraus zu vermissen scheint. Seine Vorstellung von einer apokalyptischen Erwartungshaltung ist gepaart mit der von einer dionysisch zu nennenden Berauschtheit, in der sich das Leben noch einmal in seiner ganzen Fülle zeigen möge. Was Nordau weiter misst, ist die tiefe, 'metaphysische' Angst, welche – folgt man der Analyse Drewermanns – die "kosmologische Ekstase" der Apokalyptik auslöst (Drewermann: 1998, 477). Statt 'wahrer' Angst begegnet Nordau allenthalben nur Nervosität, Melancholie, Irrsinn. Alle von psychopathologischen Symptomen befallenen Kulturschaffenden – richtiger: die er für solche 'Fälle' hält – bezeichnet er in der Terminologie der französischen Psychiatrie seiner Zeit als "Degenerirte" (frz. "dégénérés"), "Entartete" ("Entartung": frz. "dégénérescence").

Der Begriff "dégénérescence", der durch Bénédict-Auguste Morel in der Psychiatrie zu Verbreitung gelangte und von Gobineau in den Rang einer kulturanthropologischen Kategorie erhoben wurde,[128] diente lange Zeit zur

---

128 Nordau bezieht sich auf Morels Schrift *Traité des dégénérescences physiques, intellectuelles et morales de l'espèce humaine et des causes qui produisent ces variétés maladives* (Morel: 1857; Nordau I: 1886, 31). Auch Nietzsche bediente sich der Begriffe "Degeneration" und "Degenerescenz"; der "Typus der Degenerirten" meint den Menschen der "décadence"

Bezeichnung des Zusammenwirkens von körperlichen und psychischen Abnormitäten, in deren Beurteilung der Gedanke von einem über Generationen fortschreitenden Zerfall enthalten ist – ein Gedanke, den Zolas Romanzyklus *Les Rougon-Maquart* veranschaulicht. Die Psychiatrie des 19. Jahrhunderts neigte mehrheitlich dazu, einen Kausalnexus von kulturellem Entwicklungsstand und Geisteskrankheit anzunehmen: Je höher eine Kultur stehe, desto mehr Krankheitsfälle seien zu verzeichnen. Überwiegend ging man von einem Zusammenwirken von erblichen, sozialen und historischen Faktoren aus – die Stichworte "race", "milieu" und "moment" fanden Eingang in Taines Kunstphilosophie und in die Romankonzeption Zolas. Die Theorie der "dégénération" ("dégénérence")/ "Entartung" wird indes von der modernen Psychiatrie nicht mehr vertreten.[129]

Die von Nordau überwiegend an literarischen Werken inventarisierten Krankheitsbilder, die unter seiner Feder zu Zeit-Symptomen des ausgehenden 19. Jahrhunderts werden, haben eines gemeinsam: Die Einschränkung der Affektivität, die Verarmung der Lebensfunktionen – das Abgeschnittensein von der "Lebensfülle". Aus dieser Reduktion der Genussmöglichkeiten heraus sieht er extreme Verhaltensformen wie "Laune, Exzentrizität, Sucht nach Neuem, Nachahmungstrieb" (Nordau I: 1886, 30) entstehen, die auf der Suche nach immer neuen und intensiveren Reizen selbst den Zonen des Ekelhaften, Verbrecherischen und Obszönen zugewandt seien. Und die Psychopathologie muss schließlich für die "Naturgeschichte der ästhetischen Schulen" herhalten:

> Ein Degenerirter verkündet unter der Wirkung einer Zwangsvorstellung irgendein literarisches Dogma, den Realismus, die Pornographie, den Mystizismus, den Symbolismus, den Diabolismus. [...] Andere Degenerirte, Hysteriker, Neurastheniker schaaren sich um ihn, empfangen das neue Dogma aus seinem Munde und leben von nun an nur für dessen Ausbreitung (Nordau I: 1886, 58).

Diese Aufzählung zeigt deutlich: Um eine präzise nosologische Bestimmung ästhetischer Phänomene – sofern eine solche überhaupt möglich, ja wün-

---

(Nietzsche XIII: 1988, 255), jenen Menschen, der sich niemals zur wahrhaft anthropologischen Position des höhern Menschen, des Übermenschen, emporzuschwingen vermag – das dem Menschlich-Allzumenschlichen verhaftete Individuum seiner (bürgerlichen) Epoche. Vor Nordau hat Gobineau in seiner zum 'Klassiker' eines wissenschaftlich verbrämten Rassismus avancierten Schrift *Essai sur l'inégalité des races humaines* den Begriff "Entartung" ("dégénération" / "dégénérence") kulturanthropologisch besetzt. Als "Entartung" bezeichnet Gobineau den Verlust an rassischer Homogenität, an dem die Nationen zugrunde gingen. Die "Entartung" äußere sich auf allen kulturellen Ebenen. "Je pense donc que le mot dégénéré, s'appliquant à un peuple, doit signifier et signifie que ce peuple n'a plus de valeur intrinsèque qu'autrefois il possédait, parce qu'il n'a plus dans ses veines le même sang, dont des alliages successifs ont graduellement modifié la valeur; autrement dit, qu'avec le même nom, il n'a pas conservé la même race que ses fondateurs; enfin, que l'homme de la décadence, celui qu'on appelle l'homme dégénéré, est un produit différent, au point de vu ethnique, du héros des grandes époques" (Gobineau I: 1884, 24).

129 Ein kurzer Abriss der Entartungstheorie und ihrer Geschichte in der Psychiatrie findet sich bei Jaspers und Bleuler (Jaspers: 1973, 423f; Bleuler: 1983, 137).

schenswert ist – geht es Nordau nicht; vielmehr sind seine Ausflüge in das Vokabular der Psychopathologie nicht mehr als Pathosformeln, Hyperbeln, mit denen ein zweitklassiger Schriftsteller seine Idiosynkrasie gegen die Kunst seiner Zeit artikuliert. Besonders scharf weist Stéphane de Mallarmé die Vereinnahmung der Psychiatrie zu diesem Zweck zurück: "Le malheur, dans l'espèce, que la science s'y mêle; ou qu'on l'y mêle. *Dégénérescence*, le titre. *Entartung*, cela vient d'Allemagne [...]". Zwar gesteht er Nordau zu, die unbeantwortete Frage nach der Natur des Genies sowie den Gründen für seine Abnormität, die es in die Isolation getrieben habe, aufzugreifen, aber:

> Tirant une force de sa privation, croît, vers des intentions plénières, l'infirme élu, qui laisse, certes, après lui, comme un innombrable déchet, ses frères, cas étiquités par la médecine ou les bulletins d'un suffrage le vote fini. L'erreur du pamphlétaire en question [Nordau] est d'avoir traité tout comme un déchet (Mallarmé: 1945/1989, 651).

Dennoch trifft Nordau mit seiner Beobachtung von der "Völkerdämmerung" als der Hingabe an den schleichenden Verfall offensichtlich das Selbstverständnis des ausgehenden 19. Jahrhunderts.

Es sei hierzu der Blick auf Huysmans *À rebours* (1884/1903) gerichtet, in dem gerade die von Nordau heftig befehdeten 'Symptome' zum ästhetischen Programm werden. Es ist die Geschichte bzw. – wenn auch in dritter Person verfasst – die Lebensbeichte von des Esseintes, der sich in Fontenay in ein Haus zurückzieht, das er in ein Museum des ins Extreme verfeinerten Geschmacks verwandelt. Völlig unbefriedigt von den exaltierten sinnlichen Genüssen wendet er sich schließlich der Frömmigkeit zu, die ihm Anlaß neuer ästhetischer Inszenierung ist. Zur Schlüsselfigur seiner dekadenten Sinnlichkeit avanciert die Salomé auf Gustave Moreaus berühmtem Gemälde – das des Esseintes erwirbt. An Nordaus polemische Bestandsaufnahme zum *Fin-de-siècle* erinnert die Schilderung dieser Salomé als Göttin einer unsterblichen Hysterie:

> Dans l'œuvre de Gustave Moreau, conçue en dehors de toutes les donnés du Testament, des Esseintes voyait enfin réalisée cette Salomé, surhumaine et étrange qu'il avait rêvée. Elle n'était plus seulement la baladine qui arrache à un vieillard, par une torsion corrompue de ses reins, un cri de désir et de rut; qui rompt l'énergie, fond l'énergie d'un roi, par des remous de seins, des secousses de ventre, des frissons de cuisses; elle devenait, en quelque sorte, la déité symbolique de l'indestructible Luxure, la déesse de l'immortelle Hystérie, la Beauté maudite; élue entre toutes par la catalepsie qui lui raidit les chairs et lui durcit les muscles; la Bête monstrueuse, indifférente, irresponsable, insensible, empoisonnant, de même qu'Hélène antique, tout ce qui l'approche, tout ce qui la voit, tout ce qu'elle touche (Huysmans VII: 1972, 83f).

Salomé wird zum Inbegriff einer der sublimsten Verfeinerung sich ergebenden Dekadenzästhetik, die sich in den pathologischen Symptomen der Hysterie wieder erkennt. Hysterische Symptome sind sowohl Impotenz und Ohnmacht als auch eine exzessive Genussbereitschaft, wobei der Eros sich möglichst ganz vom Sexus zu verabschieden hat.[130]

Die Ästhetik der Hysterie ist die einer sich auf einem äußerst hohen Grad der Sublimierung bewegenden Lebenshaltung: Das ursprüngliche Sexualziel scheint völlig abgelenkt; an seine Stelle sind die zum Äußersten verfeinerten Genüsse getreten. Es ist eine Lebenshaltung, die der Reproduktion feindlich gegenübersteht, eine Lebenshaltung, die Benjamin zum Signum des Jugendstils erhebt: "Das Grundmotiv des Jugendstils ist die Verklärung der Unfruchtbarkeit. Der Leib wird vorzugsweise in den Formen gezeichnet, die der Geschlechtsreife vorausgehen". Nicht weniger sieht Benjamin die lesbische Frau für eine der Sphäre der Sublimation ergebene ästhetische Haltung stehen: "Die lesbische Liebe trägt die Vergeistigung bis in den weiblichen Schoß vor. Dort pflanzt sie das Lilienbanner der 'reinen' Liebe, die keine Schwangerschaft und keine Familie kennt" (Benjamin I.2: 1991, 677).[131] Und des Esseintes ruft aus: "Quelle folie que de procréer des gosses!" (Huysmans VII: 1972, 255). Doch sobald die Darstellung der Salomé ihr verfeinertes Erscheinungsbild verliert, lenkt sie den Reiz wieder auf den Sexus: "l'érotisme, la terreur de l'être humain s'est fait jour" (Huysmans VII: 1972, 88). Auf dem geraden Weg in die höchste Sublimation gelangt man nach Huysmans schließlich – sozusagen auf umgekehrtem Weg, *à rebours* – in die Grausamkeit: Die strengen Gebote des Christentums seien es schließlich, die den Sadismus hervorgebracht hätten.[132] Der mit dem Titel von *À rebours* (dt. "Gegen den Strich") bezeichnete 'umgekehrte Weg' meint sowohl den Weg in die Religion über einen dekadenten Ästhetizismus als auch das fortwährende Durchspielen dessen, was Broch als den Fall in die tiefste sadistische Barbarei aus den Sphären höchster Sublimierung erkennt.

Salomé ist bei Huysmans – wie auch bei dem Maler Gustave Moreau – nicht mehr die "femme fatale" (vgl. Praz: 1981, 253-260), die über die Erregung der Fleischeslust und das niemals vollständig eingelöste Versprechen auf ihre Befriedigung den Mann zum ihr hoffnungslos Verfallenen erniedrigt, sondern es ist ihre grausame Unnahbarkeit, welche die Kräfte zum Erlöschen bringt – einem schleichenden Gift gleich. Für Huysmans verkörpert Salomé

---

130 Vgl. dazu Charles Baudelaire: "L'hystérie! Pourquoi ce mystère physiologique ne ferait-il pas le fond et le tuf d'une œuvre littéraire, ce mystère que l'Académie de médecine n'a pas encore résolu, et qui, s'exprimant dans les femmes par la sensation d'une boule ascendante et asphyxiante (je ne parle pas du symptôme principal), se traduit chez les hommes nerveux par toutes les impuissances et aussi par l'aptitude à tous les excès" (Baudelaire II: 1976, 83)
131 Vgl. auch: "Das Leitbild der lesbischen Frau stellt den Protest der 'Moderne' gegen die technische Entwicklung dar" (Benjamin I.2: 1991, 667).
132 So in der Religion: "La force du sadisme, l'attrait qu'il présente, gît donc tout entier dans la jouissance prohibée de transférer à Satan les hommages et les prières qu'on doit à Dieu; il gît donc dans l'inobservance des préceptes catholiques qu'on suit même à rebours, en commettant, afin de bafouer plus gravement le Christ, les péchés qu'il a le plus expressément maudits: la pollution du culte et l'orgie charnelle" (Huysmans: 1972, 242).

das Gegenbild der Hure Babylon (*Offb.* 17, 1ff), jener archetypischen Verkörperung einer eruptive Befriedigung sexueller Lust verheißenden Frauengestalt:

> Ainsi comprise, elle [Salomé] appartenait aux théogonies de l'extrême Orient; elle ne relevait plus des traditions bibliques, ne pouvait même plus être assimilée à la vivante image de Babylone, à la royale Prostituée de l'Apocalypse, accoutrée, comme elle, de joyaux et de pourpre, fardée comme elle; car celle-là n'était pas jetée par une puissance fatidique, par une force suprême, dans les attirantes abjections de la débauche (Huysmans VII: 1972, 84).

Die Hure Babylon aus der *Johannesapokalypse* ist der zügellosen Sexualität hingegeben: "Die Babylon ist das Bild der 'furchtbaren' Mutter, die mit teuflischer Versuchung alle Völker zur Hurerei verführt und mit ihrem Weine trunken macht. Der Rauschtrank steht hier in nächster Bedeutung zur Unzucht, denn er ist ebenfalls Libidosymbol [...]" (Jung: 1991, 215). An diese Deutung C.G. Jungs lassen sich viele der von der Tiefenpsychologie als "Archetypen" inventarisierten Bilder vom verschlingenden weiblichen Schoß und dem bedrohlichen Faszinosum des weiblichen Geschlechtsteils herantragen – so etwa auch das Bild von der *vagina dentata*. Die Hure Babylon steht nicht weniger für das Unreine, das die Frau mit ihrem Geschlecht verkörpert. Babylon konfrontiert mit der geballten Kraft einer völlig entsublimiert sich darbietenden Sexualität; ihr Schoß ist ein alles verschlingender und führt mit orgiastischer Gewalt in den eruptiven – 'apokalyptischen' – Untergang, der zu einem sexuellen Befriedigungserlebnis gerät. Salomé dagegen steht für eine eigene Ökonomie des Untergangs, die den Umweg über sado-masochistische Inszenierungen diktiert und die Angst vor dem Ausbleiben der Befriedigung in die vor ihrem Eintreten verkehrt: Salomé wirkt langsam und schleichend – eben wie ein Gift; sie wird zu einer Allegorie der Auszehrung, einer Auszehrung, welche die Befindlichkeit des *Fin-de-siècle* charakterisiert. Von daher findet auch in jener Zeit das seit der Romantik verbreitete Motiv des Vampirs besonderen Gefallen. Und das *Fin-de-siècle* hatte mit Baudelaires *Ennemi* einen nachgerade programmatischen Text:

> O douleur! ô douleur! Le Temps mange la vie,
> Et l'obscur Ennemi nous ronge le cœur
> Du sang que nous perdons croît et se fortifie (Baudelaire I: 1975, 33).

Des Esseintes ist auch ganz der Musik von Wagner und Berlioz ergeben, die ihn in die Sphären sublimer (und damit sublimierter) Genüsse entführen. An anderer Stelle demonstriert Huysmans besonders gelungen, welche Wirkung Wagners Musik auf einen ästhetizistisch-dekadent disponierten Zuhörer ausübt. Die Ouvertüre aus Tannhäuser wird zu einem Festival der Auflösung von Musik in chromatische Impressionen und synästhetische Effekte:

> Alors un nuage irisé des couleurs de la flore rare, des violets expirés, des roses agonisants, des blancs moribonds des anémones, se déroule puis éparpille ses

moutonneux flocons dont les ascensionnelles nuances se foncent, exhalant d'inconnus parfums où se mêlent le relent biblique de la myrrhe et les senteurs voluptueusement compliquées des extraits modernes (Huysmans VII: 1972, 166f).

Huysmans gibt sich dem Kult jenes Komponisten hin, dessen Werk Nordau als eine der Verkörperungen des Entarteten in der Kunst schlechthin aburteilt: Wagner. Hauptpunkt seiner Kritik ist die von Wagner in seinem Entwurf eines Gesamtkunstwerks vorgenommene Auflösung der Einzelkünste, die einer natürlichen Entwicklung widerspreche und die – Nordaus Text sei hier in die Sprache der Tiefenpsychologie übertragen – einer Regression gleichkomme, welche den qua Ausdifferenzierung erzielten Fortschritt zurücknehme:

> Die natürliche Entwicklung geht immer von der Einheit zur Vielheit, nicht umgekehrt; der Fortschritt besteht in der Differenzirung, das heißt in der Ausgestaltung ursprünglich gleicher Theile zu besonderen Organen von verschiedener Beschaffenheit und selbständigen Verrichtungen, nicht aber in der Zurückführung der Sonderwesen von reicher Eigenart zu einer Ur-Gallerte ohne Physiognomie. Die Künste sind nicht zufällig geworden; ihre Differenzirung ist die Folge organischer Nothwendigkeit; haben sie einmal die Selbständigkeit erreicht, so geben sie sie nie wieder auf. [...] Das Zurückstreben zu den Anfängen ist jedoch eine Eigenthümlichkeit der Entartung und in ihrem tiefsten Wesen begründet (Nordau I: 1886, 314).

Der von Nordau an Wagner kritisierten Vereinigung der Künste zum Musikdrama entspricht bei dem "décadent" Huysmans das Quidproquo der Sinneseindrücke im Genuss einer Kunstgattung. Die Synästhesie bildet somit das subjektive Korrelat zum Gesamtkunstwerk heraus: Töne werden in Bilder, Farben und Gerüche übertragen. Erst über die synästhetische Rezeptionshaltung kann überhaupt so etwas wie ein Gesamtkunstwerk konkretisiert werden. Die Faszination für Wagners die Künste synthetisierendes Musikdrama erfasste nahezu alle "Dekadenten" – so auch Baudelaire, der übrigens Napoleon III. ausdrücklich dafür dankte, *Tannhäuser* nach Paris gebracht zu haben: "Tout ce qu'impliquent les mots: volonté, désir, concentration, intensité nerveuse, explosion, se sent et se fait deviner dans ses œuvres" (Baudelaire II: 1976, 807; vgl. ebd., 782 u. 815). Wagner gilt im 19. und beginnenden 20. Jahrhundert als der Höhe- und Endpunkt des Kunstschaffens. So legt Verne einem seiner Diskutanten aus seinem Roman *Paris au XXe siècle* den kritischen Satz in den Mund: "[...] de son [de Wagner] temps, on supprimait déjà la mélodie, il jugea convenable de mettre également l'harmonie à la porte, et la maison est restée vide" (Verne: 1994, 84). Paul Valéry dagegen rühmt Wagner als ein zur Synthesis begabtes Genie: "Tentative de W[agner] de représenter l'être entier – D'ailleurs il a donné au 19e l'image de tout ce qu'a voulu le siècle" (Valéry: 1974, 930). Für Valéry hat Wagner das totalisierende Bild geschaffen, welches das 19. Jahrhundert in sich aufnimmt und auf diesem Weg seinen 'Mythos' zelebriert, für Verne dagegen hat der zum Genie verklärte deutsche Musiker die Musik zur leeren Form weiterentwickelt. So unterschiedlich diese Auffassungen von Verne bzw. seinem Romanprotagonisten und Valéry in der Bewertung Wagners auch sein mögen, sie erkennen in seinem Œuvre eine Zäsur. Daher kam es und kommt es zu äußerst gegenläufigen Bewertungen. Als Ausdruck makabrer Ironie – die in Wirklichkeit das Produkt einer perfiden ideologischen Strategie ist – der Geistesgeschichte kann der Umstand gelten, dass der Jude Nordau gerade jenen Komponisten zu den "Entarteten" rechnet, der für Alfred Rosenberg, den 'Kulturtheoretiker' eines die "Entartung" als Vorwand für Autodafé und Vernichtung nehmenden Regimes, zum Inbegriff "der Sehnsucht der willenhaften Entladung", in der sich "der nordisch-abendländische Schönheitsbegriff" zeige, verklärt wird (Rosenberg: 1939, 316).

1.3. Ein physikalischer Beitrag zu Philosophie und Kulturtheorie: das zweite Gesetz der Thermodynamik

In den 70er Jahren des 19. Jahrhunderts stellt sich Ernest Renan die Frage nach dem Weltuntergang auf eine andere Weise: Er sieht das Universum nicht mehr in einer einzigen großen Katastrophe versinken, sondern mit dem Nachlassen der Sonnenenergie auf einen allmählichen Kältetod hinsteuern. Der Mensch aber nehme den Wettlauf mit dem Schicksal des Universums auf sich, und es sei zumindest nicht undenkbar, dass es zu einer Überwindung des Todes kommen könne. Wie der Wettstreit ausgehen würde, entziehe sich der Kenntnis. Doch hier trete die Vision des Johannes auf Patmos auf den Plan, durch die hindurch das Ideal aufscheine: die göttliche Macht. Dieser von Renan ausgemalte Wettlauf zwischen dem Gang des Universums und dem wissenschaftlichen Genie des Menschen ist ein durch und durch eschatologischer Gedanke, nur dass hier nicht mehr die menschliche Geschichte zu Ende gedacht wird, sondern ein physikalischer Ablauf
Renans 1873 verfasste Schrift *De l'Antéchrist* zeigt die im ausgehenden 19. Jahrhundert Verbreitung findende Auffassung vom naturgesetzlich vorgezeichneten Niedergang der Erde und – analog dazu – der Gesellschaft bzw. der Kultur, einem Niedergang, der letztlich nur – wenn überhaupt, und die Skepsis wird wachsen – durch den menschlichen Erfindungsgeist aufgehalten werden kann. Renans Apologie eines wissenschaftlichen Geistes, der den Wettlauf mit dem Schicksal der Schöpfung aufnimmt (Renan IV: 1949, 1411f – s.o.), kann als die Revision der idealistischen Vorstellung vom Geist angesehen werden, eine Revision, die an den technikgläubigen Szientismus der zweiten Hälfte des 19. Jahrhunderts anknüpft. Ein solcher Paradigmenwechsel vom Geist zur Wissenschaft zeichnet auch das Denken von José Ortega y Gasset aus, der die Technik als *eine* Emanation der reinen Wissenschaft betrachtet. In ihrem gegebenen historischen Entwicklungsstand sei die Technik daher unzulänglich

und könne sich weder für ihren Fortschritt noch für ihren Fortbestand verbürgen:

> Voy, pues, a la advertencia de que el actual interés por la técnica no garantiza nada, y menos que nada el progeso mismo o la perduración de la técnica. Bien está que se considere el tecnisismo como uno de los rasgos caracteristicos de la "cultura moderna", es decir, de una cultura que contiene un género de ciencia, el cual resulta materialmente aprovechable. Por eso, al resumir la fisionomía novísma de la vida implantada por el siglo XIX, me quedaba yo con estas dos solas facciones: democracia liberal y técnica. Pero repito que me sorprende la ligereza con que al hablar de la técnica se olvida que su víscera cordial es la ciencia pura, y que las condiciones de su perpetuación ivolucran las que hacen posible el puro ejercicio cientifico. Se ha pensado en todas las cosas que necesitan seguir vigentes en las almas para que pueda seguir habiendo de verdad "hombres de ciencia"?). Se cree en serio que mientras hay dólares habrá ciencia? Esta idea en que muchos se tranquilizan no es sino una prueba más de primitivismo (Ortega y Gasset: 1984, 129f).

"Le malheur [...] que la science s'y mêle" – dieser von Mallarmé auf Nordau gemünzte Ausruf mag für die Theorienbildung zu Kunst und Kultur seit der zweiten Hälfte des 19. Jahrhunderts gelten, und nicht nur für die Psychopathologie. Von weit reichender Bedeutung für die Kulturtheorie zu Beginn des zwanzigsten Jahrhunderts werden sich die über zum Teil populärwissenschaftliche Schriften bekannter Physiker wie Ludwig Boltzmann und Felix Auerbach verbreiteten Erkenntnisse der Thermodynamik erweisen (Boltzmann: 1905; vgl. Schaltegger: 1984, 9-18).[133]

Von diesen Schriften sei im Folgenden auf die Arbeiten von Auerbach Bezug genommen. Der erste Hauptsatz der Physik ist der von der Erhaltung der Energie, der für die gesamte Mechanik verbindlich ist. Nach den Erkenntnissen der Thermodynamik dagegen werden die Naturprozesse in umkehrbare und nichtumkehrbare eingeteilt. Zu den ersteren gehören etwa die Schallwellen oder die elektromechanischen Schwingungen, zu den letzteren alle Vorgänge, in denen Energie freigesetzt wird: Verbrennung, Reibung usw. – dies sind auch jene Vorgänge, mit denen Maschinen und Motoren bewegt werden. Der Satz von der Erhaltung der Energie ist schon deshalb rein theoretisch, weil es in der Praxis keinen Vorgang gibt, der nicht in irgendeiner Form irreversible Prozesse wie Reibung u.ä. erzeugt. Für diese irreversiblen Vorgänge gilt der 1865 von dem deutschen Physiker Clausius auf eine statistische Formel gebrachte zweite Hauptsatz der Thermodynamik (das zweite thermodynamische Gesetz): *Energie strebt danach, sich zu zerstreuen, sich zu entwerten.* Für diese Verlaufsrichtung der Wärmeprozesse hat Clausius die Bezeichnung "Entropie" (eigentlich "Umkehr", also ein Synonym zu "Katastrophe") eingeführt. Bei –

---

133 Eine ausführliche Darstellung der Entropie-Konzeptionen in Naturwissenschaft, Philosophie, Theologie und Kulturtheorie findet sich in Peter Freeses umfangreicher Studie *From Apocalypse to Entropy. The Second Law of Thermodynamics in Post-War American Fiction* (Freese: 1997).

rein hypothetischen – umkehrbaren Prozessen würde die Entropie (wie die Energie) konstant bleiben, bei den nichtumkehrbaren dagegen nimmt die Entropie beständig zu. Jedes geschlossene System mit konstanter Energie steuert unaufhaltsam auf den Punkt zu, an dem sich Energie definitiv nicht mehr in Arbeit umsetzen lässt. Ein solches System mit konstanter Energie ist das Universum, das sich der Entropielehre zufolge auf den sicheren Tod zu bewegt.

In seinem Büchlein *Die Grundbegriffe der modernen Naturlehre. Einführung in die Physik* fasst Auerbach den nach dem zweiten thermodynamischen Gesetz sicheren Tod des Universums in Worte, welche die *Fin-de-siècle*-Befindlichkeit evozieren, jene von Nordau konstatierte Empfindung "eines Untergehens, eines Erlöschens" (Nordau I: 1886, 5 – s.o.):

> Und am Ende – so wird man schließen – kommt der allgemeine Ausgleich, die allgemeine Starrheit, der allgemeine Tod; ein Tod mit den Qualen des Thantalus, denn überall ist Energie vorhanden und doch ist nicht das Geringste mehr mit ihr anzufangen (Auerbach: 1917, 142).

Jedoch gebe es im Universum innerhalb des nach Ausgleich strebenden Gesamtprozesses, der eine unerbittliche Entwertung und Zerstreuung bedeute, auch noch Prozesse der Differenzierung, Konzentration und Wertsteigerung, die vor allem das organische und schließlich das kulturell-technische Leben des Menschen auszeichneten. Diese Prozesse fasst Auerbach unter dem Begriff "Ektropie" zusammen.

In seiner ebenfalls populärwissenschaftlich angelegten Schrift, *Ektropismus oder die physikalische Theorie des Lebens* geht Auerbach daran, den universalen Anspruch der Erkenntnisse der Thermodynamik zu untermauern und seine Lehre von der Ektropie auszubauen. Die Entropie ist nach Auerbachs "physikalischer Theorie des Lebens" das unerbittliche Schicksal aller Naturprozesse – die Schicksalsmacht der *ananke*: "*Die Natur hat eine ausgesprochene Tendenz zur Steigerung der Entropie auf Kosten der Ektropie. Die Entropie der Welt strebt einem Maximum zu*" (Auerbach: 1910, 21). Dem hält er die Auffassung entgegen, dass im Kosmos auch Prozesse wirkten, die nach der Herausbildung immer komplexerer und differenzierterer Einheiten strebten, einzig mit dem Ziel, der zunehmenden Entropie der Naturprozesse entgegenzuwirken. Diese im Gegensatz zur entropischen Tendenz in Natur und Universum stehende *ektropische* Tendenz ("Ektropie", "Ektropismus" d.h. "das Nachaußengekehrtsein") mache das eigentliche Geheimnis des Lebens aus:

> Ektropismus ist weder Materialismus noch Idealismus, weder Formalismus noch Phänomenalismus, er ist sicherlich nicht Monismus, in gewissem Sinne aber Dualismus. Am ehesten ist er noch Vitalismus, insofern er eine spezifische Organisation und Wirksamkeit lebender Komplexe statuiert; aber eine vorsichtige Spielart des Vitalismus, insofern er spekulative Beimengungen vermeidet (Auerbach: 1910, 41).

Der Dualismus der beiden gegenläufigen Bewegungen von Ektropie und Entropie vermöge aber nicht, das letzte Geheimnis des Kosmos zu erklären; die Frage nach dem Anfang der Welt müsse zwangsläufig offen bleiben – auch wenn ihr Ende geklärt zu sein scheint. Mit diesem Problem ringend, trägt Auerbach die Erkenntnisse seiner Naturlehre an den Mythos von der Kosmogonie und die Schöpfungsgeschichte heran, mit denen er die Universalität der "Ektropie" und "Entropie" genannten Prozesse zu untermauern sucht:

> Hat also die Welt einen Anfang gehabt, so haben wir in diesen den Maximalwert energetischer Wirkungsfähigkeit zu verlegen. Ein neues Geheimnis und auch hier die Grenze der Erkenntnis! Denn wenn es ein Anfang war, so muß er aus dem Nichts gewesen sein; das Nichts aber liegt ebensosehr außerhalb des Endlichen wie das Unendliche, wir können uns das Nichts schlechterdings nicht vorstellen [...]. Es bleibt uns nichts übrig als das uns unbegreifliche Nichts zu ersetzen durch etwas, was uns mindestens im Prinzip zugänglich ist. Die Mythe nennt es Chaos, wir unsererseits nennen es den Zustand vollkommener Zerstreuung, vollkommenen Ausgleichs. Und nun ein [...] Wunder: der plötzliche Übergang aus dem Zustande starren und hoffnungslosesten Chaos in den Zustand höchster und zukunftsreichster Weltpotenz! Diese Diskontinuität aber nennen wir Schöpfung (Auerbach: 1910, 23).

Für Auerbach ist der Dualismus aus der wissenschaftlichen Theorie nicht wegzudenken:

> Es gibt schlechterdings keine Theorie, die nicht in gewissem Sinne dualistisch, in einem anderen monistisch wäre. In Wahrheit handelt es sich hier gar nicht um einen reinen Gegensatz; in Wahrheit ist der Dualismus eine Methode wissenschaftlicher Erkenntnis, der Monismus aber im besten Falle ein Zielpunkt, da eben dieses Ziel in unerreichbarer Ferne liegt, bleibt die dualistische Methode die einzig mögliche, die einzig nützliche. Es gibt vielleicht einen Monismus, wie es einen ewigen Frieden gibt, aber der Anfang dieser Ewigkeit liegt für uns in ferner Zukunft (Auerbach: 1910, 4).

Wenn hinter der Vorstellung von der ektropischen Potenz des Lebens, das nach immer höheren Organisationsformen strebt, ein Telos aufscheint, dem jedoch das Ende, die Entropie unüberwindbar entgegensteht, dann wird der von Auerbach angedachte Monismus der Zukunft zu einer eschatologischen Vision. Dualistisch ist nach Auffassung Auerbachs auch die Kunst zu begreifen: In ihr seien nicht minder "ektropische Werte" am Wirken. Kunst bewege sich zwischen Beharrlichkeit und Neuem; sie strebe aber immer nach "Verdichtung und Ordnung", was das Kennzeichen des Stils sei. Auerbach führt die Parallele zwischen physikalischer Theorie und Ästhetik nicht weiter aus, doch es fällt auf, dass für ihn die Entropie in der Kunstbetrachtung noch kein Thema ist. Indes leitet er eine Rechtfertigung der Kategorie des Neuen aus seiner physikalischen Theorie des Lebens ab, womit er – was noch zu zeigen sein wird – die informationstheoretische Ästhetik antizipiert:

> Auch in der Kunst macht sich, bei der angeborenen Beharrungstätigkeit der Produzierenden und der Konsumierenden, der Ablauf so breit, wie er irgend kann,

die Ablaufkunst, die Ablaufästhetik beherrscht die Massen und den Markt. Aber das Entscheidende sind auch hier die Aufzugsprozesse, ist auch hier die Entwicklungskunst, ist auch hier überall das wahrhaft Neue, in welcher zunächst unverstandenen Form es auch auftreten möge. Unverstanden: denn dem an das Hergebrachte Gewohnten und durch das Neue Verblüfften erscheint als Verwirrung, was in Wahrheit neue Ordnung und neue Richtung ästhetischer Energien ist (Auerbach: 1910, 87f).

Wie bereits festgestellt: Obwohl Auerbach in seiner Theorie des Lebens der Entropie im Naturleben universale Gültigkeit zuschreibt, verfällt er bemerkenswerterweise nicht dem radikalen Kulturpessimismus des *Fin-de-Siècle*. Er ist von einem solch tiefen Vertrauen in das wissenschaftliche und kulturelle Potential der Menschheit geprägt, dass man hinter seiner Konzeption des Ektropismus wieder den aufklärerischen Glauben an den Fortschritt aufscheinen sieht: Fortschritt nunmehr wieder in der primär anthropologischen Bedeutung von zunehmender Beherrschung der Natur durch den Menschen – die sogar soweit gehen mag, dass sie möglicherweise eines Tages die Gesetze der Thermodynamik zwar nicht überwinden, aber der Entwertung der Energie etwas anderes entgegensetzen könnte. Das Ektropieprinzip würde dann den (eschatologischen) Sieg davontragen und die Entropie (und damit den Dualismus) ablösen –

> In jedem Falle wird durch das Wirken der lebendigen Substanz in ihren verschiedenen Ausgestaltungen bis hinauf zum Menschen mit seinem technischen und idealen Geiste der Entwertungsprozeß im Kosmos in bemerkenswertem Maße aufgehalten; und es besteht keine prinzipielle Unmöglichkeit, daß das Ektropieprinzip einmal einen entscheidenden Sieg erringen werde. Jedoch würde die weitere Verfolgung dieser Ideen die Grenzen des hier gesteckten Gebietes überschreiten (Auerbach: 1917, 143).

Der Begriff der "Entropie", der sich als feste Größe in Kulturwissenschaft und Ästhetik etablieren wird, steht dagegen bei den meisten seiner Rezipienten für eine pessimistische Weltsicht. In vielen Fällen erhält das zweite Gesetz der Thermodynamik ein quasi-eschatologisches bzw. -apokalyptisches Gepräge unter negativen Vorzeichen, also ganz anders als bei Auerbach, dessen Hoffnung auf ein eschatologisches Aufheben des Dualismus durchaus das Prädikat religiös verdient: "Der göttliche Funke ist in ihm [dem menschlichen Geist] lebendig, und das Milieu wird bereitet. Wird sich der Funke zur hellen und freien göttlichen Flamme entfalten?" (Auerbach: 1910, 88).

Die mit der Entropielehre einhergehenden Fragen greift auch der Lebensphilosoph Henri Bergson auf, der sich intensiv mit dem Weltbild der Physik auseinandersetzt. Bergson identifiziert das mechanische Weltbild mit der Anschauung des Determinismus, dem er seine Vorstellung eines Dynamismus entgegenhält. Dieser begründe die Freiheit des Individuums mit dem indefiniten *élan vital*, dem eine eigene innere Zeitlichkeit entspreche: die *durée vécue*:

La durée vécue par notre conscience est une durée au rhytme déterminé, bien différente de ce temps dont parle le physicien et qui peut emmagasiner, dans un intervalle donné, un nombre aussi grand qu'on voudra de phénomènes (Bergson: 1991b, 34).

Bergsons Konzeption einer *durée* richtet sich gegen die objektive Zeit *t*, die er als Produkt einer Reihe von Kausalitätsketten verknüpft sieht, also als Teil einer mechanistisch-deterministischen Weltauffassung. Allenfalls in der Rückschau auf ein abgeschlossenes Leben ist für ihn eine Biographie totalisierbar, die aber nicht den äußeren Determinanten den Primat einräumen darf, sondern dem individuellen Leben, das sich mit seinem Lebensstrom (*élan vital*) in die Welt der Dinge einschreibt. Die *durée* wird philosophisch zu *der* Antwort auf die für das Gefühl der Ohnmacht gegenüber der Geschichte konstitutive Erfahrung des "Auseinanderklaffens von Weltzeit und Lebenszeit" (Blumenberg: 1986, 73 – s.o.). Durch die radikale Subjektivierung wird jede Zeiterfahrung aus der Geschichte ausgeblendet und an eine Introspektion überantwortet. Insofern ist es auch nicht falsch, das Romanuniversum in Marcel Prousts *À la Recherche du temps perdu* in einem Atemzug mit Bergson zu nennen, auch wenn bei genauerem Hinsehen sich die Proustsche Zeitkonzeption als eine durchaus eigenständige erweist (vgl. Jauß: 1986, 132). Das Ausblenden der Weltgeschichte enthebt die auf den Begriffen *durée* und *élan vital* aufbauende subjektive Weltsicht Bergsons auch den Aporien einer sich im eschatologischen Denken verfangenden Geschichtsphilosophie, denn es gilt für seine Lebensphilosophie, was Hans Urs von Balthasar resümiert:

Die Totalität der Welt geht demnach keineswegs auf ein vorgestecktes "Ziel" zu, sondern ist offene Schöpfung ins Unendliche. Erst wenn der Lebensstrom *vorbei* ist, kann das beschriebene als zweckmäßig festgestellt werden (Balthasar II: 1939, 50).

Doch damit verwandelt er seine Lebensphilosophie in eine Art *innere Eschatologie* (wie auch *mutatis mutandis* Proust mit seiner Suche nach der verlorenen Zeit verfährt), nicht zuletzt weil sie die Annahme einer "harmonie préétablie" zwischen Natur und Geist verwirft,[134] um die Reinheit der inneren Anschauung des Lebensstroms zurückzuverfolgen (vgl. Baltasar II, 1939, 50).

---

134 So z.B.: "Tout réalisme fera donc de la perception un accident, et par conséquent un mystère. Mais inversement, si vous vous donnez un système d'images instables disposées autour d'un centre privilégié et le modifiant profondément pour des déplacements insensibles de ce centre, vous excluez d'abord l'ordre de la nature, cet ordre indifférent au point où l'on se place et au terme par où l'on commence. Vous ne pourrez rétablir cet ordre qu'en évoquant à votre tour un *deus ex machina*, en supposant, par une hypothèse arbitraire, je ne sais quelle harmonie préétablie entre les choses et l'esprit, ou au moins, pour parler comme Kant, entre la sensibilité et l'entendement" (Bergson: 1991b, 178). Es sei an dieser Stelle nicht verhehlt, dass der Terminus "innere Eschatologie" wegen des hier offenkundig werdenden freien Gebrauchs gewisse Vorbehalte hervorrufen dürfte. Seine Rechtfertigung erhält er jedoch aus der mit seiner Einführung beabsichtigten Gegenüberstellung mit geschichtsphilosophisch motivierten Endzeitszenarien.

Mit seiner Ablehnung eines deterministischen Weltbildes geht auch die Skepsis gegen die Universalität naturwissenschaftlicher Erkenntnisse einher, weil diese doch nur den jeweiligen Wissensstand ihrer Disziplin reflektierten. In seinem 1889 erschienenen *Essai sur les données immédiates de la conscience* merkt Bergson kritisch an:

> Il ne faudrait pas s'exagérer le rôle du principe de conservation de l'énergie dans l'histoire des sciences de la nature. Sous sa forme actuelle, il marque une certaine phase de l'évolution dans les sciences; mais il n'a pas présidé à cette évolution, et on aurait tort d'en faire le postulat indispensable de toute recherche scientifique (Bergson: 1991a, 100).

Und dennoch sieht auch der Lebensphilosoph Bergson die Entropie als eine zumindest denkbare Chiffre des unvermeidlichen Niedergangs an. In *L'Évolution créatrice* (1907) schreibt Bergson über das zweite thermodynamische Gesetz, es sei in einem weiteren, ungenaueren – will sagen "metaphorischen" – Sinne zu verstehen:

> La loi de dégradation de l'énergie, en effet, ne porte pas essentiellement sur les grandeurs. Sans doute l'idée première en naquit, dans la pensée de Carnot, de certaines considérations quantitatives sur le rendement des machines thermiques. Sans doute aussi, c'est en termes mathématiques que Clausius la généralisa, et c'est à la conception d'une grandeur calculable, l'"entropie", qu'il aboutit. Ces précisions sont nécessaires aux applications. Mais la loi resterait vaguement formulable et aurait pu, à la rigueur, être formulée en gros, lors même qu'on n'eût jamais songé à mesurer les diverses énergies du monde physique, lors même qu'on n'eût pas créé le concept d'énergie. Elle exprime essentiellement, en effet, que tous les changements physiques ont une tendance à se dégrader en chaleur, et que la chaleur elle-même tend à se répartir d'une manière uniforme entre les corps. Sous cette forme moins précise, elle devient indépendante de la physique, en ce qu'elle nous montre du doigt, sans symboles interposés, sans artifice de mesure, la direction de la marche du monde (Bergson: 1991c, 701).

Daher kann für ihn die Thermodynamik ebenso wenig den Anspruch auf ein universales (gar metaphysisches) Prinzip erheben wie die Mechanik und der Satz von der Erhaltung der Energie – was Urs von Balthasar präzisiert:

> Weder das Gesetz von der Erhaltung der Energie noch das von der Entropie hat daher für Bergson absolute metaphysische Geltung. Das letztere erhält seinen Vollsinn überhaupt erst, wenn es nicht als physikalisches, sondern als ontologisches Gesetz genommen wird, das heißt als Ausdruck der Depotenzierung des Geistes (Balthasar II: 1939, 50).

Bergsons Lebensphilosophie zeugt nichtsdestoweniger von einem tief greifenden Misstrauen gegenüber der äußeren Welt und insbesondere der Geschichte. Eine das historische Bewusstsein sowohl in seiner optimistischen als auch in seiner von Untergangsvisionen beherrschten pessimistischen Form ausklammernde Lebensphilosophie kann in der Geschichte nur eine Gefahr der Depotenzierung durch das Einbrechen des Materialismus sehen. Gegen diese Bedrohung steht der unaufhaltsame Lebensstrom mit dem inneren Zeiterleben der *durée*.

1.4. Das Orakel vom Untergang des Abendlandes: Oswald Spengler

Für Oswald Spengler gehört die Entropie in den Kreis der "Symbole des Niedergangs" (Spengler: 1995, 542). Er behandelt den zweiten Hauptsatz der Thermodynamik ebenso als "Symbol" wie auch als naturwissenschaftliche Rechtfertigung für die "Morphologie der Weltgeschichte", die er in seinem Buch der *Untergang des Abendlandes*, dem 'Klassiker' einer pessimistisch gestimmten Kulturtheorie, entwickelt hat, einem 'Klassiker', der unter dem unmittelbaren Eindruck des Ersten Weltkrieges entstanden ist. Seine "Morphologie" als Gegenstand wissenschaftlicher Untersuchung ist eine besondere Form der Typologie, mit der letztlich der Historismus radikalisiert wird; diese vergleichende Methode sucht den Gang der Weltgeschichte in der Beschreibung des Vergangenen zu antizipieren. Gegenwartsbezogenheit kennzeichnet somit den Gegenstand seiner Forschungen: die "westeuropäisch-amerikanische Lage" zwischen 1800 und 2000, die es "morphologisch zu bestimmen" gelte –

> Eine vergleichende Betrachtung ergibt die "Gleichzeitigkeit" dieser Periode [der westeuropäisch-amerikanischen Lage] mit dem Hellenismus, und zwar im besonderen die ihres augenblicklichen Höhepunktes – bezeichnet durch den Weltkrieg – mit dem Übergang der hellenistischen in die Römerzeit (Spengler: 1995, 37).

"Morphologie" heißt für ihn, die Geschichte in Analogie zum Pflanzenreich zu betrachten: Wie in diesem gehorchten historische Prozesse dem Gesetz der Entelechie – wie Pflanzen sei ihnen ein vorgegebener Entwicklungsgang eingeschrieben, der von der Geburt über die höchste Blüte bis zum Absterben gehe. Als Gewährsmann für sein Verfahren nennt er Goethe:

> Und so wie er [Goethe] die Entwicklung der Pflanzenform aus dem Blatt, die Entstehung des Wirbeltiertypus, das Werden der geologischen Schichten verfolgte – das Schicksal der Natur, nicht ihre Kausalität – soll hier die Formensprache der menschlichen Geschichte, ihre periodische Struktur, ihre *organische Logik* aus der Fülle aller sinnfälligen Einzelheiten entwickelt werden (Spengler: 1995, 35).[135]

---

135 Die *communis opinio* in den Naturwissenschaften wies über lange Zeit die Kausalität in den Bereich physikalischer und chemischer Vorgänge, Finalität (und Teleologie) hingegen in den des Lebendigen. Thure von Uexküll widerspricht dieser Auffassung – die Spengler offensichtlich teilt. Tatsächlich koexistieren Kausalität und Finalität in allen Lebensbereichen. Die Entelechie erscheint Uexküll nunmehr als die den Formen des *Lebens* eigene Gesetzlichkeit der Entwicklungsprozesse – jenseits der Unterscheidung von Kausalität und Finalität (Uexküll: 1956, 121ff). Er präzisiert aus der Sicht des Naturwissenschaftlers den Begriff der "Entelechie" dahingehend, dass er ihn von der bloßen Finalität (und damit auch der Teleologie) unterscheidet: "Alle Grenzen, auf die wir im Bereich der Physik und der Chemie stoßen, sind in Hinblick auf Ziele errichtet, die *wir* dort hineingetragen haben. Das bedeutet aber, daß

Das "Schicksal" ist der eigentliche Oppositionsbegriff zu "Kausalität", die für die Grunderfahrung des modernen, verwalteten Menschen steht. "Kausalität" meint eine mechanistische Weltsicht, in der sich die Befindlichkeit des Menschen in einem – marxistisch gesprochen – entfremdeten bzw. verdinglichten Dasein artikuliert. Die Schrift des reaktionären Kulturtheoretikers Spengler ist, obzwar der Begriff selbst bei ihm keine Rolle spielt, eine Bestandsaufnahme der Entfremdung. Geld etwa behandelt Spengler "als eine volle Abstraktheit", die sich von ihrer ursprünglichen Bedeutung entfernt habe, eine Bedeutung, die sich für ihn vorrangig als eine semiotische darstellt: "Er [der Begriff Geld] *dient* nicht mehr dem Verstehen des wirtschaftlichen Verkehrs; er unterwirft den Warenablauf seiner eigenen Entwicklung" (Spengler: 1995, 671) – d.h. Geld ist eine der organischen Entwicklung der Gesellschaft fremde Größe. Als eine Form abstrakter Begriffsbildung betrachtet Spengler auch den Terminus "Volk". Der Begriff markiert bei ihm bereits die *Entfremdung* von einem organischen Werden – ebenso wie die in ihm ihren Ausgang nehmenden Begriffe "Staat", "Nation" und "Zivilisation". Der als romantisch denunzierten Vorstellung vom Volk stellt er den – nach seinem Dafürhalten – "ursprünglicheren" Begriff der Rasse entgegen:

> Was seit der Eiszeit die Erde bewohnt, sind Menschen, nicht "Völker". Ihr Schicksal wird zunächst dadurch bestimmt, daß die leibliche Folge von Eltern, Kindern, der Zusammenhang des Blutes, natürliche Gruppen bildet, welche den deutlichen Hang verraten, in einer Landschaft Wurzel zu fassen [...] Damit ist die Dauer der kosmisch-pflanzenhaften Lebensseite, des Daseins, gegeben. Dies nenne ich *Rasse*. Stämme, Sippen, Geschlechter, Familien – das sind sämtlich Bezeichnungen für die Tatsache des durch Zeugungen in einer engeren oder weiteren Landschaft fortkreisenden Blutes (Spengler: 1995, 689).

Es gehört zu den Widersprüchlichkeiten Spenglers, dass er in seinem Buch die Rassengemeinschaft erst abhandelt, nachdem er die Stadt mit dem Stadtmenschen als den eigentlichen Sitz der Weltgeschichte ausgemacht hat:

> Es ist eine ganz entscheidende und ihrer vollen Bedeutung nie gewürdigte Tatsache, daß alle großen Kulturen Stadtkulturen sind. Der höhere Mensch des zweiten Zeitalters ist ein *städtebauendes Tier*. Das ist das eigentliche Kriterium der "Weltgeschichte", das sie von der Menschheitsgeschichte überhaupt aufs schärfste abhebt – *Weltgeschichte ist die Geschichte des Stadtmenschen*. Völker, Staaten, Politik und Religionen beruhen auf *einem* Urphänomen: der Stadt (Spengler: 1995, 661).

---

unbelebte Natur an sich – jedenfalls in dieser Form – unbegrenzt ist. Weiter sehen wir, daß im Gegensatz dazu die belebte Natur immer begrenzt ist. Die Vorgänge, die wir dort antreffen, haben stets einen Anfang und ein Ende, und hier sind Anfang und Ende *nicht* von uns gesetzt. Daher haben sie, wie die Griechen es ausdrücken, ihre Grenze oder das Maß in sich selbst, sie sind in der genauen Bedeutung des Wortes 'Entelechie' (etwas, das seine Grenze in sich hat)" (Uexküll: 1956, 140). Uexkülls Naturphilosophie zeigt, wie wenig sich "Entelechie" als Begriff und Vorstellung für eine (trübe) Schicksalssemantik eignet.

Der Grundwiderspruch in Spenglers Denken beruht auf dem Umstand, dass er seine in Anlehnung an die Botanik formulierte morphologische Methode an genau jenem Ort ihren Ausgang nehmen lässt, an dem sich der Mensch am konsequentesten von der Natur emanzipiert hat. Spengler spricht der Stadt ein "pflanzenhaftes Wesen" mit einer eigenen, durch ihre Gründung "geborenen" Seele zu. Jede Entwicklung "einer höheren Formensprache" sei unveränderlich an die Landschaft gebunden. Die Seele der Stadt erhalte einen sichtbaren, aus einer dörflichen Sammlung von Gehöften gebildeten Leib: "Und dieses *Ganze* lebt, atmet, wächst, erhält ein Antlitz und eine innere Form und Geschichte". Dieser ursprünglichen Stadtform stellt Spengler die modernen Riesenstädte gegenüber: "Erst die Zivilisation mit ihren Riesenstädten verachtet wieder diese Wurzeln des Seelentums und löst sich von ihnen". Hier macht Spengler ein paradoxes Phänomen aus: Nicht etwa, dass sich der Mensch von dieser Stadt abwende, vielmehr bleibe er zu ihr, dem "dämonischen Gebilde" hingezogen. Diese Anziehungskraft der Stadt liege in der Irreversibilität ihrer Entwicklung begründet, denn die Geburt der Stadt ziehe ihren Tod nach sich; sie wird für Spengler zur Chiffre des Untergangs: "Es gibt hier nur ein Vorwärts, kein Zurück" (Spengler: 1995, 660-662; vgl. Kuhnle: 2000a). Mit ihrem Wandel zur Metropole sei die Stadt den Weg allen Lebens gegangen, der in den Tod führe. Dieser Prozess ist für Spengler von einer Schönheit, die man mit Schillers Worten als "pathetisch-erhaben" charakterisieren kann, denn nur für den äußeren Beobachter birgt sie keine Gefahr. Doch für alle, die sich der Faszination dieser Schönheit ergeben, gibt es kein Zurück:

> Wer einmal der ganzen Schönheit dieses letzten Wunders aller Geschichte verfallen ist, der befreit sich nicht wieder. Ursprüngliche Völker können sich vom Boden lösen und in die Ferne wandern. Der geistige Nomade kann es nicht mehr. Das Heimweh nach der großen Stadt ist stärker vielleicht als jedes andere. Heimat ist für ihn jede dieser Städte, Fremde ist schon das nächste Dorf. Man stirbt lieber auf dem Straßenpflaster, als daß man auf das Land zurückkehrt. Und selbst der Ekel vor dieser Herrlichkeit, das Müdesein vor diesem Leuchten in tausend Farben, das taedium vitae, das zuletzt manche ergreift, befreit sie nicht. Sie tragen die Stadt mit sich in ihre Berge und an das Meer. Sie haben das Land in sich verloren und finden es draußen nicht wieder (Spengler: 1995, 676f).

Als Ekel bezeichnet Spengler jenen Verdruss, der – so schon Goethes Diagnose des Symptoms *taedium vitae* – sich einstellt, wenn "die Wiederkehr der äußeren Dinge" nicht mehr Behagen, sondern die gegenteilige Erfahrung zeitigt (Goethe IX: 1981, 578). Der Stadtmensch Spenglers erfährt die "äußeren Dinge" fortan als bloßen Reiz; sie haben ihre Beziehung zu jedem natürlichen Zyklus verloren; sie degradieren den Menschen zum Objekt, denn mit dem Verlust des "kosmischen Taktes in seinem Dasein" hat er auch die Möglichkeit verloren, einer Bestimmung, nämlich einem vom Schicksal diktierten ethischen Imperativ – *ducunt fata volentem, nolentem trahunt* lautet die bei Seneca entlehnte Maxime am Ende von *Der Untergang des Abendlandes* – gemäß zu handeln. Mit anderen Worten: Das *taedium vitae*, der Ekel, ist die Erscheinung, in der sich die Entfremdung als höchste "Spannung" ausspricht; dieser Ekel ist das *Anti-Pathetische*.

Takt und Spannung, Blut und Geist, Schicksal und Kausalität verhalten sich wie das blühende Land zur versteinerten Stadt, wie etwas, das für sich da ist, zu einem anderen, das von ihm abhängt. Spannung ohne den kosmischen Takt, der sie durchseelt, ist der Übergang zum Nichts (Spengler: 1995, 677).

Der seiner Schicksalhaftigkeit verlustig gegangene Stadtmensch ist demzufolge ein allein auf seine Intelligenz verwiesener "leerer Mensch", durchdrungen von dem Bedürfnis nach Kausalität, jenem blutarmen Ersatz für das Schicksal. Der Stadtmensch hat sich ganz der Abstraktion hingegeben: Es ist nicht mehr *ein* Ort bestimmten Namens, der zu seiner Heimat wird, sondern *die* Großstadt, für die bei Spengler New York, die Metropole der Neuen Welt, zum Schibboleth avanciert. Durch dieses Verarmen des Menschen wird der Prozess des Niedergangs zu einem irreversiblen, zu einer Teleologie bzw. Entelechie des Negativen. Spengler gibt hier nicht zuletzt eine Antwort auf die Fragen, mit denen Zarathustra dem Lamento des Narren vor der großen Stadt entgegnet: "Warum giengest du nicht in den Wald? Oder pflügtest die Erde? Ist das Meer nicht voll von Eilanden?" (Nietzsche: KSA 4, 224)

Die Wachstumsmetaphorik indiziert einen in sich geschlossenen Prozess, eine jeweils eigene Geschichte, die nicht Teil einer die ganze Menschheit erfassenden Universalgeschichte sein kann: Diesen Widerspruch vermag Spengler nicht befriedigend zu erklären, auch nicht die Tatsache, dass die von ihm vorgetragene Gleichzeitigkeit in der Wiederholung konsequent weiter gedacht auch eine in die Zukunft projizierte, prinzipielle Wiederholbarkeit einschließen müsste. Gerade der Rückgriff auf die Entropie verklärt – etwa nur weil die 'bürgerliche' Naturwissenschaft die Formel entdeckt hat? – die westeuropäisch-amerikanische Epoche, d.h. die bürgerliche, zum eigentlichen Endpunkt der Geschichte und affirmiert hier in der Negation quasi die Hegelsche Geschichtsphilosophie, zumindest von dem in ihr (bei Hegel dialektisch) gedachten Ende her.

Siegfried Kracauer macht bei Spengler die Konstante eines materialistisch geprägten geschichtsphilosophischen Denkens aus, die auch bei Marx und Comte zu finden sei:

> Und auch er [Spengler] ist so vollständig von Wissenschaft eingenommen, daß er nicht im geringsten zögert, das Ganze der Geschichte unter die Herrschaft eines Gesetzes zu bringen – eines Naturgesetzes, das rigider als alle vorausgehenden nicht nur menschliche Freiheit von Anfang an zunichte macht, sondern unerbittlich ihren Traum erstickt. Folglich ist seine Lehre der gleichen Kritik wie die historischen Gesetze des 19. Jahrhunderts ausgesetzt; gleich ihnen vergrößert es zu Unrecht das Reich von Notwendigkeit (Kracauer: 1971, 47).

Indes huldigt Spengler mit seiner "Morphologie" genannten Typologie ungebrochen dem Historismus, dessen auf eine individuelle Perspektive reduziertes Geschichtsverständnis er noch auf die Spitze treibt (vgl. Krauss: 1950,

150). Die Einheit mit der Geschichte ist nach dieser Auffassung mit dem Erleben des Schicksals gleichzusetzen: Die in die Vergangenheit gebannte Wiederkehr schicksalhafter Richtungsgedanken ist der Gegenstand seiner diese 'objektivierenden' *Morphologie der Weltgeschichte.*

In der modernen Großstadt herrscht nach Spengler das strenge Gesetz der Kausalität, jenes Gesetz, das dem eigentlichen Leben fremd gegenübersteht, das letztlich der mechanischen Regulierung toter Materie folgt. Die Stadt ist der Ort, an dem sich der "vierte Stand" etabliert, der Stand der Stadtmenschen, "der *Masse,* die die Kultur mit ihren gewachsenen Formen grundsätzlich ablehnt". Und damit ist auch das Urteil über das Werden der Stadt gesprochen: "Die Masse ist das Ende, das radikale Nichts" (Spengler: 1995, 1004). Spenglers Auffassung von der Universalität der Lebensprozesse, in die er die Geschichte einbettet, überträgt er in die Gesetze der Thermodynamik:

> Nachdem der erste Satz das strenge Bild eines kausalen Naturgeschehens gezeichnet hatte, bringt der zweite durch die Einführung der Nichtumkehrbarkeit eine dem unmittelbaren Leben angehörende Tendenz zum Vorschein, die dem Wesen des Mechanischen grundsätzlich widerspricht (Spengler: 1995, 543).

Die Entropie wird bei Spengler zu einer Form der Kontingenzbewältigung. Den 'äußeren' Determinanten der unerbittlichen *ananke* steht nun eine eigentümliche Zeiterfahrung entgegen, die sich vor der Folie des zweiten Gesetzes der Thermodynamik konstituiert: Die Entropie und der aus dieser Lehre abgeleitete Gedanke vom unaufhaltsamen Niedergang bewirkt die Inversion der Geschichtserfahrung in der von Blumenberg konstatierten Zeitschere, die in der Diskrepanz von Lebenszeit und Weltzeit besteht. Eine die Lebenszeit übersteigende Weltzeit wird nur deshalb als depravierend erfahren, weil sie ein 'Mehr' auf Kosten des individuellen Lebens zu erzeugen scheint. In einer Welt, so Spengler, in der das Leben aus den "Formelementen" Wachstum, Altern, Lebensdauer, Richtung und Tod bestehe, gebe es dagegen eine eigene innere Zeiterfahrung:

> Das hat in diesem Aspekt die Nichtumkehrbarkeit der Weltprozesse zu bedeuten. Sie ist, im Gegensatz zu dem physikalischen Zeichen t, Ausdruck der echten, *historischen,* innerlich erlebten Zeit, die mit dem Schicksal identisch ist (Spengler: 1995, 545).

Diese "innerlich erlebte Zeit" ist indes nicht zu verwechseln mit der richtungslosen *durée* bei Bergson, welche die Weltprozesse ausblendet: Dem Schicksal bleibt immer die entelechisch vorgezeichnete Bewegung des Niedergangs eingeschrieben.

In Spenglers Denken gehen nichtsdestoweniger Lebensphilosophie – er spricht z.B. vom "Lebensstrom eines Volkes" (Spengler: 1995, 1005) – und ein trüber Nietzscheanismus Hand in Hand, denn das Leben ist die eigentlich unbändige Bewegung: Es ist ein Strom, dem sich kein abstraktes Konstrukt, erst recht kein vom Menschen formulierter Wert wie etwa Gerechtigkeit entgegen zu stemmen in der Lage wäre; es ist der fortwährende Triumph einer

Macht über eine andere; es negiert Kultur, sobald sie sich aus seiner "organischen" Bewegung herausgelöst hat – "Das *Leben* ist das erste und letzte, das kosmische Dahinströmen in mikrokosmischer Form. Es ist *die* Tatsache innerhalb der Welt als Geschichte" (Spengler: 1995, 1194). Dem Denken Nietzsches verpflichtet, aber dessen rhetorischen Gedanken von der Überwindung offensichtlich ignorierend (Nietzsche hätte wohl, ohne mit der Wimper zu zucken, das Buch *Der Untergang des Abendlandes* dem "psychologischen Nihilismus" zugeordnet), entwirft Spengler seine Version der Umkehrung der Werte: Gericht halten, heißt bei ihm nicht Wahrheit und Gerechtigkeit (die bloße Abstraktionen sind!) durchsetzen, sondern meint das Recht, das aus der ureigenen Kraft des Lebens selbst komme. Und hierbei scheut er sich nicht, selbst Schiller für sich zu vereinnahmen:

> *Die Weltgeschichte ist das Weltgericht*: sie hat immer dem stärkeren, volleren, seiner selbst gewisseren Leben Recht gegeben, Recht nämlich auf das Dasein, gleichviel ob es vor dem Wachsein recht war, und sie hat immer die Wahrheit und Gerechtigkeit der Macht, der Rasse geopfert und die Menschen und Völker zum Tode verurteilt, denen die Wahrheit wichtiger war als Taten, und Gerechtigkeit wesentlicher als Macht (Spengler: 1995, 1195).

Und zu diesem "Schicksal" ist auch der Mensch der westeuropäischen-amerikanischen Epoche bestimmt: Die Weltgeschichte wird auch ihn und seine Zivilisation richten. Die am Schluss seines Buches geäußerte Maxime muss daher dem aufmerksamen Leser im großstädtischen Wohnzimmer wie kalter Hohn vorkommen: *Ducunt fata volentem, nolentem trahunt* – ist er doch als Bürger der Stadt von dieser Annahme des Schicksals für immer ausgeschlossen. Man ist hier geneigt, Schiller mit seiner Bemerkung "die Weltgeschichte ist ein erhabenes Objekt" zu bemühen, nur setzt ein solcher Blick den Standpunkt des freien Bürgers als "Mitherrscher eines höheren Systems" voraus – und nicht den bloß "zum dienstbareren Gliede eines Uhrwerks" reduzierten "glücklichern Bürger der Natur". Denn fern von jeder radikalen Untergangstümelei ist das Geschichtsbild Schillers: "Die Welt als historischer Gegenstand, ist im Grunde nichts anders als der Konflikt der Naturkräfte untereinander selbst und mit der Freiheit des Menschen" (Schiller: 1993b, 803). Im Gegensatz zur "Natur aber mit ihrem *organischen Reich*" füge sich die Geschichte nicht irgendwelchen regulativen Grundsätzen, woraus zu folgern sei, dass man sich darauf resignieren müsse, "sie zu erklären", was bedeute, "diese ihre Unbegreiflichkeit selbst zum Standpunkt der Beurteilung" zu machen (Schiller: 1993b, 804).

Wie Schiller betrachtet zwar auch Spengler die Geschichte aus einer ästhetischen Perspektive, im Unterschied zu jenem sieht er in der Geschichte dasselbe Prinzip wie in der Natur wirken: die Entropie, die er zum "Symbol des Niedergangs" erhebt. Spengler feiert das Pathos des Untergangs, dem das notwendige Korrelat zur Konstituierung des Erhabenen fehlt: die Freiheit. Wo nur noch Entropie am Walten ist, verfügt die Freiheit über kein Residuum mehr.

Für Spengler gründen ein Volk und seine Kultur in der Einheit einer Rasse, die wiederum auf die Gestaltungskraft einer Aristokratie zurückgehe. Mit dieser Kraft bestimme sie "für alle Zukunft" den "Takt des Blutes":

> Denn was für jede Frühzeit dieser schöpferische Aufstieg zur lebendigen Form, das ist für die Spätzeit die Macht der Tradition, nämlich die alte und feste Zucht, der sicher gewordene Takt von solcher Stärke, daß er das Absterben der alten Geschlechter überdauert und unaufhörlich neue Menschen und Daseinsströme aus der Tiefe in seinen Bann zieht (Spengler: 1995, 976).

Die beiden "Tradition" und "Gestaltungskraft" genannten Prinzipien hätten, entsprechend dem Lauf der Geschichte, die Setzung und Aufrechterhaltung einer für zukünftige Generationen verbindlichen "Morphologie" zu garantieren. Durch die Macht echter Tradition falle dem Individuum ein tragisches Schicksal zu. Dem Spenglerschen Dualismus von Gestaltungskraft und Tradition ist der nietzscheanische Dualismus von Apollinischem und Dionysischem unterlegt. Kunst sei, so Spengler, nicht auf einen Kanon beschränkt, der sich in der Nachahmung toter Formen erschöpfe; vielmehr sei durch die echte Kunst hindurch immer die "Macht der Tradition" zu spüren. Ausdrücklich beruft sich der 'Prophet' des untergehenden Abendlandes in *Preußentum und Sozialismus* auf den Denker des Dionysischen: "Seit Nietzsche kennen wir den großen in immer neuer Gestalt fortwirkenden Gegensatz im antiken Dasein: Apollo und Dionysos, Stoa und Epikur, Sparta und Athen, Senat und Plebs, Tribunat und Patriziat" (Spengler: 1920, 24). Dem Denken Spenglers ist ein sowohl entelechisches als auch teleologisches Moment eigen (vgl. Spengler: 1931, 7): Jede Tradition (und damit jede Rasse) folge dem Entwicklungsschema von Geburt, Reife und Niedergang; jeder (echten) Tradition sei aber das allein ihr vorbestimmte Ende unwiderruflich eingeschrieben. Ohne eine solche Finalität gebe es keine Tragik.[136] Entelechisch ist diese Sicht insofern, als sie einem natürlichen Entwicklungsprozess folgt; das teleologische Moment liegt dagegen in der Annahme einer Bestimmung begründet, für die die Begriffe "Kultur" und "Tragik" stehen.

Eine dynamische Tradition sei dem Verfall preisgegeben, sobald das Volk den Takt verloren habe, dem es seine Kraft verdanke, sobald die Aristokratie, die seine Dynamik ausmache, auf den Rang eines bloßen Zuschauers verwiesen werde. Von da an sei die Rasse nur noch eine Hülse. An diesem Punkt des Umschlagens entstehe Zivilisation: "Zivilisation aber – wirkliche Rückkehr zur Natur – ist das Erlöschen des Adels nicht als Stamm, was von geringer Bedeutung wäre, sondern als lebendige Tradition, und der Ersatz des schicksalhaften Taktes durch kausale Intelligenz" (Spengler: 1995: 977). Spengler ironisiert hier das Rousseausche Diktum von der Rückkehr zur Natur. Ein solch

---

136 Ein Gedanke, der übrigens bei Kojève seine Widerlegung findet (Kojève: 1988, 522 – s.o.; vgl. dagegen Sartre: 1983, 437).

unschuldiges Leben im Einklang mit der Natur ist für den Denker des untergehenden Abendlandes zutiefst unmenschlich: Es bedeute Passivität und die Negation des Takts. Die Zivilisation sei indes der Natur überlegen, weil sie das Kausalitätsprinzip perfektioniert habe. Doch einzig dem Prinzip der Kausalität unterworfen, habe die Zivilisation keine eigentliche Bedeutung mehr. Zivilisation stellt sich ihm also als eine bloß höher entwickelte Form von Natur dar: "Die Geschichte ist ewiges Werden, ewige Zukunft also; die Natur ist geworden, also ewige Vergangenheit" (Spengler 1995: 499). Zivilisation – der Triumph der Kausalität über den Takt, der Abstraktion über das Leben – kennt keine Geschichte! Deren Residuum verortet Spengler dagegen in der Kultur – womit er diesen Begriff zum einem Antonym von "Zivilisation" erhebt. "Kultur" ist für ihn gleichbedeutend mit der Organisation des "schicksalhaften Taktes". Und diesen habe die westliche Zivilisation verloren. Für sie kann es also auch keine Geschichte mehr geben. Das oppositionelle Begriffspaar "Kultur" und "Zivilisation" avanciert damit zum eigentlichen Leitmotiv seiner Schriften; es bezeichnet den für seine Kulturtheorie grundlegenden Dualismus. Eine Gesellschaft trägt immer beide Tendenzen in sich: die zur Herausbildung einer Kultur, aber auch die zur Zivilisation, die ihre Negation bedeutet.

Indes ist der Spenglersche Zivilisationsbegriff ein widersprüchlicher (sein Kulturbegriff nicht minder). Einerseits denunziert er einen toten Mechanismus, der einem Volk das Prinzip der Kausalität oktroyiert; andererseits preist er in *Der Mensch und die Technik* die Errungenschaften moderner Technologie, die im Verein mit Kultur eine *echte* Zivilisation begründeten. Um den Menschen mit der Moderne zu versöhnen, beruft er sich auf Nietzsche und den faustischen Mythos, dem Inbegriff von "Kultur": Die "faustische Seele" ist ihm Garant für den Dualismus von Apoll und Dionysos; sie allein sei in der Lage, die Technik in den Dienst einer schicksalhaften Bestimmung zu stellen (vgl. Taguieff: 2001, 167); sie allein erhebe sich über ein feiges Bürgertum.

> Die Fortschrittsphilister begeistern sich über jeden Druckknopf, der eine Vorrichtung in Bewegung setzte, die – angeblich – menschliche Arbeit ersparte. An die Stelle der echten Religion früher Zeiten tritt die platte Schwärmerei für die "Errungenschaften der Menschheit", worunter lediglich Fortschritte der arbeitssparenden und amüsierenden Technik verstanden wurden. Von der Seele war nicht die Rede (Spengler: 1931, 3).

Der Bürger habe die Technik auf den Rang eines reinen Instruments zur Verbesserung der Annehmlichkeiten des Lebens herabgewürdigt; einzig der Heroismus des wahren Lebens rechtfertige technischen Fortschritt: "Die Technik ist die Taktik des ganzen Lebens. Sie ist die innere Form des Verfahrens im Kampf, der mit dem Leben selbst gleichbedeutend ist" (Spengler: 1931, 5). Während aber Zivilisation einer Aufgabe des heroischen Kampfes gleichkomme, vereine die Kultur Technik und menschlichen Willen, um eine neue, authentische Gestalt zu schaffen:

Die Technik im Leben des Menschen ist bewußt, willkürlich, veränderlich, persönlich, erfinderisch. Sie wird erlernt und verbessert. Der Mensch ist Schöpfer seiner Lebenstaktik geworden. Sie ist seine Größe und sein Verhängnis. Und die innere Form dieses schöpferischen Lebens nennen wir Kultur, Kultur besitzen, Kultur schaffen, an der Kultur leiden. Die Schöpfungen des Menschen sind Ausdruck dieses Daseins in persönlicher Form (Spengler: 1931, 17).

Spengler proklamiert hier den Primat der Form als das Authentische an einer Kultur: Die Technik vermöge keine Form zu zeitigen, denn diese sei der eigentliche Ausdruck "schöpferischen Lebens"; Technik stehe ausschließlich im Dienste jener Form, die dem Willen einer Aristokratie Ausdruck verleihe. Er sieht den "aristokratischen Willen" auch in den modernen Ideologien am Wirken: Anarchismus und Sozialismus sind für ihn Ausdruck des Willens zur Macht, der die faustische Seele zu Krieg und Revolution dränge. Diese seien, wie es in *Preußentum und Sozialismus* heißt, Anlass und Mittel zur Gestaltung, zur Verwandlung der Massen in eine Form – "in der Tatsache des Weltkrieges und der Idee der Weltrevolution, in der Entschlossenheit, durch Mittel faustischer Technik und Erfindung das Gewimmel der Menschheit zu einem Ganzen zu schweißen" (Spengler: 1920, 23sq.). In einer semantischen Volte verleiht Spengler dem Begriff "Sozialismus" eine neue Bedeutung, die er dem "literarischen" (Spengler: 1920, 81) Ansinnen des Marxismus entgegenhält: "Die abendländischen Völker mit archaischem Instinkt sind sozialistisch im größeren Sinne des Faustisch-Wirklichen" (Spengler: 1920, 25). Sein "Sozialismus", der ein Sozialismus der dynamischen Form einer zur Schicksalsgemeinschaft zusammengeschweißten Masse ist, verlangt danach, dass sich der Mensch mit faustischer Seele den tragischen Kataklysmen des 20. Jahrhunderts zuwende: "Wir sind Sozialisten. Wir wollen es nicht umsonst gewesen sein" (Spengler: 1920, 99).

Dennoch darf diese Eloge auf den "Sozialismus" in dem Traktat *Preußentum und Sozialismus* nicht darüber hinwegtäuschen, dass Spengler damit keinen Entwurf für eine neue gesellschaftliche Ordnung verbindet. Ihm geht es vielmehr einzig um die Erfüllung einer tragischen Bestimmung und ihres ästhetischen Ausdrucks. Spenglers Kult der Katastrophe ist bar jeglicher eschatologischer Implikation. Die großen Denker der Aufklärung, des Frühsozialismus und des wissenschaftlichen Sozialismus betrachtet er als Verräter an der Idee des Tragischen. So verachtet er auch den Hass auf die antike Welt, der sich in der Apokalypse artikuliere – was er mit einem Anathema gegen den Bolschewismus verbindet (Spengler: 1920, 94). Sein 'Katastrophismus' begründet er mit wissenschaftlichen Argumenten: "Die Weltgeschichte schreitet von Katastrophe zu Katastrophe fort, ob wir sie nun begreifen und begründen können oder nicht. Man nennt das heute, seit H. de Vries, Mutation" (Spengler: 1931, 19) – ein Gedanke, der an de Sades Apologie der Destruktion erinnert.

Im Gegensatz zu dem libertinen Marquis begreift Spengler sein Denken als einen konsequenten Anti-Individualismus. Indes lehnt er jeglichen Kollektivismus ab, und sein vordergründiger Anti-Individualismus geht in der Vorstellung von der Autonomie eines aristokratischen Beobachters auf, der sich als höheres Individuum in einer quasi-transzendentalen Position einrichtet. Immerfort auf der Suche nach der "Form" perhorresziert der höhere Mensch Spengler(s) die unförmige Masse in den Metropolen.

Die moderne Zivilisation habe Individuum und Kollektivität (Rasse) der wahren Bestimmung der Technik entfremdet: "Die Technik ist mit den wachsenden Städten bürgerlich geworden". Zu den Vertretern einer solch bürgerlichen Zivilisation rechnet er auch Lenin und überschüttet mit Spott jene Heilserwartung, mit welcher der Bürger nach technischen Errungenschaften strebe:

> Die Technik ist ewig und unvergänglich wie Gott Vater; sie erlöst die Menschheit wie der Sohn sie erleuchtet und wie der Heilige Geist. Und ihr Anbeter ist der Fortschrittsphilister der Neuzeit, von Lamettrie bis Lenin (Spengler: 1931, 49).

Nach Spengler sind die großen Zyklen der Kulturen und Zivilisationen in sich geschlossen; die Wiederholung ist allein in der Morphologie begründet und hat nichts mit Nietzsches "Mythos der Ewigen Wiederkehr" gemein. Den in der Morphologie der Weltgeschichte aufgezeigten Momenten der Wiederholung fällt in erster Linie die Bedeutung eines *memento finis* zu. Seine Haltung ist die eines Ästheten, der Lust angesichts des unausweichlichen Endes in den Prozessen von weltgeschichtlicher Dimension empfindet. Aus dem *memento finis* leitet er eine spezifische Ethik ab, die vom Individuum eine heroische Hingabe an das Schicksal fordert. Sein Pathos schöpft aus der dionysischen Fülle eines ohne Wenn und Aber verzehrten Lebens: "Lieber ein kurzes Leben voll Tat und Ruhm als ein langes ohne Inhalt" (Spengler: 1931, 61). In seinem Denken hat die christliche Hoffnung auf Erlösung keinen Raum. Mit der Parusie verwirft er schließlich auch den Optimismus: "Die Zeit läßt sich nicht anhalten; es gibt keine weise Umkehr, keinen klugen Verzicht. Nur Träumer glauben an Auswege. Optimismus ist Feigheit" (Spengler: 1931, 61). Wahre Religion ist in ihrem Wesen faustisch, und als solche findet sie im wissenschaftlichen Denken ihre Fortführung!

Spenglers untergehendem Abendland steht nur noch der verdinglichte, am *taedium vitae* leidende Großstadtmensch und nicht mehr das freie Subjekt gegenüber. Sein Pathos hat nichts vom Erhabenen, sondern ist eher von einer schmelzenden Pathetik, welche die Freiheit in der Hingabe an eine krude Affektivität suspendiert (vgl. Schiller: 1993a), ohne sich zu der orgiastischen Lebensfülle dionysischer Zustände aufzuschwingen; es ist von der Pathetik des Orakels, dem sich der Ängstliche hingibt; es kennzeichnet die Diktion des falschen Propheten, als den Adorno den Kulturpessimisten entlarvt:

> Die Geschichte ist keine Gleichung, kein analytisches Urteil. Die Auffassung, sie sei das, schließt vorweg die Möglichkeit des Anderen aus. Die Spenglersche Vorhersage der Geschichte mahnt an die Mythen von Thantalus und Sisyphus und an die Sprüche des Orakels, die von alters her Böses verkünden. Er ist mehr

Wahrsager als ein Prophet. In der gigantischen und destruktiven Wahrsagerei triumphiert der Kleinbürger (Adorno X.1: 1997, 65).

Es ist bemerkenswert, dass Spengler trotz der von ihm als Zäsur ausgemachten Erfahrung des ersten Weltkriegs an dem Bild vom schleichenden, aber unaufhaltsamen Niedergang festhält, das die *Fin-de-siècle*-Stimmung kennzeichnete. Es ist, als ob die Schlüsselerfahrung des Krieges zunächst nur eine Haltung des 'weiter so' erzeugt hätte.

Spenglers Bild vom völlig haltlos gewordenen Menschen in einem zum Untergang verurteilten Abendland, der nur noch zum Objekt in einer als Masse begriffenen Gesellschaft existiert, findet in Hermann Brochs Schilderung der von den Opfern zur (regressiven) Apokalypse verkitschten historischen Katastrophe des ersten Weltkriegs und des mit ihr einhergehenden Menschen der "Sachlichkeit" sein literarisches Echo. In Brochs *Die Schlafwandler* wird die Entropie zur Metapher der Entfremdung; sie bezeichnet einen Menschen, der jegliche Möglichkeit zu sinnfälligem Wirken in der Gesellschaft verloren hat. Dieser Verlust an *Praxis* kann, nach Broch sowohl im Rausch als auch in der totalen Vereinsamung erfolgen, wobei die Vereinsamung den eigentlichen Kern der Rede von der "Entropie" bilde:

> [...] die Grenze zwischen Nüchternheit und Berauschtheit ist nicht immer festzuhalten, und ob erst die russische Menschenliebe als Berauschtheit zu bezeichnen wäre oder ob man dies bereits auf die normale soziale Beziehung zwischen Mensch und Mensch anwenden kann, ja ob die Zusammenschau der Dinge als Rausch oder als Nüchternheit zu nehmen ist, das bleibt letzten Endes unentscheidbar. Dennoch ist es nicht unmöglich, daß es für die Nüchternheit einen Zustand der Entropie oder einen absoluten Nullpunkt gäbe, einen absoluten Nullpunkt, dem alle Beziehungen mit Notwendigkeit und unaufhaltsam zustreben. [...] die Entropie des Menschen ist seine absolute Vereinsamung (Broch I: 1978, 447).

Die von Broch in *Die Schlafwandler* diagnostizierte "Sachlichkeit", in der sich die menschlichen Beziehungen auflösen, um in einer neuen, zynischen Welt wieder ihrem Tagwerk nachzugehen, illustriert einen Zustand, der sich mit Benjamins auf die Zeit nach der Revolution von 1848 gemünztem Satz umschreiben ließe:

> Der Begriff des Fortschritts ist in der Idee der Katastrophe zu fundieren. Dass es 'so weiter' geht, *ist* die Katastrophe. Sie ist nicht das jeweils Bevorstehende sondern das jeweils Gegebene (Benjamin V.1: 1991, 151; vgl. Bürger: 1988, 151).

Die Katastrophe ist also das Beharren auf dem Bestehenden, das Sich-Arrangieren mit dem Gegebenen, das in Spenglers Lehre seinen Trost spendenden Überbau gefunden haben mag.

1.4. Exkurs: Das unanimistische Bild der Großstadt – Jules Romains und René Schickele

Die absolute "Vereinsamung des Menschen" (Broch I: 1978, 447 – s.o.), die mit der Erfahrung des Ersten Weltkriegs in der allerkrudesten Form hervorgetreten ist, macht das Signum des Menschen in der modernen Großstadt aus. Und an diesem Punkt ist durchaus Spengler in seiner Feststellung eines *taedium vitae* zuzustimmen, welches mit dem Paradox einhergeht, dass der Großstadtmensch nicht mehr aus seiner Umgebung zurück aufs Land findet. Eine solche Rückkehr käme einer Regression gleich sowohl in der allgemeineren – hier auf die Kulturgeschichte bezogenen – Bedeutung von "Rückkehr zu einem früheren Entwicklungsstand" als auch in der, welche die analytische Psychologie dem Terminus aufgeprägt hat.

Dies droht zu dem Irrtum zu verleiten, der Großstadtmensch wäre frei von regredierenden Tendenzen oder fände möglicherweise keinen Regressionsraum. Denn ein solcher eröffnet sich über die Identifikation mit der Großstadt, die zum Ort mystisch zu nennender Phantasmen von einer Kollektivseele wird. Dort drängt das Individuum nach der Aufgabe seiner Freiheit, um sich der Illusion hinzugeben, sein 'Schicksal' in einer vom Kollektiv getragenen und damit 'authentischen' Bewegung aufgehen zu sehen, die – im Sinne lebensphilosophischer Vorstellungen – die Erfahrung von Entfremdung suspendiert.

Nach einem solchen 'schicksalhaften' Erleben drängt der *unanimisme* eines Jules Romains, der in seinem zyklischen Großstadtgedicht *La Vie unanime* (1908) den Prozess einer (quasi-) mystischen Vereinigung von Individuum und Großstadt zelebriert:

> L'espoir du paradis qui flambait autrefois,
> On eut beau le couvrir avec nos doigts, le vent
> A soufflé la chandelle;
> Le vent a balayé l'au-delà du zénith;
> Mais, pour nous consoler de la vie éternelle,
>   Nous aurons la vie unanime.
>
> Chacun de nous s'étire, et s'accrochant des ongles,
> Grimpe hors de lui-même;
> Il semble que déjà nous soyons un peu moins
> Éphémères.
>
> Nous voulons librement que l'on nous asservisse;
> Avoir un dieu vaut plus que la liberté.
> Nos âmes qu'on a mises tant de jours à sculpter,
> Et que des ornements somptueux enrichissent,
> Nous les jetons sans une larme au précipice
> De la cité.

> Qu'elles aillent tomber sous les roues des voitures,
> Rebondir aux pavés, cogner contre les murs,
> Que les lourds mouvements du peuple triturent,
> Et que les foules, tournoyant comme des meules,
> Les cassent comme des grains mûrs!
>
> Nous avons le désir d'aimer ce qui nous brise;
> Graves de quiétude et frémissants de Joie;
> Nous cessons d'être nous pour que la ville dise:
> "Moi!" (Romains: 1975, 244f)

Das lyrische Wir-Ich verabschiedet sich vom Paradiesgedanken mit seiner Vorstellung von einem ewigen Leben, an dessen Stelle "la vie unanime" getreten ist. Der jeweils Einzelne wird nur noch als Bruchstück identifiziert: Er klettert aus sich selbst heraus, um sein ephemeres Selbst in Richtung Kollektivseele aufzulösen. Die mit reichlich Tand verzierte Individualseele, für deren Formung man so viel Zeit aufgewendet hat, wird ohne Tränen in den Abgrund der Stadt geschleudert: Das lyrische Wir-Ich will aus freien Stücken unterworfen sein – "Avoir un dieu vaut plus que la liberté". Die Freiheit strebt nach ihrer Aufgabe! Die zu 'opfernde' Freiheit hat sich als eine haltlose, der Kollektivseele fremde Abstraktion erwiesen.

Der Wunsch, die Freiheit abzustreifen, ist das regredierende Moment par excellence. Dabei drängt sich der Vergleich mit der von Spengler zum (nostalgischen) Ideal erhobenen Schicksalsergebenheit hier förmlich auf. Allerdings sucht der Unanimismus das "Schicksal" in der von "Spannung" diktierten Welt der Großstadt: Das lyrische Wir-Ich, das nach der in einer "vie unanime" beheimateten Kollektivseele strebt, hat sein Ziel erst dann erreicht, wenn es in dem Ich der – von Spengler so verhassten – Stadt aufgeht. Damit aber die Stadt *Ich* sagen kann, müssen erst alle Individualseelen völlig zerstört werden. Dieses Zerstörungswerk vollbringt der gewaltige Rhythmus des Großstadtlebens, dessen Ungezügeltheit die unregelmäßigen Verse zum Ausdruck bringen. Die letzte Zeile, das *Moi*, markiert die durch Reduktion erlangte Fülle eines bis dahin "ephemeren" Lebens: Nach der Zerstörung der Individualseelen erfolgt der Aufstieg des kollektiven Wir-Ich aus seinen einzelnen Gliedern, um in sich und in der Stadt zur Ruhe zu gelangen.

In einer kleinen Sammlung von unanimistischen Prosaminiaturen mit Szenen aus Paris (*Puissances de Paris*) zeigt Romains, wo die in *La Vie unanime* genannten *éphémères* Momente unanimistischer Ubiquität erfahren. Als einen solchen Ort macht er etwa das Kino aus, wo sich der Traum der Menge ("foule") mit dem Beginn der Filmvorführung konstituiere:

> Un cercle brusque éclaire le mur du fond. La salle dit "Ah!". Elle fête, par ce vagissement qui simule la surprise, la résurrection dont elle était sûre. Le rêve de la foule commence. Elle dort; ses yeux ne la voient plus; elle n'a plus conscience de sa chair. Il n'y a en elle qu'une fuite d'images, un glissement et un froufrou des

songes. Elle ne sait plus qu'elle est, dans une grande pièce carrée, un groupe immobile, avec des sillons parallèles, comme un labour. Toute sa réalité intérieure tremble sur l'écran. Visions qui rappellent la vie, une brume oscille devant elles. Les choses n'ont pas la même allure qu'au dehors. Elles ont changé de couleurs, de tailles et de gestes. Les êtres semblent géants, ils se meuvent à la hâte. Le temps qui dirige ces rythmes n'est pas le temps ordinaire, celui qu'adoptent la plupart des foules quand elles ne rêvent pas. Il est vif, capricieux; il a bu, il sautille constamment sur ses pieds, il essaie parfois un bond énorme quand on s'y attend le moins. Les actions n'ont pas de suite logique. Les causes pondent des effets étranges comme des œufs d'or (Romains: 1919, 104f).

Im Kino erfährt sich der Mensch als Teil des von der Menge geträumten Traums. Während der Vorstellung ist die alltägliche Zeiterfahrung, welche die Vorgänge berechenbar macht, zugunsten eines Zeiterlebnisses suspendiert, das einzig der von Vorführraum, Projektionsmaschinerie sowie dem Film selbst erzeugten Welt des Kintops entspringt und voller Überraschungen ist. Diese Welt entfaltet eine Dynamik, welche das in der realen Welt der Abstraktion und Kausalität nur noch als isoliertes Kristallisat fortbestehende Individuum ergreift und ihm einen neuen Rhythmus diktiert.

Besonders scharfsinnig hat übrigens Kracauer die Wirkung des Kinos auf die beschädigte, nach einer *unio mystica* drängenden Seele des modernen Menschen analysiert: "Was die Filme reflektieren, sind weniger explizite Überzeugungen als psychologische Dispositionen – jene Tiefenschicht der Kollektivmentalität, die sich mehr oder weniger unterhalb der Bewusstseinsdimension erstreckt" (Kracauer: 1984, 12). Diese Bemerkung gilt vor allem den Filmen, die nach dem Strickmuster der Traumfabrik Hollywood entstehen. Seine Suggestivkraft erhält der Film jedoch hauptsächlich durch die ihm eigenen Kunstmittel: den Schnitt und den Kameraschwenk, womit der Blick nicht mehr auf eine einzige Perspektive beschränkt bleibt. Durch den Einsatz dieser spezifischen Mittel kommt es schließlich zu einem Effekt, der das Erlebnis eines Kinobesuchs zu dem einer Traumwelt von eigener Dynamik und einer im Alltag nicht zu erfahrenden Dichte des Seins macht.

Die Wirkung auf die Zuschauermenge im Kino, die Romains' Prosaminiatur schildert, ist jene, die die nationalsozialistische Propagandamaschinerie fast zur Perfektion treiben wird. Die mit den filmspezifischen Mitteln erzeugten Effekte zielen, wie Kracauer deutlich macht, "auf Regression, um das Volk nach Belieben zu manipulieren" (Kracauer: 1984, 325) – d.h. sie versuchen an Stimmungen zu appellieren und jede Distanznahme zu verhindern. Diesen Verlust der Distanz, dieses Aufgehen in der von einer Filmvorführung erzeugten Seinsfülle erhebt Romains zu einer vorgeblich unpolitischen kollektiven Erfahrung des Aufgehens im Traum der Menge. Was Romains in seiner unanimistischen Kollektivseele aufzuheben sucht, ist die von Benjamin aufgezeigte Grunderfahrung der Moderne: der Chock. Der Propagandist des *unanimisme* verabsolutiert nunmehr eine regredierende und damit rückwärts gerichtete Tendenz: Er ist reaktionär – im wahrsten Sinne des Wortes.

Auf die Erfahrung des Chocks, in der das Individuum auf seine Verdinglichung verwiesen und sich dieser zugleich bewusst wird, antwortet Romains mit seiner Vorstellung von einer "Kollektivseele", die diese Chocks pariert, indem sie die Freiheit des Einzelnen in einem Raum suspendiert, der mit den Mitteln einer den Menschen traumatisierenden Moderne konstituiert wird. Doch dieser 'Erlebnisraum' bleibt auf eine Enklave innerhalb der alltäglichen Zeit verwiesen: Mit der Kinoaufführung ist auch der 'Traum' der Menge zu Ende. Die Endlichkeit dieser Kollektiverfahrung verweist wieder auf die Diskontinuität des Großstadtlebens: Das unanimistische Programm vom Aufgehen in einer Kollektivseele, setzt voraus, was es überwinden will – denn es bleibt an die von der 'objektiven' Zeit gesetzten Dispositionen gebunden, die jede Dauer zu fragmentieren scheint. So ist etwa das kollektive Erleben um eine Radbahn (*Le Manège de cycles*) an die wenigen Minuten geknüpft, die ein Rennen dauert:

> Sa vie n'est qu'une tension. Et bien qu'elle ne dure que deux ou trois minutes, elle a le temps de devenir une destinée. Elle part d'un rythme ordinaire, atteint le vertige, puis revient au calme. Elle a la forme d'une onde, et le paroxysme qui la domine est lui-même harmonieux (Romains: 1919, 99).

In der während des Rennens entstehenden Spannung wird Bestimmung ("destinée") – wenn nicht gar "Schicksal" im Spenglerischen Sinne – *erfahren*. Das Sein gewinnt an Konsistenz; die Bewegungen greifen *notwendigerweise* ineinander; alle Kontingenz ist aufgehoben. Die Radrennbahn wird zum kollektiven Raum: Nicht der einzelne Teilnehmer oder Zuschauer erlebt das Rennen, sondern der für die Dauer des Laufes zur unanimistischen Menge totalisierte Raum, der über eine eigene Affektivität verfügt; die einzelnen Körper greifen ineinander wie die Teile einer Dampfmaschine –

> D'abord, le manège souffre; la résistance de la matière l'inquiète; il sent qu'il est obligé de donner un excès d'effort continu, et que, s'il avait une défaillance, la course s'anéantirait presque aussitôt. Il s'acharne; les corps se déhanchent, oscillent comme des balanciers de machines à vapeur. Le métal des roues et le métal du rail ont beau être lisses; il faut qu'ils s'engrènent l'un dans l'autre, que les infimes rugosités de chaque roue trouvent chacune une rugosité du rail pour s'y accrocher, pour y planter un crampon d'énergie. Puis le manège est sûr de vaincre. Il a déjà un passé qui le pousse. Mais il peine encore. [...] Le manège a conscience que sa vie si brève est soumise à un devoir: créer, chaque seconde, le plus de vitesse qu'elle peut, en tordant ensemble sa vigueur et son élan. [...] Il dépense l'énergie accumulée; il vieillit [...] Les roues grincent. Les corps se défont. Le manège meurt (Romains: 1919, 99).

Der zur unanimistischen Menge totalisierte Raum verfolgt nur ein Ziel: maximale Steigerung der Geschwindigkeit. Die Zeit des Laufs ist identisch mit dem 'Lebenslauf' der Menge, die zunächst jugendliche Spannung aufbaut und größtmögliche Energie ansammelt, sie dann entfaltet, um schließlich zu altern und zu sterben – von 'außen' erscheinen danach Energieentfaltung und Energieverbrauch nur noch als reiner Selbstzweck. Die Menge kennt keine andere kollektive 'Aufgabe' als die Verausgabung – ein in seiner (objektiven) zeitlichen Extension begrenztes Erleben, für das es kein Davor und Danach gibt, in dem die Memoria ebenso suspendiert wird wie der veröffentlichte Chronos.

Das in *La vie unanime* entwickelte Großstadt-'Paradies' soll über den Prozess des Auflösens der Individuen diese kollektiven Erlebnismomente weiter totalisieren und in einem Stadt-Ich aufgehen lassen. Am vollendeten Stadt-Ich würde dann die Erfahrung der Entfremdung in der modernen Großstadt definitiv suspendiert; die Stadt wäre ein großer Organismus mit eigenem Schicksal. Schicksal aber ist – und darin erweist sich Romains *mutatis mutandis* als ein französischer 'Zeitgenosse' Spenglers – ein Prozess, der nunmehr auf rasche Verausgabung der geballten Energiereserven drängt, welche die Zivilisation freisetzt. Für das Stadt-Ich als die totalisierte unanimistische Kollektivseele bedeutet dies, dass sein Untergang fest vorgezeichnet ist. Ganz den Erlebnis-Momenten der unanimistischen Kollektivität zugewandt, in der die Freiheit des Einzelnen aufgeht, versäumt es Romains, jene ökonomischen und politischen Mächte zu thematisieren, die gerade in der Stadt die Masse zu einem verfügbaren Instrument verwandelt.

Victor Hugo erkannte in der Massenbildung den Verrat am Volk, die Pervertierung des von ihm hochgehaltenen Mythos einer den Fortschritt tragenden Gesellschaftsschicht: "La foule est traître au peuple" (Hugo: 1951, 1076). Der Unanimismus dagegen verherrlicht den Prozess der Massenbildung. Die Masse nimmt die Physiognomie eines Individuums mit seinem ganzen pathologischen Potential an; die Masse verdinglicht den Menschen und macht ihn zum willfährigen Instrument – wie das *Großstadtvolk* in dem gleichnamigen Gedicht des elsässischen Expressionisten René Schickele:

> Nein, hier sollt Ihr bleiben!
> In diesen gedrückten Maien, in glanzlosen Oktobern.
> Hier sollt Ihr bleiben, weil es die Stadt ist,
> wo die begehrenswerten Feste gefeiert werden
> der *Macht* und die blaß werdenden Edikte erlassen werden
> der *Macht*, die wie Maschinen – ob wir wollen oder nicht – uns treiben
> Weil von hier die bewaffneten Züge hinausgeworfen werden
> auf mordglänzenden Schienen,
> die alle Tage wieder
> das Land erobern.
> Weil hier die Quelle des Willens ist
> aufschäumend in Wogen, die Millionen Nacken drücken,
> Quelle, die im Takte der Millionen Rücken,
> im Hin und Her der Millionen Glieder
> bis an die fernsten Küsten brandet –
> Hier sollt ihr bleiben!
> in diesen bedrückten Maien, in glanzlosen Oktobern.
> Niemand soll Euch vertreiben!
> Ihr werdet mit der Stadt die Erde Euch erobern. (zit. n. Pinthus: 1984, 233).

Das Gedicht Schickeles erscheint wie ein kritischer Kommentar *ante rem* zu Spenglers auf die Stadt zentrierte Sicht von einer Weltgeschichte des Untergangs: Die moderne Metropole wird von dem Expressionisten als jener Ort benannt, an dem Eroberungskriege ihren Ausgang nehmen, Kriege, die zur Voraussetzung die Erniedrigung des Menschen zur Masse haben. In der Stadt ist die Macht konzentriert, in der Stadt entsteht die Staatsmaschine, die – so Spengler – das Produkt einer aus der liberalen Staatsidee hervorgegangenen Diktatur (sic!) sei:

> Das Mißtrauen gegen die hohe Form ist in dem innerlich formlosen Nichtstand [gemeint ist der dritte Stand] so groß, daß er immer und überall bereit gewesen ist, seine Freiheit – *von* aller – Form durch die Diktatur zu retten, die regellos und deshalb allem Gewachsenen feind ist, aber gerade durch das Mechanisierende ihrer Wirksamkeit dem Geschmack von Geist und Geld entgegenkommt; man denke an den Aufbau der französischen Staatsmaschine, den Robespierre begonnen und Napoleon vollendet hat. Die Diktatur im Interesse eines Standesideals haben Rousseau, Saint-Simon, Rodbertus und Lassalle ebenso gewünscht, wie die antiken Ideologen des 4. Jahrhunderts (Spengler: 1995, 1064).

Hier kann mit Schickele der Einspruch erhoben werden, dass *Macht* immer *Macht* bleibt bzw. dass es für den Einzelnen, vermassten und in den Krieg geschleuderten Großstadtmenschen keinen Unterschied bedeutet, von welcher *Macht* er schließlich auf den Schlachtfeldern verheizt wird. Die allgemeine Mobilisierung wird schließlich zur Verwirklichung des Massenmenschen schlechthin, den Ernesto Grassi wie folgt charakterisiert:[137]

---

137 Eine erste Analyse des Phänomens "Masse" findet sich in Michelets *Le Peuple*. Dort schildert er wie das Volk zur Masse wird, ohne jedoch bereits scharf zwischen den beiden Begriffen zu trennen. Ein Faktor, der zur Veränderung des Volkes beigetragen habe, ist für ihn der durch die maschinelle Produktion hervorgebrachte partielle Fortschritt in den materiellen Bedingungen der Arbeiter: "Il ne faut pas moins, en vérité, que ce progrès de tous, l'avantage évident des masses, pour nous faire accepter la dure condition dont il faut l'acheter, celle d'avoir, au milieu d'un peuple d'hommes, un misérable petit peuple d'hommes-machines qui vivent à moitié, qui produisent des choses merveilleuses, et qui ne se reproduisent pas eux-mêmes, qui n'engendrent que pour la mort, et ne se perpétuent qu'en absorbant sans cesse d'autres populations qui se perdent là pour toujours" (Michelet: 1974, 97f). Michelet hebt die Bedeutung des Führers für ein zur Masse gewordenes Volk hervor (Michelet: 1974, 185f). Deutlich negativ dagegen verwendet – wie oben erwähnt – Hugo den Begriff "foule" bzw. "masse". Die Masse sieht er – bzw. sein Redner auf den Barrikaden, Enjolras – als dasjenige Element, an dessen Trägheit der Fortschritt des Volkes scheitere: "Ces passes d'armes pour le progrès échouent souvent [...]. La foule est rétive à l'entraînement des paladins. Ces lourdes masses, les multitudes, fragiles à cause de leur pesanteur même, craignent les aventures; et il y a de l'aventure dans l'idéal" (Hugo: 1951, 1264). In der zweiten Hälfte des 19. Jahrhunderts wird die Massenpsychologie zur Forschungsdisziplin. Gustave Le Bon stellt eine direkte Verbindung zwischen den gescheiterten Idealen und dem Entstehen der Masse als ein soziales Phänomen her. Für ihn wird die Massenbildung zum Signum der Moderne wie sie sich um die Jahrhundertwende präsentiert: "Sur les ruines de tant d'idées, tenues pour vraies jadis et mortes aujourd'hui de tant de pouvoirs successivement brisés par les révolutions, cette puissance est la seule qui se soit élevée, et paraisse devoir absorber bientôt les autres. Alors que les antiques croyances chancellent et disparaissent, que les vieilles colonnes des sociétés s'effondrent tour à tour, l'action des foules est l'unique force que rien ne menace et

Typisches Kennzeichen des *Massenmenschen* ist der Verzicht auf selbständiges, individuelles rationales Verhalten und die Hingabe an eine gefühlsbetonte, von möglichst vielen geteilte Reaktion. In dem Moment, in dem in einzelnen – in einer Situation, die er mit vielen erlebt – die sonst gebändigten irrationalen, unterbewussten Kräfte frei in Aktion gesetzt werden, wird er ein Teil der Masse (Grassi: 1956, 146).

1.6. Entropie und Eschatologie

Die Entropie als kulturanthropologische Metapher greift nach Georges Devreux schließlich immer dann, wenn sich ein gesellschaftliches System auf sich selbst zurückzieht, wenn es die kulturelle Reinheit seiner Identität betont. So heißt es in seiner *Ethnopsychanalyse complémentariste*:

> [...] la seconde loi de la thermodynamique nous enseigne, en effet, qu'un système fermé, totalement homogène, cesse de produire du travail perceptible de l'extérieur. Bertrand Russel a exprimé cette loi selon la manière suivante: "Les choses abandonnées à elles-mêmes tendent à finir en gâchis." Ce gâchis est un luxe que l'humanité ne peut se permettre (Devreux: 1971, 165).

Was bei Devreux zur warnenden Bestandsaufnahme wird, erweist sich in den oben genannten Theorien aus dem ausgehenden 19. Jahrhundert und dem ersten Drittel des 20. Jahrhunderts als ein perfides Ideologem: Die Entropie als das Naturgesetz, das unaufhaltsam den Niedergang herbeiführt, bedeutet realiter ein Verlangsamen der Katastrophe, das sich komplementär verhält etwa zu der bei Jules Verne praktizierten Aufhebung der als depravierend empfundenen Weltzeit im *Chronotopos des Inventars*. Die dem Denken der Physik entlehnte kulturanthropologische Metapher liest sich wie die in die Geschichte hineinprojizierte Sentenz "Nur noch ein Viertelstündchen". Die Hinnahme der Entropie erscheint in diesem Licht wie die fatalistische spießbürgerliche Variante einer *missbrauchten Apokalyptik*. So gesehen ist Joachim Schumacher beizupflichten, wenn dieser konstatiert:

> dont le prestige grandisse toujours. L'âge où nous entrons sera véritablement l'*ère des foules*" (Le Bon: 1947, 12). Das wesentliche Element der Massenbildung sei eine "émotion violente", welche die bewusste Persönlichkeit verschwinden lasse und die Gefühle in eine Richtung dränge (Le Bon: 1947, 20). Eine solche Masse wird anfällig für einen Führer bzw. sucht sich einen solchen. Dies hebt Freud hervor, der die Theorie Le Bons in seine psychoanalytische Massenpsychologie integriert. Das entscheidende Moment dabei sei, dass das Individuum eine zweifache libidinöse Bindung aufweise: an den Führer und an die Masse (Freud XIII: 1991, 86f). Und Wilhelm Reich schreibt – die Tradition der Analysen zur charismatischen Persönlichkeit bei Weber und Freud aufnehmend – über den Boden, auf dem der nationalsozialistische Führerkult entstehen konnte: *"Nur dann, wenn die Struktur einer Führerpersönlichkeit mit massenindividuellen Strukturen breiter Kreise zusammenklingt, kann ein 'Führer' Geschichte machen.* [...] Kommt es doch gerade darauf an zu begreifen, weshalb sich die Massen der *Irreführung, Vernebelung und psychotischen Situation zugänglich erweisen.* Ohne die genauen Kenntnisse dessen, *was in den Massen vorgeht*, kann man das Problem nicht lösen" (Reich: 1986, 53).

Der Entropiebegriff, wie er aus der Physik in die Vulgär-Metaphysik eingedrungen ist, birgt eine besonders hinterhältige Variante des Chaoswahns. Das Chaos wird nicht mehr als einbrechende Katastrophe gemeldet, sondern als Beginn eines unaufhaltsam vorkriechenden Nivellierungsprozesses. Aus dem Chaos als Abgrund wird ein Chaos der Verflachung, Verödung. Nicht einmal mehr die Feuer der Revolution prasseln als sichtbares Zeichen: hier geschieht ein riesenhaftes Verbrechen. Es herrscht nur noch erstickender Qualm (Schumacher: 1978, 116).

Es sei noch einmal der dualistische Ansatz der modernen Naturwissenschaft in Erinnerung gerufen, in den die Vorstellung von der Entropie, insbesondere bei ihrer Anwendung auf soziale Systeme, eingebunden ist: In einem energetisch geschlossenen System nimmt die Entropie, d.h. die Unordnung beständig zu. Gegen diese Unordnung bilden sich Subsysteme heraus, also Ordnungsstrukturen, die zunächst erfolgreich dieser anwachsenden Unordnung partiell Einhalt gebieten, die aber ihrerseits durch ihr partikulares Wirken am Anwachsen der Entropie beteiligt sind, gegen die sie sich stellen. Am Schluss trägt aber die Entropie als der notwendige Gang der Dinge den Sieg davon – was Bergson kritisch auf den Punkt gebracht hat: "en ce qu'elle [l'entropie] nous montre du doigt, sans symboles interposés, sans artifice de mesure, la direction de la marche du monde" (Bergson: 1991c, 701 – s.o.). Dies kann für das bürgerliche Bewusstsein nichts anderes bedeuten, als dass hier der Rückzug auf die private Sphäre eine vulgärmetaphysische Begründung erhält: Man kann im Großen ja doch nichts ausrichten...

Die vormalige 'Größe' der historischen Tat ist auf das arbiträre Erscheinungsbild des Agierens der Hysterika Salomé übergegangen, die sich zur Allegorie dessen eignet, was nun Geschichte heißen könnte. Wirklich groß kann nur noch der Untergang selbst erscheinen, wenn er seine hyperbolische Steigerung durch die zu vernichtende Masse erfährt, in der aufgehen soll, was 'Kollektivität' heißen könnte. Für diesen Untergang muss die Apokalypse als Pathosformel herhalten, hinter der eine Geschichte verschwindet, die sich nunmehr ihres eschatologischen Gehaltes entledigt hat.

Die Übertragung des zweiten Hauptsatzes der Thermodynamik auf die Geschichte blendet die Erfahrung des Auseinanderklaffens von Weltzeit und Lebenszeit aus. Und ohne Bedenken lässt sich zwischen den partiellen Ordnungssystemen, die sich gegen das Anwachsen der Entropie stemmen, eine direkte Verbindung zu der von Blumenberg konstatierten Zeitschere herstellen. Schon Karl Marx schrieb: "Die Quantität allein entscheidet alles: Stunde gegen Stunde, Tag gegen Tag..." (Marx: MEW IV, 85). Zeit wird über die maschinelle (Serien-) Produktion und den Markt radikal verdinglicht: Solchermaßen chosistisch gefasst, kann Zeit eigentlich nur eine Zunahme von unendlich vielen indifferenten Einheiten und damit von Unordnung bedeuten.

Robert Spaemann nimmt seine Reflexionen zum zweiten thermodynamischen Gesetz zum Anlass, den Unterschied zwischen Teleologie und Eschatologie zu verdeutlichen. Eschatologisch sei – er argumentiert von dem in der

Antike formulierten Gegensatz von *nous* und *ananke* her – Geschichte dann, wenn sie den dualistischen Gegensatz von Telos – Telos heißt bei Aristoteles: das Lebendige realisieren, indem man den Untergang hinausschiebt – und Ende nicht aufzuheben vermöge. So betrachtet, zeichne sich die jüdisch-christliche Weltsicht dadurch aus, dass sie das Reich der "schönen Gestalt" (die Erlösung) jenseits dieser ehernen Weltgesetze ansiedle und Geschichte folglich immer endlich denke:

> Die Materie wird nach Auffassung der Kirchenväter nach der Auferstehung des Fleisches zum reinen Ausdrucksmedium spiritueller Strukturen, ohne eine dem Geist noch widerstehende Eigengesetzlichkeit, ohne Trägheitsprinzip. Modern gesprochen: der zweite Hauptsatz wird gegenstandslos, weil seine Prämisse entfällt: das energetisch abgeschlossene System. "Die Stadt", so heißt es wieder in der Offenbarung des Johannes, "braucht weder Sonne noch Mond, damit es hell wird in ihr, denn die Herrlichkeit Gottes erleuchtet sie und ihr Licht ist das Lamm." [Offb. 21.5]. Seine geschichtliche Sprengkraft entfaltet das monistische Prinzip erst dort, wo es sich von seiner theologischen Voraussetzung emanzipierte. Solange es an diese Voraussetzung gebunden ist, ist der Monismus ein streng eschatologischer, der den antiken Dualismus von nous und ananke, also den Gegensatz von telos und Ende nicht aufhebt. Die immanente Dynamik der menschlichen Geschichte führt nicht zum teleologischen eschaton. Sie führt im Gegenteil zum Antichrist (Spaemann: 1996, 567).[138]

Spaemanns Überlegungen bestätigen, dass etwa Auerbachs Wunsch nach einem Monismus letztlich ein Säkularisat eschatologischen Denkens ist, das sein theologisches Gewand nicht abzulegen weiß – und ähnliches ließe sich auch über Bergsons *élan vital* sagen, womit auch die Rede von der "inneren Eschatologie" lebensphilosophischer Provenienz ihre Rechtfertigung erfährt. Nun, so Spaemann, sei die Geschichte zwar nicht durch ein das Gute hervorbringendes "Gesamt-Telos" bestimmt und immer wieder gebe es Stadien des Zerfalls, doch ungeachtet des rollenden Steins von Sisyphos habe der Mensch keinen Grund für einen pauschalen Geschichtspessimismus. Die eigentliche Leistung des 18. Jahrhunderts erkennt er in der Idee von einem den Dualismus von *nous* und *ananke* aufhebenden *notwendigen Fortschritt*: "Der eschatologische Monismus des Christentums ist hier zu einem innergeschichtlichen Monismus säkularisiert" (Spaemann: 1996, 589). Diese Idee sei getragen von der Einsicht, dass alle menschlichen Bemühungen nicht gegen, sondern für etwas stünden, das ohne diese Bemühungen nicht eintreten würde. Die Konsequenz dieser Überlegungen ist die Rettung der Kategorie "Fortschritt", die hier zu

---

138 Die weitgehend verbindliche Festlegung der christlichen Eschatologie für das theologische Denken erfolgt bei Augustinus. Es sei hier aus einer zusammenfassenden Darstellung Krakauers zitiert: "Die erhoffte Erlösung, wie sie den Apokalypsen des Spät-Judaismus vorschwebte, war weniger das Wahrzeichen einer neuen historischen Epoche als das durch Gott verhängte Ende menschlicher Geschichte. Frühchristliche Eschatologie schloß auch Chronologie in sich ein. Da die Parusie aber nicht eintraf, richtete die Kirche, wobei sie den Glauben an die endliche Auferstehung bewahrte, sich in der Welt ein, mit dem Ergebnis, daß sie zwei divergente Zeiten miteinander zu versöhnen hatte" (Kracauer: 1971, 133).

einer anthropologischen Konstante wird, anthropologisch deshalb, weil sie das Fortschreiten als die *differentia specifica* des Menschen begreift – gemeint die fortschreitende Distanzierung von der *ananke*. Auf dem Hintergrund dieser Argumentation erweisen sich die Theorien des Zerfalls als die zwingende Antwort auf Topiken, die den Fortschrittsbegriff auf bestimmte Phänomene wie etwa den technischen Stand der Produktionsmittel verkürzen, Topiken, die Fortschritt nicht über die "Mensch" genannte Totalität erfassen.

Die wenig ermutigende historische Erfahrung vor Augen, nimmt sich Adorno des Kulturpessimismus von Spengler an: Die Vision des Verfassers von *Der Untergang des Abendlandes* sei eine Vision des völligen Niedergangs, ohne jede Hoffnung auf Erlösung. In den Details zeige das Buch nichtsdestoweniger über weite Strecken eine nicht zu leugnende Schärfe der Analyse – so etwa in der Schilderung der Entfremdung in einem vom *taedium vitae* durchdrungenen Großstadtleben, die zum Entstehen einer Massengesellschaft geführt habe. Adorno – hin und her gerissen zwischen der Bewunderung für den ideologiekritischen Scharfsinn und Ablehnung der reaktionären Positionen in Spenglers kulturgeschichtlichem Monumentalwerk – versucht am Ende seines Aufsatzes über den Kulturpessimisten dessen Untergangsvision in eine minimalistische Apokalyptik zu retten, welche in der radikalen Dekadenz, in der Chiffre des Niedergangs also, den kompromisslosen Protest, die Chiffre der Offenbarung – hier: der Utopie – gebäre:

> In der Welt des gewalttätigen und unterdrückten Lebens ist Dekadenz, die diesem Leben, seiner Kultur, seiner Rohheit und Erhabenheit die Gefolgschaft aufsagt, das Refugium des Besseren. Die ohnmächtig, nach Spenglers Gebot, von Geschichte beiseite geworfen und vernichtet werden, verkörpern negativ die Negativität dieser Kultur, was deren Diktat zu brechen und dem Grauen der Vorgeschichte sein Ende zu bereiten wie schwach auch immer verheißt. In ihrem Einspruch liegt die einzige Hoffnung, es möchten Schicksal und Macht nicht das letzte Wort behalten. Gegen den Untergang des Abendlandes steht nicht die auferstandene Kultur sondern die Utopie, die im Bilde der untergehenden wortlos fragend beschlossen liegt (Adorno X.1: 1997, 71).

2. Der Trost des Ethnologen (Eliade)

In *Le Yogi et le commissaire* konstatierte Arthur Koestler eine Renaissance mythischen Denkens:

> L'instinct négligé a pris sa revanche en faisant retour aux mythes archaïques, et le battement du tam-tam de la jungle a étouffé le tic-tic de l'horloge (Koestler: s.d., 344).

Der Ethnologe Mircea Eliade verband seine religionsgeschichtlichen Studien mit dem Anspruch, dem modernen Menschen eine metaphysische und ethische Alternative zu bieten:

Ma vieille ambition: écrire un jour une Métaphysique et une Éthique, en utilisant exclusivement les documents des civilisations 'primitives' et orientales (Eliade I: 1973, 63).

Die Arbeiten des aus Rumänien stammenden Ethnologen Eliade sind ungeachtet der Autorität, die der Forscher in Fachkreisen genießt, auch auf heftige Kritik gestoßen. Zum einen wird ihm seine mangelnde methodologische Stringenz vorgehalten, zum anderen gilt den ideologischen Implikationen die Hauptstoßrichtung der Kritik. "Reaktionär" nennt ihn sein Schüler Bruce Lincoln und streicht den eminent politischen Charakter der Mythenforschung heraus: Sie strebe danach, ihren jeweiligen gesellschaftlichen Hintergrund zu legitimieren (Lincoln: 1983, 13). Aus seinen Studien zur Ethnologie und vergleichenden Religionswissenschaft v.a. im fernöstlichen Kulturraum leitet Eliade eine "archaische Ontologie" ab, in der er ein Gegenmodell zur modernen Zivilisation ausmacht – ein erstrebenswertes Vorbild für eine Neuordnung der Gesellschaft (vgl. Dudley: 1977, 103; vgl. Alliband: 1983)? Bei aller Kritik an der westlichen Kultur, ihrer Geschichte und politischen Perspektiven – soviel sei vorweggenommen – bleibt Eliade indes wenig konkret in der Ausgestaltung möglicher Gegenentwürfe zu der von ihm kritisierten westlichen Zivilisation. Ein nicht zu unterschätzender Faktor für die Bestimmung einer impliziten Zielprojektion ist sicherlich in der Biographie Eliades zu suchen, dessen Heimat und 'Paradies' Lincoln im Rumänien vor dem Zweiten Weltkrieg situiert (Lincoln 1983, 22; vgl. Ricketts: 1988).

Eliades Buch *Le Mythe de l'éternel retour* (erste Fassung von 1949, danach mehrfach umgearbeitet) wurde unmittelbar nach dem Ende jenes Krieges niedergeschrieben, der die alte Gesellschaftsordnung Rumäniens hinweggefegt hatte. Mit dieser Schrift über die Universalien mythischen Denkens eröffnete der inzwischen in Frankreich lebende Ethnologe und Religionswissenschaftler eine Kontroverse mit dem französischen Existentialismus. Seine eigene Position sollte dabei eine ambivalente bleiben, suchte er doch – durchaus im Einklang mit der Existenzphilosophie – nach Modalitäten authentischen Erlebens.[139] Die Kontroverse mit Sartre bildet auch den Hintergrund für seine anhaltende Polemik gegen das moderne Geschichtsdenken. Auf die Geschichtsphilosophie in der Tradition von Aufklärung, Idealismus und Materialismus sucht Eliade, gestützt auf das umfangreiche Material seiner ethnologischen Forschungen, mit einer eigenen Geschichtstheorie zu antworten. Den

---

139 Eliade arbeitete an der rumänischen Literaturzeitschrift *Criterion* mit, von der 1934/35 nur wenige Nummern erschienen. Die *Criterion*-Gruppe vergleicht er mit dem französischen Existentialismus: "*Criterion* a marqué le dépassement du 'moment' universitaire dans la culture, la descente de l'intellectuel dans l'arène, le contact direct avec le public, notamment avec la jeunesse: c'est-à-dire exactement ce qu'ont tenté et réussi les existentialistes parisiens. Sartre a, et il s'impose, un 'système philosophique'; nous n'avions pas de système, mais la majorité des membres n'en était pas moins des 'existentialistes' qui s'ignoraient. Ce qui les intéressait, c'était 'l'authenticité', l'expérience immédiate, le détail autobiographique, d'où la passion pour les journaux intimes, les confessions, les 'documents'" (Eliade I: 1973. 47f; Eintrag vom 2. 11. 1946).

von ihm erhobenen Anspruch auf ein umfassendes Gegenmodell dokumentiert die "Conclusion" zu seinem *Traité d'histoire des religions: morphologie du sacré* (Eliade: 1949, 392-397) – eine Schrift, deren Titel nicht von ungefähr an Oswald Spengler erinnert. Eliades 'Geschichtstheorie' versteht sich als Absage an die *existence historique* des modernen Menschen, den Menschen des "Historizismus", "Marxismus" und "Existentialismus" – gemeint sind damit Kant und Hegel ebenso wie Sartre (Eliade: 1989a, 12 u. 158-182).

Der Schrecken der Geschichte ("la terreur de l'Histoire"), der die Moderne präge, sei dem archaischen, in zyklischen Abläufen denkenden und lebenden Menschen unbekannt. Der Ethnologe konstruiert in seinem Buch *Le Mythe de l'éternel retour* einen Dialog zwischen dem archaischen und dem modernen Menschen, in dem dieser vor Augen geführt bekommt, dass sein Leben – mithin die *conditio moderna* – von der Erfahrung der Ohnmacht geprägt sei. Diese Erfahrung führt Eliade darauf zurück, dass sich die Geschichte vollständig dem Zugriff der Individuen entziehe – oder nur von einer kleinen Elite "gemacht" werde (Eliade: 1989a, 175). Dem geschichtlichen Mensch (der Moderne) fehle die Möglichkeit zu "authentischer" Erfahrung in Übereinstimmung mit den kosmischen Zyklen. Solchen könne sich nur ein Mensch zuwenden, dessen Freiheitsverständnis sich nicht daran messe, "Geschichte zu machen".

> Il est de plus en plus contestable, remarquerait-il [l'homme des civilisations traditionnelles] que l'homme moderne peut faire l'histoire: Au contraire, plus il devient moderne – c'est-à-dire dépourvu de défense devant la terreur de l'histoire – et moins il a des chances de faire, *lui*, l'histoire. Car cette histoire ou bien se fait toute seule (grâce aux germes déposés par des actions qui ont eu lieu dans le passé, il y a plusieurs siècles, voire plusieurs millénaires: citons les conséquences de la découverte de l'agriculture ou de la métallurgie, de la révolution industrielle du XVIIe siècle, etc.); ou bien elle tend à se laisser faire par un nombre plus restreint d'hommes [...] (Eliade: 1989a, 175).

Der geschichtliche Mensch befindet sich demzufolge in einer ausweglosen Situation der Entfremdung. Den Entwurf eines solch geschichtlichen Menschen – "l'homme qui *est* dans la mesure où il *se fait lui-même au sein de l'histoire*" – betrachtet Eliade als ein "metaphysisches" Herabsetzen.

Seine Analyse von Triumph und Ohnmacht des modernen Menschen liest sich hier wie eine direkte Antwort auf Sartres *La Situation de l'écrivain en 1947/ Qu'est-ce que la littérature*:

> Or, le paradoxe de notre époque, c'est que jamais la liberté constructrice n'a été si près de prendre conscience d'elle-même et que jamais, peut-être, elle n'a été si profondément aliénée. Jamais le travail n'a manifesté avec plus de puissance sa productivité et jamais ses produits et sa signification n'ont été plus totalement escamotés aux travailleurs, jamais l'*homo faber* n'a mieux compris qu'il *faisait* l'histoire et jamais il ne s'est senti si impuissant devant l'histoire (Sartre: 1948, 261f).

An anderer Stelle weist Eliade den existenzphilosophischen Begriff "situation" als unzulässige Abstraktion des Menschen weit von sich, weil diese Vorstellung von der *conditio humana* den Menschen in keiner Kulturgemeinschaft mehr verorte. Er lehnt ein Denken ab, das den Menschen als einen transzendental bzw. ontologisch Obdachlosen sieht (vgl. Lukács: 1984) – ebenso wie er Sartres 'Entwurf' eines freien und seiner Freiheit bewussten Menschen ablehnt, der immer "en situation" sei.[140] Für Eliade ist "situation" vielmehr gleichbedeutend mit Bewusstseinszuständen und Empfindungen; selbst den Traum – nach Sartre nimmt gerade der Träumende keine Position eines "être en situation" ein – rechnet er dazu:

> S'il est vrai que l'homme se trouve toujours "en situation", cette situation n'est pas pour autant toujours *historique*, c'est-à-dire conditionnée uniquement par le moment historique contemporain. L'homme intégral connaît d'autres situations en plus de sa condition historique; il connaît, par exemple, l'état de rêve éveillé, ou de mélancolie et de détachement, ou de béatitude esthétique, ou d'évasion, etc. – et tous ces états ne sont pas "historiques", bien qu'ils soient aussi importants pour l'existence humaine que sa situation historique. L'homme connaît, d'ailleurs, plusieurs rythmes temporels, et non pas uniquement le temps historique, c'est-à-dire son temps à lui, la contemporanéité historique (Eliade: 1989b, 41).

Keine Gültigkeit hat bei Eliade der Dualismus von Faktizität und Transzendenz, der nach Sartre die "situation" ausmacht. Gemeint ist bei dem *directeur de conscience* des französischen Existentialismus das fortwährende Nichten des (empirisch bzw. faktisch) Gegebenen und dessen intentionales Transzendieren in einem Projekt. Dieser Dualismus ist ein unhintergehbares, den Menschen auf sich selbst und seine Verantwortung verweisendes Faktum: In "Extremsituationen" ("situations extrêmes") oder "Grenzsituationen" ("situations-limites")[141] wird es offenbar – ebenso wie die fundamentale Kontin-

---

140 Vgl. dazu Eliades 1952 erstmals erschienenes Buch *Images et symboles*: "L'homme en tant qu'être historique, concret, authentique – est 'en situation'. Son existence authentique se réalise dans l'histoire, dans le temps, dans *son* temps – qui n'est pas celui de son père. Ce n'est pas non plus le temps de ses contemporains d'un autre continent ou même d'un autre pays. Dans ce cas, au nom de quoi parle-t-on au nom de l'homme en général? Cet homme en général n'est qu'une abstraction. Il n'existe que grâce à un malentendu, dû à l'imperfection de notre langage" (Eliade: 1989b, 39f).

141 Sartre trennt diese beiden Begriffe nicht immer scharf voneinander. "Extremsituation" bezeichnet eher die diskursiv erfassbare, 'objektive' (historische) Ausnahme: Folter, Krieg, KZ-Haft usw. In solchen Situationen ist der Mensch *in* der Geschichte und mit der *conditio humana* konfrontiert; in solchen Situationen affirmiert der Mut der Opfer das Menschliche. Hierzu zwei Passagen aus *Qu'est-ce que la littérature*: "Mais nous n'étions pas du côté de l'histoire faite; nous étions, je l'ai dit, *situés* de telle sorte que chaque minute vécue nous apparaissait comme irréductible. Nous en vînmes donc, en dépit de nous-mêmes, à cette conclusion, qui paraîtra choquante: le Mal ne peut pas se racheter. Mais d'autre part, battus, brûlés, aveuglés, rompus, la plupart des résistants n'ont pas parlé; ils ont brisé le cercle du Mal et réaffirmé l'humain, pour eux, pour nous, pour leurs tortionnaires mêmes" (Sartre: 1948, 248). "Mais nous ne pouvions plus trouver *naturel* d'être hommes quand nos meilleurs amis, s'ils étaient pris, ne pouvaient choisir qu'entre l'abjection et l'héroïsme, c'est-à-dire entre les deux extrêmes de la condition humaine, au delà desquels il n'y a plus rien. Lâches et traîtres, ils avaient au-dessus d'eux tous les hommes; héroïques, tous les hommes au-dessous d'eux"

genz, welche die *conditio humana* ausmacht. Das "être en situation" ist mit der unhintergehbaren Freiheit verbunden, die sich in der Angst manifestiert, die durch die Angst erst begründet wird.

Die "Grenzsituationen" definiert Karl Jaspers – für die Existenzphilosophie wie den Existentialismus gewissermaßen verbindlich – als "Situationen, wie die, daß ich immer in Situation bin, daß ich nie ohne Kampf und Leid leben kann, daß ich unvermeidlich Schuld auf mich nehme, daß ich sterben muß" (Jaspers II: 1973, 203; vgl. Kuhnle 2000b). Für Eliade dagegen ist die existentialistische "Grenzsituation" nichts weiter als die Konfrontation mit dem Nichts:

> Quelle consolation trouverions-nous à savoir que les souffrances de millions d'hommes ont permis la révélation d'une situation-limite de la condition humaine, si, par-delà cette situation-limite, il n'y avait que le néant? (Eliade: 1989a, 179).

Eliade artikuliert hier sein Unbehagen daran, dass Existenzphilosophie und Existentialismus den Menschen mit seiner Entfremdung und – mehr noch – der Kontingenz konfrontieren. Die im Leiden der Massen, so Eliade, sich manifestierende individuelle Erfahrung der Grenzsituation drohe den Menschen ohne jeglichen Trost ins Nichts zu stürzen. Er verortet damit das Nichts jenseits allen Seins und begreift es nicht etwa als ontologisch gleichrangig neben dem Sein, wie bei Heidegger, oder gar als durch das nichtende *Pour-soi* in das Sein hineingetragen, wie bei Sartre (vgl. Sartre: 1982a, 50). Eliades Abweisen der Konfrontation mit dem Nichts als Bedrohung des (historischen) Seins erscheint als das konservativ-reaktionäre Komplement zu der – zumindest mit Blick auf Sartre – polemisch überzogenen Darstellung des Existentialismus bzw. der Existenzphilosophie bei Georg Lukács. Dieser denunziert die Obsession des Nichts in der kapitalistischen Gesellschaft als einen "Mythos" der Philosophie und der Literatur, einen "Mythos", der im Grunde nur das "fetischisierte Bewußtsein" aktualisiere. Diese für die spätkapitalistisch-imperialistische Gesellschaft charakteristische Beziehung zur Welt sei eine "Beziehung des *vis-à-vis de rien*" (Lukács: 1951b, 43 – s.o.).[142] Eliades Denken kreist nicht weniger um diese Obsession des Nichts, die zu bannen sein Anliegen ist – was sich als gleichbedeutend mit dem Versuch erweist, die Entfremdungserfahrung aufzuheben, ohne an deren sozio-ökonomischen Voraussetzungen zu rütteln. Die Dialektik des geschichtlichen Handelns wird bei dem Ethnologen vom Tisch gefegt und der Mensch vor die Alternative von (religiösem) Sein

---

(Sartre: 1948, 249f). Erst aus dem zur Ohnmacht verurteilenden Leiden heraus wird *manifest*, dass der Mensch, das (heroische) Individuum, Subjekt der Geschichte ist, dass der Mensch Geschichte 'macht': Seine Stellung in der Geschichte und gegenüber der Menschheit hängt von der Wahl ab, die er in der Extremsituation trifft (vgl. Kuhnle: 2000b).

142 Der vehemente Kritiker aus den Reihen der Marxisten strikter Observanz schießt aber über das Ziel hinaus, wenn er Heidegger und Sartre über einen Kamm schert. Zu Recht wirft Sartre dem "marxisme paresseux" Lukács' ein undialektisches Verabsolutieren des Fetischismusparadigmas vor (Sartre: 1985, 74f).

oder dem Nichts auf dem Hintergrund eines der Geschichte zugewandten, materialistisch ausgerichteten Daseins gestellt. Um seine Position zu untermauern, verkehrt Eliade den existenzphilosophischen Begriff der "Grenzsituation" in sein Gegenteil:

> Il suffit de se donner la peine d'étudier le problème pour constater que, diffusés ou découverts spontanément, les symboles, les mythes et les rites révèlent toujours une situation-limite de l'homme, et non pas uniquement une situation historique; situation-limite, c'est-à-dire celle que l'homme découvre en prenant conscience de sa place dans l'Univers. C'est surtout en éclairant ces situations-limites que l'historien des religions remplit sa tâche et rejoint les recherches de la psychologie des profondeurs et même de la philosophie (Eliade: 1989b, 43).

Die "Grenzsituationen" stellen sich Eliade als diejenigen Situationen dar, die über Symbole und Mythen dem Menschen seinen Ort im Universum ins Bewusstsein rücken: Der Mensch erfährt sich nicht mehr als kontingentes Dasein, sondern als Teil einer geschlossenen, in sich begründeten Seinsordnung. Diese mythisch-symbolischen "Grenzsituationen" zu erhellen, sei – gestützt durch die Erkenntnisse der Tiefenpsychologie und der Philosophie – die Aufgabe des Religionswissenschaftlers. Folgerichtig wendet sich Eliade gegen Sartres Grundgedanken, wonach die Existenz der Essenz vorausgehe – "l'existence précède l'essence" (Sartre: 1947, 17) –, die Kontingenz also unhintergehbar sei. Diesen Gedanken Sartres verkehrt Eliade in sein Gegenteil, um das Credo einer (idealen) religiösen Ordnung und insbesondere einer archaischen Ontologie zu formulieren: "l'essentiel précède l'existence" (Eliade: 1991a, 119; vgl. Angehrn: 1996, 237f).

Die 'primitiven' bzw. archaischen Gesellschaften denken, so Eliade, in zyklischen Abläufen. Die zentralen Momente und Garanten in seiner "Ontologie und Metaphysik" sind die in kultischen wie auch alltäglichen Handlungen sich wiederholenden archetypischen Konstellationen: "les archétypes" bzw. "les archétypes de la répétition".[143] Dabei deutet der Ethnologe die Erschaffung der Welt als den Archetypus für jeden Akt eines schöpferischen Menschen, der bei ihm wiederum zur Wiederholung der Kosmogonie avanciert: Der Archetypus schlechthin, der nunmehr allen Archetypen eingeschrieben ist und der sie auf das Moment der Wiederholung ("répétition") verpflichtet, ist der "mythe de l'éternel retour".

Die von Eliade auf der Basis historischer und ethnologischer Forschung entworfene "archaische Ontologie" postuliert ein Seinsverständnis, das der Mensch archaischer Kulturen aus Manifestationen des Heiligen, den *Hierophanien*, gewinne. Diese Manifestationen erfolgten an beliebigen, oft alltäglichen Objekten der profanen Umwelt. Aus der Analyse dieses Seinsverständnisses leitet Eliade die Hypothese ab, dass die primitiven bzw. archaischen Gesellschaften die Geschichte von sich fern gehalten bzw. gegen deren

---

143 Zur tiefenpsychologischen Begründung der Wiederholung vgl. auch *Traité d'histoire des religions* (Eliade: 1949, 392-397).

Schrecken – "la terreur de l'histoire" – ein Bollwerk errichtet hätten. Ein solches "Abwehren" von Geschichte könne man noch heute in Agrargesellschaften finden:

> Nous devons ajouter que cette notion traditionnelle d'une défense contre l'histoire, cette manière de supporter les événements historiques, a continué de dominer le monde jusqu'à une époque très rapprochée de nous; qu'elle continue encore aujourd'hui à consoler les sociétés agricoles (traditionnelles) (Eliade: 1989a, 159).

Eliades Rekurs auf die archaischen Kulturen, die sich gegen die Geschichte abschotten, soll dem Menschen der Moderne Trost spenden – Trost angesichts der "terreur de l'histoire". Die "archaische Ontologie" Eliades verwirft die moderne, am Fortschritt orientierte Zivilisation. Die Idee von der Wiederholung im "archétype de la répétition" soll das *Fortschrittstrauma* parieren. Trotz der Hinwendung zu archaischen Seinsformen und den Archetypen, kann Eliade sich nicht endgültig von einem *technischen* bzw. *kulturellen* Fortschrittsbegriff lösen:

> À première vue, l'homme des sociétés archaïques ne fait que répéter indéfiniment le même geste archétypique. En réalité, il conquiert infatigablement le monde, il l'organise, il transforme le paysage naturel en culture. Grâce au modèle exemplaire révélé par le mythe cosmogonique, l'homme devient, à son tour, créateur. Alors qu'ils paraîtraient voués à paralyser l'initiative humaine, en se présentant comme des modèles intangibles, les mythes incitent en réalité l'homme à créer, ils ouvrent continuellement de nouvelles perspectives à son esprit inventif (Eliade: 1991a, 176).

Kulturen und Zivilisationen – ja alle Formen von Produktivität – entstehen als Surplus aus der Wiederholung archetypischer Handlungen! Wenn Eliade nunmehr in jeder menschlichen Handlung eine solche vom "archétype de la répétition" bestimmte Wiederholung erkennt, lässt sich von diesem Standpunkt aus letztlich auch die Arbeit am Fließband über eine archaische Ontologie begründen. Mit Blick auf die politische Ökonomie schlägt Eliades Denken in eine Apologie des Bestehenden um: Religion und Rückbesinnung auf den Mythos (gemeint ist letztlich nur "le mythe de l'éternel retour") sind Trost und Kompensation. Und wenn Eliade sich auf die Archetypenlehre C.G. Jungs stützt, so propagiert er in *Aspects du mythe* unverhohlen die Regression als Ausweg aus einer als depravierend empfundenen *conditio moderna*:

> Quelles que soient les différences entre ces images et formules en dernière instance elles signifient toutes la même chose: que l'essentiel précède l'actuelle condition humaine, que l'acte décisif a eu lieu avant nous, et même avant nos parents: l'Acte décisif a été l'œuvre de l'ancêtre mythique (dans le contexte judéo-chrétien Adam). Mieux encore: l'homme est obligé de revenir aux actes de l'ancêtre, de les affronter ou de les répéter, bref de ne pas les oublier, quelle que soit sa voie choisie pour opérer ce *regressus ad uterum* (Eliade: 1991a, 58).

Das Aufkommen des Gedankens von der "ewigen Wiederkehr" fällt, wie Benjamin aufzeigt, zusammen mit dem Aufkeimen der Angst beim Bürger vor der Entwicklung der von ihm geschaffenen Wirtschaftsordnung, die den Kapitalumlauf und die Produktivität ins Schwindelerregende steigert (Benjamin V.1: 1991, 175).[144] Dabei stempelt Benjamin allerdings fälschlicherweise Nietzsche zu einem Hauptverantwortlichen – zumal sich gerade er mit seinem heroischen Konzept von der "ewigen Wiederkehr des Gleichen" einer solchen schalen Ideologie der Wiederholung verweigert hat.

Da nunmehr Geschichte – im Sinne einer Anamnese – primär nach Ursprüngen befragt wird, gerät der Fortschritt als das geschichtliche Fortschreiten der Menschheit aus dem Blickfeld. Die Angst erzeugt ein Festhalten am Bestehenden, das selbst dort, wo es entschwindet, noch als Bestehendes gesehen wird, weil die Idee von der (archetypischen) Wiederholung jedem Prozess (und selbst den des Niedergangs) das Gewand des Vertrauten überstreift. In einzigartiger Deutlichkeit beschreibt Benjamin die Beziehung des Mythischen – bzw. jener trügerischen Aura von Konstanz, die durch den Rekurs auf den Mythos entsteht – zur Moderne:

> Das urgeschichtliche Moment im Vergangenen wird – auch dies Folge und Bedingung der Technik zugleich – nicht mehr, wie einst, durch die Tradition der Kirche und Familie verdeckt. Der alte prähistorische Schauer umwittert schon die Umwelt unserer Eltern, weil wir durch Tradition nicht mehr an sie gebunden sind. Die Merkwelten zersetzen sich schneller, das Mythische in ihnen kommt schneller, krasser zum Vorschein, schneller muß eine ganz andersartige Merkwelt aufgerichtet und entgegen gesetzt werden. So sieht unter dem Gesichtspunkt der aktuellen Urgeschichte das beschleunigte Tempo der Technik aus (Benjamin V.1: 1991, 576).

Die Passage zeigt die ganze Ambivalenz der Rede vom Mythos in der Moderne: Sie erscheint nicht nur als kompensatorische Antwort auf das *Fortschrittstrauma*, sondern auch als eine dem akzelerierten Fortschreiten der Produktivkräfte entspringende Notwendigkeit, die zu einem Appell an die Geschichte wird; sie, die Rede vom Mythos, verweist in die Regionen, wo das Unabgegoltene nach seiner Erfüllung drängt. In diesem Sinne hält auch Ernst

---

144 Die "ewige Wiederkunft" sieht Benjamin auch als die Selbstaufhebung des Historismus an (Benjamin V.1: 1991, 174). Eliades Denken führt tatsächlich Geschichte auf eine reine Typologie zurück (vgl. Marquart: 1992, 149). M.a.W.: Eliade begeht letztlich den von H. Kuhn aufgezeigten Irrtum des Historismus: "Der Historismus ist ein philosophischer Irrtum, dessen theoretische Grundlagen sich in ihrer Brüchigkeit aufzeigen lassen. Da aber dieser Irrtum zugleich eine tiefliegende Unordnung, eine Verirrung des Gewissens, ausdrückt, ist mit der Widerlegung seiner Grundsätze noch keine 'Überwindung des Historismus' geleistet. Der Anspruch, diese Überwindung zustande gebracht zu haben, wird daher mit Mißtrauen zu betrachten sein. Gewiß aber wird nur eine Verirrung durch eine andere, schlimmere ersetzt, wenn der Überwindungsversuch darauf zielt, zusammen mit dem Historismus auch die Historie zu beseitigen. Die wirkliche Aufgabe besteht auch und gerade darin, gegenüber der Auflösung der Historie durch den Historismus das gestörte Verhältnis zur Geschichte wiederherzustellen. Die Fähigkeit einer zeitüberlegenen Sicht kann nicht durch Wegsehen von der Geschichte, also durch Unwahrhaftigkeit wiederhergestellt werden" (Kuhn: 1954, 216f).

Bloch der Lehre Jungs mit ihren zu klassifikatorischen Schablonen verkümmerten Archetypen seine Vorstellung von "echten Archetypen" entgegen, die das "Unabgegoltene" und "Latente" enthielten und erst so in den Rang einer Kategorie kämen (Bloch XV: 1985, 159). Die Rückbesinnung auf ein mythisches Bewusstsein bei Eliade dagegen kommt dem Ausblenden der Reflexion gleich (vgl. Benjamin V.1: 1991, 177).[145] Eliades Rede von den "archétypes de la répétition" ist der gar nicht so neue Versuch, dem Menschen des 20. Jahrhunderts über den Mythos wieder Weltvertrauen einzuflößen.[146] Denn es gilt:

---

145 Eine direkte Gegenüberstellung Benjamin-Eliade unternimmt Winfried Menninghaus: "Die Gegenüberstellung von Mythos und Geschichte hat daher bei Benjamin und bei Eliade einen genau konträren Sinn. Gerade daß es nicht Neues und eigentlich keine Geschichte gibt, ist für Eliade das Positive, die sinnstiftende Leistung der mythischen Zeitstruktur der Wiederholung. Benjamin und mehr noch Horkheimer / Adorno sehen dagegen eine schlechte Unendlichkeit und negative Immergleichheit mythischer Wiederholung und setzen daher auf ihre Sprengung durch die Geschichte" (Menninghaus: 1986, 101f).

146 Eliade selbst behauptet eine Übereinstimmung mit Heidegger: "Je découvre dans *Sein und Zeit* quelques pages sur la 'répétition' qui confirment mes réflexions sur l'ontologie et l'anthropologie des populations archaïques" (Eliade I: 1973, 63; Eintrag vom 10. 4. 1947). Gemeint ist hier offensichtlich Heideggers *Sein und Zeit* (Heidegger: 1986, 385f). Eliade führt nicht weiter aus, worin diese Gemeinsamkeit bestehen soll. Es kann nur vermutet werden, dass er in der Annahme Heideggers von einer sich durch die Wiederholung realisierenden eigentlichen Existenz eine Parallele zu der Seinsgewissheit der "archaischen Ontologie" erkennt. Damit schließt er jedoch den Heideggerschen Gedanken kurz, denn dieser spricht von einer auf den Augenblick bezogenen Wiederholung einer vergangenen Möglichkeit durch das Dasein, wodurch es als Schicksal existiere. Der Akt der Wiederholung bei Heidegger ist aber zuallererst Wahl – eine Wahl, welche erst die dagewesene Existenzmöglichkeit zu einer wiederholbaren macht. Wiederholung heißt also nicht das bloße Aktualisieren eines Paradigmas, sondern die Realisierung einer Schicksal genannten Seinsfülle – ein Gedanke der bei Kierkegaard und Nietzsche seine Wurzeln hat. Einem vergleichbaren Prozess des 'Kurzschließens' ist Eliades Hermeneutik unterworfen: "Dans mes travaux, j'ai engagé d'élaborer cette herméneutique, mais je l'ai illustrée de façon pratique, sur la base de documents. Il me reste maintenant, à moi ou à un autre, à systématiser cette herméneutique" (Eliade I: 1973, 566). Seine 'Hermeneutik' versteht sich als eine "objektive", weil sie sich ausschließlich auf das von ihm zusammengetragene historische Material stütze: "La généralisation ne vient qu'au terme d'une intimité profonde et prolongée, au bout d'un long processus d'analyse et d'induction. L'ontologie d'Eliade [...] essentiellement objective, textualisée, historicisée. Nous serions tenté de dire antispéculative, en ce sens qu'elle ne part pas de principes et postulats dogmatiques, métaphysiques, mais de faits et documents rigoureusement contrôlables" (Marino: 1980, 47). Was hier zunächst durchaus plausibel klingt, nämlich die Betonung des "antispekulativen" und "objektiven" Charakters der "Hermeneutik" Eliades, erweist sich durch ihre ausschließliche Objektbezogenheit als die Aufhebung des Ideals der philosophischen Hermeneutik, die auf ein verstehendes Durchdringen des Textes setzt. Eliades "Hermeneutik" verzichtet nämlich dezidiert auf die Erarbeitung einer Metaebene, die erst das kritische Erfassen des Materials ermöglicht. Der hier vorgebrachte Einwand stützt sich auf Gadamers Ausführungen zur Metasprache (Gadamer: 1990, 392). Nicht weniger schrecken die Adepten Eliades nicht davor zurück, durch einen Methodensynkretismus, in dem Strukturalismus, Phänomenologie und (Existenzial-) Hermeneutik bruchlos ineinander übergehen, ihrem Idol den Status eines Überwissenschaftlers zu verleihen (vgl. Rasmussen: 1990, 51f). Auch Georges Gusdorf verortet das Denken Eliades in einem existenzphilosophischen Kontext (Gusdorf: 1984).

Das zyklische Schema war ein Grundriß des Weltvertrauens gewesen, und ist es auch noch dort, wo es wie ein Archaismus wieder auftaucht. In der Kreisschlüssigkeit war Zuverlässigkeit aller Wege und jedes, wie auch immer unter der Gewaltenteilung erschwerten, so dennoch erfüllbaren Lebens vorgeprägt (Blumenberg: 1990, 97).

Ein weiterer Leitgedanke bei Eliade ist seine Kritik an der monotheistischen Religion, die er in seinen Schriften fortwährend als "judéo-christianisme" betitelt. In *Le Mythe de l'éternel retour* erklärt er diese Tradition zu *dem* religiösen Bekenntnis einer vom Fortschritt geprägten Kultur. Insbesondere der christliche Glaubensbegriff könne darauf eigentlich nur eine unvollständige Antwort geben, denn nach dem Markusevangelium (*Mk.* 11, 22-24) sei der Glaube die absolute Emanzipierung von jeder Art von Naturgesetz ("de toute espèce de 'loi' naturelle"). Allerdings setze der Glaube die höchste Freiheit des Menschen, die man sich nur vorstellen könne, nämlich die Freiheit in den ontologischen Status – was immer Eliade darunter verstehen mag – des Universums ("le statut ontologique de l'Univers") einzugreifen:

> Elle [la foi] est par conséquence, une liberté *créatrice* par excellence. En d'autres termes, elle constitue une nouvelle formule de collaboration de l'homme à la création, la première, mais aussi la seule, qui ait été donnée depuis le dépassement de l'horizon traditionnel des archétypes et de la répétition. Seule une pareille liberté (en dehors de sa valeur sotériologique, et donc religieuse au sens strict) est capable de défendre l'homme moderne contre la terreur de l'histoire: à savoir une liberté qui prend sa source et trouve sa garantie et son appui en Dieu. Toute autre liberté moderne, quelles que soient les satisfactions qu'elle puisse procurer à celui qui la possède, est impuissante à justifier l'histoire; ce qui, pour tout homme sincère à l'égard de lui-même, équivaut à la terreur de l'histoire (Eliade: 1989a, 180).

Die Offenbarungsreligion ist demnach nicht nur die Religion des geschichtlichen Menschen, sondern, indem sie den Menschen zum Teilhaber an der Schöpfung erklärt, auch diejenige, welche die (abstrakte) Freiheit am weitesten getrieben hat, nachdem der Mensch aus dem Horizont der Tradition und damit der Wiederholung herausgetreten war. Für Eliade stellt die Offenbarung die *einzige* religiöse Vorstellungswelt dar, die je eine solche Freiheit formuliert habe – und damit für die Konsequenzen verantwortlich gemacht werden müsse. Einzig die Freiheit der Teilhabe an der Schöpfung könne gegen den Terror der Geschichte abschotten. Aber eine solche Freiheit setzt – so das Paradox – den Glauben als notwendiges Korrelat voraus!

Nach Eliade kann allein der Glaube in die Offenbarungsreligion noch etwas von einer ursprünglichen Religiosität retten. Das – nichtreligiöse – Freiheitsverständnis der Moderne sei dagegen ohnmächtig angesichts der "terreur de l'histoire". Die sophistische Volte, die in diesem Argument enthalten ist, beruht darauf, dass Eliade kaum verhohlen den "judéo-christianisme" für den Terror der Geschichte verantwortlich macht, weil er überhaupt erst die Voraussetzung für das Entstehen einer – nunmehr "säkularen" – (abstrakten) Freiheit geschaffen habe. Eliade muss nun so verstanden werden, dass der von den Offenbarungsreligionen zu verantwortende Sündenfall in die Geschichte partiell dadurch aufgehoben werden kann, dass man durch einen völlig irrationalen Glauben an eben diese Religionen deren emanzipatorisches Potential aufhebt (ein verstecktes Plädoyer für den Fundamentalismus?). Nur so könne eine Offenbarungsreligion an die archaische Religiosität heranreichen, ohne sie aber je zu erreichen.

Eliade spricht in *Aspects du Mythe* von den "apocalypses judéo-chrétiennes", die nach einer Restituierung des verlorenen Paradieses strebten:

> [...] pour le Judéo-christianisme, la Fin du Monde fait partie du mystère messianique. Pour les Juifs, l'arrivée du Messie annoncera la Fin du Monde et la restauration du Paradis. Pour les chrétiens, la Fin du Monde précédera la deuxième venue du Christ et le Jugement dernier. Mais pour les uns comme pour les autres le triomphe de l'Histoire Sainte – rendu manifeste par la Fin du Monde – implique en quelque sorte la restauration du Paradis (Eliade: 1991a, 87).

Die "jüdisch-christlichen" Apokalypsen müssen nach Eliade als Ausdruck der Sehnsucht nach dem Paradies verstanden werden, als die Vision von der Aufhebung des "Terrors der Geschichte". Die große Neuerung des "judéo-messianisme", des jüdischen Messianismus (sic!) und seines christlichen Erbes, sei der Gedanke von der Einmaligkeit des Schöpfungsaktes und der Einmaligkeit des Weltuntergangs als Vollendung einer Heilsgeschichte. Eliades rumänischer Landsmann E.M. Cioran geht gar so weit, in seiner Auseinandersetzung mit frühsozialistischen Theoretikern die Utopie nun nicht mehr als das Säkularisat des Paradiesgedankens zu deuten, sondern als die Projektion des Mythos von der Kosmogonie in die Geschichte: "Dans son dessein général, l'utopie est le rêve cosmogonique *au niveau de l'histoire*" (Cioran: 1990, 134).

Mit der Einmaligkeit von Schöpfungsakt und Weltuntergang sieht Eliade den Grund-Archetypus des "éternel retour", des fortwährenden Niedergangs und der fortwährenden Erneuerung, zwar durchbrochen, doch in der Negation auch wieder affirmiert: Die nach *renovatio* strebende Apokalyptik der Offenbarungsreligionen habe sich nicht von dem zyklischen Schema lösen können – außerdem gebe es in anderen Kulturen auch Mythen des Weltuntergangs, denen somit wiederum das Moment der Wiederholung eingeschrieben sei.[147] Während archaische Gesellschaften *unmittelbar* auf den Kosmos und die kos-

---

[147] Eliade bewegt sich in seiner Argumentation offensichtlich im Kreis. Er rettet sich damit hinaus, dass er die Universalität seines "Archetyps der Wiederholung" selbst revolutionären Theorien unterlegt, womit er sie letztlich entpolitisiert: "En somme, ces mythes de la Fin du Monde, impliquant plus ou moins clairement la re-création d'un Univers nouveau, expriment la même idée archaïque, et extrêmement répandue, de la 'dégradation' progressive du Cosmos, nécessitant sa destruction et sa recréation périodiques. C'est de ces mythes d'une catastrophe finale, qui sera en même temps le signe annonciateur de l'imminente re-création du Monde, que sont sortis et se sont développés, de nos jours, les mouvements prophétiques et millénaristes des sociétés primitives. Nous reviendrons sur ces millénarismes primitifs, car ils constituent, avec le chiliasme marxiste, les seules revalorisations positives du mythe de la Fin du Monde" (Eliade: 1991a, 81).

mischen Rhythmen bezogen sind, bleiben für Eliade Judentum und Christentum als mit der Geschichte und damit mit dem Fortschritt unverbrüchlich verknüpfte Religionen. Sie avancieren somit zu Religionen des (Sünden-) Falls aus der archetypischen Unmittelbarkeit. Der "archaischen Ontologie", die den Menschen in einer völligen Übereinstimmung mit der Welt und den kosmischen Zyklen sehe, sei dagegen die Sehnsucht nach dem Paradiese ebenso fremd wie der Gedanke an den (einmaligen) Weltuntergang. Oder anders ausgedrückt: Die "archaische Ontologie" meint das *existierende* Paradies.[148]

> [...] le christianisme s'avère sans conteste la religion de l'homme déchu: et cela dans la mesure où l'homme moderne est irrémédiablement intégré à l'histoire et au progrès et où l'histoire et le progrès sont une chute impliquant l'un et l'autre l'abandon définitif du paradis des archétypes et de la répétition (Eliade: 1989a, 181f).

Die Apokalyptik erscheint bei Eliade als *die* Antwort auf die Verzweiflung angesichts des "Terrors der Geschichte", den er – unter Betonung des *"judéo-christianisme"* – in letzter Konsequenz dem Judentum anlastet. Welch perfides Beispiel für einen subkutanen Salonantisemitismus![149] In besonderer Deutlichkeit findet sich dieses Argument in *Aspects du mythe* artikuliert. Dort führt Eliade die "Vergeschichtlichung" ("historicisation") einer ursprünglichen, dem Kosmos zugewandten Religiosität auf das Judentum zurück, das letztlich auch das frühe Christentum in die Geschichte gedrängt habe:

> Pour ce qui est du judaïsme, il a fourni à l'Église une méthode allégorique d'interprétation des Écritures, et surtout le modèle par excellence de l'"historicisation" des fêtes et des symboles de la religion cosmique. La 'judaïsation' du christianisme primitif équivaut à son "historicisation", à la décision des premiers théologiens de rattacher l'histoire de la prédication de Jésus et de l'Église naissante à l'Histoire Sainte du peuple d'Israël (Eliade: 1991a, 209; vgl. Dubuisson: 1992, 271ff).

---

148 An anderer Stelle nennt Eliade die eschatologische Deutung der Wiederauferstehung Jesu ein Aufheben der zyklischen Vorstellungen entspringenden Initiationsriten archaischer Gesellschaften. Was in diesem Zusammenhang hervorsticht ist der Umstand, dass Eliade dem Christentum einen egalitären, wenn nicht demokratischen Charakter beimisst, den er ihm zum Vorwurf macht: "La résurrection était un phénomène irréversible, elle ne se répétait pas anuellement comme, par exemple, la résurrection d'Adonis. Ce n'était pas un chiffre de la sainteté de la vie cosmique, comme c'était le cas avec les Dieux dits de végétation, ni un scénario initiatique, comme dans les Mystères. C'était un 'signe' qui faisait partie de l'attente messianique du peuple juif, et, comme tel, était intégré dans l'histoire religieuse d'Israël. En effet, la résurrection des morts figurait parmi les syndromes de l'avènement du Temps. La résurrection de Jésus proclamait que l'*eschaton* venait de commencer. [...] Pour les premiers chrétiens, la Résurrection fondait une nouvelle ère de l'histoire: la 'validation' de Jésus en tant que Messie et, par conséquent, la transmutation spirituelle de l'homme et la rénovation totale du Monde. Ceci constituait, bien entendu, un 'mystère', mais un mystère qu'il fallait 'crier sur les toits'. Et l'"initiation" au mystère chrétien était accessible à tout le monde" (Eliade: 1989, 53).

149 Der Antisemitismus Eliades ist Gegenstand mehrerer Untersuchungen (z.B.: Volovici: 1991; Manea: 1992; Dubuisson: 1993).

In blanken Zynismus schlägt Eliades Auffassung um, wenn er die in den Gaskammern ermordeten Juden zu jener Avantgarde der Menschheit erklärt, die darauf gewartet habe, vom Willen der Geschichte vernichtet zu werden. Dies kann nur so verstanden werden: Eliade erklärt die Juden zu den Opfern der von ihr verschuldeten "Vergeschichtlichung" und bürdet ihnen somit – unverhohlen – die Verantwortung für ihre systematische Vernichtung auf!

> Les millions de Juifs brûlés dans les camps de concentration nazis constituent l'avant-garde de l'humanité qui attend d'être incinérée par la volonté de 'l'Histoire'. Les cataclysmes cosmiques (déluges, tremblements de terre, incendies) sont connus aussi des autres religions. Le cataclysme provoqué par l'homme, en tant qu'*être historique*, c'est l'apport de notre civilisation. La destruction, il est vrai, ne sera possible que grâce au développement extraordinaire de la science occidentale – or, *ne venons-nous pas d'apprendre qu'elle était une création du judéo-christianisme?* Mais la *cause* ou le *prétexte* du cataclysme se trouve dans la décision de l'homme de *'faire l'histoire'*. Or *'l'Histoire'* est la création du judéo-christianisme (Eliade I: 1973, 389f, Eintrag vom 27.11.1961; vgl. Dubuisson: 1993, 275).

Die apokalyptische Eschatologie erscheint hier als die logische Konsequenz der vom Menschen 'gemachten' Geschichte: "La destruction totale, nucléaire, n'est que l'aboutissement ultime, défintif, du processus historique" (Eliade II: 1981, 64). Der Umkehrschluss kann damit nur lauten: Es liegt in der Hand des Menschen, die Katastrophe abzuwenden, wenn er sich nicht mehr als Subjekt der Geschichte begreift. Eliades Rat an den Menschen der Moderne ist nun folgender: Er müsse versuchen, die Archetypen und damit den Archetypus der Wiederholung im modernen Leben wieder zu *erfahren*. Sein Rat läuft auf ein *sacrificium intellectus* hinaus, welches das Einzelschicksal bruchlos in einem "kosmischen" Zyklus aufgehen und damit das Leben als sinnfälliges erscheinen lässt. Die – zyklische – Bewegung wird zum Ort der Regression.

Die Reduktion des Daseins auf zyklische Strukturen bedeutet für Eliade zuallererst die Entwertung von Zeit überhaupt: "En dernière instance, nous déchiffrons dans tous ces rites et toutes ces attitudes la *volonté de dévalorisation du temps*" (Eliade: 1989a, 103). Die "terreur de l'Histoire" meint nichts anderes als die "terreur du Temps" (Eliade: 1989b, 92ff). Ein solches Denken verweigere sich der Erinnerung, denn es dränge alle Ereignisse, die sich nicht auf archetypische Konstellationen zurückführen lassen, aus seinem Bewusstsein:

> C'est, en un mot, le refus de l'homme archaïque de s'accepter comme être historique, son refus d'accorder une valeur à la "mémoire" et par suite aux événements inhabituels (c'est-à-dire: sans modèle archétypal) qui constituent, en fait, la durée concrète (Eliade: 1989a, 103).

Was Eliade hier mit "durée concrète" bezeichnet, ist eine verdinglichte, in rein quantitative Einheiten gefasste Zeit. Die "terreur du Temps" bei Eliade meint nichts anderes als die von Blumenberg diagnostizierte Zeitschere, die Diskrepanz von Lebenszeit und Weltzeit, die in der Moderne zu einer unhintergehbaren Erfahrung geworden ist. In der Erfahrung der Zeitschere wird die Entfremdung manifest. Es ist von daher folgerichtig, dass Eliade die apokalyptische Eschatologie, die das zyklische Schema auf die beiden einmaligen Akte der Schöpfung und des Niedergangs reduziert habe, als den Grundtypus der "mythes du monde moderne" betrachtet. Die Kraft des apokalyptischen Mythos wirke vor allem im marxistischen Kommunismus fort:

> Laissons de côté la validité philosophique du marxisme et son destin historique. Arrêtons-nous à la structure mythique du communisme et au sens eschatologique de son succès populaire. Or, quoi que l'on pense des velléités scientifiques de Marx, il est évident que l'auteur du *Manifeste communiste* reprend et prolonge un des grands mythes eschatologiques du monde asiatico-méditerranéen, à savoir: le rôle rédempteur du Juste (l'"élu", l'"oint", l'"innocent", le "messager", de nos jours, le prolétariat), dont les souffrances sont appelées à changer le statut ontologique du monde. En effet, la société sans classe de Marx et la disparition conséquente des tensions historiques trouvent leur plus exact précédent dans le mythe de l'Age d'or qui, suivant des traditions multiples, caractérise le commencement et la fin de l'Histoire. Marx a enrichi ce mythe vénérable de toute une idéologie messianique judéo-chrétienne: d'une part, le rôle prophétique et la fonction sotériologique qu'il accorde au prolétariat; de l'autre, la lutte finale entre le Bien et le Mal, qu'on peut facilement rapprocher du conflit apocalyptique entre Christ et Antéchrist, suivi de la victoire définitive du premier. Il est même significatif que Marx reprend à son compte l'espoir eschatologique judéo-chrétien d'une *fin absolue de l'Histoire*; [...] (Eliade: 1989c, 24).[150]

Eine Variante des "apokalyptischen Mythos" innerhalb der "mythes du monde moderne" stellt für Eliade der nationalsozialistische Rückgriff auf die germanische Mythologie dar, für deren beschränkte Akzeptanz er die einseitige Ausrichtung auf den Rassenkult und – mehr noch – die pessimistische Grundhaltung verantwortlich macht. Die Untergangsvisionen in der Tradition der nordischen Mythologien hätten die an Verheißungen reiche christliche Eschatologie ersetzt. Auf diese Weise erklärt Eliade indirekt den größeren Erfolg, den nach seinem Dafürhalten der Marxismus gegenüber dem Nationalsozialismus zu verbuchen hatte! Eliade beschränkt außerdem seine Betrachtungen zum nationalsozialistischen Kult des Untergangs, in dem die nordische *Ragnarök* (das "Geschick der Götter", die "Götterdämmerung") fortlebe, auf das psychologische Phänomen der Hingabe an den kollektiven Selbstmord und verzichtet völlig auf eine Erörterung der machtpolitischen Implikationen dieser Ideologie hinsichtlich ihrer Instrumentalisierung zur totalen Mobilmachung und Extermination:

> Il est vrai qu'après la *ragnarök*, le monde renaîtra, régénéré (car les anciens Germains, eux aussi, connaissaient la doctrine des cycles cosmiques, le mythe de la création et de la destruction périodiques du monde); néanmoins, substituer au

---

150 Dem Sorelschen Generalstreik spricht Eliade indes die Qualität eines Mythos ab: "La grève générale peut être un instrument de lutte politique, mais il manque de précédents mythiques, et cela suffit de l'exclure de toute mythologie" (Eliade: 1989c, 24).

christianisme la mythologie nordique, c'était remplacer une eschatologie riche en promesses et en consolations (pour le chrétien, la "fin du monde" achève l'Histoire et la régénère tout à la fois) par un *eschaton* franchement pessimiste. Traduite en termes politiques, cette substitution voulait dire à peu près ceci: renoncez aux vieilles histoires judéo-chrétiennes et ressuscitez au fond de votre âme la croyance de vos ancêtres, les Germains; ensuite, préparez-vous pour la grande bataille finale, entre nos dieux et les forces démoniaques; dans cette bataille apocalyptique, nos dieux et nos héros – et nous avec eux – perdront la vie, ce sera la *ragnarök*, mais un monde nouveau naîtra plus tard. On se demande comment une vision tellement pessimiste de la fin de l'Histoire a pu enflammer l'imagination d'une partie au moins du peuple allemand; le fait est pourtant là et il n'a pas fini de poser des problèmes aux psychologues (Eliade: 1989c, 25f).

Das ideologische Projekt der Nationalsozialisten bestand darin, die des Rationalismus verdächtige Tradition hinwegzufegen und das Regime durch eine neue (d.h. rückwärtsgewandte), irrationale, mythisch begründete und ins Mystische entrückte Tradition zu ersetzen: "Das Leben einer Rasse, eines Volkes, ist keine sich logisch entwickelnde Philosophie, auch kein sich naturgesetzlich abwickelnder Vorgang, sondern die Ausbildung einer mystischen Synthese" (Rosenberg: 1939, 117). 1939 evozierte Georges Dumézil, einer der Lehrer Eliades, in der ersten Fassung seines Buches *Mythes et dieux des germains. Essai d'interprétation comparative* (die kompromittierenden Passagen sollten in den späteren Ausgaben getilgt werden – vgl. Ginzburg: 1986) die "tragischen" Anfänge der "Bewegung" in den traumatischen Kämpfen des Ersten Weltkrieges. Und wie viele seiner Kollegen erlag der Ethnologe dem Faszinosum einer "Wiederentdeckung" und "Wiederbelebung" des Mythos in Deutschland. Die Inszenierung einer mörderischen Ideologie zog ihn unaufhaltsam in ihren Bann:

> Depuis cent cinquante ans, les 'belles légendes' des Germains ont été non seulement repopularisées, mais remythisées: elles sont redevenues, au sens strict, des mythes puisqu'elles justifient, soutiennent, provoquent des comportements individuels et collectifs qui ont tous les caractères du sacré. [….] Le troisième Reich n'a pas eu à créer ses mythes fondamentaux: peut-être au contraire est-ce la mythologie germanique, ressuscitée au XIXe siècle, qui a donné sa forme, son esprit, ses institutions à une Allemagne que des malheurs sans précédent rendaient merveilleusement malléable; peut-être est-ce parce qu'il avait d'abord souffert dans les tranchés que hantait le fantôme de Siegfried qu'Adolf Hitler a pu concevoir, forger, pratiquer une Souveraineté telle qu'aucun chef germain n'en a connue depuis le règne fabuleux d'Odhinn. [...] Beaucoup plus intéressent, en tout cas, est le mouvement spontané par lequel les chefs de la masse allemande, après avoir éliminé les architectures étrangères, ont coulé naturellement leur action et leurs réactions dans des moules sociaux et mystiques dont ils ne savaient pas toujours la conformité avec les plus anciennes organisations, les plus anciennes mythologies des Germains (Dumézil: 1939, 155-157).

Von dieser Faszination eines – vermeintlich – wiederbelebten Mythos hat sich der Dumézil-Schüler Eliade offensichtlich nicht lösen können!

Sein in *Le Mythe de l'éternel retour* vorgeführter fiktiver Dialog zwischen dem archaischen und dem modernen Menschen weist letzteren zwar auf die Entfremdungserfahrung hin, wie sie etwa von Sartre oder der marxistischen Gesellschaftskritik – und nicht nur von dieser – aufgezeigt wird, spricht aber dem Individuum die Fähigkeit ab, durch innerweltliche – hier gleichbedeutend mit historischer – Aktion die für diese Erfahrung konstitutive Ordnung zu ändern.

Letztlich erzeuge die strikte Scheidung der Historie in Subjekt und Objekt, so Eliade, "la terreur de l'Histoire" und das Gefühl der Ohnmacht des Einzelnen. Eliades Ausführungen legen folgenden Schluss nahe: Gelänge es, über eine "archaische Ontologie" diese Dichotomie zu überwinden, die Geschichte aus dem Erfahrungshorizont zu eskamotieren und dem Sein einen metaphysischen Grund zu geben, dann wäre auch endgültig – und nicht nur halbherzig wie im jüdisch-christlichen Konstrukt des Glaubens (so die Auffassung Eliades) – dem Menschen die Last der Geschichte von den Schultern genommen.[151] Eine Konsequenz dieser Anschauung wäre, dass in der historisch-ökonomischen Praxis der Widerspruch zwischen der Arbeit und einem Produkt, das für den Arbeiter fremd und ohne Sinn ist, verwischt würde.

Eliade bietet zahlreiche 'Belege' dafür auf, dass Geschichte nicht vom Menschen "gemacht" werden könne. Mit dem fortschreitenden Prozess der Zivilisation verselbständige sich entweder die Geschichte zu einem autonomen Agens oder sie werde von einer immer kleineren Gruppe "gemacht", schlage also in Totalitarismus um – ein Gedanke, der übrigens an Spenglers Charakterisierung der Diktatur als eine perfekte, aber "allem Gewachsene" feindliche Maschinerie erinnert (Spengler: 1995, 1064). Wenn es bei Eliade heißt, der moderne Mensch sei ohne Schutz gegen den Terror der Geschichte, so impliziert dies zwangsläufig ein Gefühl des Ausgeliefertseins, dem das religiöse Denken entgegenzuwirken habe. Das Entstehen einer modernen Geschichtsphilosophie (aus der Tradition der "jüdisch-christlichen" Apokalyptik heraus) geht nach Eliade auf die industrielle Revolution zurück, welche die Geschichte in einen selbständigen Prozess transformiert habe. Diese Annahme setzt voraus, dass die Individuen zu Objekten werden: Verdinglichung wird zur *conditio sine qua non* jeder Geschichtsphilosophie.

Hegel und den modernen Totalitarismus trifft gleichermaßen das Autodafé Eliades. Von dieser Warte aus ist es nur noch ein kleiner Schritt zu Camus' Kriminalisieren der Geschichte – "Hitler était l'Histoire à l'état pur", denn "Être pour lui, c'était faire" (Camus: 1965, 585) – oder zu dem auf einen *nu-*

---

151 Zum Seinsbegriff Eliades vgl. die Zusammenfassung von Angehrn, der die Vorstellungen des Religionswissenschaftlers – allerdings unkritisch – in die Reihe der Strategien zur Überwindung des Chaos aufnimmt: "Menschliches Sein, aber auch kosmisches oder göttliches Existieren steht nicht einfach in der logischen Alternative von Sein oder Nichtsein, sondern ist auf dem Grund eines nie zu Ende geführten Antagonismus, als Bestehen *gegen* die Potenzen der Auflösung gefaßt" (Angehrn: 1996, 62).

méro de matricule reduzierten Menschen bei Alain Robbe-Grillet, dem vehementen Kritiker des Engagements (Robbe-Grillet: 1963, 33). In dieser Welt des der Geschichte ausgelieferten Menschen propagiert der rumänische Ethnologe eine Renaissance der religiösen Erfahrung, die im Ästhetischen ihre Entsprechung finde:

> Nous avons affaire, dans les deux cas, à des expériences *individuelles* (expérience esthétique du poète et de son lecteur, d'une part, expérience religieuse de l'autre) et à des réalités *transpersonnelles* (une œuvre d'art dans un musée, un poème, une symphonie; une figure divine, un rite, un mythe, etc.). On peut certes continuer à discuter à perte de vue sur la signification qu'on peut être enclin à attribuer à ces réalités artistiques et religieuses. Mais tout comme les "données religieuses", ont un mode d'être qui leur est propre: *elles existent sur leur propre plan de référence*, dans leur univers particulier. Le fait que cet univers ne soit pas l'univers physique de l'expérience immédiate n'implique pas leur irréalité (Eliade: 1991b, 24).

Bei Eliade werden unumwunden Kunst und Religion zu Strategien erklärt: Mit Hilfe dieser selbst-referenziellen Systeme erscheint die *conditio* des Menschen nicht mehr als eine kontingente.[152] Die Religiosität, die Eliade propagiert, verweist direkt auf die Esoterik-Bewegung, jenen Kulminationspunkt einer trüben Spießermetaphysik, die über ebenso okkulte wie synkretistische Arrangements von Versatzstücken aus den unterschiedlichsten religiösen Systemen die rasche Befriedigung des regressiven Wunsches nach irgendeiner Form der Geborgenheit verspricht: Es ist Religionskitsch *par excellence*, hinter dem nichts anderes steht als der Ruf nach einer lauen transzendentalen Gemütlichkeit, gestützt auf eine welterklärende Topik, die jede kritische Reflexion suspendiert. Ein solches synkretistisches Bekenntnis hält – wie Ludwig Giesz es formulieren würde – die "Bewußtseinstranszendenz" niedrig; es erzeugt eine *kitschige Stimmung* (Giesz: 1994, 52f – s.o.). Eliades Vorstellung von *expérience* in Kunst und Religion umfasst exakt die Kriterien des Kitsch-Genusses: Fehlende Möglichkeit zur Distanznahme und die rasche Befriedigung von Bedürfnissen am Objekt. Sein spekulativer Synkretismus religiöser Systeme führt Eliade zu einer spiritualisierenden Deutung avantgardistischer Kunst (Lobet: 1990, 173). Und er macht schließlich auch nicht davor halt, etwa Jules Vernes Roman *Voyage au centre de la terre* zum Ort einer Initiation und Wiederentdeckung des Heiligen zu erheben:

> L'aventure est proprement initiatique et comme dans toute aventure de cet ordre, on retrouve les égarements à travers le labyrinthe, la descente au monde souter-

---

152 In Anlehnung an die *systemtheoretische* Definition von Handlung und Kontingenz nennt Lübbe Religion eine Form der "Kontingenzbewältigungspraxis": "Religion als Kontingenzbewältigungspraxis ist die lebensmäßige Bewältigung derjenigen Kontingenz, deren Verarbeitung zu Handlungssinn unmöglich ist, sofern die Wirklichkeit weiter als unsere individuelle oder auch kollektive Handlungsmacht reicht. Wer das Vokabular der Philosophie nicht scheut, kann in bezug auf die Kontingenz, die in keinem menschlichen Handlungssinn einholbar ist, von absoluter Kontingenz reden" (Lübbe: 1975, 88).

rain, le passage des eaux, l'épreuve du feu, la rencontre avec les monstres, l'épreuve de la solitude absolue et des ténèbres, enfin, l'ascension triomphante qui n'est autre que l'apothéose de l'initié (zit. n. Lobet: 1990, 174).

Eliades Konzeption von Religiosität erinnert an die synkretistischen Vorstellungen faschistischer Autoren wie Pierre Drieu La Rochelle und Alfred Fabre-Luce – wenn etwa letzterer in seinem Roman *Un Fils du ciel* einen Vergleich zwischen Priester und Poet anstellte: "Vous nommez prêtres dans le monde moderne, les poètes qui inventent des associations nouvelles entre le quotidien et le divin" (Fabre-Luce: 1941, 154). Das Quidproquo von "poète", "prêtre", "magicien" und "créateur" sollte das Fundament einer neuen "religion sociale" werden: "Les cloisons étanches sont le commencement de la mort des religions" (Fabre-Luce: 1941, 155). Wie Eliade formulierte auch Fabre-Luce eine Kritik an der westlichen Zivilisation vor der Folie östlicher Kultur (Fabre-Luce: 1941, 50). Mit einem Spott gegen die westlichen Asienreisenden verband er den Hinweis darauf, dass die asiatische Kultur wohl *das* Gegenbild zur europäischen Zeitvorstellung verkörpere:

> Avant de partir, ils [les voyageurs] ont parlé de pénétrer le mystère asiatique; mais au dernier moment, ils se contentent de l'effleurer: c'est assez pour leur donner le vertige qu'ils cherchaient. Ce qui les effraie n'est pas tant l'inconfort que l'entrée dans un Temps plus vaste. Un Occidental qui ne sait pas exactement quand ni comment il mangera n'est plus tout à fait sûr de lui-même. Son âme est une sorte de chronomètre logé dans l'estomac. Si on ne lui donne pas, à heures fixes, ses quatre repas quotidiens, elle se détraque. Or, dans ces régions, le Temps ne s'inscrit nulle part: ni dans les habitudes, ni sur les cadrans, ni dans les consciences. [...] Ici, les précisions n'intéressent pas. L'année ne fournit qu'un seul rythme: huit mois de sécheresse, quatre mois de pluie (Fabre-Luce: 1941, 36).

Als Sartres Philosophie in den 40er Jahren aus der Einsicht in die ontologische Kontingenz heraus die Freiheit des Menschen postulierte – "l'homme est ce qu'il se fait" und "l'homme est libre, l'homme est liberté" (Sartre: 1947, 22 u. 36f) –, erwies sich diese Freiheit als eine "difficile liberté" angesichts des Kampfes der *Résistance* während der Okkupationszeit und angesichts der enttäuschten Hoffnungen nach der *Libération*.

Nun hält Eliade unverdrossen an einem fragwürdigen Freiheitsbegriff fest, den er in seinem 1939 erstmals in rumänischer Sprache erschienenen Buch *Fragmentarium* dargelegt hat und in seinen späteren Schriften – wie gesehen – verteidigen sollte. In *Fragmentarium* heißt es, das 19. Jahrhundert habe die Freiheit des Individuums hochgehalten und ihm eine Reihe von Rechten gewährt. Eliade spricht von einer "liberté contractuelle", womit er die maximale Teilhabe an den errungenen Rechten meint. Dieser "liberté contractuelle" des Individuums aber fehle es an der Verantwortung sich selbst gegenüber:

> Etre libre signifie avant tout être responsable envers soi-même. Etre libre de sa vie, c'est être engagé par tout acte qu'on accomplit: il faudra en rendre compte. Tandis que participer aux droits n'engage à rien; c'est une "liberté" extérieure, automatique, un permis de circulation dans la vie civile et privée. On ne risque

rien avec un tel permis: il n'engage ni moralement ni socialement (Eliade: 1989d, 140; rum. Eliade: 1994, 124f).

Die Kritik am bürgerlichen Freiheitsbegriff weist vordergründig Parallelen zu Sartre auf, der seit *La Nausée* deutlich die Uneigentlichkeit bürgerlichen Denkens in Rechtskategorien bloßstellt. Doch im Moment der Kritik endet bereits die Parallele. Für Eliade – der in erster Linie mit seiner Kritik das kodifizierte Recht meint – bedeutet die Verantwortung für jedes Handeln die Verantwortung für sich selbst *vor* einer transzendenten Instanz mit ihren Sanktionsmöglichkeiten. Bei Sartre heißt es zwar auch, der Mensch sei verantwortlich dafür, was er ist ("l'homme est responsable de ce qu'il est"). Aber diese Verantwortung ist nicht allein auf das Individuum bezogen:

> Et quand nous disons que l'homme est responsable de lui-même, nous ne voulons pas dire que l'homme est responsable de sa stricte individualité, mais qu'il est responsable de tous les hommes (Sartre: 1947, 24).

Verantwortung gilt bei Sartre für jede Situation, der keine religiöse Transzendenz und keine richtende Instanz mit Anspruch auf Absolutheit gegenüberstehen. Eliade dagegen unterscheidet zwischen einer intramundanen und metaphysischen Verantwortung, wobei erstere sich letztlich nur auf das kodifizierte Recht bezieht, aus dem sich wahre Freiheit nicht ableiten lasse: "La vraie liberté n'implique pas des 'droits', car, nous étant octroyés par autrui, ils ne nous engagent pas" (Eliade: 1989d, 141; rum. Eliade: 1994, 125). "Freiheit" heißt für Eliade: Verantwortung für *das jeweils eigene Leben in seiner Gesamtheit*. Man könne es durch Scheitern ("en échouant") verpfuschen oder durch schöpferische Tätigkeit ("en créant") fruchtbar gestalten – doch dies richtet sich nach der Ontologie, innerhalb derer man sich bewegt! Die Moderne zählt demzufolge zu den Epochen der gescheiterten Lebensentwürfe – von daher ist seine Ablehnung der Existenzphilosophie konsequent, die das Scheitern zur *differentia specifica* des Menschen erhebt. Dem hält Eliade das Mittelalter als jene Zeit entgegen, in der jedes Handeln ein vollkommenes *engagement* (sic!) bedeutet habe, weil es innerhalb einer geschlossenen Ordnung vollzogen worden sei:

> À cet égard, pour paradoxal que cela paraisse, le Moyen Age a connu la plus grande liberté. Les gens y étaient plus responsables, plus solennels; chaque acte de leur vie les engageait; ils pouvaient faire leur perte ou leur salut (dans le sens chrétien) (Eliade: 1989d, 141f; rum. Eliade: 1994, 125).

Die einzige Errungenschaft der Französischen Revolution sei, so das Paradox Eliades, das Recht auf Freiheit, das jedoch praktisch niemandem richtig nütze – "Dont; pourtant, presque personne ne profite" (Eliade: 1989d, 143; rum. Eliade: 1994, 126). Mit anderen Worten: Die moderne Gesellschaft hat Freiheit *lediglich möglich gemacht*, aber ihrer Verwirklichung den Grund entzogen, während das geschlossene Weltbild des Mittelalters *nur Freiheit kannte*. Hinter diesem pervertierten Freiheitsverständnis gibt sich die Position Spenglers zu erkennen, dessen Denken Eliade durchaus einiges verdankt: "Die

Freiheit ist immer lediglich *negativ*" (Spengler: 1995, 1141). Und in Eliades regressiver "archaischer Ontologie" ist durchaus die bei Seneca entlehnte Schlussmaxime aus Spenglers *Untergang des Abendlandes* eingeschrieben: *Ducunt fata volentem, nolentem trahunt.*

3. Der Kulturpessimismus bei Lévi-Strauss

3.1. Vom edlen Wilden zur Dampfmaschine

> Parfois aussi, on peut envisager simultanément les mêmes données en se plaçant à des points de vue différents qui ont tous une valeur stratégique, bien que les modèles correspondant à chacun soient tantôt mécaniques, tantôt statistiques. Les sciences exactes et naturelles connaissent des situations de ce type; ainsi, la théorie des corps en mouvement relève de la mécanique si les corps physiques considérés sont peu nombreux. Mais, quand ce nombre s'accroît au-delà d'un ordre de grandeur, il faut recourir à la thermodynamique, c'est-à-dire substituer un modèle statistique au modèle mécanique antérieur; et cela, bien que la nature des phénomènes soit demeurée la même dans les deux cas (Lévi-Strauss: 1985, 238).

Lévi-Strauss reklamiert für seine Ethnologie bzw. strukturale Anthropologie den Dualismus als Methode der "wissenschaftlichen Erkenntnis" (Auerbach: 1910, 4): In Anlehnung an die Physik unterscheidet er zwischen zwei Beobachtungsstandpunkten des Ethnologen, von denen aus er das den von ihm untersuchten Kulturen bzw. gesellschaftlichen Phänomenen eingeschriebene 'Schicksal' theoretisch zu fassen sucht. Die Aufteilung der Physik (und damit aller Naturwissenschaften) in Mechanik und Thermodynamik dient Lévi-Strauss dazu, soziale Systeme mit geringer Komplexität in ihrer Organisation von Gesellschaften mit einem hohen Grad an Komplexität und Differenziertheit wesensmäßig zu unterscheiden, d.h. die 'primitive' Kultur von der 'entwickelten' Zivilisation. Die Klassifizierung des Untersuchungsgegenstandes ethnologischer Forschung nach den Hauptrichtungen der Physik ist von weit reichender Konsequenz: Sie zementiert die anthropologische Dichotomie, welche die 'primitiven' von den 'entwickelten' Gesellschaften trennt. Zwischen den beiden Kultursphären besteht also der Gegensatz, der dem in Auerbachs "physikalischer Theorie des Lebens" aufgezeigten Widerspruch zwischen dem Gesetz von der Erhaltung der Energie und dem zweiten Thermodynamischen Gesetz entspricht. Beide Gesetze schließen sich gegenseitig aus – und doch koexistieren die durch sie erfassten Prinzipien in der Natur. Nach dieser theoretischen Prämisse ist es ausgeschlossen, dass eine 'primitive' Gesellschaft in eine 'zivilisierte' übergeht, ohne ihre Identität zu verlieren, ohne dem Niedergang preisgegeben zu sein – und *vice versa*. Diese kulturanthropologische Dichotomie hat für das Individuum eine nicht minder schwerwiegende Konsequenz: Der unvermittelte Wechsel von einer 'primitiven' Kultur, vom Eingeborenendorf etwa, in die 'zivilisierte' Gesellschaft ist gleichbedeutend mit einem Identitätsbruch, der in der Regel den Verlust der Fähigkeit zu überleben zur Folge hat, der zu einem letalen Ausgang führen kann, wenn nicht sogar muss (vgl. Lévi-Strauss: 1982, 379).[153] Damit spricht Lévi-Strauss indirekt ein kategorisches Verdikt über Eliades Versuche, der von der "terreur de l'Histoire" heimgesuchten modernen Gesellschaft die Rückbesinnung auf eine "archaische Ontologie" zu empfehlen.

Den Vergleich mit der physikalischen Unterscheidung zwischen den Gesetzen der Mechanik und denen der Thermodynamik baut Lévi-Strauss in einem Interview mit Charbonnier zu einem weiter führenden kulturanthropologischen Theorem aus (Lévi-Strauss: 1992, 34-48). Der archaische Mensch mit seiner Seinsauslegung und seinen Ritualen steht für Lévi-Strauss in einem sich durch Unmittelbarkeit auszeichnenden gesellschaftlichen Kontext, während sein Bild von einer modernen, hoch zivilisierten Gesellschaft darauf hinausläuft, gesellschaftliche Prozesse als über die Kultur *vermittelte* anzusehen. Lévi-Strauss greift die in der Romantik aufgekommene Maschinen- bzw. Automatenmetapher zur Charakterisierung des (bürgerlichen) Staates auf (vgl. Frank: 1989b, 232ff) und veranschaulicht seine Hypothese an der Gegenüberstellung von mechanischer und thermodynamischer Maschine.

Das Funktionsprinzip 'primitiver' Gesellschaften vergleicht Lévi-Strauss mit einer mechanischen Maschine, einem Uhr- oder Räderwerk, das, einmal in Gang gesetzt, mit minimalem Energieaufwand weiterläuft:

> Je dirais que les sociétés qu'étudie l'ethnologue, comparés à notre grande, à nos grandes sociétés modernes, sont un peu comme des sociétés "froides" par rapport à des sociétés "chaudes", comme des horloges par rapport à des machines à vapeur. Ce sont des sociétés qui produisent extrêmement peu de désordre, ce que les physiciens appellent "entropie", et qui ont une tendance à se maintenir indéfi-

---

153 Blumenberg verweist ebenfalls auf diese kulturanthropologische Dichotomie: "Als Lévi-Strauss im amazonischen Urwald auf der Suche nach den Tupi-Kawahib, einer noch unberührten Siedlung von Eingeborenen vordringt, machte er die ihn wie den Leser erschütternde Erfahrung, daß diese gerade ihr Dorf geräumt haben und seiner Marschrichtung entgegen die Zivilisation suchten. Der Häuptling mit einem Gehilfen ist allen voran, und beide tragen einen jämmerlich verpackten großen Harpyien-Adler, den sie als Gastgeschenk in die andere Welt bringen wollen. Adler hielten die Eingeborenen, um sich ihres Federschmucks zu versichern. Obwohl er ihr kostbarstes Gut zu sein schien, mit dem sie sich den Eintritt in die Zivilisation verschaffen wollen, entledigen sie sich seiner mit der Gleichgültigkeit, die zu jedem Entschluß gehört, die Welten zu wechseln. Lévi-Strauss wird sich bewußt, daß er Zeuge eines jener Vorgänge geworden ist, in denen der Verzicht auf die überlieferten Werte und die *Auflösung einer Lebensweise* darin Ausdruck finden, daß der Verlust gewisser Elemente die sofortige Verachtung für alle anderen zur Folge hat... Nur in dieser Radikalität kann die Operation gelingen; durch sie kann es aber auch, und mit der größeren Wahrscheinlichkeit, letal ausgehen. Der plötzlich weggeworfene Adler ist der paradigmatische Ansatz zu dem Identitätsbruch, den man sich angewöhnt hat, 'Kulturrevolution' zu nennen" (Blumenberg: 1986, 58f). Diese Dichotomie klingt übrigens auch bei Spengler an.

niment dans leur état initial, ce qui explique d'ailleurs qu'elles nous apparaissent comme des sociétés sans histoire et sans progrès (Lévi-Strauss: 1992, 38).[154]

Lévi-Strauss geht bei diesen Gesellschaften von einer idealen Organisation aus, deren Abläufe dahingehend tendierten, das die Mechanik bestimmende Gesetz von der Erhaltung der Energie einzuhalten – doch schließlich bleibe auch die Maschine, die alleine den Gesetzen der Mechanik folgt, ein rein hypothetisches Konstrukt.[155] Die moderne Gesellschaft dagegen funktioniere nach dem Prinzip der Dampfmaschine: Der "Temperaturdifferenz", die diese in Gang halte, entspreche in der gesellschaftlichen Organisation das soziale Gefälle.

Eine 'primitive' Gesellschaft erzeuge ein Mindestmaß an Unordnung (*Entropie*); eine moderne Gesellschaft mit ihren sozialen Unterschieden produziere zwar ein Höchstmaß an Ordnung, aber um den Preis höchster *Entropie* in den menschlichen Beziehungen. Der 'Temperaturfaktor', der den Unterschied zwischen den beiden Gesellschaftsformen ausmache, bestimme den Energiegehalt der Geschichte. Lévi-Strauss spricht in diesem Zusammenhang von einer "température historique". Ein 'primitives' Volk befinde sich immer in einem diffusen historischen Kontinuum ("un fluide historique"), gegen das es sich abschotte, während eine moderne, 'zivilisierte' Gesellschaft sich der Geschichte zuwende, um ihre Entwicklung voranzutreiben. Dementsprechend unterscheidet Lévi-Strauss zwischen "sociétés froides" und "société chaudes". Diese Unterscheidung wird er wiederholt aufgreifen (vgl. Lévi-Stauss: 1990a, 279f – s.o.; Lévi-Strauss: 1990b, 174f), nicht jedoch ohne darauf hinzuweisen, dass die Begriffe Grenzfälle bezeichnen, dass in letzter Konsequenz keiner der beiden hypothetischen Pole – "société froide" und "société chaude" – durch ein reales gesellschaftliches System jemals konkretisiert werden könnte.[156]

> En fait, toute société implique les deux aspects. Une société est simultanément une machine, et le travail que fournit cette machine. En tant que machine à vapeur elle fabrique de l'entropie. Mais en tant que nous la considérons comme un moteur, elle fabrique de l'ordre. Cet aspect – ordre et désordre – correspond, dan

---

154 Die hier zitierten Auszüge aus diesem Interview finden sich übrigens auch – unkommentiert (sic!) – im "Prolog" zum Katalog der zehnten Kassler *documenta*: *POL^{E}ITICS* (1997).

155 Eine Maschine, in der die Energie völlig erhalten bleibt, existiert nicht; sie wäre allenfalls als perpetuum mobile denkbar (vgl. Auerbach: 1917, 130). In Wirklichkeit herrschen in der Natur nur unumkehrbare Prozesse, "weil bei jedem Vorgang in der Natur und Technik sich als ungebetene Gäste Reibung, Wärmeleitung und andere Begleiterscheinungen einstellen, die selbst nicht umkehrbar sind, und die daher den ganzen Prozeß zu einem nichtumkehrbaren machen. Dies gilt auch von den Prozessen, die durch Maschinen, z.B. durch die Dampfmaschine, bewerkstelligt werden" (Auerbach: 1917, 130) Dies heißt: In jedem Fall gelten die Hauptsätze der Thermodynamik. Nicht weniger gilt dies für den Vergleich mit Gesellschaftssystemen, denen konsequenterweise eine nicht minder irreversible Prozessualität eigen ist.

156 "Quand je parle de 'sociétés froides' et de 'sociétés chaudes', j'envisage des cas limites. J'ai écrit, répété cent fois qu'aucune société n'est absolument 'froide' ou 'chaude'. Ce sont là des notions théoriques dont nous avons besoin pour forger nos hypothèses. Les sociétés empiriques se distribuent le long d'un axe dont aucune d'elles n'occupe les pôles" (Lévi-Strauss / Eribon: 1990, 174).

notre langage, à deux manières de regarder une civilisation: d'une part, la culture, d'autre part, la société; la culture désignant l'ensemble des relations que, dans une forme donnée, les hommes entretiennent avec le monde, et la société désignant plus particulièrement les rapports que les hommes entretiennent entre eux. La culture fabrique de l'organisation: nous cultivons la terre, nous construisons des maisons, nous produisons des objets manufacturés... (Lévi-Strauss: 1992, 45f).

Wenn Lévi-Strauss die moderne Gesellschaft mit einer Dampfmaschine vergleicht, mit einer Maschine, die sowohl Maschine als auch die von ihr geleistete Arbeit sein soll, welche Funktion hat dann die Geschichte? In der Gesellschaft wirken nach seiner dualistischen Auffassung zwei Prinzipien, für die der Motor und die Dampfmaschine stehen: Der Motor sorge für Ordnung; er sei gleichbedeutend mit der die Beziehung der Menschen zur Welt prägenden *Kultur*. Die Dampfmaschine erzeuge Unordnung (Entropie); sie sei die Gesellschaft, die sich über die Beziehung der Menschen zueinander bestimme. Mit den Worten Auerbachs: Der Motor leistet den "Kampf gegen die Entwertung von Energie", während die Dampfmaschine die "Entwertung von Energie" vorantreibt. Die Dampfmaschine wird zum Inbegriff moderner Zivilisation.

Für den gegen die Entwertung von Energie geführten Kampf wählte Auerbach den Begriff des "Ektropismus". In dieser "vorsichtigen Spielart des Vitalismus" machte er das Grundprinzip des Lebens überhaupt aus (Auerbach: 1910, 41). Zu diesem Kampf rechnete er auch die kulturellen Leistungen des Menschen (Auerbach: 1910, 143). Der Rückgriff auf diese Naturlehre hilft, den von Lévi-Strauss noch vage skizzierten Geschichtsbegriff extrapolierend zu erfassen: Geschichte ist das Energieschicksal einer Gesellschaft. Was Lévi-Strauss unter Geschichte versteht, ist *keine Energie an sich*, sondern bemisst den Betrag der von den gesellschaftlichen Antagonismen freigesetzten Energie; das als Geschichte Wahrnehmbare entsteht aus dem Dualismus von "Kampf gegen die Entwertung von Energie" und "Entwertung von Energie", wobei jener quasi als Surplus hervorbringt, was man gemeinhin unter "Kultur" bzw. "kulturellem Fortschritt" versteht – Geschichte ist demnach also zuallererst Kultur-Geschichte.

Wenn Lévi-Strauss mit seiner dualistischen Auffassung den Spuren einer "physikalischen Theorie des Lebens" folgt und konstatiert, jede Gesellschaft sei sowohl Entropie erzeugende Dampfmaschine als auch Kultur stiftender Motor, dann erinnert dies bei genauem Hinsehen an Nietzsche. Der Begründer einer dualistischen Zivilisations- und Kulturtheorie erkannte im Dionysischen und Apollinischen zwei über alle künstlerische Vermittlung hinausweisende 'physiologische Erscheinungen', die einander widerstreitend als Kunsttriebe den Künsten – allgemeiner gesprochen: allen Manifestationen kulturellen Lebens – ihr Gepräge verliehen (Nietzsche: KSA 1, 29ff). Ähnliches gilt für Lévi-Strauss, hinter dessen These von den zwei Naturprinzipien letztlich die Annahme zweier 'Zivilisationstriebe' steht, von denen der eine nach Verausgabung und der andere nach Erhalt – Freud würde in diesem konkreten Fall sagen: nach Sublimierung – drängt.

Auch Lévi-Strauss gibt den Wunsch nach einer vor "Überhitzen" geschützten gesellschaftlichen Organisation zu erkennen, ein Wunsch der bereits im ausgehenden 19. Jahrhundert das Bürgertum prägte und der etwa in Jules Vernes kolonialistischer Utopie auf der *Ile mystérieuse* zu seinem literarischen Ausdruck finden sollte. Als Ausweg aus dem von ihm aufgezeigten Dilemma der modernen Gesellschaften schlägt Lévi-Strauss vor, die gesellschaftliche *Entropie* in Kultur zu überführen. Als Kronzeuge für seine Hypothese zitiert er den Frühsozialisten Saint-Simon, der das Umwandeln von *gouvernement* in *administration* als das Hauptproblem moderner Gesellschaftspolitik bestimmte:

> Gouvernement des hommes", c'est: société, et entropie croissante; "administration des choses", c'est culture, et création d'un ordre toujours plus riche et complexe (Lévi-Strauss: 1992, 48).

Das Denken des Frühsozialisten Saint-Simon propagiert das Aufheben des zu einem "partiellen Mythologem" geronnenen institutionalisierten Christentums, das zur Legitimierung einer Klassenherrschaft gedient habe, in einer auf universeller Moral gründenden Religion, die mit dem Anspruch einer "neuen Mythologie" auftreten sollte (Frank: 1982, 223). Es drängt sich hier der Verdacht auf, dass unter dem Siegel des Begriffs *administration* eine artifizielle Beschränkung des Horizonts menschlicher Tätigkeit mitgedacht ist: eine Annäherung an den Zustand 'primitiver' Aneignung von 'Welt' im Sinne einer Restituierung von Befindlichkeitsmodalitäten, welche die Entfremdungserfahrung aufheben – was der Rücknahme der ihrer Vollendung harrenden Aufklärung gleichkommt. Allerdings fordert Lévi-Strauss keine Einschränkung der Komplexitätssteigerung – im Gegenteil: Ziel seines 'saint-simonistischen' Lösungsvorschlages ist vorrangig das Ausblenden von gesellschaftlichen Konflikten, von Klassengegensätzen. Wohlgemerkt spricht Lévi-Strauss, wenn er sich auf Saint-Simon beruft, von der "administration des choses", die an die Stelle des "gouvernement des hommes" – und damit der Politik – treten soll. Von den Menschen zu den Dingen![157]

Eine solche Hypothese setzt zwangsläufig die Entfremdung, präziser: die Verdinglichung, als Konstituens von Kultur voraus. Der seit der Romantik verbreitete Topos von der Gesellschaft als Maschine transformiert einen ökonomisch definierten Zustand in ein anthropologisches Faktum. Der junge Marx hat diesen Zustand wie folgt auf den Punkt gebracht: "Die Maschine bequemt sich der Schwäche des Menschen, um den schwachen Menschen zur Maschine zu machen" (Marx: 1985, 609). Die von Lévi-Strauss vorgeschlagene verwal-

---

157 Vgl.: "Mit der Preisgabe des Denkens, das in seiner verdinglichten Gestalt als Mathematik, Maschine, Organisation an den seiner vergessenden Menschen sich rächt, hat die Aufklärung ihrer eigenen Verwirklichung entsagt" (Horkheimer / Adorno in: Adorno III: 1997, 58f).

tete Gesellschaftsmaschine soll eine Maschine von höchster Effizienz, von höchster Produktivität sein...

Gegen den von Lévi-Strauss gemachten Vorschlag, den *gouvernement des hommes* durch die *administration* zu ersetzen, sind mehrere Vorbehalte anzumelden: Beharrte man auf der saint-simonistischen Vorstellung, so wäre das soziale System, das aus der *administration* heraus entstünde, die radikal entpolitisierte Anti-Utopie, gegen die bereits Jules Verne mit seinem *Paris au XX^è siècle* seinen literarischen Einspruch erhob.[158] Die Vision Vernes ist die von einer Gesellschaft, die sich selbst zum Erstarren verurteilt, weil sie den Nivellierungsprozess doch nicht aufhalten könnte – "ein Tod mit den Qualen des Thantalus, denn überall ist Energie vorhanden und doch ist nicht das Geringste mehr mit ihr anzufangen" (Auerbach: 1917, 142 – s.o.). Lévi-Strauss geht von der "création d'un ordre plus riche et plus complexe" aus. Eine solche Steigerung der Komplexität wäre aber nur unter der Bedingung vorstellbar, dass das Realitätsprinzip als Leistungsprinzip gedacht wird. Herbert Marcuse definiert – mit Freud – das Realitätsprinzip als den Wandel von "augenblicklicher Befriedigung" zur "aufgeschobenen Befriedigung", von "Lust" zu "Lustenthaltung", von "Freude (Spiel)" zu "Mühe (Arbeit)", von "Empfangen und Entgegennehmen" zu "Produktivität", von "Fehlen der Unterdrückung" zu "Sicherheit" (Marcuse: 1987, 18). Unter dem "Leistungsprinzip" versteht Marcuse – nunmehr Freud extrapolierend – die "vorherrschende historische Form des Realitätsprinzips" (Marcuse: 1987, 40), d.h. unter den Bedingungen der von Konkurrenz bestimmten kapitalistischen Ordnung. Die von Lévi-Strauss vorgeschlagene 'Utopie' soll die produktiven Kräfte, die durch die Konkurrenz freigesetzt werden, mit Hilfe eines dirigistischen Gesellschaftssystems kanalisieren. Konkurrenz aber heißt immer: Energie freisetzen. Eine geschlossene, verwaltete Ordnung wäre unter diesen Bedingungen somit ihrerseits erst recht wieder zur Entropie verurteilt.[159]

Da Lévi-Strauss Gesellschaften als dualistisch angeordnete, zu Geschlossenheit tendierende Systeme begreift, lassen seine Ausführungen zur Geschichte als das über die "température historique" bestimmte Energieschicksal einer Gesellschaft nur den einen Schluss zu: Jeder sozialen Ordnung bzw.

---

158 Vgl. dazu auch die Deutung der Rousseauschen "volonté générale" durch Lévi-Strauss: "Certes, la volonté générale n'est pas, chez lui [Rousseau] la volonté de la totalité, ou de la majorité de la population, exprimée en des occasions particulières; c'est la décision latente et continue par laquelle chaque individu accepte d'exister en tant que membre d'un groupe" (Lévi-Stauss / Charbonnier: 1992, 43).

159 Es bleibt noch anzumerken, dass Lévi-Strauss wohl eher in Charles Fourier einen adäquaten Vorläufer hat, denn dieser erhob vor allem die auf abgestimmten Unterschieden und abgestimmter Diversifikation der Elemente beruhende Komplexität zur *conditio sine qua non* jener Harmonie, die sich möglichst schnell und auf hohem kulturellen Niveau in seinen *Phalanstères* einstellen sollte: "On rassemblera 1500 à 1600 personnes d'inégalités graduées en fortunes, âges et caractères, en connaissances théoriques et pratiques; on ménagera dans cette réunion la plus grande variété possible; car plus il existera de variété dans les passions et facultés quelconques des sociétaires, plus il sera facile de les harmoniser en peu de temps" (zit. n. Poisson: 1932, 118).

jedem sozialen System, ist das Ende zwangsläufig eingeschrieben. Es ist letztendlich von zweitrangiger Bedeutung, ob eine Gesellschaft von einer hohen "température historique" zu rasch fortschreitender Komplexitätssteigerung angetrieben wird, oder ob es sich um einen langsamen Prozess handelt, der noch nicht die Gestalt von Geschichte angenommen hat – am Ende steht immer die Entwertung von Energie. Jede Gesellschaft muss nach Auffassung von Lévi-Strauss einmal an den Punkt gelangen, ab dem ihr kulturelles Potential erlischt. Entsprechend skeptisch fällt seine Einschätzung des Fortschritts aus.

In seiner 1952 im Auftrag der UNESCO verfassten Studie *Race et histoire* erklärte er Geschichte als die herausragende Funktionsgröße im Zusammenwirken der Kulturen. Er unterschied damals zwischen einer "histoire cumulative" und einer "histoire stationnaire", jene war für ihn der Inbegriff zivilisatorischer Entwicklung schlechthin, während diese für isolierte Gesellschaften stehe, deren Leben sich auf einem niedrigeren Entwicklungsstand bewege:

> Il n'y a pas de société cumulative en soi et par soi. L'histoire cumulative n'est pas la propriété de certaines races ou de certaines cultures qui se distingueraient ainsi des autres. Elle résulte de leur *conduite* plutôt que de leur *nature*. Elle exprime une certaine modalité d'existence des cultures qui n'est autre que leur *manière d'exister ensemble*. En ce sens, on peut dire que l'histoire cumulative est la forme d'histoire caractéristique de ces superorganismes sociaux que constituent les groupes de sociétés, tandis que l'histoire stationnaire – si elle existait vraiment – serait la marque de ce genre de vie inférieur qui est celui des sociétés solitaires (Lévi-Strauss: 1987, 73).

Anders ausgedrückt: Nur zivilisierte Gesellschaften können überhaupt über eine Geschichte verfügen. Nun besteht keine Gesellschaft als eine isolierte Entität; sie steht immer in Berührung mit anderen Gesellschaften.

Eine wirkliche "société cumulative" könne nur entstehen, wenn – und hier ist der entscheidende Punkt in der Argumentation von Lévi-Strauss – die sie konstituierenden Gruppen eine entsprechende Haltung einnähmen, wenn sie das "Spiel mitspielten". Das "kumulative" Moment ist also einer Gesellschaft *nicht wesensmäßig* eigen. Andererseits hängen Bestand und Entwicklungsstand einer Zivilisation von der in ihr enthaltenen kulturellen Vielfalt ("diversité") ab:

> La chance qu'a une culture de totaliser cet ensemble complexe d'inventions de tous ordres que nous appelons une civilisation est fonction du nombre et de la diversité des cultures avec lesquelles elle participe à l'élaboration – le plus souvent involontaire – d'une commune stratégie (Lévi-Strauss: 1987, 72).

Das Entstehen von Zivilisationen führt Lévi-Strauss konsequenterweise auf den Zufall zurück, wenn er von der "Chance" einer Kultur zur Verwirklichung eines totalisierenden Zivilisationsprozesses spricht. Nur aus einer zufälligen Konstellation heraus könne überhaupt die Rede von der Überlegenheit einer Kultur entstehen, einer Überlegenheit, die eben auf jenen Zufall zurückgehe, der ein konkretes Zusammenwirken von Kulturen initiiere. Daraus zieht er den

Schluss, dass eine Kultur niemals *an sich* einer anderen überlegen sein könne, dass keine Kultur aus sich heraus zu einer höheren, komplexeren Ausgestaltung bestimmt sei. Lévi-Strauss beharrt dennoch auf der Identität der jeweiligen Kulturen. Nur unter dieser Voraussetzung nämlich könne schließlich die Vorstellung von einer Weltkultur entstehen, eine Vorstellung, die er jedoch gleich einer möglichen eschatologischen Vereinnahmung entzieht, indem er sie als Grenzvorstellung, d.h. als Modellfall oder heuristische Fiktion, bezeichnet:

> D'autre part, nous avons considéré la notion de civilisation mondiale comme une sorte de concept limite, ou comme une manière abrégée de désigner un processus complexe. Car si notre démonstration est valable, il n'y a pas, il ne peut y avoir, une civilisation au sens absolu que l'on donne souvent à ce terme, puisque la civilisation implique la coexistence de cultures offrant entre elles le maximum de diversité, et consiste même en cette coexistence. La civilisation mondiale ne saurait être autre chose que la coalition, à l'échelle mondiale, de cultures préservant chacune son originalité (Lévi-Strauss: 1987, 73).

Der Gedanke von Lévi-Strauss sei für einen Augenblick weiter gesponnen: Eine absolute Welt-Zivilisation (*bzw.*-Kultur) wäre eine Zivilisation, welche die Koexistenz zu *ihrem Wesen* erheben und auf diese Weise das zufällige Zusammentreffen von Kulturen zu einem freien Zusammenspiel als Initialprinzip der Zivilisationsbildung negieren würde; es wäre die definitive Überwindung eines jeden Dualismus und bedeutete damit das Ende des an dieser Stelle – wenn auch weniger deutlich – vorgetragenen Antagonismus von Zivilisation als Produkt der *coalition* von Kulturen auf der einen Seite, und der jeweiligen Identität der an dieser *coalition* beteiligten Kulturen auf der anderen (deshalb auch die Übersetzung von "civilisation mondiale" mit "Welt-Zivilisation *bzw.* -Kultur"). Eine solche Welt-Zivilisation *bzw.* -Kultur wäre im Prinzip aber nur von einer eschatologischen Geschichtsphilosophie her denkbar.

Von seinem Modell der *coalition* ausgehend entwickelt Lévi-Strauss daher einen anderen Fortschrittsbegriff: Der *progrès* (= "progrès culturel") sei das eine *coalition* der Kulturen setzende und erhaltende Prinzip –

> En prenant les termes dans le sens que nous leur avons donné, on a vu que tout *progrès* culturel est fonction d'une coalition entre les cultures. Cette coalition consiste dans la mise en commun (consciente ou inconsciente, volontaire ou involontaire, intentionnelle ou accidentelle, cherchée ou contrainte) des *chances* que chaque culture rencontre dans son développement historique; enfin, nous avons admis que cette coalition était d'autant plus féconde qu'elle s'établissait entre des cultures plus diversifiées (Lévi-Strauss: 1987, 79).

Was Lévi-Strauss hier unter "progrès" versteht, meint nicht eine zwangsläufig in den Prozess bzw. die Prozesse der Zivilisation eingeschriebene Verbesserung, die – sei es entelechisch oder teleologisch – einem wie auch immer gearteten 'Wesen' einer Kultur bzw. Zivilisation entspränge; sein Fortschrittsverständnis ist nicht qualitativer Natur, sondern rein deskriptiv-statistischer: Der *progrès* als "fonction d'une coalition entre les cultures" bezeichnet den

Grad der Komplexität, die aus dem Zusammenwirken der Kulturen entsteht und zugleich dieses Zusammenwirken erst ermöglicht. Für Lévi-Strauss ist folglich auch der Gedanke an Geschichte im Sinne eines weltgeschichtliche Prozesse bestimmenden Gesetzes fremd; er eskamotiert jegliche geschichtsphilosophische Spekulation. Seine 'Geschichtsfeindlichkeit' bedeutet hingegen keine Ablehnung der Geschichtswissenschaft, deren Aufgabe er aus seiner anthropologischen Perspektive heraus definiert, nämlich als die einer Wissenschaft, welche die Äußerungen menschlichen Verhaltens in der Gesellschaft studiert – NB: Schon Marx und Engels gaben in der *Deutschen Ideologie* das Credo der philosophischen Anthropologie vor: "Wo ein Verhältnis existiert, da existiert es für mich, das Tier 'verhält' sich zu Nichts und überhaupt nicht" (Marx / Engels: MEW III, 31).

Aus einer solchen anthropologischen Sicht heraus versteht Lévi-Strauss die Geschichtswissenschaft als eine zur Ethnologie komplementäre Disziplin, die dasselbe Ziel verfolge:

> [...] le même but, qui est une meilleure intelligence de l'homme; et une méthode où varie seulement le dosage des procédés de recherche, elles se distinguent surtout par le choix de perspectives complémentaires: l'histoire organisant ses données par rapport aux expressions conscientes, l'ethnologue par rapport aux conditions inconscientes, de la vie sociale (Lévi-Strauss: 1985, 31).[160]

Lévi-Strauss' Interesse am Gegenstand der Geschichtswissenschaft ist als das an der Überlieferung, der Tradition, zu begreifen (Lévi-Strauss: 1985, 23); sein Verständnis von der Geschichtswissenschaft ist ein rein hermeneutisches: "Wer schriftlich Überliefertes zu lesen weiß, bezeugt und vollbringt die reine Gegenwart der Vergangenheit" (Gadamer: 1990, 169 – s.o.). In eben dieser Eigenschaft als "Gegenwart der Vergangenheit" erregt die Überlieferung die Aufmerksamkeit des auf synchroner Ebene operierenden Strukturalisten.

Der "progrès" entsteht durch das Zusammentreffen unterschiedlicher Traditionen, die wiederum ihre eigene idiosynkratische Komponente haben. Die Aufgabe der strukturalen Anthropologie – so die einfache Formel – ist das Befragen der Idiosynkrasien nach Funktionszusammenhängen.[161] Die

---

160 Etwas weiter heißt es: "En ce sens, la célèbre formule de Marx: 'Les hommes font leur propre histoire, mais ils ne savent pas qu'ils la font', justifie, dans son premier terme, l'histoire, et dans son second, l'ethnologie. En même temps, elle montre que les deux démarches sont indissociables" (Lévi-Strauss: 1985, 37).
161 Der Begriff "Idiosynkrasie" wird in diesem konkreten Fall in der von Feyerabend geprägten Bedeutung gebraucht. Der kritische Rationalismus Feyerabends bezeichnet als "Idiosynkrasie" ein Verhalten, das sich objektiven Regeln entziehe, ein Verhalten, das in der "historischen Tradition" – im Gegensatz zur "abstrakten Tradition" – gründe. Für Feyerabend ist zunächst keine "abstrakte Tradition", die ein Produkt der Vernunft darstelle, ohne historische und damit idiosynkratische Komponente denkbar; der Primat gebührt dabei der Praxis, dem eigentlichen Hort der Tradition: "*der Kennende und nicht die objektiven Regeln beurteilen einen Vorgang*" (Feyerabend: 1980, 64f). D.h. Feyerabend geht bei seiner Beurteilung der Tradition zunächst von einer Gegenüberstellung von Vernunft und Praxis bzw. Vernunft und Tradition aus, um daraus die These abzuleiten, dass ein Wandel, eine Reform, nichts an-

"température historique" bezeichnet – streng nach der strukturalen Methode argumentiert – eine Differenzqualität: Ihre Energie gelangt nicht von außen in die jeweilige gesellschaftliche Organisation, sondern entsteht aus den Differenzbeziehungen unter den sie konstituierenden Elementen heraus – je größer der 'Energiebetrag' ist, desto mehr Elemente kann das System integrieren, und je mehr Elemente dieses System integriert, desto höher fällt dieser 'Energiebetrag' aus. Ist das System einmal konstituiert, dann triumphiert ab einem bestimmten Punkt die Entwertung der Energie, dann schlägt es in Entropie um.

In diesem Zusammenhang sei das methodische Fundament einer strukturalen Anthropologie ins Gedächtnis gerufen: Von der Ethnographie ausgehend, richtet Lévi-Strauss sein Augenmerk auf die synchrone Betrachtung der aus einer ursprünglichen Naturverbundenheit heraus entwickelten Zeichensysteme 'primitiver' Kulturen und – kontrastiv hierzu – der Hochkulturen, Zivilisationen. Grundlage sind für ihn die Erkenntnisse der strukturalen Linguistik, die er auf die Organisation von Kulturen anwendet, um sie nach differentiellen Mustern – und nicht nach nomologischen Kategorien – zu erfassen (vgl. Lévi-Strauss: 1985, 329-378 u. 402-443). Der Niedergang von Gesellschaften ist aus einer solchen, die Synchronie akzentuierenden Sicht nur über das allgemeine 'Schicksal' geschlossener Systeme erklärbar, nicht dagegen über (diachrone) Kausalitätsketten – deshalb auch die Reduktion von Geschichte als Forschungsgegenstand auf das Ver-Gegenwärtigen des Vergangenen.

3.2. Die Trauer des Ethnologen

Das Denken von Lévi-Strauss ist, nach seinen eigenen Aussagen, von einem tiefen Kulturpessimismus geprägt – und sein Bekenntnis zu den 'primitiven' Kulturen verrät einen nostalgischen Zug:

> Ich habe keine Angst, [...] zu sagen, daß ich sehr pessimistisch bin. Wenn ich mich dem Studium von exotischen Gesellschaften zugewendet habe, die sich am meisten von der unseren unterscheiden, so deshalb, weil ich für das Jahrtausend, in dem ich geboren bin, keine besondere Vorliebe finde. [...] In der Tat bin ich nicht sehr optimistisch angesichts der Zukunft der Menschheit, die sich so stark vermehrt, daß sie sich selbst in die Enge getrieben haben wird, noch bevor ihr die wesentlichen Güter wie Luft, Wasser und Raum zu fehlen beginnen (Lévi-Strauss: 1980b, 219f).

Pessimismus und nostalgische Trauer prägen den Titel seines frühen Hauptwerkes *Tristes tropiques*, das mehr bedeutet als nur ein Abgesang auf die 'pri-

---

deres meine als die Verdrängung einer Tradition durch eine andere, wobei diese lediglich noch nicht als solche erscheine. Was die Vernunft anbelangt, so sei schließlich auch diese nur eine Handlungsform – eine Tradition unter anderen. M.a.W.: Jeder Wandel entspringt der "Wechselwirkung von Traditionen" (Feyerabend: 1980, 39). Mit Feyerabend kann Lévi-Strauss' "progrès" als die Wechselwirkung möglichst vieler Traditionen erklärt werden.

mitiven' Kulturen in den Tropenwäldern. Es geht hier um das 'Schicksal' von Kultur und Zivilisation überhaupt – was der Vergleich der Stadt mit einer Symphonie zeigt:

> Ce n'est donc pas de façon métaphorique qu'on a le droit de comparer – comme on l'a si souvent fait – une ville à une symphonie ou à un poème; ce sont des objets de même nature. Plus précieuse peut-être encore, la ville se situe au confluent de la nature et de l'artifice. Congrégation d'animaux qui enferment leur histoire biologique dans ses limites et qui la modèlent en même temps de toutes leurs intentions d'êtres pensants, par sa genèse et par sa forme la ville relève simultanément de la procréation biologique, de l'évolution organique et de la création esthétique. Elle est à la fois objet de nature et sujet de culture; individu et groupe; vécue et rêvée: la chose humaine par excellence (Lévi-Strauss: 1982, 138).

In der Stadt begegnen sich die Natur und das zivilisatorische Potential des Menschen, das seine Fähigkeit bestimmt, sich seiner Umwelt gegenüber zu *verhalten*. Die Stadt realisiert das vollendete Zusammenwirken von Natur und Artefakt, sie wird zum anthropologischen Faktum. Die Städte der 'alten' Welt ("villes") habe man ebenso untersuchen und klassifizieren können wie der Botaniker die Pflanze. Die Städte der 'alten' Welt sind (waren) noch Systeme, in denen die in differenzieller Beziehung zueinander stehenden Elemente durch ihr produktives Zusammenwirken eine komplexe Zivilisation aufbauen (-bauten) und aufrechterhalten (-erhielten); sie lassen (ließen) sich noch nach ihren Strukturen befragen.

In Analogie zum Pflanzenreich spricht Lévi-Strauss daher von einem "règne urbain" (Lévi-Strauss: 1982, 124) – ein Vergleich, der durchaus an Spengler erinnert. Doch das vollendete Gleichgewicht, das die Stadt repräsentiert, die hohe Komplexität ihrer Organisation, trägt den Kern ihrer Auflösung in sich. Einen solchen Prozess der Auflösung, der unaufhaltsamen Zerstörung, dieser Symphonie sieht Lévi-Strauss in den modernen Megastädten der Dritten Welt am Werk. Die nur noch administrativ voneinander unterschiedenen Ballungsräume ("agglomérations"), verlören den Stempel ihrer eigenen Geschichte (sic!) – d.h. die "Gegenwart der Vergangenheit" – und nähmen zunehmend eine homogene Gestalt an: Es trägt ein *irreversibler* Prozess der Nivellierung den Sieg davon, der von Auerbach ausgerufene "Kampf gegen die Entwertung von Energie" ist verloren. Die *Irreversibilität*, mit der die Städte der Verödung und schließlich dem völligen Verfall entgegensteuern, ist vom Gesetz der Entropie diktiert. Entropie heißt also: Die einzelnen Elemente bilden keine neuen Systeme mehr heraus und halten auch keine alten mehr aufrecht, sondern beginnen – einmal freigesetzt – das jeweilige System zu negieren. Die von Lévi-Strauss bereisten Megastädte der Dritten Welt erscheinen somit als regelrechte Anti-Städte, als die Negation der Stadt als Symphonie:

> Qu'il s'agisse des villes momifiées de l'Ancien Monde ou des cités fœtales du Nouveau, c'est la vie urbaine que nous sommes habitués à associer nos valeurs les plus hautes sur le plan matériel et spirituel. Les grandes villes de l'Inde sont une zone; mais ce dont nous avons honte comme d'une tare, ce que nous considé-

rons comme une lèpre, constitue ici le fait urbain réduit à son expression dernière: l'agglomération d'individus dont la raison d'être est de s'agglomérer par millions, quelles que puissent être les conditions réelles. Ordures, désordre, promiscuité, frôlements; ruines, cabanes, boue, immondices; humeurs, fiente, urine, pus, sécrétions, suintements: tout ce contre quoi la vie urbaine nous paraît être la défense organisée, tout ce que nous haïssons, tout ce dont nous nous garantissons à si haut prix, tous ces sous-produits de la cohabitation, ici ne deviennent jamais sa limite. Ils forment plutôt le milieu naturel dont la ville a besoin pour prospérer. A chaque individu, la rue, sente ou venelle, fournit un chez-soi où il s'assied, dort, ramasse sa nourriture à même une gluante ordure. Loin de la repousser, elle acquiert une sorte de statut domestique du seul fait d'avoir été exsudée, excrétée, piétinée et maniée par tant d'hommes (Lévi-Strauss: 1982, 150).

Das Gefühl der Scham befällt Lévi-Strauss beim Anblick des vom Menschen produzierten und hingenommenen Zerfallsprozesses, der Müll, Verwesung, Exkrement, Sputum und andere ekelhafte Substanzen auswirft. Worin gründet dieses Skandalon, das Scham aufkommen lässt? Die Stadt steht an der Nahtstelle von Natur und Zivilisation: Sie repräsentiert zwar die höchste Form des Gestalt gewordenen menschlichen Geistes, also die Emanzipation von der Natur, und dennoch ist gerade in ihr die Bedrohung durch die Natur stets gegenwärtig. Was der Vertreter der strukturalen Anthropologie mit "fait humain" bezeichnet – und was die Stadt kat'exochen repräsentiert –, meint die *differentia specifica* des Menschen: die Fähigkeit, bewusst oder unbewusst immer neue differenzielle Beziehungen herauszubilden, Systeme, die sich auf ihre jeweiligen Strukturen befragen lassen.[162] In der Sprache der klassischen Anthropologie heißt dies: eine Haltung zu etwas einnehmen, sich *verhalten*. Daraus ergibt sich der anthropologische Rang der Stadt. Hans Jonas nennt die (universale) Stadt "die zweite Natur und das Seinsollen des Menschen in der Welt":

> Die Stadt der Menschen, einstmals eine Enklave in der nichtmenschlichen Welt, breitet sich über das Ganze der irdischen Natur aus und usurpiert ihren Platz. Der Unterschied zwischen dem Künstlichen und dem Natürlichen ist verschwunden, das Natürliche ist von der Sphäre des Künstlichen verschlungen worden; und gleichzeitig erzeugt das totale Artefakt, die zur Welt gewordenen Werke des Menschen, die auf ihn und durch ihn selbst wirken, eine neue Art von "Natur", das heißt eine eigene dynamische Notwendigkeit, mit der die menschliche Freiheit in einem gänzlich neuen Sinn konfrontiert ist (Jonas: 1984, 33).

Die Stadt ist der Ort, an der sich alles menschliche Wirken manifestiert; er ist Artefakt und als solches nur noch von dieser "zweiten Natur" her zu begreifen. Dieser Ort ist folglich auch der eigentliche Schauplatz der Geschichte: "Weltgeschichte ist Stadtgeschichte", schrieb Spengler, und weder Jonas noch Lévi-Strauss würden ihm in diesem Punkt widersprechen. Der "zweiten Natur" entspringen Fähigkeit und Drang des Menschen zur Sublimierung, die auch

---

162 Zur Problematik der Begriffe "Struktur" und "System" vgl. *Anthropologie structurale* (Lévi-Straus: 1985, 361ff).

das Konstituens der Kunst ausmachen. In letzter Konsequenz nimmt der ganze Lebensraum die Gestalt eines Kunstwerks an: Die Stadt wird zur Symphonie. Als rein ästhetische Manifestation erscheint die Stadt nur aus einer planear über ihr angesiedelten Perspektive; als Lebensraum dagegen muss sie die Spannung zwischen den einander widerstrebenden Trieben des Menschen aushalten, beherrschen. Die Natur stellt sich dabei als das Bleibende heraus, während die transzendierende Aktivität des Menschen den Wechsel hervorbringt. Für Jonas ist jedem Menschenwerk – und hierbei artikuliert er eine *communis opinio* der philosophischen Anthropologie – die Intention der Dauer eingeschrieben, die sich die Beständigkeit der Natur zum Vorbild nimmt:

> Das größte dieser Werke war die Stadt, und ihr konnte er [der Mensch] ein gewisses Maß von Dauer verleihen durch die Gesetze, die er für sie erdachte und zu ehren unternahm. Aber dieser künstlichen hergestellten Dauer eignete keine Gewißheit auf lange Sicht. Als ein gefährdetes Kunstwerk kann das Kulturgebilde erschlaffen oder irregehen. Nicht einmal innerhalb seines künstlichen Raumes, bei aller Freiheit, die er der Selbstbestimmung gewährt, kann das Willkürliche jemals die Grundbedingungen des menschlichen Daseins außer Kraft setzen (Jonas: 1984, 20).

Der Bestand der Stadt ist also ein prekärer. Man denke nur an die bei Karl Rosenkranz durchgespielte Vorstellung von der Umkehr der Stadt Paris: Allerlei Ekelhaftes würde an die Oberfläche befördert – ihre nach außen gewandte Kehrseite wäre die Negation eines Gegenstandes ästhetischen Erlebens; die Stadt würde "ästhetisch ekelhaft" (Rosenkranz: 1853, 314; vgl. Kuhnle: 1996, 318; Kuhnle: 2000a, 151f).

Eine solche Umkehr erfährt die Idee oder Symphonie 'Stadt' an den Megalopolen der so genannten Dritten Welt. Doch die Betrachtungen in *Tristes Tropiques* reichen weiter: Die Mega-Stadt der Dritten Welt ist mehr als ein ideales Konstrukt, das von Dekomposition bedroht wird; sie ist die Endstufe des "fait urbain", der "chose humaine par excellence". Hier stößt der Prozess der Zivilisation auf seine Negation. Scham befällt Lévi-Strauss an jenem Wendepunkt, an dem der zivilisatorische Damm gegen eine unbeherrschbare Dekomposition einbricht, eine 'echte' Natur, die mehr als ekelhaft ist, weil sie nicht nur in ihrer ungebändigten Erscheinungsform den Menschen bedroht, sondern aus dem *von ihm selbst* erzeugten Chaos hervorbricht. Das Vordringen der Natur in ihrer krudesten Gestalt ist die Folge des verlorenen Kampfes gegen die Entwertung von Energie, die Niederlage der Kultur; und ist dieser Kampf erst einmal verloren, die Kultur vernichtet, dann ist nur noch Entropie am Werk und jegliche "chose humaine" wird ausgelöscht.

Das in der Natur vorfindliche Ekelhafte, das verwesende Aas oder die Aussonderungen des menschlichen Körpers vermochten die 'primitiven' Völker noch in ein Universum von Zeichen zu integrieren, das sich fortwährend durch synekdochische bzw. metonymische Bezüge zu dem in der Lebenswelt Vorfindlichen konstituiert (Lévi-Strauss: 1990a, 68-71) – was einem Prozess der Bewältigung und Harmonisierung von Lebenswelt gleichkommt, was den eigentlichen Beginn von Kultur markiert. Doch diese Völker sind im Verschwinden begriffen, und was bleibt, ist die mit Nostalgie befrachtete ästhetische Schau auf das zum Untergang Verurteilte. Nicht minder gilt dies für die (moderne) Zivilisation. Zwar erzeuge diese aufgrund ihrer komplexen Gestalt und der damit verbundenen Möglichkeiten die Hoffnung, das Universum könnte überleben, doch diese Hoffnung erweise sich schnell als Trug, weil die hohe Komplexität letztlich nur noch Entropie erzeuge:

> Quant aux créations de l'esprit humain, leur sens n'existe que par rapport à lui, et elles se confondent au désordre dès qu'il aura disparu. Si bien que la civilisation, prise dans son ensemble, peut être décrite comme un mécanisme prodigieusement complexe où nous serions tentés de voir la chance qu'a notre univers de survivre, si sa fonction n'était de fabriquer ce que les physiciens appellent entropie, c'est-à-dire de l'inertie. Chaque parole échangée, chaque ligne imprimée établissent une communication entre les deux interlocuteurs, rendant étale un niveau qui se caractérisait auparavant par un écart d'information, donc une organisation plus grande. Plutôt qu'anthropologie, il faudrait écrire "entropologie" le nom d'une discipline vouée à étudier dans ses manifestations les plus hautes ce processus de désintégration (Lévi-Strauss: 1982, 478f; vgl. Dosse: 1991, 170).

Der Anthropologe als "Entropologe", als Beobachter des Niedergangs! Lévi-Strauss betrachtet die Ethnologie als eine Wissenschaft der Distanz, die durchaus das Attribut "ästhetisch" verdient (Geertz: 1993, 45); er teilt nicht das in der *Critique de la raison dialectique* entworfene Projekt Sartres einer mit *dem* historischen Prozess dialektisch verschränkten "'praxis' individuelle comme totalisation" (Sartre: 1985a, 193), mit der sich übrigens der Anthropologe in *La Pensée sauvage* auseinandersetzt. Dort unternimmt Lévi-Strauss den Versuch, zu den oben gezeigten Problemkonstellationen aus dem "wilden Denken" heraus ein Gegenbild zu zeichnen: eine rationale, d.h. lebenspraktische, Form der Integration, die das Irrationale ebenso umfasst wie einen temporalen Vektor, der noch nicht Geschichte heißt – "La pensée sauvage est totalisante" (vgl. Lévi-Strauss: 1990a, 292-321). Auf diese "pensée sauvage" richtet sich aus der Distanz der Blick des Ethnologen, der für sich in Anspruch nimmt, eine analytische Wissenschaft zu vertreten, in der die Dialektik eine rein objektbezogene methodische Enklave bilde. "Dialektisch" wäre nach seiner Auffassung etwa *das Umschlagen einer "société chaude"*, einer Gesellschaft also, die als Zivilisation ihre Komplexität steigerte und die bisher noch die durch den Zivilisationsprozess freigesetzte Energie zur ordnenden Kraft der Kultur zu bündeln vermochte, *in den irreversiblen Prozess der Entropie*. Kultur als solche sei nicht zuletzt deshalb dem Niedergang geweiht, weil sie sich gänzlich vom mythischen Denken losgelöst habe, das (insbesondere durch das Wirken des Totemismus) die Vermittlung zwischen Natur und Kultur leiste (Lévi-Strauss: 1990a, 112f).

Lévi-Strauss' Standpunkt ist der eines "agnostique" und "matérialiste transcendantal", der eine ästhetische Haltung gegenüber seinem Untersuchungsgegenstand einnimmt.[163] Indem er sich selbst als "esthète" bezeichnet, beansprucht er – gegen Sartre – für sich eine objektivierende Annäherung an die 'primitiven' Gesellschaften. Das "dialektische" Moment in seinem Ansatz erkennt er in der Auflösung von Menschlichem ("la résolution d'humain en non-humain") in rein formal-dingliche Kategorien (Lévi-Strauss: 1990a, 294), um sie nach ihrer Funktion, ihrer Differenzqualität zu befragen, um die dem "wilden Denken" inhärente *totalisation* analytisch zu durchdringen. Jede starre *totalité* bedeutete unweigerlich den Stillstand des sozialen Mechanismus, den 'Kältetod' in den menschlichen Beziehungen. Auch Sartre habe schließlich zu Klassifizierungsmodellen gegriffen!

Spätestens hier aber muss sich Lévi-Strauss fragen lassen, ob er Dialektik nicht einfach mit Dualismus gleichsetzt. Was er unter *totalisation* versteht, dürfte das (historische) Surplus im Ringen der Kultur gegen die von der Gesellschaft bewirkte Entwertung der Energie meinen, nicht dagegen die dialektische Beziehung von individueller Praxis und Gruppenpraxis, die nach Sartre in die höhere Komplexität führt und "Geschichte" heißt.[164] Sartres Ansatz kann man durchaus wie den Marxismus in die Reihe der Geschichtstheorien mit "prädikativem Anspruch" (Jonas: 1984, 402f) aufnehmen, die den Gang der Geschichte positiv antizipieren und sich an einem Projekt bzw. Telos (oder auch einem Eschaton) ausrichten. Dagegen gilt für Anschauungen wie die von Lévi-Strauss und Spengler die Annahme einer bereits geschlossenen, im vorhandenen Sein beschlossenen Zukunft. Und Jonas zieht Spengler als Kronzeuge für seine Utopie-Kritik heran – womit er dem Propheten des Untergangs wohl etwas zu viel Ehre erweist. Indes bleibt festzustellen, dass die folgende Bemerkung in vollem Umfang durchaus auf Lévi-Strauss zutrifft:

> Hier ist der biologische "Lebensalter"-Vergleich zuhause und die Zukunft steht so fest wie das Altwerden, an dem sich auch nichts ändern läßt, ob man vorher davon weiß oder nicht. Logisch hatte Spengler darin recht, daß nur ein fatalistisches Geschichtsschema Zukunftsvorschau erlaubt (Jonas: 1984, 402f).

---

163 Bei Lévi-Strauss finden sich häufiger Hinweise auf Kant. Diese 'kantianische' Position gilt jedoch nur für den Beobachterstandpunkt des Ethnologen; er setzt gewissermaßen die hochkomplexe Zivilisation voraus. Das mythische Denken dagegen sei unabhängig vom Subjekt (Lévi-Strauss I: 1964, 19; vgl. Dubuisson: 1993, 182).

164 Vgl. dazu die von Frank vorgetragene Bemerkung zum Wissenschaftsverständnis in *La Pensée sauvage*, das in der Auseinandersetzung mit der *Critique de la raison dialectique* hervortritt: "Diese *Mittlerrolle der Struktur*, die auf der einen Seite als eine Totalität *aktiv* gedachter Signifikanten das Selbstverständnis und die Praktiken von jenseits des Wollens und Bewußtseins ihrer Subjekte determiniert und andererseits doch nichts anderes ist als der *passivierte* Niederschlag einer totalisierten Synthesis, die im Individuum ihren unvertretbaren Grund hat – sie allein erklärt die Zwiespältigkeit ihres wissenschaftstheoretischen Status, in welchem Transzendentalität und Empirie zusammentreffen: Eine 'étude analytique et rigoureuse', die stets möglich ist, vermag sie wie eine Sache-ohne-den-Menschen zu beschreiben; gleichzeitig wird aber nur eine hermeneutische Dialektik sie als Ausdruck einer 'intégration vivante à la *praxis* unitaire' entdecken und auf ihren im analytischen Moment nie implizierbaren Interpretanten hin überschreiten" (Frank 1985, 212).

Um noch einmal auf den Vergleich der Stadt mit einer Symphonie zurückzukommen: Wenn Lévi-Strauss ein solches Bild verwendet, erinnert dies an Nietzsches Bestimmung des Apollinischen, das dem *furor* des Dionysischen entgegenwirke, das den (ästhetischen) Schein zum Konstituens eines gerechtfertigten Daseins erhebe. In der "Duplizität" des Apollinischen und Dionysischen, jener von Nietzsche formulierten Annahme, es gebe zwei unversöhnliche "Kunsttriebe", welche die jeweils ihr entsprechenden Gattungen hervorbrächten, nimmt die Musik eine Vermittlerposition ein: Da "die orgiastischen Bewegungen eines Volkes sich in seiner Musik verewigen" (Nietzsche: KSA 1, 47) sei die Musik zwar dem Dionysischen zuzuordnen, aber durch die Stimme des Lyrikers könne sie auch Gegenstand apollinischer Betrachtung sein:

> Insofern er [der Lyriker] aber die Musik in Bildern deutet, ruht er selbst in der stillen Meeresruhe der apollinischen Betrachtung, so sehr auch alles, was er durch das Medium der Musik anschaut, um ihn herum in drängender umtreibender Betrachtung ist (Nietzsche: KSA 1, 51).

3.3. Mythos zwischen Kunst und Ideologie

Die Art und Weise, in der das Schicksal der Stadt in *Tristes Tropiques* geschildert wird, zeugt nicht nur von einem tiefen Kulturpessimismus; vielmehr lässt sich aus der Schilderung dieses Schicksals heraus besonders anschaulich die Form zeigen, die das Verhältnis von Mythos und moderner (historischer) Zivilisation im Denken von Lévi-Strauss annimmt. Der von Lévi-Strauss angestellte Vergleich der Stadt mit einer Symphonie steht im Kontext der von ihm ausgemachten und wiederholt vorgetragenen Beziehung zwischen Mythos und Musik. Gerade die moderne Zivilisation versuche immerfort sich mythische Räume über die Künste zu erschließen, um die Strukturen mythischen Denkens über den Zerfall der Mythologie hinwegzuretten:

> Ich verbringe manchmal eine ganze Woche damit, Wagner in Direktübertragungen aus Bayreuth anzuhören. [...] Ich behaupte, daß in dem Augenblick des Zerfalls der Mythologie als beherrschender literarischer Ausdrucksform die Strukturen des mythischen Denkens von der Musik übernommen wurden. Die Botschaft des Mythos ging auf den Roman über, aber von seiner Form nahm die Musik Besitz (Lévi-Strauss: 1980b, 229).

"Botschaft" und "Form" des Mythos werden zwei Kunstgattungen zugewiesen, in denen der Prozess der *imitatio* mythopoietischer Praxis ihren Niederschlag findet. Auch in dieser Aussage ist das Moment jenes Dualismus präsent, der das Denken Lévi-Strauss' beherrscht und der an Nietzsche erinnert. Der Anthropologe Lévi-Strauss, der das Zeichensystem des Mythos erforscht und das Verhalten des Menschen bzw. den Menschen über seine Fähigkeit erschließt, Zeichensysteme zu schaffen und zu lesen, klammert indes weitgehend alles aus, was in die Bereiche Erfahrung, Erlebnis oder Affektivität gehört.[165] Hier muss sich der Anthropologe die Frage stellen, ob so etwas wie die volle Kraft des Mythos überhaupt in der Moderne noch entfaltet werden kann. Freud hat einmal bemerkt:

> Man darf die Frage aufwerfen, ob man es der mythischen Tätigkeit zumuten darf, sich – gleichsam spielerisch – in der verkleideten Darstellung allgemein bekannter Vorgänge mit körperlicher Äußerung zu versuchen ohne anderes Motiv als bloße Darstellungslust (Freud XVI: 1999, 7).

Und an anderer Stelle seine berühmt gewordene Sicht auf die Mythen:

> [...] es leben Menschen, von denen wir glauben, daß sie den Primitiven noch sehr nahestehen, viel näher als wir, in denen wir daher die direkten Abkömmlinge und Vertreter der früheren Menschen erblicken. Wir urteilen so über die sogenannten Wilden und halbwilden Völker, deren Seelenleben ein besonderes Interesse für uns gewinnt, wenn wir in ihm eine gut erhaltene Vorstufe unserer eigenen Entwicklung erkennen dürfen (Freud IX: 1999, 5).

Die Hypothesen Freuds werfen in der Tat die Frage auf, ob in einer Gesellschaft von hohem Sublimationsniveau bzw. mit vielschichtigen Sublimationsmöglichkeiten nicht auch die mit den Mythen verbundenen Triebschicksale anders empfunden wurden. Eine solche Andersartigkeit ahnte Nietzsche, als er den Begriff des Dionysischen in der Kunst- und Kulturtheorie verankerte. Und hatte nicht lange vor ihm Aristoteles mit der Behandlung der Affekte in seiner *Poetik* darauf hingewiesen? Es ist hier nicht zu entscheiden, welche Modelle letztlich die Qualität des Mythos – sofern von einer solchen überhaupt gesprochen werden kann – annähernd erfassen. Doch Zweifel an der Gültigkeit des

---

165 Dumézil, der mit seiner vergleichenden Mythologie ("mythologie comparée") als einer der Wegbereiter einer nach Funktionen unterscheidenden Mythenforschung gelten kann, hat seinen eigenen methodologischen Werdegang als eine Entwicklung weg von der Forschung des 19. Jahrhunderts, die sich auf isolierte Problemstellungen konzentriert habe, hin zu einer neuen "mythologie comparée" geschildert. Die Grundlagen seiner Methode sind: "Les mythologies étaient placées, comme elles doivent l'être, dans l'ensemble de la vie religieuse, sociale, philosophique des peuples qui les avaient pratiquées. Au lieu de faits isolés et par là même incertains, une structure générale se proposait à l'observateur, dans laquelle, comme dans un vaste cadre, les problèmes particuliers trouvaient leur place précise et limitée. La concordance des noms divins perdait, sinon tout intérêt, du moins son illégitime primauté au profit d'une autre concordance, celle surtout des concepts, et surtout des ensembles articulés de concepts" (Dumézil: 1995, 46). Dubuisson merkt an, dass diese Konzeption auf eine ebenso eigenständige wie verbindliche Definition des Mythos verzichte; so schreibt er zu Dumézil: "Quel fut l'apport de la 'nouvelle mythologie comparée' si le mythe n'y était pas défini ni même utilisé avec une acception un tout petit peu originale? Comment comprendre qu'elle ait pu représenter un progrès sensible dans le domaine de nos connaissances ou de nos manières de penser alors même que l'objet de ses préoccupations y était traité avec une certaine indifférence? L'épistémologie répondrait volontiers que ces omissions ne sont pas rédhibitoires. D'une part, parce que, conformément à l'esprit qui inspirait toute approche structuraliste, Dumézil a privilégié les problèmes de méthode et la mise en évidence de réseaux de connexions homologues; or, à ce double égard, le mythe devenait moins un objet nécessaire qu'un prétexte indispensable" (Dubuisson: 1993, 122).

Mythos in der Moderne nährte schon Hegel, als er die pädagogisch motivierte mythische Darstellung der Philosopheme bei Plato kritisierte:

> Der Mythus ist immer eine Darstellung, die sich sinnlicher Weise bedient, sinnliche Bilder hereinbringt, die für die Vorstellung zugerichtet sind, nicht für den Gedanken; es ist eine Ohnmacht des Gedankens, der für sich noch nicht festzuhalten weiß, nicht auszukommen weiß. Die mythische Darstellung, als älter, ist Darstellung, wo der Gedanke noch frei ist: sie ist Verunreinigung des Gedankens durch sinnliche Gestalt; diese kann nicht ausdrücken, was der Gedanke will. Es ist ein Reiz, Weise anzulocken, sich mit Inhalt zu beschäftigen. Es ist etwas Pädagogisches. Die Mythe gehört zur Pädagogie des Menschengeschlechts. Ist der Begriff erwachsen, so bedarf er derselben nicht mehr (Hegel XIX: 1986, 29f).

Lévi-Strauss, der die Mythen der so genannten 'Primitiven' studiert, klammert aus seinem strukturalistischen Mythosbegriff diesen kulturgeschichtlich – und damit auch erkenntnisgeschichtlich – so relevanten 'pädagogischen' Faktor aus, der mit zu der von Horkheimer und Adorno konstatierten "Verschränktheit von Mythos und rationaler Arbeit" (Horkheimer / Adorno: 1997, 61) gehört.

Fürs Erste gilt es zwei für den Fortgang der hier begonnenen Argumentation wichtige Punkte aus Hegels Bemerkung festzuhalten: (1) Der Mythos vermittelt sinnliche Bilder. (2) Der Mythos wird mit der fortschreitenden Entwicklung des Menschengeschlechts obsolet. Es bleibt allerdings weiterhin die Frage offen, was die Rede vom Mythos in Bezug auf Manifestationen des modernen Lebens noch mit *dem* Mythos zu tun hat – gleichgültig, ob sie sich auf die Be- oder Umarbeitung eines alten Mythologems beruft oder neue Mythologeme setzt. Lévi-Strauss weist darauf hin, ohne hingegen die möglichen Konsequenzen in seiner Anthropologie voll zu würdigen: "Rien ne ressemble plus à la pensée mythique que l'idéologie politique. Dans nos sociétés contemporaines, peut-être celle-ci a-t-elle seulement remplacé celle-là" (Lévi-Strauss: 1985, 239). Ersetzt möglicherweise die Ideologie den Mythos?

Der Mythos ist zunächst ein Zeichensystem, eine Sprache und wie diese arbiträr; aber er ist, wie Barthes aufzeigt, ein besonderes Zeichensystem – "c'est un système sémiologique second"–, d.h. ein Zeichensystem das auf einem anderen Zeichensystem aufbaut, indem es dessen Zeichen in Signifikanten verwandelt: "Ce qui est signe (c'est-à-dire total associatif d'un concept et d'une image) dans le premier système devient simple signifiant dans le second" (Barthes I: 1993, 687).[166] Nach diesem Verfahren können sowohl der

---

166 Hierzu nennt Barthes als eindrucksvolles Beispiel ein Bild auf der Titelseite von *Paris Match*: "Sur la couverture, un jeune nègre vêtu d'un uniforme français fait le salut militaire, les yeux levés, fixés sans doute sur un pli du drapeau tricolore. Cela, c'est le *sens* de l'image. Mais, naïf ou pas, je vois bien ce qu'elle signifie: que la France est un grand Empire, que tous ses fils, sans distinction de couleur, servent fidèlement sous son drapeau, et qu'il n'est de meilleure réponse aux détracteurs d'un colonialisme prétendu, que le zèle de ce noir à servir ses prétendus oppresseurs. Je me trouve donc, ici, devant un système sémiologique majoré: il n'y a aucun signifiant formé lui-même, déjà, d'un système préalable (*un soldat noir fait le*

Mythos als auch die Ideologie nach den sie konstituierenden Elementen befragt werden. Ist in der Moderne jedoch die Rede vom Mythos, dann meint man schlicht: "kollektive, meist wertbesetzte Phantasien, z.B. 'Massentraumbilder'" (Frank: 1989a, 95) – so gesehen ist die Zivilisation selbst schon ein Mythos. Die an einem allgemeinsprachlichen Mythos-Verständnis ausgerichtete Definition kann dahingehend erweitert werden, dass man mit "Mythos" eine Form der Totalisierung unterschiedlicher, ja einander widersprechender, die Lebenswelt determinierender Phänomene bezeichnet, die in letzter Konsequenz zum *topos* (vgl. Bornscheuer: 1976, 43) und zum *locus communis* gerinnt – damit wäre auch aus der Sicht der Rhetorik der Status des Ideologems bestimmt. Und die "ikonische Konstanz" (Blumenberg: 1990, 165) eines Mythos bzw. Mythologems dient im Falle der Übernahme eines solchen in einen ideologischen Diskurs zu dessen Legitimation (vgl. Frank: 1989a, 96).

Doch worin besteht die Gemeinsamkeit in der Haltung, die gegenüber Mythos und Ideologie eingenommen wird? Es ist eine Form von Unmittelbarkeit in der Lebensweltkonstituierung. Für die 'primitiven' und alten Völker sei hier keine Hypothese gewagt. Was jedoch die weitere Verwendung des Begriffs Mythos anbelangt, so sei zum einen auf Franks (allgemeine) Bestimmung verwiesen: "Er dient zur Bezeichnung eines Begründungszusammenhangs zwischen der gesellschaftlichen Realität und dem Heiligen. Zerbricht dieser Zusammenhang – z.B. unter den Hieben der analytischen Vernunftwissenschaften –, dann stellt sich das Problem der sozialen Legitimation neu und anders und gewiss in verschärfter Form" (Frank: 1989a, 98). Zum anderen sei Franks Bestimmung um den Hinweis ergänzt, dass Mythos eine spezifische Erfahrung dieses Begründungszusammenhangs meint, eine Erfahrung, die Unmittelbarkeit voraussetzt und auf die sich der nostalgische Blick des modernen Menschen richtet. Für diesen von Entfremdung geprägten Menschen scheint die Berufung auf den Mythos, der Ruf nach einer neuen Mythologie, ebenso wie die Hingabe an irgendeine andere Ideologie von der Sehnsucht nach dem getragen zu sein, was Blumenberg die "primär-prähistorische Lebenswelt" nennt, "deren Authentizität auf der Deckung von Erwartung und Erfahrung, Lebenszeit und Weltzeit, Generation und Individuation beruht" (Blumenberg: 1986, 65). Durch ideologische Verblendung entstehe eine "falsche Daseinstypik" (Blumenberg: 1986, 66), die sich durch Lückenlosigkeit und das Fehlen von Zweifeln auszeichne, eine Lückenlosigkeit des Welt-Bildes, die der Daseinsangst entgegenwirke.

"Angst" ist ein Begriff, der in der strukturalen Anthropologie nahezu keine Rolle spielt. Lediglich mit einer fast beiläufigen Bemerkung in seiner *Anthropologie structurale* macht Lévi-Strauss auf die Parallele zwischen dem Entstehen von Mythen und dem einer Neurose aufmerksam: Nach Freud seien zwei Traumata notwendig, damit eine Neurose entstehen könne, oder wie Lévi-

---

salut militaire français); il y a un signifié (c'est ici un mélange intentionnel de francité et de militarité); il y a enfin une *présence* du signifié à travers le signifiant" (Barthes I: 1993, 689).

Strauss sich ausdrückt: "pour que naisse ce mythe individuel en quoi consiste une névrose" (Lévi-Strauss: 1985, 263). Die These von Lévi-Strauss gründet in der Annahme, dass ein erstes Ereignis noch nicht die für das Entstehen einer Neurose notwendige Erregung freisetzt, so dass es eines zweiten traumatisierenden Ereignisses bedürfe, das assoziativ auf das erste verweise und folglich die gesamten Erregungsvorgänge erst zu aktivieren vermöge (vgl. Art. "Traumatisme" in Laplanche / Pontalis: 1973). Die Neurose bzw. "ce mythe individuel en quoi consiste une névrose" und der Mythos haben eines gemeinsam: Sie bilden konkrete Abwehrstrategien aus, die einer Wiederholung traumatisierender Ereignisse vorbeugen sollen; diese Abwehrstrategien sind Formen der Angstbewältigung. So kann auch für Trivial-'Mythen' angenommen werden, dass es zu einem Quidproquo von (Quasi-) Mythos und der Gemütlichkeit kleinbürgerlicher Wohnstuben kommen kann; ein solches Quidproquo erzeugte – vermittelt über einen gemeinsamen Chronotopos – etwa Jules Verne in seiner Romanwelt. Für mythische wie ideologische Konstrukte gilt mindestens eine Gemeinsamkeit, welche die affektive Haltung zu ihnen maßgeblich bestimmt: Die Wirklichkeit wird fetischisiert, sie wird von Dingen beseelt, die scheinbar aus eigener Kraft existieren und wirken. Baudrillard führt plausibel vor, dass es eigentlich keinen Fetischismus des Objekts gebe, der sich auf ein Signifikat beziehe oder auf die vom Fetisch inkarnierten Gehalte bzw. (ideologischen) Werte, sondern dass es sich um einen Fetischismus des Signifikanten ("un fétichisme du signifiant") handle, an den sich das entfremdete Subjekt verliere – "c'est derrière cette réinterprétation (qui, elle, est véritablement idéologique) un fétichisme du *signifiant*, c'est-à-dire la prise du sujet dans ce qui, de l'objet, est 'factice', différentiel, codé, systématisé" (Baudrillard: 1986, 100). Die Verblendungszusammenhänge, die schließlich zur Konstituierung 'mythischer' – besser: quasi-mythischer – Räume führen, vermag die semiologische Analyse von Ideologien (und Mythen) aufzuhellen, weil sie zeigt, auf welche Weise das Alltagsleben semiotisiert wird, um die Illusion von Geschlossenheit und Ganzheit zu erreichen – dies gilt für die Innenausstattung des Automobils nicht weniger als für das Intérieur des Unterseebootes *Nautilus* in Vernes Roman *20 milles Lieues sous les mers*. Die Sehnsucht nach der Unmittelbarkeit (quasi-) mythischer Weltanschauungen belegen Psychoanalyse und Tiefenpsychologie mit dem Begriff "Regression". Regression ist auch das Signum des Kitschgenusses: Der Kitsch-Mensch sucht den endlichen Raum, einen Ort der klaren Orientierung; seine endliche Welt ist erfüllt von "Imitationssystemen" (Broch IX.2: 1975, 151f). Ein Lebensraum, der die Wiederholbarkeit der Lebenshaltungen und eine unmittelbare – scheinbar entsublimierte (in Wirklichkeit eine etwa durch die Mechanismen von Konsum und Warenfetischismus vermittelte) – Triebbefriedigung garantiert, erzeugt das Gefühl der Sicherheit (Broch IX.2: 1975, 100). Ergänzend sei gesagt, dass die Wiederholbarkeit auch Unendlichkeit suggeriert, gemeint sind scheinbar unendlich viele Triebbefriedigungen, jedoch immer nach demselben institutionalisierten Paradigma an einem von der Gesellschaftsordnung sanktionierten (scheinbar) gesellschaftsabgewandten Ort: in der Intimität der Privatsphäre.[167] Diese 'Unendlichkeit' meint indes nichts anderes als das scheinhafte Suspendieren von Weltzeit, denn Kitsch ist immer Reduktion: das "verendlichte Wertsystem" der politischen Ideologie (Broch IX.2: 1975, 149).

Nun soll hier nicht die Behauptung aufgestellt werden, Mythos sei mit Kitsch zu identifizieren. Der Hinweis auf den Kitsch dient lediglich dazu, die sich aus dem Versuch der Restituierung einer "primär-prähistorischen Lebenswelt" ergebenden *möglichen* Verblendungszusammenhänge in der (alltäglichen) Lebenspraxis aufzuzeigen.[168] Nicht gemeint ist etwa die im literarischen Werk erzeugte Unmittelbarkeit des mythischen Effekts durch perspektivisches Erzählen, über den sich nicht zuletzt die literarische Fiktion als Fiktion im Sinne eines Gegenstandes der *aisthesis*, d.h. als eine den in der Lebenspraxis aufkommenden Empfindungen enthobene eigene Totalität, behauptet.[169] Diese Unmittelbarkeit des mythischen Effekts meint die radikale Weigerung des Fiktionalen, sich dem Zugriff einer Erklärung im Sinne rationaler Diskur-

---

167 Hans Peter Duerr hat mannigfache Belege für die entsublimierte Schau in der Intimität der Privatsphäre zusammengetragen. Die Scham setzt für ihn die Grenze zwischen 'innen' und 'außen': "Die Scham entzieht also besonders 'reizende' Körperteile dem *öffentlichen* Blick und *privatisiert* sie, wie es etwa das englische Wort für Genitalien, 'private parts', zum Ausdruck bringt. Oder anders ausgedrückt: Indem die Frau ihre Genitalien als einen Privatbereich behandelt, kontrolliert sie bis zu einem gewissen Grad die Sichtbarkeit ihrer Kopulationsbereitschaft" (Duerr: 1994, 257). Nun sind die Angehörigen primitiver Völker keineswegs schamlos, jedoch setzen sie die jeweilige Grenze über andere Codes, welche auf die Trennung von 'innen' und 'außen' verzichten.
168 Zum Verhältnis von Kitsch und Mythos sei auf eine Bemerkung Friedländers verwiesen: "Der Kitsch ist eine heruntergekommene Form des Mythos, aber noch immer bezieht er aus der Mythensubstanz einen Teil seiner emotionalen Durchschlagskraft (man denke nur an den Heldentod, die ewige Wache, die Götterdämmerung und ähnliche Themen); der Mythos als Spur oder Echo versunkener Kulturen geistert durch eine von exzessiver Rationalität erfüllte Vorstellungswelt und wird damit zum Kristallisationspunkt für die schweifenden Ströme des Archaischen und der Irrationalität" (Friedländer: 1986, 43).
169 Vgl. Bürger über den "Zusammenhang zwischen moderner Erzähltechnik und mythischem Gehalt": "Die moderne Erzähltechnik erweist sich als ein wesentlicher Faktor zur Erzeugung dessen, was man als den mythischen Effekt der Erzählung bezeichnen kann". Dieser Effekt gründe bei Faulkner etwa auf dem "Nichtwissen, das als Nichtwissen angesprochen wird" (Bürger: 1988, 347) – ein Verfahren, das sich in Frankreich v.a. beim *nouveau roman* wieder findet. Bürger versäumt es nicht, darauf hinzuweisen, welches Risiko die von ihm untersuchten Autoren mit dem perspektivischen Erzählen bewirkten Effekten eingingen: "[...] die Mythisierung der Figuren bei Faulkner, der Schein des Rückfalls in die Selbstverständlichkeit eines vormodernen Erzählgestus bei Johnson und das Erzwingen eines kollektiven Wir bei Weiss" (Bürger: 1988, 344). Die 'mythische' Wirkung Faulkners lässt sich mit dem metonymischen Verweis auf eine Leerstelle begründen, hinter der sich ein Mythos verbergen kann, jedoch nicht muss. Iser demonstriert am Beispiel von James Joyces *Ulysses* wie gerade die Abwesenheit des mythologischen (Titel-) Helden ein Spiegelverhältnis zeitige, das den *Ulysses* schließlich auch in die *Odyssee* hineinprojiziere (Iser: 1971, 370). Bei beiden Autoren, Joyce und Faulkner, lässt sich geradezu paradigmatisch die Entstehung eines mythischen Effekts in der Prosa der Moderne aufzeigen: Konsistenz entsteht über metonymisches Erzählen. Vergleichbares gilt auch für den *nouveau roman* in Frankreich (vgl. Kuhnle: 1995, 337-342 u. 368-375).

sivität preiszugeben, einer Erklärung, die ein Ideologisieren zur Folge haben könnte. Der mythische Effekt verkehrt die von Hegel konstatierte pädagogische Funktion in ihr Gegenteil, und die von der Ideologie usurpierte sinnliche Darstellung verliert die dem Mythos eigene Vieldeutigkeit. Der mythische Effekt ist die Negation des Mythos an seiner eigenen sinnlichen Unmittelbarkeit. Ideologischer (Mythen-) Kitsch in der Literatur liegt dann vor, wenn die Verblendung aus der Lebenspraxis ungebrochen in die literarische Fiktion eingebracht wird, wenn das fiktionale Geschehen und der fiktionale Raum den Leser zu *unmittelbarer* Identifikation drängen.

3.4. Die Götterdämmerung des Mythos

In dem mit "Ouverture" überschriebenen Einleitungskapitel zu *Le Cru et le cuit*, dem vierten Band seines vierbändigen Hauptwerkes *Mythologiques*, widmet sich Lévi-Strauss ausführlich dem Vergleich von Musik und Mythen, wobei er in dem Komponisten Richard Wagner den Vater der strukturalen Mythenanalyse erkennt:

> Car, si l'on doit reconnaître en Wagner le père irrécusable de l'analyse structurale des mythes [...], il est hautement révélateur que cette analyse ait été d'abord faite *en musique*. Quand donc nous suggérions que l'analyse des mythes était comparable à celle d'une grande partition [...], nous tirions seulement la conséquence logique de la découverte wagnérienne que la structure des mythes se dévoile au moyen d'une partition (Lévi-Strauss I: 1964, 23).

Wagner habe die Strukturen der Mythen über die Partitur freigelegt. Sein 'Schüler' Lévi-Strauss betrachtet nunmehr sich als denjenigen, der als Resultat seiner Forschungsarbeiten die Mythen in die Sprache der Musik übersetzt: Das von ihm untersuchte und strukturierte mythologische Material handelt er unter Überschriften wie "thèmes", "variations", "cantates", "récitatif", "fugues" usw. ab. Der Anthropologe wähnt sich also in der Pose des Komponisten, der über dieses mythologische Material verfügt, um es als solches zur Geltung zu bringen. Deutlicher kann er seinen Anspruch als ästhetischer Betrachter 'primitiver' Gesellschaften wohl nicht mehr artikulieren. Die *traurigen Tropen* befinden sich jetzt auf dem Weg in die zur *Entropie* herabgesunkene *Götterdämmerung*. Und in dem groß angelegten Werk *Mythologiques* des "entropologue" findet ihr untergegangenes oder im Untergang begriffenes mythisches Potential noch einmal Eingang in eine – letzte? – große Komposition.

Musik – so Lévi-Strauss – bilde unterschiedliche Formen heraus, denen eine ganz spezifische kognitive Funktion entspreche – und die ihre eigene Botschaft hätten. Die formale Zuordnung der jeweiligen Komponisten unternimmt der strukturale Anthropologe mit Hilfe der Linguistik Roman Jakobsons. Insbesondere an Wagner lasse sich das Spezifikum eines wahrhaft mythischen Zeichensystems exemplifizieren:

> [...] la fonction cognitive s'analyse en plusieurs formes, qui correspondent chacune à un genre particulier de message. Ces formes sont approximativement les mêmes que celles distinguées par le linguiste sous le nom de fonction métalinguistique, de fonction référentielle, et de fonction poétique [...]. C'est seulement à la condition de reconnaître qu'il y a plusieurs espèces de musique que nous pouvons surmonter ce qu'offrent d'apparemment contradictoire nos prédilections pour des compositeurs très différents. Tout s'éclaire, dès lors que nous comprenons qu'il serait vain de vouloir les ranger par ordre de préférence (cherchant par exemple à savoir s'ils sont relativement plus ou moins 'grands'); en fait, ils relèvent de catégories distinctes selon la nature de l'information dont ils se font porteurs. A cet égard, on pourrait répartir *grosso modo* les compositeurs en trois groupes, entre lesquels existent tous les passages et toutes les combinaisons. Bach et Stravinsky apparaîtront alors comme des musiciens 'du code', Beethoven, mais aussi Ravel, comme des musiciens 'du message', Wagner et Debussy comme des musiciens 'du mythe'. Les premiers explicitent et commentent; les seconds racontent; les troisièmes codent leurs messages à partir d'éléments qui sont déjà de l'ordre du récit (Lévi-Strauss I: 1964, 38).

Es sei noch einmal erinnert: Das Zeichensystem des Mythos ist, wie es bei Barthes heißt, ein Zeichensystem zweiten Grades ("un système sémiologique second"), das auf einem anderen Zeichensystem aufbaut, indem es dessen Zeichen zu (neuen) Signifikanten macht. Nichts weniger schreibt Lévi-Strauss der Kompositionstechnik von Debussy und Wagner zu. Doch war Wagner nicht nur der Komponist eines Musikdramas, das in seinen Partituren eine strukturelle Homologie zum Mythos aufweist; vielmehr bearbeitete er als Autor seiner Libretti selbst in synkretistischer Weise mythische Stoffe. Einer dieser Stoffe ist in der Bearbeitung durch das Musikgenie zu dem Mythos-Ideologem des ausgehenden 19. Jahrhunderts (und seiner Erben) geworden: die von Pessimismus und apokalyptischem Pathos getragene *Götterdämmerung*, die ihren erfolgreichen Bearbeiter selbst zu einer Art Mythos machen sollte.

Im "Finale" seiner *Mythologiques* nimmt Lévi-Strauss noch einmal explizit den Vergleich von Mythos und Musik auf. Wiederholt betont er Wagners Rang als Komponist, der bewusst die Strukturen des Mythos übernommen und zu einer unüberbietbaren Vollendung gebracht habe. Die auf Wagner folgende Musik verspüre daher konsequenterweiss den Drang, sich dieser mythischen Strukturen wieder zu entledigen: Durch das spätromantische Musikgenie seien die mythischen Strukturen in einer Weise verfügbar geworden, dass diese in eine Phase notwendiger Selbstreflexion hätten treten müssen (Lévi-Strauss IV: 1971, 767). Wagners Œuvre markiert für Lévi-Strauss die Endstufe einer *pensée sauvage*!

Schon im 19. Jahrhundert galten Wagners Kompositionen als ein Endpunkt in der Entwicklung der Musik! Für Lévi-Strauss besteht die Gemeinsamkeit von Mythos und Musik darin, dass beide an eine konkrete Vereinigung mit dem Hörer appellierten. Allerdings arbeite die Musik mit Tönen, während sich der Mythos über Bilder – NB: Hegel sprach von "versinnlichten" Bildern – artikuliere. Die Vereinigung komme aber nur durch den Rezipienten zustande, der die (potentiellen) Bedeutungen in das jeweils aktuelle Schema hineintrage (Lévi-Strauss IV: 1971, 767). Leben die mythischen Strukturen in der Musik fort, so ist dagegen nach Lévi-Strauss die Mythologie in der modernen Gesellschaft durch eine andere Größe ersetzt worden:

> Ich neige zu der Ansicht, daß in unserer Gesellschaft die Geschichte die Mythologie abgelöst hat und deren Funktion erfüllt und es das Ziel der Mythologie in Gesellschaften ohne Schrift und ohne Archive ist, sicherzustellen, daß die Zukunft der Gegenwart und der Vergangenheit so treu wie möglich folgt (eine völlige Übereinstimmung ist wohl nie möglich). Für uns hingegen soll sich die Zukunft immer und zunehmend mehr von der Gegenwart unterscheiden, wobei bestimmte Unterschiede natürlich von unseren politischen Vorentscheidungen abhängen. Dennoch können wir die Kluft, die es in unserem Denken zwischen Mythologie und Geschichte gibt, wahrscheinlich dadurch überbrücken, daß wir Geschichtsdarstellungen untersuchen, die als keineswegs von der Mythologie getrennt, sondern als deren Fortführung begriffen werden (Lévi-Strauss: 1980b, 56).

Vor dieser Folie ist die von Levi-Strauss mit einer Symphonie verglichene Stadt mit Fug und Recht auch als die letzte mythopoietische Anstrengung des *gesellschaftlichen* Menschen (bzw. der menschlichen Gesellschaft) zu bewerten. Und die Stadt ist zum Niedergang, zur Entropie verurteilt. Der Übergang von der Komplexitätssteigerung einer Gesellschaft unter der ordnenden Hand der Kultur in Entropie erscheint bei Lévi-Strauss als unvermeidbar. Jeder Geschichte ist zwangsläufig das Ende der sie hervorbringenden und durch sie bestimmten Gesellschaft eingeschrieben, Geschichte wird zur *entropischen Apokalyptik*. Etwas von der ursprünglichen Wirkungsmacht der Untergangsmythen lebt noch in der Kunst fort, im *individuellen* Akt der Schöpfung. Das Pathos Wagners in der *Götterdämmerung* etwa nimmt für den Menschen des 19. Jahrhunderts ebenso wie für den des 20. Jahrhunderts die Gestalt einer nachträglichen Bearbeitung des historischen Traumas an, das ein sich verselbständigender Produktionsprozess, eine in unendliche Ferne gerückte politische Partizipation und schließlich die erschütternde Erfahrung der Materialschlachten in den großen Kriegen beim Individuum ausgelöst haben: Der moderne Mensch wendet sich ab von einer Geschichte, als deren Subjekt er sich nicht mehr begreift, einer Geschichte, die ihn überwältigt, oder verwandelt sie auf den Spuren Wagners zurück in Mythos; denn das Pathos des Kunstwerks steht für das in der Geschichte definitiv verweigerte Pathetisch-Erhabene.[170] Wenn

---

170 Lévi-Strauss ist sich des möglichen Umschlagens von Musik in reine Emotivität durchaus bewusst, doch er gibt diese nur bedingt als Desiderat der Mythen- und Ideologieforschung zu erkennen: "Quant à la fonction émotive, elle existe aussi en musique puisque, pour l'isoler comme facteur constituant, l'argot professionnel dispose d'un terme spécial emprunté à l'allemand: 'Schmalz'. Cependant, il est clair, pour les raisons déjà indiquées, que son rôle serait encore plus difficile à isoler que dans le cas du langage articulé, puisque nous avons vu qu'en droit, sinon toujours en fait, fonction émotive et langage musical sont coextensifs" (Lévi-Strauss IV: 1971, 38).

Lévi-Strauss in den *Mythologiques* den Mythos als ein in Bildern kodiertes Schema der Musik als ein in Tönen kodiertes Schema gegenüberstellt, so ist der Vergleich mit Nietzsches Lyriker "in der stillen Meeresruhe der apollinischen Betrachtung" (Nietzsche: KSA 1, 51 – s.o.) nicht abwegig.

Gesehen und gehört von Lévi-Strauss, kann Richard Wagners *Götterdämmerung* nur eines bedeuten: Sie ist – um in die Terminologie Blumenbergs zu wechseln – die (vorläufig) letzte Bearbeitung *des* Mythos oder das Zu-Ende-Bringen *des* Mythos durch die Kunst. Der Begründer der strukturalen Anthropologie, der *entropologue* Lévi-Strauss, nimmt dagegen die letzte ästhetische Bearbeitung *des* Mythos in der Wissenschaft vor.

Der Wagner-Apologet und strukturale Anthropologe vertritt die Auffassung, das mythische Denken sei die Vermittlung zwischen Natur und Kultur. Folgerichtig begegnet Lévi-Strauss der modernen Kunst mit Skepsis. Stellvertretend für die ästhetische Avantgarde geißelt er die serielle Kompositionstechnik von Pierre Boulez, in der er den Ausdruck einer bestimmten Geisteshaltung der Moderne erkennt. Hierzu zitiert er in *Le Cru et le cuit* aus dessen theoretischen Schriften:

> La pensée du compositeur, utilisant une méthodologie déterminée, crée les objets dont elle a besoin et la forme nécessaire pour les organiser, chaque fois qu'elle doit s'exprimer. La pensée tonale classique est fondée sur un univers défini par la gravitation, et l'attraction de la pensée sérielle sur un univers en perpétuelle expansion (Pierre Boulez, zit. n. Lévi-Strauss I: 1964, 32).

Das in ständiger Ausdehnung befindliche Universum des "seriellen Denkens" trägt für Lévi-Strauss das Stigma irreversibler physikalischer Prozesse. Mit dieser Geisteshaltung sei das um ein Gravitationszentrum angeordnete "klassische tonale Denken" obsolet geworden – und mit ihm letztlich das "strukturale Denken". Eine radikal mit jeder Tradition brechende Ästhetik wie die eines Boulez gerate zu einem verhängnisvollen universalen Philosophem:

> Des problèmes d'ordre philosophique se glissent dans le débat. La vigueur de ses ambitions théoriques, sa méthodologie très stricte, ses éclatantes réussites techniques, désignent l'école sérielle, bien mieux que celle des peintures non figuratives, pour illustrer un courant de la pensée contemporaine qu'il importe d'autant plus de distinguer du structuralisme qu'il offre avec lui des traits communs: approche résolument intellectuelle, prépondérance accordée aux arrangements systématiques, défiance à l'endroit des solutions mécanistes et empiristes. Par ses présuppositions théoriques, pourtant, l'école sérielle se situe à l'antipode du structuralisme, occupant en face de lui une place comparable à celle que tint jadis le libertinage philosophique vis-à-vis de la religion. Avec cette différence, toutefois, que c'est la pensée structurale qui défend aujourd'hui les couleurs du matérialisme (Lévi-Strauss I: 1964, 35).

Damit bringt Lévi-Strauss den Grundzug seines eigenen Denkens auf den Punkt: Die strukturale Methode (das "strukturale Denken") entspricht dem "mythischen Denken" nicht nur im Sinne einer dem Gegenstandsbereich adäquaten wissenschaftlichen Methode, sondern sie geht in diesem auf, um schließlich – zumindest im Bereich des Ästhetischen – mit ihr eins zu werden. Anders ausgedrückt: In der strukturalen Methode lebt das mythische Denken in dem Sinne fort, wie es von Lévi-Strauss begriffen wird, nämlich als die Vermittlung von Natur und Kultur[171]– weshalb er auch das "strukturale Denken" als das eigentliche Erbe des aufklärerischen Materialismus bezeichnet. Mit diesem Argument sucht er auch jener Auffassung den Boden zu entziehen, die den Strukturalismus in der Tradition der (historischen) Avantgarde situiert.

Für die von den *Tristes Tropiques* instrumentierten ethnologischen Forschungen des "anthropologue" bzw. "entropologue" Lévi-Strauss mag die Feststellung des Wagner-Spezialisten Udo Bermbach zu der pessimistischen (politischen) Untergangsparabel am Ende des *Rings* gelten:

> Bei aller Schwierigkeit, die Wagner mit der Konzeption des Schlusses der *Götterdämmerung* hatte; die von Feuerbach inspirierte Selbstvernichtung der Götter ist nicht der Aufgang einer neuen, anderen oder gar besseren Welt (Bermbach: 1994, 305).

Es ist, als ob der Komponist Wagner *ante rem* den unweigerlichen *Untergang des Abendlandes* versüßen sollte. Und zum Abschluss sei noch einmal Spengler das Wort erteilt, dessen Denken Lévi-Strauss doch in vielen Punkten nahe steht:

> Das *Weltende als Vollendung einer innerlich notwendigen Entwicklung* – das ist die Götterdämmerung; das bedeutet also, als letzte, als irreligiöse Fassung des Mythos, die Lehre von der Entropie (Spengler: 1995, 547; vgl. Kuhnle: 2000a).

4. Informationstheorie: Kulturpessimismus und Historismus

Felix Auerbach hat einst festgestellt, dass "dem an das Hergebrachte Gewohnten und durch das Neue Verblüfften" als Verwirrung erscheine, "was in Wahrheit neue Ordnung und neue Richtung ästhetischer Energien ist" (Auerbach: 1910, 88). In dieser Aussage erkennt Max Bense die Vorwegnahme einer informationstheoretischen Ästhetik:

---

171 Vgl. dazu: "Or, dans le cas de la musique sérielle, cet ancrage naturel est précaire, sinon absent. De façon idéologique seulement, le système peut être comparé à un langage. Car, à l'inverse du langage articulé, inséparable de son fondement physiologique et même physique, celui-ci flotte à la dérive depuis qu'il a lui-même coupé ses amarres. Bateau sans voiture que son capitaine, lassé qu'il serve de ponton, aurait lancé en haute mer, dans l'intime persuasion qu'en soumettant la vie du bord aux règles d'un minutieux protocole, il détournera l'équipage de la nostalgie d'un port d'attache et du soin d'une destination... " (Lévi-Strauss I: 1964, 33). Eine ausführlichere Darstellung zur Kritik Lévi-Strauss' am "seriellen Denken" findet sich in Umberto Ecos *Einführung in die Semiotik* (Eco: 1972, 378-394).

> Betrachtet man diese Sätze [Auerbachs] von der heutigen Informationsästhetik aus, so findet man natürlich leicht darin die Spuren der kommunikationstheoretischen Ästhetik, die bis in die Kunstsoziologie und in die Lehre des Kitsches als verbrauchter ästhetischer Botschaft vorgetrieben werden kann. Offenbar ist für Auerbach der "Prozeß" nicht nur eine entscheidende physikalische Kategorie gewesen, sondern, in dem er sie geeignet weit faßt, auch eine ästhetische. Seine Betrachtung der Kunstwerke als Ergebnis ästhetischer (Ordnungs- bzw. Aufzugs-) Vorgänge kann daher Technisches (als Banales, Nichtindividuelles) und Künstlerisches (als Individuelles, Neues) ebenso scharf voneinander trennen wie in einer gemeinsamen, ebenso technologisch wie ästhetisch gemünzten Sprache beschreiben (Bense: 1982, 287).

Offensichtlich ist nunmehr zum Signum des Ästhetischen geworden, wovor Friedrich Schlegel gewarnt hatte: die einseitige Ausrichtung auf das Interessante, das vom sterbenden Geschmack künde – gemeint ist das "unersättliche Streben nach dem Neuen, Piquanten und Frappanten, bey dem dennoch die Sehnsucht unbefriedigt bleibt" (Schlegel: 1906, 95). Schlegels Ausführungen richten sich vehement gegen die verabsolutierte Kategorie des Neuen, die auf den Bruch mit Konventionen und (ästhetischen) Normen oder gar mit Tradition überhaupt setzt. Das Neue, die Innovation, droht zum Wert an sich zu werden.

Eine ähnliche Argumentation findet sich bei Nietzsche wieder, doch nunmehr um den Gedanken erweitert, dass ein radikaler Bruch mit dem Althergebrachten auch eine Selbstreflexion der Kunst bedeute:

> Ja, man hat die "unvernünftigen" Fesseln der französisch-griechischen Kunst abgeworfen, aber unvermerkt sich daran gewöhnt, alle Fesseln, alle Beschränkungen unvernünftig zu finden; – und so bewegt sich die Kunst ihrer Auflösung entgegen und streift dabei – was höchst belehrend ist – alle Phasen ihrer Anfänge, ihrer Kindheit, ihrer Unvollkommenheit, ihrer einstmaligen Wagnisse und Ausschreitungen: sie interpretirt, im Zu-Grunde-gehen, ihre Entstehung, ihr Werden (Nietzsche: KSA 2, 183).

Wie sehr sich jedoch gerade die Kategorie des Neuen zu Beginn des zwanzigsten Jahrhunderts etablieren konnte, mag auch ein Ausspruch Freuds verdeutlichen: "Immer wird die Neuheit Bedingung des Genusses sein" (Freud XIII: 1999a, 37).

Bense, der sich in die Gefolgschaft von Auerbach und Freud begibt, macht deutlich, dass das *Neue* keineswegs eine historische Verhältniskategorie meine, sondern zuallererst Ausdruck des Individuellen sei. Bei Bense ist die Unterscheidung zwischen Mechanik und Thermodynamik als kulturgeschichtliche Metapher mit kategorialem Anspruch wieder zu finden – wie bei Lévi-Strauss. Eine weitere Parallele zum Denken des Ethnologen ist die Verbindung naturwissenschaftlicher und ästhetischer Begrifflichkeit *auf der Ebene des Ästhetischen*. Anders als der Ethnologe bezieht Bense dagegen seine Parameter nicht aus dem Vergleich von 'primitiver' und 'zivilisierter' Gesellschaft, sondern aus der Geschichte der Ästhetik. "Mechanisch" nennt er die klassische

Ästhetik deshalb, weil ihr eine Weltbeschreibung zugrunde liege, die − "an der klassischen Seinsthematik orientiert" − "auf gegenständlicher Deskription" beruhe. Eine solche (ästhetische) Weltbeschreibung erfasse − entsprechend der Grundauffassung der Mechanik − *reversible* (und damit *ad infinitum* reproduzierbare) Vorgänge (Bense: 1982, 162). Mit Lévi-Strauss teilt Bense die Lektüre Kants, und die bekannten Passagen aus der *Kritik der Urteilskraft* wie die nachstehende sind auch zwischen den Zeilen in seiner *Aesthetica* stets präsent:

> Die selbständige Naturschönheit entdeckt uns eine Technik der Natur, welche sie als System nach Gesetzen, deren Prinzip wir in unserm ganzen Verstandesvermögen nicht antreffen, vorstellig macht, nämlich dem einer Zweckmäßigkeit, respektiv auf den Gebrauch der Urteilskraft in Ansehung der Erscheinungen, so daß diese nicht bloß als zur Natur in ihrem zwecklosen Mechanism, sondern auch als *zur Analogie mit der* Kunst gehörig, beurteilt werden müssen (Kant X: 1974, 166f).

Benses Anschauung geht nun in eine andere Richtung: Mit der Subjektivierung des Geschmacksurteils verliert ein transzendental ("mechanisch") begründeter Schönheitsbegriff seine Gültigkeit, das Ästhetische, d.h. die Produktion und Rezeption ("Genuss") von Kunst, wird als Ausdruck des Individuellen zu einem Feld irreversibler Prozesse, denen im Physikalischen die Zunahme der Entropie entspricht. So gesehen gewinnt Schlegels Warnung vor dem sterbenden Geschmack durchaus die Gestalt einer Warnung vor der zunehmenden Entropie, da sich die jeweils individuelle Rezeption an der Steigerung der Effekte ausrichtet, die mit der Steigerung eines Energiebetrages gleichzusetzen ist, wobei die Energie ab einem gewissen Punkt nicht mehr in ästhetischen Genuss (Schlegel würde wohl eher von pseudo-ästhetischem Genuss sprechen) umgesetzt werden kann. Damit hat Schlegel indirekt auch einen für eine dualistische Auffassung von Kunst bzw. Ästhetik wichtigen Umstand benannt: die Notwendigkeit des Eingreifens von ordnenden Faktoren, welche die Möglichkeit der *aisthesis* garantieren.

Den eigenen Stellenwert der *Innovation* als Kriterium des Ästhetischen erfasst die informationstheoretische Ästhetik. Bense definiert das Kunstwerk als "Träger einer besonderen, nämlich ästhetischen Information" (Bense: 1982, 265). Nun ist nach der Informationstheorie jede Information nur dann wirklich *Information*, wenn sie *Innovation* ist, d.h. wenn sie Neues und Überraschendes bietet. Die "ästhetische Information" zeichne, so Bense, sich dabei durch eine besondere Intensität des Überraschungseffekts aus. Die mathematische Bestimmung von Information und damit *Innovation* erfasse das "originale Moment in einem Ordnungsschema" (Bense: 1982, 327). Mathematisch formuliert: Die Reinheit einer Information bestimmt sich nach dem Grad ihrer vom jeweiligen Ordnungsschema her gesehenen Unwahrscheinlichkeit. Damit ist jedoch noch keine Aussage über ihre Bedeutung gemacht, sondern lediglich die *Innovation* numerisch ausgedrückt (Bense: 1982, 328). Daher setzt für Bense das Verstehen einer Botschaft voraus, dass "bestimmte Züge der Zeichenfolge" bekannt sind; Kommunikation erfordere also einen möglichst geringen Grad an *Innovation*. Hier setzt Bense zu einer Präzisierung der Kategorie "ästhetische Botschaft" an: "Die ästhetische Botschaft jedoch verschiebt den statistischen Charakter der Zeichenfolge in Richtung höherer *Innovation*, Überraschung, Fragilität, Unstimmigkeit, deren Inbegriff wir dann Originalität nennen" (Bense: 1982, 330). Die informationstheoretische Ästhetik verzichtet auf die *Tradition* als antithetischen Begriff; vielmehr versucht sie ihren Ansatz in traditionelle ästhetische Positionen einzuschreiben. Als Beispiel hierfür nennt Bense die Unterscheidung zwischen Originalität und Stil: Originalität drücke sich in einer Maßzahl *innovativer*, überraschender Selektionen von Zeichen aus, während der Stil "von redundanten Zügen der Gestaltung" geprägt sei, also bereits identifizierbare "Ordnungsrelationen" aufweise (Bense: 1982, 330). Mit seinem Stilbegriff greift Bense wieder auf die Grundsätze einer dualistischen Weltauffassung zurück: das Eingreifen von ordnenden Faktoren, die der Entropie entgegenwirken. Stil – und damit Ordnung – entsteht sowohl auf individueller (Stil eines Künstlers) als auch auf kollektiver Ebene (Stil einer Gruppe, Epochenstil). Indem die informationstheoretische Ästhetik in letzter Konsequenz (innovative) Information in den Bereich des Ästhetischen verbannt, den sie ausschließlich über die traditionelle ästhetische Theorie bestimmt, und somit der Praxis *a priori* entzieht, liquidiert sie ihr wissenschaftliches Erkenntnisinteresse – und damit letztlich die Gültigkeit der Kategorie Fortschritt.

Bense verweist auf die historische Koinzidenz des Zerfalls "der im klassischen Sinne makrokosmologischen Interpretation mit der Einführung der mikrokosmologischen molekularen Naturbeschreibung", die mit der Publikation der *Ästhetik* von Hegel zusammenfalle. Hegel avanciert für ihn somit zum Gewährsmann für die Konvergenz von thermodynamischer und ästhetischer Begrifflichkeit. Bense drängt aber damit gleichzeitig die Ästhetik aus dem Bereich der Geschichtsphilosophie hinaus, ja man ist geneigt zu behaupten, dass hier mit Hegels *Ästhetik* die Gültigkeit von Hegels Geschichtsphilosophie widerlegt werden soll:

> In dem Maße, wie in der molekularen Thermodynamik kinetische Prozesse zunehmender wahrscheinlicherer Verteilung materieller Zustände eingeführt werden, gibt es in der hegelschen Ästhetik die dialektischen Prozesse, die als irreversible Prozesse zunehmenden Bewußtseins und größerer Wahrscheinlichkeit des Geistes gedeutet werden dürfen. Wie die Thermodynamik angesichts des Weltganzen ihre Physik treibt, so denkt hier das absolute Bewußtsein, dem die Dialektik des Seienden zutreibt, und es ist klar, daß dem thermodynamischen Theorem des Wärmetodes der Welt auf der anderen Seite eine dialektische Legitimation des hegelschen Kunstpessimismus analog ist (Bense: 1982, 164).

Man kann dies auch zynisch umformulieren: Hegel wird zum Ahnherren Spenglers erklärt, denn nichts anderes als ein tiefer Kulturpessimismus kann aus diesen Ausführungen Benses herausgelesen werden. Es scheint bezeichnend zu sein, dass alle umfassenden Weltkonzeptionen in den Kulturwissenschaften seit dem ausgehenden 19. Jahrhundert "Kultur" nur noch vom antizipierten Ende her denken können. Man ist geneigt, hier die Schlussfolgerung zu ziehen, dass Kultur durch ihr Ende überhaupt erst zu Kultur wird, weil sie – was schon bei Nietzsche anklingt – vom Ende her sich selbst reflektiert. Man ist weiter dazu geneigt, eine Analogie zu Heideggers Rede vom "Sein zum Tode" herzustellen. Kultur und eine – wie sich mit Spengler sagen ließe – *ins Tragische* gewendete Kulturgeschichte entfernen sich als ästhetische Konstrukte von der Geschichte bzw. lassen diese, wenn von ihr überhaupt noch die Rede ist, in der Kultur aufgehen. Im Hinblick auf die diese Untersuchung leitende heuristische Metapher vom *Fortschrittstrauma* heißt dies: Geschichte bewahrt nur noch in ihrer nachträglichen Bearbeitung als ästhetisches Phänomen eine für das Individuum greifbare Größe, greifbar deshalb weil sie über ihre tragische Endlichkeit sich der hoffnungslos offenen Dimension eines den Einzelnen fortwährend überschreitenden Prozesses entgegenstellt. Geschichte als tragische Schicksalslinie wird zum Instrument des Versuchs, die jeweils individuelle, traumatisierende Erfahrung in eine geschlossene, narrative Größe zu transponieren; der ins Tragische überhöhte Kulturpessimismus ist eine Praxis der "Kontingenzbewältigung" (Lübbe: 1975, 178), die an die Stelle der Religion tritt.

Es fehlt hier der Raum, die gesamte geistesgeschichtliche Filiation, auf die sich Bense beruft, aufzurollen. Doch es bleibt festzuhalten, dass das entscheidende Moment seiner Anschauungen auf die Abkehr vom Fortschrittsdenken zurückgeht, eine Abkehr, die unter dem Einfluss naturwissenschaftlicher Erkenntnis die Philosophie definitiv in dualistische Bahnen gelenkt, die Geschichtsphilosophie aus der Eschatologie gelöst hat. Für die Ästhetik war es sicherlich – und damit die gesamte Tendenz antizipierend – Nietzsche, der dem dualistischen Denken in Wissenschaft und Philosophie Vorschub geleistet hatte. Und die Rückschau auf Nietzsche mag auch verdeutlichen, dass selbst einem sich inzwischen auf die Naturwissenschaften berufenden Denken etwas eingeschrieben ist, was man das ästhetische Selbstmissverständnis einer untergangstrunkenen Kulturanthropologie nennen könnte: Sie tritt – in der Gestalt Spenglers geradezu paradigmatisch verkörpert – mit einem szientifischen Wahrheitsanspruch auf und macht dabei vergessen, dass sie eine diesem Anspruch entsprechende Beweisführung noch immer schuldig geblieben ist.

Umberto Eco geht in seinen semiotischen Untersuchungen zur Ästhetik (*Einführung in die Semiotik*) daran, den informationstheoretischen Ansatz auszubauen. Sich auf die stilistische Kritik u.a. von Leo Spitzer und Erich Auerbach berufend, stellt er fest, dass "die ästhetische Botschaft sich im *Verstoß gegen die Norm verwirklicht*" (Eco: 1972, 151). Eco nimmt sich ausführlich des Problems an, dass eben dieser Verstoß gegen die Norm – also ein hoher Grad der *Innovation* – für sich nicht genügt, um das Spezifikum der ästhetischen Botschaft und ihres Objekts hinlänglich zu begründen. Allein der Verstoß gegen die Norm könnte ja den Rückfall in die ursprüngliche Unordnung (bei Eco: "Entropie") bedeuten, d.h. in jene Unordnung, die vor der Herausbildung einer für die Kommunikation konstitutiven Ordnung durch einen

Kodex besteht. In seinem zum 'Klassiker' einer informationstheoretischen und semiotischen Ästhetik avancierten Buch *Das offene Kunstwerk* formuliert Eco den Begriff "Entropie" wie folgt:

> Die Entropie eines Systems ist der Zustand der Gleichwahrscheinlichkeit, dem seine Elemente zustreben. Die Entropie kann auch definiert werden als ein Zustand der Unordnung in dem Sinne, wie die Ordnung ein System der Wahrscheinlichkeit ist, das man in das System einführt, um dessen Verhalten voraussagen zu können (Eco: 1977, 99f).

Ecos Verwendung des statistischen Begriffs der Entropie ist insofern nicht ganz korrekt, da er mit diesem auch die jeder Kommunikation vorausgehende Unordnung bezeichnet. Entropie meint jedoch einen irreversiblen Prozess der Entwertung von Energie bzw. Information und nicht einfach "Unordnung" oder "Chaos".[172] Eine ästhetische Funktion habe, so Eco, eine Botschaft nur dann, "wenn sie sich als zweideutig strukturiert darstellt und wenn sie als sich auf sich selbst beziehend (autoreflexiv) erscheint, d.h. wenn sie die Aufmerksamkeit des Empfängers vor allem auf ihre eigene Form lenken will" (Eco: 1972, 146). Die ästhetische Funktion setzt aber voraus, dass sie folgende Bedingung bezüglich des Codes erfüllt, gegen den sie verstößt:

> Alle Ebenen der Botschaft verletzen die Norm nach derselben Regel. Diese Regel, dieser Code des Werks, ist von Rechts wegen ein *Idiolekt* [...]. Dieser Idiolekt erzeugt Nachahmung, Manier, stilistische Gewohnheit und schließlich neue Normen, wie uns unsere ganze Kulturgeschichte lehrt (Eco: 1972, 151f).

Oder: Der "Idiolekt" ist Gegenstand von *aemulatio* und *imitatio*. Zusammenfassend kann festgestellt werden: Die informationstheoretischen und semiotischen Theorien zur Ästhetik erheben die *Innovation*, die Kommunikation erschwert, ohne sie in bloßes Geräusch aufzulösen, nicht nur in den Rang *einer* ästhetischen Kategorie, sondern erklären sie zur *differentia specifica* von Kunst überhaupt. Folglich hat *Innovation* auch bei Eco nicht die Bedeutung einer zu *Tradition* in Opposition stehenden historischen Verhältnis-Kategorie; vielmehr wird die Frage nach einer allgemeinen Theorie der ästhetischen Erfahrung neu aufgeworfen.

Für die dichterische Rede – ergänzend sei gesagt: wie auch für jedes andere künstlerische Zeichensystem – stellt Eco fest:

> Zu untersuchen ist also, in welcher Weise die Verwendung dieser auf die Kommunikation ausgerichteten Unordnung in der dichterischen Rede erfolgt, wobei nicht vergessen werden darf, daß diese Unordnung mit dem statistischen Begriff der Entropie *nur mehr in übertragenem Sinne* gleichgesetzt werden kann: die

---

172 Vgl. dazu die von Max Planck vorgenommene begriffliche Präzisierung, wonach die dem Universum als Endzustand eingeschriebene Unordnung erst den Prozess der Entropie in Gang setzt: "Therefore, it is not the atomic distribution, but rather the hypothesis of elementary disorder, which forms the real kernel of the principle of increase of entropy and, therefore, the preliminary condition for the existence of entropy. Without elementary disorder there is neither entropy nor irreversible process" (Planck 1915, 50).

kommunikationstheoretische Unordnung ist eine Unordnung hinsichtlich einer vorhergehenden Ordnung (Eco: 1977, 121).[173] Ordnung aber sei ein System, das man in ein anderes einführe, um dessen Verhalten vorauszusagen. Hier gelangt Eco wieder in die Nähe von Lévi-Strauss und dessen ästhetischen Strukturalismus. Was Eco hingegen nicht deutlich macht, ist der Umstand, dass seine Theorie offenkundig nur dann als plausibel gelten kann, wenn man ein System annimmt, das nicht die gesamte Alltagskommunikation umfasst, sondern ein ausdifferenziertes System des Ästhetischen, herausgebildet aus Elementen, die einmal als Unordnung empfunden wurden. Dieses Problem hat Eco wohl erahnt und die Kategorie des "Neuen" durch die der "Offenheit" ersetzt, die er unter anderem mit dem von Lévi-Strauss abgelehnten "seriellen Denken" begründet – "die Theorie des offenen Werkes ist nichts anderes als die Poetik des seriellen Denkens" (Eco: 1972, 379).

Aus der Sicht der antithetischen Gegenüberstellung von *Tradition* und *Innovation* kann die so genannte Postmoderne als die Reaktion auf ein sich erschöpfendes Innovationsparadigma gesehen werden. Eco reagiert darauf mit einer Neubestimmung des Bezuges zur Vergangenheit. Ausgehend von dem Unternehmen der historischen Avantgarden, mit der Vergangenheit abzurechnen, weil diese auf uns laste, und der daraus resultierenden Aporie, dass die Avantgarde, die er mit der Moderne gleichsetzt, in ihrem destruktiven Impetus

---

173 Aus den Aporien, die eine Verwendung des Entropie-Begriffs in der Ästhetik mit sich bringt, sucht Arnheim einen anderen Ausweg. Für ihn steht hinter den beiden im Leben einander widerstreitenden Tendenzen zur Herausbildung von Strukturen ("call for structures") und zur Entropie *die eine* Tendenz zur Reduzierung von Spannung ("reduction of tension"). Gemeint ist hiermit letztlich das von Freud in *Jenseits des Lustprinzips* entwickelte ökonomische Modell, wonach das Seelenleben die "in ihm vorhandene Quantität von Erregungen möglichst niedrig oder wenigstens konstant zu halten" suche (Arnheim: 1971, 44f). Arnheim unterlegt die Entropie der von Freud formulierten Annahme eines Todestriebes. Die Versuche, den Todestrieb mit dem thermodynamischen bzw. statistischen Begriff Entropie in Verbindung zu bringen, stoßen allerdings bei Devreux auf Widerspruch (Devreux: 1971, 271f). Arnheims Charakterisierung des Kunstwerks kann daher nur als die vollendete Umsetzung des "Konstanzprinzips" verstanden werden: Indem das Werk eine Enklave der Aufhebung von Spannung bildet und für einen Augenblick die Wiederherstellung eines früheren Zustandes aufscheinen lässt, wird der Todestrieb zur Chiffre der *aisthesis*: "Kant, speaking of The End of All Things, has said of the Day of Judgement that it will still belong to time because something will still be happening, as distinguished from eternity, when, in the words of the angel of *Revelation*, there shall be time no longer. Now the work of art also represents a state of final equilibrium, of accomplished order and maximum relative entropy, and there are those who resent it. But Art is not meant to stop the stream of life" (Arnheim: 1971, 56). Im Katalog der Ausstellung *L'Informe* (Paris, *Centre Georges Pompidou*, 1996) bezeichnet "Entropie" die Grenze einer dem Formlosen zugewandten Kunst: "La réflexion moderniste prétend éradiquer le naturalisme dans le champ de l'objet et lui substituer un sens nouveau et plus élaboré du sujet, une forme donnant à celui-ci l'illusion qu'il n'est rien d'autre qu'un 'je vois' [cela]. Le mouvement entropique, simulacral est destiné à surprendre le champ de la vision en l'absence du sujet; il tend à montrer que, dans l'automatisme de la répétition à l'infini, la disparition de la première personne est le mécanisme qui met en branle l'opération de l'informe" (Bois / Krauss: 1996, 72).

ihrerseits einen Metadiskurs geschaffen habe, der von ihren unmöglichen Texten spreche, hält er die Ironie für die einzig denkbare Antwort:

> Die postmoderne Antwort auf die Moderne besteht in der Einsicht und Anerkennung, dass die Vergangenheit, nachdem sie nun einmal nicht zerstört werden kann, da ihre Zerstörung zum Schweigen führt, auf neue Weise ins Auge gefasst werden muss: mit Ironie und ohne Unschuld (Eco: 1984, 78).

Ecos Verständnis der Postmoderne liegt das einer Moderne zugrunde, die sich über den von den historischen Avantgardebewegungen vindizierten Traditionsbruch definiert und deren Impetus in eine regelrechte Erschöpfung mündet. Der Rückgriff auf die Hyperbel – denn nur als eine solche ist diese Rede gerechtfertigt – vom "Traditionsbruch" führt daher die begriffliche Fixierung der Postmoderne in eine unabwendbare Aporie, weil sie auf keine vergleichbare epochenkonstituierende Zäsur zurückzublicken vermag (Welsch: 1993, 91-94). Von einer solchen Verlegenheit zeugen generell die mit den Präfixen *Neo-* und *Post-* vorgenommenen Begriffsbildungen. "Postmoderne" *als Begriff* demontiert allerdings Eco: Wenn er "postmodern" als "Geisteshaltung", als "*Kunstwollen*" (dt. im Original!) einen metahistorischen Status zuweist, will sagen: einer jeden Epoche ihre Postmoderne zuschreibt (Eco: 1984, 77), dann rückt er *nolens volens* zu den Prämissen der Geistesgeschichte auf.

Diese Wendung Ecos, die auf den Horizont eines neuen Historismus im Zeichen der Postmoderne verweist (vgl. Simon-Schaefer: 1988, 438), ist kein Zufall, muss doch gerade eine semiotische bzw. informationstheoretische Ästhetik, die *Innovation* zum entscheidenden Maßstab des Ästhetischen erhebt, nach einer adäquaten Antwort auf den Umstand suchen, dass die Kultur der Moderne sowohl in der "ästhetische Innovation" (Haug: 1972, 51) – d.h. eine von der Verbesserung des Gebrauchswerts unabhängige Innovation der Waren, deren Neu-Inszenierung also – einfordernden Entwicklung der Märkte als auch in einer von bindenden *Traditions*-Zusammenhängen gelösten künstlerischen Produktion die Zahl der *Innovationen* pro Zeiteinheit ständig anwachsen lässt. Lübbes hier schon mehrfach bemühte Formel von der "temporalen Innovationsverdichtung" (Lübbe: 1988, 415f – s.o.). fasst exakt die Voraussetzung, unter der Paul Virilio die Geschwindigkeit als den herausragenden, die Menschheit versklavenden Faktor der Moderne zum Gegenstand seiner Analyse ("dromologie") macht, die in der Prognose einer dromologischen Apokalypse gipfelt (Virilio: 1977).

Das *Neue* als *Innovation* hat seinen Status als historische Verhältniskategorie definitiv eingebüßt, es kann somit nicht mehr als eine qualitative Steigerung im Sinne eines der Aufklärung verpflichteten Fortschritts sein. Die Rede vom "Neuen" wird über die Informationsästhetik nicht nur als ein Desiderat erkennbar, dem sich eine Theorie der ästhetischen Erfahrung zuzuwenden hat, sondern auch und vor allem als das, was eine solche Rede ist: eine rhetorische Strategie. Statt vom "Fortschritt" und vom "Neuen", sollte nur noch von der

"Rhetorik des Fortschritts" bzw. der "Innovation" gesprochen werden: Das Neue bedeutet kein Fortschreiten, weckt aber die Illusion von Fortschritt! Diese Illusion des Fortschritts, der keine Schöpfung mehr zulässt und sich unablässig in der Setzung von längst zum Selbstzweck gewordenem Neuem manifestiert, hat der reaktionäre Staatslehrer Carl Schmitt in einer regelrechten Tirade auf den Punkt gebracht, welche die Genese des Nichts aus dem jedes Fortschreiten negierenden Neuen anprangert. Der Fortschritt erscheint hier zu einem autonomen "Prozeß-Progreß" reduziert, an dem die Warenästhetik ihre Fratze zeigt – und der mit dem Verwerfen von Tradition auch alle Begründungszusammenhänge liquidiert, ohne die es kein Fortschreiten geben kann. Der Fortschritt invertiert somit den dem Begriff etymologisch eigenen Sinn, zumal sich ihm kein Widerstand mehr entgegenstellt. Was hier von Schmitt (gewollt) manichäistisch zugespitzt wird, meint letztendlich das Außerkraftsetzen des dualistischen Prinzips als Fundament zivilisatorischer Prozesse – und das Ende einer noch nicht abgegoltenen politischen Theologie:

> Der Prozeß-Progreß produziert nicht nur sich selbst und den Neuen Menschen, sondern auch die Bedingungen der Möglichkeit seiner eigenen Neuheits-Erneuerungen; das bedeutet, das Gegenteil einer Schöpfung aus dem Nichts, nämlich die Schöpfung des Nichts als der Bedingung der Möglichkeit der Selbst-Schöpfung einer stets Neuen Weltlichkeit. [...] Das irreversible Syndrom von Wert-Verwertungs- und Bewertungsfreiheit ist die fortschrittliche, wissenschaftlich-technisch-industrielle, freie Gesellschaft. [...] Der in einem Prozeß-Progreß von drei Freiheiten sich selbst produzierende Neue Mensch ist kein Neuer Gott und die ihm zugeordnete Neue Wissenschaft ist keine Neue Theologie, keine gegengöttliche Selbstvergöttlichung, auch keine neue "religiöse Anthropologie". [...] Der Neue Mensch ist aggressiv im Sinne des unaufhörlichen Fortschritts und unaufhörlicher Neu-Setzung; er lehnt den Feindbegriff und jede Säkularisierung oder Umsetzung alter Feindvorstellungen ab; er überholt das Veraltete durch das wissenschaftlich-technisch-industriell Neue; das Alte erledigt sich selbst und von selbst in dem wissenschaftlich-technisch-industriellen Prozeß-Progreß, der das Alte entweder – nach dem Maß neuer Verwertbarkeit – verwertet, oder als verwertbar ignoriert, oder als störenden Unwert vernichtet (Schmitt: 1996, 97f).

IV. Messianismus:
die jüdische Antwort auf Apokalyptik und Mythos

0. Prolegomena: die Permanenz der Katastrophe

Im "Prolog" des Katalogs zur zehnten *documenta* in Kassel im Jahr 1997, *POL^{E}ITICS*, stehen ohne jeglichen Kommentar Zitate von Céline und Lévi-Strauss: eine längere Passage aus *Rigodon*, in der die Bombardierung Hannovers als ein Ereignis von apokalyptischer Dimension geschildert wird, und Auszüge aus dem Gespräch Charbonniers mit dem Anthropologen, in dem dieser die komplexen Gesellschaften der Moderne zur Ursache einer irreversiblen Zunahme von Entropie erklärt. Kein Kommentar!

Das Fehlen eines solchen fordert indessen zu Rückschlüssen und Fragen heraus: Waren die Szenarien des Untergangs – ob apokalyptisch-eruptiv oder schleichend-entropisch – zu einer Gewohnheit, zu einer Sehgewohnheit geworden, die das Ende des zwanzigsten Jahrhunderts und damit des Millenniums begleiteten? Fand hier die Sicht des *Fin-de-siècle* seine Fortführung? Das herannahende Jahrtausend und der *Ton apocalyptique adopté naguère en philosophie* (Derrida: 1983 – s.o.) standen nicht mehr im Zeichen des Neuen; vielmehr galt die ganze Aufmerksamkeit der 'Bilanz', dem Streben, die Geschichte zum Abschluss zu bringen – mit dem unausgesprochenen Wunsch, einen proliferierenden Prozess noch ein letztes Mal auf ein Inventar zu verpflichten, ihm den Schein eines Sinns zu verleihen.[174] Kein Zufall, dass Frédéric Beigbeder, der ebenso talentierte wie blasierte Shooting-star der literarischen Jahrtausendwende in Frankreich seine Kommentare zu den – durch eine Umfrage bestimmten – 50 wichtigsten Büchern des 20. Jahrhunderts mit *Dernier Inventaire avant liquidation* überschrieben hat – "alors que la fin du monde approche tranquillement et que l'homme organise sa propre disparition en souriant". Im Augenblick des bevorstehenden Weltuntergangs sei es eine wenig verwundernde Ironie des Schicksals, dass ausgerechnet Camus' *L'Étranger* den ersten Platz unter den Büchern des vergangenen Jahrhunderts einnehme, "lui qui nous a expliqué que le secret du bonheur consistait à s'accommoder de toutes les catastrophes" (Beigbeder: 2003a, 220). Inventar und Bilanz finden zusammen in einem Tanz auf dem Vulkan. Vielleicht wie kein anderer hat dies der 'Dromologe' Paul Virilio auf den Punkt gebracht:

> Avec le XXe siècle se clôt, non seulement le deuxième millénaire, mais aussi la Terre, astre des vivants. La mondialisation n'est donc pas tant l'accomplissement de l'accélération de l'Histoire que l'achèvement, la clôture de l'horizon terrestre (Virilio: 1998b, 145).

---

174 Vgl. dazu Stanislaw Lem über den Kult der Katastrophe: "Gemäß seines zum Teil erfundenen Wesens verleiht dieses Ende der Welt der Geschichte einen bestimmten Sinn, wirft es ein Licht auf alle seine in Jahrhunderten akkumulierten Errungenschaften, wobei es ihm einmal eine konkrete Bedeutung gibt, ein andermal sie ihm nimmt (um gewissermaßen eine bestimmte reductio ad absurdum vorzunehmen)" (Lem: 1984, 32).

Der *Ton* verlangte dennoch nach einem *Ereignis*, das zugleich Echo und Antwort sein sollte, er drängte nach einer 'Entspannung', wenn nicht gar nach Parusie – deren Ausbleiben den Epochen markierenden Horizont nicht nur der Säkulargeschichte des Christentums ausmacht (Barner: 1987, 522), sondern den von Geschichte überhaupt. In einer Welt, die längst den Weg von der perfekten technischen Reproduktion zum Quidproquo von Realität und Virtualität vollzogen hatte, verweigerten sich (und verweigern sich noch immer) die Ereignisse dem Menschen: *La Grève des événements*, wie Jean Baudrillard zu Beginn der 90er konstatierte –

> Car la hyperréalité met fin à l'échéance même du Jugement dernier, ou de l'Apocalypse, ou de la Révolution. Toutes les fins entrevues nous échappent, et l'histoire n'a aucune chance de les réaliser, puisqu'elle aura pris fin entre-temps (c'est toujours l'histoire du Messie de Kafka: il arrive trop tard, et c'est ce décalage qui est insupportable) (Baudrillard: 1992, 21).

Der Messias wurde wahrlich nicht mehr erwartet. Und dennoch beschwor man am Vorabend des neuen Jahrtausends viele Möglichkeiten von *événements* – die allesamt nicht eintreten sollten. In diesen Sog gerieten auch die Spekulationen um die Entwicklung eines neuen "cybermonde", an die sich sowohl apokalyptische Ängste als auch millenaristische Hoffnungen geknüpft hatten (Nora: 1997, 409-427). So sollte der befürchtete – und in einer apokalyptischen Volte des Denkens erhoffte – Computercrash (Virilio: 1998b, 147) ausbleiben: Die meisten Rechner haben den Wechsel auf die (Doppel-) Null des neuen Millenniums verkraftet.

Doch am 11. September 2001 sollte es zu der Katastrophe kommen, die von vielen befürchtet oder – unbewusst – gar erhofft worden war: Arabische Terroristen lenkten zwei Flugzeuge in die *Twin Towers* von New York –

> Oui, ce fut bien une apocalypse, au sens originaire, grec, de l'expression, une *révélation* de notre monde, que ce terrible spectacle du 11 septembre. Mais comme toutes les révélations antérieures, la lumière qui s'en dégage est bien trop crue pour nous livrer autre chose qu'elle-même... (Adler: 2002, 7)

J'ai vu finir le monde ancien – dieser Titel von Adlers Buch artikuliert die Befindlichkeit nach dem Attentat und resümiert den nunmehr angeschlagenen *Ton 911*. Doch diesem Ton eignet der schale Nachgeschmack, dass man möglicherweise wieder um das *Ereignis* betrogen worden sein könnte:

> On a l'impression que l'événement a toujours été là, présent par anticipation, et qu'il va plus vite que la pensée, faisant soudain le vide autour de lui et dépouillant le monde de toute actualité. D'une certaine façon d'ailleurs, nous le vivons comme ayant vraiment eu lieu, comme une fantasmagorie, avec l'angoisse rétrospective qu'il ait pu ne pas avoir lieu (Baudrillard: 2002b, 22f).

Die 'Offenbarung' des 11. September bedeutet für Pierre Hassner einen radikalen Paradigmenwechsel, hinter dem sich indes vielleicht nicht mehr verbirgt als die von Virilio (und auch Baudrillard) angedeutete 'Bilanz':

Le 11 novembre 2001, nous avons changé de paradigme dominant. Nous étions, ou nous nous croyions être dans le monde de Locke, avec des ouvertures sur Kant. Nous nous retrouvons dans le monde de Hobbes, avec des ouvertures sur le monde de Nietzsche et celui de Marx (Hassner: 2003, 285).

Der 11. September ist fraglos das einschneidende Ereignis des neuen Jahrtausends. Doch die Geschichte ist noch lange nicht beendet, auch wenn alle millenaristischen Hoffnungen enttäuscht worden sind, auch wenn der Triumph des Neoliberalismus einhergeht mit einem neuen Sicherheitsdenken, das der Politik Anlass bietet, eine lange Tradition – aus der hier willkürlich die Namen Kant, Lessing, Condorcet, Voltaire und Sartre genannt seien – zu liquidieren. Zwar haben die Terroristen auf ihre Weise ein altes theologisches Paradigma noch einmal totalisiert, doch haben sie es in ihrem nihilistischen Destruktionswahn auf Akte der Revolte reduziert: bloße Störfaktoren in einer Welt, deren Realität dystopische und anti-utopische Visionen – wie etwa die von France am Ende seiner *Ile des Pingouins* geschilderte – längst eingeholt hatte. Allerdings haben sie auch in aller Deutlichkeit gezeigt, dass die Problematik des Fortschrittsdenkens nicht allein auf den Dualismus von "Fortschritt" und "Dekadenz" reduziert werden kann. An dem mörderischen Akt wird wieder einmal manifest, dass mit dem Fortschritt in der Zivilisation auch eine fortschreitende Herausforderung durch das Böse erfolgt, das sich seinerseits der 'fortschrittlichen' Errungenschaften bedient: *progressus pecati*.

L'Esprit du terrorisme scheint diese Botschaft unwiderruflich im Bewusstsein des Westens zu verankern:

> Le point crucial est là justement: dans le contresens total de la philosophie occidentale, celle des Lumières, quant au rapport du Bien au Mal. Nous croyons naïvement que le progrès du Bien, sa montée en puissance dans tous les domaines (sciences, techniques, démocratie, droits de l'homme), correspond à une défaite du Mal. Personne ne semble avoir compris que le Bien et le Mal montent en puissance en même temps, et selon le même mouvement (Baudrillard: 2002a, 20f).

Jean-Pierre Dupuy sieht im 11. September die Bestätigung dafür, dass die westliche Zivilisation jeden aktiven Bezug zu ihrer Zukunft verloren habe: Die Welt werde nicht mehr als eine gestaltbare erfahren, sondern alles menschliche Tun sei nunmehr darauf ausgerichtet, das Bestehende zu bewahren. Damit erhält für ihn die Rede vom Ende der Geschichte eine gewisse Berechtigung – angesichts des mit dem 11. September offenbar gewordenen Dilemmas der Moderne:

> Une des leçons non pas moins paradoxale de la tragédie du 11 septembre 2001 est que la contestation la plus radicale de la modernité, qui choisit la voie nihiliste de la destruction plutôt que la voie démocratique de la critique, ne peut-elle mener à bien son entreprise criminelle qu'en se moulant dans la modernité et en exploitant à fond les moyens de sa puissance (Dupuy: 2002, 29).

Diese im Zuge der Aufarbeitung der Tragödie mehrfach geäußerte Feststellung trifft die intellektuelle Diskussion ins Mark: Es fällt auf, dass der Begriff

"Postmoderne" offensichtlich seine Bedeutung verloren hat, wohl deshalb, weil nicht nur an dieser Katastrophe offenbar wurde, das die Aporien des Projekts "Moderne" noch immer fortwirken. Anders formuliert: Die aus der Moderne heraus entstandene nihilistische Herausforderung verlangt unverdrossen nach Antworten. Und Hilflosigkeit herrscht allenthalben, weil es für diese Antworten nur einen Horizont gibt, nämlich die Moderne selbst, die doch der Grund des Übels zu sein scheint. Nicht von ungefähr erhebt Dupuy die Forderung nach einem *catastrophisme éclairé*, der das *Prinzip Verantwortung* (Jonas) auf sich nehme.

Der religiöse Terror liquidiert die Tradition der Offenbarungsreligionen. Mit dem 11. September ist eine Zäsur im abendländischen Denken eingetreten, die Derrida und Habermas in einem Dialog auf die Formel *Le "concept" du 11 septembre* bringen. In ihrer Zusammenfassung von Derridas Beiträgen zu diesem Gespräch resümiert Giovanna Borradori dessen Einlassungen zu einer Revision der dominierenden Konzepte "politischer Theologie", die bisher noch nicht abgegolten worden seien:

> Derrida estime cependant dans notre dialogue que la question de la souveaineté affecte les relations internationales d'une autre manière: par l'inachèvement du processus de sécularistion par la politique d'aujourd'hui. Le 11 septembre a, selon lui, révélé un affrontement entre deux théologies politiques. Il y a, d'une part, les États-Unis, seule grande puissance démocratique qui continue d'appliquer la peine de mort et imprime une marque biblique chrétienne à son discours politique. De l'autre son ennemi qui se définit comme islamique (Derrida / Habermas: 2003, 241)

Indes steht zu befürchten, dass der politische Diskurs sich in der Ausweglosigkeit einer Ästhetisierung des Unheils verliert, die bereits vor der Jahrtausendwende zelebriert wurde...

Gar nicht so weit entfernt von Spenglers Vision vom *Untergang des Abendlandes* bewegte sich knapp 20 Jahre vor der Jahrtausendwende Ulrich Horstmann mit seiner Analyse vom *Untier* Mensch, aus der er eine *Philosophie der Menschenflucht* ableitete. Apokalypse erkläre sich "mythisch" damit, dass der Mensch nicht nur immerfort auf eine Katastrophe zusteure, sondern die Katastrophe aus sich selbst heraus gebäre, dass er das "Untier" sei, das sich einer Katastrophilie ergeben habe; dieses "Untier" sei die Katastrophe "in zyklischer Permanenz immer auch schon selbst". Mythisches Bewusstsein werde zum Bewusstsein des Menschen von der Notwendigkeit, den Menschen, also sich selbst, als Unheilstifter zu vernichten: "Das mythisch-religiöse Bewußtsein ist überall dort, wo es das Untier als ausgesetzt, fremd, aus der Totalität der Schöpfung herausfallend begreift und es auf phantasievoll-rabiate Weise als Fremdkörper beseitigt, anthropofugales Bewußtsein" (Horstmann: 1983, 12). Horstmann trieb hier den *anthropologischen Pessimismus* des beginnenden 20. Jahrhunderts weiter auf die Spitze – und in einer Welt der ökologischen Katastrophen, der atomaren Bedrohung, des Hungers, der Bevölkerungsexplosion und der unbeherrschbaren Seuchen sollte die Drohung vor der (apokalyptischen) Katastrophe ihren abstrakten Charakter verlieren. Die Katastrophe war längst zum Gegenstand von Realangst geworden, Realangst deshalb, weil der Weltenbrand nicht mehr unbedingt in einer fernen Zukunft liegen würde, sondern von heute auf morgen hereinbrechen konnte – weil die zunehmende Anomie in der Gesellschaft die Vermutung nicht mehr abwegig erscheinen ließ (und lässt), dass wir uns bereits in einem irreversiblen Prozess des Niedergangs oder der Entropie befinden. So ist das von Horstmann entworfene Szenario mehr als eine Bestandsaufnahme der Befindlichkeit des ausgehenden zwanzigsten Jahrhunderts: Es bezeichnet die Hypothek, die auf dem neuen Jahrtausend lastet –

> Und das Blitzen der Detonationen und der sich über die Kontinente fressende Brand wird sich spiegeln in den Augen des Letzten unserer Art und sein Antlitz erleuchten und verklären. Und alle Geschöpfe werden niedersinken in der Glut und dem Untier huldigen in der Stunde ihres Untergangs als dem Heilande, der sie erlöst hat zum ewigen Tode. Und dann wird dem Letzten das Sinn werden, was zuvor Absurdität war, und er wird die Hände aufheben über dem versengten Fleisch, es segnen und zu ihm sprechen: "Seid getrost; die Last des Seins ist von euch genommen, und die Prüfung ist vorüber. Jedes von euch war nur der Alp eines Quarzkristalls. Wir, wir alle, sind nie gewesen!" Und er wird in Frieden sterben (Horstmann: 1983, 100).

In einem kann Horstmanns Buch als gelungen gelten: Es übertrifft Spenglers Pathetik um Längen, ebenso den reaktionären Gehalt seiner Vision vom *Untergang des Abendlandes*. Und auch Nietzsche hätte diese pathetische Larmoyanz als Ausdruck des hilflosen (bürgerlichen) "psychologischen Nihilismus" belächelt, feiert doch hier der menschlich-allzumenschliche Mensch genüsslerisch seinen eigenen Untergang. Ob im Vorspann des Kataloges eines Kunst-Events oder in nihilistischen Philosophemen – apokalyptischen Szenarien ist noch immer ein primär ästhetisches Moment eigen. Thomas M. Macho etwa erstellt eine kritische Bilanz der anhaltenden Katastrophilie und Hingabe an die unzähligen Visionen eines von der Kraft der Elemente bewirkten Weltuntergangs in der Massenkultur:

> Nichtsdestoweniger erklärt die Zurückführung der apokalyptischen Visionen auf die faktischen Erlebnisse verschiedener Naturkatastrophen kaum die seltsame Faszination, die von diesen Phantasien ausgegangen ist und nach wie vor ausgeht: die spezifisch humane Lust am Weltuntergang. Heute noch haben Katastrophenfilme Hochkonjunktur; und immer noch sind es die vier Elemente, die für Nervenkitzel sorgen: "Flammendes Inferno", "Der weiße Hai", "Erdbeben" oder "Airport" (Macho: 1987, 387f).

Die von Macho zitierten Beispiele entstammen allesamt aus dem trivialen Genre des monumentalen Katastrophenfilms. Die hier zelebrierten Untergangsvisionen sind jeweils von der sentimentalischen Pathetik, die für eine regredierende Hinwendung zur Katastrophe steht und die am Ausgang des Kinos den erleichterten Seufzer erzeugt: "Wir sind noch einmal davongekommen". Dieses Gefühl des Noch-einmal-davongekommen-seins prägt auch die unter dem Eindruck des kalten Krieges stehenden frühen *James-Bond*-Filme, in denen der Held in letzter Minute den Weltuntergang verhindert – mit Sicherheit eine nachträgliche Bearbeitung der spannungsgeladenen Tage der Cuba-Krise; derselbe Held aber lässt auch die Einrichtungen des Bösen im apokalyptischen Feuer untergehen, wodurch symbolisch nicht nur die Welt gerettet, sondern auch gereinigt wird.

Solche 'ästhetischen' Inszenierungen von Katastrophen, die den Blick auf sich lenken, um damit eigentlich ein Wegschauen zu bewirken, sind von den ernsthaften Mahnungen zu unterscheiden. Die allgemeine Umweltzerstörung nimmt der Theologe Eugen Drewermann in seinem Buch *Der tödliche Fortschritt* zum Anlass, danach zu fragen, ob nicht im Besonderen unser Bild vom Menschen für die von Menschenhand erzeugten Katastrophen verantwortlich zu machen sei:

> Wenn die hier vorgetragene Diagnose zutrifft, dass die Krise der "Umwelt" in Wahrheit eine Krise des abendländischen Menschenbildes darstellt, dann kommt man an der Erkenntnis nicht vorbei, dass die eigentlich anstehenden Probleme letztlich religiöser Natur sind. Keinesfalls kann es dann mehr genügen, die Schöpfungstheologie des Christentums mit einigen umweltfreundlichen ethischen und asketischen Ableitungen zu drapieren, gewisse "höhere" Werte der Ideologie technischer Machbarkeit gegenüberzustellen und im übrigen die Rechte des Menschen auf gute Luft und trinkbares Wasser zu reklamieren (Drewermann: 1991, 142f).

Drewermann führt eine Fehlentwicklung in der christlichen Schöpfungstheologie als Grund für ein Menschenbild an, das unter dem Eindruck von Geschichte und Umweltzerstörung in einen *anthropologischen Pessimismus* mit dem Charakter einer *self-fullfilling prophecy* umgeschlagen ist. Es würde an dieser Stelle zu weit führen, Drewermanns These theologisch und philosophiegeschichtlich aufzurollen, deshalb seien nur wenige Punkte hervorgehoben, die aber gleichzeitig auch Aporien im Denken des Theologen und Psychoanalytikers hervortreten lassen: Die mit der biblischen Schöpfungslehre verbundene Hinwendung zu einem Menschenbild der Emanzipation und der weltschöpfenden Potenz führt geradewegs in das Gleichnis vom Turmbau zu Babel, das Gleichnis von der Hybris des Menschen, wie Gott sein, ja ihn gar entthronen und sich an seine Stelle setzen zu wollen – NB: Gemeint sind bei Drewermann nicht zuletzt der atheistische Existentialismus Sartres und Nietzsches Rede vom Tod Gottes (Drewermann: 1992, 393f). Eine Aporie in Drewermanns Denken besteht nun darin, mitunter zu ignorieren, dass das Gottesbild immer auch dem jeweiligen Bild entspricht, das der Mensch von sich selbst macht. Von daher ist Drewermanns Hoffnung in einen neuen Gottesglauben als dogmatische – und bei all seiner Kritik an der Kirche noch immer katholische – Antwort auf den tödlichen Fortschritt ein fragwürdiges Unterfangen, zumal er als inspirierendes – gleichwohl nicht nachzuahmendes – Vorbild die Naturverbundenheit der 'primitiven' Kulturen oder die ganzheitlichen Auffassungen östlicher Religionen erkennt. Der Verdacht drängt sich hier auf, dass Drewermann in erster Linie an das in jeder Religion enthaltene Moment der Regression denkt, über das er ein Pazifizieren des erst mit der Offenbarungsreligion seiner selbst bewusst gewordenen Menschen zu erreichen trachtet. Auffallend ist auch Drewermanns Vertrauen in die Psychoanalyse und die Tiefenpsychologie, beharrte doch gerade Freud auf einer bürgerlichen Vorstellung vom Individuum, von dem sich *mutatis mutandis* auch C. G. Jung nicht lösen konnte, wenn er nach den archetypischen Invariablen menschlichen Verhaltens forschte und ihm sein therapeutisches Konzept *tel quel* zur bloßen Regression geriet. Regression steht indes auch am Horizont der Bewältigung des Traumas vom 11. September.

Paul Virilios Deutung der 'Offenbarung' des 11. September ist ernüchternd – und drängt die Anwort des Ohnmächtigen dezidiert ins Ästhetische: Er zieht eine Linie von Hitler über Hiroschima bis zur neuen apokalyptischen Chiffre *911*, die im Bewusstsein des 21. Jahrhunderts die *666* der Offenbarung ersetzt hat. Ob er möchte oder nicht, seine Haltung ist eine zutiefst ästhetische, wenn er die großen Katastrophen des vergangenen Jahrhunderts – wie etwa den Absturz der Concorde – und des neuen 'Millenniums' in einer Ausstellung mit dem Titel *Ce qui arrive* (Paris, Fondation Cartier, 29.11.2002 - 30.03.2003) inszeniert, die unter einem bei Hannah Arendt entlehnten Motto steht: "Le progrès et la catastrophe sont l'avers et le revers de la même médaille". Die Ausstellung dokumentiert die Folgen einer politisch führungslos – oder sollte man sagen 'führerlos'? – gewordenen Technik:

> Dystopie purifiée, système étanche, où, après le naufrage des vieilles ambitions épistémologiques, le scientifique dépouillé de ses attitudes de civilisation ne, *travaillerait plus que pour le scientifique, chaque découverte sur grefferait sur l'autre et la science trouvent sur son propre terrain les sources et les fins de son existence*, à l'instar de Jéhova de la Genèse (Virilio: 2002, 88f).

Die militärische Antwort auf die Herausforderung von *911* werde einzig von der technologischen Überlegenheit einer Supermacht bestimmt. Angesichts dieser Überlegenheit trete jede politisch-theologische Begründung in den Hintergrund. Für Virilio hat sich der Fortschritt überschlagen hin zu einer totalen Mobilmachung, in der er ein Paradox ausmacht:

> Avec l'attentat du 11 septembre, nous sommes placés, de fait, devant *un acte de guerre totale*, remarquablement conçu et exécuté avec un minimum de moyens – ce qui démontre, on l'avait oublié, qu'à la guerre tout est simple, mais que le simple est difficile (Virilio: 2002, 108).

Mit anderen Worten: Die Dystopie der Technik, welche über die lückenlose Erscheinungsform eines auf ewig gerechtfertigten Seins – mithin die Aura des Ästhetischen – verfügt, schlägt in die real-existierende Anti-Utopie um:

> [...] la montée en puissance d'un ÉTAT NOIR MONDIAL – de la quantité inconnue d'une criminalité privée – cet au-delà du Bien et du Mal dont rêvaient, depuis des siècles, les grands pêtres d'un progrès iconoclaste (Virilio: 2002, 109).

Die Anomie, die der von Carl Schmitt perhorreszierte "Prozeß-Progreß" (vgl. Schmitt: 1996, 97f – s.o.) hervorgerufen hat, nimmt bei Virilio gerade im Evozieren ethischer Maßstäbe einen eminent ästhetischen Charakter an: Mit dem Triumph des Bösen erhalten der "Prozeß-Progreß" und die dromologische Apokalypse die Weihe Spenglerscher Tragik. Und Virilios Haltung ist dem Unfug eines Stockhausen gar nicht so wesensfern: „Was da geschehen ist, ist – jetzt müssen Sie alle ihr Gehirn umstellen – das größte Kunstwerk, das es je gegeben hat" (Theweleit: 2002, 122). Der durch die Säkularisation hindurch aufrecht erhaltene Ethos des Religiösen, der zunächst von der Wissenschaft abgelöst worden schien, droht nun vom 'Ästhetischen' usurpiert zu werden. So lässt André Glucksmann die großen tragischen Gestalten der Weltliteratur wie Orest, Hamlet, Antigone u.a Revue passieren, um die Befindlichkeit nach *911* zu artikulieren:

> A *Ground Zero*, la foudre a frappé, irrévocable: il n'y a pas d'au-delà à l'histoire millénaire et quotidienne, sale en même temps qu'héroïque, et comme toujours transie de bruits et de fureurs. Nous ne sortons pas de la tragédie (Glucksmann: 2003, 170).

In seiner Interpretation von Freuds Schrift *Zukunft einer Illusion* konstatierte schon Herbert Marcuse, dass dort die Ablösung der Religion durch die Wissenschaft proklamiert werde, wodurch ihr Verfasser sich in der Tradition der Aufklärung positioniere – und zugleich deren Dialektik aufzeige:

> Die Funktion der Wissenschaft und der Religion hat sich verändert – und so auch ihre wechselseitige Beziehung zueinander. Innerhalb der totalen Mobilisierung von Mensch und Natur, die unsere Zeit auszeichnet, ist die Wissenschaft zu einem der destruktivsten Momente geworden – zerstörerisch gegenüber jener Freiheit, die sie einst versprach. Während dies Versprechen sich in eine Utopie auflöste, wird der Begriff "wissenschaftlich" fast identisch mit der Aufkündigung der Vorstellung eines irdischen Paradieses. Die wissenschaftliche Haltung hat längst aufgehört, ein kämpferischer Gegner der Religion zu sein, die ebenfalls mit Erfolg ihre explosiven Elemente preisgegeben hat und häufig den Menschen an ein gutes Gewissen angesichts von Leid und Schuld gewöhnt hat (Marcuse: 1987, 74f).

Angesichts einer unheilvollen gesellschaftlichen, technischen und ökologischen Entwicklung in der abendländischen Zivilisation – und nicht nur in dieser –, für die der Ausdruck "tödlicher Fortschritt" stehen mag, und des durch den Totalitarismus in Verruf geratenen Glaubens an eine Utopie, fand in der Philosophie des 20. Jahrhunderts immer häufiger der Rückgriff auf alttestamentarische Vorstellungen statt. Es wurde wieder an die Stimme der Propheten und den ethischen Imperativ gemahnt, der von ihren Visionen ausgehe:

> Es ist der Aufruf der großen Prophetie an die Menschheit, ihr niemals erlahmender, ethischer Aufruf zur Wahrheitspartizipation, die zugleich und für alle Zeiten das wahre Menschentum und mit ihm die Wiedergewinnung des Menschenantlitzes bedeutet (Broch XII: 1979, 166).

465

Dieser Ausruf stammt aus der *Massenwahntheorie* von Hermann Broch, der ungeachtet der historischen Erfahrung den Glauben an den Menschen aufrecht hielt:

> Neben der apokalyptischen Unheilsvision steht leuchtend die messianische Schau eines erringbaren, wiedererringbaren Menschenheiles. Spätere Generationen haben die Stärke der alten und echten Prophetie weitgehend eingebüßt, vielleicht wohl auch, weil ihnen das Grauen des apokalyptischen Bildes unertragbar und unaussprechbar geworden war; wenn auch noch echt, trotzdem schon abgeschwächt, zitterte das Grauen in Dichtung und Philosophie nach, und selbst das Messianische mußte durch die Lyrik einer goldenen Zeit milde gelöst werden. Die große Prophetie hingegen verschmäht jede Milderung, und abhold jeglicher Lyrik, ist ihr der Väter Weisheit nicht ineins angstlösende Wunschvision von einem verklärten Einst, sondern strenge Mahnung gotterfüllter Menschlichkeit, nicht milde Zukunftsversprechung, sondern angstzerrissener Aufruf an das unmittelbare Hier und Jetzt, in dem das Notwendige sofort zu geschehen hat, auf daß das letzte Grauen noch zur letzten Stunde verhütet werde; das Messianische nimmt in der großen Prophetie die Gestalt des Prometheischen an, die Gestalt eines prometheischen Anstürmens gegen das Unausweichliche, die Gestalt eines verzweifelt mahnenden Aufrufes zur unmittelbaren Erkenntnispflicht, also zu jener Pflicht zur Pflicht, die lebenszugekehrt, vernichtungsabgekehrt den Gott und den Titan, trotz deren Feindschaft, zum Wahrheitsdienst vereinigt, dem Menschen aber die Wahrheitspartizipation vermittelt. Das Prometheische und das Messianische sind zu einer einzigen Verheißung zusammengeschweißt (Broch XII: 1979, 166).

Der Vergleich, den Broch zwischen dem Propheten und Prometheus zieht, ist gleichbedeutend mit einem Einspruch gegen den *anthropologischen Pessimismus*: Er zeugt von einem Vertrauen darin, dass der Mensch aus eigener Kraft die Katastrophe abzuwenden weiß. Prophetie, und nicht zuletzt die ins Apokalyptische gesteigerte Prophetie, wird wieder als Mahnung ins Gedächtnis gerufen, als Mahnung an den ethischen Imperativ, der vor allem in den Schriften des *Alten Testaments* enthalten ist. Das Grauen der Apokalyptik soll wieder als solches erscheinen, um auf diese Weise den Menschen wachzurütteln: Broch widerspricht hier ebenso einer lustvollen Katastrophilie wie er einer durch die Literatur vermittelten, paradiesischen oder utopischen – d.h. kompensatorischen – Schau auf die Welt eine Absage erteilt. Der Vergleich mit Prometheus reicht aber noch weiter: Er schließt auch den Gedanken von der Gültigkeit eines Säkularisats der messianischen Hoffnung ein und überlässt ein solches nicht mehr den totalitaristischen Ideologien. Brochs Idee von einem prophetischen "Messianismus" ist also durchaus nicht auf eine Heilserwartung jenseits der Geschichte ausgerichtet.

Die von Broch propagierte Rückbesinnung auf Prophetie und Messianismus – im Zeichen einer denkbaren, zuweilen sogar zwingend erscheinenden Säkularisation – findet sich bei vielen jüdischen oder jüdisch geprägten Denkern des 20. Jahrhunderts, wo sie – unter dem Eindruck faschistischer Gräuel und der diese tragenden Ideologie – zu einem Instrument der Ideologiekritik avanciert. In die Liste der Philosophen, die den messianischen Gedanken aufgegriffen haben, gehören Namen wie Cohen, Benjamin, Bloch und Adorno ebenso wie Lévinas, Derrida, Lyotard oder die Pariser *nouveaux philosophes* Lévy und Glucksmann. Und dennoch propagieren diese Denker – vor allem der jüngeren Generation – nicht unbedingt eine Rückkehr zur Religion; vielmehr wenden sie sich in erster Linie gegen einen von der politischen Ökonomie dienstbar gemachten (positivistischen) Szientismus bzw. Rationalismus, der in der Praxis Totalitarismus und (neo-) liberale Ordnung miteinander versöhnt. Sie formulieren – obzwar gerade die Jüngeren unter ihnen abgrundtiefe Skeptiker sind – im Namen der Menschenrechte eine Absage an den *anthropologischen Pessimismus*, wenn dieser zum Vorwand für ein starres Festhalten am *status quo* oder für ein Wegsehen von menschlichen Gräueltaten genommen wird. Die genannten Denker klagen ein Versprechen der Religion – insbesondere aber der mosaischen – ein, auf dessen Kern eine Bemerkung Herbert Marcuses verweist:

> Wo Religion weiterhin das kompromißlose Streben nach Frieden und Glück bewahrt, haben ihre "Illusionen" noch einen höheren Wahrheitsgehalt als die Wissenschaft, die an der Ausschaltung dieser Ziele arbeitet. Der verdrängte und umgeformte Inhalt der Religion kann nicht dadurch befreit werden, daß man ihn der wissenschaftlichen Haltung ausliefert (Marcuse: 1987, 75).

Der 11. September hat nicht nur *le "concept" du 11 septembre* gezeigt, das die Herausforderung durch einen mit modernen militärischen wie zivilen Technologien ausgetragenen Konflikt zwischen einer archaischen Gläubigkeit und einer globalisierten geopolitischen Ordnung zu fassen sucht. Der 11. September, die Golfkriege sowie die militärischen Auseinandersetzungen im ehemaligen Jugoslawien haben die Geschichte wieder auf die Tagesordnung gesetzt:

> Je n'ai jamais trop cru à cette affaire de Fin de l'Histoire.[...] Et bien, de nouveau, nous y étions. L'Histoire, d'abord, était de retour. Elle se remettait en mouvement (Lévy: 2001, 17).

Die Reaktionen auf den 11. September haben gezeigt, dass ein Untergangspathos nach dem Vorbild Spenglers die Geschichte nicht in einer (tragischen) Finalität zu erschöpfen vermag, was Paul Virilio, einer der Denker vom Ende der Geschichte, zugespitzt hat:

> Précisons-le, la finitude, ce n'est pas la fin du monde, l'Apocalypse – c'est qu'une pomme n'est qu'une pomme, qu'un homme n'est qu'un homme et que la Terre n'est qu'une terre (Virilio: 2004, 69).

Der 11. September hat aber auch eine Renaissance eines neuen, aggressiven Millenarismus gezeigt: das amerikanische Sendungsbewusstsein, das nun mit Waffengewalt die 'Demokratie' in die Welt zu tragen sucht. In Frankreich, jener Nation, die noch zu Beginn des 20. Jahrhunderts ihrerseits von einem millenaristischen Sendungsbewusstsein geprägt war, begegnet man diesem

Kreuzzug mit besonderer Sensibilität (vgl. z.B. Todorov: 2003, 37-53). Gerade Derrida, der zusammen mit Habermas das *concept du 11 septembre* ausgerufen hat, steht für jene Denker in Frankreich, die sich – nicht zuletzt unter Berufung auf deutschsprachige jüdische Philosophen – einer in der jüdischen Tradition gründenden Neubestimmung des Messianismus verschrieben haben, um auf diesem Weg einer missbrauchten Apokalyptik Einhalt zu gebieten, einer Apokalyptik, welche das "tausendjährige Reich" eines Joachim von Fiore auf den Rang eines menschenverachtenden Mythos verwiesen hatte. Diese Neubestimmung des Messianismus will den zu spät kommenden / gekommenen Messias nicht gelten lassen.

1. Die Hoffnung in der Katastrophe

Mit der Apokalypse ist offenkundig auch der Paradiesgedanke in Verruf geraten. So schreibt Broch in seiner *Massenwahntheorie* gegen alle Versuche an, regredierend ein Goldenes Zeitalter zu restituieren: "Es gibt kein Zurück in der Geschichte, es gibt keine konservative Revolution, es gibt kein Zurück zu einem Goldenen Zeitalter" (Broch XII: 1979, 150). Aber Broch erinnert auch daran, dass die Apokalyptik mehr bedeutet als die bloße Katastrophe, die totale Vernichtung, dass in der biblischen (und apokryphen) Apokalyptik immer schon das "Prinzip Hoffnung" eingeschrieben ist, "die messianische Schau eines erringbaren, wiedererringbaren Menschenheils". Jede religiöse Heilserwartung birgt neben der auf ein Jenseits verweisenden Erlösung zugleich ihr Säkularisat in sich, weil das "Menschenheil" nur über das *hic et nunc* des irdischen Daseins gedacht werden kann. Hermann Broch gehört zu jenen politisch denkenden Philosophen, die nach den Erfahrungen mit Faschismus und Stalinismus dieses Säkularisat wieder aus der ideologischen Umarmung durch einen im messianischen oder heilsgeschichtlichen Kleid einherstolzierenden Totalitarismus zu befreien angetreten sind.

Die historische Erfahrung mit menschenverachtenden Regimes hatte die politischen Utopien und überhaupt jede Theorie, die von der Hoffnung auf ein zu erringendes, "wiederzuerringendes" universales "Menschenheil" getragen ist, zu einem verdächtigen Konstrukt geraten lassen. Und doch stehen Paradies und Utopie für die Sehnsucht nach einer besseren Welt, und der Mensch ist nicht bereit, die Hoffnung preiszugeben. Vor allem die oben genannten jüdischen Denker haben seit dem Aufkommen des Faschismus auch über die Erfahrung von Holocaust und Diktatur hinweg das "Prinzip Hoffnung" am Leben erhalten. Ihre Antwort ist eine Rückbesinnung auf die jüdische Tradition und deren Universalisierung im Zeichen eines säkularisierten Messianismus, in dem Sergio Quinzio die eigentliche Wurzel der Moderne ausmacht (Quinzio: 1995, 59f). Wenn Gershom Scholem, auf den sich Quinzio berufen kann, in Zusammenhang mit dem Judentum der Neuzeit von "säkularisiertem Messianismus" spricht, dann weist er auf einen fundamentalen Unterschied zwischen Judentum und Christentum hin:

> Das Judentum hat, in allen seinen Formen und Gestaltungen, stets an einem Begriff von Erlösung festgehalten, der sie als einen Vorgang auffaßte, welcher sich in der Öffentlichkeit vollzieht, auf dem Schauplatz der Geschichte und im Medium der Gemeinschaft, kurz, der sich entscheidend in der Welt des Sichtbaren vollzieht und ohne solche Erscheinung im Sichtbaren nicht gedacht werden kann (Scholem: 1970, 121).

Dieses Verorten der Erlösung auf dem Schauplatz der Geschichte duldet keine "Literatur", keine in einer Vorzeit angesiedelte fiktive prophetische Stimme, die sich als "Literatur" aus der Heilsgeschichte herauslösen ließe, kein Verabsolutieren der apokalyptischen Katastrophe, die im Weltenbrand den Erlösungsgedanken gleich mit vernichtet.

Die gegen eine Vereinnahmung apokalyptisch-eschatologischen Denkens durch den Faschismus stehende Rückbesinnung auf jüdische Messianismus-Konzeptionen reicht bis zu dem Versuch, den historisch-dialektischen Materialismus mit der jüdischen Tradition zu verbinden, wie etwa in der Thesenschrift *Über den Begriff der Geschichte* von Walter Benjamin. In dieser Tradition sind, wie Michel Löwy im Anschluss an Scholem hervorhebt, zwei Pole auszumachen, zwischen denen sich die theologischen und die historischen Bewertungen des Messianismus bewegen: der *courant restaurateur*, der den Blick zurück auf ein verlorenes Paradies lenkt, das es wieder herzustellen gilt, und ein *courant utopique*, der von einer radikalen Erneuerung ausgeht:

> Le messianisme juif contient deux tendances à la fois intimement liées et contradictoires: un courant restaurateur tourné vers le rétablissement d'un idéal du passé, un âge d'or perdu, une harmonie édénique brisée, et un courant utopique, aspirant à un avenir radicalement nouveau, à un état de choses qui n'a jamais existé (Löwy: 1988, 24; vgl. Kuhnle: 1998)

Aus heuristischen Gründen sei an dieser Stelle die Dialektik außer Acht gelassen, die beide Tendenzen vor der Folie jüdischer Tradition miteinander verbindet. Auch gilt in diesem Kontext das Interesse allein dem *courant utopique*, der mit der fortschreitenden Säkularisierung des Messianismus im Zeichen des Rationalismus entsteht und sich, folgt man Scholem, als Ausweg aus den Aporien der durch die Historie in Misskredit geratenen Begriffe "Fortschritt" und "Eschatologie" bzw. "Apokalyptik" anbietet:

> Der Messianismus geht die Verbindung mit der Idee des ewigen Fortschritts und der unendlichen Aufgabe einer sich vollendenden Menschheit ein (Scholem: 1970, 153).

In diesem Satz steckt auch die Antwort auf eine im Historismus versandete Geschichtsphilosophie, eine Antwort, welche die Kategorie Fortschritt im Sinne des aufklärerischen Postulats von der *perfectibilité* in seiner umfassendsten Bedeutung, nämlich als eine zugleich historische und anthropologische Kategorie, wieder ins Recht setzen will. Worin allerdings die unvermindert bestehenden Unterschiede zwischen einem jüdisch-messianischen Fortschrittsbegriff und dem aufklärerischen *progrès* besteht, wird im Folgenden noch zu zeigen sein. Vom Standpunkt Sholems aus ist auch S. Quinzios These, die eigentliche Wurzel der Moderne sei der säkularisierte Messianismus, zu verstehen: die Rettung der Aufklärung über den Umweg ihrer langen theologischen Vorgeschichte![175] Doch auch die Eschatologie als solche wird durch diesen Ansatz in Frage gestellt, so im Werk des jüdischen Neukantianers Hermann Cohen, das Denker wie Scholem oder Benjamin entscheidend geprägt hat.[176] Insbesondere in seiner Schrift *Religion der Vernunft aus den Quellen des Judentums* wandte sich Cohen dezidiert vom eschatologischen Denken ab und näherte den messianischen Gedanken in einer Kompromisslosigkeit dem Vernunftideal an, dass Scholem über ihn schreiben sollte: "ein echter und ungehemmter Utopist, der das Restaurative völlig liquidieren möchte" (Scholem: 1970, 154). Als das Restaurative kann all das gelten, was an der Eschatologie regressive Erwartungen weckt, was die nostalgische Rückbesinnung auf mythische bzw. quasimythische Unmittelbarkeit propagiert. Cohens Kritik an der Eschatologie geht in eins mit seiner Kritik am mythischen Denken: "Der Mythos feiert die Macht, wie an den Göttern, so auch an Heroen" (Cohen: 1988, 288). Der My-

---

175 Quinzio zeigt auf, wie im Mittelalter das Christentum sein Denken von den apokalyptischen bzw. messianischen Perspektiven des Judentums abzusetzen und diese durch eine providentielle Ökonomie des Heils zu ersetzen suchte – in diesem Zusammenhang präzisiert er auch den Begriff der "Säkularisierung", den er (anders als Blumenberg: 1996, 11ff u. 114ff) nicht primär als eine Strategie der Legitimierung begreift: "Nach langen Jahrhunderten dessen, was der katholische Historiker Jean Dulmeau als heidnisch-christlichen Synkretismus des Mittelalters interpretiert hat, erweist sich die moderne Welt als Säkularisierung des jüdischen Messianismus, das heißt eines Messianismus, der die sichtbare und greifbare Erlösung der Situation des Menschen anstrebt (von Säkularisierung spreche ich in dem Sinn, dass der Bezug zum Erlösungswerk Gottes aufgegeben wird, selbstverständlich nicht im Sinne eines 'materiellen' statt 'spirituellen' Messianismus)" (Quinzio: 1995, 62). Quinzio – nunmehr aus der Perspektive einer vergleichenden Theologie gesehen – hat auf die beiden Tendenzen des jüdischen Messianismus aufmerksam gemacht: "Tatsächlich setzte seit apostolischer Zeit jener Prozess des Abrückens von der messianischen und apokalyptischen Perspektive und folglich den biblischen Kategorien ein, der im Lauf der Jahrhunderte sich dann fortsetzen sollte: trotz grundlegender Unterschiede ein Prozeß, der parallel und entsprechend zu dem verlief, welcher sich innerhalb des Judentums vollzog" (Quinzio: 1995, 59). Zur Aktualität der Diskussion um die Säkularisierung in Frankreich vgl. die vor kurzem erschienene Studie von J.-C. Monod: *La Querelle de la sécularisation de Hegel à Blumenberg* (Monod: 2002 – s.o.)

176 Eine wissenschaftliche Pionierleistung hat unlängst Pierre Bouretz mit seinem Buch *Témoins du futur* (Bouretz: 2003) vollbracht, in dem er den Messianismus als eine Konstante jüdischen oder jüdisch geprägten Philosophierens untersucht. Seine materialreiche Studie beginnt mit Hermann Cohen. In einzelnen Kapiteln zu Franz Rosenzweig, Walter Benjamin, Gershom Sholem, Martin Buber, Ernst Bloch, Leo Strauss und Hans Jonas schlägt er einen weiten Bogen. Seine Studie endet mit einem Kapitel zu Emmanuel Lévinas, demjenigen Philosophen, der entscheidend das jüdische Geistesleben in Frankreich geprägt und insbesondere die französische Existenzphilosophie um einen messianischen Aspekt bereichert hat, den auch Sartre in seinen letzten Lebensjahren als wichtigen Beitrag zum modernen politischen Denken begreifen sollte (vgl. Kuhnle: 1998).

thos ist demzufolge Ausdruck einer Religion, die der "Machtanbetung" huldigt; der Mythos decouvriert sich in der analytischen Rückschau als "Terror" (vgl. Blumenberg: 1971). Greift man diesen Gedanken auf und bezieht ihn auf die Geschichte – was Cohen an anderer Stelle tut –, dann wird der Mythos zum Ausdruck eines Geschichtsverständnisses, das sich den Hegelschen "Husaren mit blanken Säbeln" unterwirft, welche die "ernsthafte Wiederholung" in der Geschichte garantieren (Hegel VII: 1989, 494). Hegels Diktum veranschaulicht in aller nur wünschenswerten Deutlichkeit den repressiven Zug einer die historischen Abläufe auf bestimmte Kraftlinien reduzierenden Geschichtstypologie. Eine solche Herrschaft "mit blanken Säbeln" findet ihren ideologischen Sukkurs in der Eschatologie, vor allem aber in einer Eschatologie, die in apokalyptische Visionen umschlägt oder umzuschlagen droht.

Ein Aufgehen der Eschatologie im Mythischen erfolgt auf dem Weg eines religionsgeschichtlichen Synkretismus: Die Eschatologie wird gleichrangig mit verschiedenen Mythen behandelt, womit sie den Stellenwert einbüßt, den sie in den monotheistischen Offenbarungsreligionen – sei es nun als prophetische oder als apokalyptische Eschatologie – einnimmt. Cohen unterscheidet daher den Messianismus strikt von der Eschatologie, in der er jede Spur von Hoffnung getilgt sieht. Während die Eschatologie die Restituierung eines verlorenen Paradieses propagiere, mithin also rückwärts gerichtet sei – *courant restaurateur* (Löwy) bzw. "konservative Revolution" (Broch) –, trage der Messianismus einzig die Dimension Zukunft in sich:

> Der Messianismus allein behauptet die Entwicklung des Menschengeschlechts, während das goldene Zeitalter Abwärtsentwicklung ist. Daher ist die übliche Bezeichnung des messianischen Zeitalters, als das goldene, ein grober Irrtum, der den Gedanken geradezu umkehrt. Vergangenheit und Gegenwart verschwinden im Messianismus vor der Zukunft, welche allein das Zeitbewußtsein erfüllt (Cohen: 1988, 337).

Mit dieser Messianismus-Konzeption wurde von Cohen und seinen Anhängern allerdings ein ganzer Zweig der jüdischen Tradition über Bord geworfen, sind doch die prophetische und die apokalyptische Eschatologie fester Bestandteil jüdischen Schrifttums; und gerade die jüdische Apokalyptik (*Jesaja, Daniel, Henoch, Baruch*) hätte sich doch als ein mögliches Identifikationsmoment zur Abgrenzung vom Christentum eignen müssen. Denn die Kirche als Institution (wie es sie das Judentum nicht kennt) fand sich nur unter Zögern dazu bereit, die Apokalypse als solche (*Johannesoffenbarung*) in ihr Bekenntnis aufzunehmen; stattdessen nahm sie die Apokalyptik in die Passionsgeschichte Christi auf.

Die theologischen Begründungen und Einwände für die bei Cohen erfolgte Bewertung der Eschatologie seien hier an die Fachwissenschaft überantwortet. Fest steht dagegen, dass die Berufung auf einen von vom Denken in eschatologischen Kategorien gelösten Messianismus Cohens eine eigene, vor allem außerhalb der Theologie wirkende Tradition begründet hat, deren Virulenz historisch aus dem Missbrauch der Apokalyptik entstanden ist, ein Missbrauch, der zwar in einem allmählich sich im Beliebigen verlierenden literarischen Gebrauch apokalyptischer Topoi seinen Ausgang genommen hatte, der aber vor allem als ideologisches Instrument zur Rechtfertigung der Extermination von Juden und anderen Volksgruppen zur Perversion gesteigert werden sollte. Es erhoben sich jedoch im Kreis der vom jüdischen Denken geprägten Philosophen auch Stimmen, die gerade die Apokalyptik als eine urjüdische Denkfigur wieder ins Recht setzen wollten, so etwa Ernst Bloch mit seinem frühen Werk *Der Geist der Utopie*.

In seiner Schrift *Atheismus im Christentum* hält Bloch Cohen vor, dass dieser mit seiner "Entmythologisierung" zu weit gegangen sei, und "daß eben solche, nun erst ganz total gemeinte Mythosfeindschaft aus dem Messianischen sowohl jede Person eines Messias wie jedes *Totalfuturum* der Apokalyptik" (Bloch: 1968, 86) hinauswerfe. Blochs Bemerkung verdient im Kontext der vorliegenden Studie insofern Beachtung, als sie an seine in *Der Geist der Utopie (Erste Fassung)* formulierte Ehrenrettung der Apokalyptik anknüpft. Dort hat er unter Betonung des destruktiven Moments der Apokalypse diese zum "Apriori aller Politik und Zivilisation" erklärt (Bloch XVI: 1985, 432). Es würde an dieser Stelle zu weit führen, diesen Einwand auf seine theologische Stichhaltigkeit hin zu diskutieren. Vage bleibt allerdings, was Bloch schließlich unter dem verloren geglaubten "*Totalfuturum* der Apokalyptik" versteht, wenn demgegenüber es bei Cohen heißt: "Vergangenheit und Gegenwart verschwinden im Messianismus vor der Zukunft, welche allein das Zeitbewußtsein erfüllt". Oder beklagt Bloch gar das Verschwinden des mythisch-'heimatlich'-regressiven Moments der Apokalyptik? Es bleibt jedenfalls festzuhalten, dass die radikale Entmythologisierung des Messianismus unter Ausschluss von Eschatologie und Apokalyptik durch Cohen seinen Nachfolgern den Boden dafür bereitet hat, aus der Erinnerung an den jüdischen Messianismus heraus einen ideologiekritischen Einspruch gegen die Vereinnahmung und Instrumentalisierung eschatologischer und insbesondere apokalyptischer Diskurse durch den Faschismus zu formulieren und nach der Desavouierung der politischen Utopie durch die totalitaristischen Systeme das "Prinzip Hoffnung" auch in der intramundanen Praxis aufrecht zu erhalten (vgl. Kluback: 1988, 212). Das mit der Konzeption Cohens verbundene Hinausdrängen des Messias als Person aus dem Messianischen dient, so fragwürdig dies theologisch auch sein mag, dazu – angesichts der historischen Erfahrung mit falschen Messiasgestalten, in deren Kleid die faschistischen Führer einherstolziert sind – die Grundidee des jüdischen Messianismus wieder in ihr Recht zu setzen und die Stimme gegen die Ungeduld zu erheben, eine mahnende Stimme, die davor warnt, sich vorschnell in die Arme eines falschen Messias zu werfen. Nun geht Maurice Blanchot mit Sicherheit übers Ziel hinaus, wenn er diese Ungeduld – wenn auch mit Einschränkungen – dem Christentum anlastet, seine warnende Stimme verliert deshalb noch lange nicht ihre Gültigkeit:

> Pourquoi le christianisme a-t-il eu besoin d'un Messie qui soit Dieu? Il ne suffit pas de dire: par impatience. Mais que nous divinisions les personnages historiques, c'est bien par un subterfuge impatient. Et pourquoi l'idée du Messie? pourquoi la nécessité de l'achèvement dans la justice? Pourquoi ne supportons-nous pas, ne désirons-nous pas ce qui est sans fin? L'espérance messianique – espérance qui est aussi bien effroi – s'impose, lorsque l'histoire n'apparaît politiquement que comme un tohu-bohu arbitraire, un processus privé de sens. Mais si la raison politique devient à son tour messianique, cette confusion qui retire son sérieux à la recherche d'une histoire raisonnable (compréhensible) comme à l'exigence d'un messianisme (accomplissement de la moralité), témoigne seulement d'un temps si angoissant, si dangereux, que tout recours paraît justifié: peut-on prendre du recul quand a lieu Auschwitz? Comment dire: Auschwitz a eu lieu? (Blanchot: 1980, 216)

Blanchot weist auf einen wichtigen Punkt hin: Die messianische Hoffnung steigt insbesondere in Zeiten der Krise auf – "lorsque l'histoire n'apparaît politiquement que comme un tohu-bohu" –, womit sie ein direktes Korrelat zu der angstbesetzten Steigerung der Eschatologie zur Apokalyptik bildet. Mit anderen Worten: Die messianische Hoffnung droht ihrerseits durch eine angstgetriebene Ungeduld ihren ethischen Impetus zu verlieren und in ein bloß regressives Moment umzuschlagen; der Messianismus als solcher geht dann in einer rein auf die intramundane Katastrophe ausgerichteten Apokalyptik auf, die wiederum die ursprünglich in ihr enthaltene "messianische Schau eines erringbaren, eines wiedererringbaren Menschenheils" an sich selbst negiert. Die Warnung Blanchots vor der Ungeduld ist zugleich die Warnung vor dem falschen Messias (dem Antichrist). Dieser Gefahr war allerdings die messianische Idee des Judentums schon in ihren Anfängen ausgesetzt:

> Ist der Messias schon gekommen, gibt es falsche Apostel, falsche Evangelisten, falsche Päpste, nur keine falschen Messiasse. Ist der Messias noch zu erwarten, droht in jedem Jahrhundert ein falscher. Und nicht immer findet sich schnell genug eine Autorität, die ihm widerspricht (Blumenberg: 1988, 270).

2. Der Messias kommt auf leisen Sohlen

Jakob Taubes meldet Bedenken an gegen die von Scholem vorgenommene Bestimmung des Messianismus als die Idee von einer Erlösung, die "auf dem Schauplatz der Geschichte und im Medium der Gemeinschaft" erfolgen werde, und hält ihm vor, er habe – religionsgeschichtlich gegen den Strich – die chassidistische Tradition mit ihrem mystischen, nach innen gerichteten Messianismus als unvereinbar mit dem Erlösungsgedanken ausgeklammert:

> Scholem bestreitet, daß die messianische Hoffnung sich den Bereich der Innerlichkeit erobern konnte, während doch, historisch gesehen, die absurden und katastrophischen Auswirkungen nur über den Umweg der Innerlichkeit vermieden

werden konnten. Könnte nicht der Chassidismus als lebensfähige mythische Antwort verstanden werden, mit deren Hilfe die lurianische Kabbala die verhängnisvollen apokalyptischen Folgen überwinden konnte, die in der sabbatinischen Komödie der Gemeinde des abtrünnigen Messias, besonders in der unseligen Version der Gemeinde des Jacob Frank, von der im achtzehnten Jahrhundert die osteuropäische Judenheit ergriffen wurde, manifest geworden wäre? Scholem weigert sich, die Verinnerlichung als legitime Konsequenz in der Karriere der messianischen Idee selbst zu sehen (Taubes: 1996a, 48).

Es ist hier nicht der Ort, die religionsgeschichtliche bzw. theologische Diskussion aufzurollen, doch auch unter dem Aspekt, der die vorliegenden Ausführungen zur Renaissance der messianischen Idee leitet, ist der Einwand von Taubes nicht ohne Bedeutung: Scholem, der Cohen in seinem "ungehemmten Utopismus" folgt, kommt seinerseits nicht ohne die Hyperbel vom "apokalyptischen Feuer" aus, ohne das der Messianismus seine historische Kraft verlöre (Taubes: 1996a, 48). Taubes' Einwand zielt darauf ab, dass eben dieses auf die Kollektivität zielende apokalyptische Moment sich gegen den Erlösungsgedanken richten könnte. Auf dem Hintergrund dieser religionsgeschichtlich-theologischen Bewertung ist auch Benjamins sich auf die chassidistische Tradition berufende Charakterisierung des messianischen Gedankens zu sehen:

> Es gibt bei den Chassidim einen Spruch von der kommenden Welt, der besagt: es wird dort alles eingerichtet sein wie bei uns. Wie unsere Stube jetzt ist, so wird sie auch in der kommenden Welt sein [...] Alles wird sein wie hier – nur ein klein wenig anders (Benjamin IV.1: 1991, 419f).

Benjamin benutzt hier in geradezu genialer Weise ein Bild aus der Tradition, welches dem wahren Neuen, dem messianischen Neuen, seinen Schrecken raubt und doch das Unsagbare, das sich menschlicher Vorstellung Entziehende eben dieses Neuen zum Ausdruck bringt. Das Kleine, Unscheinbare gesellt sich zum Prozess der Geschichte und meldet seinen Anspruch in ihm an, um ihn sich in letzter Konsequenz zu unterwerfen – NB: Benjamin hat eine ausgesprochene Vorliebe für Worte, die auf das Kleine, Unbedeutende, aber nichtsdestoweniger Wirksame verweisen: "Spalt", "Funke", "Winziges" usw. Die bekannteste Veranschaulichung dieser Messianismuskonzeption dürfte wohl Benjamins dem Volkslied vom "bucklicht Männlein" entliehene Parabel sein:

> Dies Männlein ist der Insasse des entstellten Lebens; es wird verschwinden, wenn der Messias kommt, von dem ein großer Rabbi gesagt hat, daß er nicht mit Gewalt die Welt verändern wolle, sondern nur um ein Geringes sie zurechtstellen werde (Benjamin II.2.: 1991, 432; vgl. Blumenberg: 1991, 274-277).

Benjamins Messias stielt sich auf leisen Sohlen in die Geschichte; sein Gegenentwurf ist ebenso radikal wie sanft. Radikal ist er in seiner Bescheidenheit, weil er unendlich mehr fordert als der Konservative, der nur "kleine" Korrekturen des Bestehenden zulässt: Der sanfte Messias sieht das Kleine, das an sich Fremde, um von dieser Warte aus das 'Ganze' zu korrigieren. Benjamins Messias ist *der* Gegenentwurf zum real (geschichtlich) Gegebenen, der sich immer

– und sei es in einer von Krisen, Katastrophen und barbarischen Exzessen beherrschten Welt – auf das Vertraute stützt. Scharf wird bei Benjamin der Rekurs auf die messianische Idee hingegen als kritisches Instrument gegen jene Ideologien, die das irdische Dasein in eine Hölle verwandeln; sein Messias ist derjenige, der aufrichtet und zurechtrückt; sein Messianismus ist ein dezidiert anti-millenaristisches Konzept, das sich jeder pathetischen Rhetorik der Zäsur verweigert, auch einer dezidiert antifaschistischen wie der eines Ernst Bloch.[177]

Benjamins Arbeiten belegen: Die von Cohen im Anschluss an ein kompromissloses Entmythologisieren aller der Offenbarung fremden Elemente der jüdischen Religion angeregte strikte begriffliche Unterscheidung zwischen Eschatologie und Messianismus erweist sich als wirkungsvolles Instrument zur kritischen Analyse ideologisch motivierter Reden mit apokalyptischen Szenarien. Auf dem Hintergrund der Säkularisierung eschatologischer Begrifflichkeit kommt es in Bezug auf den jüdischen Messianismus zu einer Umkehr: Dieser erscheint jetzt als eine Antwort auf das mythische Potential der Eschatologie; noch in seiner säkularisierten Form bleibt er auf ein – wenn auch unbestimmtes, unbekanntes – Zukünftiges ausgerichtet, dem die Hoffnung entwächst. Von den eschatologischen Vorstellungen dagegen wirken hauptsächlich apokalyptische Visionen – zumeist als Ausdruck von Geschichtspessimismus – in der Säkularisierung fort. Mit apokalyptischem Pathos vorgetragene Katastrophenszenarien bieten allenfalls einen schalen Trost, nämlich, wie Blumenberg zugespitzt formuliert, den Trost, nicht von den anderen überlebt zu werden. Die (säkulare) Apokalypse verpflichtet die Eschatologie – im etymologischen Sinn des Wortes – auf das Ende. In der Fixierung auf das Ende wird aller Sinn aus der Endlichkeit selbst geschöpft; das Individuum steht *vis-à-vis de rien*. Hierin rücken die pathetischen Reden der deutschen Existenzphilosophie vom "Sein zum Tode" bei Heidegger und von der "Grenzsi-

---

177 Der "Messias auf leisen Sohlen" verführt dazu – mit Jürgen Habermas – dem Denken Benjamins ein konservatives Moment zu unterlegen (vgl. Habermas: 1972). Der Benjaminsche Messianismus des "Aufrichtens" und "Zurechtrückens" hat jedoch nichts mit einer schalen Reformpolitik gemein. In ihrer äußerst lesenswerten Benjamin-Studie konfrontiert F. Proust die Parabel vom "bucklicht Männlein" mit einem Reformismus, der auf das Bedürfnis des ängstlichen Bürgers nach Sicherheit und Stabilität mit einem auf bloße Unlustvermeidung reduzierten "Glückszustand" antwortet, und der millenaristischen Apokalyptik Blochs: "Le Messie n'est donc pas l'opposé du Petit Bossu, il n'est ni son alternative ni sa solution, mais son 'redressement', sa remise en position 'droite' ou 'à l'endroit'. On ne confondra pas bien sûr, au prétexte que la remise à l'endroit n'exige qu'une pichenette ou une chiquenaude, redressement et réforme. Car le redressement est *messianique*: il soulève et porte avec lui l'espoir fou de justice et de bonheur auquel la réforme à précisément renoncé. Mais, inversement, une eschatologie politique, qu'elle soit utopique à la manière du millénarisme apocalyptique de Bloch ou révolutionnaire, n'est pas pour autant messianique. Il n'y a en effet pas plus d'époque que de communauté messianique, qu'elles soient posées à l'origine, à la fin ou même au milieu du temps. Il n'y a pas d'*état* messianique donné ou promis, il n'y a pas d'histoire messianique; au contraire, seul ce qui coupe suspend ou interrompt l'histoire présente quelque chance messianique [...]" (Proust: 1999, 177f).

tuation" bei Jaspers, die sich als Konstituenten einer "existenziellen Apokalyptik" erwiesen haben, (oft ungewollt) in die Nähe der apokalyptischen Szenarien faschistischer Provenienz. Und doch bleibt bei all diesen Überlegungen die Frage offen, ob sich der von Cohen angekündigte Triumph nicht ebenso ins Spektakuläre, ins Pathos, wenden kann wie der (pseudo-) apokalyptische Jargon der Katastrophe. Der messianische Minimalismus eines Benjamin hingegen, der die chassidistische Messiaskonzeption in sich aufnimmt, bewahrt den Messianismus vor dem 'Rückfall' in die Apokalyptik; er kommt zwar auf leisen Sohlen daher, und doch sucht er – jenseits allen Pathos – in die Gewalt sich einzuschreiben, die Geschichte heißt; und er drängt, ungeachtet seiner Herkunft, aus der mystischen Versenkung ins Politische; er ist – durch die Brutalität der Geschichte – dem Schoß der Theologie entrissen. Und Benjamins Messianismuskonzeption, der die 'rationalistische' Sicht Cohens mit mystischen Traditionen des Judentums vereint, bildet den Grund seiner Argumentation, wenn es nunmehr darum geht, Begriffe der Theologie sowie das fortschrittliche Denken gegen die Vereinnahmung durch den Faschismus abzuschotten. In diesem Sinne können insbesondere seine Thesen *Über den Begriff der Geschichte* als eine Fortführung des in der Vorrede zu seinem Aufsatz *Das Kunstwerk im Zeitalter seiner technischen Reproduzierbarkeit* angekündigten begriffskritischen bzw. -prägenden Unternehmens gesehen werden:

> Die im folgenden neu in die Kunsttheorie eingeführten Begriffe unterscheiden sich von geläufigeren dadurch, daß sie für die Zwecke des Faschismus vollkommen unbrauchbar sind. Dagegen sind sie zur Formulierung revolutionärer Forderungen in der Kunsttheorie brauchbar (Benjamin I.2: 1991, 473).

So ist nicht zuletzt das 'Gesamtkunstwerk' über die faschistische Kulturpolitik und Propaganda von einer ästhetischen zu einer politischen Kategorie, das klassizistische Ideal der Kalokagathie über den rassistischen Kult der arischen 'Gestalt' in ihrer Reinheit zum glatt polierten Monumentalismus Brekerscher Plastik depraviert; und zur apokalyptischen Pathosformel geronnen, gehört die millenaristische Rhetorik nicht minder zu dieser von Benjamin entlarvten Strategie des Faschismus, die Politik zu ästhetisieren. Obzwar sein Kunstwerk-Aufsatz die Apokalyptik nicht eigens thematisiert, ist in diesem durchaus die Kritik an der zum Propaganda-Kitsch mutierten und damit *missbrauchten* Apokalyptik mit enthalten: Benjamin zitiert das Credo Marinettis – *pereat mundus fiat ars* – und interpretiert das Bekenntnis des Futurismus zum Faschismus als ästhetisches Konstrukt. Wenn Benjamin in der Vorrede zu seinem Aufsatz eine neue kunsttheoretische Begrifflichkeit fordert, die für die Zwecke des Faschismus völlig unbrauchbar zu sein habe, so gilt dieser Schutz vor Vereinnahmung noch mehr für die theologische Begrifflichkeit – und damit einer *politischen Theologie*.

Die Quintessenz der Thesen *Über den Begriff der Geschichte* ist indes eine Konzeption des Messianismus, die als *die* Antwort Benjamins auf den Faschismus zu verstehen ist, wobei er sich hauptsächlich zwei Gedanken aus

Cohens *Religion der Vernunft* zu eigen macht: die Ablehnung eines auf Machtanbetung beruhenden repressiven Geschichtsmythos – hier: die "Geschichte der Sieger" – und die Vorstellung vom messianischen Zeitalter als einer nur noch offen gedachten Zukunft. Die Geschichtsbetrachtung habe sich, so Benjamin, nun der Geschichte der Besiegten zuzuwenden, der Ohnmächtigen, die es aus ihrer Ohnmacht zu befreien gelte, indem der jeweilige Augenblick durch eine subjektive Öffnung hin zur Geschichte in einen wahrhaften "Ausnahmezustand" – ein Begriff den Benjamin in freier Anlehnung an Carl Schmitts Lehre von der Souveränität gebraucht – zu überführen sei, einen Ausnahmezustand, an dem das messianische Moment aufscheine:

> Die Tradition der Unterdrückten belehrt uns darüber, daß der "Ausnahmezustand", in dem wir leben die Regel ist. Wir müssen zu einem Begriff der Geschichte kommen, der dem entspricht. Dann wird uns als unsere Aufgabe die Herbeiführung des wirklichen Ausnahmezustands vor Augen stehen; und dadurch wird unsere Position im Kampf gegen den Faschismus sich verbessern (Benjamin I.2: 1991, 697).

Die Hinwendung an den Augenblick und das Überwinden der Ohnmacht sind von jedem Einzelnen zu bewältigende Aufgaben: "In jeder Epoche muß versucht werden, die Überlieferung von neuem dem Konformismus abzugewinnen, der im Begriff steht, sie zu überwältigen" (Benjamin I.2: 1991, 695). Der – materialistische! – Historiker hat mit Hilfe der Dialektik die Fesseln des Konformismus abzustreifen und das im vergangenen Augenblick enthaltene Moment Zukunft, das immer schon einen Index auf den messianischen Zustand in sich trägt, aufzuspüren. Nur auf diese Weise kann der materialistische Historiker seiner Verantwortung gerecht werden und von einer "Geschichte der Sieger" zu einer "Geschichte der Unterdrückten" gelangen. Was Benjamin fordert, ist die Revision des bürgerlichen Traditionsbegriffs, der im Historismus seinen Kulminationspunkt erfahren hat. So fasst Stéphane Mosès zusammen:

> Der Historiker, der diesen oder jenen Moment der Vergangenheit vor dem Konformismus, in dem er aufzugehen droht, rettet, um ihm im Lichte seiner eigenen Gegenwart eine neue Bedeutung zu verleihen, handelt so, weil er sich für die Vergangenheit *verantwortlich* fühlt. Die Vergangenheit wird uns vermittelt durch eine hermeneutische Tradition, die ein Ereignis auswählt, die einen bewahrt, die anderen verwirft, und bisweilen über ihre Interpretation entscheidet. Das durch diese Tradition konstruierte Bild der Vergangenheit nennt Benjamin "die Geschichte der Sieger" (Mosès: 1994, 139).

3. Digression: Tradition und Latenz

In *Der Mann Moses und die monotheistische Religion* unterzieht Freud den Traditionsbegriff einer grundlegenden Revision. Er geht dabei von dem paradoxen Umstand aus, dass nach der anfänglichen Abwendung von der Mosesreligion sich doch der jüdische Monotheismus herausbilden konnte. Freud nimmt an, dass sich die mosaische Tradition als "mündliche Überlieferung" wahrscheinlich über erste Versuche einer von Ägypten inspirierten Geschichtsschreibung hinweg sowohl als Widerspruch als auch als Ergänzung zu dieser habe erhalten können, um letztendlich als das wahrhaftigere Moment über die schriftliche Fixierung zu triumphieren (Freud XVI: 1999, 172f). Das Wirken dieser Tradition erklärt Freud mit einem Vergleich aus der Individualpsychologie: Auf einen Schock komme es erst nach Wochen zu der Symptombildung der "traumatischen Neurose", die sich ungeachtet der zeitlichen Distanz direkt auf die erfahrenen Erschütterungen beziehe. Hier macht Freud einen Punkt der Übereinstimmung zwischen einer traumatischen Neurose und dem jüdischen Monotheismus aus: "Nämlich in dem Charakter, den man *Latenz* heißen könnte" (Freud XVI: 1999, 171). Aus dieser als Latenz gefassten Tradition heraus versucht Freud auch Epochen besonderer literarischer Blüte zu erklären: Das Epos eines Homer oder die attischen Dramatiker hätten aus dem reichen Sagenmaterial geschöpft, das ihnen über die mündliche Tradition aus verschütteten Zeiten der Hochkultur überliefert worden sei, das also latent fortgewirkt habe. Dieses Material habe sich in Gestalt eines Widerspruchs zur Geschichtsschreibung in den Werken der Dichtung niedergeschlagen. Indes schließt Freud nicht aus, dass Tradition durch die Niederschrift eine erschöpfende Fixierung erfahren und damit ihre Wirkungsmacht einbüßen könnte. Die Klage Alexanders etwa, es finde sich kein Homer, um seine Heldentaten in Epen zu fassen, sei darauf zurückzuführen, dass nunmehr der Geschichtsschreibung keine wirkungsmächtige Tradition entgegengestanden habe, dass das epische Heldentum sich aus einer inzwischen abgegoltenen Latenz nähre (Freud XVI: 1999, 175f). Der Begriff "Latenz" nimmt auch im Denken Ernst Blochs einen wichtigen Stellenwert ein. Am deutlichsten wird dies, wenn Bloch die agnostizistische Archetypenlehre C.G. Jungs kritisiert und ihr eine andere Besetzung des Begriffs entgegenhält. Echte Archetypen seien nicht als in ihrer Bedeutung an den Ort ihres erstmaligen Auftretens fixierte, sondern als "fortbedeutende" zu fassen, "deren Wiederkehr sich besonders genau aus ihrer *Unabgegoltenheit* herleitet, aus ihrer Zukunft in der Vergangenheit und gerade nicht aus einer scheinbar ahistorischen Stabilität" (Bloch XV: 1985, 159). Für Bloch verweist der Jungsche Archetypus lediglich in den Bereich des "ausschließlich nach unten Verdrängten, unterbewußt Findbaren", das sich weithin ins Bekannte auflösen lasse und daher nur von einer "langweiligen", die

Nachtträume beherrschenden Latenz sei. Dem hält Bloch die das "Erhofft-Erahnte", die Tagesphantasien erzeugende und über utopisches Potential verfügende "unerschöpfliche Latenz" entgegen (Bloch V: 1985, 181f). Entsprechend fällt auch sein Verdikt gegen eine Lebensphilosophie aus, die das Mögliche einzig auf das Vergangene verpflichtet:

> Es gibt kein Mögliches bei Bergson, es ist reine Projektion, die von dem neu Entstehenden in die Vergangenheit hinein entworfen wird. Im Möglichen wird nach Bergson das soeben entspringende Novum nur als 'möglich gewesen seiend' gedacht [...]" (Bloch V: 1985, 232).

Blochs auf den Freudschen Latenz-Gedanken bezogenes Traditionskonzept ist zugleich eine deutliche Absage an einen sich in Typologie erschöpfenden Historismus, an dem auch Marquart eine Parallele zur Tiefenpsychologie C.G. Jungs ausmacht (Marquart: 1992, 112).

Die von Freud über die Verbindung von Tradition und Latenz vorbereitete Revision des Traditionsbegriffs hat – wie im Denken Blochs deutlich wird – dazu angeregt, in der Tradition nun nicht mehr – wie dies etwa avantgardistische Programme nahe gelegt haben – das Abgegoltene, durch das Neue zu Ersetzende zu sehen, sondern einen aus der Vergangenheit in die Gegenwart hineinragenden Imperativ. Das Neue im Sinne von Innovation spielt aus dieser Sicht nur eine untergeordnete Rolle, weil es sich im Ephemeren verliert. Vor diesem Hintergrund ist auch Adornos dialektische Besetzung des Traditionsbegriffs im Zeichen seiner Kritik am zweckrationalen Denken zu sehen. Für Adorno steht Tradition im Widerspruch zur Rationalität, "obwohl diese in jener sich bildete". Die bürgerliche Gesellschaft, in der einzig das Prinzip des Tausches von Äquivalenten dominiert, macht Adorno für den Traditionsverlust verantwortlich: "Mit bürgerlicher Gesellschaft ist Tradition strengen Sinnes unvereinbar" (Adorno X.1: 1997, 310). Mit den modernen Produktionsverfahren sind die handwerklichen Produktionsweisen, deren Praxis traditionsbildend war (was auch für die ästhetische Tradition gilt), in Vergessenheit geraten. Mit dem Verlust traditioneller Elemente geht auch das Bewusstsein von der zeitlichen Kontinuität und damit von der Geschichtlichkeit verloren (vgl. Adorno X.1: 1997 311). Die bürgerliche Gesellschaft versucht, die verlorene Tradition 'ästhetisch' zu surrogieren. Dies manifestiert sich ideologisch dort, wo mit dem Hinweis auf Werte nach Legitimation gerufen wird. Es ist eine Strategie der Legitimierung, die Adorno in ihrer Widersprüchlichkeit entlarvt: Während die Vernunft in einer von Zweckrationalität bestimmten Welt den Menschen unterjocht und insofern ins Irrationale umschlägt, als der Mensch sich mit seiner Vernunft nicht mehr gegen diesen Prozess zu stemmen vermag, muss das Bestehende "Sukkurs suchen bei eben dem Irrationalen, das es ausrottet, bei der Tradition, die doch, ein Unwillkürliches, dem Zugriff sich entzieht, falsch wird durch Appell" (Adorno X.1: 1997, 317). Sowohl der Ruf nach einer Tradition der Werte als auch der hier vorgestellte revidierte Traditionsbegriff antworten auf die Grundsituation der Moderne, die mit Jürgen Habermas resümiert sei:

> Die Moderne kann ihre orientierenden Maßstäbe nicht mehr den Vorbildern anderer Epochen entlehnen. Die Moderne sieht sich ausschließlich auf sich gestellt – sie muß ihre Normativität aus sich selber schöpfen. Die authentische Gegenwart ist von nun an der Ort, wo sich Traditionsfortsetzung und Innovation verschränken (Habermas: 1985, 141).

4. Die messianische Rettung der Kategorie "Fortschritt"?

Der Exkurs "Tradition und Latenz" sollte zeigen, wie Benjamins Auftrag an den Historiker und die darin enthaltene Kritik am Traditionsbegriff innerhalb eines weiteren Kontextes zu situieren ist. Für Benjamin gilt im Besonderen: Wenn jeder Augenblick die Besinnung auf den vorausgegangenen in sich trägt, der den – messianischen – Funken der Hoffnung entfacht hat, dann kündet sich das immer zu gegenwärtigende Wirken des Messias an, das in der Form sich nur ein wenig anders gibt als das gegenwärtig Vergangene unter dem Blick des (materialistischen) Historikers: "Der Messias kommt ja nicht nur als der Erlöser; er kommt als der Überwinder des Antichrist". Die messianische Erlösung als Überwindung in der Gleichzeitigkeit markiert das dialektische Moment im Denken Benjamins, das "materialistisch" sei, weil es sich auf die "unscheinbarsten von allen Veränderungen" verstehen müsse (Benjamin I.2: 1991, 695). Benjamins gestaltloser Messias verweigert sich der Projektion auf eine Führergestalt, vor der etwa Maurice Blanchot warnt. Dennoch ist – getreu der Tradition eines Messias auf leisen Sohlen – etwas von ihm in jedem Menschen!

Gegen eine falsche Projektion und gegen einen aus- und durchgestalteten utopischen Entwurf setzt Benjamins Rede vom Messias bzw. vom messianischen Zeitalter die jüdische Tradition des Bildverbotes, ausgedehnt auf das Verbot von Weissagungen:

> Bekanntlich war es den Juden untersagt, der Zukunft nachzuforschen. Die Thora und das Gebet unterweisen sie dagegen im Eingedenken. Dieses entzauberte ihnen die Zukunft, der die verfallen sind, die sich bei den Wahrsagern Auskunft holen. Den Juden wurde die Zukunft aber darum doch nicht zur homogenen und leeren Zeit. Denn in ihr war jede Sekunde die kleine Pforte, durch die der Messias treten konnte (Benjamin I.2: 1991, 704).

"Eingedenken" heißt, sich nicht etwa auf eine starre Tradition berufen, sondern auch und insbesondere im vergangenen Augenblick das darin kondensierte Moment Zukunft, das vom messianischen Zeitalter kündet, entdecken – gemeint ist das im Vergangenen latent Enthaltene, Unabgegoltene und immerfort auf die Zukunft Verpflichtende. Der Messianismus erhält somit das Gepräge einer – im wortwörtlichsten Sinne – *anthropologischen Utopie*, d.h. einer Utopie, die von einem neu gedachten Menschen her zu verstehen ist. Diese Überwindung des Menschen ist die des geschichtlichen Menschen, daher darf dieser Gedanke nicht mit Nietzsches heroischem Topos von der Überwindung des Menschen hin zum höheren Menschen und zum Übermenschen verwechselt werden, eine Überwindung, welche – wenn auch nicht im eschatologischen Sinne – die "grosse Katastrophe" in sich birgt. Entsprechend gestaltet sich in Benjamins Denken das Verhältnis des Messias zum Gesamtverlauf der Geschichte, über das es im *Theologisch-politischen Fragment* heißt:

> Erst der Messias selbst vollendet das historische Geschehen, und zwar in dem Sinne, daß er dessen Beziehung auf das Messianische selbst erlöst, vollendet, schafft. Darum kann nichts Historisches von sich aus sich auf Messianisches beziehen wollen. Darum ist das Reich Gottes nicht das Telos der historischen Dynamis; es kann nicht zum Ziel gesetzt werden. Historisch gesehen ist es nicht Ziel, sondern Ende (Benjamin II.1: 1991, 203).

Der Messias darf nur auf leisen Sohlen einherschreiten, ansonsten würde der Messianismus durch die Ungeduld "alles Spektakulären einer Apokalypse" (Blumenberg: 1991, 277) einfordern, würde die messianische Tradition der Gefahr anheim fallen, der sich jede Tradition aussetzt, nämlich dass sie "falsch wird durch Appell" (Adorno X.1: 1997, 317). Die auf die Tradition des jüdischen Messianismus rekurrierende Erlösungslehre zeigt: Erfüllte Utopie ist innerweltlich nur nachträglich, nämlich vom Ende – also vom erreichten messianischen Zustand – her, in ihrer Geschichtlichkeit zu erfassen. Es gibt kein Bild vom messianisch Neuen, das sich aus dem Hier und Jetzt ableiten ließe. Die Utopie versperrt sich dem diskursiven oder narrativen Zugang.

Der Messianismus auf leisen Sohlen mündet keineswegs in ein Programm des politischen Attentismus. Vielmehr fordert Benjamin für die politische Praxis ein abgeklärtes politisches Handeln, wobei er das Bild von einem "wahren Politiker" zeichnet, der fast zynische Züge trägt. Dieser Politiker müsse sich von einer romantischen Vorstellung vom Klassenkampf verabschieden. Als "romantisch" denunziert Benjamin den simplen Manichäismus, in dem es lediglich um den Kampf gehe, wer letztlich der Stärkere sei. Aufgabe der Politik sei es dagegen, rechtzeitig die Bourgeoisie abzuschaffen, bevor es zur Katastrophe komme – wobei man dieser Katastrophe, vor der Benjamin warnt, durchaus das Etikett 'apokalyptisch' anheften darf:

> Nur in Terminen rechnet der wahre Politiker. Und ist die Abschaffung der Bourgeoisie nicht bis zu einem fast berechenbaren Augenblick der wirtschaftlichen und technischen Entwicklung vollzogen (Inflation und Gaskrieg signalisieren ihn), so ist alles verloren. Bevor der Funke an das Dynamit kommt, muß die brennende Zündschnur durchschnitten werden. Eingriff, Gefahr und Tempo des Politikers sind technisch, nicht ritterlich (Benjamin IV.1: 1991, 122).

Das in der Erwartung der apokalyptischen Katastrophe sich artikulierende Ohnmachtgefühl kann als *die* Form attentistischen Verhaltens schlechthin angesehen werden, doch der hier geforderte Eingriff darf keineswegs 'apokalyptisch' sein. Daher ist F. Prousts Lektüre von Texten aus *Einbahnstraße* (*Feuermelder* und *Kaiserpanorama*) zuzustimmen:

> Plus exactement, parce qu'on pourrait rétorquer que Benjamin ici se protège d'une apocalypse, celle réputée être du capital, par une autre apocalypse, celle de la révolution, il faut répéter qu'aucune apocalypse révolutionnaire ou pas, n'est purificatrice, salvatrice ou rédemptrice, mais qu'elle n'est que pure destruction catastrophique, comme l'avait fort bien vu le baroque, dont le désespoir provenait justement de son renoncement à toute tentation eschatologique (Proust: 1991, 166).

Dies schließt jedoch nicht aus, dass – konsequent weiter gedacht – Benjamins Strategie der Rettung ästhetischer und theologischer Begriffe vor dem Missbrauch durch den Faschismus unter bestimmten Voraussetzungen vielleicht auch der Apokalyptik und ihrem – wie Bloch schreibt – "Totalfuturum" wieder Geltung zu verschaffen vermag, nämlich dann wenn sie aus einer manichäistischen politischen Konfrontation herausgenommen wird: Das Benjaminsche "Totalfuturum" kennt weder Attentismus noch Panik; es trachtet nach dem richtigen historischen Moment.[178]

Die Gemeinsamkeit der in den vorausgegangenen Abschnitten diskutierten Ansätze jüdischer Denker ist die, daß sie den Fortschrittsbegriff über das Fortschrittstrauma hinwegzuretten suchen. Die Rettung der Kategorie 'Fortschritt' erfolgt dadurch, daß sie über den Rekurs auf die jüdische Tradition (und echte Tradition überhaupt) von ihrem Status als starre, klassifizierende Kategorie geläutert wird. Vom erreichten messianischen Zustand her ist eine 'nachträgliche' – hier durchaus im Sinne Freuds – Bearbeitung der Geschichte *denkbar*, eine Nachträglichkeit, die vor Erreichen dieses Zustandes dagegen in eine "Geschichte der Unterdrücker" (Benjamin) münden muss, eine Nachträglichkeit, die also erst *danach* wieder die Rede von der (apokalyptischen) Katastrophe gestattet. Es darf nicht vergessen werden: Benjamin sieht die eigentliche Katastrophe darin, dass alles so weitergeht wie bisher. Benjamin hat hierfür das enigmatische und doch gelungene Bild vom *Angelus Novus*, dem "Engel der Geschichte", geprägt:

> Es gibt ein Bild von Klee, das Angelus Novus heißt. Ein Engel ist darauf dargestellt, der aussieht, als wäre er im Begriff, sich von etwas zu entfernen, worauf er starrt. Seine Augen sind aufgerissen, sein Mund steht offen und seine Flügel sind

---

[178] F. Proust verortet Derridas Abhandlung über die Apokalypse durchaus in der Tradition Benjamins, wenn jener von der "apocalypse privée d'apocalypse" (Derrida: 1983, 95) spricht. Bei beiden Autoren gehe es um den entscheidenden Augenblick, den es zu treffen gelte: Man dürfe zwar nicht auf die Offenbarung bzw. Apokalypse warten, müsse aber dennoch bis zum Äußersten ausharren; werde nämlich der Zeitpunkt des Handelns zu früh gewählt, dann habe bis dahin die Geschichte noch nicht alle ihre Möglichkeiten zu erkennen geben können. Ob zu früh oder zu spät: in beiden Fällen käme es zu einem (katastrophalen) Scheitern der Politik: "Apocalypse privée d'apocalypse, donc: il s'agit d'aller jusqu'au bout, de jouer sataniquement avec le feu, de risquer l'explosion finale et de s'arrêter *juste à temps*, juste avant, non pas pour contempler en sécurité le sublime spectacle, mais pour en détourner les virtualités et convertir le cauchemar imminent en maintenant rêvé" (Proust: 1999, 167f).

ausgespannt. Der Engel der Geschichte muß so aussehen. Er hat das Antlitz der Vergangenheit zugewendet. Wo eine Kette von Begebenheiten vor *uns* erscheint, da sieht *er* eine einzige Katastrophe, die unablässig Trümmer auf Trümmer häuft und sie ihm vor die Füße schleudert. Er möchte wohl verweilen, die Toten wecken und das Zerschlagene zusammenfügen. Aber ein Sturm weht vom Paradiese her, der sich in seinen Flügeln verfangen hat und so stark ist, daß der Engel sie nicht mehr schließen kann. Dieser Sturm treibt ihn unaufhaltsam in die Zukunft, der er den Rücken kehrt, während der Trümmerhaufen vor ihm zum Himmel wächst. Das, was wir den Fortschritt nennen, ist dieser Sturm (Benjamin I.2: 1991, 697).

Unter dem Titel *Zum Ende* verneigt sich Adorno in den *Minima Moralia* vor Benjamins "Engel der Geschichte" und hebt den alle messianische Hoffnung bestimmenden Begriff der "Erlösung" hervor:

> Philosophie, wie sie im Angesicht der Verzweiflung einzig noch zu verantworten ist, wäre der Versuch, alle Dinge so zu betrachten, wie sie vom Standpunkt der Erlösung aus sich darstellten. Erkenntnis hat kein Licht, als das von der Erlösung her auf die Welt scheint: alles andere erschöpft sich in der Nachkonstruktion und bleibt ein Stück Technik (Adorno IV: 1997, 283).

Zur letzten noch gültigen Kategorie philosophischen Denkens avanciert eben jene, die durch das philosophische Denken niemals eingeholt werden kann: die Erlösung. Einzig von einer Position aus, die sich unserem Denken *hic et nunc* entzieht, ist die metaphysische Gesamtschau möglich. Doch dieser Standort bleibt dem jetzigen immer um "ein Winziges" entrückt. Was bleibt, ist die Hypothese des Rückblicks auf die diesseits des messianischen Zustandes immer fragmentarisch und diskontinuierlich bleibende Geschichte, und der Fortschritt kann nur von diesem "um ein Winziges" gegenüber dem Heutigen entrückten Zustand als *perfectibilité* gedacht werden. Bezogen auf die Geschichte heißt dies: Die Rede vom Fortschritt greift nur, wenn der Verblendungszusammenhang durchbrochen ist und die in der Geschichte enthaltenen Möglichkeiten hervortreten (Adorno X.2: 1997, 622).

Angesichts des Leidens in der Geschichte hat die Utopie, insbesondere aber eine Utopie mit eudaimonistischem Anspruch, an Gültigkeit verloren; einzig die "Erlösung" verbleibt als die dem widerfahrenen Leiden adäquate Kategorie, womit diese einen durchaus auf das Diesseits erhobenen Menschheitsanspruch bezeichnet. Es sei abschließend hierzu aus den Arbeitsnotizen Benjamins zitiert:

> Das apokryphe Wort eines Evangeliums: worüber ich einen Jeden treffe, darüber will ich richten – wirft ein eigentümliches Licht auf den jüngsten Tag. Es erinnert an Kafkas Notiz: das jüngste Gericht ist ein Standgericht. Aber es fügt dem etwas hinzu: der jüngste Tag würde sich, nach diesem Worte, von den anderen nicht unterscheiden. [...] Jeder Augenblick ist der des Gerichts über gewisse Augenblicke, die ihm vorangegangen (Benjamin I.3: 1991, 1245).

5. Messianismus des Stillstandes? Anmerkungen zu den *nouveaux philosophes*

In seiner politisch-theologischen Schrift *Le Testament de Dieu* nimmt sich Bernard-Henri Lévy, prominenter und inzwischen sich erfolgreich vermarktender Vertreter der *nouveaux philosophes*, kritisch des mythischen Denkens und der Renaissance desselben an. Wie Cohen denunziert er die repressive Natur des Mythos; insbesondere attackiert er die neuen Versuche, aus dem mythischen Denken der Antike eine Antwort auf die ungelösten ethischen und politischen Fragen der Gegenwart abzuleiten, Versuche, die nicht zuletzt in der Tradition eines trüben Nietzscheanismus und eines Charles Maurras stehen. Die Hinwendung zu einer "nouvelle Grèce" – obzwar nicht ausdrücklich genannt, dürfte wohl der einem indoeuropäischen Rassenkult zugewandte universitäre Salonfaschismus der 70er Jahre von Alain de Benoist und der Gruppe GRECE gemeint sein[179] – sei gleichbedeutend mit einer Apologie "paganer Regression". Die politisch motivierte Rückbesinnung auf den Mythos entlarvt Lévy als das, was sie auch im wortwörtlichen Sinne ist: eine reaktionäre Bewegung. Gerade weil sie als umfassendes kulturelles Phänomen weit über den Bereich des eigentlich Politischen hinausgehe, umfasst für Lévy die "pagane Regression" mit ihrem Ausklammern und Reduzieren des Individuums all diejenigen Merkmale, aus der sich eine Definition des Totalitarismus ergebe:

> Qu'à l'heure où l'on nous chante les vertus d'une "nouvelle Grèce" et d'un retour aux sources qui figuraient notre avenir, il n'est plus indifférent de scruter le silence serré des textes et la muette lacune qu'on nous invite à épouser. Mieux, que si les historiens de l'après-coup sont des augures dérisoires, les nostalgies de l'Origine sont des réactionnaires qui, passant la vérité du jour au crible cette fois de leurs fantasmes d'avant-hier, véhiculent, comme on verra, les plus redoutables passions archaïsantes. Si l'on convient aujourd'hui à l'âge de ces retours et de ces nostalgies insistantes, de baptiser totalitaire toute pensée qui forclot et réduit l'individu, il faudra peut-être admettre que la première définition du totalitarisme, la seule qui l'embrasse et le comprene au-delà de sa dimension politique, c'est tout simplement la régression païenne (Lévy: 1979, 92).

Lévy geißelt mit diesen Worten letztlich alle Versuche, unter Rekurs auf das pagan-mythische Erbe das 'Überhitzen' der Geschichte zu negieren und der individuellen Befindlichkeit ein neues, von den traumatisierenden Einflüssen von Geschichte und ökonomischer Produktivität abgeschottetes Residuum zu

---

179 Vgl. hierzu WINOCK: "Un phénomène inédit s'est produit à l'orée des années soixante-dix: un regain idéologique de la droite pure et dure, en rupture avec les complaisances que le gouvernement de droite avait eues, aux yeux de ses protagonistes, pour les idées de gauche. Une droite radicale, dont la brutalité n'est plus dans les matraques et les coups de poing [...], mais dans la pensée" (Winock: 1997, 588).

bieten. Eliade wird in der Schrift Lévys zwar nicht genannt, doch dürfte von dieser Seite kein Einspruch gegen die in vorliegender Studie formulierte Kritik am *Trost des Ethnologen* zu gewärtigen sein. Die pagane Welt habe, so Lévy, das Individuum geleugnet. Demgegenüber sei von der monotheistischen Offenbarungsreligion derjenige Impuls ausgegangen, der dem Subjekt und damit dem freien Individuum den Weg gebahnt habe: "[...] ce n'est pas le laïcisme mais l'antipaganisme plûtot, ce n'est pas l'athéisme mais bel et bien le monothéisme qui, seul, pouvait faire place à quelque chose qui ressemble à notre sujet libre" (Lévy: 1979, 93). Er führt den Beweis, dass totalitäre Ideologen sowohl faschistischer als auch kommunistischer Observanz sich die Re-Mythisierung der Wirklichkeit aufs Banner geschrieben haben. Dem im abendländischen Denken fest verankerten Topos von der Überlegenheit der hellenistischen Welt, von dem auch – und gerade – die Aufklärung nicht lassen wollte, hält er den von Jerusalem entgegen, der für die Errungenschaft der monotheistischen Offenbarungsreligionen, insbesondere jedoch für das Judentum steht: "Athènes ou Jérusalem" heißt für ihn die Alternative.[180] Athen steht hier nicht mehr für die Wiege des Abendlandes und damit der Aufklärung, sondern für die *Dialektik der Aufklärung*. Lévy verortet den Ursprung des 'aufklärerischen' Menschenbildes, das auf einem von den Menschenrechten geprägten Freiheitsverständnis beruht, nicht in der Aufklärung selbst oder im hellenistischen Griechentum: Die Wiege der wahren Humanität sei das mosaische Gesetz mit seinem Tötungsverbot. Und nur das mosaische Gesetz entziehe sich dem moralischen Relativismus der 'aufgeklärten' Moderne.

Das Gesetz der Juden, das mosaische Gesetz ("la Loi") – das keineswegs mit einem Katalog gesetzten Rechts verwechselt werden darf, das über den Weg des Subsumierens alle Lebensbereiche regelt, zu dem letzten Endes auch die abstrakten Menschenrechte gehören – habe die Verantwortung an das Individuum übertragen, dessen Ringen um Freiheit und Ethos zunächst eine höchst intime Angelegenheit sei. Auf seiner Suche nach dem Menschlichen in einer fortwährend von Terror und Genozid erschütterten Welt beschreitet Lévy den Weg der Innerlichkeit und bezieht eine Position, die zweifelsohne an eine mystischer Innerlichkeit zugewandte Tradition des Judentums anknüpft.

---

180 Der Topos von der Alternative Athen oder Jerusalem ist in Frankreich entscheidend von Léon Chestov geprägt worden. Chestov kritisiert die objektivierende Vernunft als die Hybris, die Werke der Schöpfung auf einen bloß dinglichen Status zu verweisen, und erkennt darin ein Abdanken des im Irrationalen beheimateten eigentlich Menschlichen, weshalb er für ein sorgfältiges Abwägen zwischen der Wahrheit der Bibel und der Wahrheit der Vernunft plädierte. Der Primat gebühre dem Irrationalen, das in der Offenbarung enthalten sei. Aus dem Irrationalen leite der Mensch seine Freiheit her; durch das Irrationale suche er sie nach dem Sündenfall wiederzuerlangen: "Autrement dit, la philosophie religieuse est la lutte dernière, suprême, pour recouvrer la liberté originelle et le *valde bonum* divin que recelait la liberté, ce *valde bonum* qui après la chute s'est divisé en notre bien impuissant et en notre mal destructeur. La raison, je le répète, a ruiné la foi à nos yeux, la raison a 'décelé' en elle la présentation illégale de l'homme à soumettre la vérité à ses désirs, et la raison nous a enlevé le plus précieux des dons du ciel, le droit souverain de prendre part au *fiat* divin, en aplatissant notre pensée, en la réduisant au plan de l'*est* pétrifié" (Chestov: 1993, 38).

Le Je dont la tâche est d'informer le Moi empirique ne se manifestant qu'au sein de ce moi empirique et n'ayant affaire qu'à lui, la lutte pour la liberté, le combat pour l'éthique, sont les tâches les plus intimes, les plus personnelles qui soient, où le sujet ne regarde qu'en lui au terme d'un travail qui ne regarde que lui. C'est peu de dire alors que cette contemplation de la Loi est principe de liberté et qu'elle m'arrache aux pesanteurs discrètes où m'entraîne l'*amor fati* (Lévy: 1979, 145).

Lévys Gedanke ist wie folgt zu verstehen: Dem mosaischen Gesetz ist jede Schicksalssemantik fremd. Aus diesem Grund erlangt es für ihn den Status eines Garanten der Freiheit. Die zunächst in der Intimität erfolgende Hinwendung zum mosaischen Gesetz geht einher mit dem Perhorreszieren eines Freiheitsverständnisses, das sich über eine Schicksalsergebenheit definiert – als Belege für ein solches mögen die Denkfiguren eines Eliade oder Spengler (aber auch eines Lévi-Strauss) dienen: *Ducunt fata volentem, nolentem trahunt.* Für Lévy ergibt sich daraus die Ablehnung von *engagement*, eines "être embarqué".

Das pervertierte Freiheitsverständnis ist das Resultat eines abstrakten Menschenbildes, das sich in seiner Abstraktion als das Bild von einem verfügbaren Ich erweist, das also das Umschlagen von Autonomie in Unterwerfung bereits in sich birgt. Das (soziale) Ich hat etwa schon Cohen als bloße Abstraktion entlarvt, der er das Ich als (ethische) Aufgabe entgegenstellt – eine Stufe im "Aufschwung zu dem Ziele, das unendlich ist". Nur hier sei das Ich wirklich beheimatet: "Vielmehr ist alle andere Art der Subjekterscheinung nichts als Gespenst oder Materialisierung" (Cohen: 1988, 238f). Lévy verlagert – nicht zuletzt auch mit Blick auf Pascal – dieses Ich noch weiter in die Innerlichkeit, indem er das empirische Ich ("le Moi empirique") zum Bezugspunkt des Subjekt-Ich ("le Je") erklärt. Auch Lévy gerät in den Widerspruch zwischen einer solchen Innerlichkeit und dem Anspruch auf eine politische Botschaft, die in die säkulare moderne Welt hineinwirken soll: das "Testament Gottes". Der ethische Imperativ, der von der monotheistischen Religion ausgeht, findet nach Lévy im Propheten des *Alten Testaments* eine ebenso vor der Regression wie vor einer ungezügelten Fortschrittsapologie warnende Stimme:

> Et c'est cela encore revenir au judaïsme aujourd'hui, en ces temps où, à entendre la rumeur publique, nous n'aurions le choix qu'entre les plus immondes régressions et le progressisme sans rivages: s'adosser à ce sentiment confus qu'il y a en ce monde des valeurs, des principes d'Éthique et de Justice dont l'origine est si peu repérable, si profondément inassignable, qu'ils sont, au sens strict du terme, *immémoriaux*. Ce sentiment confus, c'est lui que les Prophètes, sans exception, s'emploient à éclaircir: ils le font de la façon la plus concrète, la plus brutale, la plus bouleversante qui soit. Ils posent simplement – mais inlassablement – cette simple question: que se passerait-il, qu'est-ce qui ne se passerait pas plutôt, si, d'aventure et par hypothèse, la Création venait à être foudroyée, ramenée à cette avant-veille, à cette archè sans orée? La réponse tient en un mot, psalmodié telle une litanie, d'apparence bien sibyllin: "Je laisserai un reste" (Ezéchiel), "un reste reviendra" (Isaïe) [...] (Lévy: 1979, 264).

Die eminent politische Botschaft der Propheten ist nicht nur die, dass das Individuum sich auf diese seit alters her – latent – fortbestehenden Werte besinnen soll, sondern noch eine andere: Eben diese Werte reichen so weit zurück, dass sie jede angedrohte Vernichtung überstehen, dass – vereinfacht gesprochen – immer etwas bleibt. Lévy beruft sich hier auf eine Ethik, die angesichts des Verzichts auf einen langen Katalog von Normen minimalistisch wirkt; nichtsdestoweniger ist es dieser 'Minimalismus', der die Kraft dieser Ethik ausmacht und sie einem jeden moralischen Relativismus entzieht; es ist ein 'Minimalismus', der ihre Universalität begründet.[181] Nur der Prophet kann der Botschafter dieses ethischen Imperativs sein. Als einen falschen Botschafter hingegen stellt Lévy den Apostel dar:

> D'un côté, celui qui, missionnaire, "use partout de raisonnement" et compte bien, par son sermon, hâter l'avènement de la bonne nouvelle: arpenteur infatigable des terres et des âmes païennes, tout homme lui est paroisse et c'est au nombre de ses conquêtes qu'il mesure la valeur et la métrique de sa valeur – d'un mot, c'est un *"apôtre"*. De l'autre au contraire, le prêtre biblique qui, témoignant plus que discourant, parle par "dogmes et décrets", à l'image de "Dieu lui-même" dont il interprète le vouloir, sans prétendre à l'incarner ni à lui forcer les portes de la cité terrestre: analyste impénitent des profondeurs de la Loi, ministre sans paroisse et pasteur sans ouailles, il dit une Parole qui ne compte plus, pour l'assurer, le chiffre de ses adeptes – d'un mot, c'est un *"prophète"* (Lévy: 1979, 172).

Der Apostel sei derjenige, der auf heidnischem Boden seine Botschaft verbreite, der sich weltlicher Anerkennung verschrieben habe, weil er seinen missionarischen Erfolg an der Zahl der gewonnenen Anhänger bemesse. Dem stehe der Prophet gegenüber, der die Botschaft Gottes direkt auslege, ohne jeglichen irdischen Anspruch. Süffisant weist Lévy auf die jeweilige etymologische Bedeutung von Apostel – "dont le nom grec dit bien qu'il 'envoie au loin' sa vérité" – und Prophet – "dont le nom hébreu veut dire 'appelé'" – hin. Im Apostel lebe das griechisch-pagane Element des Orakels weiter, während der Prophet der wahrhaft Berufene sei, der das mosaische Gesetz verkünde, anstatt es zu vulgarisieren.[182] Hier macht es sich Lévy doch etwas zu leicht,

---

181 Lévy fordert eine Rücknahme dessen, was Jonas die "Politik der Utopie" nennt. Eine solche sei, so Jonas, ein modernes Phänomen und setze eine "dynamische Geschichtseschatologie" voraus: "Die religiösen Eschatologien früherer Zeiten stellen diesen Fall noch nicht dar, obschon sie ihn vorbereiteten. Der Messianismus zum Beispiel gebietet keine messianistische Politik, sondern stellt das Kommen des Messias göttlichem Ratschluß anheim – und menschlichem Verhalten nur insofern in Aussicht, als es sich des Ereignisses würdig machen kann durch Erfüllung eben der Normen, die ihm auch ohne solche Aussicht zugemutet sind. Hier trifft im kollektiven Maßstab zu, was im persönlichen vorher über Jenseitserwartungen gesagt wurde: das Hier und Jetzt ist zwar von der Enderwartung überragt, aber nicht mit ihrer handelnden Verwirklichung betraut. Es dient ihr umso besser, je treuer es seinem eigenen gottgegebenen Gesetz bleibt, dessen Erfüllung ganz in ihm selbst liegt" (Jonas: 1984, 43f). Lévys ethische Überlegungen führen letztlich zu der von Jonas aufgezeigten Leitlinie menschlichen Verhaltens *diesseits* von Politik zurück.
182 Vgl. dazu auch Brochs Unterscheidung zwischen echten und falschen Propheten (Broch XII: 1979, 164).

indem er von dem griechischen Ursprung des Wortes "Apostel" direkt den Bogen zu Denkern schlägt, die er des Totalitarismus verdächtigt, wenn er – fast unverblümt – jüdische Denker des Verrats bezichtigt: "Il y a des apôtres juifs [...]". Zu diesen "jüdischen Aposteln" zählt er Spinoza und Marx ebenso wie die Bolschewiki zur Zeit der Oktoberrevolution, die ihre jüdische Identität verleugnet hätten. Der kritische Impetus der politisch-theologischen Überlegungen Lévys droht hier in der Idiosynkrasie zu ersticken, da das von ihm erarbeitete Instrumentarium gerade durch die geistesgeschichtliche Gießkanne seinen Anspruch auf Universalität einzubüßen droht.[183] Die Idiosynkrasie nährt den tiefen Kulturpessimismus der *nouveaux philosophes*, der das von ihnen an der jüdischen Tradition entzündete Lämpchen der Hoffnung zu ersticken droht. Von diesem Kulturpessimismus zeugt auch die von Alain Finkielkraut zur Jahrtausendwende konstatierte *Défaite de la pensée*:

> La barbarie a donc fini par s'emparer de la culture. A l'ombre de ce grand mot, l'intolérance croît, en même temps que l'infantilisme. Quand ce n'est pas l'identité culturelle qui enferme l'individu dans son appartenance et qui, sous peine de haute trahison, lui refuse l'accès au doute, à l'ironie, à la raison – à tout ce qui pourrait le détacher de la matrice collective, c'est l'industrie du loisir, cette création de l'âge technique qui réduit les œuvres de l'esprit à l'état de pacotille (ou, comme on dit en Amérique d'*entertainment*). Et la vie avec la pensée cède doucement la place au face-à-face terrible et dérisoire du fanatique et du zombie (Finkielkraut: 1993, 183).

Pessimismus ist die Grundbefindlichkeit, auf deren Boden die *nouveaux philosophes* sich bewegen. Dabei erfährt auch die messianische Idee des Judentums eine Wende in ihrer politischen Bedeutung. Zunächst dient sie durchaus als Instrument der Ideologiekritik, wenn es darum geht, totalitaristische und fundamentalistische Ideologien zu entlarven. Zurückhaltender bewertet Lévy dagegen das Moment der Hoffnung, das etwa in der neueren Philosophie der Rekurs auf den jüdischen Messianismus in die Gegenwart hinübergerettet hat. Doch welche Veränderung er in seinen politisch-theologischen Reflexionen an der messianischen Idee in Bezug auf ihr mögliches Säkularisat in der politischen Praxis vornimmt, verdeutlicht eine Bemerkung aus seiner Schrift *Dangereuse pureté*, in der er die Quintessenz seiner Studie *Le Testament de Dieu* resümiert:

> [...] le messianisme juif est ce mouvement qui lance les hommes à la poursuite d'un but qu'on leur dit, en même temps, inatteignable; c'est une eschatologie sans fin; une espérance sans terme; c'est l'attente d'un messie sans visage, sans nom, dont il est dit qu'il viendra le lendemain de sa venue et dont il ne faut escompter nulle rédemption en *ce* monde (Lévy: 1994, 109).

Lévys Auffassung vom jüdischen Messianismus ist zunächst die von einer prinzipiellen Utopiefeindlichkeit, von der völlig offenen Dimension Zukunft

---

[183] Diese Idiosynkrasie prägt auch seine Abrechnung mit den französischen Intellektuellen, als deren Chronist Lévy in Frankreich große Medienpopularität erlangt hat (vgl. Lévy: 1991).

und vom "gesichtslosen" Messias; darin stimmt er mit den Grundströmungen einer ins Säkulare sich erstreckenden jüdischen Gegenwartsphilosophie überein: Der Messianismus ist eine "Eschatologie ohne Ende". Das entscheidende Moment aber der messianischen Idee bleibt bei ihm eigentümlich schal: das "Prinzip Hoffnung". Lévy insistiert nachgerade darauf, dass die Erlösung nicht von dieser Welt sein könne. Hierin stimmt er völlig mit dem von ihm geschätzten Albert Camus überein, der in *L'Homme révolté* schrieb: "La politique n'est pas la religion, ou alors elle est inquisition" – oder: "Aucune parousie, ni divine ni révolutionnaire, ne s'est accomplie" (Camus: 1990, 705f). Lévy begründet seine Ideologiefeindlichkeit mit dem Bildverbot des Alten Testaments, mit dem die mosaische Religion auf den heidnischen Polytheismus reagiert, jenen Polytheismus, in dem Lévy den Ursprung des Totalitarismus ausmacht.

Mit der kategorischen Eskamotage des wichtigsten Säkularisats der messianischen Idee – einer das intramundane Leid transzendierenden Erlösungserwartung – nimmt Lévy diese eindeutig aus der Geschichte heraus. Gab Taubes gegen Scholem noch zu bedenken, die Innerlichkeit des Chassidismus habe die Überwindung der "apokalyptischen Folgen" verhindern können, so scheint bei Lévy eine solche Innerlichkeit, eine solche angstbesetzte Abwendung vor der apokalyptischen Gefahr[184] (gemeint ist nunmehr ein auf diesseitige Heilserwartung ausgerichteter politischer Messianismus) in eine regelrechte Hemmung politischen Handelns zu münden, eine Hemmung, die auf den Schock zurückgeht, der bei den ursprünglich aus dem linken Lager stammenden *nouveaux philosophes* die Veröffentlichung von Solschenizyns *Archipel Gulag* auslöste (vgl. Winock: 1997, 595-600). Die *nouveaux philosophes* genannten Intellektuellen wenden sich gegen die von ihrer 'Kaste', der "mandarins (de Paris)", hervorgebrachten Gedankengebäude. Die neue Rolle des Intellektuellen soll nicht mehr die eines *maître penseur* oder *directeur de conscience* sein, sondern die eines alttestamentarischen Propheten, der dem ethischen Imperativ des mosaischen Gesetzes Gehör zu verschaffen habe. Bezogen auf die jüngere französische Ideengeschichte heißt dies nicht zuletzt: Camus gegen Sartre ausspielen.[185]

---

184 Als Warnung vor einer falschen politischen Prophetie, die auf eine (pseudo-) apokalyptische Steigerung der Angst setzt, kann Glucksmans Charakterisierung der Panik als Instrument, wenn nicht Wesen des Totalitarismus gelesen werden: "Le totalitarisme pointe au bout de la religion dissuasive: son vertige, son rêve, son achèvement. Vouloir tout le pouvoir est un fantasme paranoïaque que les sociétés les plus anciennes n'ignorent pas. Le moderne de cette volonté vient quand c'est sur l'autre, dans le désarroi provoqué et maintenu, qu'un pouvoir mesure sa force, lorsqu'il se recherche absolu par la capacité de paniquer absolument une population extérieure ('la guerre totale') ou intérieure (régime totalitaire). [...] Toute stratégie totalitaire recherche la décomposition panique d'un adversaire réel ou potentiel, l'atomisation spirituelle et morale d'un ennemi externe ou interne" (Glucksmann: 1985, 486f). Glucksmann führt hier augenscheinlich die politische Instrumentalisierung des in der Apokalyptik enthaltenen repressiven Moments vor.

185 Vgl. dazu Lévy über Camus: "Que ce qui existe, partout, ce sont des idéologies, c'est-à-dire des philosophies concrètes, c'est-à-dire des machines à multiplier le crime. Qu'il [Camus] les

Lévys Judaismus bzw. jüdischer Humanismus besteht darin, eine zwischen den ideologischen Extremen angesiedelte Haltung einzunehmen – "entre les plus immondes régressions et le progressisme sans rivages". Die letzte Konsequenz ist, dass politisches Handeln nur noch Reaktion und nicht mehr aktives, intentionales Verändern des *status quo* bedeutet. Dächte man diesen Gedanken konsequent weiter, dann hieße dies, jeden Entwurf für eine neue Gesellschaft im Voraus desavouieren, weil ihm unwiderruflich die Gefahr des Umschlagens in Totalitarismus eingeschrieben wäre. Lévys Rezeption des Messianismus verwandelt diesen, vermittelt durch die Worte der Propheten, in einen Garanten für die Gültigkeit des mosaischen Gesetzes, aus dem er einen Humanismus ableitet, der keiner politischen Vision zu folgen habe. Damit nimmt sein Denken einen eminent konservativen Zug an, und politische Praxis droht, sich auf die Praxis jener Rotkreuz-Moral zu beschränken, die der von Lévy gescholtene Sartre seinem Gegner Camus vorhielt. Dennoch stellt Lévy in *Dangereuse pureté* nicht in Abrede, dass es – wie schon angesprochen – auch einen jüdischen Fundamentalismus gebe, dessen Wille zur Reinheit apokalyptische Folgen zeitige: "Dans le judaïsme aussi, la pureté dangereuse. Dans le judaïsme encore, la volonté de pureté ne peut aller au bout d'elle-même sans susciter l'apocalypse" (Lévy: 1994, 110).

Lévy muss sich vorhalten lassen, dass die von ihm propagierte politische Passivität ihrerseits das Ideal von einem 'reinen' Individuum befördert, das der Camusschen Rede vom Heiligen ohne Gott gleichkommt. Ungeachtet dieser Kritik an einem apolitischen Humanismus sollte das ideologiekritische Verdienst Lévys nicht unterschätzt werden: Wie bereits erörtert, avanciert bei Lévy der Kult der Reinheit zu derjenigen Kategorie, die das gemeinsame Moment sowohl politisch-totalitärer Ideologien als auch religiös-fundamentalistischer Bewegungen ausmacht. Der Blick zurück auf den Missbrauch der Apokalyptik durch die faschistischen Ideologien bietet die Belege für die These Lévys, dass die Apokalyptik die letzte Konsequenz der "pureté dangereuse" darstellt. Wie schon an anderer Stelle der hier vorliegenden Studien am Beispiel der Vereinnahmung der Entropielehre im Gefolge des Historismus gezeigt wurde, ist eine missbrauchte Apokalyptik die – wenn nicht zwingende, so doch wahrscheinliche – ideologische Konsequenz der einseitig von einem als unverrückbar angesehenen historisch-sozialen Standort aus an die Geschichte herangetragenen Erwartungen: Die Apokalyptik im säkularen, politischen Bereich ist immer das Produkt einer verabsolutierten Gruppenidentität.

'néglige' moins, alors qu'il ne s'en déprend et ne tourne le dos à ce délire à visage humain qui, à l'âge contemporain, parle la langue de la philosophie. Et, de fait, l'auteur de l'Homme révolté occupait strictement, à son tour, la position prophétique – qu'il entendait en ce troisième sens: une solitude, non point à l'égard de ses semblables – qu'il comptait bien retrouver au bout de son détour – mais ses métropoles idéocratiques, de ces grandes nécropoles de savoir et de science, qu'il faut se forcer à éviter si l'on veut, modestement, tenter de redonner sens à l'universalité humaine" (Lévy: 1979, 180). Lévys Bemerkung zu einer universalen Menschlichkeit führt die Vorsicht in der Argumentation der *nouveaux philosophes* vor: Man spricht von einem *bescheidenen* Versuch der Sinnstiftung.

Schon Saint-Simon vertrat die Ansicht, die in der *Johannesapokalypse* ausgesprochene Drohung habe dazu gedient, die Einheit der frühchristlichen Kirche zu wahren. Sorels historischer Rückblick auf die Christenverfolgung im alten Rom stellt nicht weniger auf die Reinheit der Gruppenidentität ab, wenn er schreibt, die Drohung mit der universalen Vernichtung, die Aussicht auf die letzte, entscheidende Schlacht sei einzig zu dem Zweck erfolgt, die Abspaltung von der römischen Gesellschaft zu zementieren, und wenn er schließlich daraus folgert, man müsse einen Mythos der Katastrophe schaffen, der das Proletariat zur revolutionären Klasse vereine und den Generalstreik befördere. Es ist geradezu das Signum einer missbrauchten Apokalyptik (dies gilt nicht minder für die politisch aggressive Ausprägung des innerweltlich geführten islamischen Heiligen Krieges), dass sie letztlich – sollte sie nicht einzig auf das Moment der Vernichtung reduzieren – auf das Postulat vom Überleben der Auserwählten zurückführt.

André Glucksmann stellt lapidar fest: "La nouvelle apocalypse détruit sans reconstruire. Le bourgeois d'avant 14 s'hallucinait citoyen d'une Terre ferme" (Glucksmann: 1991, 42). Die neue Apokalypse kennt keinen Neubeginn! Glucksmann sieht die definitive Zäsur mit dem Krieg von 14/18: Zwar sei man wohl schon immer sich dessen bewusst gewesen, dass der Krieg die Werte in ihr Gegenteil verkehre, aber bis dahin habe man annehmen können, die Wunden würden schon wieder heilen. "Le régime nouveau de l'apocalypse d'après 14 perturbe cette alternance tranquille" (Glucksmann: 1991, 44). Es gibt keinen Neubeginn, sondern nur noch eine Folge von Katastrophen: Glucksmann beschreibt eine Situation des permanenten Traumas, die Erfahrung von der gnadenlosen Beschleunigung. Die Entwicklung der Produktivkräfte gehe untrennbar mit der des Destruktionspotentials einher: Das Leben erhalten und den Tod verbreiten stellen sich ihm als die beiden Seiten ein und derselben Medaille dar. Die Macht der Technologie ist völlig wertneutral! Die neue technologische Leistungsfähigkeit und die daraus resultierende Beschleunigung der Geschichte beschreibt Glucksmann in Worten, die nichts anderes als das *Fortschrittstrauma* bezeichnen:

> La nouvelle puissance technologique ne rend pas l'homme moins ni davantage moral, elle met en difficulté son hypocrisie. La tant célébrée 'accélération de l'histoire' ne signifie nullement que notre contemporain 'avance' plus vite – vers où, grands dieux? – mais naguère nous supportions dans la succession ce qui, aujourd'hui, se donne dans la simultanéité. Guerres et paix se suivaient et s'excluaient; ce jour, elles s'interpénètrent et s'impliquent (Glucksmann: 1991, 45f).

Der Mensch der Gegenwart verliert sich in der Simultanität! Die Quintessenz von Glucksmanns Diagnose ist ebenso einfach wie einleuchtend: In einer Entwicklung, die kein Ziel kennt, kann niemand der Schnellere oder gar Schnellste sein; die chronologische Abfolge der Ereignisse ist aufgehoben und mit ihr eine Möglichkeit verloren gegangen, das Widerfahrene zu ertragen. Er zeigt die nicht mehr zu überbietende Amplifikation dessen, was das Fortschrittstrauma ausgelöst hat. Und die von Glucksmann geschilderte gnadenlose Simultanität verwehrt dem Bewusstsein – sowohl dem individuellen als auch dem kollektiven – die Form der nachträglichen Bearbeitung traumatisierender Schocks: Dem Erfahrenen eine Zeitstelle im Bewusstsein zu geben, es in ein Erlebnis zu verwandeln. Das Bewusstsein ist ausgeliefert dem Terror der Innovation. Glucksmann ist zuzustimmen, wenn er dem Innovationsparadigma die Notwendigkeit fortwährender Zerstörung unterlegt, welche durch ihre Wertindifferenz die Unterscheidung von Gut und Böse in einen unaufhaltsamen Schwindel reiße und die "humanitaristische" Rede vom Fortschritt Lügen strafe:

> L'innovation suppose la destruction, la libre circulation des idées et des images véhicule la licence, le pouvoir de faire enveloppe une incoercible faculté de défaire. La convention a beau séparer à la hache les forces du Bien et du Mal, elles croissent dans un unique et irréversible vertige. La dynamique, baptisée progrès par l'humanitariste impénitent, fait sauter les serrures les plus hermétiques et les partages les mieux établis (Glucksmann: 1991, 46).

Entsprechend fällt Glucksmanns Bestandsaufnahme zu diesem Jahrhundert aus: Die von ihm geschilderte Situation der omnipräsenten Gewalt verbietet es, eine Position der Distanz (Glucksmann: "survol") zu beziehen. Als logische Konsequenz erscheint bei ihm ein apokalyptischer Jargon, der zur Pathosformel gerinnt. Eine solche Pathosformel lässt keinen Ausweg mehr zu, sie hält das Bewusstsein fest umklammert, sie gerät zur einzig noch möglichen Haltung angesichts des permanenten Traumas – die 'neue Apokalypse' wird zu einer unhintergehbaren:

> L'histoire la plus terre à terre, commune, prosaïque, celle des tranchées pouilleuses et la littérature, portée à quelque degré suprême de concentration, se rencontrent aux prises avec la même évidence crue et indivisible de l'apocalypse tronquée, cette révélation qu'il n'y aura pas d'autre révélation que la démonstration du monstrueux. Il n'y a pas d'après à la proximité d'une fin des choses, des êtres et des idées. L'aventure de la boue, des obus, des bombes, de la vermine peut légitimement s'affirmer métaphysique, car elle met en jeu les objets qui priment en philosophie première: Dieu, le Monde, le Moi (Glucksmann: 1991, 66).

Glucksmanns Denken, welches das Böse im Menschen seinen Ausgang nehmen lässt, erweist sich als von einem tiefen *anthropologischen Pessimismus* durchtränkt. Die Frage stellt sich ihm, ob lediglich noch eine Haltung des 'Als ob' möglich sei: Handeln *als ob*, entgegen alle Augenscheinlichkeit, hinter der Apokalypse noch das von der Religion verheißene Gute, das Paradies, stünde:

> Puisque les évidences du mal chassent celle que l'humaniste prêtait au Bien, une seule solution: feindre! et l'optimisme sera sauvé. Faire comme si le bien des apocalypses religieuses existait indubitable. Faire comme si, le savoir en étant acquis, on pouvait statuer du juste et du parfait. Faire comme si tout le monde allait faire comme si. Faire comme s'il n'a avait rien d'autre à faire [...] Il faut espérer: sinon c'est désespérant (Glucksmann: 1991, 48).

Wie Lévy betrachtet Glucksmann den auf Reinheit bedachten Fundamentalismus als das Phänomen des Totalitarismus schlechthin. Unter Berufung auf Scholem unternimmt er eine kritische Revision messianisch-apokalyptischer Denkrichtungen (Glucksmann: 1991, 207f). Die einzige Antwort, die er auf die von ihm analysierte schiere Ausweglosigkeit seit Ende des vergangenen Jahrhunderts bereithält, ist die radikale Enthüllung, die Demystifizierung ideologischer Diskurse. Deshalb heißt sein ethischer Imperativ das "XI. Gebot": Nichts Unmenschliches soll Dir fremd bleiben! Woraus sich die Aufgabe ergibt, das Böse ans Licht zu holen – "Le onzième commandement – que rien de ce qui est inhumain ne te demeure étranger – n'exige pas: fais! mais fais voir!... le mal" (Glucksmann: 1991, 323). Wie Lévy vertritt Glucksmann eine Ethik, die sich auf das mosaische Gesetz – und nur auf dieses, auch wenn er es um ein elftes Gebot erweitert – beruft und aus der nur schwer eine wirkliche Perspektive für politisches Handeln abzuleiten ist: Politisches Handeln wird auf ein bloßes Reagieren beschränkt, das den weitgehenden Verzicht auf die (Neu-) Gestaltung einschließt. Letztlich vertritt Glucksmann eine an den mosaischen Geboten ausgerichtete 'wertkonservative' Haltung.

Die Geschichte wird immer 'heißer' – und so polemisiert Lévy gegen Lévi-Strauss:

> Combien étions-nous à soupçonner, sans vraiment le dire, que l'Histoire n'était pas tout à fait la chose du monde la mieux partagée et qu'il y avait des zones entières de la planète qui avaient quitté son orbite? Combien étions-nous à voir, fût-ce pour nous en indigner, ces zones comme des vastes pourrissoirs, ou des cloaques de la mort lente, définitivement désertés par les vents, bons ou mauvais, de l'Histoire? Lévi-Strauss et sa 'pensée sauvage'. L'anthropologie moderne et sa distinction entre 'histoire chaude' et 'histoire froide'. Le racisme discret, mais éternel, de ceux qui s'étaient accoutumés à cette vision d'une Afrique sans destin où la politique devenait une région de la climatologie et où n'errait plus qu'une humanité amorphe – vie indistincte, mort indifférente, grands rythmes immobiles. Il n'y a plus d'histoire froide, voilà l'enseignement. Il n'y en a, peut-être, jamais eu. Et bientôt plus une parallèle de ce monde qu'épargnera ce retour de l'Histoire, avec sa démence, sa barbarie et ces foules gigantesques qui dégringolent, soudain, dans le crime (Lévy: 1994, 60f).

6. Geschichte jenseits des Totalitarismus? Derrida beschwört den Geist von Marx

Wenn Jacques Derrida ankündigt "Je parlerai donc d'un ton apocalyptique adopté en philosophie" (Derrida: 1983, 9), dann eröffnet er einen Dialog mit der *Johannesapokalypse* ebenso wie mit der apokalyptisch gefärbten Philosophie seiner Zeit. Gegenstand seiner Rede sind jedoch nicht ihr Anlass, der hinter dem apokalyptischen Text (den apokalyptischen Texten) zurücktritt: die Angst und die angsterzeugenden Momente. Der apokalyptische Ton ist der Ton eines Denkens, das, im Ende befangen, das Ende als vergangenes denkt, obwohl, so das Paradox, es von diesem Ende her selbst schon nicht mehr sein dürfte. Derrida ironisiert hier den Umstand, dass ein apokalyptischer Jargon immer zur Selbstaufhebung drängt, weil er sich von eben dem Ende nährt, das ihn überflüssig macht. Die *Apokalypse* des Johannes interpretiert er als einen vielstimmigen Text: Es gebe keinen festen Standort der Narration, weder 'Sender' noch 'Adressat' seien feste Größen, sondern der Ton entstehe aus einem fortwährenden differentiellen Um- bzw. Übersetzen ("démultiplication différentielle" – der Ausdruck meint das de-konstruktivistische Verfahren auf der Ebene des Textes, das hier mit der Arbeit eines Getriebes assoziiert wird). Und es sei keineswegs ausgemacht, welche Stellung der Mensch in diesem Text einnimmt – im Text der *Apokalypse*, der zugleich Text über die *Apokalypse* ist. Zu diesem Text über die *Apokalypse* gehören wiederum alle Texte über die *Apokalypse*, womit sie wieder auf den Ausgangspunkt zurückführen: die *Apokalypse*.

> Et il n'est pas assuré que l'homme soit le central de ces lignes téléphoniques ou le terminal de cet ordinateur sans fin. On ne sait plus très bien qui prête sa voix et son ton à l'autre dans l'Apocalypse, on ne sait plus très bien qui adresse quoi à qui. Mais par un renversement catastrophique ici plus nécessaire que jamais, on peut aussi bien penser ceci: dès qu'on ne sait plus qui parle ou qui écrit, le texte devient apocalyptique (Derrida:1983, 77).

Der Text "wird apokalyptisch" gilt nicht nur für die *Apokalypse*, sondern meint den neuen in der Philosophie angeschlagenen Ton – "ton apocalyptique adopté naguère en philosophie". Derrida treibt die De-konstruktion des apokalyptischen Textes weiter und stellt Bezüge zu seinen eigenen Texten her, so dass schließlich die gesamte Schrift über die *Apokalypse* zu einem differentiellen Um- bzw. Übersetzen von Texten und Metatexten wird, das Derridas eigene Theorie der *écriture* am apokalyptisch gewordenen Text vorexerziert. Dieses Verfahren hat Derrida harsche Kritik eingetragen, weil er auf den Anlass der Texte, die Realangst der atomaren Bedrohung etwa, nicht eingegangen sei und sich in Sprachspielereien verliere (vgl. Vondung: 1988, 50ff). Doch Derridas

Text ist mehr als ein bloßes Spiel oder der Versuch, zum x-ten Male die Theorie der *écriture* zu exemplifizieren; es ist ein Text, der das Unbehagen an der Rede vom Ende (*eschaton*) artikuliert, der sich mit der Behauptung, das Ende der Geschichte stehe bevor oder sei gar eingetreten, nicht abfinden möchte, ein Text, der an seiner eigenen Gestaltung vorführt wie Offenbarung im Akt des Offenbarens zu einem letztlich autoreflexiven Prozess wird, in dem das Historische als Signifikat aus dem Blickfeld gerät und sich in reiner Phantasmagorie auflöst.

Derridas *re-lecture* des *Manifests der Kommunistischen Partei* interpretiert das Denken von Marx als ein "Gespenst", das von den Mächtigen im 19. Jahrhundert gefürchtet worden sei, das – als "re-venant" – noch immer gefürchtet werde, weil es etwas Noch-immer-nicht-Eingelöstes mit sich führe, das über eine unvermindert wirksame "spectralité" verfüge. Diese "gespenstische" Kraft gehe von der absolut unbestimmt bleibenden messianischen Hoffnung aus:

> Dans cette mesure, l'effectivité de la promesse démocratique, comme celle de la promesse communiste, gardera toujours en elle, et devra le faire, cette espérance messianique absolument indéterminée en son cœur, ce rapport eschatologique à l'à-venir d'un événement *et* d'une singularité, d'une altérité inanticipable. Attente sans horizon d'attente, attente de ce qu'on n'attend pas encore ou de ce qu'on n'attend plus [...] *juste* ouverture qui renonce à tout droit de propriété, à tout droit en général, ouverture messianique à ce qui vient, c'est-à-dire à l'événement qu'on ne saurait attendre *comme tel*, ni donc reconnaître d'avance, à l'événement comme l'étranger même, à celle ou à celui pour qui on doit laisser une place vide, toujours, en mémoire de l'espérance – et c'est le lieu même de la spectralité (Derrida: 1993, 111).

Das Gespenstische, das Derrida zur *spectralité* erhebt, meint das Unabgegoltene, das Latente, das zur *nachträglichen* Trauerarbeit ("travail de deuil") Auffordernde, das der Text des *Manifests der Kommunistischen Partei* transportiert: "Ein Gespenst geht um in Europa [...]". *Spectralité* bezeichnet den Ort, den Un-Ort, den rhetorischen Ou-Topos, der immerfort seine Wirkung ausübt, der diese Wirkung selbst meint: die *hantise*, das *Un-heimliche*, das von dem Gespenst ausgeht, das niemals *Heimisch*-Gewordene, das niemals vollends Realisierte, das von seinen 'apostolischen' Apologeten niemals Eingelöste. Derrida hebt das im Messianismus enthaltene unbestimmte und unbestimmbare Prinzip Hoffnung hervor,[186] ein Prinzip, das gerade auch der durch den 'real existierenden' Sozialismus zur totalitären Ideologie und zum puren Machtinstrument korrumpierte Kommunismus nicht aus dem Denken von Marx tilgen konnte und das mit unverminderter Kraft weiter wirkt, das 'spukt' wie ein Gespenst. Das Anliegen Derridas kann auf eine griffige Formel

---

186 NB: Das Moment der Hoffnung geht allerdings in Ernst Blochs berühmter Studie *Das Prinzip Hoffnung* in einem mitunter bis zum pathetischen Kitsch gesteigerten Bildungswust unter.

gebracht werden: Dem 'Prophetischen' am 'Apostel' Marx gilt es wieder Gehör zu verschaffen.

Vehement stellt sich Derrida gegen das von Fukuyama propagierte Ende der Geschichte. Mit anderen Worten: Derrida denunziert den millenaristischen Grundton in Fukuyamas Rede vom Ende der Geschichte, einer Rede, welche die bürgerlich-liberale Gesellschaft ineins mit dem zur Globalisierung ausgeweiteten Kapitalismus als den Endzustand der Weltgeschichte betrachtet, in dem allein der ökonomische Kollaps zur drohenden neuen Apokalypse wird (Fukuyama: 1993)[187] – diese hat nichts mehr von der heilsgeschichtlich tingierten Krise bei Marx und Engels. Oder noch einmal anders formuliert: Indem diese Rede einen Zustand der Stabilität supponiert, gesellt sie sich zu jenen Ideologemen, welche die Gesellschaft vor der Überhitzung durch die Geschichte bewahren möchte, einer Überhitzung, die jedoch auf die vom Kapitalismus selbst entfesselten Produktivkräfte zurückgeht, die zwangsläufig eine "Lebensmittel-Technik" in eine "Todesmittel-Technik" transformiert (Bloch). Der globalisierte Weltmarktkapitalismus tendiert dazu, sich – analog zu der von Freud konstatierten Ökonomie des Seelenlebens – über die materialintensiven "chirurgischen" Angriffe eine Triebabfuhr zu verschaffen. Und spricht nicht für diese These vom Erhalt der (Trieb-) Ökonomie des globalisierten Kapitalismus, dass gerade während der Bombardements von Zielen im ehemaligen Jugoslawien in den USA die Aktienkurse stiegen? So wird der Militäraktion, die zweifelsohne von der ethischen Notwendigkeit getragen wird, der ethnischen *épuration* Einhalt zu gebieten, immer ein zweifelhafter Geruch anhaften: das Austreiben des Teufels mit dem Belzebub. Die *differentia specifica* des globalisierten Kapitalismus ist die Kriegswirtschaft.

Ist Geschichte ohne Überhitzung überhaupt noch denkbar? Auf diese Frage sucht die 'späte' Postmoderne – und ist nicht der Terminus "Postmoderne" selbst das Produkt einer von apokalyptischer bzw. millenaristischer Hilflosigkeit tingierten Begriffsbildung? (vgl. Jauß: 1990, 245f)[188] – eine Antwort. Ge-

---

187 Zum Millenarismus Fukuyamas und anderer Denker des ausgehenden 20. Jahrhunderts vgl. Barkun: "[...] secular social analysts have increasingly painted an apocalyptic future. While some, such as Francis Fukuyama, describe an 'end of history' in perfectionist terms, many others [...] see history ending in a spiral of ever-increasing suffering and violence. Such end-of-the-world scenarios, although couched in entirely non-religious terms, share with religious counterparts the conviction that the world as we know it lives on borrowed time" (Barkun: 1996, 2).

188 Besonders augenscheinlich wird dieser "Endzeitgedanke" bei Giddens, einem jener Sozialwissenschaftler, die – und die ethisch längst desavouierte europäische Sozialdemokratie wird nicht müde, ihre Gedanken nachzuäffen – einen "dritten Weg" propagieren, weil sie weder einen ersten noch einen zweiten intellektuell zu bewältigen vermochten: "Die Postmoderne ist nicht nur mit dem Ende des Fundierungsgedankens in Verbindung gebracht worden, sondern auch mit dem 'Ende der Geschichte'. [...] Die 'Geschichte' hat keine innere Form und keine Gesamtteleologie. Es läßt sich eine Vielfalt von Geschichten schreiben, und es ist nicht möglich, diese durch Bezugnahme auf einen archimedischen Punkt zu verankern (etwa durch die Idee, die Geschichte habe eine Entwicklungsrichtung). Dabei darf die Geschichte nicht mit 'Historizität' gleichgesetzt werden, denn diese ist speziell mit den

rade ein dekonstruktives Herangehen an die Geschichte habe, so Derrida in *Spectres de Marx*, nicht das Leugnen von Geschichtlichkeit zur Konsequenz, ein Leugnen, welches das kapitalistische 'Paradies' zum Ziel der Geschichte erhebe, sondern eine *neue* Geschichtskonzeption, die nun nicht mehr von einem klar definierten Endpunkt her gedacht sei. Eine solche Geschichtskonzeption sieht Derrida mit einer Repolitisierung (sic!) im Geiste der messianischen Hoffnung einhergehen:

> Qu'on me permette de rappeler d'un mot, une certaine démarche déconstructrice, du moins celle, dans laquelle j'ai cru devoir m'engager, consistait dès le départ à mettre en question le concept onto-théo – mais aussi archéo-téléologique de l'histoire – chez Hegel, Marx ou même dans la pensée épochale de Heidegger. Non pas pour y opposer une anhistoricité mais au contraire pour démontrer que cette onto-théo-archéo-téléologie verrouille, neutralise et finalement annule l'historicité – non pas une nouvelle histoire ou encore moins un '*new* historicism', mais une autre ouverture de l'événementialité comme historicité qui permît de ne pas y renoncer mais au contraire d'ouvrir l'accès à une pensée affirmatrice de la promesse messianique et émancipatoire comme promesse: comme *promesse* et non comme programme ou dessein onto-théologique ou téléo-eschatologique. Car loin qu'il faille renoncer au désir émancipatoire, il faut y tenir plus que jamais, semble-t-il, et d'ailleurs comme à l'indestructible même du 'il faut'. C'est là la condition d'une re-politisation, peut-être d'un autre concept de politique (Derrida: 1993, 111).

Das Unbestimmte der messianischen Hoffnung, das ihre Universalität begründet, soll davor schützen, den relativen historischen Standpunkt zu verabsolutieren. Der in dieser Hoffnung enthaltene Imperativ, das *il faut*, sei die Bedingung für eine Re-Politisierung, für ein neues politisches Konzept. Derrida setzt sich damit in aller Deutlichkeit von einer Paralyse des politischen Denkens und Handelns ab, in die sich die 'Prophetie' der *nouveaux philosophes* Lévy und Glucksmann begibt. Die Paralyse des Handelns und die fehlende Risikobereitschaft sind für Fukuyama Signa des 'posthistorischen' Zeitalters, eines Zeitalters, das auf paradoxe Weise nunmehr im Zeichen der Zivilisation jene "société froide" zu realisieren scheint, die Lévi-Strauss den (fast) geschichtslosen primitiven Völkern zuschreibt. Die posthistorische Gesellschaft zeichne sich, so Fukuyama, durch Risikobegrenzung sowohl auf der Ebene der individuellen Biographie als auch auf der Ebene globaler Konflikte (Stichwort: Kalter Krieg) aus (Fukuyama: 1992, 326f). Doch um welchen Preis! Die vertikale soziale Mobilität von unten nach oben wird suspendiert – und die Drohung vor dem sozialen Abstieg wird zum Instrument der Entmündigung der Mittelklasse und der Intelligenz; nicht anders sieht es im Verhältnis zwischen den Industriemächten und der Dritten Welt aus.

Institutionen der Moderne verknüpft. Der von Marx vertretene historische Materialismus begeht den Irrtum, diese beiden zu identifizieren, wodurch er nicht nur der historischen Entwicklung eine falsche Einheit unterstellt, sondern es außerdem versäumt, die besondere Eigenschaften der Moderne zu erkennen" (Giddens: 1995, 68).

Die Geschichte ist noch nicht zu Ende; das neue politische Verständnis der Geschichte darf kein eschatologisches und schon gar kein apokalyptisches sein. Derridas hier noch vage bleibender Forderung nach einer Re-Politisierung der Geschichte darf getrost der Benjaminsche Imperativ unterstellt werden: "Bevor der Funke an das Dynamit kommt, muß die brennende Zündschnur durchschnitten werden". Jede Betrachtung der Geschichte, an der sich ein solches politisches Handeln orientiert, trägt unhintergehbar eine "promesse messianique" in sich.

In seiner Schrift *Marx & Sons*, die sich mit der von *Spectres de Marx* ausgelösten Kontroverse auseinandersetzt, präzisiert Derrida seine Konzeption der Re-Politisierung von Denken und Handeln, die er nunmehr auf den Begriff der *messianicité* bringt: "*Tout sauf utopique*, elle commande *ici maintenant* l'interruption du cours ordinaire des choses, du temps et de l'histoire; elle est inséparable d'une affirmation de l'altérité et de la justice" (Derrida: 2002, 70). Derrida beruft sich auf Benjamin, um sich sogleich wieder von ihm abzusetzen, weil dieser zu sehr einer Gestaltwerdung von Messias bzw. Messianismus verhaftet geblieben sei. Dagegen radikalisiert er noch Cohens Hinauswurf des Messias, indem er den Messianismus selbst durch seinen umfassenderen Begriff ersetzt: "[...] l'usage du mot 'messianique' n'est pas du tout lié à telle ou telle tradition messian*iste*. C'est pourquoi je parle précisément de 'messianicité *sans* messianisme" (Derrida: 2002, 71). Damit will er seinen Anspruch verteidigen, sich dem ganz Anderen zuzuwenden, das den Balast der (politischen) Theologie entledigt sei, ohne indes die in der Tradition eingeschriebenen Möglichkeiten über Bord zu werfen: "C'est une autre structure, une structure de l'existence que je tente de prendre en compte moins par référence à de traditions relgieuses qu'à des possibilités [...] (Derrida: 2002, 72). Die Momente der messianischen Tradition, die er zu überwinden sucht, sind vor allem die Erinnerung an eine historisch konkretisierbare jüdische oder christliche Offenbarung und einen konkrete Gestalt annehmenden Messias: "La messianicité sans messianisme exclut, dans la pureté de sa structure même, ces deux conditions" (Derrida: 2002, 73). Das Projekt der De-Konstruktion, das seiner 'messianistisch' inspirierten Lektüre von Marx zugrunde lag, soll nun deren Grundlage selbst ergreifen und neu denken; die messianicité bedeutet so etwas wie die De-Konstruktion der De-Konstruktion, um an den Anfang jeder De-Konstruktion zu gelangen:

> Les figures du messianisme seraient (si on veut ici aller trop vite et croiser tous les codes de façon un peu confuse) à déconstruire comme des formations "religieuses", idéologiques ou fétichisantes, là où la messianicité sans messianisme reste, elle, comme la justice, indéconstructible. Indéconstructible car le mouvement même de tout déconstruction la suppose. Non pas comme fondement de certitude, comme le sol ferme d'un cogito [...], mais selon une autre modalité (Derrida: 2002, 77).

Ein repolitisiertes Geschichtsdenken richtet sich insbesondere gegen alle Versuche, nur noch einseitig Prozesse des Niedergangs *wahrzunehmen*. Eine solche *einseitige Wahrnehmung* ist auch dem *nouveau philosophe* Lévy vorzuhalten, wenn er einen weltgeschichtlichen Ausblick wagt, der – wenn auch entfernt – an Spengler erinnert. Vom konstatierten Niedergang der Stadt –"je crois que nous assistons au commencement de la fin des villes" (Lévy: 1994, 183) – springt Lévy über zu einer Vision von der zunehmenden Dekomposition komplexer Einheiten und einer globalen Herrschaft des organisierten Verbrechens; damit formuliert er ein krepuskuläres Orakel: [189]

> Je crois à un devenir-ghetto du monde, et à un devenir-mafia de la planète. Et je crois que l'on ne s'en tirera pas en grommelant, comme font déjà les malins: le monde n'a jamais été qu'un conglomérat de ghettos; les États, des mafias déguisées; les sociétés civiles, des associations de malfaiteurs contractualisées – alors, que les choses soient enfin dites, que l'humanité passe aux aveux, est-ce que ce n'est pas mieux? est-ce qu'il faut jouer l'étonné quand tombent les masques du monde? Je crois en un émiettement du monde. Et à une pulvérisation des États. Et à une dissolution des vieilles et pacifiques nations. Je crois à la dissolution par fragmentation, ébullition, liquéfaction (Lévy: 1994, 184).

Eine repolitisierte Geschichtskonzeption wie die Derridas und der in ihr enthaltene Gedanke an das messianische Versprechen rettet Geschichte auch über die Versuche hinweg, sie zu bloßer Virtualität zu erklären, wie dies Jean Baudrillard in seiner *Pataphysique de l'an 2000* versucht. Baudrillard spricht von einer Geschichte jenseits der Apokalypse (man denke dabei an Derridas kritische Bemerkungen zum "ton apocalyptique"!), die sich in einem unendlichen, dämonischen Spiel der Täuschungen verfangen habe und in der der Messias immer zu spät komme – so die Aussage einer Passage aus Baudrillards Vision von einem multimedialen Millenarismus der Virtualität zur Jahrtausendwende, in der die Figur des Endes zu einer (Selbst-) Täuschung gerät:

> Alors, autant circuiter le Messie, autant avouer la fin. Ça a toujours été la tentation démoniaque: falsifier les fins et le calcul sur les fins, falsifier le temps et l'occurrence des choses, en précipiter le cours, dans l'impatience de l'accomplissement, ou par la secrète intuition que la promesse de l'accomplissement est de toute façon, elle aussi, fausse et diabolique (Baudrillard: 1992, 21).

---

[189] Zu Fukuyamas These vom Ende der Geschichte heißt es bei Lévy, dass diese nur noch ein fader Reflex der einstigen marxistischen Hoffnung sei: "[...] avoir consacré tant d'énergie – et je parle de la plus rare, qui est celle de la pensée – à tenter de donner congé à l'illusion eschatologique pour la retrouver là, dans une version affadie? Cette illusion messianique dont ils savaient les pièges, et le caractère meurtrier, devenait-elle brusquement acceptable sous prétexte qu'au lieu de la société sans classes elle nous promettait une société sans autres?" (Lévy: 1994, 47f).

7. Die Unhintergehbarkeit des Neuen

Eine Antwort auf das von dem Paradigma "Innovationsverdichtung" (Lübbe) bzw. "ästhetische Innovationsverdichtung" (Haug) geprägte Selbstverständnis der Moderne sucht Jean-François Lyotard in *La Condition postmoderne*. Seine Revision des Paradigmas der Moderne setzt mit der Wissenschaftstheorie ein. Der Zusammenbruch einer abstrakt – präziser: durch ein abstraktes *Traditions*-Verständnis – begründeten Legitimation habe in der bisher einzig am Rationalismus ausgerichteten Wissenschaft die Frage nach der Legitimation des der Vernunft Widerstreitenden ("paralogie") aufgeworfen (Lyotard: 1979, 98), in dem er den eigentlichen Grund für tief greifende Veränderungen in Forschung und Technik erkennt. Die "paralogie" – der Begriff als solcher bleibt bei Lyotard relativ vage, scheint er doch sowohl einen erkenntnistheoretischen Standpunkt als auch die Konkretisierung der auf diesem Weg gewonnenen Erkenntnisse zu meinen – unterscheidet er strikt von der *Innovation*.

> Il faut distinguer ce qui est proprement paralogie de ce qui est innovation: celle-ci est commandée ou en tout cas utilisée par le système pour améliorer son efficience; celle-là est un coup, d'importance souvent méconnue sur-le-champ, fait dans la pratique des savoirs. Que, dans la réalité, l'une se transforme en l'autre est fréquent mais non nécessaire, et pas nécessairement gênant pour l'hypothèse (Lyotard: 1979, 98f).

Lyotards Unterscheidung zwischen "paralogie" und Innovation sei noch einmal zusammengefasst: Diese sei von einem System bestimmt oder zumindest stehe sie in dessen Diensten, während jene ein überraschendes, oft erst *post festum* zu bestimmendes Moment – "fait dans la pragmatique des savoirs" – sei. Innovationen sind Realisierungen der im System angelegten (bedingt notwendigen) Möglichkeiten zur Verbesserung desselben. "Innovation" heißt also: Fortschritt in Bezug auf dieses System im Sinne einer Perfektionierung. Die "paralogie" wirkt gegen den Konsens in der Wissenschaftstheorie und der ihr korrespondierenden Praxis ("Le consensus est un horizon, il n'est jamais acquis"). Die Wissenschaftstheorie verfolge – unter Berufung auf die Vernunft – immer eine auf sie verweisende Legitimationsstrategie mit dem Ziel, den Konsens zu stabilisieren. Diese Legitimationsstrategie der Vernunft sei eine Antwort darauf, dass eben der Vernunft ein ihr fortwährend widerstreitendes Prinzip entgegenwirke:

> Il faut supposer une puissance qui déstabilise les capacités d'expliquer et qui se manifeste par l'édiction des nouvelles normes d'intelligence ou, si l'on préfère, par la proposition de nouvelles règles du jeu de langage scientifique qui circonscrivent un nouveau champ de recherche (Lyotard: 1979, 90).

Zusammenfassend kann festgestellt werden: Vernunft und "paralogie" bilden ein Begriffspaar, das auf eine dualistische Wissenschaftskonzeption verweist. In diesem Dualismus konvergiert Lyotards Bestandsaufnahme einer Wissenschaftstheorie der *Condition postmoderne* mit der kritisch-rationalistischen Wissenschaftstheorie, die – über die Praxis (sic!) – den Wandel in den Wissenschaften auf irrationale Faktoren zurückführt, so dass, wie Paul Feyerabend formuliert, eine solche Bestandsaufnahme aus der Sicht eines klassischen Rationalismus (sic!), der seine Beurteilungen ausschließlich auf akzeptierte Maßstäbe gründet, als ein *anything goes* erscheinen muss (Feyerabend: 1980, 97f; Feyerabend: 1995, 11). Damit hat Feyerabend das – da seinem theoretischen Kontext zumeist entzogen, häufig mißbrauchte – Schlagwort der Postmoderne geprägt (vgl. Welsch: 1993, 34f u. 135f). Wandel bzw. Reform betrachtet Feyerabend übrigens als die Verdrängung einer Tradition (Lyotard würde sagen: "consensus") durch eine andere, wobei diese anfangs noch nicht als eine solche erscheine. Was die Vernunft anbelangt, so sei diese nur eine Handlungsform unter anderen (Feyerabend: 1980, 39).

Auf dem Hintergrund eines einseitig rationalistischen Selbstverständnisses der Moderne und der offensichtlich fehlenden epochenkonstituierenden Zäsur in der nachavantgardistischen Kunst ist Lyotards kritische Revision des Innovationsparadigmas aus der Sicht der ästhetischen Erfahrung zu sehen: Ästhetische Erfahrung gründe in einem das Erhabene ("le sublime")[190] zeitigenden *Ereignis* (dt. im Original); sie bedürfe des *now*, der von einer *echten* Avantgarde getragenen Hinwendung zu der Frage *Arrive-t-il?*, die sich in jede *Innovation* einschreibe, ohne in deren Vollzug eine Antwort zu finden: "Entre deux informations, il n'arrive rien, par définition" (Lyotard: 1988, 117). – NB: Der Begriff "Ereignis" und die Frage *Arrive-t-il?* verweisen auf Erfahrungsmomente, die der Mystik beheimatet sind; somit erinnert Lyotards Ansatz an die Ästhetik Blochs, wie sie sich in *Der Geist der Utopie* abzeichnet.[191] Der zeitgenössische Kapitalismus habe es vermocht, der Kunst seine verdinglichte Zeitvorstellung mit der Annahme indifferenter Einheiten – was der "confusion entre l'innovation et l'*Ereignis*" gleichkomme – zu oktroyieren und sie davon zu überzeugen, dass eine *echte* Avantgarde lediglich in inkommensurablen Lärm abzugleiten drohe, folglich also auch auf dem Kunstmarkt nicht zu reüssieren vermöge. Mit anderen Worten: Die Kunst gehorcht nunmehr den Prämissen der Warenästhetik –

> Le secret d'une réussite artistique comme d'un succès commercial réside dans un dosage entre le surprenant et le 'bien connu', entre l'information et le code. Telle est l'innovation dans les arts: on déséquilibre, au moyen de combinaisons avec d'autres formules en principe incompatibles, au moyen d'amalgames de citations,

---

190 Lyotard hat sich in seinen *Leçons sur l'Analytique du sublime* ausführlich der Ästhetik des Erhabenen im Ausgang von Kant angenommen (Lyotard: 1991).
191 Lyotard hat sich an anderer Stelle ausführlicher mit der Konzeption des "Noch nicht" bei Bloch auseinandergesetzt (Lyotard: 1977). Zur Ästhetik des jungen Bloch vgl. Münster: 1982, 145ff.

d'ornementations, de pastiches. On peut aller jusqu'au kitsch et au baroque (Lyotard: 1988, 117).

Um verkauft werden zu können, müssen Kunstwerke wie Waren bei aller (ästhetischen) *Innovation* immer einen hohen Anteil an Redundanzen aufweisen, die Vertrautheit garantieren – diese Meinung teilt *mutatis mutandis* auch Barthes (vgl. Barthes: 1973, 86f). Mit der Depravierung des Neuen, so Lyotard, durch die Gesetze des Marktes – d.h. die Relativierung des avantgardistischen Impetus – sei das Erhabene nicht mehr in der Kunst, sondern in der Kunstbetrachtung beheimatet. Nichtsdestoweniger bleibe der Kunst die von einem numinosen *Arrive-t-il?* geleitete Erwartung als Konstituens ästhetischer Erfahrung eingeschrieben. Mit gemeint ist der Grund einer jeden Erfahrung überhaupt oder der letzte Seinsgrund, den er im Anschluss an die jüdische Philosophie in Frankreich als das unbestimmbare "*Il y a* lui-même" bezeichnet (Lévinas: 1947, 100; Kuhnle: 1998, 125-127). Der Begriff des *il y a* geht auf Emmanuel Lévinas zurück und bezeichnet die Anwesenheit in der Abwesenheit von Dingen, ein Kräftefeld, das selbst dort fortwirkt, wo nichts mehr vor- oder zuhanden ist, das anonyme Faktum des Seins ("le fait anonyme de l'être") nach dem Zusammenbruch der Welt(en). Das anonyme Faktum des Seins ist nur noch pure Konsistenz, die sich in ihrer ganzen Nacktheit und Hässlichkeit darbietet. Das *il y a* erzeugt Ekel und Grauen, die aber nur die Funktion einer Vorstufe erfüllen:

> La "nausée" comme sentiment de l'existence n'est pas encore une dépersonnalisation; alors que l'horreur met à l'envers la subjectivité du sujet sa particularité d'*étant*. Elle est participation à l'*il y a*. À l'*il y a* qui retourne au sein de toute négation, à l'il a "sans issue" (Lévinas: 1947, 100).

Diese Erfahrung eines Nullpunktes, die das *il y a* bedeutet, ist aber nicht gleichzusetzen mit Hoffnungslosigkeit; sie markiert vielmehr die Vorstufe zu einem möglichen Aufschwung in Richtung Sein, das jedoch nichts mehr mit dem intramundanen Seinsverständnis zu tun hat, nichtsdestoweniger aber nicht ohne dieses zu denken ist. Die Annahme eines solchen Aufschwungs (oder *évasion*) ist die existentielle Variante des jüdischen Messianismus, der sich letztlich als die Überwindung der "ontologischen Differenz" von Sein und Seiendem erweist – in Bezug auf das Sein eben um ein Winziges anders.

Lyotard spricht von einem "cynisme de l'innovation", hinter dem sich die Verzweiflung darüber verberge, dass eigentlich nichts mehr geschehe. Das Festhalten am Innovationsparadigma erklärt er mit einem *Als ob*: "Mais innover consiste à faire comme s'il arrivait beaucoup de choses, à les faire arriver". Dieses *Als ob* erscheint bei ihm als eine Form der Unterwerfung unter die "métaphysique du capital", hinter der er eine Technologie der (verdinglichten) Zeit ("une technologie du temps") ausmacht; dem hält er das *Arrive-t-il?* entgegen: "Avec l'occurrence, la volonté est défaite. La tâche avantgardiste reste de défaire la présomption de l'esprit par rapport au temps. Le sentiment du sublime est le nom de ce dénuement" (Lyotard: 1988, 118). Die Leistung, die er einer neuen Avantgarde abverlangt, ist mehr als ein bloßer Traditionsbruch, den sich die "métaphysique capitaliste" wieder einverleiben würde. *Innovation* wird durch das wahre *Neue* als Schein entlarvt. Die echte "tâche avantgardiste" kann als die Aufgabe bezeichnet werden, das *Neue* nicht im Sinne einer inszenierenden Ablösung des Alten zu begreifen, sondern als den Verweis auf das "Noch-Nicht" des Unbekannten, hinter dem sich die messianische Idee des Judentums verbirgt.

Mit einer eher beiläufigen Bemerkung in seiner *Ästhetischen Theorie* bringt Adorno den Gedanken des Messianischen zur Charakterisierung dessen ins Spiel, was gemeinhin als der zum Utopischen strebende Realitätsgehalt im Kunstwerk gilt:

> Ist ein Wahres an Schopenhauers These von der Kunst als der Welt noch einmal, so ist doch diese Welt in ihrer Komposition aus den Elementen der ersten versetzt, gemäß der jüdischen Beschreibungen vom messianischen Zustand, der in allem sei wie der gewohnte und nur um ein Winziges anders. Nur ist die Welt noch einmal von negativer Tendenz gegen die erste, eher Zerstörung dessen, was durch vertraute Sinne vorgespiegelt wird, als Versammlung der zerstreuten Züge des Daseins zum Sinn. Nichts in der Kunst, auch nicht in der sublimiertesten, was nicht aus der Welt stammte; nichts daraus unverwandelt (Adorno VII: 1997, 208f).

Was Adorno hier mit dem Messianischen vergleicht, ist etwas in jeder Kunst Enthaltenes, wird zum Kriterium dessen, was Kunst überhaupt sein mag. Es stellt den dialektischen Bezug zur Wirklichkeit her bzw. es bezeichnet den im Transzendieren aufgehobenen und doch präsenten Wirklichkeitsgehalt im Kunstwerk. Der Hinweis auf die sublimierteste Form will sagen: Das Messianische ist keineswegs an eine wie auch immer zu verstehende Avantgarde gebunden. Über den Vergleich mit dem messianischen Zustand erhellt sich auch die vieldiskutierte Kategorie des *Neuen* bei Adorno, die – da aus der Auseinandersetzung mit dem von den historischen Avantgarden vindizierten Traditionsbruch heraus entstanden – zu einigen Missverständnissen geführt hat. Der häufig begangene Irrtum besteht in der Annahme, Adorno bediene sich vorrangig der Kategorie des *Neuen*, um die Moderne zu bestimmen (Bürger: 1987, 81ff); einem solchen Irrtum ist er jedoch ausdrücklich in seiner *Ästhetischen Theorie* entgegengetreten

> Noch die Kategorie des Neuen, die im Kunstwerk repräsentiert, was noch nicht gewesen ist und wodurch es transzendiert, trägt das Mal des Immergleichen unter stets neuer Hülle. Das bis heute gefesselte Bewußtsein wagt das Neue selbst nicht zu träumen. War die Emanzipation der Kunst nur durch Rezeption des Warencharakters als des Scheins ihres Ansichseins möglich, so fällt umschlagend mit der späteren Entwicklung der Warencharakter aus den Kunstwerken abermals heraus; dazu hat der Jugendstil nicht wenig beigetragen, mit der Ideologie der Heimzitierung der Kunst ins Leben und ebenso mit den Sensationen von Wilde, d'Annunzio und Maeterlinck, Präludien der Kulturindustrie. Fortschreitende subjektive Differenzierung, die Steigerung und Ausbreitung des Bereichs ästheti-

scher Reize macht diese verfügbar; sie konnten für den Kulturmarkt produziert werden. Die Einstimmung der Kunst auf flüchtigste individuelle Reaktionen verbündet sich mit ihrer Verdinglichung, ihre zunehmende Ähnlichkeit mit subjektiv Physischem entfernte sie in der Breite der Produktion von ihrer Objektivität und empfahl sich dem Publikum [...] (Adorno VII: 1997, 354f).

Das *Neue* markiert die *differentia specifica* von Kunst. Adorno setzt in der zitierten Passage diese Kategorie eindeutig von einem Innovationsparadigma ab, das sich in der Kunst parallel zur "ästhetischen Innovation" (Haug) genannten Inszenierung von Waren entwickelt hat. Seine Kritik an der Hinwendung zu immer neuen Reizen geht Hand in Hand mit F. Schlegels Ablehnung des "Interessanten" in der Kunst, in der dieser das Zeichen für den "sterbenden Geschmack" sieht. Wie Schlegel wendet sich Adorno nicht minder gegen eine radikale Subjektivierung des Geschmacks, die einzig zur Hingabe an Reize und damit an vordergründige Effekte führe. Offenkundig fehlt einem solchermaßen „gefesselten Bewußtsein" die Disposition für das *wahrhaft Neue*. Das *Neue* bezeichnet für Adorno ein Stück Objektivität am Kunstwerk, das nichtsdestoweniger der Konkretisierung durch den Rezipienten harrt. Hier setzt der Bezug zur Avantgarde ein: Adornos *Ästhetische Theorie* ist auf dem Hintergrund des radikalen Bruchs zu sehen, den die ästhetische Moderne insbesondere über die historischen Avantgardebewegungen für sich vindiziert hat. Mit diesem Bruch reflektiert die Kunst der Moderne einen entscheidenden Faktor ihrer eigenen geschichtlichen Situation: "In einer wesentlich nicht-traditionalistischen Gesellschaft ist ästhetische Tradition *a priori* dubios. Die Autorität des Neuen ist die des geschichtlich Unausweichlichen" (Adorno VII: 1997, 38). Das *Neue* steht also keineswegs im Widerspruch zu der im Kunstwerk enthaltenen Tradition, wenn sich diese nicht ausschließlich auf die Form beschränkt, sondern im Sinne einer *echten* Tradition Latentes und Unabgegoltenes in sich aufnimmt und durch diese Aufnahme eben das *Neue* hervorbringt. Folgt man Adornos Argumentation konsequent, so besteht der Bezug der Kategorie des *Neuen* zur historischen Avantgarde darin, dass diese den Blick auf das *Neue* freigelegt hat – bevor sie ihrerseits wieder in den Kreislauf des Kulturmarktes eingetreten ist. Das Selbstverständnis der Moderne negiere nicht einfach die Stile vorausgegangener Epochen, sondern die *Tradition* als solche; daher sei seine Abstraktheit "gekoppelt mit dem Warencharakter der Kunst" (Adorno VII: 1997, 38). Gegen eine solche Bestimmung der Moderne in der Kunst erhebt Peter Bürger den Einwand, sie orientiere sich zu einseitig an dem von der historischen Avantgarde vindizierten Bruch und erhebe eben diesen zu *dem* Prinzip moderner Kunst überhaupt. In letzter Konsequenz habe Adorno es versäumt, seine Kategorie des Neuen hinreichend zu historisieren (Bürger: 1987, 83f). Nur eine oberflächliche Lektüre von Adornos Konzeption der modernen Kunst als *Refus* erlaubt es, diese auf ein Innovationspotential zu reduzieren, das über ein Verständnis des *Neuen* im Sinne der "ästhetischen Innovation", der unablässigen Neuinszenierung von Waren nicht hinauskommt. In der Tat wäre dies die Konsequenz, die sich zwangsläufig einstellte, hätte Adorno nicht selbst in seiner *Ästhetischen Theorie*, deren radikale Position der Negativität ihm mannigfache Kritik eingetragen hat (vgl Jauss: 1975, 264ff), angedeutet, vor welchem Horizont nach der Positivität von Kunst und nach der ästhetischen Erfahrung zu fragen sei: Die Aporie, die aus einer historischen Betrachtung des Traditionsverlustes und der Konzeption einer scheinbar geschichtslos dem Neuen zugewandten modernen Kunst entsteht, erhält dort ihre Relativierung, wo Adorno sich dem Verhältnis von Kunstwerk und Realität zuwendet. Die Aussage Adornos, Kunst sei "die Welt noch einmal" und "gemäß den jüdischen Beschreibungen vom messianischen Zustand, der in allem sei wie der gewohnte und nur um ein Winziges anders", ist in ihrem Vollsinn nur über die Bestimmung der *Tradition* als *Latenz* zu verstehen: Sind künstlerische Materialien und Verfahrensweisen frei verfügbar, ist der Künstler also nicht mehr Teil *einer* künstlerischen Tradition als institutionalisierte *Praxis*, so bezieht Kunst den Kunstcharakter, mit dem sie sich vom bloßen Kunsthandwerk oder sentimentalen Kitsch unterscheidet, aus einem Bezug zur realen Welt, der in dem Aufgreifen der in dieser enthaltenen Latenzen besteht. Auf diese Weise rückt Kunst gerade nach dem (vermeintlich) radikalen Bruch durch die historische Avantgarde zur Geschichte auf. Der Vergleich mit dem "messianischen Zustand" meint also das utopische – und nicht etwa kulturrevolutionäre – Potential der Kunst, die durch sie vermittelte Ahnung von dem intramundan noch *Unabgegoltenen*.

Der Rekurs auf die messianische Idee des Judentums ruft das *Neue* als eine Kategorie in Erinnerung, die sich nicht auf dem Rang einer bloßen Verhältniskategorie bewegt. Es ist eine wohl unbestreitbare Tatsache, dass menschliches Wirken immer *etwas Neues* in die Welt hineinträgt, das über den bloßen Lauf der Natur hinausweist. Als Verhältniskategorie dagegen wird das *Neue* in Bezug auf lediglich in der Abstraktion erfasstes Menschenwerk begriffen und nicht als das Resultat einer *poiesis*, deren Werk ein gesetztes Telos supponiert. Um das *Neue* zu erfassen, muss sich die Betrachtung menschlichen Handelns an dessen Ausgangspunkt zurückbegeben: die Situation. Nicht anders verhält es sich mit dem Fortschritt, der nur aus der jeweiligen Bewegung heraus begriffen werden kann und als Surplus – dies lehrt schon die Dialektik des Hegelschen Bildungsbegriffs – immer Weltgestaltung meint (und sei es nur um ein Winziges), womit er den Ausgang für unendlich viele neue Situationen bildet. Von daher entbehrt auch die Rede vom Ende der Geschichte jeder Grundlage, eine Rede, die alle historischen Prozesse bestenfalls auf das etwa in ihnen enthaltene Moment der Wiederholung befragt. Die im Gedanken des Messianischen sich äußernde Hoffnung zeitigt den Imperativ, vor der Geschichte nicht zurückzuweichen und unaufhörlich neue Entwürfe in sie hineinzutragen, den Imperativ, ob der Angst, die der Blick in die Zukunft bringen mag, nicht die Augen zu verschließen, den Imperativ, angesichts des in der Vergangenheit erfahrenen Schreckens nicht in die Starre des von der Schlange ausgespähten Beutetiers zu verfallen.

Epilog: "L'écrivain est comme la cavalerie"

Am 31. Dezember 1999 feiert Bruno, der Protagonist von Michel Houellebecqs Skandalroman *Les Particules élémentaires*, zusammen mit anderen Patienten und dem Pflegepersonal Sylvester in einer psychiatrischen Klinik der *Éducation Nationale*. Die Stimmung ist von einer schalen, aber dennoch angenehmen Gemütlichkeit. Voll gestopft mit Psychopharmaka und seines Geschlechtstriebes beraubt, erwartet der ehemals Sexsüchtige das neue Millennium. Die letzten Jahre des nun zu Ende gehenden Jahrhunderts bedeuteten für ihn eine Zeit sexueller Exzesse auf einer Odyssee durch Swinger-Clubs und andere Einrichtungen eines schalen, meist kommerziellen Eros: "Il n'attendait plus rien de la succession des jours, et cette dernière soirée du deuxième millénaire, pour lui se passa bien". Die Bilanz, die der Autor dabei zieht, ist ernüchternd: "Dans les cimetières du monde entier, les humains récemment décédés continuèrent à pourrir dans leurs tombes, à se transformer peu à peu en squelettes" (Houellebecq: 2000, 294). Die Vision von einer nahen Zukunft – gerechnet ab dem Erscheinen des Romans im Jahr 1998 – ist geprägt von der melancholischen Stimmung eines "avenir barré" (vgl. Minkowski: 1988, 284). Houellebecq entwirft das Bild eines erschöpften Eros, eines Eros, der sich nicht mehr auf die Liebe hin transzendieren lässt, weil ihm das Du abhanden gekommen ist. Die andauernde Frustration drängt das Individuum zu immer neuen sexuellen Exzessen – ein fortwährender Aufbruch ins Ziellose: Der Protagonist des Romans blickt am Ende zurück auf eine Reise, die der des fliegenden Holländers gleicht.

Der im Zustand der Impotenz auf der Station einer psychiatrischen Klinik dahindämmernde Mensch verkörpert das zu Ende gehende Jahrtausend – und setzt keine Hoffnung mehr in das neue:

> Partout à la surface de la planète l'humanité fatiguée, épuisée, doutant d'elle-même et de sa propre histoire, s'apprêtait tant bien que mal à entrer dans un nouveau millénaire (Houellebecq: 2000, 295).

In seiner Abhandlung über die Konsequenzen des 11. September deutet der Psychoanalytiker Bernard Stiegler den Ausverkauf und die Verflüchtigung des narzisstischen Subjekts (wörtlich: "liquidation du narcissisme"), die unmöglich gewordene Individuation, als *das* Symptom einer dem Niedergang geweihten Zivilisation:

> La liquidation du narcissisme, c'est-à-dire de l'individuation, intensifie terriblement le phénomène du désajustement qui vient régulièrement ébranler les sociétés humaines. Une telle société est toujours hantée, articulée sur et travaillée par un processus technique, d'abord très lent [...], qui s'accélère ensuite avec la

sédentarisation, puis avec les grands empires, jusqu'à ce processus d'innovation permanente caractéristique de la société industrielle dans laquelle nous vivons (Stiegler: 2002 19).

Es ist der schale, bis zur Erschöpfung vorangetriebene Eros, der bei Houellebecq für die nunmehr unmöglich gewordene Individuation steht: Der Sexualakt ist nur noch ein dürftiger Ersatz, fortwährend negiert durch das unausweichliche *post coitum omnium animal triste*. Und jenes Du, ohne das es keine Liebe gibt, wird nur für kurze Augenblicke erheischt, um dann sogleich auf immer zu entschwinden.

Houellebecqs Roman fällt in die Zeit des beginnenden Millenniums, das im Zeichen der Erschöpfung steht, während die Menschheit unverdrossen eines Ereignisses harrt, das sie aus ihrer unerbittlichen Ohnmacht erlösen möge. Die Katastrophe wird in mannigfacher Weise beschworen. Die Erwartung des Ereignisses bestimmt – angesichts einer globalisierten Ordnung mit ihren zu Dogmen geronnenen Vorstellungen und ihren jede Dialektik zum Erstarren bringenden Topoi – eine pessimistische Grundhaltung, in der sich der letzte Rest von Hoffnung einzig an die Katastrophe klammert. Nirgends ist der Prophet in Sicht, der wie einst Victor Hugo das neue Jahrhundert begrüßen wird: "Lumière! lumière! tout vient de la lumière et tout y retourne. Citoyens, le dix-neuvième siècle est grand, mais le vingtième siècle sera heureux" (Hugo: 1951, 1215sq – s.o.). Das Millennium scheint definitiv allen Lichtes beraubt. So plagt auch an Neujahr 2000 der alljährliche Katzenjammer die Menschheit.

Erst mit dem 11. September erhält die apokalyptische *Fin-de-siècle*-Stimmung ihre Ikonographie: die brennenden und in sich zusammenstürzenden *Twin Towers* von Manhattan. Die Apokalyptik der Moderne hat – quasi als "télégramme d'une métonymie" (Derrida in Derrida / Habermas: 2003, 134) – ihre Chiffre: *911*. Doch die Feuerhand, die das Menetekel des Abendlandes geschrieben hat, ist Menschenhand. Das *Ereignis* wird nichtsdestoweniger zum Rettungsanker in einer Welt, der es an Metaphysik gebricht. Entsprechend fällt die Reaktion der Philosophen aus, insbesondere der Autoren aus dem Haus *Galilée*, wo sich die *nouveaux maîtres penseurs* Frankreichs etabliert haben – deren Interpretationen sich allerdings in einer Endlosschleife zu verlieren drohen.

Die Medien haben Millionen von Zuschauern auf der ganzen Welt zu Zeugen gemacht und somit dem *Ereignis* die Aura einer kollektiven Tragödie verliehen. Die individuellen Tragödien jener, die unter den Trümmern begraben wurden, treten hinter diesem kollektiven Akt der Trauer und Empörung zurück: Sie können kein Zeugnis mehr ablegen. Und doch lässt sich das *Ereignis* des 11. September nicht in ein *Erlebnis* verwandeln: Es verweigert sich dem Ästhetischen; für das Individuum wird es nicht zum Abenteuer. Die Kategorien Raum und (historische) Zeit versagen als Instrumente zur Bewältigung des Traumas: "Il nous faut penser autrement la temporalisation pour comprendre en quoi le '11 septembre' *ressemble* à un *major event*" (Derrida in Derrida / Habermas: 2003, 148). Die nachträgliche Arbeit am traumatisierenden Ereignis findet keinen Ausgang. Die antizipatorische Vorstellungskraft ist von der Wirklichkeit definitiv überholt worden. Für solche Ereignisse gibt es keinen Reizschutz. So resümiert Baudrillard in *Power inferno* die Aporien des 11. September als 'apokalyptisches' Ereignis:

> Il convient de se mesurer à cet événement dans son impossibilité, dans son caractère inimaginable, même comme accident. Si événement il y a, il ne peut qu'arracher les concepts à leur champ de référence. Ce qui rend vaine toute tentative de totalisation, y compris par le mal ou par le pire. Certes le système continuera sans répit, mais sans fin désormais, pas même celle de son apocalypse. Puisque l'apocalypse est déjà là, sous forme de liquidation inexorable de toute civilisation, peut-être même de l'espèce. Mais ce qui est liquidé, il faut encore le détruire. Et la pensée de l'événement ont partie liée dans cet acte de destruction symbolique (Baudrillard: 2002b, 25).

Und Baudrillard versäumt es nicht, darauf hinzuweisen, dass die Katastrophe des 11. September in jenem Augenblick eingetreten ist, an dem die Geschichte bereits ihr Urteil über die Eschatologie gesprochen hat: Die eigentliche Apokalypse habe längst schon eingesetzt – und sei noch weit davon weg, an ihr Ende zu gelangen. Mit anderen Worten: Diese Apokalypse meint das Ende aller Zivilisation (vgl. Baudrillard: "la liquidation inexorable de toute civilisation") und besiegelt damit das Ende des neuzeitlichen Individuums (vgl. Stiegler: "la liquidation du narcissisme").

Die Bilanz eines Baudrillard umschreibt treffend die Stimmung der *Rentrée littéraire* von 2003, die ganz im Zeichen der literarischen Aufarbeitung des 11. September steht. So schreibt Jacques Goupil in seinem Roman *Le Jour de mon retour sur terre* über die millenaristischen Erwartungen, welche vor allem die Berichterstattung über den 11. September weckten und verbreiteten.

> Les émissions millénaristes se sont multipliées depuis les événements, et les connexions des sites et les ventes des livres consacrés à la fin des temps ont explosé et grimpé en flèche. Les gens, estimant que le Livre, redevenu le livre de chevet des foyers, avait prévu l'attaque, accordent ainsi une grande attention à la façon dont les actualités peuvent être reliées à la fin du monde. Sans doute y attendent-ils, inconsciemment, un signe annonciateur de la seconde venue du Christ (Goupil: 2003, 83).

Der Roman Goupils hat Teil an einer literarischen Trauerarbeit, die mitunter den Eindruck erweckt, als wolle jeder sein Buch der Bücher schreiben – und so der "liquidation du narcissisme" entkommen. Die vielen Anspielungen auf die Bibel in den literarischen und philosophischen Schriften verstärken diesen Eindruck noch: Es ist, als ob die *république des lettres* angetreten wäre, um in einem kollektiven Schreibakt an der Heiligen Schrift zu arbeiten – um das Palimpsest der Palimpseste zu schaffen, in dem die abendländische Kultur aufgeht, deren Bilanz es zu ziehen gilt. Goupil und seine Schriftstellerkollegen helfen dabei, das Fegefeuer der *idées reçues* zu entfachen, indem sie das soeben zu Ende gegangene 20. Jahrhundert auf einen Kanon verpflichten: Die Meisterwerke der Literatur treten neben die Produkte der Unterhaltungsliteratur, Film und Fernsehen begleiten denselben Rang, ebenso Comic und Popsong. Nicht von ungefähr kreisen daher die Überlegungen um den (meist aufgebauschten) Konflikt zwischen der europäischen und der US-amerikanischen Kultur.

Mit dem Roman *Le Pèlerin de Manhattan,* dessen Protagonist während seiner Pilgerreise zu sich selbst auf dem Jakobsweg von der Katastrophe erfährt, platziert sich Agnès Clancier dezidiert an der Peripherie der Ereignisse, denn New York beherrscht hier die Erinnerung:

> Nous sommes tous des Américains, nous somme le monde, mais à New York, où j'ai fini mes études tout de même [...] à New York je resterai toujours un étranger parce que je n'étais pas parmi eux au moment des attentats (Clancier: 2003, 172).

Zumindest für den Augenblick hat jene Stadt, die zum Symbol der Globalisierung geworden ist – einer Globalisierung, welche die Idee von der Stadt, der *polis*, in ihren Grundfesten erschüttert – wieder zu einer Identität gefunden, deren Kristallisationspunkt das *Ereignis* geworden ist. Als Teil des "Alten Europa" dagegen erkennt Frankreichs Literaturszene in dieser wieder gefundenen Identität zuallererst einen weiteren Beleg für die narzisstische Projektion einer Stadt, die sich als die Stadt der Städte, die universelle *polis*, ausgibt. Mit einem Zug von Bitterkeit, aber auch von *mauvaise foi*, konstatiert einer der Protagonisten von *Le Pèlerin de Manhattan*: "La France [...] est une idée dépassée" (Clancier: 2003, 202).

Luc Lang treibt diese *mauvaise foi* auf die Spitze, indem er das Attentat vom 11. September als die Vollendung der unzähligen Katastrophenfilme vom Typ *Independence Day* bezeichnet. Ihnen allen gemeinsam sei, dass sie Katastrophen auf dem nationalen Territorium der Vereinigten Staaten inszenierten:

> Puisse l'Amérique rencontrer un jour l'Apocalypse ! afin de prouver aux Terriens, parfois même aux martiens zé autres extraterrestres, dans quelle épopée mirifique elle peut s'engager pour sauver sa civilisation prépubère, et se sauver au passage de l'ennui métaphysique, atteignant dès lors la maturité d'un modèle planétaire sur une Terre souvent en ruines où il n'y a plus d'autres survivants qu'eux-mêmes (Lang: 2003, 102).

Mit seiner autobiographischen Erzählung *11 septembre mon amour*, die eine Reise in die amerikanische Provinz schildert, versteigt sich Lang in einen primitiven Antiamerikanismus und rechnet gegen das Attentat die an den Indianern und den Vietnamesen begangenen Kriegsverbrechen auf. Seine plakative *political correctness* im Geiste eines alten (hier wohl korrekter: veralteten) Europa ist die einer Salonlinken, die genüsslich ihre Ohnmacht feiert. Und sein demonstrativer Schulterschluss mit dem palästinensischen Volk ist nicht frei von antisemitischen Zügen. Auch hier führt die 'Bilanz' über ein Fegefeuer der *idées récues* nicht hinaus. Offensichtlich gelingt es der Literatur nicht, sich aus den Fängen des in den Medien propagierten Diskurses zu lösen.

Man ist geneigt, Frédéric Beigbeder zuzustimmen, wenn dieser konstatiert: "L'écrivain est comme la cavalerie, qui arrive toujours trop tard" (Beigbeder: 2003b, 41). Beigbeder, der selbst den apokalyptischen Reigen der *Rentrée* von 2003 eröffnet hat, wendet sich jedoch dezidiert gegen den "anti-américanisme hexagonal" (Beigbeder: 2003b, 38). Sein Roman *Windows on the World* richtet den nostalgischen Blick auf die vom Erdboden verschwundenen Türme, deren Schicksal ihn an das Gleichnis vom Turmbau zu Babel – "la première tentative de mondialisation" (Beigbeder: 2003b, 153) – gemahnt. Die im Gedächtnis reproduzierten *Twin Towers* mit ihrem Aussichtsrestaurant *Windows on the World* werden zum 'Ort' weit ausgreifender Reflexionen über die Zivilisation im Allgemeinen und die französische Kultur im Besonderen. Und dieser 'Ort' findet sein Pendant in dem Restaurant *Le Ciel de Paris* auf der *Tour Montparnasse*, wo Beigbeder Autobiographie und Fiktion ineinander übergehen lässt. Seine Phantasie evoziert die letzten Augenblicke einiger fiktiver Personen, die sich zum Zeitpunkt des Attentats in den *Twin Towers* aufhielten. Doch bevor der Leser mit der Lektüre des eigentlichen Romantextes beginnen kann, muss er sich seinen Weg durch einen Dschungel aus Zitaten bahnen: Walt Whitman, Kurt Cobain, Tom Wolfe, Marylin Manson. Dann gelangt er in den Reigen einer "Genération du zapping frénétique et de la schizophrénie existentielle" (Beigbeder: 2003b, 38), die sich aus einem Steinbruch von Kulturgütern bedient: Faulkner, Pascal, Camus, Sartre, Céline, Robbe-Grillet, Ringo Starr, Mick Jagger, Bob Dylan, Di Caprio, Kafka, Britney Spears, Salinger, Virilio, Dostoïevski usw. – und nicht zuletzt die Bibel – geben sich ein Stelldichein. Angesichts dieses endlosen *name dropping* kann jeder Erklärungsversuch statistischer, soziologischer oder 'metaphysischer' Provenienz nur dazu beitragen, die Verwirrung zu vergrößern und das Gefühl der Ohnmacht zu steigern. Was bleibt, sind Gedankenfetzen, die alsbald auf den Rang von *idées reçues* reduziert werden: Die Abrechnung mit den 68ern steht neben eschatologischen Betrachtungen zur Globalisierung; das Trauma *911* evoziert zahllose gescheiterte Lebensentwürfe, die ihr Heil noch im Tragischen suchen. Schließlich befinden wir uns alle an Bord einer einzigen *Titanic* oder ihrer 'dromologischen' Variante, der *Concorde*; ja Wörter wie "schnell" oder "langsam" haben ihre Bedeutung verloren.

In seinem "hyperrealistischen" Roman *Windows on the World* stellt Beigbeder schon eingangs fest:

> Depuis le 11 septembre, non seulement la réalité dépasse la fiction mais elle la détruit. On ne peut pas écrire sur ce sujet mais on peut pas écrire sur autre chose non plus (Beigbeder: 2003b, 18).

Anders gesprochen: *911* steht für ein unabgegoltenes Trauma. Die Erzählung ist multiperspektivisch angeordnet. Einzelschicksale bilden die Kristallisationspunkte – ganz wie in den Drehbüchern zu Katastrophenfilmen wie *The Towering inferno* (USA 1974): der geschiedene Vater mit seinen beiden Kindern, die hübschen Angestellten, ein Paar in der letzten großen Ekstase...

Der Roman Beigbeders ist insofern "hyperrealistsch", als er unablässig auf sich selbst verweist, wodurch die traumatischen Momente sich ins Obsessionelle steigern. Der Schriftsteller müsse über das schreiben, was man nicht im Fernsehen sehen kann – "le rôle du livre est d'écrire tout ce qu'on ne peut pas voir à la télévision". Doch die Literatur ist eine in ihrer Existenz bedrohte Kunst – "La Littérature est menacée, il faut se battre pour la défendre, c'est la guerre" (Beigbeder: 2003b, 110). Sein "hyperrealistischer" Roman aber dokumentiert das Scheitern des Erzählens in Zeiten des schnellen Drückens auf die Fernbedienung: Das Fegefeuer der *idées reçues* ist noch nicht erloschen. In gewisser Hinsicht feiert sich hier die Apokalypse des Schreibens – denn diesem bleibt nur noch ein fragmentarischer Essayismus. Ungeachtet seiner – oft ins Blasierte abgleitenden – kritischen Attitüde befördert Beigbeders Buch jenen *catastrophisme esthétique de l'après-11-septembre*, dem Virilio in seiner Ausstellung *Ce qui arrive* gehuldigt hat, auch wenn es dessen Verharmlosung von *911* als Teil einer Endloskette von Katastrophenszenarien zurückweist:

> Plus la science progresse, plus les accidents sont violents, plus les destructions sont belles. À la fin de l'exposition, Virilio a sans doute poussé trop loin la provocation [...] L'effondrement des Twin Towers peut-il être mis sur le même plan qu'un banal feu d'artifice? (Beigbeder 2003b, 163).

Der *catastrophisme esthétique* führt eine Ästhetik vor, die sich im Effekt erschöpft: Die Massenkultur scheint Schopenhauers Diktum zu affirmieren, wonach nur Schmerz und Leid positive Gefühle seien; sie hat nichts gemein mit dem Schock der historischen Avantgarde, jener Provokation, die einer neuen Topik zum Durchbruch zu verhelfen sucht. Indes scheint gerade dieses Verabsolutieren grober Effekte jede Form der Provokation obsolet gemacht und gerade damit das (narzisstische) Individuum in eine Situation der Ohnmacht gestürzt zu haben.

> Dans trente ans, je serai obligé de désenchanter comme le reste de la planète, mais je m'en fous parce que dans trente ans, j'en aurai 70. [...] Je suis désolé de vivre mais mon tour viendra. Mon tour viendra (Beigbeder: 2003b, 370).

Der Aufschrei eines *révolté*! Beigbeder lehnt sich auf im Namen eines im Gefolge von Neoliberalismus und Globalisierung liquidierten – um nicht zu sagen: ausverkauften – Narzissmus. Die Anlehnung an das Wortspiel "Mon tour viendra" verrät die Sehnsucht nach der absoluten Provokation, die nichts anderes ist als die Sehnsucht nach Vollendung eines narzisstischen *moi* – das noch immer der Weihe durch den *Prix Goncourt* harrt. *Windows on the World* zeugt von der Nabelschau eines Nachachtundsechzigers, der – nicht ganz zu unrecht – feststellt:

> Mai 68 ne fut pas une révolte anti-capitaliste mais au contraire l'installation définitive de la société de consommation; la grande différence entre nos parents et nous, c'est qu'ils manifestaient pour la mondialisation (Beigbeder: 2003b, 96).

Indessen ist die Globalisierung kein wirklicher Gegner – bereits in *99 Francs* (*14, 99 €* bzw. *6 €*) hat der Werbefachmann sein Verdikt gegen eine eudaimonistische Utopie des unbeschwerten Konsums artikuliert (Beigbeder: 2000, 262-267 u. 274-278). Nein, er hat sich mit dem proklamierten Ende der Geschichte arrangiert. Einzig noch geblieben ist die Privatutopie eines sich auf der Suche nach Individuation Verzehrenden. Sein Kampf ist nicht mehr der des Altachtundsechzigers, der noch seinen Gegner kannte: "Je suis le produit de cette disparition du père. Je suis un dommage collatéral" (Beigbeder: 2003b, 222; vgl. Finkielkraut / Sloterdijk: 2003, 149). Dem unmöglich gewordenen Narziss bleibt nur noch der Ruf nach dem Vater, um seinen Individualmythos diesseits einer nivellierten Massengesellschaft zu postulieren: "Je préfère être traumatisé par mes parents que par des gens que je ne connais pas" (Beigbeder: 2003b, 226). Letztlich kennt *Windows on the World* nur ein Thema: Frédéric Beigbeder. Und dieses Kind der 70er gesteht: "J'ai l'impression que j'écris sur le Onze Septembre mais j'écris sur les années 70" (Beigbeder: 2003b, 194).

Alle Bücher, die 2003 den *ton 911* angeschlagen haben, scheinen sich in einer solchen Nabelschau zu verlieren – wenn auch auf verschiedenen Ebenen. Selbst ein dezidiertes Kinderbuch wie *Nine Eleven* von Jean-Jacques Greif (Greif: 2003) entgeht nicht dieser Versuchung. Doch Beigbeder geht weiter, indem er die Haltung eines Moralisten ohne Moral einnimmt. Nach dem Vorbild der großen, vom Jansenismus geprägten Moralisten des 17. Jahrhunderts schildert er – oft in sentenzenhaften Wendungen – die *conditio* eines Individuums, das nach einer höheren Moral strebt und dennoch Gefangener seines *amour-propre* bleibt. Allerdings treffen viele seiner Pointen nicht, und seine Sentenzen verlieren sich in *idées reçues*. Jedenfalls sind die bürgerlichen Werte hinfällig geworden, was den 'Moralist' von 2003 zu der Bemerkung veranlasst:

> Que vient faire la morale dans une société hédoniste? Si Dieu est mort, alors tout l'univers est un bordel, et il faut juste profiter jusqu'à en crever. Si l'individu est roi, l'égoïsme est notre unique horizon. Et si la seule autorité n'est plus le père, alors, dans la démocratie matérialiste, la seule limite à la violence, c'est la police (Beigbeder: 2003b, 179).

Wenn aber Beigbeder verkündet, dass Tabus die einzig interessanten Themen – "les seuls sujets intéressants sont les sujet tabous" (Beigbeder: 2003b, 360) – seien, so drängt sich der Schluss auf, dass eine repressive Moral die *conditio sine qua non* literarischer Produktion darstellt. Folglich wäre Moral keine ethische, sondern eine primär ästhetische Kategorie, an der sich die von Beigbeder als "mission impossible" (Beigbeder: 2003, 360) apostrophierte Literatur abarbeitet. 'Moralist' ist also, wer ein Buch auf den Markt bringt: "Moralité: quand les immeubles disparaissent, seuls les livres peuvent s'en souvenir" (Beigbeder: 2003b, 170). Sarkastisch übertragen, heißt dies: *pereat mundus, fiat ars*.

Vor diesem Hintergrund verwischen sich die Unterschiede zwischen Demokratie und Totalitarismus: Sie gehen auf in der amoralischen 'virtuellen' Freiheit des Verbrauchers. Vielleicht ist es nicht seine Absicht, doch Beigbeder wird zum Apologeten eines globalisierten Kapitalismus, in dem jeder nur darauf wartet, seine Chance als Konsumgut mit Markenprädikat zu erhalten.
Der Geschichte bzw. der Rede vom Ende der Geschichte stellt sich hingegen Michel Houellebecq in seinen *Particules élémentaires*. Sein Roman über den erschöpften Eros – die Entropie der menschlichen Beziehungen – endet mit einer Zukunftsvision vom Fortgang der naturwissenschaftlichen Forschung. Wie im 19. Jahrhundert Ernest Renan verabschiedet auch er sich von dem aufklärerischen (und auch sozialistischen bzw. marxistischen) Geschichtsoptimismus und sieht es als Herausforderung der Wissenschaft an, die Zukunft einer *neuen* Menschheit zu gestalten. Dieser tief greifenden Veränderung gehe eine metaphysische Revolution voraus, mit der das materialistische Zeitalter überwunden werde, so wie einst das Christentum die pagane Antike überwunden habe (Houellebecq 2000, 295f). Seine Vision knüpft an die Drei-Stadien-Lehre Comtes – den er übrigens im Roman zitiert – und die joachimitische Tradition an. Nicht ohne ein ironisches Augenzwinkern blickt er nunmehr in eine Zukunft, die das beginnende Millennium im Zeichen einer Neubestimmung der Thermodynamik situiert. Diese Neubewertung geht einher mit der Wiederentdeckung des berühmten *Book of Kelts*, dessen Stellenwert mit dem des Neuen Evangeliums von Joachim vergleichbar ist.

Die metaphysische Revolution wird auf die Mitte des ersten Jahrhunderts des dritten Jahrtausends datiert. Doch dieser Revolution gehe das Verschwinden einer Menschheit voraus, die sich überlebt habe – "[...] l'humanité devait disparaître; l'humanité devait donner naissance à une nouvelle espèce, asexuée et immortelle, ayant dépassé l'individualité, la séparation et le devenir". Mit ihr würden alle Vorstellungen abdanken, die für die Menschen des materialistischen Zeitalters verbindlich gewesen seien – "les concepts de liberté individuelle, de dignité humaine et de progrès" (Houellebecq: 2000, 308f).

Die Wissenschaft triumphiert also über den Menschen, in dessen Dienst sie einst gestanden hat. Der wissenschaftliche Fortschritt bringt in diesem neuen Jahrtausend – dem Millennium – eine neue Spezies hervor, die nun nicht mehr über einen homogenen, begrenzten Körper, sondern über eine schier unbegrenzte Anzahl von erogenen Zonen verfügt. Dieses neue Wesen ist bestimmt von einer Lust, die keine Grenzen mehr kennt. (Houellebecq: 2000, 312).

Für Houellebecq hat der Geist des Positivismus indes nie an Einfluss verloren – und wird ihn auch weiter behaupten. Selbst die Anhänger eines New Age seien von ihm durchdrungen:

> Comme tous les autres membres de la société, et peut-être encore plus qu'eux, ils ne faisaient en réalité confiance qu'à la science, la science était pour eux une vérité unique et irréfutable. Comme tous les autres membres de la société, et peut-être encore plus qu'eux, ils pensaient au fond d'eux-mêmes que la solution à tout problème – y compris des problèmes psychologiques, sociologiques ou plus gé-

néralement humains – ne pouvait être qu'une solution d'ordre technique (Houellebecq: 2000, 314). Mit dem Entwurf einer neuen Spezies greift Houellebecq auf den millenaristischen Gedanken vom neuen Menschen zurück, doch dieser soll nunmehr das Produkt einer wissenschaftlichen Revolution sein – von der Zolas Docteur Pascal geträumt haben mag: "LA MUTATION NE SERA PAS MENTALE, MAIS GÉNÉTIQUE" (Houellebecq: 2000, 314; vgl. Schober: 2001, 198-202). Und dennoch stellt sich ihm die Ankunft des neuen Menschen zuallererst als ein Resultat der Geschichte dar: "L'Histoire existe; elle s'impose, elle domine, son empire est inéluctable" (Houellebecq: 2000, 316). Dezidiert wendet er sich damit gegen die Rede vom Ende der Geschichte. Sein Neo-Positivismus sucht die Versöhnung der Wissenschaft mit der Historie. Und das wissenschaftstheoretische Buch, das den Epilog zu den *Particules Élémentaires* bildet, will – trotzig – am Menschen als der ausschließlichen Bezugsgröße allen wissenschaftlichen Strebens festhalten: "Ce livre est dédié à l'homme".

Bibliographie

Adler, Alexandre: *J'ai vu finir le monde ancien*, Paris: Grasset 2002.
Adler, Alfred: *Möblierte Erziehung. Studien zur pädagogischen Trivialliteratur des 19. Jahrhunderts*, München: Fink 1970.
Adorno, Theodor W.: *Minima Moralia. Reflexionen aus einem beschädigten Leben* (= *Gesammelte Schriften IV*), hg. v. Rolf Tiedemann, Frankfurt a.M.: Suhrkamp (stw) 1997.
Adorno, Theodor W.: *Jargon der Eigentlichkeit. Zur deutschen Ideologie*. In: ders.: *Gesammelte Schriften VI*, hg. v. Rolf Tiedemann, Frankfurt a.M.: Suhrkamp (stw) 1997.
Adorno, Theodor W.: *Ästhetische Theorie* (= *Gesammelte Schriften VII*), hg. v. Rolf Tiedemann, Frankfurt a.M.: Suhrkamp (stw) 1997.
Adorno, Theodor W.: "Spengler nach dem Untergang". In: ders.: *Kulturkritik und Gesellschaft I* (= *Gesammelte Schriften X.1*), hg. v. Rolf Tiedemann, Frankfurt a.M.: Suhrkamp (stw) 1997, 47-71.
Adorno, Theodor W.: "Fortschritt". In: ders.: *Kulturkritik und Gesellschaft II* (= *Gesammelte Schriften X.2*), hg. v. Rolf Tiedemann, Frankfurt a.M.: Suhrkamp (stw) 1997, 617-638.
Adorno, Theodor W.: "Versuch, das Endspiel zu verstehen". In: ders.: *Noten zur Literatur* (= *Gesammelte Schriften XI*), hg. v. Rolf Tiedemann, Frankfurt a.M. 1997: Suhrkamp (stw) 281-321.
Adorno, Theodor W.: *Versuch über Wagner*. In: ders.: *Die musikalischen Monographien* (= *Gesammelte Schriften XIII*), hg. v. Rolf Tiedemann, Frankfurt a.M.: Suhrkamp (stw) 1997.
Affeldt-Schmidt, Birgit: *Fortschrittsutopien. Vom Wandel der utopischen Literatur im 19. Jahrhundert*, Stuttgart: Metzler (Studienausgabe) 1991.
Arendt, Hannah: *Macht und Gewalt*, München / Zürich: Piper ^{15}2003a.
Arendt, Hannah: *Elemente und Ursprünge totaler Herrschaft. Antisemitismus, Imperialismus, totale Herrschaft*, München / Zürich: Piper ^{9}2003b.
Allemagne, Henry-René de: *Les Saint-simoniens (1827-1837)*, Paris: Gründ ^{2}1930.
Alliband, Terry: "Lobe das Primitive – verfluche das Moderne! Eliade als Protagonist einer prämodernen Reinheit". In: Duerr, Hans Peter (Hg.): *Sehnsucht nach dem Ursprung. Zu Mircea Eliade*, Frankfurt a.M.: Syndikat 1983, 59-70.
Angehrn, Emil: *Die Überwindung des Chaos. Zur Philosophie des Mythos*, Frankfurt a.M.: Suhrkamp (stw) 1996.
Assmann, Jan: *Das kulturelle Gedächtnis. Schrift, Erinnerung und politische Identität in frühen Hochkulturen*, München: C.H. Beck ^{3}2000.
Arnauld, Antoine / Nicole, Pierre: *La Logique ou l'art de penser* [*La Logique de Port Royal*], hg. v. Charles Jourdin, Paris: Gallimard (tel) 2001.
Arnheim, Rudolf: *Entropy and Art. An Essay on Disorder and Order*, Berkley u.a.: University of California Press 1971.
Auerbach, Felix: *Ektropismus oder die physikalische Theorie des Lebens*, Jena: Gustav Fischer 1910.

Auerbach, Felix: *Die Grundbegriffe der modernen Naturlehre. Einführung in die Physik*, Leipzig / Berlin: Teubner ⁴1917.
Augustinus [Sanctus]: *De Civitate Dei* [2 Bde.], hg. v. Bernhard Dombart u. Alfons Kalb, Leipzig 1929, repr.: Darmstadt: wbg 1981.

Bachelard, Gaston: *L'Eau et les rêves*, Paris: Corti 1942.
Bachelard, Gaston: *La Terre et les rêveries du repos*, Paris: Corti 1948.
Bachelard, Gaston: *La Psychanalyse du feu* [Erstv. 1937], Paris: Gallimard (folio essais) 1986.
Bachtin, Michail M.: *Formen der Zeit im Roman. Untersuchungen zur historischen Poetik*, hg. v. Edward Kowalski u. Michael Wegner, Frankfurt a.M.: Fischer (Wissenschaft) 1989.
Bachtin, Michail M.: "Das Problem von Inhalt, Material und Form im Wortkunstschaffen". In: ders.: *Die Ästhetik des Wortes*, hg. v. Rainer Grübel, Frankfurt a.M.: Suhrkamp (ed) 1979, 95-153.
Baczko, Bronislaw: *Les Imaginaires sociaux: mémoires et espoirs collectifs*, Paris: Payot 1984.
Balthasar, Hans Urs von: *Apokalypse der deutschen Seele. Studien zu einer Lehre von letzten Haltungen I. Der deutsche Idealismus*, Salzburg / Leipzig: Pustet 1937.
Balthasar, Hans Urs von: *Apokalypse der deutschen Seele. Studien zu einer Lehre von letzten Haltungen II. Im Zeichen Nietzsches*, Salzburg / Leipzig: Pustet 1939.
Balthasar, Hans Urs von: *Prometheus: Studien zum deutschen Idealismus* (= zweite unv. Aufl. v.: *Apokalypse der deutschen Seele. Studien zu einer Lehre von letzten Haltungen I. Der deutsche Idealismus*), Heidelberg: Kerle 1947.
Bancquart, Marie-Claire: *Anatole France polémiste*, Paris: Nizet 1962.
Barbusse, Henri: *La Lueur dans l'abîme. Ce que veut le groupe Clarté*, Paris: CLARTÉ 1920.
Barkun, Michael (Hg.): *Millenalism and Violence*, London: Class 1996.
Barner, Wilfried: "Zum Problem der Epochenillusion". In: Herzog, Reinhart / Koselleck, Reinhart (Hg.): *Epochenschwelle und Epochenbewußtsein* (= Poetik und Hermeneutik XII), München: Fink 1987, 517-533.
Baroli, Marc: *Le Train dans la littérature française*, Paris: 1963.
Barrault, Emile: *Aux Artistes – Du passé et de l'avenir des beaux-arts (Doctrine de Saint-Simon)*, Paris : 1830.
Barthes, Roland: *Le Plaisir du texte*, Paris: Seuil 1973.
Barthes, Roland: *Mythologies – suivi de "Le Mythe, aujourd'hui"* [Erstv. 1957]. In: ders.: *Œuvres complètes I (1942-1965)*, hg. v. Eric Marty, Paris: Seuil 1993, 561-720.
Barthes, Roland: "La Cathédrale des romans" [Erstv. 1957]. In: ders.: *Œuvres complètes I (1942-1965)*, hg. v. Eric Marty, Paris: Seuil 1993, 725-727.
Barthes, Roland: *Sade - Fourier – Loyola*. In: ders.: *Œuvres complètes II (1966-1973)*, hg. v. Eric Marty, Paris: Seuil 1994, 1039-1177.
Baudelaire, Charles: *Les Fleurs du mal* [1857 / 61 / 68]. In: ders.: *Œuvres complètes I*, hg. v. Claude Pichois, Paris: Gallimard (Pléiade) 1975.
Baudelaire, Charles: "'Madame Bovary' par Gustave Flaubert". In: ders.: *Œuvres complètes II*, hg. v. Claude Pichois, Paris: Gallimard (Pléiade) 1976, 77-86.
Baudelaire, Charles: "Richard Wagner et Tannhäuser à Paris [1861]". In: ders.: *Œuvres complètes II*, hg. v. Claude Pichois, Paris: Gallimard (Pléiade) 1976, 779-815.

Baudrillard, Jean: *Pour une Critique de l'économie politique du signe* [Erstv. 1972], Paris: Gallimard (Tel) 1986.
Baudrillard, Jean: *L'Illusion de la fin – ou la grève des événements*, Paris: Galilée 1992.
Baudrillard, Jean: *L'Esprit du terrorisme*, Paris: Galilée 2002a.
Baudrillard, Jean: *Power inferno. Requiem pour les Twin Towers – hypothèses sur le terrorisme – la violence mondiale*, Paris: Galilée 2002b.
Bauer, Barbara: "Aemulatio". In: Ueding, Gert (Hg.): *Historisches Wörterbuch der Rhetorik I*, Tübingen: Niemeyer 1992, 141-187.
Bayle, Pierre: *Pensées diverses sur la comète*, hg. v. A. Prat u. P. Réat: Société des Textes Français Modernes: Paris ²1994.
Baxmann, Dorothee: "'Art social' bei Condorcet". In: Pfeiffer, Helmut / Jauß, Hans Robert / Gaillard, Françoise (Hg.): *"Art social" und "art industriel". Funktion der Kunst im Zeitalter des Industrialismus*, München: Fink 1987, 107-128.
Bazard, Armand: *Doctrine de Saint-Simon. Exposition, première année*, Paris: 1829.
Becker, Carl: *The Heavenly City of the Eighteenth Century Philosophers*, Yale: University Press 1932.
Beckett, Samuel: *Fin de partie*, Paris: Minuit 1957.
Beigbeder, Frédéric: *99 Francs* [in späteren Auflagen:*14.99 €* bzw. *6 €*], Paris: Grasset 2000.
Beigbeder, Frédéric: *Dernier Inventaire avant liquidation* [Erstv. 2001], Paris: Gallimard (folio) 2003a.
Beigbeder, Frédréric: *Windows on the World*, Paris: Grasset 2003b.
Bénichou, Paul: *Le Sacre de l'écrivain 1750-1830. Essai sur l'avènement d'un pouvoir spirituel dans la France moderne*, Paris: Corti 1973.
Bénichou, Paul: *Le Temps des Prophètes. Doctrines de l'âge romantique*, Paris: Gallimard 1977.
Benjamin, Walter: "Das Kunstwerk im Zeitalter seiner technischen Reproduzierbarkeit (erste Fassung)". In: ders.: *Gesammelte Schriften I.2*, hg. v. Rolf Tiedemann und Helmut Schweppenhäuser, Frankfurt a.M.: Suhrkamp (stw) 1991, 431-469.
Benjamin, Walter: "Das Kunstwerk im Zeitalter seiner technischen Reproduzierbarkeit (dritte Fassung)". In: ders.: *Gesammelte Schriften I.2*, hg. v. Rolf Tiedemann und Hermann Schweppenhäuser, Frankfurt a.M.: Suhrkamp (stw) 1991, 471-508.
Benjamin, Walter: "Zentralpark". In: ders.: *Gesammelte Schriften I.2*, hg. v. Rolf Tiedemann und Hermann Schweppenhäuser, Frankfurt a.M.: Suhrkamp (stw) 1991, 655-690.
Benjamin, Walter: "Über den Begriff der Geschichte". In: ders.: *Gesammelte Schriften I.2*, hg. v. Rolf Tiedemann und Hermann Schweppenhäuser, Frankfurt a.M.: Suhrkamp (stw) 1991, 691-704.
Benjamin, Walter: "Zur Kritik der Gewalt". In: ders.: *Gesammelte Schriften II.1*, hg. v. Rolf Tiedemann und Helmut Schweppenhäuser, Frankfurt a.M.: Suhrkamp (stw) 1991, 179-203.
Benjamin, Walter: "Politisch-theologisches Fragment". In: ders.: *Gesammelte Schriften II.1*, hg. v. Rolf Tiedemann und H. Schweppenhäuser, Frankfurt a.M.: Suhrkamp (stw) 1991, 203-204.
Benjamin, Walter: "Franz Kafka. Zur zehnten Wiederkehr seines Todestages". In: ders.: *Gesammelte Schriften II.2*, hg. v. Rolf Tiedemann und Helmut Schweppenhäuser, Frankfurt a.M.: Suhrkamp (stw) 1991, 409-438.

Benjamin, Walter: "In der Sonne". In: ders.: *Gesammelte Schriften IV.1*, hg. v. Rolf Tiedemann und Helmut Schweppenhäuser, Frankfurt a.M.: Suhrkamp (stw) 1991, 417-420.
Benjamin, Walter: "Für die Diktatur. Interview mit Georges Valois". In: ders.: *Gesammelte Schriften IV.1*, hg. v. Rolf Tiedemann und Helmut Schweppenhäuser, Frankfurt a.M.: Suhrkamp (stw) 1991, 487-492.
Benjamin, Walter: "Einbahnstraße". In: ders.: *Gesammelte Schriften IV.1*, hg. v. Rolf Tiedemann und Helmut Schweppenhäuser, Frankfurt a.M.: Suhrkamp (stw) 1991.
Benjamin, Walter: *Das Passagenwerk* (= *Gesammelte Schriften V.1-2*), hg. v. Rolf Tiedemann und Helmut Schweppenhäuser, Frankfurt a.M.: Suhrkamp (stw) 1991.
Bense, Max: *Aesthetica. Einführung in die neue Ästhetik*, Baden-Baden: agis [2]1982.
Bergson, Henri: *Essai sur les données immédiates de la conscience* [Erstv. 1889]. In: ders.: *Œuvres*, hg. v. André Robinet u. Henri Gouhier, Paris: P.U.F. [5]1991a.
Bergson, Henri: *Matière et mémoire* [Erstv. 1896]. In: ders.: *Œuvres*, hg. v. André Robinet u. Henri Gouhier, Paris: P.U.F. [5]1991b.
Bergson, Henri: *L'Évolution créatrice* [Erstv. 1907]. In: ders.: *Œuvres*, hg. v. André Robinet u. Henri Gouhier, Paris: P.U.F. [5]1991c.
Bermbach, Udo: *Der Wahn des Gesamtkunstwerks. Richard Wagners politisch-ästhetische Utopie*, Frankfurt a.M.: Fischer (TB - Sozialwissenschaft) 1994.
Bernard, Claude: *Introduction à la médecine expérimentale*, Paris: Gallimard / Flammarion 1958.
Bertram, Helmut: *Die Zerstörung der Utopie – Die Installierung von Erbsündefreiheit, Inzestutopie und ungehemmter technischer Fortschritt in Casanovas "Icosaméron"*, Frankfurt a.M.: Materialis 1992.
Bietenhard, Hans: *Das tausendjährige Reich. Eine biblisch-theologische Studie* [Erstv. 1945], Zürich: Zwingli-Verlag 1955.
Binswanger, Ludwig: "Drei Formen des mißglückten Daseins". In: ders.: *Ausgewählte Werke I. Formen des mißglückten Daseins*, hg. v. Max Herzog, Heidelberg: Asanger 1992, 233-418.
Binswanger, Ludwig: *Grundformen und Erkenntnis menschlichen Daseins* [Erstv. 1942] (= *Ausgewählte Werke II*), hg. v. Max Herzog und Hans-Jürg Braun, Heidelberg: Asanger 1993.
Binswanger, Ludwig: "Der Fall Suzanne Urban". In: ders.: *Ausgewählte Werke IV. Der Mensch in der Psychiatrie*, hg. v. Alice Holhey-Kunz, Heidelberg: Asanger 1994, 210-332.
Binswanger, Ludwig: *Melancholie und Manie*. In: ders.: *Ausgewählte Werke IV. Der Mensch in der Psychiatrie*, hg. v. Alice Holzhey-Kunz, Heidelberg: Asanger 1994.
Blanchot, Maurice: *L'Écriture du désastre*, Paris: Gallimard 1980.
Bleuler, Eugen: *Lehrbuch der Psychiatrie*, bearb. v. Manfred Bleuler, Berlin / Heidelberg / New York: Springer [15]1983.
Bloch, Ernst: "Aktuelle Quere: Angst vorm 'Chaos'" [Erstv. 1932]. In: ders.: *Erbschaft dieser Zeit. Erweiterte Ausgabe* (= *Gesamtausgabe IV*), Frankfurt a.M. Suhrkamp 1962, 397-402.
Bloch, Ernst: "Zur Originalgeschichte des Dritten Reiches" [Erstv. 1937]. In: ders.: *Erbschaft dieser Zeit. Erweiterte Ausgabe* (= *Gesamtausgabe IV*), Frankfurt a.M. Suhrkamp 1962, 126-152.
Bloch, Ernst: *Atheismus im Christentum. Zur Religion des Exodus und des Reiches*, Frankfurt a.M.: Suhrkamp 1968.

Bloch, Ernst: *Thomas Münzer als Theologe der Revolution* (= Werkausgabe *II*), Frankfurt a.M.: Suhrkamp (stw) 1985.
Bloch, Ernst: *Das Prinzip Hoffnung* [3 Bde.] (= Werkausgabe *V*), Frankfurt a.M.: Suhrkamp (stw) 1985.
Bloch, Ernst: "Das Märchen geht selber in der Zeit". In: ders.: *Literarische Aufsätze* (= Werkausgabe *IX*), Frankfurt a.M.: Suhrkamp (stw) 1985, 196-199.
Bloch, Ernst: *Experimentum Mundi: Fragen, Kategorien des Herausbringens, Praxis* (= Werkausgabe *XV*), Frankfurt a.M.: Suhrkamp (stw) 1985.
Bloch, Ernst: *Der Geist der Utopie. Erste Fassung. Faksimile der Ausgabe von 1918* (= Werkausgabe *XVI*), Suhrkamp (stw) 1985.
Blum, Léon: "Jules Verne vu par Léon Blum" [Erstv.: *Humanité*, 03.04 1905]. In: Verne, Jules: *L'Invasion de la mer* [suivi de] Martin Praz, Paris: U.G.E. (10/18) 1978, 7-8.
Blumenberg, Hans: "Wirklichkeitsbegriff und Wirkungspotential des Mythos". In: Fuhrmann, Manfred (Hg.): *Terror und Spiel. Probleme der Mythenrezeption* (= *Poetik und Hermeneutik IV*), München: Fink 1971, 11-66.
Blumenberg, Hans: *Säkularisierung und Selbstbehauptung*, Frankfurt a.M.: Suhrkamp (stw) 1974 [erweiterte und überarbeitete Ausgabe der Kapitel I und II aus ders.: *Die Legitimität der Neuzeit*, Frankfurt a.M.: Suhrkamp 1966].
Blumenberg, Hans: *Lebenszeit und Weltzeit*, Frankfurt a.M.: Suhrkamp 1986.
Blumenberg, Hans: *Arbeit am Mythos*, Frankfurt a.M.: Suhrkamp [5]1990.
Blumenberg, Hans: *Matthäuspassion*, Frankfurt a.M.: Suhrkamp (Bibliothek) [3]1991.
Blumenberg, Hans: *Schiffbruch mit Zuschauer. Paradigma einer Daseinsmetapher*, Frankfurt a.M.: Suhrkamp (stw) [4]1993.
Blumenberg, Hans: *Die Legitimität der Neuzeit. Erneuerte Ausgabe*, Frankfurt a.M.: Suhrkamp (stw) 1996.
Böhringer, Hannes: "'Avantgarde'. Geschichte einer Metapher". In: *Archiv für Begriffsgeschichte 22*, Bonn: Bouvier 1978, 90-114.
Bois, Yve-Alain / Krauss, Rosalind: *L'Informe. Mode d'emploi* [Ausstellungskatalog], Paris: Centre Georges Pompidou 1996.
Bonald, Louis-Gabriel-Ambroise de: *Théorie du pouvoir politique et religieux dans la société civile, démontrée par le raisonnement et par l'histoire I* (= *Œuvres I*), Paris: Librairie d' Adrien Le Clere 1854.
Bonald, Louis-Gabriel-Ambroise de: *Théorie du pouvoir politique et religieux dans la société civile démontrée par le raisonnement et par l'histoire II – suivie de "La Théorie de l'éductaion sociale" et de "L'Administration publique"* (= *Œuvres II*), Paris: Librairie d' Adrien Le Clere 1854.
Bonald, Louis-Gabriel-Ambroise de: "Observations sur un ouvrage posthume de Condorcet, intitulé: Esquisse d'un tableau historique des progrès de l'esprit humain. 1795" [Erstv. 1796 als "Supplément" zu ders.: *Théorie du pouvoir publique et religieux dans la société civile, démontré par le raisonnement et par l'histoire*]. In: ders.: *Œuvres II*, Paris: Librairie d' Adrien Le Clere 1854.
Boltzmann, Ludwig: *Populäre Schriften*, Berlin: Barth 1905.
Bornscheuer, Lothar: *Topik. Zur Struktur der gesellschaftlichen Einbildungskraft*, Frankfurt a.M.: Suhrkamp 1976.
Bouglé, Charles / Halévy, Émile: *Doctrine de Saint-Simon. Exposition, deuxième année*, Paris: 1830.

Bourg, Dominique: "Les Origines religieuses de l'idée de progrès". In: Bourg, Dominique / Besnier, Jean-Michel (Hg.): *Peut-on encore croire au progrès?*, Paris: puf 2000, 21-40.
Bouretz, Pierre: *La République et l'universel*, Paris: Gallimard (folio histoire) 2002.
Bouretz, Pierre: *Témoins du futur. Philosophie et messianisme*, Paris: Gallimard (nrf essais) 2003.
Brasillach, Robert: *Notre Avant-Guerre*. In: ders: *Œuvres complètes VI*, hg. v. Maurice Bardèche, Paris: Club de l'Honnête Homme 1955.
Broch, Hermann: *Die Schlafwandler. Eine Romantrilogie* (= *Kommentierte Werkausgabe I*), hg. v. Paul Michael Lützeler, Frankfurt a.M.: Suhrkamp (st) 1978.
Broch, Hermann: *Schriften zur Literatur 1. Kritik* (= *Kommentierte Werkausgabe IX.1*), hg. v. Paul Michael Lützeler, Frankfurt a.M.: Suhrkamp (st) 1975.
Broch, Hermann: "Einige Bemerkungen zum Problem des Kitsches". In: ders.: *Schriften zur Literatur 2. Theorie* (= *Kommentierte Werkausgabe IX.2*), hg. v. Paul Michael Lützeler, Frankfurt a.M.: Suhrkamp (st) 1975, 158-173.
Broch, Hermann: "Das Böse im Werstsystem der Kunst". In: ders.: *Schriften zur Literatur 2. Theorie* (= *Kommentierte Werkausgabe IX.2*), hg. v. Paul Michael Lützeler, Frankfurt a.M.: Suhrkamp (st), 1975, 119-157.
Broch, Hermann: "Das Weltbild des Romans". In: ders.: *Schriften zur Literatur 2. Theorie* (= *Kommentierte Werkausgabe IX.2*), hg. v. Paul Michael Lützeler, Frankfurt a.M.: Suhrkamp (st) 1975, 89-118.
Broch, Hermann: *Massenwahntheorie. Beiträge zu einer Psychologie der Politik* (= *Kommentierte Werkausgabe XII*), hg. v. Paul Michael Lützeler, Frankfurt a.M.: Suhrkamp (st) 1979.
Brunner, Emil: *Das Ewige als Zukunft und Gegenwart*, Zürich: Zwingli 1953.
Buber, Martin: *Der utopische Sozialismus* [Erstv. 1950 unter dem Titel *Pfade in Utopia*], Köln: Hegner 1967 [frz. *Utopie et socialisme*, Paris: Aubier 1977 mit einem Vorwort v. Emmanuel Lévinas].
Buber, Martin: *Der Glaube der Propheten*, Heidelberg: L. Schneider [2]1984.
Bürger, Peter: *Theorie der Avantgarde*, Frankfurt: Suhrkamp (ed) [6]1987.
Bürger, Peter: *Prosa der Moderne*, Frankfurt a.M.: Suhrkamp 1988.
Bürger, Peter: "Den Wahnsinn denken. Postmoderner Roman, Surrealismus und Hegel". In: ders.: *Das Denken des Herrn. Bataille zwischen Hegel und dem Surrealismus*, Frankfurt a.M.: Suhrkamp 1992, 15-37.
Bultmann, Rudolf: *Geschichte und Eschatologie*, Tübingen: Mohr [2]1964.
Bultmann, Rudolf: "Das Verständnis der Geschichte im Griechentum und im Christentum [Erstv. 1962]". In: ders.: *Glauben und Verstehen. Gesammelte Aufsätze IV*, Tübingen: J.C.B. Mohr / P. Siebeck [3]1975, 91-103.
Burnier, Michel-Antoine: *Les Paradis terrestres. 25 siècles d'utopies de Platon à Biosphère 2*, Paris: Florent Massot 2000.
Butor, Michel: "Le point suprême et l'âge d'or à travers quelques œuvres de Jules Verne". In: ders.: *Répertoires I* Paris: Gallimard 1960, 130-162.

Cabet, Étienne: *Voyage en Icarie* [Erstv. 1840-42; 1848]. In: ders.: *Œuvres I*, hg. v. Henri Desroche, Paris: Anthropos 1970.
Caillois, Roger: *Le Mythe et l'homme* [Erstv. 1938], Paris: Gallimard (folio essais) 1987.

Campanella, Tommaso: *La Cité du soleil. Texte latin de l'édition de Paris,* 1637, hg. v. Roland Crahay, Brüssel: Classe des lettres. Académie royale de Belgique 1993.

Casanova, Giacomo Girolamo [Jacques]: *Icosaméron ou Histoire d'Édouard et d'Élisabeth qui passèrent quatre vingts et un ans chez les Mégamicres habitans aborigènes du Protocosme dans l'intérieur de notre globe* [5 Bde.] Plan-de-la-Tour: Éditions d'aujourd'hui 1986 [Nachdr. der Ausgabe Prag 1788 / Spoleto 1928].

Camus, Albert: *L'Homme révolté*. In: ders.: *Essais*, hg. v. Roger Quilliot und Louis Faucon, Paris: Gallimard (Pléiade) 1965.

Canetti, Elias: *Masse und Macht* [Erstv. 1960], Frankfurt a.M.: Fischer (TB) 1980.

Carrère, Emmanuel: *Le Détroit de Behring. Introduction à l'uchronie*, Paris: P.O.L. 1986.

Cave, Christophe: Art. "An 2440". In: Riot-Sarcey, Michèle / Bouchet, Thomas / Picon, Antoine: *Dictionnaire des utopies*, Paris: Larousse 2002.

Céline, Louis-Ferdinand: *Bagatelles pour un massacre*, Paris 1937.

Céline, Louis-Ferdinand: *L'École des cadavres*, Paris: 1938.

Céline, Louis-Ferdinand: *Les beaux Draps*, Paris: Nouvelles Editions françaises 1941.

Céline, Louis-Ferdinand: "Les assurances sociales et une politique de la santé" [Erstv. 1928]. In: Roux, Dominique de / Beaujour, Michel / Thélia, Michel (Hg.): *Cahier de l'Herne. Céline*, Paris: Herne 1972, 14-19.

Céline, Louis-Ferdinand: *Rigodon*. In: ders.: *Romans II*, hg. v. Henri Godard, Paris: Gallimard (Pléiade) 1974.

Céline, Louis-Ferdinand (Destouches, Louis): *La Vie et l'œuvre de Philippe Ignace Semmelweis. 1818-1865* [Verf. 1924; Erstv. 1936]. In: *"Semmelweis" et autres écrits médicaux* (= *Cahiers Céline III*), hg. v. Jean-Pierre Dauphin und Henri Godard, Paris: Gallimard 1977.

Céline, Louis-Ferdinand: *Voyage au bout de la nuit* [Erstv. 1932]. In: ders.: *Romans I*, hg. v. Henri Godard, Paris: Gallimard (Pléiade) 1981.

Céline, Louis-Ferdinand: *Céline et l'actualité* (= *Cahiers Céline 7*), hg. v. Jean-Pierre Dauphin u. Pascal Fouché, Paris 1986.

Charléty, Sébastien: *Histoire du saint-simonisme. 1824-1865*, Genf: Médiations 1965.

Chesneaux, Jean: *The Political and Social Ideas of Jules Verne*, London: Thames and Hudson 1972.

Chestov, Léon:: *Athènes et Jérusalem. Un essai de philosophie religieuse* [frz. Erstv. 1938], Paris: 1993.

Chevalier, Jean / Gherbrant, Alain: *Dictionnaire des Symboles. Mythes, rêves, coutumes, gestes, formes, figures, couleurs, nombres* [Erstv. 1969 / 1982], Paris: R. Laffont / Jupiter (Bouquins) 1989.

Cioran, E.M.: *Histoire et utopie* [Erstv. 1960], Paris: Gallimard (folio essais) 1992.

Clancier, Agnès: *Le Pèlerin de Manhattan*, Paris: Climats 2003.

Cohen, Hermann: *Religion der Vernunft aus den Quellen des Judentums* [Nach dem Manuskript des Verfassers neu durchgearbeitet und mit einem Nachwort versehen von Bruno Strauß], Wiesbaden: Fourier Verlag ²1988.

Cohn, Norman: *The Pursuit of the Millennium. Revolutionary messianism in medieval and Reformation Europe and its Bearing on Modern Totalitarian Movements*, New York: Harper 1961.

Comte, Auguste: *Système de Politique positive ou traité de sociologie instituant la religion de l'humanité I* (= *Œuvres complètes VII*), Paris: La Librairie scientifique-industrielle de L. Mathias 1851, repr. Paris: Anthropos 1969.

Comte, Auguste: *Système de Politique positive ou traité de sociologie instituant la religion de l'humanité II* (= *Œuvres complètes VIII*), Paris 1851: La Librairie scientifique-industrielle de L. Mathias, repr. Paris: Anthropos 1969.

Comte, Auguste: *Système de Politique positive ou traité de sociologie instituant la religion de l'humanité III* (= *Œuvres complètes IX*), Paris: La Librairie scientifique-industrielle de L. Mathias 1853, repr. Paris: Anthropos 1970.

Comte, Auguste: *Système de politique positive ou traité de sociologie instituant la religion de l'humanité IV* (= *Œuvres complètes X*), Paris: La Librairie scientifique-industrielle de L. Mathias 1854, repr. Paris: Anthropos 1970.

Comte, Auguste: *Leçons de sociologie. Cours de philosophie positive. Leçons 47-51*, Paris: Garnier Flammarion 1995.

Condorcet, Jean-Antoine-Nicolas (de Caritat): *Esquisse d'un tableau historique des progrès de l'esprit humain*, hg. v. Alain Pons, Paris: Garnier Flammarion 1988.

Considérant, Victor: *Déraision et dangers de l'engouement pour les chemins de fer. Avis à l'opinion et aux capitaux*, Paris: Bureau de la Phalange / Ducor 1838.

Considérant, Victor: *Le Socialisme et le vieux monde ou le vivant devant les morts* [*suivi de: Jésus-Christ devant les conseils de guerre*], Paris: Librairie phalanstérienne 1848.

Constant, Benjamin: "Du développement progressif des idées religieuses". In: ders.: *Écrits politiques*, hg. v. Marcel Gauchet, Paris: Gallimard (folio essais) 1997, 629-653.

Creuzé de Lessier, Auguste F.: *Le dernier Homme*, Paris: Delaunay 1831.

Crouzet, Michel: "Gautier et le problème de 'créer'". In: *Revue d'Histoire littéraire de la France 72*, Paris: 1972, 658-687.

Curtius, Ernst Robert: *Europäische Literatur und lateinisches Mittelalter*, Tübingen / Basel: Franke [11]1993.

Cyrano de Bergerac, Savinien de: *L'Autre Monde* [*Les États et empires de la lune – Les États et empires du soleil*]. In: *Libertins du XVIIe siècle*, hg. v. Jacques Prévot u.a., Paris: Gallimard (Pléiade) 1998, 901-1098.

Day, Philip Stephen: *Le Miroir allégorique de L.-F. Céline*, Paris: Klincksieck 1974.

Dekiss, Jean-Paul: *Jules-Verne l'enchanteur. Biographie*, Paris: Kiron – Éditions du Félin 1999.

Deleuze, Gilles / Guattari, Félix: "Nietzsche et Saint Paul, Lawrence et Jean de Pathmos". In: ders.: *Critique et Clinique*, Paris: Minuit 1993, 50-70.

Deleuze, Gilles: *Anti-Œdipe. Capitalisme et schizophrénie. Nouvelle édition augmentée*, Paris : Minuit (Critique) 1972/1973.

Delumeau, Jean: *Mille ans de bonheurs. Une histoire du paradis II*, Paris: Fayard 1995

Derrida, Jacques: *D'un Ton apocalyptique adopté naguère en philosophie*, Paris: galilée (débats) 1983.

Derrida, Jacques: *Spectres de Marx. L'Etat de la dette, le travail du deuil et la nouvelle Internationale,* Paris: Galilée (la philosophie en effet) 1993.

Derrida, Jacques: *Marx & Sons*, Paris: puf/ Galilée 2002.

Derrida, Jacques / Habermas, Jürgen: *Le « concept » du 11 septembre. Dialogues à New York (octobre-décembre 2001) avec Giovanna Borradori*, Paris: Galilée 2003.

Descartes, René: *Œuvres complètes*, hg. v. André Bridoux, Paris: Gallimard (Pléiade) 1992.

Devreux, Georges: *Ethnopsychanalyse complémentariste*, Paris: Flammarion 1971.

Didier, Béatrice: "Sylvain Maréchal et Le Jugement des Rois". In: Bourderon, Roger (Hg.): *Saint-Denis ou le Jugement dernier des rois*, Saint-Denis: PSD 1993, 129-137.
Dierse, Ulrich: Art. "Utopie". In: Ritter, Joachim / Günther, Karlfried / Gabriel, Gottfried (Hg.): *Historisches Wörterbuch der Philosophie XI*, Darmstadt: wbg. 2001, 510-526.
Dilas-Rocherieux, Yolène: *L'Utopie ou la mémoire du futur. De Thomas More à Lénine – le rêve éternel d'une autre société*, Paris: Robert Laffont 2000.
Dilthey, Wilhelm: *Der Aufbau der geschichtlichen Welt in den Geisteswissenschaften (= Gesammelte Schriften VII)* hg. v. Bernhard Groethuysen, Stuttgart / Göttingen: Teubner / Vandenhoeck & Ruprecht 1968.
Dommanget, Maurice: *Sylvain Maréchal, l'égalitaire, "l'homme sans Dieu" (1750-1803)*, Paris: Spartacus 1950.
Doren, Afred: "Campanella als Chiliast und Utopist". In: Walter Goetz (Hg.): *Kultur – und Universalgeschichte. Festschrift für Walter Goetz zu seinem sechzigsten Geburtstag*, Leipzig / Berlin: B. Teubner 1927, 242-259.
Doren, Alfred: "Wunschträume und Wunschzeiten" [Erstv. 1921]. In: Neusüss, Arnhelm (Hg.): *Begriff und Phänomen des Utopischen*, Frankfurt a.M. / New York: Campus [3]1986, 123-177.
Dosse, François: *Histoire du structuralisme I. Le champ du signe, 1945-1966*, Paris: La découverte 1991.
Drewermann, Eugen: *Der tödliche Fortschritt. Von der Zerstörung der Erde und des Menschen im Erbe des Christentums*, Freiburg u.a.: Herder (Spektrum) [6]1991.
Drewermann, Eugen: *Kleriker. Psychogramm eines Ideals*, München: dtv [5]1992.
Drewermann, Eugen: *Strukturen des Bösen I. Die jahwistische Urgeschichte in exegetischer Sicht*, Paderborn, München, Wien, Zürich: Schöningh (Paderborner Theologische Studien) [10]1995.
Drewermann, Eugen: *Strukturen des Bösen III. Die jahwistische Urgeschichte aus philosophischer Sicht*, Paderborn, München, Wien, Zürich: Schöningh (Paderborner Theologische Studien) [7]1992.
Drewermann, Eugen: *Tiefenpsychologie und Exegese II. Wunder, Vision, Weissagung, Apokalypse, Geschichte, Gleichnis*, Zürich / Düsseldorf: Walter [5]1998.
Drost, Wolfgang (Hg.): *Fortschrittsglaube und Dekadenzbewußtsein im Europa des 19. Jahrhunderts. Literatur - Kunst - Kulturgeschichte*, Heidelberg: Winter 1986.
Drieu la Rochelle, Pierre: *Gilles* [Text der vollständig zugel. Ausgabe v. 1940 mit einem Vorwort des Autors], Paris: Gallimard 1942.
Drieu la Rochelle, Pierre: *Les Chiens de paille*, Paris: Gallimard 1943.
Drieu la Rochelle, Pierre: *Sur les écrivains. Essais critiques*, hg. v. Frédéric Grover, Paris: Gallimard 1964.
Drieu la Rochelle, Pierre: *Journal 1939-1945*, hg. v. Julien Hervier, Paris: Gallimard (Témoins) 1992.
Dubuisson, Daniel: *Mythologies du XXe siècle (Dumézil, Lévi-Strauss, Eliade)*, Lille: P.U.L (Racines et Modèles) 1993.
Ducamp, Maxime: *Les Chants modernes*, Paris: nouvelle édition 1860.
Dudley, C. Guilford I.: *Religion on Trial. Mircea Eliade and his Critics*, Philadelphia: Temple University Press 1977.
Duerr, Hans Peter: *Intimität. Der Mythos vom Zivilisationsprozeß 2*, Frankfurt a.M.: Suhrkamp (st) 1994.

Dumézil, Georges: *Mythes et dieux des germains. Essai d'interprétation comparative*, Paris: Ernest Leroux 1939.
Dumézil, Georges: *Mythe et épopée I. II. III.* [Erstv. 1968-1973], Paris: Gallimard (Quatro) 1995.
Duveyrier, Charles: "La Ville nouvelle, ou le Paris des saint-simoniens". In: *Le Diable boîteux à Paris ou le livre des Cent-et-un VII*, Paris: Ladvocat 1831-1834, 183-200.

Ebertz, Michael N. / Zwick, Reinhold (Hg.): *Jüngste Tage. Die Gegenwart der Apokalyptik*, Freiburg u.a.: Herder 1999.
Eco, Umberto: *Einführung in die Semiotik*, hg. v. Jürgen Trabant, München: Fink (UTB) 1972.
Eco, Umberto: *Das offene Kunstwerk*, Frankfurt a.M.: Suhrkamp (stw) 1977.
Eco, Umberto: "Postmodernismus, Ironie und Vergnügen". In: ders.: *Nachschrift zum "Name der Rose"*, München und Wien: Hanser ^{4}1984, 76-82.
Eksteins, Modris: *Tanz über den Gräben. Die Geburt der Moderne und der Erste Weltkrieg* [engl. Erstv. *Rites of Spring. The Great War and the Birth of Modern Age*], Reinbek b. Hamburg: Rowohlt 1990.
Eliade, Mircea: *Traité d'histoire des religions: morphologie du sacré* [Vorwort: Georges Dumézil], Paris: Bibliothèque scientifique 1949.
Eliade, Mircea: *Fragments d'un Journal I (1945-1969)*, Paris: Gallimard (Du monde entier) 1973.
Eliade, Mircea: *Initiation, rites, sociétés secrètes* [Erstv. 1959], Paris: Gallimard (idées) 1976.
Eliade, Mircea: *Fragments d'un Journal II (1970-1978)*, Paris: Gallimard (Du monde entier) 1981.
Eliade, Mircea: *Le Mythe de l'éternel retour. Archétypes et répétitions* [Erstv. 1949], Paris Gallimard (folio essais) 1989a.
Eliade, Mircea: *Images et symboles. Essais sur Le symbolisme magico-religieux* [Erstv. 1952], Paris: Gallimard (Tel) 1989b.
Eliade, Mircea: *Mythes, rêves et mystères* [Erstv. 1957], Paris: Gallimard (folio essais) 1989c
Eliade, Mircea: *Fragmentarium*, Paris: L'Herne 1989d (Original: *Fragmentarium* [Erstv. 1939], Bukarest: Humanitas 1994).
Eliade, Mircea: *Aspects du mythe* [Erstv. 1963], Paris: Gallimard (folio essais) 1991a.
Eliade, Mircea: *La Nostalgie des origines* [Erstv. engl. 1969], Paris: Gallimard (folio essais) 1991b.
Eliel, Carol: "Les paysages apocalyptiques de Ludwig Meidner". In: *Figures du moderne 1905-1914, L'Expressionsme en Allemagne. Dresde - Munich - Berlin* [Katalog der gleichnamigen Ausstellung im *Musée d'Art Moderne de la Ville de Paris*, 18.11.92-14.03.93], Paris: Paris-Musées 1992, 330-351.
Engels, Friedrich: *Die Entwicklung des Sozialismus von der Utopie zur Wissenschaft* [Erstv. 1880 unter dem Titel *Socialisme utopique et socialisme scientifique*]. In: MEW 19, Berlin / DDR: Dietz 1969.
Engländer, Sigmund: *Geschichte der französischen Arbeiterassoziationen* [4 Bde.], Hamburg: Hoffmann und Campe 1864.
Estrée, Paul de: *Le Théâtre sous la Terreur (Théâtre de la peur) 1793-1794 d'après de publications récentes et d'après les documents révolutionnaires du temps imprimés ou inédits*, Paris: Émile-Paul 1913.

Evenhuis, Anthony John: *Messiah or Antichrist? A Study of the Messianic Myth in the Work of Zola*, Newark / London: Associated University Press 1998.
Fabre-Luce, Alfred: *Un Fils du ciel*, Paris: Gallimard 1941.
Feyerabend, Paul: *Erkenntnis für freie Menschen. Veränderte Ausgabe*, Frankfurt a.M.: Suhrkamp (ed) 1980.
Feyerabend, Paul: *Wider den Methodenzwang*, Frankfurt a.M.: Suhrkamp (stw) [5]1995.
Finkielkraut, Alain: *La Défaite de la pensée* [Erstv. 1987], Paris: Gallimard (folio essais) 1993.
Finkielkraut, Alain / Sloterdijk, Peter: *Les Battements du monde. Dialogue*, Paris: Pauvert 2003.
Flaubert, Gustave: *L'Éducation sentimentale*, Paris: Le Livre de Poche 1972.
Flaubert, Gustave: *Correspondance II*, hg. v. Jean Bruneau, Paris: Gallimard (Pléiade) 1980.
Fondane, Benjamin: "A propos de L'Église de Céline" [Erstv. 1934]. In: *Benjamin Fondane* [Themenheft] – *Europe 827*, Paris 1998, 124-127.
Fondane, Benjamin: *Baudelaire et l'expérience du gouffre* [Erstv. 1942], Paris: Complexe 1994.
Fontenelle: "Digression sur les Anciens et les Modernes". In: ders.: *Œuvres complètes*, hg. v. Alain Niderst, Paris: Fayard (Corpus des Œuvres de Philosophie en langue française 1991), 413-431.
Fourier, Charles: *Théorie des quatre mouvements. Le Nouveau Monde amoureux*, hg. v. Simone Debout-Oleszkiewicz, Paris: Les presses du réel 1998.
France, Anatole: *Sur la Pierre blanche*. In: ders.: *Œuvres III*, hg. v. Marie-Claire Banquart, Paris: Gallimard (Pléiade) 1991.
France, Anatole: *L'Ile des Pingouins*, Paris: Calmann-Lévy (Le Zodique) 1908.
Frank, Manfred: *Der kommende Gott. Vorlesungen über die neue Mythologie I*, Frankfurt a.M.: Suhrkamp (ed) 1982.
Frank, Manfred: *Das individuelle Allgemeine. Textstrukturierung und Textinterpretation nach Schleiermacher*, Frankfurt a.M.: Suhrkamp (stw) 1985
Frank, Manfred: *Gott im Exil. Vorlesungen über die Neue Mythologie II*, Frankfurt a.M.: Suhrkamp (ed) 1988.
Frank, Manfred: *Kaltes Herz. Unendliche Fahrt. Neue Mythologie. Motiv-Untersuchungen zur Pathogenese der Moderne*, Frankfurt a.M.: Suhrkamp (ed) 1989a.
Frank, Manfred: "Anti-bourgeoise Anarchie und Revolutions-Kritik. Von der zwiespältigen Haltung der Frühromantik nach der Revolution". In: Krauß, Henning (Hg.), *Folgen der französischen Revolution*, Frankfurt a.M.: Suhrkamp (ed) 1989b, 221-244.
Freese, Peter: *From Apocalypse to Entropy. The Second Law of Thermodynamics in Post-War American Fiction*, Essen: Die Blaue Eule 1977.
Freud, Sigmund: "Die 'kulturelle' Sexualmoral und die moderne Nervosität". In.: ders.: *Gesammelte Werke VII*, hg. v. Anna Freud, Frankfurt a.M.: Fischer (TB) 1999, 141-167.
Freud, Sigmund: *Totem und Tabu. Einige Übereinstimmungen im Seelenleben der Wilden und der Neurotiker* [Erstv. 1912 /13] (= *Gesammelte Werke IX*), hg. v. Anna Freud, Frankfurt a.M.: Fischer (TB) 1999.
Freud, Sigmund: "Eine Schwierigkeit der Psychoanalyse" [Erstv. 1917]. In.: ders.: *Gesammelte Werke XII*, hg. v. Anna Freud, Frankfurt a.M.: Fischer (TB) 1999, 1-12.

Freud, Sigmund: "Jenseits des Lustprinzips" [Erstv. 1920]. In.: ders.: *Gesammelte Werke XIII*, hg. v. Anna Freud, Frankfurt a.M.: Fischer (TB) 1999, 1-69.
Freud, Sigmund: "Massenpsychologie und Ich-Analyse" [Erstv. 1921]. In.: ders.: *Gesammelte Werke XIII*, hg. v. Anna Freud, Frankfurt a.M.: Fischer (TB) 1999, 71-161.
Freud, Sigmund: "Das Ich und das Es" [1923]. In.: ders.: *Gesammelte Werke XIII*, hg. v. Anna Freud, Frankfurt a.M.: Fischer (TB) 1999, 235-289.
Freud, Sigmund: "Die Zukunft einer Illusion" [Erstv. 1927]. In: ders.: *Gesammelte Werke XIV*, hg. v. Anna Freud, Frankfurt a.M.: Fischer (TB) 1999, 323-380.
Freud, Sigmund: "Das Unbehagen in der Kultur" [Erstv. 1929-30]. In: ders.: *Gesammelte Werke XIV*, hg. v. Anna Freud, Frankfurt a.M.: Fischer (TB) 1999, 419-506.
Freud, Sigmund: "Zur Gewinnung des Feuers" [Erstv. 1932] In: ders.: *Gesammelte Werke XVI*, hg. v. Anna Freud, Frankfurt a.M.: Fischer (TB) 1999, 1-9.
Freud Sigmund: "Der Mann Moses und die monotheistische Religion" [Erstv. 1939]. In: ders.: *Gesammelte Werke XVI*, hg. v. Anna Freud, Frankfurt a.M.: Fischer (TB) 1999, 101-246.
Friedländer, Saul: *Kitsch und Tod. Der Widerschein des Nazismus*, München: dtv 1986.
Friedmann, Yona: *Utopies réalisables (nouvelle édition)*, Paris: L'Éclat 2000.
Fromm, Erich: *Anatomie der menschlichen Destruktivität*, Reinbek b. Hamburg: Rowohlt (Sachbuch) 1986.
Fukuyama, Francis: *The End of History and the Last Man*, New York: The Free Press 1992.

Gabel, Joseph: "Conscience utopique et fausse conscience". In: Gandillac, Maurice de / Piron, Catherine (Hg.): *Le Discours utopique (Colloque de Cérisy)*, Paris: UGE (10 / 18) 1978, 35-48.
Gadamer, Hans-Georg: *Wahrheit und Methode. Grundzüge einer philosophischen Hermeneutik* (= *Gesammelte Werke I*), Tübingen: J.C.B. Mohr ⁶1990.
Gandillac, Maurice / Piron, Catherine (Hg.): *Le Discours utopique (Colloque de Cérisy)*, Paris: UGE (10 / 18) 1978.
Gautier, Théophile: "La divine Epopée par M. Alexandre Soumet". In: *Revue des deux Mondes*, Paris: 1841 / II 107-126.
Gautier, Théophile: *Poésies complètes* [3 Bde.], hg. v. René Jasinsky, Paris: 1970.
Gautier, Théophile: "Paris futur (Caprices et zigzags)". In: ders.: *Œuvres complètes V*, Paris 1884, repr. Genf: Slatkine 1978, 321-339.
Gautier, Théophile: *Mademoiselle de Maupin* [Erstv. 1834]. In: ders.: *Romans, contes et nouvelles*, hg. v. Pierre Laubriet, Paris: Gallimard (Pléiade) 2002, 209-522.
Geertz, Clifford: *Die künstlichen Wilden. Der Anthropologe als Schriftsteller*, Frankfurt a.M.: Fischer (Wissenschaft) 1993.
Geoffroy, Louis: *Napoléon apocryphe. 1812-1832. Histoire de la conquête du monde et de la monarchie universelle*, Paris: La Librairie illustrée 1896.
Giddens, Anthony: *Konsequenzen der Moderne* [engl. Erstv.: *The Consequences of Modernity*, 1990], Frankfurt a.M.: Suhrkamp 1995.
Gide, André: *Le Prométhée mal enchaîné*. In: ders.: *Romans*, hg. v. Maurice Nadeau, Paris: Gallimard (Pléiade) 1990.
Gier, Albert: *Der Skeptiker im Gespräch mit dem Leser. Studien zum Werk von Anatole France und zu seiner Rezeption in der französischen Presse 1879-1905*, Tübingen: Niemeyer (mimesis) 1985.

Giesz, Ludwig: *Phänomenologie des Kitsches*, Frankfurt a.M.: Fischer (TB / Philosophie) 1994.
Ginzburg, Carlo: "Mitologia germanica e nazismo. Su un vecchio libro di Georges Dumézil". In: ders.: *Miti emblemi spie. Morfologia e storia*, Turin: Einaudi 1986, 210-238.
Glucksmann, André: "Europe 2004". In: ders.: *Le Discours de la guerre. Suivi de "Europe 2004"*, Paris: L'Herne / Le Livre de Poche (biblio essais) 1985.
Glucksmann, André: *Le XIe commandement*, Paris: Flammarion 1991.
Glucksmann, André: *Ouest contre ouest*, Paris: Plon 2003.
Gobineau, Joseph Arthur, Comte de: *Essai sur l'inégalité des races humaines* [2 Bde.], Paris: Firmin-Didot ^{2}1884.
Godin, Christian: *La Fin de l'humanité*, Seyssel: Champ Vallon 2003
Goethe, Johann Wolfgang von: *Aus meinem Leben. Dichtung und Wahrheit. 3. Teil*. In: ders.: *Werke IX* (Hamburger Ausgabe), hg. v. Erich Trunz, München: C.H. Beck ^{9}1981.
Goethe, Johann Wolfgang von: *Maximen und Reflexionen*. In: ders.: *Werke XII* (Hamburger Ausgabe), hg. v. Erich Trunz, München: C.H. Beck ^{9}1981.
Graevenitz, Mythos: *Geschichte einer Denkgewohnheit*, Stuttgart: Metzler 1987.
Gondolo della Riva, Piero: "Préface". In: Verne, Jules: *Paris au XXe siècle*, Paris: Le Livre de poche 1994, 11-21.
Gore, Keith: *L'Idée de progrès dans l'œuvre de Renan*, Paris: Nizet 1970.
Goupil, Didier: *Le Jour de mon retour sur Terre*, Paris: Le Serpent à Plumes 2003.
Grainville, Jean-Baptiste-François-Xavier C. de: *Le dernier Homme. Ouvrage posthume*, hg. v. Charles Nodier, Paris: 1811 [repr. Genf: Slatkine 1976].
Grassi, Ernesto: "Enzyklopädisches Stichwort 'Masse'". In: José Ortega y Gasset: *Der Aufstand der Massen* [Erstv. 1930], Hamburg: Rowohlt (rde) 1956, 142-146.
Greif, Jean-Jacques: *Nine Eleven*, Paris: Médium (l'école des loisirs) 2003.
Guillebaud, Jean-Claude: *La Refondation du monde*, Paris: Seuil (points) 1999.
Gumbrecht, Hans Ulrich: *Zola im historischen Kontext. Für eine neue Lektüre des Rougon-Maquart-Zyklus*, München: Fink 1978.
Gumbrecht, Hans Ulrich: "Das französische Theater des 18. Jahrhunderts als Medium der Aufklärung". In: ders. / Rolf Reichardt / Thomas Schleich (Hg.): *Sozialgeschichte der Aufklärung in Frankreich II. Medien. Wirkungen*, München / Wien: R. Oldenbourg 1981 67-88.
Gusdorf, Georges: *Mythe et métaphysique*, Paris: Flammarion (Champs) 1984.
Guttin, Jacques: *Épigone, Histoire du siècle futur*, Paris: P. Lamy 1659.

Habermas, Jürgen: "Bewußtmachende oder rettende Kritik – die Aktualität Walter Benjamins". In: Unseld, Siegfried (Hg): *Zur Aktualität Walter Benjamins*, Frankfurt a.M.: Suhrkamp (st) 1972, 173-224.
Habermas, Jürgen: *Legitimationsprobleme im Spätkapitalismus*, Frankfurt a.M.: Suhrkamp (ed) ^{6}1975.
Habermas, Jürgen: *Strukturwandel der Öffentlichkeit. Untersuchungen zu einer Kategorie der bürgerlichen Gesellschaft*, Darmstadt / Neuwied: Luchterhand ^{15}1984.
Hagan, Dorothy Veinus: *Félicien David 1810-1876. A Composer and a Cause*, Syracuse: 1985.
Hambly, P.S.: "Théophile Gautier et le fourierisme – documents et notes". In: *Australian Journal of French Studies XI / 3* 1974, 210-252.

Hamiche, Daniel: *Le Théâtre et la Révolution. La lutte des classes au théâtre en 1789 et en 1793*, Paris: U.G.E. 1973.
Hansen-Löve, Aage A: "Diskursapokalypsen: Endtexte und Textenden. Russische Beispiele". In Stierle, Karlheinz / Warning, Rainer (Hg.): *Das Ende. Figuren einer Denkform* (= *Poetik und Hermeneutik XVI*), München: Fink 1996, 183-225.
Hassner, Pierre: *La Terreur et l'empire. La violence et la paix II*, Paris: Seuil 2003.
Haug, Wolfgang Fritz: *Zur Kritik der Warenästhetik*, Frankfurt a.M.: Suhrkamp (ed) [2]1972.
Hegel, Georg Wilhelm Friedrich: "Die Positivität des Christentums [1795 / 96]". In: ders.: *Frühe Schriften* (= *Werke I*), hg. v. Eva Moldenhauer u. Karl Markus Michel, Frankfurt a.M.: Suhrkamp (stw) [2]1990, 104-189.
Hegel, Georg Wilhelm Friedrich: *Phänomenologie des Geistes* (= *Werke III*), hg. v. Eva Moldenhauer u. Karl Markus Michel, Frankfurt a.M.: Suhrkamp (stw) [2]1989.
Hegel, Georg Wilhelm Friedrich: *Texte zur philosophischen Propädeutik 3. Logik für die Mittelklasse*. In: ders.: *Nürnberger Schriften* (= *Werke IV*), hg. v. Eva Moldenhauer u. Karl Markus Michel, Frankfurt a.M.: Suhrkamp (stw) 1986, 86-11o.
Hegel, Georg Wilhelm Friedrich: *Grundlinien der Philosophie des Rechts* (= *Werke VII*), hg. v. Eva Moldenhauer u. Karl Markus Michel, Frankfurt a.M.: Suhrkamp (stw) [2]1989.
Hegel, Georg Wilhelm Friedrich: *Vorlesungen über die Philsosophie der Geschichte* (= *Werke XII*), hg. v. Eva Moldenhauer u. Karl Markus Michel, Frankfurt a.M.: Suhrkamp (stw) [2]1989.
Hegel, Georg Wilhelm Friedrich: *Vorlesungen über die Geschichte der Philosophie II* (= *Werke XIX*), hg. v. Eva Moldenhauer u. Karl Markus Michel, Frankfurt a.M.: Suhrkamp (stw) 1986.
Heidegger, Martin: *Sein und Zeit*, Tübingen: Niemeyer [16]1986.
Heidegger, Martin: "Die ewige Wiederkehr des Gleichen". In.: ders.: *Nietzsche I*, Pfullingen: Neske [5]1989.
Heilbronner, Robert L.: *An Inquiry into the Human Prospect: Looked at Again for the 1990s*, New York: Norton 1991.
Hemingway, Ernest: *For Whom the Bell tolls*, New York: Scribner 1968.
Henkel, Arthur / Schöne, Albrecht: *Emblemata. Handbuch zur Sinnbildkunst des XVI. und XVII. Jahrhunderts*, Stuttgart / Weimar: Metzler 1996.
Henriet, Eric B.: *L'Histoire revisitée. Panorama de l'uchronie sous toutes ses formes*, Amiens: Encrage 1999.
Henry, Anne: *Céline écrivain*, Paris: L'Harmattan 1994.
Herzog, Reinhart: "Vom Aufhören. Darstellungsformen menschlicher Dauer vom Ende". In: Stierle, Karlheinz / Warning, Rainer (Hg.): *Das Ende. Figuren einer Denkform* (= *Poetik und Hermeneutik XVI*), München: Fink 1996, 283-329.
Hoeges, Dirk: *Alles veloziferisch. Die Eisenbahn – vom schönen Ungeheuer zur Ästhetik der Geschwindigkeit*, Rheinbach: CMZ 1985a.
Hoeges, Dirk: *Saint-Simon und die Theorie der Avantgarde*. In: *Lendemains 37*, 1985b, 37-43.
Horkheimer, Max / Adorno, Theodor W.: *Dialektik der Aufklärung. Philosophische Fragmente* (=Adorno, Theodor W.: *Gesammelte Schriften III*), hg. v. Rolf Tiedemann, Frankfurt a.M.: Suhrkamp (stw) 1997.
Horstmann, Ulrich: *Das Untier. Konturen einer Philosophie der Menschenflucht*, Wien / Berlin 1983.
Houellebecq, Michel: *Les Particules élémentaires*, Paris: J'ai lu 2000.

Hudde, Hinrich: "'L'An 2440' de Louis-Sébastien Mercier". In: Gandillac, Maurice de / Catherine Piron, Catherine(Hg.): *Le Discours utopique* (*Colloque de Cérisy*), Paris: UGE (10 / 18) 1978, 250-256.
Hudde, Hinrich: "Rassegna sull'utopia come genere letterario". In: *Lectures 11*, 1982, 11-29.
Hudde, Hinrich: "Le vrai thermomètre de l'esprit public - Das Theater während der französischen Revolution". In: Krauß, Henning (Hg.): *Literatur der französischen Revolution. Eine Einführung*, Stuttgart: Metzler 1988a, 51-93.
Hudde, Hinrich: "L'Influence de Mercier sur l'évolution du roman d'anticipation". In: ders. / Kuon, Peter (Hg.): *De l'Utopie à l'Uchronie. Formes, Significations, Fonctions*, Tübingen: Narr 1988b, 109-121.
Hudde, Hinrich / Kuon, Peter (Hg.): *De l'Utopie à l'Uchronie. Formes, Significations, Fonctions*, Tübingen: Narr 1988.
Hugo, Victor: *La Légende des siècles. La Fin du Satan. Dieu*, Paris: Gallimard (Pléiade) 1950.
Hugo, Victor: *Les Misérables* [Erstv. 1862], hg. v. Maurice Allem, Paris: Gallimard (Pléiade) 1951.
Hugo, Victor: "Préface de Cromwell". In: ders.: *Œuvres complètes XI. Critique*, hg. v. Jean-Pierre Reynaud, Paris: Laffont (Bouquins) 1985, 3-44.
Hugo, Victor: "Proses philosophiques des années 60-65". In: ders.: *Œuvres complètes XI. Critique*, hg. v. Jean-Pierre Reynaud, Paris: Laffont (Bouquins) 1985, 465-712.
Hugues, Micheline: *L'Utopie*, Paris: Nathan / HER 1999.
Humboldt, Alexander von / [Bonplandt, A.]: *Reise in die Aequinoctial-Gegend des neuen Continents in den Jahren 1799, 1800, 1801, 1802, 1803, und 1804. Erster Teil* [*Relation Historique*, übersetzt aus dem Französischen v. Paulus Usteri u.a.; Erstv. 1815] – *Die Forschungsreise in den Tropen Amerikas. Teilband 1* (= *Studienausgabe II.1*), hg. v. Hanno Beck, Darmstadt: wbg 1997.
Husserl, Edmund: *Die Krisis der modernen Wissenschaften und die transzendentale Phänomenologie*. In: ders.: *Gesammelte Schriften VIII*, hg. v. Elisabeth Ströker, Hamburg: F. Meiner 1992.
Huysmans, Joris-Karl: *À Rebours* [Erstv. 1886 / 1903]. In: ders.: *Œuvres complètes VII*, Genf: Slatkine [repr. der Ausg. v. 1929-34] 1972.
Huysmans, Joris-Karl: *Croquis parisiens*. In: ders.: *Œuvres complètes VII*, Genf: Slatkine [repr. der Ausg. v. 1929-34] 1972.

Innerhofer, Roland: *Deutsche Science Fiction 1870-1914. Rekonstruktion und Analyse der Anfänge einer Gattung*, Wien u.a.: Böhlau 1996.
Irrlitz, Gerd: "Die wesentliche Täuschung vom Ende". In: Stierle, Karlheinz / Warning, Rainer (Hg.): *Das Ende. Figuren einer Denkform* (= *Poetik und Hermeneutik XVI*), München: Fink 1996, 330-358.
Iser, Wolfgang: "Der Archetyp als Leerform. Erzählschablonen und Kommunikation in Joyces Ulysses". In: Fuhrmann, Manfred (Hg.): *Terror und Spiel. Probleme der Mythenrezeption* (= *Poetik und Hermeneutik IV*) München: Fink 1971, 369-408.
Iser, Wolfgang: *Das Fiktive und Imaginäre. Perspektiven einer literarischen Anthropologie*, Frankfurt a.M.: Suhrkamp 1991.

Jankélévitch, Vladémir: *L'Aventure. L'Ennui. Le Sérieux*, Paris: Aubier 1963.
Jaspers, Karl: *Vom Ursprung und Ziel der Geschichte*, München: Piper 1949.
Jaspers, Karl: *Von der Wahrheit*, München 1958.
Jaspers, Karl: *Psychologie der Weltanschauungen*, Berlin / Heidelberg / New York: Springer ^{5}1960.
Jaspers, Karl: *Allgemeine Psychopathologie* [Erstv. 1913], Berlin / Heidelberg / New York: Springer ^{9}1973.
Jaspers, Karl: *Philosophie II. Existenzerhellung* [Erstv. 1932], Berlin / Heidelberg / New York: Springer ^{4}1973.
Jaspers, Karl: *Philosophie III. Metaphysik* [Erstv. 1932], Berlin / Heidelberg / New York: Springer ^{4}1973.
Jauß, Hans Robert: "Ästhetische Normen und geschichtliche Reflexion in der 'Querelle des Anciens et des Modernes'". In: Perrault, Charles: *Parallèle des Anciens et des Modernes en ce qui regarde les arts et les sciences* [Nachdruck der vierbändigen Ausgabe Paris 1688-1697], hg. v. Hans Robert Jauß, München: Fink 1964, 8-64.
Jauß, Hans Robert: *Literaturgeschichte als Provokation*, Frankfurt a.M.: Suhrkamp (ed) 1970.
Jauß, Hans Robert: "Negativität und Identifikation. Versuch zur Theorie der ästhetischen Erfahrung". In: Harald Weinrich (Hg.): *Positionen der Negativität* (= *Poetik und Hermeneutik VI*), München: Fink 1975, 263-339.
Jauß, Hans Robert: *Zeit und Erinnerung in Marcel Prousts "A la recherche du temps perdu"*, Frankfurt a.M.: Suhrkamp (stw) 1986.
Jauß, Hans Robert: "Der literarische Prozeß des Modernismus von Rousseau bis Adorno". In: Herzog, Reinhart / Koselleck, Reinhart (Hg.): *Epochenschwelle und Epochenbewußtsein* (= *Poetik und Hermeneutik XII*), München: Fink 1987a, 243-268 [Repr. in: Jauß, Hans Robert: *Studien zum Epochenwandel der ästhetischen Moderne*, Frankfurt a.M.: Suhrkamp (stw) ^{2}1990, 67-103].
Jauß, Hans Robert: "Forschungsprojekt 'art social' und 'art industriel'". In: *RZL / CHR XI*, 1987b, 193-201.
Jauß, Hans Robert: "Rückschau auf das Kolloquium: 'Art social' und 'art industriel'". In: ders.: *Studien zum Epochenwandel der ästhetischen Moderne*, Frankfurt a.M.: Suhrkamp (stw) ^{2}1990, 157-165.
Jauß, Hans Robert: *Ästhetische Erfahrung und literarische Hermeneutik*, Frankfurt a.M.: Suhrkamp (stw) 1991.
Jennings, Chantal: *L'Éros et la femme chez Zola*, Paris: Klincksieck 1977.
Joachim von Fiore [Gioacchino da Fiore]: *Concordia Novi ac Novis Testamenti*, Venedig 1519, repr. Frankfurt a.M.: Minerva 1964.
Joachim von Fiore [Gioacchino da Fiore]: *Expositio in Apocalypsim*, Venedig 1527, repr. Frankfurt a.M.: Minerva 1964.
Joachim von Fiore [Gioacchino da Fiore]: *Das Reich des Heiligen Geistes* [Textsammlung], hg. v. Alfons Rosenberg, Bietigheim: Turm 1977.
Jonas, Hans: *Das Prinzip Verantwortung. Versuch einer Ethik für die technologische Zivilisation*, Frankfurt a.M.: Suhrkamp (st) 1984.
Jørgensen, Sven-Aage: "Utopisches Potential in der Bibel. Mythos, Eschatologie und Säkularisation". In: Wilhelm Voßkamp (Hg.): *Utopieforschung. Interdisziplinäre Studien zur neuzeitlichen Utopie I* Frankfurt a.M.: Suhrkamp (st) 1985, 375-397.
Jung, Carl Gustav: *Wandlungen und Symbole der Libido. Beiträge zur Entwicklungsgeschichte des Denkens*, München: dtv 1991.

Jung, Carl Gustav: "Vom Werden der Persönlichkeit". In: ders.: *Wirklichkeit der Seele*, München: dtv 2001, 97-115.

Kaiser, Elke: *Wissen und Erzählen bei Zola*, Tübingen: Narr (Romanica Monacensia) 1992.

Kant, Immanuel: *Allgemeine Naturgeschichte und Theorie des Himmels, oder Versuch von der Verfassung und dem mechanischen Ursprunge des ganzen Weltgebäudes nach newtonischen Grundsätzen abgehandelt*. In: ders.: *Vorkritische Schriften Bd. 1* (= *Werkausgabe I*), hg. v. Wilhelm Weischedel, Frankfurt a.M.: Suhrkamp (stw) ^{7}1996.

Kant, Immanuel: *Grundlegung zur Metaphysik der Sitten* [Ertv. 1785]. In: ders.: *Kritik der praktischen Vernunft. Grundlegung zur Metphysik der Sitten* (= *Werkausgabe VII*), hg. v. Wilhelm Weischedel, Frankfurt a.M.: Suhrkamp (st) ^{11}1991.

Kant, Immanuel: *Kritik der Urteilskraft* (= *Werkausgabe X*), hg. v. Wilhelm Weischedel, Frankfurt a.M.: Suhrkamp (Stw) 1974

Kant, Immanuel: "Idee zu einer allgemeinen Geschichte in weltbürgerlicher Absicht". In: ders.: *Schriften zur Anthropologie, Geschichtsphilosophie, Politik und Pädagogik Bd. 1* (= *Werkausgabe XI*), hg. v. Wilhelm Weischedel, Frankfurt a.M.: Suhrkamp (stw) ^{10}1993, 31-50.

Kant, Immanuel: "Der Streit der Fakultäten". In: ders.: *Schriften zur Anthropologie, Geschichtsphilosophie, Politik und Pädagogik Bd. 1* (= *Werkausgabe XI*), hg. v. Wilhelm Weischedel, Frankfurt a.M.: Suhrkamp (stw) ^{10}1993.

Kant, Immanuel: "Das Ende aller Dinge". In: ders.: *Schriften zur Anthropologie, Geschichtsphilosophie, Politik und Pädagogik Bd. 1* (= *Werkausgabe XI*), hg. v. Wilhelm Weischedel, Frankfurt a.M.: Suhkamp (stw) ^{10}1993, 173-190.

Kant, Immanuel: "Das Ende aller Dinge". In: ders.: *Schriften zur Anthropologie, Geschichtsphilosophie, Politik und Pädagogik Bd. 1* (= *Werkausgabe XI*), hg. v. Wilhelm Weischedel, Frankfurt a.M.: Suhkamp (stw) ^{10}1993, 173-190.

Kermode, Frank: *The Sense of an Ending. Studies in the Theory of Fiction*, New York: Oxford University Press 1967.

Ketterer, David: *New Worlds for Old. The Apocalyptic Imagination, Science Fiction, and American Literature*, New York: Anchor 1974.

Klein, Gérard: Art. "Science-fiction". In: Riot-Sarcey, Michèle / Bouchet, Thomas / Picon, Antoine (Hg.): *Dictionnaire des utopies*, Paris: Larousse 2002.

Kluback, William: *Discourses on the Meaning of History*, New York, Bern, Frankfurt a.M., Paris: Peter Lang 1988.

Klaus, Georg / Buhr, Manfred (Hg.): *Marxistisch-leninistisches Wörterbuch der Philosophie I-III*, Reinbek b. Hamburg: Rowohlt 1983.

Köhler, Erich: *Ideal und Wirklichkeit in der höfischen Epik. Studien zur Form der frühen Artus- und Graldichtung* [Erstv. 1956], Tübingen: Niemeyer ^{2}1970.

Köhler Erich: *Vorlesungen zur Geschichte der französischen Literatur. Aufklärung II*, hg. v. Dietmar Rieger Stuttgart / Berlin / Köln / Mainz: Kohlhammer 1984.

Köhler, Erich: *Vorlesungen zur Geschichte der Französischen Literatur. Mittelalter I*, hg. v. Henning Krauß, Stuttgart / Berlin / Köln / Mainz: Kohlhammer 1985.

Köhler, Erich: *Der literarische Zufall, das Mögliche und die Notwendigkeit* [Erstv. 1973], Frankfurt a.M.: Fischer 1993.

Koestler, Arthur: *Le Yogi et le commissaire*, Paris: Le Livre de Poche s.d.

Kojève, Alexandre: *Introduction à la lecture de Hegel. Leçons sur la "Phénoménologie de l'Esprit" professées de 1933 à 1939 à l'École des Hautes Études* [Erstv. 1947, 1968], hg. v. Raymond Queneau, Paris: Gallimard (Tel) 1988.
Kolakowski, Leszeck: *Die Hauptströmungen des Marxismus II*, München / Zürich: Piper 1977.
Koselleck, Reinhart: Art. "Fortschritt". In: Brunner, Otto / Conze, Werner / Koselleck, Reinhart (Hg.): *Geschichtliche Grundbegriffe II*, Stuttgart: Klett 1975.
Koselleck, Reinhart: "Die Verzeitlichung der Utopie". In: Voßkamp, Wilhelm (Hg.): *Utopieforschung. Interdisziplinäre Studien zur neuzeitlichen Utopie III*, Frankfurt a.M.: Suhrkamp (st) 1985, 1-14.
Koselleck, Reinhart: *Kritik und Krise. Ein Studie zur Pathogenese der bürgerlichen Welt*, Frankfurt a.M: Suhrkamp (stw) [6]1989.
Kracauer, Siegfried: *Geschichte – Vor den letzten Dingen* [Erstv. engl. 1969] (= *Schriften IV*), Frankfurt a.M.: Suhrkamp 1971.
Kracauer, Siegfried: *Jacques Offenbach und das Paris seiner Zeit*, Frankfurt a.M.: Suhrkamp (ed) 1976.
Kracauer, Siegfried: "Das Ornament der Masse" [Erstv. 1927]. In: ders.: *Das Ornament der Masse. Essays*, Frankfurt a.M.: Suhrkamp (st) 1977, 50-63.
Kracauer, Siegfried: *Von Caligari zur Hitler. Ein psychologische Geschichte des deutschen Films* [Erstv. engl. 1947], Frankfurt a.M.: Suhrkamp (stw) 1984.
Krauß, Christel: "Le travail maudit – Zur Verdeckung der Arbeit in Théophile Gautiers Kunstlehre". In: Kloepfer, Rolf u.a. (Hg.): *Bildung und Ausbildung in der Romania I. Literaturgeschichte und Texttheorie*, München: Fink 1980, 279-286.
Krauß, Henning: "Das Ende des Fortschritts. Zur Funktion der uchronistischen Dramen während der Französischen Revolution". In: *RZL / CHR III / 3-4*, Heidelberg: Winter 1979, 387-407.
Krauß, Henning: *Die Praxis der "littérature engagée im Werk Jean-Paul Sartres. 1938-48*, Heidelberg: Winter 1970.
Krauß, Henning: "La Querelle des Anciens et des Modernes et le début de l'uchronie littéraire". In: Hudde, Hinrich / Kuon, Peter (Hg.): *De l'Utopie à l'Uchronie. Formes, Significations, Fonctions*, Tübingen: Narr 1988.
Krauß, Henning: "Der Ursprung des geschichtlichen Weltbildes, die Herausbildung der opinion publique und die literarischen Uchronien". In: *RZL / CHR XI*, Heidelberg: Winter 1987, 337-352.
Krauß, Henning: "Victor Hugo, 'Les Misérables' (1862)". In: Wolfzettel, Friedrich (Hg.): *19. Jahrhundert. Roman*, Tübingen: Stauffenburg (Interpretation) 1999, 185-218.
Krauss, Werner: "Literaturgeschichte als geschichtlicher Auftrag". In: *Sinn und Form II.4 / 1950*, 65-126.
Krauss, Werner: "Überblick über die französischen Utopien von Cyrano de Bergerac bis zu Etienne Cabet". In: ders.: *Literaturtheorie, Philosophie und Politik* (= *Das wissenschaftliche Werk I*), hg. v. Manfred Naumann, Weimar / Berlin / DDR: Aufbau 1984, 78-119.
Kristeva, Julia: *Pouvoirs de l'horreur. Essai sur l'abjection*, Paris: Seuil (Points) 1983.
Kuhn, Helmut: *Begegnungen mit dem Sein*, Tübingen: Mohr 1954.
Kuhn, Helmut / Wiedemann, Franz (Hg.): *Die Philosophie und die Frage nach dem Fortschritt*, München: Pustet 1964.

Kuhnle, Till R.: "Anmerkungen zum Begriff Gesamtkunstwerk – die Politisierung einer ästhetischen Kategorie?". In: *Germanica X (Mosaïques littéraires)*, Lille: Université Charles-de-Gaulle (Lille III) 1992, 35-50.
Kuhnle, Till R.: "Wider den kitschigen Sozialismus. Hermann Brochs Kritik an der Tendenzkunst und seine polyhistorische Antwort". In: *Germanica XIV (Les Fictions d'actualité dans les pays de langue allemande / Die ästhetische Umsetzung des Zeitgeschehens im deutschsprachigen Raum im 20. Jahrhundert)*, Lille:: Université Charles-de-Gaulle (Lille III) 1994, 61-78.
Kuhnle, Till R.: *Chronos und Thanatos. Zum Existentialismus des "nouveau romancier" Claude Simon*, Tübingen: Niemeyer 1995.
Kuhnle, Till R.: "Der Ernst des Ekels". In: *Archiv für Begriffsgeschichte XXXIX*: Bonn: Bouvier 1996, 268-325.
Kuhnle, Till R.: "Ernst und Revolte. Ein Versuch zum existentiellen Messianismus". In: *RZL / CHR XXII.1 / 2*: Heidelberg: Winter 1998, 107-136.
Kuhnle, Till R.: "Pas de panique? – Apocalypse et messianisme chez Hermann Broch". In: *Germanica XXIV (Bible et littérature de langue allemande au XXe siècle)*, Lille: Université Charles-de-Gaulle (Lille III) 1999a, 157-175.
Kuhnle, Till: "Der Ekel auf hoher See. Begriffsgeschichtliche Untersuchungen im Ausgang von Nietzsche". In: *Archiv für Begriffsgeschichte XLI*, Bonn: Bouvier 1999b, 161-261.
Kuhnle, Till R.: "Ekelhafte Stadtansichten". In: Ingenschay, Dieter (Hg.): *Die Andere Stadt. Großstadtbilder in fremder Perspektive*, Würzburg: Königshausen und Neumann 2000a, 144-156.
Kuhnle, Till R.: "Roman de situation zwischen Engagement und Agnostizismus: Jean-Paul Sartre und Claude Simon". In: Essbach, Wolfram (Hg.): *Welche Modernität? Intellektuellendiskurse zwischen Frankreich und Deutschland im Spannungsfeld nationaler und europäischer Identitätsbilder*, Berlin: Berlin Verlag A. Spitz 2000b, 341-364.
Kuhnle, Till R.: "Voltaire – 'Candide ou l'optimisme' / 'Candide oder der Optimismus'". In: Geppert, Hans Vilmar (Hg.): *Große Werke der Literatur VI*, Tübingen u. Basel: Francke 2001, 69-88.
Kuhnle, Till R.: "Utopie, Kitsch und Katastrophe. Perspektiven einer daseinsanalytischen Literaturwissenschaft". In: Geppert, Hans Vilmar / Zapf, Hubert: *Theorien der Literatur. Grundlagen und Perspektiven I*, Tübingen: Franke 2003a, 105-140.
Kuhnle, Till R.: "Savinien de Cyrano de Bergerac – 'L'autre monde' / 'Reise zu den Mondstaaten und Sonnenreichen'". In: Geppert, Hans-Vilmar (Hg.) *Große Werke der Literatur VIII*, Tübingen: Francke 2003b, 43-70.
Kuhnle, Till R.: "Pierre Corneille, 'Tite et Bérénice' (1670) und Jean Racine, 'Bérénice'". In: Krauß, Henning / Kuhnle, Till R. / Plocher, Hanspeter (Hg.): *17. Jahrhundert. Theater*, Tübingen: Stauffenburg 2003c, 199-244.
Kuhnle, Till R.: "'Es gibt kein richtiges Leben im falschen'. Ein Versuch zu Adorno, Nietzsche und Port Royal". In: Plocher, Hanspeter / Kuhnle, Till R. / Malinowski, Bernadette (Hg.): *Esprit civique und Engagement. Festschrift für Henning Krauss zum 60. Geburtstag*, Tübingen: Stauffenburg 2003d, 358-383.
Kuhnle, Till R.: "Le millénarisme de Zola: la révolution avortée?". In: Teschke, Henning (Hg.): *Literarische Fluchtlinien der Revolution von 1789*, Tübingen: Stauffenburg (Cahiers Lendemains) 2004, 61-80.

Kuhnle, Till R.: "Tradition und Innovation". In: Barck, Karlheinz u.a. (Hg): *Ästhetischen Grundbegriffe. Historisches Wörterbuch VI*, Stuttgart/Weimar: Metzler 2005, 74-117.
Kuon, Peter: *Utopischer Entwurf und fiktionale Vermittlung. Studie zum Gattungswandel der literarischen Utopie zwischen Humanismus und Frühaufklärung*, Heidelberg: Winter 1986.
Kurz, Gerhard: *Metapher, Allegorie, Symbol*, Göttingen: Vandenhoeck und Ruprecht (Kleine Vandenhoeck-Reihe) ^{3}1993.

Lacroix, Jean-Yves: *L'Utopie*, Paris: Bordas (Philosophie présente) 1994.
Lamennais [La Mennais], Félicité Robert [de]: *De l'Esclavage moderne*. In: ders.: *Œuvres*, Genf s.d.
Lang, Luc: *11 septembre mon amour*, Paris: Stock 2003.
Laplanche, Jean / Pontalis, J.-B.: *Le Vocabulaire de la psychanalyse*, Paris: P.U.F. ^{4}1973.
Lasswitz, Kurt: *Wirklichkeiten. Beiträge zum Weltverständnis*, Leipzig: E. Elischer ^{3}1909.
Latouche, Serge: *La Mégamachine. Raison technoscientifique, raison économique et mythe du progrès. Nouvelle édition actualisée*, Paris: La Découverte (MAUSS) 2004.
Laurant, Jean-Pierre: Art. "Saint-simoniens". In: Saunier, Éric: *Encyclopédie de la Franc-maçonnerie*, Paris: Le Livre de poche 2000, 787-789.
Laurent, Jacques: *Histoire égoïste*, Paris: La Table ronde 1976.
Lawrence, David Herbert: "Apocalypse". In: ders.: *Apocalypse and Writings on Revelation*, hg. v. Mara Kalnins, Cambridge u.a.: Cambridge University Press 1980.
Le Bon, Gustave: *Psychologie des foules* [Erstv. 1895], Paris: P.U.F. (Bibliothèque de Philosophie contemporaine) 1947.
Lehmann, Günther K.: *Ästhetik der Utopie. Arthur Schopenhauer – Sören Kierkegaard – Georg Simmel – Max Weber – Ernst Bloch*, Stuttgart: Neske 1995.
Leibniz, Gottfried Wilhelm: *Die Theodizee von der Güte Gottes, der Freiheit des Menschen und dem Ursprung des Übels / Essai de Théodicée sur la bonté de Dieu, la liberté de l'homme et l'origine du mal I-II* (= *Philosophische Schriften 2.1-2.2*.), hg. v. Herbert Herring, Frankfurt a.M.: Suhrkamp (st) 1996.
Lem, Stanislaw: *Phantastik und Futurologie II*, Frankfurt a.M.: Suhrkamp (st / Phantastische Bibliothek) 1989.
Lepenies, Wolf: *Melancholie und Gesellschaft. Mit einer neuen Einleitung: Das Ende der Utopie und die Wiederkehr der Melancholie*, Frankfurt a.M.: Suhrkamp (stw) 1998.
Leroux, Pierre: *Trois Discours sur la situation de la société*. In: ders. *Œuvres I-II* [Erstv. 1850], Genf: Slatkine 1978a.
Leroux, Pierre: *De la Doctrine de la perfectibilité*. In: ders. *Œuvres I-II* [Erstv. 1850], Genf: Slatkine 1978b.
Leroux, Pierre: *Réfutation de l'Éclecticisme*. In: ders. *Œuvres I-II* [Erstv. 1850], Genf: Slatkine 1978c.
Leroux, Pierre: *De l'Humanité*, Paris: Fayard (Corpus des Œuvres de Philosophie en Langue française) 1985.

Lessing, Gotthold Ephraim: *Von dem Zwecke Jesu. Noch ein Fragment des Wolffenbüttelschen Unbekannten*. In: ders.: *Theologiekritische Schriften I und II* (= Werke VII), hg. v. Karl Eibel, Helmut Göbel u.a. Darmstadt: wbg 1996.
Lessing, Gotthold Ephraim: *Die Erziehung des Menschengeschlechts*. In.: ders: *Theologiekritische Schriften III. Philosophische Schriften* (= *Werke VIII*), hg. v. Karl Eibel, Helmut Göbel u.a. Darmstadt: wbg 1996.
Lévinas, Emmanuel: "De l'Évasion". In: *Recherches philosophiques V*, Paris 1935-36, 373-392.
Lévinas, Emmanuel: *De l'existence à L'existant*, Paris: Fontaine 1947.
Lévi-Strauss, Claude: *Mythologiques I. Le Cru et le cuit*, Paris: Plon 1964.
Lévi-Strauss, Claude: *Mythologiques IV. L'Homme nu*, Paris: Plon 1971.
Lévi-Strauss, Claude: "Mythos und Bedeutung". In: ders.: *Mythos und Bedeutung. Fünf Radiovorträge. Gepräche mit Claude Lévi-Strauss*, hg. v. Adelbert Reif, Frankfurt a.M.: Suhrkamp (ed) 1980a, 9-67.
Lévi-Strauss, Claude: "Der Humanismus bedroht den Menschen. Ein Spiegel-Gespräch mit Dieter Brumm, Karla Fohrbeck, Gustave Stern und Wolfgang Gust" [Erstv.: *Der Spiegel* 53 / 1971]. In: ders.: *Mythos und Bedeutung. Fünf Radiovorträge. Gespräche mit Claude Lévi-Strauss*, hg. v. Adelbert Reif, Frankfurt a.M.: Suhrkamp (ed) 1980b, 219-235.
Lévi-Strauss, Claude: *Tristes Tropiques* [Erstv. 1955], Paris: 1982.
Lévi-Strauss, Claude: *Anthropologie structurale* [Erstv. 1958, erw. 1974], Paris: Plon (Presses Pocket / Agora) 1985.
Lévi-Strauss, Claude: *Race et histoire* [Erstv. 1952] Paris: Denoël (folio / essais) 1987.
Lévi-Strauss, Claude: *La Pensée sauvage* [Erstv. 1962], Paris: Plon (Presses Pocket / Agora) 1990a.
Lévi-Strauss, Claude: "Dans la poubelle de l'Histoire" [Interview]. In: Claude Lévi-Strauss, Claude / Eribon, Didier: *De près et de loin, suivi d'un entretien inédit "Deux ans après"*, Paris: Seuil / Odile Jacob (Points) 1990b.
Lévi-Strauss, Claude: "Horloges et machines à vapeur" [Interview]. In: Lévi-Strauss, Claude / Charbonnier, George: *Entretiens avec Claude Lévi-Strauss*, Paris: Juillard / Press Pocket (Agora) 1992.
Lévy, Bernard-Henri: *Le Testament de Dieu*, Paris: Grasset (Figures) 1979.
Lévy, Bernard-Henri: *Les Aventures de la liberté*, Paris: Grasset 1991.
Lévy, Bernard-Henri: *La Pureté dangereuse*, Paris: Grasset 1994.
Lévy, Bernard-Henri: *Le siècle de Sartre*, Paris: Grasset 2000.
Lévy, Bernard-Henri: *Réflexions sur la Guerre, le mal et la fin de l'histoire – précédé de "Les Damnés de la guerre"*, Paris: Grasset 2001.
Lincoln, Bruce: "Der politische Gehalt des Mythos". In: Duerr, Hans Peter (Hg.): *Alcheringa oder die verlorene Zeit. Studien zu Mythologie, Schamanismus und Religion*, Frankfurt a.M.: Qumran 1983, 9-25.
Lobet, Marcel: "La Chronique souterraine de l'humanité". In: Tacou, Constantin (Hg.): *Cahier de l'Herne. Mircea Eliade* [Erstv. 1978], Paris: L'Herne / Le Livre de Poche (biblio essais) 1990, 169-176.
Löwith, Karl: *Weltgeschichte und Heilsgeschehen. Die theologischen Voraussetzungen der Geschichtsphilosophie*, Stuttgart u.a.: Kohlhammer (Urban) ^{5}1967.
Löwy, Michel: *Rédemption et utopie. Le judaïsme libertaire en Europe centrale. Une étude d'affinité élective*, Paris: P.U.F. 1988.
Lubac, Henri de: *La Postériorité de Joachim de Flore I: de Joachim à Schelling*, Paris / Namur: Lethilleux / Culture et vérité (Le Sycomore) 1978.

Lubac, Henri de: *La Postériorité de Joachim de Flore II: de Saint-Simon à nos jours*, Paris / Namur: Lethilleux / Culture et vérité (Le Sycomore) 1980.
Lübbe, Hermann: *Fortschritt als Orientierungsproblem. Aufklärung in der Gegenwart*, Freiburg: Rombach 1975.
Lübbe, Hermann: "Historisierung und Ästhetisierung. Über die Unverbindlichkeit im Fortschritt". In: Kluxen, Wolfgang (Hg.): *Tradition und Innovation. 13. Deutscher Kongreß für Philosophie, Bonn, 24.9.-25.9.1984*, Hamburg: Meiner 1988, 414-430.
Luhmann, Niklas: "Sinn als Grundbegriff der Soziologie". In: Habermas, Jürgen / Luhmann, Niklas (Hg.): *Theorie der Gesellschaft oder Sozialtechnologie*, Frankfurt a.M.: Suhrkamp 1971, 25-100.
Luhmann, Niklas: *Die Kunst der Gesellschaft*, Frankfurt a.M.: Suhrkamp ²1996.
Lukács, Georg: *Existentialismus oder Marxismus*, Berlin / DDR: Aufbau 1951.
Lukács, Georg: "Wozu braucht die Bourgeoisie Verzweiflung?". In: *Sinn und Form. Beiträge zur Literatur III.4*, Berlin / DDR: Rütten & Loening 1951, 66-69.
Lukács, Georg: *Die Theorie des Romans*, Darmstadt und Neuwied: Luchterhand 1984.
Lukács, Georg: *Geschichte und Klassenbewußtsein. Studien über marxistische Dialektik* [Erstv. 1923], Darmstadt / Neuwied: Luchterhand ⁹1986.
Lyotard, Jean-François: *Rudiments païens – genre dissertatif*, Paris: U.G.E. (10 / 18) 1977.
Lyotard, Jean-François: *La Condition postmoderne. Rapport sur le savoir*, Paris: Minuit (Critique) 1979.
Lyotard, Jean-François: *L'Inhumain. Causeries sur le temps*, Paris: galilée (débats) 1988.
Lyotard, Jean-Fançois: *Leçons sur l'analytique du sublime*, Paris: galilée 1991.

Macherey, Pierre: *Pour une Théorie de la production littéraire*, Paris: Maspero ³1971.
Macho, Thomas M.: *Todesmetaphern. Zur Logik der Grenzerfahrung*, Frankfurt a.M.: Suhrkamp (ed) 1987.
Maeterlinck, Maurice: *Les Aveugles*, Brüssel: Lacomblez ⁹1898.
Maistre, Joseph de: *Les Soirées de Saint Petersbourg – ou entretiens sur le gouvernement temporel de la Providence*, hg. v. L. Arnould de Grémily und Pierre Mariel, Paris: La Colombe (Littérature et Tradition) 1960.
Mallarmé, Stéphane de: "La Musique et les lettres [1894 / 95]". In: ders.: *Œuvres complètes*, hg. v. Henri Mondor u. G. Jean-Aubry, Paris: Gallimard (Pléiade) 1945 / 1989, 633-657.
Manea, Norman: "Mircea Eliade et la Garde de Fer". In: *Les Temps modernes*, April 1992, 90-115.
Mannheim, Karl: *Ideologie und Utopie*, Frankfurt a.M.: Vittorio Klostermann ⁸1995.
Marcuse, Herbert: *Der eindimensionale Mensch. Studien zur Ideologie der fortgeschrittenen Industriegesellschaft*, Neuwied: Luchterhand (Sammlung Luchterhand) ¹⁴1980.
Marcuse, Herbert: *Triebstruktur und Gesellschaft. Ein philosophischer Versuch zu Sigmund Freud*, Frankfurt a.M.: Suhrkamp (Bibliothek) 1987.
Maréchal, P. Sylvain: "Le Jugement dernier des rois. Prophétie en un acte, en prose [Erstaufführung 1793]. In: Moland, Louis (Hg.): *Théâtre de la Révolution ou choix de pièces de théâtre qui ont fait sensation pendant la période révolutionnaire* [Erstv. 1877], Genf: Slatkine 1971.
Marino, Adrian: *L'Herméneutique de Mircea Eliade*, Paris: Gallimard 1980.

Marquart, Odo: *Schwierigkeiten mit der Geschichtsphilosophie*, Frankfurt a.M.: Suhrkamp (stw) ³1992.
Marx, Karl: *Das Elend der Philosophie*. In: *MEW IV*, Berlin / DDR: Dietz 1969.
Marx, Karl: *Der achtzehnte Brumaire des Louis Napoléon*. In: *MEW VIII*, Berlin / DDR: Dietz 1960.
Marx, Karl: *Die künftigen Ergebnisse der britischen Herrschaft in Indien*. In: *MEW IX*, Berlin / DDR: Dietz 1960.
Marx, Karl: *Das Kapital. Kritik der politischen Ökonomie. Erster Band* (= *MEW XXIII.1*), Berlin / DDR: Dietz 1983.
Marx, Karl / Engels, Friedrich: *Die Deutsche Ideologie* (= *MEW III*), Berlin / DDR: Dietz 1981.
Marx, Karl / Engels, Friedrich: *Manifest der kommunistischen Partei*. In: *MEW IV*, Berlin / DDR: Dietz 1969.
Mattelart, Armand: *Histoire de l'utopie planétaire. De la cité prophétique à la société globale*, Paris: La Découverte (Sciences sociales) 2000.
McCormick, Robert H.: "Fourier 'le vrai Messie' de Zola". In: *Les Cahiers naturalistes 44* (n° 72), 1998, 247-262
McGinn, Bernhard: *The Calabrian Abbot: Joachim de Fiore in the History of Western Thought*, New York / London: Macmillian 1985.
Meckert, Jean: *Nous avons les mains rouges*, Paris: Gallimard 1947.
Mélonio, Francoise / Noiray, Jarcques (Hg.): *L'idée du progrès* [Themenheft bon *Romantisme. Revue du dix-neuvième siècle 103*] Paris: SEDES 2000.
Menninghaus, Winfried: *Schwellenkunde. Walter Benjamins Passagenmythos*, Frankfurt a.M.: Suhrkamp (ed) 1986).
Mercier, Louis-Sébastien: *L'An deux mille quatre cent quarante. Rêve s'il en fût jamais* [Erstv. 1771], hg. v. Raymond Trousson, Bordeaux: Ducros 1971.
Merle, Robert: *Malevil* [Erstv. 1972], Paris: Gallimard (folio) 1984.
Michelet, Jules: *Histoire de France VII*, Paris: Hachette 1866.
Michelet, Jules: *Le Peuple* [Erstv. 1846], Paris: Flammarion (Nouvelle Bibliothèque romantique) 1974.
Michelet, Jules: *Cours au Collège de France II. 1845-1851*, Paris: Gallimard 1995.
Minkowski, Eugène: *La Schizophrénie*, Paris: Alcan 1927.
Minkowski, Eugène: *Le Temps vécu. Etudes phénoménologiques et psychopathologiques* [Erstv. 1928], Brionne: G. Montfort 1988.
Morel, Bénédict-Auguste: *Traité des dégénérescences physiques, intellectuelles et morales de l'espèce humaine et des causes qui produisent ces variétés maladives*, Paris: Masson 1857.
Montesquieu: *Les Lettres persanes*. In: ders.: *Œuvres complètes*, Paris: Gallimard (Pléiade) 1949.
Morice, Alain: "La Rédemption de la 'race ouvrière' vue par Émile Zola". In: *Le Monde diplomatique*, octobre 2002, 24-25.
Mosès, Stéphane: *Der Engel der Geschichte. Franz Rosenzweig. Walter Benjamin. Geshom Scholem*, Frankfurt a.M.: Jüdischer Verlag / Suhrkamp 1994.
Monod, Jean-Claude: *La Querelle de la sécularisation de Hegel à Blumenberg*, Paris: Vrin (Problèmes & Controverses) 2002.
Moreau, Pierre-François: *Le Récit utopique*, Paris: P.U.F. 1982.
Münster, Arno: *Utopie, Messianismus und Apokalypse im Frühwerk von Ernst Bloch*, Frankfurt a.M.: Suhrkamp (stw) 1982.
Mumford, Lewis: *Technics and Civilisation*, San Diego u.a.: HBJ 1963.

Muray, Philippe: *Le 19ᵉ Siècle à travers les âges*, Paris: Denoël (L'Infini) 1984a.
Muray, Philippe: *Céline*, Paris: Denoël (Bibliothèque médiations) 1984b.
Musset, Alfred de: *Poésies nouvelles*. In: ders.: *Poésies*, Paris: Gallimard (Pléiade) 1957.

Nelson, Benjamin: "Prêtres, prophètes, machines, futurs: 2001, 1848, 1984, 2001 ", in: *Les Terreurs de l'An 2000*, Paris: Hachette 1976.
Nerlich, Michael: *Abenteuer oder das verlorene Selbstverständnis der Moderne. Von der Unaufhebbarkeit der experimentellen Moderne*, München: Gerling 1997.
Nerval, Gérard de: *Les Illuminés*. In: ders.: *Œuvres complètes II*, hg. v. Jean Guillaume u. Claude Pichois, Paris: Gallimard (Pléiade) 1984.
Neusüss, Arnhelm (Hg.): *Utopie. Begriff und Phänomen des Utopischen*, Frankfurt / New York: Campus ³1986.
Neuschäfer, Hans-Jörg: *Populärromane im 19. Jahrhundert*, München: Fink (UTB) 1976.
Nietzsche, Friedrich: *Die Geburt der Tragödie aus dem Geist der Musik*. In: ders.: *KSA 1*, hg. v. Giorgio Colli und Mazzino Montinari, München: dtv ²1998.
Nietzsche, Friedrich: *Menschliches, Allzumenschliches I und II* (= *KSA 2*), hg. v. Giorgio Colli und Mazzino Montinari, München: dtv ²1988.
Nietzsche, Friedrich: *Also sprach Zarathustra. Ein Buch für Alle und Keinen* (= *KSA 4*), hg. v. Giorgio Colli und Mazzino Montinari, München: dtv ³1994.
Nietzsche, Friedrich: *Morgenröte*. In: ders.: *KSA 5*, hg. Giorgio Colli und Mazzino Montinari, München: dtv 1988.
Nietzsche, Friedrich: *Nachgelassene Fragmente 1869-1974*. In: ders.: *KSA 7*, hg. Giorgio Colli und Mazzino Montinari, München: dtv 1988.
Nietzsche, Friedrich: *Nachgelassene Fragmente. 1887-1889* (= *KSA 13*), hg. v. Giorgio Colli und Mazzino Montinari, München: dtv 1988.
Nodier, Charles: "Du fantastique en littérature". In: ders.: *Œuvres V. Rèveries*, Paris 1832-1837, repr. Genf: Slatkine 1968, 69-112.
Nordau, Max: *Entartung* [2 Bde.], Berlin: Duncker ³1886.
Novalis [Friedrich von Hardenberg]: "Die Christenheit oder Europa" [Erstv. 1799]. In: ders.: *Werke, Tagebücher und Briefe Friedrich von Hardenbergs II. Das philosophisch-theoretische Werk*, hg. v. Hans-Joachim Mähl, Darmstadt: wbg. 1999, 731-750.

Ortega y Gasset, José: *La rebelión de las masas* [Erstv. 1930], Madrid: Espasa-Calpe (Selecciones Austral) 1984.
Ozouf, Mona: "La Fête sous la Révolution française". In: Le Goff, Jacques / Nora, Pierre (Hg.): *Faire de l'histoire III – Nouveaux objets*, Paris: Gallimard 1974
Ozouf, Mona: *La Fête révolutionnaire*, Paris 1976.

Pagès, Yves: *Les Fictions du politique chez L.-F. Céline*, Paris: Seuil 1994.
Pascal, Blaise: *Pensées*, in: ders., *Œuvres complètes*, hg. v. Jacques Chevalier, Paris: Gallimard (Pléiade) 1954.

Perrault, Charles: *Parallèle des Anciens et des Modernes en ce qui regarde les arts et les sciences* [Nachdruck der vierbändigen Ausgabe Paris 1688-1697], hg. v. Hans Robert Jauß, München: Fink 1964.
Petrucciani, Alberto: *La finzione e la persuasione. L'utopia come genere letterario*, Rom 1983.
Picard, Michel: *Lire le temps*, Paris: Minuit (Critique) 1989.
Pfeiffer, Helmut / Jauß, Hans Robert / Gaillard, Françoise (Hg.): *"Art social" und "art industriel". Funktion der Kunst im Zeitalter des Industrialismus*, München: Fink 1987.
Pichois, Claude: *Vitesse et vision du monde*, Neuchâtel: Baconnière 1971.
Picon, Antoine: *Les Saint-simoniens. Raison, imaginaire et utopie*, Paris: Belin 2002.
Pival, Rafaël: *Le Capitaine Nemo et la science*, Paris: Grasset 1972.
Planck, Max: *Eight Lectures on Theoretical Physics*, New York: Columbia 1915.
POL^{E}ITICS. das Buch zur documenta X, Kassel: Cantz 1997.
Poisson, Ernest (Hg.): *Fourier* [Anthologie], Paris: Alcan (Réformateurs sociaux. Collection de textes) 1932.
Poitrineau, Abel: *Les Mythologies révolutionnaires. L'utopie et la mort*, Paris: P.U.F. 1987.
Poster, Mark: *The Utopian Thought of Restif de la Bretonne*, New York: New York University Press 1971.
Praz, Mario: *Liebe, Tod und Teufel. Die schwarze Romantik*, München: dtv ^{2}1981.
Proust, Françoise: *L'Histoire à contretemps. Le temps historique chez Walter Benjamin* [Erstv. in Teilen 1992; vollständig 1994], Paris: Cerf / Le Livre de Poche (biblio essais) 1999.
Proust, Jacques: "Le Jugement dernier des rois". In: *Approches des Lumières – mélanges offerts à Jean Fabre*, Paris: 1974, 371-379.
Proust, Jacques: "De Sylvain maréchal à Maiakovski: Contribution à l'étude du théâtre révolutionnaire". In: *Studies in 18th Century French Literature*. Presented to Robert Niklaus, Exter: 1975, 215-224.

Quesnay, François: *Physiocratie*, Paris: Flammarion 1991.
Quinet, Edgar: *L'Esprit nouveau*, Paris: 1875 [repr.: Genf: Slatkine 1973]
Quinzio, Sergio: *Die jüdischen Wurzeln der Moderne*, Frankfurt a.M.: Campus 1995.

Ramonet, Ignacio: *La Tyrannie de la communication*, Paris: Gallimard (folio actuel) 2002.
Rasmussen, David: "Herméneutique structurale et philosophie". In: Tacou, Constantin (Hg.): *Le Cahier de L'Herne. Mircea Eliade* [Erstv. 1978], Paris: L'Herne / Le Livre de Poche (biblio essais) 1990, 43-58.
Reeves, Marjorie / Gould, Warwick: *Joachim of Fiore and the Myths of the Eternal Evangel in the Nieneteenth Century*, Oxford: Clarendon 1987.
Reich, Wilhelm: *Die Massenpsychologie des Faschismus* [engl. Erstv. unter dem Titel The Mass Psychologie of Fascism 1933], Köln: Kiepenheuer & Witsch 1986.
Reichert, Klaus: "Endlose Enden. Zu apokalyptischen Figuren bei Beckett und Shakespeare". In: Stierle, Karlheinz / Warning, Rainer (Hg.): *Das Ende. Figuren einer Denkform* (= *Poetik und Hermeneutik XVI*), München: Fink 1996, 495-514.

Religion saint-simonienne. Deuxième Édition [Kollektivpublikation], Brüssel: Louis Hauman et Compagnie 1831.

Rémond, René: *Religion et société en Europe. Essai sur la sécularisation des sociétés européennes aux XIXe et XXe siécles (1789-1998)*, Paris: Seuil 1998.

Renan, Ernest: "L'Islamisme et la Science (Conférence faite à la Sorbonne, le 29 mars 1883)". In: ders.: *Œuvres complètes I*, hg. v. Henriette Psichari, Paris: Calmann-Lévy 1947.

Renan, Ernest: *L'Avenir de la science. Pensées de 1848* [Erstv. 1890]. In: ders.: *Œuvres complètes III*, hg. v. Henriette Psichari, Paris: Calmann-Lévy 1949.

Renan, Ernest: *L'Antéchrist (An 69)* [Erstv. 1873]. In: ders.: *Œuvres complètes IV*, hg. v. Henriette Psichari, Paris: Calmann-Lévy 1949.

Renan, Ernest: *L'Église chrétienne* [Erstv. 1879]. In: ders.: *Œuvres complètes V*, hg. v. Henriette Psichari, Paris: Calmann-Lévy 1952.

Renan, Ernest: *Histoire du Peuple d'Israël* [Erstv. 1887-1893] (= *Œuvres complètes VI*), hg. v. Henriette Psichari, Paris: Calmann-Lévy 1953.

Renan, Ernest: *Joachim de Flore et l'Évangile éternel*. In: ders.: *Œuvres complètes VII*, hg. v. Henriette Psichari, Paris: Calmann-Lévy 1953, 852-918.

Renouvier, Charles: *Uchronie (L'Utopie dans l'Histoire). Esquisse hisorique apocryphe du développement de la civilisation européenne tel qu'il n'a pas été, tel qu'il aurait pu être*, Paris: Félix Alcan [2]1901.

Rétif [Restif] de la Bretonne: *Les Gynographes ou idées de deux honnêtes femmes sur un projet de règlement proposé à toute l'Europe pour mettre les femmes à leur place et opérer le bonheur des deux sexes*. In: ders.: *Œuvres III / IV*, Paris 1930-32, repr. Genf: Slatkine 1971.

Rétif [Restif] de la Bretonne: *L'An 2000* [Erstv. 1790], Straßburg: Heitz (Bibliotheca romanica / Bibliothèque française) s.d.

Ricketts, Mac L.: *Mircea Eliade: the Romanian Roots 1907-1945*, New York: Columbia University Press (East European Monographs) 1988.

Ricœur, Paul: *Temps et récit. 2. La configuration dans le récit de fiction*, Paris: Seuil (points essais) 1991.

Ricœur, Paul: *L'Idéologie et l'utopie*, Paris: Seuil 1997.

Riedel, Manfred: *Tradition und Utopie. Ernst Blochs Philosophie im Licht unserer geschichtlichen Denkerfahrung*, Frankfurt a.M.: Suhrkamp (stw) 1994.

Ritter, Joachim: Art. "Fortschritt". In: Ritter, Joachim / Günther, Karlfried / Gabriel, Gottfried (Hg.): *Historisches Wörterbuch der Philosophie II*, Darmstadt: wbg 1972, 1003-1059.

Riot-Sarcey, Michèle / Bouchet, Thomas / Picon, Antoine (Hg.): *Dictionnaire des utopies*, Paris: Larousse 2002.

Robbe-Grillet, Alain: *Pour un nouveau roman*, Paris: Minuit 1963.

Rodiek, Christoph: *Erfundene Vergangenheit. Kontrafaktische Geschichtsdarstellung in der Literatur*, Frankfurt a.M.; Klostermann 1997.

Romains, Jules: *La Vie unanime. Poème 1904-1907* [Erstv. 1908], Paris: Gallimard 1975.

Romains, Jules: *Puissances de Paris*, Paris: Gallimard [4]1919.

Rosenberg, Alfons: "Einführung" zu Joachim von Fiore [Gioacchino da Fiore]: *Das Reich des Heiligen Geistes* [Textsammlung], hg. v. Alfons Rosenberg, Bietigheim: Turm 1977, 7-69.

Rosenberg, Alfred: *Der Mythos des 20. Jahrhunderts. Eine Wertung der seelisch-geistigen Gestaltenkämpfe unserer Zeit*, München: Hoheneichen [153-156]1939.

Rosenkranz, Karl: *Ästhetik des Häßlichen*, Königsberg: Bornträger 1853.
Rosenzweig, Franz: *Der Stern der Erlösung*, Frankfurt a.M.: Suhrkamp (Bibliothek) ⁵1992.
Rosny, Aîné, J.H.: *La Mort de la Terre*, Paris: Plon 1912.
Rosny, Aîné, J.H.: *La Mort de la Terre*, Paris: Denoël (Présence du futur) 1999.
Rousseau, Jean-Jacques: *Discours sur l'origine et les fondements de l'inégalité parmi les hommes*. In: ders.: *Du Contrat social. Écrits politiques* (= *Œuvres complètes III*), hg. v. Bernard Gagnebin, Marcel Raymond u.a.: Paris: Gallimard (Pléiade) 1964.
Rousseau, Jean-Jacques: *Du Contrat social*. In: ders.: *Du Contrat social. Écrits politiques* (= *Œuvres complètes III*), hg. v. Bernard Gagnebin, Marcel Raymond u.a.: Paris: Gallimard (Pléiade) 1964.
Ruaud, André-François: *Passés recomposés. Anthologie uchronique*, Aix-en-Provence: Nestivqnen (Science Fantasy) 2003.

Sade, Donatien-Alphonse-François, Marquis de: *La Philosophie dans le boudoir ou les instituteurs immoraux. Dialogues destinés à l'éducation des jeunes demoiselles* [erstv. 1795] In.: ders.: *Œvres complètes III / IV*, Paris: Au cercle du livre précieux 1966.
Sade, Donatien-Alphonse-François, Marquis de: *Les Infortunes de la vertu*, In: ders.: *Œuvres complètes XIII*, Paris: Au cercle du livre précieux 1967.
Sade, Donatien-Alphonse-François, Marquis de: *Les 120 Journées de Sodome*. In: ders.: *Œuvres complètes XIII*, Paris: Au cercle du livre précieux 1967.
Sade, Donatien-Alphonse-François, Marquis de: *La nouvelle Justine ou les malheurs de la vertu, suivie de L'Histoire de Juliette* [*Histoire de Juliette*]. In: *Œuvres III*, hg. v. Michel Delon, Paris: Gallimard (Pléiade) 1998.
Sage, Richard: *Das Ende der politischen Utopie?*, Frankfurt a.M.: Suhrkamp (stw) 1990.
Sand, George: *Spiridion*. In: dies.: *Œuvres complètes XVI*, Genf: Slatkine 1980 (Repr. der Ausgabe Paris: Michel Lévy 1863-1926).
Saint-Simon, Henri de: *Le nouveau Christianisme et les écrits sur la religion*, hg. v. Henri Desroche, Paris: Seuil (Politique) 1969.
Sargent, Thomas / Schaer Roland (Hg.): *Utopie. La quête de la société idéale en Occident*, Paris: Bibliothèque nationale de France / Fayard 2000.
Sartre, Jean-Paul: *L'Existentialisme est un humanisme*, Paris: Nagel 1947.
Sartre, Jean-Paul: "Qu'est-ce que la littérature?". In: ders.: *Situations II*, Paris: Gallimard 1948, 55-330.
Sartre, Jean-Paul: *La Nausée* [Erstv. 1938]. In: ders.: *Œuvres romanesques*, hg. v. Michel Contat und Michel Rybalka, Paris: Gallimard (Pléiade) 1981a.
Sartre, Jean-Paul: *La Mort dans l'âme* [Erstv. 1949] In: ders.: *Œuvres romanesques*, hg. v. Michel Contat und Michel Rybalka, Paris: Gallimard (Pléiade) 1981b.
Sartre, Jean-Paul: *L'Etre et le néant* [Erstv. 1943], Paris: Gallimard (Tel) 1982a.
Sartre, Jean-Paul: *L'Imaginaire. Psychologie phénoménologique de l'imagination* [Erstv. 1940], Paris: Gallimard (idées) 1982b.
Sartre, Jean-Paul: *Cahiers pour une morale*, Paris: Gallimard 1983.
Sartre, Jean-Paul: *Critique de la raison dialectique* [Erstv. 1960] *précédé de "Questions de Méthode"* [Erstv. 1957 / 58], hg. v. Arlette Elkaim-Sartre, Paris: Gallimard 1985a.

Sartre, Jean-Paul: *Réflexions sur la question juive* [Erstv. 1954], Paris: Gallimard (folio essais) 1985b.
Schaltegger, Hermann: *Theorie der Lebenserscheinungen. Steuerung chemischer, biologischer, sozialer Prozesse. Ein auf Gleichgewicht basierendes Konzept*, Stuttgart: S. Hirzel 1984.
Scheler, Max: *Wesen und Formen der Sympathie* [Erstv.: *Phänomenologie und Theorie der Sampathiegefühle*, 1913]. In: ders.: *Gesammelte Werke VII*, hg. v. Manfred S. Frings, Bern / München: Francke 1973.
Scheler, Max: *Die Stellung des Menschen im Kosmos* [Erstv. 1928]. In: ders.: *Gesammelte Werke IX*, hg. v. Manfred S. Frings, Bern / München: Francke 1976.
Scheler, Max: *Über Scham und Schamgefühl* [Erstv. 1933]. In: ders.: *Schriften aus dem Nachlaß I. Zur Ethik der Erkenntislehre* (= *Gesammelte Werke X*), hg. v. Maria Scheler, Bern / München: Francke 1957.
Schelling, Friedrich Wilhelm Joseph: *Philosophie der Offenbarung* [2 Bde.], Darmstadt (wbg) 1955.
Schiller, Friedrich: "Über naive und sentimentalische Dichtung". In: ders.: *Sämtliche Werke V. Erzählungen. Theoretische Schriften*, hg. v. Gerhard Fricke und Herbert G. Göpfert, Darmstadt: wbg [9]1993a, 694-780.
Schiller, Friedrich: "Über das Erhabene". In: ders.: Sämtliche *Werke V. Erzählungen. Theoretische Schriften*, hg. v. Gerhard Fricke und Herbert G. Göpfert, Darmstadt: wbg [9]1993b, 792-808.
Schivelbusch, Wolfgang: *Geschichte der Eisenbahnreise. Zur Industrialisierung von Raum und Zeit im 19. Jahrhundert*, Berlin et al.: Ullstein (TB) 1979.
Schlegel, Friedrich: *Prosaische Jugendschriften I. Zur griechischen Literaturgeschichte*, hg. v. J. Minor (Wien [2]1906).
Schmitt, Carl: *Donso Cortés in gesamteuropäischer Tradition. Vier Aufsätze*, Köln: Greven 1950.
Schmitt, Carl: *Die Diktatur. Von den Anfängen des modernen Souveränitätsgedankens bis zum proletarischen Klassenkampf*, Berlin: Duncker & Humblot [6]1994.
Schmitt, Carl: *Politische Theologie. Vier Kapitel zur Lehre von der Souveränität*, Berlin: Duncker & Humblot [16]2004.
Schmitt, Carl: *Politische Theologie II. Die Legende von der Erledigung jeder Politischen Theologie*; Berlin: Duncker & Humblot [4]1996.
Schober, Rita: "Weltsicht und Realismus in Michel Houellehecqs utopischem Roman 'Les particules élémentaires'", In: *RZL / CHR XXV*, Heidelberg: Winter 2001, 177-211.
Scholem, Gershom: "Zum Verständnis der messianischen Idee im Judentum". In: ders.: *Über einige Grundbegriffe des Judentums*, Frankfurt a.M.: Suhrkamp (ed) 1970, 121-167.
Schöne, Albrecht: *Emblematik und Drama im Zeitalter des Barock*, München: C.H. Beck 1964.
Schopenhauer, Arthur: *Die Welt als Wille und Vorstellung I / 1* (= *Werke I* [Züricher Ausgabe]), hg. v. Arthur Hübscher, Zürich: Diogenes 1977.
Schreiner, Klaus: "'Diversitas temporum'. Zeiterfahrung und Epochengliederung im späten Mittelalter". In: Reinhart Herzog, Reinhart / Koselleck, Reinhart (Hg.): *Epochenschwelle und Epochenbewußtsein* (= *Poetik und Hermeneutik XII*), München: Fink 1987, 381-428.
Schumacher, Joachim: *Die Angst vor dem Chaos. Über die falsche Apokalypse des Bürgertums* [Erstv. 1937], Frankfurt a.M.: Syndikat 1978.

Schwarz, Egon: "Utopisches im Volksmärchen". In: Vosskamp, Wilhelm (Hg.): *Utopieforschung. Interdisziplinäre Studien zur neuzeitlichen Utopie III*, Frankfurt: Suhrkamp (st) a.M. 1985, 394-410.
Schwob, Marcel: *Œuvres*, hg. v. Sylvain Goudemare, Paris: Phébus 2002.
Schwonk, Martin: *Vom Staatsroman zur Science Fiction*, Stuttgart: Enke (Göttinger Abhandlunen zur Soziologie) 1957
Sedlmayr, Hans: *Die Revolution der modernen Kunst*, Hamburg: Rowohlt (rde) 1955.
Sedlmayr, Hans: *Verlust der Mitte. Die bildende Kunst des 19. und 20. Jahrhunderts als Symptom und Symbol der Zeit*, Frankfurt a.M. / Berlin / Wien: Ullstein (Sachbuch) 1985.
Séebold,Éric: *Essai de situation des pamphlets de Louis-Ferdinand Céline*, Tusson (Charente): Du Lérot 1985.
Sennett, Richard: *The Fall of Public Man*, Cambridge: Cambridge University Press 1977.
Serres, Michel: *Jouvences sur Jules Verne*, Paris: Minuit 1974.
Servier, Jean: *Histoire de l'utopie*, Paris: Gallimard / folio (essais) nouv. éd. 1991.
Shelley, Mary Wollstonecraft Godwin: *The Last Man*, hg. v. Morton D. Paley, Oxford: Oxford University Press (World's Classics) 1998.
Sichère, Bernard: *Le Jour est proche. La révolution selon Paul*, Paris: Desclée de Brouwer 2003.
Simmel, Georg: "Das Abenteuer". In: ders.: *Hauptprobleme der Philosphie. Philosophische Kultur* (= *Gesamtausgabe XIV*), hg. v. Rüdiger Kramme und Ottheim Rammstedt, Frankfurt a.M.: Suhrkamp (stw) 1996, 168-185.
Simon-Schaefer: "Vom Ende der Innovationskunst". In: Kluxen, Wolfgang (Hg.): *Tradition und Innovation. 13. Deutscher Kongreß für Philosophie, Bonn, 24.9.-25.9.1984*, Hamburg: Meiner 1988, 431-439.
Sloderdijk, Peter: *Der Zauberbaum. Die Entstehung der Psychoanalyse im Jahr 1785. Epischer Versuch zur Philosophie der Psychologie*, Frankfurt a.M.: Suhrkamp 1985.
Soboul, Albert: *La Révolution française [Nouvelle édition et augmentée du "Précis d'histoire de la Révolution française"]*, Paris 1984.
Sollers, Arlette: "Apocalypse ou pire". In: *Lectures de l'Apocalypse (Actes du colloque tenu à Angers les 26 et 27 septembre 1992)*, Angers: Selbstverlag s.d., 65-72.
Sombart, Werner: *Der proletarische Sozialismus ("Marxismus") I. Die Lehre*, Jena: G. Fischer 1924.
Sorel, Georges: *Réflexions sur la violence* [Erstv. 1912], Paris: M. Rivière [6]1925.
Sorel, Georges: *Les Illusions du progrès*, Paris 1908.
Souvestre, Émile: *Le Monde tel qu'il sera*, Gonfaron: Apex international 2002.
Spaemann, Robert: *Der Ursprung der Soziologie aus dem Geist der Restauration. Studien über L.G.A. de Bonald*, München: Kösel 1959.
Spaemann, Robert: *Zur Kritik der politischen Utopie. Zehn Kapitel politischer Philosophie*, Stuttgart: Klett 1977.
Spaemann, Robert: "Aufhalter und letztes Gefecht". In: Stierle, Karlheinz Stierle / Warning, Rainer (Hg.): *Das Ende. Figuren einer Denkform* (= *Poetik und Hermeneutik XVI*), München: Fink 1996, 564-577.
Spengler, Oswald: *Preußentum und Sozialismus*, München: C.H. Beck 1920.
Spengler, Oswald: *Der Mensch und die Technik. Beitrag zu einer Philosophie des Lebens*, München: C.H. Beck 1931.
Spengler, Oswald: *Der Untergang des Abendlandes. Umrisse einer Morphologie der Weltgeschichte* [Erstv. 1923], München: dtv [12]1995.

Spinoza, Benedictus (Baruch) de: *Ethica.* In: *Opera – Werke II,* hg. v. Konrad Blumenstock, Darmstadt: wbg 1989.
Spitzer, Leo: "Une habitude de style, le rappel chez Céline". In: Roux, Dominique de / Beaujour, Michel / Thélia, Michel(Hg.): *Cahiers de l'Herne. Céline,* Paris: Herne 1972, 443-451.
Starobinski, Jean: *1789. Emblèmes de la raison,* Paris: Gallimard (Champs) ²1979.
Staubenrauch. Bertram: "Endzeit statt Weltuntergang. Christliche Eschatologie heute". In: Ebertz, Micheal N. / Zwick, Reinhold (Hg.): *Jüngste Tage. Die Gegenwart der Apokalyptik,* Freiburg u.a.: Herder 1999.
Steinwachs, Burkhardt: *Epochenbewußtsein und Kunsterfahrung. Zur geschichtsphilosophischen Ästhetik an der Wende vom 18. zum 19. Jahrhundert,* München: Fink 1986.
Stiegler, Bernard: *Aimer, s'aimer, nous aimer. Du 11 septembre au 21 avril,* Paris: Galilée 2002.
Stierle, Karlheinz: "Der Friedensstifter. Sprache und Fest im revolutionären und nachrevolutionären Frankreich und bei Hölderlin". In: Haug, Walter / Warning, Rainer (Hg.): *Das Fest (= Poetik und Hermeneutik XIV),* München: Fink 1993, 481-525.
Straus, Erwin: "Das Zeiterlebnis in der endogenen Depression und in der psychopathischen Verstimmung". In: *Monatsschrift für Psychiatrie und Neurologie LXVIII,* 1928.
Suvin, Darko: *Poetik der Science Fiction. Zur Theorie und Geschichte einer literarischen Gattung,* Frankfurt a.M.: Suhrkamp (st / Phantastische Bibliothek) 1979.
Szondi, Peter: *Theorie des modernen Dramas (1880-1950).* In: ders.: *Schriften I,* Frankfurt a.M.: Suhrkamp (stw) 1977.

Tabor, Jan: „Der Irrweg eines wahnsinnigen Wortes. Entwicklung und Anwendung des Begriffs 'Entartung'". In: ders. (Hg.): *Kunst und Diktatur. Architektur, Bildhauerei und Malerei in Österreich, Deutschland, Italien und der Sowjetunion 1922-1956* [2 Bde.], Katalog zur gleichnamigen Ausstellung am Künstlerhaus Wien, 28.03.- 15.15.08.1994], Baden: Grasl 1994, 90-98.
Taguieff, Pierre-André: *L'Éffacement de l'avenir,* Paris: galilée 2000.
Taguieff, Pierre-André: *Du Progrès. Biographie d'une utopie moderne,* Paris: Librio 2001.
Taguieff, Pierre-André: *Le Sens du progrès. Une approche historique et philosophique,* Paris: Flammarion 2004.
Taine, Hippolyte: *Philosophie de l'Art,* hg. v. Stéphane Douailler, Paris: Fayard (Corpus des Œuvres de Philosophie en langue française) 1985.
Talmon, J.L.: *Political Messianism. The Romantic Phase,* London: Specker & Warburg 1960.
Talmon, J.L.: *The Origins of Totalitarian Democracy,* London: Penguin: 1986.
Tarde, Gabriel: *Fragment d'histoire future,* hg. v. René Schérer, Biarritz: Séguier (2000.3) 1998.
Taubes, Jakob: "Der Messianismus und sein Preis". In: ders.: *Vom Kult zur Kultur. Bausteine zu einer Kritik der historischen Vernunft. Gesammelte Aufsätze zur Religions- und Geistesgeschichte,* hg. v. Aleida Assmann u.a, München: Fink 1996a, 43-49.

Taubes, Jakob: "Noten zum Surrealismus". In: ders.: *Vom Kult zur Kultur. Bausteine zu einer Kritik der historischen Vernunft. Gesammelte Aufsätze zur Religions- und Geistesgeschichte*, hg. v. Aleida Assmann u.a., München: Fink 1996b, 135-159.
Taubes, Jakob: "Psychoanalyse und Philosophie". In: ders.: *Vom Kult zur Kultur. Bausteine zu einer Kritik der historischen Vernunft. Gesammelte Aufsätze zur Religions- und Geistesgeschichte*, hg. v. Aleida Assmann u.a., München: Fink 1996c, 352-371.
Theweleit, Klaus: *Männerphantasien II. Männerkörper - Zur Psychoanalyse des weißen Terrors* [Erstv. 1977], München: dtv 1978.
Theweleit, Klaus: *Der Knall: 11. September, das verschwinden der Realität und ein Kriegsmodell*, Frankfurt a.M./Basel: Stroemfeld/Roter Stern 2002.
Tournier, Michel: *Le Roi des aulnes*, Paris: Gallimard 1970.
Trousson, Raymond: "Utopie, Geschichte, Fortschritt". In: Voßkamp, Wilhelm (Hg.): *Utopieforschung. Interdisziplinäre Studien zur neuzeitlichen Utopie III*, Frankfurt a.M.: Suhrkamp (st) 1985, 15-23.
Trousson, Raymond: *Le Thème de Prométhée dans la littérature européenne*, Genf: Droz ^{3}2001.
Truchet, Jacques: "Notice" zu *Le Jugement dernier des rois*. In: ders. (Hg.): *Théâtre au XVIIIe siècle*, Paris: Gallimard (Pléiade) 1974, 1557-1563.
Turgot, Anne-Robert-Jacques: "[1748] Recherches sur les cause du progrès et de la décadence des sciences et des arts, ou Réflexions sur l'histoire des progrès de l'esprit humain (Fragments)". In: ders.: *Œuvres I*, hg. v. Gustave Schelle, Paris: Félix Alcan 1913, 116-142.
Turgot, Anne-Robert-Jacques: "[1750] Discours sur les avantages que l'établissement du christianisme a procurés au genre humain, prononcé en à l'ouverture des Sorboniques, par M. l'abbé Turgot, prieur de Sorbonne, le vendredi 3 juillet 1750". In: ders.: *Œuvres I*, hg. v. Gustave Schelle, Paris: Félix Alcan 1913, 194-214.
Turgot, Anne-Robert-Jacques: "[1750] Tableau philosophique des progrès successifs de l'esprit humain. Discours prononcé en latin dans les écoles de Sorbonne, pour la clôture des Sorboniques, par M. l'abbé Turgot, prieur de la maison, le 11 décembre 1750", In: ders.: *Œuvres I*, hg. v. Gustave Schelle, Paris: Félix Alcan 1913, 214-235.
Turgot, Anne-Robert-Jacques: "[Vers 1751] Plan de deux discours sur l'histoire universelle". In: ders.: *Œuvres I*, hg. v. Gustave Schelle, Paris: Félix Alcan 1913, 275-323.
Tuveson, Ernest L.: *Millenium and Utopia: A Study in the Background of the Idea of Progress* [Erstv. 1949], Gloucester / Mass.: Peter Smith 1972.

Ueding, Gert: "Ernst Blochs Philosophie der Utopie". In: Voßkamp, Wilhelm (Hg.): *Utopieforschung. Interdisziplinäre Studien zur neuzeitlichen Utopie I*, Frankfurt a.M.: Suhrkamp (st) 1985, 293-303.
Uexküll, Thure von: *Der Mensch und die Natur. Grundzüge einer Naturphilosophie*, München: L. Lehnen (Sammlung Dalp) 1956.
Uexküll, Thure von: *Psychosomatische Medizin*, hg. v. Rolf H. Adler u.a., München u.a.: Urban & Schwarzenberg ^{5}1996.

Valéry, Paul: *Cahiers II*, hg. v. Judith Robinson-Valéry, Paris: Gallimard (Pléiade) 1974.

Van Kley, Dan K.: *Les Origines religieuses de la Révolution française. 1560-1791*, Paris: Seuil (L'Univers historique) 2002.
Vattimo, Gianni: *Dopo la cristianità. Per un cristianesimo non religioso*, Mailand: Garzanti Libri 2002.
Velleius Paterculus [C.]: *Historia Romana / Römische Geschichte* (Lateinisch / Deutsch), hg. v. Marion Giebel Stuttgart: Reclam (Universal-Bibliothek) 1992.
Vernant, Jean-Pierre: *Mythes et société en Grèce ancienne* [Erstv. 1974], Paris: Seuil / La Découverte (Points) 1992.
Verne, Jules: *Voyage au centre de la terre*, Genf: Agora 1981.
Verne, Jules: *Le Tour du monde en 80 jours*, Paris: Le Livre de Poche s.d.
Verne, Jules: *Cinq ans de vacances*, Paris: Le Livre de Poche s.d.
Verne, Jules: *Le Château des Carpathes* [1892], Paris: Le Livre de Poche s.d.
Verne, Jules: *L'Ile à hélice* [1895], Paris: U.G.E (10 / 18) 1978a.
Verne, Jules: *Cinq Semaines en ballon* [suivi de] *Une Ville flottante*, Paris: Hachette (Grandes Œuvres) 1978b.
Verne, Jules: *La Maison à vapeur. Voyage à travers l'Inde septentrionale*, Paris: Hachette (Grandes Œuvres) 1979a.
Verne, Jules: *Textes oubliés (1849-1903)*, hg. v. Francis Lacassin, Paris: U.G.E (10 / 18 - Série "Jules Verne inattendu") 1979b.
Verne, Jules: "Un express de l'avenir" [1889]. In: ders.: *Textes oubliés (1819-1903)*, hg. v. Francis Lacassin, Paris: U.G.E (10 / 18 - Série "Jules Verne inattendu") 1979, 283-289.
Verne, Jules: *Les 500 millions de la Bégum* [Erstv. 1879] Paris: Le Livre de Poche 1994a.
Verne, Jules: *Paris au XXe siècle*, Paris: Hachette / Le Cherche-midi / Le Livre de Poche 1994b.
Verne, Jules: *Vingt mille Lieues sous les mers* [1869], Paris: Le Livre de Poche 1995a.
Verne, Jules: *L'Ile mystérieuse* [1874; 2 Bde.], Paris: Le Livre de Poche 1995b.
Verne, Jules: *De la Terre à la lune. Trajet direct en 97 heures 20 minutes*, Paris: Le Livre de Poche 1995c.
Verne, Jules: *Autour de la Lune*, Paris: Le Livre de Poche 1995d.
Verne, Jules: *L'éternel Adam*. In: Guillaud, Loric (Hg.): *Atlantides. Les îles engluties* [Anthologie], Paris: Omnibus 1995e.
Verne, Jules: *Robur le conquérant* [Erstv. 1886], Paris: Le Livre de Poche 1997a.
Verne, Jules: *Maître du Monde* [Erstv. 1904], Toulouse: Ombres (Petite Bibliothèque Ombres) 1997b.
Verne, Jules: *Les Indes noires*, Paris: Le Livre de Poche 1997c.
Verne, Jules: *En Magellanie*, Paris: Gallimard (folio) 1999a.
Verne, Jules: *Une Ville idéale*, Amiens: CDJV 1999b.
Verne, Jules: *Voyages et aventures du Capitaine Hatteras I. Les Anglais au Pôle du Nord*, Toulouse: Ombres 2000a.
Verne, Jules: *Voyages et aventures du Capitaine Hatteras II. Le Désert de glace*, Toulouse: Ombres 2000b.
Vierne, Simone: *Jules Verne et le roman initiatique*, Paris: Sirac 1973.
Vidler, Anthony: *L'Espace des lumières. Architecture et philosophie de Ledoux à Fourier*, Paris: Picard (Villes et Sociétés), 1995.
Virilio, Paul: *Vitesse et Politique. Essai de dromologie*, Paris: Balland 1977.
Virilio, Paul: *Esthétique de la disparition* [Erstv. 1980 / 1989], Paris: Galilée / Le Livre de Poche 1998a.

Virilio, Paul: *La Bombe informatique*, Paris: Galilée 1998b.
Virilio, Paul: *Ce qui arrive. Naissance de la philofolie*, Paris: Galilée 2002.
Virilio, Paul: *Ville panique. Ailleurs commence ici*, Paris: Galilée 2004.
Voegelin, Eric: *The Political Religions*. In: ders.: *Modernity without Restraint* (= *Collected Works V*), hg. v. Manfred Henningsen, Columbia / London: University of Missouri Press 2000a
Voegelin, Eric: *Science, Politics, and Gnosticism*. In: ders.: *Modernity without Restraint* (= *Collected Works V*), hg. v. Manfred Henningsen, Columbia / London: University of Missouri Press 2000b.
Voegelin, Eric: *History of Political Ideas VII*. In: ders.: *Collected Works XXVI*, hg. v. David Walsh, Columbia / London: University of Missouri Press 1999.
Volovici, Leon: *National Ideology and Antisemitism: the Case of Romanian Intellectuals*, Oxford et al.: Pergamon Press 1991.
Voltaire: *Candide ou l'optimisme*. In: ders.: *Romans et contes*, hg. v. Frédéric Deloffre u. Jacques van den Heuvel, Paris: Gallimard (Pléiade) 1979, 145-233.
Vondung, Klaus: *Apokalypse in Deutschland*, München: dtv 1988.
Voßkamp, Wilhelm: "Fortschreitende Vollkommenheit (Der Übergang von der Raum- zur Zeitutopie)". In: Wiehn, Erhard R. (Hg.): *1984 und danach. Utopie - Realität - Perspektiven*, Konstanz 1984.
Voßkamp, Wilhelm (Hg.): *Utopieforschung. Interdisziplinäre Studien zur neuzeitlichen Utopie I-III*, Frankfurt a.M.: Suhkamp (st) 1985.

Wagner, Richard: *Das Kunstwerk der Zukunft*. In: ders.: *Dichtungen und Schriften VI. Reformschriften 1849-1852*, hg. v. Dieter Borchmeyer, Frankfurt a.M.: Insel 1983.
Weber, Eugen: *Apocalypses et millénarismes. Prophéties, cultes et croyances à travers les âges*, Paris: Fayard 1999.
Weber, Max: *Wirtschaft und Gesellschaft. Grundriß der verstehenden Soziologie*, Tübingen: Mohr / Siebeck (Studienausgabe) [5]1980.
Weimann, Robert: *Literaturgeschichte und Mythologie. Methodologische und historische Studien*, Frankfurt a.M.: Suhrkamp (stw) 1977.
Weizsäcker, Victor von, *Studien zur Pathogenese*, Wiesbaden: Thieme [2]1946.
Wells, Herbert George: "Postface". In: Tarde, Gabriel: *Fragment d'histoire future*, hg. v. René Schérer, Biarritz: Séguier (2000.3) 1998, 133-143.
Welsch, Wolfgang: *Unsere postmoderne Moderne*, Berlin: Akademie Verlag [4]1993.
Welsch, Wolfgang: *Vernunft. Die zeitgenössische Vernunftkritik und das Konzept der transversalen Vernunft*, Frankfurt a.M.: Suhrkamp 1995.
Weinrich, Harald: *Tempus. Besprochene und erzählte Welt*, München: C.H. Beck 2001.
Winock, Michel: "Un avant-goût d'apocalypse: l'incendie du Bazar de la Charité". In: ders.: *Edouard Drumont et Cie. Antisémitsme et fascisme en France*, Paris: Seuil 1982, 13-34.
Winock, Michel: "Une parabole fasciste: Gilles de Drieu La Rochelle". In: ders.: *Edouard Drumont et Cie. Antisémitisme et fascisme en France*, Paris: Seuil 1982, 151-180.
Winock, Michel: "L'Action française". In: ders. (Hg.): *Histoire de l'extrême droite en France*, Paris: Seuil (points) 1994, 125-156.
Winock, Michel: *Le Siècle des intellectuels*, Paris: Seuil 1997.
Winock, Michel: *Les Voix de la liberté. Écrivains engagés au XIXe siècle*, Paris: Seuil (Points) 2001.

Wolf, Nelly: *Le Peuple dans le roman français de Zola à Céline*, Paris: P.U.F. 1990.
Wyss, Beat: *Trauer der Vollendung. Zur Geburt der Kulturkritik*, Köln: DuMont 1997.

Zimmermann, Margarete: *Die Literatur des französischen Faschismus. Untersuchungen zum Werk Pierre Drieu La Rochelles. 1927-1942*, München: Fink (Freiburger Schriften zur Romanischen Philologie) 1970.
Zola, Émile: *Nana*. In: ders.: *Les Rougon-Macquart. Histoire naturelle et sociale d'une famille sous le Second Empire II*, hg. v. Armand Lanoux, Paris: Gallimard (Pléiade) 1961.
Zola, Emile: *Au bonheur des dames*. In: ders.: *Les Rougon-Macquart. Histoire naturelle et sociale d'une famille sous le Second Empire III*, hg. v. Armand Lanoux, Paris: Gallimard (Pléiade) 1964.
Zola, Émile: *Germinal*. In: ders.: *Les Rougon-Macquart. Histoire naturelle et sociale d'une famille sous le Second Empire III*, hg. v. Armand Lanoux, Paris: Gallimard (Pléiade) 1964.
Zola, Émile: *La Bête humaine*. In: ders.: *Les Rougon-Macquart. Histoire naturelle et sociale d'une famille sous le Second Empire IV*, hg. v. Armand Lanoux, Paris: Gallimard (Pléiade) 1966.
Zola, Émile: *La Débâcle*. In: ders.: *Les Rougon-Macquart. Histoire naturelle et sociale d'une famille sous le Second Empire V*, hg. v. Armand Lanoux Paris: Gallimard (Pléiade) 1968.
Zola, Émile: *Le Docteur Pascal*. In: ders.: *Les Rougon-Macquart. Histoire naturelle et sociale d'une famille sous le Second Empire V*, hg. v. Armand Lanoux Paris: Gallimard (Pléiade) 1968.
Zola, Émile: *Fécondité*. In: ders.: *Les quatre Évangiles* (= *Œuvres complètes VIII*), hg. v. Henri Mitterand, Paris: Cercle du Livre précieux 1968.
Zola, Émile: *Vérité*. In: ders.: *Les quatre Évangiles* (= *Œuvres complètes VIII*), hg. v. Henri Mitterand, Paris: Cercle du Livre précieux 1968.
Zola, Émile: "Pour Justice" [Arbeitsnotizen aus dem Jahr 1902]. In: *Les quatre Évangiles* (= *Œuvres complètes VIII*), hg. v. Henri Mitterand, Paris: Cercle du Livre précieux 1968.
Zola, Émile: "La République en marche. 1871-1872". In: ders.: *Œuvres complètes XIII*, hg. v. Henri Mitterand, Paris: Cercle du Livre précieux 1968.
Zola, Émile: *Le Roman expérimental*, Paris: Garnier-Flammarion 1971.
Zola, Émile: *Lourdes*, hg. v. Jacques Noiray, Paris: Gallimard (folio) 1995.
Zola, Émile: *Rome*, hg. v. Jacques Noiray, Paris: Gallimard (folio) 1999.
Zola, Émile: *Paris*, hg. v. Jacques Noiray, Paris: Gallimard (folio) 2002.